INSTRUCTION CRIMINELLE SUIVANT LES LOIX ET ORDONNANCES DU ROYAUME,

DIVISÉE EN TROIS PARTIES.

Partie premiere : INSTRUCTION suivant l'ORDONNANCE 1670, & les DÉCLARATIONS rendues conséquence.

Partie seconde : INSTRUCTION suivant la nouvelle ORDONNAN de 1737, sur le Faux Principal, le Faux Incid & la Reconnoissance des Ecritures & Signatu privées, en Matiere Criminelle.

Partie troisiéme : INSTRUCTION *Conjointe* entre le Juge d'Egl & le Juge Royal, pour le Cas Privilégié.

Par M. MUYART DE VOUGLANS, Avocat au Parlemen

Pour servir de suite aux INSTITUTES au Droit Criminel, & TRAITÉ DES CRIMES, du même Auteur.

A PARIS,

Chez
DESAINT ET SAILLANT, rue Saint Jean-de-Beauvais.
BRIASSON, rue Saint Jacques.
SAVOYE, rue Saint Jacques.
LE BRETON, rue de la Harpe.
GANEAU, rue Saint Severin.
DURAND, rue du Foin.
La Veuve ROUY, au Palais.
CELLOT, au Palais.

M. DCC. LXII.

AVEC APPROBATION ET PRIVILÉGE DU ROI.

AVERTISSEMENT.

J'AI rendu compte dans la Préface qui est à la tête de mes INSTITUTES *au Droit Criminel*, du Plan que je me proposois de garder dans les trois Parties qui composent ce second Volume. L'ai-je exactement rempli ? C'est au Public à en juger. Tout ce que je puis assurer, c'est que je n'ai rien négligé pour me mettre en état de le satisfaire, & de répondre à l'empressement qu'il a bien voulu témoigner pour la continuation de mes premiers Travaux.

C'est dans cette vûe, que j'ai tâché de présenter tous les Articles de l'ORDONNANCE qui fait l'objet de la PREMIERE PARTIE, dans le jour qui m'a paru le plus propre à en faire connoître l'Esprit, en exposant d'abord (comme on peut le voir par les *Sommaires* qui sont à la tête de chacun de ces Articles) les *Motifs* qui y ont donné lieu, les *Exceptions* aux Régles générales qu'ils établissent, leur *Conformité* ou *Différence* avec d'autres Articles de la même Loi, ou avec les Dispositions des Loix particulieres qui l'ont suivies, notamment la DÉCLARATION de 1731, pour les *Cas Prévôtaux*; en discutant ensuite les *Ques-*

tions qu'ils peuvent faire naître, & rapportant les *Décisions* de MM. les CHANCELIERS qui ont été consultés à ce sujet; enfin, en marquant l'ordre de la *Procédure* qui doit être gardé dans leur *exécution*, & même en y joignant, pour faciliter cette exécution, des Formules consacrées par l'usage.

A l'égard de la SECONDE PARTIE, quoique je ne l'aye pas travaillé avec moins de soin que la premiere, je n'ai pû y suivre tout-à-fait la même méthode; & l'on en conçoit aisément la raison. La nouvelle Loi qui en est l'objet, est, comme l'on sçait, l'Ouvrage d'un des plus grands Magistrats que la France ait eu; elle ne roule uniquement que sur la Procédure; elle est bornée à l'Instruction d'un Crime particulier; elle est elle-même un Commentaire de toutes les Loix qui ont été rendues sur la même Matiere; en un mot, elle n'a été faite que pour remplacer les Titres VIII & IX de l'Ordonnance de 1670, à laquelle il faut par conséquent s'en rapporter pour le surplus. Il ne me restoit donc, pour faciliter l'intelligence & l'application des Principes qui sont établis par cette Loi, qu'à conférer ses Dispositions entr'elles, ou avec celles de l'Ordonnance de 1670; & à donner des Modéles des Actes essentiels de la Procédure qu'elle prescrit. C'est aussi ce que j'ai tâché de faire, avec toute la clarté & la précision que la Matiere pouvoit le comporter.

Enfin, quant à la TROISIÉME PARTIE qui concerne L'INSTRUCTION CONJOINTE, j'espére que l'on me sçaura gré de l'exactitude & de l'impartialité avec laquelle j'ai traité une Matiere aussi délicate & aussi compliquée. J'aurois souhaité pouvoir concilier la rigueur des Principes & des Autorités, dont j'y fais usage, avec les Intérêts respectifs des Parties que cette Matiere peut regarder. Je ne dissimulerai même point, que pénétré, comme je le suis, de la médiocrité de mes Talens, j'aurois volontiers évité cette discussion, si elle n'avoit été une suite inséparable de l'engagement que j'avois contracté envers le Public, de lui donner un Corps entier du DROIT CRIMINEL.

TABLE

Des Titres & Chapitres contenus dans la troisiéme Partie de ce Volume.

NOTA. L'on ne met point ici la Table des Titres de la premiere & de la seconde Partie, parce qu'elle se trouve à la tête de chacune de ces Parties. L'on trouvera aussi à la tête de chaque Titre, celle des différens Articles qui le composent.

TITRE PREMIER.

TITRE SECOND.

TITRE TROISIÉME.

TITRE QUATRIÉME.

TITRE CINQUIÉME.

FIN de la Table des Titres.

INSTRUCTION CRIMINELLE SUIVANT LES LOIX ET ORDONNANCES *DU ROYAUME.*

PARTIE PREMIERE.

INSTRUCTION suivant L'ORDONNANCE *du mois d'Août* 1670, *& les* DÉCLARATIONS *rendues en conséquence.*

POUR faire juger de toute l'importance de cette premiere Partie de l'Instruction Criminelle, il suffira de rapporter ici le Préambule de la Loi qui en est l'objet, & d'indiquer les différens Titres qui la composent.

» LOUIS, par la grace de Dieu, Roi de France & » de Navarre, à tous présens & à venir. SALUT, les

» grands avantages que nos Sujets ont reçus des ſoins » que Nous avons employés à réformer la Procédure » Civile par nos Ordonnances des mois d'Avril 1667, » & 8 Août 1669, Nous ont porté à donner une pa- » reille application au Réglement de l'Inſtruction Cri- » minelle, qui eſt d'autant plus importante, que non- » ſeulement elle conſerve les Particuliers dans la poſ- » ſeſſion paiſible de leurs biens, ainſi que la Civile ; mais » encore elle aſſure le repos public, & contient par la » crainte des châtimens, ceux qui ne ſont pas retenus » pas la conſidération de leurs devoirs. A CES CAUSES, » de l'avis de notre Conſeil & de notre certaine ſcience, » pleine puiſſance & autorité Royale, Nous avons dit, » déclaré & ordonné, diſons, déclarons, ordonnons & » nous plaît, ce qui en ſuit &c.

CETTE ORDONNANCE eſt compoſée de vingt-huit Titres.

Le premier traite *de la Compétence des Juges.*

Le ſecond, *des Procédures particuliéres aux Prévôts des Maréchaux, Vice-Baillifs, Vice-Sénéchaux & Lieutenans Criminels de Robe-Courte.*

Le troiſiéme, *des Plaintes, Dénonciations & Accuſations.*

Le quatriéme, *des Procès-verbaux des Juges.*

Le cinquiéme, *des Rapports des Médecins & Chirurgiens.*

Le ſixiéme, *des Informations.*

Le ſeptiéme, *des Monitoires.*

Le huitiéme, *de la Reconnoiſſance des Ecritures & Signatures en matiere Criminelle.*

Le neuviéme, *du Crime de faux, tant principal qu'incident.*

Le dixiéme, *des Decrets, de leur exécution & des Elargiſſemens.*

Le onziéme, *des Excuſes ou Exoines des Accuſés.*

Le douziéme, *des Sentences de Proviſion.*

Le treiziéme, *des Priſons, Greffiers, des Geoles, Geoliers & Guichetiers.*

Le quatorziéme, *des Interrogatoires des Accuſés.*

Le quinziéme, *des Récollemens & Confrontations des Témoins.*

Le seiziéme, *des Lettres d'Abolition, Rémission, Pardon, pour ester à droit, Rappel de Ban, de Galeres, Commutation de peine, Réhabilitation & Révision de Procès.*

Le dix-septiéme, *des Défauts & Contumaces.*

Le dix-huitiéme, *des Muets & Sourds, & de ceux qui refusent de répondre.*

Le dix-neuviéme, *des Jugemens & Procès-verbaux de Question & de Torture.*

Le vingtiéme, *de la Conversion des Procès Civils en Criminels, & de la Réception en Procès ordinaire.*

Le vingt-uniéme, *de la maniere de faire le Procès aux Communautés des Villes, Bourgs & Villages, Corps & Compagnies.*

Le vingt-deuxiéme, *de la maniere de faire le Procès au Cadavre ou à la mémoire du défunt.*

Le vingt-troisiéme, *de l'Abrogation des Appointemens, Ecritures & Conclusions en matiere Criminelle.*

Le vingt-quatriéme, *des Conclusions définitives des Procureurs du Roi, ou de ceux des Justices Seigneuriales.*

Le vingt-cinquiéme, *des Sentences, Jugemens & Arrêts.*

Le vingt-sixiéme, *des Appellations.*

Le vingt-septiéme, *des Procédures à l'effet de purger la mémoire d'un défunt.*

Enfin le vingt-huitiéme, *des Faits Justificatifs.*

TITRE PREMIER.

De la Compétence des Juges en matiere Criminelle.

CE TITRE contient vingt-deux articles.

Dans le *premier*, il est parlé du Juge qui doit connoître du Crime, du Renvoi requis par l'Accusé, & de sa Translation, s'il est Prisonnier.

Dans le *second*, du Cas où l'Accusateur ne peut plus demander le Renvoi.

Dans le *troisiéme*, du Cas où l'Accusé ne peut pareillement demander son Renvoi.

Dans le *quatriéme*, du tems auquel les Juges sont tenus de déférer à la demande en Renvoi.

Dans le *cinquiéme*, des Charges & Procédures qui doivent être envoyées avec l'Accusé.

Dans le *sixiéme*, des frais du port des Charges, & de la Translation de l'Accusé.

Dans le *septiéme*, de la Prévention entre les Juges Royaux.

Dans le *huitiéme*, de la Prévention entre les Juges des Seigneurs.

Dans le *neuviéme*, de la Prévention des Baillifs & Sénéchaux sur les Juges Subalternes non-Royaux.

Dans le *dixiéme*, du Privilége des Gentilhommes & Officiers de Judicature, de ne pouvoir être jugés par les Prévôts Royaux.

Dans le *onziéme*, des Cas Royaux.

Dans le *douziéme*, des Cas Prévôtaux.

Dans le *treiziéme*, du Privilége des Ecclésiastiques.

Dans le *quatorziéme*, de la Défense aux Prévôts de Maréchaux, de juger en aucun cas à la charge de l'appel.

Dans le *quinziéme*, de la Préférence des Présidiaux sur les Prévôts des Maréchaux.

Dans le *seiziéme*, du Flagrant-délit.

Dans le *dix-septiéme*, de ce que doivent faire les Lieutenans Criminels des Présidiaux, pour faire juger leur Compétence.

Dans le *dix-huitiéme*, de l'Obligation où ils sont d'avertir les Accusés, que le Procès leur sera fait en dernier ressort.

Dans le *dix-neuviéme*, de la Confirmation de l'usage du Châtelet à cet égard.

Dans le *vingtiéme*, de l'Exclusion des Juges-Consuls, & bas & moyens Justiciers, du pouvoir de connoître des Inscriptions de faux incidentes, & des Rébellions commises à l'exécution de leurs Jugemens.

Dans le *vingt-uniéme*, du Privilége des Ecclésiastiques, Gentilhommes, Secrétaires du Roi, & Officiers de Justice, d'être jugés sur l'appel en la Grand'Chambre des Parlemens.

Enfin dans le *vingt-deuxiéme*, du Privilége des Présidens, Maîtres ordinaires, Correcteurs & Auditeurs, Avocats & Procureurs Généraux de la Chambre des Comptes de Paris, d'être jugés en matiere Criminelle par la Grand'Chambre du Parlement de Paris.

ARTICLE PREMIER.

» LA connoissance des Crimes appartiendra aux Juges » du lieu où ils auront été commis, & l'Accusé y sera » renvoyé, si le renvoi en est requis, même le Prisonnier » sera transféré aux frais de la Partie civile, s'il y en a, » sinon à nos frais ou des Seigneurs.

CET ARTICLE a trois Parties, dont la premiere regarde le Juge qui doit connoître des Crimes; la seconde, l'Accusé qui requiert son renvoi; & la troisiéme, la Translation de ce même Accusé, s'il est Prisonnier.

C'est pour traiter ces différens objets avec l'ordre & le détail que leur importance exige, que nous croyons devoir les distinguer par autant de Paragraphes.

§. PREMIER.

La connoissance des Crimes appartiendra aux Juges des lieux où ils auront été commis.

SOMMAIRE.

I. *De combien de manieres le Crime peut être considéré, suivant l'Ordonnance.*
II. *Crime considéré par rapport à la Compétence; de combien d'especes.*
III. *Qu'entend-t-on par connoissance du Crime.*
IV. *Qu'entend-t-on par Juges ordinaires.*
V. *Qu'entend-t-on par Juges extraordinaires.*
VI. *Conditions requises, pour pouvoir connoître du Crime.*
VII. *Pourquoi le Juge du lieu du Délit est-il préféré.*
VIII. *Qu'entend-t-on par Juge du lieu du Délit.*
IX. *Est-il nécessaire que le Crime ait été consommé dans le ressort de ce Juge.*
X. Quid *des Crimes successifs & continus.*
XI. *Exceptions à la régle qui donne la préférence au Juge du lieu du Délit.*
XII. *Exceptions tirées de la nature du Crime.*
XIII. *Exception tirée de la Qualité des Accusés.*
XIV. *Exception tirée de la Qualité des Accusateurs.*

XV. *Exception tirée des Attributions particuliéres accordées à certains Juges.*

XVI. *Régle générale que ces Juges doivent observer dans leur Procédure.*

I. LE Crime peut être considéré de trois manieres, suivant l'Ordonnance, ou par rapport à la Compétence du Juge qui en doit connoître, ou par rapport à l'Instruction qui doit s'en faire soit au Grand soit au Petit Criminel, ou enfin par rapport au Jugement qui en détermine la punition, suivant la qualité de la preuve & l'atrocité ou légéreté de ses circonstances.

Nous n'en parlerons sous ce Titre & le suivant, que relativement à la Compétence; nous aurons lieu d'en parler sous les autres Titres, relativement à l'Instruction & au Jugement.

II. LE Crime considéré quant à la Compétence, forme ce que nous appellons Cas Royaux, Cas Prévôtaux, Cas ordinaires, Délits privilégiés, Délits-Communs, Délits Ecclésiastiques, Délits Militaires & Délits Maritimes. Nous aurons lieu de parler des uns & des autres dans le cours de ce Titre. *Voyez* au surplus ce que nous en avons dit aux Institutes Criminels, Partie Premiere, Ch. 4.

III. LA Connoissance du Crime dont il est parlé dans cet article, est le Droit qui appartient aux Juges d'instruire & de juger le Crime par préférence, ou à l'exclusion de tous autres; c'est ce qu'on appelle autrement *Compétence*.

IV. IL y a deux sortes de Juges; les uns sont Ordinaires, c'est-à-dire, ont le droit de connoître par eux-mêmes *ex Officio*, de toutes sortes de différends, dont la connoissance ne leur est point expressément interdite par des Loix particuliéres; de ce nombre sont les Juges Royaux, tels que les Prévôts & Châtelains, les Baillifs & Sénéchaux, & les Parlemens; & même les Juges des Seigneurs Hauts-Justiciers, dont les Justices sont réputées patrimoniales en ce Royaume.

V. LES autres sont appellés Juges Extraordinaires, parce qu'ils ne peuvent juger que les matieres dont la connoissance leur est attribuée par des Loix particuliéres.

Parmi ces derniers, il y en a dont le pouvoir n'est que momentané, & borné à de certaines affaires, après la décision desquelles ce pouvoir expire; tels sont les Juges délégués, & généralement tous ceux qui ont des Commissions particuliéres émanées du Conseil du Roi, ou des Parlemens.

Il y en a d'autres, qui ont une Jurisdiction perpétuelle, fondée sur des Edits de Création, mais bornée à des matieres purement Civiles, tellement qu'ils ne peuvent connoître des Crimes, que lorsqu'ils sont incidens à ces mêmes matieres; de ce nombre sont les Juges des Eaux & Forêts, Election, Grenier à Sel, de l'Amirauté, les Cours des Aydes & des Monnoies, & autres que nous remarquerons ci-après.

Il y en a enfin, qui n'ont été principalement établis que pour juger des matieres Criminelles, tels que les Prévôts des Maréchaux, les Juges Militaires & les Juges Ecclésiastiques.

VI. POUR pouvoir connoître du Crime, il faut trois choses; premiérement, avoir la Qualité de Juge, c'est-à-dire, d'Officier public, à qui le Prince ait communiqué le pouvoir de rendre la Justice, & de faire exécuter ses Jugemens. D'où il suit que les Arbitres qui n'ont ni cette qualité ni ce pouvoir, & dont l'autorité ne prend sa source que dans le consentement des Parties, ne peuvent connoître des Crimes, de maniere que les Compromis par lesquels les Parties s'en seroient rapportées à leur décision, ainsi que les Jugemens qu'ils rendroient en conséquence sur ces matieres, seroient radicalement nuls. Et c'est ici une premiere différence entre les matieres Criminelles & les Civiles, où ce pouvoir ne leur est point contesté.

Il faut en second lieu, que le Juge ait le Droit de Glaive, ce qu'on appelle dans le Droit, *Merum Imperium.* Ainsi les Juges-Consuls, les moyens & bas Justiciers qui n'ont pas ce Droit de Glaive, ne peuvent connoître de ces matieres. *V.* l'art. 20 ci-après.

Enfin il faut en troisiéme lieu, que ce Juge soit celui du Lieu où le Crime a été commis; & c'est ici une autre différence entre les matieres Criminelles & les Civiles, dont la Compétence se régle par le domicile du Défendeur, suivant la maxime; *Actor Forum Rei sequitur.*

VII. LES raisons qui ont fait préférer le Juge du lieu du Délit en cette matiere, sont fondées, d'une part sur la réparation qui est dûe à la personne & au lieu où l'offense a été faite, & de l'autre, sur la facilité de la preuve & de l'instruction qui s'y font à moins de frais.

VIII. Par le lieu du Délit, l'on entend non-seulement le lieu principal d'un Siége ou Jurisdiction, mais encore de toutes les Jurisdictions qui en composent l'étendue ou le Ressort; ainsi, soit que le Crime ait été commis dans la Ville même où se tient le Siége, ou dans les lieux circonvoisins qui dépendent de son Ressort, c'est toujours le Juge du Siége qui est réputé le Juge du lieu du Délit.

IX. Ce n'est point assez que le Crime ait été commencé; il faut encore qu'il ait été commis, c'est-à-dire, qu'il ait eu son entiere exécution dans l'étendue d'un Siége, pour rendre le Juge de ce Siége, compétent. Ainsi, celui qui auroit donné charge, aidé ou conseillé de le commettre, ne doit être traduit que pardevant le Juge du lieu où le Délit a été consommé, quoique le complot eût été formé dans une autre Jurisdiction.

Il en est de même, si ce Crime avoit été commencé par paroles ou effets dans une Jurisdiction, & qu'il eût été achevé dans une autre; c'est le Juge de cette derniere, comme celui du lieu où le Délit a été commis, qui en doit connoître préférablement à tout autre. Ainsi, par exemple, celui qui étant dans le Territoire d'une Jurisdiction, tireroit un coup de fusil, & tueroit une personne qui seroit dans une autre Jurisdiction, deviendroit par-là justiciable du Juge de cette derniere Jurisdiction,

X. Cependant, s'il s'agissoit de Crimes successifs & *continûs*, c'est-à-dire, de Crimes commencés dans une Jurisdiction, & continués dans plusieurs autres, comme *v. g.* en fait de Rapt, de Port d'armes, d'Assemblées illicites, &c. la connoissance doit en appartenir au Juge du lieu où le Crime auroit été commencé, préférablement à celui du lieu où le coupable auroit été arrêté.

C'est ainsi qu'il a été décidé par MM. les Commissaires, lors du Procès-verbal de conférence sur cet article, sur le fondement que si la capture établissoit la Compétence en pareil cas, il il dépendroit en quelque ſorte de l'Accuſé de ſe choiſir un Juge, en ſe faiſant arrêter dans le Diſtrict de celui qu'il croiroit lui être le plus favorable. Il eſt vrai qu'en même-tems il fut arrêté, que comme les Juriſdictions de ces différens Juges auroient été également bleſſées par ces Crimes, & que dans ce ſens, on pouvoit tous les regarder comme autant de Juges du lieu du Délit; ces Juges pourroient s'accorder entr'eux, & choiſir celui qu'ils croiroient le plus propre pour en connoître; la diſpoſition de cet article de l'Ordonnance pouvant s'appliquer à tous également.

XI. TOUTES les fois que le Juge du lieu du Délit eſt connu, on ne peut donc lui conteſter la préférence, ſuivant la Régle établie par le préſent article; cependant quelque générale que paroiſſe cette régle, elle ſouffre pluſieurs exceptions.

Ces Exceptions ſe tirent ou de la Nature du Crime, ou de la Qualité des Parties, c'eſt-à-dire de l'Accuſé ou de l'Accuſateur, ou enfin des Attributions particuliéres accordées à certains Tribunaux.

XII. LES Exceptions tirées de la Nature du Crime, ſont 1°. Si le Crime forme un cas *Royal* ou *Prévôtal*; c'eſt aux Juges Royaux ou aux Prévôts des Maréchaux d'en connoître préférablement aux Juges du lieu du Délit qui ſont ſimplement Seigneuriaux. *V*. les art. 11, 12 & 16 ci-après.

2°. Lorſqu'il s'agit d'un Crime de *lèze-Majeſté humaine au premier Chef*, ou d'un *Duel*, ou d'autres Crimes commis entre perſonnes de telle qualité, que leur *trop grande puiſſance* mettroit les Juges des lieux hors d'état d'en prendre connoiſſance, & généralement dans tous les cas où il y a *grande & urgente cauſe*; c'eſt alors aux Cours de Parlement d'en connoître. *V*. l'Ordonnance de 1493, art. 97, & les Lettres d'ampliation ſur l'Edit des Duels, du 30 Décembre 1679.

3°. Lorſqu'il s'agit d'*Infraction de Ban*, & que le Banniſſement a été prononcé par Arrêt; c'eſt encore aux Parlemens qui ont rendu cet Arrêt, d'en connoître privativement aux Juges du lieu du Délit.

4°. Lorſqu'il s'agit d'un Délit tellement *léger*, qu'il ne peut donner lieu qu'à des condamnations civiles, comme en fait d'injures verbales; c'eſt alors au Juge du Domicile d'en connoître préférablement à celui du lieu du Délit: cependant ſi la pourſuite en avoit été commencée à l'extraordinaire, & que le Procès eût été civilisé dans la suite, le Juge Criminel pourroit s'en retenir la connoissance. *V.* Tit. 20 de cette Ordonnance, art. 3.

5°. Lorsqu'il s'agit de *Rébellion à l'exécution d'un Jugement;* c'est au Juge qui a rendu le Jugement, encore qu'il ne soit Juge du lieu du Délit, de connoître de cette rébellion. *V.* art. 20 ci-après. Il faut néanmoins excepter, suivant ce même article, les Juges-Consuls & les moyens & bas Justiciers, qui ne peuvent connoître de la rébellion faite à l'exécution de leurs Jugemens.

6°. Lorsqu'il s'agit du *Faux incident;* c'est au Juge qui est saisi du Procès principal, à en connoître préférablement au Juge du lieu où la piéce arguée de faux a été fabriquée. *V.* encore le même article 20 ci-après, qui exclud pareillement les Juges-Consuls & les moyens & bas Justiciers, de cette connoissance.

7°. Lorsqu'il s'agit du *Récellement d'un vol*; c'est au Juge qui connoît du vol, à connoître de ce récellement, quoiqu'il ait été fait hors de son ressort: & pareillement lorsqu'il s'agit de *Subornation de Témoins*, c'est au Juge qui est saisi de la contestation principale sur laquelle ces Témoins ont été entendus, à connoître de cette subornation, encore qu'elle ait été faite dans un lieu indépendant de sa Jurisdiction, ce qui est fondé sur cette maxime du droit, *ne dividatur continentia causæ. V.* l'Edit de Novembre 1554, & celui de Septembre 1697, portant Réglement pour les Présidiaux. *V.* aussi Ayraut en son Ord. Judic. Liv. 2. art. 3.

8°. Lorsqu'il s'agit de la poursuite d'un *Faux principal* ou d'un *Libelle diffamatoire*; c'est au Juge du lieu où l'on veut se prévaloir de la Piéce fausse, & où le Libelle a été publié & affiché, & non à celui du lieu où l'une ou l'autre de ces piéces ont été fabriquées, qu'en appartient la connoissance; c'est ce qui résulte de la disposition des art. 5 & 6 de l'Ordonnance de 1737, où il est parlé des délais accordés suivant l'éloignement des lieux, pour l'Apport des minutes des Piéces prétendues fausses par les Dépositaires publics ou privés, au Greffe du Juge pardevant qui l'accusation du Faux est poursuivie.

XIII. Les Exceptions tirées de la Qualité des Parties, sont fondées sur des Priviléges particuliers qu'ont les Accusés, & même quelquefois les Accusateurs, de ne pouvoir être jugés que par de certains Juges, quoique ceux-ci ne soient pas les Juges du lieu du Délit.

Les Accusés privilégiés, sont 1°. les PRÉSIDENS, CONSEILLERS, AVOCATS, PROCUREURS-GÉNÉRAUX ET GREFFIERS DU PARLEMENT DE PARIS, qui ont le droit de ne pouvoir être jugés en matiere Criminelle, que par le Parlement, toutes les Chambres assemblées.

Les Officiers des autres Parlemens joüissent aussi du même privilége.

2°. Les PRINCES DU SANG & les DUCS ET PAIRS DE FRANCE, qui ont le droit de ne pouvoir être jugés pareillement que par le Parlement de Paris, toutes les Chambres assemblées.

3°. Les Officiers de la CHAMBRE DES COMPTES DE PARIS, qui ont le droit de ne pouvoir être jugés en premiere Instance que par la Grand'Chambre du Parlement de Paris. *V.* art. 21 ci-après.

Ceux des autres Chambres des Comptes du Royaume prétendent aussi jouir du même privilége, comme ayant été créés à l'instar de celle de Paris.

4°. Les Officiers du GRAND-CONSEIL, qui prétendent ne pouvoir être jugés en matiere Criminelle, que par ce Tribunal même, & se fondent sur un Arrêt du Conseil de 1681.

5°. Les Officiers de la COUR DES AYDES DE PARIS, qui prétendent avoir le privilége de ne pouvoir être jugés que par leur propre Cour, dans les matieres Criminelles qui concernent les fonctions de leurs Offices, & y avoir été confirmés par différens Edits, notamment par celui de 1551, art. 6, & par la Déclaration de 1636, rappellée dans un Edit de Novembre 1704, qui a été enregistré au Parlement le 30 Janvier 1705. Il paroît même par cette Déclaration, que les Officiers des Cours des Aydes en général, ne peuvent être jugés ailleurs en cas de Crime, que par la Cour des Aydes de Paris.

6°. Les TRÉSORIERS DE FRANCE, dont les Causes Criminelles sont commises, au Grand-Conseil. *V.* Lettres-Patentes du 10 Août 1628, & l'Edit de Mai 1635.

7°. Les Officiers des EAUX ET FORESTS, qui ont le droit d'être jugés en matiere Criminelle par le plus prochain Présidial de leur ressort. *V.* l'Ordonnance des Eaux & Forêts de 1669, tit. 1. art. 13.

8°. Les GENTILHOMMES & OFFICIERS DE JUDICATURE, qui ont le privilége de ne pouvoir être jugés par les Juges Royaux Subalternes. *V.* l'article 10 ci-après.

9°. Les ECCLÉSIASTIQUES, qui ne peuvent être jugés que par les Officiaux dans les Délits purement Ecclésiastiques. *V.* Partie troisiéme ci-après, où il sera traité de ces sortes de Délits.

10°. Les RELIGIEUX qui ne peuvent être jugés que par leurs Supérieurs Réguliers dans les cas où il ne s'agit que de la discipline Claustrale, ou bien par les Archevêques & Evêques en cas de refus ou de négligence de la part de ces Supérieurs, après qu'ils en ont été avertis. *V.* la Déclaration du 9 Mars 1696. *V.* aussi Part. 3, ci-après.

11°. Les OFFICIERS DES TROUPES ET SOLDATS, qui ne peuvent être jugés pour les Délits commis à l'occasion du Service du Roi, que par les Juges Militaires. *V.* les Edits & Déclarations rapportés dans mes Institutes, notamment l'Ordonnance du premier Juillet 1725.

12°. Enfin il y a encore des Priviléges particuliers accordés à certains CORPS, VILLES ET PROVINCES, suivant lesquels les Membres & Habitans qui les composent, ne peuvent être traduits ailleurs que pardevant les Juges-Conservateurs de leurs Priviléges; tels sont ceux de *Scholarité*, les *Lettres de Garde-gardienne*, *de Committimus* & autres de cette espece.

XIV. POUR ce qui concerne les Exceptions tirées de la Qualité des ACCUSATEURS, elles ont lieu principalement dans deux cas; sçavoir, 1°. lorsqu'un SEIGNEUR HAUT-JUSTICIER rend plainte devant son Juge, ce dernier, quoique Juge du lieu du Délit, n'en sçauroit connoître, parce que ce Seigneur seroit alors censé juger par son Juge contre la maxime de Droit, *ne quis in suâ causâ judicet.* L'Auteur du Livre qui a pour titre, *De la Maniere de poursuivre les Crimes en différens Tribunaux*, & qui est connu autrement sous le nom d'Auteur *des Loix Criminelles*, parce qu'il donne à la suite de ce Livre une compilation des différentes Loix qui ont été rendues sur cette matiere, prétend que le Seigneur peut néanmoins faire poursuivre cette plainte par son Procureur Fiscal, sur le fondement de cette régle de notre Droit François, attesté par Loisel, que le Roi *& les Seigneurs plaident dans leurs Justices par Procureur.* Mais ce sentiment paroît contraire à notre Jurisprudence, qui excepte formellement de cette régle les matieres Criminelles, en ne permettant pas aux Juges des Seigneurs d'en connoître dans aucun cas, lorsque ceux-ci sont Parties au Procès, & cela quand même la poursuite se feroit par le Procureur

Fiscal, ſous le nom du Seigneur. Il y a pluſieurs Arrêts qui l'ont ainſi jugé : deux entr'autres des 17 Juillet 1705, & 27 Août 1707, rendus ſur les Concluſions de M. l'Avocat Général Joly de Fleury, & qui ſe trouvent rapportés dans le Journal des Audiences, tome 5. Mais quel Juge doit alors en connoître? Eſt-ce le Juge Seigneurial Supérieur, ou bien le Juge Royal? C'eſt ce que nous aurons lieu d'examiner ſous l'article 8 de ce Titre.

2°. L'on peut encore rapporter aux Exceptions tirées de la qualité des Accuſateurs, le Privilége d'un François qui pourſuit la vengeance d'un Crime commis contre lui ou les ſiens par un Etranger hors du Royaume. Suivant notre Juriſprudence, c'eſt aux Juges de France, dans le reſſort deſquels l'Accuſé eſt arrêté, à connoître de ce Crime. L'on trouve dans Mornac, ſous le titre du Code, *Ubi de Criminibus agi opporteat*, & ſur l'authentique, *quà in Provinciâ*, pluſieurs Arrêts qui l'ont ainſi jugé. Ayraut, Liv. 1. de ſon Ord. Judic. art. 4, n°. 8, en rapporte un célébre, qui a été rendu contre un Italien trouvé en France, & accuſé d'avoir tué à Boulogne un François logé en ſa Maiſon.

Mais il n'en ſeroit pas de même d'un Délit commis hors le Royaume, contre un Etranger, par un autre Etranger qui ſe ſeroit réfugié en France; toutes les fois que le cas s'eſt préſenté, les Juges du Royaume ſe ſont abſtenus d'en connoître, par la raiſon que le droit d'hoſpitalité doit être inviolable. C'eſt ſur ce fondement, que par Arrêt du 9 Janvier 1672, rapporté dans le premier Tome du Journal du Palais, le Parlement d'Aix rejetta l'accuſation qui lui avoit été déférée d'un vol fait à Genes par un Genois, à un autre Genois. Il eſt vrai que l'on trouve dans le troiſiéme Tome du Journal des Audiences, un Arrêt du Parlement de Paris, par lequel deux Siennois furent condamnés aux Galeres perpétuelles pour raiſon d'un vol de diamans par eux fait à Veniſe. Mais il y avoit, dans l'eſpece de cet Arrêt, deux circonſtances particuliéres qui ne ſe trouvoient point dans celui d'Aix; l'une, que les Siennois avoient expoſé les mêmes diamans en vente à Paris, enſorte que cette expoſition fut regardée comme un nouveau Crime, ou plutôt comme la ſuite & la conſommation du premier; l'autre, que ni l'Accuſé ni l'Accuſateur n'étoient juſticiables de la République de Veniſe, où ce vol avoit été fait, l'Accuſé étant de Sienne & l'Accuſateur étant d'Armenie : au lieu que dans l'eſpece de l'Arrêt du Parlement d'Aix, l'un & l'autre étoient de la Ville de Genes, où le vol avoit été fait.

Dans tous les autres cas, où il s'agiroit d'un Délit fait dans le Royaume par un François contre un Etranger, ou par un Etranger contre un Etranger, ce feroit aux Juges des lieux où ces Délits auroient été commis, qu'en appartiendroit la connoiffance, fans que les Accufés puiffent être admis à demander leur renvoi pardevant les Juges de leur domicile.

XV. Enfin, les Exceptions tirées des Attributions particuliéres accordées à certains Tribunaux, concernent finguliérement les Juges qu'on appelle Extraordinaires ; tels que font;

1°. Les Prévôts des Maréchaux pour les cas Prévôtaux, tant par la nature du Crime, que par la qualité des Accufés. *V.* l'art. 12 ci-après, & la Déclaration de Février 1731.

2°. Le Conseil de Guerre & les Prévôts de l'Armée, pour les Délits Militaires. *V.* mes Inftitutes au Droit Criminel, Part. Ire, où font rapportés les Edits attributifs de cette Jurifdiction.

3°. Les Juges de l'Amirauté pour les Délits Maritimes, c'eft-à-dire, ceux qui font commis, tant fur Mer que fur les Côtes, pour fait de Marchandifes & de Pêcheries; & pour les malverfations commifes par les Officiers dépendans de cette Jurifdiction. *V.* Ordonnance de la Marine de 1681, Liv. 1, tit. 2, art. 10. *V.* auffi mes Inftitutes au Droit Criminel. *ibid.*

4°. MM. les Maréchaux de France, fur le fait du Point d'honneur. *V.* les Edits d'Attribution rapportés aux Inftit. du Droit Criminel. *ibid.*

5°. Les Officiers des Troupes Suisses, pour les Crimes commis par ceux de cette nation qui fervent en France. *V.* auffi les Inftitutes au Droit Criminel à ce fujet. *ibid.*

6°. Les Juges de la Monnoie, pour les Crimes de Fauffe-monnoie & autres, commis dans les Hôtels des Monnoies. *V.* l'Edit de Création du mois de Janvier 1559. *V.* Constant en fon Traité.

7°. Les Juges de la Connétablie, pour les Fautes, Crimes, abus & malverfations commifes par les Prévôts des Maréchaux, Vice-Baillifs & Vice-Sénéchaux, leurs Lieutenans, Affeffeurs, Lieutenans Criminels de Robe-Courte, Chevaliers du Guet, Officiers de leur Compagnie en exercice & fonctions de leurs Charges, état & commiffion; comme auffi pour les excès & rébellions à eux faites, & à ceux par eux appellés en aide de Juftice. *V.* l'art. 11 des anciens Articles fondamentaux de cette Jurifdiction, enregistrés en la Cour, & publiés en la Communauté des Avocats & Procureurs, dits vulgairement l'Ordonnance de 1356. V. Neron, pag. 1078 de l'édition de 1666, & pag. 750 de l'édition de 1685, où ces articles sont rapportés.

8°. Les Juges de l'ÉLECTION, pour Délits & excès commis contre les Collecteurs des Tailles, Préposés ou Employés à la Ferme des Aydes, à l'occasion de leurs fonctions. V. l'Ordonnance du mois de Juillet 1681, tit. dernier, art. 36. A l'égard des Délits & malversations des Commis aux Aydes, Fausses-marques dans la levée des Droits du Roi; la connoissance en est spécialement réservée par l'art. 35 de la même Ordonnance de 1681, aux Juges Royaux à l'exclusion de tous autres, lorsque ces Délits sont commis dans l'étendue de leur ressort.

9°. Les Juges des GRENIERS A SEL, pour le faux Saonage. V. l'Ordonnance de Mai 1680, tit. 18 & 19.

10°. Les Juges des EAUX ET FORESTS, pour les Délits incidens à la Chasse ou à la Pêche, ou à la vente des Bois du Roi. V. l'Ordonnance d'Avril 1669, tit. 1, art. 7. Par *Délits incidens*, il faut entendre ceux qui sont faits à l'instant même de la Chasse ou de la Pêche, & non après un certain intervalle; c'est ce qui a été jugé par un Arrêt de la Tournelle du 18 Juillet 1742, qui, sur les Conclusions de M. d'Ormesson, pour lors Avocat Général, a déclaré nulle une procédure faite dans une Maîtrise particulière des Eaux & Forêts, pour raison d'un fait d'injure arrivé à l'occasion de la Pêche, sur le fondement que la plainte n'avoit été rendue que l'après-dîner, & que la Pêche avoit été faite le matin.

11°. Le GRAND PRÉVÔT DE L'HÔTEL, pour les Délits commis dans les Maisons Royales, & à la suite de la Cour. V. les Edits de François Ier. en Juillet 1522, & en Juin 1544.

12°. Le LIEUTENANT GÉNÉRAL DE POLICE, pour Crimes de Maquerelage & Prostitution publique. V. Déclaration du 26 Juillet 1713, registrée le 9 Août suivant; mais il faut pour cela qu'il ait informé & décrété avant le Lieutenant Criminel, ou le même jour.

13°. Le PRÉVÔT DES MARCHANDS, pour les Délits commis par les Marchands & leurs Commis, au fait de la marchandise, & par les Officiers de Police en l'exercice de leurs Charges; comme aussi pour les Rixes & querelles entre les Batelliers & autres gens établis sur les Ports de la Ville de Paris & Rivieres navigables y affluantes. *V.* l'Ordonnance de la Ville, en Décembre 1672.

14°. Les Juges de la CONSERVATION DE LYON, pour les Délits concernant le négoce. *V.* l'Edit de Réglement du mois de Juillet 1669.

15°. Les PRIMATS, ARCHEVESQUES, EVESQUES, ABBÉS, & même plusieurs CHAPITRES qui connoissent par leurs Officiaux, des Délits commis par les Ecclésiastiques, tant pour ce qui concerne les fonctions de leur Ministere, qu'en tout autre cas où il ne s'agit que du Délit commun, & conjointement avec le Juge Royal, lorsqu'il s'agit de Délits privilégiés. *V.* ci-après, Partie troisiéme de l'*Instruction conjointe.*

16°. Les COMMISSAIRES DU CONSEIL, qui sont établis à Valence pour instruire & juger en dernier ressort, les Procès criminels des Contrebandiers, Employés infidéles, & ceux des Faussoniers & Complices dans les Provinces de Dauphiné, Provence, Languedoc, Lyonnois, Bourgogne, Auvergne, Quercy. *V.* les Arrêts du Conseil, portant création de ces sortes de Commissions.

17°. Enfin, l'on peut ranger dans la même Classe, le Privilége de certaines UNIVERSITÉS du Royaume, qui ont la Jurisdiction Civile & Criminelle sur leurs Membres, notamment celle de Besançon, qui y a été confirmée expressément par un Arrêt du Conseil du 19 Mai 1697, rendu entre cette Université, & le Parlement. Par cet Arrêt, il a été décidé que cette Université jugeroit en dernier ressort, & que ses Jugemens seroient exécutés dans toutes les actions criminelles qui n'emporteroient peine afflictive & infamante, même lorsqu'il s'agiroit de la Prison de quelques jours à l'égard de ses Suppôts, & dans la Ville seulement; & que quand il y auroit des peines afflictives & infamantes, le Recteur de l'Université en connoîtroit seulement en premiere Instance, conjointement avec le Lieutenant Criminel du Baillage de Besançon, à la charge de l'appel au Parlement.

XVI. AU reste, il faut remarquer que dans l'Instruction Criminelle qui se fait par ces différens Juges extraordinaires, ils sont tenus de se conformer, comme les autres, à la procédure prescrite par la présente Ordonnance, à l'exception seulement des Juges Militaires qui ne l'observent que dans les actes les plus essentiels. *V.* art. 1, tit. 1 de l'Ordonnance de 1667.

§. II.

§. II.

L'Accusé y sera renvoyé, si le renvoi en est requis.

SOMMAIRE.

I. *Exception à la régle établie en faveur du Juge du lieu du Délit.*
II. Quid, *si le renvoi n'étoit point requis?*
III. *Juge notoirement incompétent, est-il tenu de renvoyer sans être requis?*
IV. *Plusieurs exemples d'incompétence notoire & absolue.*
V. *Arrêt de la Cour contre le Juge de Saumur.*
VI. *Juge du domicile, doit être préféré après celui du lieu du Délit.*
VII. *Exemples en faveur de celui de la Capture.*
VIII. *Autres Exemples en faveur du Juge de l'origine de l'Accusé.*
IX. *De combien de manieres peut être fait le renvoi?*
X. *De combien de manieres les renvois peuvent être demandés?*

I. NOUS venons de voir dans la premiere Partie de cet article, les cas particuliers où l'Accusé pouvoit décliner la Jurisdiction du Juge du lieu du Délit, lorsqu'il est traduit pardevant lui ; nous voyons au contraire dans cette seconde Partie, le cas, où après avoir été traduit pardevant un autre Juge que celui du lieu du Délit, l'Accusé ne peut plus reclamer la Jurisdiction de ce dernier. Ce cas qui forme une nouvelle Exception à la régle générale établie en faveur du Juge du lieu du Délit, a lieu toutes les fois que le Renvoi n'a point été requis, ni de la part de cet Accusé, ni de la part même de ce Juge, qui pouvoit le faire revendiquer par le Procureur du Roi ou Fiscal.

II. EN effet, par ces mots, *si le renvoi en est requis*, l'Ordonnance paroît supposer nécessairement que si ce renvoi n'étoit pas requis, le Juge qui se trouveroit le premier saisi de l'accusation, pourroit s'en retenir la connoissance. Sur quoi il se présente deux Questions importantes qui ont divisé les Auteurs.

La premiere, de sçavoir si le Juge qui seroit notoirement incompétent, devroit ordonner le renvoi, même sans en être requis.

La seconde, en cas de ce renvoi, quel Juge auroit le plus d'aptitude d'en connoître après celui du lieu du Délit ; seroit-ce celui du Domicile, ou celui de la Capture, ou enfin celui de l'Origine de l'Accusé?

III. Ce qui paroît d'abord former quelque doute sur la premiere Question, c'est la maxime établie par la Déclaration du mois de Février 1731, art. 21, qui enjoint à tous Juges de procéder à l'information, au decret & même à l'interrogatoire des Accusés, sauf, après cette instruction, à avertir les Juges qui doivent connoître du Crime. Mais quelque générale que paroisse la disposition de cet article, qui ajoute à celle de l'art. 16 du présent Titre de l'Ordonnance, suivant lequel il n'y a que les Juges des lieux, & encore dans le seul cas du Flagrant-délit, qui puissent procéder à l'information, au decret & à l'interrogatoire des Accusés dont ils ne peuvent connoître; il est certain qu'elle ne doit s'entendre qu'avec cette modification particuliére, que ce Juge des lieux soit d'ailleurs par sa qualité disposé à devenir compétent, dans le cas où il n'y auroit point de renvoi requis. Aussi voit-on que ce même article 21 de la Déclaration de 1731, regarde spécialement les Prévôts Royaux & les Juges des Seigneurs, lesquels sont d'ailleurs autorisés à connoître des cas Royaux & Prévôtaux en de certains cas, & notamment dans ceux marqués par l'article 10 de la même Déclaration.

IV. Mais, si au contraire l'incompétence de ce Juge étoit tellement absolue, qu'il n'eût aucune aptitude à devenir compétent, comme par exemple, si ce Juge n'étoit ni le Juge du lieu du Délit, ni celui du Domicile ou de la Capture de l'Accusé; ou bien si le Délit dont il voudroit connoître, l'intéressoit personnellement; si c'étoit un moyen & bas Justicier, ou un Juge-Consul; si un Prévôt Royal vouloit connoître des Crimes commis par des Gentilhommes, Officiers de Judicature dans leurs fonctions; si de simples Juges d'Attribution vouloient s'ingérer à connoître d'un Délit qui ne seroit pas incident aux matieres dont la connoissance leur est attribuée par les Edits de leur création : dans tous ces cas, & autres semblables que nous aurons lieu de remarquer dans la suite, il paroît que non-seulement ces Juges devroient ordonner le renvoi, sans attendre qu'ils en fussent requis, mais que les procédures qu'ils feroient en conséquence de la plainte, seroient radicalement nulles, comme n'ayant pû recevoir l'impression de cette autorité nécessaire pour les rendre juridiques aux termes des Ordonnances; & cela quand même les Parties se seroient soumises volontairement à leur Jurisdiction; parce que la compétence en matiere Criminelle est de Droit public, &

qu'il n'en est pas, comme des Civiles, où les Parties peuvent proroger la Jurisdiction par leur fait.

V. C'est sur ce fondement, que par Arrêt du 26 Fév. 1678, le Parlement de Paris a déclaré nulle la procédure Criminelle faite par le Juge de Saumur, & a ordonné que cette procédure seroit recommencée par celui de Douay, aux frais & dépens de ce premier. Cet Arrêt est rapporté par l'Auteur, *De la maniere de poursuivre les Crimes &c.* qui est aussi du même sentiment. Cependant il faut convenir que ce sentiment n'est pas généralement reçu; Rousseau de la Combe prétend entr'autres, que cette nullité ne pourroit avoir lieu que dans le cas d'une instruction & condamnation par Contumace. Mais comme dans ce dernier cas, le renvoi peut être requis de même que dans le premier, du moins de la part du Juge qui a droit d'en connoître; on ne voit pas sur quoi peut être fondée la distinction que cet Auteur voudroit mettre à cet égard, entre le Procès fait par Contumace, & celui fait contradictoirement avec l'Accusé.

VI. A l'égard de la seconde Question, il paroît qu'on ne sçauroit contester au Juge du *Domicile*, la préférence sur tout autre, après celui du lieu du Délit; & cela par deux raisons.

La *premiere*, que le Crime étant du nombre des actions personnelles, c'est au Juge du Domicile, comme Juge naturel de la personne de l'Accusé, qu'en doit appartenir la connoissance. La *seconde*, c'est que la préférence qui est donnée par l'Ordonnance au Juge du lieu du Délit, n'est elle-même qu'une exception à la maxime générale, *Actor Forum Rei sequitur*, qui faisoit anciennement le Droit commun du Royaume, comme il paroît par l'art. 35 de l'Ordonnance de Moulins, qui après avoir ordonné que la connoissance des Délits appartiendroit aux Juges des lieux où ils auront été commis, ajoute ces termes remarquables; *Et sera tenu le Juge du Domicile, renvoyer le Délinquant au lieu du Délit, s'il est requis*; ensorte que, comme c'est uniquement en faveur du Juge du lieu du Délit que l'Ordonnance a entendu limiter la Jurisdiction du Juge du Domicile, l'on peut dire que le cas de cette exception venant à cesser, les choses retournent naturellement dans leur premier état.

VII. Cependant, quelque favorable que soit ce retour au

Droit commun qui paroît militer en faveur du Juge du Domicile, il faut convenir qu'il y a plusieurs cas où le Juge de la *Capture* paroît devoir lui être préféré. L'on peut en donner les Exemples suivans.

1°. Lorsqu'il s'agit de Délits commis par des Vagabons, Gens sans aveu, Mendians valides, Gens repris de Justice, Gens de Guerre dans leurs marches & autres mentionnés dans l'article premier de la Déclaration du 5 Février 1731.

2°. En fait de Crimes successifs & *continüs*, tels que le Rapt, Port d'armes, Assemblées illicites, dont nous avons parlé ci-devant : ou bien lorsque l'Accusé est trouvé fuyant avec son vol ou autre marque certaine de son Crime, suivant la maxime, *Ubi te invenero, ibi te judicabo.*

3°. En cas de *Duel*, suivant la Déclaration du 30 Décembre 1679, servant d'ampliation à l'Edit du Duel, qui veut que celui des Juges auxquels la connoissance de ce Crime est attribuée par cet Edit, qui arrête le premier les Accusés, en connoisse par préférence aux autres Juges.

4°. Enfin, le Juge de la Capture a le droit de se retenir la connoissance de l'Accusé, lorsqu'après avoir averti le Juge du lieu du Délit ou celui du Domicile, d'envoyer querir cet Accusé, ceux-ci refusent ou négligent de le faire ; il y est autorisé expressément par l'art. 14 du Tit. 1. de la Coutume de Bretagne.

VIII. POUR ce qui concerne le Juge de l'*Origine* de l'Accusé, ce n'est que subsidiairement & en cas de refus ou de négligence de la part des Juges du Domicile ou de la Capture, qu'il peut devenir compétent en cette matiere. *Publice interest ut hi qui origine vel habitatione sunt subditi, rectè vivant, & ubicumque delinquunt, ab ipsò etiam Præside suo puniantur.* C'est la raison qu'en rend JULES CLARE, d'après la Loi *Congrui*, *ff. de Offic. Præsid. V.* Liv. 5, Quest. 39, n°. 4.

IX. LE RENVOI se fait de plusieurs manieres, ou par le Juge de son propre *mouvement*, lorsqu'il se reconnoit incompétent ; ou sur la Requête de l'*Accusé* ; ou sur celle de l'*Accusateur* ; ou enfin sur la *Revendication* des Juges qui prétendent devoir connoître du Crime. Ce dernier se fait sur le Réquisitoire des Procureurs du Roi, ou de ceux des Seigneurs, ou des Promoteurs des Officialités ; & c'est proprement celui-ci dont l'Ordonnance veut parler dans le préſent article. A l'égard de ceux qui ſe font à la requête de l'Accuſé ou de la Partie plaignante, il en ſera parlé ſur les art. 2 & 3 de ce même Titre.

X. Au reſte, ces Renvois peuvent être demandés diverſement, ou du Juge Royal à un autre Juge Royal, ſoit qu'ils ſoient de la même Province ou de différentes, ou bien du Juge Royal au Juge Eccléſiaſtique, ou du Juge Royal à celui d'un Seigneur Haut-Juſticier, ou enfin du Juge d'un Seigneur à celui d'un autre Seigneur. *V.* au ſurplus l'art. 3, ci-après, ſur le tems & la forme dans laquelle ces renvois peuvent être demandés. *V.* auſſi ſur l'art. 4, la maniere dont ils doivent être ordonnés par le Juge.

§. III.

Même le Priſonnier transféré aux frais de la Partie Civile, s'il y en a, ſinon à nos frais ou des Seigneurs.

SOMMAIRE.

I. *Qu'entend-t-on ſous le nom de* Partie Civile*?*
II. *Pourquoi eſt-elle tenue d'avancer les frais du Procès Criminel?*
III. *Cas où elle en eſt diſpenſée.*
IV. *Pourquoi, à défaut de cette Partie, les frais doivent-ils ſe prendre ſur le Domaine du Roi ou des Seigneurs?*
V. *Cas où le Roi en eſt ſingulièrement tenu.*
VI. *Cas où le Seigneur doit les ſupporter perſonnellement.*
VII. *Différence entre les matieres Criminelles & les Civiles ſur ce point.*
VIII. *Cas particuliers où l'Accuſé eſt tenu d'avancer les frais.*

I. La Partie Civile eſt en matiere Criminelle, ce qu'eſt le Demandeur en matiere Civile. Elle eſt appellée *Civile*, parce qu'elle ne peut conclure qu'à des dommages & intérêts civils pour la réparation du tort qu'elle reſſent du Délit, ſoit dans ſa perſonne, ſoit dans ſon honneur, ſoit dans ſes biens. Quant à la peine de ce Délit, elle ſe pourſuit à la Requête du Procureur du Roi ou de celui des Seigneurs qui ſont chargés du ſoin de la vindicte publique, & qui par cette raiſon ſont regardés comme les véritables Accuſateurs parmi nous. Nous verrons au ſurplus ſous le Titre 3, en quoi cette Partie Civile différe du ſimple Plaignant & du Dénonciateur.

II. La raison qui a fait obliger la Partie civile à avancer les frais de poursuite, c'est que c'est à son profit particulier que doit tourner la condamnation de l'Accusé; & qu'en ne le faisant pas, elle s'exposeroit à tout perdre, par l'effet des Amendes & Confiscations des biens de l'Accusé au profit du Roi, ou des Seigneurs dont il est justiciable.

III. Par ces mots, *s'il y en a*, l'Ordonnance donne à entendre qu'il y a des cas où la poursuite d'un Procès criminel peut se faire sans le concours de la Partie civile. Ces cas sont, lorsque la poursuite se fait par le Procureur du Roi, ou par celui des Seigneurs, sur la plainte ou dénonciation des Particuliers qui ne veulent ou ne peuvent se porter Parties civiles, soit parce qu'ils n'ont aucun dédommagement à espérer de l'Accusé, qui est notoirement insolvable, soit parce qu'ils ne sont pas eux-mêmes en état d'avancer les frais, soit enfin parce que la réparation du Crime intéresse uniquement l'Ordre public.

IV. Dans tous ces cas, comme le Roi doit la Justice à ses Sujets, & que c'est à son profit, ou à celui des Seigneurs dont l'Accusé est justiciable, que doivent tourner les Amendes & Confiscations qui seront prononcées contre l'Accusé; la poursuite doit se faire aux frais du Domaine du Roi, ou bien de celui des Seigneurs dans la Justice desquels le Délit a été commis, conformément à la derniere disposition de cet article.

V. Les cas où cette poursuite doit se faire aux frais du Roi, sont principalement, lorsque le Crime a été commis dans l'étendue d'un Baillage ou Prévôté Royale, ou bien lorsqu'il s'agit d'un Cas Royal, fût-il même commis dans l'étendue de la Justice d'un Seigneur. *V.* art. 11 ci-après.

VI. Au contraire, la poursuite doit se faire uniquement aux frais du Seigneur, toutes les fois qu'il s'agit de Cas *ordinaires* commis dans l'étendue de sa Justice; & cela nonobstant que son Juge auroit été prévenu par le Juge Royal. *V.* Arrêt du Conseil, du 12 Août 1710, qui a confirmé sur ce point l'Ordonnance de Châteaubriant du mois d'Octobre 1565, art. 8. *V.* au surplus les Déclarations & Arrêts du Conseil, dont il fera parlé sur l'article 6 de ce Titre, & sur les articles 16 & 17 du Titre 25.

VII. Au reste, que ce soit à la Requête de la Partie civile ou à celle du Procureur du Roi ou des Seigneurs, que se fasse la poursuite, il est certain, suivant cet article, que l'Accusé n'est point tenu d'en avancer les frais. En quoi l'on remarque une nouvelle différence entre les matieres Criminelles, & les Civiles où le Poursuivant peut se faire rembourser provisoirement les frais qu'il a été tenu d'avancer pour le Défendeur, & même le Prisonnier pour dettes est tenu de payer les frais de sa translation, suivant le Réglement de la Cour, du premier Septembre 1717, art. 24.

VIII. Cependant, comme le privilége de l'Accusé, à cet égard, n'est fondé que sur ce principe d'humanité, qui ne permet pas de l'obliger à concourir lui-même à sa propre condamnation, & comme dit Loisel, *à avancer les verges dont il est battu*; ce privilége doit cesser par conséquent toutes les fois que les frais tendent au contraire à favoriser sa décharge, & à lui faciliter les moyens de faire retomber sur son Accusateur, tout le poids du Jugement criminel. C'est par cette raison, que dans le cas où il s'agit de parvenir à la preuve de ses faits justificatifs, ou des reproches qu'il a fournis contre les Témoins, cet Accusé est tenu d'avancer tous les frais nécessaires à cet effet, comme nous le verrons sur le dernier Titre de cette Ordonnance. *V.* Carondas sur le Code Henry, tit. 6. n°. 8.

Il y a même des Auteurs qui prétendent que l'Accusé qui demande son renvoi avec offre de se faire conduire à ses propres frais, peut être contraint à payer les frais de sa translation. *V.* l'Annotateur d'Imbert, Liv. 3, Chap. 6, qui se fonde sur la disposition de plusieurs Coutumes, notamment de celle de la Marche, Ch. 3, art. 21.

ARTICLE II.

» Celui qui aura rendu sa Plainte devant un Juge, » ne pourra demander le renvoi devant un autre, en» core qu'il soit Juge du lieu du Délit.

Sommaire.

I. Différence entre la procédure Criminelle & la Civile sur ce point.
II. Raison de cette différence.
III. Premiere Exception tirée de l'incompétence absolue du Juge.
IV. Autre Exception. Cas du Flagrant-Délit.
V. Troisiéme Exception ; Revendication de la Partie publique.

I. SUIVANT cet article, la Plainte seule exclud le Plaignant de la liberté de demander le renvoi devant un autre Juge; en quoi l'on voit une différence remarquable entre la Procédure Criminelle & la Civile : dans celle-ci, ce n'est proprement que par le concours des deux Parties, du Demandeur & du Défendeur, que se forme le lien de la Jurisdiction, sans qu'il soit besoin de celui du Juge; au lieu qu'en matiere Criminelle, c'est par l'acceptation que fait le Juge de la Plainte qui lui est déférée, que se forme le Contrat judiciel entre lui & le Plaignant, de maniere que ce dernier ne peut plus dès-lors décliner sa Jurisdiction.

II. La raison de cette différence, c'est qu'en matiere Criminelle, les Parties ne se communiquent rien que par le canal du Juge, & que tout se fait de la Partie au Juge, & du Juge à la Partie ; mais dans les Civiles au contraire, tout se fait de Partie à Partie ; & comme l'intérêt particulier en est le principal objet, il dépend de ces Parties de proroger la Jurisdiction des Juges, ou de s'y soustraire par des Arbitrages & des Transactions.

A quoi l'on peut ajouter, qu'en excluant le Plaignant de la faculté de demander le renvoi après la Plainte reçûe par le Juge, l'Ordonnance a voulu par-là empêcher que l'Accusé ne fût exposé à des vexations de la part de ce Plaignant, qui ne chercheroit le plus souvent à décliner la Jurisdiction du Juge à qui il se seroit d'abord adressé, que pour en choisir un autre qu'il croiroit lui être plus favorable.

III. Il y a cependant trois Cas remarquables, où la rigueur de cette disposition doit cesser : 1°. en fait d'*Incompétence absolue* du Juge qui a reçu la Plainte, comme si, par exemple, il n'étoit ni le Juge du lieu du Délit, ni celui du Domicile, ni de la Capture, ni de l'origine de l'Accusé. Alors pour éviter la nullité de de la Procédure que feroit ce Juge, il n'eſt pas douteux que le Plaignant feroit fondé à demander ſon renvoi, nonobſtant la Plainte, comme l'ayant faite par erreur. Mais comme l'Accuſé ne manqueroit pas de s'oppoſer alors au renvoi, ſur le fondement du préſent article; il paroît que pour faire ceſſer toute difficulté à cet égard, le Plaignant, au lieu d'inſiſter à ce renvoi, feroit beaucoup mieux de ſe déſiſter entiérement de ſa Plainte, avec offre d'en payer les frais, & enſuite en rendre une nouvelle, pardevant le Juge naturel ou de ſon Privilége.

IV. 2°. Dans le cas *du Flagrant-délit*, où la néceſſité obligeant de recourir à l'autorité du Juge le plus prochain, empêcheroit le Plaignant d'uſer de ſon Privilége, & lui ôteroit la liberté néceſſaire pour pouvoir renoncer à un droit qui lui feroit d'ailleurs acquis par ſa Qualité. C'eſt l'eſpece du fameux Arrêt du Parlement de Paris, rendu le 29 Août 1719, toutes les Chambres aſſemblées, par lequel il a été jugé qu'un Conſeiller de cette Cour, qui ayant été inſulté en retournant du Palais, avoit rendu Plainte au moment de cette inſulte pardevant un Commiſſaire du Châtelet, ne s'étoit point exclus par cette Plainte, de la liberté de demander ſon renvoi pardevant le Parlement, comme Juge de ſon Privilége.

Il eſt vrai qu'on pourroit dire, que cet Arrêt étoit fondé d'ailleurs, ſur ce qu'un Commiſſaire du Châtelet n'eſt pas proprement Juge en cette Partie, & qu'en recevant une Plainte, il n'eſt que ſimple Exécuteur d'un Pouvoir qui lui a été délégué par le Lieutenant Criminel du Châtelet; enſorte que ce n'eſt que par l'Ordonnance que ce Lieutenant Criminel met au bas de la Requête, par laquelle on demande la permiſſion d'informer du contenu dans la Plainte, que le Plaignant ſe trouve lié & exclus de la demande en renvoi; qu'en un mot, une Plainte ainſi rendue, ſans la permiſſion du Juge, n'eſt pas tant une Plainte en effet, qu'une eſpece de Procuration ſpéciale, pour rendre Plainte au véritable Juge. Mais ces conſidérations particuliéres ne dérangent point le Principe général que nous venons d'établir, & qui a ſervi principalement de motif à cet Arrêt; ſçavoir, qu'il faut une reconnoiſſance libre & volontaire du Plaignant, pour former ce Contrat judiciel entre lui & le Juge qui reçoit ſa Plainte, & par conſéquent pour l'exclure de la demande en renvoi; enſorte que quand même ce Conſeiller ſe feroit adreſſé directement au

Lieutenant Criminel, il y a lieu de dire qu'il auroit été également admis à reclamer son Privilége.

V. 3°. ENFIN dans le cas de la *Revendication* qui seroit faite par les Procureurs du Roi ou des Seigneurs, comme aussi par les Promoteurs des Officialités; lesquels étant préposés non-seulement pour poursuivre la vengeance publique, mais encore pour maintenir les droits de leurs Jurisdictions, & empêcher que les Parties n'y portent atteinte, sont autorisés, comme nous l'avons dit, à demander le renvoi, & même en tout état de cause, pourvû que ce soit avant le Jugement définitif.

ARTICLE III.

» L'ACCUSÉ ne pourra aussi demander son renvoi
» après que lecture lui aura été faite de la déposition
» d'un Témoin, lors de la Confrontation.

SOMMAIRE.

L'ON vient de voir sur l'article précédent, le cas où le renvoi ne peut être requis par la Partie Plaignante; celui-ci détermine le cas où ce renvoi ne peut plus être demandé par l'Accusé; & il donne à cet égard le même effet à la Reconnoissance tacite, que fait cet Accusé, en souffrant la lecture de la déposition d'un Témoin, lors de la Confrontation, qu'à celle que fait le Plaignant par l'introduction de sa Plainte.

I. LA CONFRONTATION est un Acte de la Procédure

Criminelle, par lequel le Juge présente les Témoins de l'Information à l'Accusé qui est chargé par leurs dépositions, & lui en fait faire lecture en la présence de ces mêmes Témoins, après qu'ils ont été récollés & répétés.

II. En accordant à l'Accusé, la faculté de demander son renvoi, jusqu'au moment de la lecture de la déposition du premier Témoin, l'Ordonnance a modéré la rigueur de l'ancien Droit, suivant lequel l'Accusé n'étoit point reçu à demander le renvoi, dès le moment qu'il avoit subi l'Interrogatoire, sans le demander. Ainsi cette extension étant une grace introduite en sa faveur, il n'est pas douteux qu'il ne puisse être admis à demander ce renvoi en tout tems, pourvû que ce soit avant cette lecture: quoiqu'il sembleroit plus régulier de ne l'admettre qu'après l'Interrogatoire, par la raison que jusqu'à cet Acte, qui forme proprement la contestation en Cause dans cette matiere, il n'est point censé véritablement Accusé.

III. Cependant, il y a un Arrêt de Réglement de la Cour, du 10 Juillet *1666*, pour les Siéges du Ressort, qui porte (art. 8.), que les Juges doivent faire droit sur le renvoi requis par l'Accusé, sans le faire subir Interrogatiore avant que le Déclinatoire ait été jugé, & que faute d'y faire droit dans les trois jours, ils seront tenus des dommages-intérêts des Parties.

IV. Quoi qu'il en soit, il est certain que l'Accusé ne peut être écouté dans sa demande en renvoi, pendant sa Contumace; & qu'il faut nécessairement, pour qu'il puisse y être admis, qu'il se mette en état, ne fût-il même que décrété d'ajournement personnel; cette Maxime est attestée par Carondas sur Liset, Liv. 1, pag. *39*. *V.* aussi l'art. 4, du Titre 25 de la présente Ordonnance.

V. La raison qui a déterminé l'Ordonnance à lui refuser cette même faculté, après la déposition du premier Témoin, paroît fondée non-seulement sur la rénonciation tacite qu'il fait par son silence au droit qu'il avoit de demander son renvoi, ou plutôt sur la reconnoissance présumée qu'il fait par-là de la Jurisdiction du Juge pardevant qui il est traduit; mais encore sur les inconvéniens dangereux qu'il y auroit à laisser à cet Accusé, la liberté de demander son renvoi après cette lecture; qui l'instruiroit du secret de la Procédure.

VI. Mais, si le Juge refusoit de déférer à ce renvoi; que devroit faire alors l'Accusé?

Il faut distinguer : ou ce Juge est évidemment incompétent; alors le parti que devroit prendre l'Accusé pour faire connoître qu'il n'acquiesce point à la Procédure faite par ce Juge, seroit de ne point signer ni répondre, & laisser continuer la Confrontation contre lui, comme Muet volontaire.

Si au contraire l'incompétence de ce Juge n'étoit pas notoire, comme il pourroit arriver que l'Accusé succombât dans la demande en renvoi, & que par ce moyen toutes les Procédures faites par le Juge qu'il voudroit décliner, subsisteroient contre lui; il paroît que dans ce cas, il seroit mieux de répondre & de faire seulement refus de signer.

Au surplus, dans l'un & l'autre cas, il faut qu'il ait soin de faire des Protestations, pour constater qu'il a fait sa demande en renvoi dans un tems utile,& fonder par ce moyen l'appel de Déni de renvoi ou de Juge incompétent, qu'il interjettera dans la suite.

VII. Les appels de Déni de renvoi & d'Incompétence, se jugent au Parquet, par l'avis de MM. les Gens du Roi, suivant la disposition de l'art. 4 du Titre 6 de l'Ordonnance de *1667*, à laquelle il faut avoir recours dans tous les cas de Procédure, sur lesquels l'Ordonnance Criminelle n'a point statué.

VIII. Au reste, quelqu'absolue que paroisse la Régle établie par cet article, elle souffre néanmoins plusieurs Exceptions, & singuliérement dans les trois cas suivans; 1°. en faveur des *Seigneurs*, qui, comme nous l'avons dit, peuvent faire revendiquer par leurs Procureurs en tout état de cause; 2°. en faveur des *Juges Royaux*, qui peuvent également revendiquer en tout tems, lorsqu'il s'agit de Cas Royaux & Privilégiés, ou des Concussions commises par des Officiers Seigneuriaux; 3°. enfin, en cas d'*Incompétence notoire* & absolue, telle que celle dont nous avons parlé ci-devant. D'où il faut conclure que l'exclusion de la demande en renvoi dont il est parlé dans cet article, n'a proprement lieu que contre l'Accusé Privilégié qui a souffert la lecture de la déposition d'un Témoin, lors de la Confrontation,

IX. Le renvoi pourra être demandé, ou verbalement lors de la Confrontation & de l'Interrogatoire, ou bien par un Acte particulier qui sera signifié au Greffe de la Jurisdiction du Juge dont on demande le renvoi, ainsi qu'au Procureur du Roi & à la Partie Civile, s'il y en a.

ARTICLE IV.

» Les premiers Juges seront tenus de renvoyer les » Procès, & les Accusés qui ne seront de leur Compé- » tence, pardevant les Juges qui doivent en connoître, » dans trois jours après qu'ils en auront été requis; à » peine du nullité des Procédures faites depuis la re- » quisition, d'interdiction de leurs Charges, & des dom- » mages & intérêts des Parties qui en auront demandé » le renvoi.

SOMMAIRE.

I. *Cet article ne concerne point le Juge notoirement Incompétent.*
II. *Quid, s'il y a du doute sur la Compétence?*
III. *Demande en renvoi, doit être jugée à l'Audience.*
IV. *Différence entre les Procédures Civiles & Criminelles, faites avant la demande en renvoi.*
V. *Sur quoi est fondée?*
VI. *De quelle maniere le Juge doit procéder sur cette demande?*
VII *Faut recourir à l'Ordonnance Civile pour la Procédure non marquée par la présente Ordonnance.*

Par les articles précédens, l'Ordonnance a fixé un certain terme à la Partie plaignante & à l'Accusé, pour requérir le renvoi; par celui-ci, elle prescrit au Juge un délai pour faire droit sur cette Requisition.

I. Ce délai qui est de trois jours, n'est accordé qu'au Juge qui seroit d'ailleurs Compétent, s'il n'y avoit pas de Requisition; car si son Incompétence étoit absolue, telle que celle dont nous avons donné des exemples sur l'article premier, il n'est pas douteux que ce Juge devroit renvoyer aussi-tôt, sans attendre cette Requisition: par la raison qu'un Juge naturellement Incompétent ne peut jamais devenir Compétent. IMBERT rapporte un Arrêt des Grands Jours, tenus à Poitiers le 19 Septembre 1531, qui ordonne, même au Juge Royal, de faire le renvoi d'un Délit qu'il sçauroit n'être pas Privilégié, & de sa Compétence.

II. Si cependant, il se trouvoit des circonstances particuliéres dans le Titre d'Accusation, qui puissent faire douter à ce Juge Royal, si le Crime est de sa Compétence ou non, il paroît qu'il pourroit, à la faveur de ce doute, poursuivre l'Instruction, même depuis les trois jours prescrits par cet article, & jusqu'à ce que le renvoi ait été requis par l'Accusé ou par le Procureur du Roi, ou des Seigneurs, qui, comme nous l'avons dit, peuvent le requérir en tout état de Cause : ensorte que les Procédures qu'il auroit faites dans cet intervalle, ne laisseroient pas que de subsister.

III. En fixant ce délai à trois jours seulement, l'Ordonnance entend que le Juge procéde sommairement sur la demande en renvoi, c'est-à-dire, qu'il doit la juger à l'Audience, & ne peut en faire la matiere d'un Procès par écrit ; c'est la remarque que fait IMBERT, Liv. 3, Ch. 6, Som. 3. Cependant il *peut ordonner*, ajoute cet Auteur, » *que les Gens du Roi verront les Charges* » *& Informations*, pour venir dire au renvoi avec la Partie Civile » ce qu'il appartiendra ; & après avoir oüi les Parties sur le renvoi, il pourra ordonner qu'il verra les charges & informations » pour y donner son appointement, sans en faire Procès par écrit.

IV. En prononçant la peine de nullité contre les Procédures faites depuis la Requisition, l'Ordonnance suppose nécessairement la validité de celles faites auparavant ; & en cela l'on voit une différence remarquable entre cette Ordonnance, & la Civile qui prononce indistinctement la nullité contre toutes les Procédures faites, même avant la demande en renvoi. *V.* l'art. 1. du Tit. des Fins de non Procéder de l'Ordonnance de 1667.

V. La raison de cette différence paroît fondée, non-seulement sur l'importance & la nécessité qu'il y a de conserver les preuves qui résultent d'une Procédure Criminelle, mais principalement sur ce que la Compétence en ces sortes de matieres, devant se régler par le lieu du Délit, le Juge pourroit prétendre une juste cause d'ignorance; parce que les limites d'une Jurisdiction ne sont jamais si certaines, qu'on ne puisse aisément y être trompé. C'est l'observation que fit M. l'Avocat Général Talon, lors du Procès-verbal de Conférence sur cet article.

VI. Le Renvoi se fait de cette maniere: le Juge, par une Ordonnance particuliere qu'il rend à la suite du premier Interrogatoire ou lors du premier Acte de la Confrontation, ordonne que l'Accusé se pourvoira à l'Audience dans le délai de trois jours, les Parties publiques & civiles appellées à sa diligence, & en conséquence le renvoi sera prononcé, non par le Juge seul de l'Instruction, mais par le Siége entier. Si cependant l'Incompétence de ce Juge étoit notoire, tant par les faits posés dans l'Interrogatoire, que par les Charges & Informations; comme il seroit alors inutile de délibérer à l'Audience sur ce sujet, il paroît que le Juge de l'Instruction pourroit seul ordonner le renvoi, du consentement de la Partie publique.

VII. Au reste, il faut suivre en cela les Procédures marquées par les art. 1 & 3 du Tit. 6 de l'Ordonnance de 1667, à laquelle il faut, comme on l'a dit, avoir recours dans les cas où la forme n'est pas réglée par celle-ci.

ARTICLE V.

» Les grosses des Informations, & autres Piéces & » Procédures qui composent les Procès, ou qui y auront » été jointes; ensemble toutes les Informations, Piéces » & Procédures faites pardevant tous autres Juges con- » cernant l'Accusation, seront portés au Greffe du Juge » pardevant lequel l'Accusé sera traduit, s'il est ainsi par » lui ordonné.

SOMMAIRE.

I. *Déclarations du Roi, qui veulent que les Minutes restent au Greffe.*

II. Quid, *des Minutes des Procédures faites par un Juge Incompétent, ou depuis la Requisition du renvoi.*

III. *Envoi de simples expéditions ne suffit point.*

I. SUIVANT cet article, il n'y a que les Grosses des Informations & autres Procédures, qui composent le Procès, dont l'apport doit être fait au Greffe du Juge pardevant lequel l'Accusé est renvoyé. Par conséquent les Minutes doivent rester au Greffe du premier Juge qui a ordonné le renvoi; c'est aussi ce qui est recommandé expressément par plusieurs Déclarations postérieures à cette Ordonnance; l'une du 15 Juillet 1681, rendue pour le Parlement de Toulouse; une autre du 3 Décembre de la même année, pour celui de Dijon; enfin une troisiéme du 19 Juin 1691, rendue pour tout le Royaume en général.

Suivant ces Loix, les Minutes des Procédures Criminelles doivent demeurer au Greffe des Jurisdictions où elles auront été instruites & jugées, sans qu'en aucun cas les Parlemens puissent en ordonner la remise au Greffe de la Cour, si ce n'est lorsqu'elles sont arguées de faux.

II. Au reste, les précautions marquées par ces Loix, ne regardent proprement que les Minutes des Procédures faites par des Juges qui ne sont pas absolument Incompétens, ou de celles qui ont été faites avant la Requisition du renvoi: car à l'égard de celles faites par des Juges notoirement Incompétens, ou depuis la Requisition du renvoi; comme elles sont radicalement nulles, ni les Minutes, ni les Grosses ne doivent point rester au Greffe; & elles ne peuvent servir tout au plus que de Mémoires au nouveau Juge, pour faire répéter les Témoins oüis dans les Informations.

III. PAR GROSSES *des Informations & autres Piéces &c.* l'on entend des copies informes tirées sur les Minutes certifiées véritables

véritables & signées par le Greffier du Juge qui fait le renvoi. Par conséquent de simples Expéditions sur ces Grosses ne suffiroient pas, comme étant copies de copies.

IV. SUIVANT l'art. 42 du Réglement de la Cour du 11 Juillet 1665, les Greffiers ne peuvent *grossoyer* que les Piéces secrettes ; telles que la Plainte, les Informations, Interrogatoires, Récollemens, Confrontations, Conclusions du Procureur du Roi, Rapports de Médecins & Chirurgiens ; sans pouvoir *grossoyer* les Requêtes, Ordonnances & autres Piéces, servant seulement à l'Instruction, ni les comprendre dans l'exécutoire. Par un autre Réglement du 23 Janvier 1683, il est enjoint aux Greffiers de mettre dans les Expéditions en Parchemin, vingt-deux lignes en chaque page, & quinze syllabes à la ligne, & pour les Expéditions & Grosses en Papier, douze lignes au moins à la page, & huit syllabes à la ligne ; défenses leur sont faites de mettre dans les Grosses qu'ils envérront au Greffe de la Cour, les Exploits d'assignations données aux Témoins, mais seulement inséreront la date d'iceux en la maniere accoutumée ; & même de grossoyer autres Piéces que celles qui seront nécessaires, conformément aux Réglemens antérieurs, dont l'exécution est ordonnée par le même Arrêt, à peine de 200 liv. d'amende.

V. PAR ces mots, *s'il est ainsi ordonné*, l'Ordonnance semble laisser au Juge la liberté de joindre, aux Informations & Procédures qui composent le Procès, celles qui pourroient avoir été faites par d'autres Juges, concernant la même accusation. Ce qui paroît en effet très-sagement établi, pour éviter les frais & les longueurs qu'entraîneroient les Instructions faites séparément & en différens Tribunaux ; sur-tout, s'il falloit que le Juge se transportât sur les lieux pour oüir les Témoins, comme il pourroit arriver en cas de complicité, & toutes les fois que les Crimes seroient accompagnés de certaines circonstances, qui demanderoient une instruction particulière sur les lieux.

VI. AINSI, suivant cette Régle, il paroît que le Juge est autorisé à connoître, non-seulement des Délits commis dans l'étendue de sa Jurisdiction, mais encore de tous ceux que l'Accusé pourroit avoir commis dans d'autres Jurisdictions, soit que ces Jurisdictions soient inférieures à la sienne, soit qu'elles en soient indépendantes. Cependant cela ne doit s'entendre que sous les deux modifications suivantes.

VII. La premiere, que le dernier Crime soit une suite, ou du moins qu'il ait quelque connexité avec les précédens, comme en fait d'accusation de Faux incident, Subornation de Témoins &c. *ne dividatur continentia causæ.* Car il n'y a que les Parlemens qui puissent faire les Procès par *Accumulation* de différens Crimes, c'est-à-dire, qui puissent évoquer les Procédures faites pardevant d'autres Juges, pour raison de différens Crimes.

VIII. La seconde, qu'il n'y ait point d'Information faite par les Juges des autres Jurisdictions qui seroient indépendantes de la sienne; parce que c'est un principe certain en cette matiere, qu'un Accusé ne peut être poursuivi pour les mêmes Crimes dans deux Jurisdictions ordinaires. Il faudroit donc dans ce cas, se pourvoir au Parlement, pour régler à qui resteroit la connoissance du tout. C'est la voie qui est indiquée par l'art. 17 de la Déclaration de Février 1731, que nous aurons lieu de rappeller sous le Titre suivant.

IX. Mais si les Crimes sont différens & ont été commis en différentes Jurisdictions, où l'Accusé seroit poursuivi en même-tems, à quel Juge doit rester la préférence?

Il paroît qu'il faut considérer la Qualité des Crimes & celle des Tribunaux où ils sont poursuivis; comme *v. g.* si l'un des cas est Royal, il doit l'emporter sur celui qui n'est qu'ordinaire. *Per minorem causam majori cognitioni præjudicium fieri non opportet, major enim Quæstio minorem ad se trahit*; L. 54, ff. *de Judiciis.* S'ils sont tous deux ordinaires, on doit préférer la Jurisdiction la plus noble: ainsi, lorsqu'il y a contestation entre un Juge Royal & un Juge de Seigneur sur la nature du Crime, pour sçavoir s'il est Cas Royal ou non, le Juge Royal doit en connoître par main Souveraine; c'est la remarque de Chopin, *de Doman. lib.* 2, *cap.* 8. Enfin, si les Jurisdictions sont égales, c'est le Juge le plus diligent à informer, qui doit être préféré.

X. Mais si ces deux Jurisdictions indépendantes, étoient différentes par leur nature, c'est-à-dire, si l'un des Juges étoit ordinaire & l'autre extraordinaire, lequel des deux devroit l'emporter?

Ayraut qui se fait cette question, Liv. 3, art. 3 de son *Ordre Judiciaire*, décide qu'il n'y auroit point alors de préférence, mais que l'Instruction pourroit se faire en même-tems dans l'une & l'autre de ces Jurisdictions, comme n'ayant, dit-il, rien de commun entr'elles. Cependant, plus haut, ce même Auteur établit pour maxime, que si l'Accusé étoit détenu Prisonnier dans un autre lieu que celui du Siége des deux Jurisdictions, les Instructions qui se feroient dans l'une & l'autre, ne pourroient être en même-tems exécutées, attendu que l'Accusé ne pourroit se reproduire. Il paroît donc en ce cas, que l'on pourroit instruire le Procès à cet Accusé par Contumace dans la Jurisdiction où il ne seroit pas Prisonnier, & l'on se fonde sur ce que suivant l'art. 1 du Tit. 11 de cette Ordonnance, la détention en Prison étrangere ne peut être proposée, comme un Exoine valable.

XI. Pour l'Exécution du présent article, le Juge aura soin d'insérer dans le Jugement de Renvoi, la clause que les charges & informations par lui faites ou jointes, concernant l'accusation, seront portées au Greffe du Juge où l'Accusé est renvoyé. Le Greffier qui aura satisfait à cette clause de l'article, prendra un Certificat du Greffier auquel il aura remis les charges & informations, & il s'adressera en conséquence au Juge qui aura ordonné le renvoi, pour avoir exécutoire.

Par un Arrêt de Réglement de la Cour du 20 Mars *1690*; il est dit, que, ceux qui ameneront des Prisonniers en la Conciergerie du Palais, prendront leur décharge au Greffe de la Geole, pour la remettre dans le mois, ès mains des Greffiers des Siéges & Jurisdictions des Prisons auxquelles lesdits Prisonniers auront été transférés, & que ceux qui transféreront des Prisonniers de ladite Conciergerie, seront tenus de rapporter dans le mois au Greffe de ladite Geole, un Certificat des Geoliers des Prisons desdits Siéges, visés par le Juge de la Prison, & du Substitut du Procureur Général du Roi, ou du Procureur Fiscal, faisant mention du jour que lesdits Prisonniers auront été amenés dans leurs Prisons, pour être ledit Certificat remis ès mains du Procureur Général du Roi, le tout à peine de 50 liv. d'amende contre les Messagers & Conducteurs.

Par un autre Arrêt du *9* Août *1737*, la Cour ordonne que les Ordonnances, Edits, Déclarations & Arrêts de Réglement concernant les Messageries, seront exécutés, & en conséquence maintient les Fermiers des Coches, Carrosses & Messageries, leurs sous-Fermiers & Préposés, dans le droit de se charger, à l'exclusion de tous autres, de tous les Prisonniers qui se trouveront dans l'étendue du Département de leurs Messageries, dont la translation & le renvoi conviendront être faits d'un Siége à un autre, où dans la Conciergerie du Palais ou ailleurs, ainsi que des Procès Civils & Criminels, dont le transport sera ordonné. Enjoint aux Greffiers de leur remettre lesdits Prisonniers & Procès, en se chargeant par lesdits Fermiers, dans la forme portée par les Edits & Réglemens, avec défenses à toutes personnes d'entreprendre sur le droit desdits Fermiers, à peine d'être responsables des droits & émolumens qui leur auroient appartenus; comme aussi à tous Greffiers, de délivrer aucun Prisonnier ou Procès à d'autres qu'auxdits Fermiers, ni donner Exécutoire sur les peines portées par les Edits & Réglemens.

Les Edits & Réglemens dont il est ici parlé, sont les Edits & Déclarations de Janvier 1575, Novembre 1576, l'Arrêt de la Cour du 15 Avril 1642, les Arrêts du Conseil d'Etat des 25 Juin 1678, & 23 Août 1690.

Voyez au surplus les art. 6, 11 & 14 du Tit. 26, par rapport à l'envoi de l'Accusé & de son Procès sur l'appel, & au payement des salaires de ceux qui en sont chargés.

ARTICLE VI.

» LES frais pour la Translation du Prisonnier, & le » port des Informations & Procédures, seront faits par » la Partie Civile, s'il y en a; sinon par le Receveur de » notre Domaine, ou du Seigneur de la Jurisdiction qui » en devra connoître : & pour cet effet, sera délivré » exécutoire par le Juge qui en aura ordonné le renvoi, » ou le port des charges & informations.

SOMMAIRE.

I. *Disposition de cet article, ajoute à celle du premier de ce Titre.*

II. *Comment est-il pourvû au remboursement des frais de Translation & Port des Charges?*

III. Quid, *en cas de l'insolvabilité de la Partie Civile?*

IV. Quid, *en cas de simple refus ou négligence de cette Partie Civile?*

V. *Plusieurs Déclarations & Arrêts du Conseil, concernant les frais qui doivent être payés sur le Domaine du Roi ou des Seigneurs.*

I. PAR cet article, après avoir renouvellé la disposition du premier de ce Titre, qui charge la Partie Civile, & à son défaut, le Domaine du Roi ou des Seigneurs, des frais de la Translation de l'Accusé qui est renvoyé, l'Ordonnnance en ajoute deux autres, relatives au même objet. L'une, par laquelle elle veut que dans ces frais, soient aussi compris ceux du Port des charges & informations. L'autre, par laquelle elle prescrit la maniere dont le Juge qui ordonne le renvoi, doit pourvoir au Remboursement de ces frais.

II. CE Remboursement doit se faire en vertu d'un Exécutoire qui sera délivré par ce Juge; d'abord contre la Partie Civile, & s'il n'y en a point, contre les Receveurs ou Engagistes du Domaine, lorsqu'il s'agira d'un Cas Royal, ou même d'un Cas ordinaire arrivé dans le Ressort de la Jurisdiction des Juges Royaux; ou bien contre les Seigneurs Hauts-Justiciers, lorsqu'il s'agira d'un Cas ordinaire arrivé dans l'étendue de leurs Justices, soit qu'ils en ayent connu aussi-tôt, soit qu'ils se soient laissés prévenir par les Juges Royaux, comme nous l'avons remarqué d'après l'Ordonnance de Châteaubriant & l'Arrêt du Conseil du 12 Août 1710.

III. IL y a plus, nous verrons sur l'art. 17 du Tit. 25 de la présente Ordonnance, que l'Exécutoire peut encore être décerné contre les Fermiers ou Engagistes du Domaine du Roi ou des Seigneurs, dans le cas même où il y auroit une Partie Civile, si cette Partie Civile n'étoit pas en état de satisfaire à l'exécutoire qui seroit décerné contr'elle, & même sur le simple refus ou négligence de sa part, d'avancer ces frais.

IV. C'EST aussi par une suite de la même précaution, que la Déclaration du 12 Juillet 1687, veut que les Exécutoires qui sont décernés pour les frais de Translation & autres *urgens & nécessaires*, soient payés sur le champ, sans attendre qu'ils ayent été visés par les Intendans & Commissaires départis dans les Provinces, à la charge par les Fermiers du Domaine, de les faire viser dans l'espace de trois mois après qu'ils auront fait le payement.

V. IL faut voir au surplus, par rapport aux frais qui doivent être payés sur le Domaine du Roi ou des Seigneurs, les Arrêts du Conseil des 26 Octobre & 25 Novembre 1683, 5 Mai 1685,

23 Octobre 1694, 12 Août 1710, 24 Novembre 1733, & la Déclaration du 4 Janvier 1734.

Toutes ces différentes Loix, que nous aurons lieu de rappeller sur l'art. 17 du Tit. 25 de cette Ordonnance, contiennent des Réglemens particuliers, dont les uns déterminent la *Qualité des frais* qui doivent ou ne doivent pas être compris dans les exécutoires; les autres, la *Qualité* des *Crimes*, pour lesquels ces exécutoires peuvent être délivrés; enfin les derniers, la *Maniere* de parvenir au payement de ces exécutoires sur les Receveurs du Domaine, & *Celle* dont ces Receveurs peuvent parvenir eux-mêmes, ainsi que les Parties Civiles, au recouvrement des frais par eux avancés.

ARTICLE VII.

» NOS Juges n'auront aucune Prévention entr'eux;
» au cas néanmoins que trois jours après le Crime com-
» mis, nos Juges ordinaires n'ayent informé & décrété,
» les Juges Supérieurs pourront en connoître.

SOMMAIRE.

I. *Qu'entend l'Ordonnance par ces mots, nos Juges?*
II. Quid, *par ceux de* Juges Ordinaires?
III. Quid, *par ceux de* Juges Supérieurs?
IV. *Concurrence entre les Juges Royaux, ce que c'est.*
V. *Pourquoi n'y a-t-il point de Prévention entre les Juges Royaux?*
VI. *Mais seulement Préférence & Dévolution?*
VII. *En quel cas la Dévolution a lieu en faveur des Cours Supérieures?*

I. PAR ces mots, *nos Juges*, l'Ordonnance veut parler en général, tant des Baillifs & Sénéchaux, que des Prévôts Royaux.

II. SOUS le nom de *Juges Ordinaires*, sont compris seulement les Prévôts Royaux, qui sont connus en de certaines Provinces sous les noms de *Châtelains*, *Viguiers*, *Vicomtes*, *&c.*

III. Enfin par *Juges Supérieurs*, dont il est parlé à la fin de cet article, l'on doit entendre les Baillifs & Sénéchaux, parce que c'est devant ceux-ci que se porte l'appel des Juges ordinaires, qui pour cela sont appellés *Juges-Royaux Subalternes.*

En excluant toute Prévention entre les Juges Royaux, tant Subalternes que Supérieurs, l'Ordonnance paroît supposer nécessairement la Concurrence entre ces différens Juges, de maniere que si elle permet aux Juges Supérieurs de connoître des Crimes trois jours après qu'ils sont commis dans l'étendue du Ressort du Juge-Royal Subalterne, l'on peut dire que c'est moins par l'effet de la Prévention, que par une espece de *Dévolution* qui s'opére en leur faveur, par la négligence de ces derniers à informer & décréter l'Accusé, semblable à peu près à celle dont il est parlé dans le Droit Canonique, sous le Titre de *supplenda negligentia Prælatorum.*

IV. La Concurrence, suivant les Auteurs, est le droit qu'a un Juge de pouvoir connoître d'un Crime en même tems qu'un autre. La Prévention au contraire, est le droit qu'a un Juge de pouvoir attirer à soi la connoissance d'un Crime, parce qu'il en a connu le premier.

V. La Raison qui a fait exclure la Prévention entre les Juges Royaux, paroît fondée sur ce que le Pouvoir des uns & des autres prenant sa source dans la même autorité, ils doivent par conséquent marcher d'un pas égal dans l'administration de la Justice, suivant la maxime, *par in parem non habet imperium.*

VI. Aussi voit-on, que dans tous les cas où l'Ordonnance donne quelqu'avantage aux Baillifs & Sénéchaux sur les autres Juges Royaux, elle ne se sert jamais du mot de *Prévention*, mais de celui de *Préférence* : c'est ainsi qu'elle s'explique entr'autres sur l'art. 15 de ce Titre, relativement aux Prévôts des Maréchaux. C'est par la même raison, qu'à la fin du présent article, elle se contente de dire, que les Juges Supérieurs *pourront en connoître,* & qu'elle ne dit point qu'ils *pourront prévenir*, comme elle fait sur l'art. 9 ci-après, relativement aux Juges des Seigneurs.

VII. La Dévolution, qui se fait des Juges-Royaux Subalternes au profit des Supérieurs après les trois jours n'étant donc, comme on vient de l'observer, qu'une punition de leur négligence; il s'ensuit, par une conséquence naturelle du même principe, que s'il arrivoit que ces Juges Supérieurs fussent eux-mêmes négligens à instruire des Crimes après ce même délai, ce seroit aux Cours Supérieures, que cette connoissance seroit dévolue. Ce qui devroit avoir lieu sur-tout, s'il s'agissoit de Crimes atroces, & qui méritassent une punition exemplaire.

ARTICLE VIII.

» CE que nous entendons avoir lieu entre les Juges » des Seigneurs, encore que celui qui auroit prévenu, » fût Juge Supérieur, & de Ressort de l'autre.

SOMMAIRE.

I. *Dévolution n'a lieu entre les Juges de Seigneurs, comme entre Juges Royaux Subalternes.*

II. Quid, *de deux Seigneurs Hauts-Justiciers qui auroient partagé entr'eux une Terre?*

III. Quid, *de deux Seigneurs qui posséderoient une même Terre par in-divis?*

IV. Quid, *si par le partage il avoit été convenu que la portion de l'un, releveroit de celle de l'autre?*

I. PAR cet article, l'Ordonnance exclud la Prévention entre les Juges des Seigneurs, comme elle a fait par le précédent, entre les Juges Royaux; avec cette différence néanmoins qu'elle n'admet, à l'égard des Juges des Seigneurs, aucune Dévolution du Juge Subalterne au Juge Supérieur de son Ressort.

II. A plus forte raison, cette Dévolution ne pourroit-elle avoir lieu dans le cas où deux Seigneurs Hauts-Justiciers d'un même lieu, auroient partagé entr'eux un Domaine & ses dépendances, & que l'un d'eux auroit commis un Crime dans la portion de l'autre; il est certain, par une suite du principe établi par la premiere disposition de cet article, que le Juge de celui dans le Ressort duquel le Crime auroit été commis, n'en pourroit pas connoître à cause de l'égalité du Pouvoir qui se trouve entr'eux; *Quia par in parem non habet imperium*: c'est la raison qu'en rend JULE CLARE, Quest. 38, n°. 3. Par conséquent ce seroit incontestablement au Juge Royal du Ressort à en connoître.

III. IL en seroit de même, si ces deux Seigneurs possédoient ce Domaine par *indivis*, parce qu'alors ils seroient censés n'avoir tous deux qu'un même Juge.

IV. MAIS, si par le Partage qui auroit été fait de la Terre, il avoit été convenu, que la portion de l'un releveroit de celle de l'autre, & que celui qui seroit le Vassal eût commis le Crime dans la portion de l'autre; il paroît que le Juge dont releveroit le Délinquant, seroit fondé à connoître de son Délit, & qu'on ne pourroit alors argumenter de la derniere Disposition de cet article, laquelle ne peut avoir lieu que pour empêcher la Dévolution d'un Juge de Seigneur Subalterne à un Juge Supérieur du même Seigneur, & non point pour exclurre le Juge d'un Seigneur Suzerain, de la connoissance d'un Délit commis par un autre Seigneur qui lui seroit Subalterne.

ARTICLE IX.

» NOS Baillifs & Sénéchaux ne pourront prévenir les
» Juges Subalternes, & non Royaux de leur Ressort,
» s'ils ont informé & décrété dans les vingt-quatre
» heures après le Crime commis. N'entendons néan-
» moins déroger aux Coutumes à ce contraires, ni à
» l'usage de notre Châtelet de Paris.

SOMMAIRE.

I. *Différence entre les Juges Subalternes Royaux, & les Juges Subalternes non Royaux.*
II. *Autre Différence entre ces mêmes Juges.*
III. *Exception en faveur de certaines Coutumes.*
IV. *Autre Exception en faveur de l'Usage du Châtelet.*
V. *Raisons qui ont déterminé l'établissement de la Prévention des Juges Royaux, sur ceux des Seigneurs.*
VI. *Prevôts Royaux n'ont la Prévention sur les Juges des Seigneurs, & pourquoi?*
VII. *Coutumes particulieres qui leur attribuent ce Droit.*
VIII. *Faut-il que le Décret soit signifié & exécuté dans les vingt-quatre heures?*
IX. *Lettre de M. le Chancelier de Ponchartrain à ce sujet.*

CET ARTICLE contient trois Dispositions.

I. PAR la premiere, l'Ordonnance accorde aux Baillifs & Sénéchaux, la Prévention sur les Juges Subalternes non Royaux, ou autrement *les Juges des Seigneurs*, & elle met en cela une Différence remarquable entre ces derniers; & les Juges Subalternes Royaux sur lesquels la Prévention ne peut avoir lieu, comme nous l'avons vû sur l'article 7.

II. PAR la seconde, elle suspend l'exercice de cette Prévention jusqu'après les vingt-quatre heures qui sont accordées aux Juges Seigneuriaux pour informer & décréter. C'est encore une Différence que cet article établit entre ces derniers, & les Prévôts Royaux à qui le même article 7 accorde un délai de trois jours, pour procéder à cette instruction, avant que les Baillifs & Sénéchaux en puissent connoître.

III. ENFIN, la troisiéme Disposition contient deux Exceptions à la seconde. L'une, en faveur de certaines Coutumes qui admettent en tout tems la Prévention des Baillifs & Sénéchaux sur les Juges Seigneuriaux. De ce nombre sont entr'autres, celles de Vermandois, de Senlis, de Poitou, de Touraine, du Maine & d'Anjou.

IV. L'AUTRE Exception, est en faveur du Lieutenant Criminel du Châtelet, qui est confirmé dans l'Usage de prévenir pareillement en tout tems, les Juges des Seigneurs Hauts-Justiciers qui ont leur Jurisdiction dans l'étendue de la Ville & Fauxbourgs de Paris, tels que ceux des Baillages de Saint Germain-des-Prés, de l'Archevêché, du Chapitre Notre-Dame, du Temple, de Saint Jean de Latran, de Saint Martin-des-Champs. Il y avoit plusieurs autres Justices Subalternes dans l'Enceinte de la même Ville, qui ont été réunies au Châtelet par Edit du mois de Février 1674, peu de tems après l'Ordonnance; & par le même Edit, les Baillages dont nous venons de parler, n'ont conservé la Justice que dans leur Enclos.

V. L'ON a fort agité, lors du Procès-verbal de Conférence sur cet article, la Question de sçavoir, si la Prévention devoit être admise contre les Juges des Seigneurs. L'on observa d'abord en leur faveur, que leurs Jurisdictions avoient toujours été réputées patrimoniales en ce Royaume, depuis la Concession qui leur en avoit été faite par nos Rois; qu'elles avoient été reconnues pour telles par plusieurs Ordonnances & Déclarations; que d'ailleurs la Prévention étoit par elle-même contraire, non-seulement au Droit Commun de la France, mais encore à la Dispoſition du Droit Romain, & même du Droit Canonique. Mais l'on convint en même-tems, qu'il falloit mettre une grande différence ſur ce point entre la Juſtice Civile & la Criminelle : qu'à l'égard de la *Civile*, elle avoit pû paſſer pour patrimoniale, & que c'étoit-là le fondement de toutes les Loix & les Ordonnances qu'on alléguoit en leur faveur, Loix qui d'ailleurs avoient été entamées pluſieurs fois par des *Committimus* & autres Priviléges : mais quant à la *Criminelle*, qu'elle étoit d'une nature bien différente : que la véritable propriété de cette Juſtice qui s'appelloit *Jus Gladii*, étoit un droit de ſang ſur les Sujets du Roi, réſident à proprement parler, en la main de S. M. qui le communiquoit à ſes Officiers ; que d'ailleurs l'expérience journaliere démontroit que l'Etat & le Public trouvoient pluſieurs avantages dans cette Prévention, en ce que la plûpart des Juges des Seigneurs étant ſans capacité, les Crimes demeuroient impunis, ou par leur foibleſſe, ou par l'autorité des Seigneurs dont ces Juges dépendoient : & qu'en un mot la Juſtice étoit incomparablement mieux rendue, & avec plus de ſécurité & de décence par les Juges Royaux. Ce furent ces dernieres raiſons qui l'emporterent, & déterminerent enfin l'établiſſement de la Prévention des Baillifs & Sénéchaux ſur les Juges des Seigneurs, telle qu'elle eſt portée par le préſent article.

VI. LA Raiſon principale, qui ſemble avoir déterminé la Prévention ſur les Juges des Seigneurs, étant fondée ſur ce que le Droit de Juſtice eſt un Droit *Régalien*, il paroit que les Prévôts Royaux devroient auſſi avoir la Prévention ſur ces Juges. L'on trouve en effet pluſieurs Arrêts du Parlement de Paris, qui les ont autoriſés à uſer de ce droit. Cependant, comme l'Ordonnance ne parle ici que des Baillifs & Sénéchaux, ſans ſe ſervir de ces mots génériques *nos Juges*, comme elle fait ſur l'article 7, il y a lieu de croire qu'elle a voulu par-là exclurre les Prévôts Royaux ; d'autant plus que les Seigneurs ne jouiſſant de leurs Juriſdictions qu'à titre onéreux, on ne pourroit leur en retrancher l'exercice, ſans diminuer conſidérablement le prix de leurs Seigneuries. A quoi l'on peut ajouter, que comme les Juges Seigneuriaux ſont préſens ſur les lieux, ils peuvent faire l'inſtruction avec plus de facilité, & même à beaucoup moins de frais, que les Juges Royaux, qui ſont ordinairement dans l'Enceinte des Villes.

VII. SI donc il y a quelques Coutumes, comme celles de

Tours & de *Montdidier*, qui donnent aux Prévôts Royaux le droit de Prévention sur les Juges des Seigneurs, il faut regarder leurs dispositions comme autant d'Exceptions particulieres, dans lesquelles ces mêmes Coutumes ont été confirmées par cette clause qu'on voit à la fin du présent article; *N'entendons néanmoins déroger aux Coutumes à ce contraires.*

VIII. Par ces mots, *informé & décrété*, il paroît qu'il suffit, suivant cet article & l'article 7 ci-devant où ces mêmes termes se trouvent employés, que le Décret soit rendu dans les vingt-quatre heures, ou dans les trois jours, sans qu'il soit besoin qu'il soit signifié & exécuté dans ce même tems-là: en quoi l'Ordonnance paroît avoir dérogé à l'Edit de Novembre 1554, qui porte *décrété, & le Décret exécuté.* Mais ne pourroit-on pas dire aussi, que l'Ordonnance n'ayant point dérogé expressément à cet Edit, l'article dont il s'agit doit s'entendre & s'expliquer par cette Loi antérieure, dont la disposition paroît extrêmement sage, en ce qu'elle tend à empêcher que les Juges des Seigneurs & les Juges inférieurs ne soient les maîtres de décider de leur Compétence, en antidatant leurs Informations & leurs Décrets: ce qui leur est d'autant plus facile, que ces sortes de Jugemens ne sont point sujets à être scellés.

IX. Une pareille Question s'étant élevée en Franche-Comté, à cause de la Disposition d'un article des anciennes Ordonnances de cette Province, suivant lequel, c'est par l'exécution du Décret sur la personne de l'Accusé, que doit se décider la Compétence; M. le Chancelier de Ponchartrain, qui fut consulté à ce sujet, écrivit la Lettre suivante à M. Doroz, Procureur Général de ce Parlement, en date du 10 Août 1707.

» Monsieur,... J'ai reçu les éclaircissemens que je vous » avois demandés, touchant la maniere dont l'art. 1147 des an- » ciennes Ordonnances du Comté de Bourgogne, a été exécuté » dans le Ressort du Parlement, depuis que l'Ordonnance de 1670 » y a été regisltrée: puisque, suivant ce que vous me marquez, » & suivant l'Arrêt que vous m'avez envoyé, on y exécute à la » lettre l'art. 3 du Tit. 1er de l'Ordonnance de 1670, & que le » Parlement, en conséquence de cet article, a fait défenses aux » Juges Royaux de son Ressort, de connoître des Délits, lorsque » les Juges des Seigneurs en auront informé & décrété dans les

» vingt-quatre heures après le Crime commis, *quoique ce Décret » n'ait pas été exécuté depuis* ; on ne peut mieux faire que de » continuer à exécuter cet article de l'Ordonnance de 1670, » comme il l'a été jusqu'à présent ; de sorte néanmoins, que s'il » paroissoit une affectation & une négligence extraordinaire de la » part des Officiers des Seigneurs, pour procurer l'impunité des » Crimes par leur silence & leur inaction, pendant un tems con- » sidérable après le Crime commis, le Parlement puisse commet- » tre, sur votre Requisitoire, le Juge Royal le plus prochain, ou » tel autre qu'il jugera à propos pour l'instruction & pour le Ju- » gement de ces Procès criminels à la requête du Procureur du » Roi du Siége qui sera commis. C'est ainsi qu'on en use au Par- » lement de Paris dans les occasions, afin qu'il ne dépende » pas entiérement des Officiers des Seigneurs, de laisser impunis » tous les Crimes qui se commettent dans leur Ressort. Le Par- » lement pourroit en user de même dans des circonstances, telles » que je viens de marquer ; & pour mettre tout-à-fait les Officiers » des Seigneurs dans leur tort, vous pourriez dans ce cas les » avertir auparavant, de faire leur devoir ; & s'ils persistoient dans » leur négligence, ce seroit pour lors que vous pourriez faire » commettre un Juge Royal, pour suppléer à leur défaut. A l'é- » gard de ce que vous me proposez, pour remédier à toutes les » antidates des Décrets que rendent les Officiers des Seigneurs ; » je crois, comme vous, que si on ordonnoit l'enregistrement » de ces Décrets aux Greffes des Justices, vingt-quatre heures » après qu'ils ont été rendus, & d'en délivrer des Extraits aux » Procureurs Fiscaux, cela éviteroit souvent des Conflits, & » empêcheroit que plusieurs Crimes ne restassent impunis : mais » cela ne peut faire la matiere d'une Déclaration. Vous pouvez » de vous même proposer à votre Compagnie, d'en faire un Ré- » glement, après avoir fait les réflexions nécessaires. Je suis &c.

Signé, de PONCHARTRAIN.

ARTICLE X.

» NOS Juges-Prévôts ne pourront connoître des » Crimes commis par des Gentilshommes, ou par des » Officiers de Judicature ; sans rien innover néanmoins » en ce qui regarde la Jurisdiction des Seigneurs.

SOMMAIRE.

I. *Confirmation de l'Edit de Cremieux, en faveur des Baillifs & Sénéchaux.*
II. *Confirmation de la Déclaration sur l'Edit de Cremieux, en faveur des Juges de Seigneurs.*
III. *Priviléges des Gentilshommes, étendu aux Officiers de Judicature.*

DEUX Dispositions remarquables dans cet Article.

I. PAR la premiere, les Prévôts Royaux sont exclus de la connoissance des Crimes commis par les Gentilshommes & par les Officiers de Judicature; & par-là l'Ordonnance confirme les Baillifs & Sénéchaux dans le Droit particulier de connoître de ces Crimes, qui leur avoit été accordé par l'Edit de Cremieux de 1536, *V.* art. 5 & 21 de cet Edit.

II. LA seconde, contient une Extension de ce même Droit en faveur des Juges des Seigneurs: en quoi l'Ordonnance confirme la Déclaration du 24 Février 1536, rendue en interprétation de l'Edit de Cremieux, par laquelle les Juges des Seigneurs sont conservés dans le Droit de connoître des Crimes des Gentilshommes.

III. AINSI, tout le changement que le présent article a apporté à l'une & à l'autre de ces Loix, a été de comprendre les Officiers de Judicature dans le Privilége qui n'avoit d'abord été accordé qu'aux Gentilshommes.

Au reste, nous verrons sur l'art. 21 de ce Titre, les autres Priviléges dont les Gentilshommes & les Officiers de Judicature jouissent en matiere Criminelle. Il faut aussi voir sur ce point, les art. 12 & 13 de la Déclaration du mois de Février 1731, que nous aurons lieu de rappeller sous l'art. 12 ci-après.

ARTICLE XI.

» NOS Baillifs, Sénéchaux & Juges Présidiaux con-
» noîtront privativement à nos autres Juges, & à ceux
» des Seigneurs, des Cas Royaux, qui sont le Crime de
» lèze-Majesté en tous ses Chefs, sacrilége avec effrac-

» tion, rébellion aux Mandemens émanés de Nous ou » de nos Officiers, la Police pour le Port des armes, Af- » femblées illicites, féditions, émotions populaires, » force publique, la fabrication, l'altération, ou l'ex- » pofition de fauffe-monnoie, correction de nos Offi- » ciers, malverfations par eux commifes en leurs Char- » ges, Crimes d'héréfie, trouble public fait au Service » Divin, rapt & enlevement de perfonnes par force, & » violence, & autres cas expliqués par nos Ordonnances » & Réglemens.

SOMMAIRE.

I. *Deux Difpofitions dans cet Article.*
II. *Ce n'eft pas l'énormité du Crime, qui fait le Cas Royal.*
III. *Pourquoi les Prévôts Royaux & Juges des Seigneurs, font-ils exclus des Cas Royaux?*
IV. *Lieutenant Général du Baillage du Palais à Paris, connoît de ces Cas.*
V. *Et pareillement le grand Juge de Saint-Claude.*
VI. *Divifion des Cas Royaux, en deux Paragraphes.*

I. CET Article contient deux Difpofitions. Par la premiere, il attribue la connoiffance des Cas Royaux aux Baillifs & Sénéchaux, & aux Préfidiaux privativement à tous autres Juges. Par la feconde, il détermine quels font les Cas qu'on doit qualifier de ce nom.

II. CES Cas font appellés *Royaux*, non point tant à caufe de l'énormité du Crime qui les forme, que parce qu'ils regardent directement la Perfonne du Roi, fa dignité & fon Office. C'eft pour cela que M. l'Avocat Général Talon, lors du Procès-verbal de Conférence fur cet article, les définit tous Crimes dans lefquels la Majefté du Prince, les droits de fa Couronne, la dignité de fes Officiers, & la fûreté publique dont il eft le Protecteur, font violés.

III. EN excluant par ces mots, *privativement à tous autres Juges*, les Prévôts Royaux & les Juges des Seigneurs, l'Ordonnance n'a fait que de renouveller fur ce point, la Difpofition de l'article 10 de l'Edit de Cremieux, qui attribue la connoiffance de ces cas aux feuls Baillifs & Sénéchaux. Difpofition fondée fans doute, sur ce qu'il seroit dangereux de confier la recherche & la punition de ces sortes de Crimes, à de simples Juges Subalternes, à cause de leur importance & du préjudice qu'en pourroit souffrir le Public. A quoi l'on peut ajouter, relativement aux Juges des Seigneurs, qu il ne seroit pas convenable que le Roi *déduise* ses intérêts devant les Juges de ses Sujets : c'est la remarque de LOYSEAU, Traité des Seigneuries, Ch. 14.

IV. SOUS le nom de *Baillifs & Sénéchaux*, l'on doit comprendre le LIEUTENANT GÉNÉRAL DU BAILLAGE DU PALAIS qui connoît de tous les cas Royaux commis dans les Cour, Enclos, Salle & Gallerie du Palais à Paris, & qui a été conservé nommément dans ce droit par l'art. 7 de l'Edit du mois d'Octobre 1712, portant Réglement entre ce Juge & le Lieutenant Criminel du Châtelet.

V. L'ON doit aussi y comprendre certains Siéges, qui, quoique Seigneuriaux d'origine, ont été conservés dans tous les droits & Privilèges des Baillages Royaux, & ressortissent, comme eux, directement dans les Cours de Parlement. Il y en a un exemple remarquable dans la GRANDE JUDICATURE de Saint-Claude en Franche-Comté.

VI. PARMI les Cas Royaux, il y en a qui sont spécifiés nommément dans cet article de l'Ordonnance ; il y en a aussi d'autres qui n'y sont point énoncés, & pour lesquels elle renvoie à la disposition des Ordonnances, Edits & Réglemens antérieurs. Ainsi, pour fixer les idées de nos Lecteurs sur ce point, nous allons donner sur les deux Paragraphes suivans, d'abord, une Explication sommaire des différens Cas énoncés dans cet article ; & ensuite, l'Enumération la plus exacte qu'il nous sera possible, de ceux qui ne s'y trouvent point énoncés, & que nous avons recueillis dans les Réglemens antérieurs à l'Ordonnance.

§. PREMIER.

Explication des Cas Royaux qui sont énoncés dans le présent article.

SOMMAIRE.

I. *Crime de lèze-Majesté au premier Chef. Parlement a seul droit d'en connoître.*

II. *Crimes de lèze-Majesté divine, ne sont Cas Royaux.*

III. *Sacrilége avec effraction ; ce qu'il faut*

I. CRIME DE LEZE-MAJESTÉ HUMAINE. Les Auteurs distinguent ce Crime en *premier & second Chef.* Le premier regarde la personne du Roi, ses enfans & les Princes du Sang. Le second, la chose Publique & les principaux Officiers du Roi ou de ses Parlemens exerçans leurs fonctions.

Nous avons donné des exemples des uns & des autres, dans le Traité des Crimes, qui est à la suite de nos Institutes au Droit Criminel. Nous n'en parlons ici que relativement à la *Compétence* & comme Cas Royal; & nous observerons à cet égard que la connoissance des Crimes de Lèze-Majesté au premier Chef appartient aux Cours de Parlement, préférablement aux Baillifs & Sénéchaux. V. BRUNEAU, *Obs. Crim. Part.* 2. *Tit.* 2. *n.* 4.

II. IL n'est parlé ici que des Crimes de Lèze-Majesté humaine, d'où il suit que ceux de Lèze-Majesté divine ne sont point Cas Royaux. *V.* LOYSEAU, des Seigneuries, Ch. 12.

III. SACRILEGE AVEC EFFRACTION. Ce Crime se commet lorsqu'on enleve une chose sacrée: ou quand dans un lieu sacré, on enleve toute autre chose. Il faut effraction pour le rendre Cas Royal, autrement c'est un Crime de Lèze-Majesté divine.

IV. RÉBELLION AUX MANDEMENS ÉMANÉS DU ROI OU DE SES OFFICIERS. C'est un Crime de Lèze-Majesté au second Chef.

Le Mandement est différent de la Commission dont il est parlé sur l'Art. 10 du Tit. 2 de l'Ordonnance de 1667. L'on appelle Mandement, l'adresse attachée à un Arrêt du Parlement, qui commence par ces mots : *Au premier de nos* &c.

Il faut distinguer la Rébellion faite à un *Mandement*, de celle faite à l'*exécution d'un Jugement* dont il sera parlé dans l'Article 20 de ce Titre. Il ne peut y avoir de Rébellion à un Mandement, que celle qui est faite à l'exécution de ce Mandement ; au lieu que la Rébellion à un Jugement peut regarder simplement la signification de ce Jugement. La Rébellion à la *signification d'un Arrêt*, est une Rébellion à l'exécution d'un Mandement.

Les Excès commis contre des *Juges exerçans leurs Offices*, ou contre des *Commissaires nommés par le Roi*, ou même contre des *Sergens Royaux en faisant leurs fonctions*, sont aussi regardés comme des Rébellions aux Mandemens émanés des Officiers Royaux ; & forment, suivant les Auteurs, un Crime de Lèze-Majesté au second Chef, en ce qu'ils empêchent l'exercice du Droit de Justice qui est attaché inviolablement au Souverain. *V.* Imbert, en sa Prat. Liv. 3. Ch. 6. n. 4.

C'est, comme on le verra sur l'Article 20 de ce Titre, aux Juges, dont sont émanés les Mandemens auxquels on a fait Rébellion, de connoître de cette Rébellion.

V. La Police pour le Port des Armes. L'Art. 10 de l'Edit de Cremieux met le Port des Armes en général, au nombre des Cas Royaux. Cependant, suivant les Auteurs, le simple Port d'Armes ne suffit pas pour former un Cas Royal, il faut qu'il soit joint à l'Assemblée illicite... Le *Port d'Armes*, dit Coquille en ses Instit. Ch. du Droit de Royauté, *n'est pas pour être garni d'Arquebuses, Halebardes, Cuirasses & autres Armes offensives & défensives, mais c'est quand aucuns s'assemblent en nombre de dix ou plus, étant armés avec propos délibéré, pour faire insulte & outrage à autres.*

C'est aussi ce qui a été décidé par feu M. le Chancellier Daguesseau, dans sa Réponse au Lieutenant Criminel de Besançon, en date du 22 Mai 1728, dont voici les termes.

» J'ai reçu, Monsieur, la Lettre que vous m'avez écrite au » sujet de l'information que vous avez faite à la Requête du » Procureur du Roi, contre Etienne Vireveau. Le simple Port

» d'Armes n'est pas par lui-même un cas Prévôtal, il faut, pour » lui donner ce caractere, qu'il soit joint au Crime d'Assemblée » illicite ou de Vol de Grand-Chemin; ainsi le nommé Vireveau » n'étant dans aucun de ces deux cas, c'est au Juge Ordinaire » qu'il appartient de lui faire son Procès «. Je suis &c.

Signé, DAGUESSEAU.

Quoique dans cette décision, M. le Chancellier ne parle que du cas Prévôtal; néanmoins la préférence absolue & exclusive qu'il donne au Juge Ordinaire sur le Lieutenant Criminel dans le cas dont il s'agit, ne permet pas de douter, que le cas Royal ne se trouve également compris dans la Regle générale qu'il établit à ce sujet; c'est-à-dire, que la violence avec Port d'Armes sans Assemblée illicite, n'est jamais qu'un Cas ordinaire.

VI. ASSEMBLÉE ILLICITE; pour qu'elle forme un Cas Royal, il faut, comme nous venons de l'observer, d'après COQUILLE, qu'elle soit composée de plusieurs personnes contre les Réglemens & à mauvaise intention, telle que celles des Religionnaires pour l'Exercice de leur Religion.

L'Ordonnance ne détermine point le nombre nécessaire pour former ces sortes d'Assemblées; l'Auteur que nous venons de citer, veut que ce nombre aille jusqu'à dix au moins: ce sentiment est conforme à la Loi Romaine; *Si plures fuerint decem aut quindecim Homines, Turba dicitur*, L. 4. §. 3. ff. *De vi bonorum rapt.*

Cependant BOUTILLIER, dans sa *Somme Rurale*, atteste que les Cours supérieures réputent une Assemblée illicite quand elle excéde le nombre de 3. Il paroît, suivant l'Arrêt de Montdidier du 5 Juin 1659, qu'il faut celui de six & plus. Mais, suivant la Déclaration du 18 Juillet 1724, qui paroît devoir servir principalement de Régle en cette matiere, l'Attroupement se fait par quatre personnes & plus.

Au surplus, c'est le dessein qu'il faut considérer plutôt que le nombre, pour juger si une Assemblée est illicite; car si, par exemple, des jeunes gens se rencontroient par hasard, & sans aucun dessein prémédité, comme des Ecoliers allans ou sortans de classe, on ne pourroit les regarder comme coupables de Cas Royal, en quel nombre qu'ils fussent d'ailleurs. *V.* IMBERT *en sa Prat. Liv. 3. Ch. 6. n. 5.*

VII. SÉDITION. Les Ordonnances regardent comme *Sé-*

ditieux tous ceux qui soulevent le Peuple, l'ameutent pour user de violence contre ceux avec qui ils ont des différends, & cela sans faire distinction, s'ils sont armés ou non, si c'est pour vanger leur Querelle particuliere ou la Cause Publique, & si celui qui qui souleve, est une Personne publique ou un simple Particulier.

C'est contre les gens de cette espéce, que s'éléve, entr'autres, l'Ordonnance de Blois, lorsqu'elle défend par l'Art. 277, à tous Gentilshommes & autres, de faire Assemblée de gens sous prétexte de Querelles particulieres, ou autre que ce soit, sur peine d'être punis comme Criminels de Lèze-Majesté & Perturbateurs du Repos Public du Royaume; & qu'elle enjoint aux Gouverneurs, Lieutenans, Baillifs & Sénéchaux, de composer les Querelles qui s'exciteront en leurs Provinces, & d'avertir S. M. du devoir qu'ils auront fait, afin d'y pourvoir.

VIII. ÉMOTION POPULAIRE. Pour qu'elle forme un Cas Royal, il faut le même nombre de personnes que pour l'Assemblée illicite, dont elle ne differe seulement, qu'en ce qu'il n'est pas nécessaire que les Personnes soient armées, comme dans celle-ci.

IX. FORCE PUBLIQUE. Dans sa signification générale, elle comprend toute violence commise avec armes, non-seulement contre les Personnes, mais encore contre les Animaux privés & domestiques. En quoi elle differe de l'Assemblée illicite avec Port d'Armes. C'est de cette Force publique dont veut parler IMBERT, sous le nom de *Spoliation commise & perpétrée avec Port d'Armes*, qu'il met au nombre des Cas Royaux. *V.* Liv. 3. Ch. 6. n. 4.

A l'égard de celle qui se commet sur les *Personnes*, on peut en donner pour exemple, le cas où un homme seroit assailli & forcé dans sa maison, & ensuite tué ou excédé dangereusement par plusieurs personnes qui auroient les Armes à la main. Ainsi, il ne faut point confondre sous ce nom, une simple *Voie de fait*, telle que celle qui se feroit pour contraindre un Débiteur à payer, ou bien pour s'emparer d'une Maison ou Héritage, & autres de cette espéce, dont il est parlé dans l'Article 2 du Titre 18 de l'Ordonnance de 1667, sur les COMPLAINTES ET RÉINTÉGRANDES. Celles-ci forment proprement le Cas de la Loi *JULIA de Vi privata*.

Quant à la Force publique qui se commet contre les *Animaux* domestiques, c'est lorsque plusieurs enlevent à main armée un Troupeau ou un certain nombre de Bêtes à laine ou de service. En quoi ce Crime différe de celui de l'ABIGEAT qui consiste dans un simple Vol de Bestiaux.

X. FABRICATION, ALTÉRATION, EXPOSITION DE FAUSSE MONNOIE. Ce sont autant de Crimes de Lèze-Majesté au second Chef.

Il faut donc bien distinguer la Fabrication de la *Fausse Monnoie*, de la Fabrication de la *Bonne Monnoie*, que l'on peut mettre au nombre des Crimes de Lèze-Majesté au premier Chef, attendu qu'il n'y a que le Souverain qui ait droit de faire battre Monnoie dans son Royaume.

Quant à l'ALTÉRATION de la Monnoie, elle se fait en enlevant des feuilles d'or ou d'argent sur les Especes, ou bien en les rognant.

A l'égard de l'EXPOSITION de la Fausse Monnoie, il faut pour qu'elle forme un Cas Royal, que celui qui l'expose, le fasse *sciemment* & dans la vûe de tromper le Public; c'est la disposition de l'Art. 2 de l'Edit d'Henri II, du mois de Janvier 1549, qui porte » Ceux qui seront trouvés saisis de rognures de » Monnoie, ou *sciemment* avoir participé avec les Rogneurs & » Faux-Monnoyeurs, ou acheté d'eux *sciemment* de la Monnoie » fausse ou Billots procédans des rognures de Monnoie, seront » punis de semblable punition que les Faux-Monnoyeurs, sans » en faire aucune différence ... C'est aussi la disposition de l'Arrêt de *Montdidier* cité ci-devant.

Par conséquent, comme le Dol ne se présume point, il faut une preuve bien claire que l'Exposition ait été faite *sciemment* pour s'assurer si le Cas est Royal. Cette preuve peut dépendre de la qualité des Personnes ou des circonstances du fait, comme, par exemple, si l'Exposant étoit mal fâmé, & s'il faisoit trafic de la fausse Monnoie en la vendant ou l'achetant pour en faire son profit particulier. Alors l'on peut dire que le dol & la science sont suffisamment manifestés par l'action.

XI. CORRECTION DES OFFICIERS ROYAUX ET MALVERSATIONS PAR EUX COMMISES EN LEURS CHARGES... Les Auteurs distinguent la Correction, ou autrement *Coercition*, de la Malversation, en ce que la Correction regarde les Mœurs en général, ou les Omissions que les Officiers pourroient faire dans les fonctions de leurs Charges, par négligence ou autrement. Au lieu que la Malversation dont il est ici parlé, s'entend singuliérement des mauvaises actions telles que *Concussion*, *Faussetés* & autres Crimes semblables qui peuvent se commettre dans l'exercice d'une Charge. L'on peut en donner pour exemple le *Vol* que feroit un Sergent Royal en procédant à une Saisie mobiliaire.

C'est aux Tribunaux où ces Officiers ont été reçus & ont prêté leur serment, à connoître de ces Corrections & Malversations; ce qui s'entend lorsque ces Officiers sont subalternes & d'un Ordre inférieur, tels que les Huissiers, Sergens, & même les Procureurs, Greffiers, Notaires, Commissaires, Receveurs & autres Ministres de la Justice. Il y a même cela de remarquable par rapport à ces derniers, que lorsqu'ils malversent dans l'exécution d'un Jugement, ils doivent être punis par les Juges dont le Jugement est émané, & non par les Juges du Lieu où la Malversation a été commise, lesquels sont tenus d'envoyer aux premiers les informations qu'ils auroient faites à ce sujet, à peine de tous dépens, dommages & intérêts. C'est la Disposition de l'Ordonnance du mois d'Août 1560, rapportée en la Conférence des Ordonnances de GUENOIS, Tom. I. Liv. 7. Tit. *6. §. 9.*

Mais s'il s'agissoit de la Correction ou des Malversations qui auroient été commises par des Officiers de Judicature; il faut distinguer: si ce sont de simples Juges de Seigneurs; c'est aux Juges Royaux qui les ont reçus, d'en connoître, & ce n'est que dans le seul cas de la prise à partie, qu'ils doivent être jugés au Parlement. Si ce sont des Officiers d'un Baillage, Sénéchaussée ou Prévôté Royale, même des Avocats & Procureurs du Roi qui ont commis des Malversations dans leurs Charges; c'est alors au Parlement où ils ont été reçus & prêté leur serment, & non point aux Officiers de leur Compagnie, d'en connoître, & de les punir; c'est ce qui a été jugé par plusieurs Arrêts, & notamment par un Arrêt du Conseil du 15 Mars 1632, rendu par le Parlement de Toulouse; cet Arrêt est rapporté par *Descorbiac*, Tit. 2. Ch. 14. Il y en a un de ce Parlement rapporté par *Henrys*, Tom. 2. Liv. 2. Quest. 6.

Il en est de même des Juges Royaux *Extraordinaires*, tels que les Elûs, Officiers de Grenier-à-Sel, Traitte foraine, dont les Malversations doivent être jugées par la Cour des Aydes, suivant l'art. 6 de l'Edit de Mars 1551. Ces Juges peuvent aussi connoître à leur tour des Malversations commises par les Officiers qui leur sont subordonnés, & qui exécutent leurs Ordonnances & Mandemens. On peut voir par rapport aux Juges des Eaux & Forêts, l'art. 74 de l'Ordonnance de 1515, rapporté par SAINT-YON en sa Conférence, p. 144, & les Tit. 3, 19 & 32 de l'Ordonnance des Eaux & Forêts de 1669 ; & à l'égard des autres Juges, *V.* les art. 35, 36 & 37 de l'Ordonnance concernant les Fermes du Roi, du mois de Juillet 1681.

Pour ce qui concerne les Malversations des Prévôts des Maréchaux & de leurs Lieutenans, c'est aux Juges de la Connétablie d'en connoître, ainsi que nous l'avons observé sur l'article premier, & que nous le verrons plus amplement sur l'article suivant.

XII. HÉRÉSIE. C'est un Crime de Lèze-Majesté divine. Pour qu'elle forme un Cas Royal, il faut qu'elle soit accompagnée de trouble & de scandale ; car pour l'Hérésie en elle-même, c'est un Délit purement Ecclésiastique, dont les Archevêques & Evêques ont seuls droit de connoître, suivant les Canons confirmés par les Ordonnances du Royaume, & notamment par l'art. 30 de l'Edit de 1695, qui porte ; » La Connoissance » & le Jugement de la Doctrine Chrétienne concernant la Reli» gion, appartiendra aux Archevêques & Evêques. Enjoignons à » nos Parlemens & autres Juges de la renvoyer auxdits Prélats, » & de leur donner l'aide dont ils auront besoin pour l'exécution » des Censures qu'ils en pourront faire, & de procéder à la pu» nition des Coupables, sans préjudice auxd. Cours & Juges, de » pourvoir par les autres voies qu'ils jugeront convenables à la » réparation du trouble, de l'ordre & tranquillité publique, & » contravention aux Ordonnances que la Publication de ladite » Doctrine aura pû causer«.

XIII. TROUBLE PUBLIC FAIT AU SERVICE DIVIN. C'est encore un Crime de Lèze-Majesté divine.

Pour que ce Crime forme un Cas Royal, il faut trois choses ; 1°. que le Service Divin soit célébré publiquement, & non point dans une Chapelle privée, telle que celle d'un Château ; 2°. que le Service soit célébré dans le tems même du trouble, *actu*, c'est-à-dire, qu'il ne suffit pas d'avoir empêché par violence un Prêtre d'aller dire la Messe, ou d'assister aux Vêpres, mais il faut le troubler en faisant ses fonctions; 3°. que ce trouble soit accompagné de scandale & de tumulte; car si ce n'étoit qu'une simple injure proférée en passant contre un Ecclésiastique, & qui n'auroit été entendue que de fort peu de monde, il n'y auroit pas lieu au Cas Royal; *Si injuria fiat Clericis, vel dum supplicationes procedunt, Litaniæque fiunt publicæ in spiritum Religionis & Ministerii, solius Episcopi Cognitio illa est, nec verò Regii Judicis.* Ce sont les termes dans lesquels s'explique Mornac, sur la LOI 10 AUTHENT. *Sed novo*, au CODE *de Episcopis & Clericis;* & il rapporte un Arrêt du Parlement de Paris, qui, sur le fondement de ce même Principe, déclara non-recevable dans son appel comme d'abus, un Particulier qui avoit été cité devant l'Official de l'Evêque d'Orléans, pour avoir insulté des Ecclésiastiques qui marchoient processionnellement, & le condamna en l'amende de 25 Ecus d'or.

XIV. RAPT ET ENLEVEMENT DE PERSONNES PAR FORCE ET VIOLENCE. L'Ordonnance, en ne parlant que du Rapt par force & par violence, semble exclurre celui fait de concert avec la Personne enlevée, qu'on appelle autrement RAPT *de Séduction & de Blandice.*

Cependant, comme ce Rapt n'a proprement lieu qu'à l'égard des Mineurs de 25 ans, & que ceux-ci à cause de la foiblesse de leur âge, sont censés n'avoir d'autre volonté que celle de leur Parens dont le consentement est absolument nécessaire pour la validité de leur Mariage; l'on peut dire que ce Rapt étant fait contre le gré de ces derniers, il est également fait avec force & violence, & comme tel il doit être compris dans le nombre des Cas Royaux. C'est aussi la Disposition de plusieurs Coutumes, & notamment de celle de TOURS, art. 55 & 59. *V.* aussi l'Arrêt de Montdidier du 5 Juin 1659.

§. II.

Cas Royaux tirés des Ordonnances, Edits & Réglemens antérieurs à l'Ordonnance.

SOMMAIRE.

I. *Raisons pour lesquelles ces Cas ne sont point énoncés dans l'Ordonnance.*

II. 27 *différens exemples de ces Cas; tels qu'ils sont recueillis par les Auteurs.*

III.

III. Crimes particuliers qui sont réputés Cas Royaux suivant BORNIER.

IV. Jurisprudence du Parlement de Franche-Comté, par rapport aux Cas Royaux non énoncés dans l'Ordonnance.

V. Lettre de M. le Chancelier Daguesseau à ce sujet.

I. IL paroît étonnant, que dans une matiere aussi importante que celle-ci, où il s'agit de restraindre le pouvoir des Jurisdictions ordinaires, & de prévenir les divisions si fréquentes entre ces premiers Juges & les Baillifs & Sénéchaux, on n'ait pas désigné nommément dans cet Article tous les différens Cas auxquels devoit s'étendre le Privilége de ces derniers : Ce fut l'observation que firent MM. les Commissaires, lors du Procès-verbal de conférence sur cet article. Mais après avoir balancé toutes ces raisons avec les inconvéniens qu'il y auroit eû à fixer le nombre de ces Cas, tant parce qu'ils dépendoient le plus souvent d'une infinité de circonstances qu'il n'étoit pas possible de prévoir, que parce que cette fixation ne pouvoit se faire sans prescrire en quelque sorte à l'autorité Royale, des bornes qu'elle ne devoit point connoître ; il fut arrêté qu'on ne feroit mention expresse dans cet article, que des Cas les plus connus & les plus ordinaires ; & qu'à l'égard de ceux qui l'étoient moins, ou qui dépendoient principalement des circonstances, comme ils étoient en plus grand nombre, on se contenteroit d'en renvoyer le détail aux dispositions des anciennes Ordonnances & Réglemens : & c'est ce qui a été fait par la derniere disposition de cet Article.

Il s'agit donc, pour en déterminer le nombre & la qualité, de remonter à ces Ordonnances & Réglemens antérieurs, ou plutôt de rapporter ici tous ces différens Cas, tels que les Auteurs les ont recueillis dans ces premieres sources.

II. NOUS en remarquons jusqu'au nombre de 27 ; sçavoir ;

1°. L'INCENDIE *d'une Eglise ou d'un lieu public. V.* l'Arrêt de Sens du mois de Juin 1556. *V.* aussi l'Arrêt de Montdidier du 5 Juin 1659. *V.* Bacquet des *Droits de Justice*, Chap. 7.

L'Incendie d'une ou plusieurs Maisons particulieres, peut aussi devenir Cas Royal, lorsqu'il est fait dans le dessein d'exciter une émotion ou un désordre dans une Ville ; c'est l'observation qui fut faite par M. le Premier Président DE LAMOIGNON, lors du Procès-verbal de Conférence sur cet Article.

2°. PÉCULAT, ou *Divertissement des deniers Royaux & Fi-*

nances par ceux qui en ont le maniement. Crime de Lèze-Majesté au second Chef. *V.* les Arrêts de Sens & de Montdidier ci-dessus. *V.* aussi celui d'Angers du 10 Décembre 1611.

3°. FALSIFICATION *de Scel Royal ou Contrat Royal.* Autre Crime de Lèze-Majesté au second Chef. *V.* Rageau en son Indice des Droits Royaux; & Chopin de *Doman*, Liv. 2. Tit. 6. n. 2015. Néanmoins, suivant l'Arrêt de Montdidier, la connoissance de la Falsification du Scel Royal de la Prévôté, est attribuée au Prévôt, & celle du Scel Royal, autre que de la Prévôté, au Baillif.

4°. LEVÉE DE DENIERS *sans Lettres-Patentes du Roi.* Autre Crime de Lèze-Majesté au second Chef. *V.* l'Ordonnance de Blois, art. 275 & 280.

5°. OPPRESSIONS *& Exactions des Seigneurs & Gentils-hommes envers leurs Sujets. V.* l'Ordonnance de Blois, art. 283 & 284, & l'Ordonnance de 1629, art. 206.

6°. INFRACTION *de Sauvegarde & Sauf-conduit Royal.* Autre Crime de Lèze-Majesté au second Chef. *V.* l'Edit de Cremieux, art. 10. *V.* Arrêt de Réglement entre les Officiers de Riom & de Montpensier, du 21 Juin 1614. *V.* aussi l'Arrêt de Montdidier & celui de Laval en 1573. *V.* LOYSEAU, des Seigneuries, Ch. 14. Dans ce Crime sont compris les *Excès commis contre les Messagers Royaux* & *autres qui sont sous la Sauvegarde du Roi. V.* l'Arrêt de Laval, Chopin de *Doman.* Liv. 2. Tit. 6. & Imbert en sa Prat. Liv. 3. Ch. 6 n. 4.

7°. DÉMOLITION *des Murs de Ville.* Crime de Lèze-Majesté au second Chef. *V.* l'Arrêt de Montdidier ci-dessus.

8°. VOLS *de deniers Patrimoniaux des Villes. V.* l'Arrêt d'Angers ci-dessus.

9°. TRANSPORT *d'or & d'argent hors du Royaume.* Crime de Lèze-Majesté au second Chef. *V.* l'Arrêt de Montdidier ci-dessus.

10°. TRAFIC *de Marchandises défendues par les Ordonnances, soit aux Sujets du Roi, soit aux Etrangers. V.* les Arrêts de Sens, d'Angers & de Montdidier ci-dessus.

11°. BANQUEROUTE *frauduleuse. V.* l'Edit de Henri IV. du mois de Mai 1609.

12°. MEURTRE *de guet-à-pens*, c'est-à-dire, de propos délibéré, *& sur un Chemin Royal. V.* BAQUET, des Droits de Justice, Ch. 7. n. 13. CHOPIN de *Doman.* Liv. 2. Tit. 7. n. 13.

13°. Récellement *des Coupables qui ont commis des Cas Royaux.* *V.* l'Arrêt de Montdidier ci-dessus.

14°. Bris *de Prison Royale.* Crime de Lèze-Majesté au second Chef. *V.* les Arrêts de Laval, de Montpensier, & autres rapportés par Brillon, au mot *Bris de Prison.*

15°. Injure *faite au Juge Royal dans les fonctions de sa Charge.* Crime de Lèze-Majesté au second Chef. *V.* l'Ordonnance de Blois, art. 190.

16°. Contravention *aux Edits de Pacification.* *V.* Arrêt de Montdidier ci-dessus.

17°. Simonie *commise par un Laïc.* *V.* l'Ordonnance de Blois, art. 21.

18°. Usurpation *des biens dépendans des Bénéfices.* *V.* Edit d'Amboise, art. 7; Ordonnance de Blois, art. 47; Edit de Melun, art. 30.

19°. Crime *commis à l'occasion d'un Droit honorifique & Prééminence dans une Eglise.* *V.* Bacquet, des Droits de Justice, Ch. 20, n. 17.

20°. Libelles *Composés contre le Service du Roi & Réglemens de la Cour.* Crime de Lèze-Majesté au second Chef. *V.* Arrêt de Laval de 1573.

21°. Impression *de Livres prohibés & censurés.* *V.* même Arrêt de Laval.

22°. Viol *de Religieuses, ou attentat à leur Pudicité.* *V.* même Arrêt de Laval.

23°. Diffamation *de Mariages bien famés par des Affiches ou autres choses équipollentes.* *V.* même Arrêt de Laval.

24°. Monopoles *faits par conspiration avec attroupement jusqu'au nombre de six ou plus.* *V.* Arrêts de Sens & d'Angers.

25°. Insultes *sur Chemins publics.* *V.* Arrêt de Bordeaux du 12 Janvier 1672, rapporté au Recueil des Loix Criminelles, p. 208.

26°. Usure. Arrêt de Réglement du Parlement de Besançon, du 7 Novembre 1751.

27°. Blasphemes *& Discours impies contre la Religion, lorsqu'ils ont causé du scandale public.* *V.* la Lettre de M. le Chancelier Daguesseau, qui sera rapportée à la fin de l'article 13 ci-après.

III. A tous ces différens Cas, il faudroit encore

ajouter, suivant BORNIER, les Crimes de *Parricide*, de *Fratricide*, de *Sodomie & d'Inceste*. Mais on ne pense pas que ces Crimes, tout horribles qu'ils soient, emportent de leur nature le Cas Royal, ni qu'ils puissent le devenir, à moins que, par leurs circonstances particulieres, l'intérêt de la Religion en général ou celui de l'Etat, ne s'y trouve compromis; parce qu'encore une fois ce n'est point l'énormité du Crime qui fait le Cas Royal.

IV. AU surplus, comme c'est principalement des circonstances que dépend la connoissance de ces sortes de Cas; c'est aussi à la prudence du Juge, que l'Ordonnance a cru devoir s'en rapporter, en ne les déterminant point dans le présent article. Ce parti étoit d'autant plus sage, qu'il y a même plusieurs Parlemens dans le Royaume, où les Edits & Réglemens antérieurs à l'Ordonnance n'ont point été enregistrés, & qui par conséquent semblent autorisés à s'en tenir scrupuleusement à cet article de l'Ordonnance: de ce nombre est entr'autres le Parlement de Franche-Comté. C'est à cette occasion, que le Lieutenant Criminel du Baillage de Besançon, ayant eu l'honneur de consulter feu M. le Chancelier DAGUESSEAU, il en reçut la Réponse suivante, par laquelle nous croyons devoir terminer la discussion de cet article.

V. » MONSIEUR, l'Ordonnance de 1670 marque un certain » nombre de Cas Royaux, dont la nature est déterminée par les » Ordonnances; mais parce qu'il y en a d'autres qu'il n'est pas » facile de déterminer précisément, & qui peuvent dépendre de » la diversité des circonstances, elle les a renfermés dans la dis- » position générale, qu'elle ajoute à l'énumération des Cas Royaux » en ces termes *& autres Cas exprimés par nos Ordonnances & » Réglemens*. Ainsi il est presqu'impossible que le discernement » de ces sortes de Cas ne dépende de la prudence & de la sa- » gesse des Juges, au défaut d'une disposition précise de la Loi; » & l'on ne peut connoître s'ils se sont écartés de l'esprit des » Ordonnances, qu'en entrant dans le détail des faits sur lesquels » les Arrêts interviennent. C'est donc à vous de me proposer » quelques exemples de Jugemens rendus au Parlement de Be- » sançon, sur lesquels on n'ait pas rendu sur ce point toute la » justice qui est dûe aux Baillifs du Comté de Bourgogne; & » pour lors je verrai, après m'en être fait rendre compte, si vos » plaintes méritent attention. Au surplus, je sai dès-à-présent

» qu'il n'eſt pas vrai que les Officiers du Parlement de Beſançon
» croyent ne devoir reconnoître aucuns Cas Royaux, ſi ce n'eſt
» ceux qui ſont expreſſément marqués dans l'art. 11 du premier
» Titre de l'Ordonnance de 1670; & ils conviennent du prin-
» cipe que j'ai marqué au commencement de cette Lettre. En-
» ſorte que toute la difficulté ſe réduit à la diſcuſſion des faits
» particuliers dont vous pouvez m'inſtruire, ſi vous le jugez à
» propos. Je ſuis &c.

Signé, Daguesseau.

Paris, 15 *Août* 1717.

ARTICLE XII.

» LES Prévôts de nos Couſins les Maréchaux de Fran-
» ce, les Lieutenans Criminels de Robe-Courte, les
» Vice-Baillifs & Vice-Sénéchaux, connoîtront en der-
» nier Reſſort de tous Crimes commis par Vagabons,
» Gens ſans aveu & ſans domicile, ou qui auront été
» condamnés à peine corporelle, Banniſſement ou
» Amende honorable : connoîtront auſſi des Oppreſ-
» ſions, Excès ou autres Crimes commis par Gens de
» Guerre, tant dans leur marche, lieux d'étapes, que
» d'aſſemblée & de ſéjour pendant leur marche; des
» Déſerteurs d'Armées, Aſſemblées illicites avec Port
» d'Armes, Levée de Gens de Guerre ſans commiſſion
» de Nous, & de Vols faits ſur les Grands Chemins :
» connoîtront auſſi des Vols faits avec effraction, Port
» d'Armes & Violence publique dans les Villes qui ne
» ſeront point celles de leur Réſidence; comme auſſi
» des Sacriléges avec effraction, Aſſaſſinats prémédités,
» Séditions, Emotions populaires, Fabrication, Alté-
» ration ou Expoſition de Monnoie, contre toutes per-
» ſonnes; en cas toutefois que les Crimes ayent été com-
» mis hors des Villes de leur Réſidence.

SOMMAIRE.

CET ARTICLE contient l'énumération des différens Cas dont connoissent les Prévôts des Maréchaux, & qui par cette raison sont appellés *Cas Prévôtaux*.

I. LES PRÉVÔTS DES MARÉCHAUX ont été créés par Edits de François Premier, de 1514 & 1535. Dans l'origine, c'étoient des Officiers Militaires, dont les fonctions étoient uniquement destinées à pourvoir à la sûreté des Chemins, & à les purger de Voleurs. C'est pourquoi ils étoient appellés dans le Droit *Latronculatores*, & quelquefois aussi *Stationnarii*. *V.* CUJAS en ses Observat. Liv. 9. Ch. 11.

II. LES LIEUTENANS CRIMINELS DE ROBE-COURTE, dont il est aussi parlé dans ce même Article, ont été créés à l'*Instar* des Prévôts des Maréchaux, par Edit de Novembre 1554. Ils doivent être reçus par les Lieutenans Criminels des Siéges Présidiaux, & par cette raison sont réputés Officiers de ces Siéges.

III. L'ORDONNANCE parle encore dans cet article des VICE-BAILLIFS ET VICE-SÉNÉCHAUX. Ceux-ci, qui ne sont guères connus qu'en Guyenne & en Normandie, ont été établis par l'Ordonnance de Moulins, avec les mêmes fonctions que les Lieutenans de Robe-Courte.

IV. On sait que les uns & les autres ont été supprimés par l'Edit du mois de Mars 1720, portant création de nouvelles Maréchaussées, & qu'il n'y a que le Lieutenant Criminel de Robe-Courte *du Châtelet de Paris*, qui ait été conservé. *V.* art. 28 du Tit. suivant.

V. Il ne faut point confondre avec les Officiers dont nous venons de parler, les Lieutenans de MM. les Maréchaux de France qui ont été créés en titre d'office par l'Edit de Mars 1693, pour connoître & juger des différends qui surviennent entre les Gentilshommes ou autres faisant profession des Armes, soit à cause des Chasses & droits honorifiques des Eglises, Prééminence des Dignités & Seigneuries ou autres querelles mêlées avec le Point d'honneur.

VI. Suivant les anciennes Ordonnances, les Cas Prévôtaux ne pouvoient être appellés tels, qu'après qu'ils avoient été jugés Royaux; & c'est de-là qu'est venue la Maxime, que *tout Cas Prévôtal est Royal.*

Cependant, il paroît que la présente Ordonnance a voulu mettre quelque distinction entre ces Cas, en ce que d'une part, elle n'a point compris dans cet article certains Cas Royaux énoncés dans le précédent, tels que les Crimes de Lèze-Majesté, Malversations commises par les Officiers Royaux dans l'exercice de leurs Charges, l'Hérésie, le Trouble public fait au Service Divin, le Rapt ou Enlevement par force & violence; & de l'autre, en ce qu'elle a au contraire compris dans le présent article, plusieurs Cas qui ne se trouvent point énoncés parmi les Cas Royaux, tels que le Vol avec effraction, l'Assassinat prémédité, les Crimes commis par des Vagabons, Gens sans aveu, par les Condamnés à peine corporelle ou infamante, par les Gens de Guerre dans leur marche, & les Déserteurs d'Armées, la levée des Gens de Guerre sans commission du Roi, Vols sur les grands Chemins.

VII. Or, d'où peut venir cette Distinction, si ce n'est que l'Ordonnance a voulu par-là faire entendre, que ceux des Cas Royaux qui ne se trouvent point rappellés dans le présent article, doivent être jugés par les Baillifs & Sénéchaux privativement aux Prévôts des Maréchaux, & à la charge de l'appel; au lieu que pour ceux qui s'y trouvent rappellés, ils doivent être jugés *principalement* par les Prévôts & en dernier Ressort, comme requérans plus de célérité dans l'Instruction, & interessans plus directement la sûreté publique, pour laquelle ces Prévôts sont établis.

VIII. L'on dit *principalement* & non point exclusivement aux Baillifs & Sénéchaux, parce qu'il y a des Cas Prévôtaux dont ceux-ci peuvent connoître concurremment, & même par préférence aux Prévôts des Maréchaux : c'est par cette raison, que l'Ordonnance n'ajoute point sur cet article, comme sur le précédent, ces mots *Privativement à tous nos autres Juges.*

IX. En effet, ce sont ces différens Cas de Concurrence & de Préférence, qui, ayant fait naître depuis l'Ordonnance, plusieurs difficultés entre les Juges Royaux & les Prévôtaux, ont donné lieu à la Déclaration du mois de Février 1731, dont la disposition est d'autant plus à considérer sur cette matiere, que non-seulement elle réunit, ainsi que l'annonce le Préambule, dans une seule Loi, toutes les Dispositions des Loix précédentes sur les Cas Prévôtaux & sur le Pouvoir des Officiers qui en ont connoissance; mais encore qu'elle ajoute plusieurs dispositions nouvelles, soit pour expliquer plus exactement, & la qualité des Personnes, & la nature des Crimes qui sont de la compétence des Prévôts des Maréchaux, soit pour décider les Questions qui s'étoient souvent présentées sur le concours du Cas Prévôtal & du Cas ordinaire, ou sur d'autres points qui ont paru également dignes de l'attention du Législateur.

Nous aurons soin de distinguer les divers Changemens, que cette derniere Loi a apportés à l'Ordonnance, dans l'Explication que nous allons donner de cet Article & des suivans, tant du présent Titre, que du Titre second, qu'elle concerne principalement.

X. Un premier Changement regarde la Division des Cas Prévôtaux.

Par le présent article, l'Ordonnance paroît diviser les Cas Prévôtaux en deux Classes; les uns, dont les Prévôts des Maréchaux peuvent connoître en quelque lieu qu'ils soient commis; les autres, dont ils ne peuvent connoître que lorsqu'ils ont été commis hors des Villes de leur Résidence.

La

La Déclaration de 1731 (a) n'a point suivi cette Division; elle distingue seulement ces Cas par la Qualité des Personnes & par la Nature du Crime : elle veut qu'à l'égard des Cas qui sont Prévôtaux par la Qualité des Personnes, les Prévôts des Maréchaux en puissent connoître en tout tems & en quel lieu qu'ils soient commis, même dans les Villes de leur Résidence (b). Au contraire, lorsqu'il s'agit de Cas Prévôtaux par la Nature du Crime, elle veut que les Prévôts n'en puissent prendre connoissance

(a) *Déclaration* DU ROI, *sur les Cas Prévôtaux ou Présidiaux; donnée à Marly le 5 Février 1731.*

» LOUIS, par la grace de Dieu, Roi de » France & de Navarre: A tous ceux qui » ces présentes Lettres verront, SALUT. » Un des principaux objets de l'Ordonnan- » ce que le feu Roi, notre très-honoré Sei- » gneur & bisayeul, fit en l'année 1670, » sur la Procédure Criminelle, fut de mar- » quer des bornes certaines entre les Juges » Ordinaires & les Prévôts des Maréchaux, » pour prévenir des conflits de Jurisdiction, » dont les coupables abusent si souvent pour » se procurer l'impunité, & qui retardent » au moins un exemple qu'on ne sauroit » rendre trop prompt; c'est dans cette vûe, » qu'après avoir fait le dénombrement de » tous les Cas Prévôtaux dans l'Art. XII. » du Titre premier de cette Ordonnance, » le feu Roi y ajouta plusieurs dispositions » dans le même Titre & dans le suivant, » tant à l'égard du Jugement de Compé- » tence, que par rapport à celui du Procès » même, & des Accusations de cas ordi- » naires qui pourroient survenir pendant » le cours de l'Instruction. Les difficultés » qui se sont élevées depuis l'Ordonnance » de 1670, ont été réglées en différens tems » par des Edits particuliers, & par des Dé- » clarations qui ont expliqué le véritable » Esprit de cette Loi, ou qui ont décidé » les Cas qu'elle n'avoit pas prévûs expres- » sément; mais l'expérience fait voir qu'il » reste encore plusieurs points importans, » qui font naître tous les jours des sujets » de contestations entre la Justice Ordi- » naire & les Juges des Cas Prévôtaux; & » comme d'ailleurs le nouvel ordre qui a » été établi par notre autorité sur le nom- » bre & le Service des Officiers de Maré- » chaussée, semble exiger aussi que nous » leur donnions des Régles encore plus clai- » res & plus précises sur la Jurisdiction » qu'ils doivent exercer; nous avons jugé » à propos de réunir dans une seule Loi » toutes les dispositions des Loix précéden- » tes sur les Cas Prévôtaux, & sur le pou- » voir des Officiers qui en ont la connois- » sance; nous y ajouterons plusieurs dis- » positions nouvelles, soit pour expliquer » plus exactement, & la Qualité des per- » sonnes, & la Nature des Crimes qui sont » de la Compétence des Prévôts des Ma- » réchaux, soit pour décider les Questions » qui se sont souvent présentées sur le con- » cours du Cas Prévôtal & du Cas ordinai- » re, ou sur d'autres Points également di- » gnes de notre attention; ensorte que tous » les Officiers qui doivent contribuer cha- » cun de leur part à la sûreté commune » de nos Sujets, trouvant dans la même » Loi la décision des difficultés qui arrê- » toient auparavant le cours de la Justice, » ne soient plus occupés qu'à nous donner » par une utile émulation, de plus grandes » preuves de leur zèle pour le bien de notre » Service, & pour le maintien de la tran- » quillité publique. A CES CAUSES, & » autres à ce Nous mouvant, de l'avis de » notre Conseil & de notre certaine scien- » ce, pleine Puissance & Autorité Roya- » le, nous avons dit, déclaré & ordonné, » & par ces Présentes signées de notre main, » disons, déclarons & ordonnons, voulons » & nous plait ce qui suit.

(b) » Tous les Cas énoncés dans les » trois Articles précédens, & qui ne sont » réputés Prévôtaux que par la Qualité des » Personnes accusées, seront de la Com- » pétence des Prévôts des Maréchaux, » quand même il s'agiroit de Crimes com- » mis dans les Villes de leur Résidence. » *Article IV.*

que lorſque ces Cas ſont commis hors de la Ville de leur Réſidence (a).

C'eſt auſſi conformément à cette derniere Diviſion, comme la plus naturelle & la plus ſimple, que nous nous propoſons d'expliquer les différens Cas compris dans le préſent article.

(a) » Ne pourront néanmoins leſdits » Prévôts des Maréchaux, connoître des » Crimes mentionnés dans l'Article précédent, lorſque leſdits Crimes auront » été commis dans les Villes & Fauxbourgs » du Lieu où leſdits Prévôts ou leurs Lieutenans ſont leur Réſidence. *Art. VI.*

§. PREMIER.

Cas Prévôtaux par la Qualité des Perſonnes.

SOMMAIRE.

I. *Ces Cas ſont de quatre eſpéces ſuivant l'Ordonnance.*
II. *Qu'eſt-ce que Vagabonds & Gens ſans aveu? Pluſieurs Edits & Déclarations à ce ſujet.*
III. *Quand les Prévôts peuvent connoître de l'infraction de Ban.*
IV. *Exception en faveur des Parlemens.*
V. *Déclarations contre les Mendians valides condamnés aux Galeres & au Banniſſement.*
VI. *De quel Banniſſement l'Ordonnance veut-elle parler ici?*
VII. *Quand le Banniſſement à tems peut-il former un Cas Prévôtal par la Qualité de l'Accuſé?*
VIII. *Faut-il que la Condamnation à peine corporelle ou Banniſſement, ſoit en dernier Réſſort?*
IX. *Quels Juges doivent connoître des Crimes & Excès commis par Gens de Guerre hors le Cas de leur marche?*
X. Quid, *à l'égard des Crimes commis de Soldat à Soldat?*
XI. Quid, *lorſque le Bourgeois ſe trouve complice du Soldat?*
XII. Quid, *des Crimes commis d'Officier à Officier?*
XIII. Quid, *à l'égard des Archers & Officiers des Maréchauſſées?*
XIV. *Fauteurs & Subornateurs de la Déſertion ajoutés par la Déclaration de 1731.*
XV. *Bourgeois Complices de la Déſertion, s'ils ſont juſticiables du Prévôt des Maréchaux.*
XVI. *Perſonnes exemptes par leur qualité de la Juriſdiction du Prévôt des Maréchaux.*

I. CES CAS, tels qu'ils ſont marqués par le préſent article de l'Ordonnance, paroiſſent ſe réduire à quatre Eſpéces; 1°. Crimes commis par Vagabonds, Gens ſans aveu & ſans domicile; 2°. par les Condamnés à peine corporelle, Banniſſement ou Amende honorable; 3°. Par les Gens de Guerre dans leurs marches, lieux d'Etappe, aſſemblée & ſéjour; 4°. enfin, par les Déſerteurs d'Armée. Nous allons les reprendre ſéparément, afin de leur appliquer les dispositions de la Déclaration de 1731, qui les concernent, & d'y joindre en même-tems les Observations particulieres auxquelles ils peuvent donner lieu.

II. Crimes commis par Vagabonds et Gens sans aveu.

La Déclaration de 1731 (*a*) explique ce que l'on doit entendre par Vagabonds & Gens sans aveu, en ajoutant qu'on ne doit réputer tels, que ceux qui n'ayant ni Profession ni Métier ni Domicile certain, ni biens pour subsister, ne peuvent être avoués ni faire certifier de leurs bonne vie & mœurs par Personnes dignes de foi. Elle veut que cette qualité seule les rende justiciables des Prévôts des Maréchaux, quand même ils ne seroient d'ailleurs prévenus d'aucun autre Délit.

Cette Déclaration va plus loin, elle comprend encore dans le même article les Mendians valides qui sont pareillement sans aveu, & elle enjoint aux Prévôts des Maréchaux de les arrêter pour procéder contr'eux suivant les Edits & Déclarations qui ont été données sur le fait de la Mendicité.

Ces Edits & Déclarations sont des 25 Juillet, 1700, 17 Août 1701, 8 Janvier 1719, 5 Juillet 1722, 18 Juillet 1724 & 20 Octobre 1750. Ils ont pour objet de régler les formalités & les précautions nécessaires, non-seulement pour arrêter & juger ces Mendians valides, mais encore pour empêcher qu'ils n'infestent le Royaume, & sur-tout la Ville, Fauxbourgs & Banlieue de Paris, en les faisant servir à repeupler les Colonies.

III. Crimes commis par les Condamnés à peine corporelle, Bannissement ou Amende honorable.

La Déclaration de 1731 ajoute (*b*) que les Prévôts des Ma-

(*a*) » Les Prévôts de nos Cousins les » Maréchaux de France connoitront de » tous Crimes commis par Vagabonds & » Gens sans aveu, & ne seront réputés Vagabonds & Gens sans aveu, que ceux qui » n'ayant ni Profession ni Métier ni Domicile certain, ni Bien pour subsister, » ne peuvent être avoués ni faire certifier » de leur bonne vie & mœurs, par Personnes dignes de Foi. Enjoignons auxdits » Prévôts des Maréchaux, d'arrêter ceux » ou celles qui seront de la Qualité susdite, encore qu'ils ne fussent prévenus » d'aucun autre Crime ou Délit, pour leur » être leur Procès fait & parfait conformément aux Ordonnances; seront pareillement tenus lesdits Prévôts des Maréchaux d'arrêter les Mendians valides qui » seront de la même Qualité, pour procéder contr'eux, suivant les Edits & Déclarations qui ont été données sur le fait » de la Mendicité. *Article premier.*

(*b*) » Lesdits Prévôts des Maréchaux » connoitront aussi de tous Crimes commis par ceux qui auront été condamnés » à peine corporelle, Bannissement ou » Amende honorable; ne pourront néanmoins prendre connoissance de la simple » infraction de Ban, que lorsque la peine » du Bannissement aura été par eux prononcée. Voulons que dans les autres Cas, » les Juges, qui auront prononcé la Con-

réchaux ne pourront connoître de la ſimple Infraction de Ban ; que lorſque la peine aura été par eux prononcée, & que dans les autres Cas, ce ſeront les Juges mêmes qui auront prononcé la Condamnation, qui connoîtront de l'Infraction du Ban.

IV. Il y a néanmoins une Exception particuliere en faveur des Cours de Parlement, qui ſont autoriſées par le même art. 2. à connoître excluſivement à tous autres Juges, de l'Infraction de Ban, lorſque ces Cours ont prononcé la peine du Banniſſement, ſoit en infirmant, ſoit en confirmant les Sentences des premiers Juges ; & cela, quand même, ajoute cet article, *l'exécution auroit été renvoyée à ces premiers Juges.*

V. Enfin, par une derniere Diſpoſition du même Art., S. M. ordonne l'exécution des Déclarations du 8 Janvier 1719 & 5 Juillet 1722 en ce qui concerne la Ville de Paris. Ces Déclarations portent défenſes à tous Mendians valides qui ont été condamnés aux Galeres ou Banniſſement par quelques Juges, & de quels lieux que ce puiſſe être, de ſe retirer en aucun cas ni en aucun tems, même après le tems de leur condamnation expiré, dans la Ville & Fauxbourgs de Paris, ni à la ſuite de la Cour du Roi. Ce qui ne doit avoir lieu cependant, par rapport aux Bannis dont le tems de leur condamnation ſe trouve expiré, que lorſqu'ils ont été auſſi condamnés au Carcan ou à d'autres peines corporelles, ou qu'ils ont ſubi deux fois la condamnation à ce Banniſſement, ou quelqu'autre condamnation, faute d'avoir gardé leur Ban.

VI. Le Bannissement dont il eſt parlé dans cet article, eſt ſans doute le Banniſſement perpétuel, puiſqu'il eſt placé avant l'*Amende honorable* qu'il précéde effectivement dans l'ordre des peines, comme nous le verrons ſur l'article 13 du Tit. 25 de la préſente Ordonnance.

VII. A l'égard du Banniſſement à tems, pour qu'il forme un Cas Prévôtal par la qualité de l'Accuſé, il faut qu'il ſoit joint

» damnation, connoiſſent de ladite infraction de Ban, ſi ce n'eſt que la Peine du Banniſſement ait été prononcée par Arrêt de nos Cours de Parlement, ſoit en infirmant ou confirmant les Sentences des premiers Juges, & quand meme l'exécution auroit été renvoyée auxdits Juges, & auquel cas le Procès ne pourra être fait & parfait à ceux qui auront été accuſés de ladite infraction de Ban, que par noſdites Cours de Parlement. Voulons au ſurplus que nos Déclarations des 8 Janvier 1719 & 5 Juillet 1722, ſoient exécutées ſelon leur forme & teneur, en ce qui concerne notre bonne Ville de Paris. *Article II.*

à une peine corporelle ou afflictive, comme Fouet, Carcan, &c. C'est ce qui résulte des Déclarations de 1719 & 1722, que nous venons de citer.

VIII. Au reste, il faut que la condamnation aux Galeres ou au Bannissement, soit en dernier ressort, parce que, comme nous le verrons sur les articles 10 du Tit. 17, & art. 6 du Tit. 26, les Condamnés, sauf l'appel, sont encore réputés Accusés.

IX. OPPRESSION, *Excès ou autres Crimes commis par Gens de Guerre, tant dans leurs Marches, Lieux d'Etappe, que d'Assemblée & Séjour pendant leurs Marches.*

La Déclaration de 1731 a renouvellé (*a*) la disposition de l'Ordonnance sur ce point, c'est-à-dire, que, suivant ces Loix, tous les Crimes commis par les Gens de Guerre hors leurs Marches, comme, *v. g.* dans les Garnisons, Camps, ou aux environs, ne sont point de la Compétence des Prévôts des Maréchaux. Il ne reste donc, qu'à sçavoir quels sont les Juges qui doivent connoître de ces sortes de Crimes. Comme rien n'est plus ordinaire & en même-tems plus embarrassant dans la Pratique, que ces sortes de Cas, nous croyons devoir proposer ici les Regles qui nous ont paru les plus certaines en cette matiere.

Pour cela, il faut distinguer; ou les Crimes ont été commis de *Soldat à Soldat*, ou ils ont été commis par un *Soldat* contre un *Habitant* des Lieux où ce Soldat étoit en Garnison ou en Quartier d'Hiver.

X. Au *premier Cas*, c'est à l'Etat Major des Régimens & des Places, avec le Conseil de Guerre & les Prévôts d'Armée, à connoître de ces Crimes.

XI. Au *second Cas*, c'est aux Juges des Lieux qu'en appartient la connoissance. C'est la Disposition précise de l'art. 43. de la Déclaration du 13 Mai 1665, dont voici les termes : *Lorsque les Officiers & Soldats des Troupes d'Infanterie auront commis quelque Crime ou Délit à l'endroit des Habitans de Garnison, la Connoissance desdits Crimes ou Délits appartiendra aux Juges*

(*a*) » Lesdits Prévôts des Maréchaux auront aussi la connoissance de tous Excès, » Oppressions ou autres Crimes commis » par Gens de Guerre, tant dans leur marche, que dans les lieux d'Etape ou d'Assemblée, ou de Séjour pendant leur mar- » che . . . *Art. III.*

des Lieux, sans que les Officiers desdites Troupes en puissent connoître; mais seulement de ceux qui se commettront de Soldat à Soldat... Il est dit de plus, par ce même article, que si les Juges des Lieux avoient fait emprisonner des Soldats pour Délits de Soldat à Soldat, les Officiers ne pourront les retirer de leur autorité, mais qu'ils en devront faire la requisition à ces Juges, sinon se pourvoir pardevant le Roi, en cas de refus.

Quoique cette Déclaration ne parle que des *Officiers* & *Soldats* des Troupes d'Infanterie, elle a également lieu à l'égard des *Cavaliers & Dragons* qui sont en Garnison dans les Villes fermées ou dans un Quartier d'Hiver, par la raison qu'elle est fondée singuliérement sur ce que les Juges Militaires n'ont aucune Jurisdiction sur les Bourgeois. Par conséquent, que l'Officier ou Soldat soit Plaignant ou Accusé ou Complice du Crime vis-à-vis d'un Bourgeois, & même que ce Bourgeois soit mêlé dans la Querelle ou Accusation par complicité ou autrement, c'est toujours aux Juges Ordinaires des Lieux à en connoître. C'est ainsi que l'ont décidé MM. les Secrétaires d'Etat de la Guerre, toutes les fois que de semblables Cas se sont présentés, excepté, lorsqu'il s'agit du Crime de Désertion, dont nous allons parler dans un moment.

XII. Mais si le Meurtre ou Vol avoit été fait par un Officier envers un autre Officier. Quel Juge en devroit connoître?

Il paroît, suivant l'article premier de la Déclaration du 1er Juillet 1727, que les Juges Militaires peuvent connoître des Meurtres & Assassinats commis de Soldat à Soldat: mais comme cette Déclaration, non plus que les autres Ordonnances Militaires ne parlent point de semblables Crimes commis d'Officier à Officier, & ne statuent aucune peine à cet égard; il y a lieu de croire qu'elles ont voulu laisser les choses dans la disposition du Droit Commun; & par conséquent, que c'est aux Juges des Lieux de connoitre des Délits commis par ces Officiers hors les fonctions Militaires; savoir, les Juges des Seigneurs, ou les Prévôts Royaux, si le Cas est simplement ordinaire; les Baillifs & Sénéchaux, si le Cas est Royal; les Prévôts des Maréchaux & les Présidiaux, si le Cas est Prévôtal; & même quelquefois les Juges Extraordinaires, tels que ceux de l'Election & des Eaux & Forêts, si c'est un Cas incident aux Matieres qui les concernent. En un mot, un Officier a-t-il failli précisément en qualité d'Officier, c'est-à-dire, a-t-il manqué d'exactitude ou d'obéissance dans quelqu'exercice Militaire, a-t-il violé quelque Réglement de la Discipline? Alors son Crime ne peut être jugé & puni que par les Officiers qui le commandent, lorsqu'ils sont à l'Armée ou en Garnison. Mais ce même Officier a-t-il fait un Crime qui n'a aucun rapport direct à sa Qualité, & qui en est indépendant? Alors c'est la Nature du Crime, plutôt que la Qualité de l'Accusé, qui en doit déterminer la connoissance; il cesse de jouir de son Privilége; il rentre dans le Droit commun, & ne peut décliner la Jurisdiction ordinaire.

C'est aussi conformément à cette distinction, que l'Ordonnance d'Orléans veut qu'en fait de Crimes indépendans de leurs fonctions, les Officiers, ainsi que les Soldats, soient privés de leurs Priviléges. *Tous Capitaines & Chefs de Bande*, porte l'art. 115 de cette Ordonnance, *seront responsables pardevant nos Juges ordinaires, des fautes & exactions qui seront faites par leur Compagnie.* Theveneau qui rapporte cet article, remarque que cela a été fort sagement établi, pour empêcher l'impunité: » Ayant été reconnu, *dit-il*, par expérience, que par le moyen » de ce Privilége, les Gens de Guerre évitoient la punition de » plusieurs Crimes & Excès; semblables aux Soldats Romains, » qui, pour jouir du Privilége d'être seulement traités pardevant » le Lieutenant de la Milice Romaine, appellé Magister, » suivant la Notice de l'Empire, faisoient des outrages & des » violences à plusieurs. *V.* Theven. *Tit. 2. art. 3. de l'Instruction des Procès Criminels.*

XIII. Les mesmes Regles que l'on vient d'établir à l'égard des Soldats & Officiers, par rapport à la connoissance de leurs Crimes, semblent devoir s'appliquer également aux *Archers & Officiers des Maréchaussées*, qui forment une nouvelle espéce de Gens de Guerre; c'est-à-dire, que toutes les fois que les Délits commis par ces derniers, se trouvent compliqués avec ceux commis par des Bourgeois, ou que ces Délits sont commis au mépris de l'autorité du Juge Ordinaire, même dans l'exercice de leurs fonctions, ils sont dans tous ces Cas entiérement déchus du Privilége qu'ils ont d'être jugés par le Siége de la Connétablie, & deviennent justiciables de la Jurisdiction ordinaire.

Cependant, il paroît par différens Arrêts du Conseil, qui ont été rendus sur des Demandes en Réglement de Juges, ou en

Cassation d'Arrêts des Parlemens de Roüen, Toulouse, Bordeaux, Bretagne, Besançon, Pau, & du Conseil Supérieur de Roussillon, que le dernier Etat de la Jurisprudence sur ce Point, est entiérement en faveur de la Connétablie.

Il y en a trois entr'autres des plus récens. Le Premier du 16 Février 1732, qui renvoye en la Connétablie une Procédure criminelle commencée par le Parlement de Besançon, au sujet d'une Requête présentée par deux Cavaliers de la Maréchaussée de la Résidence d'Orgelet, pour avoir Exécutoire des frais de Conduite d'un Prisonnier, lequel avoit lui-même payé une partie de la dépense, & avoit donné 3 liv. à ces Cavaliers. Par cet Arrêt S. M. fait défenses aux Officiers de son Parlement, de prendre aucune connoissance des Abus, Excès & Malversations commises par les Officiers & Archers de Maréchaussées dans l'exercice de leurs Charges & Commissions.

Par deux autres Arrêts; l'un du 18 Mai 1745, qui casse quatre Arrêts du Parlement de Pau; l'autre du 29 Juillet 1746, qui casse un Arrêt du Parlement de Bretagne; S. M. confirme pareillement le Siége général de la Connétablie, dans le droit exclusif à tous autres Juges, de connoître des Excès & Rébellions faites aux Officiers & Cavaliers des Maréchaussées, ou des Prévarications par eux commises dans le tems qu'ils exercent les fonctions de leurs Charges.

Nous avons parlé sur l'Article premier, des Titres particuliers sur lesquels est fondé ce *Droit exclusif* de la Connétablie; nous ajouterons ici, d'après le Préambule des Arrêts du Conseil qui ont été rendus à ce sujet, & notamment de celui du 9 Mai 1662 contre le Parlement de Toulouse, que les Connétables & Maréchaux de France ont joui de tout tems, en vertu de la Concession de nos Rois, d'une Jurisdiction particuliere annexée à l'autorité de leurs Charges; que cette Jurisdiction, qui avoit d'abord été ambulatoire avec eux, a été enfin rendue sédentaire & fixée à la Table de Marbre du Palais à Paris; qu'elle connoît dans toute l'étendue du Royaume, & à l'exclusion de tous autres Juges, de différentes matieres, tant Civiles que Criminelles, telles qu'elles se trouvent énoncées dans les *douze articles fondamentaux*, dits vulgairement l'Ordonnance de 1359.

Suivant l'art. 9 de ce Réglement, le nombre des Juges porté par les Ordonnances en Matiere Criminelle, doit être rempli par des anciens Avocats de la Cour. C'est en cette Qualité, que j'ai eu l'honneur l'honneur de siéger plusieurs fois dans ce Tribunal, & que j'ai été à portée de m'instruire plus particuliérement de ses Priviléges.

XIV. DÉSERTEURS D'ARMÉE. L'Ordonnance ne parle ici que des Déserteurs d'Armée, & laisse par conséquent aux Officiers des Troupes, la Connoissance des Désertions faites en tems de Garnison.

La Déclaration de 1731 (*a*) a non-seulement renouvellé la Disposition de l'Ordonnance sur ce point; mais elle donne de plus au Prévôt des Maréchaux, le pouvoir de connoître de *ceux qui auront suborné les Déserteurs, ou qui auront favorisé la Désertion*; & ce quand même, les Accusés de ces Crimes *ne seroient point Gens de Guerre.*

XV. ELLE fait plus, elle veut (*b*) que cette Connoissance soit tellement propre au Prévôt des Maréchaux, qu'il n'en puisse être exclus par la Prévention des Baillifs & Sénéchaux, ni même des Présidiaux. Ce qui forme, comme l'on voit, une Exception remarquable à la Régle ci-devant établie; suivant laquelle, lorsqu'il y a des Bourgeois impliqués dans un Crime commis par un Soldat, celui-ci devient justiciable de la Jurisdiction ordinaire. Le Cas s'est présenté au mois d'Avril 1738, dans la Ville de Besançon. Deux Soldats, Déserteurs du Régiment du Roi, Infanterie, ayant accusé un Particulier d'un Village voisin, de les avoir sollicités à déserter, le Prévôt des Maréchaux en prit connoissance sur le fondement de l'art. 3 de la Déclaration de 1731, & le Jugement de Compétence qui fut rendu à ce sujet, fut approuvé de feu M. le Chancelier.

TELS SONT LES CAS PRÉVÔTAUX, par la Qualité des Personnes, dont la Déclaration de 1731 veut (art. 4.) que les Prévôts des Maréchaux puissent connoître en quelque lieu qu'ils ayent été commis, soit dedans, soit dehors la Ville de leur Résidence, & même dans l'étendue des Villes & Fauxbourgs où les

(*a*) » Lesdits Prévôts des Maréchaux auront aussi la connoissance des Déserteurs » d'Armée, de ceux qui les auront subornés, ou qui auroient favorisé ladite Désertion; & ce quand même les Accusés de » ce Crime ne seroient point Gens de » Guerre. *Art. III.*

(*b*) » Nos Juges Présidiaux connoîtront » aussi en dernier Ressort des Personnes & » Crimes dont il est fait mention dans les » Articles précédens, à l'exception néanmoins de ce qui concerne les Déserteurs, » Subornateurs & Fauteurs desdits Déserteurs, dont les Prévôts connoitront seuls, » à l'exclusion de tous Juges Ordinaires. » *Art. VII.*

Cours de Parlement tiennent leur Séance, à la charge néanmoins de se conformer à ce qui est porté par l'art. 2, relativement à l'Infraction du Ban, lorsque la peine du Bannissement a été prononcée par ces Cours, en infirmant ou confirmant les Sentences des premiers Juges.

XVI. Mais s'il y a de certains Accusés que leur Qualité rend justiciables des Prévôts des Maréchaux, il y en a aussi qui, par leur Qualité, sont absolument exempts de cette Jurisdiction; tels sont les Ecclésiastiques, les Gentilshommes, les Secrétaires du Roi & les Officiers de Judicature (*a*), dont nous aurons lieu de parler sur les art. 13 & 21 du présent Titre.

Nous verrons aussi sur l'art. 15 de ce même Titre de l'Ordonnance, qu'en général les Présidiaux peuvent connoître de tous les Cas Prévôtaux par la Qualité des Accusés, concurremment avec les Prévôts des Maréchaux, à l'exception seulement des Déserteurs, leurs Subornateurs & Fauteurs, dont ceux-ci connoissent à l'exclusion de tous autres Juges; & que de plus ils peuvent connoître des Personnes Privilégiées dont on vient de parler, & les juger à la charge de l'appel. *V.* art. 14 de la Déclaration de 1731 (*b*).

(*a*) » Les Ecclésiastiques ne seront sujets » en aucun Cas, ni pour quel Crime que » ce puisse être, à la Jurisdiction des Prévôts des Maréchaux ou Juges Présidiaux » en dernier Ressort. *Art. XI.*

» Voulons qu'à l'avenir les Gentilshommes jouissent du même Privilége, si ce » n'est qu'ils s'en fussent rendus indignes par » quelque Condamnation qu'ils eussent subi, » soit de Peine corporelle, Bannissement » ou amende honorable. *Art. XII.*

» Nos Secrétaires & nos Officiers de Judicature, du nombre de ceux dont les » Procès Criminels ont accoutumé d'être » portés à la Grande ou premiere Chambre de nos Cours de Parlement; ne pourront aussi être jugés en aucun Cas par » les Prévôts des Maréchaux ou Juges Présidiaux en dernier Ressort. *Art. XIII.*

(*b*) » Cet Article XIV sera rapporté » sur l'Art. XIII. du présent Titre.

§. II.

Cas Prévôtaux par la Nature du Crime.

SOMMAIRE.

I. *Ces Cas sont au nombre de neuf, suivant l'Ordonnance.*

II. *Différence qu'elle met entr'eux, par rapport à la Compétence des Prévôts des Maréchaux.*

III. *Prévôts n'en peuvent plus connoître, depuis la Déclaration de 1731, lorsque ces Cas sont commis dans les Villes de leur Résidence.*

IV. *Non plus que dans les Villes hors de leur Résidence, où les Parlemens tiennent leur Séance.*
V. *Rues des Villes & Fauxbourgs comprises sous le nom de* Grands Chemins.
VI. *Ce qu'il faut, pour que le Vol avec effraction soit Cas Prévôtal.*
VII. *Ce qu'il faut, pour que le Sacrilége avec effraction, soit Cas Prévôtal.*
VIII. *Assassinat prémédité n'est plus Cas Prévôtal.*
IX. *Arrêt du Conseil de* 1731, *à ce sujet.*
X. *Cas Prévôtaux non rappellés dans la Déclaration de* 1731. Que *sont-ils devenus?*
XI. Quid, *par rapport au Vol avec effraction commis dans l'intérieur d'une Maison?*
XII. *Lettre de M. Daguesseau à ce sujet.*

I CES CAS, suivant l'Ordonnance, sont au nombre de neuf; sçavoir, 1°. les Assemblées illicites; 2°. la levée des Gens de Guerre sans Permission de S. M. 3°. le Vol fait sur les Grands Chemins; 4°. le Vol avec effraction & Port d'Armes; 5°. la Violence publique; 6°. le Sacrilége avec effraction; 7°. l'Assassinat prémédité; 8°. la Sédition & Emotion populaire; 9°. enfin la Fabrication, Altération ou Exposition de la fausse Monnoie.

II. L'ORDONNANCE met néanmoins cette Différence entre ces Cas, par rapport à la Compétence, qu'elle laisse aux Prévôts des Maréchaux le Pouvoir de connoître des trois premiers, en quelques lieux qu'ils soient commis; au lieu qu'elle ne leur permet de connoître des six autres, que lorsqu'ils sont commis hors les Villes de leur Résidence.

La Déclaration de 1731 a apporté plusieurs changements remarquables à cet Article de l'Ordonnance.

III. 1°. ELLE n'admet les Prévôts des Maréchaux à connoître d'aucun de ces Cas, que lorsqu'ils sont commis hors des Villes de leur Résidence. *V.* art. 6. rapporté ci-devant.

IV. 2°. AU lieu que par l'Ordonnance, les Prévôts des Maréchaux étoient admis à connoître indistinctement de tous les Cas Prévôtaux par la Nature du Crime, qui étoient commis hors des Villes de leur Résidence, même dans l'étendue des Villes où les Cours de Parlemens tenoient leur Séance, & Fauxbourgs desdites Villes; ce Pouvoir leur a été retranché par l'article 16 de cette Déclaration, qui laisse aux Parlemens la Connoissance de ces derniers Cas, & excepte seulement les Cas Prévôtaux par la Qualité des Accusés (*a*).

V. 3°. SUIVANT l'Ordonnance, les Prévôts des Maréchaux pouvoient connoître des Vols faits dans les Rues & Fauxbourgs des Villes, comme de ceux faits sur les Grands Chemins. Mais, suivant l'art. 5 de la Déclaration de 1731, ils n'ont plus ce Pouvoir; & il est porté expressément que les Rues des Villes & Fauxbourgs ne pourront être censées comprises à cet égard sous le nom de *Grands Chemins* (*b*).

VI. 4°. L'ORDONNANCE répute Cas Prévôtal, le Vol avec effraction sans autres circonstances. La Déclaration de 1731 veut, par le même art. 5, qu'outre l'Effraction, le Vol soit encore accompagné de Port d'Armes & de Violence publique, ou bien que l'Effraction ait été faite dans les Murs de Clôture ou Toîts des Maisons, de Portes & Fenêtres extérieures; ensorte qu'un Vol fait avec effraction dans l'intérieur d'une Maison & sans qu'il y ait Port d'Armes ni violence publique, ne doit plus être regardé comme Cas Prévôtal (*c*).

VII. 5°. IL en est de même du Sacrilége avec effraction, qui, suivant l'Ordonnance, étoit Cas Prévôtal; il n'est réputé tel, suivant le même article 5 de la Déclaration de 1731, que lorsque l'Effraction est accompagnée de Port d'Armes & de Violence publique (*d*).

(*a*) » Ne pourront pareillement les Prévôts des Maréchaux, ni les Juges Présidiaux connoître d'aucuns Crimes, quoique Prévôtaux, lorsqu'il s'agira de Crimes commis dans l'Etendue des Villes où nos Cours de Parlement sont établies, » & Fauxbourgs desdites Villes; & ce quand » même les Prévôts des Maréchaux n'y feroient pas leur Résidence: le tout a l'exception des Cas qui ne sont Prévôtaux » que par la Qualité des Accusés, suivant » les Articles I & II des présentes, desquels Cas lesdits Prévôts des Maréchaux » ou Présidiaux pourront continuer de connoître, même dans les Villes où nosdites Cours tiennent leur Séance, à la charge de se conformer par eux, à la disposition de l'Art. II de la présente Déclaration, en ce qui concerne l'infraction » de Ban. *Art. XVI.*

(*b*) » Ils connoîtront en outre de tous » les Cas qui sont Prévôtaux par la nature » du Crime, sçavoir du Vol sur les Grands » Chemins, sans que les Rues des Villes & » Fauxbourgs puissent être censées comprises à cet égard sous le nom de Grands » Chemins ... *Art. V.*

(*c*) » Des Vols faits avec effraction lorsqu'ils seront accompagnés de Port d'Armes & Violence publique, ou lorsque » l'effraction se trouvera avoir été faite dans » les murs de clôture ou toîts des Maisons, » Portes & Fenêtres extérieures; & ce » quand même il n'y auroit eû ni Port d'Armes, ni Violence publique. *Même Article V.*

(*d*) » ... Des Sacriléges accompagnés » des circonstances ci-dessus marquées à » l'égard du Vol commis avec effraction. » *Même Art. V.*

VIII. 6°. Enfin l'Ordonnance comprend, parmi les Cas Prévôtaux, l'*Assassinat prémédité*; la Déclaration de 1731 ne fait aucune mention de ce Crime, & elle paroit même l'exclure entiérement du nombre des Cas Prévôtaux par cette disposition générale qu'on voit à la fin du même article 5 : *Le tout sans qu'aucun autre Crime que ceux de la Qualité ci-dessus marquée, puissent être réputés Cas Prévôtaux par leur Nature.*

Ainsi, en partant de cette derniere Disposition, il n'est pas douteux que tous les Cas mentionnés dans l'Ordonnance, qui ne se trouvent point rappellés nommément dans la Déclaration de 1731, ont été retranchés du nombre des Cas Prévôtaux.

IX. C'est aussi ce qui a été jugé disertement par un Arrêt du Conseil, du 16 Février 1732, contre le Présidial de Beauvais, qui avoit attribué au Prévôt des Maréchaux la Connoissance d'un Assassinat prémédité. Cet Arrêt casse & annulle le Jugement du Présidial, comme directement contraire à la Disposition de la Déclaration de 1731, suivant laquelle l'Assassinat prémédité ne se trouve point compris dans le nombre des Cas Prévôtaux, & évoquant l'Accusation, l'a renvoyé en la Chambre de la Tournelle du Parlement de Paris, à laquelle il attribue à cet effet, toute Cour, Jurisdiction & Connoissance. Cet Arrêt a été suivi de Lettres-Patentes du 18 du même mois de Février, portant attribution à la Chambre de la Tournelle.

X. Mais ces Cas non compris dans la Déclaration de 1731, que sont-ils devenus? Ont-ils conservé la Qualité de Cas Royaux, ou bien sont-ils restés simples Cas ordinaires? Voilà ce qui a fait naître plusieurs contestations entre les Lieutenans Criminels & les simples Juges Royaux ou Seigneuriaux.

Les premiers se sont appuyés sur cette Maxime universellement reçûe, que *tout Cas Prévôtal est Royal.* Les Derniers au contraire ont prétendu que cette Maxime ne pouvoit avoir lieu tout au plus que pour les Cas Prévôtaux qui se trouvoient compris parmi les Cas Royaux énoncés dans l'art. 11 de l'Ordonnance; mais qu'à l'égard des autres, tels que l'*Assassinat prémédité*, le *Vol fait avec effraction dans l'intérieur d'une Maison, ou sans Port d'Armes & Violence*, comme ces derniers n'étoient point compris dans l'énumération des Cas Royaux de l'art. 11, ils étoient rentrés depuis la Déclaration de 1731, dans la disposition du Droit

Commun, & avoient conservé par conséquent la Qualité de simples Cas ordinaires.

XI. Ce sont des contestations de cette espéce, qui s'étant élevées en 1742 entre le Lieutenant Criminel de Besançon & les Officiers Municipaux de cette Ville, qui jouissent d'un premier degré de Jurisdiction, par l'Edit de leur Création en 1676, ont donné lieu à la décision de feu M. le Chancelier DAGUESSEAU, portée par la Lettre suivante.

COPIE de la Lettre de feu M. le Chancelier DAGUESSEAU à M. le Procureur Général au Parlement de Besançon, datée à Versailles, le 17 Janvier 1742.

» MONSIEUR, il est aisé de résoudre les difficultés proposées par le Lieutenant Criminel du Baillage de Besançon, contre les Officiers Municipaux de la même Ville, sur lesquelles ils se rapportent de part & d'autre à ma décision. Des quatre espéces de Crimes, que le Lieutenant Criminel prétend être des Cas Royaux; il y en a deux qui doivent être regardés comme étant de cette qualité, puisque l'Ordonnance de 1670 les avoit mis au nombre des Cas Prévôtaux: l'un est le Vol avec effraction; l'autre est l'Assassinat prémédité. Il est vrai que la Déclaration du 5 Février 1731, a retranché du nombre des Cas Prévôtaux, le Vol avec effraction; ou plutôt elle a établi, suivant le véritable esprit de l'Ordonnance, que, pour être Prévôtal, il devoit être accompagné de certaines circonstances, mais elle ne lui a pas ôté le caractere & la qualité de Cas Royal, qu'il avoit avant cette Déclaration. Il en est de même, & à plus forte raison, de l'Assassinat prémédité. L'art. 12 du Tit. premier de l'Ordonnance de 1670 l'avoit déclaré Cas Prévôtal d'une maniere plus précise que le Vol avec effraction; on pourroit douter à l'égard de ce dernier Crime, s'il ne devroit pas être accompagné de Port d'Armes & de Violence publique; & c'est ce que la Déclaration du 5 Février a décidé. Mais à l'égard de l'Assassinat prémédité, le même article n'exigeoit rien de plus que la préméditation, pour lui donner le double caractere de Cas Royal & Prévôtal; ainsi il est encore plus certain que l'Assassinat prémédité, en cessant d'être Cas Prévôtal par la Déclaration du 5 Février 1731, n'a pas cessé d'être Cas Royal. Il n'en est pas de même des deux autres espéces de Crimes, dont le Lieutenant Criminel prétend aussi exclure le Magistrat

» de Besançon: une simple Querelle entre des Gentilshommes » ou entre ceux qui font profession des Armes, ne peut être re- » gardée comme Cas Royal, que lorsqu'elle a été suivie de me- » naces, de provocation ou d'un Combat, ou en général, lors- » qu'elle est accompagnée de circonstances qui peuvent donner » lieu à une accusation de Duel, dont elle est considérée comme » la cause; sans cela elle ne peut être exceptée de cette Régle » générale, que tout Juge Ordinaire est Compétent pour infor- » mer. Les Crimes que le Lieutenant appelle *Actions d'impiété*, » *Blasphêmes*, *Paroles impies & Hérétiques contre la Religion*, » sont à-peu-près du même genre. Il peut y avoir de ces Actions » ou de ces Discours, qui par leur excès, méritent d'être con- » sidérés comme Cas Royal; il y en a qui par leur légéreté peu- » vent n'être qu'un Cas ordinaire: ainsi le Droit Commun, à » l'égard de ces deux dernieres espéces d'Accusations, est pour » le Magistrat de Besançon qui peut toujours en informer; & » comme il feroit difficile d'établir une Régle précise dans ces » deux Cas, c'est au Parlement, lorsqu'il se forme des Conflits » de Jurisdiction sur ce sujet, de suppléer avec prudence & dis- » cernement au défaut de cette Régle, en se déterminant, sui- » vant les circonstances particulieres, ou à laisser l'affaire entre » les mains du Magistrat, ou à la renvoyer aux Officiers du Bail- » liage Royal. Vous prendrez, s'il vous plaît, la peine de faire » part aux uns & aux autres, de ce que je vous écris, afin qu'ils » s'y conforment exactement. Je suis &c.

Signé, DAGUESSEAU.

ARTICLE XIII.

» N'ENTENDONS déroger par le précédent Ar- » ticle, aux Priviléges dont les Ecclésiastiques ont accou- » tumé de jouir.

SOMMAIRE.

I. *Exception au précédent Article.*
II. *Confirmée par la Déclaration de 1731, en termes plus forts.*
III. *Que doit-on entendre sous le nom d'Ecclésiastiques?*
IV. *Les Religieux doivent-ils jouir du même Privilége?*
V. *Quid, des Freres-Lays & des Religieuses?*
VI. *Autres personnes exemptes de la Jurisdiction du Prévôt des Maréchaux.*

I. En exemptant par cet article, les Eccléſiaſtiques de la Juriſdiction du Prévôt des Maréchaux, ſuivant leurs anciens Priviléges, l'Ordonnance établit une Exception au précédent, qui donne à ce Juge le Pouvoir de connoître de toutes ſortes de Perſonnes pour les Cas qui y ſont énoncés.

II. La Déclaration de 1731 a confirmé cette exception en termes encore plus forts & plus précis; non-ſeulement elle ne veut pas que les Eccléſiaſtiques ſoient ſujets en aucun cas ni pour quel Crime que ce puiſſe être, à la Juriſdiction du Prévôt des Maréchaux (a); mais elle ajoute même (b), que s'il ſe trouvoit un Eccléſiaſtique dans le nombre de pluſieurs Accuſés, qui ſeroient juſticiables du Prévôt des Maréchaux, ce Prévôt ſera tenu de les renvoyer aux Juges Ordinaires ou aux Siéges Préſidiaux, lorſqu'il s'agira de Crimes commis dans le Baillage où le Siége Préſidial ſe trouve établi, pour être jugés à la charge de l'Appel; & cela quand même la Compétence auroit été jugée en faveur de ce même Prévôt des Maréchaux, lequel peut ſeulement informer contre ces Eccléſiaſtiques, les décréter, & même les arrêter, à la charge du renvoi. Telles ſont les Diſpoſitions des Art. 11, 14 & 15 de cette Loi.

Nous verrons au reſte dans la troiſiéme Partie de ce Volume, quelle eſt la Nature & l'Etendue des Priviléges que l'Ordonnance a conſervés aux Eccléſiaſtiques, relativement aux Matieres Criminelles, & les Cas particuliers où ils en ſont déchùs. Nous nous contenterons ſeulement d'obſerver ici en général, ce que l'on doit entendre ſous le nom d'*Eccléſiaſtiques*, relativement à la Compétence des Prévôts des Maréchaux, dont il s'agit principalement dans cet Article.

(a) » *V.* Art. XI. rapporté ſur l'Article » précédent.

(b) » Si dans le nombre de ceux qui » ſeront accuſés du même Crime, il s'en » trouve un ſeul qui ait l'une des Qualités » marquées par les trois Articles précédens, » les Prévôts des Maréchaux n'en pourront » connoître, & ſeront tenus d'en délaiſſer » la Connoiſſance aux Juges à qui elle ap» partiendra, quand même la Compétence » auroit été jugée en leur faveur; & ne » pourront auſſi nos Juges Préſidiaux en » connoître, qu'à la charge de l'Appel. » *Art. XIV.*

» Pourront néanmoins les Prévôts des » Maréchaux informer contre les Perſon» nes mentionnées dans les Art. XI, XII » & XIII, même décréter contr'eux, & » les arrêter, à la charge de renvoyer les » Procédures par eux faites aux Baillages » & Sénéchauſſées, dans l'étendue deſquel» les le Crime aura été commis, pour y » être le Procès fait & parfait auxdits Ac» cuſés, ainſi qu'il appartiendra, à la charge » de l'Appel en nos Cours de Parlemens. » *Art. XV.*

III. L'on comprend sous ce nom, toutes Personnes qui sont dans les Ordres sacrés, ou qui n'ayant que la simple Tonsure, jouissent de quelques Bénéfices : c'est la définition qu'en donnent l'Article 15 du Titre 20, & l'Art. 15 du Titre 33 de l'Ordonnance de 1667. Ainsi il n'est pas douteux, en partant des termes de cette Loi, qu'un Religieux qui est dans les Ordres sacrés, ne doive jouir du même Privilége que les Ecclésiastiques Séculiers.

IV. Il ne restoit donc plus, qu'à savoir si les Religieux, qui n'ont point ce Caractere, en doivent jouir pareillement. Mais cette Difficulté a été levée par l'Article 38 de l'Edit de 1695, suivant lequel il suffit d'être *Clerc vivant cléricalement, résident ou servant aux Offices de l'Eglise*, pour pouvoir jouir du Privilége de Cléricature. Ainsi, comme on ne peut contester au Religieux qui n'est que simple Clerc tonsuré, toutes les Qualités requises par cet Article, lorsqu'il vit d'ailleurs cléricalement, & qu'il assiste aux Offices Divins qui se célébrent dans son Monastere ; il paroît qu'on ne peut aussi lui contester la participation d'un Privilége, qui en est la récompense.

V. Mais aussi, de ce que, suivant ce même Article 38 de l'Edit de 1695, il faut avoir la Qualité de *Clerc* pour pouvoir jouir de ce Privilége, il paroît qu'on en doit conclure que les Freres-Lays de ces mêmes Monasteres, & les Religieuses, qui n'ont point cette Qualité, en devroient être exclus. Il y a cependant des Arrêts qui ont admis ces dernieres à la jouissance du Privilége Clérical, sur le fondement de l'Article 8 de l'Edit de 1606, qui comprend dans le nombre des Ecclésiastiques, toutes Personnes généralement qui ont fait des Vœux. Mais, comme ces Arrêts, ainsi que l'Edit qui leur a servi de fondement, sont antérieurs à l'Edit de 1695, qui a fixé les conditions requises à cet égard ; il paroît qu'il seroit plus sûr de s'en tenir scrupuleusement à la Lettre de l'Article qu'on vient de citer. *V.* au surplus la troisiéme Partie de ce Vol. Tit. 2. Ch. 2.

VI. Au reste, nous verrons sur les Articles suivans, & notamment sur l'Art. 21 de ce Titre, que les Ecclésiastiques ne sont pas les seuls Privilégiés à l'égard des Prévôts des Maréchaux ; & qu'il y a encore d'autres Personnes pareillement exemptes de cette Jurisdiction, tels que les Gentilshommes, les

Secrétaires du Roi, & les Officiers de Judicature, dont il est parlé dans les Art. 12 & 13 de la Déclaration de 1731, qu'on aura lieu de rappeller ci-après.

ARTICLE XIV.

» LES Prévôts des Maréchaux, Vice-Baillifs, & Vi-
» ce-Sénéchaux, ne pourront juger en aucun Cas, à la
» charge de l'Appel.

SOMMAIRE.

I. *Pourquoi les Prévôts des Maréchaux ne peuvent juger qu'en dernier Ressort.*
II. *Plusieurs Cas exceptés.*
III. *Où se porte l'Appel des Jugemens des Prévôts des Maréchaux, sur le Fait de la Discipline.*

I. SUIVANT cet Article, les Prévôts des Maréchaux ne peuvent juger qu'en dernier Ressort; & cela a été fort sagement établi, par la raison que tous les Crimes, dont la Connoissance leur a été spécialement attribuée, sont de Nature à demander une prompte & briéve Justice : *Quos Damnatos statim puniri publicè interest.* C'est ce qui leur est recommandé expressément par la Loi 16. ff. *de Appell.* relativement aux *Voleurs & Séditieux*, dont la poursuite faisoit alors, comme aujourd'hui, le principal objet des fonctions des Prévôts des Maréchaux.

Cependant, il y a de certains Cas où la rigueur de cette Régle doit cesser, & où l'intérêt public paroît demander au contraire, que les Prévôts des Maréchaux ne puissent juger qu'à la charge de l'Appel.

II. CES CAS sont; 1°. lorsqu'il s'agit de Cas Ordinaires dont les Accusés de Cas Prévôtaux se trouvent convaincus. V. l'Art. XIX. de la Déclaration de 1731 (a), & la Lettre de M. le Chancelier DAGUESSEAU, qui sera rapportée sur l'art. 2 du Titre 19 ci-après.

(a) » En procédant au Jugement des Accusations qui auront été instruites conjointement par lesdits Prévôts des Maréchaux ou Juges Présidiaux, au cas de » l'Article précédent, les Juges seront tenus » de marquer distinctement les Cas dont » l'Accusé sera déclaré atteint & convaincu; au moyen de quoi sera le Jugement

2°. Toutes les fois que dans leurs Jugemens les Prévôts des Maréchaux ont omis quelqu'une des Formalités prescrites par l'Ordonnance, comme seules capables de former un Jugement Prévôtal, telles que celles mentionnées ci-après dans l'Article 17 du présent Titre, & dans les Articles 13 & 18 du Titre suivant. *V.* ce qui sera dit sur ces Articles.

3°. Lorsque les Jugemens qu'ils rendent, après la Compétence jugée, ne sont point intitulés du nom du PRÉVÔT ou de son LIEUTENANT. *V.* la Déclaration du 28 Mars 1720, Art. 4.

4°. En fait de Crime de DUEL dont les Prévôts ne peuvent jamais connoître qu'à la charge de l'Appel, suivant l'Édit de 1679, Art. 19, & la Déclaration de 1731, Art. 27 (*a*).

5°. Dans toutes les Matieres qui concernent purement la Discipline & les Fonctions des Prévôts & autres Officiers de Maréchaussées; comme, lorsqu'il s'agit de punir les Malversations commises par les Officiers & Archers de leur Compagnie dans l'exercice de leurs Emplois, ou de les destituer, & même en général, de connoître de la Rébellion faite à l'exécution de leurs Jugemens. Dans tous ces Cas, les Prévôts des Maréchaux ne peuvent juger qu'à la charge de l'Appel, aux termes de la Déclaration du 8 Octobre 1518, de l'Édit de Janvier 1691, Art. 2 & 3, & de plusieurs Arrêts du Conseil, rapportés dans le Recueil des Réglemens faits pour les Maréchaussées.

III. L'APPEL en ce dernier Cas, doit se porter en la Connétablie, suivant l'Art. 11 des anciens Réglemens, dont nous avons parlé ci-devant. *V.* Art. premier, §. premier, & Art. 11, §. premier.

» exécuté en dernier Ressort, si l'Accusé est » déclaré atteint & convaincu du Cas Prévôtal; sinon ledit Jugement ne sera rendu qu'à la charge de l'Appel, dont il sera » fait mention expresse dans la Sentence: » le tout à peine de nullité, même d'Interdiction contre les Juges qui auroient » contrevenu au présent Art. *Art.* XIX.

(*a*) » Dans les Accusations de Duel, » que les Prévôts des Maréchaux ne peuvent juger qu'à la charge de l'Appel, » suivant l'Art. XIX. de l'Édit du mois » d'Août 1679, ils ne déclareront point à » l'Accusé, qu'ils entendent le juger en dernier Ressort, & il ne sera donné aucun » Jugement de Compétence: ne pourra » être aussi formé aucun Réglement de Juges à cet égard; sauf, en cas de contestation entre différens Siéges, sur la Compétence, à y être pourvû par nos Cours » de Parlement, sur la requête des Accusés, ou sur celle de nos Procureurs auxdits Siéges, ou sur la requisition de nos » Procureurs Généraux. *Art.* XXVII.

ARTICLE XV.

» NOS Juges Préſidiaux connoîtront auſſi en dernier
» Reſſort des Perſonnes & Crimes mentionnés ès Ar-
» ticles précédens, & préférablement aux Prévôts des
» Maréchaux, Lieutenans Criminels de Robe-Courte,
» Vice-Baillifs & Vice-Sénéchaux, s'ils ont décrété, ou
» avant eux, ou le même jour.

SOMMAIRE.

I. *Que veut dire ici l'Ordonnance ſous le nom de* Juges Préſidiaux.
II. *Pouvoir de ces Juges reſtraint par la Déclaration de Mars* 1720.
III. *Etendû par la Déclaration de Février* 1731.
IV. *Sur quoi fondée la Préférence qui leur eſt accordée ſur les Prévôts des Maréchaux.*
V. *Cas particuliers où les Prévôts leur ſont préférés.*
VI. *Cas où les Baillifs & Sénéchaux ſont auſſi préférés à ces Juges Préſidiaux.*
VII. *Aſſimilés au ſurplus aux Prévôts des Maréchaux.*

I. PAR ces mots JUGES PRÉSIDIAUX, l'Ordonnance veut parler des *Lieutenans Criminels des Bailliages* & Sénéchauſſées auxquels il y a un Préſidial attaché, & non point des *Préſidens Préſidiaux*, dont la connoiſſance eſt bornée aux Matieres purement Civiles, ſuivant l'Edit de leur Création du mois de Janvier 1551. Ainſi, il ne faut pas confondre la connoiſſance des Cas Prévôtaux attribuée aux Lieutenans Criminels de ces Siéges, avec la Juriſdiction Préſidiale au premier & au ſecond Chef de l'Edit.

II. Suivant cet Article, les Préſidiaux ſont préférés aux Prévôts des Maréchaux dans la Connoiſſance *des Perſonnes & Crimes mentionnés ès Articles précédens* (c'eſt-à-dire, des Cas Prévôtaux) pourvû qu'ils ayent décrété avant eux ou le même jour. La Déclaration du 28 Mars 1720, Art. 2, ne leur accordoit cette Préférence, que dans les Villes ſeulement où les Siéges Préſidiaux étoient établis.

III. MAIS la Déclaration de 1731 eſt allée plus loin, non-ſeulement elle leur conſerve le même avantage, que leur donnoit l'Ordonnance, de connoître des Cas Prévôtaux commis dans l'étendue des Bailliages & Sénéchauſſées, où le Siége Préſidial eſt établi; mais elle y joint encore le Pouvoir de connoître, à la charge de l'Appel, des Crimes commis par les Eccléſiaſtiques, Gentilshommes, Secrétaires du Roi & Officiers de Judicature, dont elle exclud formellement les Prévôts des Maréchaux, à qui elle laiſſe ſeulement la faculté d'informer & décréter contre ces Privilégiés, & les arrêter à la charge de renvoyer les Procédures par eux faites aux Sénéchauſſées & Bailliages, dans l'étendue deſquels le Crime aura été commis; c'eſt la Diſpoſition des Art. 8, 9 & 15 de cette nouvelle Loi (*a*).

Ce n'eſt pas tout, ſuivant l'Article 14 de cette même Déclaration, les Préſidiaux ſont autoriſés à connoître, excluſivement au Prévôt des Maréchaux, & à la charge de l'Appel ſeulement, de deux Accuſations qui ſeroient portées devant eux, dans le même Procès Criminel contre pluſieurs Accuſés, dont les uns ſeroient pourſuivis pour un Cas ordinaire, & les autres ſeroient chargés d'un Crime Prévôtal; ou bien dont les uns ſeroient privilégiés par leur Qualité, & les autres ne le ſeroient pas (*b*).

IV. Mais la Préférence qui leur eſt accordée par ces Articles, ſur les Prévôts des Maréchaux, eſt moins un effet de leur Supériorité ſur ceux-ci, qu'un Privilége particulier, que ces Loix ont bien voulu accorder à de certains Accuſés, de ne pouvoir être jugés Prévôtalement, à cauſe de la rigueur du dernier Reſſort attachée à cette Juriſdiction. On peut auſſi la regarder comme une punition de la négligence des Prévôts des Maréchaux, dont la vigilance & l'attention ſont ſi néceſſaires à la ſûreté publique. Auſſi voit-on d'une part, que l'Ordonnance ne ſe ſert point ici du terme de *Prévention* dont elle a coutume de ſe ſervir, lorſqu'il eſt queſtion d'un Juge Supérieur; & de l'autre, que la Déclaration de 1731 donne la même Préférence aux Baillifs &

(*a*) » Les Siéges Préſidiaux ne prendront » connoiſſance des Cas qui ſont Prévôtaux, » par la qualité des Accuſés, ou par la na» ture du Crime, que lorſqu'il s'agira de » Crimes commis dans la Sénéchauſſée ou » Bailliage, dans lequel le Siége Préſidial » eſt établi... *Art. VIII.*

» En cas de concurrence de Procédures, » les Préſidiaux, même les Baillifs & Sé» néchaux auront la Préférence ſur les Pré» vôts des Maréchaux, s'ils ont informé ou » décrété avant eux ou le même jour. » *Art. IX.*

V. l'Art. XV. rapporté ſur l'Article XIII. ci-devant.

(*b*) *V.* cet Art. XIV. rapporté ſur l'Art. XIII. ci-devant.

Sénéchaux, sur les Prévôts des Maréchaux, lorsqu'ils ont informé & décrété avant eux ou le même jour.

V. Au reste, s'il y a des Cas où les Prévôts des Maréchaux sont obligés de céder aux Présidiaux, il y en a d'autres où les Présidiaux sont obligés de céder à leur tour aux Prévôts des Maréchaux, comme lorsqu'il s'agit de procéder contre les *Déserteurs*, leurs *Fauteurs & Subornateurs*, l'on a vû par l'Art. VII de la Déclaration de 1731, rapporté ci-devant sur l'Article 12, que la Connoissance en est réservée spécialement aux Prévôts des Maréchaux, à l'exclusion de tous autres Juges.

VI. Il y a aussi des Cas, où ces mêmes Présidiaux sont obligés de céder aux Baillifs & Sénéchaux, comme lorsque le Crime a été commis dans des Bailliages & Sénéchaussées, où il n'y a point de Présidial établi, quoique ces Bailliages & Sénéchaussées ressortissent d'ailleurs à ces Présidiaux dans les deux Cas de l'Edit: ils sont même entiérement exclus de cette Connoissance, aux termes de la Déclaration du 29 Mai 1702 (*a*); ou bien lorsque les Accusés se trouvent poursuivis pour des Cas ordinaires pardevant les Baillifs & Sénéchaux, & autres Juges Ordinaires, & même des Seigneurs, & qu'ils sont en même-tems prévenus de Cas Prévôtaux par leur nature pardevant les Présidiaux. Alors, suivant l'Art. XVII de la Déclaration de 1731 (*b*), la Con-

(*a*) »... Et à l'égard de ceux qui auront été commis dans d'autres Sénéchaussées ou Bailliages, quoique ressortissant » audit Siége Présidial dans les deux Cas » de l'Edit des Présidiaux, nos Baillifs & » Sénéchaux en connoitront à la charge » de l'Appel en nos Cours de Parlemens, » conformément à la Déclaration du 29 » Mai 1702. *Art. VIII.* de la Déclaration » de 1731.

(*b*) » Si les mêmes Accusés se trouvent poursuivis pour des Cas ordinaires, » soit pardevant nos Baillifs ou Sénéchaux, » soit pardevant nos Prévôts, Châtelains, » ou autres nos Juges, même ceux des Hauts-» Justiciers, & qu'ils soient aussi prévenus » de Cas qui soient Prévôtaux par leur nature, & qui ayent donné lieu aux Prévôts des Maréchaux ou aux Juges Présidiaux, de commencer des Procédures contr'eux, la Connoissance des deux Accusations appartiendra auxdits Baillifs & Sénéchaux, à l'exclusion des Prévôts & Châtelains ou autres Juges subalternes, & » préférablement auxdits Prévôts des Maréchaux & Juges Présidiaux, si lesdits » Baillifs & Sénéchaux ou autres Juges à » eux subordonnés, ont informé & décrété » avant lesdits Prévôts des Maréchaux & » Juges Présidiaux, ou le même jour ... » Et lorsque le Crime, dont le Prévôt des » Maréchaux aura connu, n'aura pas été » commis dans le Ressort des Bailliages & » Sénéchaussées où les Cas ordinaires seront arrivés; il en sera donné avis à nos » Procureurs Généraux par leurs Substituts, » tant auxdits Bailliages & Sénéchaussées, » que dans la Jurisdiction du Prévôt des » Maréchaux, pour y être pourvû par nos » Cours de Parlemens, sur la requisition » de nosdits Procureurs Généraux, par Arrêt de renvoi des deux Accusations, dans » tel Siége ressortissant nuement en nosdites Cours qu'il appartiendra. *Art. XVII.* » de la Déclaration de 1731.

noissance des deux Accusations doit appartenir aux Baillifs & Sénéchaux, lorsque ceux-ci, ou les Juges qui leur sont subordonnés, ont informé ou décrété avant les Juges Présidiaux, ou le même jour. Ainsi, ce n'est que dans le cas où ces Présidiaux ont informé ou décrété pour le Cas Prévôtal avant les Baillifs & Sénéchaux, & autres Juges Subalternes à eux subordonnés, qu'ils peuvent se retenir la Connoissance des deux Accusations. Encore faut-il pour cela, que les Cas ordinaires ne soient point arrivés dans le Département du Prévôt qui aura connu des Cas Prévôtaux; car dans ce dernier Cas, S. M. se réserve spécialement d'y pourvoir, sur l'avis qui en sera donné à M. le Chancelier, en renvoyant les deux Accusations pardevant tel Présidial ou Prévôt des Maréchaux qu'il appartiendra. *V.* Art. XVIII de la Déclaration de 1731 (*a*).

VII. Cette Alternative de Préférence & de Concurrence entre ces différens Juges, fait assez voir qu'ils ont tous dans le principe une égalité de Pouvoir : & c'est sur ce fondement sans doute, que les Présidiaux sont admis, comme les Prévôts des Maréchaux, à connoître des Cas Prévôtaux par la Qualité des Accusés, en quelque lieu qu'ils soient commis; & qu'à l'égard des Cas Prévôtaux par la Nature du Crime, ils n'en connoissent aussi, de même que les Prévôts, que lorsqu'ils sont commis hors les Villes de leur Résidence, & qu'au surplus ils sont astreints aux mêmes formalités, soit pour l'Instruction, soit pour le Jugement.

(*a*) » Voulons réciproquement que, si » dans le cas de l'Article précédent, les » Prévôts des Maréchaux, ou les Juges Pré» sidiaux ont informé & décrété pour le » Crime qui est de leur Compétence, avant » que les autres Juges nommés dans ledit » Article ayent informé & décrété pour le » Cas ordinaire, la connoissance des deux » Accusations appartienne en entier aux» dits Prévôts des Maréchaux ou auxdits » Siéges Présidiaux, pour être instruites & » jugées par eux, même pour ce qui re» garde les Cas ordinaires, & lorsque lesdits » Cas ne seront pas arrivés dans le Dé» partement du Prévôt des Maréchaux qui » aura connu des Cas Prévôtaux, nous » nous réservons d'y pourvoir sur l'avis qui » en sera donné à notre amé & féal Chan» celier de France, en renvoyant les deux » Accusations pardevant tel Présidial ou » Prévôt des Maréchaux qu'il appartiendra. » N'entendons comprendre dans la Dispo» sition du présent Article les Accusations, » dont l'Instruction seroit pendante en nos » Cours, contre des Coupables prévenus » de Crimes Prévôtaux, auquel cas, en tout » état de Cause, seront toutes les accusa» tions jointes & portées en nosdites Cours. » *Art. XVIII.*

ARTICLE XVI.

» SI les Coupables de l'un des Cas Royaux ou Pré-
» vôtaux ci-dessus, sont pris eu flagrant délit, le Juge
» des lieux pourra informer & décréter contr'eux, &
» les interroger ; à la charge d'en avertir incessamment
» nos Baillifs & Sénéchaux, ou leurs Lieutenans Cri-
» minels, par Acte signifié à leur Greffe : après quoi ils
» seront tenus d'envoyer querir le Procès & les Accusés,
» qui ne pourront leur être refusés à peine d'interdiction,
» & de trois cens liv. contre les Juges, Greffiers &
» Geoliers, applicables moitié à Nous, & l'autre moitié
» aux Pauvres & aux nécessités de l'Auditoire de nos
» Baillifs & Sénéchaux, ainsi qu'il sera par eux ordonné.

SOMMAIRE.

I. *Tous Juges Ordinaires des Lieux peuvent informer, décréter & interroger les Accusés de Cas Prévôtaux. Ils doivent même le faire.*

II. *Non-seulement en cas de flagrant délit, mais en tout autre Cas.*

III. *Prévôts des Maréchaux ont le même Pouvoir à l'égard des Accusés de Cas ordinaires.*

IV. *Qu'est-ce qu'un Cas ordinaire ?*

V. *Cas où ces Prévôts peuvent se retenir la Connoissance des Cas ordinaires.*

VI. *Obligation des Juges Ordinaires d'avertir, n'emporte exclusion d'en connoître eux-mêmes.*

VII. *Obligation des Baillifs & Sénéchaux d'envoyer querir incessamment les Procédures après l'Avertissement.*

VIII. *Cas où les Juges Ordinaires peuvent connoître concurremment & par Prévention avec les Prévôts d Maréchaux.*

IX. *Même avantage des Juges Ordinaires vis-à-vis des Présidiaux.*

X. *Pourquoi les Juges Ordinaires ne sont pas tenus d'avertir les Prévôts des Maréchaux, lorsqu'il s'agit de Cas Prévôtal ?*

XI. *Non plus que les Juges Présidiaux.*

XII. *En quel Cas les Juges Ordinaires peuvent être condamnés aux Peines portées par le présent Article.*

LA Déclaration de 1731 a fait plusieurs Changemens à la Disposition de cet Article.

II.

I. L'ORDONNANCE se contente seulement de *permettre* aux Juges des lieux d'informer, décréter & interroger, au lieu que la Déclaration leur en fait une injonction expresse, aussi-tôt qu'ils auront connoissance des Crimes. *V.* Art. XXI. (*a*)

II. L'ORDONNANCE ne donne ce Pouvoir, que dans le seul cas du flagrant délit. La Déclaration de 1731 ne fait aucune distinction à ce sujet. *V.* le même Art. XXI. *V.* aussi l'Art. XXII (*b*)

III. ENFIN, l'Ordonnance ne parle ici que du Pouvoir qu'ont les Juges Ordinaires, relativement aux Cas Royaux ou Prévôtaux; au lieu que la Déclaration de 1731 étend le même Pouvoir aux Prévôts des Maréchaux vis-à-vis des Accusés de simples Cas ordinaires. *V.* même Art. XXI. (*c*)

IV. ON entend par *Cas ordinaires*, tous ceux qui de leur nature ne sont ni Royaux ni Prévôtaux, & dont les Juges Subalternes, tels que les Prévôts Royaux ou les Juges des Seigneurs Hauts-Justiciers, ont le droit de connoître, lorsqu'ils ne sont point exclus d'ailleurs, ou par la Prévention des Juges Royaux Supérieurs, ou par le Privilége des Accusés. On en peut donner pour exemple, le simple Homicide, le Sacrilége, ou le Vol sans effraction, en un mot tout Excès ou Violence privée.

V. NOUS venons de dire, que les Prévôts des Maréchaux pouvoient informer, décréter, & même interroger les Accusés pour de simples Cas ordinaires; nous avons dit plus haut, qu'ils ne pouvoient le faire qu'à la charge du Renvoi. Il y a néanmoins

(*a*) » Voulons que tous Juges du lieu » du Délit, Royaux ou autres, puissent informer, décréter & interroger tous Accusés, quand même il s'agiroit de Cas » Royaux ou de Cas Prévôtaux; leur enjoignons d'y procéder aussi tôt qu'ils auront eu connoissance desdits Crimes, à la » charge d'en avertir incessamment nos » Baillifs & Sénéchaux, dans le Ressort desquels ils exercent leur Justice, par Acte » dénoncé au Greffe Criminel desdits Baillifs & Sénéchaux, lesquels seront tenus » d'envoyer querir aussi incessamment les » Procédures & les Accusés... *Art. XXI.*

(*b*) » Interprétant en tant que de besoin » l'Art. XVI. du Titre premier de » l'Ordonnance de 1670; Voulons que, si » les Coupables d'un Cas Royal ou Prévôtal ont été pris, soit en flagrant délit, » ou en exécution d'un Décret décerné par » le Juge Ordinaire des Lieux, avant que » le Prévôt des Maréchaux ait décerné un » pareil Décret contr'eux, le Lieutenant » Criminel de la Sénéchaussée ou du Bailliage Supérieur, soit censé avoir prévenu » ledit Prévôt des Maréchaux, par la diligence du Juge Inférieur... *Art. XXII.*

(*c*) »... Pourront pareillement lesdits » Prévôts des Maréchaux informer de tous » Cas ordinaires commis dans l'étendue de » leur Ressort, même décréter les Accusés » & les interroger, à la charge d'en avertir » incessamment nos Baillifs & Sénéchaux, » ainsi qu'il a été dit ci-dessus, & de leur » remettre les Procédures & les Accusés, » sans attendre même qu'ils en soient requis. *Art. XXI.*

un Cas où ces Prévôts ne sont point tenus à ce renvoi, mais peuvent se retenir la Connoissance du Cas ordinaire. Ce Cas est marqué par l'Art. XVII. de la Déclaration de 1731, rapporté sur l'Article précédent : c'est lorsqu'il s'agit de deux Accusations contre la même Personne ; l'une pour le Cas ordinaire ; l'autre pour un Cas Prévôtal par la nature du Crime ; cette Déclaration veut que la Connoissance de ces Accusations appartienne aux Baillifs & Sénéchaux, préférablement aux Prévôts des Maréchaux, lorsqu'ils ont informé & décrété avant ces Prévôts, ou le même jour. Par conséquent, si le Décret du Prévôt des Maréchaux se trouvoit antérieur d'un jour à celui des Baillifs & Sénéchaux, il n'est pas douteux qu'il pourroit alors connoître du Cas ordinaire, exclusivement aux Baillifs & Sénéchaux ; à moins toutefois que ce Prévôt ne se soit lui-même laissé prévenir par les Juges Ordinaires subordonnés aux Baillifs & Sénéchaux, parce qu'aux termes de ce même Article XVII. & de l'Art. XXII. de la même Déclaration, la diligence de ces Juges Subalternes à informer & décréter avant le Prévôt des Maréchaux, profite alors aux Baillifs & Sénéchaux, pour leur en attribuer la Connoissance.

VII. AU RESTE, l'obligation que l'Ordonnance impose par cet Article, aux Juges Ordinaires des lieux, d'avertir incessamment les Baillifs & Sénéchaux de leur Ressort, n'emporte point une exclusion formelle de ces premiers Juges de continuer l'Instruction, même jusqu'à Sentence définitive, contre les Coupables de Cas Royaux ou Prévôtaux, lorsque ces Baillifs & Sénéchaux, après avoir été avertis, négligent d'envoyer querir la Procédure & les Accusés.

En effet, si l'Ordonnance avoit entendu par-là les exclure absolument du reste de l'Instruction, elle ne se seroit pas contentée de les charger d'un simple Avertissement ; mais elle leur auroit en même-tems ordonné ce Renvoi, comme elle fait sur l'Art. 4 du présent Titre.

VIII. IL y a plus, elle a si peu entendu les en exclure, qu'elle enjoint aux Baillifs & Sénéchaux d'envoyer querir le Procès & les Accusés, aussi-tôt après cet Avertissement, & qu'elle se contente de prononcer contre ces premiers Juges, en cas de refus de remettre ce Procès & ces Accusés, la peine de l'Interdiction

& de 300 liv. d'amende, sans ajouter celle de la *nullité* des Procédures qu'ils feroient en conséquence.

IX. Enfin, si l'on consulte la Déclaration de 1731, bien loin qu'elle prononce aucune exclusion formelle contre ces Juges Ordinaires, l'on voit que non-seulement elle n'exige point d'eux qu'ils remettent en même-tems les Procédures *& les Accusés, sans attendre qu'ils en soient requis*, comme elle fait à l'égard des Prévôts des Maréchaux, lorsqu'elle les autorise à informer, décréter & interroger les Accusés dans les Cas ordinaires; mais encore qu'elle les autorise expressément à connoître & à juger, à la charge de l'Appel, des Cas Prévôtaux, par la qualité des Accusés, concurremment & par Prévention avec les Prévôts des Maréchaux, s'ils ont décrété avant eux ou le même jour. *V.* Article X. (*a*)

XI. La Préférence que donne cet Article X. de la Déclaration de 1731, aux Juges Subalternes sur les Prévôts des Maréchaux, doit avoir également lieu vis-à-vis des Juges Présidiaux, qui, comme on vient de l'observer, n'ont pas un Pouvoir plus étendu que les Prévôts des Maréchaux; c'est-à-dire, que ces premiers Juges ne peuvent être prévenus par les Présidiaux, dans les délais que l'Ordonnance leur a accordés, pour connoître des Cas ordinaires par leur nature, quoique Prévôtaux par la Qualité des Accusés.

XII. Suivant cet Article de l'Ordonnance, & l'Art. XXI. de la Déclaration de 1731, les Juges Subalternes sont chargés d'avertir les Baillifs & Sénéchaux; mais ces Loix ne les chargent point d'avertir également les Prévôts des Maréchaux, lorsqu'il s'agit d'un Cas Prévôtal; & d'où vient cela? C'est qu'elles veulent sans doute par-là punir la négligence de ces derniers, lorsqu'ils n'auront pas veillé à la conservation des Droits de leur Jurisdiction, vis-à-vis des Baillifs & Sénéchaux, qui, comme nous l'avons observé, leur sont préférés, lorsqu'ils ont décrété avant

(*a*) » Nos Prévôts, Châtelains, & autres » nos Juges Ordinaires, même ceux des » Hauts-Justiciers, connoîtront, à la charge » de l'Appel en nos Cours de Parlement, » des Crimes qui ne sont pas du nombre » des Cas Royaux ou Prévôtaux par leur » nature, & qui auront été commis dans » l'étendue de leur Siége & Justice, par les » personnes mentionnées dans les Articles » premier & II. de la présente Déclaration, » même de la contravention aux Edits & » Déclarations sur le fait de la Mendicité, & » ce concurremment & par prévention avec » lesdits Prévôts des Maréchaux, & préférablement à eux, s'ils ont informé & décrété avant eux, ou le même jour. *Art. X.*

eux ou le même jour : excepté toutesfois, lorsqu'il s'agit de *Déserteurs d'Armée*, leurs *Fauteurs* & *Subornateurs*, dont la Déclaration de 1731 attribue la Connoissance aux Prévôts des Maréchaux, à l'exclusion de tous autres Juges.

XIII. PAR la même raison, ces Loix ne les chargent point d'avertir les Juges Présidiaux, d'autant plus que ceux-ci, lorsqu'ils prétendent que le Crime a été commis hors la Jurisdiction des Baillifs & Sénéchaux, sont tenus de faire juger promptement leur Compétence, comme nous le verrons sur l'Article 15 du Titre suivant.

XIV. SUIVANT la derniere Disposition du présent Article de l'Ordonnance, les Baillifs & Sénéchaux sont autorisés à prononcer l'Interdiction & l'amende de 300 liv. contre les premiers Juges qui refuseront de leur envoyer la Procédure & les Accusés, après qu'ils les en auront requis : mais il faut observer que ces Peines ne pourroient être prononcées réguliérement contre ces premiers Juges, que dans le cas où ils refuseroient ce renvoi, après qu'ils auroient averti les Baillifs & Sénéchaux, par la raison qu'ils auroient, par cet avertissement, reconnu que le Cas n'étoit point de leur Compétence. Au lieu que n'ayant point fait cet Avertissement, l'on peut dire que leur refus ne viendroit alors que de l'opinion où ils sont, que le Cas n'est ni Royal, ni Prévôtal ; opinion qui pourroit être fondée sur un doute raisonnable, & faire la matiere d'une contestation entre ces premiers Juges & les Baillifs & Sénéchaux, lesquels ne pourroient la décider eux-mêmes, sans se rendre Juges dans leur propre Cause ; ensorte qu'il faudroit alors s'adresser au Parlement, pour faire statuer sur ce Conflit, & prononcer l'Amende portée par cet Article.

ARTICLE XVII.

» LES Lieutenans Criminels des Siéges où il y a Pré-
» sidial, seront tenus dans les Cas énoncés en l'Article
» XII. ci-dessus, faire juger leur Compétence par Ju-
» gement en dernier Ressort ; & pour cet effet porter
» à la Chambre du Conseil du Présidial, les Charges &

» Informations, & y faire conduire les Accusés pour » être oüis en présence de tous les Juges, dont ils se- » ront tenus faire mention dans leurs Jugemens; ensem- » ble des motifs sur lesquels ils seront fondés pour juger » la Compétence.

SOMMAIRE.

I. *Province où il n'y a point de Présidiaux établis.*

II. *Pourquoi les Lieutenans Criminels ne sont tenus de faire juger leur Compétence, pour les Cas Royaux, comme pour les Prévôtaux.*

III. *Déclaration de 1731 ajoute à cet Article.*

IV. *Même motif que celui de l'Article 14 de ce Titre.*

V. *Chambre du Conseil doit s'entendre de la Civile & non de la Criminelle. Arrêt du Conseil.*

VI. *Autres Formalités nécessaires pour que le Jugement de Compétence soit en dernier Ressort.*

I. En parlant ici des Lieutenans Criminels, l'Ordonnance ajoute *des Siéges où il y a Présidial*, parce qu'il y a de certaines Provinces dans lesquelles il n'y a point de Présidiaux, & où les Lieutenans Criminels ne peuvent par conséquent juger les Cas Prévôtaux en dernier Ressort; l'on en trouve entr'autres, un exemple dans la Province du Perche, dont les Bailliages de *Mortaigne* & de *Belesmes* ressortissent à *Chartres* pour les Cas Présidiaux.

II. Ce même Article oblige les Lieutenans Criminels des Siéges Présidiaux, à faire juger leur Compétence dans les Cas énoncés en l'Art. 12; c'est-à-dire, les Cas *Prévôtaux*. Il ne les oblige pas à la même précaution par rapport aux Cas *Royaux* énoncés en l'Art. 11; parce que les Lieutenans Criminels ne peuvent connoître de ceux-ci en qualité de Juges Présidiaux, mais seulement comme Juges Royaux, & à la charge de l'Appel.

III. Il faut de plus, suivant le présent Article, que la Compétence soit jugée en dernier Ressort. L'Article XXVI. de la Déclaration de 1731 ajoute: » Que dans le cas où par ce Ju- » gement les Prévôts ou Lieutenans Criminels des Présidiaux » auront été déclarés incompétens, ni eux, ni les Parties Civiles » ne pourront se pourvoir contre ce Jugement, lequel sera exé- » cuté, sauf à eux de porter leurs plaintes à S. M. qui se réserve » d'y pourvoir à l'avenir.

IV. L'UNE & l'autre de ces Dispositions sont fondées sur le même motif, que celle de l'Art. 14 du présent Titre, qui veut qu'en général les Jugemens Prévôtaux ne puissent être rendus qu'en dernier Ressort, à cause de la nécessité qu'il y a d'accélérer la poursuite & la punition des Crimes de cette espéce, qui intéressent principalement l'ordre & la sûreté publique.

V. POUR que les Jugemens de Compétence soient en dernier Ressort, l'Ordonnance exige quatre choses par cet Article.

1°. Que les Charges & Informations soient portées en la Chambre du Conseil. Par *la Chambre du Conseil*, l'Ordonnance veut parler de la Chambre Civile, & non de la Criminelle; c'est ce qui a été jugé par Arrêt du Conseil, du 18 Juillet 1678, pour le Châtelet de Paris. Par cet Arrêt, S. M. ordonne l'exécution du présent Article de l'Ordonnance; & fait défenses aux Lieutenans Criminels du Châtelet, de faire juger leur Compétence dans les Chambres Criminelles, sous quel prétexte que ce soit, à peine de nullité &c. Ce qui ne doit s'entendre néanmoins qu'à l'égard des Présidiaux, tel que celui du Châtelet, où il y a deux Chambres.

2°. Que l'Accusé soit conduit dans cette Chambre, pour y être oüi en présence de tous les Juges; & s'il y a plusieurs Accusés, ils doivent être conduits les uns après les autres, pour être interrogés séparément. Lors de cet Interrogatoire, il doit leur être déclaré, qu'on entend les juger en dernier Ressort, conformément à l'Art. 13 du Titre suivant, & à l'Article XXIV. de la Déclaration de 1731, qui veut que faute, par les Prévôts des Maréchaux, Lieutenans Criminels de Robe-Courte & les Officiers des Siéges Présidiaux, d'avoir satisfait à cette formalité, le Procès ne puisse être jugé qu'à la charge de l'Appel. (*a*)

3°. Qu'il soit fait mention dans le Jugement de Compétence; que ces Accusés ont été oüis en présence de tous les Juges. Cette Mention doit être faite avant le Dispositif du Jugement,

(*a*) » Les Prévôts des Maréchaux, Lieutenans Criminels de Robe-Courte, & les » Officiers des Siéges Présidiaux, seront » tenus de déclarer à l'Accusé, au commencement du premier Interrogatoire, » qu'ils entendent le juger en dernier Ressort, & d'en faire mention dans ledit Interrogatoire, le tout sous les peines portées par l'Art. XIII. du Titre II. de » l'Ordonnance de 1670; & faute par eux » d'avoir satisfait à ladite formalité, Voulons que le Procès ne puisse être jugé » qu'à la charge de l'Appel; à l'effet de » quoi il sera porté au Siége de la Sénéchaussée ou du Bailliage, dans le Ressort » duquel le Crime aura été commis, pour » y être instruit & jugé, ainsi qu'il appartiendra. *Art. XXIV.*

parce que c'est par l'examen des Charges & des Interrogatoires des Accusés, que les Juges ont pû s'assurer si le Cas étoit Prévôtal ou Royal, ou bien seulement ordinaire.

4°. Qu'il soit fait aussi mention dans ce même Jugement, des Motifs sur lesquels ces Juges se seront fondés pour juger la Compétence : il n'est pas nécessaire qu'ils expriment ces motifs en détail, mais il suffit de les marquer en général, par ces termes : *Nous Ordonnons que le Procès sera fait & parfait en dernier Ressort par le Lieutenant Criminel de ce Siége Présidial, à un tel Accusé, attendu qu'il est prévenu*, par exemple, *de Vol de Grand Chemin... ou qu'il est Vagabond & repris de Justice* &c.

VI. INDÉPENDAMMENT des formalités prescrites par cet Article, il y en a encore d'autres également indispensables, pour donner au Jugement de Compétence, le Caractere du *dernier Ressort;* celles-ci sont marquées par les Art. 13 & 18 du Titre suivant, qui concerne singuliérement les Prévôts des Maréchaux. *V.* au surplus l'Article suivant, où sont marquées celles qui doivent suivre immédiatement ce Jugement. *V.* encore l'Art. 19 du Titre suivant, où sont marquées les Peines, en cas de contravention à ce présent Article.

ARTICLE XVIII.

» LES Jugemens seront prononcés aussi-tôt aux Ac-
» cusés, & baillé copie, & procédé ensuite à leur In-
» terrogatoire, au commencement duquel sera encore
» déclaré que le Procès leur sera fait en dernier Ressort.

SOMMAIRE.

I. *Trois formalités qui doivent suivre le Jugement de Compétence.*

II. *Déclaration de 1731 ajoute à l'Ordonnance, par rapport à la prononciation du Jugement de Compétence.*

III. Quid, *lorsqu'il y a plusieurs Accusés, & que l'un d'eux tombe malade ?*

IV. *Déclaration de 1731 ne parle de la copie du Jugement qui doit être baillé à l'Accusé.*

V. *L'Ordonnance parle ici d'un second Interrogatoire.*

VI. *Peine en cas d'omission de déclarer à l'Accusé qu'il sera jugé en dernier Ressort.*

VII. *Sur quoi est fondée la nécessité de faire cette déclaration à l'Accusé ?*

I. CET Article ajoute trois formalités à celles prescrites par le précédent, aux Lieutenans Criminels des Siéges Présidiaux.

II. La premiere, consiste dans la *Prononciation* qui doit être faite à l'Accusé, du Jugement de Compétence, aussi-tôt après qu'il est rendu ; ce qui s'entend, lorsque par ce Jugement, le Lieutenant Criminel a été déclaré Compétent. La Déclaration de 1731 veut (*a*) que cette Prononciation soit faite à l'Accusé en présence des Juges, & qu'il en soit fait mention par le Greffier dans le Procès-verbal de cette Prononciation, qui sera dressée au bas du Jugement de Compétence, & qui sera signée par tous les Juges qui auront assisté au Jugement, & par l'Accusé lui-même, s'il sait ou veut signer, dont il sera fait mention dans le Procès-verbal : le tout à peine de nullité.

III. MAIS s'il y avoit plusieurs Accusés, & que l'un d'eux vînt à tomber malade, lorsqu'on seroit sur le point de juger la Compétence ; de maniere qu'il ne pourroit se transporter sans danger dans la Chambre du Conseil, en présence de tous les Juges, pour entendre la Prononciation de son Jugement, & subir Interrogatoire ; il faudroit alors, après s'être fait assurer du fait par la visite des Médecins & Chirurgiens, attendre que le Malade fût en état d'être transporté sans danger, & néanmoins procéder au Jugement de Compétence à l'égard des autres, & même au Jugement définitif, afin d'éviter la Peine de nullité & de l'Amende de 500 liv. portée par l'Art. 19 du Titre suivant de la présente Ordonnance.

IV. La seconde Formalité prescrite par cet Article, consiste à donner à l'Accusé *Copie du Jugement de Compétence*, aussi-tôt après la Prononciation qui lui en a été faite. La Déclaration de 1731 ne contient aucune Disposition expresse à ce sujet ;

(*a*) » Lorsque les Prévôts des Maréchaux » ou autres Officiers qui sont obligés de » faire juger leur Compétence, auront été » déclarés Compétens par Sentence du Pré- » sidial, à qui il appartiendra d'en con- » noître, ladite Sentence sera prononcée » sur le champ à l'Accusé, en présence de » tous les Juges ; & mention sera faite par » le Greffier de ladite Prononciation au » bas de la Sentence, laquelle mention » sera signée de tous ceux qui auront assisté » au Jugement, ensemble de l'Accusé, s'il » sait & veut signer, sinon sera fait men- » tion de sa déclaration, qu'il ne sait si- » gner, ou de son refus ; le tout à peine » de nullité, & sans préjudice de l'exécu- » tion des autres Dispositions de l'Article » XX. du Titre II. de l'Ordonnance de » 1670. *Art, XXV*.

mais

mais il suffit qu'elle n'ait point dérogé à l'Ordonnance sur ce Point, pour qu'on doive regarder cette formalité comme aussi indispensable que la précédente.

V. ENFIN, une troisiéme Formalité qui doit suivre la Prononciation & la Signification du Jugement de Compétence, consiste dans le *second Interrogatoire*, que le Lieutenant Criminel doit faire subir à l'Accusé, & dans la *Déclaration* qu'il doit lui faire au commencement de cet Interrogatoire, qu'il entend le juger en dernier Ressort. L'on dit le *second Interrogatoire*, parce que ces mots, *sera encore déclaré*, dont se sert ici l'Ordonnance, supposent nécessairement qu'il y a déja eu un *premier Interrogatoire* subi par l'Accusé, avant le Jugement de Compétence, lors duquel on a dû lui déclarer qu'il seroit jugé en dernier Ressort. C'est en effet ce qui se trouve porté expressément par l'Article 13 du Titre suivant, à l'égard des Prévôts des Maréchaux, auxquels les Lieutenans Criminels des Siéges Présidiaux sont assimilés en cette partie.

VI. D'ailleurs, l'Article XXIV de la Déclaration de 1731, paroît ne laisser aucun doute à ce sujet, en ce que non-seulement il y est enjoint aux Lieutenans Criminels Présidiaux, de même qu'aux Prévôts des Maréchaux, de faire cette Déclaration au commencement du premier Interrogatoire que l'Accusé doit subir, après qu'il a été arrêté en vertu d'un Décret réel, & d'en faire mention dans ce premier Interrogatoire, sous les mêmes peines qui sont portées par l'Art. 13 du Titre 2 de cette Ordonnance, (sçavoir, la nullité de la Procédure & les dommages & intérêts envers l'Accusé;) mais ils sont encore dépouillés, dans le cas de cette omission, de la connoissance absolue de l'affaire, tellement que le fond du Procès ne pourra plus être jugé qu'à la charge de l'Appel au Bailliage, dans le Ressort duquel le Crime aura été commis (*a*).

VII. L'ON voit par toutes ces Précautions rigoureuses, l'attention du Législateur à prévenir les abus dangereux, que les Juges Présidiaux, ainsi que les Prévôts des Maréchaux, pourroient faire de leur Pouvoir, en omettant d'avertir, ou en n'avertissant pas assez tôt l'Accusé de Cas Prévôtal, qu'on doit le juger en dernier Ressort; parce que, comme l'on sçait, la Défense d'un

(*a*) Cet Art. XXIV. est rapporté sur l'Art. XVII. ci-devant.

Accusé est bien différente auprès des Juges qu'il sçait devoir le juger irrévocablement & en dernier Ressort, de celle qu'il employe, lorsqu'il sçait que la faculté de l'Appel lui est réservée. C'est donc, pour conserver à ce dernier la liberté toute entiere d'une légitime défense, & en même tems pour empêcher la précipitation & les entreprises indiscrettes de ces Juges, que la présente Ordonnance & la Déclaration de 1731 ont cru devoir multiplier si fort les Formalités dans cette Matiere.

Nous aurons lieu d'observer sur l'Art. 15 du Titre suivant, la maniere dont on doit procéder au Jugement de Compétence, vis-à-vis d'un Accusé Contumax.

ARTICLE XIX.

» N'ENTENDONS néanmoins rien innover à » l'Usage de notre Châtelet de Paris, dont les Juges » pourront déclarer aux Accusés, dans leur dernier In- » terrogatoire sur la Sellette, qu'ils seront jugés en der- » nier Ressort; si par la suite des preuves survenues au » Procès, ou par la Confession des Accusés, il paroît » qu'ils ayent été repris de Justice, ou soient Vaga- » bonds & Gens sans aveu.

SOMMAIRE.

I. *En quoi consiste l'Usage du Châtelet confirmé par cet Article?*

II. *Paroît abrogé par la Déclaration de 1731.*

I. SUIVANT l'Usage du Châtelet, dont il est parlé dans cet Article, lorsqu'il s'agit de juger, dans ce Tribunal, un Accusé suspect d'avoir été repris de Justice; un des Juges a devant lui, & parcourt le Registre, qu'on appelle le *Livre Rouge*; dans lequel sont inscrits les noms des Condamnés; & s'il arrive que celui qui répond sur la Sellette, lors du dernier Interrogatoire, soit de ce nombre; ou bien que, par la Confession qu'il a faite, & autres Preuves qui sont survenues au Procès depuis le premier Interrogatoire, il se trouve qu'il ait été repris de Justice, alors on lui déclare qu'il sera jugé en dernier Ressort.

L'on en use de même, lorsque, par les preuves survenues, il paroît que les Accusés sont Vagabonds & Gens sans aveu.

II. Mais cet Usage, ainsi que la Disposition de l'Ordon. qui le confirme, paroissent avoir été abrogés par l'Art. XXX de la Décl. de 1731, en ce qu'il y est dit que *S. M. veut que la présente Décl. soit exécutée selon sa forme & teneur, dans tous les Pays, Terres & Seigneuries de son Obéissance, & qu'elle déroge à cet effet à toutes Loix, Ordonnances, Edits, Déclarations & Usages même à ceux du Chastelet de Paris, en ce qu'ils pourroient avoir de contraire aux Dispositions des Présentes.* Or, comme, par l'Art. 24 de cette nouvelle Loi, les Officiers des Siéges Présidiaux sont astraints, de même que les Prévôts des Maréchaux & les Lieutenans Criminels de Robe-Courte, à déclarer à l'Accusé au commencement du premier Interrogatoire, qu'ils entendent les juger en dernier Ressort, sans qu'il y ait aucune réserve expresse en faveur de l'Usage du Châtelet confirmé par le présent Article de l'Ordonnance, l'on peut dire que cet Usage a cessé d'avoir lieu depuis la Déclaration de 1731; tellement que l'on ne pourroit regarder comme Prévôtaux, les Jugemens de Compétence qui seroient rendus dans ce Tribunal contre un Accusé, à qui l'on n'auroit point déclaré, lors du premier Interrogatoire, qu'il seroit jugé en dernier Ressort; ni par conséquent les Jugemens définitifs qui seroient rendus ensuite de ce premier Jugement; c'est-à-dire, que l'un & l'autre de ces Jugemens seroient également susceptibles d'Appel, conformément à l'Art. XXIV de la Déclaration que nous venons de citer.

ARTICLE XX.

» Tous Juges, à la réserve des Juge & Consuls, » & des Bas & Moyens-Justiciers, pourront connoître » des Inscriptions de Faux incidentes aux affaires pen» dantes pardevant eux, & des Rébellions commises à » l'exécution de leurs Jugemens.

SOMMAIRE.

I. CET ARTICLE contient deux Dispositions. Par la *premiere*, il donne le Pouvoir à tous Juges en général, de connoître des Inscriptions de Faux incidentes, & des Rébellions faites à leurs Jugemens. Par la *seconde*, il excepte les Juges-Consuls & les Moyens & Bas-Justiciers.

II. LA raison de la Disposition générale, est fondée sur ce que les Inscriptions de Faux incidens & les Rébellions faites aux Jugemens sont comme autant d'accessoires de l'affaire qui est pendante devant les Juges, ou dont ils ont connus; & qu'on ne sauroit les en détacher, sans occasionner des retardemens ou des difficultés également préjudiciables à l'intérêt public & particulier, « si » les *Matieres Criminelles*, porte l'art. 15 de l'Edit de Novembre » 1554, *sont incidentes & préjudiciables au Procès Civil, sans la » décision & connoissance desquelles* les Juges ne pourroient faire » droit & décider les Causes & Matieres Civiles, comme sont » *Falsités* de Lettres, *Témoins*, & autres semblables Matieres des» quelles dépend & est connexe la décision de la Matiere Civile, &c. Cette Disposition, qui concerne principalement le Faux incident, est conforme à celle de la Loi 3 au Code *de Ordine Judiciorum*, dont voici les termes : *Cum Civili Disceptationi principaliter mota Quæstio Criminis incidit, vel Crimini prius instituto Civilis Causa adjungitur, potest Judex utramque Disceptationem suâ Sententiâ dirimere.*

Il y a d'ailleurs, par rapport à la Rébellion, une raison particuliere, qui en a fait attribuer la connoissance au Juge même dont est émané le Jugement auquel est faite cette Rébellion; c'est qu'il importe au bien public que l'autorité du Juge ne tombe point dans le mépris: *Ne vilescat Autoritas Judicis*: c'est la remarque de MORNAC sur la Loi *Utrique*, au ff. §. *Si quis Jus dicenti non obtemperaverit*, & sur la Disposition de l'Edit de 1552 qu'on vient de citer.

III. Il faut néanmoins distinguer, suivant ce même Auteur, entre l'injure faite à la personne du Juge dans ses fonctions, & celle faite en sa présence & dans son Auditoire, ou dans l'exécution de ses Jugemens. Dans ce dernier Cas, qui est précisément celui du présent Article, comme l'injure réfléchit directement sur sa Dignité, *cum ad contemptum suæ Dignitatis spectet*, il n'est pas douteux que ce Juge n'en puisse connoître par lui-même, parce qu'il est alors réputé une personne publique, *tunc enim censetur aliena Persona, & publica non propria.* Mais au premier Cas, qui l'intéresse personnellement, comme il deviendroit alors Juge en sa propre Cause, il n'est pas juste de livrer le Coupable au gré de son ressentiment, *In re enim propria iniquum admodum alicui licentiam tribuere Sententiæ*; c'est la Disposition de la Loi I. au Code, *Ne quis in sua Causa judicet.* Ainsi tout ce que ce Juge pourroit faire en ce dernier Cas, ce seroit de dresser un Procès-verbal du fait, & en conséquence demander au Parlement, sur les Conclusions de M. le Procureur Général, une Commission particuliere à un autre Juge, pour informer & faire le Procès, jusqu'à Sentence définitive. Sur ces sortes de Requêtes, le Parlement a coutume de commettre un Juge Royal, & jamais un Subalterne.

IV. Par le Pouvoir que l'Ordonnance donne ici à tous Juges en général, soit Civils, soit Criminels, soit Ordinaires, soit Extraordinaires, de connoître des Inscriptions de Faux incidentes & & des Rébellions faites à l'exécution de leurs Jugemens, elle introduit une double Exception à la Régle générale qu'elle a établie sur le premier Article de ce Titre, suivant laquelle la connoissance du Crime doit appartenir au Juge Ordinaire du Lieu du Délit, & le Juge Criminel doit être préféré au Juge Civil à cet égard.

V. Cependant, il faut encore distinguer à ce sujet, le Cas

où ces Inſcriptions de Faux & ces Rébellions ſont pourſuivies *civilement*, c'eſt-à-dire, par la voie de l'Aſſignation ou de la Saiſie pour les dommages & intérêts de la Partie qui s'en plaint, de celui où cette Pourſuite ſe fait *extraordinairement*, & par la voie de la Plainte ou de la Dénonciation.

Au premier Cas, l'on n'a jamais douté que les Juges Civils n'en puiſſent connoître, & même qu'ils ne puiſſent prononcer les Condamnations pécuniaires auxquelles la Partie offenſée a conclu. Ils peuvent même connoître de la Rébellion à un Empriſonnement fait en vertu d'un Jugement qui porteroit la Contrainte par Corps. Mais au ſecond Cas, il faut convenir que cela a ſouffert, & ſouffre même encore aujourd'hui quelque difficulté entre les Lieutenans Généraux & les Lieutenans Criminels.

VI. Les Premiers ſe fondent ſur la Diſpoſition du préſent Article qui, en n'excluant de cette Connoiſſance que les ſeuls Moyens & Bas-Juſticiers & les Juges-Conſuls, ſemble par cette exception confirmer la Régle générale en leur faveur, ſuivant la Maxime, *Excluſio unius*, *Incluſio alterius*.

VII. De la part des Lieutenans Criminels, on ſoutient au contraire, que la voie criminelle ayant été une fois priſe, ils ſont par-là ſaiſis de la Connoiſſance du Crime, dont la Pourſuite & la Punition fait l'unique objet de leurs Fonctions; de maniere qu'on ne pourroit les en dépouiller, que par une Diſpoſition expreſſe que cet Article ne contient point.

VIII. En effet, la prétention de ceux-ci a été adoptée par pluſieurs Arrêts du Conſeil, rapportés par Brillon & par Filleau. Il y en a deux entr'autres, des 27 Novembre 1681 & 29 Septembre 1684, portant Réglemens entre les Officiers des Bailliages de Semur & de Dijon, par leſquels il a été jugé que le Lieutenant Criminel connoîtroit ſeul des Rébellions commiſes à l'exécution des Ordres de la Juſtice & des Sentences, même en Matiere Civile, lorſque les Parties ſe pourvoiront par Plaintes & Informations, ſi ce n'eſt que la Rébellion fût arrivée dans l'Auditoire de la Séance Civile, ou en préſence du Juge Civil, en exécutant une Commiſſion; & que le Lieutenant Criminel connoîtroit auſſi de tous autres Crimes, ſi ce n'eſt qu'ils fuſſent incidens en un Procès Civil.

IX. Pour ce qui concerne l'Inſcription de Faux, la Queſtion

a été entiérement décidée en faveur des Lieutenans Criminels, par l'Art. 2 du Titre 2 de la nouvelle Ordonnance de 1737. *V.* ci-après, PART. II.

X. A l'égard de la seconde Disposition de cet Article, par laquelle les Juges-Consuls & les Moyens & Bas-Justiciers sont exclus de la Connoissance des Faux incidens & des Rébellions faites à l'exécution de leurs Jugemens; elle est fondée sur ce que ces Juges n'ont point ce droit de Glaive, appellé dans le Droit *Merum Imperium*, lequel résidant principalement dans la personne du Souverain, ne peut être exercé que par ceux à qui il a jugé à propos de communiquer ce Pouvoir.

XI. AINSI, lorsque dans les Procès qui sont pendans pardevant eux, il survient une Inscription de Faux, ou, lorsqu'après avoir jugé, il survient une Rébellion à l'exécution de leurs Jugemens, ces Juges sont tenus de renvoyer les Parties, qui s'adresseroient à eux à ce sujet, pardevant les Juges qui en peuvent connoître.

ARTICLE XXI.

» LES Ecclésiastiques, les Gentilshommes, & nos Secrétaires, pourront demander en tout état de Cause, » d'être jugés toute la Grand-Chambre du Parlement, » où le Procès sera pendant, assemblée; pourvû toutefois que les opinions ne soient pas commencées: » Et s'ils ont requis d'être jugés à la Grand-Chambre, » ils ne pourront demander d'être renvoyés à la Tournelle. Ce qui aura lieu à l'égard des Officiers de Justice, dont les Procès Criminels ont accoutumé d'être » jugés ès Grand-Chambres de nos Parlemens.

SOMMAIRE.

I. *Qu'entend-t-on par toute la Grand-Chambre du Parlement?*

II. *Quatre sortes de Personnes privilégiées, suivant cet Article.*

III. *Ce qu'il faut pour que les Gentilshommes puissent être admis à ce Privilége.*

IV. *Les Secrétaires du Roi ne peu-*

vent y être admis qu'en deux Cas.
V. Quels sont les Officiers de Justice qui doivent jouir de ce Privilége?
VI. Quatre conditions requises par cet Article, pour que ce Privilége puisse avoir lieu.
VII. Il ne peut avoir lieu dans les Procès de Petit Criminel.

I. DEUX choses à remarquer sur cet Article : d'une part, la Qualité des Personnes qui sont admises à jouir du Privilége d'être jugées par toute la Grand-Chambre du Parlement, c'est-à-dire, par la Grand-Chambre & la Tournelle assemblée ; & de l'autre, les Conditions nécessaires pour qu'elles puissent en jouir.

II. Quant à la *Qualité des Personnes*, l'Ordonnance en distingue de quatre sortes.

1°. LES ECCLÉSIASTIQUES. Nous avons vû sous l'Article 16, ce qu'on doit entendre sous ce nom.

III. 2°. LES GENTILSHOMMES. Sous ce nom sont aussi compris les simples *Nobles* dans notre Usage, quoique la Qualité de Gentilhomme prise à la rigueur, suppose trois Générations. Au reste, pour que les uns & les autres puissent jouir du Privilége dont il s'agit, il faut qu'ils vivent noblement, & qu'ils n'ayent été flétris par aucune condamnation infamante ; c'est la Disposition expresse de l'Art. XII. de la Déclaration de 1731, que nous avons rapporté sur l'Art. 12 du présent Titre.

IV. 3°. LES SECRÉTAIRES DU ROI. Mais ceux-ci ne peuvent jouir du Privilége porté par cet Article, que dans deux Cas ; savoir 1°. lorsqu'ils sont du nombre de ceux dont les Procès Criminels ont accoutumé d'être jugés dans la Grand-Chambre ; c'est encore la Disposition de l'Article XIII. de la Déclaration de 1731, rapporté sur l'Art. 12. ci-devant ; 2°. lorsqu'il s'agit de Malversation ou Concussion dans leurs Offices. *V.* les Lettres-Patentes de LOUIS XII. en Novembre 1492, rapportées dans le Recueil des Loix Criminelles, pag. 151.

V. 4°. LES OFFICIERS DE JUDICATURE. Ce qui doit s'entendre seulement, suivant cet Article, lorsqu'ils sont du nombre de ceux dont les Procès Criminels ont accoutumé d'être portés aux Grand-Chambres des Parlemens. La Déclaration du 26 Mars 1676, enregistrée en la Cour le 28 Mars suivant, entre à ce sujet dans un détail qui paroît ne rien laisser à desirer : » Voulons,

» lons (*porte cette Loi*) que les Procès Criminels, qui sont intentés contre les Trésoriers de France, Présidens Présidiaux, Lieutenans Généraux, Lieutenans Criminels ou Particuliers, Avocats & Procureurs du Roi des Bailliages, Sénéchaussées & Siéges Royaux, ressortissans nüement dans les Cours de Parlemens, & les Prévôts Royaux, Juges Ordinaires qui ont Séance & Voix délibérative, & qui sont introduits en premiere Instance en la Cour, soient instruits & jugés en la Grand-Chambre, si faire se peut, & que les Appellations des Instructions & Jugemens définitifs prononcés contr'eux, y soient pareillement jugés : le tout, si les Accusés le requéroient, sans quoi lesdits Procès seroient instruits & jugés en la Chambre de la Tournelle.

VI. A l'égard des *Conditions* requises, pour que ces différentes Personnes puissent jouir du Privilége porté par cet Article; il y en a de quatre sortes :

La *premiere*, que le Parlement soit saisi de l'Accusation, soit par la voie de l'Appel, soit même en premiere Instance par la Nature du Crime, comme en fait de Crimes de Lèze-Majesté au premier Chef, & autres, dont la Connoissance appartient aux Parlemens, à l'exclusion de tous autres Juges.

La *seconde*, que ces Personnes requierent elles-mêmes d'être jugées par toute la Grand-Chambre; c'est aussi la Disposition de la Déclaration de 1676, que nous venons de citer. Mais en même-tems que l'Ordonnance veut qu'ils ne puissent être renvoyés pardevant toute la Grand-Chambre, que lorsqu'ils le demandent; elle veut aussi que, dès qu'une fois ils l'ont demandé, la Grand-Chambre soit dès-lors saisie irrévocablement de leur Procès, de maniere qu'ils ne puissent plus demander à être renvoyés à la Tournelle.

Une *troisiéme* Condition, pour pouvoir jouir du Privilége porté par cet Article, c'est que la Demande en renvoi doit être formée avant que les Opinions soient commencées en la Tournelle.

Enfin, une *quatriéme* Condition, qui ne se trouve point marquée expressément dans cet Article, mais qui est fondée sur une Jurisprudence constante; c'est que ce Privilége ne peut avoir lieu que dans les Procès de *Grand Criminel.*

VII. A l'égard des Procès du *Petit Criminel*, c'est-à-dire, qui ne peuvent donner lieu à aucune Peine afflictive ni infamante, les Appellations qui en sont interjettées, doivent suivre leur cours ordinaire, & être portées aux Chambres des Enquêtes, conformément à l'Art. 11 du Titre 26 de cette Ordonnance.

ARTICLE XXII.

» NE pourront les Présidens, Maîtres ordinaires, » Correcteurs, Auditeurs, nos Avocats & Procureurs » Généraux de notre Chambre des Comptes à Paris, » être poursuivis ès Causes & Matieres Criminelles, » ailleurs qu'en la Grand-Chambre de notre Cour de » Parlement à Paris. Pourront néanmoins, pour Crimes » commis hors la Ville, Prévôté & Vicomté de Paris, » nos Baillifs & Sénéchaux informer; &, s'ils sont Capi- » taux, décréter à l'encontre d'eux, à la charge de ren- » voyer les Procédures à la Grand-Chambre, pour être » instruites & jugées. Et au cas que les Parties ayent vo- » lontairement procédé pardevant eux, elles ne pour- » ront se pourvoir à la Grand-Chambre, que par Appel.

SOMMAIRE.

I. Quid, *à l'égard des autres Chambres des Comptes du Royaume?*
II. Quid, *à l'égard du Parlement de Paris?*
III. *En quoi il est distingué des autres Parlemens.*
IV. *Priviléges du Grand-Conseil & de la Cour des Aydes.*
V. *Distinction entre les Crimes commis dans le lieu de la Séance du Parlement, & ceux commis ailleurs.*

CET Article concerne singuliérement le Privilége des OFFICIERS DE LA CHAMBRE DES COMPTES DE PARIS; il ne fait aucune mention des Priviléges des autres Chambres des Comptes du Royaume, non plus que de ceux des Parlemens & autres Cours Supérieures, quoique ceux-ci, comme nous l'avons observé sur l'Article premier, ne soient, ni moins constans, ni moins fondés, que celui mentionné dans cet Arricle.

I. EN effet, à l'égard des autres CHAMBRES DES COMPTES, il paroît que ces Cours ayant toutes été créées à l'*Instar* de celle de Paris, & associées aux mêmes Fonctions, elles doivent aussi partager les mêmes Priviléges, d'autant que les mêmes motifs de Bienséance, & de Supériorité par rapport aux Juges Ordinaires, concourent également en leur faveur.

II. A l'égard des OFFICIERS DU PARLEMENT DE PARIS, personne n'ignore le Privilége qu'ils ont de ne pouvoir être jugés en premiere Instance, que par le Parlement même, toutes les Chambres assemblées.

III. CEUX des autres Parlemens prétendent aussi jouir du même Privilége. Ensorte que le seul avantage qui distingue le Parlement de Paris en Matiere Criminelle, c'est celui de juger les Princes du Sang & les Ducs & Pairs de France.

IV. A l'égard des autres Cours Supérieures, telles que le GRAND-CONSEIL & la COUR DES AYDES, nous avons observé que ces Cours prétendoient pareillement avoir le Droit de juger les Procès Criminels faits aux Officiers de leur Compagnie ; savoir, le Grand-Conseil, en vertu d'un Arrêt du Conseil de 1681, & la Cour des Aydes, en vertu d'un Edit du mois de Mars 1551, & d'une Déclaration de 1636, rapportée dans l'Edit de Novembre 1704, registrée au Parlement le 30 Janvier suivant.

V. IL reste donc seulement à observer, pour l'intelligence de cet Article, qu'il faut distinguer, parmi les Crimes, pour lesquels sont poursuivis les Officiers de la Chambre des Comptes, ceux qui ont été commis dans la Ville même où le Parlement tient sa Séance, & ceux qui ont été commis ailleurs, quoique dans le Ressort.

Au premier Cas, le Lieutenant Criminel n'en peut connoître, même en Cas de flagrant-délit, mais il doit renvoyer, conformément à cet Article, la Plainte à lui présentée, au Parlement, qui nomme deux Commissaires pour instruire le Procès ; & après cette Instruction, l'Officier est jugé par la Grand-Chambre, & la Tournelle assemblée.

Mais au second Cas, il paroît qu'en partant de ces derniers termes de l'Article *Et au cas que les Parties ayent volontairement procédé pardevant eux* (les Baillifs & Sénéchaux), *elles ne pourront se pourvoir à la Grand-Chambre, que par Appel*, ces Baillifs & Sénéchaux sont autorisés non-seulement à informer & décréter ces Officiers, mais même à continuer l'Instruction jusqu'à Sentence Définitive, sauf à ces Officiers de se pourvoir en la Grand-Chambre, en cas d'Appel. Ce qui doit avoir lieu à plus forte raison, si pendant le cours de l'Instruction, cet Officier avoit affecté de ne point se faire connoître.

TITRE II.

Des Procédures particulieres aux Prévôts des Maréchaux de France, Vice-Baillifs, Vice-Sénéchaux & Lieutenans Criminels de Robe-Courte.

CE TITRE contient vingt-huit Articles.

Le *premier* marque les Cas particuliers dont les Prévôts des Maréchaux peuvent connoître.

Le *second*, les Cas où ils peuvent recevoir des Plaintes & Informations hors leur Ressort.

Le *troisiéme* leur enjoint de mettre à exécution les Décrets & Mandemens de Justice, lorsqu'ils en sont requis par les Juges.

Le *quatriéme* leur enjoint d'arrêter les Criminels pris en Flagrant-délit, ou à la Clameur publique.

Le *cinquiéme* leur défend de donner des Commissions à leurs Archers, Notaires & autres Personnes, pour informer.

Le *sixiéme* permet aux Archers d'écroüer les Prisonniers qu'ils arrêtent en vertu des Décrets des Prévôts.

Le *septiéme* leur ordonne de laisser aux Prisonniers, copie du Procès-verbal de Capture & de l'Ecroüe.

Le *huitiéme* accorde aux Accusés décrétés par le Prévôt, la faculté de se mettre aux Prisons du Présidial, pour y faire juger la Compétence.

Le *neuviéme* concerne l'Inventaire qui doit être fait par le Prévôt des Maréchaux, en arrêtant un Accusé, & la remise des Effets au Greffe.

Le *dixiéme* leur défend de faire Charte privée des Accusés.

Le *onziéme* leur défend pareillement, ainsi qu'à tous Officiers de Maréchaussée, de retenir aucuns Effets appartenans aux Accusés.

Le *douziéme* regarde le premier Interrogatoire qu'ils doivent faire après la Capture.

Le *treiziéme*, la Déclaration qu'ils doivent faire à l'Accusé, qu'ils entendent le juger en dernier Ressort.

Le *quatorziéme*, le Renvoi qu'ils sont tenus de faire, lorsque le Crime n'est pas de leur Compétence.

Le *quinziéme* détermine le Siége Présidial où doit être jugée la Compétence du Prévôt.

Le *seiziéme* regarde les Recusations qui peuvent être proposées contre le Prévôt des Maréchaux.

Le *dix-septiéme* marque le tems où doit être fait l'Elargissement de l'Accusé Prisonnier.

Le *dix-huitiéme* prescrit le nombre des Juges nécessaires pour juger la Compétence, & la nécessité de la Signature de ce Jugement par tous les Juges qui y ont assisté.

Le *dix-neuviéme* regarde le dernier Interrogatoire que doit subir l'Accusé lors du Jugement de Compétence, & les formalités qui doivent accompagner ce Jugement.

Le *vingtiéme* concerne la Prononciation & Signification du Jugement de Compétence à l'Accusé.

Le *vingt-uniéme* marque ce que doit faire le Prévôt, après qu'il a été déclaré Incompétent.

Le *vingt-deuxiéme*, ce qu'il doit faire, après qu'il a été déclaré Compétent.

Le *vingt-troisiéme* regarde les nouvelles Accusations qui surviennent, depuis que le Procès a été commencé pour le Crime Prévôtal.

Le *vingt-quatriéme* marque le nombre des Juges nécessaires pour toutes sortes de Jugemens Prévôtaux, soit préparatoires, soit interlocutoires, soit définitifs, & comment on doit y suppléer, en cas d'insuffisance du nombre des Juges.

Le *vingt-cinquiéme* regarde les Minutes des Jugemens Prévôtaux.

Le *vingt-sixiéme* marque comment l'on doit procéder à la Torture de l'Accusé du Cas Prévôtal.

Le *vingt-septiéme* concerne les dépens des Jugemens Prévôtaux & la maniere de procéder à leur taxe.

Enfin, le *vingt-huitiéme* regarde les Vice-Baillifs, Vice-Sénéchaux & les Lieutenans Criminels de Robe-Courte, & en particulier le Lieutenant Criminel de Robe-Courte du Châtelet de Paris.

ARTICLE PREMIER.

» LES Prévôts de nos Cousins les Maréchaux de France ne connoîtront d'autres Cas que de ceux énoncés » dans l'Article 12 du Titre de la Compétence des Juges, à peine d'interdiction, de dépens, dommages » & intérêts, & de trois cens liv. d'Amende applicable, » moitié envers Nous, & l'autre moitié envers la Partie.

SOMMAIRE.

Changemens apportés par la Déclaration de Février 1731, par rapport au nombre & à la Qualité des Cas Prévôtaux.

CET Article restraint la Connoissance des Prévôts des Maréchaux, aux seuls Cas énoncés dans l'Art. 12 du Titre premier, qui, comme nous l'avons dit, sont appellés par cette raison *Cas Prévôtaux*.

Nous avons aussi observé sur ce même Art. 12, les Changemens & Modifications qu'y a apporté la Déclaration de 1731, qu'il faut principalement consulter, comme la derniere Loi rendue en cette Matiere.

Ces Changemens & Modifications roulent principalement sur les quatre Points suivans.

1°. Dans la *distinction* qu'elle fait des Cas Prévôtaux, par la Qualité des Personnes, & par la Nature du Crime, en attribuant aux Prévôts la Connoissance des premiers en quelque lieu qu'ils soient commis, & en limitant celle des derniers aux seuls Cas qui auront été commis hors des Villes de leur Résidence. *V.* Art. 4, 5 & 6. (a)

2°. En ce qu'elle a ajouté deux Cas Prévôtaux, par la Qualité des Parties; savoir, les *Mendians valides & non domiciliés*; & les *Fauteurs ou Subornateurs des Déserteurs d'Armée*, dont il

(a) *V.* ces Articles qui sont rapportés sur l'Art. 12 du Titre précédent.

n'eſt point parlé dans l'Ordonnance ; & qu'elle a même tellement aſſujetti ces Fauteurs & Subornateurs à la Juriſdiction des Prévôts, qu'elle veut qu'ils en connoiſſent, ainſi que des Déſerteurs, à l'excluſion de tous autres Juges, même des Lieutenans Criminels des Siéges Préſidiaux. *V.* Art. 1. & 7. (*a*)

3°. En ce qu'elle a ajouté un Cas Prévôtal par la Nature du Crime, ſavoir, le *Duel*, dont il n'eſt point parlé dans l'Art. 12 du Titre premier. A la vérité elle met cette différence entre ce dernier Cas & ceux énoncés dans ce même Article 12, qu'elle ne veut pas que les Prévôts puiſſent le juger autrement qu'à la charge d'Appel ; en quoi elle déroge en même-tems à l'Art. 14 du même Titre premier, où elle défend aux Prévôts de juger en aucun Cas, autrement qu'en dernier Reſſort. *V.* au ſurplus, ce que nous avons dit ſur ce même Art. 14, où nous avons obſervé d'autres Cas où les Prévôts pourront juger à la charge d'Appel. *V.* auſſi Art. XXVII. de cette Déclaration. (*b*)

4°. En ce qu'elle a retranché pluſieurs Cas Prévôtaux, qui étoient réputés tels, ſuivant l'Ordonnance ; de ce nombre ſont 1°. les *Gens repris de Juſtice pour la ſimple Infraction de Ban*, lorſque ce ne ſont point les Prévôts eux-mêmes qui ont prononcé la peine du Banniſſement ; 2°. l'*Aſſaſſinat prémédité* ; 3°. *le Vol & le Sacrilége avec Effraction*, lorſqu'ils ne ſe trouvent point accompagnés de *Port d'Armes & de Violence publique*, ou que l'Effraction n'aura point été faite *dans des Murs de clôture, Toîts de Maiſon, Portes ou Fenêtres extérieures* ; 4°. enfin, les *Vols faits dans les Rues des Villes & Fauxbourgs*, qu'elle ne veut plus être compriſes ſous le nom de *Grand-Chemin*, comme elles l'étoient, ſuivant l'Ordonnance. *V.* ce que nous avons dit ſur l'Art. 12 du Titre précédent.

Tels ſont les Changemens particuliers que cette Déclaration à apportés à l'Ordonnance, relativement à la Compétence des Prévôts des Maréchaux. Il y en a encore d'autres par rapport à la Procédure & aux Jugemens, que nous aurons lieu de remarquer ſur les Articles ſuivans, & notamment ſur l'Art. 23.

(*a*) Ces Articles ſont rapportés pareillement ſur l'Art. 12 du Titre précédent.

(*b*) Cet Article 27 eſt rapporté ſur l'Art. 15 du Titre précédent.

ARTICLE II.

» NE pourront auſſi recevoir aucune Plainte, ni in-
» former hors leur Reſſort, ſi ce n'eſt pour Rébellion à
» l'exécution de leurs Décrets.

SOMMAIRE.

I. *Cas dont les Prévôts peuvent connoître hors de leur Reſſort.*
II. *Peuvent-ils connoître de la Rébellion à l'exécution de leurs Décrets?*
III. *Ne peuvent la juger qu'à la charge de l'Appel.*

I. SUIVANT cet Article, les Prévôts des Maréchaux ne peuvent recevoir des Plaintes, ni faire des Informations hors de leur Reſſort, ſi ce n'eſt pour Rébellion à l'exécution de leurs Décrets. La Déclaration de 1731 a ajouté une nouvelle Exception en leur faveur, en leur permettant de connoître des Cas Prévôtaux par la Qualité des Accuſés, même hors de leur Reſſort, & en quelques lieux qu'ils ſoient commis.

II. COMME il n'eſt parlé dans cet Article, que de la Plainte & de l'Information, & que, par l'Article précédent, il eſt défendu aux mêmes Prévôts de connoître d'autres Cas, que ceux énoncés dans l'Art. 12 du Titre premier; il paroît qu'on en doit conclurre, qu'ils ne peuvent connoître & juger des Rébellions commiſes à l'exécution de leurs Décrets, mais ſeulement recevoir les Plaintes & les Informations qui ſeront faites à ce ſujet, & enſuite renvoyer au Juge Ordinaire. Cette conſéquence paroît confirmée d'ailleurs, par l'Art. VIII. de la Déclaration de 1731, qui ne permet aux Préſidiaux de connoître des Cas Prévôtaux, que lorſqu'ils ſont commis dans l'étendue du Bailliage auquel le Siége Préſidial eſt uni; & elle eſt fondée ſur ce que les Jugemens Prévôtaux ou Préſidiaux étant de leur Nature irrévocables, quoique rendus en premiere Inſtance, ils ne doivent être étendus au-delà des Cas exprimés par l'Ordonnance.

III. CEPENDANT, l'on voit d'un autre côté, qu'aux termes des Edits & Réglemens poſtérieurs à l'Ordonnance, & notamment l'Edit de Janvier 1691, art. 2 & 3, les Prévôts des Maréchaux

réchaux sont autorisés, non-seulement à recevoir des Plaintes & Informations au sujet des Rébellions commises à l'exécution de leurs Décrets, mais encore à connoître de ces Rébellions, non pas à la vérité pour les juger Prévôtalement & en dernier Ressort, mais seulement à la charge de l'Appel en la Connétablie. *V.* au surplus ce qui sera dit, par rapport à ces Rébellions, sur l'Art. 23 du présent Titre.

ARTICLE III.

» SERONT tenus de mettre à exécution les Décrets » & Mandemens de Justice, lorsqu'ils en seront requis » par nos Juges, & sommés par nos Procureurs ou par » les Parties, à peine d'interdiction & de 300 liv. d'a- » mende, moitié vers Nous, moitié vers la Partie.

SOMMAIRE.

I. *Disposition de l'Ordonnance de Blois relative à cet Article.*

II. *Peine portée par l'Ordonnance de Blois, modérée par le présent Article.*

III. *Que doit-on entendre par Mandement de Justice ?*

IV. *Réglement entre les Prévôts & les Présidiaux, pour l'exécution de leurs Décrets.*

I. PAR l'Article 186 de l'Ordonnance de Blois, il est dit ; » Les » Prévôts des Maréchaux seront tenus, suivant nos Ordonnan- » ces, de monter à Cheval, sitôt qu'ils seront avertis de quelques » Voleries, Meurtres ou autres Délits commis ès Lieux où ils sont » établis, afin d'en informer, prendre & appréhender les Délin- » quans, & aussi d'exécuter promptement & sans remise, excuse » ou dissimulation, les Décrets & Mandemens de Justice, qui leur » seront délivrés par nos Juges & Substituts de nos Procureurs Gé- » néraux, encore qu'il n'y ait Plainte de Partie Civile : le tout à » peine de Privation de leurs Etats, & de plus grande, selon l'exi- » gence du Cas &c.

II. AINSI, tout le Changement que la présente Ordonnance a fait à cet Article de l'Ordonnance de Blois, c'est qu'au lieu de la peine de Privation de leurs Charges, qui étoit prononcée contr'eux par cette premiere Loi, ils ne sont plus sujets qu'à une simple Interdiction avec amende de 300 liv.; & encore ne peuvent-ils encourir cette derniere peine, qu'après qu'ils ont été constitués en demeure, par la requisition du Juge, & par une Sommation qui leur sera faite par les Parties Publiques ou Civiles.

III. Par Mandemens de Justice, l'Ordonnance veut parler des Mandemens émanés de toutes sortes de Tribunaux, soit qu'ils ayent été décernés pour Crimes commis dans la Ville de Résidence des Prévôts ou ailleurs. C'est l'explication que nous en donne la Déclaration du 26 Février 1724, rendue en interprétation de l'Art. II. d'une autre Déclaration du 28 Mars 1720, qui donnoit aux Officiers de Maréchaussées la Préférence sur ceux des Présidiaux, lorsque ces premiers avoient fait la Capture, nonobstant que les Officiers des Présidiaux eussent décrété les Accusés avant eux ou le même jour.

IV. Comme ces Décrets ne pouvoient être mis à exécution que par les Officiers des Maréchaussées, les Prévôts, sous prétexte d'exécuter leurs propres Décrets quoique rendus depuis ceux des Présidiaux, se rendoient Juges de toutes les affaires Prévôtales, à l'exclusion des Juges Présidiaux. C'est pour remédier à cet abus, que par cette Décl. de 1720 le Roi ordonne » Que les Officiers & Archers des Maréchaussées, seront tenus de mettre à exécution sur le champ & sans délai, à la premiere requisition ou » Sommation qui leur sera faite par les Procureurs du Roi ou » par les Parties, les Décrets qui seront émanés des Siéges Présidiaux & autres Juges, pour Crimes commis, soit au-dedans, » soit au dehors des Villes de leur Résidence, si ce n'est qu'ils » eussent décrété le même jour & avant que les Décrets desdits » Juges Présidiaux leur eussent été délivrés, avec Sommation de » les mettre à exécution; auquel cas seulement la Prévention leur » appartiendra en conséquence de leurs Décrets «.

ARTICLE IV.

» Leur enjoignons d'arrêter les Criminels pris en » Flagrant délit, ou à la Clameur publique.

SOMMAIRE.

I. *Prévôts des Maréchaux considérés sous deux rapports différens.*
II. *Disposition de l'Edit de Melun, relative à cet Article.*
III. *Disposition de la Déclaration de 1724, sur le même sujet.*
IV. *Déclaration de Février 1731 ajoute à ces Loix.*
V. Quid, *à l'égard des Criminels de Cas ordinaires?*
VI. *Pourquoi le Pouvoir des Prévôts a été restraint en faveur des Juges Ordinaires.*
VII. *Cas particuliers où ils ne peuvent être prévenus.*

I. LES Prévôts des Maréchaux peuvent être considérés sous deux Rapports différens, ou comme Juges; ou comme Officiers Militaires, chargés de veiller à la sûreté des Chemins. C'est principalement sous ce dernier Rapport, qu'ils sont envisagés par cet Article & par le précédent.

II. SUIVANT les anciennes Ordonnances, & notamment l'Edit de Melun, Art. 14, les Prévôts des Maréchaux ne pouvoient arrêter les Criminels sans Information & Décret préalable, à moins que ce ne fut en cas de Flagrant-délit & d'Emotion populaire.

III. PAR la Déclaration du 26 Février 1724, portant Réglement entre les Présidiaux & les Officiers de Maréchaussées, il est fait défenses aux Officiers de Maréchaussées, d'arrêter aucune Personne domiciliée, hors le cas du Flagrant-délit ou de Clameur publique, sans Information & Décret préalable, sous peine de demeurer responsables des dommages & intérêts des Parties.

IV. SUIVANT la Déclaration de Février 1731, non-seulement les Prévôts des Maréchaux sont tenus d'arrêter les Criminels dans les Cas de Flagrant-délit & de Clameur publique, mais encore les Vagabonds & Gens sans aveu, les Mendians valides non domiciliés, & les Déserteurs d'Armée, encore qu'ils ne seroient pas dans le Flagrant-délit, ni poursuivis à la Clameur publique, & qu'ils ne seroient d'ailleurs prévenus d'aucun autre Crime ou Délit. *V.* Art. I & VII rapportés sur l'Art. 12. §. 1er.

V. PAR les Art. XV & XVI de cette derniere Loi, les Prévôts sont encore autorisés à arrêter les Criminels de simples Cas ordinaires, lorsque ces Cas ont été commis dans l'étendue de leur Ressort, quand même ces Criminels seroient d'ailleurs privilégiés; mais avec cette différence, qu'ils ne peuvent le faire en ce dernier Cas, qu'après avoir informé & décrété eux-mêmes contre ces Accusés; & de plus, ils doivent, aussi-tôt après les avoir arrêtés, renvoyer les Procédures aux Baillifs & Sénéchaux, sans les interroger, comme nous l'avons observé sur l'Art. 16 du Titre précédent. *V.* ces Art. XV & XVI, rapportés sur les Art. 13 & 15 de ce Titre.

VI. Au reste, nous avons vû sur ce même Article 16 du Titre précédent, que pour mieux exciter la diligence des Prévôts dans tous ces Cas, la Déclaration de 1731 avoit ajouté deux restrictions remarquables au Pouvoir qu'elle venoit de leur donner à cet égard; l'*une*, que les Juges du Lieu du Délit, Royaux ou autres, sont autorisés à informer, décréter & de plus interroger les Accusés, quand même il s'agiroit de Cas Prévôtaux; l'*autre*, que si ces Juges du Lieu du Délit se trouvoient simples Juges Ordinaires ou Subalternes, leur diligence à informer, décréter & interroger les Accusés de Cas Prévôtaux, profiteroit aux Baillifs & Sénéchaux dont ils ressortissent, pour en attribuer à ceux-ci la Connoissance, à l'exclusion des Prévôts.

VII. Ce qui ne doit toujours s'entendre qu'avec l'exception marquée par l'Art. VII de cette Déclaration, relativement aux Déserteurs d'Armée, leurs Fauteurs & Subornateurs, dont les Prévôts doivent connoître, à l'exclusion de tous autres Juges.

ARTICLE V.

» DÉFENDONS aux Prévôts de donner des » Commissions pour informer, à leurs Archers, à des » Notaires Tabellions, ou aucunes autres Personnes, à » peine de nullité de la Procédure, & d'Interdiction » contre le Prévôt.

SOMMAIRE.

I. *Disposition de l'Ordonnance de Blois, abrogée par cet Article*

II. *Comment sont appellés aujourd'hui les Archers?*

III. *Gardes de la Connétablie, créés avec les mêmes Droits que les Archers de Maréchaussées.*

IV. *Qualités que doivent avoir les Archers.*

V. *Comment s'accordent leurs Com-*

missions? Et par qui ils doivent être reçus?
VI. *Peuvent exploiter pour ce qui concerne la Compétence des Prevôts & non autrement.*
VII. *Incompatibilité de leurs Places avec les Fonctions d'Huissiers & Sergens.*
VIII. *Exempts peuvent-ils informer? Et dans quel Cas?*
IX. *Ne peuvent le faire sans Greffier.*

I CET Article contient une Dérogation à l'Art. 203 de l'Ordonnance de Blois, qui permettoit aux Parties de s'adresser aux Notaires, Huissiers, Sergens & Archers, pour les Plaintes & Informations, & laissoit aux Juges le Pouvoir de commettre ces sortes de Personnes, pour les recevoir.

II. LES *Archers*, dont il est parlé dans cet Article, sont appellés autrement *Cavaliers de Maréchaussée*, depuis l'Etablissement des nouvelles Maréchaussées, fait par l'Edit de Mars 1720.

III. PAR l'Edit de Création de l'Office de Lieutenant des Maréchaussées de France, du mois de Mars 1693, il a été aussi créé un Office d'Archer, *Garde de la Connétablie* & Maréchaussée de France, dans l'étendue de chaque Bailliage, auquel sont attachés les mêmes Droits qu'aux Archers.

IV. SUIVANT l'Article 188 de l'Ordonnance de Blois, les Archers doivent être Gens domiciliés, & non Domestiques des Prévôts des Maréchaux.

V. SUIVANT l'Art. 5 de l'Edit de Mars 1720, que nous venons de citer, les Places d'Exempts, Brigadiers, Sous-Brigadiers, Archers & Trompettes, ne peuvent être exercées que sur des Commissions scellées du grand Sceau, & qui sont expédiées par le Secrétaire d'Etat de la Guerre, à ceux qui sont proposés par les Prévôts Généraux, par qui ils devront être reçus sans aucun frais, après que l'Information de Vie & Mœurs aura été faite par ces Prévôts Généraux.

VI. QUOIQU'AUX termes du présent Article de l'Ordonnance, les Archers ne puissent informer; néanmoins il leur est permis de donner des Assignations aux Témoins, & de faire toutes les Significations nécessaires dans l'Instruction des Procès Prévôtaux, soit interlocutoires, préparatoires ou définitifs; & généralement tous Actes concernant la Compétence des Prévôts, comme écroüer, arrêter & recommander les Personnes décrétées par les Prévôts.

VII. Cette faculté leur est accordée expressément par l'Art. V. de la Déclaration du 28 Mars 1720, qui leur défend en même-tems d'exploiter dans aucunes autres affaires, de quelque Qualité & Nature qu'elles soient, à peine de Faux & des Galeres pour neuf ans; à l'effet de quoi les Fonctions d'Huissiers & Sergens Royaux ou Subalternes, sont déclarées incompatibles avec les Places d'Archers, sans que, sous quelque prétexte que ce soit, il puisse être obtenu aucunes Lettres de *Compatibilité*; défenses sont faites aux Juges d'avoir égard à celles qui pourroient être surprises au préjudice des Présentes, & aux Archers de s'en servir, sous même peine de Faux & des Galeres. Nous verrons sur l'Art. 3 du Titre 13 ci-après, que les Archers ne peuvent être Greffiers des Geoles, Concierges, Geoliers ni Guichetiers, à peine de 500 liv. d'amende.

VIII. La Défense portée par cet Article, contre les Archers, semble devoir s'appliquer également aux *Exempts des Maréchaussées*, qui sont, comme eux, subordonnés aux Prévôts des Maréchaux, & dépendent de leur choix. Cependant, l'on voit que ces derniers sont formellement exceptés par l'Art. 8 de l'Edit de Mars 1720, que nous avons cité plus haut. A la vérité, cette Permission d'informer, ne leur est accordée par ce même Article, que dans le Cas du Flagrant-délit, & lors de la Capture seulement.

IX. De plus, suivant la Déclaration donnée en conséquence de cet Edit, le 9 Avril de la même année 1720, ces Exempts ne peuvent faire aucune Information dans les Cas portés par cet Edit, sans se faire assister d'un *Greffier*, à peine de nullité; & en cas d'absence du Greffier ordinaire, il leur est permis de commettre & prendre pour Greffiers d'Office, telles personnes majeures qu'ils aviseront, en leur faisant prêter le serment, & à la charge de remettre incontinent les Informations au Greffe de la Maréchaussée du Lieu de la Résidence du Prévôt Général ou du Lieutenant, dans le Département duquel elles auront été faites. *V.* au surplus ce qui sera dit sur l'Article 2 du Titre 3 ci-après.

ARTICLE VI.

» POURRONT leurs Archers écroüer les Prisonniers arrêtés en vertu de leurs Décrets.

SOMMAIRE.

I. *Pouvoir des Archers augmenté par la Déclaration de 1720.*
II. *Qu'est-ce qu'Ecroüer ?*
III. *Effet de l'Ecroue.*

I. LE Pouvoir accordé aux Archers par le présent Article, leur a été confirmé par l'Art. 5 de la Déclaration du 28 Mars 1720, qui leur donne de plus, celui d'assigner les Témoins, & de faire toutes les Significations nécessaires dans les Instructions, Procédures & tous Actes concernans les affaires de la Compétence des Prévôts des Maréchaux.

II. PAR ce mot *Ecroüer*, l'Ordonnance veut parler de cet Acte, par lequel l'Archer ou l'Huissier qui amene un Criminel dans une Prison, déclare sur le Registre du Geolier, qu'il a amené un tel Prisonnier en vertu du Décret de Prise de Corps, rendu par un tel Juge à la requête de telle Partie, soit publique ou civile. Cet Acte doit contenir en même-tems Election de Domicile. Nous en donnerons la Formule sur l'Art. 9 du Titre 13 ci-après.

III. L'EFFET de l'Ecroüe est de faire foi de l'Emprisonnement, & de décharger l'Archer ou l'Huissier de la Personne du Prisonnier, pour en charger le Geolier. Nous aurons lieu d'en parler plus amplement sous le Titre 13 de cette Ordonnance qui concerne la Police des Prisons.

ARTICLE VII.

» SERONT tenus laisser aux Prisonniers qu'ils auront arrêtés, Copie du Procès-verbal de Capture & de l'Ecroüe, sous les peines portées par le premier Art.

SOMMAIRE.

I. Comment se signifie le Procès-verbal de Capture & l'Ecroüe?
II. Que doit contenir ce Procès-verbal?
III. Pourquoi l'Ordonnance veut-elle qu'il soit donné Copie de ce Procès-verbal & de l'Ecroüe?

I. CET Article concerne la Signification du Procès-verbal de Capture & de l'Ecroüe, qui doit être faite au Prisonnier par l'Archer qui l'aura écroüé, ou à la Requête de Partie Civile, ou à la Requête du Procureur du Roi, s'il n'y a pas de Partie Civile.

Cette Signification se fait ainsi. L'Archer met au bas du Procès-verbal d'Emprisonnement ces termes: *Et de ce mien Procès-verbal de Capture & Ecroüe, ai baillé Copie audit tel Prisonnier, parlant à sa Personne entre les deux Guichets.*

II. AU reste, le Procès-verbal d'Emprisonnement ou de Capture, dont il est ici parlé, doit être un *Narré* exact & fidèle que fera l'Archer, Porteur du Décret réel, contenant le jour, le lieu, l'heure, le mois & la maniere dont il aura arrêté le Criminel en vertu de ce Décret, la date de ce Décret, le nom du Juge qui l'a décerné, & celui de la Partie publique ou Civile à la Requête de qui il a été rendu, l'Election de Domicile faite par l'une ou l'autre de ces Parties; & enfin il doit être signé, tant par l'Archer, Porteur du Décret, que par les Personnes qui l'auront assisté à faire la Capture, à la différence de l'Acte d'Ecroüe, pour lequel la seule Signature de l'Archer sur le Registre du Geolier, suffit.

III. L'ORDONNANCE veut qu'on laisse Copie aux Prisonniers de l'un & l'autre de ces Actes, non-seulement afin d'empêcher les Prévarications que les Archers pourroient faire dans leur Emploi, mais sur-tout afin que les Prisonniers puissent être certains de l'objet de l'Accusation, & du Tribunal qui en doit connoître. *V.* au surplus ce qui sera dit ci-après, sous les Tit. 4 & 13, Art. 7. *V.* aussi l'Art. 9 du présent Titre.

ARTICLE VIII.

» LES Accusés, contre lesquels le Prévôt des Maré-
» chaux aura reçu Plainte, informé & décrété, pour-

ront

» ront se mettre dans les Prisons du Présidial du Lieu » du Délit, pour y faire juger la Compétence ; & à cet » effet, faire porter au Greffe les Charges & Informa- » tions en vertu du Jugement du Présidial : ce que le » Prévôt sera tenu de faire incessamment.

SOMMAIRE.

I. Faculté de l'Accusé décrété par le Prévôt, de se mettre aux Prisons du Présidial.
II. Que doit-il faire, lorsqu'il est dans les Prisons ?
III. Jugement que rendra le Présidial.
IV. Accusé qui a des moyens de Récusation & d'Incompétence contre le Prévôt, peut-il user de la Faculté accordée par cet Article ?

I. PAR cet Article, l'Ordonnance laisse à l'Accusé qui a été décrété par le Prévôt des Maréchaux, pour un Cas qu'il prétendra être de sa Compétence, la Faculté de se mettre dans les Prisons du Présidial, dans le Ressort duquel le Crime dont il est prévenu, aura été commis.

II. LORSQU'IL sera dans ces Prisons, il demandera par une Requête qu'il présentera aux Juges Présidiaux, & à laquelle sera attachée son Ecroüe, que les Procédures faites par le Prévôt, soient apportées en leur Greffe, afin de juger la Compétence de ce Prévôt.

III. SUR cette Requête, les Juges Présidiaux rendront un Jugement, par lequel ils ordonneront l'apport des Charges & Informations en leur Greffe. Ce que le Prévôt sera tenu de faire incessamment. Il pourra même le faire de son chef, sans attendre le Jugement.

IV. SI l'Accusé avoit quelques moyens de Recusation ou d'Incompétence à proposer contre le Prévôt, il pourra aussi user de la même Faculté, en se mettant dans les Prisons du Présidial pour faire valoir ces Moyens, & y être fait droit lors du Jugement de Compétence. *V.* au surplus l'Article 14 ci-après.

ARTICLE IX.

» LES Prévôts des Maréchaux, en arrêtant un Accu-
» sé, seront tenus faire Inventaire de l'argent, hardes,
» chevaux & papiers dont il se trouvera saisi, en pré-
» sence de deux Habitans des plus proches du lieu de
» la Capture, qui signeront l'Inventaire, sinon déclare-
» ront la cause de leur refus, dont sera fait mention;
» pour être le tout remis dans trois jours au plûtard au
» Greffe du Lieu de la Capture, à peine d'Interdiction
» contre le Prévôt pour deux ans, dépens, dommages
» & intérêts des Parties, & de 500 liv. d'Amende ap-
» plicable comme dessus.

SOMMAIRE.

I. *Disposition de cet Article regarde aussi les Archers, & quel en est l'objet?*

II. *Précautions de cinq espéces recommandées par cet Article.*

III. *Trois sortes de peines en cas de contravention.*

IV. *Quid, s'il y avoit des Chevaux parmi les effets appartenans à l'Accusé?*

V. *Distinction que fait à ce sujet la Déclaration du 28 Mars 1720.*

I. QUOIQUE cet Article ne parle que du Prévôt des Maréchaux, il doit s'appliquer également, & même à plus forte raison à leurs Archers, lorsqu'ils font la Capture de l'Accusé; puisque les Précautions qui y sont recommandées, n'ont pas seulement pour objet de constater le corps du Délit, en empêchant la soustraction des Effets qui peuvent en servir de preuve, mais encore de déterminer la Compétence de ces Prévôts. C'est aussi ce qui résulte de la Disposition de l'Article 11 ci-après, qui comprend tous les Officiers de Maréchaussées en général.

II. CES Précautions sont de cinq espéces; elles consistent 1°. à faire un Inventaire de l'Argent, Hardes & Papiers, dont l'Accusé se trouve saisi lors de la Capture; 2°. cet Inventaire doit être fait en présence de deux Habitans les plus proches du Lieu de la Capture; 3°. ces Habitans doivent signer cet Inventaire ou déclarer la cause de leur refus, dont il sera fait mention dans le même Acte; 4°. cet Inventaire, ainsi que les Effets de l'Accusé, doivent être remis au Greffe du Lieu de la Capture; 5°. enfin cette Remise doit être faite dans trois jours au plutard.

III. Les Peines, en cas d'omission de ces différentes Formalités, sont de trois sortes; 1°. celle de l'Interdiction contre le Prévôt pour deux ans; 2°. celle de 500 liv. d'amende applicable moitié envers le Roi, l'autre moitié envers la Partie; 3°. & enfin celle des dépens, dommages & intérêts des Parties.

IV. Si parmi les effets, dont l'Accusé se trouvera saisi lors de la Capture, il y avoit des Chevaux, ils doivent être vendus par Autorité de Justice, & les deniers en doivent être remis entre les mains du Greffier, pour y demeurer avec les autres Effets, jusqu'au Jugement définitif du Procès & trois mois après; pendant lequel tems, s'ils sont reclamés, & que la reclamation soit jugée bonne & valable par le Prévôt ou son Lieutenant & les Officiers du Siége où le Procès aura été jugé; ils seront rendus, sans que sur iceux il puisse être pris aucuns frais ni épices de Procès; ce qui aura lieu même à l'égard des Reclamans, qui ne se seront pas déclarés Parties au Procès. C'est la Disposition de l'Art. 8 de la Déclaration du 28 Mars 1720.

V. Cette Disposition doit avoir lieu, principalement par rapport aux Effets appartenans à des Accusés qui seront prévenus de Crimes qui peuvent emporter peine de Bannissement à perpétuité, des Galeres à perpétuité, ou de Mort, comme il paroît par ces termes qu'on voit au commencement de cet Article. *L'Equipage, Argent & Effets de ceux qui seront prévenus de Crimes qui peuvent emporter Peine de Bannissement à perpétuité, Galeres à perpétuité, ou de Mort, dont ils seront trouvés saisis lors de leur Capture, seront remis entre les mains du Greffier;* les Chevaux, s'il y en a, &c. *V.* Art. 11 ci-après.

V. au surplus ce qui sera dit ci-après sur l'Article 2 du Titre 4, où seront marquées les différences essentielles entre l'Inventaire dont il est ici parlé, & celui mentionné dans cet Article 2.

ARTICLE X.

» A l'instant de la Capture, l'Accusé sera conduit ès
» Prisons du Lieu, s'il y en a; sinon aux plus prochaines,
» dans vingt-quatre heures au plûtard. Défendons aux
» Prévôts d'en faire Chartre privée dans leurs maisons ni
» ailleurs, à peine de Privation de leurs Charges.

SOMMAIRE.

I. *Cet Article regarde pareillement les Archers, Huissiers & autres qui arrêtent en Flagrant-delit.*
II. Chartre privée; *ce que c'est; sa peine suivant le Droit.*
III. *Pourquoi l'Ordonnance a modéré cette Peine à l'égard des Prévôts.*
IV. *Peines qu'encourt parmi nous le Seigneur qui fait Chartre privée.*
V. *Prison privée permise aux Communautés Religieuses seulement, & pourquoi?*
VI. *Pourquoi la Prison n'est réputée Peine dans la Jurisdiction Séculiere.*

DEUX Dispositions dans cet Article. Par la *premiere*, il est enjoint aux Prévôts des Maréchaux de conduire, à l'instant de la Capture, l'Accusé dans les Prisons du Lieu, s'il y en a, sinon dans les plus prochaines; & ce dans vingt-quatre heures au plûtard. Par la *seconde*, il leur est fait défenses d'en faire Chartre privée.

I. LES mêmes injonctions & défenses regardent pareillement les Archers, Sergens, Huissiers, Porteurs de Décret réel, & généralement toutes autres Personnes qui auroient arrêté un Criminel en Flagrant-délit.

II. LA CHARTRE PRIVÉE, dont il est ici parlé, est une Prison sans Autorité de Justice, ou la Détention d'un homme hors d'une Prison publique; c'est ce qu'on appelle dans le Droit, *Carcer privatus*. Il y a un Titre exprès dans le Code, contre ces sortes de Prisons domestiques. La Loi II de ce Titre, les regarde comme des Entreprises contre l'Autorité des Souverains, & veut par cette raison, qu'elles soient punies du dernier Supplice.

III. SI l'Ordonnance a modéré cette Peine, en se contentant de prononcer contre les Prévôts qui tombent dans ce Cas, celle de la Privation de leurs Charges; ce n'est sans doute, que parce que ces derniers étant obligés par les fonctions de leurs Charges de veiller à la sûreté des Chemins publics, ils ne sont pas le plus souvent à portée de trouver des Prisons publiques, où ils puissent transférer les Criminels qu'ils ont arrêtés.

IV. MAIS il n'en seroit pas de même de simples Particuliers qui voudroient se faire justice eux-mêmes par cette voie, fut-ce même un Seigneur qui s'ingéreroit à exercer ainsi un Pouvoir Tyrannique sur ses Sujets, au mépris des Ordonnances qui leur enjoignent d'avoir des Prisons publiques & sûres. LOYSEAU, des *Seigneuries*, Ch. 10, rapporte un Arrêt du 12 Avril 1538, qui condamne un Seigneur, pour avoir detenu long-tems son Valet dans une Cave de son Château, à la somme de 500 liv. envers le Valet, & autant envers le Roi. *V.* au surplus l'Art. premier du Titre 13 ci-après.

V. IL n'y a que les Communautés Religieuses, à qui il soit permis d'avoir des Prisons privées pour le maintien de la Discipline Claustrale; parce qu'en Matiere Canonique, la Prison est réputée Peine, au lieu que dans la Jurisdiction Séculiere, elle n'est regardée que comme un lieu de sûreté. *Carcer enim ad custodiendos, non ad puniendos homines, haberi debet.* L. *Aut damnum.* §. *Solent.* ff. *De Pœnis.* *V.* au surplus ce qui sera dit sur l'Art. 16 du Titre 10 des Décrets.

VI. EN effet, le bien de la Justice veut que l'Accusé, qui devient son gage par la Capture, soit détenu dans un lieu assuré, où l'on puisse le trouver, lorsqu'on en aura besoin, pour tirer la vérité de sa bouche, & lui faire subir le Châtiment dû à son Crime.

ARTICLE XI.

» DÉFENDONS à tous Officiers de Maréchaussée
» de retenir aucuns Meubles, Armes, ou Chevaux saisis,
» ou appartenans aux Accusés, ni de s'en rendre Adju-
» dicataires sous leur nom ou celui d'autres Personnes,
» à peine de Privation de leurs Offices, 500 liv. d'amen-
» de, & de restitution du quatruple.

SOMMAIRE.

I. *Disposition de cet Article est une suite de celle de l'Article 9.*
II. *Différence de ces Articles, quant à la Peine; sur quoi fondée.*
III. *Peine du Quatruple, en quel Cas avoit lieu, suivant le Droit Romain?*
IV. *En quel Cas a lieu, suivant les Réglemens de la Cour?*
V. *Par qui doit être prononcée cette Peine, dans le cas du présent Article?*
VI. *Cas où l'on est obligé de vendre les Effets saisis sur l'Accusé.*

I. LES Défenses faites par cet Article à tous Officiers de Maréchaussées, de retenir les Effets saisis ou appartenans aux Accusés, & de s'en rendre Adjudicataires sous leur nom ou sous celui d'autres Personnes, sont une suite de l'Injonction à eux faite par l'Article 9, de faire un Inventaire exact des Effets dont l'Accusé se trouvera saisi, & de les remettre au Greffe; c'est-à-dire, qu'elles ont également pour objet d'empêcher les prévarications que ces Officiers pourroient faire dans leurs Emplois, soit au préjudice des Accusés eux-mêmes, soit en fraude de la Compétence des Juges Ordinaires.

II. LA seule différence qui se trouve entre ces deux Articles regarde la Peine en cas de contravention. Au lieu de la simple Interdiction & de l'Amende de 500 liv. prononcée par l'Article 9, celui-ci condamne les Contrevenans à la Privation absolue de leurs Charges, & à la restitution du *Quatruple* des Effets qu'ils ont retenus, ou qu'ils se sont fait adjuger. Et d'où vient cela? C'est sans doute parce qu'il y a beaucoup plus d'inconvéniens dangereux à appréhender dans ce dernier cas, que dans le premier où il ne s'agit pas tant de punir les fraudes, que la négligence des Officiers de Maréchaussées.

III. AU reste, la Peine du *Quatruple*, dont il est ici parlé, est semblable à celle établie dans le Droit, pour l'Action appellée, *De vi Bonorum raptorum.*

IV. ELLE est aussi prononcée par l'Art. 24 du Réglement du premier Septembre 1717, contre les Archers qui exigent quelque chose des Prisonniers qu'ils transferent d'une Prison à une autre.

V. Pour faire prononcer ces Peines contre le Prévôt, on préſentera une Requête au Conſeil du Roi, ou au Grand-Conſeil. *V.* Décl. du 23 Septembre 1678.

VI. Par ces mots *Adjudicataires*, l'Ordonnance ſuppoſe qu'il y a des Cas où l'on eſt obligé de vendre les Effets de l'Accuſé, même avant ſon Jugement, afin d'en éviter l'entier dépériſſement. Ces Cas ont été prévûs expreſſément par l'Article 8 de la Déclaration du 28 Mars 1720, que nous avons rapporté ſur l'Article 9 de ce Titre.

ARTICLE XII.

» Les Accuſés ſeront interrogés par le Prévôt en » préſence de l'Aſſeſſeur, dans les vingt-quatre heures » de la Capture, à peine de 200 liv. d'Amende envers » Nous. Pourra néanmoins les interroger ſans Aſſeſſeur, » au moment de la Capture.

Sommaire.

I. *Deux Interrogatoires que doit faire ſubir le Prévôt.*
II. *Aſſiſtance de l'Aſſeſſeur n'eſt néceſſaire dans l'Interrogatoire fait pour le Duel.*
III. *Etabliſſement d'un Conſeiller, Aſſeſſeur en chaque Juriſdiction des Prévôts.*
IV. *On ſe ſervoit auparavant de l'aſſiſtance d'un Avocat.*
V. *Offices d'Aſſeſſeurs ſupprimés & rétablis.*
VI. *Edit & Déclarations concernant leurs Fonctions & Réception.*

I. Suivant cet Article, il y a deux ſortes d'Interrogatoires, que le Prévôt doit faire ſubir à l'Accuſé qu'il a arrêté; *l'un* au moment de la Capture; *l'autre*, vingt-quatre heures après cette Capture, & lorſque l'Accuſé eſt dans les Priſons. Le premier peut être fait par le Prévôt ſeul, ſans être aſſiſté d'un Aſſeſſeur, mais non le ſecond, qui ne peut être fait qu'en préſence d'un Aſſeſſeur, à peine de 200 liv. d'Amende contre le Prévôt.

II. La Déclaration du mois de Février 1731 excepte le Cas de *Duel*, où elle permet au Prévôt d'interroger l'Accuſé, ſoit au moment de la Capture, soit dans les vingt-quatre heures après; sans être assisté d'un Assesseur. (*a*)

III. C'est la Déclaration d'Henri IV, du mois de Décembre 1594, qui a introduit la formalité de cette assistance, en établissant un Conseiller Assesseur dans chaque Jurisdiction des Prévôts des Maréchaux.

IV. Auparavant les Prévôts avoient coutume de se servir d'un Avocat, pour les assister dans l'instruction des Procès.

V. Les Offices d'Assesseurs ont été compris dans la suppression générale, portée par l'Edit de Mars 1720; & il en a été créé d'autres par le même Edit, pour faire les mêmes fonctions, dans l'Instruction des affaires Prévôtales, que celles attribuées aux Assesseurs supprimés. *V.* Art. IX.

VI. L'on voit dans cet Edit & dans les Déclarations des 28 Mars & 9 Avril de la même année 1720, en quoi consistent leurs fonctions, & comment ils doivent être reçus. Nous aurons lieu d'observer sur les Articles suivans, les Cas particuliers où leur assistance est nécessaire. Nous ne parlons ici que de ceux où le Prévôt peut être dispensé de cette formalité.

(*a*) » Les Prévôts des Maréchaux, même » dans le Cas de Duel, seront tenus de se » faire assister de l'Assesseur en la Maréchaussée, ou, en l'absence dudit Assesseur, » de tel autre Officier de Robe-Longue, » qui sera commis par le Siége où se fera » l'Instruction du Procès; & ce, tant pour » les Interrogatoires des Accusés, que pour » ladite Instruction : le tout conformément » aux Art. XII & XXII du Titre II de » l'Ordonnance de 1670, à l'exception » néanmoins de l'Interrogatoire fait au moment ou dans les vingt-quatre heures de » la Capture, qui pourra être fait sans l'Assesseur, suivant ledit Art. XII. Ne » pourront audit Cas de Duel, les Jugemens » préparatoires, interlocutoires ou définitifs, être rendus qu'au nombre de cinq » Juges au moins, & il sera fait deux minutes desdits Jugemens, conformément » à l'Art. XXV du même Titre. *Article* » *XXVIII.*

ARTICLE XIII.

» ENJOIGNONS aux Prévôts des Maréchaux de
» déclarer à l'Accusé, au commencement du premier
» Intertogatoire, & d'en faire mention, qu'ils enten-
» dent le juger Prévôtalement; à peine de nullité de la
» Procédure, & de tous dépens, dommages & intérêts.

SOMMAIRE.

SOMMAIRE.

I. *Conformité de cet Article avec l'Article 18 du Titre premier.*
II. *Article XXIV de la Déclaration de 1731 ajoute à cet Article.*
III. *Trois Questions à ce sujet.*
IV. *Peine de nullité ne tombe que sur les Procédures postérieures au Décret.*
V. *Cette Peine doit être prononcée par le Présidial.*
VI. *Prévôt des Maréchaux ne peut assister au Jugement à la charge d'Appel, qui sera rendu sur son Renvoi.*

I. CET ARTICLE fait aux Prévôts des Maréchaux la même injonction, que celle portée par l'Article 18 du Titre précédent, contre les Lieutenans Criminels des Siéges Présidiaux; & cette injonction est fondée sur les mêmes Motifs; sçavoir, que les Jugemens de Compétence, comme les Jugemens définitifs, devant être en dernier Ressort, il est important que l'Accusé en soit averti, afin qu'il ne néglige aucun des Moyens qui peuvent concourir à sa défense.

II. LA Déclaration de 1731 ne se contente pas de prononcer contre les Prévôts, qui auroient omis de faire la Déclaration prescrite par cet Article, la même peine, que l'Ordonnance prononce contre les Lieutenans Criminels-Présidiaux, qui tombent dans le même Cas; sçavoir, la nullité de la Procédure, avec les dépens, dommages & intérêts des Parties; mais elle veut de plus, que le Procès ne puisse dèslors être jugé qu'à la charge de l'Appel, & qu'à cet effet il soit porté au Siége du Bailliage ou Sénéchaussée, dans le Ressort duquel le Crime aura été commis, pour y être instruit & jugé, ainsi qu'il appartiendra. C'est la Disposition de l'Article 24 de cette nouvelle Loi, qui se trouve rapporté sur l'Article 17 du Titre précédent.

III. CETTE Disposition donne lieu à trois Questions importantes. La *premiere*, de sçavoir, sur quoi tombe la Nullité prononcée par cet article, si c'est sur l'Information principale & le Décret, ou bien seulement sur l'Interrogatoire & les Procédures qui l'ont suivi. La *seconde*, par quel Juge doit être prononcée cette nullité, si c'est par le Baillif auquel le Procès est renvoyé, ou par le Présidial, pardevant qui la Compétence des Prévôts doit être jugée. La *troisiéme* enfin, consiste à sçavoir si le Prévôt ou le Lieutenant Criminel, sont tellement dépouillés de la Connoissance, au moyen du Renvoi qui leur est ordonné par la Déclaration de 1731, qu'ils ne puissent plus assister au Jugement à la charge d'appel, qui sera rendu.

IV. SUR la premiere QUESTION, l'on estime que ce n'est que sur l'Interrogatoire & sur les Procédures faites en conséquence, que doit tomber la nullité prononcée par cet article de l'Ordonnance, & par l'Art. XXIV de la Déclaration de 1731; parce qu'en effet il n'y a que ces Actes qui doivent être accompagnés de la formalité de la Déclaration ou Avertissement que ces Loix exigent de la part du Prévôt. Ce qu'on ne peut pas dire de l'Information principale ni du Décret, qu'elles n'ont point assujetti à cette formalité.

D'ailleurs, la preuve que ces premiers Actes de Procédure doivent subsister en leur entier, se tire d'une part, des termes mêmes dans lesquels s'explique la Déclaration de 1731, sur l'Article qu'on vient de citer, lorsqu'elle ordonne le *Renvoi* du Procès au Bailliage ou Sénéchaussée. Ce qui suppose la validité des premieres Procédures; autrement elle auroit ajouté, *pour être fait de nouveau*, comme fait l'Ordonnance, toutes les fois qu'elle entend déclarer nulles les Procédures déja faites, & notamment sur l'Art. 24 du Titre 25.

D'un autre côté, cette preuve résulte des Art. XV & XXV (*a*) de la même Déclaration, par lesquels elle autorise les Prévôts à informer & décréter contre toutes sortes d'Accusés, & pour toutes sortes de Cas, même Royaux & Ordinaires, à la charge du même Renvoi aux Bailliages & Sénéchaussées. A quoi l'on peut ajouter la Disposition de l'Article 21 du présent Titre de l'Ordonnance, qui veut qu'après que le Prévôt a été déclaré Incompétent, les Charges, Informations & autres Procédures par lui faites, soient envoyées au Greffe du Juge du Lieu du Délit.

V. SUR la seconde QUESTION, on répond que ce n'est point au Baillif, mais au Présidial qui est seul Juge de la Compétence des Prévôts, & par conséquent des Contraventions qui peuvent le rendre incapable de continuer l'Instruction du Procès, à statuer sur la peine de nullité, & autres prononcées par la Déclaration de 1731. C'est aussi à ce Présidial, d'ordonner que le Procès sera porté au Bailliage ou à la Sénéchaussée où ce Crime

(*a*) Ces Art. XV & XXV sont rapportés sur les Art. XIII & XVIII du Titre précédent.

a été commis, pour y être jugé à la charge d'Appel, ainsi qu'il paroît résulter nécessairement de l'art. 14 ci-après.

VI. Sur la troisiéme Question, il paroît que le Renvoi au Bailliage étant ordonné par forme de *Peine* contre les Prévôts & les Lieutenans Criminels des Siéges Présidiaux, qui ont négligé la formalité de déclarer aux Accusés qu'on doit les juger en dernier Ressort, ils sont par-là entiérement exclus de la Connoissance du Cas Prévôtal; de maniere qu'ils ne peuvent plus assister au Jugement à la charge d'Appel, qui sera rendu. Autrement, s'ils conservoient le Droit d'en connoître, il s'ensuivroit qu'ils pourroient commettre impunément cette nullité, & se soustraire à des obligations qui sont le principal objet de leurs Fonctions. D'ailleurs, si la Déclaration de 1731 l'avoit entendu ainsi, elle n'auroit pas manqué d'en faire mention à la suite du même Article XXIV, où elle ordonne le Renvoi; & elle auroit prescrit à ce sujet le nombre des Juges qui devroient assister à ce Jugement, comme elle a fait sur l'Art. XXVII par rapport au Duel, dont elle attribue la Connoissance aux Prévôts, à la charge de l'Appel.

Ainsi, ce Cas particulier n'étant point excepté, il en faut revenir à la Disposition générale de l'Art. 14 du Titre premier de cette Ordonnance, qui porte, que les Prévôts des Maréchaux ne pourront juger dans aucun Cas à la charge de l'Appel. *V.* néanmoins ce qui a été dit sur cet Article.

ARTICLE XIV.

» Si le Crime n'est pas de leur Compétence, ils seront » tenus d'en laisser la Connoissance dans les vingt-quatre » heures, au Juge du Lieu du Délit; après quoi ne » pourront le faire, que par l'avis des Présidiaux.

SOMMAIRE.

I. *Plusieurs Cas où le Prévôt des Maréchaux doit renvoyer.*

II. *Différence des Matieres Criminelles & des Civiles sur ce Point.*

III. *Pourquoi le Prévôt ne peut, après les vingt-quatre heures, renvoyer que de l'avis des Présidiaux.*

IV. *Quand doit commencer le délai de vingt-quatre heures.*

V. *A quel Juge le Prévôt doit-il*

renvoyer, si le Cas est simplement ordinaire? VI. *Raisons en faveur des Prévôts Royaux & Juges des Seigneurs.*

I. SI le Crime n'est pas de la Compétence du Prévôt des Maréchaux, c'est-à-dire, si le Cas n'est point Prévôtal ou par la Qualité des Accusés, ou par la Nature du Crime; s'il n'a point été commis dans le Département du Prévôt; ou enfin si le Prévôt a contre lui des moyens de Suspicion & Recusation évidens, qui l'empêchent de pouvoir en connoître: il ne doit pas attendre que cette Incompétence ou Recusation soit proposée, il doit, dans les vingt-quatre heures, en renvoyer la Connoissance au Juge du Lieu du Délit; &, en ne le faisant pas, il s'exposeroit à voir déclarer sa Procédure nulle.

II. EN effet, on l'a déja dit, il n'en est pas des Matieres Criminelles, comme des Civiles où l'Incompétence peut se couvrir par le seul fait des Parties, parce que toutes les Procédures se font ouvertement, & doivent être notifiées à ceux contre qui elles sont faites: au lieu que l'Information, qui est la baze de la Procédure Criminelle, se faisant secrettement & à l'insçû de l'Accusé, celui-ci n'est pas le plus souvent à portée de connoître le Juge qui instruit contre lui, & encore moins les Moyens de Recusation, qu'il peut avoir à proposer contre sa Personne.

III. SUIVANT cette Maxime, qu'on a établie plus amplement sur l'Art. premier du Titre premier, relativement à l'*Incompétence*, & qu'on aura lieu de rappeller encore sur l'Art. 16 ci-après, par rapport à la *Recusation*; le Prévôt qui se reconnoît incompétent ou Recusable, doit donc de son propre mouvement, & sans attendre qu'il en soit requis, renvoyer dans les vingt-quatre heures les Accusés aux Juges qui en doivent connoître; & s'il ne le fait pas dans ce tems, il ne peut plus, suivant le présent Article, renvoyer que de l'avis des Présidiaux, parce que c'est dans ces Tribunaux que doit se juger sa Compétence.

IV. L'ORDONNANCE ne dit point par cet Article depuis quand doit commencer ce délai de vingt-quatre heures, si c'est dès l'instant de la Capture, ou seulement depuis l'Interrogatoire que le Prévôt aura fait subir à l'Accusé. Mais l'Article XXIII de la Déclaration de Février 1731 (*a*) a décidé cette Question, en ordonnant que ce délai ne commencera à courir que du jour de l'Interrogatoire. A la vérité, elle exige en même-tems, que les Prévôts procédent à cet Interrogatoire dans les vingt-quatre heures de la Capture.

V. L'ORDONNANCE ne dit point non plus, à quel Juge le Prévôt est tenu de laisser la Connoissance du Crime qui n'est pas de sa Connoissance, lorsque ce Crime forme un simple Cas ordinaire; si c'est aux Baillifs ou Sénéchaux, ou aux Juges Subalternes du Lieu du Délit. Ce qui paroît d'abord faire pancher en faveur des Baillifs & Sénéchaux, c'est la disposition de l'Article XXI de la Déclaration de 1731, qui porte, que les Prévôts des Maréchaux pourront informer & décréter des Cas ordinaires, interroger les Accusés, & les renvoyer aux Baillifs & Sénéchaux, sans attendre qu'ils en soient requis.

VI. MAIS, comme l'expression de *Cas ordinaire*, dont se sert ici la Déclaration, peut s'appliquer également, & aux Cas Royaux, & aux simples Cas ordinaires qu'elle a voulu par-là distinguer des Cas Prévôtaux; & que d'un autre côté, par l'Article suivant, cette même Déclaration veut que la diligence des Juges Subalternes à informer, donne l'exclusion aux Lieutenans Criminels du Ressort, lorsque l'Information est faite dans le tems qui leur est accordé par l'Ordonnance, sçavoir trois jours pour les Prévôts Royaux, & vingt-quatre heures pour les Juges Seigneuriaux; il y a lieu d'en conclure, que ces derniers doivent être préférés dans la Connoissance des simples Cas ordinaires, & par conséquent que c'est à eux qu'en doit être fait le Renvoi.

(*a*) » Le tems de vingt-quatre heures, » dans lequel les Prévôts des Maréchaux » sont tenus, suivant l'Art. XIV du Titre » II de l'Ordonnance de 1670, de délaisser » au Juge Ordinaire du Lieu du Délit la » Connoissance des Crimes qui ne sont » pas de leur Compétence, sans être obli- » gés de prendre sur ce l'avis des Prési- » diaux, ne commencera à courir que du » jour du premier Interrogatoire, auquel » ils seront tenus de procéder dans les » vingt-quatre heures de la Capture. *Art.* » *XXIII.*

ARTICLE XV.

» LA Compétence sera jugée au Présidial, dans le » Ressort duquel la Capture aura été faite, dans trois

» jours au plûtard; encore que l'Accusé n'ait point pro-
» posé de Déclinatoire.

SOMMAIRE.

I. *Cet Article concerne aussi les Lieutenans Criminels des Siéges Présidiaux.*
II. *Arrêt de Réglement de la Cour à ce sujet.*
III. *Confirmé par les Articles VIII & IX de la Déclaration de 1731.*
IV. *Cas où la Compétence doit être jugée au Présidial, dans le Ressort duquel le Délit a été commis.*
V. *Par qui doit être poursuivi le Jugement de Compétence?*
VI. *Arrêt du Conseil qui en charge les Procureurs du Roi.*
VII. *On ne doit avoir égard à l'acquiescement de l'Accusé, pour être jugé en dernier Ressort.*

I. QUOIQUE cet Article ne paroisse concerner que les Prévôts des Maréchaux qui font l'Objet particulier du présent Titre; il est certain que les formalités qu'il prescrit, doivent s'appliquer également aux Lieutenans Criminels des Présidiaux.

II. AUSSI, par un Arrêt de Réglement de la Cour, du 10 Juillet 1667, il est enjoint aux Lieutenans Criminels des Bailliages, Sénéchaussées & Présidiaux, de faire juger leur Compétence dans trois jours après l'Information & Capture des Accusés, avant de passer outre à aucune Instruction, soit que les Accusés déclinent ou non; & de prononcer les Jugemens aux Accusés dès le premier Interrogatoire, leur laissant la liberté de décliner & de se pourvoir, ainsi qu'ils trouveroient bon être, à Peine de tous dépens, dommages & intérêts, & de telle autre Peine qu'il appartiendra.

III. LE même Principe a été confirmé par la Déclaration de 1731, qui veut que les Lieutenans Criminels des Siéges Présidiaux puissent connoître des Cas Prévôtaux, lorsqu'il s'agira de Crimes commis dans la Sénéchaussée ou Bailliage, dans lequel le Siége Présidial est uni, & même préférablement aux Prévôts des Maréchaux, s'ils ont informé & décrété avant eux ou le même jour. *V.* Art. VIII & IX. (*a*)

IV. L'ORDONNANCE veut, par une premiere Disposition de cet Article, que la Compétence soit jugée au Présidial, dans

(*a*) Ces Art. VIII & IX se trouvent rapportés sur l'Art. 15 du Titre précédent.

le Reſſort duquel la Capture a été faite. Il y a cependant des Cas où elle ne peut l'être qu'au Préſidial dans le Reſſort duquel le Délit a été commis, comme lorſque l'Accuſé ſe met volontairement dans les Priſons du Lieu du Délit, pour faire juger ſa Compétence, conformément à l'Art. VIII ci-deſſus. Il en eſt de même en Cas de Contumace, ſuivant qu'il eſt porté par l'Edit de Décembre 1680.

V. Par une ſeconde Diſpoſition de cet Article, l'Ordonnance veut que la Compétence ſoit jugée dans trois jours au plûtard. Nous verrons ſur l'Article 4 du Titre 19 une Exception particuliere par rapport à ce délai. Il reſte ſeulement à obſerver à cet égard, qu'il n'eſt point dit dans cet Article à la diligence de qui doit être pourſuivi le Jugement de Compétence; ſi c'eſt par le Prévôt des Maréchaux, ou par le Procureur du Roi du Préſidial où cette Compétence doit être jugée. Comme il s'agit ici de la vindicte publique, & d'empêcher que la punition du Coupable ne ſoit retardée par la négligence ou par la colluſion des Prévôts des Maréchaux, il paroît que c'eſt au Miniſtere public à faire les diligences néceſſaires, pour que la Compétence ſoit jugée dans le délai fixé par l'Ordonnance.

VI. C'est auſſi la Diſpoſition expreſſe de l'Article 10 du Réglement du Conſeil du 25 Juillet 1731, qui porte: » Que les Procureurs du Roi dans les Maréchauſſées ou Siéges Préſidiaux » ſeront tenus, à peine d'Interdiction, d'informer le Procureur » Général des Maréchauſſées, de tous les Jugemens de Compé» tence qui ſeront intervenus ſur leurs Pourſuites, auſſi-tôt que » leſdits Jugemens auront été rendus «. On peut voir encore à ce ſujet, la Lettre de M. le Chancelier Daguesseau, écrite en 1740, aux Officiers du Préſidial d'Abbeville, où il leur marque de ne point juger de Compétence, ſans avoir auparavant des Concluſions du Procureur du Roi. Cette Lettre eſt rapportée par l'Auteur du Traité des Matieres Criminelles, Ch. 3, Part. 2, Edit. de 1744.

VII. Enfin, par une derniere Diſpoſition de cet Article, l'Ordonnance veut que la Compétence ſoit jugée, encore que l'Accuſé n'ait point propoſé de déclinatoire, c'eſt-à-dire, qu'on ne doit avoir aucun égard à l'Acquieſcement que donneroit cet Accuſé pour être jugé en dernier Reſſort. Nous avons observé ci-devant les raisons sur lesquelles cette Disposition est fondée ; sçavoir, d'une part, sur ce qu'en matiere Criminelle les Jurisdictions sont de Droit public, & ne peuvent être prorogées par le fait des Parties ; & de l'autre, sur ce que la Jurisdiction Prévôtale étant bornée à de certains Cas, qui ne peuvent être jugés qu'en dernier Ressort ; il ne doit pas dépendre des Prévôts des Maréchaux, de l'étendre au-delà des bornes qui leur sont marquées. Ce qui ne manqueroit pas d'arriver, si on leur permettoit de déférer à l'acquiescement d'un Accusé, qui par ignorance ou par désespoir, se soumettroit à la rigueur de cette Jurisdiction. C'est aussi à quoi il a été sagement pourvu par le célébre Arrêt de Réglement, pour les Prévôts d'Armagnac, qui est rapporté par BORNIER, sur ce même Article.

ARTICLE XVI.

» LES Récusations qui seront proposées contre les » Prévôts des Maréchaux avant le Jugement de la Compétence, seront jugées au Présidial, au rapport de l'Asseseur, en la Maréchaussée, ou d'un Conseiller du Siége, au choix de la Partie qui les présentera ; & celles » contre l'Assesseur, aussi par l'un des Officiers dudit » Siége. Et les Recusations qui seront proposées depuis » le Jugement de la Compétence, seront réglées au » Siége, où le Procès Criminel devra être jugé.

SOMMAIRE.

I. *Cet Article distingue les Récusations proposées contre les Prévôts, avant & après le Jugement de Compétence.*

II. *Quid, à l'égard de celles proposées contre l'Assesseur en la Maréchaussée.*

III. *Quatre Questions au sujet des Récusations contre les Prévôts.*

IV. *Le Jugement qui sera rendu sur ces Récusations, sera-t-il en dernier Ressort ou à la charge d'Appel ?*

V. *Quels sont les Moyens de Récusation valables contre les Prévôts ?*

VI. *Pardevant quel Tribunal doit se faire le Renvoi, lorsque les Récusations sont jugées valables ?*

VII. *Les Récusations contre les Lieutenans Criminels doivent-elles être proposées & jugées de la même maniere que celles des Prévôts ?*

I.

I. L'ORDONNANCE diſtingue par cet Article, les Récuſations qui ſont propoſées contre le Prévôt des Maréchaux, avant le Jugement de Compétence, de celles qui ſont propoſées depuis ce Jugement; elle veut que les premieres ſoient jugées au Préſidial, au Rapport d'un Aſſeſſeur, ou d'un Conſeiller de ce Siége au choix de la Partie; & que les autres ſoient réglées par le Préſidial, où le Procès Criminel devra être jugé.

II. IL eſt parlé auſſi, dans le même Article, des Récuſations qui ſeront propoſées contre l'Aſſeſſeur de la Maréchauſſée, avant le Jugement de Compétence; celles-ci doivent être jugées par l'un des Officiers du Siége, & en cas qu'elles ſoient jugées valables, cet Aſſeſſeur ſera alors remplacé par un des Conſeillers du même Siége. Il ne peut y avoir ſur ce Point aucune difficulté.

Mais il n'en eſt pas de même à l'égard des Récuſations contre les Prévôts des Maréchaux, il ſe préſente à ce ſujet pluſieurs Queſtions importantes, que nous croyons devoir examiner ici.

III. LA *premiere*, de ſçavoir ſi le Jugement que le Préſidial rendra ſur ces Récuſations, ſera en dernier reſſort, ou s'il ne ſera pas ſuſceptible de l'Appel au Grand-Conſeil, où reſſortiſſent ces Tribunaux. La *ſeconde*, quels ſont les moyens de Récuſation qui peuvent être propoſés valablement contre les Prévôts des Maréchaux. La *troiſiéme*, pardevant quel Tribunal doit ſe faire le renvoi, au cas que les Récuſations ſoient jugées valables. La *quatriéme* enfin, les Lieutenans Criminels des Siéges Préſidiaux, ſont-ils ſujets aux mêmes Récuſations que les Prévôts des Maréchaux, & ces Récuſations doivent-elles être jugées de la même maniere?

IV. A l'égard de la premiere QUESTION, elle ſe trouve décidée par l'Article XXVI. de la Déclaration de 1731, qui porte » que lorſque les Prévôts des Maréchaux, & autres Juges » en dernier Reſſort, qui ſont obligés de faire juger leur Com» pétence, auront été déclarés Incompétens par Sentence des » Juges Préſidiaux, ni les Parties Civiles, ni leſdits Officiers » ou nos Procureurs aux Siéges Préſidiaux, ou aux Maréchauſ» ſées, ne pourront ſe pourvoir en quelque maniere que ce ſoit » contre les Jugemens par leſquels leſdits Prévôts des Maré» chaux ou autres Juges en dernier Reſſort, auront été décla-

» rés Incompétens, ni demander que l'Accusé soit renvoyé par-
» devant eux ; mais que cette Sentence devra être exécutée irré-
» vocablement, à l'égard du Procès sur lequel elle sera inter-
» venue, sauf néanmoins que si ces Officiers prétendent que le
» Jugement donne atteinte aux Droits de leur Jurisdiction, &
» puisse être tiré à conséquence contr'eux ; dans d'autres cas, ils
» pourront en porter leurs Plaintes à S. M. qui se réserve d'y
» pourvoir ainsi qu'il appartiendra.

Le Motif particulier de cette derniere Disposition, a été de remédier aux abus qui s'étoient glissés par rapport à ces Récusations, en ce que les Accusés, sur de semblables prétextes, & par la facilité qu'ils avoient d'obtenir au Grand-Conseil des Commissions en Cassation, trouvoient le moyen, non-seulement de retarder l'Instruction & le Jugement des Crimes, mais encore d'en faire dépérir les Preuves ; & il arrivoit même souvent que n'y ayant point de Parties Civiles contre les Coupables, les Procureurs du Roi des Maréchaussées ou des Présidiaux, négligeoient de comparoître au Grand-Conseil, sur les Assignations données en vertu de ces Commissions ; ensorte que, ou les Cassations demeuroient sans poursuite, ou les Accusés obtenoient par défaut leurs Fins & Conclusions.

Ce sont aussi ces mêmes Abus, qui avoient déja donné lieu à une premiere Déclaration du 23 Septembre 1678. Mais l'expérience ayant fait voir que les sages précautions que cette Loi avoit prises, en distinguant les Cas de Récusation dont le Présidial pouvoit connoîttre irrévocablement, de ceux qui pouvoient être sujets à la Cassation par le Grand-Conseil, n'étoient point encore sans inconvénient ; S. M. a cru ne pouvoir mieux en tarir la source, qu'en dépouillant, comme elle a fait, par l'Article XXVI. de la Déclaration de 1731 qu'on vient de rapporter, le Grand-Conseil de toute connoissance à cet égard, & en ne laissant d'autre ressource aux Prévôts des Maréchaux, & autres Juges en dernier Ressort, qui prétendroient que les Jugemens qui les déclarent incompétens, auroient donné atteinte aux Droits de leur Jurisdiction, & pourroient être tirés à conséquence contr'eux dans d'autres Cas ; que celle de porter directement leurs Plaintes à S. M. pour y être pourvu ainsi qu'il appartiendroit.

V. SUR la seconde QUESTION, l'on observe qu'indépendamment des Moyens généraux qui sont marqués sous le Titre XXIV. de l'Ordonnance de 1667, il y a des moyens particuliers de Récusation qui peuvent être proposés contre les Prévôts, soit avant, soit depuis le Jugement de Compétence, & qui peuvent se réduire aux quatre suivans; 1°. Lorsque le Cas dont ils prétendent connoître, n'est Prévôtal, ni par la Nature du Crime, ni par la Qualité de l'Accusé; 2°. Lorsque l'Accusé est du nombre des Privilégiés, comme Ecclésiastique, Gentilhomme, Secrétaire du Roi, & Officier de Judicature; 3°. Lorsqu'ils ont instrumenté hors de leur Ressort; 4°. Lorsqu'ils ont fait Chartre privée. Ces deux derniers Moyens, qui ont principalement lieu avant le Jugement de Compétence, sont marqués par la Déclaration du 23 Septembre 1678, en ces termes; » Au cas que les Présidiaux, en jugeant les Récusations, trouvent que les Prévôts ayent contrevenu à l'Ordonnance, pour » avoir instrumenté hors leur Ressort, ou pour avoir fait Chartre privée, & que par la Qualité du Crime, ou de celle de » la Personne, les Accusés soient sujets au Jugement en dernier Ressort; les Présidiaux seront tenus de renvoyer les Accusés, & les Charges & Informations, au Présidial, dans le » Ressort duquel le Crime aura été commis, pour y être le » Procès instruit & jugé par Jugement dernier, sans que le Prévôt, ainsi récusé, en puisse connoître.

VI. SUR la troisiéme QUESTION concernant la Procédure que doit garder le Présidial, en jugeant ces Récusations; cette Procédure se trouve marquée par le Titre XXIV. de l'Ordonnance de 1667, mais singuliérement par la Déclaration de 1678 que nous venons de citer, suivant laquelle le Présidial est tenu, dans les cas de Récusation marqués ci-dessus, de renvoyer les Accusés & les Charges & Informations, au Présidial dans le Ressort duquel le Crime a été commis, pour en juger en dernier Ressort, si le Cas est Prévôtal, sans que le Prévôt récusé en puisse connoître.

VII. ENFIN, sur la quatriéme QUESTION, il n'est pas douteux que les mêmes Moyens de Récusation, qu'on peut proposer contre les Prévôts des Maréchaux, ne puissent l'être également contre les Lieutenans Criminels des Siéges Présidiaux, qui se trouvent aussi compris dans le même Article XXVI. de la Déclaration de 1731, sous ces mots génériques, *Et autres*

Juges en dernier Ressort. Mais la difficulté est de sçavoir si c'est sur le Rapport de leur Assesseur Criminel, que les Récusations contre ces Lieutenans Criminels, devroient être jugées. Il paroît que l'on devroit mettre, à cet égard, une différence entre ces Officiers & les Prévôts des Maréchaux, dont les Récusations peuvent, suivant le présent Article de l'Ordonnance, être jugées sur le rapport de l'Assesseur de la Maréchaussée; par la raison que les Assesseurs des Lieutenans Criminels, étant destinés par leur état à représenter ces derniers, en cas d'absence, de maladie, ou autre légitime empêchement, ils sont censés plus susceptibles de suspicion, que les Assesseurs de Maréchaussées, lesquels ne représentent jamais le Prévôt, & qui sont même tenus, comme nous verrons sur l'Art. 22, d'assister à tous les Actes de Procédure que font les Prévôts, à peine de destitution. Il seroit donc plus régulier de ne juger les Récusations de ces Lieutenans Criminels, que sur le Rapport d'un Conseiller du Siége.

Il paroît que l'on en devroit user de même, à l'égard des Récusations proposées contre les Prévôts des Maréchaux, à cause du danger qu'il y auroit, que pour favoriser la Compétence de ces Prévôts, comme celle des Lieutenans Criminels, leurs Assesseurs ne se portent à supprimer des Piéces qui leur seroient contraires, & faire ensorte que les Juges ne s'apperçoivent point des Nullités qui pourroient se rencontrer dans les Procédures. Ce qui est d'une extrême importance pour un Accusé, sur-tout en cette Matiere, où il s'agit d'être jugé en dernier Ressort.

C'est aussi par toutes ces raisons, sans doute, qu'il a été jugé par plusieurs Arrêts du Grand-Conseil, que l'Assesseur en la Maréchaussée ne pourroit même assister au Jugement de Compétence. Ces Arrêts sont rapportés dans le Recueil des Maréchaussées, Tome I, p. 567. *V.* au surplus l'Article 18 ci-après, & l'Art. 28 de ce même Titre, où il est parlé du Privilége du Lieutenant Criminel du Châtelet à cet égard.

ARTICLE XVII.

» L'ACCUSÉ ne pourra être élargi pour quelque
» cause que ce soit, avant le Jugement de la Compé-

» tence, & ne pourra l'être après, que par Sentence du » Présidial ou Siége, qui devra juger définitivement le » Procès.

SOMMAIRE.

I. *Pourquoi l'Accusé ne doit être élargi avant le Jugement de Compétence.*
II. Quid, *à l'égard de l'Accusé Contumax. Déclaration de Juin* 1720.
III. Quid, *en cas de représentation de cet Accusé ?*
IV. *Accusé doit-il être Prisonnier lors du Jugement de Compétence ?*
V. *Disposition de l'Ordonnance des Evocations de* 1737 *à ce sujet.*

I. L'ON conçoit aisément le Motif qui a donné lieu à la Disposition de cet Article. L'Accusé ne peut être élargi avant le Jugement de Compétence, parce que jusqu'alors il n'est pas certain si le Cas est Prévôtal ou non, & que sans cette précaution l'on s'exposeroit à rendre un Jugement illusoire, par la fuite du Coupable.

II. MAIS si cet Accusé n'avoit pû être pris, ou si, après avoir été arrêté, il s'étoit évadé des Prisons; quelle Procédure devroit-on garder alors ? Ce Cas a été prévû par la Déclaration du mois de Juin 1730. Voici de quelle maniere elle s'explique à cet égard : « Les Prévôts des Maréchaux voulant instruire la Contumace des Accusés, contre lesquels ils auront décrété pour quelque Crime que ce soit, seront tenus, avant que de commencer » aucune Procédure pour cet effet, de faire juger leur Compétence au Siége Présidial, dans le Ressort duquel lesdits Crimes » ont été commis; & en cas que les Accusés soient arrêtés avant » ou depuis le Jugement de Compétence, ou qu'ils se présentent volontairement pour purger la Contumace, lesdits Prévôts » des Maréchaux seront tenus de faire juger de nouveau leur » Compétence, après que lesd. Accusés auront été oüis en la forme » prescrite par l'Art. 19 du Titre 2 de l'Ordonnançe de 1670, » & ne pourra à l'avenir l'adresse d'aucune Rémission être faite » aux Siéges Présidiaux où la Compétence aura été jugée, suivant » ce qui est porté par l'Art. 19 de ladite Ordonnance, Tit. des » Rémissions, que l'Accusé n'ait été oüi lors du Jugement de » la Compétence, & qu'il ne soit actuellement Prisonnier; & » seront à cet effet le Jugement de Compétence & l'Ecroüe attachés sous le Contrescel desdites Lettres.

III. Cette Disposition a, comme l'on voit, deux Parties, dont la premiere, qui concerne les Prévôts des Maréchaux, leur impose la nécessité de faire rendre un double Jugement de Compétence, en cas de Contumace des Accusés qu'ils auront décrétés, & qui se représenteront dans la suite, ou qui seront arrêtés. Le premier se rendra sur le vû des Charges & Informations; & l'autre, qui doit suivre la Capture ou la Représentation de l'Accusé, se rendra, tant sur le vû des Charges, que de l'Interrogatoire des Accusés.

V. La seconde Partie, qui concerne singuliérement l'Accusé, exige qu'il soit Prisonnier lors du Jugement de Compétence, conformément au présent Article; & de plus, qu'au cas qu'après le Jugement de Compétence, il veuille recourir à des Lettres de Rémission, il ne puisse les obtenir qu'en représentant l'Acte d'Ecroüe, qui doit, ainsi que le Jugement de Compétence, être attaché sous le Contrescel de ces Lettres, qui seront adressées aux Présidiaux.

VI. Les mêmes Précautions sont aussi recommandées expressément par l'Art. 6 du Titre des Evocations en Matiere Criminelle de l'Ordonnance de 1737. Cet Article, après avoir attribué au Grand-Conseil la Connoissance des Conflits de Jurisdictions qui naîtront entre les Prévôts des Maréchaux & les Lieutenans Criminels, ajoute des défenses expresses à ce Tribunal, de faire expédier aucune Commission, ni de donner Audience aux Accusés, contre lesquels il y aura un Décret de Prise de Corps subsistant, à moins qu'ils ne soient actuellement en état, soit dans les Prisons des Juges qui les auront décrétés, ou dans celles du Grand-Conseil; & qu'il ne lui en ait apparu par des Extraits tirés du Registre de la Geole en bonne forme, attestés par le Juge Ordinaire des Lieux, & signifiés aux Parties Civiles, s'il y en a, ou à leur Procureur, ou aux Procureurs Généraux de S. M. ou à leurs Substituts dans les Jurisdictions Royales, ou Procureurs Fiscaux: le tout à peine de nullité.

ARTICLE XVIII.

» Les Jugemens de Compétence ne pourront être
» rendus que par sept Juges au moins; & ceux qui y

» assisteront, seront tenus d'en signer la Minute : à quoi » nous enjoignons à celui qui présidera, & au Prévôt, » de tenir la main ; à peine contre chacun d'Interdic- » tion, de 500 liv. d'amende envers Nous, & des dom- » mages & intérêts des Parties.

SOMMAIRE.

I. *Pourquoi le nombre de sept Juges est il nécessaire pour les Jugemens de Compétence ?*

II. *Preuve tirée de la Déclaration de 1731.*

III. *Prévôts des Maréchaux ne sont compris dans le nombre des Juges, & pourquoi ?*

IV. *Ni pareillement le Lieutenant du Prévôt en la Maréchaussée.*

V. *Raison de douter à l'égard de l'Assesseur.*

VI. *Arrêt du Grand-Conseil qui l'en exclud absolument.*

VII. Quid, *à l'égard des Lieutenans Criminels des Présidiaux & de leur Assesseur ?*

VIII. *Exception en faveur du Lieutenant Criminel du Châtelet.*

IX. *Autre exception, lorsqu'il s'agit de juger la Compétence sur le Décret de ces Lieutenans Criminels.*

X. *S'il n'y a pas sept Juges dans le Siége, comment doit-on y suppléer ?*

XI. *Peine prononcée par cet Article, ne doit s'appliquer, avec la même rigueur, contre le Prévôt, que contre les Présidiaux.*

XII. *Faut-il la pluralité de deux voix dans le Jugement de Compétence, comme dans le Jugement définitif ?*

DEUX Dispositions dans cet Article, dont la premiere regarde le nombre des Juges ; l'autre, la Signature des Jugemens de Compétence.

I. QUANT au *nombre* des Juges qui doivent assister à ces Jugemens, l'Ordonnance veut qu'il y en ait jusqu'à *sept* ; parce que, comme on l'a observé, ce Jugement doit être rendu en dernier Ressort.

II. LA Déclaration de 1731, suppose nécessairement ce même nombre, en exigeant seulement celui de *cinq* Juges pour le Cas de Duel, dont elle ne permet aux Prévôts de connoître, qu'à la charge de l'Appel.

III. PARMI les Juges qui doivent assister au Jugement de Compétence, l'on ne doit point comprendre les PRÉVÔTS des Maréchaux, puisqu'ils y sont Parties. D'ailleurs, cela leur est défendu expreſſément par la Déclaration du 11 Décembre 1566, ſur l'Ordonnance de Moulins, qui porte que les Prévôts des Maréchaux ne pourront aſſiſter, ni autres Officiers, aux Jugemens de leur Compétence ni de leur Incompétence.

IV. L'on ne doit point non plus comprendre en ce nombre, les LIEUTENANS en la Maréchauſſée, comme étant ſuſpects, à cauſe de l'intérêt particulier qu'ils ont d'étendre la Juriſdiction de leurs Prévôts.

V. A l'égard des ASSESSEURS, il paroît qu'il y auroit plus de difficulté, en ce que c'eſt ſur leurs Rapports que doivent ſe juger les Récuſations contre les Prévôts, comme nous venons de le voir ſur l'Article 16, & que d'ailleurs aux termes de l'Article 3 de la Déclaration du 28 Mars 1726, que nous aurons lieu de rapporter ci-après, ces mêmes Aſſeſſeurs ſont tenus d'aſſiſter à tous les Actes de Procédures du Prévôt. (*a*)

VI. CEPENDANT, la Juriſprudence du Grand-Conſeil paroît contraire ſur ce Point, ſuivant les Arrêts qui ſont rapportés au Recueil des Maréchauſſées, & notamment un du 13 Octobre 1637, qui fait déſenſes aux Aſſeſſeurs en la Maréchauſſée, d'aſſiſter aux Jugemens de Compétence.

VII. PAR rapport aux LIEUTENANS CRIMINELS des Siéges Préſidiaux, & à leurs ASSESSEURS, l'intérêt particulier qu'ils ont de ſoutenir la Juriſdiction ordinaire, ne permet pas non plus de les admettre au nombre des Juges qui doivent aſſiſter au Jugement de Compétence du Prévôt des Maréchaux. Auſſi, par l'Article 19 de la Déclaration du 25 Janvier 1695, portant Réglement pour les Lieutenans des Bailliages, il eſt porté expreſſément, que les Lieutenans Criminels ne pourront aſſiſter à la Compétence du Prévôt des Maréchaux, laquelle ſera jugée, *eſt-il dit*, par les Lieutenans Généraux, avec les autres Officiers, au nombre porté par l'Ordonnance.

VIII. IL y a cependant une Exception en faveur du Lieutenant Criminel du Châtelet de Paris, qui, aux termes d'un Arrêt du Conſeil du 18 Juillet 1678, eſt autoriſé à aſſiſter aux Jugemens de Compétence des Prévôts des Maréchaux.

IX. MAIS il n'en ſeroit pas de même, s'il s'agiſſoit de juger

(*a*) *V.* l'Art. XXVIII de la Décl. de 1731 rapporté ſur l'Art. 12 du préſent. Titre.

la Compétence sur l'Information & le Décret qu'auroit décerné le Lieutenant Criminel de ce Siége, parce qu'alors ce Juge ou son Assesseur se trouveroient Rapporteurs nécessaires, suivant l'Article 17 du Tit. premier de cette Ordonnance; & qu'on ne pourroit pas dire du Jugement de Compétence que le Présidial rendroit alors, comme de celui qu'il rendroit sur l'Information & le Décret des Prévôts des Maréchaux, qu'il y ait aucun sujet de Suspicion à craindre de la part du Lieutenant Criminel, puisqu'au fond il doit lui être assez indifférent, que le Crime soit jugé en dernier Ressort, ou bien à la charge de l'Appel.

X. Mais s'il ne se trouvoit pas dans le Siége, un assez grand nombre de Juges pour former celui de *sept*, qui est prescrit par cet Article; il faudra en ce cas suivre la Disposition de l'Art. 24 ci-après, en prenant des Gradués.

XI. Par l'autre Disposition de cet Article, l'Ordonnance veut que tous les Juges qui assistent au Jugement de Compétence, en signent la Minute à peine de 500 liv. d'amende, tant contre celui qui présidera, que contre le Prévôt des Maréchaux, & des dommages & intérêts des Parties.

Quoique cette Peine regarde le Prévôt des Maréchaux, comme le Juge qui doit présider au Jugement de Compétence, il paroît qu'elle ne doit pas s'exécuter avec la même rigueur contre lui que contre l'Officier qui préside; par la raison que ne pouvant assister au Jugement de Compétence, il n'est pas à portée, comme ce dernier, de veiller à ce que les Juges qui y assistent, soient en nombre suffisant, & qu'ils en signent la Minute.

Ainsi, il ne devroit régulièrement encourir cette Peine que dans le cas, où après avoir été déclaré Compétent, il se serviroit du Jugement de Compétence, pour continuer l'Instruction du Procès sans que ce Jugement fût revêtu des deux Formalités prescrites par cet Article; d'autant, plus que cette Peine ne pouvant être prononcée par le Présidial qui n'a aucune Jurisdiction sur ce Prévôt, ce ne pourroit être, que dans les Cas où le Jugement de Compétence viendroit à être attaqué, qu'elle pourroit avoir lieu.

XII. Au reste, le Jugement de Compétence étant de rigueur, & devant être rendu par le même nombre de Juges que le Jugement définitif, il paroît qu'il ne devroit aussi, comme ce dernier, passer qu'à la pluralité de deux voix. Cependant, il y a lieu de soutenir le contraire, sur le fondement que ces Jugemens ne devant être rendus que dans la Chambre Civile, on ne peut aussi les regarder que comme des Jugemens Civils : & effectivement l'Usage paroît l'autoriser ainsi. *V.* au surplus ce qui sera dit sur l'Art. 12 du Tit. 25, par rapport à la maniere de compter les voix, & aux conditions nécessaires pour qu'elles soient délibératives.

ARTICLE XIX.

» LA Compétence ne pourra être jugée, que l'Accusé
» n'ait été oüi en la Chambre en présence de tous les
» Juges, dont sera fait mention dans le Jugement, en-
» semble du Motif de la Compétence, sur les peines
» portées par l'Article précédent contre le Président,
» & de nullité de la Procédure qui sera faite depuis
» le Jugement de Compétence.

SOMMAIRE.

I. *Conformité de cet Article avec l'Art. 17 du Titre premier.*
II. *Ajoute aux Peines de l'Article précédent.*
III. *Pourquoi la nullité n'est-elle pas prononcée dans l'Article précédent, comme dans celui-ci?*
IV. *Comment les Motifs de Compétence doivent être couchés dans le Jugement, si le Cas est Prévôtal par la Nature du Crime.*
V. *Comment doivent-ils l'être, lorsque le Cas est Prévôtal par la Qualité de l'Accusé?*
VI. *Raisons qui ont fait assujettir les Présidiaux à toutes ces formalités.*

I. PAR cet Article, l'Ordonnance renouvelle, à l'égard des Jugemens de Compétence des Prévôts des Maréchaux, les mêmes Formalités qu'elle a prescrites sur l'Art. 12 du Tit. premier, à l'égard des Jugemens de Compétence des Lieutenans Criminels des Siéges Présidiaux, en ordonnant que l'Accusé soit conduit en la Chambre du Conseil, pour être oüi en présence de tous les Juges; & qu'il en soit fait mention dans le Jugement, comme aussi des Motifs de la Compétence.

II. A l'égard des Peines en cas de Contravention; outre l'Interdiction & l'amende de 500 liv. & les dommages & intérêts des Parties, qu'elle vient de prononcer par le précédent Article, l'Ordonnance ajoute dans celui-ci, la Peine de la *nullité* des Procédures qui seront faites depuis le Jugement de Compétence.

III. POURQUOI l'Ordonnance ne prononce-t-elle pas également cette Peine de nullité, en cas d'omission des Formalités qui sont portées par le précédent Article? C'est sans doute parce que ces Formalités, qui consistent dans le nombre de sept Juges & dans la signature de la Minute des Jugemens de Compétence, n'affectent point, comme celles du présent Article, ce Jugement en lui-même, & que leur omission fait seulement, qu'au lieu d'être en dernier Ressort, ce Jugement devient susceptible de l'Appel.

IV. NOUS avons observé sur l'Art. 17 du Titre précédent, qu'il n'étoit pas nécessaire d'exprimer en détail, les Motifs sur lesquels est fondée la Compétence. Il ne reste plus qu'à donner ici une idée générale de la maniere dont ils doivent être couchés dans le Jugement. Ainsi, par exemple, si le Cas est Prévôtal par la nature du Crime, il sera dit, que *le Procès sera fait & parfait en dernier Ressort par le Prévôt des Maréchaux à l'Accusé, attendu qu'il est prévenu de sacrilége ou vol avec effraction, Port d'Armes & violence publique, ou bien avec effraction faite dans des Murs de Clôture ou Toits de Maisons, Portes, Fenêtres* &c.

V. LORSQU'IL s'agira d'un Cas Prévôtal par la Qualité de l'Accusé, il sera dit, que *le Procès lui sera fait & parfait en dernier Ressort, attendu qu'il est Vagabond, sans Profession ni domicile, ni biens pour subsister, qu'il n'est avoué de personnes dignes de foi, ou qu'il a été repris de Justice, & condamné à Peine corporelle, Bannissement ou Amende honorable. Ou enfin qu'il est Déserteur, Fauteur ou Subornateur de la Désertion* &c.

VI. AU reste, l'on connoît assez les Raisons particulieres qui ont fait assujettir les Présidiaux à toutes ces Formalités, dont l'objet n'est pas seulement, de favoriser la défense des Accusés, mais encore d'empêcher les entreprises de la Jurisdiction Prévôtale sur la Jurisdiction Ordinaire.

ARTICLE XX.

» LE Jugement de Compétence sera prononcé, signi-
» fié, & Copie baillée sur le champ à l'Accusé, à peine
» de nullité des Procédures, & de tous dépens, dom-
» mages & intérêts, contre le Prévôt & le Greffier du
» Siége, où la Compétence aura été jugée.

SOMMAIRE.

I. *Mêmes formalités prescrites par cet Article, que par l'Art.* 18 *du Titre premier.*

II. *L'Ordonnance marque ici les peines non exprimées par l'Art.* 18.

III. *Déclaration de* 1731 *ajoute deux Formalités à celles portées par cet Article.*

I. NOUS avons vû sur l'Article 18 du Titre précédent, que les Jugemens de Compétence des Lieutenans Criminels devoient être prononcés aussi-tôt aux Accusés, & qu'il falloit leur en bailler copie. La même Disposition est répétée par le présent Article, relativement aux Prévôts des Maréchaux, avec cette différence seulement, que l'Ordonnance marque ici la Peine en cas de Contravention, qui ne se trouve point exprimée dans le premier.

II. CETTE Peine consiste dans la nullité des Procédures, & la condamnation à tous dépens, dommages & intérêts contre le Prévôt & le Greffier du Siége, où la Compétence aura été jugée.

III. LA Déclaration de 1731, ajoute deux Formalités remarquables à celles énoncées dans le présent Article. En même tems qu'elle ordonne son exécution, quant aux Peines qui y sont portées; elle veut, qu'outre la Prononciation & la signification du Jugement à l'Accusé, il soit encore fait mention par le Greffier de cette Prononciation au bas de ce Jugement; & de plus, que la mention de cette Prononciation soit signée par tous les Juges qui ont assisté au Jugement, & par l'Accusé lui-même, s'il sçait ou veut signer, sinon que mention soit faite de sa Déclaration, qu'il ne sçait signer, ou de son refus. C'est la Disposition de l'Art. 25 de cette Déclaration qui est rapportée sur l'Art. 18 du Titre précédent. V. au surplus ce qui a été dit sur l'Art. 18 du Tit. premier.

ARTICLE XXI.

» SI le Prévôt est déclaré Incompétent, l'Accusé sera » transféré ès Prisons du Juge du Lieu où le Délit aura » été commis, & les Charges & Informations, Procès-» verbal de Capture, & Interrogatoire de l'Accusé, & » autres Piéces & Procédures remises à son Greffe : ce » que nous voulons être exécuté dans les deux jours pour » le plûtard, après le Jugement d'Incompétence ; à » peine d'Interdiction pour trois ans contre le Prévôt, de » cinq cens liv. d'amende envers Nous, & des dépens, » dommages & intérêts des Parties.

SOMMAIRE.

I. *Cet Article regarde le Prévôt déclaré Incompétent.*
II. *Trois Questions que présente la Disposition de cet Article.*
III. *De quels Juges du Lieu du délit veut parler ici l'Ordonnance.*
IV. *Est-ce les Minutes qu'il faut envoyer, ou seulement les Grosses des Procédures ?*
V. *Le délai porté par cet Article, ne doit-il pas être prorogé, en cas que le Jugement d'Incompétence vienne à être attaqué ?*

I. PAR cet Article, l'Ordonnance prévoit le cas où le Prévôt sera déclaré Incompétent ; & elle veut qu'en conséquence, l'Accusé soit transféré dans deux jours au plûtard après le Jugement d'Incompétence, dans les Prisons du Juge du Lieu du Délit, & que les Charges, Informations, Procès-verbal de Capture & Interrogatoires de l'Accusé, & autres Piéces & Procédures, soient remises à son Greffe dans le même tems.

II. SUR quoi il se présente trois Questions ; 1°. de quel Juge du Lieu du Délit l'Ordonnance veut-elle parler ? Est-ce des Baillifs & Sénéchaux, ou des simples Juges Ordinaires ? 2°. Est-ce les Minutes, ou seulement les Grosses de ces Procédures, qui doivent être remises à son Greffe? 3°. Enfin, le Délai de deux jours prescrit par cet Article, ne devroit-il pas être prorogé dans le cas où le Jugement d'Incompétence viendroit à être attaqué?

III. L'ON répond sur la premiere QUESTION, qu'il faut distinguer les différens Motifs qui ont pû donner lieu à l'Incompétence du Prévôt. Ou le Motif étoit fondé sur ce que le cas étoit simplement *ordinaire*: alors il n'est pas douteux que c'est aux Juges Ordinaires, tels que les Prévôts Royaux ou Juges Seigneuriaux, que doit se faire le Renvoi. Mais pour cela, il faut, comme nous l'avons observé, que ces derniers ayent informé & décrété dans le tems qui leur étoit accordé par l'Ordonnance; sçavoir, les premiers dans les trois jours, & les derniers dans les vingt-quatre heures. Car si ces Juges Ordinaires avoient négligé d'informer & décréter dans ce tems-là, & s'étoient laissés prévenir par le Prévôt des Maréchaux qui a été déclaré Incompétent; alors la diligence de ce dernier auroit opéré la Prévention en faveur des Baillifs & Sénéchaux, suivant l'Art. 21 de la Déclaration de 1731 (*a*), de maniere que ce seroit à ceux-ci que le Renvoi devroit être adressé préférablement aux premiers Juges.

Ou le Motif d'Incompétence étoit fondé sur ce que le Cas étoit purement *Royal*: alors c'est au Lieutenant Criminel du Bailliage que devroit en appartenir la connoissance, à l'exclusion de tout autre: quoique dans l'usage, c'est toujours au Juge Ordinaire du Lieu du Délit que l'on s'adresse, même dans ce cas, sauf au Lieutenant Criminel de revendiquer ensuite l'Accusé avec les Piéces de la Procédure, ainsi qu'il est en droit de le faire, lorsque les premiers Juges n'ont point informé ni décrété dans le tems pour le Cas ordinaire.

Ou bien le Motif d'Incompétence étoit fondé sur le *Privilége* de l'Accusé, qui l'exemptoit de la Jurisdiction du Prévôt des Maréchaux, comme s'il étoit Ecclésiastique, Gentilhomme, Secrétaire du Roi, ou Officier de Judicature. Alors le Renvoi devroit être fait directement au Lieutenant Criminel du Bailliage dans le Ressort duquel le Crime aura été commis, conformément aux Articles 14 & 15 de la Déclaration de 1731. (*b*)

Ou enfin, l'Incompétence étoit fondée sur ce que le Crime auroit été commis dans le Ressort du Bailliage auquel le *Présidial*

(*a*) Cet Article XXI est rapporté sur l'Article 16 du présent Titre.

(*b*) Ces Articles sont rapportés sur l'Art. 13 du Titre précédent.

est uni : comme dans ce dernier Cas, les Présidiaux sont autorisés par l'Art. 8 de la même Déclaration de 1731 à en connoître à la charge de l'Appel ; ce ne sera point au Juge du Lieu du Délit que se fera le Renvoi, mais les Juges Présidiaux pourront s'en retenir la connoissance, après qu'ils auront jugé l'Incompétence du Prévôt.

IV. Sur la seconde Question, l'on répond que ce sont les Minutes, & non les Grosses de la Procédure Criminelle, dont la remise est ordonnée par cet Article, lequel déroge sur ce Point à la disposition de l'Art. 5 du Tit. précédent, en même tems qu'il confirme celle de l'Article 10 de l'Arrêt de Réglement des Grands Jours de Clermont, du 10 Décembre 1665, qui porte que » les Prévôts des Maréchaux ne pourront retenir dans leurs » mains, les Minutes des Informations, Interrogatoires, Récol- » lemens, Confrontations & autres Instructions par eux faites, » lesquelles seront remises entre les mains des Greffiers qui se- » ront tenus de les mettre en un dépôt public qu'ils auront dans » le Palais du Bailliage ou Sénéchaussée, où les Prévôts des Ma- » réchaux font leur résidence.

Il n'est parlé ici que des Procédures ; & non point du Jugement d'Incompétence, dont il suffira par conséquent d'envoyer une Expédition en forme.

De ce que les Minutes de toutes les Procédures faites par le Prévôt qui a été déclaré Incompétent, doivent être remises au Greffe du Juge du Lieu du Délit, il en faut conclure deux choses. L'une, que toutes les Procédures faites par le Prévôt avant le Jugement qui le déclare Incompétent, doivent subsister, & qu'il n'y a, comme nous l'avons observé sur l'Art. 13 de ce Titre, que sur celles qui sont faites depuis ce Jugement, que doit tomber la nullité.

L'autre, que les Aveux & Confessions faites par l'Accusé dans l'Interrogatoire que lui a fait subir le Prévôt, doivent subsister contre lui, de maniere qu'il ne pourroit plus les révoquer pardevant le Juge du Lieu du Délit. Il y a cependant des Auteurs, & entr'autres Imbert qui prétend que cette rétractation lui est permise, pourvû qu'en même tems il offre de prouver la fausseté du fait qu'il a déclaré, & qu'il en donne quelque raison relevante. Ce qui doit avoir lieu sur-tout, si les Interrogats que lui auroit fait le Prévôt, étoient captieux, & tendoient à le surprendre. Au reste, nous verrons sur l'Art. 5 du Tit. 25 quelle est la Preuve qui peut résulter de ces sortes d'Interrogatoires, & l'Effet qu'elle peut produire en général contre les Accusés.

V. ENFIN, quant à la troisiéme QUESTION, elle se trouve décidée par l'Article 26 de la Déclaration de 1731 (a), qui fait défenses, tant aux Prévôts des Maréchaux, qu'aux Procureurs du Roi des Siéges Présidiaux & de la Maréchaussée, & à la Partie Civile, de se pourvoir contre les Jugemens d'Incompétence rendus par les Présidiaux, & qui veut que ces Jugemens s'exécutent irrévocablement & sans délai. Ensorte que la seule ressource qui leur reste aux termes de cet Article, c'est de porter directement leurs Plaintes à S. M. dans les Cas où ils prétendroient que ces Jugemens auroient donné atteinte aux Droits de leur Jurisdiction, & qu'ils pourroient être tirés à conséquence contr'eux dans d'autres Cas.

(a) Cet Article est rapporté sur l'Article 16 du présent Titre.

ARTICLE XXII.

» LE Prévôt, qui aura été déclaré Compétent, sera » tenu procéder incessamment à la confection du Pro- » cès, avec son Assesseur, sinon avec un Conseiller du » Siége, où il devra être jugé, suivant la distribution » qui en sera faite par le Président.

SOMMAIRE.

I. *Cet Article regarde le Prévôt qui a été déclaré Compétent.*

II. *Qu'entend l'Ordonnance par confection du Procès?*

III. *Assesseur ne peut être remplacé qu'en cas de refus ou d'empêchement légitime.*

IV. Quid, *en cas de refus ou de négligence de la part du Prévôt?*

V. *Accusé a-t-il la faculté de se pourvoir contre le Jugement de Compétence?*

VI. *Deux modifications sous lesquelles cette faculté doit s'entendre.*

VII. *Procureurs du Roi tenus d'informer les Procureurs Généraux des Jugemens de Compétence rendus en leurs Siéges.*

VIII. *Par qui doit être faite la distribution du Procès, au défaut du Président du Siége?*

I. L'ON vient de voir sur le précédent Article, ce que doit faire le Prévôt, lorsqu'il a été déclaré Incompétent; on voit par celui-ci, ce qu'il doit faire, lorsque le Jugement de Compétence a été rendu en sa faveur.

II. Il doit procéder incessamment, avec son Assesseur, sinon avec un Conseiller du Siége, à la Confection du Procès, c'est-à-dire, à l'Instruction jusqu'au Jugement définitif inclusivement.

III. Il paroît que ce n'est qu'en cas de refus ou d'empêchement légitime de la part de l'Assesseur, que celui-ci doit être remplacé par un Conseiller du Siége; c'est ce qui résulte de la Disposition de l'Article 3 de la Déclaration du 28 Mars 1720, dont voici les termes: » Les Assesseurs seront tenus, après la Compétence jugée, de se transporter sans aucun délai avec les Prévôts & Lieutenans, toutes & quantes fois qu'ils en seront requis » par eux ou par nos Procureurs, sous peine de destitution. Et » d'autant qu'il est important de ne point différer l'Instruction des Jugemens Prévôtaux, Voulons, en cas de refus par » lesdits Assesseurs de se transporter avec lesdits Prévôts & Lieutenans, qu'ils en dressent leurs Procès-verbaux qu'ils feront » signer par nos Procureurs, & qu'ils puissent commettre pour » cette fois aux fonctions d'Assesseurs, un autre Officier du même » Siége, pour assister à l'Instruction du Procès dont il s'agira, & seront tenus lesdits Prévôts & Lieutenans, d'envoyer incontinent » à notre Procureur Général au Grand-Conseil, autant du Procès-verbal de refus desdits Assesseurs, qui contiendra le nom » de celui qu'ils auront commis, pour sur iceux être ordonné ce » qu'il appartiendra.

IV. A l'égard du Prévôt qui se met pareillement en refus, ou qui néglige de procéder à l'Instruction; on ne voit ni dans cette Déclaration, ni dans l'Ordonnance, aucune Peine prononcée contre lui dans ces deux Cas. Ce n'est que par la Déclaration du 26 Février 1724, qu'il lui est enjoint de faire incessamment toute l'Instruction requise & nécessaire, pour parvenir au Jugement & à la Punition des Coupables, à peine d'Interdiction.

V. Mais, si l'Accusé vouloit se pourvoir contre le Jugement de Compétence, cette Instruction n'en seroit-elle point retardée? Nous avons observé, d'après l'Art. 26 de la Déclaration de 1731, que ni les Parties Publiques, ni les Civiles, n'étoient recevables à se pourvoir contre les Jugemens qui auroient déclaré les Prévôts Incompétens. Mais on ne voit nulle part dans cette Loi, non plus que dans l'Ordonnance, qu'il soit pareillement interdit aux Accusés, de se pourvoir contre les Jugemens qui auroient déclaré Compétens ces mêmes Prévôts. Comme c'est sans doute dans la vûe de favoriser l'Accusé, en lui ménageant la ressource de l'Appel, qu'elle a interdit, tant aux Prévôts, qu'aux Parties Publiques & Civiles, toute reclamation contre les Jugemens d'Incompétence rendus contre ces Prévôts, il paroît naturel d'en conclure, qu'elle a voulu par-là laisser à ce même Accusé une faculté, qu'elle n'a refusée aux autres, que pour son avantage particulier. Aussi l'Ordonnance le suppose nécessairement ainsi, par la distinction qu'elle met sur l'Art. 16 de ce Titre, entre les Moyens de récusation qui seront proposés avant le Jugement de Compétence, & ceux qui seront proposés après ce Jugement.

Il y a même dans le nouveau Réglement du Conseil du 28 Juin 1738, un Titre particulier qui régle la Procédure sur les demandes en Cassation des Jugemens de Compétence; c'est le Tit. 5 de la Premiere Partie de ce Réglement.

VI. Mais aussi, comme d'un autre côté l'Accusé pourroit abuser de cette faculté, & se ménager par-là le moyen de retarder sa Punition, & de faire dépérir les preuves de son Crime; le même Réglement du Conseil y a pourvû sagement par les Art. 2 & 7 de ce Titre 5, en ordonnant d'une part, que l'Accusé ne pourroit être admis à se pourvoir contre ces sortes de Jugemens, à moins qu'il ne fût actuellement Prisonnier; & de l'autre, que la demande en Cassation par lui formée, ne pourroit empêcher que la Procédure ne fût continuée jusqu'au Jugement définitif exclusivement: ce qui est conforme à la Disposition de l'Art. 41 de l'Ordonnance de 1669, qui met cette différence entre les Evocations en Matieres Criminelles & celles en Matieres Civiles, que les premieres ne doivent point empêcher l'Instruction.

VII. Il y a plus, comme il pourroit encore arriver, que l'Accusé qui auroit de justes sujets de reclamer contre ces Jugemens de Compétence, négligeroit néanmoins de le faire par impuissance ou autrement, S. M. attentive à empêcher l'Oppression de ses Sujets, n'a pas voulu que les Prévôts des Maréchaux puissent se prévaloir du silence ou de l'inaction des Accusés, pour continuer l'Instruction : c'est pour cela que par l'Art. 11 du même Titre 5 du Réglement du Conseil, elle fait une injonction particuliere aux Procureurs du Roi des Maréchaussées & Siéges Présidiaux, d'informer, à peine d'Interdiction, le Procureur Général de la Commission établie pour les demandes en Cassation des Jugemens de Compétence qui interviendroient sur leurs poursuites, aussi-tôt que ces Jugemens auront été rendus. Tel a été aussi l'objet particulier de l'Article 29 de la Déclaration de 1731, qui enjoint, conformément à l'Art. 19 du Tit. 6 de cette Ordonnance, aux Procureurs du Roi des Bailliages, même à ceux des Maréchaussées & Siéges Présidiaux, d'envoyer tous les six mois aux Procureurs Généraux des Parlemens, chacun dans leur Ressort, un Extrait de leurs Registres, dans lequel seront insérées en entier les Copies des Jugemens de Compétence rendus pendant les six mois précédens, & de la prononciation d'iceux, à peine d'interdiction, ou de telle amende qu'il appartiendra.

VIII. Il est dit à la fin du présent Article, que le Procès sera jugé suivant la Distribution qui en sera faite par le Président du Siége ; mais en cas d'absence, maladie ou autre empêchement légitime de ce Président, par qui devra être faite cette Distribution ? Sera-ce par le Lieutenant Criminel du Siége qui a jugé la Compétence, ou bien par le Lieutenant Criminel du Bailliage où le Procès doit être jugé ?

Les premiers prétendent avoir ce Privilége, sur le fondement, que hors les Cas où il s'agit de juger la Compétence du Prévôt, ils ont le droit de présider, en l'absence du Président, aux Jugemens de l'Instruction, & même définitifs du Procès. Cependant il paroît qu'en partant des termes de cet Article, la Préférence doit être accordée au Lieutenant Criminel du Siége où le Procès doit être jugé ; puisque c'est lui qui, au défaut de l'Assesseur du Prévôt, a le Droit de nommer le Conseiller de son Siége où le Procès doit être jugé, comme nous le verrons ci-après.

ARTICLE XXIII.

» SI, après le Procès commencé pour un Crime Pré-» vôtal, il survient de nouvelles Accusations, dont il » n'y ait point eu de Plainte en Justice, pour Crimes » non Prévôtaux; elles seront instruites conjointement, » & jugées Prévôtalement.

SOMMAIRE.

I. *Crimes non Prévôtaux, quels sont-ils?*

II. *Sur quoi fondée l'extension du Pouvoir donné au Prévôt des Maréchaux, par cet Article.*

III. *Cinq divers Changemens que la Déclaration de 1731 a apportés à cet Article.*

IV. *Il faut une Conviction entiere du Cas Prévôtal, & que le Cas ordinaire soit arrivé dans le Département du Prevôt.*

V. *Baillifs & Sénéchaux préférés aux Prévôts pour la Connoissance des deux Accusations.*

VI. *Juges Subalternes exclus de cette Connoissance, néanmoins leur diligence profite aux Baillifs.*

VII. Quid, *lorsque le Cas Prévôtal & le Cas ordinaire ont été commis par le même ou par differens Accusés?*

VIII. Quid, *lorsque parmi les Accusés il y en a de justiciables des Prévôts par leur Qualité, & d'autres qui ne le sont pas?*

IX. *Distinction entre les Cas Ordinaires auxquels l'Accusé de Cas Prévôtal a eu part, & ceux commis à son insçu.*

X. *Prevôt des Maréchaux peut-il connoître en dernier Ressort des premiers?*

XI. *Peut-il connoître en dernier Ressort des Complices de l'Accusé de Cas Prévôtal? Trois Modifications à ce sujet.*

XII. Quid, *dans le Cas de la Rébellion commise par un parent ou ami de l'Accusé de Cas Prévôtal?*

XIII. Quid, *dans le Cas de la Corruption de Témoins en fait de Crime Prevôtal?*

XIV. Quid, *en Cas de Bris de Prison & de Recellement de Vol?*

I. CET Article permet aux Prévôts des Maréchaux de connoître en dernier Ressort, non-seulement des Cas Prévôtaux, mais encore de ceux qui ne le sont pas; c'est-à-dire, des Cas Royaux où simples Cas ordinaires que le même Accusé pourroit avoir commis, & pour lesquels il seroit poursuivi en même-tems, comme *v. g.* en fait de *Rébellion*, *Bris de Prison*, *Recellement de Vol, Corruption de Témoins*; mais il exige à cet effet deux Conditions qu'il ne faut point diviser; la 1re que l'Accusation des Crimes non Prévôtaux soit survenue après le Procès commencé pour le Crime Prévôtal; la 2e qu'il n'y ait point eu de Plainte précédemment rendue, pour raison du Cas non Prévôal.

II. L'EXTENSION donnée par cet Article, au pouvoir des Prévôts des Maréchaux, paroît fondée sur la maxime que le *Cas Prévôtal attire le Cas ordinaire.* Mais comme malgré les précautions qu'avoit prises l'Ordonnance, pour empêcher les entreprises des Prévôts des Maréchaux dans le Concours des Cas Prévôtaux & des Cas ordinaires; ces Juges n'ont pas laissé que d'abuser de cette maxime, pour s'arroger différens Cas qui n'étoient point susceptibles de leur Jurisdiction & juger Prévôtalement ce qui ne devoit l'être qu'à la charge de l'Appel.

III. C'EST pour faire cesser de pareils Abus, que la Déclaration de 1731 a cru devoir renfermer dans des bornes certaines, la Jurisdiction des Prévôts des Maréchaux à cet égard. L'on voit entr'autres par les art. 17, 18, 19 & 20, que cette derniere Loi a apporté plusieurs Changemens remarquables à la Disposition du présent Article. Ces Changemens sont de cinq especes.

IV. 1°. SUIVANT le présent Article de l'Ordonnance, pour que les Prévôts des Maréchaux puissent attirer à eux le Cas ordinaire pour le juger Prévôtalement & en dernier Ressort, il suffit que l'Accusation de ce Cas ordinaire soit postérieure à celle du Cas Prévôtal dont ils sont saisis, & qu'il n'y ait eu aucune Plainte ni Information par devant le Juge ordinaire. Mais suivant la Déclaration de 1731; ce n'est point assez que l'Accusation du Cas Prévôtal précéde celle du Cas ordinaire, il faut encore deux autres Circonstances également essentielles; la 1re qu'il y ait une Conviction entiere de ce Cas Prévôtal, autrement cette Loi veut que le Prévôt ne puisse juger l'une & l'autre de ces Accusations qu'à la charge de l'Appel; & c'est par cette raison qu'elle lui enjoint (*a*) de marquer distinctement dans sa Sentence, le Cas particulier dont l'Accusé sera déclaré atteint & convaincu. C'est encore par la même raison qu'elle veut (*b*), que dans les Jugemens qui seront rendus contre l'Accusé qui ne sera pas entiérement con-

(*a*) *V.* l'Art. XIX de cette Déclaration qui est rapporté sur l'Art. 14 du premier Titre de cette Ordonnance.

(*b*) *V.* le même Art. XIX de cette Déclaration, *ibid.*

vaincu du Cas Prévôtal, le Prévôt ait l'attention d'y faire mention expresse que ces Jugemens ne sont rendus qu'à la charge de l'Appel. *V.* la Lettre de M. DAGUESSEAU, Chancelier, rapportée sur l'Art. 2 du Tit. 19 ci-après.

L'autre Condition qu'exige la Déclaration de 1731, c'est que le Cas ordinaire soit arrivé dans le Département de ce Prévôt, autrement il est dit par l'Art. 18 de cette Loi (*a*), que S. M. se réserve d'y pourvoir sur l'Avis qui en sera donné à M. le Chancelier, à la diligence des Procureurs du Roi, en renvoyant les deux Accusations pardevant tel Présidial ou Prévôt des Maréchaux qu'il appartiendra.

V. 2°. SUIVANT le présent Article de l'Ordonnance, il paroît que les Prévôts sont seuls en droit de connoître des Cas ordinaires dont l'Accusation est survenue postérieurement à celle du Cas Prévôtal. Mais, suivant l'Art. 17 de la Déclaration de 1731 (*b*), lorsque le Cas Prévôtal & le Cas ordinaire ont été commis dans le Ressort des mêmes Bailliages & Sénéchaussées, la Connoissance des deux Accusations doit appartenir aux Baillifs & Sénéchaux préférablement aux Prévôts, si ces Baillifs & Sénéchaux ou autres Juges à eux subordonnés, ont décrété avant le Prévôt ou le même jour : & lorsque le Cas Prévôtal n'a pas été commis dans le Ressort du Bailliage où est arrivé le Cas ordinaire, le Prévôt qui s'est laissé prévenir par le Juge ordinaire, ne peut pareillement connoître de l'une ni l'autre de ces Accusations ; mais elles doivent alors être renvoyées par les Cours de Parlement dans d'autres Siéges ressortissans nuement auxdites Cours, sur l'Avis qui en sera donné aux Procureurs Généraux par leurs Substituts sur les Lieux.

VI. 3°. L'ORDONNANCE attribue par le présent Article, aux Juges du Lieu du Délit, la Connoissance des Cas ordinaires, lorsque ces Juges en ont été saisis par la Plainte & l'Information, sans distinguer parmi ces Juges, les Baillifs & Sénéchaux des simples Juges Subalternes. Mais la Déclaration de 1731, porte expressément par le même Art. 17, que c'est aux Baillifs & Sénéchaux que doit appartenir cette Connoissance, à l'exclusion des Prévôts Royaux & autres Juges Subalternes ; & cela dans le Cas même où ces derniers auroient prévenu les Prévôts des Maré-

(*a*) Cet Art. XVIII est rapporté sur l'Art. 15 du Titre précédent.

(*b*) Cet Art. XVII est rapporté sur l'Art. 13 du Titre précédent.

chaux, parce que, comme nous l'avons observé d'après l'Art. 22 de la même Déclaration, la diligence de ces Juges Subalternes à prévenir les Prévôts des Maréchaux, profite aux Baillifs & Sénéchaux, de maniere que ceux-ci sont censés avoir prévenu eux-mêmes, les Prévôts des Maréchaux.

La raison de la Préférence que donne ici la Déclaration aux Baillifs & Sénéchaux sur les Juges Subalternes, est fondée sur ce que le Cas Prévôtal, qui est aussi de sa nature Cas Royal, attire par cette derniere Qualité le Cas ordinaire; de même que dans le concours de deux Accusations, l'une pour le Cas Royal portée devant les Baillifs, l'autre, pour un Cas ordinaire devant un Juge Subalterne, le Cas Royal attireroit l'ordinaire.

A l'égard de la Préférence que la même Déclaration donne aux Juges Subalternes sur les Prévôts des Maréchaux, elle est fondée principalement sur la faveur de l'Accusé, que cette Loi ne paroît livrer qu'à regret, à la rigueur du dernier Ressort.

VII. 4°. L'ORDONNANCE veut par cet Article, que les Accusations de Cas ordinaires qui sont survenues après celle du Cas Prévôtal, soient jugées Prévôtalement, sans distinguer si ces Cas ont été commis par le même ou bien par différens Accusés. Mais la Déclaration de 1731 (a), fait une distinction remarquable à cet égard; elle veut (Art. 20), que le Prévôt ne puisse connoître des deux Accusations, que lorsque le Cas Prévôtal & le Cas ordinaire ont été commis par le même Accusé: mais lorsqu'il y a plusieurs Accusés dans le même Procès, dont les uns sont chargés de Cas Prévôtaux, les autres de simples Cas ordinaires, elle attribue la Connoissance de l'une & de l'autre de ces Accusations aux Baillifs & Sénéchaux préférablement aux Prévôts des Maréchaux; & cela quand même ceux-ci les auroient prévenus. Elle fait plus; elle donne la même Préférence aux Baillifs sur les Siéges Présidiaux, à qui elle ne permet, lorsqu'ils se trouveront

(a) » Si dans le même Procès Criminel » il y a plusieurs Accusés, dont les uns » soient poursuivis pour un Cas ordinaire, » & dont les autres soient chargés d'un » Crime Prévôtal, la Connoissance des » deux Accusations appartiendra à nos » Baillifs & Sénéchaux, préférablement aux » Prévôts des Maréchaux & Siéges Présidiaux, soit que les Juges qui auront informé & décrété pour le Cas ordinaire, » ayent prévenu lesdits Prévôts des Maréchaux, ou Juges Présidiaux, soit qu'ils » ayent été prévenus par eux; & si les Juges Présidiaux s'en trouvent saisis, ils » n'en pourront connoitre qu'à la charge » de l'Appel. Voulons qu'il en soit usé de » même, s'il se trouve plusieurs Accusés, » dont les uns soient de la qualité marquée » dans les Articles I. & II. des Présentes, & » dont les autres ne soient pas de ladite qualité. *Art.* XX.

saisis de ces Accusations, de pouvoir les juger autrement qu'à la charge de l'Appel.

VIII. 5°. Enfin, par une derniere Disposition du même Art. 20 de la Déclaration de 1731, il est dit que les Baillifs & Sénéchaux pourront également connoître des deux Accusations préférablement aux Prévôts & aux Présidiaux, lorsqu'il y aura dans le même Procès plusieurs Accusés, dont les uns seront de la Qualité marquée dans les Art. 1 & 2 de la même Loi, & dont les autres ne seront pas de ladite Qualité; c'est-à-dire, que si le Prévôt ou le Présidial avoient commencé le Procès pour un Cas Prévôtal par la Qualité de l'Accusé, tels que ceux commis par les Vagabonds, Gens sans aveu, par les condamnés à Peine corporelle, Bannissement, Amende honorable, & qu'il survînt dans le même Procès une autre Accusation contre plusieurs Complices de cet Accusé, qui ne seroient cependant pas de la même Qualité que ce principal Accusé, la Qualité de ce dernier qui le rend justiciable du Prévôt ne pourra nuire à ses Complices; mais au contraire, celle de ces Complices servira à exempter ce même Accusé de la Jurisdiction Prévôtale, & opérera en sa faveur le Renvoi de tout le Procès pardevant le Bailliage ou le Présidial, pour être jugé à la charge de l'Appel.

IX. Ainsi, en partant des Principes établis par cette nouvelle Loi, pour déterminer la Compétence dans le concours des Cas ordinaires avec les Prévôtaux, il faut distinguer trois sortes de Cas ordinaires; les uns qui sont tellement connexes avec les Cas Prévôtaux, que l'Instruction n'en peut être séparée, comme sont ceux auxquels l'Accusé du Cas Prévôtal a eu part, ou dont il a été le principal auteur; les autres auxquels l'Accusé n'a eu aucune part, & qui ont été commis à son insçu par les Complices du Cas Prévôtal; & enfin, ceux dont la connexité avec les Cas Prévôtaux, paroît douteuse.

X. 1°. Quant aux Cas ordinaires qui sont évidemment connexes avec les Cas Prévôtaux, tellement que l'Instruction n'en peut être séparée, il est sans difficulté que le Prévôt des Maréchaux en peut connoître, & les juger en dernier Ressort avec le Cas Prévôtal dont ce même Accusé sera convaincu; & l'on ne peut dire que ce soit ici le Cas du Renvoi ordonné en faveur des Baillifs & Sénéchaux par l'Article 20 de la Déclaration de 1731, lequel

lequel ne doit avoir lieu, que lorsqu'il y a plusieurs Accusés dans un même Procès, dont les uns sont prévenus de Cas Prévôtaux & les autres de Cas ordinaires; ou bien lorsque les mêmes Accusés sont poursuivis en même-tems pour le Cas ordinaire & pour le Cas Prévôtal par sa nature, & que les Baillifs & Sénéchaux ou autres Juges à eux subordonnés, ont informé & décrété pour les Cas ordinaires avant le Prévôt ou le même jour, *V.* Art. 17 de la même Déclaration.

XI. PAR la même raison, les Prévôts des Maréchaux & les Présidiaux peuvent connoître en dernier Ressort des Complices du Cas Prévôtal, c'est-à-dire, de ceux qui ont conseillé ou aidé dans l'exécution de ce Crime. Ce qui ne doit néanmoins s'entendre qu'avec les trois modifications suivantes.

La 1re, que lorsque parmi ces Complices il y en a un de Privilégié, alors ce Privilégié a la force d'attirer la Connoissance des autres Crimes commis par les non-Privilégiés, pardevant le Juge du Privilége, suivant la Disposition de l'Art. 14 de la Déclaration de 1731.

La 2e, que lorsqu'il y a une Accusation intentée contre les mêmes Complices pardevant d'autres Tribunaux, & pour d'autres Crimes non Prévôtaux, alors c'est à ces premiers Juges qu'en doit rester la Connoissance, conformément au présent Article de l'Ordonnance, qui ne permet au Prévôt des Maréchaux de retenir la Connoissance, que lorsqu'il n'y a point eu de Plainte en Justice de ces Crimes non Prévôtaux.

La 3e, qu'en cas de Rébellion à l'exécution d'un Décret du Prévôt, lors de laquelle l'Accusé ou le Complice du Cas Prévôtal auroit été tué, le Prévôt ne pourroit faire le Procès au Cadavre; par la raison que le Crime Prévôtal se trouveroit éteint par la mort de l'Accusé.

XII. 2°. QUANT au Cas ordinaire qui auroit été commis par le Complice à l'insçu de l'Accusé du Cas Prévôtal, & sans que ce dernier y ait eu aucune part, comme *v. g.* si la Rébellion avoit été faite à l'exécution du Décret du Prévôt par un Parent ou Ami de l'Accusé; il faudroit encore distinguer; si c'est le Présidial qui se trouve saisi en même-tems de l'une & de l'autre de ces Accusations, rien n'empêche que ce Siége ne statue sur toutes les deux par le même Jugement, en jugeant le Cas Prévôtal en dernier Ressort, & la Rébellion à la charge de l'Appel,

Mais si c'étoit le Prévôt, dont le Décret auroit occasionné la Rébellion, qui se trouvât saisi de l'Accusation du Cas Prévôtal, la Question est de sçavoir s'il pourroit juger en dernier Ressort ce Cas ordinaire, conjointement avec le Cas Prévôtal dont l'Accusé seroit convaincu.

L'on pourroit d'abord citer en sa faveur, l'Art. 2 du présent Titre de l'Ordonnance qui lui permet de recevoir Plainte, & d'informer, même hors de son Ressort, de la Rébellion à l'exécution de ses Décrets. Mais l'on a observé en même-tems, que cet Article ne disoit point qu'il en pouvoit connoître, ce qui l'excluoit par conséquent du reste de l'Instruction & du Jugement définitif. A quoi l'on pourroit ajouter que le Cas de la Rébellion n'étant pas de sa nature Prévôtal, & ne pouvant par conséquent être jugé qu'à la charge de l'Appel, la Connoissance s'en trouveroit absolument interdite au Prévôt des Maréchaux par l'Art. 14 de ce Titre, qui veut qu'il ne puisse juger en aucun Cas à la charge de l'Appel.

Quel est donc le Juge qui en devroit connoître? Seroit-ce l'un des Juges qui doivent rendre le Jugement avec lui sur le Cas Prévôtal? Mais il pourroit arriver que ceux-ci ne seroient point Compétens; comme, par exemple, si la Rébellion avoit été commise hors de leur Ressort. Seroient-ce les Juges dans la Jurisdiction desquels la Capture auroit été faite & la Rébellion commise? Mais cela seroit encore contraire à la Disposition de l'Art. 20 du Tit. premier, qui veut que ce soient les Juges même, aux Jugemens de qui la Rébellion a été faite, qui en puissent connoître.

Je n'ai trouvé aucun Criminaliste ni Praticien qui s'explique nettement là-dessus. Pour moi je pense, conformément à ce même Article 20 du Titre précédent, que la Rébellion ayant été faite au Jugement du Prévôt, & celui-ci ayant droit d'en informer même hors de son Ressort, ce seroit à lui d'en connoître & de la punir; mais avec cette restriction néanmoins, qu'il ne pourroit la juger qu'à la charge de l'Appel, & par une Sentence qu'il rendroit séparément avec les autres Juges qui auroient rendu le Jugement Prévôtal. En effet, si, aux termes de l'Art. 19 de la Déclaration de 1731, dans la concurrence de deux Accusations, *l'une* pour le Cas Prévôtal, & *l'autre* pour le Cas ordinaire, le Prévôt ne peut juger qu'à la charge de l'Appel, lorsqu'il n'y a pas Conviction entiere pour le Cas Prévôtal; il ne peut le faire à plus forte raison qu'à la même charge de l'Appel, dans l'espéce particuliére, où l'Instruction n'auroit point été faite conjointement, & où les Jugemens sur le Cas Prévôtal & sur le Cas ordinaire se trouveroient distincts & séparés. *V.* ce qui est dit à la fin de la Lettre de M. le Chancelier DAGUESSEAU, qui sera rapportée sur l'Art. 2 du Titre 19 ci-après. *V.* au surplus ce que nous avons dit sur l'Art. 12 du Titre premier, relativement au Siége de la *Connétablie*, qui est dans l'usage de connoître de ces sortes de Rébellions. *V.* aussi l'Art. 2 du présent Titre.

XIII. ENFIN, lorsqu'il y a du Doute sur la connexité du Cas ordinaire avec le Prévôtal, l'usage est que, pour faire cesser le Conflit, l'on s'adresse à M. le Chancelier pour avoir un Arrêt du Conseil, portant Commission au Prévôt des Maréchaux qui est saisi du Cas Prévôtal, de juger en dernier Ressort tous les Accusés. C'est du moins la Route qui paroît indiquée par un Arrêt du Conseil rendu dans l'espéce suivante, à l'occasion d'une prétendue subornation de Témoins en fait de Désertion.

En 1738, un Villageois de Franche-Comté fut accusé devant le Prévôt des Maréchaux résident à Besançon, par deux Soldats, de les avoir sollicités à déserter : cet Accusé dénia le fait ; & après avoir été admis à ses faits justificatifs ; par l'Enquête qui fût faite par le Prévôt, il prouva effectivement la fausseté de la déposition de ces deux Soldats, & que la Subornation, dont ils l'accusoient, avoit été faite par une certaine Fille qu'il désigna. Il s'agissoit de sçavoir à qui, ou du Prévôt, ou du Présidial, ou du Bailliage, resteroit la Connoissance de ces nouveaux Accusés, dont le Crime n'étoit au fond qu'un Cas ordinaire, puisque la Désertion n'avoit point été consommée. Il y eut des Remontrances faites à ce sujet de la part du Présidial, à M. le Chancelier, qui envoya en conséquence un Arrêt du Conseil, portant Commission au Prévôt pour juger tous les Accusés au Bailliage de la même Ville en dernier Ressort, conformément à l'Article XX de la Déclaration de 1731. Et ce fut en vertu de cet Arrêt, que le Lieutenant Criminel présida au Jugement Prévôtal qui fut rendu en son Siége au mois de Juin de la même année 1738, par lequel la Fille & les deux Soldats furent condamnés à la Potence, & le Villageois principal Accusé, renvoyé absous, avec réparation pécuniaire.

XIV. IL paroît qu'on pourroit aussi avoir recours à la même Voie, en fait de Conflits pour *Rébellion*, *Bris de Prison*, *Recel-*

lement de Vol, & autres eſpéces ſemblables où les Cas ordinaires peuvent concourir avec les Prévôtaux.

ARTICLE XXIV.

» AUCUNE Sentence Prévôtale, Préparatoire, In-
» terlocutoire ou Définitive, ne pourra être rendue qu'au
» nombre de *ſept*, au moins, Officiers ou Gradués, en
» cas qu'il ne ſe trouve au Siége nombre ſuffiſant de
» Juges; & ſeront tenus ceux qui y auront aſſiſté, de ſi-
» gner la Minute, à peine de nullité, & le Greffier, de
» les en interpeller, à peine de 500 liv. d'amende, con-
» tre lui & contre chacun des Refuſans.

SOMMAIRE.

I. *Mêmes formalités que celles preſcrites par l'Article 18.*
II. *Qu'eſt-ce qu'un Jugement Préparatoire en cette Matiere?*
III. *Jugemens Interlocutoires ont lieu principalement dans quatre Cas.*
IV. *Tous Jugemens d'Inſtruction & définitifs doivent être intitulés du nom du Prévôt.*
V. *Pourquoi ces Jugemens ne peuvent être rendus que par ſept Juges.*
VI. *Gradués doivent être pris en cas d'inſuffiſance des Juges.*
VII. Quid, *s'il n'y a point de Tableau d'Avocats, ou s'il n'y a pas de Gradués en nombre ſuffiſant dans le Siége?*
VIII. *Prévôt, ni ſon Lieutenant, ni l'Aſſeſſeur en la Maréchauſſee, ne peuvent préſider à ces Jugemens.*
IX. *Ce que doit faire le Prévôt en exécution de cet Article.*
X. *Comment on peut obliger les Juges ou Gradués à ſigner le Jugement où ils ont aſſiſté.*

I. PAR cet Article, l'Ordonnance exige, pour tous les Jugemens Prévôtaux, ſoit Préparatoires, ſoit Interlocutoires, ſoit Définitifs, les mêmes formalités qu'elle a preſcrites par l'Article 18 de ce Titre, par rapport aux Jugemens de Compétence; ſçavoir, qu'ils ne puiſſent être rendus que par ſept Juges, & que la Minute en ſoit ſignée par tous les Juges qui y auront aſſiſté.

II. ON appelle proprement, *Jugement Préparatoire* en cette Matiere, celui par lequel on ordonne le Récollement & la Confrontation; on l'appelle autrement le Réglement à l'extraordinaire.

III. Les Jugemens *Interlocutoires*, qui se rendent dans cette Jurisdiction, ont lieu principalement dans ces quatre Cas; 1°. lorsqu'avant que de prononcer sur l'Accusation principale, l'on décerne un Décret contre d'autres que les Accusés; 2°. lorsqu'on ordonne que l'Accusé sera appliqué à la Question; 3°. lorsqu'on ordonne un plus amplement Informé à tems; 4°. enfin, lorsqu'on admet l'Accusé à ses faits justificatifs.

IV. Tous ces Jugemens doivent, ainsi que le Jugement *Définitif*, être intitulés du nom du *Prévôt des Maréchaux*, & il y doit être fait mention qu'ils ont été donnés par le Lieutenant de Résidence, qui aura fait l'Instruction. C'est la Disposition de l'Art. IV de la Déclaration du 28 Mars 1728.

V. Ces Jugemens ne peuvent être rendus que par sept Juges, parce que, comme nous l'avons observé, c'est ce nombre qui leur donne le Caractere de dernier Ressort; & que dans le cas où les Prévôts ne peuvent juger qu'à la charge de l'Appel, tel que celui du Duel, le nombre de cinq Juges peut suffire, suivant l'Article 28 de la Déclaration de 1731 (a).

VI. Ce nombre de *sept* est tellement indispensable aux termes du présent Article de l'Ordonnance, que s'il ne se trouvoit pas complet parmi les Juges du Siége, il devroit y être suppléé par des Gradués qui seront pris, suivant l'ordre du Tableau. Par conséquent, pour former ce nombre, il faut qu'outre le Prévôt & l'Assesseur en la Maréchaussée, il y ait encore cinq Juges dans le Siége; & si ce nombre ne s'y trouve point, il faudra recourir à des Gradués.

VII. L'Ordonnance veut que ces Gradués soient pris suivant l'ordre du Tableau: mais que fera-t-on, s'il n'y avoit point de Tableau, ou s'il n'y avoit pas même un nombre suffisant de Gradués dans le Siége? il faudra au premier Cas les prendre suivant l'ancienneté de leur Grade; & au second, faire venir des Gradués d'un autre Siége Présidial.

VIII. Au reste, ce n'est ni le Prévôt ni son Lieutenant, ni l'Assesseur en la Maréchaussée, qui doivent présider dans ces Ju-

(a) Cet Art. est rapporté sur l'Art. 12 du présent Titre.

gemens, lorſqu'ils ſe rendent au Préſidial, c'eſt au Préſident du Siége à en faire la Prononciation; & s'ils ſe rendent dans un Bailliage & Sénéchauſſée, c'eſt le Lieutenant Criminel qui doit y préſider, le Prévôt n'a rang qu'après lui, & ſon Lieutenant n'a rang qu'après le Doyen des Conſeillers-Aſſeſſeurs du Siége. A l'égard de l'Aſſeſſeur en la Maréchauſſée, il n'a rang qu'après tous les Conſeillers du même Siége.

IX. Ainsi, pour procéder réguliérement en exécution du préſent Article, il faut qu'après que la Compétence a été jugée en faveur du Prévôt dans le Préſidial, le Procès ſur le Crime dont il eſt déclaré Compétent, ſoit porté auſſi-tôt par le Prévôt dans le Siége du Bailliage ou de la Sénéchauſſée, dans l'étendue duquel le Crime a été commis, ſi ce Crime a été commis dans l'étendue du Bailliage auquel ce Préſidial eſt uni; n'importe que ce même Préſidial ſoit celui qui auroit rendu le Jugement de Compétence en faveur du Prévôt. Dans l'un & l'autre de ces Siéges, le Prévôt, ou ſon Lieutenant en ſon abſence, ou ſon Aſſeſſeur, ſont Juges néceſſaires au Procès, & les Sentences s'intitulent au nom du Prévôt (à la différence du Jugement de Compétence où il ne doit point aſſiſter) & s'il ne ſe trouve pas ſept Juges dans le Siége, y compris le Prévôt & l'Aſſeſſeur en la Maréchauſſée, il ſera pris des Gradués.

X. Si après le Jugement rendu, les Juges qui y ont aſſiſté ne le ſignent point, ils ſeront interpellés de le faire par le Greffier qui leur fera cette Interpellation verbalement, dont il délivrera ſon Certificat; ou bien, ſi ce ſont des Gradués qui refuſent, il leur ſera donner une Sommation à cet effet.

ARTICLE XXV.

» SERA dreſſé deux Minutes des Jugemens Prévôtaux, qui ſeront ſignés par les Juges, dont l'une demeurera au Greffe du Siége où le Procès aura été jugé; & l'autre, au Greffe de la Maréchauſſée, à peine d'interdiction pour trois ans contre le Prévôt, & de 500 liv. d'amende. Défendons ſous pareilles peines

» aux deux Greffiers, de prendre aucuns droits pour l'en-
» regiſtrement & réception des deux Minutes.

SOMMAIRE.

I. *Quatre choſes preſcrites pour aſſurer la preuve des Jugemens Prévôtaux.*
II. *Pourquoi ces Précautions ont-elles été introduites?*
III. *Elles regardent les Jugemens Préparatoires & Interlocutoires, comme les Définitifs.*
IV. *Elles regardent auſſi les Jugemens de Compétence & d'Incompétence, excepté ceux rendus ſur la pourſuite des Lieutenans Criminels des Préſidiaux.*
V. *Réglement de la Cour pour la formalité du Paraphe des Piéces par le Greffier.*

I. CET Article concerne les Formalités qui ſervent à conſtater les Jugemens Prévôtaux; l'Ordonnance preſcrit quatre choſes à ce ſujet.

1°. Qu'il ſoit dreſſé deux Minutes de ces Jugemens. L'Article 28 de la Déclaration de 1731, exige la même précaution par rapport aux Jugemens qui ſont rendus ſur le DUEL, quoique ceux-ci ne ſoient qu'à la charge de l'Appel (*a*).

2°. Que ces Minutes ſoient ſignées par tous les Juges qui auront rendu le Jugement.

3°. Que l'une de ces Minutes demeure au Greffe du Siége où le Procès aura été jugé, & l'autre au Greffe de la Maréchauſſée.

4°. Enfin, que ces Minutes ſoient enregiſtrées & expédiées par les Greffiers de chacun de ces Siéges, gratuitement & ſans prendre aucun Droit.

II. TOUTES ces précautions ont été introduites, afin que l'on puiſſe ſçavoir en même tems, quel eſt le Prévôt qui a fait la Capture, & le Préſident qui a jugé le Procès de l'Accuſé; & ſi le Jugement a été rendu par un nombre ſuffiſant de Juges.

III. C'EST pourquoi elles ne regardent pas ſeulement les Jugemens définitifs, mais encore les Jugemens préparatoires ou interlocutoires, que l'Ordonnance comprend ici ſous le nom de *Jugemens Prévôtaux*.

IV. PAR la même raiſon, ces Précautions doivent être pareil-

(*a*) Cet Art. 28 eſt rapporté ſur l'Art. 12 de ce Titre.

lement employées, par rapport aux Jugemens de Compétence ou d'Incompétence qui sont rendus dans les Présidiaux, lorsque ce sont les Prévôts ou leurs Assesseurs qui font juger la Compétence. Mais si c'est le Lieutenant Criminel du Siége Présidial qui poursuit en son nom ces Jugemens, comme il n'y auroit alors que la Jurisdiction Présidiale qui se trouveroit saisie de la Connoissance du Crime, il suffiroit de ne dresser qu'une seule Minute des Jugemens qui se rendent dans ce Siége, soit pour la Compétence; soit même pour l'Instruction; d'autant que le Greffe du Présidial est fixe & permanent, au lieu que celui du Prévôt étant en quelqee sorte Ambulatoire, il seroit dangereux que les Minutes ne s'y perdent, sans les Précautions qui sont indiquées par cet Article.

V. PAR l'Art. 29 du Réglement de la Cour, du 6 Avril 1673, il est enjoint aux Greffiers du Châtelet, lorsqu'ils enverront le Procès au Greffe de la Cour, de parapher les Piéces par premiere & derniere. Il paroît qu'il seroit très-à-propos d'apporter la même Précaution dans l'exécution du présent Article.

V. au surplus ce qui sera dit sur l'Art. 19 du Tit. 6 de la présente Ordonnance, où l'on aura lieu de rappeller l'Art. 29 de la Déclaration de 1731, par rapport à l'obligation où sont les Greffiers, d'envoyer tous les six mois aux Procureurs Généraux des Parlemens, un Extrait de leurs Registres, dans lequel sera insérée en entier la Copie des Jugemens de Compétence rendus pendant les six mois précédens, & de la prononciation d'iceux.

ARTICLE XXVI.

» SI l'Accusé est appliqué à la Question, le Procès-» verbal de Torture se fera par le Rapporteur, en pré-» sence d'un Conseiller du Siége & du Prévôt.

SOMMAIRE.

I. *Il n'y a que le Rapporteur qui puisse interroger le Patient lors de la Torture.*

II. *Qu'est-ce que le Rapporteur?*

III. *Quatre Cas où le Président distribue le Procès à des Rapporteurs.*

IV. *Prévôt est chargé de tout le reste de*

de l'Instruction avec l'Assesseur en la Maréchaussée.

V. *Pourquoi l'Assesseur ne peut jamais être Rapporteur, soit dans les Jugemens d'Instruction, soit dans ceux de Compétence.*

I. QUOIQUE, suivant cet Article, le Procès-verbal ne puisse être fait qu'en présence du Prévôt & d'un Conseiller du Siége, ils n'ont néanmoins ni l'un ni l'autre, le droit d'interroger le Patient. Ce Droit n'appartient qu'au Rapporteur seul, qui est chargé par ce même Article, de rédiger le Procès-verbal de Torture; & ce n'est que par l'organe de celui-ci qu'ils peuvent faire parvenir à l'Accusé, les Questions & Interrogats qu'ils jugent convenables.

II. CE Rapporteur est un des Conseillers du Siége, à qui le Président a fait la distribution du Procès, conformément à ce qui est porté ci-devant par l'Art. 22 de ce Titre.

III. CETTE Distribution se fait ensuite d'un Placet qui est présenté par le Procureur du Roi; & elle a lieu toutes les fois qu'il s'agit de procéder au Jugement de Compétence, ou au Récollement & à la Confrontation, ou bien au Jugement définitif.

IV. DANS tout le reste de la Procédure, c'est le Prévôt ou son Lieutenant en son absence, qui avec l'Assesseur en la Maréchaussée, est chargé de l'entiere Instruction. (*a*)

V. NOUS avons vû sur l'Art. 16 de ce Titre, les raisons particulieres qui empêchent que l'Assesseur de la Maréchaussée ne puisse être Rapporteur dans les Jugemens de Compétence. Les mêmes raisons militent, & à plus forte raison, pour le faire exclure du Rapport dans les Jugemens d'Instruction & Définitifs. Nous verrons sur l'Art. 9 du Titre 19 de la présente Ordonnance, de quelle maniere doit être dressé le Procès-verbal de Torture dont il est parlé dans cet Article.

(*a*) *V.* l'Art. XXVIII de la Déclaration de 1731, rapporté sur l'Art. 12 du présent Titre.

ARTICLE XXVII.

» LES dépens adjugés par le Jugement Prévôtal,
» seront taxés par le Prévôt en présence du Rapporteur,

» qui n'en pourra prétendre aucuns droits; & s'il en est
» interjetté Appel, le Siége qui aura rendu le Jugement,
» en connoîtra en dernier Ressort.

SOMMAIRE.

I. *Prévôts ne peuvent adjuger des dommages & intérêts.*
II. *Il faut se pourvoir à cet effet devant le Juge Civil.*
III. *Il n'est parlé ici que des Jugemens Définitifs.*
IV. *Jugemens de Compétence doivent se rendre sans épices.*
V. *Prévôt ne peut faire la taxe des dépens, lorsqu'ils se prennent sur le Domaine du Roi.*
VI. *Arrêts du Conseil au sujet du payement des Exécutoires.*

TROIS choses à observer sur cet Article;

I. LA 1re, qu'il n'y est parlé que des dépens, & non point des dommages & intérêts des Parties, parce que les Prévôts ne peuvent en adjuger aucuns. Ainsi jugé par plusieurs Arrêts; un entre autres du 15 Janvier 1724.

II. AINSI, c'est pardevant le Juge Civil qu'il faut se pourvoir pour l'obtention de ces dommages & intérêts. *V.* l'Arrêt du 23 Décembre 1627, rapporté par l'AUTEUR *de la maniere de poursuivre les Crimes*, Ch. 23, p. 205.

III. LA 2e, que la Taxe des dépens, dont il est parlé dans cet Article, ne regarde que les Jugemens Prévôtaux qui sont définitifs, & non point les Jugemens Interlocutoires ni les Préparatoires, dont les dépens sont toujours réservés.

IV. CETTE Taxe ne regarde point non plus les Jugemens de Compétence; parce que ceux-ci doivent se rendre sans frais & épices, ainsi qu'il a été jugé par plusieurs Arrêts, tant du Conseil, que de la Cour & du Grand-Conseil, qui sont rapportés par le même AUTEUR *de la maniere de poursuivre les Crimes*, Ch. 23, p. 177.

V. ENFIN, une 3e Observation que présente cet Article, c'est que, quoiqu'il y soit dit, que la Taxe des dépens doit être faite par le Prévôt; cela ne doit s'entendre que lorsqu'il y a une Partie Civile au Procès; car, s'il n'y en avoit point, ou qu'elle fût notoirement insolvable, de maniere que les frais dussent être payés sur le Domaine du Roi; ce ne seroit point alors le Prévôt, mais le Lieutenant Criminel qui devroit taxer ces frais, & décerner l'Exécutoire sur les Conclusions du Procureur du Roi. C'est ainsi qu'il a été réglé par plusieurs Arrêts du Conseil rendus postérieurement à l'Ordonnance; un entr'autres, du 5 Mai 1685, qui porte que dans les Procès Criminels où le Prévôt des Maréchaux aura été déclaré Incompétent, l'Exécutoire sera décerné sur les Conclusions du Procureur du Roi, par le Lieutenant Criminel du Siége où cette Incompétence aura été jugée; & à l'égard des Procès où le Prévôt aura été déclaré Compétent, l'Exécutoire des frais sera décerné aussi sur les Conclusions du Procureur du Roi, par le Lieutenant Criminel du Siége où le Prévôt aura jugé le Procès.

VI. L'on voit au surplus dans le 1er Tome du Recueil des Maréchaussées, deux autres Arrêts du Conseil; l'un du 13 Octobre 1694; l'autre du 16 Mai 1708, au sujet du payement des Exécutoires qui sont délivrés, pour les frais & dépens mentionnés dans le présent Article.

ARTICLE XXVIII.

» Enjoignons aux Vice-Baillifs, Vice-Sénéchaux, & Lieutenans Criminels de Robe-Courte, » d'observer ce qui est prescrit pour les Prévôts; & au » surplus des Procédures, seront par eux nos autres Or- » donnances observées. N'entendons néanmoins rien in- » nover aux Fonctions & Droits du Lieutenant Crimi- » nel de Robe-Courte de notre Châtelet de Paris.

SOMMAIRE.

I. *Cet Article n'a plus d'objet que pour les Lieutenans Criminels de Robe-Courte du Châtelet.*

II. *Edit de Janvier 1691, & Arrêt du Conseil de 1678 en faveur de ces Officiers.*

III. *Autre Arrêt du Conseil de 1705 qui casse un Arrêt du Grand-Conseil, rendu au préjudice de l'Edit de 1691.*

Nous avons observé sur l'Art. 12 du Titre précédent, que par l'Edit de Création des nouvelles Maréchaussées du mois de

Mars 1720, les Vice-Baillifs, Vice-Sénéchaux, & même les Lieutenans de Robe-Courte, à la réserve de celui du Châtelet de Paris, avoient tous été supprimés.

I. Le présent Article n'a donc plus d'objet que relativement à ce dernier. Les fonctions & les droits qui lui sont ici réservés, ont donné lieu à différentes contestations, tant entre ce Lieutenant de Robe-Courte & le Présidial du Châtelet, qu'entre ce même Officier & le Lieutenant Criminel du même Siége; lesquelles ont été enfin terminées par différens Edits & Arrêts du Conseil, notamment par l'Edit du mois de Janvier 1691, & par un Arrêt du Conseil du 2 Septembre 1678.

II Par ces Réglemens, les Lieutenans Criminels de Robe-Courte ont été confirmés & maintenus dans leurs anciens Usages, tant à l'égard de l'Assistance aux Jugemens de Compétence, que par rapport aux Captures, Informations & autres Procédures Criminelles non contraires à l'Ordonnance.

III. Cependant, nonobstant ces Réglemens, le Grand-Conseil ayant persisté à vouloir connoître, comme auparavant, de ces mêmes contestations que S. M. avoit évoquées à Elle & à son Conseil, il est intervenu un dernier Arrêt du Conseil, le dernier Août 1705, par lequel celui du Grand-Conseil du 31 Mars de la même année, qui portoit des injonctions particulieres au Lieutenant Criminel de Robe-Courte, a été cassé & annullé, comme fait, *est-il dit*, sans pouvoir; & le Lieutenant de Robe-Courte maintenu dans ses anciens Usages, conformément à la Disposition de l'Edit de 1691, dont on vient de parler.

TITRE III.

Des Plaintes, Dénonciations & Accusations.

Ce Titre contient huit Articles.

Le *premier* traite de la Plainte qui se fait par Requête au Juge.

Le *second*, de la Plainte qui se fait par un Procès-verbal écrit par le Greffier en présence du Juge.

Le *troisiéme*, de la Plainte devant les Commissaires du Châtelet, & du Privilége où ils ont été conservés à cet égard.

Le *quatriéme*, des Formalités qui doivent accompagner cette Plainte.

Le *cinquiéme*, des Parties Civiles & de leur Désistement.

Le *sixiéme*, de la Forme particuliere des Dénonciations.

Le *septiéme*, des Peines en cas de Plaintes, Accusations & Dénonciations calomnieuses ou mal fondées.

Enfin, le *huitiéme*, des Accusations qui se font à la Requête du Procureur du Roi ou des Seigneurs.

ARTICLE PREMIER.

» LES Plaintes pourront se faire par Requête, & au- » ront date du jour seulement que le Juge, ou, en son » absence, le plus ancien Praticien du Lieu les aura » répondues.

SOMMAIRE.

I. *Qu'est-ce que la Plainte par Requete?*
II. *Plainte n'est pas toujours un Acte essentiel au Procès Criminel.*
III. *Plusieurs Cas où l'on peut s'en dispenser.*
IV. *Disposition de l'Ordonnance de Blois à ce sujet.*
V. *Que doit faire le Juge à défaut de Plainte de la Partie privée?*
VI. Quid, *au défaut de Requisitoire de la Partie publique?*
VII. *Plainte de la Partie publique: comment s'appelle?*
VIII. *Cas où la Partie privée ne peut être admise à rendre Plainte.*
IX. *Pourquoi l'Ordonnance veut-elle que la Plainte ne soit datée que du jour qu'elle est répondue?*
X. *Que doit faire le Juge en cas de deux Plaintes respectives du même jour?*
XI. *Arrêt de Réglement de la Cour à ce sujet.*

I. LA PLAINTE est le premier Acte de l'Instruction Criminelle, par lequel un Particulier fait sa déclaration au Juge, d'un Crime ou Injure qu'il a reçûe, soit directement dans sa Personne, soit indirectement dans la personne de ses Proches, c'est-à-dire de ceux qu'il a en sa puissance, ou qu'il représente en qualité d'Héritier, ou enfin à qui il a espérance de succéder.

II. NOUS disons que c'est le *premier Acte* de l'Instruction Criminelle : mais elle n'en est pas toujours une partie essentielle ; car il y a de certains Cas où le Juge doit procéder d'abord à l'Information, & même au Décret, sans qu'il y ait de Plainte préalable.

III. Ces Cas sont 1°. en fait de *Flagrant-délit* & de *Clameur publique. V.* l'Art. 8 du Titre 10 ci-après.

2°. En fait de Crime de *Lèze-Majesté au premier Chef. V.* Theveneau, Tit. 4 de l'Exécution des Décrets, Art. premier.

3°. En fait de *Duel. V.* même Art. 8 du Tit. 10 ci-après.

4°. Lorsqu'il s'agit de procéder contre des *Séditieux* ou contre des Criminels *notoirement diffamés*, & qui ont été emprisonnés par Autorité de Justice. *V.* Liset, *Prat. Judic.* Liv. I, p. 4.

5°. Lorsque l'Accusé est *Etranger*, & qu'il y a lieu de craindre son *Evasion. V.* Theveneau, *ibid.*

6°. Lorsqu'il s'agit d'empêcher la *Consommation* d'un Crime commencé ou projetté. *V.* Liset, *ibid.*

7°. Enfin, toutes les fois qu'il s'agit de venir au secours des *Opprimés* par Personnes *puissantes*, & dont ils n'osent se plaindre. *V.* Liset, *ibid. Ne potentiores Viri humiliores injuriis afficiant, neve Defensores eorum calumniosis Criminibus insectentur innocentes, ad Religionem Præsidis Provinciæ pertinet. V. L. 6. ff. de Off. Præs. §. 2.*

IV. C'est de tous ces Cas, sans doute, & autres semblables ; dont veut parler l'Ordonnance de Blois, lorsqu'elle enjoint (Art. 184) » à tous Juges d'informer, ou faire informer promptement & diligemment des Crimes & Délits qui sont venus à » leur Connoissance, sans attendre la Plainte des *Parties intéressées*, à peine de privation de leur Etat, en cas de négligence » & de connivence, & de tous dépens, dommages & intérêts » des Parties intéressées.

V. L'Accusation se forme dans tous ces Cas, par un *Procès-verbal* que dresse le Juge, de la maniere portée par le Titre suivant, & c'est ensuite du Requisitoire de la Partie publique, à qui ce Procès-verbal est communiqué, que le Juge procédera à l'Information & au Décret.

VI. En cas d'Absence ou de refus du Procureur du Roi ou des Seigneurs, de donner leur Réquisitoire, le Juge pourra commettre en leur place un Procureur du Siége, pour le donner.

Mais, s'il ne se trouvoit aucun Officier dans le Siége qui pût ou voulût faire les fonctions de Partie publique, il paroît qu'alors le Juge ne devroit pas laisser que de procéder d'Office à l'Information & au Décret, & qu'il y est suffisamment autorisé par l'Art. 64 de l'Ordonnance d'Orléans, qui n'exige absolument l'intervention du Ministere public, que lorsqu'il s'agit de procéder à l'Elargissement des Prisonniers ou de conclure au Procès ; & cela, est-il dit par cet Article, *pour plus prompte confection des Procès Criminels & punition des Crimes*.... C'est aussi la Remarque de CARONDAS dans ses Notes sur LISET, Liv. premier.

VII. NOUS avons dit en *second lieu*, que la Plainte étoit une déclaration faite par un *Particulier*, ou autrement une *Partie privée*, pour la distinguer de celle qui se fait par la *Partie publique*, & qui est connue proprement sous le nom d'ACCUSATION, dont il sera parlé dans l'Art. 8 ci-après. Nous verrons sur cet Article les Cas où cette Partie publique peut rendre Plainte sans le concours de la Partie privée, & ceux où elle ne peut le faire sans ce concours.

VIII. NOUS avons traité amplement dans nos INSTITUTES *au Droit Criminel*, Partie 2, Chap. 3 des Cas particuliers où les Parties privées ne peuvent rendre Plainte. Mais le principal & le plus absolu de tous, c'est le *Défaut d'intérêt*, c'est-à-dire, lorsque le Particulier, qui veut se plaindre, n'a souffert aucun préjudice du Crime, soit dans sa vie, soit dans son honneur, soit dans ses biens ; non plus que dans la vie, l'honneur & les biens de ceux qui sont en sa puissance, ou qu'il représente comme héritier, ou auxquels il a espérance de succéder. Ainsi les Peres & Meres peuvent se plaindre pour leurs Enfans, les Maris pour leurs Femmes, les Tuteurs pour leurs Pupilles, & les Maîtres pour leurs Domestiques en ce qui concerne leur Service. Il y a même des Cas où ils peuvent être contraints de le faire, comme nous le verrons sur l'Art. 1er du Titre 27 ci-après.

IX. L'ORDONNANCE permet ici de rendre Plainte par *Requête ;* mais en même-tems, pour empêcher que la Partie ne puisse donner à cette Requête telle date qu'elle jugeroit à propos, suivant ses intérêts ; elle ajoute que la Date de cette Plainte ne pourra se compter que du jour seulement que le Juge, ou, en son absence, le plus ancien Praticien l'aura répondue. Deux

Motifs également sages ont donné lieu à cette Disposition.

Le *premier* a été de fixer la COMPÉTENCE du Juge, & d'empêcher par ce moyen que le Plaignant ne devienne le maître de se choisir le Juge qu'il croiroit lui être le plus favorable. Ce qui est conforme à la Disposition de l'Art. 2 du Titre premier, qui veut que celui qui a rendu sa Plainte devant un Juge, ne puisse demander le Renvoi devant un autre, encore qu'il soit le Juge du Lieu du Délit.

L'*autre*, de mettre le Juge en état de pouvoir distinguer, dans le concours de deux Plaintes rendues pour le même Délit, laquelle des deux seroit faite par RÉCRIMINATION, & par conséquent lequel des deux Plaignans devroit demeurer l'Accusateur ou l'Accusé. Car c'est une Maxime constante parmi nous, comme chez les Romains, que l'on n'est point reçu à *Récriminer*, & que celui qui a le premier frappé l'Oreille du Juge, est le seul regardé comme le véritable Accusateur, Qualité qui lui donne cet avantage sur l'autre Plaignant, que celui-ci ne peut plus devenir son Accusateur, qu'après s'être lui-même justifié du Crime dont il est accusé : *Qui Reus factus est, purgare se debet, nec antè potest accusare quàm fuerit absolutus... Constitutionibus enim observatur, ut non relatione Criminum, sed innocentiâ Reus purgetur*, L. 5. ff. *de Publ. Judic.*

X. CEPENDANT, comme il peut arriver que les Plaintes soient rendues dans le même instant, ou que l'Aggresseur affecteroit de profiter du tems où le Blessé seroit occupé de sa guérison, pour prévenir par sa Plainte, celle dont il seroit menacé de la part de ce dernier; l'on a trouvé plus convenable dans notre Usage, afin d'assurer la vérité du fait, & d'empêcher l'impunité des Crimes, de laisser aux Juges la liberté d'informer sur l'une & l'autre de ces Plaintes, & de ne décréter néanmoins que l'une des Informations, en y joignant l'autre. C'est la remarque qui fut faite par M. l'Avocat Général TALON, lors du Procès-verbal de Conférence sur cet Article, & en conséquence de laquelle on supprima un Article particulier, qu'on avoit inséré dans l'Ordonnance, & qui portoit des Défenses expresses aux Juges, à peine d'Interdiction, de permettre aux deux Parties d'informer respectivement, & de décréter contre l'une & l'autre.

XI. MAIS, si par les Informations respectives, le Juge ne peut s'assurer lequel des deux Plaignans a été le véritable Aggresseur, greffeur : alors, il pourra décréter les deux Parties d'affigné pour être oüi, ou d'Ajournement personnel, pour apprendre par leur bouche la vérité du fait, autant qu'il sera possible ; & après les Interrogatoires subis, il doit porter à la Chambre du Conseil les Plaintes des deux Parties, pour faire décider laquelle tiendra lieu de Plaignant ; enfin par le Jugement, qui sera rendu sans épices, sera déclaré celui qui doit rester le Plaignant ou l'Accusé. Telle est aussi la Route qui est tracée par l'Article 10 de l'Arrêt de Réglement de la Cour, du 10 Juillet 1665, qui peut servir de Modèle en cette Matiere. Ensorte qu'il ne reste plus à celui des Plaignans qui sera jugé devoir demeurer Accusé, d'autre ressource que la Voie des *Reproches* ou des *Faits justificatifs*, si le Procès est réglé à l'extraordinaire ; ou bien celle de faire une *Contre-Enquête*, dans le cas où le Procès viendroit à être civilisé.

Quant à la Maniere de rédiger une Plainte, & dont elle doit être répondue. *V.* l'Article suivant, à la suite duquel nous donnerons des Formules des Plaintes par Requête & par Procès-verbal, & de l'Ordonnance portant Permission d'informer. *V.* aussi l'Article 4 ci-après.

ARTICLE II.

» POURRONT aussi les Plaintes être écrites par » le Greffier, en présence du Juge. Défendons aux » Huissiers, Sergens, Archers & Notaires, de les re- » cevoir, à peine de nullité, & aux Juges, de les leur » adresser, à peine d'Interdiction.

SOMMAIRE.

I. *Plainte par Procès-verbal du Juge : ce que c'est.*

II. *Dérogation à l'Art.* 203 *de l'Ordonnance de Blois ; sur quoi fondée.*

III. *Procureurs du Roi ou Fiscaux ne peuvent recevoir des Plaintes ni faire Fonctions de Juges en Matiere Criminelle.*

IV. *Maniere de bien rédiger une Plainte, suivant cet Article.*

V. *Comment l'on doit y conclure.*

VI. *Formule de Plainte par Procès-verbal.*

VII. *Formule de Plainte par Requête.*

VIII. *Formule d'Ordonnance portant Permission d'informer sur ces Plaintes.*

I. CET Article contient deux Dispositions, dont la premiere prescrit une nouvelle forme de rendre Plainte, en permettant de la faire écrire par le Greffier en présence du Juge. Ce qui s'appelle proprement PROCÉS-VERBAL DE PLAINTE.

II. L'AUTRE Disposition contient des Défenses expresses aux Huissiers, Archers & Notaires, de recevoir des Plaintes, & aux Juges de les leur adresser. Cette Disposition est conforme à celle de l'Art. 5 du Tit. précéd. & elle déroge formellement à celle de l'Art. 203 de l'Ordonn. de Blois, qui, comme nous l'avons observé, permettoit aux *Huissiers*, *Sergens*, *Archers & Notaires*, de recevoir des Plaintes, & même d'informer & récoller les Témoins.

L'on sent assez la sagesse de cette Disposition, qui tend à éviter les surprises, & à empêcher les abus trop ordinaires qu'entraînoient ces sortes de Commissions, par l'effet de l'ignorance ou de la cupidité des Ministres Subalternes, auxquels elles étoient confiées.

III. QUOIQUE l'Ordonnance ne parle point ici des *Procureurs du Roi* ou des *Seigneurs*, il est certain qu'ils se trouvent également compris dans les Défenses portées par cet Article, & même avec d'autant plus de raison, qu'ils sont Parties nécessaires dans les Procès Criminels. Ils ne peuvent donc recevoir des Plaintes, fussent-ils même délégués par le Juge à cet effet; encore moins en cas d'absence, de maladie, récusation, ou autre légitime empêchement du Juge; il faudroit alors s'adresser au plus ancien Officier du Siége, suivant l'ordre du Tableau. Il y a plusieurs Arrêts de la Cour, par lesquels, Défenses ont été faites à ces Officiers publics de faire aucunes Fonctions de Juge en Matieres sujettes à communication, & principalement en Matieres Criminelles : l'un entr'autres du 2 Octobre 1711, rendu en la Tournelle Criminelle, contre le Procureur Fiscal de la Justice de Bergeresse.

IV. POUR bien rédiger une Plainte, suivant cet Article & le précédent, il faut que le Juge ait attention d'y exposer nettement la *Maniere* dont le Crime a été commis, le *Lieu* où il a été fait, le *Mois*, l'*Année*, le *Jour* ou la *Nuit*, & même l'*Heure*, ou à-peu-près, afin que l'Accusé, s'il n'en est pas coupable, puisse prouver son *alibi*, le *Nom* de la Personne qui l'a commis, son *Etat*, son *Sexe*, & même son *Domicile*, s'il est connu; comme aussi le Nom, l'Etat, la Condition, le Sexe & le Domicile de celui qui rend sa Plainte. Enfin, il faut conclure par demander la Permission de faire informer à sa Poursuite, ou bien à celle du Procureur du Roi ou Fiscal, si l'on ne veut pas se rendre Partie Civile. L'on peut aussi demander en même tems, s'il y a lieu, la Permission d'obtenir, & faire publier Monitoire en forme de Droit.

V. C'EST cette *Permission d'informer* qui doit faire le seul objet des Conclusions d'une Plainte, & de l'Ordonnance que le Juge met au bas de la Requête ou du Procès-verbal. Car, pour ce qui concerne la Peine ou la Réparation Civile, que peut mériter le Délit dont on se plaint, l'on ne peut y conclure qu'à la fin de l'Instruction. D'ailleurs il n'y a que la Partie publique qui puisse conclure à la Peine, parce que, comme nous le verrons ci-après, il n'y a point d'autre véritable Accusateur parmi nous. La Partie privée ne peut conclure qu'aux Réparations Civiles; ce qu'elle pourra faire par une Requête particuliere, qui est appellée pour cet effet, Requête de *Conclusions Civiles*, dont il sera parlé sous le Titre 24 de cette Ordonnance. *V.* au surplus les autres Formalités de la Plainte sur l'Art. 4 ci-après.

VI. *FORMULE de Plainte par Procès-verbal.*

L'An .... le ... Jour de .... Heure de .... pardevant Nous .... est comparu ..... lequel nous a dit & fait Plainte que (*détailler ici les Faits qui donnent lieu à la Plainte*) en conséquence a requis qu'il Nous plût lui permettre de faire informer des Faits contenus en sa Plainte ci-dessus, Circonstances & Dépendances, & a signé ou déclaré ne sçavoir écrire ni signer, de ce requis suivant l'Ordonnance. Sur quoi nous avons donné Acte audit .... de sa Plainte, permis de faire informer des Faits y contenus, Circonstances & Dépendances, pardevant .... pour, ce fait & communiqué au Procureur du Roi ou Fiscal, être ordonné ce que de raison; (*& si celui qui rend Plainte, veut en même tems se rendre Partie Civile, on ajoute*) déclarant ledit Plaignant qu'il se rend Partie Civile; & a signé ou a déclaré ne sçavoir signer.

VII. *FORMULE de Requête contenant Plainte.*

A MONSIEUR &c.

Supplie humblement (*l'on met ici les Nom, Surnom, Etat, Condition & Domicile*) disant &c. (*L'on énonce ici les faits de la Plainte & toutes leurs circonstances, de la maniere marquée ci-dessus*). (*L'on énonce aussi le nom de l'Accusé, s'il est connu, sinon on se sert de celui de* Quidam).

Ce considéré, Monsieur, il vous plaise donner Acte au Suppliant de la Plainte ci-dessus, lui permettre de faire informer des Faits contenus en la présente Requête, Circonstances & Dépendances (même d'obtenir & faire publier Monitoire en forme de Droit) pour l'Information faite & rapportée; être ordonné ce qu'il appartiendra; & vous ferez Justice.

VIII. *FORMULE d'Ordonnance du Juge qui se met au bas de la Requête de Plainte.*

Vû la présente Requête, nous avons donné Acte au Suppliant de la Plainte, permis de faire informer pardevant Nous ou pardevant un tel, Commissaire, des Faits contenus en icelle, Circonstances & Dépendances; (*& si la Requête tend à Monitoire, on ajoute*) même d'obtenir & faire publier Monitoire en forme de Droit, pour ce, fait & communiqué au Procureur du Roi ou Fiscal de ce Siége, être ordonné ce qu'il appartiendra.

ARTICLE III.

» N'ENTENDONS néanmoins rien innover dans » la Fonction de Commissaires de notre Châtelet de Paris, pour la réception des Plaintes qu'ils seront tenus » de remettre au Greffe, ensemble toutes les Informa» tions & Procédures par eux faites dans les vingt-quatre » heures, dont ils feront faire mention par le Greffier » au bas de leur Expédition, & si c'est avant ou après midi; à peine de 100 liv. d'amende, moitié vers Nous, » & moitié vers la Partie qui s'en plaindra.

SOMMAIRE.

I. *Quel est le Privilége des Commissaires du Châtelet à cet égard?*

II. *Pourquoi sont-ils tenus de remettre au Greffe une Expédition de la Plainte, & d'en faire constater la Remise?*

III. *Même obligation de leur part à l'égard des Informations qu'ils ont faites sur ces Plaintes.*

IV. *Ne peuvent accorder la Permission d'informer.*

V. *Sont tenus d'observer les mêmes Formalités que les autres Juges, dans la rédaction des Plaintes.*

VI. *Ne peuvent se transporter d'Office dans les Maisons, pour la Recherche des Effets volés ou recellés.*

I. CET Article contient une Exception en faveur des Commissaires du Châtelet de Paris, qu'il confirme dans l'Usage où ils sont, de recevoir des Plaintes en l'absence du Juge, & même de procéder aux Informations en conséquence de ces Plaintes.

II. MAIS ce Privilége ne doit s'entendre qu'avec les quatre Modifications suivantes 1°. Que dans les vingt-quatre heures après qu'ils ont reçu la Plainte, ils doivent, à peine de 100 liv. d'amende, en remettre une Expédition au Greffe, & faire faire mention par le Greffier au bas de cette Expédition, tant de cette remise, que du tems où elle a été faite, si c'est avant ou après midi. Précautions qui ont été sagement introduites, pour empêcher que ces Officiers n'abusent de ce même Privilége, en retenant trop long-tems les Plaintes en leur Pouvoir, & en leur donnant telle date qu'ils jugeroient à propos, afin de favoriser l'une ou l'autre des Parties.

III. 2°. QU'ILS sont tenus pareillement & sous la même peine, de remettre au Greffe dans les vingt-quatre heures, une Expédition des Informations qu'ils auront faites en conséquence de ces Plaintes; comme aussi de veiller à ce qu'il soit fait mention par le Greffier au bas de cette Expédition, tant de la remise, que du tems où elle aura été faite, si c'est avant ou après midi.

IV. 3°. QUE, quoiqu'aux termes de cet Article, les Commissaires soient autorisés à procéder aux Informations sur les Plaintes qui sont portées devant eux, ils ne peuvent néanmoins accorder la Permission d'informer. Cette Permission ne s'accorde que par le Lieutenant Criminel, à qui pour cet effet on présente une Requête. Sur cette Requête, à laquelle doit être jointe une Expédition de la Plainte rendue chez le Commissaire, ce Juge rend son Ordonnance, par laquelle il permet d'informer des faits contenus en la Plainte, circonstances & dépendances, pardevant le Commissaire qui l'a reçue; & c'est sur cette Requête & Ordonnance que le Commissaire délivre la sienne, pour faire assigner les Témoins qui doivent être entendus dans l'Information.

V. 4°. ENFIN, dans la rédaction des Plaintes qu'ils reçoivent, ces Commissaires sont tenus d'observer les mêmes Formalités que l'Ordonnance prescrit aux autres Juges. *V.* Art. suivant.

VI. ANCIENNEMENT, les Commissaires étoient dans l'usage de se transporter dans des Maisons particuliéres, de leur propre mouvement & sur de simples avis, pour y faire la recherche des effets volés ou recélés: mais ils ne peuvent plus le faire aujourd'hui qu'en vertu d'une Ordonnance du Juge, & ensuite de la réquisition des Parties; c'est la disposition d'un Arrêt de Réglement de la Cour du 9 Juillet 1712, rapporté au VIe Tome du Journ. des Aud.

ARTICLE IV.

» TOUS les Feuillets des Plaintes seront signés par » le Juge & par le Complaignant, s'il sçait ou peut » signer, ou par son Procureur, fondé de Procuration » spéciale; & sera fait mention expresse sur la Minute » & sur la Grosse, de sa Signature ou de son Refus. Ce » que nous voulons être observé par les Commissaires » du Châtelet de Paris.

SOMMAIRE.

I. *Simple Paraphe de la Plainte ne suffit.*
II. Quid, *lorsqu'il y a plusieurs Complaignans?*
III. *Motif des Précautions que l'Ordonnance exige par cet Article.*
IV. *Il ne doit y avoir, ni rature, ni surcharge, ni interligne.*
V. *Signature du Greffier est-elle nécessaire?*

PAR cet Article, l'Ordonnance prescrit deux Formalités qui doivent suivre immédiatement la rédaction des Plaintes, soit par Requête, soit par Procès-verbal du Juge.

I. LA 1re consiste dans la *Signature* qui doit être faite de chaque feuillet de ces Plaintes, tant par le Juge, que par la Partie qui la rend, si celle-ci est présente, & si elle sçait ou veut signer; ou bien par son fondé de procuration spéciale, si elle ne peut assister elle-même à cette rédaction. D'où il suit que la simple formalité du Paraphe ne suffiroit point.

L'*autre*, consiste dans la *Mention* qui doit être faite, tant sur la Minute que sur la Grosse de ces Plaintes, de la Signature de cette Partie ou de son refus de signer, dans le cas où elle ne voudroit ou ne pourroit le faire.

II. L'UNE & *l'autre* de ces Formalités devroient être également remplies, à l'égard de tous les Plaignans, s'il y en avoit plusieurs.

III. L'Ordonnance ne dispense pas même les Commissaires du Châtelet, de l'observation de ces Formalités, comme étant une suite des précautions qu'elle a établies par les Articles précédens, pour empêcher les surprises & les fraudes qui pourroient se commettre, en ajoutant, diminuant ou altérant les faits qui sont portés par la Plainte, & sur lesquels doit porter la Permission d'informer.

IV. Ainsi, pour se conformer exactement à cet Article, il faut avoir soin qu'il ne se trouve dans la Plainte aucune Rature qui ne soit approuvée par le Juge, & s'il y a des *Renvois*, ils doivent être paraphés par le Juge & par la Partie; mais il faut prendre garde sur-tout, qu'il ne s'y glisse aucune surcharge ni interligne.

V. Il n'est point parlé dans cet Article, de la *Signature* du Greffier qui rédige la Plainte en présence du Juge; il paroît cependant, qu'elle est nécessaire, pour constater que c'est ce Greffier lui-même qui l'a écrite, au desir de l'Art. 2 du présent Titre. Aussi, par un Arrêt de Réglement de la Cour du 3 Septembre 1667, il est enjoint aux Greffiers ou Clercs du Greffe ayant serment en Justice, qui auront travaillé sous les Juges, de signer les Minutes de toutes les Informations, Procès-verbaux & Actes auxquels ils auront travaillé, en même-tems que chacun des Actes aura été fait, quoiqu'ils ne soient pas payés de leurs Vacations, sans différer à les signer jusqu'après le payement fait desdites Vacations.

ARTICLE V.

» Les Plaignans ne seront réputés Parties Civiles, » s'ils ne le déclarent formellement, ou par la Plainte, » ou par Acte subséquent, qui se pourra faire en tout » état de Cause, dont ils pourront se départir dans les » vingt-quatre heures, & non après. Et en cas de dé- » sistement, ne seront tenus des frais faits depuis qu'il

» aura été signifié ; sans préjudice néanmoins des dom-
» mages & intérêts des Parties.

SOMMAIRE.

CET Article contient quatre Dispositions remarquables.

I. PAR la 1re, l'Ordonnance décide, que pour être Partie Civile dans un Procès Criminel, il faut le déclarer formellement, ou par la Plainte, ou par un Acte subséquent. D'où il suit qu'on ne peut jamais être contraint à se rendre Partie Civile. Ce qui ne doit néanmoins s'entendre qu'avec les Modifications que nous avons remarquées au Ch. 3. de la 2e Partie des INSTITUTES au Droit Criminel, en parlant de *ceux qui ne peuvent accuser.* *V.* aussi ce qui sera dit sur l'Art. 1er du Titre 27 de la présente Ordonnance.

II. PAR la 2e Disposition de cet Article, l'Ordonnance laisse au Plaignant la liberté de se déclarer Partie Civile en tout état de Cause, c'est-à-dire, qu'il suffit que cette Déclaration soit faite avant le Jugement définitif. Ce qui ne doit encore s'entendre que sous cette condition, que le Plaignant qui aura attendu à se rendre Partie Civile après l'Instruction faite, sera tenu de rembourser les frais qui auront été faits jusqu'alors. Nous donnerons ci-après une Formule de l'Acte, qui contiendra cette Déclaration.

III. PAR la 3e, l'Ordonnance accorde au Plaignant qui s'est déclaré Partie Civile, la faculté de se désister de cette Qualité, pourvû qu'il le fasse dans les vingt-quatre heures, à compter depuis

puis la Déclaration qu'il en a faite, ou par la Plainte, ou par un Acte subséquent. Mais il faut, pour que ce Désistement ait lieu, qu'il soit fait par Ecrit signé du Plaignant, suivant la Formule ci-après; & de plus, qu'il soit signifié dans le même-tems de vingt-quatre heures, tant à l'Accusé qu'au Procureur du Roi. S'il y a plusieurs Accusés, l'Acte doit être signifié aussi, dans le même espace de tems, à chacun d'eux: l'on peut cependant se porter Partie Civile à l'égard des uns, & non contre les autres. *V.* Bouvot, en ses Quest. Tom. 2, Quest. 5.

IV. Enfin, par une 4e Disposition de cet Article, l'Ordonnance détermine quel doit être l'effet du Désistement, lorsqu'il est fait dans les vingt-quatre heures: elle veut que par-là le Plaignant soit à couvert des frais qui seroient faits depuis la signification de ce Désistement. Il doit conséquemment supporter ceux qui seroient faits auparavant cette signification; tels que les frais de Capture, & même ceux de *Gîte & de Geolage* qui auroient été faits depuis l'emprisonnement de l'Accusé. Il doit aussi, par la même raison, supporter les dommages & intérêts que l'Accusé auroit pû souffrir dans l'intervalle de la Déclaration par lui faite de se porter Partie Civile, à la signification de son désistement; comme si, par exemple, l'Accusé avoit été traîné ignominieusement dans les Prisons, & ses biens saisis & annotés pendant ce tems-là.

V. Il y a donc cette différence entre le Plaignant, qui ne s'est point déclaré Partie Civile, ou qui après s'être porté tel, s'est désisté dans les vingt-quatre heures; & le Plaignant qui, après s'être déclaré Partie Civile, ne s'est point désisté dans ce même tems-là; qu'au 1er Cas, le Plaignant n'est tenu à aucuns frais de poursuite; au lieu qu'au dernier Cas, le Plaignant doit supporter entiérement ceux qui sont faits depuis ce désistement sur la poursuite de la Partie publique.

VI. A la vérité, le Plaignant qui ne se seroit désisté qu'après les vingt-quatre heures, auroit l'avantage particulier, que si l'Accusation étoit bien prouvée, il pourroit obtenir, en qualité de Partie Civile, tous ses dépens, dommages & intérêts: tandis que celui qui se seroit désisté auparavant, auroit perdu par-là toute espérance de recouvrer les frais qu'il auroit faits avant son désistement, & conséquemment de répéter ses dommages & intérêts contre l'Accusé. Cependant il faut encore excepter, par rapport à ce Dernier, le Cas où il seroit prouvé qu'il n'a fait son désistement, que par l'impuissance absolue où il étoit d'avancer les frais du Procès Criminel; c'est l'Observation qui fut faite par M. le Premier Président de LAMOIGNON, lors du Procès-verbal de Conférence sur cet Article.

VII. C'EST aussi ce qui a été décidé par une Lettre de feu M. le Chancelier de PONCHARTRAIN, écrite au Lieutenant Criminel du Bailliage de Besançon, en date du 23 Mai 1707, & qu'on croit devoir rapporter ici, parce qu'elle sert à développer parfaitement l'esprit de l'Ordonnance sur cette Matiere.

» MONSIEUR, pour répondre à la Question que vous me » faites par une Lettre du 15 de ce mois, au sujet des dommages » & intérêts demandés par Joseph Balliet, pour le meurtre de » son fils commis par François Breniquet, quoiqu'il ne soit pas » porté Partie Civile pour la poursuite de cette affaire; je vous » dirai qu'il faut distinguer dans une action d'homicide, deux » intérêts différens, celui du Public qui a intérêt d'être vengé, » & pour la sûreté duquel il est nécessaire de punir ceux qui » commettent des actions qui en troublent l'Ordre & le Repos. » L'autre est l'intérêt du Particulier qui souffre quelque préju- » dice de l'homicide. Ces deux intérêts, qu'il ne faut pas con- » fondre, ne peuvent être poursuivis par la même Personne; les » Procureurs Généraux ou leurs Substituts dans les Jurisdictions » inférieures, sont seuls en droit de poursuivre la vengeance pu- » blique, & de prendre des Conclusions qui tendent à la peine » de Mort, ou autre peine afflictive, & la Partie intéressée, quoi- » que Partie Civile, ne peut jamais demander que des domma- » ges & intérêts. Il résulte de ces Principes, que l'Ordonnance de » 1670 n'ayant point absolument assujetti à la nécessité de se » rendre Partie Civile pour obtenir des dommages & intérêts, ni » limité le tems auquel on peut être reçu à les demander; il ne » seroit pas juste d'aller plus loin que l'Ordonnance, & de refu- » ser à une Partie intéressée la liberté de poursuivre en tout tems » ses dommages & intérêts, sous prétexte qu'elle ne se seroit pas » portée Partie Civile, pour la poursuite du Crime. Les Commis- » saires nommés par le Roi pour travailler à l'Ordonnance de » 1670, étoient si persuadés de cette vérité, qu'un d'eux ayant » demandé sur l'Art. 5 du Titre des Plaintes & Dénonciations,

» si les Parties qui se seroient désistées pouvoient prétendre des » dommages & intérêts, M. le Premier Président du Parlement » de Paris, assura, que lorsque le Parlement reconnoissoit que la » seule impuissance des Parties étoit cause de leur désistement, » il ne laissoit pas que d'adjuger des dommages & intérêts. Il est » encore plus juste d'écouter la demande de celui qui ne s'est » point du tout porté Partie, puisque son droit est entier. » C'est assez vous en dire, pour vous faciliter l'application du fait » sur lequel vous me demandez ma décision.

Je suis &c. *Signé*, DE PONCHARTRAIN.

VIII. Il suit des Principes établis dans cette Lettre, que l'effet du Désistement dont il est parlé dans le présent Article, ne concerne proprement que les frais du Procès, & qu'il ne prive point absolument celui qui le fait, de l'espérance de recouvrer ses dommages & intérêts qui lui sont dûs. D'où il faut conclure qu'il peut, nonobstant ce désistement, transiger encore avec l'Accusé pour ces mêmes dommages & intérêts, & assoupir par-là le Procès Criminel, de maniere que le Procureur du Roi ne puisse y donner suite ; à moins qu'il ne s'agisse de Crime méritant peine afflictive, ainsi que nous le verrons sur l'Art. 19 du Tit. 25 de la présente Ordonnance.

IX. Au reste, ce n'est pas seulement dans l'Espérance de recouvrer ses dépens, dommages & intérêts, que consiste l'Avantage qu'il y a de se porter Partie Civile ; mais encore, en ce que la poursuite se fait alors beaucoup plus promptement & avec plus d'exactitude, que lorsqu'elle est faite à la Requête des Procureurs du Roi ou des Seigneurs, que la variété de leurs fonctions, ou des Considérations particuliéres, détournent le plus souvent de ce soin.

X. *Formule d'Acte, par lequel le Plaignant pourra déclarer en tout état de Cause, qu'il se porte Partie Civile.*

A la Requête de .... soit signifié & déclaré à tel .... Accusé, & à .... Substitut de M. le Procureur Général dans le Siége de ...... que ledit tel .... se rend Partie Civile, pour le Fait dont ledit tel est accusé, à ce qu'il n'en ignore, & qu'il constitue Me tel .... son Procureur, en la personne & Maison duquel il fait élection de Domicile.

XI. Formule *d'Acte de Désistement qui pourra être fait dans les vingt-quatre heures.*

A la Requête de ..... soit signifié à tel ..... qu'il révoque la déclaration qu'il fit hier contre tel ..... & qu'il se désiste d'être Partie Civile, contre lui, à ce qu'il n'en ignore; dont il a requis Acte.

(*Cet Acte sera signifié au Procureur du Roi ou Procureur Fiscal, & à l'Accusé, & sera contrôlé. L'on pourra y ajouter*) ..... Sauf à M. le Procureur Général ou au Procureur du Roi ou Fiscal, à continuer la poursuite du Procès & y prendre telles Conclusions qu'il avisera pour la vengeance publique .... & sauf encore aud.... à se pourvoir audit Procès Criminel, pour ses réparations & intérêts civils, quand & ainsi qu'il avisera.

ARTICLE VI.

» NOS Procureurs & ceux des Seigneurs auront un » Registre pour recevoir & faire écrire les Dénoncia- » tions, qui seront circonstanciées & signées par les Dé- » nonciateurs, s'ils sçavent signer; sinon elles seront » écrites en leur présence par le Greffier du Siége, qui » en fera mention.

SOMMAIRE.

I. *Dénonciateur distingué du Plaignant par deux endroits.*
II. *N'est Partie au Procès, & cependant ne peut y être Témoin.*
III. *Est sans intérêt à la Poursuite, & n'en peut aussi espérer aucun profit.*
IV. *Plusieurs Formalités auxquelles sont assujetties les Dénonciations.*
V. *Quelles Personnes ne peuvent être admises à dénoncer?*
VI. *Espéce de Dénonciations nécessaires.*
VII. *Espéce de Dénonciation usitée à Paris.*
VIII. *Formule de Dénonciation.*

I. IL est parlé dans cet Art. d'une troisiéme espéce de Plainte, c'est celle qui se fait par la voie de la DÉNONCIATION. Celui qui la fait est appellé *Dénonciateur* ou *Délateur*; il est distingué du simple Plaignant, par deux endroits principaux.

II. LE 1er, en ce que la poursuite ne se faisant point en son nom, mais sous celui du Procureur du Roi ou des Seigneurs à qui se fait la Dénonciation; il n'est point censé Partie au Procès, comme le Plaignant qui ne cesse de l'être, tant qu'il ne s'est point désisté. Il ne peut par conséquent appeller du Jugement qui renvoyeroit l'Accusé absous sur sa Dénonciation, ni obliger les héritiers d'un Accusé de reprendre l'Instance ; c'est ce qui a été jugé par un Arrêt de la Cour des Aydes du 14 Décembre 1703, sur les Conclusions de M. l'Avocat Général Guillaume-François-Joly de Fleury, & qui est rapporté au Journal des Audiences. *V.* néanmoins, quant à la faculté d'appeller, ce qui sera dit sur l'Art. 12 du Tit. 26 de la présente Ordonnance.

Cependant, quoiqu'il ne soit point Partie au Procès, le Dénonciateur ne peut y servir de Témoin, par la raison, comme dit Bruneau, qu'il a intérêt de faire réussir sa Dénonciation, de peur d'être jugé Calomniateur, si l'Accusé venoit à être renvoyé absous. C'est aussi la Remarque de Carondas sur le *Cod. Henri*, Liv. 7. Tit. 1er n. 3.

III. L'autre Endroit, par lequel le Dénonciateur est distingué du simple Plaignant, c'est qu'il n'a aucun intérêt à la Poursuite du Procès Criminel : *Delator non est qui protegendæ causæ suæ gratia aliquid ad Fiscum nuntiat.* L. 44. ff. *de Jure Fisci*.... Au lieu que le Plaignant y a un intérêt personnel, mais il n'ose ou ne peut en faire la Poursuite à ses frais, comme Partie Civile, soit à cause de sa pauvreté, soit à cause du grand crédit de ses Ennemis, ou autres considérations particulieres. C'est aussi ce Défaut d'Intérêt de la part du *Dénonciateur*, qui non-seulement le prive de toute espérance de tirer aucun profit des condamnations qui seront prononcées contre l'Accusé, mais encore l'a fait assujettir aux Poursuites de ce même Accusé, en cas d'absolution, pour le recouvrement de ses dommages & intérêts.

IV. C'est encore par la même raison, que l'Ordonnance a prescrit par cet Article, plusieurs Formalités rigoureuses, comme autant de ressources qu'elle ménage en faveur des Accusés, pour les mettre en état de se défendre contre les vexations que l'Esprit de vengeance ou de jalousie pourroit leur susciter par cette Voie.

Ces Formalités consistent ; 1°. en ce que les Dénonciations doivent être consignées dans un Registre particulier, que les Procureurs du Roi ou des Seigneurs sont tenus d'avoir à cet effet ; 2°. en ce qu'elles doivent être écrites & signées par les Dénonciateurs eux-mêmes, s'ils sçavent signer, ou du moins qu'elles doivent être écrites en leur présence par le Greffier du Siége, qui est tenu de faire mention, qu'ils ne peuvent ou ne sçavent signer; 3°. en ce qu'elles doivent être circonstanciées, c'est-à-dire, qu'elles doivent, comme la Plainte, contenir un détail exact du Nom, de la Qualité & du Domicile de la Personne, contre qui elle se fait; de la Qualité du Crime, du Tems & du Lieu où il a été commis; & autres circonstances, que nous avons marquées sur l'Art. 2 ci-devant.

V. Au surplus, les Procureurs du Roi ne peuvent recevoir pour Dénonciateurs, des Personnes suspectes & mal-famées, non plus que des Inconnus, ou notoirement insolvables, sans leur faire donner caution, comme nous le verrons sur l'Art. 8 ci-après.

VI. Il y a néanmoins une espéce de Dénonciateurs nécessaires, tels que les *Messiers*, *Forestiers & Gardes-Bois*, dont le principal devoir est de dénoncer les Délinquans; & qui prêtent Serment à cet effet. *V.* IMBERT *Enchirid. verbo* Accuser.

VII. Il y a aussi une espéce de Dénonciation particuliere usitée à Paris, c'est lorsque le Criminel est surpris en Flagrant-délit, soit par le GUET, soit par le GRAND PRÉVÔT ou autres Officiers de Justice. Alors ces Officiers font leur Rapport par forme de Dénonciation, sur lequel le Juge ordonne l'Information ensuite du Réquisitoire du Procureur du Roi, à qui il est communiqué.

VIII. *FORMULE de Dénonciation.*

Du ..... jour de .....
est comparu pardevant Nous ..... lequel a dit &c. .... déclarant qu'il se rend Dénonciateur contre ...... & Complices, pour raison des Faits ci-dessus, Circonstances & Dépendances, offrant d'en administrer Témoins, & a signé ou déclaré ne sçavoir signer, de ce enquis.

ARTICLE VII.

» LES Accusateurs & Dénonciateurs, qui se trouve-
» ront mal fondés, seront condamnés aux dépens, dom-
» mages & intérêts des Accusés, & à plus grande peine,
» s'il y échoit. Ce qui aura aussi lieu à l'égard de ceux

» qui ne se seront rendus Parties, ou qui, s'étant ren-
» dus Parties, se seront désistés, si leurs Plaintes sont
» jugées calomnieuses.

SOMMAIRE.

I. *Qu'entend-t-on par Plainte, Dénonciation & Accusation calomnieuses?*
II. *Plusieurs Cas où elles ne sont point réputées telles.*
III. *Ce qu'il faut principalement considérer en cette Matiere.*
IV. *Hors de Cour sur l'Accusation, ne peut donner lieu à dommages & intérêts.*
V. *Distinction entre les Accusations calomnieuses & celles qui sont simplement mal fondées.*
VI. *De quelle plus grande Peine l'Ordonnance veut-elle parler ici?*
VII. *Quand & comment doit se poursuivre la Condamnation aux dommages & intérêts.*
VIII. *Quel Juge en doit connoître.*
IX. *Que doit-on entendre par dommages & intérêts?*
X. *En quoi ils different des intérêts Civils.*
XI. *Ce qu'il y a de commun entre eux.*

SUIVANT cet Article, les Dénonciateurs, de même que les Plaignans & Accusateurs, doivent être condamnés en des dommages & intérêts, & même à plus grande peine, *s'il y échoit*, lorsque les Dénonciations, Plaintes, & Accusations sont jugées calomnieuses.

Ainsi, pour la parfaite intelligence de cet Article, il s'agit donc d'expliquer ici, ce qu'on doit entendre par Plaintes, Accusations & Dénonciations calomnieuses; de quelle plus grande peine l'Ordonnance veut-elle parler ici; comment doit se poursuivre la condamnation de ces dommages & intérêts; & quel en est l'effet.

I. 1°. En général les Plaintes, Accusations & Dénonciations, sont réputées calomnieuses, toutes les fois qu'elles sont faites sans aucune apparence de fondement, c'est-à-dire, que celui qui les fait, n'y a été porté par aucun motif légitime, soit d'affection, soit d'intérêt personnel, soit de zéle pour le bien Public, soit de reconnoissance; mais uniquement par un esprit de vengeance, de jalousie ou de cupidité.

II. Ainsi, l'on ne peut réputer telles, celles qui seroient faites dans les Cas suivans; 1°. Par un Fils qui poursuivroit la vengeance de la Mort, ou de l'Injure qu'il prétendroit avoir été faite à son Pere. *V.* L. 4. Cod. *de Calomn.*

2°. Par des Peres & Meres qui poursuivroient l'Injure faite à leurs Enfans. *V*. L. 2. *Ibid*.

3°. Par des Tuteurs & Curateurs qui poursuivroient l'Injure faite à leurs Pupils & Mineurs, *V*. PEREZ, sur le même Tit. du Code.

4°. Par un Mari qui poursuivroit celle faite à sa Femme, & *vice versa*. *V*. même Loi 2. *Ibid*.

5°. Par un Frere qui poursuivroit celle faite à son Frere. *V*. même L. 2.

6°. Par un Héritier qui poursuivroit celle faite à la Personne dont il a recueilli la Succession. *V*. même L. 2.

7°. Par toute autre Personne, si le Corps du Délit étoit constant; ou s'il y avoit de fortes Présomptions & Indices contre l'Accusé, quoique le Corps du Délit ne seroit pas constant. *V*. COQUILLE, sur la Cout. de Niv. Tit. des Justices, Art. 23.

8°. Si l'Accusé étoit chargé du Crime, par un Témoin sans reproche. *V*. l'Ordonnance du Roi Philippe IV. de l'an 1303.

9°. Si l'Accusé étoit connu dans le lieu pour un Vagabond, ou s'il étoit noté publiquement par une conduite scandaleuse, ou enfin si c'étoit un bruit commun qu'il eût commis le Crime; *Nisi de dicto delicto denunciatus fuerit diffamatus, vel ad minus per unum Testem idoneum convictus vel aliàs appareat probabilis suspicio ita ut in testimonium non admittatur*. *V*. même ORDONNANCE de 1303. *V*. aussi GUYP. Decis. 446. JUL. CLAR. Quest. 62.

10°. Si la Plainte ou Dénonciation avoient été faites ensuite de la déclaration d'un Blessé mourant. *V*. GUYP. & JUL. CLAR. *Ibid*.

11°. Enfin, s'il s'agissoit de certains Crimes atroces, à la découverte desquels le Public est singuliérement intéressé, comme ceux qui regardent la Personne du Roi ou l'Etat, ou bien l'*Empoisonnement*. L'Art. IV. de l'Edit du mois d'Août 1682, contient une disposition remarquable, par rapport aux dénonciations de ce dernier Crime; il y est dit, que tous ceux qui en auront connoissance de quelque maniere, seront tenus de le dénoncer incessamment, à peine d'être poursuivis extraordinairement comme Fauteurs & Complices... & de plus, qu'ils ne seront tenus à aucune Peine, ni même aux intérêts Civils, lorsqu'ils auront déclaré & articulé des Faits ou des Indices considérables, qui se seront trouvés véritables & conformes à leurs dénonciations, quoique

quoique dans la suite les Personnes comprises dans lesdites dénonciations seroient déchargées des accusations, sauf à punir les Calomniateurs selon la rigueur de l'Ordonnance d'Orléans.

III. L'on voit donc, d'après toutes ces Exceptions qui sont marquées par les Loix & les Ordonnances, que ce n'est pas tant le défaut de Preuves suffisantes, qui doit faire réputer une Accusation calomnieuse; que les Motifs particuliers qui y ont donné lieu, la Qualité de l'Accusateur, celle de l'Accusé lui-même, & enfin, la Nature du Crime qui a fait l'objet de cette Accusation.

IV. Ainsi, pour pouvoir appliquer justement les Peines portées par cet Article, ce ne seroit point assez que l'Accusé eût été renvoyé absous de l'Accusation; encore moins, que le Jugement qui seroit intervenu sur l'Accusation, eût prononcé un simple HORS DE COUR, qui suppose que cette Accusation a eu quelque fondement: *Non enim si Reus absolutus est, ex eo solo etiam Accusator, qui potest Justam habuisse veniendi ad Crimen rationem, Calomniator credendus est.* L. 3. COD. *de Calomn.*

V. D'ailleurs, il faut remarquer que la Condamnation des Dépens, Dommages & Intérêts, ne doit pas seulement avoir lieu, suivant cet Article, dans le Cas où les Accusations sont jugées Calomnieuses; mais encore lorsqu'elles sont jugées simplement mal-fondées, c'est-à-dire, lorsque l'Accusé est renvoyé absous sur un simple défaut de Preuves. Cela est si vrai, que ce n'est qu'à l'égard du Plaignant qui ne s'est point porté *Partie Civile*, ou à l'égard des Dénonciateurs, que l'Ordonnance exige pour la validité de ces Condamnations, que les Plaintes & Dénonciations soient jugées Calomnieuses. Ce n'est aussi, que relativement à ces Plaintes & Dénonciations Calomnieuses, qu'elle veut qu'outre la Condamnation aux Dépens, Dommages & Intérêts, le Juge puisse encore prononcer de plus grandes Peines s'il y écheoit.

VI. 2°. Les plus grandes Peines, dont veut parler ici l'Ordonnance, sont les Peines Corporelles ou Afflictives, & même celles qui sont simplement Infamantes, telles que le Blâme ou l'Amende envers le Roi.

Suivant le Droit, la Peine de la Calomnie étoit celle du TALLION, comme il paroît par la Loi 10, au CODE *de Calomn.*

Mais elle a été modérée dans notre Usage, suivant les circonstances. C'est ainsi que l'Ordonnance semble l'avoir décidé formellement, par ces mots, *s'il y écheoit*, qu'on voit à la fin du présent Article. IMBERT, dans sa Prat. Liv. 3, dit que la Peine la plus ordinaire des Calomniateurs, est l'Amende honorable, & qu'on y joint quelquefois une Peine Corporelle dans les trois Cas suivans; 1°. Lorsque la Calomnie est manifeste; 2°. Lorsqu'elle attaque un grand Seigneur ou autre Personne constituée en dignité; 3°. Enfin, lorsqu'elle roule sur un Crime exécrable. Il y auroit même lieu, suivant d'autres Auteurs, à la Peine de Mort, si la Calomnie étoit accompagnée de Subornation de Témoins, & tendoit à ôter la vie à un Innocent. *V.* là-dessus mon Traité des Crimes, sous le Titre du *Faux*.

VII. 3°. QUANT à la Maniere dont se doit poursuivre la Condamnation des Dommages & Intérêts, il faut distinguer, ou c'est contre l'Accusateur, ou bien contre le Dénonciateur, que l'Accusé veut diriger sa Demande.

Si c'est contre l'Accusateur, c'est-à-dire, contre la Partie Publique ou Civile, ou même contre le simple Plaignant, l'Accusé peut former cette Demande avant le Jugement définitif; ce qu'il fera par sa Requête d'*Atténuation*, ou par une Requête Particuliere, sur laquelle il sera statué par le même Jugement qui contiendra son absolution. Rien n'empêche qu'il puisse aussi former cette Demande, même après le Jugement définitif; ce qui arrive sur-tout lorsqu'elle est dirigée contre la Partie Publique, comme nous le verrons sur l'Art. suivant.

Mais, si c'est contre le Dénonciateur; comme celui-ci n'est point connu, ou du moins n'est censé l'être pendant le cours de l'Instruction; & que c'est seulement après le Jugement que la Partie Publique est tenue de le nommer, comme nous le verrons dans un moment; l'Accusé ne peut conséquemment former sa Demande qu'après le Jugement, & par une action nouvelle. *V.* IMBERT, Inst. for. ch. 20, liv. 3; JUL. CLAR. Quest. 47, §. ult. n. 12. Ensorte que si l'Absolution a été prononcée par Arrêt de la Cour, il faudra qu'il prenne une Commission à cet effet.

VIII. MAIS, en ce dernier Cas, pardevant quel Juge devroit-il intenter cette Demande? Sera-ce pardevant celui qui a prononcé son Absolution, ou bien pardevant le Juge du Domicile du Dénonciateur, d'autant qu'il s'agit d'une Affaire purement Civile ?

Il paroît que l'Ordonnance ne s'étant point expliquée à cet égard, elle a voulu que ce fût le même Juge, par qui l'Absolution a été prononcée, qui prononçât aussi sur la Demande en Dommages & Intérêts, comme en étant une suite & un accessoire : & cela avec d'autant plus de raison, que d'une part, elle permet à ce Juge de prononcer une plus grande Peine, que celle des Dommages & Intérêts, s'il y écheoit ; & de l'autre, que ce Juge est censé mieux instruit qu'aucun autre, des Faits & des Moyens qui peuvent servir de fondement à cette Demande ; *Nam hujus rei*, dit la Loi, *arbitrio Cognoscentis committitur quâ mente ductus ad Accusationem provectus est.* Il faut cependant excepter le Cas où ce Juge ne pourroit, par sa Qualité, connoître de ces sortes de Matieres, tels que les Prévôts des Maréchaux, & les Juges d'Eglise. *V.* Art. 27 du Tit. 2. *V.* aussi le Tit. 3, Chap. 1. de la troisiéme Partie de ce Volume.

IX. 4°. Mais, Qu'entend-t-on par Dommages et Intérests, & quel est l'*Effet* des Condamnations qui sont prononcées à cet égard ? C'est ce qui nous reste à examiner sur cet Article.

L'on comprend en général, sous le nom de *Dommages & Intérêts*, tant les Pertes réelles qu'on a ressenties, que les Profits certains dont on a été privé. *Quod nobis abest, aut quod lucrari potuerimus.* L. *Si commissa.* ff. *Rem ratam haberi.* Mais en Matiere Criminelle, l'on distingue les Dommages & Intérêts, de la Réparation Civile, ou Intérêts Civils, quoique l'Ordonnance paroisse les confondre sous cet Article.

X. La Réparation Civile est regardée comme une Peine parmi nous, parce qu'elle ne s'accorde ordinairement que dans des Cas graves où l'honneur est compromis, comme en fait d'Accusation Calomnieuse. Au lieu que les Dommages & Intérêts, ayant principalemenr pour objet de réparer le préjudice qui a été causé dans les Biens, & pouvant être accordés pour des Accusations simplement mal-fondées, & sur un simple défaut de preuves ; on ne peut les regarder que comme une Dette purement Civile. Aussi n'emportent-ils la contrainte par corps, que lorsqu'ils sont adjugés par forme de Réparation Civile, ou bien, qu'ils excédent la somme de 200 liv. & ne sont payés dans les quatre mois, à compter depuis la Signification du Jugement, conformément à la disposition de l'Art. 2 du Tit. 34 de l'Ordonnance de 1667. Au lieu que la Réparation Civile emporte la contrainte de plein droit, & sans avoir égard au tems ni à la somme à laquelle elle peut monter. *V.* au surplus ce que nous avons dit à ce sujet, dans les Instit. au Droit Criminel, sous le titre des *Peines Pécuniaires.*

XI. Au reste, les Dommages & Intérêts qui sont adjugés en Matiere Criminelle, ont cela de commun avec la Réparation Civile, qu'ils emportent également la *solidité*, lorsqu'ils sont prononcés contre deux ou plusieurs Accusateurs, ou Dénonciateurs, dans un même Procès Criminel. Ce qui s'entend lorsque ces Accusateurs ou Dénonciateurs, n'ont en leur faveur aucune des Exceptions que nous venons de remarquer.

ARTICLE VIII.

» S'IL n'y a point de Partie Civile, les Procès se-
» ront poursuivis à la diligence, & sous le nom de nos
» Procureurs, ou des Procureurs des Justices Seigneu-
» riales.

SOMMAIRE.

I. *Procureurs du Roi, seuls véritables Accusateurs, & pourquoi ?*
II. *Qu'entend-t-on sous ce nom ?*
III. *Motif de la Disposition de cet Article.*
IV. *Que doit-on entendre par ces mots*, s'il n'y a point de Partie Civile?
V. *Plusieurs Cas où ils peuvent Accuser d'Office, sans le concours de la Partie Civile.*
VI. *Cas où ils ne peuvent accuser; sans le concours des Parties intéressées.*
VII. *Plusieurs Privilèges attachés à leurs Fonctions.*
VIII. *Cas où ils peuvent être tenus de dommages & intérêts.*
IX. *Promoteurs des Officialités leur sont assimilés en cette partie.*
X. *Formule d'Accusation par les Procureurs du Roi.*

I. NOUS avons dit que le Procureur du Roi étoit seul véritable Accusateur parmi nous, parce qu'il n'y avoit que lui seul qui pût conclure à la Peine.

II. Nous comprenons ſous ce nom, MM. les Procureurs Généraux dans les Parlemens; leurs Subſtituts dans les Bailliages & Prévôtés Royales; & les Procureurs Fiſcaux des Juſtices Seigneuriales ; parce que leurs Fonctions tendent toutes au même Objet, qui eſt de veiller à la manutention de l'Ordre Public, dans l'étendue de leur Reſſort.

Ainſi, toutes les fois que le Crime eſt de Nature à troubler l'Ordre Public, & à mériter quelque Peine, le Miniſtére de ces Officiers devient indiſpenſable ; tellement que les Particuliers qui ont ſouffert quelque préjudice de ce Crime, peuvent ſe diſpenſer d'en pourſuivre la punition ; & que s'ils jugent à propos de paroître dans l'Inſtruction qui s'en fait, ce n'eſt que pour avoir réparation de ce Préjudice. C'eſt auſſi de-là qu'eſt venue cette Liberté indéfinie, qui leur eſt laiſſée par l'Art. 5 de ce Titre, de prendre la Qualité de Partie Civile en tout état de Cauſe ; ou bien de s'en tenir à celle de Plaignant ou de ſimple Dénonciateur.

III. Mais en même-tems, pour empêcher que cette Liberté ne faſſe tort à l'Adminiſtration de la Juſtice, & ne tende à favoriſer l'Impunité des Crimes, la même Ordonnance a eû ſoin de prévenir ces inconvéniens, en impoſant, comme elle fait par le préſent Article, aux Procureurs du Roi ou des Seigneurs, l'obligation de pourſuivre les Procès Criminels, non-ſeulement par leur Jonction avec les Parties Civiles, mais encore dans le Cas même où il n'y auroit point de Partie Civile au Procès.

IV. Par ces mots, *s'il n'y a point de Partie Civile*, l'Ordonnance comprend généralement tous les Cas où il ne ſe préſente Perſonne pour pourſuivre, ſoit parce que l'on ne veut pas ſe porter Partie Civile, ſoit parce qu'après s'être porté Partie Civile, on s'en eſt déſiſté, pour n'être pas en état d'avancer les frais, ou pour quelqu'autre empêchement légitime, dont nous avons parlé ſous l'Art. 5 ci-devant ; ſoit enfin, parce qu'on a tranſigé ſur le Crime, comme nous verrons ſur l'Art. 19 du Tit. 25 ci-après.

V. L'on doit y comprendre auſſi, les Cas du Flagrant-Délit, de la Clameur Publique, & autres que nous avons remarqués ſur l'Article premier de ce Titre, & pour leſquels l'Ordonnance de Blois veut que les Juges procédent à l'Information, sans attendre la Plainte des Parties Intéressés. Suivant les Art. 7 & 8 du Tit. second de l'Ordonnance pour la Lorraine de 1707, les Procureurs du Roi & des Seigneurs, doivent encore accuser sans le concours de la Partie Privée, toutes les fois qu'il s'agit d'Infraction des Ordonnances de Police, d'Arrachement de Bornes, Juremens, Blasphêmes, Usure prouvée par écrit, Exposition d'Enfans, Prostitution Publique, & autres Crimes de cette Nature, & généralement dans tous les Crimes Publics qui sont précédés de Fame, & commune Renommée.

VI. Il y a cependant des Cas, où ces Officiers Publics ne seroient point reçus à accuser, sans le concours des Parties Privées; comme lorsqu'il s'agit d'Injures & d'Affaires légeres, (*V.* l'Arrêt de Réglement des Grands Jours de Clermont, du 10 Décembre 1665) ou bien en fait de Crimes qui intéressent singuliérement l'honneur des Familles, tels que l'Adultere, le Rapt, les mauvais Traitemens d'un Fils envers ses Peres & Meres. Ce qui ne doit s'entendre néanmoins, qu'avec certaines modifications que nous avons remarquées dans nos Instit. Crim. sous le Titre *de Ceux qui ne peuvent accuser.*

Mais, hors ces Cas particuliers, qui sont exceptés par la Jurisprudence des Arrêts; il est certain, comme nous l'avons observé en commençant, que les Procureurs du Roi sont non-seulement admis à poursuivre en leur nom, toutes sortes de Crimes qui intéressent l'Ordre Public, soit qu'il y ait Partie Civile ou non; mais qu'ils sont même tenus de le faire, par le devoir de leurs Charges.

VII. C'est aussi par la raison que leur ministére est forcé, & tend essentiellement à l'utilité Publique, en ce qu'il empêche l'Impunité des Crimes; qu'on a cru devoir y attacher certains Priviléges qui les distinguent des simples Parties Privées.

Ces Priviléges consistent; 1°. En ce que dans les Procès Criminels où ils sont Parties, on ne peut évoquer du Chef de leur Parens & Alliés. *V.* la Déclaration du 30 Mars 1710, renouvellée par l'Art. 61 du Titre premier de la nouvelle Ordonnance des Evocations du mois d'Août 1737. Ils peuvent néanmoins être récusés pour cause de Parenté & Alliances, au degré prohibé par les Ordonnances. *V.* Carondas sur Liset,

Liv. 2, Tit. 10, pag. 149, où il rapporte plusieurs Arrêts qui l'ont ainsi jugé.

2°. En ce qu'ils ne peuvent, en cas d'Absolution de l'Accusé, être condamnés en aucuns dépens envers lui. A la vérité ils ne peuvent aussi à leur tour, en cas de condamnation de l'Accusé, prétendre aucuns dépens contre lui. *V.* Art. 161 de l'Ordonnance de 1539. Il faut néanmoins excepter, à cet égard, certaines Provinces, comme la BRETAGNE & la FRANCHE-COMTÉ, où, suivant un usage immémorial, l'Accusé condamné à quelque Peine, est toujours condamné aux dépens, encore qu'il n'auroit d'autre Partie, que le Procureur du Roi. *V.* ci-après l'Art. 20 du Tit. 25.

3°. En ce qu'en cas d'Absolution de l'Accusé, ils ne peuvent non plus être recherchés avec la même rigueur, pour les Dommages & Intérêts, que les Parties Privées, c'est-à-dire, que pour qu'ils puissent être condamnés à ces Dommages & Intérêts, il ne suffit pas, comme à l'égard des Parties Privées, que l'Accusation se trouve simplement mal fondée; mais il faut encore qu'il y ait preuve de Calomnie ou de Contravention formelle de leur part, à quelqu'une des formalités qui leur sont prescrites par les Ordonnances & Réglemens des Cours. Cette Maxime se trouve établie par plusieurs Arrêts, un entr'autres rendu sur les Conclusions de M. l'Avocat Général DAGUESSEAU, depuis Chancelier de France, rapporté au cinquiéme Tome du Journal des Audiences, Liv. 7 Chap. 27, lors duquel ce célébre Magistrat observa, que toutes les fois qu'il paroissoit qu'il y avoit de l'animosité de la part du Procureur du Roi, qui avoit informé sur un Bruit Public, il pouvoit être condamné à des Dommages & Intérêts, si l'Accusation se trouvoit Calomnieuse; mais, qu'en général, la Présomption étoit toujours pour cet Officier, qu'il seroit dangereux de soumettre à cette rigueur; parce que ce seroit le moyen de faire que les Crimes demeureroient impunis; d'autant plus que la Loi derniere, au Cod. de *Delatoribus*, ne les excluoit pas d'Informer sans Dénonciation sur le Bruit Public. En effet, sur ces Conclusions, le Procureur Fiscal de Tournon, fut déchargé, & la nommée Perette Jeannin, déboutée de sa Requête, & condamnée au dépens.

VIII. AINSI, en partant de la Maxime établie par cet Arrêt, il faut donc, qu'il y ait preuve que le Procureur du Roi ait agi par passion & animosité, pour qu'il soit dans le Cas de la Condamnation des Dommages & Intérêts. Mais, comment s'acquiert cette Preuve? Il paroit, suivant les Réglemens, qu'elle résulte principalement des Cas suivans; 1°. Lorsqu'ils refusent de nommer le Dénonciateur, après le Jugement du Procès Criminel. *V.* Art. 73 de l'Ordonnance d'Orléans, & l'Arrêt du Parlement de Mets, du 13 Août 1672, rapporté dans le second Tome du Journal des Audiences; 2°. Lorsqu'ils font informer sans qu'il y ait de Dénonciateur, hors le Cas du Flagrant-Délit, & autres requérans célérité. *V.* Arrêt du 18 Avril 1626, rapporté au Tome premier du Journal des Audiences; 3°. Lorsqu'ils affectent de prendre pour Dénonciateurs des Gens inconnus, de foi suspecte, ou notoirement insolvables, sans leur faire donner caution. *V.* Arrêt du 23 Août 1718. *V.* aussi le Procès-Verbal de Conférence sur le présent Article, & l'Ordonnace pour la Lorraine. Art. 6, Tit. 2, 4°. Lorsqu'ils font informer en matiere légére, sans aucun commencement de Preuve, & sans qu'il y ait un Corps de Délit. *V.* Arrêt du Parlement de Besançon du 4 Février 1743, rapporté au Recueil des Edits enregistrés en ce Parlement; 5°. Enfin, lorsqu'ils transigent ou composent des Crimes avec les Accusés. *V.* Arrêt de Réglement des Grands Jours de Clermont, Art. 4, par lequel il est enjoint aux Seigneurs Hauts-Justiciers, de nommer des Juges & Procureurs Fiscaux, personnes de probité & de capacité, à peine d'Amende, & d'être responsables, en cas de récidive, des fautes que ceux-ci pourroient commettre.

IX. Ce que nous venons de dire des Procureurs du Roi, ou de ceux des Seigneurs, s'applique également aux PROMOTEURS des Officialités, qui font les mêmes fonctions en cette Partie. Aussi voit-on plusieurs Arrêts rendus contr'eux en pareil Cas. L'Auteur des Loix Ecclésiastiques, dans l'Analyse qu'il nous a donnée du Décret de Gratien, en rapporte un remarquable du 3 Août 1718, qui a jugé que le Promoteur devoit nommer le Dénonciateur de l'Abbé Richard, quoique l'Official eût mis *hors de Cour* sur plusieurs Chefs d'Accusation, & renvoyé cet Abbé absous sur d'autres.

X.

X. *Formule de Plainte ou d'Accusation par le Procureur du Roi ou Fiscal.*

'A Monsieur......

Vous remontre le Procureur du Roi ou Fiscal, qu'il a eu avis que.... Ce considéré, Monsieur, il vous plaise permettre au Remontrant de faire informer des Faits contenus en la présente Requête, Circonstances & Dépendances; pour, l'Information faite & à lui communiquée, requérir ce qu'il appartiendra.

TITRE IV.

Des Procès-verbaux des Juges.

Ce Titre ne contient que deux Articles.

Dans le *premier*, l'Ordonnance prescrit ce que doit contenir le Procès-verbal du Juge, & le tems auquel il doit y procéder.

Dans le *second*, elle ordonne la Remise de ce Procès-verbal au Greffe, ainsi que des Meubles & Effets trouvés sur la Personne tuée ou blessée, qui doivent faire ensuite partie du Procès.

ARTICLE PREMIER.

» Les Juges dresseront sur le champ, & sans déplacer, Procès-verbal de l'état auquel seront trouvées les Personnes blessées, ou le Corps mort; ensemble du Lieu où le Délit aura été commis, & de tout ce qui peut servir pour la décharge ou conviction.

Sommaire.

I. *Deux sortes de Formalités prescrites par cet Article.*

II. *Que veut dire l'Ordonnance par ces mots,* sur le champ & sans déplacer?

III. *Sur quoi fondée la nécessité des Procès-verbaux des Juges.*

IV. *Qu'entend-t-elle par l'état de la Personne blessée ou tuée?*

V. *Deux nouvelles Déclarations di*

Roi sur la maniere de constater l'état des Corps morts qui sont trouvés.

VI. *Que doit-on entendre par l'état du lieu où est trouvée la Personne blessée ou tuée?*

VII. *Quid, par ces mots* de tout ce qui peut servir à la décharge ou conviction de l'Accusé? *Diverses Précautions du Juge à ce sujet.*

VIII. *Procès-verbaux du Juge n'ont pas seulement lieu en matiere d'Homicide & de Blessure.*

IX. *Procès-verbaux en matiere de Faux, par écrit, leur Forme marquée par l'Ordonnance de* 1737.

X. *Procès-verbaux en fait de Vol avec effraction; Arrêt de Réglement des Grands Jours de Clermont à ce sujet.*

XI. *Formule de Procès-verbal d'une Personne blessée.*

XII. *Formule de Procès-verbal de la Levée d'un Corps mort.*

XIII. *Formule des Conclusions du Procureur du Roi ou Fiscal sur ces Procès-verbaux.*

I. PAR cet Article, l'Ordonnance prescrit deux sortes de Formalités qui doivent accompagner les Procès-verbaux des Juges, dans les Cas d'Homicide & Blessures. Les unes concernent le *tems*; les autres, la *maniere* dont ils doivent y procéder.

II. 1°. QUANT au TEMS, l'Ordonnance veut que ce soit *sur le champ & sans déplacer*, c'est-à-dire, qu'aussi-tôt que les Juges ont Connoissance de l'Homicide ou des Blessures, soit par la Plainte des Parties intéressées, soit par le Réquisitoire de la Partie publique, soit même par la Clameur publique & commune Renommée; ils doivent se transporter sur les Lieux, pour en dresser leurs Procès-verbaux, sans pouvoir les interrompre par aucun Acte intermédiaire, encore moins renvoyer la rédaction de ces Procès-verbaux à un autre Tems, ni à un autre Lieu; à moins qu'il n'y ait impossibilité absolue de les dresser alors. C'est ce qui a été fort sagement établi, tant pour empêcher le dépérissement des Preuves, par la Mort précipitée de la Personne blessée, ou par quelqu'autre accident; que pour ne point laisser au Criminel ou aux Personnes à lui affidées, le tems de soustraire les Preuves à la Justice: car l'expérience journaliere nous apprend, que tout ce qui se présente dans une action récente, ne peut que servir beaucoup à la découverte de son véritable Auteur. C'est pour cela, que le Juge doit avoir attention de faire mention dans son Procès-verbal, de l'Heure même à laquelle il a procédé à la Visite, si c'est avant ou après-midi.

III. QUANT à la Nécessité de ces sortes d'Actes, elle est fondée sur la Maxime *de Re priusquàm de Reo inquirendum est*,

& sur le Danger qu'il y auroit, qu'en négligeant cette Formalité, le Juge ne condamne des Innocens, pour venger le Meurtre des Personnes qui seroient représentées vivantes dans la suite ; comme cela est arrivé plusieurs fois, suivant la Remarque de Carondas, en ses Pandectes, Liv. 4, Ch. 3.

IV. 2°. Quant à la Maniere dont le Procès-verbal doit être rédigé, l'Ordonnance exige trois choses à cet effet. 1°. Qu'il y soit fait mention de l'*Etat* où seront trouvées les Personnes *blessées* ou le *Corps mort*; c'est-à-dire, qu'il y soit fait une Description exacte & circonstanciée des Playes, Meurtrissures & Contusions qui pourroient se trouver sur la Personne blessée ou sur le Cadavre ; de l'Endroit du Corps où elles sont faites, parce qu'il y a de certains endroits où les Playes sont plus dangereuses que dans d'autres. Que si ces Blessures sont telles, qu'il soit besoin des Régles de l'Art pour les bien distinguer ; le Juge pourra appeller des Médecins & Chirurgiens, du Rapport desquels il fera mention dans son Procès-verbal, qu'il aura soin de leur faire signer, afin de les astraindre par-là à ne point varier dant le Rapport Juridique qu'ils feront dans la suite.

V. Il y a d'ailleurs des Précautions particulieres que le Juge doit apporter pour constater l'*Etat* d'un Corps *mort*, & qui lui sont recommandées par deux Loix postérieures à l'Ordonnance, & qui sont faites principalement pour la Ville de Paris ; sçavoir, la Déclaration du 5 Septembre 1712, & celle du 9 Avril 1736.
Ces Précautions sont, suivant la premiere de ces Loix, d'appliquer son Cachet sur le Front du Cadavre ; d'informer & entendre sur le champ ceux qui seront en état de déposer de la Cause de la Mort, du Lieu & des Vie & Mœurs du Défunt. La Déclaration de 1736 ajoute, que si le Condamné a été enterré avant le Transport du Juge, il doit le faire exhumer, & en dresser Procès-verbal ; & que, s'il est ordonné que le Corps trouvé sera inhumé, la Minute du Procès-verbal du Transport du Juge, ensemble de l'Ordonnance rendue en conséquence, devra être déposée au Greffe, & l'Ordonnance datée dans l'Acte de Sépulture.

VI. L'Ordonnance veut en second lieu, qu'il soit fait mention dans ce Procès-verbal de l'*Etat du Lieu* où le Crime a été commis ; c'est-à-dire, que le Juge doit y déclarer, si c'est dans une Maison, Enclos ou autre Lieu fermé ou secret; si c'est dans les Champs, dans une Rue, sur une Place publique ou sur le Grand-Chemin; & si dans ce lieu il s'est trouvé des traces de sang sur le Pavé & sur la Terre; si la Terre y paroît foulée par plusieurs pieds, & quelle est la Dimension des Pas.

VII. ENFIN, l'Ordonnance veut en troisiéme lieu, que dans ce Procès-verbal le Juge fasse mention généralement de tout ce qui peut servir à la *Décharge* ou à la *Conviction* de l'Accusé, c'est-à-dire, qu'il doit avoir soin d'y énoncer tout ce qui peut servir à caractériser son Crime, ou à justifier son Innocence: comme les Armes, Bâtons, Pierres & autres choses, qui se trouveroient auprès du Corps mort ou aux environs; observer si les uns & les autres étoient teints de Sang, & pareillement, si les Habits, Hardes & autres Meubles, que portoit sur lui le Défunt, étoient ensanglantés; marquer les trous qui seroient dans ses Habits & Chemises à l'endroit des Playes ou ailleurs; faire foüiller dans les Poches des Habits, pour voir s'il ne s'y trouveroit aucun Papier ou autre chose, qui puisse servir à marquer le dessein de la Personne tuée, & à la faire reconnoître.... Que s'il y a des Papiers, ils doivent être paraphés par le Juge & par le Greffier, & il en doit être fait mention.... Si la Personne blessée à Mort, fait quelque Déclaration sur les Circonstances de l'Action qui tendent à la charge ou à la décharge de l'Accusé, le Juge doit aussi les recevoir, & en faire mention dans son Procès-verbal, après avoir pris son Serment, les lui faire signer, s'il sçait, ou s'il veut les signer... Enfin, si le coupable est arrêté, il faut lui représenter le Cadavre, & autres choses servant à Conviction; & écrire ses Réponses.

La nécessité de la Mention de toutes ces Circonstances, est marquée plus particuliérement par l'Article suivant, qui ordonne la Remise au Greffe, des Armes, Meubles & Hardes qui peuvent servir à la Preuve.

VIII. AU RESTE, quoique l'Ordonnance ne parle ici que des Procès-verbaux en fait de *Blessure & d'Homicide*, il est certain que ces Actes sont également indispensables pour les autres Crimes, qui laissent des traces visibles après eux, que nos Praticiens appellent CORPS DU DÉLIT, & les Auteurs *Delicta facti permanentis*; à la différence de ceux qu'ils appellent *Delicta facti transeuntis*, parce qu'il n'en reste aucun vestige, & qu'ils ne peuvent être conſtatés autrement que par la Voie des Informations. *V.* JUL. CLAR. Liv. 5, Queſt. 4. *V.* auſſi les INSTIT. CRIM. Part. 6, Ch. 1er.

Dans le nombre des premiers ſont compris principalement le VOL avec *Effraction*, & les FAUX qui ſe commettent, ſoit dans les *Ecrits*, ſoit dans la *Monnoie*, ſoit dans les *Marchandiſes.*

IX. NOUS aurons lieu de parler dans la ſeconde Partie de ce Volume, des Procès-verbaux qui ſe font en Matiere de FAUX *par écrit*, & des Formalités particulieres dont ils doivent être accompagnés.

X. A l'égard des Procès-verbaux en Matiere de VOL avec *Effraction*, il en eſt fait Mention expreſſe dans l'Art. 26 de l'Arrêt de Réglement des Grands Jours de Clermont, du 10 Décembre 1665, qui porte : *Que tous Juges ſeront tenus, en Cas de Vol fait avec Effraction, de dreſſer Procès-verbal de l'Etat des Coffres & Lieux où les Vols auront été faits* &c.

XI. FORMULE *de Procès-verbal de l'Etat d'une Perſonne bleſſée.*

L'an.... le.... Jour de.... Heure de.... Nous, à la Requiſition de..... nous ſommes tranſportés en.... accompagnés de notre Greffier, (*il faut déſigner le Lieu, l'Etat où le Bleſſé eſt trouvé, de la maniere marquée ci-deſſus,*) lequel nous a dit &c. requérant Acte de ſa Plainte, Permiſſion d'informer &c..... ou a déclaré qu'il ne veut point ſe rendre Partie.... ou a déclaré ne ſçavoir ſigner, de ce enquis.

XII. FORMULE *de Procès verbal de Levée d'un Corps mort.*

L'An..... le..... Jour de..... Heure de..... Nous, à la Requiſition de..... nous ſommes tranſportés en..... accompagnés de notre Greffier, où nous avons trouvé un Corps mort &c. avons fait ôter les Habits & Chemiſe du Cadavre, (*les déſigner de la maniere ci-deſſus,*) lequel Cadavre nous a paru avoir été bleſſé en tels endroits, avec telles Armes qui ont percé les Vêtemens en tels endroits, & s'eſt trouvé dans les Poches tel Effet ou Papier &c.

Sur quoi nous avons donné Acte de la Plainte, & ordonné que le préſent Procès-verbal ſera communiqué au Procureur du Roi ou Procureur Fiſcal : & cependant, après avoir appoſé notre Sceau ſur le Front dudit Cadavre, ordonnons qu'il ſera porté en la Geole, & que leſdits Habits &c. ſeront dépoſés en notre Greffe, pour ſervir au Procès, ainſi qu'il appartiendra.

XIII. FORMULE *des Concluſions du Procureur du Roi ou Fiſcal ſur ces Procès-verbaux.*

Vû le ſuſdit Procès-verbal, je requiers qu'il ſoit informé à ma requête des Faits y contenus, Circonstances & Dépendances, pour, ce fait & à moi communiqué, requérir ce qu'il appartiendra.

ARTICLE II.

» LES Procès-verbaux seront remis au Greffe dans » les vingt-quatre heures; ensemble les Armes, Meu» bles & Hardes, qui pourront servir à la Preuve, & » seront ensuite partie des Piéces du Procès.

SOMMAIRE.

I. *Conformité du présent Article avec l'Art. 9 du Titre 2.*
II. *Néanmoins plusieurs différences essentielles entr'eux.*
III. *Sur quoi fondée la nécessité de la Remise du Procès-verbal & des Effets de l'Accusé, au Greffe.*
IV. *Usage particulier à Paris à l'égard des Corps morts trouvés dans les Rues & Rivieres &c.*
V. *Comment s'exécute cet Art.*

APRÉS avoir prescrit dans le précédent Article, les Formalités qui concernent les Procès-verbaux des Juges, l'Ordonnance marque ici l'Usage que les Juges doivent faire de ces Procès-verbaux, après qu'ils les ont rédigés, ainsi que des Armes, Meubles, Hardes, qui sont trouvés sur la Personne tuée ou blessée, & qui peuvent servir à la preuve du Crime; elle veut que le tout soit remis au Greffe dans les vingt-quatre heures, pour ensuite faire partie des Piéces du Procès Criminel.

I. CET Article paroît conforme à l'Art. 9 du Tit. 2 de cette Ordonnance, qui enjoint aux Prevôts des Maréchaux, en arrêtant un Accusé, de faire Inventaire de l'Argent, Hardes, Chevaux & Papiers dont il se trouve saisi, pour être le tout remis au Greffe. Il y a cependant plusieurs Différences essentielles, qu'il ne sera pas inutile de remarquer ici.

II. LA 1re, que dans l'Art. 9 du Tit. 2, l'Ordonnance se sert du mot d'*Inventaire*, au lieu que dans celui-ci elle employe le mot de *Procès-verbal*. Ce qui suppose que ce dernier Acte ne doit pas, comme le premier, contenir seulement un simple narré du Fait, mais une description raisonnée, d'où l'on puisse insérer tout ce qui peut servir à la conviction ou à la décharge de l'Accusé. Aussi a-t-il principalement pour objet l'Instruction du Procès Criminel, tandis que l'Inventaire, que l'Ordonnance exige des Prévôts des Maréchaux, tend singuliérement, comme nous l'avons observé, à établir sa Compétence.

La 2e Différence consiste, en ce que l'Art. 9 du Tit. 2 veut que cet Inventaire soit fait en présence de deux Habitans les plus voisins du lieu de la Capture, & qu'il soit signé d'eux. Formalité que l'Ordonnance n'exige point pour la validité du Procès-verbal, lequel n'a besoin d'autre signature que de celle du Juge & de son Greffier.

La 3e Différence, c'est que, suivant l'Article 9 du Tit. 2, il suffit que la remise de cet Inventaire, & des Piéces qui le composent, soit faite au Greffe dans trois jours. Au lieu que le présent Article veut qu'elle soit faite dans les vingt-quatre heures.

Enfin, une 4e Différence consiste, en ce que par l'Article 9 du Tit. 2, l'Ordonnance prononce contre le Prévôt qui ne feroit point l'Inventaire, ou qui ne le remettroit point au Greffe dans le tems marqué, la Peine de l'Interdiction pour deux ans, avec la Condamnation des Dépens, Dommages & Intérêts, & de 500 liv. d'Amende. L'on n'en voit aucune portée par le présent Article, contre le Juge qui négligeroit les Formalités qui y sont prescrites : néanmoins il faut convenir que ce Juge n'en devroit pas être tout-à-fait exempt dans ce Cas, & qu'il y auroit lieu de lui appliquer au moins celle portée par l'Art. 26 de l'Arrêt de Réglement des Grands Jours de Clermont, que nous avons cité sur le précédent Article ; sçavoir, l'Interdiction & l'Amende arbitraire. On pourroit même y ajouter celle des Dépens, Dommages & Intérêts, dans le cas où il seroit prouvé que c'est par connivence ou prévarication, que ce Juge auroit omis les formalités dont il s'agit.

III. Au reste, l'Ordonnance s'explique assez clairement sur le motif particulier de la remise qu'elle veut être faite au Greffe, tant du Procès-Verbal, que des Armes, Meubles & Effets, qui sont trouvés sur la Personne blessée ou tuée, & qui sont de nature à pouvoir servir de Preuve ; lorsqu'elle ajoute à la fin de cet Article, que c'est pour *faire partie des Piéces du Procès*. En effet, elle les regarde tellement dès-lors, comme faisant partie essentielle de l'Instruction, qu'elle veut que les mêmes Armes, Meubles & Effets, soient représentés à l'Accusé lors de son Interrogatoire, & qu'il soit interrogé sur les Faits & Inductions qui en résultent, comme nous le verrons sur l'Art. 10 du Tit. 14 ci-après. Mais, comme elle ne parle ici que des Armes, Meubles & Effets qui peuvent servir de Preuves; elle veut par conséquent que lorsque ces Effets sont tels, qu'ils ne peuvent aucunement servir de Preuve, ils soient laissés sur la Personne blessée ou tuée.

IV. C'EST un Usage à Paris, que lorsqu'on trouve un Corps mort dans une Maison, Riviere, Rue, Grand-Chemin, ou ailleurs, qui n'est ni reconnu ni reclamé par qui que ce soit, on le Porte à la *Morgue*, qui est une espéce de petite Bouge fermée, avec une ouverture au haut de la Porte; où on l'expose pendant quelques jours, afin que les Passans puissent le voir & le reconnoître.

V. Pour l'exécution du présent Article, le Juge doit au bas du Procès-Verbal qu'il a dressé de l'état du Blessée ou Corps mort, & après avoir fait Inventaire des Meubles & Hardes qui peuvent servir à la Preuve, ordonner que le tout sera mis au Greffe, ensemble le présent Procès-Verbal, suivant l'Ordonnance.

TITRE V.

Des Rapports des Médecins & Chirurgiens.

CE TITRE contient trois Articles.

Le *premier* regarde la Visite, qui se fait sur la Requisition des Personnes blessées, ou de ceux qui agiront pour les Personnes décédées.

Le *second*, la nouvelle Visite, qui pourra être ordonnée d'Office par le Juge.

Le *troisiéme*, l'Assistance d'un des Commis du Premier Médecin du Roi, dans les Rapports qui se font ès Lieux où il y en a.

ARTICLE

ARTICLE PREMIER.

» LES Personnes blessées pourront se faire visiter par » Médecins & Chirurgiens, qui affirmeront leur Rapport véritable : ce qui aura lieu à l'égard des Personnes qui agiront pour ceux qui seront décédés ; & sera » le Rapport joint au Procès.

SOMMAIRE.

I. *Deux Cas où les Rapports peuvent avoir lieu, suivant cet Article.*
II. *Autres Cas où ils peuvent aussi être employés, suivant la présente Ordonnance.*
III. *Cas non exprimés dans l'Ordonnance, où ils sont encore usités.*
IV. *Trois Conditions nécessaires pour la validité de ces Rapports.*
V. *Effet des Rapports de Médecins & Chirurgiens en Matiere Criminelle.*
VI. *S'ils doivent toujours empêcher le Juge de dresser Procès-verbal.*
VII. *Formalités qui doivent s'observer à l'égard de l'Affirmation des Médecins & Chirurgiens.*
VIII. *Procédure qui se fait à Paris sur les Déclarations des Chirurgiens, chez qui on a porté des Personnes blessées.*
IX. *Régles générales sur la Maniere de rédiger les Rapports.*
X. *Que doit contenir le Rapport en cas de Visite de Personne blessée?*
XI. *Ce que doit contenir le Rapport en fait de Visite d'un Corps mort.*
XII. *Cas où l'Ouverture du Cadavre est nécessaire.*
XIII. *Réglement du Conseil sur les Rapports.*
XIV. *Formule de Rapport en cas de Visite de Personne blessée.*
XV. *Formule de Rapport en cas de Visite d'un Corps mort.*
XVI. *Formule de Rapport en cas de Visite d'une Personne empoisonnée.*
XVII. *Formule de Rapport en cas d'Ouverture d'un Corps mort de Poison.*

I. LES Rapports de Médecins & Chirurgiens, dont il est parlé dans cet Article, se font sur la simple réquisition des Parties, & sans Permission ni Ordonnance du Juge ; & ils ont lieu principalement dans deux Cas ; 1°. lorsque des Personnes blessées demandent à être visitées ; 2°. Lorsque des Parens & Héritiers d'une Personne tuée, demandent à faire visiter leur Cadavre.

II. L'ON dit *principalement*, parce qu'il y a plusieurs autres

Cas où ces sortes de Rapports peuvent être employés en Matieres Criminelles, & où ils sont même autorisés expressément par la présente Ordonnance; sçavoir, 1°. En cas de Visite de Femmes enceintes; *V.* Art. 23 du Tit. 25 : 2°. En cas d'Exoine; *V.* l'Art. 2 du Tit. 11 ci-après: 3°. En cas de Maladie des Prisonniers; *V.* l'Art. 21 du Tit. 13 ci-après: 4°. En fait de Question ou Torture, pour sçavoir si l'Accusé n'a point de Descente ou autres Infirmités; *V.* l'Art. 9 du Tit. 19 ci-après.

III. Il y a aussi plusieurs autres Cas, non marqués par cette Ordonnance, où ces Rapports sont également usités, & même nécessaires pour constater le Corps du Délit, comme *v. g.* en fait de Récellement de Grossesse, de Fureur ou Démence, de Drogues jugées mauvaises, de Faux Miracles, de Possessions ou Obsessions. On peut voir ces différens Cas, avec les Modéles des Rapports auxquels ils peuvent donner lieu, dans un nouveau Livre imprimé en 1753, sous le Titre de *Principes de Jurisprudence, sur les Visites & Rapports Judiciaires*, dont feu Me Prevot, Avocat en la Cour, est l'Auteur.

IV. Tous ces différens Rapports, ont cela de commun avec ceux dont il est parlé dans le présent Article, qu'il faut pour qu'ils puissent faire foi en Justice, qu'ils réunissent les trois Conditions suivantes; sçavoir, 1°. Qu'ils soient *affirmés* véritables par les Médecins & Chirurgiens, entre les mains du Juge qui a reçu la Plainte, & à qui ils sont tenus de représenter ces Rapports cachetés, pour être joints au Procès. Cette Affirmation se fait ordinairement après le Rapport dont il est parlé dans cet Article, quoique l'usage de la faire auparavant, seroit beaucoup plus régulier par les raisons qui seront marquées sur l'Art. suivant; 2°. Il faut de plus, que les Médecins & Chirurgiens, qui les font, ayent soin de s'y expliquer d'une maniere claire & intelligible, sans affecter des termes barbares, ou enflés d'une vaine doctrine qu'ils n'entendent point le plus souvent eux-mêmes; 3°. Il faut enfin, qu'ils soient par eux-mêmes au-dessus de tout soupçon, & qu'il n'y ait aucune cause de Récusation contr'eux : car comme ils font, en cette Partie, les fonctions de Juge; *tamen propriè non sunt Testes, sed est magis Judicium quàm Testimonium*, dit Balde, sur la Loi Eadem 2 ff. *de Feriis & Dilationibus*, n. 4; ils doivent par conséquent être récusables par les mêmes moyens que les Juges, & sont tenus, comme eux, lorsqu'ils sçavent quelque cause valable de récusation dans leur Personne, d'en faire leur Déclaration, sans attendre qu'elles soient proposées conformément à l'Art. 17 du Tit. 24 de l'Ordonnance de 1667. C'est la Doctrine du même Auteur des *Principes sur les Rapports*, que nous venons de citer, où il s'appuie de la Disposition de l'Art. 23 du Tit. 25 de la présente Ordonnance, qui veut que l'on suive dans les Visites & Rapports, en Matiere Criminelle, les mêmes Régles que celles qui sont prescrites par l'Ordonnance Civile, au Titre des *Experts*; où l'on voit (Art. 9) qu'il est parlé de la Récusation de ces mêmes Experts.

V. Lorsque les Rapports ont toutes les Qualités que nous venons de remarquer, c'est-à-dire, qu'ils sont faits avec clarté & exactitude, par des Médecins & Chirurgiens irréprochables, & par eux affirmés véritables; ils deviennent par-là, des Piéces essentielles du Procès, en ce qu'ils servent, comme les Procès-Verbaux des Juges, à constater le Corps du Délit; tellement qu'il n'est pas nécessaire que les Médecins & Chirurgiens soient Récollés sur ces Rapports, ainsi qu'il a été jugé par un Arrêt de la Cour du 21 Mars 1714, sur les Conclusions de Monsieur Daguesseau, pour lors Procureur Général, & depuis Chancelier de France.

VI. Cependant, il faut convenir que la Preuve qui résulte de ces Rapports, lorsqu'ils sont faits ensuite de la Réquisition des Parties, n'a pas la même force que celle qui se tire des Rapports qui se font ensuite de l'Ordonnance du Juge, dont il sera parlé sur l'Article suivant. C'est pourquoi, ces premiers n'empêchent pas que les Juges ne se transportent sur les lieux, pour dresser leurs Procès-verbaux, sur-tout, lorsqu'il s'agit d'un Meurtre ou Assassinat; parce que, comme nous l'avons vû sur l'Article premier du Titre précédent, ces Procès-verbaux ne doivent pas seulement, comme les Rapports, faire mention de l'Etat des Personnes blessées ou tuées, mais ils doivent encore porter sur toutes les autres circonstances qui peuvent servir pour la *Décharge & la Conviction de l'Accusé*. D'ailleurs, personne n'ignore que la Science des Médecins & Chirurgiens, est purement conjecturale, & sujette à une infinité d'erreurs, par rapport aux Indications des suites d'une Blessure, ou des Causes qui peuvent avoir donné lieu à la Mort; sur-tout, lorsque ces Rapports sont faits par des Chirurgiens de Campagne.

VII. Il y a des Jurisdictions, où le Juge ordinaire ordonne que les Médecins & Chirurgiens seront assignés pardevant lui, pour affirmer leur Rapport. Il y en a d'autres où cette Affirmation se fait devant le Juge, sans aucune formalité. Ce dernier usage, qui tend à éviter aux Parties des frais d'Assignation, paroît le plus conforme à l'esprit de l'Ordonnance, qui ne statue rien de précis sur cet objet. En recevant cette Affirmation, le Juge doit en dresser un Procès-verbal, qui sera inséré à la suite de la Plainte, & où il ordonnera la jonction de ce Rapport au Procès, en conformité du présent Article.

VIII. L'on trouve dans le Style du Châtelet, pag. 267 & suiv. la Procédure particuliere qui se fait à Paris, sur les déclarations que les Chirurgiens sont obligés d'aller faire aux Commissaires, des Blessés qu'on apporte chez eux, dans les Cas de Rixes ou de Combats singuliers.

IX. Aprés avoir marqué les Cas où ces Rapports peuvent avoir lieu, & la Procédure que l'Ordonnance veut être observée à cet égard; il ne reste plus qu'à indiquer ici des Régles générales sur la maniere dont ils doivent être rédigés en cas de Visite de Personnes blessées ou d'un Corps Mort.

X. 1°. Lorsqu'il s'agit de la *Visite de l'Etat d'une Personne Blessée*, le Rapport doit contenir un détail exact de ses Blessures; c'est-à-dire, de leur Largeur & Profondeur, de leur Quantité, de l'Endroit du Corps où elles sont faites, de la Qualité de l'Instrument avec lequel elles sont faites, & des Suites qu'elles peuvent avoir; si elles sont Mortelles & dangereuses ou non, le Tems où l'on peut en espérer la Guérison, les Espéces d'Alimens qui sont les plus convenables pour y parvenir, & si le Blessé en demeurera estropié ou mutilé de quelques membres. Il faudra aussi énoncer la Situation dans laquelle le Blessé a été trouvé, s'il étoit debout dans sa Chambre ou vaquant à ses affaires. Enfin, si la Personne blessée est une Femme enceinte, il faudra ajouter dans le Rapport, si par les coups qu'elle a reçus, il y a du danger pour son Fruit; & s'il y a déja eu un Avortement déclaré, si cet Avortement provient effectivement de la Blessure ou de quelqu'autre Cause. On a coutume, dans ce dernier Cas, d'appeller à la Visite une Sage-Femme, qui fait son Rapport, conjointement ou séparément de celui des Médecins & Chirurgiens, en conformité de l'Art. 23 du Titre 25 de la présente Ordonnance.

XI. 2°. S'IL s'agit de la *Visite d'un Corps mort*, ces Rapports doivent expliquer clairement les Playes & Meurtrissures qui sont la véritable cause de la Mort; l'Endroit du Corps où elles ont été faites; de quel Instrument il paroît qu'on s'est servi, comme si c'est d'Armes à feu, d'Epée, Sabre, Poignard, Couteau, Bayonnettes, Haches, ou autres Instrumens *tranchans*; ou bien, si l'on s'est servi d'instrumens *contondans*, tels que Bâtons, Pierres, &c. Il faut de plus marquer la Stature du Corps, le Poil, l'Habit, l'Age ou environ.

XII. Il y a des Cas, où l'on ne peut s'assurer de la véritable Cause de la Mort, que par l'*Ouverture du Cadavre*, comme en Fait d'*Empoisonnement*, & toutes les fois qu'on ne découvre sur le Cadavre, que de simples Meurtrissures.

Nous allons donner des Formules des Rapports pour les Visites des Personnes blessées ou des Corps morts. Nous verrons au surplus, sur l'Art. 13 du Titre suivant, comment il est pourvû aux frais de ces Rapports, dans les Procès qui s'instruisent à la Requête des Procureurs du Roi seulement.

XIII. PAR un Arrêt de Réglement du Conseil, du 23 Janvier 1742, il est porté que les Juges ne pourront ordonner en aucun Cas, qu'il soit fait rapport, par plus d'un Médecin & un Chirurgien, ou par deux Chirurgiens au plus, sans Médecin.

XIV. FORMULE *de Rapport en cas de Visite d'une Personne blessée.*

Nous soussignés, tel Médecin de la Faculté de... ou Chirurgien de... certifions: ou à la Requête de tel.... de telle Qualité.... ou en vertu de l'Ordonnance de Monsieur tel.... Juge de.... de tel jour.... avoir visité tel.... en sa Maison de.... sise rue de.... que nous avons trouvé en tel & tel état.... blessé en tel endroit.... de tant de coups.... de tel instrument, Epée, Bâton, Pierre, de pointe, tranchant &c. ce que nous certifions à Justice être véritable. Fait les Jour, Mois & An que dessus.

XV. FORMULE *de Rapport en Cas de Visite d'un Corps mort.*

Nous.... certifions avoir trouvé un tel... Corps mort, en tel Lieu... de telle Stature.... de tel Poil.... de tel Habit.... de tel Age environ, en telle situation.... blessé en tel endroit, & tel.... de tant de coups, faits avec tel instrument, & y avoir apparence qu'il est décédé de tel coup.

XVI. *Formule de Rapport en Cas de Visite d'une Personne empoisonnée.*

Nous Docteur Régent de la Faculté de Médecine en l'Université de Paris, & Maître Chirurgien Juré en ladite Ville, certifions à tous qu'il appartiendra, que cejourd'hui......... ayant été mandés avec empressement à.... heures....... Rue..... en la Maison de..... nous nous sommes transportés chez..... lequel nous avons trouvé dans une inquiétude extraordinaire, le visage pâle & défait, tourmenté de Coliques violentes, vômissant avec de grands efforts, ayant le pouls petit, les mains froides, tombant souvent en défaillance; ces accidens se sont manifestés aussi-tôt après avoir mangé son potage; sur ce craignant qu'il n'eût été empoisonné, nous avons donné du potage qui étoit resté dans le Plat, à un Chien, qui presque sur le champ nous a paru triste & abattu, inquiet, & faisant effort pour vômir; en conséquence nous avons jugé que ledit.... étoit empoisonné; & quoique nous lui ayons administré les remédes convenables, nous estimons qu'il est en danger de perdre la Vie: en foi de quoi nous avons signé le présent Rapport, pour valoir ce que de raison. Fait à Paris les jour & an que ci-dessus.

XVII. *Formule de Rapport de l'Ouverture d'un Corps mort de Poison.*

Rapporté par Nous..... Maître Chirurgien commis aux Rapports en la Ville & Sénéchaussée de..... que ce jourd'hui....... en exécution de l'Ordonnance de M. le Lieutenant, Assesseur Criminel, en date dudit jour, qui ordonne la Visite du nommé..... mort récemment, nous sommes transportés en ladite Ville..... Rue..... dans une Maison joignant celle où pend pour Enseigne l'Image de Saint..... où, étant entrés, avons trouvé dans une Salle basse le Corps mort dudit.... la bouche duquel nous a paru pleine d'écume, le visage défiguré; & ayant ensuite procédé à l'Ouverture dudit Corps en présence de M..... Docteur en Médecine de l'Université de..... nommé d'Office par mondit sieur Lieutenant Assesseur, & ayant commencé par le bas-ventre, nous avons trouvé l'Estomac contenant environ la moitié d'un verre de liqueur noire; cette liqueur ayant été mise dans un vaisseau d'étain, l'a noirci, comme ont coutume de faire les liqueurs acides & corrosives; en ayant mêlé, quoiqu'en petite quantité, avec des alimens présentés à un Chien; à peine en a-t-il eu mangé, que ses agitations & ses hurlemens ont fait juger qu'il y avoit du Poison: l'Estomac étoit de plus cautérisé, comme brûlé & marqué de plusieurs taches noires; ce qui nous fait juger que ledit..... a été empoisonné avec de l'Arsenic, du Sublimé, ou autre Drogue caustique & brûlante. En continuant de procéder à l'Ouverture du Corps, nous avons trouvé toutes les autres parties intérieures saines & en bon état; & il ne s'est trouvé aucune cause de Mort, ni dans la Tête, ni dans la Poitrine &c.... Ce que nous certifions véritable sous le Serment que nous avons fait en Justice, & sous nos Signatures mises avec celle dudit Sieur...., Docteur en Médecine..... les jour & an que dessus.

ARTICLE II.

» POURRONT néanmoins les Juges ordonner une » seconde Visite par Médecins ou Chirurgiens nommés » d'Office, lesquels prêteront le Serment, dont sera ex- » pédié Acte; & après leur Visite, en dresseront & si- » gneront sur le champ leur Rapport, pour être remis » au Greffe, & joint au Procès, sans qu'il puisse être » dressé aucun Procès-verbal; à peine de 100 liv. d'a- » mende contre le Juge, moitié vers Nous, & moitié » vers la Partie.

SOMMAIRE.

I. *Deux différences entre le Rapport dont il est parlé dans cet Article, & celui mentionné dans le précédent.*
II. *En quoi ces deux sortes de Rapports sont conformes.*
III. *Cas où ce dernier doit être ordonné.*
IV. *Attention du Juge dans le Choix des Médecins.*
V. *Cas où le Rapport peut se dresser par Procès-verbal du Juge ou pardevant Notaires.*
VI. *Formule d'Ordonnance portant Nomination de Médecins & Chirurgiens.*
VII. *Formule d'Acte de prestation de Serment pour ce nouveau Rapport.*

I. LE nouveau Rapport, qui fait l'Objet de cet Article, differe, comme l'on voit, de celui mentionné dans le précédent, en ces deux Points. L'*un*, qu'il ne doit pas être fait, comme le premier, sur la Requisition des Parties, mais en vertu de l'Ordonnance du Juge, qui nomme d'Office les Médecins & Chirurgiens, par qui il doit être fait.

L'*autre*, qu'il doit être précédé de la Prestation du Serment. Au lieu que dans le 1er, l'Affirmation ne se fait qu'après le Rapport & la Visite faite; ce qui fait, qu'il n'est pas d'un aussi grand Poids aux yeux de la Justice, que celui dont il s'agit dans le présent Article, lequel sert ordinairement à la Conviction ou à la Décharge du Crime, ainsi que le Procès-verbal des Juges; tandis que ceux de la premiere espéce ne peuvent servir, tout au plus, qu'à donner lieu au Décret, ou à faire adjuger une Provision alimentaire; c'est pourquoi ils sont appellés par les Auteurs, Rapports *Dénonciatifs*.

II. Nous avons vû au surplus, sur l'Article précédent, que les uns & les autres étoient également susceptibles de la Voie de Récusation; & qu'ils devoient être pareillement joints au Procès, après qu'ils ont été remis au Greffe.

III. Au reste, comme ce nouveau Rapport tend à constituer les Parties en frais, il ne doit pas être ordonné indifféremment dans toutes sortes de Cas. Le Juge ne doit réguliérement l'ordonner que dans les Cas suivans.

1°. Lorsqu'il reconnoît à la Lecture du premier Rapport, qui a été affirmé par les Médecins, Chirurgiens ou Sages-Femmes; que ces Rapports sont infidéles & mal circonstanciés, comme il arrive assez ordinairement, lorsqu'ils sont faits par des Chirurgiens de Village.

2°. Lorsque, par les Informations ou par quelqu'autre Acte, il est constaté que la Blessure ou la Maladie ne sont pas aussi considérables ni aussi dangereuses, que le portent ces Rapports; ou bien qu'il paroît au contraire par ces Informations & autres Actes, que les Maladies & Blessures sont beaucoup plus dangereuses que ne le portent les Rapports.

3°. Lorsque l'Accusé soutient que le premier Rapport fait à la Requête du Plaignant, n'est pas fidéle ni véritable, en ce qu'il n'y a point de Blessure; ou que s'il y en a une, elle n'est point du tout dangereuse; ou qu'elle provient d'une autre cause, comme de quelque mal précédent, ou enfin, que les Médecins & Chirurgiens qui l'ont fait, ont connivé avec le Plaignant, & ont contr'eux des causes de Suspicion légitimes.

4°. Lorsque cet Accusé demande lui-même une Controvisite, prétendant qu'il a été aussi blessé dans la Querelle, afin d'empêcher par ce moyen, qu'on n'adjuge une Pension alimentaire contre lui, ou du moins, qu'on n'en adjuge pas une seconde.

5°. Lorsque le Plaignant prétend que les Médecins & Chirurgiens qu'il a employés, se sont laissé corrompre par l'Accusé, ou par des Personnes qui lui sont affidées.

6°.

6°. Enfin, ce nouveau Rapport doit avoir lieu toutes les fois qu'il est demandé par la Partie publique, qui le juge nécessaire, pour se mettre en état de donner ses Conclusions préparatoires.

IV. AU RESTE, quoique dans tous ces Cas, le Juge soit autorisé à nommer d'Office des Médecins & Chirurgiens, pour procéder à une nouvelle Visite; il fera bien, pour ôter aux Parties tout sujet de défiance & de soupçon contre lui, de les nommer de leur gré & consentement, autant qu'il sera possible. C'est le Conseil que donne JULES CLARE, Liv. 5, §. *Homicidium*, n. 170.

V. PAR la derniere Disposition de cet Article, il est fait Défenses aux Juges de dresser un Procès-verbal, sur le Rapport des Médecins & Chirurgiens qu'il aura ordonnés d'Office; c'est-à-dire, que ce Rapport ne doit point être rédigé par le Juge; mais que les Médecins & Chirurgiens doivent le dresser eux-mêmes, l'écrire & le signer en leur particulier. Cependant, il y a de certains Cas où il paroît que la rigueur de cette Disposition devroit cesser, comme dans les Cas de Visites faites par des Chirurgiens de Village, ou par des Sages-Femmes de Campagne, qui ne sçavent, ni lire, ni écrire; le Juge ne pourroit-il pas alors recevoir leur Rapport? En le faisant écrire par son Greffier dans un Procès-verbal qu'il dresseroit, & où il rendroit raison de sa conduite à cet égard. Du moins, il paroît que le Parti le plus sûr & le plus régulier, dans une telle rençontre, seroit de faire appeller d'autres Chirurgiens ou d'autres Sages-Femmes du même Lieu ou du Voisinage, qui écriroient & signeroient le Rapport de ceux ou celles qui auroient fait la Visite, après qu'ils auroient fait la Visite eux-mêmes; & tous deux prêteroient le Serment requis, le premier se déclarant *illitéré*: & s'ils ne se trouvoient point d'autres Chirurgiens ou Sages-Femmes à portée du Lieu où se fait la Visite, alors les Chirurgiens ou Sages-Femmes, qui sont illitérées, pourront faire leur Rapport pardevant deux Notaires, ou pardevant un seul, & en présence de deux Témoins qui le signeront. C'est encore le Conseil que donne IMBERT dans sa Pratique, Liv. 3, Ch. 3.

VI. *FORMULE d'Ordonnance portant Nomination de Médecins & Chirurgiens.*

Vû par Nous notre Procès-verbal du..... ordonnons que tel sera visité

E e

par tel Médecin & par tel Chirurgien, que nous avons nommés d'Office, ou sur la requisition de.....& à cette fin seront assignés pardevant Nous, pour faire le Serment en tel Cas requis & accoutumé.

VII. *Formule de Procès-verbal de Prestation de Serment.*

L'An.....&c. sont comparus.....en exécution de notre Ordonnance du.....lesquels ont fait Serment de bien & en leur conscience, procéder à la Visite de.....& nous en faire un Rapport fidèle.

ARTICLE III.

» VOULONS qu'à tous les Rapports, qui seront » ordonnés en Justice, assiste au moins un des Chirur- » giens commis de notre Premier Médecin, ès Lieux où » il y en a, à peine de nullité des Rapports.

SOMMAIRE.

I. *Disposition de cet Article n'a plus lieu depuis l'Edit de Février 1692.*

II. Quid, *à l'égard des Lieux où il n'y a point de Communauté de Chirurgiens?*

I. LA Disposition de cet Article a cessé d'avoir lieu, au moyen de ce que les Offices de Chirurgiens Jurés qui avoient été créés dans les Villes du Royaume, par Edit du mois de Février 1692, ont été réunis aux Communautés des Chirurgiens, qui en nomment deux d'entr'eux, pour faire tous les ans, ou tous les trois ans, les Fonctions d'Experts commis aux Rapports, & avec Bourse commune.

II. DANS les Lieux où il n'y a point de Communauté, les Chirurgiens qu'on appelle, sont tenus d'affirmer leur Rapport véritable, aux termes des Articles précédens.

TITRE VI.

Des Informations.

CE Titre contient dix-neuf Articles.

Dans le *premier*, il eſt parlé de ceux qui doivent adminiſtrer les Témoins.

Dans le *ſecond*, du Témoignage des Impuberes.

Dans le *troiſiéme*, des Moyens de contraindre les Témoins, ſoit Laïcs, ſoit Eccléſiaſtiques, ſoit Réguliers.

Dans le *quatriéme*, de la Repréſentation de l'Exploit par les Témoins, hors le Cas du Flagrant-délit.

Dans le *cinquiéme*, de la Preſtation de ſerment des Témoins, & des Interrogats qui doivent leur être faits par rapport à leurs nom, ſurnom, âge, qualité & demeure, &c.

Dans le *ſixiéme*, du Droit des Greffiers & Commis au Greffe, d'écrire les Informations, & de ne pouvoir être remplacés, ſi ce n'eſt en cas de légitime empêchement.

Dans le *ſeptiéme*, du Privilége qu'ont les Commiſſaires de la Cour, de commettre, pour écrire les Informations, telles perſonnes qu'ils aviſeront, en leur faiſant prêter Serment.

Dans le *huitiéme*, de l'Abrogation de l'Uſage des Adjoints hors les Cas portés par l'Edit de Nantes.

Dans le *neuviéme*, des Perſonnes qui doivent rédiger, écrire & ſigner les Dépoſitions.

Dans le *dixiéme*, de la Rédaction à charge & à décharge.

Dans le *onziéme*, de la Maniere dont les Témoins doivent être oüis.

Dans le *douziéme*, de la Défenſe des Interlignes, & de l'Approbation des Ratures ou des Renvois qui ſe trouvent dans les Dépoſitions.

Dans le *treiziéme*, de la Taxe des frais & ſalaires des Témoins.

Dans le *quatorziéme*, des Cas où les Dépoſitions peuvent être réitérées.

Dans le *quinziéme*, de la Défenſe de communiquer les Informations & autres Piéces ſecrettes, excepté à la Partie publique.

Dans le *seizième*, de la Faculté accordée au Rapporteur, de retirer les Minutes, & du Tems où il doit les remettre au Greffe.

Dans le *dix-septième*, de la Remise que les Greffiers, commis par les Juges des Parlemens, doivent faire des Minutes au Greffe de la Cour qui les a commis, & du Payement de leurs Salaires.

Dans le *dix-huitième*, de l'Obligation des Greffiers des Cours, ainsi que de ceux des Justices Royales & Seigneuriales, d'avoir des Regiſtres où toutes les Procédures Criminelles faites ou apportées en leur Greffe, soient regiſtrées sans frais.

Enfin, dans le *dix-neuvième*, de l'Obligation des Greffiers des Prévôtés & Châtellenies Royales, & de ceux des Seigneurs, d'envoyer tous les ans un Extrait de leur Regiſtre au Greffe des Bailliages & Sénéchauſſées; & pareillement du Greffier des Bailliages & Sénéchauſſées, d'envoyer un Extrait du leur aux Procureurs Généraux des Parlemens.

ARTICLE PREMIER.

» LES Témoins seront adminiſtrés par nos Procu-
» reurs, ou ceux des Seigneurs, comme auſſi par les
» Parties Civiles.

SOMMAIRE.

I. *Pourquoi l'Information a été introd.*
II. *Elle eſt en Matiere Criminelle ce qu'eſt l'Enquête en Matiere Civile. Néanmoins plusieurs différ. entr'elles.*
III. *Le Juge peut-il désigner lui-même les Témoins.*
IV. *Simple Plaignant peut-il les adminiſtrer.*
V. *Quid, à l'égard du Dénonciateur?*
VI. *Témoin qui se présente de lui-même, ne peut être admis.*
VII. *L'Accusé peut-il produire les Témoins, en cas de négligence des Parties Civiles & Publiques.*
VIII. *Raisons pour l'Affirmative.*
IX. *Raisons de décider pour la Négative.*
X. *Formule d'Information.*

I. L'INFORMATION qui fait l'objet de ce Titre, eſt regardée par les Criminaliſtes, comme la base & le fondement de l'Inſtruction Criminelle. Elle eſt principalement employée pour parvenir à la découverte du véritable Auteur du Crime. Car, à l'égard du Corps de Délit, nous venons de voir sur les deux Titres précédens, qu'il ne pouvoit régulièrement se constater, que par les Procès-verbaux des Juges, & les Rapports des Médecins & Chirurgiens, dans les Cas où ces Actes sont praticables.

II. L'INFORMATION est en Matiere Criminelle, ce qu'est l'Enquête en Matiere Civile, quoiqu'il y ait entr'elles, plusieurs Différences essentielles, que nous aurons lieu de remarquer dans le cours de ce Titre; & notamment en ce qu'on peut procéder en tout tems à l'Information, même les jours de Fêtes & de Dimanches; & que le nombre des Témoins à entendre n'y est point fixé, comme il l'est en Matiere d'Enquête.

III. DE ce qu'il n'y a que les Parties Publiques & Civiles, qui soient désignées expressément par cet Article; il paroît qu'on en peut tirer les conséquences suivantes.

1°. Que le Juge ne peut lui-même désigner les Témoins qu'il veut entendre dans l'Information. Il faut néanmoins excepter les Cas que nous avons remarqués sur l'Article premier du Tit. 3, où il peut procéder à l'Information, sans attendre qu'il en soit requis par les Parties Publiques ou Privées.

IV. 2°. QUE le simple Plaignant, qui ne s'est point porté Partie Civile, ou qui s'en est désisté dans les vingt-quatre heures, ne peut pareillement administrer les Témoins.

V. 3°. QUE le Dénonciateur ne peut, à plus forte raison, administrer les Témoins, puisqu'il n'est point Partie au Procès; mais il peut seulement les indiquer au Procureur du Roi.

VI. 4°. QU'ON ne doit point admettre les Témoins qui se présentent d'eux-mêmes pour déposer, & sans être administrés par les Parties Publiques ou Civiles. *V.* Art. 4 ci-après.

VII. MAIS, si les Parties Publiques ou Civiles négligeoient de produire les Témoins; l'on demande si l'Accusé ne pourroit pas être reçu à les produire lui-même.

VIII. L'ON pourroit d'abord dire en sa faveur, que suivant la Disposition du Droit, & notamment de la Loi 22, au CODE, *ad L. C. Cornel de falsis;* l'Accusé est autorisé à fournir des Témoins de même que l'Accusateur; *Nec enim*, dit cette Loi, *Accusatori tantum incumbit Questio nec Probationis ei tota necessitas indicatur.* En effet, les Témoins devant être oüis, tant à charge qu'à décharge, comme nous le verrons sur l'Art. 10 de ce Titre ; il paroît qu'on devroit les regarder comme communs à l'Accusateur & à l'Accusé; & que ce qui est permis à l'un, doit être également permis à l'autre.

IX. Néanmoins, comme d'un autre côté il est de l'Essence de l'Instruction Criminelle, telle qu'elle se pratique parmi nous, qu'elle soit secrete & inconnue à l'Accusé, qui n'auroit pas plutôt connoissance des perquisitions qui se feroient contre lui, qu'il n'oublieroit rien pour détourner ou affoiblir les preuves de son Crime ; soit en suscitant lui-même les Témoins qu'il sçauroit lui être plus les favorables, pour venir en Déposition ; soit en écartant ceux qu'il soupçonneroit lui être contraires, & se ménager, par ce moyen, une justification anticipée. C'est pour prévenir tous ces Inconvéniens, qui ne manqueroient pas de favoriser l'Impunité des Crimes, que l'Ordonnance a cru devoir astreindre les Juges, par une foule de dispositions que l'on verra, tant sous ce Titre que sous les suivans, à instruire la Procédure contre l'Accusé, dans la plus grande rigueur ; & à ne l'admettre qu'après cette même Instruction, à la Preuve de ses Faits Justificatifs. Ce seroit donc aller directement contre l'esprit de l'Ordonnance sur ce point, que d'admettre cet Accusé à faire oüir des Témoins, par le ministére interposé de la Partie Civile ; ou bien à pouvoir forcer celle-ci de faire oüir les Témoins qu'il lui indiqueroit : d'autant plus, qu'indépendamment du silence que l'Ordonnance a gardé dans cet Article, par rapport à cet Accusé, elle paroît avoir d'ailleurs suffisamment prononcé son exclusion, par l'Article 6 du Titre des *Faits Justificatifs*, où en même-tems qu'elle permet à l'Accusé de nommer ses propres Témoins ; elle ne veut pas qu'il puisse les faire assigner à sa Requête, mais qu'ils le soient à celle du Procureur du Roi.

X. *Formule d'Information.*

Information faite par Nous.....(*l'on met les Nom, Surnom & la Qualité du Juge*,) & en vertu de notre Ordonnance du.....à la Requête de.......contre.......(*s'il est dénommé dans la Plainte, sinon*) contre certains *Quidams*, joint le Procureur Général du Roi ou Fiscal ......à laquelle Information avons procédé, assisté de notre Greffier Ordinaire, comme il suit

Est comparu N.......(*mettre les Nom, Surnom, Qualité & Demeure du premier Témoin qui comparoît*,) lequel, après Serment par lui fait de dire vérité, nous a dit être âgé de.....ou environ & n'être Parent,

Allié, Serviteur ni Domestique des Parties, qu'il a dit connoître ou ne pas connoître (*si au contraire il est Parent de l'un ou de l'autre, il en faut faire mention, & en quel degré*) & nous a représenté l'Exploit d'Assignation à lui donnée à la Requête de..... le...... jour de...... pour déposer

Dépose sur les Faits contenus en la Plainte rendue par led..... le.... (*& dans le Préambule des autres Dépositions, il suffit de dire*) dépose des Faits contenus en ladite Plainte, de laquelle lui avons fait faire lecture que..... (*écrire tout ce que dit le Témoin, tant à charge, qu'à décharge*) qui est tout ce qu'il a dit sçavoir; lecture à lui faite de sa Déposition, a dit qu'elle contient vérité, y a persisté & signé, ou a déclaré ne sçavoir écrire ni signer, de ce enquis suivant l'Ordonnance; & après qu'il a requis Salaire, lui avons taxé...... (*& s'il ne veut point de Salaire, en faire mention.*)

Est aussi comparu &c. *comme ci-dessus.*

ARTICLE II.

» LES Enfans de l'un & de l'autre Sexe, quoiqu'au-
» dessous de l'âge de Puberté, pourront être reçus à
» déposer, sauf en jugeant, d'avoir par les Juges tel
» égard que de raison, à la nécessité & solidité de leur
» témoignage.

SOMMAIRE.

I. *Impuberes ne peuvent être Témoins, suivant le Droit Civil & Canonique.*

II. *Pourquoi les a-t-on admis parmi nous?*

III. *Que doit-on entendre par ces mots* Nécessité & Solidité *de leurs* Témoignages?

IV. *Preuve qui résulte de ces Dépositions peut-elle fonder une Condamnation à peine capitale?*

V. *Distinction à cet égard entre l'Accusé Contumax & celui qui ne l'est pas.*

VI. *Il faut dans tous ces Cas que le Corps du Délit soit constant.*

I. CET Article contient une Exception à la Régle générale établie par le Droit Civil, & Canonique, qui n'admettent point le témoignage des Impuberes en Matiere Criminelle. *V.* L. *in Testimonium* 20 ff. *de Testib.* & le Canon, *si Testes* §. *item is Caus.* 4, Quest. 3.

II. MAIS, comme l'intérêt Public ne permet pas que les

Crimes, dont le Corps de Délit seroit d'ailleurs constant, demeurent impunis, par cela seul, qu'il n'y auroit point d'autre preuve que c'est l'Accusé qui les a commis, que le témoignage des Impuberes; l'Ordonnance n'a cru devoir rien négliger dans une Matiere aussi importante, pour parvenir à la découverte de la vérité; & c'est pour cela qu'en même-tems qu'elle autorise les Juges à admettre les Dépositions des Impuberes de l'un & de l'autre Sexe, elle leur laisse la liberté d'y avoir tel égard que de raison, *suivant la Nécessité & la Solidité de leur témoignage.*

III. Par ces Termes remarquables, qu'on voit à la fin de cet Article, l'Ordonnance donne suffisamment à entendre que la Déposition d'un Impubere, ne peut mériter quelqu'égard qu'autant qu'elle se trouve accompagnée des deux circonstances de *Nécessité* & de *Solidité;* c'est-à-dire, qu'il faut non-seulement que le Crime ait été commis, de maniere qu'il n'ait pû être apperçu que par ces Impuberes, ou du moins que ceux-ci ayent été plus à portée que tout autre, d'en avoir une parfaite connoissance; mais encore, que les Faits, dont ils déposent, soient bien suivis & soutenus, tellement qu'il ne paroisse aucun embarras ni contradiction dans leur maniere de s'expliquer.

IV. Il en résulte aussi, que dans le Cas même où les Dépositions de ces Impuberes réuniroient les deux Circonstances dont on vient de parler, elles ne pourroient, en quelque nombre qu'elles fussent d'ailleurs, former une preuve suffisante pour opérer une Condamnation à peine Capitale. C'est aussi le sentiment unanime de tous les Criminalistes, qui prétendent qu'on ne doit pas tant regarder ces sortes de Dépositions comme des Preuves, que comme des moyens ou véhicules, pour parvenir à la preuve de la vérité; *si non ut probent,* dit Jules Clare, *saltem ut prosint ad indagandam veritatem, & hoc præsertim in Criminibus atrocioribus. V.* Quest. 24, n. 18.

V. Ce n'est donc, qu'autant que ces Dépositions se trouveroient soutenues de celles des autres Témoins *majeurs*, qui déposeroient des Circonstances dont le concours tendroit à faire connoître que ces Impuberes ont dit la vérité, qu'elles pourroient déterminer le Juge à prononcer des Condamnations contre l'Accusé; & ces Condamnations devroient être plus ou moins fortes,

fortes, suivant la *Qualité du Délit*, & l'*Etat* où se trouveroit l'Accusé pendant l'Instruction; l'on veut dire que si l'Accusé se trouvoit détenu dans les Prisons, pour un Crime méritant la peine de Mort, & dont le Corps du Délit seroit d'ailleurs constant, le Juge pourroit condamner cet Accusé à quelque peine Corporelle ou Afflictive, telle que celle des Galéres ou du Bannissement perpétuel, ou bien ordonner qu'il seroit appliqué à la Question. *V.* Jul. Clar. *Ibid.* n. 19. Mais si cet Accusé étoit *Contumace*, il pourroit être condamné à la peine de Mort que mérite son Crime. Que si le Crime étoit de Nature à mériter de moindres Peines, le Juge devroit prononcer des Peines plus légeres, en observant néanmoins de les prononcer toujours plus fortes, dans le Cas de la Contumace.

VI. Enfin, il faut que le Juge ait attention, en général, de ne prononcer aucune Peine, même dans tous ces Cas, que lorsque le Corps du Délit seroit constant.

ARTICLE III.

» TOUTES Personnes assignées pour être oüies en » Témoignage, recollées ou confrontées, seront tenues » de comparoir, pour satisfaire aux Assignations; & » pourront y être les Laïcs contraints par amende sur le » premier défaut, & par Emprisonnement de leurs Per» sonnes en Cas de Contumace: même les Ecclésiastiques » par amende, au payement de laquelle ils seront con» traints par Saisie de leur Temporel. Enjoignons aux » Supérieurs Réguliers d'y faire comparoir leurs Re» ligieux, à peine de Saisie de leur Temporel & de Sus» pension des Priviléges à eux par Nous accordés.

Sommaire.

I. *Ecclésiastiques & Religieux ne peuvent être contraints à déposer, suivant le Droit Canonique.*

II. *Différence que l'Ordonnance met entr'eux & les Laïcs.*

III. *Personnes qui ne peuvent être Témoins, ne doivent laisser de comparoître.*

I. SUIVANT cet Article, Personne ne peut se dispenser de comparoître sur l'Assignation qui lui est donnée, pour venir déposer dans une Information, pas même les Ecclésiastiques & les Religieux, quoique ceux-ci soient formellement exceptés par la Disposition du Droit Canonique, lorsqu'il s'agit de venir déposer dans des Tribunaux Laïcs. *V.* le ch. 10. EXTRA. *de Testib. Cog.*

II. LA seule Différence, que l'Ordonnance met entre ceux-ci & les Laïcs à cet égard, c'est qu'au lieu de la Contrainte par Corps qu'elle prononce contre les Laïcs en Cas de Contumace; elle ne permet de contraindre les Ecclésiastiques dans ce même Cas-là, que par la saisie de leur Temporel; & les Supérieurs, qui n'ont pas soin de faire comparoir leurs Religieux, tant par la saisie de leur Temporel, que par la suspension des Priviléges qui leur ont été accordés par les Rois.

III. IL suit, de-là, que tous Témoins assignés doivent comparoir en personne, fussent-ils même d'une Qualité qui ne permettroit pas de les entendre en Déposition, tels que les Peres & Meres, lorsqu'il s'agiroit de déposer contre leurs Enfans; les Enfans contre leurs Peres & Meres; les Maris contre leurs Femmes, *& vice versâ*; sauf à ceux-ci de proposer leurs Exceptions devant le Juge, qui en doit dresser Procès-verbal.

IV. IL faut cependant excepter les ENFANS DE FRANCE, tels que les Fils & Petits-Fils du Roi, lesquels, suivant la Remarque de PAQUIER & de DUPUY, n'ont jamais été oüis dans un Procès Criminel, par forme de Déposition; mais seulement par *Déclarations*, qu'ils donnent par écrit, signées de leur main, contenant ce qu'ils sçavent de la vérité des Faits. Ces

Déclarations ont toujours été reçues, & ont fait partie du Procès, sans qu'on ait désiré leurs Personnes, même lorsque la lecture en a été faite à l'Accusé.

V. PAR une suite du même Principe, dans quel Rang & Dignité que soient constitués les Témoins assignés, ils ne peuvent obliger le Juge de se transporter chez eux pour recevoir leurs Dépositions. Il faut néanmoins encore excepter deux Cas; l'un, c'est lorsqu'il s'agit d'entendre des *Religieuses Cloîtrées*, l'autre, c'est à l'égard des Témoins *Malades* & Valétudinaires, qui ne pourroient se transporter sans danger; mais dans ce dernier Cas, pour que le Juge soit obligé de se rendre auprès de ces Témoins, il faut qu'il s'agisse d'un Crime atroce, & que le Cas requierre célérité : c'est la Disposition d'un Arrêt de Réglement de la Cour du 10 Juin 1711.

VI. HORS ces Cas particuliers, toutes sortes de Témoins, même ceux qui seroient résidens hors du Ressort du Juge qui instruit le Procès Criminel, sont tenus de comparoir sur l'Assignation qui leur est donnée : à la vérité, dans ce dernier Cas, ce n'est point devant le Juge même de l'Instruction, qui n'a point d'autorité sur eux, suivant la Maxime *Extra Territorium Jus dicenti impunè non paretur;* mais pardevant le Juge de leur Domicile, à qui le Juge de l'Instruction donne, à cet effet, une Commission rogatoire, s'il est son Supérieur, ou une simple Commission, s'il est son Inférieur; le tout conformément à la Disposition de l'Art. 168 de l'Ordonnance de Blois, qui porte, « S'il est besoin d'aucuns Témoins hors les lieux de la Jurisdic- » tion des Juges, lesdits Juges seront tenus, s'ils en sont requis, » d'octroyer Commissions adressantes aux Officiers des Lieux, » sans qu'ils puissent refuser.

VII. CES sortes de Commissions, dont nous donnerons ci-après la Formule, s'obtiennent sur une Requête que donne la Partie Civile, ou le Procureur du Roi; & lorsqu'elles sont accordées, elles doivent être envoyées, ainsi que la Requête, au Juge délégué, lequel, après avoir fait l'Information, doit la renvoyer close & cachetée, au Juge de l'Instruction, & ne doit s'en retenir aucune chose pardevant lui.

VIII. QUE si ce Juge délégué se mettoit en refus, ou négligeoit de satisfaire à la Commission, ou bien s'il étoit suspect & récusable, ou enfin pour autre Cause importante, le Juge de l'Instruction pourra s'adresser à la Cour, & obtenir un Arrêt sur Requête, qui lui permettra d'entendre les Témoins domiciliés hors de son Ressort, par *Emprunt de Territoire :* mais dans ce dernier Cas, où le Juge de l'Instruction seroit lui-même délégué par la Cour, il faudroit qu'il procédât en Personne à l'Information, & il ne pourroit commettre un Avocat ou Praticien, à cet effet, ainsi qu'il a été jugé par Arrêt de la Cour du 7 Mai 1709, contre le Lieutenant Criminel de Rheims.

IX. En général, tout Juge commis par la Cour, ne peut lui-même délivrer une Commission rogatoire, lorsqu'il s'agit d'entendre des Témoins éloignés & hors de son Ressort; mais il faut pour cela s'adresser directement à la Cour, & obtenir un Arrêt sur Requête, qui donne pouvoir à ce Juge de délivrer cette Commission rogatoire ; c'est la Disposition de l'Arrêt de Réglement du 28 Mars 1714, contre les Officiers de Melun. *V.* au surplus l'Art. 2 du Tit. 15 ci-après.

X. *Formule de Commission Rogatoire.*

N..... Prévôt de Paris, au S. Lieutenant Criminel de S..... Salut; sçavoir faisons que, par l'Ordonnance de M. le Lieutenant au Châtelet de cette Ville, il est permis audit O........ de faire informer pardevant vous des Faits contenus en sa Plainte, Circonstances & Dépendances contre A..... & ses Complices.

A ces Causes, nous vous prions & requérons d'entendre les Témoins à vous indiqués, & qui seront assignés pardevant vous à la Requête dudit O......... & de procéder à l'Information dont est question, comme nous ferions en Pareil Cas, si par vous en étions requis. Fait ce......; délivré au Châtelet..... *Signé & scellé.*

XI. *Formule d'Ordonnance du Juge, pour assigner une seconde fois les Témoins défaillans.*

De l'Ordonnance de Nous tel..... Juge de..... Au premier Huissier ou Sergent sur ce requis : vous mandons adjourner de rechef tel..... & tel..... à comparoir tel jour..... telle heure..... pardevant Nous, pour déposer en l'Information qui se fait à la Requête de tel..... contre tel..... & de le contraindre au payement de la somme de..... à laquelle l'avons condamné pour l'amende dûe, faute d'avoir par lui comparu à la premiere Assignation à lui baillée le tel jour..... par tel Sergent ..... & ce nonobstant Oppositions ou Appellations, conformément à l'Ordonnance.

XII. *FORMULE d'Ordonnance portant contrainte par Corps.*

De l'Ordonnance de Nous tel..... (*& le reste comme dessus*) vous mandons prendre & appréhender au Corps tel..... de telle Qualité..... Contumax assigné par Exploit de tel jour.....& réassigné en vertu de notre Ordonnance, par Exploit de tel jour...; à la Requête de tel...... pour être oüi, & déposer pardevant Nous en l'Information dudit tel....; contre tel.....

ARTICLE IV.

» LES Témoins, avant qu'être oüis, feront apparoir » de l'Exploit qui leur aura été donné pour déposer, » dont sera fait Mention dans leurs Dépositions. Pour» ront néanmoins les Juges entendre les Témoins d'Of» fice, & sans Assignation en Cas de Flagrant-Délit.

SOMMAIRE.

I. *Juge ne doit entendre un Témoin qui se présente, sans avoir été assigné. Que doit-il faire en pareil Cas ?*

II. Quid, *dans le Cas où il seroit prouvé que le Témoin a perdu son Exploit, ou l'auroit oublié ?*

III. *Juge peut entendre les Témoins sans être assignés, en Cas de Flagrant-Délit.*

IV. *Qu'est-ce que Flagrant-Délit ?*

V. *Mention de la représentation de l'Exploit doit être faite à la tête de chaque Déposition.*

I. EN exigeant, par la 1re Disposition de cet Article, la représentation de l'Exploit, par le Témoin assigné; l'Ordonnance confirme la Maxime établie par le 1er Article de ce Titre, qui veut que les Témoins soient administrés par les Parties Publiques & Civiles, & conséquemment que le Juge ne puisse entendre aucun Témoin qui se présente de lui-même, & sans être assigné; une telle démarche ne pouvant être regardée, que comme l'effet d'une Passion marquée pour ou contre l'Accusé.

Le Juge doit donc, en pareil Cas, après s'être enquis du nom de ce Témoin, faire mention dans l'Information ou dans un Procès-verbal séparé, que ce Témoin n'a pû représenter aucun Exploit d'Assignation, ni preuve de quelqu'autre maniere, qu'il auroit été assigné, pourquoi il l'a renvoyé sans l'entendre. Cette précaution paroît d'autant plus indispensable, qu'elle serviroit à faire écarter absolument la Déposition de ce même Témoin, s'il venoit à être assigné dans la suite, pour déposer dans le même Procès Criminel.

II. Mais, comme il peut arriver, que le Témoin, quoiqu'assigné véritablement, ne pourroit représenter son Exploit, soit parce qu'il l'auroit perdu, soit parce qu'il l'auroit oublié chez lui. Dans ce dernier Cas, il paroît que le Juge ne devroit pas laisser que de l'entendre en Déposition, s'il paroissoit d'ailleurs par l'original de l'Exploit, ou par la déclaration de l'Huissier, qu'il a été effectivement assigné : quoiqu'il seroit plus régulier d'ordonner que ce Témoin seroit assigné de nouveau.

III. L'Ordonnance excepte, par la derniere Disposition de cet Article, le Cas du *Flagrant-Délit*, où elle permet aux Juges d'entendre les Témoins d'Office, & sans Assignation. Ce qu'elle a sagement établi, pour prévenir les inconvéniens dangereux qu'il y auroit, en faisant assigner les Témoins, de donner au Criminel le tems de s'échapper par la fuite.

Ainsi, aussi-tôt que ce Criminel est arrêté, le Juge qui en est averti, ou qui se rencontre par hasard sur le lieu même où le Crime vient de se commettre, en doit dresser son Procès-verbal, & tout de suite, sans déplacer, procéder à l'Audition des Témoins qui se trouvent présens & qui ont connoissance du Crime. Si le Juge n'a pas avec lui son Greffier, il peut en commettre sur le champ un autre, de la maniere que nous le verrons sur l'Art. 6.

IV. Sous le nom de *Flagrant-Délit*, on doit entendre généralement tous les Cas requérans célérité, & auxquels le Juge peut procéder à l'Information, & au Décret contre l'Accusé, sans attendre qu'il en soit requis par les Parties, & sans autre réquisition que celle qui se fait verbalement, & qu'on appelle Clameur Publique. Car, s'il n'y avoit que le Juge seul qui eût vû commettre le Crime, ou qui en eût connoissance, sans que personne s'en plaignît d'ailleurs, il est certain qu'il ne pourroit procéder d'Office à l'Audition des Témoins, suivant la Maxime *Judex debet judicare secundum allegata & probata. V.* Jul. Clar. Quest. 8, lib. 5, n. 5.

V. Au reste, dans le Cas où les Exploits sont représentés, il ne suffiroit pas de faire une Mention générale de cette Représentation à la tête de l'Information ; mais il faut que cette mention soit faite à la tête de chaque Déposition, ainsi que celle du nom & de la Matricule de l'Huissier qui a donné l'Exploit. C'est ce qui a été jugé par Arrêt de la Cour du 17 Août 1705, qui a déclaré nulle une Information faite au Présidial de Mets, sur le fondement qu'il y avoit plusieurs Dépositions, en tête desquelles on s'étoit contenté de mettre ces mots, *Assignés comme dessus.*

ARTICLE V.

» LES Témoins prêteront Serment, & seront enquis » de leurs Nom, Surnom, Age, Qualité, Demeure, & » s'ils sont Serviteurs ou Domestiques, Parens ou Al- » liés des Parties, & en quel degré ; & du tout sera » fait Mention, à peine de nullité de la Déposition, » & des dépens, dommages & intérêts des Parties » contre le Juge.

SOMMAIRE.

I. *Trois Obligations prescrites aux Juges par cet Article, à peine de nullité.*

II. *Pourquoi le Juge doit-il faire prêter Serment au Témoin ? Et comment doit-il procéder en cas de refus ? Forme du Serment.*

III. *Pourquoi le Juge doit-il demander au Témoin son Nom & son Surnom ?*

IV. *Pourquoi doit-il lui demander son Age ?*

V. *Pourquoi doit-il lui demander sa Qualité ?*

VI. *Pourquoi doit-il lui demander sa Demeure ?*

VII. *Pourquoi doit-il demander s'il n'est point Serviteur ou Domestique des Parties ? Distinction essentielle entre les mots de* Serviteurs & Domestiques.

VIII. *Pourquoi le Juge doit-il demander au Témoin, s'il n'est point Parent ou Allié des Parties ? Disposition notable de l'Ordonnance pour la Lorraine à ce sujet.*

IX. *Mention de toutes les Formalités portées par cet Article, doit être faite à la tête de chaque Déposition, & non en général.*

X. *Lecture doit être faite de la Plainte à la suite de ces Formalités.*

I. PAR cet Article, l'Ordonnance prescrit trois sortes de Formalités, que doit remplir le Juge, après que le Témoin aura comparu sur l'Assignation & représenté son Exploit.

Ces Formalités consistent ; 1°. A faire prêter Serment à ce Témoin ; 2°. A l'Interroger sur son Nom, son Age, sa Qualité & sa Demeure, s'il n'est point Serviteur, Domestique, Parent & Allié des Parties ; 3°. Enfin, à faire Mention du tout dans l'Information.

Toutes ces Formalités, qui ont été établies principalement, afin qu'on puisse découvrir plus facilement les Faits de reproches contre les Témoins, sont tellement de rigueur, que l'omission d'une seule, suffiroit pour opérer la nullité de la Déposition, & rendre le Juge responsable de tous les dépens, dommages & intérêts des Parties.

Ainsi, le Juge ne sçauroit trop y donner d'attention ; & c'est pour cela que nous allons les reprendre successivement, suivant l'ordre qu'elles doivent tenir dans l'Instruction, & en même-tems observer les Motifs & les Principes particuliers sur lesquels elles sont fondées.

II. NOUS avons dit que le Juge devoit en 1er lieu faire prêter SERMENT au Témoin ; *Sacramento debent constringi ut jurent se nihil falsi dicturos*, dit la LOI *Jurisjur.* au CODE *de Testib.* .... *non credetur injuratis*, ajoute la LOI, *Testament.* 8, du même Titre. C'est par conséquent le Serment qui donne, suivant ces Loix, toute la force & la validité à la Déposition. Ainsi le Juge ne pourroit en dispenser, & si le Témoin refusoit de le prêter, après qu'il l'en auroit interpellé, il devroit dresser Procès-verbal de ce refus, & traiter ce Témoin comme s'il étoit défaillant, en ordonnant qu'il seroit réassigné, & qu'à défaut de comparoître & de prêter Serment, conformément à l'Ordonnance, il encourroit la peine de 10 liv. d'amende, & même la contrainte par Corps : parce qu'en effet, c'est une Contumace non moins repréhensible, de ne pas vouloir déposer dans la forme qui fasse connoître la vérité, que de ne pas comparoître, après avoir été assigné pour déposer.

Pour ce qui concerne la FORME dans laquelle ce Serment doit être prêtée, elle est différente suivant la Qualité des Personnes ou des Religions qu'on professe. La plus ordinaire c'est celle de lever la main droite & nue pour les Laïcs ; & de mettre la

main

main sur la Poitrine *ad Pectus*, pour les Eccléſiaſtiques. Les Hérétiques & Schiſmatiques, doivent prêter Serment dans la même forme que les Catholiques. Mais pour les Juifs, les Mahométans & les Idolâtres, la forme eſt différente : on eſt dans l'uſage, par rapport aux Juifs, de les faire jurer par le Dieu vivant, & par les Ecritures de l'Ancien Teſtament : pour les Mahométans & les Payens, on les fait jurer par leur Prophête ou les Faux-Dieux qui ſont le plus en vénération parmi eux.

Que ſi le Témoin n'entendoit pas la *Langue Françoiſe*, il faudroit lui nommer un Interprête, à qui l'on feroit prêter le Serment à la maniere accoutumée, & ſigner tous les Actes, conjointement avec le Témoin, dans la forme portée par l'Art. 11 du Tit. 14 des Interrogatoires.

III. Nous avons dit que le Juge devoit, en ſecond lieu, interroger le Témoin, ſur ſon Nom, Surnom, Age, Qualité, Demeure, Parenté, Alliance ; & s'il eſt Serviteur ou Domeſtique des Parties.

1°. Sur son Nom & Surnom, c'eſt-à-dire, demander ſon Nom de Baptême & celui de ſa Famille. Ce qui a été ſagement introduit, tant pour mettre l'Accuſé en état de pouvoir, lors de la Confrontation, fournir des reproches, s'il y a lieu, contre ce Témoin, par la connoiſſance exacte de ſa perſonne ; que pour éviter les ſurpriſes & confuſions, où pourroit jetter la conformité des Noms, s'ils n'étoient accompagnés de Surnoms.

IV. 2°. Sur ſon Age ; parce qu'il peut arriver que ce Témoin dépoſeroit d'un Tems auquel il n'étoit pas encore né, ou bien que la foibleſſe de ſon âge ne lui permettoit pas d'avoir alors une connoiſſance bien nette des faits ſur leſquels il doit dépoſer. Nous avons vû d'ailleurs, que la Dépoſition d'un Impubere n'avoit pas la même force que celle d'un Majeur, & que le degré de foi, qu'elle peut mériter, dépend uniquement de la néceſſité & ſolidité de ſon témoignage.

V. 3°. Sur ſa Qualité ; c'eſt-à-dire ſur la Profeſſion qu'il exerce, ou ſur ſa Dignité, s'il en a une ; parce que ces Qualités donnent plus ou moins de poids & de créance à leurs Dépoſitions : ſur-tout, lorſqu'elles ſont telles, qu'elles ſuppoſent plus de connoiſſance ſur le fait particulier du Crime, dont le Témoin doit dépoſer. Ainſi, par exemple, les Médecins & Chirurgiens ſont plus en état de juger, que tout autre, des Causes qui ont pû procurer la mort de celui qu'on prétend avoir été tué par l'Accusé. Il y a aussi de certaines Qualités, qui empêchent qu'on ne puisse être reçu en témoignage, telles que celles d'Avocats, Procureurs, lorsqu'il s'agit de déposer dans la Cause de leurs Cliens; *Non tenetur Testimonium ferre in Causa cui Patrimonium præstitit.* L. ult. COD. *de Testib.* Il en est de même des Médecins & Directeurs de Conscience; *Ne propter eorum Munus, Prævaricatores habeantur;* C'est la raison qu'en rend la Loi 1re, ff. *de Prævaric.* Mais aussi rien n'empêche que les uns & les autres ne puissent déposer des Faits qu'ils sçavent d'ailleurs, que par la nécessité de leur Profession.

VI. 4°. SUR sa DEMEURE; & cela, non-seulement afin que l'Accusé puisse connoître le Témoin, & le distinguer par-là des autres Témoins qui pourroient porter les mêmes Noms & Surnoms que lui; mais principalement afin qu'on puisse sçavoir où trouver ce Témoin, lorsqu'il sera question de le faire assigner, pour le Recollement & Confrontation; comme aussi afin qu'on puisse en même-tems s'enquérir sur les lieux, des vies & mœurs de ce Témoin, & s'il n'a pas été repris de Justice. L'on peut dire encore, que l'Ordonnance, en exigeant par cet Article, l'énonciation d'un domicile, veut par-là donner à entendre que les Témoins qui n'ont point de domiciles certains, tels que les *Mendians, Vagabons, Gens sans aveu*, ne doivent point être entendus en Déposition, ou du moins, que ces Qualités doivent diminuer beaucoup de la force de leurs Dépositions.

VII. 5°. S'IL N'EST POINT SERVITEUR OU DOMESTIQUE *des Parties*, c'est-à-dire, tant des Parties Civiles ou Publiques, que de l'Accusé; parce que ces Qualités font présumer une inclination naturelle d'obliger ceux dont on dépend: tellement que la Loi ne permet d'entendre ces Domestiques en Déposition, pour ou contre leurs Maîtres, que lorsqu'il s'agit de Crimes atroces, tels que ceux de Lèze-Majesté, Divine & Humaine, dont la preuve ne peut s'acquérir d'une autre maniere. *V.* l. *Quoties de Naufrag.* & l. *Consensu.* au COD. *de Repud.*

Au reste, il est important d'observer que ces Mots *Serviteurs & Domestiques*, ne sont point synonimes, & que le Juge doit avoir attention de ne point les confondre. Il y a plusieurs Arrêts qui ont annullé des Informations, sur le fondement que le Juge s'étoit contenté de n'y insérer qu'un de ces Mots : un entr'autres du 8 Avril 1702, rapporté par Bornier, sur cet Article.

Sous le nom de *Serviteur*, on entend un Laquais, une Servante, une Femme de Chambre, un Cocher, Porteur, Valet de pied, Cuisinier, Palefrenier, Postillon, Coureur, & autres portans livrée.

Sous le Nom de *Domestique*, sont compris les Secrétaires, Intendans, Agens d'Affaires, Maîtres d'Hôtel, Précepteur, Aumônier, Commis, & généralement tous ceux qui sont à gages, ou Commensaux; comme aussi les Fermiers, Laboureurs, Cultivateurs, Censitaires, lorsque le bien qu'ils exploitent est considérable. On peut encore y comprendre les *Vassaux*, à l'égard de leurs Seigneurs; & les Gentilshommes qui sont attachés auprès d'un Prince ou d'un Grand, quoiqu'ils n'ayent point d'emploi particulier, ni service; mais non point les *Locataires* des Maisons, lesquels ne doivent être regardés, à l'égard des Propriétaires, que comme de simples Débiteurs. A plus forte raison, on ne doit point comprendre sous ce Nom, les Confesseurs, Avocats, Procureurs, Médecins & Chirurgiens ordinaires des Parties. Nous verrons cependant ci-après, en traitant des Reproches, les Cas particuliers où ceux-ci ne peuvent être entendus en Déposition : nous verrons même au sujet des Monitoires, qu'on ne peut les contraindre à venir à révélation.

VIII. 6°. S'il n'est point Parent et Allié *des Parties, & en quel degré.* Le motif de cette demande n'est pas tant fondé, sur ce que la Qualité de Parent & d'Allié, rend absolument incapable d'être oüi en témoignage, dans la Cause de ceux à qui l'on est attaché par les liens du Sang & de l'Alliance; car, si le Législateur l'avoit entendu ainsi, il auroit fait des défenses expresses sur cet Article, comme il a fait sur l'Art. 11 du Tit. 22 de l'Ordonnance de 1667, qui porte » que les Parens & Alliés » des Parties, jusqu'aux Enfans des Cousins issus de germain inclusivement, ne pourront être témoins pour déposer en leur faveur, ou contr'eux, & que leur Déposition sera rejettée. Mais on peut dire qu'il est fondé principalement sur ce que, comme parmi les Parens & Alliés, il y en a dont la proximité ou la liaison est telle, qu'on doit regarder leur Cause comme commune avec celle des Parties qui les font entendre, ou contre lesquelles on voudroit les faire déposer, tels que les Peres & Meres, vis-à-vis de leurs Enfans, les Maris à l'égard de leurs Femmes, les Freres à l'égard des Sœurs, les Beaux-Peres ou Belles-Meres à l'égard de leur Gendres ou Brus; & *VICE VERSA* (*Lege enim Julia cavetur ne invito Testimonio denoncietur adversùs eos qui sunt in priore gradu. V.* L. 4 & 5 *de Testib.*) & qu'il y en a d'autres dont les intérêts ne sont point liés aussi étroitement, à cause de l'éloignement du degré de Parenté ou d'Alliance, l'Ordonnance a voulu, que le Juge mette une distinction entre ces différens Parens & Alliés, & qu'il se conforme sur ce point à la Disposition des Loix, en admettant généralement les Dépositions des derniers, sauf à y avoir tel égard que de raison, suivant la nécessité ou solidité de leur témoignage; & en ne recevant celles des premiers, que dans les seuls cas qui sont formellement exceptés par ces mêmes Loix, comme en fait de Crime de Lèze-Majesté, ou d'autres Crimes atroces, qui ne peuvent se prouver d'une autre maniere.

L'Ordonnance pour la Lorraine, contient sur ce Point une Disposition si sage, que nous ne croyons pouvoir proposer une meilleure Régle en cette Matiere, » Les Parens ou Alliés, » *porte l'Article 5 du Titre* 4, de l'Accusateur ou de l'Accusé » en ligne directe, en quelque degré que ce soit, ne seront reçus pour Témoins, non plus qu'en ligne Collatérale, jusqu'aux » Enfans des Cousins issus de Germain, inclusivement; sauf aux » Juges, dans des occasions importantes, d'entendre les Parens » ou Alliés, & degrés ci-dessus de la ligne Collatérale, ensemble les Domestiques de l'Accusateur ou de l'Accusé, comme » Témoins nécessaires dans les Délits *occultes*, lorsqu'il y aura » défaut d'autres Preuves; ce que nous laissons à leur honneur » & conscience, & sauf d'avoir à leur Déposition tel égard que » de raison.

V. au surplus ce qui sera dit sur l'Art. 16 du Tit. 15 ci-après, au sujet des différens Reproches qui peuvent être fournis contre les Témoins.

IX. ENFIN, nous avons dit que le Juge étoit tenu, en 3e lieu, de faire Mention dans l'Information, de toutes les Formalités dont on vient de parler; c'est-à-dire, qu'à la tête de chaque Déposition, il doit faire mention du Serment porté par le Témoin, & de ses déclarations sur les demandes qui lui ont été faites, conformément au présent Article : ensorte qu'il ne suffiroit pas de faire cette mention en général, dans une premiere Déposition à laquelle on renvoyeroit toutes les autres ; c'est ce qui a été jugé par l'Arrêt du 17 Août 1706, que nous avons cité ci-devant.

X. C'est à la suite de toutes ces Formalités, que le Juge fera faire Lecture au Témoin, de la Plainte, afin qu'il sache pourquoi il est assigné, & surquoi doit rouler sa Déposition.

ARTICLE VI.

» LES Juges, même ceux de nos Cours, ne pourront » commettre leurs Clercs ou autres Personnes, pour » écrire les Informations qu'ils feront dedans ou dehors » leur Siége, s'il y a un Greffier ou un Commis à l'exer- » cice du Greffe; si ce n'est qu'ils fussent absens, ma- » lades, ou qu'ils eussent quelqu'autre légitime Empê- » chement.

SOMMAIRE.

I. *Ancien Abus réformé par cet Article.*
II. *Sur quoi fondée la nécessité de l'Assistance d'un Greffier.*
III. *Arrêt qui a déclaré une Procédure nulle, pour Cause de Parenté entre le Juge & le Greffier.*
IV. *Seigneurs responsables des Malversations de leurs Greffiers.*
V. *Greffiers responsables des Malversations de leurs Commis au Greffe.*
VI. *Cas particulier où le Juge peut commettre au lieu & place du Greffier ou du Commis au Greffe.*
VII. *Personne qu'il choisira à cet effet, doit être Majeure.*
VIII. *Doit lui faire prêter Serment.*

I. EN prescrivant aux Juges la nécessité d'avoir un Greffier pour écrire les Informations, l'Ordonnance a voulu, par cet Article, réformer les abus journaliers qui naissoient de la liberté indéfinie, qu'avoient anciennement les Juges, de commettre, à cet effet, leurs Clercs, ou telle autre Personne qu'ils jugeoient à propos, au préjudice des Greffiers ordinaires, ou des Commis Jurés au Greffe.

II. Ayraut, Liv. 2, n. 38, de son Ordre Judiciaire, établit fort bien la nécessité qu'il y a, que le Juge soit assisté d'un Greffier en cette occasion, & les Qualités qu'il doit avoir; lorsqu'il dit, qu'il est grandement requis pour la foi & fidélité de l'Acte, que l'un dicte, & l'autre écrive; que l'un ordonne, & l'autre soit le Gardien des Ordonnances; & que si l'Acte n'étoit attesté que d'un seul, il seroit aisé de le falsifier.... que c'est par cette raison que les Juges, dans les Actes de Procédures qu'ils font, prononcent toujours au pluriel, *nous avons dit, ordonné, disons & ordonnons*.... Enfin, cet Auteur observe, qu'à cause de l'importance des Fonctions du Greffier, il ne doit être ni le Serviteur ni le Domestique du Juge. Il ne doit point être son Serviteur, parce que, *dit-il*, bien qu'il soit au nombre des Ministres de la Justice, c'est l'ordre d'entr'eux le plus honorable, & où la fidélité & l'intégrité sont le plus réquises, suivant le Passage de Cicéron, *Pericula Magistratuum eis committuntur*; encore moins doit-il être son Domestique, parce qu'il est comme son Contrôleur.

III. Il faut dire encore, par une suite du même Principe, que le Greffier ne doit être ni Parent ni Allié du Juge. Aussi, par Arrêt du Parlement de Provence, du 10 Mars 1674, rapporté par Boniface, Tom. 5, Liv. 3, Tit. 6, Ch. 4, une Procédure Criminelle fut déclarée nulle pour cause de Parenté entre le Commissaire & le Greffier.

IV. Par l'Art. 17 de l'Arrêt de Réglement des Grands Jours de Clermont, du 10 Décembre 1665, il est porté, que les Greffes ne pourront être exercés que par Personnes dont la conduite soit sans reproches, du fait desquels les Seigneurs qui les auront nommés, demeureront responsables civilement.

V. Pour ce qui concerne les Commis Jurés aux Greffes, quoiqu'ils ayent été créés en titre d'Office, par Edit d'Henri III. en 1575, à la charge de faire Serment en Justice; les Greffiers, auxquels ils sont subordonnés dans leurs Fonctions, doivent, aux termes du même Arrêt de Réglement que nous venons de citer, veiller à leur conduite, tellement, qu'ils sont responsables des malversations que ces Commis peuvent faire dans leurs Fonctions. *V.* aussi l'Art. 78 de l'Ordonnance d'Orléans, & Papon, dans ses Arrêts, Liv. 1, Tit. 6.

VI. Mais, comme il pourroit arriver que tant les Greffiers que les Commis au Greffe, ne se trouveroient point présens sur les lieux, pour écrire les Informations, soit parce qu'ils seroient malades ou auroient quelqu'autre légitime empêchement; ou bien qu'ils seroient récusables comme étant Parens de l'une des Parties; ou enfin si le cas requéroit une extrême célérité, comme en *Flagrant-délit*; l'Ordonnance n'a pas voulu que l'Instruction en fût pour cela retardée, c'est pourquoi, par une derniere Disposition de ce même Article, elle autorise les Juges dans tous ces Cas, à commettre leurs Clercs ou telle autre Personne qu'ils jugeront à propos.

VII. Néanmoins, suivant la Jurisprudence des Arrêts, le Juge ne doit user de cette Faculté qu'avec les deux précautions suivantes. La *premiere*, que celui qu'il choisira pour faire les Fonctions de Greffier, soit *Majeur*. Ainsi jugé par Arrêt du 13 Juin 1709, sur les Conclusions de M. l'Avocat Général Daguesseau, depuis Chancelier, par lequel il est fait Défenses aux Officiers de la Châtellenie d'Availles, de commettre, en cas d'absence, Récusation, Maladie, ou autre légitime Empêchement du Greffier Ordinaire, aucun autre Greffier, pour en faire la Fonction, qu'il n'ait vingt-cinq ans accomplis, à peine de nullité, & de répondre en leur propre & privé nom, des dépens, dommages & intérêts des Parties. Il y en a encore un autre du 25 Avril 1716, contenant un Réglement particulier à ce sujet.

VIII. La *seconde*, que le Juge doit faire prêter Serment à celui qu'il commettra pour faire la Fonction de Greffier, au commencement de la Procédure; & il en doit être fait Mention en tête du premier Article de cette Procédure, à peine de nullité. C'est encore ce qui a été jugé par Arrêt du 28 Mai 1696, contre le Lieutenant de la Maréchaussée de Lyon, & par un autre du 19 Septembre 1711, contre le Juge de Dampierre.

Au surplus, nous verrons sur les Articles suivans, les Devoirs qui leur sont communs avec les autres Greffiers, en cette Matiere.

ARTICLE VII.

» POURRONT néanmoins ceux qui exécuteront » des Commiſſions émanées de Nous, commettre telles » Perſonnes qu'ils aviſeront, auſquelles ils feront préter » le Serment.

SOMMAIRE.

I. *Cet Article contient une Exception au précédent.*

II. *Les Commiſſaires du Parlement ſont-ils compris dans l'Exception portée par cet Article.*

III. *Diſtinction entre les Commiſſaires du Parlement, & les Juges commis par le Parlement.*

I. NOUS venons de voir ſur l'Article précédent, que tous Juges, même ceux des Cours, ne pouvoient commettre Perſonne au lieu du Greffier ou du Commis au Greffe, ſi ce n'eſt en Cas de Maladie, Abſence, ou légitime Empêchement de ceux-ci. L'Ordonnance établit par celui-ci, une Exception en faveur des Commiſſaires du Roi ou du Conſeil, qu'elle autoriſe généralement dans tous les Cas, à commettre, pour faire Fonction de Greffier, toutes Perſonnes qu'ils aviſeront, en leur faiſant prêter Serment, & même en leur donnant des Commiſſions par Ecrit, ainſi qu'il a été jugé par un Arrêt de Grenoble, de l'an 1461, rapporté par BORNIER, d'après MATHEUS, *de Afflict.* & PAPON.

II. IL fut queſtion, lors du Procès-verbal de Conférence ſur cet Article, de ſçavoir ſi cette Exception devoit regarder pareillement Ceux qui exécutent des Commiſſions émanées des Parlemens; mais, comme on ne jugea point à propos de faire aucune Diſtinction à ce ſujet, il y a lieu de les regarder comme compris dans la Diſpoſition de cet Article. C'eſt auſſi ce qui réſulte de l'Art. 17 de ce Titre, qui concerne la Remiſe des Minutes, qui doit être faite par ces ſortes de Greffiers-Commis, après la Procédure achevée.

III. AU RESTE, par COMMISSAIRES DU PARLEMENT l'on veut parler ſeulement des Membres du Parlement qui ſont députés & commis par ce Tribunal, pour procéder à une Inſtruction

tion Criminelle, & non point des Juges Inférieurs de son Ressort, qu'il juge à propos de commettre en certains Cas. Ceux-ci ne doivent point jouir du Privilége dont il s'agit ici, mais doivent se conformer à la Disposition de l'Article 169 de l'Ordonnance de Blois, suivant lequel tous Juges, exécutans les Commissions qui leur sont adressées, sont tenus de prendre, pour écrire sous eux, le Greffier de leur Siége ou son Commis, & non leurs Clercs, à peine de nullité. Ce qui ne doit s'entendre néanmoins qu'avec les Modifications portées dans le précédent Article de cette Ordonnance, par rapport aux Cas de Flagrant-Délit, d'Absence, Récusation, Maladie, ou autre Empêchement légitime du Greffier ordinaire.

ARTICLE VIII.

» DÉFENDONS l'Usage des Adjoints dans les » Informations, sinon ès Cas portés par l'Edit de Nantes.

SOMMAIRE.

I. *Anciennement les Adjoints se prenoient parmi les Gradués.*
II. *Supprimés par l'Article 12 du Titre des Enquêtes de l'Ordonnance de 1667.*
III. *Conservés à l'égard des Calvinistes, jusqu'à la Révocation de l'Edit de Nantes.*
IV. *Espéce d'Adjoints qui a encore lieu dans les Commissions du Conseil.*
V. *Et pareillement dans les Officialités.*

POUR l'Intelligence de cet Article, il faut observer, qu'avant l'Ordonnance, on étoit dans l'Usage d'admettre, pour la Confection, tant des Informations, que des Enquêtes, de certaines Personnes, pour servir d'*Adjoints* aux Juges qui présidoient.

I. CES Adjoints, qui d'abord étoient choisis parmi les Gradués, ont ensuite été créés en Titre d'Office par les Edits de 1578 & 1580.

II. MAIS l'Expérience ayant fait voir, que leurs Fonctions étoient le plus souvent inutiles & toujours fort onéreuses aux Parties, le feu Roi LOUIS XIV, de glorieuse Mémoire, jugea à propos de les supprimer. Ce qu'il fit par l'Art. 12 du Titre 22 des Enquêtes de l'Ordonnance de 1667.

III. Il paroît néanmoins, suivant la Disposition du présent Article, que l'Usage de ces Adjoints s'étoit conservé depuis ce tems-là en certains Cas, & notamment en ce qui concernoit le Privilége particulier qui avoit été accordé aux Calvinistes par l'Edit de *Nantes*, de ne pouvoir être jugés, tant au Civil, qu'au Criminel, que par des Juges *Mipartis*, c'est-à-dire, moitié Catholiques & moitié Calvinistes. Mais, comme cet Edit de Nantes a été révoqué par l'Edit du mois d'Octobre 1685, postérieurement à la présente Ordonnance; l'Exception portée par cet Article, qui étoit fondée sur la Diversité des Religions, & sur les Divisions qu'elle pouvoit causer, est devenue dèslors sans application & sans objet.

IV. Cependant, l'Usage des Adjoints a encore lieu dans les Commissions qui sont données par Arrêts du Conseil, aux Intendans des Provinces, pour juger en dernier Ressort.

V. Nous verrons aussi dans la troisiéme Partie, que les Officiaux ont coutume de prendre des Adjoints pour les assister dans leurs Jugemens.

ARTICLE IX.

» La Déposition sera écrite par le Greffier, en pré-
» sence du Juge, & signée par lui, par le Greffier &
» le Témoin, s'il sçait ou peut signer; sinon en sera
» fait Mention, & chaque page sera cottée & signée par
» le Juge, à peine de tous dépens, dommages & intérêts.

Sommaire.

I. *L'Omission des Formalités prescrites par cet Article n'emporte Nullité.*

II. *Pourquoi le Greffier doit-il écrire la Déposition en présence du Juge?*

III. *Pourquoi la Déposition doit-elle être signée par le Témoin, le Juge & le Greffier?*

IV. *Pourquoi le Juge doit-il cotter & signer au bas de chaque Page?*

V. *Paraphe n'est ici nécessaire, comme en l'Article 13 du Titre 14.*

I. Cet Article renferme trois Dispositions, auxquelles le Juge est tenu de se conformer, non point à peine de nullité, comme il est dit dans les précédens ; mais seulement à peine de tous dépens, dommages & intérêts envers l'Accusé.

Par la 1re, l'Ordonnance exige que la Déposition soit écrite par le Greffier, en présence du Juge. Par la 2e, que cette Déposition soit signée, tant par le Témoin, que par le Juge & le Greffier ; & que si le Témoin ne sçait, ou ne veut signer, il en soit fait mention. Enfin, par la 3me, que le Juge cotte & signe lui-même chaque page de l'Information. Toutes ces Dispositions sont fondées sur des Motifs également sages.

II. 1°. En exigeant que le Greffier écrive la Déposition en présence du Juge, l'Ordonnance exclud, par-là les Dépositions que le Témoin donneroit *par écrit*. Il faut cependant excepter, à cet égard, les Muets & autres Personnes dont il sera parlé sur l'Article suivant.

L'Ordonnance donne aussi à entendre par-là, que le Juge ne doit point écrire lui même la Déposition ; mais qu'elle doit être écrite sous sa dictée, ou sous celle du Témoin, s'il est en état de le faire.

Au reste, l'Ordonnance veut que ce soit le Greffier qui l'écrive, parce que, comme nous l'avons vû sur l'Art. 6, il est le Contrôleur du Juge. Mais en même-tems, elle veut aussi que ce Greffier ne puisse l'écrire qu'en présence du Juge, tant pour empêcher qu'il ne s'y glisse rien d'inutile, d'obscur ou d'équivoque ; que parce que, comme le remarque THEVENEAU, le Juge, par son état, a une vertu particuliere pour pouvoir discerner le vrai d'avec le faux ; & qu'en exerçant la Justice, il a en lui la puissance de Dieu, qui est la clef de la vérité, & qu'autres Personnes que lui n'ont pas, comme Greffiers, Adjoints, &c. & c'est pour cela, *ajoute cet Auteur*, que les Ordonnances ont voulu que les Juges informent en personne. *V.* THEVEN. Tit. 13, Art. 3, pag. 435.

III. 2°. En exigeant que la Déposition soit signée, tant par le Témoin, que par le Juge & par le Greffier ; l'Ordonnance a voulu par-là, non-seulement éviter la soustraction de quelques feuillets de l'Information, qui emporteroit nécessairement la Déposition de quelque Témoin ; mais encore s'assurer, si cette Déposition a été effectivement écrite par le Greffier, en présence du Juge, & si elle a été faite par le Témoin, qui se lie d'ailleurs envers la Justice par cette signature, de maniere qu'il ne peut plus se rétracter, quoiqu'il puisse changer ou diminuer sa Déposition, comme nous le verrons sous le Tit. 15.

Mais, supposé que le Témoin ne sçût ou ne voulût signer, l'Ordonnance qui a prévû ce cas, dans le présent Article, veut qu'il en soit fait mention dans l'Information; c'est-à-dire, tant sur la Minute que sur la Grosse de cette Information, conformément à l'Art. 18 du *Titre* des Enquêtes de l'Ordonnance de 1667, qui, comme nous l'avons dit, doit servir de régle, dans les Cas de Procédure non exprimés dans la Présente.

IV. 3°. ENFIN, quant à l'Obligation particuliere que l'Ordonnance impose au Juge, de cotter & signer au bas de chaque page de l'Information; elle a pour objet d'empêcher, qu'il ne puisse rien être ajouté ni retranché de la Déposition de chaque Témoin.

La Cotte de chaque page doit se mettre au-dessus de l'écriture, & en lettres entieres, par *Premiere*, *Seconde*, &c. & non en chiffre.

V. IL est a observer qu'il n'est parlé ici que de *Cotte*, & non de *Paraphe* du Juge; quoique l'une & l'autre de ces formalités, se trouvent également prescrites par l'Art. 13 du Titre 14 ci-après, relativement aux Interrogatoires.

ARTICLE X.

» LA Déposition de chacun Témoin sera rédigée à » Charge ou à Décharge.

SOMMAIRE.

I. *L'Information est comme la Glace d'un Miroir.*
II. *Régles que le Juge doit suivre pour bien rédiger une Déposition suivant les Auteurs.*
III. *Application de ces Régles à nos Usages.*
IV. *Quatre Points principaux sur lesquels doit rouler une Déposition.*
V. *Juge ne peut procéder à l'Information par forme d'Interrogatoire.*
VI. *Cas exceptés suivant les anciennes Ordonnances.*
VII. Quid, *si le Témoin étoit Sourd?*
VIII. Quid, *s'il n'entendoit pas la Langue Françoise?*
IX. Quid, *s'il étoit Muet?*
X. *Cas où le Témoin peut lire sa Déposition qu'il a mise par écrit.*
XI. Quid, *si ce Témoin déclare avoir une Piéce de Conviction en son pouvoir?*

NOUS venons de voir, par les Articles précédens, les Formalités extérieures qui doivent accompagner les Dépositions. Celui-ci concerne singuliérement le Fond & la substance de ces Dépositions.

I. L'INFORMATION n'étant autre chose qu'une exacte Perquisition de la vérité des faits; pour y bien procéder, il est donc du devoir d'un bon Juge de ne rien négliger de tout ce qui peut tendre à la découverte de cette vérité, & par conséquent de n'omettre, dans la rédaction des Dépositions, aucune des circonstances qui peuvent servir à faire décharger l'Accusé, comme de celles qui tendent à le convaincre du Crime. C'est ce qui a fait dire à nos Auteurs, que l'Information étoit comme une Glace d'un Miroir, qui doit représenter les objets tels qu'ils sont, sans augmenter, diminuer, ni altérer en quelque maniere que ce puisse être.

II. CARONDAS, dans ses Notes sur le Code *Henry*, en rend cette raison, que le Juge doit être neutre, sans s'incliner en la faveur ou haine de l'une ou l'autre Partie; & que l'Information étant le fondement de la Procédure Criminelle, il ne sçauroit donner trop d'attention, pour qu'elle soit exactement faite, & que les circonstances du Crime en soient développées; qu'ainsi il ne doit pas seulement s'enquérir si le Crime a été commis, par qui & pour quelle cause; mais encore chercher à s'assurer de la Qualité & Mœurs des Personnes de l'Accusateur & de l'Accusé, du Lieu, du Tems, des Moyens, & si les Témoins déposent pour avoir vû ou seulement oüi, & comment, si par certitude ou autrement. THEVENEAU fait la même remarque. Tel est aussi le sentiment de JUL. CLAR. en sa Prat. Crim. Quest. 60, où il atteste l'avoir toujours vû pratiquer; *ex Consuetudine à quà non est recedendum. V.* encore GUYPAPE, Decis. 355.

III. SUIVANT ces Principes, pour procéder réguliérement en cette Matiere, le Juge doit donc, après avoir fait faire lecture au Témoin de la Plainte, entendre de suite sa Déposition, & la faire rédiger par le Greffier, telle qu'il la rend, sans y procéder par forme d'Interrogatoire; en observant néanmoins de n'y laisser insérer que des circonstances essentielles, & qui soient relatives aux faits portés par la Plainte.

IV. Ces Circonstances doivent rouler principalement sur ces quatre Points principaux.

1°. Sur le *Fait* du Crime en lui-même, c'est-à-dire, sur la Cause qui l'a fait commettre, sur le Lieu, le Tems où il a été commis, l'Instrument avec lequel on a pû le commettre, si c'est avec Bâtons, Pierres ou autre chose.

2°. Sur la *Personne du Témoin*, s'il est reprochable par sa Qualité. *V.* Art. 5 ci-devant.

3°. Sur la *Maniere* dont il s'explique, par rapport à la Connoissance qu'il dit avoir du Crime; si c'est pour avoir vû le commettre, ou seulement pour avoir entendu le bruit des Coups, les Plaintes du Blessé, & les Menaces que l'Accusé faisoit alors; s'il a reconnu la voix de l'un & de l'autre; comment & à quelle distance il a vû & entendu; s'il sçait qu'il y a eû querelle précédente entr'eux, & lequel a été l'Aggresseur; quand on en est venu aux Coups, si c'est l'Aggresseur ou le Plaignant; s'il dépose du fait même du Crime, ou seulement de ses Circonstances; s'il ne vacille point, & s'il rend raison de ce qu'il dit; ou bien si la Déposition ne roule que sur une simple Opinion fondée sur quelque vraisemblance.

4°. Le Juge doit aussi considérer la *Personne de celui qui est accusé*, c'est-à-dire, observer son Age, son Sexe, son Etat ou sa Profession; observer aussi s'il n'a point de Profession, ou s'il n'exerce point celle qu'il a; si l'on ne peut sçavoir d'où il tire sa subsistance; s'il est bien ou mal fâmé; s'il passe pour être dangereux & violent; s'il est sain ou non d'entendement; le tout relativement à la Qualité du Crime pour lequel il est poursuivi.

V. Nous avons dit, que l'Information ne devoit point se faire par forme d'Interrogatoire; c'est ce qui a été jugé par plusieurs Arrêts de la Cour, & deux entr'autres, l'un du 8 Juin 1721, & l'autre du premier Mars 1728, contre le Juge d'Etampes.

VI. Il faut cependant excepter les Cas, où le Témoin omettroit de s'expliquer sur quelqu'un des faits que nous venons d'indiquer, soit par défaut d'intelligence, comme il arrive ordinairement à l'égard des Témoins *Campagnards*, ou de simples Ouvriers & Artisans; soit parce que les Faits ne se trouveroient point exactement énoncés dans la Plainte: alors il n'y a pas de difficulté que le Juge ne soit autorisé à les Interroger, en vertu de cette clause générale, *Circonstances & Dépendances*, qui se trouve portée dans la Plainte & dans la permission d'Informer; cela lui est même enjoint expressément par les anciennes Ordonnances; notamment par celle de FRANÇOIS I. en Octobre 1525, Art. 6, Ch. 7, qui porte » Que tous Commissaires qui examineront Témoins, seront tenus de les interroger, de la Raison, » de leur Dire & Déposition; & icelles Raisons rédiger par Ecrit, » avec la Déposition des Témoins tout au long, sans abréger & » sans référer les Dépositions les unes aux autres, sur peine » d'amende arbitraire.

VII. QUE si le Témoin étoit *Sourd*, il faudra lui faire prendre Lecture de la Plainte.

VIII. QUE s'il n'entend pas la *Langue Françoise*, il faudra lui donner un Interprête, auquel on fera prêter Serment par un Acte séparé, & signer la Déposition: le tout conformément à l'Article 11 du Titre 14 de cette Ordonnance. C'est aussi ce qui a été jugé par Arrêt du 20 Février 1696, contre le Lieutenant Général de l'Amirauté de Dunkerque.

IX. ENFIN, s'il est *Muet*, il pourra écrire sa Déposition, & la donner ensuite à copier au Greffier, & la signer, après que le Juge lui aura fait faire par Ecrit les observations convenables sur les Omissions qui pourroient s'y rencontrer.

X. AU RESTE, le Témoin doit déposer *verbalement*, & non pas *lire* sa Déposition, qu'il auroit mise par écrit; cette Précaution la rendroit suspecte, à moins qu'il ne fût d'un certain âge, où la Mémoire pourroit être affoiblie, ou bien qu'il n'eût pas la Parole libre, ou même qu'il eût lieu de se défier de sa Mémoire. Ces trois Exceptions sont remarquées par AYRAUT, en son Ord. Judic. L. 3, Art. 2, n. 34 & suiv. MASUER, en sa Prat. Tit. 17, n. 53, ajoute qu'en général cela doit dépendre de la Prudence du Juge, conformément à la Loi *Discretio*, au Cod. *Qui Testim. facere poss.*

XI. QUE si le Témoin, lors de sa Déposition, déclaroit avoir en sa puissance quelque Papier tendant à *Conviction*, le Juge devroit le lui faire représenter, & en faire Mention dans la Déposition même, ou bien en dresser un Procès-verbal.

ARTICLE XI.

» LES Témoins seront oüis sécrettement & séparé- » ment, & signeront leur Déposition, après que Lecture » leur en aura été faite, & qu'ils auront déclaré qu'ils » y persistent; dont Mention sera faite par le Greffier, » sous les peines portées par l'Article 5 ci-dessus.

SOMMAIRE.

I. *Cas où le Témoin peut être entendu dans la Maison du Juge.*
II. *Disposition de cet Article conforme à celle de l'Ordonnance de 1525.*
III. *Témoins ne doivent être entendus en présence de l'Accusé, ni de la Partie Civile.*
IV. *Quid, à l'égard de la Partie Publique?*
V. *Pourquoi les Témoins doivent-ils être entendus séparément?*
VI. *Comment doit être faite la lecture au Témoin de sa Déposition? Et pourquoi?*
VII. *Que veulent dire ces mots, s'il persiste?*
VIII. *Même Disposition que l'Art. 9, par rapport à la Signature du Témoin ou Mention de son refus.*
IX. *Trois Mentions différentes prescrites au Greffier par cet Article.*

CET Article concerne les Formalités extérieures qui doivent accompagner & suivre la Déposition : elles sont prescrites aux Juges sous les mêmes Peines que celles portées par l'Article 5; sçavoir, la nullité de la Déposition, & des dépens, dommages & intérêts des Parties. Ces Formalités sont de cinq espéces.

I. LA 1re consiste, en ce que les Témoins doivent être oüis *sécrettement*, c'est-à-dire, dans un lieu secret & à huis clos, tel que la Chambre du Conseil, la Chambre de la Géole ou le Greffe. Ils ne peuvent, par conséquent, être entendus dans la maison du Juge, ni ailleurs, si ce n'est en cas de Flagrant-Délit ou de Maladie des Témoins; c'est la Disposition de l'Arrêt de Réglement de la Cour du 10 Juin 1711, contre le Lieutenant Criminel de Blois.

II. LA Disposition de l'Ordonnance est conforme, sur ce point, à à celle de l'Art. 25 de l'Ordonnance de François Premier, du mois d'Octobre 1525, qui porte; » Que les Procès Criminels » feront faits & instruits le plus diligemment & le plus secrette- » ment que faire se pourra, en telle maniere qu'aucun ne soit » averti, pour éviter les Informations & Jugemens qui pourront » se faire en cette matiere. *V.* THEVEN. Tit. 6, Art. 20.

III. IL fuit de-là, que le Juge ne peut entendre les Témoins en présence de l'Accusé, ni pareillement en présence de la Partie Civile, dont la Crainte ou la Considération pourroit retenir ou corrompre leur témoignage. C'est aussi la Disposition de l'Art. 15 du Titre des Enquêtes de l'Ordonnance de 1667.

IV. LES Procureurs du Roi, qui sont aussi Parties dans l'Instruction, ne peuvent pareillement assister à l'Information; mais seulement en avoir communication après qu'elle est faite, pour donner leurs Conclusions préparatoires; comme nous le verrons sur l'Art. 15 ci-après.

V. UNE 2e Formalité prescrite par cet Article, c'est que les Témoins doivent être oüis *séparément*. Cette Disposition, qui est conforme à celle du Droit Canonique, (*V.* Cap. *venerabilis* EXTRA *de Testib.*) & à l'Art. 6 de l'Ordonnance de François Premier que nous venons de citer, a pour objet d'empêcher qu'il n'y ait de la connivence entre les Témoins, & qu'ils ne se modélent les uns sur les autres, pour ou contre l'Accusé. *V.* MASUER, Prat. Tit. 17, n. 10.

VI. UNE 3e Formalité portée par ce même Article, c'est qu'après que le Témoin a déposé, Lecture doit lui être faite de sa Déposition. Cette lecture doit être faite par le Greffier, à haute & intelligible voix, de maniere que le Témoin puisse l'entendre, afin qu'il soit par-là averti plus particuliérement de bien penser à ce qu'il a déposé; & de lui ôter tout prétexte de varier ou de se rétracter après que sa Déposition lui a été répétée.

VII. UNE 4e Formalité recommandée au Juge par cet Article, c'est de demander au Témoin s'il *persiste* dans sa Déposition, c'est-à-dire, s'il n'a rien à y ajouter ou diminuer. Nous verrons sur l'Article suivant, ce que doit faire le Juge, si ce Témoin déclare qu'il veut ajouter ou diminuer.

VIII. UNE 5e Formalité, c'est qu'après que le Témoin aura

déclaré qu'il persiste dans sa Déposition, le Juge doit la lui faire signer. L'Ordonnance renouvelle ici la Disposition de l'Art. 9 de ce Titre, qui veut qu'en cas que le Témoin ne sache, ou ne puisse signer, il en soit fait mention. Nous avons vû sur le même Art. 9, sur quoi est fondée la nécessité de cette Signature, ou de cette Mention.

IX. ENFIN, une 6e & derniere Formalité prescrite par cet Article, consiste dans la Mention qui doit être faite par le Greffier, de la lecture faite au Témoin de sa Déposition & de sa Déclaration qu'il y persiste; comme aussi de la Signature de ce même Témoin, ou de la Mention de son refus. Toutes ces Mentions doivent être faites sur la Minute & sur la Grosse, conformément à l'Art. 16 du Titre des Enquêtes, de l'Ordonnance de 1667.

ARTICLE XII.

» AUCUNE interligne ne pourra être faite, & sera » tenu le Greffier faire approuver les Ratures, & signer » les Renvois par le Témoin & par le Juge, sous les » mêmes peines.

SOMMAIRE.

I. *Conformité de cet Article avec l'Ordonnance Civile, par rapport aux Interlignes.*
II. *Qu'entend-t-on par Ratures?*
III. *Qu'entend-t-on par Renvoi?*
IV. Quid, *si l'Accusé veut changer quelque chose en sa Déposition, après la Lecture?*
V. *N'est plus reçu à faire ces changemens, dans le tems que le Juge procéderoit à l'Audition d'un autre Témoin, & pourquoi?*
VI. *Renvois doivent-ils être signés par le Greffier?*

LES précautions marquées par cet Article, concernent les vices extérieurs qui peuvent se trouver dans une Déposition, tels que les *Interlignes*, les *Ratures*, & les *Renvois*; & elles sont prescrites sous les mêmes peines que celles portées par l'Art. 5, & par le précédent; sçavoir, la nullité, avec les dépens, dommages & intérêts des Parties.

I. 1°. QUANT aux *Interlignes*, elles sont absolument défendues par cet Article, qui est conforme sur ce point à l'Art. 18 du Titre des Enquêtes, de l'Ordonnance de 1667.

II. 2°. A l'égard des *Ratures*, l'Ordonnance veut, que s'il y en a quelqu'une dans une Déposition, elle soit approuvée & signée, tant par le Témoin que par le Juge; c'est-à-dire, que s'il se trouvoit quelqu'endroit de la Déposition, que le Témoin veuille changer, soit pour ne s'être pas bien expliqué, soit parce que le Juge n'auroit pas bien pris sa pensée, & qu'en conséquence cet endroit ait été effacé; la Rature qui en sera faite, doit être approuvée & signée, tant par le Témoin que par le Juge; & si ce Témoin ne sçavoit pas signer, la Rature sera signée par le Juge seulement.

III. 3°. PAR rapport aux *Renvois*, l'Ordonnance veut qu'ils soient également approuvés & signés par le Témoin & par le Juge. L'on entend par *Renvoi*, les Phrases ou Lignes qui sont mises en marge de la Déposition, & qui contiennent les omissions ou changemens que le Témoin voudroit faire pendant le cours de sa Déposition, & avant la lecture qui lui en seroit faite. *V.* le même Art. 18 du Titre des Enquêtes, de l'Ordonnance de 1667.

IV. PAR conséquent, si le Témoin vouloit faire des Changemens après cette lecture; le Juge ne pourroit plus les mettre par renvoi & en marge de la Déposition; mais seulement à la suite de la Déposition, & par *ajoutance*; & il doit ensuite les faire lire & signer par le Témoin, & les signer lui-même.

V. QUE si le Témoin attendoit à vouloir faire ces changemens ou augmentations, après que le Juge auroit procédé à l'Audition d'un autre Témoin; il n'y seroit plus reçu, & il ne lui resteroit plus alors d'autre Voie pour les faire admettre, que celle du Récollement, lors duquel nous verrons que le Témoin peut augmenter ou diminuer sa Déposition, sans néanmoins pouvoir la rétracter dans des circonstances essentielles. Cette exclusion est fondée sur la Maxime constante de notre Jurisprudence, qu'on ne peut entendre deux fois en Déposition un Témoin sur un même fait. *V.* l'Arrêt de Réglement de la Cour du 19 Décembre 1713, & autres qui seront rapportés sur l'Art. 14 ci-après.

VI. QUOIQU'IL ne soit point dit dans cet Article, que les

Renvois seront signés par le Greffier ; il y a des Jurisdictions où cela s'observe pour une plus grande précaution ; sur-tout dans les Cas où le Témoin se trouve illitéré : & l'on s'y fonde sur ce que le Renvoi fait partie de la Déposition même, qui doit être signée par le Greffier, aux termes de l'Art. 9 ci-devant.

ARTICLE XIII.

» LA Taxe pour les frais & Salaires du Témoin sera » faite par le Juge. Défendons à nos Procureurs & à » ceux des Seigneurs, & aux Parties, de donner aucune » chose au Témoin, s'il n'est ainsi ordonné.

SOMMAIRE.

I. *Pourquoi les Parties ne peuvent-elles rien donner aux Témoins, qu'après la Taxe du Juge?*

II. *Parties peuvent-elles donner au-delà de la Taxe au avant la Taxe? Exception en faveur du Procureur du Roi.*

III. *En quel Cas l'argent donné au Témoin produit la nullité de sa Déposition.*

IV. *Cas où l'on peut être autorisé d'avancer de l'argent aux Témoins avant leur Déposition.*

V. *Pourquoi l'Ordonnance n'a point fixé de somme pour les Salaires des Témoins.*

VI. *Arrêts du Conseil qui réglent les Salaires des Témoins dans les Procès Criminels qui sont instruits à la Requête de la Partie Publique.*

VII. *Y a-t-il nullité si le Juge omet de requérir le Témoin s'il veut Taxe.*

VIII. Quid, *si le Témoin refuse de signer sa Déposition, sous prétexte d'une Taxe trop modique?*

IX. Quid, *Si ce Témoin vouloit être payé de ses Salaires, avant que de déposer?*

SUIVANT cet Article, il n'y a que le Juge qui puisse régler les salaires des Témoins ; & jusqu'à ce qu'il les ait taxés, il n'est point permis aux Parties Civiles, ni même aux Parties Publiques, de leur rien donner.

I. PAR-là, l'Ordonnance conforme à la Loi 6, §. 2, au CODE *de Appellat.* a évité sagement le double Inconvénient qu'il y auroit eû, si d'une part, on avoit laissé aux Parties la liberté de donner aux Témoins ce qu'elles auroient voulu ; liberté dont elles n'auroient pas manqué d'abuser pour se rendre les Dépoſitions favorables, ou pour les rendre caduques au gré de leurs intérêts; & de l'autre, ſi on avoit obligé ces Parties de conſigner d'avance les ſommes qui devroient être employées à ces ſalaires, & dont les Greffiers auroient pû abuſer eux-mêmes, en ſe les appliquant à leur profit.

II. L'on agita, lors du Procès-verbal de Conférence, la Queſtion de ſçavoir, ſi l'argent qui ſeroit donné au Témoin au-delà de la taxe, rendroit ſa Dépoſition nulle. Mais, ſur l'obſervation qui fut faite par M. le Premier Préſident de Lamoignon, qu'il pourroit arriver quelqu'occaſion preſſante, où, par un bon zéle, & uniquement pour hâter la Procédure, le Procureur du Roi auroit avancé quelqu'argent au Témoin au-delà de la taxe, & même avant la taxe; & qu'il ſeroit contre le bien de la Juſtice, que cela produisît la nullité de la Dépoſition; il fut arrêté que l'on retrancheroit du préſent Article, la peine de nullité, qui y avoit d'abord été inſérée.

III. Cette Nullité ne pourroit, par conſéquent, avoir lieu, que dans le cas où il ſeroit prouvé évidemment que l'argent n'a été donné qu'à mauvais deſſein, & dans la vûe de corrompre le Témoin; c'eſt la remarque de Catellan, Liv. 9, ch. 7. Mais l'on ſent qu'une pareille preuve ne pourroit être qu'extrêmement difficile, parce qu'il faudroit que le Témoin avouât lui-même avoir reçu de l'argent pour dépoſer faux, ou du moins que l'excès de la ſomme fût tel, qu'il n'eût pu avoir d'autre motif que la corruption de ce Témoin. Quoi qu'il en ſoit, il faut convenir, qu'en général, de pareilles avances faites au Témoin, lorſqu'elles ſont prouvées, ne laiſſent pas que d'affoiblir beaucoup la Dépoſition de ce Témoin; & même qu'elles peuvent donner lieu à des reproches valables contre lui, ſi la Partie ne juſtifie pas d'ailleurs la légitimité du motif qui l'a porté à les faire.

IV. C'est pour cela, qu'afin d'éviter tout ſujet de ſuſpicion à cet égard; lorſqu'il s'agit de faire venir en témoigagne des Perſonnes d'un Pays éloigné, & que leur indigence met hors d'état d'avancer elles-mêmes les frais de leur voyage, il eſt d'uſage de ſe pourvoir à la Cour, pour avoir permiſſion d'avâncer ces frais, ce qu'elle accorde par un Arrêt. Cette Voie paroît indiquée clairement, par ces derniers termes du préſent Article, *s'il n'eſt ainſi ordonné.*

La même précaution devra se prendre, lors du Récollement & de la Confrontation de ces mêmes Témoins.

V. En ne fixant point, par cet Article, les sommes auxquelles doivent être taxés les salaires des Témoins, l'Ordonnance a cru devoir s'en rapporter à la prudence du Juge sur ce point: parce qu'en effet, le plus ou le moins, dépend principalement des circonstances tirées de la Qualité des Témoins, de l'éloignement des Lieux, & du Tems qu'ils ont employé à venir déposer.

VI. Il faut néanmoins distinguer, à cet égard, les Procès qui sont poursuivis à la Requête des Parties Civiles, & ceux qui le sont à la Requête du Procureur du Roi seulement. Ce n'est proprement que dans les premiers, que le Juge est le maître de régler ces salaires, suivant sa prudence. A l'égard des Procès qui sont poursuivis à la Requête de la Partie Publique, la taxe des Témoins se trouve faite par des Tarifs particuliers qui ont été ordonnés par Arrêts du Conseil, & notamment par celui du 23 Janvier 1742, qui fait défenses aux Juges de taxer les salaires des Témoins, sur un pied plus haut que le Tarif y porté, à peine d'en être responsables en leur propre & privé nom, & de répétition contr'eux de l'excédent de ces taxes, en vertu des Rôles qui seront arrêtés au Conseil.

Ce Tarif marque précisément, ce qui doit être taxé pour chaque jour de voyage & de séjour, suivant les différens Etats de ces Témoins, & la distance des Lieux; il comprend aussi, ce qui doit être taxé aux Médecins & Chirurgiens, Sages-Femmes, Interprêtes, Experts, pour leur Rapports, Visites & Transports.

VII. Il n'y a point de Nullité prononcée par cet Article, dans le Cas où le Juge omettroit de requérir le Témoin, s'il veut taxe; cependant, lorsque le Témoin déclare qu'il ne veut point taxe, il est à propos d'en faire mention, à cause de la Taxe des frais qui doit se faire à la fin du Procès.

VIII. Que si le Temoin refusoit de signer sa Déposition, sous prétexte que sa taxe seroit trop modique, le Juge fera mention de ce Refus à la fin de la Déposition, & en même-tems de la Cause qui y a donné lieu.

IX. Mais que devroit faire le Juge, si ce Témoin ne vouloit point dépofer, à moins qu'il ne fût payé auparavant de fes Salaires? Il devroit alors en dreffer fon Procès-verbal, & agir envers ce Témoin, comme s'il étoit Contumax, en le condamnant à l'amende de 10 liv. & ordonnant qu'il feroit réaffigné, faire enfuite délivrer un Extrait de ce Procès-verbal à la Partie Civile, pour cette nouvelle Affignation. Il paroît que tel eft l'Efprit de l'Ordonnance, lorfqu'elle défend expreffément par cet Article, aux Parties Publiques & Civiles, de donner aucune chofe aux Témoins, avant la Taxe du Juge; & qu'elle exige que cette Taxe ne foit faite qu'après la Dépofition.

ARTICLE XIV.

» Les Dépofitions qui auront été déclarées nulles » par défaut de Formalité, pourront être réïtérées, » s'il eft ainfi ordonné par le Juge.

SOMMAIRE.

I. *Trois fortes de Nullités qui peuvent fe rencontrer dans une Dépofition.*
II. *Nullité d'une Dépofition ne peut influer fur l'autre.*
III. *Nullité de l'Information entraîne celle des Actes qui ont fuivi.*
IV. *Peut on entendre les mêmes Témoins dans la nouvelle Information?*
V. *La Maxime qu'on ne peut entendre deux fois un même Témoin, ne doit s'entendre en fait de Nullité commife par le Juge.*
VI. *Le Juge qui a commis la Nullité; peut-il procéder à la nouvelle Information?*
VII. *Cas où il peut le faire, étant affifté de deux Praticiens.*

I. Une Dépofition peut être nulle de trois manieres, ou par le fait du *Juge* qui néglige de remplir les Formalités que l'Ordonnance lui prefcrit à cet égard; ou par le fait du *Témoin*, que fa Qualité rend abfolument incapable de porter Témoignage, ou qui eft convaincu de Faux, ou bien qui fe préfente lui-même pour dépofer, & fans faire apparoir de l'Exploit; ou enfin par le fait de la *Partie* qui a adminiftré ce Témoin, après l'avoir corrompu par argent ou autrement.

C'eft des Nullités de la premiere Efpéce, dont l'Ordonnance veut parler dans cet Article & dans les précédens. A l'égard des autres, nous aurons lieu d'en parler sur le Titre 15, en traitant des *Reproches* que peut faire l'Accusé, lors de la Confrontation.

II. De ce qu'aux termes de cet Article, les Dépositions qui auront été déclarées nulles par le défaut de Formalités, peuvent être réïtérées; il s'ensuit que la Nullité d'une Déposition ne peut influer sur les autres; & conséquemment faire annuller l'Information en son entier. C'est le Cas de la Maxime, *Utile per Inutile non vitiatur.*

III. Ce n'est donc que dans le Cas, où l'Information se trouveroit vitieuse dans le plus grand nombre des Dépositions, qu'il y auroit lieu d'en prononcer la nullité; & alors, comme cette Piéce est le Fondement de la Procédure Criminelle, sa nullité entraineroit nécessairement celle de tous les Actes qui s'en seroient ensuivis, tels que le Décret, l'Interrogatoire, le Récollement, la Confrontation, & même le Jugement.

IV. Il ne reste plus qu'à sçavoir, si dans la nouvelle Information que l'on feroit dans ce dernier Cas, il faudroit nécessairement entendre les mêmes Témoins qui ont été oüis dans la premiere.

Ce qui paroît d'abord faire difficulté à cet égard, c'est la Maxime constante dans notre Jurisprudence, qui ne permet pas d'entendre deux fois en Déposition le même Témoin sur un même Fait d'Accusation, & ensuite de la même Plainte. Cette Maxime paroît établie par trois Arrêts de la Cour, qu'on trouve rapportés dans Bornier sur cet Article; le premier, du 30 Décembre 1702, sur les Conclusions de M. l'Avocat Général Joseph-Omer Joly de Fleury; les deux autres, des 24 Mars 1725 & 10 Avril 1734, qui ont déclaré nulle une seconde Information, sur le fondement que le Juge, qui y avoit procédé, avoit entendu les mêmes Témoins qui avoient déposé dans la premiere, sans que cela fût ainsi porté par l'Arrêt qui avoit annullé cette premiere Information. C'est-à-dire qu'il faut, suivant ces Arrêts, pour que le Juge puisse entendre de nouveau ces mêmes Témoins, qu'il y ait un Jugement qui ordonne que les Dépositions seront recommencées.

V. Cependant, il paroît que la rigueur de cette Jurisprudence doit s'appliquer singuliérement aux Cas où la nullité des Informations

Informations, proviendroit du fait des Témoins ou de celui de la Partie Civile; mais non point lorsqu'elle a été occasionnée uniquement par le fait du Juge.

En effet, l'on peut dire, qu'il n'y a pas plus d'inconvénient en ce dernier Cas, d'entendre les mêmes Témoins qui ont été oüis dans la premiere Information, sans que cela soit ainsi ordonné par le Jugement qui l'a annullé; qu'il y en a en matiere d'Enquête où les Juges sont autorisés à le faire d'Office, comme l'on voit par l'Art. 42 de ce Titre de l'Ordonnance de 1667, qui porte » Que si l'Enquête est déclarée nulle par la faute du Juge, » il en sera fait une nouvelle aux frais & dépens du Juge, dans » laquelle la Partie pourra faire oüir de nouveau les mêmes Té- » moins «. Aussi M. PUSSORT, lors du Procès-verbal de Conférence sur cet Article, observa à ce sujet, qu'il ne seroit pas juste que la Partie souffrît ainsi du fait du Juge, auquel elle n'auroit point concouru; & que si l'on ne devoit pas entendre les mêmes Témoins, le Juge qui voudroit favoriser une Partie, pourroit anéantir la preuve par une nullité qu'il commettroit, & dont il seroit quitte, en faisant faire une nouvelle Enquête, avec indemnité de la Partie qu'il a voulu traiter favorablement.

VI. IL paroît, par ces derniers mots de l'Article, *s'il est ainsi ordonné par le Juge*, que c'est le Juge même, qui a commis la nullité dans la Déposition, qui doit la déclarer nulle, & entendre de nouveau le Témoin en Déposition. Cependant, suivant notre Jurisprudence, c'est par le Siége entier que la nullité de la Déposition doit être prononcée; & c'est par un Commissaire particulier qui est nommé par ce Siége, qu'il doit être procédé à la nouvelle Audition des Témoins; ensorte que le Juge est entiérement exclus de l'une & l'autre de ces Fonctions; *Ne iterùm peccet qui semel peccavit. V.* FABER, en son Code, Liv. 4, Tit. 15, Défin. 47.

VII. MAIS s'il n'y avoit point d'autre Juge dans le Siége, que celui qui a commis la nullité; il doit dans ce Cas, pour rétablir sa Procédure, se faire assister de deux Praticiens les plus anciens, suivant l'ordre du Tableau. Ce qui s'entend, lorsqu'il vient à remarquer cette nullité avant le Jugement définitif.

V. au surplus l'Art. 24 du Titre 15, & l'Art. 8 du Tit. 14 ci-après.

ARTICLE XV.

» DÉFENDONS aux Greffiers de communiquer » les Informations & autres Piéces secrettes du Procès, » ni de se désaisir des Minutes, sinon ès mains de nos » Procureurs, ou de ceux des Seigneurs qui s'en char- » geront sur le Registre, & marqueront le jour & l'heu- » re, pour les remettre incessamment & au plûtard dans » trois jours, à peine d'interdiction contre le Greffier, » & de 100 liv. d'amende, moitié vers Nous, & moitié » vers la Partie.

SOMMAIRE.

I. *Défense de donner communication de l'Information. Sur quoi fondée.*

II. *Pourquoi cette Communication est permise à l'égard de la Partie Publique.*

III. *Privilége de la Partie Publique moins étendu en matiere d'Enquête.*

IV. *Déclaration de 1681, qui ne permet de tirer du Greffe les Originaux des Procédures Criminelles, qu'en certains Cas.*

CET Article contient deux Dispositions, qui concernent singuliérement les Greffiers.

I. PAR la 1re, il leur est fait défenses, de donner communication des Informations & autres Piéces secrettes du Procès. Cette Disposition est une suite de celle portée en l'Art. 11 ci-devant, qui veut que l'Information soit faite *secrettement*; & elle est fondée, tant sur la Nécessité d'accélérer la Procédure Criminelle, afin de ne point laisser languir l'Innocent sous le poids d'une injuste Accusation, ou d'empêcher le dépérissement des preuves par la fuite du Coupable, qui seroit instruit du contenu en ces Informations; que sur le Danger qu'il y auroit, que la Partie Civile n'abusât de la connoissance qu'elle auroit de ces Informations, pour engager les Témoins, dont elle ne trouveroit pas les Dépositions conformes à ses vues, à les changer lors du Récollement.

Cependant, quelque sage que soit en général cette Disposition, il faut convenir qu'il y a de certains Cas, où elle pourroit dégénérer en une rigueur extrême, sur-tout, à l'égard de l'Accusé.

Ces Cas sont, 1°. Lorsqu'il s'agit de Petit Criminel, & que le fond du Procès est de nature à ne pouvoir donner lieu qu'à des Condamnations Pécuniaires.

2°. Lorsqu'il s'agit de prouver la corruption & la fausseté des Témoins.

3°. Après que l'Accusé a fourni ses reproches contre les Témoins qui lui ont été confrontés.

4°. En cas d'Appels de Décrets, & autres Jugemens Interlocutoires, qui se portent à l'Audience.

5°. En cas d'Appel de Sentence qui ne porte point de condamnation à peine Afflictive ni Infamante.

6°. Après les Jugemens en dernier ressort, contre lesquels on veut se pourvoir par la voie de la Révision.

7°. Enfin, généralement toutes les fois qu'il s'agit de recourir à des Lettres de Grace, de Rappel de Ban, Commutation de Peine & de Réhabilitation.

II. PAR la seconde Disposition, qui contient une Exception à la premiere, l'Ordonnance leur permet de donner cette Communication aux Procureurs du Roi & des Seigneurs, & même de se dessaisir des Minutes entre leurs mains. Cette Exception est fondée, tant sur ce que ces Officiers Publics sont chargés par état de veiller à l'exécution des Formalités prescrites pour l'Instruction des Procès Criminels, dans lesquels ils doivent donner leurs Conclusions; que sur l'importance & la nécessité de leur Ministére, qui les exempte de la présomption de Calomnie.

III. PAR-là l'on voit, que ces Parties Publiques sont plus favorisées en Matiere Criminelle, qu'elles ne le sont en Matiere Civile, puisqu'aux termes de l'Art. 25 du Titre des Enquêtes de l'Ordonnance de 1667, ils ne peuvent exiger que des Expéditions & Procès-verbaux des Enquêtes qui auront été faites à leur Requête. A la vérité, en même-tems que l'Ordonnance leur accorde ce Privilége, elle a cru devoir aussi prévenir les Abus que ceux-ci en pourroient faire pour retarder l'Instruction, en exigeant deux Conditions de leur part; l'*une* de se charger de ces Minutes sur le Regiſtre du Greffier, & d'y marquer le jour & l'heure à laquelle elles leur ont été remises; l'*autre*, de les lui rendre incessamment, & au plûtard dans trois jours, à compter depuis cette remise.

IV. Par une Déclaration du 15 Juillet 1681, pour le Parlement de Toulouse, il est dit, que les Originaux des Procédures Criminelles des Siéges subalternes du Ressort de ce Parlement, n'en pourront être tirés qu'en cas de Faux, ou que les Juges qui les auront faites, seront accusés de Prévarication. La même Disposition a été renouvellée par une autre Déclaration du mois de Juin 1691, rendue pour tout le Royaume. *V.* ce qui a été dit sur l'Art. 5, Titre premier.

ARTICLE XVI.

» Pourront aussi les Rapporteurs retirer les » Minutes, pour s'en servir dans la Visite du Procès, » & seront tenus les remettre vingt-quatre heures après » le Jugement, sous les mêmes peines.

SOMMAIRE.

I. *Exception à l'Article précédent.*
II. *Trois Conditions prescrites aux Greffiers pour la Remise des Minutes aux Rapporteurs.*
III. *Arrêt du Conseil d'Etat, portant Réglement pour les Officiers du Parlement de Paris.*

I. Cet Article ajoute une nouvelle Exception à celle portée par le précédent, en permettant encore aux Greffiers de se dessaisir des Minutes des Informations, & autres Piéces secrettes du Procès, entre les mains des Rapporteurs. Mais ce Privilége n'est accordé à ceux-ci, que sous trois Conditions, que les Greffiers sont tenus de remplir sous les mêmes peines que celles portées par le précédent; sçavoir, l'interdiction & 100 liv. d'amende.

II. La 1re, que les Rapporteurs ne pourront demander la remise de ces Minutes, que dans le tems qu'ils feront la visite du Procès.

La 2e, qu'ils seront tenus, comme les Procureurs du Roi, de s'en charger sur le Registre du Greffier. *V.* Art. 18 ci-après.

Enfin, la 3e, qu'ils seront tenus de les rendre dans les vingt-quatre heures, après les Jugemens des Procès.

III. L'on trouve dans le Recueil des Edits, fait par l'ordre de M. le Chancelier, en 1687, un Arrêt du Conseil Privé du 28 Février 1682, par lequel il est fait défenses à tous les Officiers du Parlement de Pau, de prendre ni retenir chez eux les Registres du Greffe, & au Greffier de s'en dessaisir à peine d'Interdiction contre lui & contre les Officiers qui les auront retenus. Ordonne, S. M. que les Informations, & autres Piéces secrettes des Procès Criminels, demeureront au Greffe du Parlement; fait défenses au Greffier de se dessaisir des Minutes, & à son Procureur Général aud. Parlement, de les retenir sous quelque prétexte que ce soit, & ce, nonobstant tous Usages, Possessions & Arrêts contraires; mais sera tenu de les remettre incontinent après qu'ils en auront pris communication, le tout à peine d'Interdiction, dépens, dommages, & intérêts.

ARTICLE XVII.

» Les Greffiers, commis par les Officiers de nos » Cours, seront tenus remettre leurs Minutes ès Cours » qui les auront commis, dans trois jours après la Pro- » cédure achevée, si elle s'est faite au lieu de la Juris- » diction, ou dans les dix lieues; & sera le délai aug- » menté d'un jour pour la distance de chaque dix lieues: » à peine de 400 liv. d'amende, moitié vers Nous, & » moitié vers la Partie, & de tous dépens, dommages » & intérêts. Ce qui sera exécuté par le Greffier-Com- » mis, quoiqu'il n'eût encore reçu les Salaires, dont » en ce Cas lui sera délivré Exécutoire par le Greffier » ordinaire, suivant la Taxe du Commissaire, qui n'en » pourra prétendre aucuns frais.

SOMMAIRE.

I. *Greffiers commis par des Juges Inférieurs, sont-ils censés compris dans cet Article?*
II. *Disposition de l'Ordonnance Civile en leur faveur.*
III. *Comment pourvû au payement de ces Commis-Greffiers.*
IV. *Formule d'Exécutoire à cet effet.*

I. QUOIQUE cet Article ne parle que des Greffiers qui sont commis par les Officiers des Cours Supérieures; il y a même raison de l'appliquer à ceux que les Juges Inférieurs commettront pour Greffiers dans une Procédure Criminelle, en cas de Flagrant-délit, ou Absence, Récusation, Maladie, & autre empêchement du Greffier ordinaire, ainsi qu'ils y sont autorisés expressément par l'Art. 6 du présent Titre.

Autrement, il n'y auroit point de Régle certaine pour les Commis de cette derniere espéce, qui pourroient se retenir impunément les Minutes, jusqu'à ce qu'ils fussent payés de leurs salaires, & abuser de ce Dépôt, pour donner connoissance à l'Accusé du secret de la Procédure, dont il pourroit profiter pour corrompre les Témoins qu'il sçauroit être contre lui.

II. AUSSI, l'Ordonnance de 1667, Titre des Enquêtes, ne met-elle aucune distinction entre ces deux espéces de Commis, à qui elle adresse également la Disposition de l'Art. 25, par ces termes généraux dont elle s'y sert; » Ceux qui auront été pris » pour Greffiers en des Commissions particuliéres, qui n'auront point de dépôt, remettront la Minute des Enquêtes & » Procès-verbaux, ès Greffes des Jurisdictions, où le différend » est pendant. . . . .

III. AU RESTE, si d'un côté, l'Ordonnance paroît user de rigueur envers ces sortes de Commis, en les obligeant de remettre les Minutes avant que d'être payés de leur salaires, dont elles faisoient la sureté; l'on voit qu'elle a soin de pourvoir d'ailleurs à ce payement, en ordonnant que lors de cette remise, il leur sera délivré, par le Greffier à qui ils la feront, un Exécutoire, suivant la Taxe qui leur en aura été faite par le Juge même qui les aura commis; & en chargeant ce même Juge de faire cette Taxe, sans en prétendre aucuns frais.

IV. *Formule d'Exécutoire qui sera délivré par le Greffier ordinaire pour les Salaires de celui qui a été commis, lorsqu'il a exécuté sa Commission.*

Tel. . . . . Conseiller du Roi en sa Cour de. . . . . ou en. . . . . Commissaire en cette Partie : Mandons au premier Huissier ou Sergent Royal sur ce requis, contraindre tel. . . . de payer à tel. . . . la somme de. . . . que nous lui avons taxé pour les Salaires & Vacations à lui dûes, comme Greffier par nous commis, pour travailler à l'Information, Récollement & Confrontation faits par nous à la Requête de tel. . . . contre tel. . . . . en vertu d'Arrêt du. . . . . & dont les Minutes ont été par lui remises au Greffe de la Cour, suivant l'Ordonnance. De ce faire te donnons pouvoir. Fait à Paris, le. . . . . .

ARTICLE XVIII.

» ENJOIGNONS aux Greffiers, Gardes-Sacs de » nos Cours, Grand-Conseil & Cour des Aydes, de » tenir un Registre particulier, relié & chiffré, conte- » nant au premier feuillet le nombre de ceux, dont il » sera composé. Ce qui aura lieu aux Siéges Présidiaux, » Bailliages, Sénéchaussées, Maréchaussées, Prévôtés, » & de toutes les autres Justices Royales & Seigneuria- » les, dont le Registre sera paraphé en tous ses feuillets » par le Juge Criminel, pour y être par les Greffiers, » tant de nos Cours, que les autres, enregistrées toutes » les Procédures qui seront faites ou apportées, & leur » date ; ensemble le Nom & la Qualité du Juge & de » la Partie, de suite & sans aucun blanc : pour raison de » quoi le Greffier ne pourra prendre aucuns droits ni » frais ; & seront tenus se charger & décharger sur le » Registre, les Officiers qui doivent prendre communi- » cation des Piéces.

SOMMAIRE.

I. *Motif du présent Article.*
II. *Trois sortes d'Obligations qu'il prescrit aux Greffiers.*
III. *Peine en Cas de Contravention à cet Article, même que celle portée aux Art. 15 & 16.*

I. L'OBJET particulier de cet Article, est d'empêcher les soustractions & altérations des Procédures Criminelles, qui sont déposées aux Greffes des différentes Jurisdictions, soit Supérieures, soit Inférieures, soit Subalternes.

II. L'ORDONNANCE prescrit trois choses aux Greffiers à cet effet.

La 1re, qu'ils ayent un Regiſtre particulier, pour y enregistrer toutes les Procédures Criminelles, tant celles qui sont faites en leur Jurisdiction, que celles qui sont apportées en leur Greffe; y marquer de suite, sans aucun blanc, la Date de ces Procédures, le nom & la Qualité du Juge, & de la Partie qu'elles concernent, le tout sans aucuns frais.

La 2e, que ces Registres soient reliés & *chiffrés* par ordre de date, & qu'ils contiennent au premier feuillet le nombre de ceux dont ils sont composés; & de plus, que ceux des Greffiers des Justices Inférieures & Subalternes, soient paraphés dans tous leurs feuillets par le Juge Criminel, le tout pareillement sans aucuns frais. *V.* Art. 6 & 7 du Tit. 13 ci-après.

La 3e enfin, qu'ils ayent l'attention de faire charger & décharger sur les mêmes Registres, les Officiers qui doivent prendre communication des Piéces, c'est-à-dire, des Procureurs du Roi & Rapporteurs du Procès, conformément aux Art. 15 & 16 de ce Titre.

III. NOUS avons vû sur ces mêmes Articles 15 & 16, que la Peine contre les Greffiers qui négligeoient de faire remplir ces dernieres Formalités, étoit l'Interdiction & l'Amende de 100 liv. Or, comme l'Ordonnance ne prononce ici aucune peine en cas de contravention aux autres Formalités; il y a lieu de croire qu'elle a voulu s'en rapporter là-dessus, à ces mêmes Articles, dont les Dispositions ont aussi le même objet.

ARTICLE

ARTICLE XIX.

» LES Greffiers des Prévôtés & Châtellenies Royales, & ceux des Seigneurs, feront tenus d'envoyer, » par chacun an, au mois de Juin & de Décembre, au » Greffe du Bailliage & Sénéchauffée, où reffortiffent » leurs Appellations médiatement ou immédiatement, » un Extrait de leur Regiftre Criminel, dont leur fera » baillé décharge fans frais. Et ceux des Bailliages, Sénéchauffées & Maréchauffées, feront tenus au commencement de chacune année, d'envoyer à notre Procureur Général, chacun dans fon Reffort, un Extrait » de leur Dépôt : même l'Etat des Lettres de Grace ou » Abolition enthérinées en leurs Siéges, avec les Procédures & Sentences d'Enthérinement, & la Copie des » Extraits qui leur auront été remis par les Greffiers » des Juftices Inférieures, l'année précédente.

SOMMAIRE.

I. *Motif de la Difpofition de cet Article.*
II. *Diftinction entre les Greffiers des Juftices Royales & Subalternes, par rapport à l'Envoi dont ils font tenus.*
III. *Greffiers des Bailliages tenus d'envoyer l'Etat des Lettres de Grace; & pourquoi?*
IV. *Trois fortes de Changemens que la Déclaration de 1731 a apporté à cet Article.*

I. CET Article qui eft conforme à l'Art. 184 de l'Ordonnance de Blois, a pour objet d'empêcher les Collufions & Négligences qui pourroient fe commettre, tant de la part des Juges Royaux & Seigneuriaux, dans l'Inftruction des Procès Criminels; que de la part des Procureurs du Roi ou Fifcaux, dans les pourfuites qu'ils font tenus de faire, de ces mêmes Procès.

II. L'ORDONNANCE diftingue pour cet effet, entre les Greffiers des Prévôtés & Châtellenies Royales & Juftices Seigneuriales, & les Greffiers des Bailliages, Sénéchauffées & Maréchauffées. Elle veut à l'égard des *Premiers*, qu'ils soient tenus d'envoyer tous les six mois au Greffe des Siéges où ressortissent leur Appellations, un Extrait de leurs Regiftres Criminels, dont il leur sera donnée une Décharge, sans frais, par les Greffiers, à qui cet Extrait sera remis.

III. QUANT aux Greffiers des Bailliages & Maréchauffées; elle leur enjoint d'envoyer, au commencement de chaque année, aux Procureurs Généraux des Parlemens, chacun dans leur Ressort, non-seulement la Copie des Extraits qui leur auront été remis l'année précédente, par les Greffiers qui leur sont subordonnés; mais encore un Extrait de leurs Dépôts; & de plus, un Etat particulier des Lettres de Grace qui auront été enthérinées en leur Siége; parce que, comme nous le verrons sous le Tit. 16 ci-après, ces sortes de Lettres ne peuvent être enthérinées dans de simples Justices Royales ou Seigneuriales.

D'ailleurs, il faut observer, par rapport à ces Greffiers des Bailliages & des Maréchauffées ou Présidiaux, que par l'Art. 29 de la Déclaration de 1731, S. M. après avoir ordonné l'exécution du présent Article de l'Ordonnance, ajoute une Injonction particuliére à ces Greffiers, d'envoyer tous les six mois aux Procureurs Généraux des Parlemens, chacun dans leur Ressort, un Extrait de leurs Regiftres ou Dépôts signés d'eux, & visés par les Lieutenans Criminels & par les Procureurs du Roi des mêmes Siéges; dans lequel Extrait ils seront tenus d'insérer en entier la Copie des Jugemens de Compétence rendus les six mois précédens, & de la Prononciation d'iceux, en la forme prescrite par l'Art. 24 de la même Loi : le tout à peine d'Interdiction & de telle Amende qu'il appartiendra.

IV. AINSI, trois sortes de Changemens que cette Déclaration a apporté au présent Article de l'Ordonnance; 1°. Quant *au Tems* où doit se faire l'envoi; ce tems est de six mois seulement, au lieu d'une année marquée par l'Ordonnance; 2°. Quant à la *forme* & à la *teneur* des Extraits qui doivent faire l'objet de cet envoi; sur quoi l'Ordonnance n'avoit rien statué de précis; 3°. Enfin, par rapport aux *Peines* en cas de Contravention, dont on ne voit pareillement aucune mention dans l'Ordonnance.

TITRE VII.

Des Monitoires.

Ce Titre contient onze Articles.

Dans le *premier*, il eſt parlé des Juges qui peuvent permettre d'obtenir Monitoire.

Dans le *ſecond*, de l'Obligation des Officiaux de l'accorder ſur la Permiſſion du Juge.

Dans le *troiſiéme*, des Faits que doit contenir le Monitoire.

Dans le *quatriéme*, de la Défenſe d'y nommer les Perſonnes contre leſquelles il eſt obtenu.

Dans le *cinquiéme*, du Devoir des Curés & Vicaires, par rapport à la Publication des Monitoires.

Dans le *ſixiéme*, de la Maniere de contraindre les Officiaux à l'accorder, & les Curés & Vicaires, à le publier.

Dans le *ſeptiéme*, des Rétributions dûes aux Officiaux & aux Curés & Vicaires, par rapport aux Monitoires.

Dans le *huitiéme*, des Oppoſitions & Appels comme d'abus, contre la Publication des Monitoires.

Dans le *neuviéme*, des Jugemens qui ſeront rendus ſur ces Oppoſitions; & des Arrêts de Défenſes & Surſéances qui ſeront obtenus à ce ſujet.

Dans le *dixiéme*, du Devoir des Curés & Vicaires, par rapport à l'Envoi des Révélations qu'ils auront reçûes.

Enfin, dans le *onziéme*, de ceux qui peuvent avoir communication des Révélations.

ARTICLE PREMIER.

» TOUS Juges, même Ecléſiaſtiques, & ceux des
» Seigneurs pourront permettre d'obtenir Monitoires,
» encore qu'il n'y ait aucun commencement de preuves,
» ni refus de dépoſer par les Témoins.

SOMMAIRE.

I. SUIVANT cet Article, non-seulement la Permission d'obtenir Monitoire peut être accordée par toutes sortes de Juges; mais elle peut être demandée en tout tems, soit conjointement, soit séparément de la Permission d'informer; & même avant l'Information, lorsqu'on ne trouve point de Témoins pour déposer, & qu'il n'y a point d'autre Moyen d'acquérir la preuve du Crime. Il ne reste donc qu'à sçavoir si cette Permission peut être demandée indistinctement par toutes sortes de *Personnes*, & pour toutes sortes de *Faits*.

II. 1°. QUANT aux PERSONNES, on ne doit admettre à cet égard, comme en Fait de Plainte ou d'Accusation, que Ceux qui ont intérêt à la vengeance du Crime, soit par le Devoir de leur Ministere, comme les Procureurs du Roi & des Seigneurs dans les Jurisdictions Séculieres, & les Promoteurs dans les Jurisdictions Ecclésiastiques; soit par le préjudice réel qu'ils en ont ressenti dans leur Personne, leur honneur, ou dans leurs biens, lorsque ce sont de simples Particuliers. Il faut même excepter à l'égard de ceux-ci, les *Hérétiques* & *Infidéles*, qui ne croyant point aux Censures de l'Eglise, ne méritent pas d'en recueillir le fruit. Cependant, pour empêcher que les Crimes ne demeurent impunis, on a coutume d'admettre la Partie Publique à demander cette Permission pour eux. BORNIER rapporte un Arrêt de la Chambre, de l'Edit de Normandie, du 28 Mai 1603, qui l'a ainsi jugé.

III. 2°. QUANT aux FAITS, sur lesquels la Permission d'obtenir Monitoire, peut être accordée; il paroît, suivant l'Art. 18

de l'Ordonnance d'Orléans, confirmée par l'Art. 26 de l'Edit de 1695, que les Archevêques, Evêques, & leurs Officiaux, ne peuvent décerner des Monitoires que pour des Crimes *graves* & *Scandales publics*, ni les Juges en ordonner la Publication, que dans ces mêmes Cas, & lorsque l'on ne peut en avoir autrement la Preuve.

IV. Mais, que doit-on entendre par *Crimes graves & Scandales publics*? Duperray, dans ses Notes sur l'Article 26 de l'Edit de 1695 que nous venons de citer, convient qu'il est fort difficile de les définir, si ce n'est, *dit-il*, les Cas Royaux & autres, pour lesquels il y a une Peine afflictive & Réparation considérable; tels que l'Assassinat, l'Incendie, le Vol, l'Usure, le Recellé & Spoliation d'Effets, soit en matiere de Succession, soit en fait de Banqueroute entre Marchands & Négocians.

V. Ainsi, d'après ces Principes, cette Permission ne devroit par conséquent être accordée pour de simples Injures *verbales*, ni même *réelles*, à moins qu'elles ne fussent accompagnées de certaines Circonstances qui les rendissent *graves* & *scandaleuses*, comme, *v. g.* si elles avoient été commises dans l'Eglise, & surtout pendant la Célébration du Service Divin; ou bien dans tout autre lieu, envers des Personnes constituées en Dignité ou Supérieurs; ou enfin, si elles avoient été commises avec Préméditation, & rendues publiques; comme en Fait de Libelles Diffamatoires *V.* Chenu, Cent. 2, Quest. 88; & Despeisses, Tit. 10, Sect. 10, Art. 3.

VI. Au reste, en ne déterminant point précisément les Cas où cette Permission doit être accordée, il paroît que l'Ordonnance, ainsi que l'Edit que nous venons de citer, ont cru devoir s'en rapporter là-dessus à la Prudence du Juge.

Ainsi, pour se conformer à l'Esprit de ces Loix, le Juge doit avoir attention de ne point occasionner, par sa facilité à accorder ces sortes de Permissions, l'abus & l'avilissement des Censures de l'Eglise, dont on doit toujours respecter l'Autorité ..... De ne point favoriser les Vexations des Parties Civiles & même Publiques, qui affecteroient de demander ces Permissions, dans un Tems où elles sçauroient que la Preuve de l'Innocence de l'Accusé seroit déja comme acquise dans la Procédure .... De ne point ménager par-là des Ressources indirectes à des Criminels, pour établir d'avance la Preuve de leurs Faits justificatifs, avant même qu'il y ait aucune Accusation formée contr'eux. . . . . . Enfin, de n'accorder en général cette Permission, que lorsque le Corps du Délit se trouve d'ailleurs constaté, & que l'on ne peut parvenir à la connoissance de son Auteur, autrement que par la Voie du Monitoire. Telles sont les sages Maximes qui lui sont recommandées par les Auteurs en cette Matiere. *V.* entr'autres CHOPIN, Liv. 2, Tit. 5, *de Sacr. Polit.*

VII. NOUS avons dit, que le Monitoire devoit s'accorder ensuite de la Permission du Juge. Il y a cependant un Cas particulier où il peut être accordé sans cette Permission, & sur la simple Requête des Procureurs Généraux. C'est celui du DUEL. *V.* l'Art. 23 de l'Edit de 1679.

VIII. *FORMULE de Requête pour obtenir Monitoire.*

A MONSIEUR. . . . . Juge de . . . . . ou Bailli &c.

Supplie humblement tel. . . . . disant (*ici il exposera les Faits dont il lui est nécessaire de faire Preuve au Procès,*) desquels Faits. . . . .

(*Si la chose s'est passée de Nuit, en Campagne, en quelque lieu écarté, & où les Personnes ne fussent pas connues par leurs Nom, Surnom & Demeure; il dira,*) Il ne peut avoir Preuve que par Censure Ecclésiastique, d'autant que tout ce que dessus s'est passé dans le silence, & a été commis en secret en tel lieu, &c.

(*Ou bien*) desquels Faits, pour une pleine & facile Preuve, il est nécessaire au Suppliant de recourir à l'Autorité de l'Eglise, parce que les Témoins qui peuvent déposer, ne lui sont pas connus.

CE CONSIDÉRÉ, Monsieur, il vous plaise permettre au Suppliant d'obtenir & de faire publier Monitoire, pour la Preuve des Faits ci-dessus exposés, leurs Circonstances & Dépendances. Et vous ferez bien.

IX. *Sentence portant Permission d'obtenir Monitoire.*

A tous ceux qui ces Présentes, &c. tel Juge de tel Lieu. Vu la Requête à Nous présentée par. . . . . contenant, (*les Faits sont exposés*) nous ordonnons qu'il sera informé des Faits ci-dessus; & pour la preuve d'iceux, permettons au Demandeur d'obtenir & de faire publier Monitoire, suivant l'Ordonnance. Donné par Nous le. . . . jour de. . . . . de l'année. . . . . . .

NOTA. *Cette Permission peut aussi être accordée par une simple Ordonnance sur Requête; & elle s'accorde ordinairement au Châtelet par la même Ordonnance, qui permet d'informer, ainsi que nous l'avons vû par la Formule rapportée sur l'Article 2 du Titre 3. Mais il paroît qu'un Jugement en forme vaut toujours mieux pour assurer la Procédure, parce qu'il demeure toujours au Greffe, au lieu que la Minute de l'Ordonnance peut se perdre.* V. *au surplus ce qui sera dit sur l'Art. 3 ci-après.*

X. *FORMULE de Monitoire.*

Officialis . . . . . omnibus Parochiis nobis subditis, eorumve Vicariis, Salutem in Domino. Nous vous mandons de bien & dûement admonester de notre Autorité, sous peine d'Excommunication, par trois Dimanches consécutifs, ès Prônes de vos Eglises, comme par ces Présentes : & à la Requête de tel . . . . . de telle Qualité . . . . . demeurant à . . . . . complaignant à Dieu & à notre Mere Sainte Eglise, suivant le Jugement rendu par le Juge de . . . . . ou suivant l'Arrêt de la Cour daté du . . . . . mois . . . . . 17 . . . . . Nous admonestons tous ceux & celles qui sçavent & ont connoissance qu'un certain *Quidam* ou une *Quidane*, (*ici on expose tous les Faits qui ont été énoncés par la Requête, & répétés dans le Jugement ci-dessus*) qui sçavent & connoissent les Auteurs & Complices, Fauteurs & Adhérans dudit *Quidam* ou *Quidane*, où ils sont réfugiés, & généralement tous ceux & celles qui, des Faits ci-dessus, Circonstances & Dépendances, en ont vû, sçu, connu, entendu, oüi dire, ou apperçu aucune chose, ou à ce faire ont été présens ou consentans, donné conseil, prêté faveur, confort ou ayde, en quelque sorte, & maniere que ce soit, que dans trois jours après la troisiéme Publication des Présentes, ils ayent à venir à révélation : & quant audit *Quidam* & autres Complices (*si c'est un Vol*) qu'il ait à faire Déclaration & satisfaction pour soi ou pour autrui, sinon nous userons contr'eux de Censures Ecclésiastiques, & selon la forme de Droit, nous nous servirons de la Peine d'Excommunication. *Datum . . . . . sub Sigillo Curiæ nostræ, anno Domini . . . . . die . . . . . mensis . . . .*

ARTICLE II.

» ENJOIGNONS aux Officiaux, à peine de Saisie » de leur Temporel, d'accorder les Monitoires que le » Juge aura permis d'obtenir.

SOMMAIRE.

I. *N'y a-t-il que les Officiaux qui puissent décerner Monitoire. Except.*
II. *Disposition du Concile de Trente sur ce Point, non suivie parmi nous.*
III. *Procédure qui doit être observée en exécution de cet Article.*
IV. *Formule de Sommation à l'Official.*

I. Il n'est parlé dans cet Article, & dans le précédent, que des OFFICIAUX, par rapport au Droit de décerner Monitoire. Cependant nous venons de voir par l'Art. 26 de l'Edit de 1695 cité ci-devant, que ce Droit appartient également aux Archevêques & Evêques. Il est vrai, comme le remarque DUPERRAY sur ce même Article, que l'Extension qui y est portée en faveur des Archevêques & Evêques, ne concerne que ceux de ces Prélats qui se sont conservés dans le Droit d'exercer leur Jurisdiction contentieuse, dont dépend celui d'accorder des Monitoires; les autres ne pouvant plus l'exercer, suivant les Maximes du Royaume, que par le ministére de leurs Officiaux, à qui ils ont confié l'exercice de cette Jurisdiction. *V.* au surplus ce qui sera dit à ce sujet, dans la troisiéme Partie de ce Volume, Tit. 2, Chap. premier.

II. NOUS ne suivons point, par conséquent, la Disposition du Concile de Trente, Ch. 3, Sess. 23, *de Reform.* qui réserve aux seuls Archevêques & Evêques, le Droit de décerner des Monitoires; & encore moins par rapport au Droit qu'il leur attribue de pouvoir accorder ou refuser ces Monitoires, lorsqu'ils le jugent à propos. Nous voyons au contraire par le présent Article, qu'en même-tems que l'Ordonnance reconnoît dans les Juges d'Eglise le pouvoir exclusif d'accorder des Monitoires, elle ne leur laisse pas la liberté de les refuser, lorsqu'ils sont demandés en vertu de la Permission du Juge; mais elle leur enjoint expressément de les accorder sur le vû de cette Permission, à peine d'y être contraints par la saisie de leur Temporel. Nous verrons, même sur l'Article suivant, qu'ils n'ont pas la liberté d'y insérer d'autres faits, que ceux compris dans le Jugement qui porte cette Permission.

III. POUR procéder réguliérement, en conformité de cet Article & du précédent, il faut qu'en conséquence de la Permission d'obtenir Monitoire, qui sera portée par un Jugement dont nous avons donné ci-devant la Formule; la Partie, sur la Requête de qui cette Permission a été accordée, présente une autre Requête à l'Official, à l'effet d'obtenir des Lettres Monitoriales, & on joint à cette derniere Requête le Jugement qui accorde la Permission de les obtenir. Si l'Official refuse de délivrer ces Lettres, on lui fait une sommation qu'on joint en-

suite

suite à une nouvelle Requête, pour présenter au Juge, afin de contraindre l'Official par la saisie de son Temporel. Sur cette Requête le Juge met son Ordonnance, ou rend un Jugement séparé qui permet de saisir : & c'est en vertu de cette Ordonnance ou Jugement, qui seront signifiés à l'Official, que se fait la Saisie & Arrêt des revenus de l'Official, entre les mains de ses Fermiers & Débiteurs, ou bien une Saisie de Fruits ; le tout suivant la forme prescrite par l'Ordonnance Civile, Titre 19 & 24.

Nous verrons ci-après sur l'Art. 6, ce qui doit être fait, en cas que l'Official persiste en son refus, nonobstant cette Saisie.

IV. *FORMULE de Sommation à l'Official qui refuse de décerner Monitoire.*

A la Requête de tel..... soit sommé Monsieur tel..... Official.... d'accorder le Monitoire dont il l'a plusieurs fois verbalement requis, & qu'il lui a été permis d'obtenir par M...... Juge de..... dont Copie est ci-attachée, & du Jugement rendu sur icelle ; sinon & en cas de refus, proteste ledit tel..... de se pourvoir suivant l'Ordonnance, dont il a été requis Acte.

ARTICLE III.

» LES Monitoires ne contiendront autres faits que » ceux compris au Jugement qui aura permis de les » obtenir, à peine de nullité, tant des Monitoires, que » de ce qui aura été fait en conséquence.

SOMMAIRE.

I. *Official ne peut accorder Monitoire qu'ensuite de Permission du Juge. Exception.*

II. *Faits du Monitoire doivent être répétés dans le Jugement qui permet de l'obtenir. Et pourquoi ?*

III. *Officiaux doivent garder Minutes des Monitoires qu'ils décernent.*

IV. *Monitoire déclaré abusif, pour n'être point conforme aux Faits de la Requête à fin de permission d'informer.*

PAR cet Article, l'Ordonnance veut, qu'il y ait une Conformité exacte entre les Faits contenus dans le Monitoire que l'Official accorde, & ceux contenus dans l'Ordonnance du Juge qui a permis de l'obtenir, & cela à peine de nullité, tant du Monitoire que de ce qui aura été fait en conséquence.

I. Il suit par conséquent trois Choses, de la Disposition de cet Art. La 1re, que l'Official étant tenu de se conformer au Jugement qui permet d'obtenir Monitoire, il ne peut accorder de Monitoire qu'ensuite d'un Jugement préalable du Juge qui en permette l'obtention. C'est aussi ce qui paroît résulter évidemment de la Disposition des Art. 8 & 10 du présent Titre, dont le 1er ordonne à la Partie, qui veut s'opposer à la publication du Monitoire, d'élire Domicile dans le lieu de la Jurisdiction du Juge qui aura permis de l'obtenir; ce qu'elle ne pourroit faire alors, que pardevant l'Official même, qui ne peut connoître des Causes Temporelles des Laïcs, du nombre desquelles seroient ces mêmes Oppositions; & le *dernier* ordonne aux Curés d'envoyer les Révélations qui sont faites sur les Monitoires, au Greffe de la Jurisdiction où le Procès est pendant; ce qui ne pourroit concerner le Greffe de l'Officialité, où il n'y auroit point de Procès pendant; ensorte que ces Curés se verroient obligés de remettre ces Révélations aux Parties même qui ont obtenu ces Monitoires, lesquelles néanmoins, aux termes de l'Art. 11 de ce même Titre, ne doivent avoir communication que du nom & du domicile des Témoins. C'est aussi sur le fondement de ces Dispositions, qu'il a été jugé par plusieurs Arrêts, qu'il y avoit abus dans les Monitoires qui sont décernés du propre mouvement des Officiaux. Ces Arrêts sont rapportés par BOUVOT & par BRILLON, *verbo* Monitoire.

Il faut cependant excepter le Cas, où le Procès se poursuivroit dans l'Officialité, parce que l'Official feroit alors les Fonctions de Juge; & encore dans ce dernier Cas, ne pourroit-il décerner le Monitoire que sur le Réquisitoire de la Partie Civile ou du Promoteur, & non d'Office. *V.* ce qui sera dit ci-après Art. 11.

II. UNE *autre* Conséquence, qui résulte de la Disposition du présent Article, c'est que le Jugement qui porte permission d'obtenir Monitoire, doit contenir en détail tous les Faits sur lesquels il doit être obtenu. Ainsi, une simple Ordonnance mise au bas de la Requête, par laquelle le Juge se contenteroit de déclarer en général, qu'il accorde la Permission sur tous les faits énoncés dans cette Requête, sans les spécifier, ne seroit pas suffisante;

d'autant qu'on auroit pû glisser dans cette Requête, certains faits qui ne seroient pas susceptibles de publication, soit à cause de leur inutilité, soit à cause de leur indécence.

III. C'est aussi, afin que l'on puisse connoître si le Monitoire ne contient point d'autres faits que ceux compris au Jugement, que les Officiaux sont tenus de garder des Minutes des Monitoires qu'ils accordent; ainsi qu'il a été jugé par un Arrêt du 17 Décembre 1705, sur les Conclusions de M. l'Avocat Général Portail, contre l'Official de Langres.

IV. Enfin, une *troisiéme* Conséquence qui résulte de la Disposition de cet Article, c'est que l'Official n'a point le Droit d'examiner les Causes du Monitoire, & qu'il doit y insérer les faits tels qu'ils sont exposés dans le Jugement qui en permet l'Obtention. Aussi, par Arrêt du 26 Février 1707, rapporté au Journal des Audiences, un Monitoire a été déclaré abusif, en ce qu'il ne s'étoit pas trouvé conforme aux faits exposés dans la Requête à fin de Permission d'informer.

ARTICLE IV.

» Les Personnes ne pourront être nommées ni dé-» signées par les Monitoires, à peine de 100 liv. d'a-» mende contre la Partie, & de plus grande, s'il y » écheoit.

Sommaire.

I. *Motif des Défenses portées par cet Article.*
II. *Comment doit-on s'y conformer suivant les Auteurs?*
III. *Exception en fait de Crime d'Adultere.*
IV. *On peut marquer toutes les Circonstances qui concernent le Fait du Crime.*
V. *La désignation des Personnes opere-t-elle la Nullité du Monitoire?*
VI. *Cas où il y auroit lieu de prononcer de plus grandes Peines que celles portées dans cet Article.*

I. Par cet Article, il est défendu aux Parties qui demandent Permission d'obtenir Monitoire, de nommer & désigner les Personnes contre qui elles veulent l'obtenir, à peine de 100 liv. d'amende, & même de plus grande, *s'il y écheoit*. Ce qui a été ſagment établi, afin d'empêcher que par cette Voie on ne compromette impunément la Réputation d'un Citoyen, qui ne pourroit manquer d'en ſouffrir quelqu'atteinte, encore que par l'événement il n'en réſulteroit aucune Preuve contre lui.

II. Il faut donc, pour agir avec toute la Circonſpection que demande cet Article, n'inſérer dans cette Requête que des Dénominations vagues & générales; ſans déſigner la Perſonne autrement que ſous le nom d'un certain *Quidam*; ſans rien ajouter d'ailleurs qui puiſſe tendre à la faire connoître, comme ſon Surnom, ſa Taille, ſes Habits, les traits de ſon Viſage, la couleur de ſes Vêtemens, ſon Domicile, & même ſa Profeſſion, ſi ce n'eſt *ad finem notitiæ*.... comme diſent les Auteurs, & en tant que ces Indications ſeroient abſolument néceſſaires aux Témoins qui peuvent venir à révélation. On ne peut même le déſigner tacitement, par la Signification qu'on lui feroit faire du Monitoire, à ſa Perſonne ou à celle de ſes Serviteurs ou Domeſtiques, ainſi qu'il a été jugé par pluſieurs Arrêts qui ſont rapportés par Bouvot, Queſt. 45, *verbo* Monitoire.

III. Il faut néanmoins excepter, lorſque le Monitoire eſt obtenu par un Mari, pour fait d'*Adultére* de ſa Femme. MM. les Commiſſaires, lors du Procès-verbal de Conférence ſur cet Article, obſerverent qu'en pareil Cas, toutes les fois qu'on avoit interjetté Appel comme d'Abus des Publications des Monitoires, ſur le fondement de la Déſignation de la Perſonne, les Parlemens n'avoient pas laiſſé que de les confirmer.

IV. Au reſte, quoiqu'il ne ſoit point permis de déſigner les Perſonnes dans les Monitoires, on peut néanmoins y énoncer toutes les autres Particularités qui tendent à caractériſer le Crime, comme le Jour, le Lieu & l'Heure où ce Crime a été commis; les Armes & Inſtrumens dont on s'eſt ſervi pour le commettre; les Lieux où le *Quidam* a été vû, avant ou après le Crime, portant ſur lui les marques de ce Crime; les Paroles, Menaces & autres Diſcours qu'il aura tenus avant ou après le Crime; en un mot, généralement toutes les Circonſtances qui l'ont accompagné, & qui ſont telles, que ſans le détail qui en ſeroit fait dans le Monitoire, tous ceux qui ſçavent quelque choſe de ce Crime, ſoit pour l'avoir vû, ſoit pour en avoir entendu parler à d'autres, ne pourroient venir à révélation.

V. QUOIQUE cet Article ne prononce point la Peine de Nullité contre les Monitoires, contenans les Déſignations des Perſonnes, mais ſeulement celle de 100 liv. d'amende contre la Partie ; il eſt certain dans notre Juriſprudence, que c'eſt un Moyen valable pour s'oppoſer à leur Publication, & même pour en interjetter Appel comme d'Abus. C'eſt auſſi ce qui réſulte clairement de l'Obſervation de MM. les Commiſſaires, que nous venons de citer.

VI. D'AILLEURS, par ces Mots, *& de plus grande s'il y écheoit*, qu'on voit à la fin de cet Article, il paroît que l'Ordonnance a voulu laiſſer aux Juges la liberté de prononcer, non-ſeulement la Peine de Nullité du Monitoire, mais encore des Peines afflictives ou infamantes, ſuivant l'atrocité des Circonſtances. Ces dernieres Peines devroient avoir lieu principalement, s'il y avoit une Affectation marquée de la part de celui qui déſigneroit dans le Monitoire, une Perſonne conſtituée en Dignité, jouiſſant d'une Réputation entiére ; & cela, ſans avoir d'ailleur aucun intérêt réel à la Diffamation. Ce ſeroit alors le cas de la Calomnie dont il a été parlé ſur l'Art. 7 du Tit. 3.

ARTICLE V.

» LES Curés & leurs Vicaires ſeront tenus, à peine » de Saiſie de leur Temporel, à la premiere requiſition, » faire la Publication du Monitoire ; qui pourra néanmoins, en cas de Refus, être faite par un autre Prêtre » nommé d'Office par le Juge.

SOMMAIRE.

I. *Droit de publier Monitoire appartient aux Curés ; & pourquoi ?*

II. *Cas où les Curés & Vicaires ne doivent être admis à les publier.*

III. *Comment doit-on s'y prendre pour conſtater le Refus, & faire prononcer la Peine portée par cet Article ?*

IV. *Juge ne peut nommer un ſimple Clerc pour remplacer le Curé ou Vicaire refuſant.*

V. *Official peut-il nommer un Prêtre en Cas de Refus ?*

VI. *Juges des Seigneurs peuvent-ils ordonner la Saiſie du Temporel ?*

VII. *Formule de Sommation au Curé.*

VIII. *Formule de Requête pour faire commettre un autre Prêtre.*

IX. *Formule de Jugement portant Nomination d'un autre Prêtre.*

LES Termes de cet Article donnent lieu à plusieurs Observations importantes.

I. LA premiere, que le Juge ne pouvant nommer d'Office un autre Prêtre, qu'en Cas de refus des Curés ou de leurs Vicaires, de publier le Monitoire; il en résulte nécessairement que le Droit de publier les Monitoires, appartient principalement aux Curés : & en effet, il est juste, dit GIBERT, que cela soit ainsi, parce que la Publication doit se faire dans les *Paroisses* qui sont régies par les Curés. *V.* GIB. Instit. Ecclésiast. Tit. 24, n. 5.

II. UNE seconde OBSERVATION, c'est que n'étant parlé dans cet Article que du seul Cas de *Refus*, il paroît qu'on en devroit conclure que ce n'est que dans ce Cas seulement, que les Curés ou Vicaires pourroient être privés du Droit de Publier les Monitoires. Cependant, il est certain qu'il y a plusieurs autres Cas, où quand même ces Curés & Vicaires offriroient de publier les Monitoires, ils ne devroient point y être admis, & notamment dans les Deux suivans; 1°. S'ils étoient *Parens* de ceux contre qui les Monitoires ont été obtenus, parce qu'il y auroit à craindre qu'ils ne détournent les Témoins qui pourroient venir à Révélation ; 2°. S'ils avoient *Prévariqué* dans une premiere Publication qu'ils auroient faite; soit en affectant de faire cette Publication hors le tems de la Messe de Paroisse; ou bien en ne la faisant qu'à basse voix, de maniere qu'ils n'auroient pû être entendus de Personne; soit enfin en supprimant des faits essentiels qui étoient insérés dans le Monitoire. Dans tous ces Cas, il n'est pas douteux que les Parties Publiques & Civiles, seroient fondées à demander une nouvelle Publication, par un autre Prêtre que le Juge nommeroit sur leur Requête : parce que faire mal une chose, c'est comme si on ne la faisoit point du tout ; *Paria enim sunt*, dit la Loi, *aliquid prorsus non fieri, vel male fieri.*

Il y a même cela de particulier, en fait de *Prévarication* de la part du Curé en cette Matiere, qu'à cause de l'Exemple & de l'Intérêt Public qui s'en trouveroit blessé; il pourroit, outre la Peine de la Saisie de son Temporel, qu'il encourt, suivant cet Article, en cas de refus, être condamné à une Peine Pécuniaire au profit de l'Hôpital & des Pauvres du lieu, ainsi qu'aux frais de la nouvelle Publication. La raison de cette différence, c'est que dans le Cas du Refus, le préjudice qu'il porte, peut être réparé par la nomination d'un autre Prêtre: au lieu qu'il ne peut l'être suffisamment en Cas de Prévarication, qu'en y ajoutant les Condamnations particulieres que nous venons de remarquer.

Ces Condamnations peuvent également avoir lieu, pour les Prévarications que les Curés & Vicaires commettroient après les Publications faites; comme s'ils ne déclaroient point les Accusés & les Complices, qui leur auroient été révélés; ou s'ils refusoient de déclarer le nom des Témoins qui sont venus à Révélation. *V.* Menoch. *de Arbitr.* Cas. 323, n. 13; & Farin, *de Inquis.* Quest. 4 n. 17.

III. Une troisiéme Observation que présente cet Article, c'est que l'Ordonnance exigeant un Refus formel de la part des Curés & Vicaires, pour que le Juge puisse les faire remplacer par une autre Prêtre; il s'ensuit, qu'il ne suffiroit pas qu'ils eussent simplement gardé le silence sur la Réquisition verbale qui leur auroit été faite par la Partie; mais il faudroit encore qu'ils eussent manifesté leur volonté de quelque maniere, c'est-à-dire, qu'il faudroit attendre le premier Dimanche qu'ils devroient faire la Publication, pour sçavoir comment ils agiroient; & si ce jour-là ils ne la faisoient point, alors cette Inaction, jointe au silence qu'ils auroient gardé sur la premiere Réquisition, pourroit être regardée comme un véritable Refus; & la Partie pourroit en conséquence, sans qu'il fût besoin d'une nouvelle Réquisition, se retirer pardevant le Juge, qui sur sa Requête, à laquelle seroit joint le Monitoire, seroit autorisé à nommer un autre Prêtre: quoiqu'à la vérité il seroit encore plus régulier de commencer par lui faire donner un Sommation que l'on joindroit à cette même Requête. Nous donnerons ci-après la Formule de cette Sommation, ainsi que de la Requête qui sera présentée, & du Jugement qui sera rendu en conséquence.

IV. Une quatriéme Observation, c'est qu'étant dit dans cet Article, que le Juge nommera un autre *Prêtre*, il en faut conclure nécessairement, qu'il ne suffiroit pas de nommer un simple Clerc, & même un Diacre, pour faire cette Publication.

V. Une cinquiéme Observation, c'est que bien qu'il

paroisse d'après les termes de cet Article, que la Nomination de ce Prêtre doit être faite par le Juge même qui a accordé la Permission d'obtenir Monitoire ; cependant DUPERRAY, sur l'Art. 26 de l'Edit de 1695, tient que c'est à l'Official de le nommer, & qu'il l'a fait ainsi juger à la Tournelle Criminelle de la Cour, par Arrêt du 25 Mars 1686.

VI. ENFIN, une sixiéme & derniere OBSERVATION, c'est que l'Ordonnance se sert ici du mot de JUGE en général, & qu'elle ne dit point NOS JUGES, comme elle fait sur l'Article suivant. Ces derniers termes avoient même d'abord été insérés dans le présent Article, comme on le voit dans le Procès-verbal de Conférence, sur le fondement que la Saisie du Temporel des Curés étoit un Cas Royal, dont les Juges Seigneuriaux ne pouvoient connoître. Mais on jugea à propos de les supprimer, par la raison sans doute, qu'on regarda le Droit de prononcer cette Saisie, comme une suite du Pouvoir attribué par le premier Article, à tous les Juges en général, d'accorder la Permission d'obtenir Monitoire. Ensorte que toute la Différence que l'on mit entre ces derniers, & les Juges Royaux, fut, de n'accorder qu'à ceux-ci, le Droit d'ordonner la Distribution des deniers saisis, dont il sera parlé sur l'Article suivant.

Au reste, la Procédure, pour parvenir à la Saisie du Temporel des Curés, est la même que celle marquée sur l'Art. 2, relativement aux Officiaux.

VII. *FORMULE de Sommation pour requérir le Curé ou Vicaire de faire la Publication du Monitoire.*

Tel. . . . . de telle Qualité. . . . . demeurant à. . . . . requiert M. tel. . . Curé ou Vicaire de. . . . . qu'il lui plaise de faire Publication du Monitoire que ledit tel. . . . . a obtenu de Monsieur l'Official de. . . . . de tel jour. . . . . en vertu du Jugement du tel jour. . . . . de tel Juge. . . . . . sinon, sur son Refus, proteste de se pourvoir suivant l'Ordonnance.

VIII. *FORMULE de Requête pour faire commettre un autre Prêtre.*

A MONSIEUR tel. . . . . Juge de. . . . .

Supplie humblement tel. . . . . de telle Qualité. . . . . disant qu'il a obtenu Monitoire en conséquence de votre Jugement, de tel jour. . . . . . lequel il a présenté à un tel. . . . . . Curé ou Vicaire de. . . . . . pour en faire la Publication sur son Refus verbal ; il l'en a requis par Acte de tel jour. . . . . ci-attaché, à quoi il n'a pas voulu satisfaire.

CE CONSIDÉRÉ, Monſieur, & attendu le Refus, il vous plaiſe nommer d'Office un autre Prêtre, tel qu'il vous plaira, pour faire ladite Publication, ſuivant l'Ordonnance. Et vous ferez bien.

IX. FORMULE *de Jugement portant Nomination d'un autre Prêtre.*

Vû par Nous tel.....Juge de.....la Requête préſentée par tel.... contenant que..... (*il faut réſumer la Requête*) la Requiſition par lui faite au Curé de.....de tel jour.....pour la Publication du Monitoire par nous permis le.....& accordé par l'Official de.....le tel jour.....Nous ordonnons que la Publication en ſera faite par tel.... Prêtre de telle Egliſe & Paroiſſe, par nous nommé d'Office; & pour le Refus fait par ledit Curé ou Vicaire, ordonnons que les Revenus Temporels dudit Curé ou Vicaire ſeront ſaiſis, à iceux établi Commiſſaire, par le premier Huiſſier ou Sergent, auquel de ce faire donnons Pouvoir. Fait le.....

ARTICLE VI.

» SI après la Saiſie du Temporel des Officiaux, Curés » ou Vicaires à eux ſignifiée, ils refuſent d'accorder & » de publier le Monitoire, nos Juges pourront ordon- » ner la diſtribution de leurs Revenus aux Hôpitaux, » ou Pauvres des Lieux.

SOMMAIRE.

I. *Juges de Seigneurs ne peuvent ordonner la Diſtribution des deniers ſaiſis.*
II. *Que doit faire le Juge, ſi l'Official perſiſte dans ſon Refus, après la Diſtribution des Revenus ſaiſis?*
III. *Procédure qui doit être gardée en exécution de cet Article.*
IV. *Formule de Jugement qui ordonne la Diſtribution des Revenus ſaiſis.*

I. PAR ces Mots *nos Juges*, dont l'Ordonnance ſe ſert dans cet Article, elle exclud les Juges des Seigneurs du pouvoir d'ordonner la Diſtribution des Revenus ſaiſis, tant ſur les Officiaux, que ſur les Curés; quoiqu'elle leur donne d'ailleurs celui de permettre la Publication des Monitoires, & même d'ordonner la Saiſie contre les mêmes Officiaux & Curés refuſans. Nous avons donné la raiſon de cette Différence ſur l'Article précédent.

II. L'ON voit, tant par cet Article que par le précédent, ce que le Juge doit faire, en cas que les Curés & Vicaires persistent dans leur refus, de publier les Monitoires. Mais si malgré la Saisie du Temporel des Officiaux, & la Distribution qui en sera faite aux Hôpitaux ou aux Pauvres du lieu, ceux-ci persistent encore à ne vouloir point accorder les Monitoires; Que devra faire le Juge? C'est ce que l'Ordonnance ne dit point sur cet Article, non plus que sur les suivans. A la vérité, l'on voit que cette Question fut agitée lors du Procès-verbal de Conférence sur l'Art. 2 du présent Titre : il paroît même que l'on avoit d'abord pensé, que le Juge devroit en ce Cas renvoyer les Parties pardevant l'Official le plus prochain.

Mais, sur l'Observation qui fut faite par M. le Premier Président DE LAMOIGNON, que le Juge Laïc ne pouvoit donner ce Pouvoir, qui va à l'Excommunication, à un Official étranger, pour l'exercer hors de son Diocèse; il fut arrêté, que l'on supprimeroit la derniere Partie de l'Article 2, qui portoit que le Juge *pourroit renvoyer les Parties à l'Official le plus prochain*, & que l'on supprimeroit en entier un troisiéme Article que l'on avoit ajouté, & où il étoit dit, *que le Juge pourroit aussi, en Cas de Refus de l'Official, renvoyer les Parties au plus prochain.* Ainsi par-là, on a décidé, qu'au lieu de renvoyer à l'Official le plus prochain, le Juge devroit faire ce Renvoi à l'Official Supérieur, dans l'Ordre de la Hiérarchie Ecclésiastique, lequel en vertu de ce Renvoi, & sans qu'il soit besoin de recourir à la voie de l'Appel, est autorisé à suppléer au défaut du premier; par la raison, comme l'observa pour lors M. l'Avocat Général TALON, qu'il seroit périlleux d'obliger les Parties, à qui on refuse un Monitoire que la Justice a permis d'obtenir, d'essuyer les longueurs d'un Procès, dans l'Officialité Métropolitaine, pour faire juger si l'Evêque a été en droit ou non de refuser ce Monitoire.

III. POUR procéder en conformité du présent Article, il faut, après la Saisie faite des Revenus du Temporel de l'Official qui refuse de décerner Monitoire, ou du Curé & Vicaire qui refusent de le publier, la leur faire signifier; & ensuite présenter une Requête au Juge Royal, dans le Ressort duquel cette Saisie a été faite, pour demander que cette Saisie soit déclarée valable, & en conséquence que les Fruits & Revenus saisis, soient distribués à l'Hôpital ou aux Pauvres du lieu. Il sera dit par cette Requête (si c'est contre l'Official) que par le Jugement d'un tel jour, il a été permis à cette Partie d'obtenir Monitoire; qu'elle l'a requis en conséquence de l'Official, qu'elle l'a sommé par Acte de tel jour; qu'elle a obtenu sur son refus Permission de saisir son Revenu Temporel; qu'elle l'a fait saisir le tel jour, avec protestation d'en faire la Distribution s'il n'obéissoit à l'Ordonnance : ce que l'Official a refusé; & partant elle conclura de la maniere que nous venons de le marquer.

Il en sera de même, si c'est contre un Curé ou Vicaire, à l'exception seulement qu'il sera parlé de la Sommation qui leur a été donnée pour faire la Publication, & de la Requête présentée au Juge pour parvenir à la Nomination d'un autre Prêtre, ensemble du Jugement rendu en conséquence, portant cette Nomination.

Que si nonobstant ces Saisies & Significations, les Officiaux & Curés ou Vicaires persistent dans leur Refus; c'est alors que le Juge ordonnera la Distribution, conformément au présent Article. En conséquence, il faudra faire rendre compte au Commissaire établi aux Fruits saisis, & pareillement contraindre les Débiteurs & Fermiers, pour représenter leurs Baux & Quittances, & payer les sommes qu'ils ont affirmé devoir; le tout, comme on l'a dit, suivant la forme prescrite par l'Ordonnance de 1667.

Enfin, si nonobstant cette Distribution, l'Official persiste encore dans son Refus, le Juge renverra les Parties à l'Official Supérieur dans l'Ordre de l'Eglise, suivant la Route qu'on vient d'indiquer, d'après MM. les Commissaires Généraux de l'Ordonnance.

IV. *FORMULE de Jugement qui ordonne la Distribution des Revenus saisis sur les Officiaux, Curés & Vicaires.*

A tous ceux qui ces présentes Lettres verront, &c. Sur ce que le Procureur du Roi ou Procureur Fiscal, ou tel . . . . . Partie Civile nous a remontré que tel . . . . . Curé de . . . . . ou Vicaire de . . . . . ayant refusé de publier le Monitoire par lui obtenu, suivant notre Jugement de . . . . & à lui accordé par l'Official de . . . . . le tel jour . . . . . Nous aurions par notre Jugement du tel jour . . . . . nommé d'Office un tel . . . . . Prêtre de telle Paroisse . . . . . & ordonné que le Revenu temporel dudit Curé de . . . . ou Vicaire de . . . . . seront saisis, & que la Saisie ayant été faite le tel jour . . . . . par tel Sergent & tel Commissaire établis, a été signifié audit Curé ou Vicaire, le tel jour . . . . . & que néanmoins ledit Curé ou Vicaire a refusé de publier ledit Monitoire, & permis que ledit tel Prêtre par nous nommé d'Office, en fit la Publication à son Refus; ce qui est une désobéissance à Justice, & une contravention à l'Ordonnance : pourquoi les Fruits & Revenus Temporels saisis, doivent être distribués aux Hôpitaux & Pauvres de ce Lieu. Vu la Requisition, Refus dudit tel..... Nomination d'Office par nous faite, Saisie, Signification d'icelle, faite audit Curé ou Vicaire, & Publication dudit Monitoire faite par tel... Prêtre nommé d'Office; nous ordonnons que les Fruits & Revenus saisis, dont tel Commissaire sera tenu de rendre compte pardevant Nous, seront baillés & distribués aux Hôpitaux de..... ou aux Pauvres de ce Lieu, &c.

ARTICLE VII.

» LES Officiaux ne pourront prendre ni recevoir pour » chacun Monitoire plus de 30 sols, leur Greffier 10, » y compris les Droits du Sceau; & les Curés ou Vi» caires dix sols; à peine de restitution du quadruple; » sans néanmoins qu'ès Lieux où l'Usage est de donner » moins, les Droits puissent être augmentés.

SOMMAIRE.

I. *Rétributions dûes aux Officiaux & aux Curés; par qui doivent être payées?*

II. *Curés ne peuvent exiger des Rétributions pour chaque Révélation qu'ils reçoivent.*

III. *Quelle Peine contr'eux en Cas de Contravention au présent Article?*

I. PAR cet Article, l'Ordonnance régle les Droits qui sont dûs, tant aux Officiaux & à leurs Greffiers, pour les Monitoires qu'ils délivrent; qu'aux Curés, Vicaires, ou autres Prêtres nommés sur leur Refus, pour la Publication de ces mêmes Monitoires. Mais elle ne dit point, par qui ces Droits doivent être payés. Comme ces Droits font partie des Frais du Procès Criminel, l'on doit suivre, à cet égard, la même Régle que celle établie par les autres Articles de l'Ordonnance qui concernent ces mêmes Frais, & notamment par l'Article 13 du Titre 6, où nous avons vû, que ces Frais doivent être payés par la Partie Civile, lorsque le Procès se fait sur sa poursuite; & par les Receveurs des Domaines du Roi ou des Seigneurs, lorsqu'il est poursuivi à la Requête de la Partie Publique, ou que la Partie Civile n'est pas en état de les avancer.

II. Il y a des Curés, qui prétendent, qu'outre le Droit qui leur est attribué par cet Article pour la Publication des Monitoires, ils peuvent encore exiger une Rétribution particuliére pour chaque Révélation qu'ils reçoivent. Mais c'est une Prétention abusive & évidemment contraire à la Disposition de cet Article, & de l'Article 10 de ce même Titre, qui ont fixé tous les Droits, qu'ils pouvoient exiger en cette Matiere.

III. Cependant, s'ils prenoient d'autres ou de plus grands Droits que ceux qui sont ici marqués, la Contravention qu'ils feroient à l'Ordonnançe, n'emporteroit pas la Nullité de la Publication, mais n'opéreroit d'autre effet que celui de les faire condamner à la restitution du Quadruple.

ARTICLE VIII.

» Les Opposans à la Publication du Monitoire, seront tenus élire Domicile dans le Lieu de la Jurisdiction du Juge qui en aura permis l'obtention, à peine de nullité de leur Opposition : & pourront sans Commission ni Mandement, y être assignés, pour comparoir à certain jour & heure dans les trois jours pour le plûtard, si ce n'est qu'il y eût Appel comme d'abus.

Sommaire.

I. *Deux Voies pour se pourvoir contre les Monitoires. Quand peuvent être employées.*

II. *Conditions nécessaires pour la validité de l'Opposition & du Jugement qui interviendra à ce sujet.*

III. *Ce que l'Appel comme d'Abus a de différent ou de commun avec l'Opposition.*

IV. *Sur quoi doivent rouler les Moyens d'Abus & d'Opposition?*

V. *Formule d'Acte d'Opposition à la Publication du Monitoire.*

VI. *Formule d'Assignation pour venir plaider sur l'Opposition.*

VII. *Formule d'Acte d'Appel comme d'Abus.*

I. SUIVANT cet Article, il y a deux Manieres de se pourvoir contre la Publication d'un Monitoire, celle de l'OPPOSITION, & celle de L'APPEL COMME D'ABUS. Comme le Monitoire ne se signifie point; l'une & l'autre de ces Voies, n'ont ordinairement lieu, qu'après que la Publication du Monitoire est commencée, quoiqu'elles puissent être formées plutôt, si l'on en a connoissance.

II. QUANT à la Voie de L'OPPOSITION, pour qu'elle soit recevable, il faut plusieurs choses, suivant le présent Article; 1°. Qu'elle soit formée pardevant le même Juge qui a permis l'Obtention du Monitoire. Par conséquent l'Official ne peut la recevoir, à moins que le Procès ne se poursuive pardevant lui en l'Officialité. *V.* ce qui sera dit sur l'Article 11 ci-après.

2°. Que l'Opposant fasse élection de Domicile dans le Lieu de la Jurisdiction de ce même Juge; afin que la Partie qui a obtenu le Monitoire, puisse l'y faire assigner en main-levée de cette Opposition. Cette Election de Domicile se fait par l'Acte même d'Opposition, dont nous donnerons la Formule ci-après; & elle est requise à peine de Nullité.

3°. Enfin, pour empêcher que cet Opposant n'abuse de cette Voie pour retarder l'effet des Monitoires, & en faire dépérir les Preuves, par le moyen de cette Opposition, dont l'effet est suspensif; l'Ordonnance a cru devoir lui fixer un Délai pour comparoir sur l'Assignation qui lui sera donnée en main-levée. Ce Délai est de trois jours pour le plûtard, à compter du jour de l'Exploit d'Assignation qu'elle veut être donné sans Commission ni Mandement. C'est pourquoi, par cet Exploit dont on donnera ci-après la Formule, la Partie qui a obtenu le Monitoire aura soin de marquer le jour & l'heure de l'Audience, qu'elle demandera au Juge sur un simple *Plaçet*; & comme dans les Justices Inférieures les Audiences ne se tiennent qu'à certains jours de la semaine, il faudra demander une Audience extraordinaire. *V.* au surplus ce qui sera dit sur l'Article suivant, par rapport aux autres Formalités qui doivent accompagner cette Opposition.

Par le Jugement qui interviendra, tant sur cette Opposition que sur l'Assignation en Main-levée donnée en conséquence, l'Opposant sera débouté de son Opposition, si les Moyens de l'Opposition ne sont pas jugés valables, & le Juge permettra au Curé la Publication du Monitoire; & si l'Opposant ne comparoît point sur l'Assignation, il sera pareillement débouté de son Opposition, & Congé donné au Défendeur avec profit, suivant l'Ordonnance de 1667. Si au contraire les Moyens d'Opposition sont jugés valables, il sera défendu de passer outre à la Publication. Ce Jugement doit être signifié, tant à la Partie contre qui il est rendu, qu'au Curé à qui l'on fera en même-tems une Sommation de faire les Publications, si le Jugement porte Main-levée de l'Opposition.

III. A l'égard de la Voie de L'APPEL COMME D'ABUS, elle a cela de particulier, qu'elle ne doit se former que pardevant les Cours de Parlement, & qu'au lieu du Délai de trois jours seulement, qui est fixé pour les Assignations en Matiere d'Opposition, l'Ordonnance veut qu'on observe à l'égard de cet Appel, les mêmes Délais qui sont usités dans les autres Appels comme d'Abus; c'est-à-dire, les Délais Compétens, tels qu'ils sont fixés par l'Ordonnance de 1667, au Titre des Ajournemens.

Au surplus, il y a cela de commun entre cette Voie & celle de l'Opposition, qu'elle exige la même formalité de la Signification, tant à la Partie qui a obtenu le Monitoire, qu'au Curé; qu'elle a pareillement un effet suspensif; & qu'enfin, elle peut aussi être fondée sur les mêmes Moyens.

IV. CES Moyens se tirent en général, des Contraventions faites aux Dispositions de l'Ordonnance qui sont portées par le présent Titre, comme *v. g.* si le Juge qui a permis d'obtenir Monitoire, n'étoit pas le Juge du Lieu du Délit.... si l'Official l'a décerné, sans qu'il y eût Permission préalable du Juge Laïc... si le Curé a publié le Monitoire hors le tems de la Messe de Paroisse, ou s'il l'a publié à basse voix, ou bien s'il en a supprimé des Faits essentiels.... si dans le Monitoire on a inséré d'autres Faits que ceux compris dans le Jugement portant Permission de l'obtenir.... si on y a désigné les Personnes contre lesquelles il est obtenu... s'il est obtenu pour un Fait dont la Preuve n'est recevable; ainsi, par exemple, s'il étoit obtenu pour Crime d'*Adultere* contre une Femme, sans la plainte de son Mari, celui-ci seroit fondé à en appeller comme d'Abus... ou s'il étoit obtenu par un Accusé, avant que d'être admis à la preuve de ses Faits Justificatifs, la Partie Civile ou Publique pourroient également l'attaquer par cette Voie... ou enfin, s'il étoit obtenu par un Enfant Impubere ou par un Insensé, l'Appel comme d'Abus pourroit aussi être employé de la part des Peres, Tuteurs ou Curateurs. Nous verrons au surplus dans la troisiéme Partie, comment s'introduit & se juge l'Appel comme d'Abus.

V. *Formule d'Acte d'Opposition à la Publication du Monitoire.*

A la Requête de tel.....de telle Qualité.....qui a élû son Domicile en la Maison de.....soit déclaré à telle Partie & à tel Curé ou Vicaire de ....que ledit tel....s'oppose à la Publication du Monitoire, obtenu par ledit tel.....le tel jour.....pour les causes d'Opposition qu'il déduira en tems & lieu, lui déclarant qu'il a élû son Domicile en la Maison de.....suivant l'Ordonnance.

VI. *Formule d'Assignation pour venir plaider sur l'Opposition.*

A la Requête de tel.....de telle Qualité.....demeurant à..... soit assigné tel.....de telle Qualité.....demeurant à.....à comparoir pardevant Monsieur....tel Juge....à tel jour....(*le délai ne sera que de trois jours à r. 3.*) lieu & heure, pour y dire les Causes de l'Opposition par lui formée à la Publication du Monitoire obtenu par ledit tel.....le tel jour.....en vertu de la Sentence du tel jour.....de tel Juge.....& s'en voir débouter avec dépens, lui déclarant que tel.... est son Procureur. Fait & donné l'Assignation que dessus audit tel..... parlant à.....en son Domicile par lui élû dans son Acte d'Opposition dudit jour.....le tel jour & an.

VII. *Formule d'Acte d'Appel comme d'Abus.*

A la Requête de tel.....de telle Qualité.....demeurant à..... soit signifié & déclaré à tel.....Partie Civile, & à tel Curé de..... ou à tel Vicaire de.....que ledit tel.....est Appellant, & appelle comme d'Abus, de l'Obtention du Monitoire, pour les Causes qu'il déduira en tems & lieu, dont Acte.

ARTICLE IX.

» L'OPPOSITION sera plaidée au jour de l'Assignation, & le Jugement qui interviendra, exécuté » nonobstant Opposition ou Appellation, même comme d'Abus.

» d'Abus. Défendons à nos Cours & à tous autres Ju-
» ges, de donner des Défenses ou Surséances de les
» exécuter; si ce n'est après avoir vû les Informations,
» & le Monitoire, & sur les Conclusions de nos Pro-
» cureurs. Déclarons nulles toutes celles qui pourroient
» être obtenues. Voulons, sans qu'il soit besoin d'en
» demander main-levée, que les Arrêts, Jugemens
» & Sentences soient exécutés, & les Parties qui auront
» présenté Requête à fin de Défenses ou Surséances, &
» les Procureurs qui y auront occupé, condamnés cha-
» cun en cent liv. d'amende, qui ne pourra être remise
» ni modérée, applicable moitié à Nous, moitié à la
» Partie.

SOMMAIRE.

I. *On ne peut appointer sur l'Opposition au Monitoire.*

II. *Ni même ordonner que les Piéces resteront sur le Bureau.*

III. *Que veut dire, que ce Jugement sera exécuté nonobstant Opposition & Appel même comme d'Abus?*

IV. *Distinction entre l'Appel comme d'Abus du Jugement qui permet le Monitoire, & l'Appel du Jugement qui déboute de l'Opposition.*

V. *Défenses & Surséances accordées par les Cours. Ce qu'il faut pour leur Validité?*

CET Article prescrit quatre sortes de Formalités, qui sont une suite des précautions que l'Ordonnance a prises par le précédent Article, pour empêcher qu'on ne puisse abuser de la Voie de l'Opposition aux Monitoires.

I. L'ORDONNANCE veut en *premier* lieu, que cette Opposition soit plaidée & jugée à l'Audience, & par-là elle exclud tout Appointement. C'est aussi ce qui a été jugé disertement par un Arrêt du 23 Mars 1743, sur les Conclusions de M. GILBERT, Avocat Général, rapporté par DE LA COMBE.

Au reste, c'est à l'Audience Criminelle, & non à la Civile, que cette Opposition doit être portée.

II. ELLE veut en *second* lieu, que le Jugement qui intervien-dra sur cette Plaidoirie, soit rendu au jour marqué par l'Assignation ; par conféquent, elle ne permet pas même d'ordonner que les *Piéces resteront sur le Bureau.*

III. Elle veut en *troisiéme* lieu, que le Jugement soit exécuté nonobstant Opposition ou Appellation quelconque, même comme d'Abus ; c'est-à-dire, que si par ce Jugement, l'Opposant est débouté de son Opposition à la Publication du Monitoire, cette Publication sera continuée, quand même il se rendroit Appellant du Jugement, par la Voie de l'Appel comme d'Abus ; & par la même raison, si l'Opposition se trouvoit bien fondée par le Jugement, la Publication seroit absolument suspendue, nonobstant l'Appel comme d'Abus qui en seroit interjetté par la Partie qui a obtenu le Monitoire.

IV. Ainsi, l'on voit par-là, qu'il faut bien distinguer entre l'Appel comme d'Abus, interjetté du Jugement qui déboute de l'Opposition, & celui qui est interjetté du Jugement qui permet l'Obtention & la Publication du Monitoire, dont il est parlé dans l'Article précédent. Ce Premier a, comme nous l'avons dit, un effet suspensif, que n'a pas celui dont il s'agit ici ; par la raison que l'Appellant ayant d'abord pris la Voie de l'Opposition, n'est censé revenir à celle de l'Appel comme d'Abus, que par un Esprit de vexation & de pure chicane, & pour arrêter la preuve : c'est l'Observation qui fut faite par MM. les Commissaires, lors du Procès-verbal de Conférence sur cet Article.. Par-là, l'on sent qu'il est plus expédient de se pourvoir d'abord par la Voie de l'Appel comme d'Abus, puisque si l'on commence par former Opposition, & qu'il intervienne Sentence qui en déboute, le Monitoire pourra être publié, nonobstant l'Appel comme d'Abus qui seroit interjetté ensuite.

V. 4°. Enfin, comme il peut arriver, qu'à cause de l'Injure & de la Diffamation presque toujours irréparable, qu'entraîne la Publication du Monitoire, l'Appellant ait un juste sujet de reclamer contre le Jugement qui le déboute de son Opposition, lequel peut d'ailleurs avoir été rendu par des motifs de Vexation & de Partialité, ou contenir quelques Nullités évidentes : l'Ordonnance, qui a prévu tous ces inconvéniens, a cru devoir ménager, à cet Appellant, une Ressource pour arrêter l'exécution de ce Jugement ; en autorisant, comme elle fait par une derniere Disposition de cet Article, les Cours & autres Juges Supérieurs, à lui accorder des *Défenses ou Surséances*. Mais en même-tems, pour prévenir les surprises qui pourroient être faites à cette occasion, elle ajoute cette Restriction remarquable, que ces mêmes Cours & autres Juges, ne pourront accorder ces Défenses ou Surséances, que sur le Vû des Informations & sur les Conclusions des Procureurs de S. M. sçavoir, des Procureurs Généraux, si l'on s'est pourvu dans les Cours par Appel comme d'Abus ou autrement, & des Procureurs du Roi, si l'on s'est pourvu par Appel dans les Bailliages, contre les Jugemens des Juges Seigneuriaux ou autres Juges Subalternes. Ensorte que s'il n'y avoit encore point eu d'Information faite en conséquence du Monitoire, l'on ne pourroit parvenir à l'Obtention de ces Défenses & Surséances.

ARTICLE X.

» LES Révélations qui auront été reçues par les Curés » ou Vicaires, seront envoyées par eux cachetées, au » Greffe de la Jurisdiction, où le Procès sera pendant; » & pourvu par le Juge aux frais du Voyage, s'il y » écheoit.

SOMMAIRE.

I. *Révélations doivent être couchées par Ecrit.*

II. *Pourquoi doivent être mises au Greffe du Juge qui a permis l'Obtention du Monitoire?*

III. *Comment le Curé peut se faire rembourser les Frais de l'Envoi des Révélations?*

IV. Quid, *si le Voyage n'avoit point été fait exprès, ou n'étoit pas nécessaire?*

V. *Formule de Requête à présenter pour être payé de ces frais.*

PAR cet Article, l'Ordonnance prescrit trois choses relativement aux Révélations; 1°. La Maniere dont les Curés & Vicaires doivent recevoir ces Révélations; 2°. L'Usage qu'ils en doivent faire, après qu'ils les ont reçues; 3°. Enfin, la Voie par laquelle ils peuvent se procurer le remboursement des Frais qu'ils ont fait pour l'Envoi de ces mêmes Révélations.

I. QUANT à la *Maniere* de recevoir ces Révélations, l'Ordonnance veut que les Curés & Vicaires les rédigent par écrit: du moins c'est ce qu'elle suppose nécessairement, en leur imposant par cet Article, l'obligation de les envoyer cachetées. Ensorte que de simples Révélations verbales ne suffiroient point.

II. QUANT à l'*Usage* qui doit être fait de ces Révélations, après qu'elles sont reçues; il se trouve marqué par une autre Disposition de ce même Article, qui veut que ces Révélations soient envoyées au Greffe de la Jurisdiction où le Procès est pendant; c'est-à-dire, au Greffe du Siége qui a permis l'Obtention du Monitoire; parce que, comme nous l'avons observé sur l'Article 8, c'est à ce Juge qu'est réservé le Droit de connoitre de la Validité de la Publication de ce Monitoire, de l'Opposition qui y est faite, & généralement de tout ce qui en dépend.

III. ENFIN, quant aux *Frais de l'Envoi* de ces Révélations; comme il peut arriver que le Greffe, où les Curés ou Vicaires soient tenus d'envoyer ces Révélations, soit éloigné du Lieu de leur Demeure; & qu'il n'est pas juste qu'ils supportent les Frais du Voyage, qu'Eux ou leurs Domestiques seroient obligés d'employer pour faire parvenir en sûreté ces mêmes Révélations, suivant la Maxime *Nemini Officium suum debet esse damnosum*; ils sont admis par une derniere Disposition de cet Article, à répéter tous les Frais qu'ils auront avancés à ce sujet. Ce qu'ils pourront faire par une Requête qu'ils présenteront au Juge, dans la Forme ci-après. Le Juge y mettra son Ordonnance, portant la Taxe de ce Voyage à une certaine somme; & sur cette Ordonnance il sera délivré Exécutoire au Greffe, en vertu duquel on pourra exercer toute Contrainte contre celui qui a obtenu Monitoire, tant par Voie de Saisie sur ses Biens, que par Emprisonnement de sa Personne, en Cas de Refus d'y satisfaire.

Si le Curé ou Vicaire ne veulent, ou ne peuvent avancer les Frais du Port & Envoi des Révélations cachetées, comme étant trop considérables; ils pourront présenter la Requête avant l'Envoi, afin que le Juge pourvoie à faire fournir les Frais du Voyage.

IV. CEPENDANT, comme d'un autre côté, il pourroit aussi arriver, dans le Cas de l'Envoi dont on vient de parler, que le Voyage, pour lequel on demande la Taxe, n'ait point été fait exprès, ou du moins, qu'il n'étoit nullement nécessaire, attendu qu'il y auroit eû d'ailleurs des Occasions sûres, telles que les

Voitures Publiques, dont les Curés auroient pû profiter, pour envoyer ces Révélations à moins de Frais. C'est pour cela, que par ces mots, *s'il y écheoit*, qu'on voit à la fin de cet Article, l'Ordonnance a cru devoir laisser aux Juges la Liberté de régler, modérer ou rejetter cette Taxe, suivant les Circonstances.

V. *FORMULE de Requête d'un Curé qui veut se faire payer les Frais du Voyage, pour avoir envoyé les Révélations au Greffe.*

A MONSIEUR.....Juge de.....

Supplie humblement tel.....Curé ou Vicaire de.....disant qu'en conséquence de la Publication du Monitoire obtenu par tel..... il a reçu plusieurs Révélations, lesquelles il a cachetées & envoyées par Homme exprès au Greffe de.....distant de.....& qu'il est juste de pourvoir à lui rembourser les Frais du Voyage;

CE CONSIDÉRÉ, Monsieur, il vous plaise ordonner qu'Exécutoire sera délivré par votre Greffier de la somme de.....ou telle autre qu'il vous plaira, pour les Frais dudit Voyage. Et vous ferez bien.

ARTICLE XI.

» EN Matiere Criminelle, nos Procureurs & ceux des » Seigneurs, & les Promoteurs aux Officialités, auront » Communication des Révélations des Témoins; & les » Parties Civiles, de leur Nom & Domicile seulement.

SOMMAIRE.

I. *Monitoires peuvent avoir lieu en Matiere Civile comme en Matiere Criminelle.*

II. *Monitoires peuvent être employés dans les Procès qui s'instruisent aux Officialités.*

III. *Communication des Révélations tolérée en faveur de la Partie qui a obtenu Monitoire. Et pourquoi?*

IV. *Quand celui contre qui est obtenu le Monitoire, peut-il avoir Communication du Nom & du Domicile des Révélans?*

V. *Personnes qui sont dispensées de venir à Révélation sur les Monitoires.*

VI. *Ecclésiastiques & Impuberes ne sont point exemptés parmi nous.*

VII. *En quoi différe la Révélation, de la Déposition?*

VIII. *Comment se fait la Répétition des Révélans?*

Quid, *s'il y a déja eu une Information faite au Procès, & qui a été suivie de Décret?*

Quid, si cette Information n'avoit point été décrétée?

IX. *Quid, si la Partie, qui a obtenu Monitoire, négligeoit de faire assigner les Révélans?*

X. *L'Accusé pourroit-il les faire assigner, en Cas de négligence des Parties Civiles & Publiques?*

CET Article prescrit ce qui doit être fait, après que les Révélations ont été envoyées au Greffe. L'Ordonnance veut, que si ces Révélations ont été reçûes en Matieres Criminelles, il n'en soit donné Communication par le Greffier, qu'aux Parties Publiques, sçavoir, aux Procureurs du Roi ou des Seigneurs, si le Monitoire se poursuit dans les Tribunaux Laïcs; & aux Promoteurs des Officialités, s'il se poursuit dans les Tribunaux Ecclésiastiques; & elle permet seulement aux Parties Civiles d'avoir Communication du Nom & Domicile des Témoins qui ont révélé. Sur quoi il se présente plusieurs Observations importantes.

I. 1°. PAR la Distinction que l'Ordonnance fait ici des Formalités qui concernent les Révélations en *Matiere Criminelle*, elle suppose nécessairement que les Monitoires peuvent avoir lieu en Matiere Civile. C'est aussi le Sentiment des Auteurs qui en donnent pour exemple, les Cas de Banqueroute, de Recellé & Divertissement des Effets d'une Communauté, ou Succession, Suppression de Testament &c. A la vérité, comme ces Cas particuliers emportent avec eux un Délit, & que les Instances qui se poursuivent à ce sujet, peuvent être intentées par la Voie de la Plainte; on peut dire qu'ils participent autant du Criminel que du Civil.

II. 2°. PAR la Communication qu'elle permet de donner aux *Promoteurs* de ces Révélations, l'Ordonnance suppose encore nécessairement, que les Monitoires peuvent avoir lieu dans les Procès qui se poursuivent dans les Officialités; & conséquemment, qu'il n'est pas toujours besoin de la Permission du Juge Laïc, pour l'Obtention & Publication des Monitoires.

III. 3°. EN ne permettant de communiquer les Révélations qu'aux Parties Publiques, l'Ordonnance renouvelle à cet égard la Disposition portée par l'Article 15 du Titre précédent, relativement aux Informations. Néantmoins, il faut convenir, que cette Disposition ne s'exécute pas toujours à la rigueur vis-à-vis de la Partie Civile, à qui on ne refuse guères ces sortes de Communications, afin de lui éviter les Frais inutiles, qu'elle seroit obligée de faire, en faisant assigner tous les Témoins, dont la plûpart n'auroient rien déposé d'essentiel, relativement à l'objet du Monitoire.

IV. 4°. Il n'est parlé dans cet Article que des *Parties Civiles*, par rapport à la Communication du Nom & Domicile des Témoins; d'où il faut conclure, que cette Communication doit être refusée à celui contre lequel il est obtenu: ensorte qu'il ne peut, comme les autres Accusés, avoir cette Communication, que dans le tems de la Confrontation, afin de pouvoir fournir ses Reproches, ainsi que nous le verrons sur l'Art. 15 du Titre 15 ci-après.

V. Au reste, il faut observer, que cette Communication du Nom & du Domicile des Témoins n'est pas seulement permise, pour donner à la Partie Civile la Connoissance des Témoins, qu'elle doit faire assigner pour venir à Révélation; mais encore, pour qu'elle puisse sçavoir si ces Témoins ne sont point par leurs Qualités, incapables d'être oüis en Révélation.

En effet, quoiqu'aux termes des Monitoires, il soit enjoint expressément à toutes Personnes qui ont Connoissance des Faits qui y sont portés, de venir les révéler, sous peine d'Excommunication; il est certain qu'il y a des Personnes qui, par leur Etat ou Qualité, sont dispensées de venir à Révélation; & dont le témoignage, s'ils étoient entendus, ne pourroit mériter aucun égard. De ce nombre sont 1°. les Avocats; 2°. Confesseurs; 3°. les Médiateurs, Conseils; 4°. les Parens ou Alliés jusqu'au 4me degré inclusivement, de celui contre qui le Monitoire est obtenu; 5°. les Insensés & Furieux; 6°. enfin, généralement tous ceux qui ont juste sujet de craindre que leur Révélation ne leur cause un préjudice notable. *V.* à ce sujet le Ch. 2. Extr. *de Offic. Jud. Ordin.* la Loi derniere au *ff. de Testibus*; Faber, en son Cod. Liv. 4, Tit. *de Testib.* Maynard, Liv. 4 de ses Arrêts, Ch. 92.

VI. Il y a des Auteurs, tels que Masuer & Ranchin, qui exceptent aussi les Ecclésiastiques & les Impuberes. Mais ces Exceptions ne sont point reçues dans ce Royaume, où tous ceux qui peuvent être entendus dans les Informations, peuvent l'être aussi dans les Monitoires. *V.* Gibert, *Instit. Eccles.* Tit. 24.

VII. 5°. L'Ordonnance se sert ici du Mot de *Révélation*, & non de celui de *Déposition*, parce que ces Révélations ne sont point, comme les Dépositions, précédées de Serment, & qu'elles ne sont point reçues par un Officier de Justice. Aussi, elles ne peuvent former de Preuve par elles-mêmes, & ne sont considérées que comme de simples Mémoires, sur lesquels le Juge doit entendre de nouveau les mêmes Témoins en Déposition, suivant la Forme prescrite pour les Informations; & il doit par cette raison avoir soin de rappeller en entier la Déposition de ce Témoin, telle qu'il l'a faite dans sa Révélation.

VIII. Pour parvenir à cette Information, la Partie Civile, après avoir pris Communication du Nom & Domicile des Témoins (ce qui se fait par un Extrait, que le Greffier lui délivre, contenant seulement le Nom & Domicile de ces Témoins), présentera Requête au Juge, sur laquelle il mettra son Ordonnance, en exécution de laquelle les Témoins seront assignés, pour être répétés dans leurs Révélations, par forme d'Information.

Que s'il y avoit déja eu une Information principale suivie de Décret, alors les Témoins seront entendus dans une Addition d'Information, qui se fera, ensuite de l'Ordonnance du Juge, sur la Requête de la Partie. Il faut néanmoins observer à cet égard, que si le même Témoin, qui auroit déja déposé dans l'Information principale, se présentoit pour révéler dans un Monitoire, il ne devroit pas être répété dans l'Information par Addition, sur laquelle il y auroit un Décret décerné; mais il pourroit seulement être assigné pour venir déposer ou ajouter au Récollement.

Que si l'Information principale n'avoit pas encore été décrétée, il n'y auroit alors aucun inconvénient de le faire déposer une seconde fois dans l'Information par Addition; sur-tout, si les Charges de la premiere Information se trouvoient foibles, & s'il s'agissoit d'un Crime grave: sans quoi la Révélation de ce Témoin, quoique tendant d'ailleurs à une Preuve assez forte pour le Décret réel, pourroit devenir inutile pour la Capture des Accusés, qui est toujours pressante.

IX. 6°. Enfin, en permettant aux Parties Civiles d'avoir la Communication du Nom & Domicile des Témoins, l'Ordonnance paroît leur laisser la liberté de ne faire assigner que ceux de ces Témoins qu'elles jugeront à propos. Cependant, s'il y avoit de l'affectation ou de la négligence de sa part, cela n'empêcheroit n'empêcheroit pas que la Partie Publique ne puisse y suppléer, en faisant assigner à sa Requête les autres Témoins, par la raison que ceux-ci pourroient ajouter dans les nouvelles Dépositions qu'ils feroient. Ce qui devroit avoir lieu sur-tout, s'il s'agissoit de Crime méritant Peine afflictive.

X. MAIS si la Partie Publique négligeoit elle-même de faire donner ces Assignations, l'Accusé qui prétendroit que ces Révélations lui seroient favorables, ne pourroit-il pas les faire assigner lui-même à sa Requête? Nous avons vû sur l'Art. premier du Titre précédent, qu'il ne pouvoit administrer des Témoins dans une Information qui se fait contre lui, & qu'il ne pourroit en faire entendre à sa Requête qu'après l'entiere Instruction, & dans le Cas où il seroit admis à la Preuve de ses Faits Justificatifs. L'on peut appliquer ici les mêmes Principes, avec d'autant plus de raison, qu'en Matiere de Monitoire, la désignation des Personnes contre qui ils sont obtenus, étant expressément défendue, celles-ci ne sont point censées *Accusées*, jusqu'au Décret qui intervient ensuite de la Répétition des Témoins Révélans. C'est aussi ce qui a été jugé par un Arrêt du Parlement de Grenoble, du 8 Avril 1680, rapporté au Journal du Palais.

NOTA. *Les Titres VIII & IX de la présente Ordonnance ayant été remplacés, comme l'on sçait, par la nouvelle Ordonnance du mois de Février 1737, concernant le* Faux principal & incident, & la Reconnoissance des Ecritures & Signatures privées en Matiere Criminelle; *nous nous réservons d'en rappeller les Dispositions, dans la seconde Partie de ce Volume, qui concerne l'*INSTRUCTION *suivant cette nouvelle Ordonnance.*

TITRE X.

Des Décrets, de leur Exécution, & des Elargissemens.

CE TITRE contient vingt-quatre Articles.

Dans le *premier*, il est parlé de la Nécessité des Conclusions de la Partie Publique, pour le Décret.

Dans le *second*, des différentes Espéces de Décrets, & des Causes qui peuvent y donner lieu.

Dans le *troisiéme*, de la Conversion du Décret d'Assigné, pour être oüi en Ajournement personnel.

Dans le *quatriéme*, de la Conversion du Décret d'Ajournement Personnel en Décret de Prise de Corps, & des Délais pour la Comparution de l'Accusé.

Dans le *cinquiéme*, des Décrets sur les Procès-verbaux des Présidens & Conseillers des Cours Supérieures, & sur ceux des autres Juges.

Dans le *sixiéme*, des Décrets sur les Procès-verbaux des Sergens ou Huissiers, & sur ceux des Verdiers, Gardes & Sergens des Maîtrises des Eaux & Forêts.

Dans le *septiéme*, des Cas où le Décrété d'Assigné pour être oüi, ou d'Ajournement Personnel, peut être arrêté Prisonnier.

Dans le *huitiéme*, des Cas où, sur la seule Notoriété, on peut décréter de prise de Corps.

Dans le *neuviéme*, des Cas où l'Accusé peut être pris avant que d'être décrété, & de ce qui doit suivre sa Capture.

Dans le *dixiéme*, de l'Effet du simple Décret d'Assigné pour être oüi, à l'égard d'un Juge ou Officier de Justice.

Dans le *onziéme*, de l'Effet du Décret d'Ajournement Personnel, & de celui de Prise de Corps, à l'égard des mêmes.

Dans le *douziéme*, de l'Exécution des Décrets sans *Pareatis*, & nonobstant toute Opposition ou Appellation.

Dans le *treiziéme*, de la Nécessité de l'Election de Domicile, de la part de celui qui veut faire exécuter un Décret.

Dans le *quatorziéme*, des Procès-verbaux de Rébellion faite aux

Huissiers & autres Officiers chargés de l'Exécution des Décrets.

Dans le *quinziéme*, de l'Injonction à tous les Officiers du Roi de prêter main-forte à l'Exécution des Décrets.

Dans le *seiziéme*, de la Conduite des Prisonniers, & des Cas où ils peuvent être détenus dans des Maisons particulieres.

Dans le *dix-septiéme*, de l'Abrogation de l'Usage d'ordonner que les Accusés seront amenés sans scandale.

Dans le *dix-huitiéme*, des Décrets qui peuvent être prononcés contre des Personnes inconnues.

Dans le *dix-neuviéme*, du Cas particulier où l'on peut décréter de Prise de Corps, un Domicilié.

Dans le *vingtiéme*, de l'Etat des Procédures Criminelles, que doivent envoyer les Juges Inférieurs aux Supérieurs, tous les six mois.

Dans le *vingt uniéme*, de l'Elargissement des Accusés qui n'ont été décrétés originairement de Prise de Corps.

Dans le *vingt-deuxiéme*, des Conditions nécessaires pour l'Elargissement des Accusés détenus pour Crimes.

Dans le *vingt-troisiéme*, du Jugement qui ordonne l'Elargissement.

Dans le *vingt-quatriéme* enfin, des Cas où l'Elargissement ne peut avoir lieu, même après le Jugement qui l'ordonne.

ARTICLE PREMIER.

» TOUS Décrets seront rendus sur les Conclusions
» de nos Procureurs, ou de ceux des Seigneurs.

SOMMAIRE.

I. *C'est par le Décret qu'on est réputé proprement Accusé.*
II. *En quoi il differe de l'Ordonnance portant permission d'assigner en Matiere Civile.*
III. Quid, *s'il n'y avoit point de Procureur du Roi pour donner des Conclusions?*
IV. *Cas où le Décret peut être rendu sans Conclusions.*
V. *Procédure en exécution de cet Article.*

I. LE DÉCRET est le premier Jugement, que le Juge prononce contre la Personne de l'Accusé. C'est aussi le premier Acte, par lequel cet Accusé devient Partie au Procès Criminel, *inscribitur inter Reos.*

II. Ainsi, il est en Matiere Criminelle, ce qu'est l'Ordonnance *portant permission d'Assigner* en Matiere Civile, dont il différe seulement, en ce que cette Ordonnance s'accorde d'Office sur la simple Requête du Demandeur, au lieu que le Décret ne se rend que sur le vû des Charges, & ensuite des Conclusions de la Partie Publique.

III. Nous aurons lieu d'établir sur l'Article suivant, la Nécessité du *Vû des Charges.* Quant à celle des *Conclusions de la Partie Publique*, qui est marquée par le présent Article, cette Nécessité est telle, que si les Procureurs du Roi ou des Seigneurs, ne vouloient ou ne pouvoient, à cause de quelqu'empêchement légitime, donner leurs Conclusions, après que les Charges leur auroient été communiquées; le Juge devroit commettre, à leur défaut, un Procureur du Siége, pour donner son Requisitoire, ainsi que nous l'avons observé sur l'Article premier du Titre 3. En quoi la présente Ordonnance paroît avoir dérogé à la Disposition de celle d'Orleans, qui n'exigeoit ces Conclusions, que lorsqu'il s'agissoit de procéder à l'Elargissement de l'Accusé, ou de conclure au Procès.

IV. Cependant, il faut convenir, qu'il y a de certains Cas, où le Décret peut être rendu sans Conclusions du Ministére Public; sçavoir, 1°. En fait de Procès-verbaux des Juges, dont il sera parlé sur l'Art. 5 ci-après.

2°. Lorsque les Juges, en instruisant les Procès Civils, jugent à propos de décréter & d'ordonner l'Instruction à l'extraordinaire. *V.* Art. 2 du Tit. 20 ci-après; *V.* aussi l'Arrêt de la Cour rapporté par Despeisses, Part. 1, Tit. 5, N. 4.

4°. Lorsque le Témoin est convaincu de Faux ou de Subornation, dans le Récollement & la Confrontation.

4°. Lorsque dans la visite du Procès, les Juges trouvent à propos de décréter des Personnes, contre lesquelles il y a des Charges.

Bornier ajoute, que le Juge peut aussi se passer de Conclusions pour décréter, toutes les fois que les Informations sont faites *aux Champs*, & hors le Lieu où les Officiers font leur demeure, comme celles faites par les Prévôts des Maréchaux,

& autres semblables ; ou bien lorsque le Cas est si *énorme* qu'il requierre un prompt Décret.

V. Pour procéder en conformité de cet Article, hors les Cas que nous venons d'excepter, le Juge doit donc, après que sur la Plainte il aura constaté le Corps du Délit par son Procès-verbal, ou par le Rapport des Médecins & Chirurgiens, dans le Cas où ils sont nécessaires ; & après les Informations qu'il aura faites en conséquence, ordonner au bas de cette Information que *le tout soit montré au Procureur du Roi ou Fiscal, pour y donner ses Conclusions.*

Cette Communication se fait par le Greffier, de la maniere portée en l'Art. 15 du Tit. 6 ; & les Procureurs du Roi ou Fiscaux, sont tenus de leur côté, conformément à ce même Article, de remettre incessamment au Greffier, les Piéces avec leurs Conclusions, sur le vû desquelles se rend le Décret.

ARTICLE II.

» Selon la Qualité des Crimes, des Preuves & » des Personnes, sera ordonné que la Partie sera assi- » gnée pour être oüie, ajournée à comparoir en per- » sonne, ou Prise au Corps.

Sommaire.

I *Trois sortes de Décrets. Causes qui peuvent y donner lieu.*

II. *Qu'entend l'Ordonnance par la Qualité du Crime ?*

III. *Que doit-on entendre par la Qualité de la Preuve ? Nécessité du vû des Charges. Exceptions.*

IV. Quid, *par la Qualité des Personnes ?*

V. *Régles particulieres sur la Forme des Décrets.*

VI. *Juge ne doit se servir de Termes génériques dans le Décret.*

VII. *Ne doit y qualifier l'Accusé du Nom du Crime pour lequel il le décréte.*

VIII. *Décret contre plusieurs Accusés ne doit être signifié en entier à chacun d'eux.*

I. Par cet Article l'Ordonnance distingue les différentes Espéces de Décrets, & les Causes qui peuvent y donner lieu.

Il y a trois sortes de Décrets, le simple Décret d'Assigner

pour être ouï, le Décret d'Ajournement Personnel, & le Décret de Prise de Corps, ou autrement, le Décret *Réel*.

Il y a aussi trois sortes de CAUSES qui peuvent y donner lieu, la Qualité du Crime, la Qualité de la Preuve, & la Qualité des Personnes.

Nous verrons sur les Art. 3, 4 & 9 ci-après, les Effets & les Caractéres particuliers qui distinguent ces différens Décrets, dont nous donnerons en même-tems les Formules. Nous nous arrêterons seulement à en développer ici les Causes, telles qu'elles nous sont assignées par le présent Article.

II. LORSQU'IL s'agit de décerner un Décret, le Juge doit donc considérer en premier lieu, LA QUALITÉ DU CRIME; c'est-à-dire, examiner si ce Crime est atroce ou léger de sa nature, ou par ses circonstances. Ainsi, lorsque le Crime est tellement léger de sa Nature, qu'il ne peut donner lieu qu'à de simples condamnations pécuniaires, comme en fait d'Injures verbales, de Recélé & Spoliation d'Hoirie, par des Veuves ou Héritiers, &c. le Juge, au lieu de décréter, doit renvoyer les Parties à l'Audience, & par ce moyen, la Cause est civilisée: on donne une Assignation en conséquence; les Informations ne sont plus secrettes, & l'on peut demander qu'elles soient converties en Enquêtes, comme nous le verrons sur l'Art. 3 du Tit. 20 de la présente Ordonnance.

Mais il y a lieu de décréter, toutes les fois que le Crime, quoique léger de sa Nature, paroît devenu grave par les Circonstances qui l'ont accompagné; comme si ce Crime a été commis dans un Lieu Sacré, sur un Grand Chemin, sur une Place Publique, si c'est de Nuit ou de Jour, & a causé un grand Scandale, s'il a été précédé de Menaces, d'Inimitié capitale, d'Embuscade, & s'il a été suivi d'une prompte Evasion de celui qui l'a commis, &c.

A plus forte raison le Juge doit-il décréter dans tous les Crimes qui sont atroces de leur Nature, & peuvent donner lieu à quelque Peine.

III. LE Juge doit en second lieu, considérer LA QUALITÉ DE LA PREUVE, c'est-à-dire observer d'abord, si le Corps du Délit est constant, *prius constare debet de Corpore Delicti:* si les Témoins qui ont déposé contre l'Accusé, dans l'Information, sont de telle Qualité & Condition, qui les mettent au-dessus de tout soupçon, c'est-à-dire, s'ils ne sont ni Parens ni Alliés, ni Domestiques ni Serviteurs des Parties; s'ils sont d'un Age suffisant; s'ils ne sont point Gens sans aveu ou mal-fâmés; s'ils ne sont point tombés en contradiction dans leurs Dépositions; & enfin, si ces Dépositions réunies sont suffisantes pour faire soupçonner violemment l'Accusé d'être l'auteur du Crime.

L'on dit *soupçonner*, parce qu'il n'est pas nécessaire pour le Décret, comme pour la Condamnation, que la Preuve soit telle qu'elle opére la Conviction de l'Accusé. Car si cela étoit ainsi, il s'ensuivroit que les autres Actes de l'Instruction, tels que l'Interrogatoire & la Confrontation, par lesquels l'Accusé peut alléguer ses Défenses, ou fournir des Preuves contre lui par les Aveux & Variations qui pourroient lui échapper, seroient absolument superflus dans les Procès Criminels; & de-là par conséquent, l'Impunité de la plûpart des Crimes, contre l'Esprit des Loix & Ordonnances. Ainsi une sémi-Preuve, telle que celle qui résulteroit de la Déposition d'un Témoin de *visu*, de la Confession extrajudiciaire que l'Accusé auroit faite de son Crime en présence d'un Témoin digne de foi, ou même de la Fuite de cet Accusé, aussi-tôt après le Crime commis, jointe à quelques-autres Indices ou Adminicules, comme sa mauvaise Réputation, &c. Tout cela paroît suffisant pour faire soupçonner un Accusé coupable, & conséquemment pour asseoir un Décret. Nous verrons au reste, sur les Art. 5 & 6 ci-après, où il est parlé des Procès-verbaux des Juges & autres Officiers de Justice, les autres espéces de Preuves qui peuvent donner lieu à un Décret.

De ce que le Juge doit considérer la Qualité de la Preuve pour régler son Décret, il s'ensuit qu'il ne peut décréter que sur le vû des *Charges & Informations*. L'on entend sous le nom de *Charges*, la Plainte, les Procès-verbaux des Juges & autres Officiers de Justice, & les Rapports des Médecins & Chirurgiens, dans les Cas où ils sont requis.

Il y a néanmoins plusieurs Cas que nous avons remarqués sur l'Art. 1er du Tit. 3, où le Juge peut faire procéder à la Capture sans Décret préalable, sauf à le décerner ensuite; comme en fait de Flagrant-Délit, Notoriété pour Crime de Duel, Délits des Domestiques sur la Plainte de leurs Maîtres, Crimes commis par Vagabons & Gens sans aveux, par des Séditieux, & par des Etrangers, dont il y a lieu de craindre l'Evasion; en un mot, toutes les fois qu'il s'agit de prévenir l'exécution d'un Crime projetté, ou d'empêcher l'entiere consommation de celui qui est commencé.

IV. Enfin, le Juge doit en troisiéme lieu, considérer la Qualité des Personnes, c'est-à-dire, tant celle de l'Accusateur que de l'Accusé.

1°. Quant à l'Accusé, il doit considérer son Age, son Sexe & sa Condition, *Sexus considerandus est, Dignitas & Innocentia.* D'abord son *Age*, pour sçavoir s'il est capable du Dol nécessaire pour former le Crime : ensuite son *Sexe*, parce que si c'est une Femme, elle mérite une Indulgence particuliére à cause de la fragilité & des principes d'honneur qui sont singuliérement attachés à ce Sexe : enfin, sa *Condition*, parce que le Décret doit être moins fort, lorsqu'il s'agit de le décerner contre une Personne Noble ou constituée en Dignité, ou Officier Public, que contre un simple Particulier, un Artisan ou Manouvrier. *V.* L. 3 & L. penult. *ad* L. *Cornel. de sicariis.*

Il faut néanmoins excepter, lorsque cette Personne Noble ou constituée en Dignité, est mal-fâmée, & a été reprise de Justice, ou bien lorsqu'il s'agit de certains Crimes, dont la noirceur dégrade absolument ceux qui le commettent, tels que l'Assassinat. *V.* Loysel. Instit. Cout. Liv. 6, Tit. 2, Max. 29.

Par rapport à la *Condition* de l'Accusé, le Juge doit aussi examiner s'il est Domicilié, ou si c'est un Inconnu, un Vagabond, un Etranger, un Domestique; parce que dans ces derniers Cas, le Décret doit être augmenté, comme nous le verrons sur les Art. 8 & 18 du présent Titre.

Enfin, le Juge doit encore considérer, si l'Accusé n'est point *Parent* de l'Accusateur, parce que cette derniere Qualité doit servir à faire diminuer le Décret.

2°. Par rapport à la Qualité de l'*Accusateur*, le Juge doit considérer si c'est un Officier de Cour Supérieure, un Juge Royal ou Seigneurial, ou autres Officiers de Justice, qui se plaignent d'avoir été offensés; ou bien un Supérieur qui se plaint de son Inférieur. Dans tous ces Cas, le Décret doit être augmenté, comme nous verrons sur les Art. 5 & 6 ci-après.

V. Indépendamment de ces Régles générales, qui sont prescrites par l'Ordonnance, & qui regardent singuliérement le *Fond* des Décrets, il y en a encore de particulieres qui concernent leur *Forme*, & qui nous sont marqués par la Juris-

prudence

prudence des Arrêts. Celles-ci consistent principalement dans les trois suivantes.

VI. La 1re, que le Juge doit avoir attention d'énoncer dans ces Décrets, les Noms & Surnoms de l'Accusé, sans se servir de Termes génériques & équivoques, qui puissent le faire confondre avec d'autres, & servir de prétexte pour emprisonner un Homme d'honneur, qui ne seroit point prévenu du même Crime. Cette Précaution lui est recommandée expressément par un Arrêt de Réglement, rapporté par Despeisses, Traité des Crimes, Partie premiere, Tit. 5, n. 2.

VII. La 2e, que le Juge doit encore prendre garde de ne point qualifier ceux qu'il décréte, du Nom même du Crime pour lequel il les décréte, comme en les appellant Homicides, Adultéres, &c. mais seulement dire qu'ils sont accusés de tels ou tels Crimes. Cela lui est défendu par un autre Arrêt rapporté par le même Despeisses, *ibid*, n. 3. & par Papon, en ses Arr. Liv. 24, Tit. 3, Art. 1; sur le fondement que ce seroit les rendre Infâmes, avant qu'ils soient condamnés.

VIII. Enfin, la 3e, c'est que, lorsqu'il se trouve plusieurs Accusés ou Complices, décrétés par le même Jugement, & dont les Décrets seroient différens; le Juge doit avoir soin d'empêcher qu'on donne Copie *entiere* du Jugement à celui qui ne seroit assigné que pour être oüi, ou à comparoir en personne; mais seulement de la Partie du Jugement qui le concerne, afin qu'il ne puisse pas avertir Ceux contre lesquels il y auroit Décret de Prise de Corps.

ARTICLE III.

» L'ASSIGNATION pour être oüi, sera conver-
» tie en Décret d'Ajournement Personnel, si la Partie ne
» compare.

SOMMAIRE.

I. *Qu'est-ce que le Décret d'Assigné pour être oüi?*
II. *En quels Cas peut-il avoir lieu?*
III. *Pourquoi a été introduit?*
IV. *Quels sont les Délais pour comparoître sur ce Décret?*

I. LE DÉCRET D'ASSIGNÉ POUR ESTRE OÜI, qui fait l'objet particulier de cet Article, est un Jugement Préparatoire, par lequel le Juge ordonne que l'Accusé sera oüi sur les Charges & Informations.

II. Ce Décret se prononce ordinairement dans des Délits extrêmement légers, & qui sont de Nature à ne pouvoir donner lieu à des Peines Afflictives, ni même Infamantes; ou bien pour des Crimes méritans par eux-mêmes ces sortes de Peines, mais dont il n'y auroit aucune sorte de Preuve acquise par les Charges & Informations. Ce qui s'entend, lorsque les Accusés sont d'ailleurs bien fâmés, & d'un certain Rang; autrement, il est toujours plus sûr, dans ce dernier Cas, de décerner un Décret d'Ajournement Personnel, dont les effets sont bien plus rigoureux, comme nous le verrons sur l'Art. 11 de ce Titre.

III. LES Anciennes Ordonnances ne font aucune ment n de cette premiere espéce de Décret. Il a été principalement introduit, suivant la remarque de M. l'Avocat Général TALON, lors du Procès-verbal de Conférence, pour laisser aux Juges la liberté de sauver l'Interdiction, suivant la Nature des Affaires, à un Officier qu'ils obligeroient de venir rendre raison de sa conduite.

IV. L'ORDONNANCE veut, par cet Article, que lorsque l'Accusé ne comparoît pas sur ce Décret, il soit converti en Décret d'Ajournement Personnel: mais elle ne dit point quels sont les Délais que doit avoir cet Accusé, pour comparoître sur ce Décret, non plus que la Procédure, qui doit s'observer pour parvenir à cette Conversion.

1°. Quant aux DÉLAIS, il paroît que l'Ordonnance ne s'expliquant pas sur ce point, comme elle fait par l'Article suivant au sujet de ceux du Décret d'Ajournement Personnel, qu'elle veut être les mêmes que les Délais réglés par l'Ordonnance Civile; elle a voulu par-là donner à entendre, que ces Délais doivent être fixés par le Décret même, & augmentés ou diminués, suivant la prudence du Juge; de maniere que l'Accusé puisse avoir le tems suffisant pour arriver, & faire son Acte de comparution au Greffe.

C'est aussi sur ce fondement, sans doute, que par un Arrêt de Réglement du Parlement de Besançon, rendu au mois de Juillet 1710, il est enjoint à tous Officiers des Justices Inférieures, d'insérer dans les Décrets, la Date & le Lieu où ils auront été faits, à peine de nullité, & d'en répondre en leur propre & privé nom.

V. QUANT à la PROCÉDURE nécessaire pour parvenir à la Conversion de ce Décret; il faut distinguer, si le Procès se poursuit à la Requête de la Partie Publique seulement, ou si c'est à la Requête de la Partie Civile.

Au premier Cas, la Conversion s'opére de plein droit par le seul défaut de Comparution de l'Accusé, sans qu'il soit besoin de lever Défaut, ni de faire aucune Procédure.

Mais il n'en est pas de même, si le Procès se poursuit à la Requête de la Partie Civile, elle doit, pour parvenir à cette Conversion, observer les Formalités suivantes. Après que le Décret a été signifié au Domicile de l'Accusé, avec Assignation duement contrôlée, à comparoir à certain jour pour être Oüi & Interrogé, sur les faits résultans des Charges & Informations; en observant néanmoins, s'il y a plusieurs Accusés décrétés par le même Jugement, de ne donner à chacun d'eux, en tête de l'Exploit, que la partie du Décret qui le regarde. Ou cet Accusé comparoît, ou il ne comparoît point. S'il comparoît (ce qu'il peut faire aussi-tôt après la Signification, & avant même que les Délais soient expirés, suivant le nouveau Réglement du Conseil, du 28 Juin 1738, Titre 1er, Art. 16) il prendra au Greffe un Acte de sa Comparution, dont la Formule est ci-après. Il fera signifier cet Acte au Procureur du Plaignant, chez qui celui-ci aura fait élection de Domicile par son Exploit, ainsi qu'il y est tenu aux termes de l'Art. 13 du présent Titre. Après quoi il se présentera au Juge pour être oüi.

Si au contraire, après l'expiration du Délai, dans lequel ne doit être compris le jour de l'Assignation, ni celui de l'échéance, le Décrété ne comparoît point; où s'il n'a pas, dans le même Délai, fait son Acte de Comparution au Greffe, & fait signifier cet Acte à la Partie ou à son Procureur; alors cette Partie pourra, huitaine après le Délai de l'Assignation échu, lever son Défaut au Greffe Criminel, en conformité de l'Art. 3 du Tit. 5 de l'Ordonnance de 1667; quoiqu'à la rigueur on pourroit se dispenser d'observer ces Délais, pour lever le Défaut & le faire juger, ainsi qu'il fut décidé lors du Procès-verbal de Conférence, sur l'Art. 4, du Tit. 11 de la présente Ordonnance.

Quinzaine après, la même Partie demandera le Jugement de son défaut, & pour le profit, que le Décret d'Assigné pour être Oüi soit converti en Décret d'Ajournement Personnel, conformément au présent Article, sur la Requête & sur les Conclusions du Ministére Public. Le Juge, après s'être fait représenter le Défaut auquel sera joint le Certificat du Greffier, portant que le Décrété n'a point comparu pour subir Interrogatoire au jour marqué par l'Assignation, rendra son Jugement, par lequel il ordonnera la Conversion du Décret. Ce Jugement sera signifié au Domicile du Décrété, avec Assignation à comparoir en Ajournement Personnel.

VI. La même Conversion aura lieu, si le Décrété, après avoir fait son Acte de Comparution au Greffe, ne le fait point signifier au Complaignant, ou ne se met point en devoir de Comparoître ensuite devant le Juge pour être Interrogé. Dans ce dernier Cas, l'usage est, que la Partie Civile lui fasse faire une Sommation au Domicile de son Procureur, d'avoir à se rencontrer au jour & heure qui sera indiqué par le Juge, pour être interrogé; s'il fait défaut, le Juge, après avoir attendu une heure, dressera son Procès-verbal de non Comparution, dont il ordonnera la communication à la Partie Publique; & sur le vû des Charges & Conclusions, il donnera Défaut, & convertira le Décret.

VII. Il reste cependant à l'Accusé deux Voies pour empêcher l'effet de cette Conversion: l'une en proposant son Exoine de la maniere qui sera marquée sur le Tit. 11 ci-après; l'autre, en interjettant Appel du Décret, & obtenant un Arrêt de Défenses, comme nous le verrons sur l'Art. 4 du Tit. 26 de la présente Ordonnance.

V. au surplus sur l'Article suivant, ce que ce Décret a de différent & de commun avec celui d'Ajournement Personnel.

VIII. FORMULE *de Décret d'Assigné pour être oüi.*

A tous ceux qui ces présentes Lettres verront, &c. . . . . tel . . . . Juge de. . . . . vû l'Information faite pardevant Nous le tel jour & autre suivant de tel mois & an. . . . . Sur (*par exemple*) l'Accusation de Faux incident formée par tel, par. . . . . Acte de tel jour. . . . . . & contre telle Piéce produite par tel, ladite Piéce. . . . . l'Acte d'Inscription & autres Procédures, Conclusions, du Procureur du Roi ou du Procureur Fiscal.

Nous ordonnons, que ledit tel Accusé sera assigné pour être oüi sur lesdites Charges & Informations.

IX. FORMULE *d'Exploit d'Assignation donné en conséquence de ce Décret.*

L'an. . . . . . le tel jour. . . . à la requête de tel. . . . . Partie, qui a élû son Domicile en la Maison de tel. . . . . Lieu où se fait la présente Exécution, (*V. Art.* 13 *ci-après*,) & en vertu de la Sentence ou du Décret donné par tel. . . Juge. . . le tel jour. . . J'ai, Sergent Royal. . . immatriculé en telle Jurisdiction, demeurant à. . . . . me suis transporté au Domicile de. . . . . en un tel Lieu. . . . distant de ma Demeure de. . . . (*si c'est aux Champs*) où parlant à tel. . . . l'Accusé, ou quelqu'un de sa Maison, lui ai signifié & baillé Copie de ladite Ordonnance, ou dudit Ajournement Personnel, & suivant icelle, ou icelui Décret, lui ai donné Assignation à comparoir en Personne devant M. tel. . . . . Juge dudit Lieu, tel jour. . . . . pour être oüi sur les Charges & Informations faites à la Requête dudit tel. . . . & déclaré que M[e] tel. . . . est son Procureur.

X. FORMULE *d'Acte de Comparution faite au Greffe par l'Accusé.*

Extrait des Registres de. . . . .

Aujourd'hui est comparu au Greffe, tel. . . . . assisté de tel. . . . . . son Procureur, pour satisfaire à l'Assignation à lui baillée le tel jour. . . . . par tel. . . . . Huissier ou Sergent. . . . à la Requête de. . . . pour être oüi, suivant le Jugement de tel jour. . . . dont il a requis Acte & élu Domicile en la Personne & Domicile dudit tel. . . . son Procureur. Fait le tel jour. . . . *Signé* tel. . . .

XI. FORMULE *de Jugement qui convertit ce Décret.*

A tous ceux qui, &c. Vû le Défaut du tel jour. . . . obtenu par tel. . . . Demandeur en Exécution de notre Ordonnance de tel jour. . . . . portant que tel. . . . . seroit assigné pour être oüi sur les Charges & Informations contre lui faites à la Requête dudit tel. . . . disons le Défaut être bien &

dûement obtenu, & pour le profit avons converti l'Ordonnance d'Assigné pour être oüi, en Décret d'Ajournement Personnel; & ordonnons que ledit tel.... sera assigné à comparoir en Personne dans tel tems (*le Délai sera réglé selon la distance, Article IV ci-après,*) pour être oüi & interrogé sur lesdites Charges & Informations, & condamné aux dépens du Défaut. Mandons au premier Huissier ou Sergent, mettre notre présent Jugement à Exécution, nonobstant, &c. Fait le jour & an......

ARTICLE IV.

» L'AJOURNEMENT Personnel sera converti en » Décret de Prise de Corps, si l'Accusé ne compare » dans le Délai, qui sera réglé par le Décret d'Ajour- » nement Personnel, selon la distance des Lieux, ainsi » qu'aux Ajournemens en Matiere Civile.

SOMMAIRE.

I. *Qu'est-ce que le Décret d'Ajournement Personnel?*

II. *Différence de ce Décret avec celui d'Assigné pour être oüi, quant aux Causes qui y donnent lieu.*

III. *Autre Différence par rapport à leurs Effets.*

IV. *Autre Différence par rapport aux Délais.*

V. *Autre Différence quant aux Formalités qui doivent les accompagner.*

VI. *Ce qu'ils ont de commun quant à la Procédure.*

Quid, *si le Décret d'Ajournement Personnel ne se représente point après la Conversion du Décret?*

VII. *Formule de Décret d'Ajournement Personnel.*

I. LE DÉCRET D'AJOURNEMENT PERSONNEL, dont il est parlé dans cet Article, est un Jugement Préparatoire, portant que l'Accusé sera ajourné pour comparoir en personne, pardevant le Juge, à l'effet d'être Interrogé sur les Faits résultans des Charges & Informations.

II. QUOIQUE ce Décret paroisse conçu à peu près dans les mêmes Termes que celui *d'Assigné* pour être oüi, il en est cependant distingué par plusieurs endroits essentiels, sçavoir, 1°. Quant aux *Causes* qui peuvent y donner lieu; il faut que ces Causes soient plus graves que pour le Décret d'Assigné, pour être oüi, c'est-à-dire, que ce Décret doit être employé dans les Cas où le Crime n'est point assez léger, pour ne donner lieu qu'à un simple Décret d'Assigné pour être ouï ; mais aussi, n'est point assez grave, pour donner lieu au Décret de Prise de Corps. En un mot, il faut, pour se servir des termes de l'Ordonnance pour la Lorraine, que *le Délit soit disposé à quelque peine. V.* Art. 3, Tit. 5.

On doit aussi considérer pour ce Décret, la Qualité des *Personnes*, & celle de la *Preuve*. Ainsi, à l'égard d'un Accusé constitué en Dignité, on doit décerner ce Décret pour les mêmes Cas qui pourroient donner lieu à un Décret de Prise de Corps contre un Accusé de Condition vulgaire ; comme au contraire, un Accusé de cette derniere Qualité, devroit être décrété d'Ajournement Personnel, dans les mêmes Cas où les premiers ne devroient l'être que de simple Assigné pour être ouï. Quant à la *Preuve*, ce Décret ne peut être décerné que sur le vû des Charges & Informations, suivant l'Art. 176 de l'Ordonnance de Blois.

III. 2°. QUANT aux *Effets*, nous verrons sur les Art. 10 & 11 de ce Titre, que le Décret d'Assigné pour être ouï, n'opére point l'Interdiction de l'Officier contre lequel il est prononcé ; au lieu que le Décret d'Ajournement Personnel emporte cette Interdiction de plein droit.

IV. 3°. QUANT aux *Délais*, nous venons de voir sur l'Article précédent, que l'Ordonnance n'en avoit marqué aucun par rapport au Décret d'Assigné pour être ouï, & qu'elle sembloit s'en être rapporté là-dessus à la prudence des Juges, suivant l'exigence des Cas. Mais il n'en est pas de même à l'égard du Décret d'Ajournement Personnel, pour lequel elle veut qu'on observe les mêmes Délais qui sont marqués pour les Ajournemens en Matiere Civile ; c'est-à-dire, que ces Délais doivent être au moins de trois jours, si le Lieu où l'Assignation est donnés, est le même que celui de la demeure de l'Accusé ; de huitaine, s'il demeure hors ce lieu, & dans la distance de dix lieues ; & si la distance est au-delà de dix lieues, le Délai devra être augmenté d'un jour pour dix lieues.

V. 4°. QUANT aux *Formalités* ; suivant la Déclaration du mois de Décembre 1680, les Juges sont tenus, à peine d'Interdiction, d'exprimer dans les Décrets d'Ajournement Personnel, le *Titre de l'Accusation*, pour lequel ils le décernent. Il n'est fait aucune mention dans cette Loi du Décret d'*Assigné* pour être oüi, qu'on peut dire par conséquent n'être point sujet à cette Formalité. Cependant, comme elle a été principalement introduite, sur le fondement que les Défenses qui sont obtenues contre les Décrets d'Ajournement Personnel, peuvent être accordées sans voir les Charges & Informations; & qu'il est certain que ces Défenses peuvent avoir également lieu, contre les Décrets d'Assigné pour être oüi; il faut convenir, qu'il y a même raison d'y assujettir ces derniers Décrets: & effectivement, l'on trouve au sixiéme Tome du Journal des Audiences, un Arrêt du 12 Mai 1711, qui a jugé que l'Obligation prescrite par la Déclaration de 1680, d'énoncer le Titre de l'Accusation dans les Décrets d'Ajournement Personnel, devoit s'appliquer également aux Décrets d'Assigné pour être oüi.

VI. AU RESTE, pour ce qui regarde la *Procédure*, tant pour la Signification du Décret au Domicile de l'Accusé, que pour l'Election de Domicile, que la Partie Civile doit faire dans le Lieu où l'Accusation est pendante; ainsi que pour parvenir à la Conversion de ce Décret en celui de Prise de Corps; il faut suivre les mêmes Formalités qui sont marquées sur l'Article précédent, relativement au Décret d'Assigné pour être oüi; c'est-à-dire, que depuis le Jugement par Défaut pris au Greffe, qui ordonne la Conversion du Décret d'Assigné pour être oüi, en Décret d'Ajournement Personnel, la Partie Civile doit encore laisser passer un Délai de huitaine, avant que de lever son Défaut au Greffe, & quinzaine après, elle pourra le faire juger, & faire ordonner sur les Conclusions de la Partie Publique, la Conversion du Décret d'Ajournement personnel, en Décret de Prise de Corps.

Nous observerons seulement à l'égard de cette Conversion, que son Effet est tel, que si l'Accusé ne se met pas en devoir de se représenter après qu'elle est prononcée, & qu'il ne puisse être arrêté; on instruit alors contre lui la Contumace, de la même maniere que contre l'Accusé qui auroit été décrété originairement de Prise de Corps. Ensorte qu'il n'y a d'autre Différence entr'eux, sinon que, si l'Accusé dont le Décret a été converti, venoit à être arrêté dans la suite, on ne pourroit lui refuser son Elargissement, aussi-tôt après qu'il auroit subi Interrogatoire, comme nous le verrons sur l'Art. 21 de ce Titre; & que d'ailleurs il il auroit, comme le Décrété d'Assigné pour être oüi, les deux Ressources de l'Exoine, & de l'Arrêt de Défenses lequel s'obtient sur les Conclusions de M. le Procureur Général, & sans qu'il soit besoin de Vû de Charges & Informations, comme en Fait de Décret de Prise de Corps qui a été originairement rendu. *V.* au surplus ce qui sera dit sur l'Art. 12 ci-après. *V.* aussi l'Art. 4 du Titre 26 de la présente Ordonnance, où il sera parlé des Arrêts de Défenses qui s'obtiennent en pareil Cas.

VII. *Formule de Décret d'Ajournement Personnel.*

Extrait des Registres de......

Vu l'Information faite par.....à la Requête de.....contre..... ou Vu le Procès-verbal fait par......les Conclusions du Procureur du Roi ou Fiscal....nous ordonnons que ledit Accusé de.... (*exprimer le Titre de l'Accusation, & faire Mention s'il y a des Coaccusés décrétés séparément de Prise de Corps*, sera ajourné à comparoir en Personne pardevant nous &c. (*il faut fixer le Délai sur la distance des Lieux, suivant l'Ordonnance de 1667, au Titre des Ajournemens*) pour être oüi & interrogé sur les Faits résultans des Charges & Informations ou autres, sur lesquels le Procureur du Roi ou Fiscal requerrera de le faire oüir & entendre. Fait ce.....

ARTICLE V.

» LES Procès-verbaux des Présidens & Conseillers » de nos Cours, pourront être décrétés de Prise de » Corps; & ceux de nos autres Juges, d'Ajournement » Personnel seulement, sinon après que leurs Assistans » auront été répétés.

SOMMAIRE.

I. *Quand les Procès-verbaux mentionnés dans cet Article peuvent-ils avoir lieu?*

II. *Distinction entre les Effets des Procès-verbaux des Officiers de Cours Supérieures & ceux des Juges Inférieurs. Sur quoi fondée?*

III. Quid, *des Procès-verbaux de MM. les Avocats & Procureurs Généraux?*

IV. *Comment doit-on procéder ensuite de ces Procès-verbaux?*

V. *Procès-verbal ne peut opérer une Preuve suffisante pour la Condamnation. Exception.*

I. LES PROCÉS-VERBAUX dont il est parlé dans cet Art. sont ceux qui se font principalement à l'occasion des *Insultes &*

Voies de fait commises envers des Magistrats & autres Officiers de Justice.

II. L'Ordonnance distingue, par rapport à leurs Effets, les Procès-verbaux dressés par les Présidens & Officiers des Cours Supérieures, de ceux qui sont dressés par les Juges Inférieurs: elle veut que les premiers suffisent, pour donner lieu au Décret de Prise de Corps; tandis que ces derniers ne peuvent produire par eux-mêmes, que le Décret d'Ajournement Personnel, & ne peuvent donner lieu au Décret Réel, que lorsque les Procès-verbaux sont répétés par les Assesseurs de ces Juges Inférieurs, c'est-à-dire, par les Officiers du même Siége, qui ont présidé avec eux.

Cette Distinction est fondée, tant sur la *Supériorité* du Rang des premiers, qui rend l'Injure qui leur est faite plus grande que celle commise envers de simples Juges, que sur la *Présomption* naturelle, que l'Elévation de leur Rang les rend moins susceptibles de Prévention, & conséquemment plus sinceres dans leurs Déclarations.

III. Au reste, comme les Effets, que l'Ordonnance donne ici aux Procès-verbaux émanés, tant des Juges Supérieurs, que des Juges Subalternes, sont autant d'Exceptions à la Régle générale qui veut, que les Décrets ne puissent être rendus que sur le vû des Charges & sur les Conclusions de la Partie Publique, elles ne doivent point être étendues au-delà des Personnes qui sont désignées par cet Article: d'où il paroît que l'on pourroit conclure, que les Procès-verbaux de MM. les Avocats & Procureurs Généraux, & à plus forte raison ceux des Avocats & Procureurs du Roi des Justices Inférieures, ne devroient point jouir du Privilége dont il s'agit. Cependant, l'Usage est contraire à l'égard de MM. les Avocats & Procureurs Généraux, qui tiennent un Rang distingué dans la Magistrature, & qui réunissent, sans contredit, tous les Motifs de la Loi en leur faveur.

IV. L'Ordonnance ne marque point la Procédure qu'il faut garder ensuite de ces Procès-verbaux; on ne la trouve même marquée bien précisément dans aucun de nos Praticiens. Voici celle qui m'a paru la plus régulière.

A l'égard des Procès-verbaux des *Officiers de Cours Supérieures*, l'Usage est, qu'ils les décrétent eux-mêmes sans répétition d'Afsistans; ou bien qu'ils les remettent entre les mains de M. le Procureur Général, qui fait prononcer le Décret Réel. *V.* l'Auteur des *Formules*.

Quant aux Procès-verbaux des *autres Juges*; s'ils se sont trouvés seuls, lorsqu'ils ont été insultés, ils les remettent au Procureur du Roi du Siége qui obtient le Décret d'Ajournement Personnel; & si ces Juges étoient alors assistés de leurs Assesseurs, ils les répétent & décrétent ensuite de Prise de Corps. Mais si ces Juges Inférieurs avoient été commis par la Cour, & si l'Arrêt qui les auroit commis, portoit cette Clause, *pour ce fait & rapporté, être ordonné ce que de raison*, ils devroient représenter leurs Procès-verbaux de Rébellion à la Cour même qui prononceroit ensuite le Décret. *V.* aussi l'Auteur des *Formules*.

V. Si après que ces Décrets auront été signifiés à l'Accusé, il ne comparoissoit point, on instruiroit la Contumace contre lui. Mais s'il comparoissoit, & que sur l'Interrogatoire qu'on lui feroit subir, il dénie le Fait, que devroit-on faire alors? Jugera-t-on sur le Procès-verbal? C'est ce qui ne pourroit se faire réguliérement. Car, quoique ce Procès-verbal puisse opérer une Preuve suffisante pour asseoir le Décret, cette Preuve ne suffiroit point certainement pour opérer la Conviction de l'Accusé, ni par conséquent sa Condamnation; il faudra donc nécessairement pour cela, avoir recours à l'Information qui sera suivie de Récollement & de Confrontation. Mais dans ce dernier Cas, le Juge, après avoir été récollé sur son Procès-verbal, sera-t-il confronté à l'Accusé? Voilà sur quoi aucun Criminaliste ne paroît s'être expliqué nettement, & ce qui demanderoit bien un Réglement. Il paroît néanmoins qu'il faudroit excepter le Cas où l'Insulte auroit été faite au Juge en présence de ses Assistans, parce qu'alors les Déclarations de ceux-ci pourroient suffire, non-seulement pour faire décréter réellement le Coupable, mais encore pour opérer sa Condamnation ou sa Décharge, sans qu'il fût besoin de recourir à d'autres Preuves.

ARTICLE VI.

» Les Procès-verbaux des Sergens ou Huissiers,
» même de nos Cours, ne pourront être décrétés, sinon

» en Cas de Rébellion à Justice, d'Ajournement Personnel seulement; mais après qu'ils auront été répétés & leurs Records, les Juges pourront décerner Prise de Corps, si le Cas y échcoit. N'entendons néanmoins rien innover à l'Usage des Maîtrises de nos Eaux & Forêts, dans lesquelles les Procès-verbaux des Verdiers, Gardes & Sergens sont décrétés même de Prise de Corps.

SOMMAIRE.

I. *Trois Différences entre les Procès-verbaux des Huissiers & ceux des Juges.*
II. *Procès-verbaux des Huissiers n'emportent de Décret Réel, quoique tant répétés. & pourquoi?*
III. *Sur quoi fondée l'Exception en faveur des Sergens des Maîtrises des Eaux & Forêts.*
IV. *Conclusions de la Partie Publique nécessaires pour les Décrets sur ces Procès-verbaux.*
V. *Ce que ces Procès-verbaux ont de commun avec ceux des Juges.*

I. SUIVANT cet Article, il y a trois Différences remarquables entre les Procès-verbaux des Huissiers, & ceux des Officiers de Justice, mentionnés dans l'Article précédent.

La *premiere*, c'est que ces Procès-verbaux ne peuvent par eux-mêmes opérer, comme ceux des Juges, le Décret d'Ajournement Personnel, lorsqu'ils sont faits pour de simples Insultes faites à leurs Personnes; mais il faut encore pour cela deux Choses; 1°. que l'Huissier soit alors assisté de Records; 2°. qu'il y ait Rébellion à Justice; c'est-à-dire, que ces Insultes ayent eu pour objet d'empêcher l'Exécution des Mandemens de Justice, dont l'Huissier étoit chargé (*V.* Art. 14 ci-après). Ensorte que dans tout autre Cas que celui de la Rébellion à Justice, ces Procès-verbaux ne peuvent donner lieu qu'à un simple Décret d'Assigné pour être oüi. *V.* au surplus, quant à la Rébellion, les Exceptions marquées sur l'Art. 24 du Tit. 17 ci-après.

II. LA *seconde* DIFFÉRENCE consiste en ce que la Répétition des Assistans faite sur les Procès-verbaux des Juges, suffit pour donner lieu au Décret Réel; au lieu que la Répétition des Records, dont l'Huissier étoit assisté lors de la Rébellion, ne peut opérer ce Décret Réel de plein Droit, mais seulement lorsque le Juge trouve à propos de le décerner, ſuivant les Circonſtances *& ſi le Cas y écheoit*, c'eſt-à-dire, qu'il faut pour cela que le Corps du Délit ſoit d'ailleurs conſtaté par des Plaies & Meurtriſſures dangereuſes qui auroient été faites à l'Huiſſier, lors de la Rébellion, & qui ſeroient atteſtées par des Médecins & Chirurgiens; ou bien que la Rébellion ait été faite aux Mandemens de Cours Supérieures. Ce qui a été ſagement établi, comme le remarque DESPEISSES (Tom. 3, Part. premiere, Sect. 3, Art. 17, n. 4) parce qu'il arrive ſouvent que ces Miniſtres Subalternes de la Juſtice donnent lieu, par leurs Inſolences & leurs Brutalités, aux Inſultes qui leur ſont faites; ou que, par d'autres Motifs, ils les exagerent conſidérablement; ou bien qu'ils ne ſe ſoient pas mis en régle en montrant, comme ils doivent lorſqu'ils en ſont requis, les Pouvoirs & Mandemens de Juſtice, dont ils ſont chargés.

III. IL y a cependant une Exception dans cet Article en faveur des *Verdiers, Gardes & Sergens des Maîtriſes des Eaux & Forêts*, dont les Procès-verbaux peuvent être décrétés de Priſe de Corps par les Juges de ces Maîtriſes, ſans qu'il y ait beſoin de Répétition de Records. Ce qui a été autoriſé ſans doute, tant à cauſe de la difficulté qu'il y auroit, que ceux-ci puiſſent avoir des Témoins pour dépoſer des Faits contenus dans leurs Procès-verbaux, que parce que, ne s'agiſſant dans ces ſortes de Juſtices que des Condamnations d'amende & autres pécuniaires, il n'eſt pas à préſumer que ces Gardes & Verdiers, qui ſont Perſonnes Publiques, ſe portent à charger des Délits, ceux qui n'en ſeroient pas coupables.

IV. ENFIN, une *troiſiéme* DIFFÉRENCE entre les Procès-verbaux des Huiſſiers & ceux des Officiers de Juſtice; c'eſt que ceux-ci peuvent opérer le Décret, ſans qu'il ſoit beſoin de Concluſions du Miniſtére public; au lieu que ces Concluſions ſont abſolument néceſſaires pour les Premiers, encore qu'ils ſeroient répétés par les Records.

V. AU RESTE, ces Procès-verbaux ont cela de commun, que la Répétition qui ſe fait en conſéquence, ne doit point être faite par forme de Récollement, mais par forme de Dépoſition; c'eſt-à-dire, qu'on doit faire répéter en entier le contenu des Déclarations portées dans les Procès-verbaux. Ainſi jugé par Arrêt de la Cour du 2 Octobre 1711, contre le Prévôt de Bergeresse, qui avoit procédé à la Répétition d'un Huissier par forme de Récollement, & Injonction lui a été faite d'être plus circonspect à l'avenir.

Nous verrons au surplus sur l'Art. 14 de ce Titre, la Procédure qui doit se faire ensuite des Procès-verbaux de Rébellion des Huissiers; & notamment pour ce qui concerne la Répétition des Records.

ARTICLE VII.

» CELUI, contre lequel il y aura Ordonnance d'Assigné pour être oüi, ou Décret d'Ajournement Personnel, ne pourra être arrêté Prisonnier, s'il ne survient de nouvelles Charges, ou que par Délibération » secrette de nos Cours, il ait été résolu, qu'en comparoissant, il sera arrêté; ce qui ne pourra être ordonné » par aucun autre de nos Juges.

SOMMAIRE.

I. *Motifs des Défenses portées par cet Article.*

II. *Que doit-on entendre par* nouvelles Charges?

III. *Deux Cas où l'Accusé peut être arrêté en vertu des Délibérations secrettes des Cours Supérieures.*

I. LES Défenses faites aux Juges, par cet Article, de se servir d'un Décret pour parvenir à l'Exécution de l'autre, sont une suite de la Régle établie par les précédens, suivant laquelle les Décrets doivent se convertir successivement & par degré; & cela, tant pour laisser à l'Accusé la liberté de décliner & demander son Renvoi, s'il est mal assigné, ou s'il est privilégié; qu'afin d'empêcher que les Juges n'abusent de leur Pouvoir, pour faire Insulte à des Personnes qualifiées.

Il y a cependant de certains Cas, où le bien de la Justice demande qu'on se relâche de la rigueur de cette Régle, & qui ont donné lieu aux deux Exceptions portées par ce même Article.

II. L'UNE, c'est lorsque dans l'intervalle du Décret, à la Comparution de l'Accusé il survient de nouvelles Charges, soit par une Addition d'Information qui seroit faite à la Requête des Parties Civiles ou Publiques; ou bien par la production de quelque Piéce authentique, ou reconnue par l'Accusé; ou enfin par les Aveux & Contradictions qui lui seroient échappées lors de l'Interrogatoire qu'il auroit subi sur sa Comparution. Dans tous ces Cas, les Juges sont autorisés de décerner, sur le vû de ces nouvelles Charges, un Décret de Prise de Corps contre cet Accusé, en vertu duquel il sera arrêté, lors de sa Comparution, & constitué Prisonnier; ce qui s'entend, pourvû qu'il y ait d'ailleurs les autres Conditions requises pour ces sortes de Décrets, & qui sont marquées par l'Art. 18 ci-après.

III. L'autre Exception a été introduite en faveur des Juges de Cours Supérieures, à qui l'Ordonnance donne le Pouvoir, exclusivement à tous autres, de convenir entr'eux, par une Délibération secrette, que lorsque l'Accusé comparoitra sur le Décret d'Ajournement Personnel ou d'Assigné pour être oüi, ils le feront arrêter: cette Précaution a ordinairement lieu dans ces deux Cas; 1°. lorsque l'Accusé est suspect d'Evasion, comme s'il étoit étranger; 2°. lorsqu'il est tellement puissant & accrédité sur les Lieux, qu'on ne pourroit s'assurer autrement de sa Personne, sans exposer la vie de ceux qui seroient chargés de l'Exécution des Décrets.

ARTICLE VIII.

» Pourra être décerné Prise de Corps sur la seule » Notoriété pour Crime de Duel, sur la Plainte de nos » Procureurs contre les Vagabonds, & sur celles des » Maîtres pour Crimes & Délits domestiques.

SOMMAIRE.

I. *De quelle Espéce de Notoriété veut parler cet Article?*

II. *Que doit-on entendre par Vagabonds?*

III. *Conclusions des Procureurs Fiscaux ont-elles le même Effet à cet égard que celles des Procureurs du Roi?*

IV. *Précautions que doit garder le Juge, en décrétant sur la Plainte des Maîtres.*

V. *Plaintes des Peres & Meres ont*

le même Effet pour faire décréter.
VI. Quid, *de la Plainte d'une Fille pour Rapt de Violence ou Séduction?*
VII. Quid, *de la Déclaration du Blessé mourant?*
VIII. Quid, *en Cas de Meurtre & Vol qualifié, commis dans une Maison?*

CET Article contient trois Exceptions remarquables à la Régle générale, qui veut que le Décret ne puisse être rendu que sur le Vû des Charges & Informations.

I. LA 1re se tire de la NOTORIÉTÉ *pour Crime de* DUEL, cette Exception est aussi marquée par l'Edit de 1679, & par la Déclaration du mois d'Octobre de la même année. Comme ce Crime est d'une Preuve extrêmement difficile, par les précautions que prennent ordinairement ceux qui le commettent, pour en cacher la préméditation, il paroît que la Notoriété dont il est parlé dans cet Article, ne doit point être aussi absolue que celle que les Loix requièrent en général, pour opérer la conviction des autres Crimes; ainsi, celle qui seroit fondée seulement sur un simple Bruit Public, devroit suffire pour déterminer le Décret réel dont il s'agit.

II. LA 2e Exception, marquée par cet Article, regarde les Crimes commis par des VAGABONDS, l'Ordonnance veut qu'ils puissent être décrétés de Prise de Corps sur les Conclusions des Procureurs du Roi; mais comme elle ne détermine point en même-tems ce qu'on doit entendre sous le nom de *Vagabonds*; la Déclaration du mois de Février 1731, a cru devoir y suppléer, en comprenant sous ce nom, non-seulement ceux qui n'ont aucun Domicile certain, mais encore qui n'ont ni Métier, ni Profession, ni bien pour subsister, & qui ne peuvent être avoués, ni faire certifier de leurs bonnes Vies & Mœurs, par Personnes dignes de foi. *V.* Art. 1er de cette Loi.

III. QUOIQU'IL ne soit ici parlé, que des Conclusions des Procureurs *du Roi*, il est certain que celles des Procureurs *Fiscaux* qui ont les mêmes Fonctions dans leur Siége, ont pareillement l'effet de faire décréter de Prise de Corps les Vagabonds: & cela doit souffrir encore moins de difficulté depuis la Déclaration de 1731 que nous venons de citer, dont l'Art. 10 permet aux Juges des Seigneurs de connoître des Contraventions aux Edits & Déclarations sur la *Mendicité*, & l'Art. 21, d'Informer, Décréter & Interroger tous les Accusés en général, quand même il il s'agiroit de Cas Royaux ou Prévôtaux, à la Charge par eux d'avertir incessamment les Baillifs & Sénéchaux.

IV. ENFIN, la 3ᵉ Exception concerne les Crimes commis par les DOMESTIQUES envers leurs Maîtres. L'Ordonnance permet de les décréter de Prise de Corps, sur la seule Plainte des Maîtres. Il faut cependant observer, à cet égard, que toutes les Plaintes des Maîtres, ne doivent pas donner lieu indistinctement à ce Décret; & que comme il peut y avoir de certains Maîtres durs, soupçonneux & vindicatifs, ou qui seroient débiteurs des Gages de leurs Domestiques, contre lesquels ils rendent Plainte, il ne seroit pas juste de les rendre ainsi, en quelque sorte, les arbitres du sort de ces Pauvres Infortunés. C'est pourquoi, avant que de décerner le Décret réel, il seroit à propos que le Juge cherchât à s'assurer d'ailleurs du véritable motif qui fait agir le Maître; mais sur-tout, de l'Existence du Corps du Délit.

V. SI la seule Plainte du Maître suffit pour faire décréter réellement un Domestique, à plus forte raison celle d'un PERE ou d'une MERE, qui se plaindroient des mauvais traitemens qu'ils auroient reçus de leurs ENFANS; n'étant pas à présumer que la tendresse naturelle qu'ils ont pour ceux-ci, leur permette de se porter à de pareilles Plaintes, s'ils n'y étoient forcés par la vérité des circonstances, *non est affectus qui vincat Paternum.* Ce n'est pas que l'Histoire ne nous fournisse des exemples de certains Peres dénaturés, qui se sont portés volontairement à de fausses accusations, dans la vûe de sacrifier des Enfans qu'ils haïssoient injustement. Mais la considération de ces Exemples, qui sont d'ailleurs extrêmement rares, ne devroit servir qu'à rendre les Juges plus circonspects dans les Condamnations qu'ils prononcent contre des Enfans accusés par leurs Peres; & non point les empêcher de décréter sur la seule Plainte de ces Peres, qui sont même autorisés par les Loix à corriger leurs Enfans avec modération.

VI. IL paroît aussi, qu'il y a lieu de prononcer le même Décret sur la Plainte faite par une FILLE, au sujet d'un RAPT de Violence ou de Séduction; & cela, tant parce que, *creditur Virgini semel juranti*, comme disent les Auteurs; qu'à cause du danger de l'évasion du Coupable. Aussi l'Ordonnance pour la Lorraine contient une Dispoſition expreſſe à ce ſujet, dans l'Art. 15 du Tit. 5.

VII. C'EST encore par les mêmes raiſons que l'on peut décréter réellement ſur la *Déclaration d'un* BLESSÉ *mourant.* Le Décret eſt même d'autant plus indiſpenſable dans ce dernier Cas, qu'il s'agit de profiter du peu de tems qui reſte pour faire la Confrontation de ce Mourant, avec celui qu'il accuſe.

VIII. ENFIN, il y a de certains Crimes, tels que Meurtres ou Vols qualifiés, commis dans l'intérieur d'une Maiſon, pour leſquels le Juge peut faire arrêter ſur le champ, tous ceux qui ſont demeurans dans la Maiſon, ſoit Domeſtiques ou autres, ſelon la Qualité du Fait & des Perſonnes. C'eſt encore la Diſpoſition de l'Ordonnance pour la Lorraine, Art. 24, Tit. 5, qui eſt conforme à celle du Droit. *V.* L. 12, COD. *de his quib. ut indign.*

ARTICLE IX.

» APRÉS qu'un Accuſé pris en Flagrant-Délit, ou » à la Clameur Publique, aura été conduit Priſonnier, » le Juge ordonnera qu'il ſera arrêté & écroüé; & » l'Ecroüe lui ſera ſignifié, parlant à ſa Perſonne.

SOMMAIRE.

I. *Qu'eſt-ce que Flagrant-Délit?*
II. *Qu'entend-t-on par Clameur Publique?*
III. *Differe de la Rumeur Publique quant aux Effets & à la Procédure.*
IV. *Pourquoi ne ſignifie-t-on dans tous ces Cas, que l'Ecroüe, & non le Décret?*
V. *Faut-il pour l'Ecroüe les Concluſions du Miniſtére Public?*
VI. *Juge doit décréter auſſi-tôt après la Capture.*
VII. *Formule de ce Décret.*

CET Article contient deux Exceptions remarquables à la Régle qui veut qu'on ne puiſſe arrêter un Accuſé ſans un Décret préalable.

I. LA 1.er a lieu dans le Cas de FLAGRANT-DÉLIT,

c'est-à-dire, dans le moment où le Crime se commet ou vient de se commettre, comme *v. g.* en fait de *Meurtre ou d'Homicide*, lorsque le Meurtrier est saisi en faisant le coup, ou en se sauvant ayant à la main l'Épée ensanglantée, ou autre arme avec laquelle il vient de tuer.... En fait de *Vol*, lorsque le Voleur est surpris en dérobant, ou à l'instant qu'il a pris la suite, étant saisi du Vol.... *V.* au surplus ce qui a été dit à ce sujet sur l'Art. 16 du Tit. 1er, & sur les Art. 14 & 21 du Tit. 2 de la présente Ordonnance; *V.* encore ci-après sur l'Art. 5 du Tit. 14.

II. LA 2e Exception a lieu dans le Cas de la CLAMEUR PUBLIQUE, c'est-à-dire, lorsque le Coupable, en se sauvant après avoir tué ou volé, est montré & désigné par les Cris du Peuple, qui publie à haute voix qu'il est le Meurtrier ou le Voleur; ou bien sur les Plaintes faites publiquement de la part des Parens de ceux qui ont été tués ou volés.

III. IL faut distinguer la Clameur Publique, de ce qu'on appelle *Rumeur Publique*, comme lorsqu'il s'est élevé dans le lieu un bruit sourd, que c'est un tel qui a commis le jour même ou la veille, le Meurtre ou le Vol, dont le Corps du Délit est constant.

La Clameur Publique suffit pour déterminer la Capture du Coupable, parce qu'elle forme une Notoriété, qui, suivant les Auteurs, tient lieu d'Information; au lieu que la Rumeur Publique ne peut donner lieu à cette Capture, que lorsqu'elle se trouve jointe aux Dépositions des Témoins qui auront été entendus dans l'Information que le Juge fera sur le champ, & le plus secrettement qu'il sera possible, c'est-à-dire, sans l'appareil des Assignations préalables, dont l'éclat & les délais ne serviroient qu'à rendre illusoires les Décrets, en favorisant l'évasion des Accusés. Le Juge doit d'ailleurs, en prononçant ce Décret, avoir attention de ne point compromettre légérement, l'honneur des Citoyens, & considérer la Qualité des Personnes, & les circonstances du Fait, conformément à l'Art. 18 ci-après.

IV. L'ON agita, lors du Procès-verbal de Conférence, la Question de sçavoir, si le Décret qui seroit décerné après la Capture de l'Accusé, dans les Cas du Flagrant-Délit, & de la Clameur Publique, devroit lui être signifié, ou bien seulement l'Acte de son Ecroüe,

Mais sur ce que M. l'Avocat Général TALON, représenta le danger qu'il y auroit de donner à cet Accusé Copie du Décret qui lui feroit connoitre ses Complices, lesquels pourroient n'avoir point été présens à l'action ; il fut arrêté, qu'au lieu du Décret, on lui feroit seulement signifier l'Acte d'Ecroüe ; & c'est ce qui a donné lieu à la derniere Disposition du présent Article.

V. CET Acte d'Ecroüe peut être ordonné d'Office par le Juge, & sans les Conclusions du Ministére Public, à qui il suffira de le communiquer dans la suite, pour prendre ses Conclusions & faire recommander l'Accusé à sa Requête. *V.* Art. 15, Tit. 25 ci-après.

VI. A l'égard du Décret que le Juge doit décerner après la Capture, il sera conçu comme les autres, à la réserve que le Juge ne pourra pas dire, *Vû l'Information*, mais il s'expliquera ainsi.

VII. *FORMULE du Décret après la Capture de l'Accusé en Flagrant-Délit ou à la Clameur Publique.*

Nous, tel Juge de . . . . . après que tel . . . . . pris en Flagrant-Délit ou à la Clameur Publique, a été emmené dans les Prisons de . . . . nous ordonnons qu'il sera arrêté & écroüé. Fait le jour. . . . . . .

(*Ensuite on instruit, comme aux autres Cas, par Témoins, par Récollemens & Confrontations.*)

ARTICLE X.

» L'ORDONNANCE d'Assigné pour être oüi, » contre un Juge ou Officier de Justice, n'emportera » point d'Interdiction.

SOMMAIRE.

I. *Cas du Décret d'Assigné pour être oüi, & son Effet.*

II. *Pourquoi a été principalement établi ?*

I. LE DÉCRET D'ASSIGNÉ POUR ESTRE OÜI, étant le moindre de tous les Décrets ; & ne pouvant, comme nous l'avons dit, être décerné que dans des Cas extrêmement légers, qui ne peuvent donner lieu qu'à des condamnations pécuniaires; il ne peut former aucun préjugé contre l'Accusé, ni par conséquent apporter le moindre obstacle à l'Exercice des fonctions de l'Office dont il seroit revêtu. C'est pour cela, que par cet Article, l'Ordonnance déclare expressément que, lorsque ce Décret sera rendu contre un Juge, ou autre Officier de Justice, il ne l'empêchera pas de continuer ses Fonctions, comme à l'ordinaire.

II. Cette Disposition sert à confirmer ce que nous avons dit ci-devant, d'après M. Talon; sçavoir, que c'est principalement pour sauver l'Interdiction à ces Officiers, qu'a été introduite cette espéce de Décret.

ARTICLE XI.

» Le Décret d'Ajournement Personnel, ou de Prise » de Corps, emportera de Droit Interdiction.

Sommaire.

I. *Sur quoi est fondée l'Interdiction portée par cet Article?*
II. *Sur quelles Personnes peut-elle tomber?*
III. Quid, *à l'égard des Ecclésiastiques?*
IV. Quid, *à l'égard des Officiers Militaires & de Finance?*
V. Quid, *à l'égard des Avocats?*
VI. Quid, *à l'égard des Médecins, Chirurgiens & Experts?*
VII. *Signification du Décret nécessaire pour opérer l'Interdiction.*
VIII. *Distinction entre l'Interdiction produite par le Décret réel, & celle produite par le Décret d'Ajournement Personnel.*

I. L'ON voit par cet Article, la Différence essentielle que l'Ordonnance a mise entre le Décret d'Assigné pour être oüi, & les Décrets d'Ajournement Personnel ou de Prise de Corps; elle veut que ceux-ci emportent l'Interdiction de plein droit, tandis qu'elle vient de déclarer ci-devant le contraire, par rapport au Décret d'Assigné pour être oüi. Cette Différence sert par conséquent, à justifier la Maxime générale que nous avons établie sur le second Article de ce Titre, en observant que le Décret d'Ajournement Personnel devoit être prononcé dans des Cas plus graves que celui d'Assigné pour être oüi, & qu'il est employé ordinairement pour des Délits, qui sont disposés à quelque Peine.

II. Il n'est point dit dans cet Article, sur quelles sortes de Personnes doit tomber l'Interdiction qui y est prononcée. Si l'on remonte au précédent, il paroît qu'elle ne regarde que les Juges ou Officiers de Justice seulement; d'où l'on pourroit conclure, qu'elle ne devroit point avoir lieu contre d'autres Personnes qui exercent des Fonctions Publiques, tels que les Ecclésiastiques, les Militaires, les Officiers de Finance, les Avocats, les Médecins, Chirurgiens & Experts, &c. Cependant il y a plusieurs Observations à faire à ce sujet.

III. 1°. Quant aux Ecclésiastiques, comme l'Interdiction des Fonctions de leur Ministére, est une Peine Canonique, qui dépend uniquement de la Jurisdiction Ecclésiastique; il est certain, que l'Exercice de ces Fonctions ne peut être suspendu par un simple Décret d'Ajournement Personnel, lorsqu'il est décerné par un Juge Laïc; & qu'il faut pour cela un Décret réel, parce que celui-ci ne devant être décerné que pour des Crimes méritans Peine Afflictive ou Infâmante, suppose nécessairement le Décrété coupable d'un Crime auquel les Canons ont attaché la *Suspense*. C'est aussi ce qui paroît résulter bien clairement de l'Article 40 de l'Edit de 1695, en ces termes; » Nos Cours ne pourront faire défenses d'exécuter les Décrets, » même ceux d'Ajournement Personnel, décernés par les Juges » d'Eglise, ni élargir les Prisonniers, sans avoir vû les Procédures » & Informations sur lesquelles ils auront été rendus; & les Ecclésiastiques qui seront appellans des Décrets de Prise de Corps, » ne pourront faire aucunes Fonctions de leurs Bénéfices & Ministére, en conséquence des Arrêts de Défense qu'ils auront » obtenus, jusqu'à ce que les Appellations ayent été jugées définitivement, ou que par les Archevêques, Evêques ou leurs » Officiaux, il en ait été autrement ordonné.

V. au surplus ce qui sera dit sur le Tit. 3, Ch. 1er, de la troisiéme Partie de ce Volume; *V.* aussi l'Art. 4, du Tit. 26, où il sera parlé des Défenses sur l'Appel de ces sortes de Décrets.

IV. 2°. Quant aux Officiers Militaires, comme les Fonctions de ceux-ci n'ont point de rapport avec celles de la Justice ordinaire, il paroît qu'il n'y a pas lieu de les comprendre dans cette Interdiction, lors même qu'ils seroient décrétés réellement, à moins qu'ils ne fussent accusés de malversation dans leurs emplois.

Il en est de même à l'égard des OFFICIERS DE FINANCE, suivant l'Ordonnance pour la Lorraine, Art. 5, Tit. 5.

V. 3°. PAR rapport aux AVOCATS: quoique leur Profession ne soit pas proprement un Office; néanmoins, à cause des Fonctions Publiques & importantes qu'ils exercent dans l'Administration de la Justice, & de la délicatesse de cette Profession, dont l'honneur fait le principal caractére, il paroît qu'on devroit regarder ceux de cet Ordre, qui seroient décrétés d'Ajournement Personnel, comme sujets à l'Interdiction prononcée par cet Article. Aussi sont-ils nommément compris dans l'Art. 5 du Tit. 5 de l'Ordonnance pour la Lorraine, que nous venons de citer.

VI. 4°. POUR les MÉDECINS, CHIRURGIENS ET EXPERTS, comme ceux-ci exercent des Offices Publics, qui les mettent dans le cas d'être employés dans les Procès Criminels, & qu'ils ont d'ailleurs serment en Justice; il ne paroît pas douteux, que le seul Décret d'Ajournement Personnel, devroit suffire pour opérer leur Interdiction.

VII. IL est dit par cet Article, que l'Interdiction s'opére de *plein droit*, c'est-à-dire, sans qu'il soit nécessaire qu'elle soit exprimée par le Décret. Mais elle ne produit son effet qu'après la Signification du Décret à l'Accusé; cet effet est d'empêcher l'Accusé, non-seulement d'exercer les Fonctions de l'Office dont il est revêtu, mais encore de pouvoir en acquérir d'autres, & d'être admis en témoignage.

VIII. L'ORDONNANCE ne paroît mettre aucune distinction dans cet Article, entre l'Interdiction opérée par le Décret d'Ajournement Personnel, & celle que produit le Décret de Prise de Corps. Cependant, il y en a une très-remarquable: elle consiste, en ce que la premiere peut être levée aussi-tôt après que l'Accusé a obéi au Décret, & subi son interrogatoire: ce qui se fait sur une simple Requête, excepté le Cas où le Titre d'accusation qui auroit donné lieu au Décret, seroit fondé sur des Prévarications dans l'exercice de la même Charge: alors, comme il ne seroit pas sûr de le renvoyer dans les Fonctions d'un Office dont il seroit soupçonné d'avoir abusé, l'Interdiction ne pourroit être levée par le Juge, que sur le vû des Charges, & sur les Conclusions du Ministére Public ; & même, suivant les Auteurs, si le Crime étoit atroce, & que les charges en soient fortes, on peut, sans qu'il y ait de Décret, lui faire défenses d'exercer, jusqu'à ce qu'il soit purgé du Crime dont il est prévenu. *V.* BORNIER, d'après BOUVOT, *verbo*, Juges coupables, Quest. 10.

Mais à l'égard de l'Interdiction produite par le Décret réel, il faut distinguer, si ce Décret a été prononcé tel dans l'origine, ou bien si c'est par l'effet d'une simple Conversion ; dans ce dernier Cas, l'Interdiction se leve de la même maniere que nous venons de l'observer par rapport aux Décrets d'Ajournement personnel ; mais dans le premier, l'Interdiction dure jusqu'après le Jugement, à moins que sur l'Appel de ce Décret, l'Accusé n'obtienne un Arrêt de Défenses qui léve l'Interdiction, ou le renvoye en état de simple Assigné pour être oüi.

ARTICLE XII.

» SERA procédé à l'Exécution de tous Décrets, mê-
» me de Prise de Corps, nonobstant toutes Appella-
» tions, même comme de Juge Incompétent ou Récusé,
» & toutes autres, sans demander Permission ni *Pareatis.*

SOMMAIRE.

I. *Exécution des Décrets ne peut être suspendue par l'Appel, même comme d'Abus.*

II. *Comment se fait l'Exécution des différens Décrets ?*

III. *Sur quoi fondé le Privilége concernant l'Exécution des Décrets ?*

IV. *Immunités & Azîles n'ont plus lieu parmi nous.*

V. *Exception à l'égard des Maisons Royales.*

VI. *Décret rendu en Pays étrangers n'a Exécution dans ce Royaume.*

VII. *Effet de l'Appel qui s'interjette contre les Décrets.*

VIII. *Juge peut-il assister en Personne à l'Exécution des Décrets ?*

IX. *Quid, à l'égard de la Partie Civile ?*

I. CET Article concerne l'Exécution de tous les Décrets en général, tant ceux d'Assigné pour être oüi, & d'Ajournement Personnel,

nel, que celui de Prise de Corps; l'Ordonnance veut que cette Exécution soit tellement privilégiée, qu'il puisse y être procédé nonobstant toutes appellations, même comme de Juge Incompétent ou Récusé; & sans qu'il soit même besoin de demander Permission ni *Pareatis*, au Juge dans le Ressort duquel ces Décrets doivent être exécutés. L'Art. 26 de l'Edit de 1695, ajoute » que cette Exécution ne peut même être suspendue par l'Appel » comme d'Abus. *V.* par rapport à cet Appel, ce qui sera dit dans la troisiéme Partie de ce Volume; & par rapport aux Appels, comme de Juge Incompétent & Récusé. *V.* ce qui sera dit sur l'Art. 2 du Tit 25 de cette Ordonnance.

II. L'EXÉCUTION des Décrets d'Assigné pour être oüi, & d'Ajournement Personnel, se fait, comme nous l'avons dit, par la Signification de ces Décrets, à Personne ou à Domicile; & celle du Décret de Prise de Corps se fait par la Capture ou la Perquisition de l'Accusé.

III. LE Privilége accordé à ces Exécutions par le présent Article, est fondé d'une part, sur ce que si ces sortes d'Appellations pouvoient suspendre l'Exécution des Décrets, il n'y auroit point d'Accusé qui ne profitât de cette Voie pour échapper à la Capture de sa personne, & conséquemment à la punition de son Crime; joint à ce que les Preuves ne manqueroient pas de dépérir pendant le tems qu'on employeroit à faire vuider cet Appel: & de l'autre, sur les inconvéniens dangereux qu'il y auroit, qu'en faisant dépendre l'Exécution de ces Décrets, de la Permission du Juge dans le Ressort duquel ces Décrets devroient être exécutés, ce Juge n'affectât de retarder cette Permission, dans la vûe de favoriser l'évasion de l'Accusé son justiciable.

C'est aussi par une suite de ce Privilége, que l'Exécution des Décrets peut se faire en tout Lieu, sans excepter même les Couvens & les Eglises, qui ne servent plus d'Asyle & d'Immunités parmi nous, depuis l'Ordonnance de François Premier, en 1539. *V.* Art. 166. Cependant, quoique l'on puisse exécuter les Décrets dans les Eglises comme ailleurs; cela ne doit se faire qu'avec une certaine décence, qui marque le respect qu'on doit avoir pour les Lieux Saints; & l'on doit observer sur-tout, de ne point procéder à cette Exécution pendant la Célébration de la Sainte Messe & des Offices Divins.

IV. Il faut encore excepter les Décrets, qui s'exécutent dans les Maisons Royales, pour lesquels la Permission du Prince est nécessaire.

V. Au reste, l'on ne parle ici que de l'Exécution des Décrets qui sont rendus dans l'étendue du Royaume, & non de ceux rendus dans les Pays Etrangers; car c'est une maxime constante, que ceux de cette derniere espéce n'ont aucun effet parmi nous, suivant la remarque de M. l'Avocat Général Talon, dans son Plaidoyer, lors de l'Arrêt du 14 Août 1632, rapporté par Bardet, Tom. 2, Liv. 1, Chap. 42.

VI. Quand nous disons, que l'Appel de l'Accusé ne peut empêcher l'Exécution des Décrets, nous ne prétendons pas pour cela, que cet Appel ne doive produire aucun effet; car il a celui d'empêcher que le Juge ne puisse procéder à l'entiére confection du Procès, c'est-à-dire, jusqu'à la Sentence définitive inclusivement. Mais nous voulons seulement dire, que cet Appel ne peut retarder l'Instruction, parce que ce n'est que par cette même Instruction, & principalement par l'Interrogatoire & par la Confrontation, que l'Accusé peut avoir une connoissance certaine de la Cause qui peut avoir donné lieu au Décret contre lequel il s'avise de reclamer.

Il faut voir au surplus les Art. 2 du Titre 25, & Art. 3 du Tit. 26 ci-après, qui confirment sur ce point la Disposition du présent Article. Nous verrons aussi sur l'Art. 4 du Tit. 26, que l'Ordonnance laisse encore une Ressource à ceux qui sont décrétés, pour empêcher ou suspendre l'exécution des Décrets, par le moyen des Arrêts de Défenses & Surséances, auxquelles elle leur permet d'avoir recours.

VII. Il reste à observer, par rapport à l'exécution des Décrets, que réguliérement le Juge ne doit point y assister en personne, hors les Cas de Flagrant-Délit & de la Clameur Publique, où il ne peut s'en dispenser. Ainsi jugé par Arrêt de la Cour du 3 Septembre 1685, rapporté au cinquiéme Tome du Journal des Audiences.

VIII. Il en doit être de même à l'égard de la Partie Civile, suivant Despeisses, Tom. 5, Part. 1, Sect. 3, Art. 17, N°. 3, à moins qu'elle ne soit obligée d'assister à cette Exécution pour empêcher que les Huissiers ou Archers ne se trompent, en arrêtant une Personne pour une autre : ce qui pourroit arriver dans le Cas où le Décret a été rendu contre une Personne inconnue, & qui n'auroit pas été suffisamment désignée par les Témoins. Mais après que la Partie l'aura montré, il faut qu'elle ait soin de se retirer.

ARTICLE XIII.

» SERONT néanmoins tenus ceux, à la Requête » desquels les Décrets seront exécutés, élire Domicile » dans le Lieu où se fera l'Exécution ; sans attribuer » toutefois aucune Jurisdiction au Juge du Domicile » élû.

SOMMAIRE.

I. *Sur quoi fondée la Nécessité de l'Election de Domicile de la part de la Partie Civile ?*

II. *Quel Juge doit connoître des Contestations survenues par rapport à l'Exécution des Décrets ?*

III. *Accusé qui comparoît sur le Décret, est-il tenu de faire Election de Domicile ?*

I. QUOIQUE la Partie qui veut faire exécuter un Décret dans le Ressort d'un autre Juge que celui qui l'a rendu, ne soit pas tenue de demander Permission ou *Pareatis*, à ce Juge, pour faire procéder à cette Exécution, ainsi que nous venons de le voir sur l'Article précédent : cependant, comme il est nécessaire de mettre celui contre lequel doit s'exécuter ce Décret, à portée de sçavoir à qui il doit s'adresser pour faire les Sommations & autres Significations qu'il jugera convenables, & notamment dans le Cas où on affecteroit de retarder trop long-tems sa Translation, l'Ordonnance a cru devoir par le présent Article, assujettir cette Partie Civile, à faire Election de Domicile dans le lieu même où se fait l'Exécution.

II. IL y a plus, comme d'une autre côté, il pouvoit arriver, que par cette Election de Domicile, au lieu de la Capture, le Juge de ce lieu se croiroit autorisé à connoître des Différends qui pourroient survenir en conséquence des significations qui seroient faites de la part de l'Accusé, & même d'ordonner l'élargissement des Prisonniers, dans le Cas où la Partie Civile différeroit trop longtems sa Translation. C'est pour éviter les Conflits, qui ne manqueroient pas de s'élever à ce sujet, entre ce Juge & celui qui auroit décerné le Décret, que l'Ordonnance a cru devoir ajouter en même-tems, que cette Election de Domicile n'attribueroit aucune Jurisdiction au Juge du Domicile élu, & par ce moyen elle a conservé à celui du lieu du Délit, la connoissance qui doit lui appartenir naturellement des contestations incidentes, que pourroit occasionner l'Exécution des Décrets qu'il a rendus.

III. L'ORDONNANCE ne dit point, que l'Accusé qui comparoîtra pour satisfaire au Décret, sera tenu de faire pareillement Election de Domicile, & de constituer Procureur; parce qu'elle suppose apparemment que la Partie qui lui a fait signifier ce Décret, a une connoissance suffisante de son Domicile; & que d'ailleurs il ne paroît pas juste d'obliger cet Accusé, à donner à son Accusateur des facilités particuliéres, pour lui faire son Procès. Cependant, il est d'usage que dans l'Acte de Comparution qu'il fait au Greffe, il élise Domicile chez son Procureur.

ARTICLE XIV.

» LES Huissiers, Sergens, Archers, & autres Officiers
» chargés de l'Exécution de quelques Décrets ou Mandemens de Justice, ausquels on aura fait Rébellion, Excès ou Violence, en dresseront Procès-verbal, qu'ils
» remettront incontinent entre les mains du Juge, pour
» y être pourvû, & en être envoyé une Expédition à
» notre Procureur Général: sans néanmoins que l'Instruction & le Jugement puissent être retardés.

SOMMAIRE.

I. Trois sortes de Rébellions à Justice.
II. Elles peuvent toutes également donner lieu à des Procès-verbaux.
III. Leur Différence par rapport à l'Instruction.
IV. Procédure qui doit être observée à cet égard.

V. Comment se fait la Répétition des Records.

VI. Comment le Juge doit procéder ensuite de cette Répétition?

VII. Formule de Répétition des Huissiers & Records sur leurs Procès-verbaux.

IL est parlé dans cet Article, des Rébellions à Justice, & de la Maniere dont on doit procéder en pareil Cas.

I. LES Auteurs distinguent trois sortes de Rébellions, la *premiere*, est celle faite à l'Exécution des Décrets & Mandemens de Justice; comme lorsqu'un Accusé, ou ses Parens & Amis, résistent, soit à force d'Armes, ou par des mauvais traitemens, excès & violences à ceux qui sont chargés d'en faire la Capture, ou empêchent de quelqu'autre maniere, qu'elle ne puisse être faite, & même qu'on ne procéde aux Saisies & Annotations qu'on voudroit faire des biens de cet Accusé, en vertu de ces mêmes Décrets & Mandemens.

Celle de la *seconde* espéce se fait à l'Exécution des Arrêts & Jugemens définitifs, en empêchant par force & violence ou autrement, que l'Accusé ne subisse la Condamnation prononcée contre lui par ces mêmes Jugemens & Arrêts.

Enfin, une *troisiéme* espéce de Rébellion, est celle que commettent ceux qui recellent chez eux, & donnent retraite à des Accusés décrétés de Prise de Corps. Il est parlé de celle-ci dans l'Art. 26 de l'Ordonnance de Moulins, qui défend à tous Sujets du Roi de recevoir ni receller aucuns Accusés appellés à Ban ou à Cri public, à peine d'être puni de semblables peines que mériteroient les Accusés.

II. TOUTES ces espéces de Rébellions étant faites à la Justice, peuvent également donner lieu aux Procès-verbaux dont il est parlé dans cet Art. & dans l'Art. 6; quoique ces Procès-verbaux regardent principalement les Rebellions de la premiere espéce.

III. TOUTES ces Rébellions peuvent aussi, par la même raison, donner lieu à une Instruction particuliére; mais avec cette différence, que l'Instruction qui se fait pour la Rébellion portée dans le présent Article, doit se faire en même-tems que celle du Procès principal, & qu'elle précéde ordinairement le Jugement définitif de ce Procès, qui ne doit cependant point en être retardé: au lieu que les autres suivent ordinairement le Jugement définitif, & font la Matiere d'un Procès séparé de celui de l'Accusé.

IV. Quant à la Procédure, le Juge à qui l'Huissier ou Archer a remis son Procès-verbal, doit aux termes de cet Article en envoyer d'abord une Expédition à M. le Procureur Général au Parlement dont il ressortit, attendu que la Rébellion, qui est faite à ces Ministres de la Justice dans leurs Fonctions, forme un Crime de Lèze-Majesté au *second Chef*. Ensuite il doit chercher à s'assurer la Preuve des Faits de Rébellion, Excès ou Violence, tant par la Voie de la Répétition des Records dont l'Huissier étoit assisté, que par celle de l'Information. Ce qu'il ne doit faire néanmoins que sur les Conclusions de la Partie Publique, à qui il ordonnera que le Procès-verbal soit communiqué.

V. Pour la Répétition de l'Huissier & de ses Records, le Juge doit y procéder de cette maniere. Il rendra d'abord une Ordonnance sur les Conclusions de la Partie Publique, portant Permission d'assigner, tant l'Huissier, que les Records. L'on observera à leur égard, les mêmes Formalités & les mêmes Délais, qu'à l'égard des autres Témoins. Ils seront tenus, comme ceux-ci, en se présentant sur l'Assignation, de représenter leurs Exploits. Le Juge leur fera prêter Serment de dire vérité. Il les entendra séparément & secrettement, après leur avoir fait Lecture du Procès-verbal, & leur avoir demandé leurs Nom & Surnom, & s'ils ne sont point Parens, Alliés, Serviteurs ou Domestiques, tant de la Partie à la Requête de qui aura été signifié le Décret ou Mandement, à l'Exécution duquel a été faite la Rébellion, que de celui ou ceux qui ont fait la Rébellion. Il sera à propos de faire répéter à ces Huissiers & Records dans leur Dépositions, le contenu du Procès-verbal, sur-tout pour les Faits de Rébellion qui y sont mentionnés, afin de connoître s'il n'y a point de Contradiction entre leur Dépositions & ce Procès-verbal. C'est ce que paroît exiger l'Article 6 de ce Titre, par le mot *Répétition*, dont l'Ordonnance s'y sert, pour donner à entendre qu'il faut dire une seconde fois ce qui a été dit une premiere; d'autant plus, que la Répétition doit être regardée ici comme une Information, & le Procès-verbal, comme une Plainte ou Dénonciation. Ainsi il ne suffiroit pas de recevoir simplement leur Déclaration, que ce qu'ils ont écrit dans leur Procès-verbal, contient vérité. *V.* l'Arrêt cité sur l'Article 6, qui défend de Procéder à la Répétition par forme de Récollement.

VI. Aprés cette Répétition faite, le Juge décrétera d'Ajournement Personnel ou de Prise de Corps, *s'il y écheoit*, c'est-à-dire, suivant les Circonstances que nous avons remarqué sur l'Article 6... Après quoi il passera à l'Information, dans laquelle il entendra tous les Témoins qui pourroient avoir Connoissance des Faits contenus dans le Procès-verbal, dont il leur sera pareillement fait Lecture, parce qu'il tient lieu de la Plainte. Ces Témoins seront administrés, ou par les Huissiers & Archers, s'ils veulent se porter Parties Civiles, ou bien par la Partie Publique; & c'est tant sur cette Information, que sur la Répétition des Records ou Assistans, que le Juge pourra décerner un Décret plus fort, soit contre l'Accusé, soit contre ses Complices. Si cet Accusé étoit déja Prisonnier, il sera recommandé en vertu de ce dernier Décret; parce que c'est un nouveau Crime dont il est prévenu, & pour lequel il devroit être puni, quand même il seroit d'ailleurs déchargé de l'Accusation pour le Crime principal, qui a donné lieu au premier Décret.

L'Instruction étant faite & achevée de la même maniere, que celle pour les autres Crimes, c'est-à-dire, par Récollement & Confrontation &c. le Juge procédera sans retardation au Jugement, suivant qu'il est porté par le présent Article; & si l'Accusation de Rébellion est poursuivie pendant le cours de l'Instruction du Procès principal; alors, après en avoir ordonné la jonction, le Juge pourra statuer sur les deux Procès par un seul & même Jugement.

V. au surplus sur l'Art. 24 du Tit. 17 ci-après, la Procédure qui se fait à l'occasion de l'Evasion de cet Accusé, suivant les différens tems où elle est arrivée.

VII. *Formule de Répétition des Sergens & Records sur leurs Procès-verbaux.*

Information & Répétition faite par Nous..... en vertu de notre Ordonnance du..... du Procès-verbal fait par..... assisté de.... le.... du jour de..... est comparu..... (*mettre son Nom, Surnom, Age, Qualité & Demeure*) assigné par Exploit de.... Huissier du.... qu'il nous a représenté, lequel après Serment par lui fait de dire vérité, & qu'il nous a dit n'être Parent, Allié, Serviteur ni Domestique des Parties;

Dépose sur les Faits mentionnés audit Procès-verbal, dont nous lui avons fait Lecture que..... Lecture à lui faite de sa Déposition, a dit icelle contenir vérité, y a persisté & signé.

ARTICLE XV.

» ENJOIGNONS à tous Gouverneurs, nos Lieu-
» tenans Généraux des Provinces & Villes, Baillifs,
» Sénéchaux, Maires & Echevins, de prêter Main-forte
» à l'exécution des Décrets, & de toutes les Ordonnan-
» ces de Justice; même aux Prévôts des Maréchaux,
» Vice-Baillifs, Vice-Sénéchaux, leurs Lieutenans &
» Archers, à peine de Radiation de leurs Gages en cas
» de refus, dont il sera dressé Procès-verbal par les Ju-
» ges, Huissiers ou Sergens, pour être envoyé à nos
» Procureurs Généraux, chacun dans leur Ressort, &
» y être par Nous pourvû.

SOMMAIRE.

I. *Comment doit s'exécuter cet Article?*

II. *Différence entre cet Art. & l'Art. 3 du Titre 2, par rapport à la Peine.*

III. *Cas où le Juge est dispensé de dresser Procès-verbal du Refus de prêter Main-forte.*

IV. *Formule de Requête pour demander Main-forte.*

I. L'OBJET de l'Ordonnance dans cet Article, est, comme dans les précédens, d'assurer l'Exécution des Décrets. Elle veut, qu'en Cas de Rébellion faite à ces Décrets ou autres Mandemens de Justice, ou même lorsqu'il y a lieu de craindre ces Rébellions, les Parties qui veulent les faire exécuter, & pareillement les Huissiers chargés de cette Exécution, puissent demander Main-forte, & s'adresser pour cet effet, tant aux Gouverneurs & Lieutenans Généraux des Provinces & Villes, qu'aux Baillifs & Sénéchaux, & même aux Prévôts de Maréchaussée & leurs Lieutenans & Archers, à qui elle enjoint de prêter cette Main-forte, sur la premiere requisition qui leur en sera faite, à peine, en Cas de Refus, de Radiation de leurs Gages; & pour constater ce Refus, l'Ordonnance veut de plus, par ce même Article, que les Juges, Huissiers ou Sergens en dressent Procès-verbal,

& l'envoyent aux Procureurs Généraux, chacun dans leur Ressort, pour qu'il y soit pourvû par S. M.

II. NOUS avons vû sur l'Article 3 du Titre 2, que l'Ordonnance a fait la même Injonction aux Prévôts des Maréchaux, lorsqu'ils sont requis de mettre à Exécution les Décrets & Mandemens de Justice; mais avec cette Différence, qu'au lieu de la peine de la Radiation de Gages qu'elle prononce ici contr'eux, en cas de Refus de prêter Main-forte, elle ordonne celle de l'Interdiction & de 300 liv. d'amende, en Cas de Refus de mettre à Exécution les Décrets.

III. AU RESTE, l'Obligation que l'Ordonnance impose ici aux Juges, de dresser Procès-verbal de Refus, conjointement avec les Huissiers & Sergens, ne doit pas avoir lieu indistinctement dans tous les Cas; mais seulement dans ceux où le Juge est obligé d'assister à l'Exécution des Décrets, & qu'il requiert lui-même la Main-forte, comme dans les Captures qui se font en Cas de Flagrant-Délit ou de Clameur publique. Hors ces Cas particuliers, il paroît que c'est à la Diligence des Huissiers, Archers, ou des Parties qui les ont employés & ont requis Main-forte, que doit être dressé ce Procès-verbal de Refus, & envoyé aux Procureurs Généraux des Parlemens. Tellement que, si les Huissiers, Archers qui auroient été chargés d'exécuter un Décret, se mettoient en Refus de faire ces Diligences, le Juge pourroit prononcer contr'eux l'Amende & l'Interdiction, pour Peine de leur Désobéissance. *V.* BRUNEAU, Tit. 12, p. 104.

IV. *FORMULE de Requête pour demander Main-forte.*

A MONSEIGNEUR...... ou &c.

S. H. tel..... qu'il vous plaise, vû que le Suppliant ne peut faire exécuter tel Décret par lui obtenu contre tel Accusé, le tel jour, de tel Juge, parce que ledit tel Accusé est, ou dans son Château de..... ou accompagné de..... &c. prêter Main-forte au Suppliant, & à l'Huissier Porteur dudit Décret, suivant & au desir de l'Ordonnance, pour l'Exécution dudit Décret. Et vous ferez bien.

(*Si c'est au Prévôt, son Lieutenant, Baillif, Vice-Baillif, on peut, ou présenter une Requête, ou le faire sommer.*)

Vu

ARTICLE XVI.

» LES Accusés qui auront été arrêtés, seront incessamment conduits dans les Prisons, sans pouvoir être » détenus en Maison particuliere; si ce n'est pendant » leur Conduite, & en cas de Péril d'Enlevement, dont » sera fait Mention dans le Procès-verbal de Capture & » de Conduite; à peine d'Interdiction contre les Prévôts, Huissiers ou Sergens, de 1000 liv. d'amende » envers Nous, & des dommages & intérêts des Parties.

SOMMAIRE.

I. *Motif de la Disposition de cet Article.*

II. *Chartre Privée, pourquoi punie ici moins sévérement, que par l'Article 10 du Titre 2?*

III. *Sur quoi fondée l'Exception portée par le présent Article?*

IV. *Que doit contenir le Procès-verbal, que les Huissiers & Archers dresseront en pareil Cas?*

I. PAR cet Article, l'Ordonnance prévoit le Cas où l'Accusé seroit arrêté hors le lieu de la Jurisdiction où se fait son Procès: Pour empêcher l'Abus que les Exécuteurs des Décrets, tels que les Prévôts, Huissiers, ou Sergens, pourroient faire de leurs Fonctions, pendant la Conduite qu'ils feroient de cet Accusé, du lieu de la Capture, aux Prisons de cette Jurisdiction; elle leur enjoint de les déposer dans les Prisons des lieux où ils passeront, & leur défend à peine d'Interdiction, 1000 liv. d'amende, & des dommages & intérêts des Parties, de les détenir dans des Maisons particulières, si ce n'est pendant leur Conduite, & en cas de Péril d'enlévement.

II. NOUS avons vû sur l'Art. 10 du Tit. 2, que la même Défense de faire Chartre privée, est faite aux Prévôts, sous une peine encore plus rigoureuse que celle portée dans le présent Article, puisqu'au lieu de la simple Interdiction dont il est ici parlé, l'Ordonnance prononce contr'eux la Privation entiére de leurs Charges. On ne voit pas trop la raison de cette différence, à moins que dans cet Article 10 du Tit. 2, l'Ordonnance n'ait eû en vûe, de punir principalement les Chartres privées que les Prévôts feroient dans leurs propres Maisons, & sans Décret préalable : tandis qu'elle ne se propose de punir, par le présent Article, que de simples Détentions momentanées qui seroient faites par ces Prévôts, ensuite du Décret, dans des Maisons qui ne leur appartiendroient pas.

III. QUOI qu'il en soit, le Motif particulier qui a fait tolérer la Détention des Accusés pendant leur Conduite, en des Maisons particuliéres, est fondé, comme il paroît par cet Article, sur la considération des Périls & divers Evénemens que les Exécuteurs des Décrets ont à essuyer pendant la conduite de ces Accusés ; soit parce qu'ils peuvent se rencontrer dans des lieux où il n'y a point de Prison, ou dont les Prisons ne seroient pas bien sûres ; soit parce qu'étant menacés d'un enlévement, ils seroient forcés d'attendre dans des Auberges, jusqu'à ce qu'ils ayent pû faire venir Main-forte.

IV. MAIS aussi, pour que ces Exécuteurs puissent justifier cette Détention, & se mettre à couvert de la Peine portée par cet Article ; l'Ordonnance exige, qu'ils ayent la précaution de faire mention de tous ces Périls & Evénemens, dans un Procès-verbal qu'ils dresseront, & où ils expliqueront en détail les Causes qui les ont obligés à cette Détention, telles, par exemple, que les Avis qui leur auroient été donnés par des Personnes qu'ils nommeront, & à qui ils feront signer le Procès-verbal, qu'il y avoit des Partis formés pour enlever l'Accusé.... ou bien le Bruit commun qui se seroit répandu dans le lieu, que telles & telles Personnes de ses Parens & Amis s'étoient assemblés, pour faire cet enlévement. Il faut aussi, qu'ils ayent soin de faire signer & certifier tous ces faits, par le plus grand nombre de Témoins qu'ils pourront trouver.

Enfin, si les Prévôts & Huissiers sont obligés de rester dans le Lieu, en attendant qu'il leur soit venu Main-forte, ils continueront le Procès-verbal de jour en jour, & y énonceront leurs Diligences.

ARTICLE XVII.

» DÉFENDONS à tous Juges, même des Officialités, d'ordonner qu'aucune Partie soit amenée sans » scandale.

SOMMAIRE.

I. *Motif de cet Article.*
II. *Huissiers doivent procéder aux Exécutions avec Modération.*
III. *Huissiers punis pour avoir traité ignominieusement ceux qu'ils conduisoient.*
IV. *Cas où ils peuvent être pris à Partie.*

I. CET Article n'est proprement qu'une suite du précédent, en ce que c'est principalement, dans la vûe d'ôter aux Exécuteurs des Décrets, tout prétexte de faire Chartre privée des Accusés qu'ils conduiront, & par ce moyen de favoriser leur évasion, que l'Ordonnance a cru devoir abroger l'ancien Usage où étoient les Juges, & sur-tout ceux d'Eglise, lorsqu'il n'y avoit pas de grandes Charges, ou que le Crime n'étoit pas énorme, d'insérer dans leurs Décrets, la Clause, que les *Accusés seroient amenés sans scandale.*

II. CEPENDANT, il ne faut pas que les Exécuteurs de Décrets prétendent se prévaloir de la disposition de cet Article, pour se croire en droit d'agir sans aucun égard ni ménagement envers les Accusés qu'ils conduiront, & encore moins, de les traiter durement, & avec scandale. Cela leur est expressément défendu par les anciennes Ordonnances, notamment par l'Art. 6 de l'Edit de Charles IX. à Amboise, en Janvier 1672, qui porte; » Et à ce que nos Sujets n'ayent ou prennent occasion pour les » déportemens des Ministres de notredite Justice, pour n'être leur » Qualité par eux connue, de leur résister lorsqu'ils feront les- » dits Actes de Justice, Nous enjoignons aux Sergens, procé- » der auxdites Exécutions, avec toute modestie, sans user de » *paroles arrogantes ou violentes*; ains, se comportent avec ceux » à qui ils feront lesdits Exploits, selon leur *Etat & Qualité*, sous » peine de réparation honorable & profitable, & punition *Corpo-* » *relle*, s'il y échoit, & pour faire lesdits Exploits, ne s'accompa-

» gneront d'autres armes que l'Epée seule, sinon que par les Ju-
» ges en fût autrement ordonné.

III. AUSSI, voit-on plusieurs Arrêts qui ont sévi avec raison, contre des Huissiers & Sergens qui en usoient avec trop de dureté, en les condamnant à des Amendes & autres Corrections exemplaires.

CARONDAS, sur le Code HENRI, p. 179, en rapporte un de cette espéce, rendu contre un Sergent qui s'étoit avisé de mettre la corde au col de l'Accusé qu'il conduisoit.

PAPON, en ses Arrêts, Liv. 6, Tit. 7, Art. 5, en rapporte un autre, par lequel un Sergent qui avoit pris & mené prisonnier un Prêtre, venant de chanter l'Office, tout revêtu, avec opprobre, fut condamné à 10 liv. Parisis d'amende envers le Roi, & 8 liv. envers la Partie, ce qui faisoit une somme considérable pour ces tems-là. A plus forte raison, devroit-on condamner à ces sortes de Peines, des Huissiers qui auroient l'insolence d'arrêter des Prêtres à l'Autel, ou un Juge séant dans son Tribunal. *V.* BRUNEAU, Tit. 12, Max. 17, pag. 105.

IV. EN général, il y auroit lieu de prendre à partie ces Ministres de la Justice, toutes les fois qu'ils affecteroient d'arrêter les Accusés dans le tems que ceux-ci seroient occupés à des Fonctions publiques, ou à remplir de certains devoirs indispensables de Religion ou d'Honnêteté Publique: sur-tout, s'il paroissoit, que ces Huissiers pourroient avec la même sureté exécuter le Décret dans un Tems & dans un Lieu plus convenable. Ainsi, par exemple, s'ils arrêtoient un *Prêtre*, pendant la Célébration de l'Office Divin; un *Laïc*, pendant la Célébration de son Mariage, ou même pendant qu'il iroit ou retourneroit de l'Eglise pour le même sujet; un *Fils*, pendant qu'il assisteroit au Convoi de ses Pere & Mere; un *Maître d'Ecole*, pendant qu'il feroit la Classe à ses Ecoliers. Dans tous ces Cas, & autres semblables, la Prise à partie pourroit avoir lieu, parce qu'on pourroit dire, que l'exécution des Décrets n'a été ainsi faite, que dans la vûe de faire Injure.

ARTICLE XVIII.

» POURRA, si le Cas le requiert, être rendu Dé-
» cret de Prise de Corps contre des Personnes non
» connues, & sous les Désignations de l'Habit de la
» Personne, & autres suffisantes, comme aussi à l'In-
» dication qui en sera faite.

SOMMAIRE.

I. *Personnes non connues doivent être décrétées de Prise de Corps, & pourquoi?*

II. *Autres Désignations suffisantes. Quelles sont-elles?*

III. *Distinction entre la Capture sur les Désignations, & celle sur l'Indication.*

IV. *Désignation confuse faite par les Témoins, excuse l'erreur du Décret.*

V. *Jugement de Condamnation ne peut être rendu contre des Personnes non connues.*

LA Disposition de cet Article, qui concerne les Décrets contre des Personnes non connues, donne lieu à quatre Observations importantes.

I. 1°. IL n'est parlé ici que des Décrets de Prise de Corps; d'où il suit, que l'on ne peut décréter d'Assigné pour être oüi, ni d'Ajournement Personnel, les Personnes non connues; parce qu'en effet, l'Exécution de ces deux derniers Décrets ne peut se faire que par la Signification à la Personne ou au Domicile du Décrété, afin qu'il n'en puisse prétendre Cause d'ignorance, & qu'il y ait lieu d'ordonner la Conversion de ces Décrets.

II. 2°. QUE veut dire l'Ordonnance par ces mots, & *autres suffisantes?* Elle veut sans doute parler des *Désignations*, qui concernent la Taille, les Traits du visage, la Couleur des cheveux, & autres signes remarquables, qui peuvent se trouver sur la Personne de l'Accusé, indépendamment de ses Habits. *V.* le Procès-verbal de Conférence sur cet Article.

III. 3°. LE Juge peut aussi, aux termes de cet Article, décréter la Personne non connue, sur la simple *Indication* qui lui en sera faite par le Plaignant. Mais il y a cette différence, entre la Capture qui se fait en ce dernier Cas, & celle qui se fait sur la *Désignation* des Habits, que si l'Indication se trouvoit fausse ou même équivoque, la Partie qui l'auroit faite, demeureroit responsable des dommages & intérêts envers la Personne qu'elle auroit fait arrêter: au lieu que l'Huissier, qui arrêteroit sur la Désignation de cette même Partie, s'il venoit à se tromper, en prenant une Personne pour une autre, & la conduisant en Prison, demeureroit seul responsable des dommages & intérêts envers cette Personne, pour n'avoir pas bien pris ses mesures: à moins toutesfois que la Partie n'eût présidé elle-même à la Capture; ou que la Désignation qu'elle auroit faite par sa Plainte, n'auroit point été exacte & conforme à celle des Témoins.

Il y a aussi un Cas où, ni la Partie, ni l'Huissier ne pourroient être recherchés à ce sujet. C'est lorsque le Décret a été rendu contre l'Inconnu, sur la Désignation que les Témoins en auroient faite d'une Maniere *confuse* dans leurs Dépositions.

4°. IV. Quoiqu'il soit permis, aux termes de cet Article, de décréter de Prise de Corps, une Personne non connue; on ne peut néanmoins rendre contr'elle aucun Jugement de Condamnation, même par Contumace; parce qu'il est nécessaire, pour asseoir une Condamnation, que l'Accusé soit entendu, ou du moins dûement appellé, & qu'il ne peut l'être dûement, dès-là qu'on n'a pas une Connoissance certaine de sa Personne & de son Domicile.

V. la Formule du Décret de Prise de Corps à la suite de l'Article suivant.

ARTICLE XIX.

» Ne sera décerné prise de Corps contre les Do-
» miciliés, si ce n'est pour Crime qui doive être puni
» de Peine afflictive ou infamante.

Sommaire.

I. *Cas où l'on peut décréter réellement les Personnes connues.*

II. *Distinction entre les Personnes connues qui sont domiciliées, &*

celles qui ne le sont pas, sur quoi fondée? III. *Formule de Décret de Prise de Corps.*

I. APRÉS avoir marqué, par l'Article précédent, les Précautions que le Juge doit garder en décrétant de Prise de Corps les Personnes inconnues; l'Ordonnance marque ici les Cas particuliers, où il peut décerner le même Décret contre des Personnes connues & qui sont domiciliées. Elle veut, que ce ne puisse être que pour des Crimes qui doivent être punis de Peines afflictives ou infamantes. Or, que doit-on entendre par *Peines afflictives ou infamantes?* C'est ce que nous avons expliqué amplement dans nos INSTITUTES au Droit Crim. sous le Titre des *Peines*, & que nous aurons lieu de rappeller encore sur l'Article 13 du Titre 25, & sur les Articles 1, 6 & 11 du Titre 26 de la présente Ordonnance.

II. L'ORDONNANCE distingue, parmi les Personnes connues, celles qui sont domiciliées, de celles qui ne le sont pas, tels que les Etrangers, les Vagabonds & Gens sans aveu, dont il est parlé sur l'Art. 8 de ce Titre, où nous avons vû que ceux-ci peuvent être décrétés de Prise de Corps, sur les seules Conclusions de la Partie Publique; encore qu'ils ne seroient point prévenus de Crimes méritans Peine afflictive ou infamante, mais seulement pour de simples Excès: par la raison, qu'on ne peut assurer autrement, que par la Détention de leurs Personnes, l'effet des Condamnations des dommages & intérêts & des frais du Procès Criminel. Or, comme cet Inconvénient n'est point également à appréhender de la part des Accusés qui sont domiciliés; & que d'un autre côté, le Décret de prise de Corps emporte une certaine Note capable de porter atteinte à la bonne Réputation dont ceux-ci jouiroient dans le Lieu de leur Domicile, & de leur faire perdre la Confiance publique dont ils ont besoin; l'Ordonnance a cru devoir attacher à ce Décret une Condition particuliere, fondée sur la griéveté du Crime dont ils sont prévenus, afin d'empêcher par-là, que les Juges, pour satisfaire leur propre passion, ou celle des Parties qu'ils voudroient favoriser, ne se portent trop aisément à leur faire cette espéce d'affront, dont les suites sont presque toujours irréparables.

III. *FORMULE de Décret de Prise de Corps.*

Extrait des Regiſtres de.....

Vû l'Information faite par.....à la Requête de.....Demandeur & Accuſateur (*s'il y a une Partie Civile*) le Procureur du Roi ou Fiſcal joint (*ſinon l'on met*) à la Requête du Procureur du Roi ou Fiſcal, Accuſateur, ...Accuſé & Complices (*s'il y en a*) le.... (*on met ici la date de l'Information*) ou Vû le Procès-verbal fait par.....enſemble l'Information & Répétition faite par nous, & les Concluſions du Procureur du Roi ou Fiſcal.....nous ordonnons que led......ou ledit *Quidam* (*mettre la Déſignation*) ou qui ſera indiqué par.....ſera pris au Corps, & conduit ès Priſons de céans ou (*de cette Cour*) pour être oüi & interrogé ſur les Faits réſultans deſd. Charges & Informations & autres, ſur leſquels le Procureur du Roi ou Fiſcal voudra le faire entendre, ſinon & après perquiſition faite de ſa Perſonne, ſera aſſigné à comparoir à quinzaine, & par un ſeul Cri Public, à la huitaine enſuivant, ſes biens ſaiſis & annotés, & iceux établi Commiſſaire. Ce qui ſera exécuté nonobſtant Oppoſitions & Appellations quelconques, & ſans préjudice d'icelles.

ARTICLE XX.

» NOS Procureurs ès Juſtices ordinaires ſeront tenus » d'envoyer à nos Procureurs Généraux, chacun dans » leur Reſſort, aux mois de Janvier & de Juillet de cha- » cune année, un Etat ſigné par les Lieutenans Criminels » & par eux, des Ecroües & Recommandations faites pen- » dant les ſix mois précédens ès Priſons de leurs Siéges, » & qui n'auront point été ſuivies de Jugement Définitif, » contenant la date des Décrets, Ecroües & Recomman- » dations, le Nom, Surnom, Qualité & Demeure des » Accuſés; & ſommairement le Titre de l'Accuſation, » & l'Etat de la Procédure. A l'effet de quoi tous Actes » & Ecroües ſeront par les Greffiers & Geoliers déli- » vrés gratuitement, & l'Etat porté par les Meſſagers » ſans frais; à peine d'Interdiction contre les Greffiers » & Geoliers, & de 100 liv. d'amende envers Nous, » & de pareille amende contre les Meſſagers. Ce qui

» aura lieu, & ſous pareille peine, pour les Procureurs » des Juſtices Seigneuriales, à l'égard de nos Procureurs » des Siéges où elles reſſortiſſent.

SOMMAIRE.

I. *Motif de cet Article.*
II. *Quatre Injonctions différentes qu'il contient.*
III. *Formule de l'Etat dont il s'agit.*

I. CE n'étoit point aſſez, d'avoir mis un frein, par le précédent Article, à la vivacité des Juges, qui décrétent trop légérement les Accuſés; il falloit encore exciter, par des Injonctions particulieres, la Diligence de ceux de ces Juges, qui négligent de donner ſuite à l'Inſtruction des Procès Criminels, après que les Décrets ont été exécutés, ou qui laiſſent languir impitoyablement les Accuſés Priſonniers dans l'attente d'un Jugement définitif. Tel eſt auſſi l'Objet particulier, que s'eſt propoſé l'Ordonnance dans les Diſpoſitions du préſent Article.

II. CES Diſpoſitions ſont de quatre ſortes. Par la *premiere*, il eſt enjoint aux PROCUREURS DU ROI des *Juſtices ordinaires*, d'envoyer de ſix en ſix mois, aux Procureurs Généraux, chacun dans leur Reſſort, un ETAT ſigné d'eux & des Lieutenans Criminels, des Ecroües & Recommandations faites pendant les ſix mois précédens aux Priſons de leurs Siéges, & qui n'auront point été ſuivies de Jugement définitif; lequel Etat doit contenir la Date des Décrets, Ecroües & Recommandations, le Nom, Surnom, Qualité & Demeure des Accuſés, & l'Expoſé ſommaire du Titre de l'Accuſation & de l'Etat de la Procédure.

Par la *ſeconde*, il eſt enjoint aux PROCUREURS *des Juſtices Seigneuriales*, à peine d'Interdiction & de 100 liv. d'amende, d'envoyer auſſi un pareil Etat, tous les ſix mois, aux Procureurs du Roi des Siéges dont ils reſſortiſſent.

Par la *troiſiéme*, l'Ordonnance veut, que les GREFFIERS & GEOLIERS ſoient tenus de délivrer gratuitement aux Procureurs du Roi & à ceux des Seigneurs, tous Actes & Ecroües concernans ce même Etat, ſous pareille peine d'Interdiction & de 100 liv. d'amende.

Enfin, par la *quatriéme*, qui concerne les MESSAGERS publics, l'Ordonnance les charge expressément de porter ce même Etat sans frais, à peine aussi de 100 liv. d'amende.

Il ne reste plus, pour faciliter l'Exécution de cet Article, qu'à donner une Formule de l'*Etat* dont on vient de parler.

III. *FORMULE de l'Etat des Procès, tel qu'il doit être envoyé, suivant le présent Article.*

Etat des Procès qu'il y a en la Cour de céans, depuis le mois d'Août.... jusques à présent mois de Juillet.

(*C'est à sçavoir, s'il y a Partie Civile.*)

Entre tel de telle Qualité demeurant à..... Accusateur, contre tel de telle Qualité, demeurant à..... accusé de tel Crime par Plainte de tel jour..... sur laquelle il y a eu Informations de tel jour..... tant de Témoins, Décret rendu de tel jour..... écroüé de tel jour..... Recommandation de tel jour...... à la Requête de tel, pour tel Fait, Jugement Interlocutoire de tel jour.

(*S'il n'y a pas de Partie Civile, c'est une même Formule, en mettant que ç'a été* à la Requête du Procureur du Roi ou du Seigneur, Accusateur.)

ARTICLE XXI.

» LES Accusés, contre lesquels il n'y aura eu originairement Décret de Prise de Corps, seront élargis » après l'Interrogatoire, s'il ne survient de nouvelles » Charges, ou par leur Reconnoissance, ou par la Dé» position de nouveaux Témoins.

SOMMAIRE.

I. *Motif de la Distinction entre les Décrétés originairement de Prise de Corps, & ceux qui ne le sont que par Conversion des Décrets.*

II. *Qe doit-on entendre par* nouvelles Charges survenues? *Conformité sur ce Point avec l'Article 7 de ce Titre.*

III. *Comment l'on procéde à l'Elargissement du Prisonnier?*

IV. Quid, *à l'égard du Témoin qui a été emprisonné?*

I. CET Article concerne l'Elargissement *provisoire* des Accusés. L'Ordonnance distingue à cet égard, les Accusés qui ont été décrétés originairement de Prise de Corps, de ceux qui ont été arrêtés en vertu d'un Décret de Prise de Corps, qui n'est devenu tel que par la Converſion du Décret d'Ajournement Perſonnel. Comme dans ce dernier Cas, ce n'eſt point tant à cauſe du Crime qui a fait le Titre de l'Accuſation, que l'Accuſé a été arrêté; qu'à cauſe d'une ſimple *Déſobéïſſance* qu'il a faite à la Juſtice, & qui ſe trouve réparée par ſa Comparution; l'Ordonnance n'a pas cru devoir le traiter avec la même rigueur, que celui dont le Crime ſeul a occaſionné le Décret : c'eſt pourquoi elle veut, par le préſent Article, que cet Accuſé ſoit élargi auſſi-tôt après qu'il a ſubi Interrogatoire, tandis qu'elle défend ce même Elargiſſement, par rapport au Décrété pour Crime; ou du moins, elle ne le permet, que ſous pluſieurs Conditions rigoureuſes, qui ſeront marquées par l'Article ſuivant.

II. Cependant, comme depuis la Converſion de ce Décret, il peut ſurvenir de nouvelles Preuves contre cet Accuſé, ſoit par l'Interrogatoire qu'il ſubiroit depuis ſa Capture, ſoit par les Reconnoiſſances qu'il feroit alors de certains Ecrits qui lui ſeroient repréſentés, ſoit enfin par la Dépoſition de nouveaux Témoins qui ſeroient entendus dans une Addition d'Information à la Requête des Parties Publiques & Civiles; de maniere qu'il y auroit des Charges ſuffiſantes contre lui, pour le faire décréter de Priſe de Corps. L'Ordonnance a cru devoir excepter formellement ces derniers Cas, & renouveller ſur ce Point la Diſpoſition de l'Art. 7 du même Titre, par lequel elle permet d'arrêter Priſonniers les Accuſés décrétés d'Ajournement Perſonnel, & même d'Aſſigné pour être oüi, lors de leur Comparution, s'il eſt ſurvenu contr'eux de *nouvelles Charges*.

III. Quant à la Procédure, l'Elargiſſement dont il eſt parlé dans cet Article, étant de Droit, il peut ſe faire en vertu d'une ſimple Ordonnance, que le Juge de l'Inſtruction mettra au bas de l'Interrogatoire, ſans qu'il ſoit beſoin d'un Jugement particulier ni de Concluſions du Miniſtère Public, comme dans celui de l'Accuſé décrété de Priſe de Corps, dont il ſera parlé ſur l'Article ſuivant.

IV. On peut auſſi rapporter à l'Elargiſſement dont il eſt parlé dans cet Article, celui d'un Témoin qui auroit été empriſonné pour n'avoir voulu comparoître ſur l'Aſſignation qui lui auroit été donnée pour venir dépoſer; avec cette Différence néanmoins, que l'Elargiſſement de celui-ci, n'eſt pas ſeulement proviſoire, mais absolument définitif, & qu'il s'ordonne verbalement par le Juge, qui, après avoir interrogé ce Témoin sur sa Désobéissance, le fait passer à la Chambre du Conseil, pour y recevoir sa Déposition.

ARTICLE XXII.

» AUCUN Prisonnier pour Crime ne pourra être » élargi par nos Cours & autres Juges, encore qu'il se » fût rendu volontairement Prisonnier, sans avoir vû » les Informations, l'Interrogatoire, les Conclusions de » nos Procureurs, ou de ceux des Seigneurs, & les » Réponses de la Partie Civile, s'il y en a, ou Som- » mations de répondre.

SOMMAIRE.

I. *Trois Conditions nécessaires pour l'Elargissement des Décrétés de Prise de Corps.*
II. *Ordre de la Procédure qui doit s'observer à ce sujet.*
III. *Elargissement ne doit être accordé réguliérement qu'après la Confrontation.*
IV. *Cas où l'on ne doit jamais élargir provisoirement.*
V. *Elargissement ne doit être ordonné qu'à la charge de Caution.*
VI. *Caution doit être Fidejussoire & non juratoire.*
VII. *Comment doit être reçûe? Réglement pour le Châtelet.*
VIII. *A quoi est tenue la Caution, si l'Accusé ne se représente ou s'il vient à s'évader?*

I. PAR cet Article, l'Ordonnance prescrit les Conditions nécessaires, pour que les Juges, même ceux des Cours, puissent élargir provisoirement un Accusé qui a été décrété de Prise de Corps pour Crime, sans excepter même celui qui se seroit rendu volontairement dans les Prisons. Ces Conditions sont de trois sortes; 1°. Le vû des Informations & de l'Interrogatoire; 2°. Les Conclusions des Procureurs du Roi ou des Seigneurs; 3°. Les Réponses de la Partie Civile, s'il y en a, ou bien la Sommation à elle faite de répondre.

II. AINSI, pour parvenir à cet élargissement, le Prisonnier

pour Crime doit faire présenter au Juge une Requête contenant les raisons qu'il prétend avoir pour l'obtenir. Le Juge met à la marge, son Ordonnance portant que la Requête sera communiquée au Procureur du Roi, ou à celui du Seigneur dans la Justice duquel le Procès s'instruit, & qu'elle sera signifiée à la Partie Civile, s'il y en a une, pour donner ses réponses dans trois jours ou autre délai plus ou moins long, suivant la distance du domicile; & qu'elle sera sommée de le faire.

Cette Requête est ensuite communiquée à la Partie Publique, pour qu'elle donne ses Conclusions; elle est aussi signifiée à la Partie Civile, s'il y en a une, avec Sommation de répondre. Soit que cette Partie signifie ou non, des réponses, on ne laisse pas que de passer outre. Le Juge chargé de l'Instruction, porte les Piéces à la Chambre du Conseil, où sur le vû des Charges & Informations, & de l'Interrogatoire qui a été subi par l'Accusé, comme aussi de la Sommation donnée à la Partie Civile pour répondre; les Juges déliberent sur cet Elargissement. Ils l'accordent, ou ils le refusent, suivant qu'ils le jugent convenable pour le bien de la Justice.

III. MAIS il arrive le plus souvent, que cet Elargissement est rebuté, lorsque le Crime, dont l'Accusé est prévenu, mérite Peine *afflictive*, à moins qu'il n'y ait des raisons particulières pour l'accorder; comme, lorsqu'il survient de certains Cas imprévus, qui retardent considérablement le Jugement définitif; & encore dans ce dernier Cas, on ne doit l'accorder qu'après la Confrontation, de peur que l'Accusé ne profite de sa liberté, pour corrompre les Témoins, & détourner les Preuves; Précaution qui devroit avoir lieu, sur-tout, s'il y avoit d'autres Accusés à décréter, parce que ceux-ci pourroient le charger par leurs Interrogatoires.

IV. MAIS on ne doit jamais l'accorder, lorsque le Crime, pour lequel l'Accusé est détenu, est de Nature à emporter une Peine Corporelle, suivant la Loi *Divus* 3. *ff. de Custod. & Exhib. Reor.* Et cela, quand même l'Accusé présenteroit une Caution, parce que celle-ci ne peut obliger ses Membres : *Quoniam Membrorum suorum Dominus nemo videtur.* C'est la raison qu'en rend la Loi *Liber Homo* 13. *ff. ad L. Aquil.* On doit donc dans ce Cas le débouter de sa Requête, ou du moins la joindre au Procès.

V. AU RESTE, dans tous les Cas, où il y a lieu d'ordonner l'Elargissement, il ne doit l'être qu'à la charge d'une CAUTION qui sera prêtée par le Prisonnier, & qui s'obligera de le représenter toutes & quantes fois qu'elle sera requise de le faire.

VI. CETTE Caution qui s'appelle *Fidejussoire*, pour la distinguer de la Caution *Juratoire*, qui n'est guères employée en Matiere Criminelle suivant les Auteurs, ne doit être admise que lorsqu'elle est notoirement solvable; & même en Cas de Doute sur sa solvabilité, on oblige l'Accusé de donner une autre Caution, ou *Certificateur* sur la Requête de la Partie Publique ou Civile.

VII. CETTE Caution se reçoit dans la forme prescrite sur le Tit. 28 de l'Ordonnance de 1667; & c'est en conformité de l'Art. 1er de ce Titre, qu'il doit être fait Mention dans le Jugement d'Elargissement, pardevant quel Juge cette Caution *Fidejussoire* sera prêtée dans les Formes de l'Ordonnance, afin de statuer sur les Incidens qui pourroient survenir dans la Réception de cette Caution. Ce Juge doit naturellement être celui de l'Instruction, comme ayant été Rapporteur lors de la Visite du Procès pour l'Elargissement. Par l'Article 28 de l'Edit, en forme de Réglement pour le Châtelet, du mois de Janvier 1685, il est défendu aux Officiers du Châtelet, de dresser aucuns Procès-verbaux pour Réception des Cautions présentées, si les Parties Civiles n'y ont assisté, pour en contester les Facultés.

VIII. POUR ce qui concerne les Engagemens de cette Caution *Fidejussoire*, il est certain, comme nous venons de l'observer, qu'ils ne peuvent s'étendre jusqu'à l'assujettir à la Peine même que pourroit mériter le Crime de l'Accusé, dans le Cas où elle ne pourroit le représenter; par la raison que *Pœnæ debent tenere suos Autores;* mais elle seroit seulement tenue alors, de payer les Amendes, Réparations Civiles & Dépens, auxquels cet Accusé seroit condamné par l'événement de l'Instruction Criminelle: & même, avant que de prononcer aucune Condamnation personnelle contre cette Caution, il faudroit un Jugement *Provisoire* qui lui donneroit un certain Délai pour satisfaire à cette Représentation. Ensorte que, si l'Accusé se représentoit dans ce Délai, & que peu de tems après, il vînt à s'évader; comme il n'y auroit plus alors de la faute de la Caution, elle ne pourroit être recherchée de nouveau pour la Représentation de l'Accusé, à laquelle elle auroit satisfait autant qu'il dépendoit d'elle. Il en seroit de même, si l'Accusé venoit à décéder. *V.* BRUNEAU, Titre 12, Max. 25.

V. au surplus, sur l'Art. 24 du Tit. 17 des Défauts & Contumaces, la Procédure qui doit se faire dans le Cas de cette espéce d'Evasion. *V.* aussi l'Art. 10 du même Titre, où il est parlé d'une nouvelle Espéce d'Elargissement Provisoire, qui a lieu, lorsqu'on donne à l'Accusé la Ville ou les Chemins de la Jurisdiction pour Prison.

ARTICLE XXIII.

» LES Prisonniers pour Crime ne pourront être élar-
» gis, s'il n'est ordonné par le Juge, encore que nos
» Procureurs ou ceux des Seigneurs, & les Parties Ci-
» viles y consentent.

SOMMAIRE.

I. *Pourquoi l'Elargissement ne peut être fait que de l'Autorité du Juge?*

II. *Cas où il faut l'Autorité du Siége entier.*

I. L'EMPRISONNEMENT de l'Accusé ne pouvant être fait que de l'Autorité du Juge, son Elargissement ne peut aussi être fait que de la même Autorité; *Nihil tam naturale unumquodque dissolvi eo modo quo colligatum est:* L. 35. ff. *de Reg. Jur.*

Ainsi inutilement, les Parties Civiles, & même la Partie Publique consentiroient-elles à cet Elargissement? Comme l'Accusé est devenu par le Décret, en vertu duquel il a été arrêté, le Gage de la Justice; ce n'est que par le consentement de la Justice même, c'est-à-dire, en vertu d'une Ordonnance particulière du Juge qui a décerné ce Décret, que cet Elargissement peut avoir lieu. Telle est aussi la Disposition du présent Article.

II. IL y a plus, par des Réglemens postérieurs à l'Ordonnance, & notamment par l'Article 27 de l'Edit en forme de Réglement pour le Châtelet, du mois de Janvier 1685, il est porté expressément, que la seule Autorité du Juge de l'Instruction, ne ne suffisoit pas, pour opérer cet Elargissement, lorsque l'Accusé auroit été décrété originairement de Prise de Corps, & que la Partie Publique n'y consentiroit pas; mais qu'il falloit dans tous ces Cas, qu'il fût prononcé ensuite de Délibération du Siége entier.

ARTICLE XXIV.

» NE pourront aussi les Accusés être élargis après le » Jugement, s'il porte Condamnation de Peine afflictive, » ou que nos Procureurs ou ceux des Seigneurs en » appellent; encore que les Parties Civiles y consen- » tent, & que les Amendes, Aumônes & Réparations » ayent été consignées.

SOMMAIRE.

I. *Deux Cas où l'Elargissement définitif ne peut avoir lieu.*

II. *Cas où il peut être ordonné, nonobstant l'Appel de la Partie Publique.*

Trois Formalités prescrites à ce sujet, par le Réglement pour le Châtelet.

IL est parlé dans les trois Articles précédens, des Elargissemens *Provisoires* des Accusés, pendant le cours de l'Instruction Criminelle. Celui-ci concerne les Elargissemens, qui se font après le Jugement *Définitif.*

I. COMME il s'agit dans ce dernier Cas, d'empêcher que les Condamnations prononcées par ce Jugement, ne deviennent illusoires par l'impunité à laquelle ces Elargissemens, même avec Caution, pourroient donner lieu; l'Ordonnance a cru devoir excepter ici deux Cas, dans lesquels ces Elargissemens ne pourroient être ordonnés, quand même les Parties Civiles y consentiroient, & que les Accusés auroient consigné les Amendes, Aumônes & Réparations, auxquelles ils auroient été condamnés.

L'*un*, c'est lorsque le Jugement porte Condamnation à Peine *afflictive*; parce que ces sortes de Peines rendent l'Appel de ce Jugement, dévolu de plein Droit à la Cour, comme nous le verrons sur les Art. 1er & 6 du Tit. 26 de cette Ordonnance.

L'autre, c'est lorsque ces Jugemens, portans une moindre Condamnation, que celle à Peine *afflictive*, sont attaqués par la Voie de l'Appel, de la part de la Partie Publique; parce que c'est une Maxime en Matiere Criminelle, qu'*Appellatio extinguit judicatum;* de maniere que le sort de l'Accusé demeure toujours en suspens, jusqu'à la Décision de cet Appel.

Il y a cependant un Cas, où cet Appel ne devroit point être reçu, sçavoir, lorsque le Jugement se trouve conforme, ou même plus rigoureux, que les Conclusions qui auroient été données de la part de cette même Partie Publique. Il est vrai que dans ce dernier Cas, il peut y être suppléé par l'Appel *à minima*, que M. le Procureur Général est en droit d'interjetter en tout état de Cause, comme nous le verrons sur l'Art. 13 du même Titre 26 de cette Ordonnance.

II. PAR l'Article 30 de l'Edit en forme de Réglement pour le Châtelet de 1685, il est dit » que les Sentences d'Elargissement » ou d'Absolution, soit Interlocutoires, soit Définitives, qui se» ront intervenues sur un Procès Criminel, seront signées par les » Juges qui y auront assisté, avant qu'ils sortent de la Chambre; » & prononcées sur le champ au Procureur du Roi & aux Ac» cusés, lorsqu'elles seront rendues à la charge de l'Appel; & que » si le Procureur du Roi n'en interjette pas Appel, le Greffier » ira dans la Matinée même mettre le Prisonnier en liberté, & » décharger le Registre de la Prison, sans qu'ils puissent recevoir » aucuns Droits du Prisonnier, ni de sa part, si ce n'est ceux qui » sont dûs pour l'Expédition de la Grosse de la Sentence, en Cas » qu'il veuille la lever après qu'il aura été mis en liberté; & ce » à peine d'Interdiction durant trois mois, de tous dépens, dom» mages & intérêts pour la premiere fois, & d'être déclarés in» capables de leurs Fonctions en cas de Récidive.

V. au surplus, par rapport aux Formalités générales, qui concernent les Elargissemens faits à la suite d'un Jugement Définitif, ce qui sera dit sur les Art. 21 du Tit. 25, & Art. 29 du Tit. 13 de la présente Ordonnance.

TITRE XI.

Des Excuſes ou Exoines des Accuſés.

CE Titre contient cinq Articles.

Dans le *premier*, il eſt parlé des Cauſes de l'Exoine, & de la Procuration qui ſera donnée à cet effet.

Dans le *ſecond*, du Rapport de Médecin, qui doit accompagner cette Procuration.

Dans le *troiſiéme*, de la Communication de l'Exoine aux Parties Publiques & Civiles, & de ſa Réception.

Dans le *quatriéme*, de ce qui doit être ordonné, en Cas que les Cauſes de l'Exoine paroiſſent légitimes.

Enfin, dans le *cinquiéme*, de ce qui doit être fait après l'expiration du Délai accordé pour en informer.

ARTICLE PREMIER.

» L'ACCUSÉ, qui ne pourra comparoir en Juſtice » pour cauſe de Maladie ou Bleſſure, fera préſenter » ſes Excuſes par Procuration ſpéciale paſſée pardevant » Notaire, qui contiendra le nom de la Ville, Bourg » ou Village, Paroiſſe, Rue & Maiſon, où il ſera dé» tenu.

SOMMAIRE.

I. *Qu'eſt-ce que l'Exoine ?*

II. *Ne peut être propoſée par l'Accuſateur, & pourquoi ?*

III. *Ne peut être propoſée que par l'Accuſé décrété. Exceptions.*

IV. *Peut être propoſée en tout tems.*

V. *A-t-elle lieu dans le Décret de Priſe de Corps ?*

VI. *Quelles ſont les Cauſes de l'Exoine ?*

VII. *Formalités de la Procuration pour l'Exoine ; pourquoi établies ?*

VIII. *Perſonnes qui ne peuvent être Porteurs de cette Procuration.*

IX. *Formule de l'Acte qui la contient.*

I. L'EXOINE qui fait l'Objet de ce Titre, eſt une Excuſe que l'Accuſé décrété fait propoſer par un Tiers, fondé de ſa Procuration ſpéciale, afin d'avoir un Délai pour ſubir l'Interrogatoire ſur ſon Décret. Il vient du mot EXIDONIARE *quaſi non eſſe idoneum ſe affirmare. V.* RAGUEAU, en ſes Ind. des Droits Royaux.

II. NOUS diſons en *premier* lieu, que l'Exoine eſt propoſée par *l'Accuſé*, parce qu'elle ne peut l'être par l'Accuſateur, lequel doit être toujours prêt pour faire faire le Procès à celui qu'il accuſe.

III. NOUS diſons en *ſecond* lieu, par l'Accuſé *décrété*. Il y a cependant un Cas où l'Exoine peut être propoſée, ſans qu'il y ait de Décret, comme lorſqu'il eſt ordonné à un Juge inférieur de ſe rendre aux pieds de la Cour, pour rendre compte de ſa conduite. A la vérité, elle ne s'admet que très rarement dans ce dernier Cas, comme il paroît par un Arrêt de la Cour, du 20 Mars 1743, rapporté par ROUSSEAU DE LA COMBE.

IV. AU reſte, elle peut être propoſée *en tout tems*; c'eſt-à-dire, non-ſeulement après le Décret, mais encore, après que la Contumace eſt inſtruite & jugée, comme nous le verrons ſur l'Art. 4 du Tit. 25 de cette Ordonnance.

V. ELLE peut auſſi être propoſée dans *toutes ſortes de Décrets*, même dans ceux de Priſe de Corps, l'Ordonnance n'ayant mis aucune diſtinction à ce ſujet : quoiqu'il y ait des Auteurs, & notamment DESPEISSES Tit. de la *Contumace*, qui prétendent que la Cour n'a point d'égard aux Exoines propoſées par les Décrétés de Priſe de Corps; mais qu'elle donne ſeulement un Délai plus long, comme d'un mois. Ce ſentiment qui a été adopté par ROUSSEAU DE LA COMBE, ſe trouve combattu par nos meilleurs Praticiens, tels que L'ANGE, & l'Annotateur d'IMBERT, Liv. 3, Ch. 4, qui ſe fonde ſur la Diſpoſition de l'Ordonnance de François Premier en 1535, Ch. 13, Art. 39, qui porte » que » les Exoines des Ajournés à comparoir en perſonne, ou contre » leſquels aura été décrété de Priſe de Corps, ſeront propoſées » en Jugement à jour d'Audience, affirmées & atteſtées par Per- » ſonnes employées exprès pour cet effet, &c.

VI. Il eſt parlé dans cet Article, des CAUSES qui peuvent

donner lieu à l'Exoine, & des Formalités qui doivent accompagner la Procuration qui sera donnée à ce sujet.

1°. Quant aux Causes, l'Ordonnance en marque deux seulement; sçavoir, la *Maladie* & les *Blessures*... Ainsi, tout autre Empêchement, quelque légitime qu'il fût d'ailleurs, comme Absence nécessaire, Affaires domestiques indispensables, ne seroient point recevables en cette Matiere, où nous ne suivons point la Disposition du Droit Romain, qui veut que *Pœnam Contumacis non patiatur quem adversa valetudo, vel* Majoris Causæ *occupatio defendit. V.* L. *Contumacia*, §. 2, *ff. de Re Judic.*

Il faut cependant excepter de certains Cas, où l'Accusé seroit dans une impossibilité absolue de comparoître sur le Décret, ou du moins, ne pourroit le faire sans s'exposer à un péril évident de la vie, comme en fait d'*Inondation de Riviere*, *Abondance de neiges* ou *Maladies contagieuses*. C'est sans doute de ces Cas extraordinaires, dont veut parler l'Ordonnance par ces termes génériques, dont elle se sert au commencement de l'Art. 4 ci-après, *Si les Causes de l'Exoine paroissent légitimes, &c.*

A plus forte raison doit-on comprendre parmi ces Causes, certaines incommodités habituelles du corps, qui empêcheroient l'Accusé de satisfaire à son Décret, *sans péril de sa vie*, comme il est dit sur l'Article suivant; l'on veut parler de la *Grossesse des Femmes*, & de *l'extrême Vieillesse*.

VII. 2°. Pour ce qui concerne les Formalités de la Procuration qui sera donnée à ce sujet, l'Ordonnance prescrit trois choses; 1°. que cette Procuration soit spéciale; 2°. qu'elle soit passée devant Notaire; 3°. qu'il y soit fait mention du nom de la Ville, Bourg ou Village, Paroisse, Rue & Maison où l'Accusé sera détenu. Toutes ces Formalités ont été sagement introduites, afin d'empêcher que l'Accusé ne se serve de cette Voie pour se jouer impunément des Ordres de la Justice. Nous verrons sur les Articles suivans, les autres Formalités que l'Ordonnance exige, pour assurer la vérité du contenu en cette Procuration.

VIII. Il reste seulement à observer ici, que, quoique l'Ordonnance ne mette ici aucune distinction entre les Personnes qui sont chargées de ces sortes de Procurations, il a été jugé par différens Arrêts, rapportés par Papon, Liv. 24, Tit. 5, n. 5,

& par l'Annotateur d'Imbert, dans l'endroit cité, que l'Exoine ne pouvoit être proposée par les Pere & Mere de l'Accusé, non plus que par des Maris & Femmes, Freres & Sœurs. Il y a même des Arrêts, qui ont jugé qu'en général, les Femmes, les Filles, ni les Prêtres, ne pouvoient être Porteurs de semblables Procurations. V. Bruneau, Tit. 13, nomb. 7. A la vérité tous ces Arrêts sont antérieurs à l'Ordonnance.

IX. *Formule de Procuration pour l'Exoine.*

Fut présent pardevant nous, Notaire Royal de.....de telle Qualité .....demeurant à.....telle Ville, Bourg ou Village, Paroisse de.... Rue.....où pend pour enseigne..... (*s'il est malade ou blessé, il sera dit en tel état*) & lequel a fait & constitué son Procureur spécial Me tel, auquel il a donné & donne par ces Présentes pouvoir de se transporter en la Ville de.....devant Monsieur tel, Juge de.....devant lequel ledit Constituant a été assigné à comparoir dans tel tems, pour être oüi ou ajourné personnellement par assignation de tel Sergent de tel jour.... en vertu de l'Ordonnance de soit Assigné, ou de Décret d'Ajournement Personnel contre lui décerné par Monsieur tel dit Juge, au profit de tel ..... (*& là représenter*) que ledit Constituant ne peut comparoir à ladite Assignation, & satisfaire audit Décret dans le tour & Délai à lui baillé, parce qu'il est détenu au lit malade de telle maladie ou blessure, & qu'il ne peut s'exposer en chemin sans péril de sa vie, ainsi qu'il est justifié par le rapport de Monsieur tel, Médecin de la Faculté de..... & le Procès-verbal sur ce dressé par tel Juge de.....le tel jour, lesquels sont ici joints, & envoyés audit tel, Procureur constitué, & requérir un Délai compétant & raisonnable (*suivant la Qualité de la Maladie ou Blessure, l'âge du Constituant, la distance du Lieu, la rudesse de la Saison, & la difficulté des Chemins*) pour sa Guérison & Comparution, & généralement, pour faire tout ce qu'il trouvera être nécessaire pour l'Exoine dudit Constituant. Promettant &c. Fait & passé, &c.

ARTICLE II.

» LA Procuration ne sera point reçue sans Rapport » d'un Médecin de Faculté approuvée, qui déclarera » la Qualité & les Accidens de la Maladie ou Blessure, » & que l'Accusé ne peut se mettre en Chemin sans » péril de la Vie; dont la vérité sera attestée par Ser- » ment du Médecin, pardevant le Juge du Lieu, dont

» ſera dreſſé Procès-verbal, qui ſera auſſi joint à la
» Procuration.

SOMMAIRE.

I. *Formalités néceſſaires pour conſtater la vérité de la Maladie ou Bleſſure, en Cas d'Exoine.*

II. *Greffier doit conſerver la Minute du Procès-verbal qui ſera dreſſé à ce ſujet.*

III. *Formule de ce Procès-verbal.*

I. SUIVANT cet Article, la ſeule Déclaration que fait l'Accuſé malade ou bleſſé, dans la Procuration qu'il donne, ne ſuffit point pour faire admettre ſon Exoine; mais il faut encore, que cette déclaration ſoit accompagnée des Formalités ſuivantes, qui tendent à en aſſurer la ſincérité; ſçavoir, 1°. qu'elle ſoit appuyée de l'Atteſtation d'un Médecin qui ſoit de Faculté approuvée. Ainſi l'atteſtation d'un Chirurgien ne ſuffiroit pas: cependant, s'il n'y avoit point de Médecin dans le Lieu, le Certificat de deux Chirurgiens pourroit ſuffire.

2°. Que le Médecin y déclare la Qualité & les accidens de la maladie ou bleſſure, & qu'elle eſt telle, que l'Accuſé ne pourroit ſe mettre en chemin *ſans péril de la vie*, termes qui ſuppoſent néceſſairement que l'Exoine ne peut avoir lieu en Cas de maladie ou bleſſure *légere*, ainſi que nous l'avons obſervé ſur l'Art. précéd.

3°. Que ce Médecin affirme avec ſerment, la vérité du contenu en ſon rapport.

4°. Que cette affirmation ſoit faite devant le Juge du Lieu où l'Accuſé eſt détenu.

5°. Que ce Juge faſſe mention du tout dans un Procès-verbal qu'il dreſſera à ce ſujet, ſuivant la Formule ci-après.

6°. Que ce Procès-verbal ſoit joint à la Procuration & au Rapport.

II. AINSI, le Greffier ſera tenu de délivrer une Expédition de ce Procès-verbal, la Minute devant reſter entre ſes mains, pour qu'on puiſſe y avoir recours, dans le Cas où cette Expédition viendroit à ſe perdre.

III. *FORMULE du Procès-verbal qui ſera dreſſé par le Juge, ſur l'Atteſtation du Médecin.*

L'an..... le tel jour..... pardevant Nous tel, Juge de..... en notre Hôtel, ſis Rue...... à telle heure eſt comparu M. tel, Docteur Médecin de la Faculté de..... (*qui sera une Faculté approuvée*) lequel nous a dit, qu'il a été appellé par tel, de telle Qualité.....demeurant à...... Rue.....Paroisse.....Maison......Enseigne.... pour le voir & visiter, & pour faire son Rapport de l'Etat auquel il se trouve, à cause de sa Maladie ou Blessure, afin de proposer ses Excuses pardevant M. tel, Juge de.....pardevant lequel il a été assigné à comparoir personnellement, ou pour être oüi par Exploit de tel jour.....à la Requête de tel, lequel Sieur....logé au Lieu que dessus; il a vu, visité, trouvé Malade ou blessé, & dressé son Rapport, la vérité duquel il vient attester par Serment prêté pardevant Nous, susdit Juge dudit Lieu. Surquoi Nous Commissaire susdit, avons pris & reçu le Serment dudit tel, lequel a attesté que ledit Rapport contient vérité, de quoi lui avons donné Acte; & l'avons requis de signer le présent Procès-verbal; ce qu'il a fait avec Nous. Fait le tel jour......

ARTICLE III.

» L'EXOINE sera montrée à notre Procureur ou » à celui des Seigneurs, & communiquée à la Partie » Civile, s'il y en a, qui sera tenue sur un simple Acte » de se trouver à l'Audience, où l'Exoine sera présen- » tée & reçue; sans que le Porteur des Piéces soit » tenu de déclarer qu'il est envoyé exprès pour les » présenter, & qu'il a vu l'Accusé.

SOMMAIRE.

I. *Trois choses nécessaires pour la Réception de l'Exoine.*
II. *N'est plus besoin que l'Accusé déclare être venu exprès.*
III. *Pourquoi l'Exoine doit-elle être montrée à la Partie Publique? Disposition de la Déclaration de 1682 à ce sujet.*
IV. *Pourquoi doit-elle aussi être communiquée à la Partie Civile?*
V. *Comment se fait cette Communication?*
VI. *Jour & heure de l'Audience doivent être indiqués dans l'Ordonnance du Juge.*
VII. *Formule d'Acte de Signification de l'Exoine.*

I. PAR cet Article, l'Ordonnance prescrit trois choses pour parvenir à la Réception de l'Exoine, 1°. qu'elle soit montrée à la Partie Publique; 2°. qu'elle soit communiquée à la Partie Civile; 3°.

3°. qu'il soit fait sommation par un simple Acte à cette Partie Civile, de se trouver à l'Audience.

II. Il y avoit encore une quatriéme Formalité prescrite par les anciennes Ordonnances, notamment par celle de François Premier en 1535, citée sur l'Art. 1er ci-devant, & qui a été abrogée par une derniere Disposition de cet Article. C'étoit d'obliger le Porteur de la Procuration, de déclarer *à l'Audience qu'il étoit venu exprès pour présenter l'Exoine, & qu'il avoit vû l'Accusé.*

III. L'Exoine doit donc, en premier lieu, être montrée à la Partie Publique, c'est-à-dire, au Procureur du Roi ou des Seigneurs, si le Procès s'instruit par les premiers Juges, ou à M. le Procureur Général, s'il s'instruit au Parlement; parce que les Incidens qui se font à ce sujet, tendent à retarder l'Instruction des Procès Criminels, dans lesquels ces Officiers sont Parties nécessaires.

C'est pour cela, que par une Déclaration du mois de Février 1682, il est ordonné, que les Exoines qui seront proposées dans les Parlemens en Matiere Criminelle, seront portées & décidées dans la Chambre de la Tournelle, & non à la Grand-Chambre, à la réserve des Accusations pour Duel, Rébellion ou Police générale, & par rapport aux Ecclésiastiques ou Gentilshommes qui auront demandé leur Renvoi, pour être jugés à la Grand-Chambre &c.

IV. L'Exoine doit, en second lieu, être communiquée à la Partie Civile, s'il y en a une; à cause de l'intérêt particulier qu'a celle-ci, d'empêcher que l'Accusé ne cherche par ce Moyen, à éluder ses poursuites, & à faire dépérir ses preuves.

V. Cette Communication à la Partie Civile, se fait de même que celle à la Partie Publique, ensuite d'une Ordonnance du Juge, sur une Requête qui lui sera présentée à cet effet par le Porteur de la Procuration, & à laquelle seront jointes les autres Piéces de l'Exoine, telles que la Procuration & le Rapport du Médecin.

VI. Enfin, par le même Acte de signification qui sera faite à la Partie Civile, tant de l'Ordonnance du Juge, que des autres Piéces de l'Exoine, elle sera sommée de se trouver à l'Audience où l'Exoine sera présentée & reçue. Par conséquent, il seroit à propos que, dans l'Ordonnance du Juge qui sera mise sur la Requête du Porteur de la Procuration, le jour & l'heure de l'Audience fussent désignés dans le plus court Délai qu'il sera possible, afin qu'on en fasse mention dans l'Acte qui sera signifié à la Partie Civile, & que la Partie Publique, à qui le tout sera montré, puisse se trouver à l'Audience pour y donner ses Conclusions.

Au jour indiqué, tous les Juges non suspects du Siége, qui seront avertis par le Greffier, pourront se rendre à l'Audience, pour procéder avec le Lieutenant Criminel ou autre Juge à qui appartiendra l'Instruction, au Jugement de la Réception ou du Rejet de l'Exoine, le tout conformément à ce qui sera marqué sur l'Article suivant.

VII. FORMULE *d'Acte de Signification de l'Exoine, avec Sommation à la Partie Civile.*

A la Requête de tel..... de telle Qualité..... demeurant à..... Rue..... Paroisse..... soit signifié & baillé Copie à Me tel, Procureur de tel (*c'est la Partie Civile*) du Rapport de M. tel, Médecin de telle Faculté, fait le tel jour, ensemble du Procès-verbal d'Attestation de la vérité dudit Rapport fait pardevant M. tel, Juge de..... le tel jour.... pour servir d'Excuse & Exoine audit tel....... pour la représentation de laquelle il déclare qu'il poursuivra l'Audience à tel jour, telle heure, à ce qu'il n'en ignore, & qu'il ait à s'y trouver, si bon lui semble, sinon proteste qu'il prendra son avantage, dont Acte.

ARTICLE IV.

» SI les Causes de l'Exoine paroissent légitimes, il » sera ordonné que nos Procureurs ou ceux des Sei» gneurs, & les Parties informeront respectivement dans » un Bref Délai, de la vérité de l'Exoine & du con» traire.

SOMMAIRE.

I. *Que veut dire informer de la vérité de l'Exoine?*

II. *Comment procéde-t-on à cette Information?*

III. *Elle n'est guères usitée & pourquoi?*

IV. *Dans quel Cas l'Exoine doit-il être rejetté?*

V. *Formule du Jugement qui ordonne d'informer sur la vérité de l'Exoine.*

I. CET Article concerne le premier Jugement, qui sera rendu sur la Présentation de l'Exoine. L'Ordonnance veut, que si les Causes de l'Exoine sont trouvées légitimes, il soit ordonné par ce Jugement, dont la Formule est ci-après, que les Parties informeront respectivement dans un bref Délai de la vérité de l'Exoine & du contraire; c'est-à-dire que, tandis que de son côté, le Porteur de la Procuration fera entendre des Témoins pour justifier de la vérité des Causes qui donnent lieu à l'Exoine, les Parties Publiques & Civiles, feront, d'un autre côté, informer de la fausseté de ces mêmes Causes.

II. CETTE double Enquête, se fera par le Juge qui sera commis par le Jugement, & qui après qu'on lui aura remis ce Jugement entre les mains, donnera son Ordonnance pour faire assigner les Témoins. Chacun fera son Enquête; le plus diligent la produira au Greffe, ou la *baillera* au Rapporteur du Procès, s'il y en a un de nommé, & l'on procédera en conséquence, de la maniere portée par l'Article suivant.

III. AU reste, ces sortes d'Informations ne sont guères usitées au moyen des Précautions qui sont marquées sur l'Art. 2. *V.* CARONDAS en ses Pand. Liv. 4, Ch. 5, & BORNIER sur le présent Article.

IV. MAIS si au contraire, les Causes de l'Exoine ne paroissent point légitimes, c'est-à-dire, si elles ne sont point du nombre de celles qui ont été remarquées sur l'Article 1er de ce Titre; ou si, étant de ce nombre, elles ne sont pas justifiées d'une maniere juridique, comme si la Procuration n'étoit point spéciale ni passée devant Notaire, & si elle ne contenoit pas le nom de la Ville, Bourg, Village, Paroisse, Rue & Maison où l'Accusé étoit alors détenu; si elle n'étoit pas accompagnée d'un Rapport de Médecin; ou si le Médecin qui auroit fait le Rapport n'étoit pas de Faculté approuvée; si dans ce Rapport le Médecin ne déclaroit point la Qualité & les accidens de la Maladie ou de la Blessure, ou s'il avoit omis d'y déclarer que l'Accusé ne pourroit se mettre en chemin sans péril de la vie; s'il n'avoit pas attesté la vérité de ces faits par serment devant le Juge; & enfin, si ce Rapport n'étoit pas constaté par un Procès-verbal du Juge. Dans tous ces Cas, les Juges ordonneront, que l'Exoine sera rejettée, & que sans y avoir égard, il sera passé outre à l'Instruction du Procès.

V. *Formule de Jugement, qui ordonne d'informer sur la vérité de l'Exoine & du contraire.*

A tous ceux &c. entre tel Accusé & Demandeur en Exoine, suivant l'Acte signifié le tel jour, par Me tel, son Avocat, assisté de Me tel, son Procureur, d'une part; & tel Accusateur & Défendeur d'autre part, Mes tels ses Avocat & Procureur. Oüi le Procureur du Roi ou des Seigneurs, nous ordonnons que le Procureur du Roi (*ou le Procuraur du Seigneur*) & les Parties informeront dans tel tems (*bref Délai, dit l'Art.*) pardevant tel Juge, de la vérité de l'Exoine & du contraire, pour ce fait & rapporté, être ordonné ce que de raison.

ARTICLE V.

» LE Délai pour informer étant expiré, sera fait droit » sur l'incident de l'Exoine, sur ce qui se trouvera » produit.

SOMMAIRE.

I. *Que doit contenir le Jugement en Cas de Rejet de l'Exoine? Et ce qui doit être fait en conséquence.*
II. *Que doit porter le Jugement en Cas d'Admission de l'Exoine?*
III. Quid, *si après l'expiration du Délai accordé, l'Accusé ne comparoissoit pas?*
IV. *Juge peut pendant ce Délai se transporter au Lieu où l'Accusé est detenu malade, pour l'Interroger.*
V. *Saisies & Annotations ne laissent d'avoir lieu pendant ce Délai.*
VI. *Formule d'Acte de produit.*
VII. *Formule de Sentence qui admet l'Exoine.*

SUIVANT cet Article, si l'une des Parties n'a pas fait faire son Enquête, dans le Délai porté par le Jugement qui l'ordonne, il ne lui sera plus donné un nouveau Délai; mais l'on jugera l'incident de l'Exoine, sur l'Enquête qui aura été faite & mise au Greffe, à la diligence de l'autre Partie.

I. PAR conséquent, si par les Enquêtes qui seront produites, la fausseté de l'Exoine se trouve prouvée, l'Accusé en devra être débouté par le Jugement qui interviendra à l'Audience, où il sera dit que, *sans y avoir égard, il sera passé outre au Décret.*

Enforte que fi le Décret n'étoit que d'Ajournement Perfonnel, il fera converti en Décret de Prife de Corps ; à moins toutefois, que l'Accufé, fe voyant fruftré de fa prétendue Exoine, ne fe mette en devoir de comparoître tout auffi-tôt. Que s'il y avoit déja un Décret Réel décerné contre l'Accufé, comme étant prévenu d'un Crime méritant peine afflictive, le Juge pourra ordonner, par le même Jugement, que l'Accufé fera mis, pendant que durera fa maladie, à la Garde du Maître de la Maifon où il eft détenu, ou de fes Parens, ou autres Perfonnes qui fe foumettront de le reproduire après fa Convalefcence. Mais s'il s'agiffoit d'un Crime méritant peine de Mort, le Juge devroit envoyer des Huiffiers ou Archers, pour le garder & l'amener dans les Prifons auffi-tôt qu'il fera Convalefcent, ou bien il doit ordonner qu'il fera transféré dans les Prifons les plus prochaines, pourvû toutefois que le malade puiffe fupporter ce Tranfport fans péril de fa vie. Cependant, nous croyons avec Carondas, que de telles Précautions qui font confeillées par M. Liset en fa Prat. Crim. font un peu trop dures, tant à caufe de la terreur que le malade en auroit, que pour les Faits & Accidens, qui pourroient empirer fa maladie. *V.* Carondas, Pand. Liv. 4, Ch. 5.

II. Mais fi au contraire, par les Enquêtes refpectives, ou bien par celle faite de la part de l'Accufé, dans le Cas où les Parties Publiques ou Civiles n'en auroient point faites de leur côté, la vérité de l'Exoine fe trouvoit bien établie (ce qui peut même fe faire par le feul Rapport du Médecin en bonne forme) alors, par le Jugement qui interviendra, il fera furfis à l'exécution du Décret ou de la Contumace, pendant le Délai qui fera néceffaire à l'Accufé pour fe rétablir, fuivant le Rapport du Médecin qui doit fervir principalement de Régle en cette Matiere.

III. Si après le Délai qui feroit accordé par ce Jugement; l'Accufé fe mettoit en refus de comparoître, fous prétexte de nouvelle maladie ou autre empêchement furvenu, il ne paroît pas, qu'on puiffe lui en accorder un nouveau, l'Ordonnance ne parlant que d'un feul Délai dans ce Titre ; enforte que ce feroit le cas d'ordonner l'Inftruction par Contumace contre lui.

A plus forte raifon, cette Inftruction par Contumace devroitelle être ordonnée, fi l'Accufé venoit à s'évader pendant ce Délai, ou bien s'étoit retiré dans les Pays Etrangers, & même dans un Endroit du Royaume, qui feroit éloigné de la Jurifdiction où il eft pourfuivi.

IV. Au refte, il y a deux Chofes à obferver relativement au Délai qui s'accorde à l'Accufé, par le Jugement de Réception de l'Exoine. L'une, c'eft que ce Délai n'empêche point que fur le Réquifitoire de la Partie Publique ou Civile, & même d'Office, s'il s'agiffoit d'un Crime méritant peine Capitale, & fi l'Accufé étoit extrêmement malade, le Juge ne puiffe fe tranfporter lui-même dans le Lieu où cet Accufé feroit détenu malade pour procéder à fon Interrogatoire; ce qui s'entend, fi ce Lieu étoit celui où fe fait l'Inftruction du Procès, ou même s'il étoit dans le Reffort; car fi cet Accufé étoit malade dans un Lieu d'un autre Reffort, il faudroit alors, qu'il donnât Commiffion rogatoire au Juge de ce Lieu pour interroger cet Accufé, & s'il n'y avoit point de Juge dans le Lieu même de la Réfidence du malade, la Commiffion fera adreffée au plus prochain Juge des Lieux.

V. L'autre, c'eft que ce Délai n'empêche point que les Saifies & Annotations qui auroient été faites des biens de l'Accufé, en vertu du Décret de Prife de Corps, & même les Saifies & Exécutions mobiliaires qui auroient été faites en vertu des Sentences de Provifion alimentaire, ne fubfiftent de la même maniere, que fi l'Exoine n'avoit point été reçüe. *V.* Bruneau, Tit. 13, Max. 9, p. 110.

VI. Formule *d'Acte de Produit qui fera fignifié de la part de celui qui aura fait Enquête fur l'Exoine.*

A la Requête de tel, foit fignifié & déclaré à tel, Procureur de tel.... qu'il a cejourd'hui produit & mis au Greffe la Production par lui faite fur l'incident de l'Exoine, à ce qu'il ait à faire le femblable, fi bon lui femble, lui déclarant qu'il pourfuivra fans ceffe le Jugement dudit Incident, attendu que le Délai pour informer, eft expiré.

VII. Formule *de Sentence qui admet l'Exoine.*

Extrait des Regiftres de.....

Vû les Informations refpectivement faites &c. (*faire mention des Piéces jointes*) nous ordonnons qu'il. fera furfis à l'exécution du Décret..... donné le..... contre.....pendant......jours. Fait ce.....

TITRE XII.

Des Sentences de Provision.

Ce Titre contient huit Articles.

Dans le *premier*, il est parlé du Pouvoir qu'ont les Juges d'accorder une Provision, sans Conclusions de la Partie publique.

Dans le *second*, des Défenses d'accorder des Provisions à l'une & à l'autre des Parties.

Dans le *troisiéme*, de la Permission d'en accorder une seconde en cas de nécessité, & après un délai de quinzaine.

Dans le *quatriéme*, des Défenses de surseoir ou joindre au principal l'exécution du Jugement de Provision.

Dans le *cinquiéme*, du Payement qui doit être fait des deniers adjugés par Provision, nonobstant Saisie & Opposition, & même Consignations faites au Greffe.

Dans le *sixiéme*, de la Contrainte qui peut être exercée contre le Condamné, par Saisie de ses Biens, & emprisonnement de sa Personne, sans qu'il puisse exiger de Caution.

Dans le *septiéme*, de l'Exécution des Sentences de Provision, nonobstant & sans préjudice de l'Appel, lorsqu'elles n'excédent une certaine somme.

Enfin, dans le *huitiéme*, des Conditions nécessaires pour que les Cours puissent accorder des Défenses & Surséances en pareil Cas.

ARTICLE PREMIER.

» Les Juges pourront, s'il y écheoit, adjuger à une » partie quelques sommes de deniers pour pourvoir » aux Alimens & Médicamens; ce qui sera fait sans » Conclusions de nos Procureurs ou de ceux des Sei- » gneurs.

SOMMAIRE.

I. SUIVANT cet Article, les Juges peuvent accorder une Provision pour Alimens & Médicamens, sur la simple Requête de la Partie, & sans qu'il soit besoin des Conclusions du Ministére Public; mais il n'est point dit, par Qui cette Provision peut être demandée; pour quelles Causes elle doit être accordée, dans quel Tems le Juge doit l'accorder; comment il doit la régler; & enfin, de quelle Maniere l'on doit procéder en pareil Cas. Telles sont les Questions importantes que nous croyons devoir examiner successivement, sur le présent Article.

II. 1°. QUANT aux PERSONNES qui peuvent demander la Provision, il paroît par le mot *Médicament* dont l'Ordonnance se sert dans cet Article, qu'il n'y a que les Parties plaignantes qui ont reçu quelques Blessures, qu'elle admet à demander une Provision: d'où il suit, que ni la Partie publique, ni l'Accusé, ne peuvent être reçus à la demander, & encore moins le Juge peut-il l'accorder d'Office.

Néanmoins, il y a deux Exceptions remarquables à l'égard de l'ACCUSÉ, l'une en faveur de la *Femme* qui est poursuivie pour Cause d'Adultére par son Mari, l'autre en faveur du *Religieux* qui seroit poursuivi criminellement par son Abbé. Ces Exceptions sont fondées sur ce que, pendant l'Instruction, le Mari joüit de la Dot de sa Femme, & l'Abbé des Revenus du Monastére, qui doivent servir à la Nourriture du Religieux. Cependant, ces Exceptions n'auroient point lieu, si la Femme avoit des biens *paraphernaux*; & si les Religieux avoient quelques Bénéfices Réguliers, d'où ils puissent tirer d'ailleurs leur subsistance.

Nous avons dit, que réguliérement la Provision ne devoit être accordée qu'à la Partie Plaignante, mais comme l'Ordonnance se sert ici du mot de *Partie* en général, il reste à sçavoir s'il ne seroit

seroit pas nécessaire que le Plaignant se rendît Partie Civile pour pouvoir la demander. Sur quoi, il paroît qu'il faut distinguer; ou la Blessure du Plaignant n'a été que la suite d'une simple Rixe, ou querelle, qui ne peut donner lieu qu'à des Condamnations pécuniaires; ou bien elle a été l'effet d'une Violence faite avec préméditation, & dont la Vindicte Publique demande une Punition exemplaire. Au premier Cas, il paroît que le Plaignant peut se dispenser de se porter Partie Civile, mais non au second; d'autant plus, qu'il est de l'intérêt de l'Accusé lui-même, que le Plaignant ne décéde point de ses Blessures, faute d'Alimens & de Médicamens; & que, comme nous l'avons vû sous le Titre 3, en fait de Crime *atroce*, le simple Plaignant peut obtenir des dommages & intérêts, sans être tenu de se rendre Partie Civile; & même ses Parens, en cas qu'il vienne à décéder de ses Blessures, peuvent les demander pour lui, ainsi que nous l'avons observé pareillement sous le Tit. 5.

III. 2°. Quant aux Causes qui peuvent donner lieu à la Provision; quoiqu'il paroisse suivant cet Article, qu'il n'y en ait point d'autres, que les *Blessures* qu'on a reçues; il est certain, suivant notre Jurisprudence, que les Provisions peuvent aussi être accordées en fait d'Accusation de *Stupre* ou de Rapt de *Séduction*, lorsque la Fille se déclare enceinte. L'Usage est même d'en accorder deux en pareil Cas, l'une pour les frais de Couche, l'autre pour ses Alimens & Nourriture, & celle de l'Enfant, ce qui s'entend après que la Grossesse a été constatée de la maniere portée en l'Art. 23 du Tit. 25 ci-après.

La Provision peut aussi être adjugée à la Veuve ou aux Héritiers du Défunt Homicidé, pour les *frais Funéraires*, & pour la *Poursuite du Procès*; ainsi qu'il a été jugé par un Arrêt rapporté par Carondas, Liv. 6, Rép. 79.

Au reste, il faut que toutes ces différentes Causes soient constatées juridiquement, par des Rapports de Médecins & Chirurgiens. Il faut de plus, qu'il paroisse par ces Rapports, que les Blessures dont on se plaint sont considérables, & telles qu'elles exigent des Médicamens & des Alimens extraordinaires: car s'il ne s'agissoit que de quelques légeres Contusions ou Meurtrissures, qui ne demanderoient que du repos & du ménagement, il n'y auroit pas lieu d'accorder une Provision; mais le Juge devroit seulement en ce Cas, joindre la Requête en Provision au Procès, pour y avoir égard en jugeant, par rapport aux dommages & intérêts.

IV. 3°. A l'égard DU TEMS où la Provision peut être accordée : réguliérement, ce ne peut être qu'après le Décret, parce qu'il faut que celui contre qui elle est demandée, soit censé en quelque façon coupable, & que c'est seulement par le Décret, qui se rend sur le vû des Charges, qu'il est réputé tel. Aussi voit-on que l'Ordonnance n'a placé ce Titre qu'à la suite de celui du Décret, pour marquer par-là sans doute, l'ordre qu'elle veut être gardé dans ces sortes de Procédures. C'est sur ce fondement, que par Arrêt du Parlement de Besançon du 18 Février 1708, il est fait défenses aux Officiers des Bailliages d'adjuger des Provisions Alimentaires, sans avoir préalablement décrété les Informations. Nous verrons au reste sur l'Art. 4 ci-après, qu'il y a des tems, où la Provision ne doit être accordée même depuis le Décret.

V. 4°. QUANT à la MANIERE dont doit être réglée la Provision, le Juge doit considérer pour cela plusieurs choses.

D'abord, le *Rapport* des Médecins & Chirurgiens, qui peut seul constater la Qualité des Blessures, la durée de la Maladie, la Qualité des Alimens & Médicamens, nécessaires au Blessé.

En second lieu, les *Informations* pour sçavoir si la Maladie est devenue plus ou moins considérable, qu'elle n'est portée dans le Rapport qui a précédé ces Informations.

En troisiéme lieu, la *Condition* & *Qualité* du Blessé, & son *Age*, qui rend les Blessures plus ou moins dangereuses, & par conséquent, peut servir à faire augmenter ou diminuer les Provisions.

En quatriéme lieu, les *Facultés* de l'Accusé ; pour ne point rendre frustratoire cette Provision, si elle se trouvoit excéder ces mêmes Facultés.

En cinquiéme lieu, la *Quantité & la Qualité des Alimens & Médicamens nécessaires* ; afin de proportionner la Provision, suivant la cherté ou le prix ordinaire, ou suivant les Taxes qui en sont faites par les Tarifs. Au surplus, dans la Quantité de ces Alimens & Médicamens, le Juge doit comprendre, non-seulement ceux qui devront être fournis dans la suite au Blessé, mais encore, ceux qui lui ont déja été fournis jusqu'au moment de la Sentence de Provision ; parce qu'on présume que jusqu'à ce tems-là il a vêcu d'emprunt. C'est la remarque de PAPON, Liv. 8, des Provisions, Tit. 18, où il rapporte un Arrêt qui l'a ainsi jugé.

VI. 5°. ENFIN, quant à la PROCÉDURE pour parvenir à la Provision, l'Usage est, que la Partie blessée présente une Requête suivant la Formule ci-après, où il expose le fait au Juge de l'Instruction, lequel sur le vû, tant de cette Requête, que du Décret, du Rapport & autres Piéces qui y sont jointes, rend sa Sentence en la Chambre du Conseil. Le Greffier donne ensuite une Expédition en forme de cette Sentence, qui est mise en marge de cette Requête, laquelle reste au Greffe, pour servir de Minute au Procès.

VII. IL n'est pas nécessaire, suivant cet Article, qu'il y ait des Conclusions du Ministére public, pour cette Sentence, comme pour le Décret; parce qu'il ne s'agit que d'un Objet purement Civil, & que l'Ordre Public n'y est point intéressé.

Par la même raison, elle ne peut, comme le Décret, être rendue un jour fixe; joint à ce qu'elle ne requiert pas une aussi grande célérité.

VIII. *FORMULE de Requête pour demander une Provision Alimentaire.*

A MONSEIGNEUR tel......

Supplie humblement tel.....disant que pour raison de l'Assassinat ou Excès commis en sa Personne, il a rendu sa Plainte pardevant vous, & s'est fait visiter par Monsieur tel, Docteur-Médecin, & par Monsieur tel, Maître Chirurgien; par le Rapport desquels ici joint, il paroît qu'il est extrêmement blessé, & qu'il a besoin d'un grand soin, & par conséquent d'avoir une Provision pour les Alimens & Médicamens nécessaires.

CE CONSIDÉRÉ, Monsieur, il vous plaise lui adjuger par Provision, la somme de.....pour pouvoir subvenir à ses Alimens & Médicamens, au payement de laquelle, ledit tel accusé sera contraint, même par Corps, nonobstant Saisies, Oppositions & Appellations quelconques, & sans Caution, suivant l'Ordonnance. Et vous ferez bien.

IX. *FORMULE de Sentence de Provision.*

Vû la Requête à nous présentée par.....contenant &c. (*transcrire la Requête*) Rapport de Visite de la Personne de.....faite par..... le.....contenant l'état de ses Blessures, nous avons adjugé & adjugeons aud......la somme de.....pour ses Alimens & Médicamens, au payement de laquelle sera led......contraint par toutes Voies dûes & raiſonnables, même par Empriſonnement de ſa Perſonne. Ce qui ſera exécuté nonobſtant Oppoſitions ou Appellations quelconques, & ſans préjudice d'icelles. Fait ce......

ARTICLE II.

» NE pourront les mêmes Juges accorder des Pro-» viſions à l'une & l'autre des Parties, à peine de Suſ-» penſion de leurs Charges, & de tous dépens, dom-» mages & intérêts.

SOMMAIRE.

I. *Dans quel Cas les demandes reſpectives de Proviſion peuvent avoir lieu?*

II. Quid, *ſi ces demandes n'étoient point portées devant le même Juge qui auroit reçu les Plaintes?*

III. Quid, *ſi pendant l'incident ſur ces demandes, celui qui paroîtroit l'Aggreſſeur, étoit en danger évident de mort, faute de Proviſion?*

I. POUR l'intelligence de cet Article, il faut obſerver que dans un Procès Criminel, l'on voit arriver ſouvent, qu'une Partie contre laquelle une autre aura rendu Plainte, en rend une de ſon côté au même Juge, à l'occaſion de la même Rixe arrivée entr'elles, dans laquelle elle ſe prétend également avoir été bleſſée; & que cette Partie ſe fait pareillement viſiter par des Médecins & Chirurgiens, enſuite de quoi elle forme, comme l'autre, une Demande en Proviſion.

L'Uſage eſt alors, ſuivant notre Juriſprudence, que ſur les deux Plaintes, le Juge informe, & même qu'il décréte également les deux Parties, lorſqu'il y a du doute, laquelle a été l'Aggreſſeur, afin de s'en aſſurer par leurs Interrogatoires qu'il leur fait ſubir: & c'eſt ſur le Vû, tant de ces Interrogatoires, que des Charges & Informations qui ſont portées par ce même Juge, en la Chambre du Conſeil, qu'il intervient un Jugement par lequel on détermine laquelle des deux Parties tiendra lieu de Plaignant. C'eſt à celle-ci que la Proviſion Alimentaire doit par conſéquent être accordée: en ſorte que les Juges ne pourroient l'adjuger à l'autre, qui n'a plus dès-lors que la Qualité d'Accuſé, ſans encourir la Peine de ſuſpenſion de leurs Charges, & de tous dépens, dommages & intérêts, qui se trouve portée par le présent Article.

Mais, si par l'une & l'autre des Informations, qui seroient faites sur ces Plaintes respectives, il étoit clairement prouvé lequel des deux Plaignans a été l'Aggresseur, alors le Juge ne décrétera qu'une seule Information; & en même-tems, il adjugera la Provision à la Partie qui a obtenu le Décret.

II. MAIS, si ce n'étoit point pardevanr le même Juge, que les deux Parties auroient porté leurs Plaintes & leurs Demandes en Provision Alimentaire, comme il arrive assez fréquemment, & qu'elles eussent obtenu chacune de leur côté, des Provisions Alimentaires: alors, c'est le Cas de se pourvoir pardevant le Juge Supérieur, pour faire décider sur le vû des Charges & du Rapport des Médecins & Chirurgiens, laquelle des deux Provisions doit être exécutée.

III. NOUS avons dit, qu'en Cas de Plaintes respectives, la Provision devoit être accordée à celui qui sera jugé devoir rester Plaignant. Mais si pendant l'Instruction qui se feroit incidemment, pour sçavoir lequel doit rester Plaignant, & même depuis le Jugement qui l'auroit décidé, celui qui a été l'Aggresseur se trouvoit détenu au lit, pour un Coup qu'il auroit reçu dans la Rixe, & qui le mettroit dans un danger imminent de Mort, faute des Secours & Médicamens nécessaires; il paroît, que dans ce Cas, les Juges pourroient lui accorder une Provision, préférablement à l'autre, qui devroit même être décrété, si la Mort de l'Aggresseur venoit à s'ensuivre, pour avoir excédé les bornes d'une légitime défense.

ARTICLE III.

» NE pourront aussi donner qu'une seconde Provi- » sion, si elle est jugée nécessaire, pourvû qu'il y ait » quinzaine au moins entre la premiere & la seconde, » sans qu'ils puissent recevoir aucuns émolumens de » l'une ni de l'autre, ni de tous les incidens qui naîtront » en conséquence.

SOMMAIRE.

I. TROIS Diſpoſitions remarquables dans cet Article. Par la *premiere*, l'Ordonnance défend en général d'accorder plus de deux Proviſions à un même Bleſſé. Par la *ſeconde*, elle ne permet d'accorder la ſeconde Proviſion, que ſous ces deux conditions, l'une, qu'elle ſoit jugée néceſſaire, l'autre, qu'il y ait un intervalle de quinzaine au moins, entre la premiere & la ſeconde. Par la *troiſiéme*, elle fait défenſes au Juges de prendre aucuns émolumens, pour les Sentences de Proviſion qu'ils rendent, ni pour les Incidens qui naîtront en conſéquence.

II. POUR que le Juge puiſſe connoître, ſi la ſeconde Proviſion eſt néceſſaire, il eſt à propos qu'il faſſe faire une ſeconde Viſite de Médecins & Chirurgiens, dont le Rapport ſera affirmé par Serment, comme le premier. A cette Viſite pourront être employés les mêmes Médecins & Chirurgiens qui ont déja vaqué à la premiere, & il paroît même, d'après la Diſpoſition de l'Art. 1er du Tit. 5 ci-devant, que le Plaignant peut, ſans attendre la Permiſſion du Juge, ſe faire viſiter une ſeconde fois par ces Médecins & Chirurgiens, & ſur la Requête qu'il préſentera enſuite de l'Affirmation de ce Rapport, obtenir une ſeconde Proviſion.

Cette ſeconde Proviſion, pourra auſſi être jugée néceſſaire, ſuivant la Qualité de la Bleſſure, dont la guériſon demanderoit un tems conſidérable, ou dont les Accidens ſurvenus rendroient la premiere Proviſion inſuffiſante.

III. L'ORDONNANCE fixe ici le délai qui doit ſe trouver entre la premiere & la ſeconde Proviſion ; mais elle n'en fixe aucun pour demander cette Proviſion : d'où il ſuit, qu'elle laiſſe par-là aux Parties, la liberté de la demander en tout état de Cause. *V.* néanmoins ce qui sera dit à ce sujet sur l'Article suivant.

IV. LES INCIDENS, dont il est parlé dans cet Article, sont les Contestations qui pourront s'élever au sujet de l'Exécution des Sentences de Provision, tant de la part du Condamné qui demanderoit la Nullité de la Saisie faite en conséquence sur ses Biens, ou sa Nourriture s'il étoit dans les Prisons, que de la part de celui qui auroit fourni les Alimens & Médicamens, & qui demanderoit à toucher une partie de la Provision.

V. TOUS ces Incidens devant être vuidés, aux Termes de cet Article, sans que le Juge en puisse retirer aucuns émolumens; ils doivent par conséquent être jugés à l'Audience; & il y a cela de remarquable, que les Frais qu'ils peuvent occasionner entre les Parties, ne sont point exécutoires *par Corps* comme la Provision.

VI. PAR deux Arrêts de la Cour des 12 & 13 Avril 1709, rapportés au Journal des Audiences, il a été jugé, que les Juges ne pouvoient même prendre d'Epices ni Frais pour les Jugemens définitifs de Provision, si le Procès n'avoit été réglé à l'extraordinaire, & suivi de Récollement & Confrontation.

VII. L'ORDONNANCE ne marque point ici, la Peine qu'encourt le Juge, qui contrevient aux Dispositions de cet Article; mais comme par l'Article suivant, il est dit, *sous pareille Peine*, elle paroît supposer nécessairement que la Peine de celui-ci, doit être la même que celle qu'elle a marqué par le précédent; sçavoir, la Suspension des Charges, & la Condamnation à tous dépens, dommages & intérêts.

ARTICLE IV.

» LES Sentences de Provision ne pourront être sursises, ni jointes au Procès par les Juges qui les auront » données, sous pareille Peine.

SOMMAIRE.

I. *Pourquoi le Juge ne peut surseoir l'Exécution de la Sentence de Provision ?*
II. *Exception en faveur des Cours Supérieures.*
III. *Provision ne peut être demandée, lorsque le Procès est sur le point d'être jugé.*

I. LA Provision ne devant être accordée, comme nous venons de le voir, que lorsqu'elle est jugée nécessaire, & qu'elle est fondée sur des besoins pressans & indispensables ; le Juge n'est pas seulement tenu de statuer, aussi-tôt que la Requête lui en est présentée ; mais encore, il ne peut, après qu'il l'a admise, surseoir l'exécution de sa Sentence, ni la joindre au Procès principal. Cela lui est défendu par le présent Article, sous les mêmes Peines que celles portées par l'Art. 3 de ce Titre ; sçavoir, la Suspension de sa Charge, & les dépens, dommages & intérêts envers la Partie, au profit de qui a été rendue cette Sentence.

II. IL n'y a par conséquent, que les Cours Supérieures qui puissent surseoir l'Exécution des Sentences de Provision, par des Arrêts de Défenses qu'elles donnent, comme nous verrons sur l'Art. 8 de ce Titre.

III. NOUS avons observé sur l'Article précédent, qu'il n'y avoit aucun Délai fixé par l'Ordonnance, pour demander & accorder une Provision. Si cependant, on affectoit de la demander dans le tems où le Procès seroit prêt d'être jugé, il paroît que le Juge seroit autorisé à ordonner que la Requête qui contient cette Demande, seroit jointe au Procès, pour y avoir tel égard que de raison, par rapport aux dommages & intérêts. C'est la Remarque de BRUNEAU, Tit. 14, Max. 1, d'après IMBERT, PAPON & BOUCHEL. Mais en ce Cas, il faudroit que le Juge se mît en état de rapporter & juger incessamment le Procès.

ARTICLE V.

» LES deniers adjugés par Provision ne pourront » être saisis pour frais de Justice, ou quelqu'autre cause

» ou

» ou prétexte que ce soit, ni consignés au Greffe ou » ailleurs; à peine de nullité des Consignations, d'In» terdiction contre les Greffiers & leurs Commis qui » les auront reçus: & pourront nonobstant les Saisies » & prétendues Consignations, les Parties condamnées, » être contraintes au payement.

SOMMAIRE.

I. *Deniers adjugés pour Provision, ne peuvent être retenus sous prétexte de Compensation.*
II. *Ne doivent être restitués par le Blessé qui succombe dans sa Plainte. Exception.*
III. *Sur quoi fondé ce Privilége.*
IV. *Juges ne peuvent toucher directement ni indirectement les deniers pour la Provision.*
V. *Frais pour parvenir à l'Obtention de la Provision, ne peuvent être répétés qu'en fin de Cause.*
VI. *Celui qui a fourni les Alimens & Médicamens, peut s'en faire rembourser sur la Provision.*

PAR cet Article, l'Ordonnance établit un Privilége en faveur des Deniers qui sont adjugés par la Sentence de Provision, en ce qu'elle veut, non-seulement que ces deniers ne puissent être saisis pour frais de Justice ou autre cause, ni même consignés au Greffe ou ailleurs, à peine de Nullité des Consignations, & d'Interdiction contre les Greffiers & leurs Commis; mais encore, que ces Saisies & Consignations ne puissent empêcher de contraindre par corps, les Parties condamnées au payement de ces mêmes deniers.

I. Il résulte par conséquent de cet Article, que la Partie condamnée ne pourroit se retenir les Deniers adjugés pour Provision, sous prétexte de Remboursement de ce qui lui seroit dû d'ailleurs, par la Partie à qui ces mêmes deniers auroient été adjugés, ni même pour les frais de Justice qui auroient été adjugés à ce même Condamné, dans un autre Procès Criminel. C'est sur ce fondement, que par un Arrêt de la Cour, rapporté par Papon, Liv. 18, Tit. des Provisions, n. 38, il a été jugé, que l'Accusé condamné envers le Plaignant à une somme pour réparation Civile, ne peut pas déduire sur cette somme, celle qu'il a déja payée pour les alimens & médicamens, à moins qu'il n'en soit fait mention dans la Sentence.

II. Le même Auteur rapporte encore, au nombre suivant, un autre Arrêt, qui a jugé que le Plaignant qui avoit succombé dans sa Plainte, & avoit été condamné aux Dommages & Intérêts de l'Accusé, n'étoit pas tenu de rendre la somme qu'il avoit touchée pour Provision d'alimens, à moins que cela ne fût ainsi ordonné expressément par la Sentence. *V.* aussi Boer. Quest. 324, n. 3. Ce qu'on doit dire, à plus forte raison, si le Plaignant n'avoit été condamné qu'aux Dépens de l'Accusé.

III. Toutes ces Dispositions sont fondées sans doute, sur ce que les deniers adjugés par Provision, ayant uniquement pour objet les alimens & médicamens dont le Plaignant a besoin, & sans lesquels il pourroit venir à décéder de ses blessures, ils doivent nécessairement avoir la préférence sur toute autre Dette; joint à ce qu'ils mettent le Plaignant en état de fournir d'ailleurs aux frais de poursuite, & d'empêcher par ce moyen, l'impunité des Crimes. *V.* L. *Item vulneratus, ff. ad Leg. Aquil.*

IV. C'est aussi conformément à ce Principe, que par un Arrêt de Réglement du Parlement de Besançon, du 4 Septembre 1698, il est fait Défenses aux Lieutenans Criminels & autres Juges, de toucher directement ni indirectement les sommes adjugées pour Provision alimentaire.

V. C'est encore, par une suite du même Principe, que le Plaignant ne peut, lors du payement qui lui est fait par l'Accusé des Deniers adjugés pour Provision, se faire en même-tems rembourser des Frais qu'il auroit avancés pour parvenir à l'obtention de cette Provision. Ces Frais ne peuvent être répétés qu'en fin de Cause, c'est-à-dire, en les faisant comprendre dans la Taxe des dépens, si l'Accusé venoit à succomber.

VI. Enfin, quoique par cet Article, l'Ordonnance paroisse exclure absolument toute Saisie, par rapport aux Deniers adjugés pour Provision; comme le Privilége qu'elle leur accorde, n'est fondé que sur la faveur des alimens & médicamens que ces mêmes Deniers représentent; il en faut conclure, en partant toujours du Principe que nous venons d'établir, que la Personne même qui auroit fourni ces alimens & médicamens au blessé pendant sa maladie, seroit en droit, pour s'en procurer le payement, de procéder par Voie de Saisie sur les Deniers, dont l'emploi étoit destiné à ces mêmes alimens & médicamens.

ARTICLE VI.

„LES Sentences de Provision seront exécutées par „Saisies des biens, & Emprisonnement de la Personne „du Condamné, sans donner Caution.

SOMMAIRE.

I. *Plusieurs Questions auxquelles cet Article donne lieu.*

II. *Ne doit-on pas donner un Délai au Condamné, avant que de le contraindre par Corps, au payement de la Provision?*

III. *Peut-on exercer en même-tems la Voie de la Saisie & celle de la Contrainte par Corps?*

IV. *Le Condamné detenu dans les Prisons pour la Provision, n'y doit-il pas être nourri aux Frais de celui qui l'y a fait mettre?*

V. *Lorsqu'il y a plusieurs Condamnés, peuvent-ils être également contraints par Corps? Et celui qui paye, peut-il exercer la Contrainte envers les autres?*

VI. *Peut-on contraindre le Pere à payer la Provision pour son Fils, le Mari pour sa Femme, & le Maître pour son Domestique?*

NOUS venons de voir, sur le précédent Article, que les Saisies & les Consignations des deniers adjugés par Provision, n'empêchoient point qu'on ne puisse contraindre les Parties condamnées au payement. L'Ordonnance marque dans celui-ci, les différentes Manieres dont on peut contraindre à ce payement, en permettant d'exécuter les Sentences de Provision par Saisie de biens, & Emprisonnement de la Personne du Condamné, sans être tenu de donner Caution.

I. SUR quoi il se présente plusieurs Questions; sçavoir, 1°. si l'on ne doit pas donner un certain Délai au Condamné, avant que de le contraindre par Emprisonnement de sa Personne; 2°. si celui qui a obtenu la Sentence de Provision peut user en même-tems des deux Voies, de la Saisie des biens & de la Contrainte par corps; 3°. si après avoir fait emprisonner le Condamné, il n'est pas obligé de le nourrir pendant tout le tems qu'il restera en Prison; 4°. si lorsqu'il y a plusieurs Condamnés, on peut exercer la Contrainte par corps, contre tous également; & en cas que l'un d'eux paye pour les autres, s'il ne peut pas exercer la même

Contrainte envers ceux pour qui il a payé ; 5°. enfin, si l'on peut contraindre le Pere à payer la Provision pour son Fils, le Mari pour sa Femme, & le Maître pour son Domestique.

II. L'on répond, sur la 1re Question, que quoique l'Ordonnance ne marque ici aucun Délai en faveur du Condamné pour le payement de la Provision, il est certain, suivant notre Jurisprudence, que celui qui a obtenu une Sentence de Provision, ne peut aussi-tôt après la signification, procéder par Emprisonnement contre la Personne de l'Accusé, mais qu'il doit attendre au moins vingt-quatre heures après cette signification. C'est ce qui a été jugé par plusieurs Arrêts de Réglemens, un entr'autres du Parlement de Besançon, du 27 Mars 1706, rapporté au Recueil des Edits enregistrés en ce Parlement, Tom. 3, qui fait Défenses aux Huissiers, à peine d'Interdiction, d'exécuter par Corps aucune Sentence de Provision alimentaire, qu'après vingt-quatre heures écoulées depuis la signification d'icelle.

Il faut seulement excepter à cet égard, les Condamnés qui seroient Etrangers ou Voyageurs, à l'égard desquels il n'y a d'autres sûretés que dans leurs Personnes, pour le payement des Provisions auxquelles ils sont condamnés : ensorte que ce seroit s'exposer visiblement à rendre l'effet de la Sentence illusoire, que d'attendre un Délai aussi considérable que celui de vingt-quatre heures, pendant lequel ils pourroient prendre la fuite.

III. 2°. Sur la Question de sçavoir, si l'on peut exécuter en même-tems, & par Saisie de biens & par Emprisonnement ; ou si l'on ne doit employer cette derniere Voie qu'après avoir tenté inutilement la premiere. Il paroît d'abord, en partant de la Disposition littérale de cet Article, que l'une & l'autre de ces Voies peuvent s'exercer cumulativement, puisqu'elles s'y trouvent réunies par la Particule Conjonctive *&*. C'est aussi ce qui paroît décidé bien clairement par l'Article 13 du Tit. 34 de l'Ordonnance de 1667, qui porte que les Contraintes par Corps n'empêchent pas les Exécutions & Saisies de biens en Matiere Civile.

Cependant, comme cela pourroit dégénérer en vexation, l'on pense, que l'esprit de l'Ordonnance n'a jamais été de permettre que ces deux exécutions puissent se cumuler indistinctement dans tous les Cas ; mais seulement, dans ceux où le Condamné donneroit lieu à ces Précautions, par des efforts qu'il feroit pour éluder le payement, comme *v. g.* par son Evasion, ou par la Soustraction qu'il auroit faite de ses meubles.

Mais si ce Condamné n'avoit marqué aucun éloignement à payer; & s'il étoit d'ailleurs domicilié & évidemment solvable, il y auroit de la dureté de vouloir le faire emprisonner, après avoir saisi ses biens, qui seroient plus que suffisans pour répondre de sa dette. Ce seroit lui faire une injure gratuite, que la Justice ne doit jamais tolérer.

IV. 3°. Sur la Question de sçavoir, si celui qui a obtenu la Sentence après avoir fait emprisonner le Condamné, est tenu de le nourrir en Prison. Il paroît, qu'il faut distinguer, où l'Accusé étoit lors de la Sentence de Provision, décrété seulement d'Assigné pour être oüi ou d'Ajournement Personnel, ou bien il étoit décrété de Prise de Corps. Dans les deux premiers Cas, comme l'Emprisonnement n'est & ne peut être fait, qu'en vertu de la Sentence de Provision, il paroît, que celui qui a obtenu la Sentence, & qui auroit fait procéder en conséquence par Saisie des biens & Emprisonnement de la Personne du Condamné, lui ayant ôté par-là tous les moyens de subsister & de pouvoir le payer, ne pourroit se dispenser d'avancer les frais de sa nourriture, sauf à se les faire rembourser en fin de Cause, avec les autres frais du Procès Criminel. Mais hors ce Cas particulier d'impossibilité, il est certain en général, que celui qui a obtenu la Sentence de Provision, n'est jamais tenu d'avancer ces frais de nourriture, par plusieurs raisons, 1°. parce que la Provision n'est accordée que pour Alimens & Médicamens, dont la Cause est si favorable, que rien ne peut en empêcher l'effet; & que cependant, il arriveroit que l'Accusé en empêcheroit l'effet, si celui qui l'y a fait condamner étoit obligé de lui fournir la nourriture dans la Prison, en ce que cette Provision se trouveroit bientôt consommée par de semblables frais de nourriture; 2°. parce que celui qui a obtenu la Sentence se mettroit dans le cas, en avançant les frais de nourriture au Condamné, de périr lui-même faute des Alimens & Médicamens nécessaires pour sa guérison; 3°. parce que, si l'on autorisoit ces sortes d'avances, il n'y auroit bientôt aucun Accusé qui ne se laissât réduire en Prison, dans l'espérance de pouvoir absorber, par les frais de nourriture, la Provision à laquelle il seroit condamné; 4°. enfin, parce qu'il seroit dangereux, qu'en obligeant celui qui a obtenu la Sentence, d'avancer ces frais de nourriture, celui-ci ne vienne à se lasser; & que par ce moyen l'Accusé ne parvienne enfin, ou à obtenir sa décharge absolue de la Provision, ou du moins à se procurer sa liberté. Ce qui seroit accorder Provision contre Provision. *V.* LANGE, Prat. Ch. 16.

Au dernier Cas, c'est-à-dire, si l'Accusé, lors de la Sentence de Provision, se trouvoit décrété de Prise de Corps, & avoit été emprisonné en conséquence, il ne lui seroit dû alors aucune nourriture par la Partie Civile, comme nous le verrons sur l'Art. 25 du Tit. suivant; & cela, quand même cette Partie auroit fait saisir d'ailleurs tous ses biens, pour le payement de la Provision qu'elle auroit obtenue contre lui; d'autant que cette Saisie est la seule ressource qui lui resteroit alors contre cet Accusé, qui, sçachant que le payement qu'il fetoit, ne contribueroit point à le faire sortir de Prison, ne se mettroit guères en peine d'y satisfaire. Si cependant, l'Accusé qui seroit emprisonné en vertu du Décret Réel, venoit à obtenir son élargissement après l'Interrogatoire, comme il arrive toutes les fois que le Décret Réel n'est devenu tel que par la Conversion, la Partie Civile seroit alors en droit de le retenir en Prison jusqu'au payement effectif. Mais dans ce dernier Cas, elle ne pourroit se dispenser d'avancer les frais de nourriture depuis l'élargissement ordonné, si la Saisie qu'elle auroit fait faire sur cet Accusé le mettoit dans l'impossibilité de se nourrir à ses dépens, comme nous l'avons observé ci-devant.

V. 4°. SUR la QUESTION de sçavoir, si la *solidité* a lieu entre les Accusés qui sont condamnés à une Provision alimentaire par la même Sentence. L'on répond, que cette solidité ne peut avoir lieu, que lorsqu'elle est prononcée expressément par cette Sentence, attendu qu'il s'agit d'un objet purement Civil; & qu'il n'y a pas même raison d'établir la solidité en ce Cas, que lorsqu'il s'agit de recouvrement des frais du Procès-Criminel, contre plusieurs Accusés qui se trouvent condamnés par un même Jugement définitif. Au reste, comme le Privilége de la *Contrainte par Corps* est de Droit étroit, & qu'il n'est accordé en cette Matiere qu'à cause de la faveur des Alimens & Médicamens dont le Blessé a un besoin indispensable, il ne peut être étendu à d'autres Cas, où les mêmes Motifs de faveur & de nécessité ne se rencontrent point. Par conséquent, celui des Accusés qui auroit été obligé de payer pour les autres, en vertu de la Condamnation solidaire, n'auroit pas le droit de faire emprisonner ses autres Co-accusés pour le remboursement de ce qu'il auroit payé pour eux. *V.* L. *Paulus*, *ff. de Re judic.* Néanmoins, si la Sentence n'avoit été rendue que contre un seul Accusé, elle pourroit être exécutée solidairement contre tous les Complices du même Crime qui a donné lieu à la Provision; *quia tunc unum Consilium sit, non plura facta.* C'est la raison qu'en rend la Loi 9, *Si Familia*, au *ff. de Jurisd. omn. jud.*

VI. 5°. Enfin sur la Question de sçavoir, si l'on peut contraindre le Pere de payer la Provision pour son Fils, un Mari pour sa Femme, un Maître pour son Domestique. L'on répond, que la condamnation à des Provisions étant une suite des Délits qui sont Personnels, on ne peut exercer des Contraintes pour le payement de ces Provisions, que contre ceux mêmes qui sont les Auteurs de ces Délits. Il faut observer cependant, qu'il y a diversité d'Arrêts sur tous ces Cas, & notamment par rapport aux Peres, que l'on a condamnés à payer la Provision pour leur Fils, toutes les fois qu'il a été prouvé qu'il y avoit de leur faute, par la mauvaise Education qu'ils avoient donnée à leurs Enfans, ou de quelqu'autre maniere.

ARTICLE VII.

» LES Sentences de Provision rendues par nos Baillifs, Sénéchaux, & autres Juges ressortissans nûement en nos Cours, qui n'excéderont la somme de 200 liv. » celles des autres Juges Royaux, qui n'excéderont 110 » liv. & des Juges des Seigneurs, qui n'excéderont 100 » liv. seront exécutées, nonobstant & sans préjudice de » l'Appel.

SOMMAIRE.

I. *Appel n'empêche l'Exécution par Saisie & Emprisonnement.*

II. *Pourquoi l'Appel n'est point suspensif en pareil Cas?*

III. *Payement de la Provision n'emporte Fin de non-recevoir sur l'Appel.*

IV. *Cet Appel peut-il être interjetté par le Blessé, comme par l'Accusé?*

I. PAR cet Article, l'Ordonnance marque précisément les Sommes, jusqu'à la concurrence desquelles, les Sentences de Provision doivent être exécutées dans les différentes Jurisdictions, nonobstant & sans préjudice de l'Appel; c'est-à-dire, que dans tous ces Cas, l'Appel qu'interjetteroit le Condamné, ne pourroit le mettre à couvert des Poursuites, par la Voie de la Saisie de ses biens & de l'Emprisonnement de sa Personne, dont il est parlé sur l'Article précédent. Ensorte qu'il ne lui resteroit d'autre Ressource, que celle des Défenses & Surséances, dont il sera parlé sur l'Article suivant.

II. LA Raison, pour laquelle l'Ordonnance n'a pas voulu que ces sortes d'Appels eussent un effet suspensif, c'est qu'il pourroit arriver que le Procès Criminel seroit aussi-tôt prêt à juger, que celui de la Provision; & que pendant les longueurs de l'Instance de l'Appel, le Blessé viendroit à mourir, faute de Médicamens.

III. AU RESTE, comme le Payement que feroit l'Accusé en pareil Cas, seroit forcé, & uniquement dans la vûe d'éviter les Contraintes & d'obéir à l'Ordonnance, il ne pourroit lui préjudicier aucunement, par rapport au fond de son Appel, ni lui être opposé comme fin de non-recevoir, conformément à l'Article 3 du Titre 25 de cette Ordonnance. *V.* néanmoins ce qui sera dit sur l'Article suivant, par rapport aux Précautions que doit garder cet Appellant, qui espere de parvenir à l'Obtention d'un Arrêt de Défense.

IV. L'APPEL des Sentences de Provision peut être interjetté, non-seulement par L'ACCUSÉ, qui se plaint de ce qu'il n'y avoit pas lieu de le condamner à une Provision, ou que la Provision à laquelle il a été condamné, est trop forte; mais encore de la part du BLESSÉ, qui se plaindroit, de ce que la Provision qui lui auroit été accordée, seroit trop modique & insuffisante. Celui-ci peut aussi appeller du Refus que feroit le Juge de lui accorder une Provision: mais ce dernier Cas se présente très-rarement, à cause de la facilité qu'ont les Juges à les accorder, & de l'extrême activité des Procureurs à les demander.

ARTICLE

ARTICLE VIII.

» NE pourront nos Cours surseoir ni défendre l'Exé» cution des Sentences de Provision, sans avoir vû les » Charges & Informations, & les Rapports des Méde» cins & Chirurgiens, & que le tout n'ait été com» muniqué à nos Procureurs Généraux : & les Défen» ses ou Surséances n'auront aucun effet à l'égard de » la Provision, si elles ne sont expressément ordonnées » par l'Arrêt, pour lequel ne seront prises aucunes » Épices.

SOMMAIRE.

I. *Modification du précédent Article.*
II. *Défenses sont accordées difficilement par les Cours, & pourquoi?*
III. *Plusieurs Conditions qui y sont attachées.*
IV. *Quand, & comment elles sont accordées?*
V. *Provision peut être exécutée, jusqu'à la Signification de l'Arrêt de Défenses.*

I. NOUS venons de voir sur l'Article précédent, que l'Appel des Sentences de Provision, lorsqu'elles n'excédoient pas les sommes qui y sont fixées, suivant les différens Tribunaux, ne pouvoit pas en empêcher l'Exécution. L'Ordonnance ajoute ici, une Modification à cet Article, en laissant aux Cours Supérieures le Pouvoir d'accorder sur cet Appel des Défenses ou Surséances, contre l'Exécution de ces mêmes Sentences.

II. MAIS, en même-tems qu'elle a cru devoir mettre un juste frein à l'autorité des premiers Juges, qui pourroient affecter de réduire les Provisions, jusqu'à la concurrence des sommes qui leur sont désignées, dans la vûe de favoriser les Parties à qui ils les accordent, & de mieux en assurer l'Exécution ; la même Ordonnance a cru devoir empêcher, d'un autre côté, l'Abus que les Cours pourroient faire elles-mêmes du pouvoir qu'elle leur accorde par cet Article, en attachant certaines Conditions aux Défenses & Surséances qu'elles donneront, & qui, en les rendant extrêmement difficiles, puissent détourner les Accusés de se porter trop légérement à recourir à cette Voie, qui exposeroit les Blessés à devenir le plus souvent la victime de leur chicannes.

III. Ces Conditions sont de quatre sortes, la *premiere*, que les Cours ne puissent accorder ces Défenses & Surséances, sans voir les Charges & Informations, comme aussi les Rapports des Médecins & Chirurgiens. Il faut pour cela, qu'elles rendent un premier Arrêt qui ordonne l'Apport au Greffe d'une Grosse de la Procédure Criminelle, & singuliérement du Rapport.

La *seconde*, que toutes ces Piéces soient communiquées aux Procureurs Généraux, pour donner leurs Conclusions. L'on voit par-là, qu'il faut plus de formalités pour empêcher l'Exécution de ces Sentences, qu'il n'en faut pour les rendre; puisqu'aux termes de l'Article 1er de ce Titre, les Provisions s'adjugent sans Conclusions du Ministére Public.

La *troisiéme*, c'est qu'il doit être fait mention dans l'Arrêt que rendront les Cours, des Surséances ou des Défenses d'Exécuter; en sorte que l'Arrêt qui ne porteroit pas expressément que la Cour *Surseoit ou Défend* l'Exécution des Sentences de Provision, ne pourroit être d'aucune utilité à celui qui l'auroit obtenu. Suivant l'Art. 4, du Tit. 26 ci-après, il faut, outre la mention des Défenses & Suséances, celle du vû des Charges & des Conclusions des Procureurs Généraux.

Enfin, la *quatriéme* Condition, c'est que les Cours ne pourront prendre aucunes Epices pour les Arrêts de Défenses & Surséances qu'elles rendront. D'où il suit, que ces Arrêts doivent être prononcés à l'Audience. *V.* au surplus l'Art. 4 du Tit 26 ci-après.

IV. Au reste, la faveur des Provisions est si grande, qu'il arrive très-rarement, que les Cours se déterminent à accorder des Défenses ou Surséances, contre les Sentences qui les adjugent, & qu'elles ne le font du moins, que lorsque sur le vû des Charges & du Rapport, elles connoissent que la Preuve des Blessures est fort légere; ou que ces Blessures sont elles-mêmes si peu de chose, qu'elles ne méritoient pas que le premier Juge accordât une Provision; ou enfin, que la Provision qu'il a accordée, étoit trop forte. Dans les deux premiers Cas, la Cour, par son Arrêt, fait défenses de mettre la Sentence à exécution; ce qu'elle fait ordinairement par le même Arrêt, qui fait défenses d'exécuter le Décret de Prise de Corps. Dans le dernier Cas, elle modére la Provision jusqu'à la somme qu'elle croit suffisante, en ajoutant, qu'elle surseoit & défend l'Exécution pour le surplus.

V. Il est bon d'observer ici, que jusqu'à l'Obtention de ces Défenses & Surséances, & même jusqu'à la Signification de l'Arrêt qui les contient, l'Accusé n'est point à couvert des poursuites du Plaignant, lequel peut toujours faire exécuter la Sentence, même par emprisonnement de sa Personne, nonobstant la Signification de la Cedule d'Appel, & de la remise de la Procédure au Greffe. Il n'a donc rien de mieux à faire, dans cet intervalle, que de se tenir caché; & s'il vient à être découvert, il doit plutôt consentir à se laisser conduire en Prison, que de satisfaire au payement de la Provision, par la raison, que s'il parvient à obtenir les Défenses qu'il demande, il sera élargi tout aussi-tôt sans payement, au lieu que s'il avoit payé avant les Défenses, même avec déclaration *qu'il ne le faisoit que comme contraint*, & pour éviter la Prison, il ne pourroit parvenir à se procurer son remboursement qu'à la fin du Procès, & dans le Cas seulement où il seroit renvoyé de l'Accusation : du moins, l'on ne voit aucune Disposition de l'Ordonnance qui autorise les Cours à ordonner la restitution avant ce tems-là.

TITRE XIII.

Des Prisons, Greffiers des Geoles, Geoliers & Guichetiers.

Ce Titre contient trente-neuf Articles.

Dans le *premier*, l'Ordonnance veut que les Prisons soient sûres & nettes, pour la santé des Prisonniers.

Dans le *second*, que les Concierges & Geoliers, exercent en personne, & qu'ils sachent lire & écrire.

Dans le *troisiéme*, qu'aucun Huissier ou Archer, ne puisse être Greffier, Concierge, Geolier, ni Guichetier.

Dans le *quatriéme*, que le Geolier paye des Gages raisonnables à ceux qu'ils préposent à la Garde des Prisons.

Dans le *cinquiéme*, qu'il n'y ait point de Greffier de Geole dans les Justices Seigneuriales, & qu'il n'en soit établi aucun de nouveau dans les Royales.

Dans le *sixiéme*, que les Greffiers des Geoles, & Geoliers & Concierges, ayent un Regiſtre pour les Ecroues & Recommandations, & pour les Elargiſſemens & Décharges, & quelle forme ces Regiſtres doivent avoir.

Dans le *septiéme*, que les mêmes Personnes ayent encore un autre Regiſtre pour mettre par forme d'Inventaire, les Hardes du Prisonnier, & autres Effets qui peuvent servir à la Preuve de son Crime.

Dans le *huitiéme*, qu'il ne soit laiſſé aucun Blanc dans l'un & l'autre de ces Regiſtres.

Dans le *neuviéme*, qu'il ne soit délivré d'Ecroue qu'à ceux qui sont actuellement Prisonniers, & qu'il n'en soit fait ailleurs que dans les Regiſtres.

Dans le *dixiéme*, qu'il ne soit pris aucun Droit pour les Emprisonnemens, Recommandations & Décharges, mais seulement pour les Extraits qu'ils en délivreront.

Dans le *onziéme*, que les Droits appartenans aux Geoliers, &c. soient réglés par le Juge, & mis dans un Tarif qui soit posé au lieu le plus apparent de la Prison.

Dans le *douziéme*, que les Recommandations soient signifiées à la personne des Prisonniers, & qu'il leur en soit baillé Copie.

Dans le *treiziéme*, que les Ecroues & Recommandations faſſent mention des Arrêts, &c. & qu'il ne puiſſe y avoir qu'une Ecroue, quoiqu'il y ait plusieurs Causes d'Emprisonnement.

Dans le *quatorziéme*, qu'il ne soit rien pris des Prisonniers, sous prétexte de Bienvenue.

Dans le *quinziéme*, que les Greffiers de Geole ou Geoliers, portent inceſſamment Copie aux Procureurs du Roi & des Seigneurs, des Ecroues & Recommandations faits pour Crime.

Dans le *seiziéme*, que les Geoliers ne permettent la Communication de qui que ce soit avec les Prisonniers pour Crime, avant l'Interrogatoire, ni après, s'il est ainsi ordonné par le Juge.

Dans le *dix-septiéme*, non plus qu'avec les Prisonniers détenus dans les Cachots, pas même, qu'il leur soit donné ni Lettres ni Billets.

Dans le *dix-huitiéme*, qu'ils ne puissent tirer du Cachot les Prisonniers, qu'avec la Permission du Juge.

Dans le *dix-neuviéme*, qu'ils ne puissent mettre un Prisonnier dans les Cachots, qu'ensuite de la Permission du Juge.

Dans le *vingtiéme*, que les Hommes & Femmes soient dans des Prisons séparées.

Dans le *vingt-uniéme*, que les Prisonniers enfermés aux Cachots, soient visités, quand & pourquoi?

Dans le *vingt-deuxiéme*, que les Geoliers & Guichetiers ne puissent se faire payer d'avance les frais de Nourriture & autres, & donnent Quittance de ce qui leur est payé.

Dans le *vingt-troisiéme*, que les Prisonniers détenus pour Dettes, ou Intérêts Civils, soient nourris aux dépens de ceux qui les ont fait arrêter ou recommander.

Dans le *vingt-quatriéme*, que faute de leur fournir la Nourriture, après deux Sommations faites, ces Prisonniers puissent être élargis.

Dans le *vingt-cinquiéme*, que les Prisonniers pour Crime, ne soient nourris aux dépens de la Partie Civile.

Dans le *vingt-sixiéme*, que celui qui sera commis pour fournir le Pain des Prisonniers, soit remboursé, & comment?

Dans le *vingt-septiéme*, que les Geoliers ne puissent vendre de la Viande, ni permettre qu'on en apporte aux Prisonniers, les Jours défendus par l'Eglise.

Dans le *vingt-huitiéme*, que les Prisonniers non enfermés dans les Cachots, puissent se faire apporter les Vivres de dehors, lesquels seront néanmoins visités par les Geoliers.

Dans le *vingt-neuviéme*, que les Arrêts & Jugemens d'Absolution soient prononcés le même jour aux Accusés, qui seront ensuite élargis, s'il n'y a Appel, en consignant les Amendes, Aumônes & Intérêts Civils seulement.

Dans le *trentiéme*, que ces Accusés ne puissent être retenus pour Frais de Nourriture, Gîte & Geolage.

Dans le *trente-uniéme*, que les Prisonniers pour Dettes soient élargis sur le seul consentement des Parties qui les ont fait arrêter ou recommander.

Dans le *trente-deuxiéme*, qu'ils soient élargis aussi sans ce consentement, en consignant les Sommes pour lesquelles ils sont détenus.

Dans le *trente-troisiéme*, qu'il ne soit payé aucun Droit pour cette Consignation.

Dans le *trente-quatriéme*, que les Juges soient tenus de faire observer les Réglemens ci-dessus.

Dans le *trente-cinquiéme*, que les Procureurs du Roi & des Seigneurs, visitent les Prisons une fois par semaine, pour recevoir les Plaintes des Prisonniers.

Dans le *trente-sixiéme*, que les Greffiers des Geoles, Geoliers & Guichetiers, exécutent les Réglemens ci-dessus, sous différentes Peines, &c.

Dans le *trente-septiéme*, qu'il soit informé des Contraventions aux Réglemens, & que les Dépositions de six Témoins, quoique singuliers, suffiront pour la preuve contre les Greffiers de Geole, Geoliers & Guichetiers.

Dans le *trente-huitiéme*, que les Prisonniers mis en des Prisons empruntées, soient incessamment transférés.

Enfin, dans le *trente-neuviéme*, que les Baux à ferme des Prisons Seigneuriales, soient faits en présence des Juges Royaux, & la redevance annuelle par eux taxée.

ARTICLE PREMIER.

» VOULONS que les Prisons soient sûres & dis-
» posées, ensorte que la Santé des Prisonniers n'en
» puisse être incommodée.

SOMMAIRE.

I. *Motif de cet Article.*
II. *Prisons sont pour la Garde, & non pour la Punition.*
III. *Déclaration du Roi concernant les Engagistes du Domaine du Roi.*
IV. *Réglement de la Cour concernant les Seigneurs Hauts-Justiciers.*
V. *Défaut de sûreté des Prisons, rend les Seigneurs responsables de l'Evasion des Prisonniers.*

I. PAR cet Article, le Législateur se propose deux Objets également dignes de sa justice & de sa bonté; l'un, de pourvoir à la Garde des Prisonniers, & empêcher leur Evasion; l'autre, de veiller à la conservation de leur santé, qui pourroit être altérée par le mauvais air qu'on respire dans les Prisons, à cause des Maladies fréquentes qui y régnent.

II. De si sages Précautions sont fondées sur cette Maxime, établie par les Loix Romaines, que les Prisons sont faites *ad continendos non ad puniendos homines*; L. *Aut Damnum*, *§. Solent. ff. de Pœnis;* & elles ont été renouvellées par plusieurs Déclarations & Réglemens postérieurs à cette Ordonnance.

III. Par la Déclaration du 7 Novembre 1724, il est enjoint aux Engagistes des Domaines du Roi, qui ont des Prisons comprises dans leurs Engagemens, d'entretenir les Prisons de toutes Réparations, &c.

IV. Par l'Arrêt de la Cour du premier Septembre 1717, portant Réglement pour les Prisons des Provinces du Ressort, il est enjoint (Art. 32) aux Seigneurs Hauts-Justiciers, d'avoir des Prisons au rez-de-chaussée, *en bon & suffisant état*... & il est dit, que faute par eux de faire construire & rétablir ces Prisons dans trois mois, elles seront construites & rétablies à la diligence des Procureurs du Roi des Siéges où les Appellations de ces Justices ressortissent médiatement ou immédiatement, & à l'égard des Hautes-Justices, ressortissant nuement en la Cour, à la diligence des Substituts du Procureur Général, qui sont en droit de connoître des Cas Royaux, dans l'étendue de ces Hautes-Justices; pourquoi il sera délivré Exécutoire auxdits Procureurs du Roi, de l'autorité des Juges, contre les Receveurs des Terres & Seigneuries, dont dépendent ces Hautes-Justices.

V. Enfin, l'on trouve dans Papon, Liv. 24, Tit. 4, un Arrêt qui a jugé que les Seigneurs Hauts-Justiciers étoient responsables des Evasions des Prisonniers, arrivées par le défaut de la Prison, pour n'être pas assez forte. *Arg.* L. *Debet* 7, *in Princ. ff. Naut. Caup. & Stabul.*

ARTICLE II.

» Tous Concierges & Geoliers exerceront en Per-
» sonne, & non par aucuns Commis; & sçauront lire
» & écrire : & dans les Lieux où ils ne le sçavent, en
» sera nommé d'autres dans six Semaines, à peine, con-
» tre les Seigneurs, de Privation de leur Droit.

SOMMAIRE.

I. *Motif du présent Article.*
II. *Déclaration du Roi concernant les Geoliers des Conciergeries des Cours.*
III. *Réglement de la Cour concernant les Geoliers des Prisons des Bailliages.*
IV. *Déclaration du Roi concernant les Geoliers des Prisons des Engagistes.*
V. *Réglement de la Cour concernant les Geoliers des Hauts-Justiciers.*
VI. *Procureurs du Roi doivent veiller à l'Exécution de ce Réglement.*

I. LA Disposition de cet Article, qui concerne les Capacités nécessaires aux Concierges & Geoliers des Prisons, pour qu'ils puissent remplir les Obligations qui leur sont prescrites sous ce Titre, & notamment celle d'avoir des Registres, a été renouvellée par plusieurs Réglemens, portant des Injonctions particulières, tant aux Cours & Juges Royaux, qu'aux Engagistes du Domaine, & aux Seigneurs Hauts-Justiciers.

II. PAR la Déclaration du 11 Juin 1724, il est enjoint *aux Cours de Parlement*, de commettre à la Garde des Prisons, des Personnes capables, qui leur seront présentées par les Procureurs Généraux, après qu'ils auront été informés de leurs vie & mœurs, & qu'il aura, par eux, été prêté le Serment, en tel Cas requis & accoutumé.

III. PAR l'Art. 31 du Réglement de la Cour du 1er Septembre 1717, il est dit, que les *Lieutenans Généraux des Sénéchaussées & Bailliages*, & autres Premiers Juges des Justices ordinaires de la Cour procéderont à la Réception des Geoliers préposés aux Prisons dépendantes de leur Jurisdiction, & à leur défaut, les *Lieutenans Criminels*, ou autres Premiers Officiers de chaque Jurisdiction dont dépendent ces Prisons, suivant l'Ordre du Tableau.

IV. PAR la Déclaration du 7 Novembre 1724, il est enjoint aux *Engagistes* du Domaine du Roi, qui ont des Prisons comprises dans leurs Engagemens, d'y pourvoir de bons & fidéles Geoliers, qu'ils présenteront aux Procureurs Généraux des Cours de Parlement, & qui seront tenus de prêter pardevant les Juges Royaux des Lieux, le Serment ordinaire, après qu'à la Requête des Procureurs Généraux, il aura été informé de leurs vie & mœurs, & *il est dit*, que faute par lesdits Engagistes de pour-

voir

voir lesdites Prisons de bons & fidéles Geoliers, il sera pourvû à la Garde d'icelles par les Cours du Parlement; en la maniere prescrite par la Déclaration du 11 Juin 1724, & qu'il sera même assigné, si besoin est, ausdits Geoliers, tels Gages qu'il appartiendra, dont le payement sera pris par préférence sur le revenu desdits Domaines engagés.

V. PAR l'Art. 32 du Réglement de la Cour du 1er Septembre 1717, que nous venons de citer, il est enjoint aux *Seigneurs Hauts-Justiciers* du Ressort, de mettre des Geoliers de la Qualité requise par l'Ordonnance

VI. ENFIN, suivant l'Auteur des Formules, si le Seigneur Haut-Justicier n'y pourvoit pas, le Procureur Fiscal peut requérir l'Exécution de cet Article; & le Juge, sur son Réquisitoire, nommera une Personne de la Qualité requise par cet Article.

ARTICLE III.

» AUCUN Huissier, Sergent, Archer, ou autre Officier de Justice ne pourra être Greffier des Geoles, » Concierge, Geolier ni Guichetier; à peine de 500 » liv. d'amende envers Nous, & de Peine Corporelle, » s'il y écheoit.

SOMMAIRE.

I. *Défenses portées par cet Article. Sur quoi fondées?* II. *Justifiées par les Articles suivans.*

I. LES Défenses portées par cet Article, sont fondées sur l'*Incompatibilité* des Fonctions d'Huissiers, Sergens & Archers, avec celles de Greffiers des Geoles, Concierges, Geoliers, & Guichetiers, tant, parce que ces dernieres demandent une Résidence exacte & assidue, dont les premieres ne sont point susceptibles; que, parce que leur réunion dans une même Personne, ouvriroit nécessairement la porte à une infinité de Fraudes & de Prévarications, d'autant plus dangereuses, qu'il seroit presqu'impossible de s'en garantir.

II. AU RESTE, la suite des Articles de ce Titre, qui concernent les Devoirs des uns & des autres, ne servira qu'à mieux faire sentir la sagesse & la nécessité du Réglement, qui est porté par celui-ci. *V.* sur-tout l'Art. 7 ci-après.

ARTICLE IV.

» ENJOIGNONS aux Geoliers, de donner des » Gages raisonnables aux Guichetiers, & autres Per- » sonnes par eux préposées à la Garde des Prisonniers.

SOMMAIRE.

I. *Motif de cet Article.*
II. *Réglemens de la Cour, par rapport à la Nourriture & aux Gages des Guichetiers.*
III. *Autre Réglement, par rapport aux Devoirs des Guichetiers à l'égard des Prisonniers.*

I. L'INJONCTION faite par cet Article, aux Geoliers, de donner des Gages raisonnables aux Guichetiers, & autres Personnes qu'ils préposent à la Garde des Prisonniers, a pour objet d'empêcher que ceux-ci, faute de secours nécessaires pour subsister, ne se portent à prévariquer dans leurs Emplois, en mettant à contribution les Prisonniers.

II. SUIVANT l'Art. 19 de l'Arrêt de la Cour, du 18 Juin 1717, portant Réglement pour les Prisons de Paris, les Geoliers sont tenus de nourrir leurs Guichetiers, & de leur payer à chacun au moins 100 liv. de Gages par an, aux quatre termes accoutumés, en présence des Substituts du Procureur Général du Roi, qui viseront les Quittances desdits Gages, à peine de Nullité desdites Quittances.

III. PAR une autre Disposition du même Article, il est fait défenses aux Guichetiers, à peine de restitution du double, & d'être privés pour toujours de leurs Emplois, même de Punition corporelle s'il y écheoit, d'exiger, demander ou accepter aucunes choses des Prisonniers, en quelque maniere, & sous quelque prétexte que ce soit, ni même de ceux qui les amenent, écroüent, recommandent ou déchargent, les viennent visiter, leur font des aumônes, ou les délivrent par charité.

La même Disposition a été renouvellée par l'Art. 14 du Réglement du 1er Septembre 1717, concernant les Prisons des Provinces du Ressort. *V.* au surplus l'Art. 11 du présent Titre, qui concerne les Droits qui doivent être réglés aux Guichetiers, pour Vivres, Denrées, &c. qu'ils auront fournis.

ARTICLE V.

» Il n'y aura aucun Greffier de Geole dans les Pri-
» sons Seigneuriales, & n'en sera établi aucun de nou-
» veau dans les Royales.

SOMMAIRE.

Motif de la Disposition de cet Article.

PAR cet Article, qui concerne singuliérement les Greffiers de Geole, l'Ordonnance défend d'en établir aucun dans les Justices Seigneuriales, & d'en établir de nouveau dans les Justices Royales ; par la raison sans doute, que les Concierges, Geoliers & Guichetiers, dont il est parlé dans les Articles précédens, peuvent suffire pour remplir les Fonctions attachées à ces Greffiers, & que l'Expérience a fait voir que la Multiplicité des Offices en cette Matiere, ne tendoit qu'à multiplier inutilement des Frais, qui les rendoient plus onéreux que profitables au bien de la Justice.

ARTICLE VI.

» LES Greffiers des Geoles, où il y en a, ou les
» Geoliers & Concierges, seront tenus d'avoir un Re-
» gistre relié, cotté & paraphé par le Juge dans tous
» ses Feuillets, qui seront séparés en deux Colonnes,
» pour les Ecroües & Recommandations, & pour les
» Elargissemens & Décharges.

SOMMAIRE.

I. *Trois Formalités prescrites pour les Regiſtres des Greffiers & Geoliers.*
II. *Par qui doivent être cottés & paraphés les Regiſtres des Priſons de la Cour?*
III. *Par qui doivent être cottés & paraphés les Regiſtres des Priſons des Siéges inférieurs?*

PAR cet Article, l'Ordonnance preſcrit aux Greffiers des Geoles, aux Geoliers & Concierges, l'obligation d'avoir un Regiſtre pour les Ecroües, Recommandations, Elargiſſemens & Décharges; & en même-tems, les Formalités néceſſaires pour la validité de ces Regiſtres.

I. CES Formalités ſont de trois ſortes; 1°. Que ces Regiſtres ſoient reliés; 2°. Qu'ils ſoient cottés & paraphés par le Juge, dans tous les feuillets; 3°. Enfin, que chaque page de ces feuillets ſoit partagée en deux Colonnes, dont l'une contiendra les Ecroües & Recommandations, & l'autre les Elargiſſemens & Décharges.

II. SUIVANT l'Art. 22 du Réglement de Juin 1717, les Regiſtres des Priſons des Cours doivent être cottés & paraphés par premier & dernier, dans tous leurs feuillets, par le Commiſſaire de la Priſon.

III. SUIVANT l'Art. 31 de celui de Septembre de la même année 1717, les Regiſtres des Priſons des Bailliages, Sénéchauſſées & autres Juriſdictions ordinaires de ce Reſſort, doivent être cottés & paraphés ſans frais, par premiere & derniere, par les Lieutenans Généraux, & autres Premiers Juges ordinaires, & à leur défaut, par le Lieutenant Criminel, & autres premiers Officiers de chaque Juriſdiction dont dépendent les Priſons, à commencer par le plus ancien, ſelon l'Ordre du Tableau.

ARTICLE VII.

» ILS auront encore un autre Regiſtre cotté & pa-
» raphé auſſi par le Juge, pour mettre par forme d'In-
» ventaire, les Papiers, Hardes & Meubles, deſquels le

» Prisonnier aura été trouvé saisi, & dont sera dressé » Procès-verbal par l'Huissier, Archer ou Sergent qui » aura fait l'Emprisonnement, qui sera assisté de deux » Témoins, qui signeront avec lui son Procès-verbal; » & seront les Papiers, Hardes & Meubles qui pour- » ront servir à la Preuve du Procès, remis au Greffe » sur le champ; & le surplus rendu à l'Accusé qui si- » gnera l'Inventaire & le Procès-verbal : sinon sur l'un » & sur l'autre sera fait Mention de son Refus.

SOMMAIRE.

I. *Que doit contenir le Registre dont il est parlé dans cet Article?*

II. *Pourquoi les Huissiers sont tenus de dresser Procès-verbal, & de remettre au Greffe certains Effets de l'Accusé?*

III. *Pourquoi la Signature de l'Accusé, ou Mention de son Refus, sont requises dans les Procès-verbaux & Inventaires.*

TROIS Dispositions dans cet Article.

I. PAR la 1re, qui concerne les *Greffiers des Geoles, Concierges & Geoliers*, l'Ordonnance veut, qu'indépendamment du Registre dont il est parlé dans l'Article précédent, ces Greffiers & Geoliers, en ayent un autre, qui soit pareillement cotté & paraphé par le Juge, & dans lequel seront portés par forme d'*Inventaire*, les Papiers, Hardes & Meubles, dont le Prisonnier aura été trouvé saisi.

II. PAR la 2e, qui concerne les *Huissiers, Sergens & Archers*, l'Ordonnance veut, que pour assurer la Preuve que ces Papiers, Hardes & Meubles, ont été effectivement trouvés sur le Prisonnier, lors de la Capture, & empêcher que ces Ministres de la Justice ne puissent les détourner à leur profit, ou que l'Accusé ne s'en défasse pendant la conduite, il soit dressé par eux un Procès-verbal à l'instant même de cette Capture; & que ce Procès-verbal soit signé par deux Témoins ou Records, dont ils seront assistés. Elle veut de plus, que comme parmi ces Effets il peut y en avoir qui servent à la Preuve du Crime, pour lequel l'Accusé a été décrété; les Huissiers, Sergens & Archers, ayent ſoin de les remettre au Greffe ſur le champ, & qu'ils rendent le ſurplus à l'Accuſé.

III. ENFIN, par une 3me Diſpoſition qui concerne principalement l'*Accuſé*, pour ne lui laiſſer aucun ſujet de ſe plaindre des ſurpriſes & infidélités qui pourroient être commiſes, tant de la part des Huiſſiers & Archers, dans leurs Procès-verbaux, que de la part des Greſſiers de Geoles, Concierges & Geoliers, dans leurs Inventaires; l'Ordonnance exige, que ces Procès-verbaux, ainſi que ces Inventaires, ſoient ſignés par cet Accuſé, ſinon qu'il ſoit fait mention de ſon refus, dans l'un & l'autre de ces Actes.

Nous verrons ſur l'Art. 4 du Tit. 17 ci-après, ce qui doit être fait, lorſque parmi les Effets déposés au Greffe, il y en a, qui peuvent dépérir, & être conſumés en frais, en les gardant quelque tems.

ARTICLE VIII.

» LES Greſſiers & Geoliers ne pourront laiſſer au- » cun blanc dans leurs Regiſtres.

SOMMAIRE.

I. *Formalité générale pour tous les Regiſtres.*
II. *Motif de la Diſpoſition de cet Article.*
III. *Renouvellé par les Réglemens de Juin & Septembre 1717.*

I. IL eſt parlé dans cet Article, d'une Formalité générale, que doivent obſerver les Greſſiers & Geoliers, dans la rédaction de leurs Regiſtres, tant de celui concernant les Ecroües dont il eſt parlé ſur l'Art. 6, que de celui concernant les Effets trouvés ſur l'Accuſé, dont nous venons de parler ſur l'Article précédent. Cette Formalité conſiſte, en ce que tous les feuillets de ces Regiſtres doivent être écrits ſans interruption, de maniere qu'il n'y reſte aucun blanc.

II. L'ON conçoit aiſément le motif de cette Diſpoſition, qui eſt fondé, ſur ce que ces Regiſtres devant faire foi, il étoit néceſſaire d'empêcher qu'on ne puiſſe corrompre & altérer la vérité des choses qui doivent y être consignées ; & cette précaution étoit une suite naturelle de la Disposition de l'Art. 6, qui veut que ces Registres soient reliés, cottés & paraphés par le Juge.

III. AUSSI, l'Expérience a tellement fait sentir la sagesse & la nécessité de toutes ces Précautions, qu'elles ont été renouvelées par tous les Réglemens postérieurs, & notamment par l'Article 22 de celui de Juin 1717, & par les Art. 13 & 17 de celui de Septembre de la même année.

ARTICLE IX.

» LEUR défendons, à peine des Galeres, de délivrer » des Ecroües à des Personnes, qui ne seront point ac- » tuellement Prisonniers, ni faire des Ecroües, ou Dé- » charges sur Feuilles volantes, Cahiers, ni autrement, » que sur le Registre cotté & paraphé par le Juge.

SOMMAIRE.

I. *Qu'est-ce que l'Ecroüe, & son Effet?*
II. *Deux Abus réformés par cet Article.*
III. *Deux autres Abus corrigés par des Réglemens de la Cour.*
IV. *Formule d'Ecroüe.*

I. L'ECROUE dont il est parlé dans cet Article, est l'Acte ou Brevet, par lequel l'Huissier, Sergent ou Archer, se décharge sur le Registre de la Geole, de la Personne de celui qu'il constitue Prisonnier. C'est par cet Acte que l'Accusé devient le gage de la Justice ; c'est aussi à cause de son Importance, que l'Ordonnance a cru ne devoir rien négliger pour en assurer l'authenticité ; & en même-tems, pour prévenir les Abus qui pourroient s'introduire à ce sujet.

II. NOUS verrons sur l'Art. 13 ci-après, Quelles sont les *Formalités*, que l'Ordonnance exige pour l'authenticité de l'Ecroüe ; nous observerons seulement quant aux *Abus*, qu'il s'en étoit glissé de deux sortes, qui ont paru tellement dangereux aux yeux du Législateur, qu'il n'a pas cru devoir les réprimer, par de moindres peines que celle des Galéres; l'*un*, c'étoit de délivrer ces fortes d'Actes, à des Perfonnes qui n'étoient point actuellement Prifonniers; l'*autre*, c'étoit de faire des Ecroües ou des Décharges, fur des feuilles volantes, & ailleurs que fur les Regiftres qui avoient été cottés & paraphés par le Juge.

III. INDÉPENDAMMENT de ces Abus relatifs aux Ecroües, il paroît, que depuis l'Ordonnance, il en étoit encore furvenu deux autres non moins dangereux, dans les Jurifdictions du Reffort de la Cour. L'un, c'étoit de la part des *Greffiers & Geoliers*, qui faifoient paffer les Prifonniers dans les Chambres des Prifons, & même dans les Cachots, auparavant que de les avoir écroüés. L'autre, de la part des *Huiffiers*, qui affectoient de donner aux Prifonniers qu'ils arrêtoient, des Copies non lifibles de ces Ecroües, & qui déclaroient les avoir fignifiées, en parlant à leurs perfonnes, quoiqu'ils ne les euffent point vûs, & que ceux-ci n'en avoient aucune connoiffance. Ces Abus ont été réprimés par deux Difpofitions remarquables de l'Arrêt de Réglement du 1er Septembre 1717, que nous aurons lieu de rapporter fur les Art. 12 & 13 ci-après.

IV. *FORMULE d'Ecroüe.*

Le tel jour.....tel.....a été amené Prifonnier ès Prifons de céans par moi, Archer de la Prévôté de.....& fut ledit tel.....arrêté hier, en vertu du Décret de Monfieur le Prévôt de.....ou du Juge de.... à la Requête de tel.....Partie Civile (*s'il y en a*) pour lequel j'ai fait Election de Domicile en la Maifon de....fife Rue de....Paroiffe de...

ARTICLE X.

» LEUR défendons de prendre aucuns Droits pour » les Emprifonnemens, Recommandations & Décharges; mais pourront feulement pour les Extraits qu'ils » en délivreront, recevoir ceux qui feront taxés par » le Juge, & qui ne pourront excéder; fçavoir, en » toutes nos Cours & Juftices dix fols, & la moitié en » celles des Seigneurs; fans néanmoins pouvoir augmenter ès Lieux où l'Ufage eft de donner moins.

SOMMAIRE.

Sommaire.

I. *Pourquoi les Greffiers & Geoliers ne peuvent-ils prendre aucun Droit pour les Emprisonnemens & Décharges?*
II. *Trois Conditions sous lesquelles ils peuvent percevoir des Droits pour les Extraits qu'ils délivrent.*
III. *Distinction faite par les Réglemens.*
IV. *Taxe pour les Greffiers des Geoles.*
V. *Taxe pour les Geoliers des Prisons où il n'y a point de Greffiers établis.*
VI. *Distinction entre les Prisonniers pour Crime qui ont Partie Civile, & ceux qui n'en ont point.*

PAR cet Article, l'Ordonnance distingue les Droits que les Greffiers des Geoles, & les Geoliers peuvent percevoir, de ceux qu'ils ne peuvent percevoir.

I. Suivant la 1re Disposition de cet Article, ils ne peuvent prendre aucuns Droits pour les Emprisonnemens, Recommandations & Décharges; l'Ordonnance leur fait des défenses expresses à cet égard, par la raison sans doute, que ces Actes sont une suite nécessaire des Fonctions de leurs Offices, pour lesquels ils ont d'ailleurs des Gages.

II. Les Droits que l'Ordonnance leur permet de recevoir, sont ceux qui concernent les Extraits qu'ils délivreront de ces Emprisonnemens, Recommandations & Décharges. Mais cette Permission ne leur est accordée par cet Article que sous trois Conditions; la *premiere*, qu'ils ne percevront ces Droits que conformément à la Taxe qui en sera faite par le Juge; la *seconde*, que cette Taxe ne pourra excéder 10 sols pour chaque Extrait dans les Justices Royales, & 5 sols dans les Justices Seigneuriales; la *troisiéme* enfin, que dans les lieux où il est d'usage de donner moins que les 10 sols & les 5 sols dont on vient de parler, la Taxe sera réglée par l'Usage, de maniere que le Juge ne pourra l'augmenter.

III. L'on voit par cet Article, que l'Ordonnance ne fait aucune distinction entre les Greffiers & les Geoliers, relativement aux Droits dont on vient de parler; non plus qu'entre les Prisonniers sur lesquels on peut les percevoir. Mais, par les Réglemens de la Cour des mois de Juin & de Septembre 1717, l'on a cru devoir mettre quelque différence sur tous ces Points.

IV. 1°. QUANT aux *Greffiers*, l'Art. 26 du Réglement de Juin, porte » qu'il sera payé aux Greffiers des Geoles, 20 sols » pour l'Ecroüe des Prisonniers Appellans, & la Décharge des » Conducteurs, & pour l'Ecroüe des autres Prisonniers 15 sols, » & 10 sols pour chaque Recommandation, le tout en donnant » un Extrait de l'un & de l'autre, aux Parties qui les feront faire, » & 10 sols pour chacun Extrait desdits Ecroües & Recomman- » dations, qui sera levé dans la suite.

» L'Article suivant ajoute, qu'ils auront pareillement 20 sols » pour les Décharges des Ecroües, 10 sols pour celles des Re- » commandations, & 10 sols pour les Extraits qu'ils en délivre- » ront, &c.

V. 2°. A l'égard des *Geoliers*, il est dit par l'Article 29 du même Réglement, » que ceux des Prisons où il n'y a point de Gref- » fier établi, ne pourront prendre plus de 10 sols pour chaque » Ecroüe, 5 sols pour chaque Recommandation, en donnant un » Extrait de l'un & de l'autre aux Parties qui les feront faire, & 5 s. » pour chaque Extrait desdits Ecroües & Recommandations qui se- » ra levé dans la suite; qu'ils ne pourront pareillement prendre pour » la Décharge des Ecroües plus de 10 sols, 5 sols pour celle des Re- » commandations, & 5 sols pour les Extraits desdites Décharges.

VI. 3°. ENFIN, quant aux *Prisonniers*, le Réglement du 1er Septembre 1717, distingue à cet égard, entre les Prisonniers pour Crime, qui ont Partie Civile, & ceux qui n'en ont point. L'Art. 26 de ce Réglement, porte » que, tant les Greffiers que les » Geoliers, ne pourront exiger des Prisonniers pour Crime qui » n'ont point de Partie Civile, aucuns Droits, sous quelque pré- » texte que ce puisse être, pour raison de leur Emprisonnement » ou autre Acte regardant ledit Crime, sans préjudice de ce » qui pourroit leur être dû pour autre cause, & sans qu'en au- » cun Cas ils puissent appliquer au payement de ce qui leur est » dû, les sommes données par Charité pour la délivrance desdits » Prisonniers, ni retenir les Hardes desdits Prisonniers, pour » leurs Droits, Nourritures, & autres Frais qu'ils leurs pourroient » devoir; mais seront tenus de se contenter d'une Obligation, pour » se pourvoir sur leurs Biens seulement, laquelle ne pourra leur » être refusée par le Prisonnier.

ARTICLE XI.

» LES Juges régleront les Droits appartenans aux » Geoliers, Greffiers des Geoles, & Guichetiers, pour » Vivres, Denrées, Gîtes, Geolages, Extraits d'Elar-» gissemens ou Décharges, dont sera fait un Tableau » ou Tarif, qui sera posé au lieu le plus apparent de » la Prison, & le plus exposé à la vûe.

SOMMAIRE.

I. *Motif de cet Article.*
II. *Juges doivent régler ces Droits suivant la Qualité des Prisonniers & les Usages des Lieux. Réglement de la Cour à ce sujet.*
III. *Comment doit se constater la Taxe & les Payemens qui se feront de ces Droits aux Geoliers? Autre Réglement de la Cour.*

I. L'OBJET de cet Article, est d'empêcher que les Greffiers, Geoliers & même les Guichetiers, ne prévariquent dans la Perception des Droits qui leur appartiennent, tant pour les Extraits d'Elargissemens & de Décharges dont on vient de parler sur l'Article précédent, que pour les Vivres & Denrées qu'ils pourront fournir aux Prisonniers, ainsi que pour les Gîtes & Geolages. L'Ordonnance prescrit deux choses à cet effet.

II. LA 1re, que ces Droits soient réglés par les Juges. L'Ordonnance ne déterminant point ici, comme elle fait sur l'Art. précédent, les sommes que ne pourra excéder la Taxe de ces Droits, elle a voulu sans doute leur laisser par-là, le pouvoir de régler ces Droits, suivant la Qualité des Prisonniers, & les Usages des lieux. C'est aussi en conséquence de ce pouvoir, que par l'Art. 11 du Réglement de la Cour du 1er Septembre 1717, il a été arrêté, que les Prisonniers qui coucheroient sur la Paille, ne payeroient aucun droit d'entrée ni de sortie de la Prison; mais payeroient seulement un sol par jour aux Geoliers qui sont tenus de leur fournir de la Paille fraîche, & de vuider & brûler toute la vieille, tous les premier & quinziéme jours de chaque mois. Et à l'égard des autres Prisonniers, *il est dit*, que les Lieutenans

Généraux, ou autres premiers Officiers des Bailliages ou Sénéchaussées du Ressort, & des Justices Seigneuriales ressortissantes en la Cour, ensemble les Substituts du Procureur Général auxdits Siéges, & Procureurs Fiscaux desdites Justices, envoyeront au Greffe de la Cour dans trois mois au plûtard, des Mémoires des sommes que les Geoliers sont en usage de prendre pour les Chambres & Nourritures des Prisonniers, & y joindront leur Avis, pour y être fait droit par la Cour, ainsi qu'il appartiendra.

III. La 2e Condition qu'exige l'Ordonnance, par le présent Article, c'est que la Taxe qui aura été faite de ces Droits par le Juge, soit insérée dans un Tableau ou Tarif, qui sera exposé au lieu le plus apparent de la Prison, afin que tous ceux qui sont dans les Prisons, soient à portée d'en avoir connoissance.

Après des précautions aussi sages, pour constater les Droits qui doivent être payés aux Greffiers des Geoles & aux Geoliers; il ne restoit plus qu'à constater pareillement, les payemens qui leur en feroient faits; & c'est à quoi il a été pourvû par l'Art. 31 du Réglement du mois de Juin, & par l'Art. 21 de celui de Septembre de la même année 1717, » qui enjoignent aux Greffiers » & Géoliers, faisans fonctions de Greffiers, d'écrire de leurs mains, » sans chiffre ni abréviation, tant sur le Regiftre de la Geole, à » côté de chaque Acte, qu'au bas de toutes les Expéditions qu'ils » délivreront, les sommes qu'ils auront reçues pour leurs Droits, » en présence de ceux qui les payeront, & de leur en donner Quit- » tance, ou d'écrire que le Droit leur est dû, & qu'ils n'en ont » rien reçu; à peine d'interdiction pendant trois mois pour la pre- » miere Contravention, & d'être obligés de se défaire de leurs » Charges pour la seconde, sans que lesdites Peines puissent être » modérées.

ARTICLE XII.

» Les Recommandations des Prisonniers seront nul- » les, si elles ne leur sont signifiées parlant à leurs Per- » sonnes, & Copie baillée, dont sera fait mention dans le » Procès-verbal de l'Huissier qui sera la Recommandation.

SOMMAIRE.

I. LA RECOMMANDATION dont il est parlé dans cet Article, est un Acte par lequel l'Huissier donne connoissance aux Greffiers des Geoles, Geoliers ou Concierges, d'une Cause d'Emprisonnement, autre que celle pour laquelle l'Accusé a été originairement arrêté. Nous verrons sur l'Article suivant, ce que cet Acte doit contenir; il nous reste à examiner sur celui-ci, la Maniere dont il doit être signifié, & les Cas particuliers où il peut avoir lieu.

II. 1°. QUANT à la Signification de cet Acte; il ne suffit pas, suivant cet Article, qu'elle soit faite au Geolier, pour la remettre au Prisonnier; mis il faut qu'elle soit faite à la Personne même du Prisonnier; que de plus, l'Huissier lui donne en même tems Copie de la Recommandation; & qu'enfin dans le Procès-verbal que cet Huissier dressera à ce sujet, il fasse mention expresse, tant de cette Signification, que de la Copie baillée au Prisonnier, en parlant à sa personne, le tout à peine de Nullité.

L'Art. 24 du Réglement de la Cour du 18 Juin 1717, prescrit la maniere dont il doit être procédé en pareil Cas, tant de la part des Huissiers, que des Greffiers & Geoliers; » Les » Officiers & Huissiers, *porte cet Article,* donneront eux-mêmes » en main propre, à ceux qu'ils constitueront Prisonniers, ou qu'ils » recommanderont, des Copies lisibles & en bonne forme, de » leurs Ecroües & Recommandations, à l'effet de quoi les Pri- » sonniers seront amenés entre les deux Guichets, en présence » des Greffiers ou Geoliers, qui seront tenus d'en mettre leur » Certificat sur le Registre, à la fin de chacun desdits Ecroües » & Recommandations, & de les signer sur le champ, ensuite desd. » Actes d'Eroües & de Recommandations, à peine d'Interdiction » contre les Huissiers, pour la premiere fois, & de Privation de » leurs Charges pour la seconde, & contre lesdits Greffiers &

» Geoliers, de 20 liv. d'amende pour chacune contravention, & » de tous dépens, dommages & intérêts, même de plus grande » peine s'il y écheoit.... L'Art. 19 du Réglement de Septembre de la même année, contient les mêmes Injonctions & sous les mêmes Peines.

III. Il y a cela de remarquable, par rapport à la Signification de la Recommandation, que comme elle n'est point aussi pressante que celle du Décret, elle n'a point aussi le même privilége de pouvoir être faite les Jours fériés, tels que les Dimanches & Fêtes. *V.* Bornier, d'après Hypolite, *de Marsil. §. Attingam.* N°. 35.

IV. La Recommandation peut être employée en Matiere Criminelle, toutes les fois qu'un Accusé ayant été emprisonné en vertu d'un Décret réel, pour un Crime dont il est prévenu, il survient contre lui la Preuve d'un autre Crime capable de donner lieu à un autre Décret réel. Ce qui peut arriver de plusieurs manieres, ou ensuite d'une nouvelle Plainte & Information faite à la Requête de la même Partie, ou d'une autre contre le même Accusé ; ou lorsque dans les Informations faites contre cet Accusé, des Témoins viennent à déposer d'un Crime différent par sa Nature, de celui qui a donné lieu à l'Accusation originaire ; ou enfin, lorsqu'une Partie auroit obtenu contre l'Accusé un premier Décret réel, qui n'auroit pû alors être exécuté.

La Recommandation peut encore se faire en vertu de Jugemens ou Arrêts, ainsi que nous le verrons sur l'Article suivant.

V. Mais, elle ne peut avoir lieu, lorsqu'il survient, dans une même Instruction, des Preuves de Crimes, qui sont accessoires au premier, dont ils serviroient d'indices & présomptions, comme d'excès ou violences en fait de Meurtre ; ou bien lorsque dans la même Requête de Plainte, il seroit parlé de différens Crimes, dont les Témoins déposeroient : à plus forte raison, si la Recommandation étoit faite pour une Dette purement civile, à moins que la Dette ne provienne d'un fait d'administration, dont le Prisonnier pour Crime auroit été chargé, & dans laquelle il auroit prévariqué. *V.* Bartol, *in* L. 2, ff. *de Injus. Voc.* & autres cités par Bornier, sur l'Art. 13.

ARTICLE XIII.

» Les Ecroües & Recommandations feront Mention
» des Arrêts, Jugemens & autres Actes, en vertu desquels ils seront faits; du Nom, Surnom & Qualité
» du Prisonnier, de ceux de la Partie qui les fera faire;
» comme aussi du Domicile qui sera par lui élû, au
» Lieu où la Prison est située; sous pareille Peine de
» Nullité : & ne pourra être fait qu'un Ecroüe, encore
» qu'il y eût plusieurs Causes de l'Emprisonnement.

SOMMAIRE.

I. *Deux Dispositions dans cet Article.*
II. *Formalités communes aux Ecroües & Recommandations. Leurs Motifs.*
III. *Deux Formalités ajoutées par les Réglemens de la Cour.*
IV. *Formalités particulieres aux Actes d'Ecroüe.*
V. Quid, *lorsque l'Accusé est transféré dans une autre Prison? Arrêt du Conseil.*
VI. *Réglement de la Cour concernant les Greffiers & Geoliers en fait d'Ecroüe.*

I. Cet Article contient deux Dispositions, dont la premiere concerne les Formalités qui sont communes aux Ecroües & Recommandations; & l'autre, celles qui sont particulières à l'Acte d'Ecroüe.

II. Les Formalités *communes*, consistent dans les *Mentions* qui doivent être faites dans l'un & l'autre de ces Actes. 1°. Des *Arrêts, Jugemens & autres Arrêts*, en vertu desquels ils seront faits; afin que le Prisonnier soit en état de connoître sa Partie; & les causes de son Emprisonnement ou de la Recommandation, & qu'il puisse se pourvoir pour ses dommages & intérêts, en cas que l'Emprisonnement soit déclaré nul, & qu'il soit renvoyé absous; 2°. Du *Nom, Surnom & Qualité du Prisonnier*; afin d'empêcher par-là, qu'on ne prenne une Personne pour une autre; 3°. Du *Nom, Surnom & Qualité de la Partie*, qui fera faire l'Emprisonnement ou la Recommandation, comme aussi du *Do-*

micile qu'elle aura élu au Lieu où la Prison est située, ainsi qu'elle y est tenue par l'Art. 13 du Tit. des Décrets; afin que le Prisonnier puisse lui faire en conséquence toutes les Significations nécessaires pendant le cours de l'Instruction.

III. La même Disposition a été renouvellée par l'Art. 23 du Réglement de Juin 1717, & par l'Art. 18 du Réglement du 1er Septembre de la même année, qui ajoute » qu'il sera en ou- » tre fait mention de la date des Arrêts, Jugemens & autres en » vertu desquels auront été faits les Ecroües & Recommandations, » comme aussi, de la Jurisdiction dont ils seront émanés, ou des » Notaires qui les auront reçûs.

IV. A l'égard des Formalités qui sont *particulières* à l'Acte d'Ecroüe, l'Ordonnance veut qu'il n'en soit fait qu'un seul, encore qu'il y ait plusieurs Causes de l'Emprisonnement.

C'est aussi la Disposition des mêmes Articles des Réglemens que nous venons de citer.

V. Mais, ces Dispositions ne doivent s'entendre que lorsque l'Accusé reste toujours dans la même Prison, pendant l'Instruction de son Procès; car s'il vient à être transféré dans une autre Prison, il faudra un nouvel Ecroüe. A la vérité, il y a cette différence à l'égard de ce nouvel Ecroüe, que l'omission des Formalités que l'Ordonnance exige par cet Article, n'en emporteroit pas la Nullité, comme dans le premier; mais seulement l'Amende avec Interdiction, dommages & intérêts, qu'encourroit l'Huissier chargé de la Translation. C'est ainsi qu'il a été décidé par un Arrêt du Conseil du 27 Octobre 1678 » qui enjoint aux Huis- » siers, Sergens & autres, *ce sont les termes*, lorsqu'ils trans- » féreront des Prisonniers d'une Prison dans une autre, de faire » écrire sur le Registre de la Geole où ils les conduiront, les pre- » mieres Causes de l'Emprisonnement, & les Recommandations » qu'ils auront trouvées sur le Registre des Prisons d'où les Pri- » sonniers auront été amenés, ensemble, de faire mention des Ti- » tres en vertu desquels ils auront été faits, noms & élection de » Domicile des Parties, à peine de 300 liv. d'amende, & de dé- » pens, dommages & intérêts envers les Prisonniers, & Interdic- » tion de leur Charges.

VI. Outre les Formalités qui sont prescrites aux Huissiers, relativement aux Ecroües; il y en a encore, de particulières qui concernent

concernent les Greffiers & Geoliers. Celles-ci sont marquées par l'Art. 25 du Réglement de Juin, & par l'Art. 20 de celui de Septembre 1717, qui leur font défenses de faire passer aucun Prisonnier à la Morgue ou entrée de Prison, ou dans les Chambres & Cachots, qu'ils n'ayent été premiérement écroués, en la maniere portée par les deux Articles précédens, & que la Date des Ecroües, le Nom, Qualité & Demeure de l'Officier qui les aura faits, n'ayent été écrits sur le Registre de la Geole, & Copie du tout laissée au Prisonnier.

ARTICLE XIV.

» DÉFENDONS à tous Geoliers, Greffiers & » Guichetiers, & à l'ancien des Prisonniers, appellé » Doyen ou Prévôt, sous prétexte de Bien-venue, de » rien prendre des Prisonniers en argent ou vivres, » quand même il seroit volontairement offert; ni de ca- » cher leurs Hardes, ou les maltraiter & excéder, à » peine de Punition exemplaire.

SOMMAIRE.

I. *Ancien Abus réformé par cet Article.*

II. *Punition exemplaire, comment doit s'entendre suivant les Réglemens de la Cour?*

I. CET Article tend à reprimer un Abus qu'avoient introduit les Geoliers, Greffiers & Guichetiers, & même les Anciens des Prisonniers appellés *Doyens ou Prevôts*, & qui consistoit à exiger, sous prétexte de Bien-venue, de l'argent ou des vivres des nouveaux Prisonniers, & même à les y forcer de plusieurs manieres, tantôt en cachant leurs hardes, tantôt en les maltraitant. L'Ordonnance ne se contente pas, par cet Article, de défendre toutes ces voies violentes, à peine de punition exemplaire; mais elle veut encore, sous la même peine, que ces Geoliers ne puissent rien recevoir de ces Prisonniers, quand même ceux-ci leur offriroient volontairement.

II. CETTE Disposition a été trouvée si sage, & en même-tems si nécessaire, qu'elle a été renouvellée successivement, par les Réglemens de la Cour, des mois de Juin & Septembre 1717, qui déterminent en même-tems, ce que l'on doit entendre par la *Punition exemplaire*, dont il est parlé dans cet Article.

Par l'Art. 8 de celui de Juin, il est fait défenses aux Prévôt » & autres anciens Prisonniers, d'exiger ou de prendre aucune » chose des nouveaux venus, en Argent, Vivres, ou autrement, » sous prétexte de Bien-venue, Chandelle, Balais, & généralement » sous quelque prétexte que ce puisse être, quand même il leur se» roit volontairement offert, ni de cacher leurs Hardes, ou les mal» traiter, à peine d'être enfermés dans un Cachot noir pendant » quinze jours, & d'être mis ensuite dans une autre Chambre ou » Cabinet que celui où ils étoient Prévôts, pour y servir comme » les derniers venus, & même de Punition Corporelle s'il y écheoit, » à l'effet de quoi leur Procès sera fait & parfait extraordinaire» ment.

Par l'Art. 19 du même Réglement » il est pareillement fait dé» fenses aux Guichetiers, à peine de restitution du double, & » d'être privés pour toujours de leurs Emplois, même de Punition » Corporelle s'il y écheoit, d'exiger, demander ou accepter aucune » chose, en quelque maniere & sous quel prétexte que ce soit, » tant des Prisonniers, lorsqu'ils entrent dans la Prison, & qu'ils » sont à la Morgue, montent pour l'Instruction ou le Jugement » de leurs Procès, que de ceux qui les amenent, écroüent, re» commandent ou déchargent, les viennent visiter, leur font des » aumônes, ou les délivrent par charité.

L'une & l'autre des Dispositions de ce Réglement, ont été confirmées dans les mêmes termes, par les Art. 8 & 19 de celui de Septembre de la même année.

V. au surplus par rapport aux Geoliers qui maltraitent les Prisonniers, l'Art 19 ci-après.

ARTICLE XV.

» LE Geolier ou Greffier de la Geole sera tenu de » porter incessamment, & dans les vingt-quatre heures » pour le plûtard, à nos Procureurs, ou à ceux des

» Seigneurs, Copie des Ecroües & Recommandations » qui seront faits pour Crimes.

SOMMAIRE.

I. *Pourquoi la Partie Publique doit-elle avoir Copie des Ecroües & Recommandations ?*

I. LE motif de la Disposition de cet Article se conçoit aisément ; c'est afin que la Partie Publique puisse ensuite de la communication des Ecroües & Recommandations qui seront faites pour Crimes, se mettre en état de poursuivre en conséquence, & de requérir aussi-tôt le Juge, de procéder incessamment à l'Interrogatoire des Accusés.

ARTICLE XVI.

» DÉFENDONS aux Geoliers & Guichetiers, de » permettre la Communication de quelque Personne » que ce soit, avec les Prisonniers détenus pour Crime, » avant leur Interrogatoire, ni même après, s'il est ainsi » ordonné par le Juge.

SOMMAIRE.

I. *Pourquoi la Communication du Prisonnier avec les Personnes de dehors est-elle défendue avant l'Interrogatoire ?*

II. *Cas où elle doit être aussi défendue après l'Interrogatoire.*

III. *Personnes avec qui la Communication est permise par les Réglemens de la Cour.*

PAR cet Article, il est défendu aux Geoliers & Guichetiers, de permettre la communication de quelque personne que ce soit, avec les Prisonniers pour Crime ; & cela non-seulement avant leur Interrogatoire, mais même depuis cet Interrogatoire, si le Juge trouve à propos de l'ordonner ainsi.

I. QUANT à la Communication avant l'Interrogatoire, l'on sent aisément la raison sur laquelle est fondée la défense portée par cet Article ; sçavoir, d'empêcher ces Prisonniers de concerter avec les Personnes du dehors, les Réponses qu'ils doivent faire lors de cet Interrogatoire. Cette Disposition est une suite de celle de l'Art. 8, du Tit. 14 ci-après, qui veut que tous Accusés soient tenus de répondre par leur bouche, sans le ministére de Conseil, qui ne pourra leur être donné, même après la Confrontation, si ce n'est pour certains Crimes énoncés dans cet Article, à l'égard desquels ils pourront communiquer avec leur Conseil, après l'Interrogatoire.

II. Par rapport à la Défense de communiquer après l'Interrogatoire, lorsque le Juge l'ordonne ainsi ; elle n'a été ajoutée dans cet Article, que comme une Exception à la Régle générale, & à l'occasion de certains Cas particuliers, où cette communication pourroit être dangereuse, & donner lieu à des complots ou à l'apport d'Instrumens propres à favoriser l'évasion des Prisonniers. Aussi, suivant l'Art. 9 du même Tit. 14 que nous venons de citer, cette précaution doit avoir lieu singuliérement à l'égard des Prisonniers qui sont détenus pour Crime capital. Ainsi, hors ces Cas particuliers, & lorsqu'il n'y a aucune défense expresse de la part du Juge, les Geoliers & Guichetiers ne peuvent donc empêcher les Prisonniers pour crime, de communiquer avec qui bon leur semblera. C'est aussi la Disposition de l'Art. 9, que nous venons de citer.

III. Cependant, cela ne doit s'entendre qu'avec certaines modifications portées par les Réglemens particuliers des Cours, pour la Police des Prisons.

Par l'Art. 7 du Réglement de la Cour du mois de Juin 1717, il est » fait défenses aux Geoliers & Guichetiers, à peine de destitution, » de laisser entrer dans les Prisons aucunes Femmes ou Filles, au- » tres que les Meres, Filles ou Sœurs des Prisonniers, lesquelles » ne pourront, *est-il dit*, leur parler dans leur Chambre ou Ca- » chot, même dans les Chambres de la Pension, ni en aucun » autre endroit & lieu que sur le Préau ou dans la Cour, en pré- » sence d'un Guichetier, à l'exception des Femmes des Prison- » niers, lesquelles pourront entrer dans la Chambre de leurs Maris » seulement, & à l'égard des autres Femmes & Filles, elles ne » pourront parler aux Prisonniers, qu'en présence d'un Guiche- » tier, & même sur le Préau «. Même Disposition de l'Art. 7 du Réglement de Septembre de la même année 1717.

Par l'Art. 10 du même Réglement *il est dit*, » que les Geo- » liers conduiront les Personnes qui viendront faire des charités » dans les lieux de la Prison où elles désireront les distribuer, ce » qu'elles pourront faire elles-mêmes sur le Préau, ou dans la Cour; » mais les aumônes ne pourront être distribuées dans les Cachots » noirs, que par les mains du Geolier, en présence des Personnes » qui les porteront.

ARTICLE XVII.

» NE sera permise aucune Communication aux Pri- » sonniers enfermés dans les Cachots, ni souffert qu'il » leur soit donné aucunes Lettres ou Billets.

SOMMAIRE.

I. *Sur quoi fondée la rigueur de la Disposition de cet Article?*
II. *Confirmée par les Réglemens de la Cour.*
III. *Exception en faveur des Malades.*
IV. *Autres Cas qui paroissent devoir être exceptés.*
V. *Les Femmes ne doivent être enfermées aux Cachots.*

I. CET Article concerne singuliérement les Prisonniers détenus dans les *Cachots*. Comme ceux-ci sont réputés coupables de Crimes capitaux, dont la punition intéresse plus particuliérement l'ordre public; l'Ordonnance a cru devoir aussi, user d'une plus grande précaution à leur égard, non-seulement en ne leur permettant la communication avec qui que ce soit du dehors, même depuis leur Interrogatoire; mais en défendant même qu'il leur soit donné aucunes Lettres ni Billets.

II. LES mêmes Précautions sont prescrites par les Réglemens des Cours, qui ne leur permettent pas même, comme nous venons de voir sur l'Article précédent, de recevoir des Charités de la main des Personnes qui les font, mais seulement de la main du Geolier, en présence de ces Personnes.

III. IL n'y a qu'un seul Cas, où l'Ordonnance a cru devoir se relâcher de cette rigueur, c'est celui de la Maladie, où elle permet, comme nous verrons sur l'Art. 21 ci-après, de tirer ces Prisonniers des Cachots, pour les faire visiter par des Médecins & Chirurgiens ; encore veut-elle, que cela ne puisse se faire qu'ensuite de Permission du Juge, & en présence des Geoliers.

IV. Il paroît que l'on devroit aussi excepter certains Cas, où le bien de la Justice le demanderoit ; comme s'il s'agissoit d'avoir des éclaircissemens sur des Affaires extrêmement intéressantes, dont l'Accusé enfermé dans le Cachot, auroit seul connoissance ; ou si on lui avoit confié des Papiers de grande importance, ou autres choses précieuses, tels que des Diamans &c. Mais il faudroit pour cela, que le Particulier qui demanderoit cette communication, ne fût point d'ailleurs une Personne suspecte, & que l'affaire sur laquelle il demanderoit ces éclaircissemens, n'eût aucun rapport à l'accusation pour laquelle le Prisonnier seroit détenu dans les Cachots. D'ailleurs, cette communication, si elle étoit permise, ne pourroit se faire qu'en présence du Juge, sans l'autorité duquel les Prisonniers ne peuvent être tirés des Cachots, comme nous le verrons sur l'Article suivant.

V. Il faut observer, qu'il n'y a que les Hommes qui puissent être enfermés aux Cachots, & non les Femmes, quoiqu'accusées de Crime capital. On se contente de mettre celles-ci au Secret, par la raison sans doute de la délicatesse de leur complexion, qui ne leur permettroit pas de résister long-tems à l'horreur de ces lieux.

ARTICLE XVIII.

» NE pourront aussi les Prisonniers être tirés des » Cachots, s'il n'est ainsi ordonné par le Juge ; auquel » Cas ils le seront incessamment, & sans user de re- » mise par les Geoliers & Guichetiers, ni prendre & » recevoir aucuns Droits ou Salaires, encore même qu'ils » leur fussent volontairement offerts.

SOMMAIRE.

I. Trois Dispositions dans cet Article.

II. Pourquoi les Geoliers ne peuvent tirer les Prisonniers des Cachots, s'il ne leur est ordonné ?

III. Cas où les Prisonniers peuvent être tirés des Cachots, laissés à la Prudence du Juge.
IV. Pourquoi doivent en être tirés promptement, après qu'il est ordonné?
V. Pourquoi défendu aux Geoliers de recevoir aucuns Droits des Prisonniers? Réglement de la Cour à ce sujet.

I. CET Article renferme trois Dispositions, qui s'adressent également aux Geoliers & Guichetiers.

II. PAR la 1re, il leur est défendu de tirer les Prisonniers des Cachots, s'il n'est ainsi ordonné par le Juge. Cette Défense est une suite de celle qui leur est faite par l'Article précédent, de ne permettre aucune communication aux Prisonniers enfermés dans les Cachots.

III. LES Cas les plus ordinaires où les Prisonniers doivent être tirés des Cachots, pendant l'instruction de leur Procès, sont, toutes les fois qu'il s'agit de leur faire subir l'Interrogatoire ou la Confrontation; ou bien lorsque ces Prisonniers sont malades, pour les faire visiter par les Médecins & Chirurgiens, ainsi qu'il est porté sur l'Art. 21 de ce Titre. Il y a aussi de certains Cas extraordinaires, tels que ceux que nous venons de remarquer sur l'Article précédent, où la nécessité & le bien de la Justice semblent devoir engager le Juge à accorder cette Permission. Mais, comme cela dépend d'un concours de circonstances qui se rencontrent rarement, l'Ordonnance a cru devoir s'en rapporter à la prudence du Juge à cet égard.

IV. PAR une 2e Disposition, il est enjoint aux Geoliers & Guichetiers, de tirer les Prisonniers des Cachots incessamment, aussi-tôt après qu'il leur aura été ordonné par le Juge. Cette Disposition est une suite naturelle de la précédente, qui ne permet de tirer les Prisonniers des Cachots, que lorsque les Juges l'estimeront nécessaire.

V. ENFIN, par une 3me Disposition, il est fait défenses aux mêmes Geoliers & Guichetiers, de prendre & recevoir aucuns droits ou salaires, encore même qu'ils leur fussent volontairement offerts. Cette Disposition est fondée sur le même motif que celle de l'Art. 10 ci-devant; sçavoir, que les Geoliers & Guichetiers ont d'ailleurs des Gages & Appointemens raisonnables, pour tout ce qui peut concerner leurs Fonctions. *V.* à l'égard des Guichetiers, l'Art. 4 du présent Titre, & par rapport aux Geoliers, l'Article 22 ci-après, où il est parlé des Droits de Gîte & Geolages qui leur sont dûs.

Par l'Art. 4 du Réglement de la Cour du mois de Juin 1717, il est porté, que » lorsqu'un Prisonnier arrivera dans la Prison, » ou sera tiré des Cachots noirs, il ne pourra être gardé à la Mor- » gue pendant plus de deux heures, & défenses sont faites aux » Geoliers & Guichetiers, de les y garder plus long-tems, sous » prétexte de Droits d'Entrée, Gîtes & Geolages, ou autre- » ment, à peine de 10 liv. d'amende.

ARTICLE XIX.

» DÉFENDONS aux Geoliers de laisser vaguer » les Prisonniers pour Dettes ou pour Crimes, sur peine » des Galeres; ni de les mettre dans les Cachots, ou » leur attacher les Fers aux Pieds, s'il n'est ainsi or- » donné par Mandement signé du Juge; à peine de » Punition exemplaire.

SOMMAIRE.

I. *Deux Abus réformés par cet Article.*

II. *Comment doit s'entendre la Punition exemplaire dont il est parlé ici?*

I. AVANT l'Ordonnance, les Geoliers tomboient dans deux Excès également condamnables, à l'égard des Prisonniers. L'un étoit de les laisser *vaguer*, & par-là de leur faciliter les moyens nécessaires pour parvenir à leur évasion; l'autre, de les traiter avec dureté, & même de les mettre au Cachot, ou de leur attacher les fers aux pieds.

Ce sont ces deux Abus, que l'Ordonnance s'est proposée de réprimer sévérement par cet Article, en condamnant *d'une part* les Geoliers qui laissent ainsi vaguer les Prisonniers, à la Peine des Galeres, sans mettre à cet égard aucune distinction entre les Prisonniers pour Crimes, & ceux qui sont détenus pour de simples Dettes; & de *l'autre*, en défendant à ces mêmes Geoliers de mettre aucun Prisonnier dans les Cachots, ou de leur mettre les

les fers aux pieds, sans un Mandement particulier, signé du Juge, à peine de *Punition exemplaire.*

II. EN ne déterminant point la *Punition* dans ce dernier Cas, comme elle a fait dans le premier, l'Ordonnance a voulu sans doute que l'augmentation ou la modération de cette Peine, dépendit des circonstances, c'est-à-dire, de la *Qualité* des Personnes, du *Tems* que les mauvais traitemens auroient duré, des *Suites* plus ou moins fâcheuses qu'ils auroient eû. Ainsi, par exemple, si la mort s'en étoit ensuivi, le Geolier ne pourroit éviter une Peine capitale. *V.* à ce sujet l'Art. 25 ci-après. Nous verrons au surplus sur les Art. 36 & 37 de ce même Titre, de quelle maniere peuvent se prouver ces mauvais Traitemens, & les Peines particulieres qu'encourent les Geoliers, en Cas d'Evasion des Prisonniers par leur faute.

ARTICLE XX.

» LES Hommes Prisonniers, & les Femmes, seront » mis en des Chambres séparées.

SOMMAIRE.

I. *Disposition de cet Article conforme à celle du Droit Romain.*
II. *Renouvellée avec plus d'étendue par les Réglemens de la Cour.*
III. *Raison particuliere pour laquelle les Geoliers doivent y tenir la main.*

I. LA Disposition de cet Article est conforme à celle du Droit Romain, dans la Loi 3 au Cod. *de Custodia Reorum*, qui veut que *Sexu dispares diversa Claustrorum haberi Tutamina jubeantur.*

II. ELLE est fondée sur des motifs de Religion & de Décence, bien dignes de la sagesse & de la piété du Législateur. Ce sont aussi ces mêmes motifs, qui l'ont fait renouveller par les Réglemens de la Cour; & même avec plus d'étendue, en ce qu'il n'y est pas seulement dit, que les Femmes & Filles prisonnieres, seront mises dans des Chambres séparées de celles des Hommes prisonniers; mais encore, qu'elles ne pourront parler à aucun homme, quelqu'il soit, que par la fenêtre de leur Chambre, ou à la Morgue en présence du Geolier; & de plus, que les Hommes prisonniers seront enfermés, pendant qu'elles auront la liberté d'aller dans le Préau de la cour de la Prison, tous les jours depuis midi jusqu'à deux heures. *V.* les Art. 6 & 7 des Réglemens de Juin & Septembre 1717, rapportés sur l'Art. 16 de ce Titre.

III. Au surplus, les Geoliers doivent veiller avec d'autant plus de soin à l'exécution de ces Réglemens, que si des Femmes devenoient enceintes dans la Prison, sans qu'il y eût preuve de l'Auteur de leur grossesse, ils en seroient présumés coupables, & comme tels, punissables de mort, suivant la Loix premiere du même Titre, du COD. *de Custod. Reor. V.* JUL. CLAR. *Lib.* 5, *Sentent. ff. Stuprum.* & FRANC. MART. Tom. 2, Quest. 729.

ARTICLE XXI.

» ENJOIGNONS aux Geoliers & Guichetiers de » visiter les Prisonniers enfermés dans les Cachots, au » moins une fois chacun jour, & de donner avis à nos » Procureurs, & à ceux des Seigneurs, de ceux qui » seront Malades, pour être visités par les Médecins » & Chirurgiens ordinaires des Prisons, s'il y en a, » sinon par ceux qui seront nommés par le Juge, pour » être, s'il est besoin, transférés dans les Chambres: » & après leur Convalescence, seront renfermés dans » les Cachots.

SOMMAIRE.

I. *Cinq différentes Précautions marquées par cet Article.*

II. Quid, *à l'égard du Prisonnier Malade qui ne seroit point encore guéri dans le tems marqué par le Rapport des Médecins?*

III. Quid, *si l'Air de la Prison étoit contraire à la Santé du Prisonnier?*

IV. Quid, *en Cas de Maladie contagieuse dans les Prisons?*

PAR la Disposition de cet Article, qui est toujours une suite de la Maxime fondamentale de ce Titre, qui veut que la Prison soit pour la garde, & non pour la punition des Hommes, l'Ordonnance prescrit les précautions nécessaires, pour assurer la conservation des Prisonniers qui sont enfermés dans les Cachots.

I. Ces Précautions sont de cinq espéces ; elles consistent, 1°. En ce que les Geoliers & Guichetiers, sont tenus de visiter ces Prisonniers au moins une fois chaque jour.

2°. Que si dans le cours de ces visites, ils remarquent que quelqu'un de ces Prisonniers est malade, ils doivent en donner aussitôt avis aux Procureurs du Roi ou des Seigneurs.

3°. Qu'aussi-tôt après cet avertissement, les Procureurs du Roi ou des Seigneurs seront tenus de faire visiter ces Prisonniers malades, par les Médecins & Chirurgiens ordinaires des Prisons, s'il y en a; & s'il n'y en a point, par d'autres Médecins & Chirurgiens qui seront nommés par le Juge.

4°. Que si par le Rapport que ces Médecins & Chirurgiens feront de la maladie, ils estiment nécessaire pour le rétablissement du Malade, qu'il soit tiré du Cachot pour être transféré dans une Chambre de la Prison, & qu'il y reste pendant un certain tems; alors, sur le vû de ce Rapport, & ensuite des Conclusions de la Partie Publique, le Juge rendra une Ordonnance par laquelle il permettra cette Translation, pendant le tems marqué, lequel il pourra même proroger, s'il est nécessaire, jusqu'à l'entiere convalescence, ensuite d'un nouveau Rapport qu'il ordonnera sur la représentation de ceux à la garde desquels le Malade aura été confié.

5°. Enfin, après la convalescence de ce Prisonnier, le Juge rendra une nouvelle Ordonnance sur les Conclusions de la Partie Publique, pour le faire renfermer dans le Cachot d'où il a été tiré. Nous disons, qu'il faut une *nouvelle Ordonnance*, parce que, comme nous l'avons vû sur les Art. 18 & 19 de ce Titre, les Geoliers ne peuvent mettre dans les Cachots, de leur autorité privée. A la vérité, suivant l'Auteur des Formules, une simple Ordonnance verbale du Juge pourroit suffire en pareil Cas.

II. Mais, si par le Rapport des Médecins & Chirurgiens, fait en régle, il étoit prouvé que l'air de la Prison est absolument contraire à la santé du Prisonnier, de maniere qu'il ne pourroit y rester plus long-tems, sans danger de sa vie, le Juge pourroit alors ordonner qu'il seroit transféré, ou dans sa propre Maison, à la Garde & Caution de ses Parens qui se chargeront de le reproduire, après le Délai expiré; ou bien dans une Maison étrangere, s'il n'étoit pas domicilié dans le Lieu où est le Siége de la Jurisdiction, à la Garde des Huissiers & Archers.

III. A la vérité, la Translation dont on vient de parler, ne doit réguliérement avoir lieu, qu'en faveur des Prisonniers qui ne sont pas accusés de Crime Capital; & par conséquent, ne paroît devoir s'appliquer aux Prisonniers détenus dans les Cachots, à moins que ceux-ci ne méritent d'ailleurs des considérations particulieres, soit par leur Qualité, comme s'ils étoient Gentilshommes, Officiers Militaires ou de Justice; soit parce que la Preuve de leur Innocence seroit déja en quelque façon acquise par les Charges & Informations; mais principalement dans le Cas où la Santé des autres Prisonniers demanderoit cette Translation; comme, par exemple, si la Maladie, dont le Prisonnier détenu dans les Cachots, seroit attaqué, étoit *contagieuse* & capable d'infecter les Prisons. Il y a plusieurs Arrêts qui l'ont ordonné en pareil Cas; un, entr'autres, du 27 Octobre 1694: il y a même cela de remarquable dans cet Arrêt, que la Translation du Prisonnier fût ordonnée sur le seul Rapport fait à la Cour par le Conseiller commis à la Visite des Prisons où le Prisonnier étoit détenu, & sans Conclusions de M. le Procureur Général.

Nous verrons au surplus, sur l'Art. 24 du Tit. 17 ci-après, quelle est la Procédure qui doit se faire dans le Cas, où cet Accusé vient à ne point se représenter, après sa Convalescence, pour subir la Confrontation.

ARTICLE XXII.

» LES Geoliers & Guichetiers ne pourront recevoir » des Prisonniers, aucunes avances pour leur Nourri- » ture, Gîtes & Geolages; & seront tenus donner Quit- » tance de tout ce qui leur sera payé.

SOMMAIRE.

I. *Motif de cet Article.*
II. *Nouvelles Précautions introduites par les Réglemens de la Cour, contre les Geoliers & Guichetiers.*

I. PAR cet Article, l'Ordonnance s'est proposée de mettre un nouveau frein à la Cupidité des Geoliers & Guichetiers, qui étoient dans l'Usage de se faire payer d'avance par les Prisonniers, & sans leur donner Quittance des Nourritures, Gîtes & Geolages.

II. Les Précautions ont été portées encore plus loin à cet égard, par les Réglemens de la Cour, des mois de Juin & Septembre 1717.

Par l'Art. 16 de celui de Juin, il est fait Défenses aux Geo-»liers de recevoir par avance, aucune somme pour les Pensions, »Loyers des Chambres, Draps & Chandelles qu'ils fourniront aux »Prisonniers; & au Cas qu'on leur en ait avancé aucune, de re-»tenir plus que ce qui leur sera légitimement dû, lorsque le »Prisonnier sortira, à proportion des jours qu'il aura demeuré dans »la Prison, de prendre de plus grandes sommes, que celles mar-»quées dans les Articles précédens, sous prétexte de demi-Pen-»sion, ou de donner au Prisonnier la Chambre destinée au Geo-»lier, & sous quelqu'autre prétexte que ce soit, & de faire d'au-»tres conventions avec les Prisonniers, à peine de concussion.

Par l'Article suivant, il leur est enjoint » d'avoir un Registre »particulier, relié, cotté & paraphé, par le Commissaire de la »Prison, dans lequel ils écrivent de leur main, sans laisser aucun »blanc, les jours d'entrées & de sorties des Prisonniers, & tout »ce qu'ils recevront chaque jour de chacun, pour Gîtes, Geola-»ges & Nourriture, dont ils donneront leur Quittance; le tout à »peine de 10 liv. d'amende pour chacune contravention.....
La même Disposition se trouve répétée dans l'Art. 13 du Réglement de Septembre de la même année.

V. au surplus les Articles 31 du Réglement de Juin, & Art. 21 de celui de Septembre que nous avons rapportés sur l'Art. 11 du présent Titre.

ARTICLE XXIII.

»LES Créanciers qui auront fait arrêter ou recom-»mander leur Débiteur, seront tenus lui fournir la »Nourriture, suivant la Taxe qui en sera faite par le

» Juge, & contraints solidairement, sauf leur recours » entr'eux. Ce que nous voulons avoir lieu à l'égard » des Prisonniers pour Crimes, qui après le Jugement, » ne seront détenus que pour intérêts Civils. Sera néanmoins délivré Exécutoire aux Créanciers & à la Partie » Civile, pour être remboursés sur les biens du Prisonnier, par préférence à tous Créanciers.

SOMMAIRE.

I. *Par qui doivent être nourris les Prisonniers pour Dettes? Réglement de la Cour à ce sujet.*
II. Quid, *à l'égard des Prisonniers pour Crime, dont le Procès n'est point encore jugé?*
III. Quid, *à l'égard des Prisonniers pour Crime, condamnés à des Intérêts Civils?*
IV. Quid, *à l'égard du Prisonnier condamné aux Galeres?*
V. Quid, *à l'égard de celui condamné au Bannissement?*
VI. *Comment se délivre l'Exécutoire pour le Remboursement des Frais de Nourriture?*

PAR cet Article, l'Ordonnance détermine Quels sont ceux qui doivent fournir la Nourriture aux Prisonniers, & Comment il doit être pourvû à leur Remboursement. Elle distingue d'abord à cet égard, entre les Prisonniers pour Dettes & les Prisonniers pour Crimes.

I. 1°. QUANT aux Prisonniers pour *Dettes*, elle veut, qu'ils soient nourris aux dépens de ceux qui les auront fait arrêter ou recommander; & que s'il y a plusieurs Créanciers, ils puissent y être contraints solidairement, sauf leur recours entr'eux: le tout conformément à la Taxe qui en sera faite par le Juge.

La Taxe, dont on vient de parler, doit être faite tous les ans, sur les Conclusions du Ministere Public, par les Lieutenans Généraux ou autres premiers Officiers des Siéges Royaux & des Justices Seigneuriales, & publiée à l'Audience des Siéges, & affichée dans les Prisons pour être exécutée, pendant le tems d'une année, sauf à y être pourvû extraordinairement dans les Cas imprévûs qui pourront mériter quelque Changement. C'est la Disposition de l'Art. 29 du Réglement de la Cour, du premier Septembre 1717.

II. 2°. A l'égard des Prisonniers pour *Crime*, l'Ordonnance distingue encore, entre ceux dont le Procès n'est point encore instruit & jugé, & ceux dont le Procès a été jugé, & qui ne sont plus détenus dans les Prisons, que pour Intérêts Civils & Amendes Pécuniaires. Elle veut, que la Nourriture des premiers tombe uniquement à la Charge du Domaine du Roi ou des Seigneurs; & cela quand même il y auroit Partie Civile, ainsi que nous le verrons sur l'Art. 25 ci-après.

III. Mais à l'égard des Prisonniers détenus pour *Intérêts Civils*, l'Ordonnance veut qu'ils jouissent sur ce Point des mêmes Privilèges, que les Prisonniers pour Dettes; c'est-à-dire, que la Partie Civile qui les retient Prisonniers, soit tenue de leur avancer les Frais de Nourriture, ensuite de la Taxe qui en aura été faite par le Juge; & que s'il y a plusieurs Parties Civiles, elles puissent aussi y être contraintes solidairement, sauf leur recours entr'elles.

IV. Cependant, il faut encore distinguer, parmi les Prisonniers de cette derniere espéce, ceux qui par le Jugement Définitif, n'ont été condamnés qu'à des Intérêts Civils seulement, & ceux dont la Condamnation à des Intérêts Civils n'a été que la suite d'une Peine plus considérable, dont l'Exécution doit être faite hors de la Prison, & ne peut être retardée; telle, par exemple, que celle des Galeres. Il est certain qu'en ce dernier Cas, ceux au profit de qui les Intérêts Civils sont adjugés, ne peuvent retenir le Condamné Prisonnier jusqu'à son Payement, & empêcher par-là l'Exécution de son Jugement : & ce n'est qu'après que le Condamné aux Galeres aura satisfait à ce Jugement (si c'est pour un tems) qu'il pourra être emprisonné de nouveau, & retenu Prisonnier, jusqu'à l'entier Payement des Intérêts Civils.

V. Mais il n'en est pas de même à l'égard du Condamné au Bannissement. Il est certain dans notre Jurisprudence, que celui-ci peut être retenu Prisonnier, jusqu'à ce qu'il ait entiérement satisfait aux Intérêts Civils. *V.* les Arrêts rapportés au Journal du Palais, au Journal des Audiences, & dans Soeve, Tome II, Cent. 2, Ch. 17; mais sur-tout un rendu le 30 Mars 1743, rapporté par de la Combe, Part. I, Ch. 1er.

Nous verrons au surplus sur l'Art. suivant, la Disposition de la Déclaration de 1680, au sujet de l'Elargissement des Prisonniers détenus pour Intérêts Civils, en Cas de défaut de Fourniture d'Alimens.

VI. Enfin, pour ce qui concerne le *Remboursement* des Sommes qui ont été avancées pour les Nourritures des Prisonniers, tant de la part de la Partie Civile, que des Créanciers, l'Ordonnance veut qu'il leur soit délivré un Exécutoire à ce sujet, & que le Payement leur soit fait en conséquence, par préférence à tous autres Créanciers. Cet Exécutoire se délivre sur une Requête qui sera présentée par la Partie Civile, ou par le Créancier, suivant les Formules ci-devant.

ARTICLE XXIV.

» SUR deux Sommations faites à différens jours aux
» Créanciers qui seront en demeure, de fournir la
» Nourriture au Prisonnier, & trois jours après la der-
» niere, le Juge pourra ordonner son Elargissement,
» Partie présente ou dûement appellée.

SOMMAIRE.

I. *Motif de la Disposition de cet Article.*

II. *Nouveaux Abus réformés par la Déclaration de 1680.*

CET Article concerne singuliérement la Nourriture des Prisonniers pour Dettes, & la Maniere dont ils peuvent contraindre leurs Créanciers à les fournir.

I. Comme il s'agit d'Alimens, qui supposent des besoins pressans & indispensables, l'Ordonnance n'a pas voulu qu'il dépendît de ces Créanciers, de laisser languir impunément ces pauvres Prisonniers, par les Délais qu'ils affecteroient en pareil Cas. C'est pour cela, que si après que ces Créanciers ont été constitués en Demeure, par deux Sommations qui leur seront faites de la part des Prisonniers à différens jours, elle permet aux Juges d'ordonner l'Elargissement des Prisonniers, trois jours après la derniere Sommation.

II.

II. Mais l'Expérience ayant fait voir, que cette Précaution n'étoit point encore suffisante pour remédier à tous les Abus qui survenoient journellement en cette Matiere, soit à cause des longueurs que les Juges affectoient eux-mêmes à ordonner ces Elargissemens, soit à cause de l'Insolvabilité des Créanciers qui s'en faisoient le plus souvent un Titre pour vexer leurs Débiteurs; le même Législateur, toujours attentif au bien de ses Sujets, a cru devoir prévenir, par une nouvelle Loi, tous ces différens Abus, en défendant, *d'une part*, de faire aucun Emprisonnement, qu'après que les Créanciers auroient consigné d'avance les Sommes nécessaires pour la Nourriture des Prisonniers, pendant un mois; & *de l'autre*, en marquant la Maniere dont il devoit être procédé à l'Elargissement en Cas de discontinuation de la part des Créanciers, & suivant les différentes Causes de l'Emprisonnement. Cette nouvelle Loi est la Déclaration du 10 Janvier 1680, registrée en la Cour le 19 du même mois.

Par l'Art. 5 de cette Loi (*a*), qui concerne spécialement *les Prisonniers pour Dettes*, il paroît qu'au lieu des Sommations, que l'Ordonnance exige par le présent Article, il suffit de présenter une simple Requête au Commissaire de la Prison, lequel pourra, après la quinzaine du défaut de Consignation de la part des Créanciers, & sur le Certificat du Greffier ou Geolier portant que la Somme pour la continuation des Alimens n'a point été payée, & qu'il ne lui reste entre les mains aucun fond pour lesdits Alimens, élargir de son autorité, si les Causes de l'Emprisonnement n'excédent pas 2000 livres; & en cas qu'elles excédent cette somme, il devra rapporter la Requête à la Chambre, où il interviendra Arrêt en Connoissance de Cause.

Par l'Art. 10 de la même Loi, qui regarde les *Prisonniers*

(*a*) » Après l'expiration des premiers » quinze jours du mois, pour lequel la » Somme nécessaire aux Alimens du Pri- » sonnier, n'aura point été payée, les Con- » seillers de nos Cours, commis pour la » Visite des Prisonniers, où les Juges des » Lieux ordonneront l'Elargissement des » Prisonniers sur la simple Requisition, » sans autre Procédure, en rapportant le » Certificat du Greffier ou Geolier, que » la Somme pour la Continuation des Ali- » mens n'a point été payée, & qu'il ne » lui reste aucun fonds entre les mains pour » lesdits Alimens; pourvû, & non autre- » ment, que les Causes de l'Emprisonne- » ment & de Recommandations n'excédent » point la Somme de 2000 livres; & en » cas que la Somme soit plus grande, le » Prisonnier se pourvoira par Requête, » qui sera rapportée dans les Cours & Sié- » ges, sur laquelle les Cours ou Juges » prononceront son Elargissement: & dans » l'un & l'autre Cas, Mention sera faite » du Certificat dans l'Ordonnance de Dé- » charge, Sentence ou Arrêt d'Elargisse- » ment. *Art. V.*

pour Crime, qui sont détenus pour Intérêts Civils ou Amendes, il paroît que l'Usage des Sommations, qui sont prescrites par le présent Art. de l'Ordonnance, a été conservé; & que néanmoins, pour faciliter la Signification de ces Actes, en cas d'Appel des Sentences qui prononcent ces sortes de Condamnations, on y a ajouté la Formalité de l'*Election de Domicile*, de la part des Parties Civiles, Receveurs des Domaines & Seigneurs Hauts-Justiciers, qui ont appellé; faute de quoi *il est dit* qu'il sera pourvû à l'Elargissement de ces Prisonniers, par les Juges des Lieux où ils seront détenus. (*a*)

(*a*) » Ceux qui auront été condamnés » en Matiere Criminelle en des Amendes » envers Nous ou envers les Seigneurs » Hauts-Justiciers, & en des Dommages » & Intérêts, & Réparations Civiles en- » vers les Parties Civiles, seront mis hors » des Prisons en la Maniere ci-devant » prescrite, à faute de fournir les Alimens » par les Receveurs des Amendes, Sei- » gneurs Hauts-Justiciers & Parties Civi- » les, chacun à leur égard, huit jours après » la Sommation qui en sera faite à Per- » sonne ou Domicile; & à cet effet seront » tenus lesdits Receveurs des Amendes, » Seigneurs Hauts-Justiciers & Parties Ci- » viles, en cas d'Appel des Sentences sur » Procès Criminels, d'élire Domicile en » la Maison d'un Procureur de la Juris- » diction où l'Appel ressortit, dont sera » fait mention par la Prononciation ou » Signification desdites Sentences aux Ac- » cusés; & à faute d'élire Domicile, il sera » pourvû à leur Elargissement par les Juges » des Lieux où ils seront détenus. *Art. X.*

ARTICLE XXV.

» LES Prisonniers pour Crime ne pourront préten- » dre d'être nourris par la Partie Civile; & leur sera » fourni par le Geolier, du Pain, de l'Eau & de la » Paille, bien conditionnés, suivant les Réglemens.

SOMMAIRE.

I. *Par qui doit être fourni la Nourriture des Prisonniers pour Crime?*

II. *Trois Dispositions des Réglemens de la Cour à ce sujet.*

I. APRÉS avoir marqué par les Articles précédens, par Qui doit être fournie la Nourriture des Prisonniers pour *Dettes*, & même de ceux détenus en Matiere Criminelle, pour de simples *Intérêts Civils*; l'Ordonnance détermine par celui-ci, comment il doit être pourvu à la Nourriture des Prisonniers pour *Crime*, elle veut, que ces derniers ne puissent exiger cette Nourriture de la Partie Civile, mais seulement des Geoliers, à qui il est enjoint de fournir à ces Prisonniers, du Pain, de l'Eau, & de la Paille bien conditionnés, suivant les Réglemens.

Nous verrons sur l'Art. 28 ci-après, que la Disposition du présent Article, ne concerne proprement que les Prisonniers enfermés dans les Cachots; & que les autres Prisonniers pour Crime, peuvent se faire apporter de dehors leurs Nourritures, sauf à être visitées par les Geoliers.

II. QUANT aux Réglemens dont il est parlé dans cet Article, voici quelles sont les Dispositions de ceux pour Paris, & les Provinces du Ressort.

Par l'Art. 11 du Réglement de Juin 1717, pour Paris, il est porté » que les Prisonniers qui couchent sur la Paille, ne » payeront aucun Droit d'entrée ni de sortie de la Prison; mais » qu'ils payeront seulement un sol par jour aux Geoliers, qui » seront tenus de fournir par jour, à chacun desdits Prisonniers, » un Pain de bonne qualité de bled, & du poids au moins d'une » livre & demie, & qu'ils seront aussi tenus de leur fournir de la » Paille fraîche, & de vuider & brûler toute la vieille, tous les premiers jours de chaque mois, pour ce qui est des Cachots clairs; » & à l'égard des Cachots noirs, tous les premier & quinziéme » jours de chaque mois.

Par l'Art. 11 du Réglement de Septembre de la même année 1717, concernant les Provinces du Ressort de la Cour, il est dit » que les Prisonniers qui couchent sur la Paille, ne payeront aucun Droit d'entrée ni de sortie de la Prison, mais payeront seulement un sol par jour aux Geoliers, qui seront tenus » de leur fournir de la Paille fraîche, & de vuider & brûler toute » la vieille, tous les premier & quinziéme jours de chaque mois, » & à l'égard des autres Prisonniers, les Lieutenans Généraux » ou autres premiers Officiers des Bailliages & Sénéchaussées » du Ressort, & des Justices Seigneuriales ressortissantes en la » Cour, ensemble les Substituts du Procureur Général auxdits » Siéges, & Procureurs Fiscaux desdites Justices, enverront » au Greffe de la Cour, dans trois mois au plûtard, des Mémoires des sommes que les Geoliers sont en usage de prendre » pour les Chambres & Nourritures des Prisonniers, & y joindront leur avis, pour y être fait droit par la Cour, ainsi qu'il » appartiendra.

Enfin, par l'Article 28 du même Réglement de Septembre, » il est enjoint aux Subſtituts du Procureur Général, & aux Pro» cureurs des Seigneurs Hauts-Juſticiers, d'avoir attention à ce » que le Pain ſoit fourni aux Priſonniers, de bonne Qualité, & du « poids d'une livre & demie au moins par jour.

ARTICLE XXVI.

» CELUI qui ſera commis par notre Procureur, » ou ceux des Seigneurs, pour fournir le Pain des Pri» ſonniers, ſera rembourſé ſur le fonds des Amendes, » s'il eſt ſuffiſant; ſinon ſur le revenu de nos Domai» nes: & où notre Domaine ſe trouvera engagé, les » Engagiſtes y ſeront contraints; & ailleurs les Sei» gneurs Hauts-Juſticiers, même les Receveurs & Fer» miers de nos Domaines, ceux des Engagiſtes & des » Hauts-Juſticiers reſpectivement, nonobſtant Oppoſi» tions ou Appellations, prétendus manque de fonds, » & Payemens faits par avance, & toutes Saiſies; ſauf » à être pourvû de fonds aux Receveurs ſur l'année » ſuivante, & faire déduction aux Fermiers ſur le prix » de leurs Baux.

SOMMAIRE.

I. *Comment doit être pourvû au Remboursement de ceux qui ont fourni la Nourriture aux Priſonniers pour Crime?*
II. *Procédure à ces effet.*

I. PAR cet Article, l'Ordonnance pourvoit au rembourſement des Fournitures faites aux Priſonniers pour *Crime*, ſoit de la part des Geoliers, ſoit par d'autres qui auront été commis à cet effet par les Procureurs du Roi ou des Seigneurs. Sur quoi, elle diſtingue, entre les Priſonniers dont le Procès s'inſtruit dans les Juſtices Seigneuriales, & ceux dont le Procès eſt inſtruit dans l'étendue des Juſtices Royales. Au premier Cas, elle veut que le Rembourſement ſoit fait, d'abord ſur le fonds des Amendes, s'il est suffisant, & si ce fonds n'étoit pas suffisant, sur le revenu des Domaines du Roi, & dans le Cas où le Domaine se trouveroit engagé, elle veut que ce Remboursement tombe à la Charge des Engagistes. Au second Cas, que ce Remboursement soit fait sur les Domaines des *Seigneurs*, attendu que ceux-ci doivent profiter des Amendes & Confiscations qui seront prononcées contre ces Prisonniers. Enfin, pour assurer l'effet de ce Remboursement dans tous ces Cas, l'Ordonnance veut que tant les Receveurs & Fermiers des Domaines du Roi, & des Engagistes, que ceux du Domaine des Seigneurs, puissent y être contraints respectivement par Voie de saisie, nonobstant toute opposition ou appellation qui pourroit être interjettée de leur part, sous prétexte de manque de fonds, ou de payement qu'ils prétendroient avoir faits d'avance, ou même de saisies précédentes, dont ils déclareroient ces mêmes fonds déja affectés; sauf à être pourvu de fonds aux Receveurs, sur l'année suivante, & faire déduction aux Fermiers sur le prix de leurs Baux.

II. AINSI, pour procéder en exécution de cet Article, celui qui aura été commis pour la Fourniture du Pain des Prisonniers, présentera une Requête au Juge de la Prison, par laquelle il conclura à être remboursé de ce qu'il aura avancé, ou sur le fonds des Amendes, s'il est suffisant, ou sinon sur le revenu du Domaine du Roi, ou sur les Engagistes, ou sur les Seigneurs Hauts-Justiciers, ou sur les Receveurs mêmes & Fermiers du Domaine du Roi, ou des Engagistes, ou des Seigneurs. Pour justifier la quantité de ce qu'il aura fourni, il joindra à cette Requête les Réglemens qui contiennent la Taxe & l'Etat des Prisonniers à qui il aura fourni.

Le Juge ordonnera sur cette Requête, qu'Exécutoire sera délivré à cette Partie. Ce qui se fera, suivant les Formules que nous avons remarquées ci-devant, en parlant des autres frais des Procès Criminels.

ARTICLE XXVII.

LES Geoliers ne pourront vendre la Viande aux » Prisonniers, aux jours qui sont défendus par l'Eglise,

» ni permettre qu'il leur en soit apporté de dehors,
» même à ceux de la Religion prétendue Réformée;
» si ce n'est en Cas de Maladie, & par Ordonnance de
» Médecin.

SOMMAIRE.

I. *Loi de l'Abstinence recommandée aux Prisonniers qui ne sont Malades.*

II. *Autres Devoirs de Religion, qui leur sont aussi recommandés par les Réglemens de la Cour.*

I. PAR cet Article, l'Ordonnance prescrit l'Observation des Loix de l'Eglise, par rapport à l'Abstinence, en défendant aux Geoliers de vendre de la Viande aux Prisonniers, les jours prohibés; & en leur ordonnant de ne point permettre qu'il leur en soit apporté de dehors, elle n'excepte pas même les *Hérétiques* à cet égard. La seule Exception qu'elle établit, c'est en faveur des Prisonniers *Malades*, encore veut-elle, que ceux-ci ne puissent faire usage de la Viande dans ces tems défendus, qu'ensuite de l'Ordonnance du Médecin.

II. RIEN assurément de plus digne de la piété d'un Monarque Chrétien. C'est aussi, pour se conformer à l'esprit de Religion qui a dicté une Disposition aussi sage, que par les Réglemens de la Cour, des mois de Juin & Septembre 1717, il a été pourvu à une Police exacte, soit pour l'observation des Dimanches & Fêtes; soit pour l'assistance à la Messe, & aux Prieres du soir; soit enfin, pour empêcher les Blasphêmes & Juremens qui pourroient se commettre dans les Prisons.

Par l'Article 1er de ces Réglemens, il est enjoint aux Prisonniers d'assister aux Messes & Prieres qui se feront tous les jours dans la Prison, à peine d'être privés pendant trois jours de parler aux Personnes qui les viendront voir, pour la premiere contravention, & du Cachot, pour la seconde, pendant trois jours au moins, & plus en cas de récidive; défenses sont faites, par le même Article, aux Geoliers & autres, de donner à boire & à manger durant ce tems, à peine de 10 liv. d'amende à laquelle ils seront condamnés sur un simple Procès-verbal, contenant la Déclaration de deux Témoins au moins.

Par l'Article suivant, il est enjoint à ces derniers, de fermer les Chambres & Cachots, les Dimanches & Fêtes, durant le

Service Divin, & de ne laiſſer entrer aucune Perſonne dans les Priſons pendant ledit tems, avec défenſes, tant à ces Geoliers qu'à tous autres, de vendre ou fournir aucuns Vivres & Boiſſons aux Priſonniers, avant la Meſſe, & durant tout l'Office Divin.

Enfin, par l'Art. 9 des mêmes Réglemens, il eſt enjoint aux Prévôts ou anciens Priſonniers, de dénoncer ceux de leur Chambre ou Cachot, qui auront juré le Saint Nom de Dieu, &c. à peine d'être punis comme Complices; & aux Geoliers & Guichetiers, de s'en enquérir ſoigneuſement, & en donner avis à l'inſtant au Procureur Général du Roi, ou à ſes Subſtituts, à peine de deſtitution.

ARTICLE XXVIII.

» LES Priſonniers qui ne ſeront enfermés dans les » Cachots, pourront faire apporter de dehors les Vi» vres, Bois, Charbon, & toutes choſes néceſſaires, ſans » être contraints d'en prendre des Geoliers, Cabare» tiers ou autres. Pourra néanmoins ce qui leur ſera » apporté, être viſité, ſans être diminué ni gâté.

SOMMAIRE.

I. *Privilége accordé par cet Article aux Priſonniers qui ne ſont enfermés dans les Cachots.*

II. *Sur quoi fondée l'excluſion de ceux qui ſont enfermés dans les Cachots.*

III. *Sur quoi fondé le Droit de Viſite, qu'ont les Geoliers ſur ce qui vient de dehors.*

I. APRÉS avoir pourvu, par l'Art. 25 ci-devant, à la Nourriture des Priſonniers enfermés dans les Cachots dont elle charge uniquement les Geoliers, l'Ordonnance ajoute ici une Exception en faveur des Priſonniers qui ne ſont point enfermés dans les Cachots, à qui elle laiſſe la liberté de faire apporter de dehors, les Vivres, Bois, Charbon, & autres choſes dont ils auront beſoin; ſans que les Geoliers puiſſent les contraindre de les recevoir de leurs mains, mais ſeulement viſiter ce qui ſera apporté de dehors, ſans le diminuer ni le gâter.

II. Si l'Ordonnance n'accorde point la même faculté aux Prisonniers enfermés dans les Cachots, c'est que ceux-ci étant prévenus de Crimes capitaux, il seroit dangereux que leurs Parens, pour sauver la honte du supplice qui rejailliroit sur leur famille, ne se portent à abuser de cette liberté, pour leur donner du Poison. Ce qui seroit pareillement à appréhender de la part des *Complices* de ces Prisonniers, qui craindroient que ceux-ci ne viennent à les révéler, lorsqu'ils sçauroient leur condamnation inévitable; & par ce moyen, le Public se verroit frustré de la réparation exemplaire qu'il a droit d'attendre, pour le scandale que le Crime lui a causé.

III. A l'égard du Droit de visite, que l'Ordonnance réserve aux Geoliers sur ce qui sera apporté de dehors aux Prisonniers qui ne sont enfermés dans les Cachots, il a principalement pour objet, d'empêcher que parmi les Vivres l'on ne glisse quelques Instrumens propres à faciliter l'évasion des Prisonniers, ou à avancer leurs jours.

V. au surplus ce qui a été dit sur l'Art. 24 ci-devant.

ARTICLE XXIX.

» TOUS Greffiers, même de nos Cours, & ceux des » Seigneurs, seront tenus de prononcer aux Accusés les » Arrêts, Sentences & Jugemens d'Absolution ou d'E» largissement, le même jour qu'ils auront été rendus; » & s'il n'y a point d'Appel par nos Procureurs, ou » ceux des Seigneurs dans les vingt-quatre heures, » mettre les Accusés hors des Prisons, & l'écrire sur » le Registre de la Geole; comme aussi, ceux qui n'au» ront été condamnés qu'en des Peines & Réparations » pécuniaires, en consignant ès mains du Greffier les » Sommes adjugées pour Amendes, Aumônes & Inté» rêts Civils; sans que, faute de Payement d'Epices, » ou d'avoir levé les Arrêts, Sentences & Jugemens, » les Prononciations ou les Elargissemens puissent être

» différés:

» différés : à peine, contre le Greffier, d'Interdiction, » de 300 liv. d'amende, Dépens, Dommages & Inté» rêts des Parties. Ne pourront néanmoins les Prison» niers être élargis, s'ils sont détenus pour autre Cause.

SOMMAIRE.

I. *Motif de la Disposition de cet Article.*
II. *Trois Causes qui peuvent empêcher les Elargissemens.*
III. *Simple Appel de la Partie Civile ne peut l'empêcher.*
IV. *Cession de Biens n'est Cause suffisante en pareil Cas.* Quid, *à l'égard des Dépens?*
V. *Recommandations pour Dettes Civiles, portant Contrainte, ne peut empêcher l'Elargissement. Deux Exceptions.*
VI. *Obligation particuliere des Greffiers, suivant les Réglemens de la Cour.*

IL est parlé dans cet Article, de l'Elargissement des Prisonniers *pour Crime*, qui ont en leur faveur un Arrêt, Sentence ou Jugement d'Absolution ou d'Elargissement, ou même qui par les Jugemens définitifs, n'ont été condamnés qu'à des Peines & Réparations pécuniaires.

I. COMME ces sortes d'Elargissemens étoient le plus souvent retardés, soit de la part des *Greffiers*, qui négligeoient de prononcer aux Accusés les Jugemens qui les ordonnoient, ou qui après cette prononciation, négligeoient de procéder à ces Elargissemens, ou même qui refusoient de satisfaire à l'une & à l'autre de ces Formalités, sous prétexte que les Accusés ne leur auroient point payé les Epices, ni levé les Jugemens & Arrêts; soit de la part des *Parties Civiles, Receveurs du Domaine* & autres, qui prétendoient empêcher ces Elargissemens, jusqu'à ce que les Prisonniers eussent entiérement satisfait à tout ce qui leur étoit dû, tant pour les Intérêts civils, que pour les Dépens qui leur auroient été adjugés par les mêmes Jugemens & Arrêts : l'Ordonnance a cru devoir remédier à tous ces inconvéniens, en enjoignant, comme elle fait par cet Article, aux Greffiers, sous peine d'interdiction, de 300 liv. d'amende, & tous dépens, dommages & intérêts des Parties, non-seulement de prononcer aux Accusés, les Arrêts, Sentences & Jugemens d'Absolution ou d'Elargissement, & même ceux par lesquels ces Accusés n'auront été condamnés qu'à des Peines & réparations pécuniaires, &

cela le jour même que les Jugemens auront été rendus; mais encore, de mettre aussi-tôt après cette Prononciation les Accusés hors de Prison, & l'écrire sur le Registre, sans que faute du payement d'Epices, ou d'avoir levé les Arrêts & Jugemens, les Prononciations & les Elargissemens puissent être différés.

II. L'Ordonnance excepte seulement, par une derniere Disposition de cet Article, le Cas où les Prisonniers seroient détenus pour d'autres Causes que celles dont on vient de parler.

Il ne s'agit donc, que de sçavoir, quelles peuvent être ces *autres Causes*, pour lesquelles l'Elargissement doit être différé; nous en remarquons trois principales.

III. La *premiere*, c'est lorsqu'il y a Appel des Sentences ou Jugemens d'Absolution, & d'Elargissement, de la part de la Partie publique; car s'il n'y avoit Appel que de la part de la Partie Civile, l'Elargissement ne laisseroit pas que d'avoir lieu. *V.* ci-après l'Art. 13 du Tit. 26, où il sera parlé de l'Appel *à Minima*, que M. le Procureur Général peut interjetter en tout tems.

IV. Une *seconde* Cause, qui résulte de la Disposition du présent Article, c'est que l'Accusé ne peut obtenir son Elargissement en vertu d'un Jugement qui le condamne seulement à des Peines ou Réparations pécuniaires, qu'en consignant entre les mains du Greffier, les sommes adjugées pour Amendes, Aumônes & Intérêts Civils; parce que celles-ci emportent la contrainte par corps, dont l'Accusé ne peut se garantir en aucune maniere, même en faisant cession de ses biens, ainsi qu'il a été jugé par plusieurs Arrêts. Ensorte qu'il est seulement par-là dispensé de payer les dépens qui sont dûs à la Partie Civile, lesquels n'emportent la contrainte par corps, que lorsqu'ils sont prononcés par forme de dommages & intérêts. *V.* au surplus ce qui sera dit sur l'Art. 20 du Tit. 26.

V. Enfin, une *troisiéme* Cause, qui peut empêcher l'Elargissement, c'est lorsque l'Accusé a été emprisonné ou recommandé pour quelqu'autre Crime, que celui qui a fait la Matiere des Arrêts & Jugemens dont on vient de parler. Mais il faut que cet autre Crime ait donné lieu à un Décret réel, en vertu duquel a été fait l'Emprisonnement ou la Recommandation.

Il suit de-là, qu'une Recommandation pour Dettes Civiles qui emporteroient la contrainte par Corps, ne pourroit être une

Cause suffisante pour empêcher l'Elargissement de l'Accusé, renvoyé absous. C'est aussi ce qui a été jugé par un Arrêt de la Cour du 18 Février 1727. BORNIER, sur l'Art. 13, excepte seulement le Cas d'une contrainte par Corps, obtenue pour Cause d'*Administration de deniers*. On peut aussi ajouter, & à plus forte raison, le défaut de payement d'une *Provision Alimentaire*, adjugée en Matiére Criminelle.

VI. PAR une Disposition particuliére des Réglemens de la Cour, les Greffiers sont tenus de transcrire le Dispositif des Arrêts, Sentences & Jugemens d'Absolution, sur le Registre de la Geole, le même jour qu'ils ont été rendus, & d'en délivrer des Extraits, lorsqu'ils en seront requis par les Prisonniers, en payant 15 sols par chacun Extrait. *V.* Art. 37 de celui de Juin, & Art. 27 de celui de Septembre 1717.

ARTICLE XXX.

» NE pourront les Geoliers, Greffiers des Geoles,
» Guichetiers & Cabaretiers, ou autres, empêcher l'E-
» largissement des Prisonniers, pour Frais, Nourriture,
» Gîte, Geolage, ou aucune autre Dépense.

SOMMAIRE.

I. *Défenses portées par cet Article suite de celles portées par le précédent.*

II. *Geoliers ne peuvent rien retenir aux Prisonniers par forme de Compensation.*

III. *Ce qu'ils peuvent seulement exiger suivant les Réglemens de la Cour.*

IV. *Cas où ils peuvent exercer leur recours contre la Partie Civile.*

APRÉS avoir écarté, par le précédent Article, tous les Obstacles que les Greffiers des Jurisdictions, & les Parties Civiles pouvoient apporter aux Elargissemens des Accusés, sous prétexte de leurs Droits & Intérêts particuliers ; l'Ordonnance se propose, par celui-ci, de lever également tous ceux qui pourroient être apportés de la part des Greffiers des Geoles, Geoliers, Guichetiers, Cabaretiers & autres, sous prétexte de Frais, Nourritures, Gîte, Geolage, ou autres Dépenses qu'ils auroient fourni aux Prisonniers.

I. Cette Disposition est une suite de la défense qui leur est faite par l'Article précédent, de retenir les Accusés Prisonniers, hors les Cas où les Jugemens rendus contr'eux, porteroient des Condamnations d'Amendes, Aumônes & Intérêts Civils; ou bien, qu'ils auroient été emprisonnées ou recommandés pour autre Cause que celle du défaut de payement d'Epices, ou d'avoir levé les Arrêts ou Jugemens qui ordonnent leur Absolution ou leur Elargissement.

II. Non-seulement, les Frais & autres dépenses dont il est parlé dans le présent Article, ne peuvent être des Causes suffisantes pour empêcher ces Elargissemens; mais les Geoliers ne peuvent pas même s'en faire un titre, pour retenir les Hardes des Prisonniers, ni en faire la compensation avec les sommes qui auroient été données pour la délivrance de ces Prisonniers. C'est la Disposition de l'Art. 26 du Réglement de Septembre 1717, rapporté sous l'Art. 10 du présent Titre.

III. Suivant cet Article, ils peuvent seulement exiger de ces Prisonniers, des Obligations, pour se pourvoir sur leurs Biens, ou si ces Biens n'étoient pas suffisans, & qu'il y eût une Partie Civile à la Requête de qui ces Prisonniers auroient été arrêtés ou recommandés, exercer subsidiairement leur recours contre cette Partie Civile, pour les Frais de nourriture, & autres qui auroient été par eux fournis aux Prisonniers, depuis le Jugement qui les auroit condamnés aux Intérêts Civils envers cette Partie; mais non point, pour ceux qu'ils auroient fournis avant ce Jugement, lesquels doivent tomber à la charge du Domaine du Roi ou des Seigneurs, comme nous l'avons vû sur les Art. 25 & 26 ci-devant.

IV. Il n'y auroit donc, que le Cas où cette Partie Civile auroit fait emprisonner de nouveau l'Accusé pour les Dépens, en vertu de la contrainte par Corps que celui-ci auroit encourue pour n'y avoir pas satisfait dans le tems de l'Ordonnance, que les Geoliers pourroient exercer leur recours contre cette Partie Civile, pour tout le tems qu'elle auroit retenu l'Accusé en Prison.

ARTICLE XXXI.

» LES Prisonniers détenus pour Dettes seront élargis » sur le Consentement des Parties, qui les auront fait » arrêter ou recommander, passé pardevant Notaire, qui » sera signifié aux Geoliers ou Greffiers des Geoles, sans » qu'il soit besoin d'obtenir aucun Jugement.

SOMMAIRE.

I. *Disposition de cet Article suite de celle de l'Art. 23 du Titre 10.*
II. *A quoi s'exposeroit le Geolier, en élargissant le Prisonnier pour Dettes, sans le Consentement du Créancier?*

I. LA Disposition de cet Article, est une suite naturelle de celle de l'Art. 23 du Tit. 10 des Décrets, qui veut que les Prisonniers *pour Crime* ne puissent être élargis, s'il n'est ainsi ordonné par le Juge, quand même les Parties Civiles y consentiroient; parce qu'en effet, de ce que le consentement de la Partie qui a fait arrêter ou recommander l'Accusé, ne suffit point pour opérer son élargissement, il s'ensuit nécessairement, que ce consentement seul peut suffire pour l'élargissement du Prisonnier pour *Dettes*, à la détention duquel le Public n'est nullement intéressé. C'est aussi ce qui se trouve décidé expressément par le présent Article, où l'Ordonnance prescrit en même-tems la forme dans laquelle doit être fait & notifié ce consentement, en exigeant qu'il soit passé devant Notaires, & qu'il soit signifié aux Geoliers ou Greffiers des Geoles.

II. AU RESTE, ce Consentement est tellement nécessaire, que si le Geolier ou le Greffier de la Geole, s'ingéroient, de leur autorité privée, d'élargir le Prisonnier, ils pourroient être recherchés pour le payement entier de la Dette, qui a servi de Cause à l'Emprisonnement, ou à la Recommandation. *V.* BOUVOT sur le mot *Geolier*, Quest. 5.

Mais, si la Partie ne veut consentir à l'Elargissement, n'y auroit-il pas moyen de l'y contraindre? C'est ce que nous allons voir sur l'Article suivant.

ARTICLE XXXII.

» LE même sera observé à l'égard de ceux qui au-
» ront consigné ès mains du Geolier ou Greffier de
» la Geole, les Sommes pour lesquelles ils seront dé-
» tenus. Voulons qu'ils soient mis hors des Prisons,
» sans qu'il soit besoin de le faire ordonner.

SOMMAIRE.

I. *Différence entre cet Article & l'Article 29 ci-devant.*

II. *Consignation doit être notifiée aux Créanciers, & pourquoi?*

I. PAR cet Article, l'Ordonnance donne à la Consignation des sommes pour lesquelles est détenu le Prisonnier, le même effet pour opérer son élargissement, qu'elle vient de donner par le précédent, au consentement de la Partie qui l'a fait arrêter ou recommander; c'est-à-dire, que cette Consignation dispense également de la formalité de recourir à un Jugement, pour faire ordonner cet Elargissement. En quoi l'Ordonnance n'a fait que de confirmer la Disposition de l'Art. 29 ci-devant, avec cette différence seulement, que dans cet Article 29, il n'est parlé que de la Consignation entre les mains du Greffier de la Jurisdiction, au lieu que dans celui-ci, cette Consignation peut être faite également entre les mains du Geolier, ou Greffier de la Geole.

Ainsi, en partant de la Disposition de l'un & l'autre de ces Articles, au moyen de la Consignation faite entre les mains des Greffiers ou des Geoliers, le Prisonnier détenu en vertu d'un Jugement qui le condamne à des Amendes, Aumônes & Intérêts Civils, ou en vertu d'une contrainte par Corps pour des Dépens, ou bien en vertu d'une Sentence de Provision Alimentaire, devroit, comme le simple Prisonnier pour Dettes, être élargi sur le champ, & sans qu'il soit besoin de le faire ordonner par un nouveau Jugement. Ce qui doit s'entendre toujours, pourvû qu'il n'y ait d'ailleurs, ni Appel de la Partie publique, ni autre Cause d'Emprisonnement ou de Recommandation, du nombre de celles que nous avons remarquées sur l'Article 29.

Mais, que doivent faire les Greffiers & Geoliers, des sommes qui sont consignées entre leurs mains ? C'est ce que nous verrons sur l'Article suivant.

II. Au reste, comme le Prisonnier, qui auroit été élargi par les Geoliers, en conséquence de la Consignation des sommes pour lesquelles il étoit détenu, pourroit être exposé à une nouvelle contrainte de la part du Créancier, qui ignoreroit cette Consignation, il feroit bien, pour sa propre sureté, de la faire notifier à ces mêmes Créanciers. C'est l'Observation qui fut faite par MM. les Commissaires, lors du Procès-verbal de Conférence sur cet Article.

ARTICLE XXXIII.

» Ne pourront les Greffiers des Geoles, & les Geo-
» liers de nos Prisons, & de celles des Seigneurs,
» prendre ni recevoir aucun Droit de Consignation,
» encore qu'il leur fût volontairement offert. Et les
» Deniers consignés seront délivrés entiérement aux Par-
» ties, sans en rien retenir, sous prétexte de Droit de
» Recette, de Consignation ou de Garde, ou pour Epi-
» ces, Frais & Expédition des Jugemens, Nourritures,
» Gîtes, Geolages, & toute autre Dépense des Prison-
» niers; à peine de Concussion.

SOMMAIRE.

I. Sur quoi fondée la Disposition de cet Article?

II. *Exception tirée de la Déclaration de Mars 1671.*

Par cet Article, l'Ordonnance prescrit deux choses aux Geoliers & Greffiers des Geoles ; l'*une*, qu'en recevant les sommes qui sont consignées entre leurs mains, ils ne prennent aucun Droit de Consignation, ni même acceptent celui qui leur seroit offert volontairement à ce sujet.

L'*autre*, qu'aussi-tôt après qu'ils auront reçu ces sommes consignées, ils les remettent entiérement aux Parties, sans qu'ils puissent rien en retenir, sous prétexte de Droit de Recette, Consignation ou de Garde, ou pour Epices, Frais, Expédition des Jugemens, Nourritures, Gîtes, Geolages, & toute autre dépense des Prisonniers.

I. CETTE Disposition est fondée, comme celle des Articles 29 & 30 ci-devant, tant, sur ce qu'il a été pourvu d'ailleurs à l'indemnité de ces Greffiers & Geoliers, pour les Frais de Gîte, Geolage, & autres qu'ils peuvent faire à l'égard des Prisonniers, que sur ce que l'intérêt pécuniaire, qui peut les concerner, ne doit point balancer la faveur de la Liberté, qui est de tous les biens le plus précieux.

II. IL faut néanmoins excepter les Sommes consignées pour l'*Amendes*, que les Geoliers doivent remettre aux Fermiers du Domaine, ou à leurs Receveurs, à peine d'y être contraints à leurs frais & dépens, suivant une Disposition particuliére de la Déclaration du 21 Mars 1671.

ARTICLE XXXIV.

» ENJOIGNONS aux Lieutenans Criminels, & à » tous autres Juges, d'observer, & faire observer les » Réglemens ci-dessus : leur défendons d'ordonner au» cun Elargissement, sinon en la forme par nous pres» crite, à peine d'Interdiction & de tous Dépens, Dom» mages & Intérêts des Parties.

SOMMAIRE.

I. *Droits des Lieutenans Généraux pour la Police des Prisons, suivant les Réglemens.*

II. *Sur quoi tombe la Peine prononcée par cet Article?*

I. QUOIQUE l'Injonction portée par cet Article, ne paroisse s'adresser qu'aux Lieutenans Criminels, & autres Juges qui

qui connoissent des Matiéres Criminelles, tels que les Prévôts Royaux, & simples Juges des Seigneurs. Il est certain, que ce n'est pas à ces Juges seulement, qu'est confié le soin d'observer & faire observer les Réglemens portés dans le présent Titre de l'Ordonnance. Nous avons vû, d'après les Réglemens de la Cour, & notamment par les Art. 24 & 31 de celui de Septembre 1717, que c'est principalement, les Lieutenans Généraux, & autres premiers Officiers des Siéges Royaux, que regarde le soin de régler la somme à laquelle doivent être fixés les Alimens qui sont fournis aux Prisonniers détenus pour Causes Civiles, & que c'est aussi à eux qu'appartient le Droit de recevoir les Greffiers, Geoliers, de cotter & parapher leurs Registres, &c.

Il est vrai, qu'en même-tems l'Art. 31 de ce Réglement ajoute » qu'il ne sera préjudicié au surplus, ni innové aux Droits & Ju» risdiction des Juges, pour ce qui peut concerner le *Bris des Pri» sons, les Evasions des Prisonniers, & les Crimes commis par » les Prisonniers dans les Prisons*, non plus qu'à la Jurisdiction » particuliére, Civile & Criminelle, telle que peuvent & doivent » avoir les Juges, sur les Prisonniers détenus de leur Ordonnance; » soit pour *empêcher la Communication* avec d'autres Personnes, » ou leur *donner un conseil*, dans les Cas portés par l'Ordon» nance, soit pour *statuer sur leur liberté* & réintégrande, ra» diation ou décharge de leurs Ecroües, ou pour les faire *recom» mander* de nouveau, & pourvoir autrement auxdits Prison» niers, arrêtés de leur Ordonnance, ainsi qu'il appartiendra » par raison, *sans toutefois qu'à l'occasion de la détention des Prisonniers, les Juges, de l'Ordonnance desquels ils sont détenus, puissent prendre aucune connoissances de ce qui concerne la Police des Prisons en général, au préjudice des Lieutenans Généraux, & autres premiers Officiers des Siéges auxquels il appartient d'en connoître.*

II. Ainsi, ce n'est que relativement aux Cas particuliers, qui sont exceptés par ces Réglemens en faveur des Lieutenans Criminels, que ces Juges peuvent être sujets à la Peine de l'Interdiction & des dépens, dommages & intérêts, qui est prononcée par cet Article; lorsqu'ils négligent d'observer & faire observer les Formalités qui sont prescrites dans le présent Titre de l'Ordonnance. Aussi voit-on, que cette Peine paroît principalement prononcée pour les contraventions qu'ils pourroient commettre, en ordonnant les Elargissemens dans une autre forme que celle marquée par ce même Titre, c'est-à-dire, par les Articles 24, 30, 31, 32 & 33; ou bien pour la contravention particuliére qu'ils pourroient faire à l'Article 22 du Tit. 10 des Décrets, qui veut qu'aucun Prisonnier pour Crime ne puisse être élargi sans avoir vû les Informations, l'Interrogatoire, les Conclusions de la Partie Publique, & les Réponses de la Partie Civile, s'il y en a, ou Sommation de répondre. V. au surplus l'Art. 37 ci-après.

ARTICLE XXXV.

» NOS Procureurs, & ceux des Seigneurs, seront » tenus visiter leurs Prisons une fois chacune Semaine, » pour y recevoir les Plaintes des Prisonniers.

SOMMAIRE.

I. *Cinq différens Objets de la Visite ordonnée aux Procureurs du Roi à l'égard des Prisons.*

II. *Visites extraordinaires, qui se font à Paris, la Veille des grandes Fêtes.*

CET Article concerne singuliérement les Devoirs des Procureurs du Roi ou Fiscaux, à l'égard des Prisons. Outre l'obligation qui leur est prescrite par l'Art. 21 de ce Titre, de faire visiter les Malades, aussi tôt après qu'ils en sont avertis par les Geoliers; l'Ordonnance leur prescrit encore par celui-ci, celle de visiter les Prisons eux-mêmes, une fois chaque semaine.

I. CETTE Visite doit avoir cinq Objets différens, suivant l'Ordonnance & les Réglemens.

1°. De recevoir les Plaintes que les Prisonniers pourroient avoir à leur faire, des exactions, excès, violences & mauvais traitemens, dont les Geoliers & Guichetiers pourroient user en leur endroit, & même le Prévôt & ancien des Prisonniers, qui voudroit les obliger à leur payer la Bien-venue. V. les Art. 14 & 19 de ce Titre; V. aussi l'Art. 28 du Réglement de Septembre 1717, qui veut, qu'à cet effet, les Procureurs du Roi entendent les Prisonniers, sans que les Geoliers & Guichetiers y soient présens; cet Article est rapporté sur l'Art. 25 du présent Titre.

2°. D'entendre ces mêmes Prisonniers, sur les contraventions que les Geoliers & Greffiers de Geole peuvent commettre aux Ordonnances, Arrêts & Réglemens des Cours. *V.* le même Art. 28 du Réglement de Septembre. *V.* aussi l'Article 33 du présent Titre.

3°. De se faire représenter les Regiſtres du Greffier de la Geole, & du Geolier. *V.* encore le même Art. 28 du Réglement de Septembre; *V.* de plus les Art. 6, 7, 8 & 13 ci-devant, qui concernent la forme de ces Regiſtres.

4°. De faire attention, si le Pain qui est fourni chaque jour aux Prisonniers, est de bonne Qualité, & du poids d'une livre & demie. *V.* le même Art. 28 du Réglement de Septembre, & l'Art. 25 du présent Titre.

5°. Enfin, de s'informer des Juremens & Scandales qui pourroient se commettre dans les Prisons. *V.* l'Art. 9 du Réglement de Juin 1717, rapporté sur l'Art. 27 du présent Titre.

II. INDÉPENDAMMENT des Visites ordinaires dont on vient de parler, il y en a encore d'*extraordinaires* qui se font dans les Prisons de la Ville de Paris, & dans celles de l'Hôtel-de-Ville, comme aussi dans les Maisons de Saint Lazare & des Freres de la Charité de Charenton, & autres lieux où il y a des Personnes détenues par Correction. Celles-ci, dont il est parlé dans l'Art. 38 du Réglement de Juin 1717, se font par les Conseillers commis par la Cour, avec les Substituts de M. le Procureur Général par lui nommés, la veille des Fêtes de Noël, Pâques, Pentecôte, S. Simon & S. Jude, & en outre, avant la Notre-Dame d'Août, sans préjudice, *est-il dit* dans cet Article, des visites particuliéres qui seront faites dans lesdites Prisons & Maisons, par le Procureur Général du Roi, ou ses Substituts par lui commis.

ARTICLE XXXVI.

» LES Greffiers des Geoles, Geoliers & Guichetiers
» seront pareillement tenus d'exécuter notre présent

» Réglement, à peine, contre le Greffier, d'Interdic-
» tion, de 300 liv. d'amende, moitié vers Nous, &
» moitié aux Nécessités des Prisonniers, & de plus
» grande, s'il y écheoit, & contre les Geoliers & Gui-
» chetiers, de Destitution, de 300 liv. d'amende, ap-
» plicable comme dessus, & de Punition Corporelle.

SOMMAIRE.

I. *Peines générales contre les Greffiers & les Geoliers.*
II. *Peines contre les Geoliers; pourquoi plus rigoureuses que contre les Greffiers?*
III. *Présomption Légale contre les Geoliers.*
IV. *Geolier condamné à Mort, pour avoir laissé mourir un Prisonnier, faute de secours.*
V. *Peines des Geoliers qui laissent évader des Prisonniers.*

I. INDÉPENDAMMENT des Peines particuliéres portées dans plusieurs Articles de ce Titre, contre les Greffiers des Geoles, les Geoliers & Guichetiers, qui malversent dans leurs Fonctions, l'Ordonnance a cru devoir en insérer ici de *générales*, qui s'appliquent principalement à ceux des Articles de ce Titre, où la Peine n'est point disertement prononcée.

Ces Peines sont, sçavoir, à l'égard des Greffiers, celles de l'Interdiction, de 300 liv. d'amende, & plus grande, s'il y écheoit, & à l'égard des Geoliers, celles de la Destitution, de 300 liv. d'amende, & même de Punition corporelle.

II. IL ne faut pas s'étonner, si les Peines portées contre les Geoliers, sont plus rigoureuses que celles contre les Greffiers. En effet, leurs contraventions sont d'autant plus punissables, qu'elles sont d'une conséquence plus dangereuse pour l'ordre Public, en ce qu'elles tendent à favoriser l'impunité des Crimes, & que la facilité qu'ils ont de les commettre, ne manqueroit pas de rendre ces contraventions beaucoup plus fréquentes, s'ils n'étoient retenus par la terreur des châtimens.

III. C'EST aussi, par toutes ces raisons sans doute, que la Loi veut que la présomption soit toujours contre ces Geoliers, tellement que s'il arrivoit que le Prisonnier fût trouvé mort dans la Prison, les Geoliers & Guichetiers en seroient réputés coupables. *V.* PERESIUS, sous le Titre du CODE, *de Custodia*

Reorum, N°. 8. Ensorte qu'ils ne pourroient se justifier, qu'en rapportant la preuve que cette mort a été causée par quelqu'accident particulier, auquel ils n'ont eu aucune part.

IV. A plus forte raison, s'il étoit prouvé au contraire, qu'ils ont donné lieu en quelque maniere à la mort de ce Prisonnier, pour ne l'avoir point assisté. C'est l'espéce du fameux Arrêt rapporté au second Tome du Journal des Audiences, par lequel un Geolier fut condamné à mort, pour avoir laissé mourir un Prisonnier dans un Cachot, sans l'avoir assisté, nonobstant qu'il l'eût entendu crier, ainsi qu'il y avoit preuve par le témoignage des Prisonniers; cet Arrêt est du 17 Mars 1665.

V. Il en est de même en cas d'Évasion des Prisonniers arrivée par la faute des Geoliers & Guichetiers: la Loi veut qu'ils soient tenus des mêmes Peines que l'auroit été le Prisonnier évadé. *V.* L. 4, Cod. *de Custod. Reor.* A plus forte raison s'il y avoit preuve de Dol de leur part; ils doivent même, en ce dernier Cas, être punis indistinctement d'une Peine Capitale, suivant la Loi 12 & la Loi Finale du même Titre, au Digeste. A la vérité, cette Peine Capitale ne doit s'entendre, suivant Peresius, & autres Interprêtes, que de la mort civile, & non de la naturelle, à moins que le Prisonnier n'eût mérité cette derniére Peine.

ARTICLE XXXVII.

» Enjoignons aux Juges d'informer des Exac-» tions, Excès, Violences, mauvais Traitemens & Con-» traventions à notre présent Réglement, qui seront » commises par les Greffiers des Geoles, les Geoliers » & Guichetiers, dont la Preuve sera complette, s'il » y a six Témoins, quoiqu'ils déposent chacun de Faits » singuliers & séparés, & qu'ils y soient intéressés.

Sommaire.

I. *De quel Juge l'Ordonnance veut-elle parler ici?*

II. *Pourquoi l'Ordonnance admet-elle la Preuve par Témoins singuliers?*

III. *Pourquoi en a-t-elle restraint le nombre?*

DEUX Dispositions dans cet Article. La *premiere* contient une Injonction expresse aux Juges, d'informer des exactions, excès, violences, mauvais traitemens, & contraventions au Réglement porté par le présent Titre, qui seroient commises par les Greffiers des Geoles, les Geoliers & Guichetiers.

L'*autre*, détermine la Qualité de la preuve qui pourra suffire pour constater ces Contraventions. L'Ordonnance admet pour preuve complette en pareil Cas, celle qui seroit fondée sur la Déposition de six Témoins, quoiqu'ils déposent chacun des faits singuliers & séparés, & qu'ils y soient intéressés.

I. L'ORDONNANCE se sert ici du mot de JUGES en général. Nous avons vû sur l'Art. 34, que ce sont les Lieutenans Criminels des Bailliages, & autres Juges des Justices Seigneuriales, qu'elle charge spécialement du soin d'observer, & de faire observer les Réglemens portés par le présent Titre. Nous avons aussi observé en même-tems, d'après les Réglemens de la Cour rapportés sur ce même Art. 34, que c'est aux Lieutenans Généraux, & autres premiers Officiers des Justices ordinaires, qu'appartient la Police générale des Prisons qui dépendent de leurs Jurisdictions.

II. POUR ce qui concerne la PREUVE, l'on sent assez les raisons qui ont engagé l'Ordonnance à se relâcher sur ce point de sa rigueur ordinaire; elles sont fondées sur la difficulté, ou plutôt l'espéce d'impossibilité qu'il y a d'acquérir la Preuve des Contraventions & des Délits commis par les Geoliers, Greffiers des Geoles & Guichetiers, autrement que par les Prisonniers même, quoiqu'ils seroient d'ailleurs intéressés personnellement à la vengeance de ces Délits, & qu'ils déposeroient chacun sur des faits singuliers.

III. AVANT l'Ordonnance, le nombre de ces Témoins *singuliers* devoit être de dix. Mais comme il arrivoit le plus souvent que ces Crimes demeuroient impunis, faute de trouver ce nombre parmi les Prisonniers, sur-tout dans les Prisons de Campagne; l'Ordonnance a cru devoir restraindre ce nombre à six seulement, par le présent Article.

ARTICLE XXXVIII.

» LES Prisonniers mis en des Prisons empruntées, » seront incessamment transférés.

SOMMAIRE.

I. Conformité de cet Article avec l'Article 16 du Titre des Décrets.
II. Cas où la Translation d'une Prison à une autre peut avoir lieu.
III. Aux Frais de qui doit-elle être faite? Réglem. de la Cour à ce sujet.

CET Article concerne la Translation des Prisonniers, qui ont été mis en des Prisons empruntées.

I. NOUS avons vû sur l'Art. 16 du Titre des Décrets, que les Huissiers & Archers, pouvoient, pendant la conduite des Accusés qu'ils avoient arrêtés, les déposer en cas de péril d'enlévement, en des maisons particuliéres. Nous avons observé en même-tems, qu'ils ne devoient employer cette ressource, que dans les lieux où il n'y avoit point de Prisons, ou dont les Prisons n'étoient pas sûres. L'Article que nous expliquons le suppose ainsi, en ordonnant que les Prisonniers qui seront mis dans des Prisons empruntées, seront transférés incessamment en celles du Juge qui doit connoître du Crime.

II. CE n'est pas cependant, que la Translation des Prisonniers d'une Prison à une autre, ne puisse avoir lieu en plusieurs autres Cas, & notamment dans les trois suivans. 1°. En fait de Révendication par les Seigneurs, de leurs Justiciables. 2°. En cas de Renvoi pardevant les Juges de Privilége, & autres semblables, dont nous avons parlé sous le Titre 1er. 3°. Enfin, en cas d'Appel porté dans les Cours Supérieures, où les Accusés sont envoyés avec leur Procès.

III. DANS tous ces Cas, la Translation doit se faire aux frais de la Partie qui la requiert, mais jamais aux frais des Prisonniers, à moins que ceux-ci ne soient retenus pour des Causes purement Civiles, ou qu'ils demandent eux-mêmes à être transférés. Alors les frais doivent être réglés par le même Jugement qui ordonne la Tranſlation ; c'eſt la Diſpoſition de l'Article 24 du Réglement de Septembre 1717, qui porte, » Qu'à l'égard des » autres Priſonniers, les Huiſſiers, Prévôts des Maréchaux, Ar- » chers, & autres Officiers de Juſtice, ne pourront rien exiger » d'eux, ſauf à ſe faire payer par les Parties, à la Requête deſ- » quelles ils les transféreront.

ARTICLE XXXIX.

» LES Baux à Ferme des Priſons Seigneuriales ſe- » ront faits en préſence de nos Juges, chacun dans leur » Reſſort ; & ils en taxeront la Redevance annuelle, » qui ne pourra être excédée par les Seigneurs, ni » affermée à d'autres, à peine de décheoir entiérement » de leur Droit de Haute-Juſtice.

SOMMAIRE.

I. *Motif de la Diſpoſition du préſent Article.*
II. *S'il peut s'appliquer aux Moyens & Bas-Juſticiers ?*
III. *Procédure en pareil Cas.*

I. CET Article concerne les Baux à ferme des Priſons ſituées dans l'étendue des Juſtices Seigneuriales. Quoique ces Baux paroiſſent devoir naturellement dépendre des Seigneurs à qui ces Priſons appartiennent ; cependant, pour empêcher que ceux-ci dans le choix qu'ils feroient des Geoliers & Concierges, ne conſultent moins la capacité des Perſonnes, que leur intérêt particulier, en préférant ceux qui leur donneroient un plus haut prix ; l'Ordonnance a cru devoir charger du ſoin de la Confection de ces Baux, les Juges Royaux, dont les Seigneurs reſſortiſſent, en exigeant, comme elle fait par cet Article ; que ces Baux ſoient faits en préſence de ces Juges ; qu'ils en taxent la redevance annuelle ; & que les Seigneurs ne puiſſent excéder cette redevance, ni affermer à d'autres qu'à ceux choiſis par ces Juges, à peine d'être déchus de leurs Droits de Haute-Juſtice.

II. QUOIQUE par ces mots *Haute-Juſtice*, qu'on voit à la fin

fin de cet Article il paroiſſe que ſa Diſpoſition ne concerne que les Seigneurs Hauts-Juſticiers, il y a même raiſon de l'appliquer aux Moyens & Bas-Juſticiers, lorſque ceux-ci ont des Priſons, ainſi qu'il leur eſt permis d'en avoir.

III. Si le Bail des Priſons Seigneuriales, après avoir été fait en préſence du Juge Royal, étoit fait enſuite à quelqu'autre à plus haut prix, de la ſeule autorité du Seigneur; ou bien ſi la Redevance annuelle qui auroit été taxée par le Juge, & qui ne pouvoit être excédée par le Seigneur, étoit néanmoins augmentée; la Procédure ſera, ſuivant l'Auteur des Formules; *ſçavoir*, de la part du premier Fermier, de préſenter ſa Requête pour ſes dommages & intérêts, au Juge Supérieur, ou au Privé Conſeil du Roi; & de la part du Procureur du Roi du lieu, ou de M. le Procureur Général, de pourſuivre à leur Requête, le Seigneur qui auroit ainſi contrevenu à l'Ordonnance, pour le faire déclarer entiérement déchu de ſon Droit, conformément à cet Article.

TITRE XIV.

Des Interrogatoires des Accuſés.

CE Titre contient vingt-trois Articles, qui réglent tout ce qui peut concerner un Interrogatoire, ſoit par rapport au Juge qui le fait, ſoit à l'égard de l'Accuſé qui le ſubit, ſoit enfin à l'égard du Greffier qui le rédige.

Dans le *premier*, il eſt parlé du tems auquel on doit procéder à l'Interrogatoire.

Dans le *ſecond*, par qui doit être fait l'Interrogatoire.

Dans le *troiſiéme*, ſur quoi doit rouler l'Interrogatoire.

Dans le *quatriéme*, en quel lieu doit être fait l'Interrogatoire.

Dans le *cinquiéme*, de l'Interrogatoire des Accuſés pris en Flagrant-Délit.

Dans le *ſixiéme*, des Perſonnes qui peuvent aſſiſter aux Interrogatoires.

Dans le *ſeptiéme*, du Serment qui doit être prêté avant l'Interrogatoire.

Dans le *huitiéme*, de l'obligation où ſont tous Accuſés de répondre par leur bouche, & des Cas où les conſeils peuvent leur être donnés après l'Interrogatoire.

Dans le *neuviéme*, de la Permiſſion accordée aux Accuſés de Crimes non capitaux, de conférer avec qui bon leur ſemble après l'Interrogatoire.

Dans le *dixiéme*, de la repréſentation des Hardes & Piéces à l'Accuſé, lors de l'Interrogatoire.

Dans le *onziéme*, de l'Interprête donné à l'Accuſé qui n'entend pas la Langue Françoiſe.

Dans le *douziéme*, des Ratures, Interlignes & Changemens, qui ſe font dans les Interrogatoires.

Dans le *treiziéme*, de la Lecture, Signature, & Paraphe de l'Interrogatoire.

Dans le *quatorziéme*, des Cas particuliers où les Commiſſaires du Châtelet peuvent interroger.

Dans le *quinziéme*, des Interrogatoires réitérés, & comment l'on y doit procéder.

Dans le *ſeiziéme*, de la défenſe faite aux Juges, de prendre aucun Droit du Priſonnier, pour l'Interrogatoire.

Dans le *dix-ſeptiéme*, de la Communication des Interrogatoires à la Partie Publique.

Dans le *dix-huitiéme*, de la Communication des mêmes Actes à la Partie Civile.

Dans le *dix-neuviéme*, des Cas où l'Accuſé peut prendre droit par les Charges.

Dans le *vingtiéme*, de la Procédure qui ſe fait en ce Cas.

Dans le *vingt-uniéme*, de l'Interrogatoire ſur la Sellette.

Dans le *vingt-deuxiéme*, de l'envoi de cet Interrogatoire en la Cour en cas d'Appel.

Enfin, dans le *vingt-troiſiéme*, de la maniere de procéder aux Interrogatoires des Curateurs & Interprêtes.

ARTICLE PREMIER.

» LES Prisonniers pour Crimes seront interrogés in-» cessamment, & les Interrogatoires commencés au » plûtard dans les vingt-quatre heures après leur Em-» prisonnement, à peine de tous Dépens, Dommages » & Intérêts contre le Juge qui doit faire l'Interroga-» toire; & à faute par lui d'y satisfaire, il sera pro-» cédé par un autre Officier, suivant l'ordre du Tableau.

SOMMAIRE.

I. *Plusieurs sortes d'Interrogatoires qui se font dans les Procès Criminels.*
II. *Sur quoi fondée la Nécessité des Interrogatoires?*
III. *Pourquoi le Juge doit-il y procéder incessamment?*
IV. *Disposition de l'Article 21 de la Déclaration de Février 1731 à ce sujet.*
V. *Le Juge peut y procéder en tout tems, & même d'Office.*
VI. *Que doit faire l'Accusé, si le Juge néglige d'y procéder?*
VII. *Que doit faire le Juge, lorsque l'Accusé a été arrêté hors de sa Jurisdiction?*
VIII. *Effet de la Commission Rogatoire.*
IX. *Accusé doit être interrogé de nouveau, après qu'il a été renvoyé par le Juge commis, & pourquoi?*
X. *Pareillement en Cas de Renvoi pour Cause d'Incompétence.*
XI. *Formule d'Interrogatoire.*

I. IL y a plusieurs sortes d'Interrogatoires en Matiere Criminelle.

Les Uns se font avant le Décret, comme dans le Cas du Flagrant-Délit & autres, que nous avons remarqués sur l'Art. 1er du Tit. 10.

Les Autres, ensuite de la Comparution qui se fait sur le Décret, tel que Celui qui fait l'objet particulier du présent Titre.

Il y en a aussi, qui se font dans le cours de l'Instruction, tels que Ceux qui se font dans le tems de la Confrontation, où lors de la Torture, & dont il sera parlé sous le Titre suivant, & sous le Tit. 19 ci-après.

Il y en a enfin, qui ne se font qu'après l'Instruction achevée; tels que les Interrogatoires sur la Sellette ou derriere le Barreau;

dont nous aurons lieu de parler sur les Art. 22 & 23 du Présent Titre.

II. La Nécessité de l'Interrogatoire en général, est fondée non-seulement sur cette Maxime du Droit naturel, qui ne permet pas de condamner personne sans l'entendre, mais encore sur l'utilité de la Preuve qui en peut résulter pour la conviction du Crime; nous avons remarqué les différens effets de cette Preuve, dans nos Institutes au Droit Crim., sous le Titre de la *Preuve Vocale* ou Confession de l'Accusé.

III. C'est pour donner à cette Preuve plus de force, en ôtant au Coupable le tems de pouvoir concerter ses Réponses; aussi-bien que pour empêcher que l'Innocent ne languisse trop long-tems sous le poids d'une injuste Détention, que l'Ordonnance veut, par ce premier Article, qu'il soit procédé incessamment à l'Interrogatoire de l'Accusé, & que le Juge qui néglige d'y procéder dans les vingt-quatre heures, soit non-seulement tenu de tous les dépens, dommages & intérêts envers l'Accusé, mais encore, qu'il soit dépouillé de la connoissance du Procès, & remplacé par un autre Officier du Siége, suivant l'Ordre du Tableau.

IV. C'est aussi dans les mêmes vûes, sans doute, que la Déclaration du mois de Février 1731, permet indistinctement (Art. 21,) à tous Juges du Lieu du Délit, Royaux ou autres, d'interroger tous Accusés, quand même il s'agiroit de Cas Royaux ou Prévôtaux, & leur enjoint d'y procéder aussi-tôt qu'ils auront Connoissance du Crime, à la charge de renvoyer ensuite les Accusés aux Juges qui en doivent connoître.

V. C'est encore par une suite nécessaire du même Principe, que les Juges peuvent procéder à l'Interrogatoire en tout tems, même les jours Fériés. (*V.* Farinace, Conf. 85, & Bruneau, Tit. 16, Max. 13) & qu'ils doivent le faire d'Office, aussi-tôt qu'ils sont avertis de l'Emprisonnement par le Greffier ou par la Partie Publique, sans attendre qu'ils en soient requis par les Parties Civiles.

VI. Suivant la Disposition de cet Article, il paroît qu'il n'est pas nécessaire que l'Interrogatoire soit achevé dans les vingt-quatre heures, mais qu'il suffit qu'il soit commencé avant que les vingt-quatre heures soient expirées. Mais, si après l'avoir commencé, le Juge négligeoit de le continuer ; ou bien, s'il négligeoit de le commencer dans ce tems-là, l'Accusé pourroit requérir lui-même d'être interrogé, par un Acte ou Requête qu'il présentera au plus ancien Officier du Siége, à commencer par les Conseillers ou Assesseurs ; & à défaut de ceux-ci, ou en cas de Suspicion & Récusation de leur part, il s'adressera aux Avocats & Praticiens du Siége, suivant l'Ordre du Tableau. L'Accusé pourra en même-tems interjetter Appel de Déni de Justice, pour faire condamner le Juge qui a négligé ou refusé de procéder à son Interrogatoire, aux dépens, dommages & intérêts, qu'il a droit de répéter contre lui, en vertu de la Disposition du présent Article.

VII. Si le Juge ne se trouvoit pas à portée d'interroger l'Accusé par lui décrété, aussi-tôt après qu'il seroit arrêté, à cause de l'éloignement du Lieu de la Capture, qui ne seroit pas de sa Jurisdiction ; il pourra, sur la Requête des Parties Publiques ou Civiles, & même d'Office s'il en étoit informé d'ailleurs, & s'il s'agissoit d'un Cas grave, donner une Commission Rogatoire au Juge du Lieu de la Capture, pour interroger incessamment l'Accusé, & même pour faire la Recherche des Piéces de Conviction qui pourroient se trouver sur lui, ou dans la Maison où il résidoit lors de sa Capture. A l'effet de quoi, sera jointe à cette Commission une Copie des Charges principales, afin que ce nouveau Juge puisse sçavoir sur quoi il doit interroger l'Accusé ; & celui-ci, après avoir dressé son Procès-verbal de Recherche, & ensuite procédé à l'Interrogatoire, devra renvoyer incessamment l'une & l'autre de ces Piéces, avec la Commission Rogatoire, dans un Paquet clos & cacheté, ainsi que la Personne de l'Accusé, au Juge qui l'a décrété.

VIII. Ensuite de ce Renvoi, le premier Juge devra interroger lui-même l'Accusé de nouveau, dans les vingt-quatre heures après qu'il sera arrivé & conduit dans les Prisons ; par la raison que le Juge commis peut avoir omis des Circonstances essentielles résultantes des Informations qu'il n'auroit pas faites ; & que d'ailleurs tout Juge qui instruit un Procès Criminel, doit toujours entendre l'Accusé par lui-même.

IX. Il en devroit être de même, dans tous les Cas où l'Accusé seroit renvoyé à un autre Juge pour Cause d'Incompétence de Suspicion ou de Nullité, ou bien dans le Cas du Renvoi mentionné dans l'Article 21 de la Déclaration de 1731, que nous venons de citer. *V.* aussi les Articles 5 & 14 ci-après.

X. *FORMULE d'Interrogatoire.*

Interrogatoire fait par Nous.....à la Requête de.....(*Partie Civile*) ou du Procureur du Roi ou Procureur Fiscal, Demandeur & Accusateur, contre....Défendeur & Accusé, par Nous décrété de.....(*s'il est Prisonnier, l'on met* Prisonnier ès Prisons de.....) auquel Interrogatoire avons procédé en la Chambre de.....ainsi qu'il ensuit.....
Du.....

(*Si l'Accusé est Prisonnier, l'on met*) avons fait extraire des Prisons de.....led.....lequel interrogé de son Nom, Age, Qualité & Demeure, a dit, après Serment par lui fait, de dire vérité, se nommer..... demeurant à.....& être âgé de......

(*Si l'Accusé n'est pas Prisonnier, l'on dit*) est comparu devant Nous led. &c. *comme ci-dessus.*

Interrogé &c.

A dit.....

Lui avons remontré qu'il ne dit pas la vérité, puisque &c......

A dit.......

Et à l'instant lui avons représenté (*on lui représente les Armes ou Instrumens dont il s'est servi, si c'est une Bayonnette, un Couteau ou une Epée ensanglantée, il en faut faire mention*) & à lui enjoint de nous dire, si ce n'est pas avec led. Instrument qu'il a frappé, blessé, ou percé led.....

A dit.....& a été ledit *Instrument* enveloppé d'une bande de Papier, & cacheté de notre Cachet ou du Cachet de nos Armes; laquelle Bande de Papier a été paraphée par Nous & par led. Accusé, (*de même des Pièces écrites, dont il faut rapporter la Teneur en substance, & qu'il faut aussi parapher & faire parapher.*)

Interrogé, s'il veut prendre Droit par les Charges & Informations contre lui faites, & s'en rapporter aux Témoins qui ont déposé en icelles.

A dit.....

Lecture à lui faite du présent Interrogatoire, a dit que ses Réponses contiennent vérité, y a persisté, & a signé ou déclaré ne sçavoir écrire ni signer, de ce enquis, suivant l'Ordonnance; ou a fait refus de signer, de ce interpellé (*& si l'Accusé est Prisonnier, l'on ajoute*) & a été l'Accusé remis ès mains du Geoller, pour le ramener dans la Prison. Fait les jour & an que dessus.

ARTICLE II.

» LE Juge ſera tenu vaquer en Perſonne à l'Inter-
» rogatoire, qui ne pourra en aucun Cas être fait par le
» Greffier, à peine de Nullité & d'Interdiction contre
» le Juge & le Greffier, & de 500 liv. d'amende en-
» vers Nous contre chacun d'eux, dont ils ne pour-
» ront être déchargés.

SOMMAIRE.

I. *Importance de l'Interrogatoire prouvée par cet Article.*

II. *Ordonnance plus rigoureuſe ſur ce Point, que par rapport à l'Information, & pourquoi?*

I. L'INJONCTION faite aux Juges, de procéder à l'Interrogatoire en Perſonne; la Défenſe faite aux Greffiers d'y procéder ſeuls dans aucun Cas; & enfin les Peines de Nullité, d'Interdiction & d'Amende de 500 liv. prononcées contre les uns & les autres, en Cas de Contravention, ſans qu'ils en puiſſent être déchargés; toutes ces Diſpoſitions, qui ſont portées par le préſent Article, font aſſez ſentir de quelle importance eſt cet Acte dans la Procédure Criminelle, & avec quelle circonſpection les Juges doivent y procéder.

II. IL paroît même, que l'Ordonnance uſe en cela d'une Précaution plus rigoureuſe qu'en fait d'*Informations*, quelqu'eſſentiels que ſoient d'ailleurs ces premiers Actes, qu'on regarde comme la Baſe du Procès Criminel. Nous avons vû en effet, par l'Article 9 du Titre 6, que l'Ordonnance s'y contente d'ordonner, que l'Information ſera écrite par le Greffier en préſence du Juge, à peine de tous Dépens, Dommages & Intérêts. D'où peut donc venir cette différence? Si ce n'eſt que dans l'Information, le Greffier peut recevoir lui-même la Dépoſition du Témoin, & la rédiger, pourvû que ce ſoit en la préſence du Juge, qui, comme nous l'avons dit, doit ſeulement faire attention que le Témoin ne diſe rien d'inutile ni d'étranger,

& qu'il s'explique d'une maniere intelligible, sans qu'il puisse y procéder par forme d'*Interrogats*. Au lieu que dans l'Interrogatoire, c'est au Juge à former lui-même tous les Interrogats à l'Accusé, à écouter ses Réponses, & les faire ensuite rédiger par écrit à son Greffier, qui ne peut rien ajouter à ce qui lui sera dicté par le Juge, mais seulement l'avertir tout bas des Circonstances qu'il pourroit omettre dans les Interrogats qu'il formeroit à l'Accusé, & de celles que celui-ci pourroit omettre dans ses Réponses.

ARTICLE III.

» NOS Procureurs, ceux des Seigneurs, & les Par-
» ties Civiles pourront donner des Mémoires au Juge
» pour interroger l'Accusé, tant sur les Faits portés
» par l'Information, qu'autres, pour s'en servir par le
» Juge, ainsi qu'il avisera.

SOMMAIRE.

I. *Que veut dire l'Ordonnance par ces mots, qu'autres Faits?*
II. *Disposition de l'Ordonnance de Lorraine à ce sujet.*
III. *Cinq Régles principales que les Juges doivent se proposer en procédant aux Interrogatoires.*

I. CET Article concerne la *Matiere* des Interrogatoires. L'Ordonnance permet aux Parties Publiques, & même Civiles, de donner à ce sujet des Mémoires aux Juges, dans lesquels elles proposeront les faits particuliers, sur lesquels elles entendent faire interroger l'Accusé, & dont l'aveu pourroit servir d'indices ou présomptions, qu'il a commis le Crime pour lequel il est poursuivi, tels que Hardes, Meubles & Papiers, dont il sera parlé sur l'Article 10 ci-après. Néanmoins le Juge a la liberté, comme il paroît par les derniers termes de cet Article, de ne faire usage des faits insérés dans les Mémoires qui lui seront donnés, qu'autant qu'il les jugera capables de conduire à l'éclaircissement de la Vérité, qu'il doit avoir uniquement en vûe.

Mais, ce n'est pas tant sur ces Mémoires, que doit rouler l'Interrogatoire l'Interrogatoire qui sera fait par le Juge, que sur les faits portés par l'Information & *autres*, c'est-à-dire, sur ceux qui peuvent résulter des Piéces servant à conviction.

II. SUIVANT l'Art. 6 du Tit. 7 de l'Ordonnance pour la Lorraine, le Juge doit faire mention des Gestes, ou autres Marques extérieures qui pourroient faire connoître la situation de l'esprit de l'Accusé. Suivant l'Art. 15 du même Titre, il doit interroger l'Accusé, s'il a été repris de Justice, & il doit même, s'il est de condition vile, & suspect d'avoir quelque flétrissure, le faire visiter par Chirurgien, qui dressera son rapport sur le champ, pour être joint au Procès.

III. AU RESTE, la liberté que l'Ordonnance paroît laisser aux Juges par cet Article, ne doit s'entendre qu'avec certaines Modifications qui leur sont recommandées par les Loix, comme autant de Régles inviolables dont ils ne doivent jamais s'écarter.

La *premiere*, c'est qu'ils ne doivent y employer aucune Surprise ni Détours Captieux, dans la vûe d'embarrasser l'Accusé, & de lui arracher malgré lui l'Aveu de son Crime; mais ils doivent seulement se servir des moyens légitimes & ordinaires, pour découvrir la vérité, sans rien oublier de tout ce qu'ils croyent le plus propre à y parvenir, & à se garantir eux-mêmes des artifices de l'Accusé. *V.* L. *Judices*, C. *de Judic.* *V.* aussi l'Ordonnance pour la Lorraine, Art. 5, Tit. 7.

La *seconde*, c'est qu'ils ne peuvent interroger les Accusés sur des Crimes totalement différens par leur Nature, de Celui pour lequel ils sont poursuivis, non plus que des Crimes qui y auroient quelque rapport; s'il n'y avoit d'ailleurs, ni preuve ni même aucune présomption qu'il ait pû le commettre.

La *troisiéme*, c'est que le Juge ne peut interroger, même sur des Faits qui conduiroient à la Preuve du Crime, lorsque ces faits ne sont connus que de lui seul, & qu'il n'en est fait mention, ni dans les Informations, ni dans les Mémoires qui lui seroient administrés; ce qui est un suite de la Maxime, que, *Judex debet judicare secundùm allegata & probata.*

La *quatriéme*, c'est que le Juge ne doit point promettre l'Impunité à l'Accusé, pour l'engager à avouer son Crime; parce qu'il n'est pas au pouvoir du Juge de tirer ainsi d'affaire un Criminel, qui ne doit être jugé que sur ses aveux volontaires, & sur les Preuves qui résultent contre lui au Procès; ensorte qu'une confeſſion faite ſous un tel appas, ne pourroit opérer la condamnation de cet Accuſé, s'il n'y avoit d'ailleurs d'autres Preuves ſuſſiſantes au Procès. *V.* JULES CLARE, Queſt. 55, N°. 3, Cependant, il faut convenir qu'il y a de certaines circonſtances où les Cours Supérieures ſont obligées de s'écarter de cette régle, comme lorſqu'elles ne peuvent parvenir autrement à la découverte des Complices d'un Accuſé, & qu'il s'agit d'un Crime atroce, dont la Punition intéreſſe grandement l'Ordre Public.

La *cinquiéme* enfin, c'eſt qu'en procédant à l'Interrogatoire, le Juge ne doit point perdre de vûe, que cet Acte n'eſt pas ſeulement introduit pour tirer l'aveu du Crime, mais encore pour ſervir à la juſtification de l'Accuſé, en lui donnant par-là, les moyens de poſer tous les faits qui peuvent concourir à ſa décharge. Ainſi il doit avoir ſoin de faire rédiger ces faits par écrit, ſans en omettre aucune circonſtance eſſentielle; parce que c'eſt de-là que doivent ſe tirer principalement les faits juſtificatifs, comme nous le verrons ſur l'Art. 2 du dernier Titre de la préſente Ordonnance; & cela quand même les réponſes de l'Accuſé ſeroient injurieuſes au Juge, au Commiſſaire & à la Partie, ſuivant la Diſpoſition de l'Art. 17 du même Tit. 7 de l'Ordonnance de Lorraine, que nous venons de citer.

V. au ſurplus ce qui ſera dit ſur l'Art. 7 ci-après.

ARTICLE IV.

» IL ſera procédé à l'Interrogatoire au Lieu où ſe
» rend la Juſtice, dans la Chambre du Conſeil ou de
» la Geole. Défendons aux Juges de les faire dans leurs
» Maiſons.

SOMMAIRE.

I. *Interrogatoires doivent ſe faire dans un Lieu Public.*

II. *Trois Cas exceptés par un Arrêt de Réglement de la Cour.*

I. L'ORDONNANCE détermine par cet Article, le Lieu où doit ſe faire l'Interrogatoire. Elle veut que ce lieu ſoit public, tel que celui où ſe rend la Juſtice, ou autrement l'Auditoire; ou bien la Chambre du Conseil, ou même la Chambre de la Geole; & elle défend aux Juges de procéder à ces Interrogatoires dans leurs Maisons.

Les Interrogatoires se font ordinairement, ou à l'Auditoire, (ce qui s'entend hors la tenuë des Audiences); ou en la Chambre du Conseil, lorsqu'il s'agit d'interroger les Accusés qui ne sont décrétés que d'Assigné pour être oüis, ou d'Ajournement Personnel; & dans la Chambre de la Geole ou de la Prison, lorsqu'il s'agit d'interroger les Accusés, qui ont été arrêtés en vertu d'un Décret de Prise de Corps.

II. CEPENDANT quelque sage que soit la Régle établie par cet Article, il y a plusieurs Cas où il est permis de s'en écarter, & le Juge peut interroger dans son Hôtel, ou autre lieu qu'il trouvera plus commode. Ces cas sont au nombre de trois, suivant un Arrêt de Réglement de la Cour du 10 Juin 1711, contre le Lieutenant Criminel de Blois; sçavoir, 1°. Celui du *Flagrant-Délit*, dont il sera parlé sur l'Article suivant; 2°. Celui de la *Maladie* des Accusés, qui sont seulement décrétés d'Assignés pour être oüi, ou d'Ajournement Personnel; 3°. Enfin celui de l'*Exoine*, à l'égard des Accusés qui sont en Décret de Prise de Corps.

ARTICLE V.

» POURRONT néanmoins les Accusés pris en » Flagrant-Délit, être interrogés dans le premier Lieu » qui sera trouvé commode.

SOMMAIRE.

I. *Le Juge peut-il interroger dans sa Maison en Cas de Flagrant-Délit?*
II. *Cet Interrogatoire doit-il être réitéré?*
III. *Comment le Juge doit-il procéder en pareil Cas?*
IV. Quid, *si l'Accusé étoit pris en Flagrant-Délit dans l'Auditoire même des Cours?*

LE pouvoir que l'Ordonnance donne ici au Juge, d'interroger les Accusés pris en *Flagrant-Délit*, dans le premier Lieu qu'il trouvera convenable, est une Exception à la Régle établie par le précédent Article, qui veut que les Juges ne puissent procéder aux Interrogatoires, ailleurs qu'au lieu où se tient la Justice, ou en la Chambre du Conseil ou de la Geole.

I. PAR conséquent, en vertu de ce pouvoir, il peut procéder à l'Interrogatoire de ces sortes d'Accusés, dans sa propre Maison, s'il la trouve plus commode pour cet effet. Mais il doit dans ce Cas, avoir soin d'en faire mention dans le Procès-verbal qu'il dressera à la tête de l'Interrogatoire. *V.* l'Arrêt de Réglement cité sur l'Article précédent. *V.* aussi celui qui sera rapporté sur l'Art. 14 ci-après.

II. L'INTERROGATOIRE ainsi fait, n'a pas besoin d'être réitéré dans la Chambre de la Prison, comme celui fait en Campagne en vertu d'une Commission rogatoire dont nous avons parlé sur l'Article 1er de ce Titre; parce que ce dernier n'est proprement fait que pour ôter à l'Accusé le tems de la réflexion, & qu'il ne doit être employé, comme nous l'avons dit, que dans des Cas extrêmement graves, ou sur la Réquisition des Parties. Cependant il y auroit nullité, si le Juge ne procédoit à ce nouvel Interrogatoire, ensuite de l'Information qu'il auroit faite contre l'Accusé pris en Flagrant-Délit. C'est ce qui a été jugé par un Arrêt du 14 Août 1736, rapporté par DE LA COMBE.

III. POUR procéder réguliérement dans le Cas de cet Article, le Juge doit, avant que d'interroger l'Accusé, entendre d'Office, & sans Assignation préalable, les Témoins qui se sont trouvés sur le lieu où le Coupable est arrêté commettant le Crime, conformément à l'Art. 4 du Tit. 6; afin qu'il puisse sçavoir par leurs dépositions, les faits sur lesquels il doit interroger le Coupable. Pendant le tems qu'il procéde à l'Information, il doit ordonner, que cet Accusé sera retenu par ceux qui l'ont saisi & arrêté, à peine d'en répondre en leur propre & privé nom, comme s'étant volontairement chargés de sa garde, & jusqu'à ce qu'il soit conduit en Prison : de quoi il fait mention dans son Procès-verbal. L'Information faite, le Juge doit procéder à l'Interrogatoire, avec le plus de célérité qu'il sera possible, de peur que l'Accusé ne vienne à s'échapper des mains de ceux qui l'arrêtent. Après quoi, il le fera conduire en Prison, & le décrétera, en conformité de l'Art. 9 du Tit. 10 de la présente Ordonnance. Si l'Accusé étoit arrêté, dans un Endroit où il y auroit une Prison, il seroit plus sur de l'y conduire aussi-tôt, que de le laisser ainsi à la garde des Personnes, à qui il pourroit faire violence. Mais, avant que de l'y envoyer, le Juge devroit l'interroger en général sur son Nom & sur la Cause de sa Capture, telle qu'elle lui seroit déclarée par les Personnes qui l'ont saisi; entendre ensuite ces Personnes en déposition, ainsi que les autres Témoins qui ont vû commettre le Crime; décerner son Décret : le tout afin de pouvoir l'interroger aussi-tôt après d'une maniere plus circonstanciée.

IV. Enfin, si le Crime avoit été commis dans le lieu de l'*Auditoire* même, & que le Coupable eût été pris sur le fait, l'usage est alors, que les Juges, sans désemparer de l'Audience, mettent le Criminel à la garde des Huissiers, font avertir la Partie publique, pour donner à l'instant son Réquisitoire, nomment l'un d'eux Commissaire pour entendre les Témoins, le décretent, l'interrogent, recollent, & lui font confronter les Témoins, & rendent Jugement, qui est prononcé & exécuté sur le champ. Il y en a plusieurs exemples rapportés par les Arrêtistes, & entr'autres, par Bruneau, Tit. 8, Max. 32, qui observe qu'il faut que tout cela soit fait, *de plano*, & sans déplacer; qu'autrement il faudroit observer les Formalités & Délais de l'Ordonnance. A quoi il faut ajouter qu'une pareille Instruction ne peut se faire que dans les Cours, & non dans les Tribunaux inférieurs, qui sont astreints à la rigueur des Régles.

ARTICLE VI.

» Encore qu'il y ait plusieurs Accusés, ils se» ront interrogés séparément, sans assistance d'autre » Personne, que du Juge & du Greffier.

Sommaire.

I. *Interrogatoires de plusieurs Accusés du même Crime doivent être mis en des Cahiers séparés.*

II. *Accusé doit répondre, sans être assisté de Personne.*

III. *Parties Civiles ne peuvent y être*

présentées, non plus que le Procureur du Roi.

IV. *Ce dernier doit être à portée du Lieu où se fait l'Interrogatoire, & pourquoi?*

I. PAR cet Article, l'Ordonnance veut que, lorsqu'il y a plusieurs Accusés à interroger, le Juge observe à leur égard les mêmes formalités qu'elle a prescrites par l'Art. 11 du Tit. 6, relativement aux Témoins qui sont entendus dans les Informations; *sçavoir*, qu'il les interroge séparément, & sans avoir d'autre personne avec lui que son Greffier. Ensorte que toute la différence qu'il y a à cet égard, entre les Accusés & les Témoins, c'est que les Interrogatoires de chacun de ces différens Accusés, doivent être mis en des *Cahiers séparés*, au lieu que les Dépositions des Témoins, quoique faites séparément, doivent être comprises dans une seule & même Information.

II. EN ne permettant l'assistance d'autre Personne que du Juge & du Greffier, l'Ordonnance exclud par conséquent, la présence des Peres & Meres, Tuteurs, Curateurs, Avocats, Procureurs, dont l'Accusé voudroit se faire assister. Ce qui ne doit s'entendre néanmoins qu'avec les modifications portées par les Articles 8, 11 & 23 du présent Titre, & par l'Art. 5 du Tit. 18 de cette Ordonnance.

III. A plus forte raison, l'Ordonnance a-t-elle voulu par-là exclure la présence des Parties Civiles, & même des Parties Publiques, qui peuvent seulement donner des Mémoires, comme nous l'avons vû sur l'Art. 3, & prendre communication de ces Interrogatoires, après qu'ils sont faits, ainsi que nous le verrons sur l'Article 17 de ce même Titre.

IV. CEPENDANT, quoique les Parties Publiques ne puissent y assister, elles sont obligées, par le devoir de leur Charge, de se trouver à portée du lieu où se fait l'Interrogatoire, sur-tout lorsqu'il s'agit de Crime méritant Peine afflictive ou capitale; afin de tenir la main, pour que les Accusés soient interrogés séparément, ou que ceux qui viennent d'être interrogés, ne communiquent aux autres les faits & les circonstances sur lesquelles a roulé leur Interrogatoire.

ARTICLE VII.

» L'ACCUSÉ prêtera le Serment avant d'être in-
» terrogé, & en sera fait mention, à peine de Nullité.

SOMMAIRE.

I. *Pays où l'Usage du Serment n'est observé en cette Matiere.*
II. *Où doit se faire la Mention de la Prestation du Serment?*
III. *Plusieurs autres Mentions nécessaires, quoique non exprimées dans cet Article.*
IV. *Quelle doit être la Posture de l'Accusé lors de l'Interrogatoire?*

PAR cet Article, l'Ordonnance prescrit deux choses à peine de nullité; 1°. La formalité du *Serment* que doit prêter l'Accusé, avant que de subir l'interrogatoire; 2°. la *Mention* qui doit être faite de la prestation de ce Serment.

I. 1°. QUANT au SERMENT, l'on peut voir dans les Institutes au Droit Criminel, les motifs particuliers qui en ont fait introduire la nécessité en cette Matiere. Nous y avons observé en même-tems, que les avantages qui en résultoient, ne laissoient pas que d'être balancés par plusieurs inconvéniens dangereux, qui avoient paru si frappans à certaines Nations, même policées, telles que l'Allemagne, qu'elles en avoient aboli entiérement l'usage. Ces mêmes inconvéniens furent aussi relevés avec beaucoup de force, quoique sans succès, par M. le Premier Président DE LAMOIGNON, lors du Procès-verbal de Conférence sur cet Article. Nous avons vû, au reste, sur l'Art. 5 du Titre des Informations, de quelle maniere devoit se prêter le Serment.

II. 2°. QUANT à la MENTION que l'Ordonnance veut être faite de cette *Prestation de Serment*, ce n'est point dans le corps de l'Acte de l'Interrogatoire, mais dans le Procès-verbal, que le Juge dressera à la tête de cet Acte, qu'elle doit être insérée.

III. IL y a encore plusieurs autres MENTIONS qui doivent

être également faites dans ce Procès-verbal, quoiqu'il n'en soit point parlé dans cet Article ; sçavoir.

1°. Celles du *Nom*, de l'*Age*, *Qualité* & *Demeure* de l'Accusé, parce que, comme nous le verrons sur l'Article 23 du Titre suivant, dans le Cas de la Confrontation de l'Accusé à un autre Accusé, on doit, de même que pour celle qui se fait de l'Accusé au Témoin, faire d'abord lecture à ce co-Accusé, des premiers Articles de l'Interrogatoire de l'Accusé, pour sçavoir s'il n'a aucun reproche à fournir contre lui. Aussi voit-on par l'Art. 3 du Tit. 7 de l'Ordonnance pour la Lorraine, que cette Mention est requise à peine de nullité. Suivant ce même Article, l'Accusé doit déclarer en outre, s'il sçait le sujet pour lequel il a été arrêté.

2°. Celle du *Jugement*, portant le Décret en vertu duquel l'Accusé est interrogé. Il faut excepter seulement le Cas du Flagrant-délit, & autres où les Interrogatoires se font avant le Décret.

3°. Celle du *Tems* & de l'*Heure*, à laquelle le Juge y a procédé, pour sçavoir si c'est dans les vingt-quatre heures ; parce que le Juge seroit digne de répréhension, s'il y avoit procédé plûtard, encore que les Accusés ni les Parties publiques & Civiles, ne s'en seroient pas plaint.

4°. Enfin, la MENTION du *Lieu* où se fait l'Interrogatoire, afin de sçavoir si c'est à l'Audience ou à la Chambre du Conseil ou de la Geole ; le Juge ne pouvant y procéder dans son Hôtel, hors les Cas exceptés par l'Arrêt de Réglement que nous avons rapporté sur l'Art. 4 ci-devant.

IV. IL n'est point parlé dans cet Article, ni dans aucun autre de ce Titre, de la Posture dans laquelle doit être l'Accusé lors de l'Interrogatoire : l'Usage est qu'il soit debout, tête nue, à moins qu'en considération pour son Age, son Sexe, sa Dignité, ses Infirmités ou sa Naissance, le Juge ne trouve à propos d'en user autrement.

ARTICLE VIII.

» LES Accusés, de quelque Qualité qu'ils soient, » seront tenus de répondre par leur bouche, sans le ministere

» ministere de Conseil, qui ne pourra leur être donné, » même après la Confrontation, nonobstant tous Usa» ges contraires, que nous abrogeons ; si ce n'est pour » Crime de Péculat, Concussion, Banqueroute fraudu» leuse, Vol de Commis ou Associés en Affaires de » Finances ou de Banque, Fausseté de Piéces, Suppo» sition de Part, & autres Crimes où il s'agira de l'Etat » des Personnes ; à l'égard desquels les Juges pourront » ordonner, si la Matiere le requiert, que les Accusés » après l'Interrogatoire communiqueront avec leur Con» seil ou leurs Commis. Laissons au Devoir & à la Re» ligion des Juges, d'examiner avant le Jugement, s'il » n'y a point de Nullité dans la Procédure.

SOMMAIRE.

CET Article contient trois Dispositions remarquables.

I. PAR la 1re, il est ordonné à tous Accusés en général, de quelle Qualité qu'ils soient, de répondre par leur bouche, & sans ministére d'autrui, aux Interrogatoires qui leur sont faits par le Juge.

Ainsi, les Personnes de la plus haute Considération, tels que les Princes, Ducs, &c. ne sont point dispensés de cette obligation.

Les Mineurs, les Fils de Famille, & même les Impuberes, ne peuvent pareillement s'exempter de répondre, lorsqu'ils sont interrogés, & ils ne peuvent le faire par le ministére de leurs Peres, Tuteurs & Curateurs.

II. Il n'y a que les Sourds & Muets, ou Ceux qui n'entendent point la Langue Françoise, auxquels on permet l'assistance des Curateurs & des Interprêtes; comme nous verrons sur les Articles 11 & 23 du présent Titre.

III. Il y a néanmoins encore d'autres Cas, où la rigueur de cette Régle paroît devoir cesser, comme, lorsque les Juges qui veulent interroger, sont absolument *Incompétens*, tels que ceux dont nous avons parlé sur le §. 2 de l'Article 1er du Tit. 1er de cette Ordonnance; ou bien, lorsque l'Accusé est *privilégié*, & qu'il demande son Renvoi. *V.* Art. 3 du Titre 1er.

IV. Par une seconde Disposition de cet Article, l'Ordonnance veut que l'Assistance d'un Conseil ne soit permise à l'Accusé dans aucun tems, même après la Confrontation, si ce n'est en de certains Cas qu'elle excepte, & pour lesquels elle permet aux Juges de l'ordonner, *si la Matiere le requiert*, après l'Interrogatoire des Accusés. Ces Cas sont 1°. Péculat, 2°. Concussion, 3°. Banqueroute frauduleuse, 4°. Vol de Commis ou Associés en Affaires de Finances ou de Banque, 5°. Fausseté de Piéces, 6°. Supposition de Part, 7°. enfin tous Crimes concernant l'Etat des Personnes.

V. Le Motif particulier qui a fait excepter ces différens Cas de la Régle générale, c'est parce que les Crimes dont il s'agit, tiennent autant du Civil, que du Criminel, par les Discussions qu'ils entraînent; de maniere qu'il ne seroit pas possible aux Accusés, qui n'ont entre leurs mains les Titres & les Papiers qui pourroient servir à leur justification, de se défendre contre les Accusations qui leur seroient intentées à ce sujet; s'ils n'étoient aidés par quelque Conseil qui pût leur procurer ces Titres, & en tirer les Moyens & Inductions, qu'ils ne seroient pas capables d'en tirer eux-mêmes, par défaut d'intelligence ou d'Expérience dans les Affaires. Cependant, comme il peut arriver que la Conviction de l'Accusé puisse s'acquérir, même dans ces Cas particuliers, indépendamment de la Preuve qui pourroit résulter des Titres & autres Circonstances, dont la Discussion pourroit retarder considérablement le Jugement du Procès, l'Ordonnance n'a pas voulu, que ses Accusés puissent abuser d'une Ressource qu'elle n'accordoit qu'à la seule Nécessité d'une légitime Défense. C'est pourquoi, en même-tems qu'elle fait ces

Exceptions, elle a ſoin d'ajouter, que les Juges *pourront* ordonner la Communication dont il s'agit, *ſi la Matiere le requiert ;* & par-là elle laiſſe aux Juges la Liberté de refuſer cette Communication de l'Accuſé avec ſon Conſeil, dans les Cas dont on vient de parler.

VI. Il paroît, qu'on pourroit auſſi conclure de la Liberté donnée aux Juges par cette derniere Clauſe ; qu'ils pourroient même ordonner cette Communication d'*Office*, ſans qu'elle lui fût demandée par l'Accuſé. Cependant, il eſt d'uſage que le Juge ne l'accorde, que lorſqu'elle lui eſt demandée par l'Accuſé, ſoit lors même de l'Interrogatoire, ſoit depuis l'Interrogatoire par une Requête, où il expoſera les Circonſtances du Crime, qui ont beſoin d'être débrouillées, & demandera, qu'attendu que le Crime eſt un de ceux où l'Ordonnance permet aux Accuſés, pour aſſurer & établir leur Défenſe, de communiquer avec leur Conſeil ou leur Commis après l'Interrogatoire, & que la Matiere le requiert d'ailleurs, il lui ſoit permis de communiquer avec un tel, Avocat ou Procureur, ſon Conſeil ordinaire.....

VII. Enfin, par une troiſiéme Diſpoſition de cet Article, l'Ordonnance laiſſe au Devoir & à la Religion des Juges, d'examiner avant le Jugement, s'il n'y a point de Nullité dans la Procédure. L'Ordonnance ſe ſert ici du mot de *Juges* au Pluriel, pour donner à entendre que, lorſqu'il y a des Nullités commiſes dans une Procédure par le Juge de l'Inſtruction, ce n'eſt point à lui de les réformer, mais aux autres Juges du Siége, à qui elle donne ce Pouvoir, ſans qu'il ſoit néceſſaire de recourir à l'Autorité des Cours Supérieures. C'eſt auſſi ce qui a été jugé par un Arrêt de Réglement de la Cour, du 10 Juin 1746, contre le Lieutenant Criminel d'Angers. Ces Juges peuvent auſſi, par une ſuite du même Pouvoir, annuller non-ſeulement les Procédures faites dans leur Siége, mais encore celles faites dans un autre Siége, lorſque ces Procédures ſe trouvent jointes à la leur, ou qu'elles leur ont été renvoyées. C'eſt en ſtatuant ſur les Nullités dans l'un & l'autre Cas, qu'ils peuvent condamner le Juge qui les a commiſes, à payer les frais de la Procédure entiere ou d'une Partie, qui doit être recommencée à ſes frais, conformément à l'Article 24 du Titre 15 de la préſente Ordonnance. *V.* au ſurplus ce qui ſera dit ſur cet Article. *V.* encore ce qui a été dit ſur l'Art. 14 du Tit. des Informat. ci-devant.

VIII. *Formule de Requête pour avoir Assistance de Conseil.*

A Monsieur *ou* A Nosseigneurs.

S. H...... tel...... Prisonnier dans les Prisons de...... disant qu'il a été accusé de..... (Les cas auxquels l'Ordonnance permet Conseil : Sont

Quand il s'agit de crimes de
- Péculat.
- Concussion.
- Banqueroute prétendue frauduleuse.
- Vol commis dans
  - une Commission,
  - Société, ou
  - Maniement des
    - Finances,
    - ou
    - Banque.
- Fausseté de Piéces.
- Supposition de part.
- ou de tel crime dans lequel il s'agit de l'Etat des personnes.)

Il expose celui dont il est accusé.

En conséquence, il a subi l'Interrogatoire; & parce que le prétendu Crime est un de ceux où l'Ordonnance permet aux Accusés, pour assurer & établir leur défense, de communiquer avec leur Conseil ou leurs Commis après l'Interrogatoire, le Suppliant a recours à vous : Ce considéré, Monsieur, *ou* Nosseigneurs, il vous plaise lui permettre de communiquer avec Monsieur tel, & tel Avocat, & Procureur, son Conseil ordinaire, *ou* avec tel son Commis, selon l'Ordonnance, & vous ferez bien.

Sur cette Requête, les Juges pourront ordonner suivant les conclusions, *si la matiere le requiert*, dit l'Article.

ARTICLE IX.

» POURRONT les Juges après l'Interrogatoire, » permettre aux Accusés de conférer avec qui bon leur » semblera, si le Crime n'est pas Capital.

SOMMAIRE.

I. *Communication avec le Conseil a-t-elle lieu de plein Droit après l'Interrogatoire ?*

II. *Pourquoi faut-il une Permission expresse du Juge ?*

III. *Changement apporté au présent Article, lors du Procès-verbal de Conférence.*

I. NOUS avons vû par l'Article 16 du Titre précédent, qu'il étoit défendu aux Geoliers, de permettre la Communication des Accusés, Prisonniers pour *Crime*, avec quelque Personne que ce fût, même après leur Interrogatoire, s'il étoit ainsi ordonné par le Juge : d'où il paroît qu'on auroit pû conclure, que cette Communication étoit permise de plein Droit à ces sortes d'Accusés, aussi-tôt après l'Interrogatoire, lorsque le Juge ne le défendoit point : ensorte que, pour user de cette Faculté, il n'étoit pas nécessaire que les Accusés la demandassent, mais qu'il suffisoit qu'il n'y eût point d'Ordre contraire de la part du Juge sur ce Point. Mais ce Doute a été absolument levé par les termes de cet Article, suivant lesquels une simple Permission tacite du Juge ne suffiroit point, mais il faut une Permission expresse qui soit donnée, ou verbalement aux Geoliers après l'Interrogatoire, ou par une Ordonnance, que le Juge mettra au bas de la Requête qui lui sera présentée par l'Accusé à ce sujet.

II. LA Nécessité de cette Permission est fondée, sans doute, sur ce que c'est au Juge seul qu'il appartient de déterminer, si un Crime est Capital ou non; & que les Réponses de l'Accusé peuvent lui fournir de nouveaux Motifs, pour refuser cette Permission; ou du moins, pour ne l'accorder qu'après le Recollement & la Confrontation, qui peuvent seuls completter la Preuve du Crime.

III. C'EST aussi par cette raison, que lors du Procès-verbal de Conférence, l'on jugea à propos de réformer cet Article, qui avoit d'abord été conçu ainsi : *N'entendons néanmoins empêcher que les Accusés de Crimes non Capitaux ne puissent après l'Interrogatoire conférer avec qui bon leur semblera.*

ARTICLE X.

» LES Hardes, Meubles & Piéces servant à la Preu-
» ve, seront représentées à l'Accusé lors de son Inter-
» rogatoire, & les Papiers & Ecritures paraphées par
» le Juge & l'Accusé, sinon sera fait Mention de la
» Cause de son Refus : & sera l'Interrogatoire conti-

» nué sur les Faits & Inductions résultantes des Har-
» des, Meubles & Piéces, & l'Accusé tenu d'y ré-
» pondre sur le champ, sans qu'il lui en soit donné au-
» tre Communication; si ce n'est ès Cas mentionnés en
» l'Article huitiéme ci-dessus, après néanmoins que
» l'Interrogatoire aura été achevé.

SOMMAIRE.

I. *Quatre Formalités prescrites par cet Article.*
II. *De quelles Hardes & Effets l'Ordonnance veut-elle parler dans cet Article?*
III. *Interpellation que doit faire le Juge en procédant à la Représentation de ces Hardes & Papiers.*
IV. *Que doit faire le Juge après qu'il a procédé à cette Représentation.*
V. *Quid, si ce Juge avoit omis de représenter ces Meubles & Effets?*

IL est parlé dans cet Article, de la Représentation qui doit être faite à l'Accusé, lors de son Interrogatoire, des Hardes, Meubles & Piéces qui servent à la Preuve de son Crime. Sur quoi l'Ordonnance prescrit plusieurs Formalités remarquables.

I. 1°. ELLE veut que si parmi ces Piéces il y a des *Papiers & Ecritures*, elles soient paraphées par le Juge, & par l'Accusé, sinon que mention soit faite de son refus; 2°. Que l'Interrogatoire soit continué sur les Faits & Inductions résultantes de ces Piéces & Effets, & l'Accusé tenu d'y répondre sur le champ; 3°. Qu'il ne soit donné à l'Accusé, communication de ces Piéces & Effets, dans aucun autre tems; 4°. Enfin, elle excepte seulement, par rapport à cette communication, les Cas de Péculat, Concussion & autres, qui sont exceptés par l'Art. 8 ci-devant; & encore ne permet-elle de l'accorder, en ces derniers Cas, qu'après que l'Interrogatoire aura été achevé.

II. 2°. LES Hardes, Meubles & Piéces, dont la représentation est ici ordonnée, sont ceux qui ont été trouvés sur la Personne de l'Accusé, ou dans sa Maison lors de sa Capture, & dont l'Inventaire a dû être fait suivant les Articles 9 du Tit. 2, & Art. 7 du Tit. 13. Il n'est pas nécessaire qu'ils soient tous représentés, mais seulement ceux qui peuvent servir à la preuve du Crime, ainsi, par exemple, les Hardes & Meubles que le

Juge doit repréſenter à un Accuſé d'Homicide, ſont ceux du Mort, qui ſe trouvent teints de ſon ſang, afin que l'Accuſé émû à la vûe de ce ſpectacle ſanglant, ſe porte plus volontiers à avouer un Crime, que le trouble de ſa conſcience ne lui permettroit pas de cacher. Le Juge doit auſſi lui repréſenter les Armes, Haches, & autres Inſtrumens avec leſquels l'Accuſé eſt préſumé avoir commis le Crime, comme ayant été trouvés ſur ſa Perſonne ou dans ſa Maiſon, ou dans le lieu du Crime commis.

III. 3°. En même-tems que le Juge fait cette repréſentation, il doit interpeller l'Accuſé de reconnoître ces Effets pour être à lui, ou à la Perſonne qui a été tuée : & ſi ce ſont des Papiers & Ecritures, lui demander s'ils ſont écrits de ſa main ou d'une autre main, les lui faire parapher, ou faire mention de ſon refus; enſuite l'interroger article par article, ſur les conſéquences & inductions qui ſe tirent naturellement de ces Hardes, Meubles & Papiers. Ainſi, par exemple, lui demander ſi ce n'eſt pas avec ces Armes, Outils, Bâtons, Pierres ou Ferremens, qu'il a commis le Meurtre, & de quelle maniere il l'a fait; & pour ce qui concerne les Papiers & Ecritures, relever en détail chacune des phraſes qui peuvent ſervir à la Preuve, demander s'il a part à cette Ecriture, ou ſi elles ſont d'une main étrangere.

IV. 4°. Aprés que le Juge aura fait rédiger par écrit toutes les reconnoiſſances, aveux & dénégations, qui ſeront faites de la part de l'Accuſé, il ordonnera que tous ces Effets demeureront joints au Procès Criminel; & qu'il ſera dreſſé Procès-verbal de leur état, ſi ce ſont des Papiers & Ecritures.

V. 5°. Que ſi le Juge venoit à omettre de repréſenter les Meubles & Effets à l'Accuſé, lors de ſon Interrogatoire, il pourra y ſuppléer par un Interrogatoire nouveau. Mais le Jugement qu'il rendroit, ſans avoir réparé cette omiſſion, ſeroit abſolument nul, ſuivant la Diſpoſition de l'Art. 32 de l'Ordonnance de 1737, qui ſera l'objet de la ſeconde Partie de cet Ouvrage.

ARTICLE XI.

» SI l'Accusé n'entend pas la Langue Françoise, l'In-
» terprête ordinaire, ou s'il n'y en a point, celui qui
» sera nommé d'Office par le Juge, après avoir prêté
» Serment, expliquera à l'Accusé les Interrogatoires
» qui lui seront faits par le Juge, & au Juge les Ré-
» ponses de l'Accusé; & sera le tout écrit en Langue
» Françoise, signé par le Juge, l'Interprête & l'Accu-
» sé; sinon Mention sera faite de son Refus de signer.

SOMMAIRE.

I. *Pourquoi l'Usage des Interprêtes a été établi en cette Matiere?*

II. *Que doit faire le Juge, s'il ne se trouvoit point d'Interprête dans le Lieu?*

III. *Précaution que doit avoir le Juge dans le Choix d'un Interprête?*

IV. *L'Accusé est-il tenu de prêter Serment, aussi bien que l'Interprête?*

V. *Autres Cas, où la Formalité des Interprêtes est nécessaire dans la Procédure Criminelle.*

VI. *Formule d'Interrogatoire par Interprêtes.*

I. CET Article contient une Exception à la Régle générale établie par l'Art. 6 de ce Titre, qui veut que tout Accusé soit entendu par sa bouche, sans assistance d'aucun Conseil. L'Ordonnance prévoit ici le Cas où l'Accusé n'entendroit pas la Langue Françoise, & comme il lui seroit alors impossible de répondre aux Interrogats qui lui seroient faits par le Juge, elle a pourvu à cet inconvénient, en ordonnant qu'il lui soit donné un *Interprête*, pour lui expliquer ces Interrogats, & rendre aux Juges les réponses qui seroient faites par cet Accusé.

Mais ce n'est pas seulement, à cause de l'impossibilité où seroit l'Accusé, de répondre à des demandes qu'il n'entend point, que la Formalité des Interprêtes est introduite par cet Article; ces mots qu'on y voit à la fin, *& sera le tout écrit en Langue Françoise*, font voir, que quand même le Juge se feroit entendre à l'Accusé, en se servant d'une autre Langue que de la Françoise, le ministére d'un Interprête ne seroit pas moins nécessaire pour faire rédiger

rédiger les réponses de l'Accusé en Langue Françoise, conformément à cette derniere Disposition, qui a renouvellé sur ce point celles des Ordonnances de Louis XII. & François I. en 1510 & 1535, par lesquelles l'usage, où l'on étoit alors d'instruire les Procès Civils & Criminels en Langue Latine, a été abrogé.

II. Il faut donc, suivant cet Article, s'adresser d'abord à l'Interprête ordinaire, s'il y en a un; & s'il n'y en a point, le Juge en doit nommer un d'Office.

Mais s'il ne se trouvoit point d'Interprête dans le lieu, comme il peut arriver fréquemment dans les Provinces, sur-tout si l'Accusé étoit d'une Nation dont la Langue est peu connue, comme *Chinois*, *Indien*, *Américain*, *Arabe*, *&c.* Que devroit faire le Juge? Ayraut, qui se fait cette Question, Liv. 3, Part. 3, de son Ordre Judiciaire, pag. 464, décide, qu'il faudroit faire venir un Interprête, des lieux où il y en auroit, & cependant, retenir l'Accusé Prisonnier; & s'il étoit impossible d'en trouver, qu'il faudroit faire le Procès à cet Accusé, comme à un Muet volontaire. Que s'il se trouvoit un Interprête, mais qui ne sçût point signer, on ne laisseroit pas que de s'en servir, faute d'autres, & le Juge en dresseroit son Procès-verbal.

III. Au reste, le Juge doit avoir attention, dans le choix des Interprêtes, de n'en prendre que de bien *fâmés*, de peur qu'ils ne se laissent gagner, pour sauver ou charger l'Accusé.

IV. Il est dit par cet Article, que le Juge doit faire prêter Serment à l'Interprête, de rendre fidélement & en conscience, les réponses de l'Accusé, ainsi que les demandes du Juge; mais il n'est point dit, que l'Accusé doive aussi prêter Serment. Cependant, cette Formalité est également indispensable à tout Accusé, comme nous l'avons vû sur l'Article 7 du présent Titre; ainsi le Juge doit l'exiger de lui par la voie de l'Interprête.

V. Enfin, ce n'est pas seulement pour les Interrogatoires que la Formalité de l'Interprête est nécessaire aux Accusés qui n'entendent pas la Langue Françoise, mais encore dans toutes les autres Procédures où ces Accusés doivent être entendus; l'on veut parler sur-tout de la Confrontation, parce que, comme nous le verrons sur le Titre suivant, ils doivent alors s'expliquer sur les reproches qu'ils ont à fournir contre les Témoins, déclarer s'ils les connoissent, convenir ou disconvenir des faits de leurs Dépositions, & enfin, proposer tout ce qu'ils croyent convenable pour leur défense. Dans tous ces Cas, il faut, comme dans l'Interrogatoire dont il est parlé ici, que l'Interprête comparoisse avec l'Accusé, qu'il prête de nouveau le Serment, qu'il explique fidélement les demandes & les réponses, qu'il signe avec le Juge & l'Accusé, & qu'enfin il soit fait mention dans ces Actes, & du Serment par eux prêté, & de leurs signatures, ou sinon des Causes de leur refus. *V.* Art. 23 ci-après.

VI. *FORMULE d'Interrogatoire par Interprête.*

L'an, &c. (*comme dans l'Interrogatoire à la suite de l'Article premier*) & ayant voulu interroger led. . . . . . sur les Faits résultans des Charges & Informations contre lui faites à la Requête de . . . . . avons reconnu que led. Accusé est étranger, & qu'il n'entend pas la Langue Françoise.

Sur quoi nous ordonnons que les Interrogatoires, qui seront par Nous faits à l'Accusé, lui seront expliqués, & à Nous les Réponses de l'Accusé, par N. . . . . Interprête des Langues étrangeres, que nous avons nommé d'Office; à l'effet de quoi sera led. N. . . . . assigné *à tel jour & heure* devant ou après midi, pour faire le Serment pardevant Nous, de bien fidélement & en sa Conscience expliquer lesd. Interrogatoires & Réponses, & a été l'Accusé remis ès mains du Geolier pour le remener èsdites Prisons. Fait les jour & an que dessus. Et le . . . . . Nous étant en la Chambre du Conseil, led. . . . Accusé, y a été amené, en présence duquel est comparu N . . . . . Interprête, par Nous nommé d'Office, lequel a fait Serment de bien fidélement & en sa Conscience expliquer à l'Accusé les Interrogatoires qui lui seront par Nous faits, & à nous les Réponses de l'Accusé, & a signé.

Ce fait, avons en présence de N. . . . . . interpellé l'Accusé de lever la main, laquelle Interpellation ayant été expliquée par N. . . . . à l'Accusé en langue . . . . . icelui Accusé a levé la main.

Après quoi avons dit ces mots à l'Accusé. *Vous promettez & jurez à Dieu de dire vérité;* ce que N. . . . . . ayant expliqué à l'Accusé, il a répondu, & N. . . . . . nous a dit que l'Accusé juroit & promettoit à Dieu de dire vérité.

Et ayant fait baisser la main à l'Accusé, l'avons interrogé de quel Lieu il est natif, de ses Nom, Age, Qualité & Demeure.

Lequel Interrogatoire N. . . . . . a expliqué à l'Accusé, qui a dit, ainsi que nous a expliqué N. . . . . . que l'Accusé s'appelle . . . . âgé de . . . . . Natif de . . . *sa Qualité*, demeurant ordinairement à . . . . interrogé l'Accusé quel est le Motif qui l'a fait venir en France, &c. *comme dans l'Interrogatoire ci-devant.*

ARTICLE XII.

» Ne sera faite aucune Rature ni Interligne dans la » Minute des Interrogatoires; & si l'Accusé y fait au- » cun Changement, il en sera fait Mention dans la » suite de l'Interrogatoire.

SOMMAIRE.

I. *Différence entre les Interrogatoires & les Informations, par rapport aux Ratures.*

II. *Juge doit insérer dans l'Interrogatoire les Demandes, telles qu'il les a faites à l'Accusé.*

III. *Renvois peuvent-ils avoir lieu dans les Interrogatoires?*

IV. *De quels Changemens veut parler cet Article?*

V. Quid, *si l'Accusé vient à varier depuis la Lecture de son Interrogatoire?*

VI. *Le Juge peut-il interroger après cette Lecture, sur des Circonstances qu'il auroit oublié de demander?*

CET Article a pour objet les Précautions que le Juge doit avoir, dans la rédaction de l'Interrogatoire, de n'y faire aucune Rature ni Interligne, & d'insérer à la suite de cet Acte, les Changemens que l'Accusé pourroit faire dans ses réponses.

I. L'ORDONNANCE ne permet ici aucune *Interligne*, pas même de *Rature:* cependant, nous avons vû sur l'Art. 12 du Tit. 6, qu'elle permet les Ratures dans les Informations, pourvû qu'elles soient approuvées. Cette différence vient sans doute, de ce qu'il est important dans les Interrogatoires, de laisser subsister les réponses telles qu'elles sont faites par les Accusés; afin que les Juges puissent en tirer des conséquences, sur leur innocence ou sur leur conviction, selon la solidité, variation, ambiguité ou rétractation de ces mêmes réponses. Cependant, si ces Ratures étoient approuvées par le Juge & par l'Accusé, nous ne croirions pas, qu'il y eût Nullité dans l'Interrogatoire.

II. PAR la même raison, que l'on doit insérer dans l'Interrogatoire, les réponses de l'Accusé, telles qu'il les fait; il faut aussi que le Juge ait attention d'y faire insérer les demandes telles qu'il les lui a proposées. Il y a des Arrêts qui leur en ont fait des injonctions expresses, un entr'autres du 11 Décembre 1705, contre le Lieutenant Criminel du Châtelet.

III. A l'égard des *Renvois*, qui sont autorisés dans les Informations par le même Article que nous venons de citer, pourvû qu'ils soient signés par le Témoin & par le Juge ; rien n'empêche, qu'ils ne puissent également avoir lieu dans les Interrogatoires; ce qui s'entend, lorsque ces Renvois sont seulement occasionnés par l'omission de quelques mots d'une phrase, & non par quelque Rature, & qu'ils sont approuvés du Juge & de l'Accusé.

IV. Enfin, par rapport aux *Changemens*, dont il est parlé dans cet Article, l'on doit entendre ceux qui se font lorsque l'Accusé vient à varier dans ses réponses, en changeant quelque circonstance dans ce qu'il auroit d'abord répondu, ou même en rétractant entiérement sa premiere réponse. Si cette Variation arrive dans le cours de l'Interrogatoire, & avant qu'il en soit fait lecture à l'Accusé, le Juge ne doit rien effacer ni mettre entre deux lignes; mais il doit, dans la réponse suivante, ou dans une autre, faire rédiger par écrit les circonstances que l'Accusé veut changer, en faisant mention de l'endroit même de l'Interrogatoire, par le nombre & la page où sont insérées les réponses qu'il rétracte, ou sur lesquelles il varie.

V. Mais, si l'Accusé s'avisoit de faire un pareil Changement après la lecture de son Interrogatoire, ce changement sera inséré à la suite de cet Interrogatoire, conformément au présent Article, & cela par forme d'*Ajoutance* ou Addition. Le Juge pourra même l'interroger encore alors, sur ce qu'il trouvera convenir au sujet de ce Changement; & après qu'il lui en aura fait faire lecture, il le lui fera signer.

* VI. Enfin, le Juge peut aussi, quand même il ne s'agiroit pas de Changement de la part de l'Accusé, l'interroger encore depuis la lecture & la signature même de l'Interrogatoire, sur de certaines circonstances qu'il auroit oublié de lui demander, & mettre ce nouvel Interrogatoire à la suite du premier, par forme d'*Addition*, & ensuite le faire lire & signer par l'Accusé, sinon mention de son refus.

ARTICLE XIII.

» L'INTERROGATOIRE sera lû à l'Accusé à
» la fin de chacune Séance, cotté & paraphé en toutes
» ses Pages, & signé par le Juge & par l'Accusé, s'il
» veut ou sçait signer, sinon sera fait Mention de son
» Refus : le tout à peine de Nullité, & de tous Dépens,
» Dommages & Intérêts contre le Juge.

SOMMAIRE.

I. *Trois Formalités prescrites par cet Article.*
II. *Cas où l'Interrogatoire peut avoir plusieurs Séances.*
III. *Greffiers sont-ils tenus de signer les Interrogatoires, & les cotter & parapher?*
IV. *Doivent les transcrire fidélement. Arrêt de la Cour.*

I. PAR cet Article, l'Ordonnance prescrit les Formalités qui doivent suivre la rédaction de l'Interrogatoire; elles consistent, 1°. dans la *Lecture* qui doit en être faite à l'Accusé; 2°. dans l'*Obligation* particuliére du Juge de *cotter, parapher & signer* l'Interrogatoire dans toutes ses pages; 3°. enfin, dans la *Signature* qui en doit être faite par l'*Accusé*, ou mention de son refus : le tout à peine de Nullité & de tous dépens, Dommages & Intérêts contre le Juge qui a omis de remplir ou faire remplir quelqu'une de ces Formalités.

II. AINSI, lorsque l'Interrogatoire dure plusieurs Séances, comme il arrive ordinairement; ou lorsqu'on est obligé de l'interrompre par quelqu'accident survenu à l'Accusé qui se trouveroit mal, ou bien parce qu'il y auroit un grand nombre de Hardes & Piéces à lui représenter; le Juge, après en avoir fait faire lecture en entier par son Greffier à la fin de la premiere Séance, ordonne la continuation de l'Interrogatoire à une autre Séance, à certain jour & heure, afin que l'Accusé se trouve prêt à comparoir, & ainsi des autres; & en même-tems il signe, cotte & paraphe chaque page des Séances, & les fait signer à l'Accusé, dont il fait mention, ou de son refus, à chaque lecture.

III. L'ORDONNANCE ne parle point ici de la *Signature* des Greffiers, comme elle a fait fur les Art. 9 & 12 du Titre des Informations; d'où il faut conclure, que ceux-ci ne font tenus de figner qu'à la fin de chaque Interrogatoire, & non de chaque Séance. Il y a d'ailleurs cela de remarquable à leur égard, qu'il ne fe trouve aucun Article dans cette Ordonnance, qui les oblige de figner, cotter & parapher aux mêmes endroits que les Juges : cependant il feroit plus fûr d'ufer de cette Précaution, comme étant une fuite de la néceffité de leur affiftance à tous les Actes effentiels de la Procédure Criminelle, dont l'Interrogatoire fait partie.

IV. PAR l'Arrêt de Réglement de 1705, que nous venons de citer fur l'Article précédent, il eft fait injonction expreffe aux Greffiers qui inftrumenteront en Matiere Criminelle, de tranfcrire les Interrogatoires tels qu'ils auront été propofés par le Juge, & les Réponfes telles qu'elles auront été faites par les Accufés, fur les Interrogatoires des Juges.

ARTICLE XIV.

» LES Commiffaires de notre Châtelet de Paris, » pourront interroger pour la premiere fois les Accufés » pris en Flagrant-Délit, les Domeftiques accufés par » leurs Maîtres, & ceux contre lefquels il y aura Dé» cret d'Ajournement Perfonnel feulement.

SOMMAIRE.

I. *Exception à l'Article 2 de ce Titre.*
II. *Trois Cas où les Commiffaires du Châtelet peuvent interroger.*
III. *Lieutenant Criminel peut interroger de nouveau.*
IV. *Commiffaires ne peuvent interroger hors les Cas marqués par cet Article.*

I. CET Article contient une Exception remarquable à l'Art. 2 de ce Titre, qui veut que l'Interrogatoire foit fait par le Juge en Perfonne. Cette Exception a été introduite en faveur des Commiffaires du Châtelet, qui quoique feulement délégués en cette Partie par le Lieutenant Criminel de ce Siége, font autorisés dans certains Cas requérans célérité, de procéder d'Office aux Interrogatoires.

II. Ces Cas sont au nombre de 3, suivant cet Article; 1°. le *Flagrant-Délit. V.* ce que nous en avons dit sur l'Art. 4 du Titre 6; 2°. lorsqu'il s'agit de *Délits Domestiques*, ils peuvent alors interroger les Domestiques sur la Plainte de leurs Maîtres. *V.* l'Art. 8 du Tit. des Décrets; 3°. enfin, ils peuvent interroger généralement tous Accusés, qui ne sont décrétés que d'*Ajournement Personnel.*

III. Au reste, il y a deux choses à observer sur le Pouvoir qui leur est donné par cet Article; *l'une*, que l'Interrogatoire qu'ils font subir n'empêche point que le Lieutenant Criminel n'en puisse faire subir un autre à l'Accusé, s'il le juge à propos. C'est ce qui résulte de ces termes de l'Article, *pourront interroger pour la premiere fois.*

IV. L'autre, que ce Pouvoir n'étant qu'une Exception à la Régle générale, il ne peut être étendu au-delà des Cas qui sont marqués par cet Article. C'est sur ce fondement que par un Arrêt de Réglement de la Cour du mois de Juillet 1712, que nous avons rapporté sur l'Art. 3 du Tit. 3, il a été défendu à ces mêmes Commissaires de se transporter dans les Maisons des Particuliers, pour y recevoir des Dépositions & Déclarations sans la réquisition des Parties & Ordonnance du Juge, rendue en conséquence, si ce n'est dans le Cas de Flagrant-Délit.

ARTICLE XV.

» L'INTERROGATOIRE pourra être réïtéré » toutes les fois que le Cas le requerra, & sera cha- » cun Interrogatoire mis en Cahier séparé.

SOMMAIRE.

I. *Trois Conditions sur lesquelles l'Interrogatoire peut être réïtérée.*

II. *Six Cas où le Juge peut réïtérer les Interrogatoires.*

I. LE Pouvoir que l'Ordonnance laisse ici, aux Juges de réïtérer les Interrogatoires, ne leur est accordé que sous les trois Conditions suivantes; 1°. Que le Cas le requierre ; 2°. Que chaque nouvel Interrogatoire qu'ils feront, soit mis dans un Cahier séparé; 3°. Enfin, qu'ils observent dans ces nouveaux Interrogatoires, les mêmes Formalités que dans le premier, c'est-à-dire, toutes celles qui sont marquées dans les précédens Articles.

Ces deux dernieres Conditions doivent être remplies, sous peine de Nullité & autres portées par ces mêmes Articles. A l'égard de la premiere, quoique l'Ordonnance ne détermine point ici les Cas qui requiérent ces nouveaux Interrogatoires, il est certain, d'après les Principes que nous avons établis sur les Articles précédens, que les Juges ne peuvent y procéder réguliérement que dans les Cas suivans.

II. 1°. Lorsque le premier Interrogatoire a été fait dans le Cas du *Flagrant-Délit*, parce qu'alors le Juge peut avoir omis plusieurs circonstances essentielles, qui lui seront rappellées dans la suite, par les Mémoires des Parties Publiques ou Civiles. Il y a même des Arrêts, un entr'autres du 14 Janvier 1736, rendu contre le Juge de la Ville d'Eu, qui ont annullé des Procédures, faute par les Juges, d'avoir procédé à un nouvel Interrogatoire en pareil Cas. *V.* Art. 5 ci-devant.

2°. Lorsque le premier Interrogatoire aura été fait par un Juge étranger, en vertu d'une Commission rogatoire. *V.* ce que nous avons dit à ce sujet, sur l'Art. premier de ce Titre.

3°. Lorsque le premier Interrogatoire aura été fait par un Commissaire au Châtelet. *V.* l'Article précédent.

4°. Lorsque ce premier Interrogatoire aura été fait par un Juge de Seigneur, en fait de Cas Royaux ou Prévôtaux. *V.* l'Art. 21 de la Déclaration de Février 1731.

5°. Lorsque depuis le premier Interrogatoire, il est survenu de nouvelles Charges contre l'Accusé, soit par l'Addition d'Information, soit par le Recouvrement de quelque Piéce de Conviction. Il y auroit même Nullité, si le Juge ne procédoit pas à un nouvel Interrogatoire sur les faits résultans de ces nouvelles Charges, ainsi qu'il a été jugé par un Arrêt de la Cour, du 9 Janvier 1743, rapporté par DE LA COMBE, Part. 3, Ch. 11, n. 16.

6°. Enfin, lorsque l'Accusé a tergiversé, ou tout dénié dans le premier Interrogatoire; & que le Juge veut sçavoir si cet Accusé persistera dans ces dénégations.

ARTICLE

ARTICLE XVI.

» DÉFENDONS à nos Juges & à ceux des Sei-
» gneurs, de prendre, recevoir, ni se faire avancer au-
» cune chose par les Prisonniers pour leur Interroga-
» toire, ou pour aucuns autres Droits par eux préten-
» dus; sauf à se faire payer de leurs Droits par la Partie
» Civile, s'il y en a.

SOMMAIRE.

I. *Disposition de cet Article conforme à celle des Art. premier & 5 du Titre premier.*

II. *Doit s'appliquer à toutes sortes de Décrétés.*

I. PAR cet Article, l'Ordonnance renouvelle la Disposition des Articles 1er & 5 du Tit. 1er de l'Ordonnance, qui veulent que l'Accusé ne soit tenu de payer, ni avancer aucun des frais du Procès Criminel qui lui est fait; mais, que ces frais soient avancés par la Partie Civile, s'il y en a, & qu'à défaut de Partie Civile, ils soient pris sur le Domaine du Roi ou des Seigneurs.

II. Il reste seulement à observer ici, que quoiqu'il ne soit parlé dans cet Article, que des Accusés Prisonniers, c'est-à-dire, qui sont décrétés de Prise de Corps; il est certain, d'après les Articles que nous venons de citer, que sa Disposition doit s'appliquer également aux Accusés, qui ne sont décrétés que d'Ajournement Personnel, ou pour être oüis.

ARTICLE XVII.

» LES Interrogatoires seront incessamment commu-
» niqués à nos Procureurs ou ceux des Seigneurs, pour
» prendre Droit par eux, ou requérir ce qu'ils aviseront.

SOMMAIRE.

I. TROIS choses à observer sur cet Article ; la *premiere*, c'est qu'en ordonnant la Communication des Interrogatoires à la Partie Publique, l'Ordonnance exclud nécessairement cette Partie du droit d'assister à ces Interrogatoires.

La *seconde*, c'est qu'en ordonnant que cette Communication se fasse incessamment, l'Ordonnance se propose à cet égard, le même Motif qui a donné lieu à l'Injonction qu'elle fait au Juge par l'Article 1er de ce Titre, de procéder incessamment à l'Interrogatoire ; sçavoir, afin de ne pas laisser languir l'Accusé, s'il est innocent, & de ne pas laisser péricliter les Preuves, s'il est coupable.

Enfin la *troisiéme*, c'est qu'en même-tems qu'elle veut que la Partie Publique prenne cette Communication, l'Ordonnance lui prescrit l'usage qu'elle en doit faire, par l'Alternative qu'elle lui laisse, ou de *prendre Droit par l'Interrogatoire*, ou de donner tel autre Requisitoire qu'elle jugera convenable.

II. PRENDRE DROIT PAR L'INTERROGATOIRE, c'est s'en tenir à la preuve qui résulte de l'Aveu de l'Accusé par l'Interrogatoire, & consentir que le Procès soit jugé dans l'état où il est, ou du moins, sans autre Procédure que celle qui sera marquée sur l'Article 20 ci-après.

III. PAR conséquent, les Parties Publiques ne doivent réguliérement prendre droit par les Interrogatoires, que dans les Crimes légers qui ne méritent pas de Peine afflictive ; car lorsqu'il s'agit d'un Crime grave, & de nature à mériter une Punition exemplaire, il faut nécessairement, pour condamner ou absoudre l'Accusé, qu'il soit pleinement convaincu ; & cette pleine conviction ne peut s'acquérir, que par une entiere Instruction dans toute la rigueur de la Procédure extraordinaire, c'est-à-dire, par Récollement & Confrontation, &c. Excepté toutefois le Cas de l'Art. 5 du Tit. 25, suivant lequel les Procès Criminels peuvent être jugés, encore qu'il n'y ait d'Information, s'il y a d'ailleurs preuve suffisante par les Interrogatoires, ou par Piéces authentiques ou reconnues par l'Accusé, ou bien par les autres Présomptions & Circonstances du Procès.

IV. Par ces mots *requérir ce qu'ils aviseront*, l'Ordonnance veut sans doute parler, ou du Réglement à l'extraordinaire, ou du Renvoi à l'Audience, ou de la Conversion en Procès ordinaire, dont il sera parlé ci-après.

Il faut de plus, pour que les Parties Publiques & Civiles puissent prendre droit par l'Interrogatoire, que l'Accusé ait fait dans cet Acte, un aveu suffisant de son Crime, ou que ce qu'il a avoué étant joint aux Charges & Informations, puisse former la preuve nécessaire pour sa conviction. Les Parties Publiques peuvent cependant, avant que de prendre l'une ou l'autre de ces Conclusions, requérir de nouveaux Interrogatoires sur de nouveaux Mémoires qu'elles donneront; ou bien de nouveaux Décrets contre des Particuliers qui se trouveront chargés par ces Interrogatoires; ou demander qu'il soit dressé quelque Procès-verbal de Reconnoissance qui tende à constater le Délit, ou qu'il soit informé par Addition, ou même qu'il soit procédé à la Publication d'un Monitoire. Ces derniers Requisitoires peuvent aussi être donnés en tout état de Cause, même après les Récollemens & Confrontations.

ARTICLE XVIII.

» Sera aussi donné Communication des Interroga-
» toires à la Partie Civile en toutes sortes de Crimes.

SOMMAIRE.

I. *Différence entre la Partie Civile & la Partie Publique, par rapport à la Communication du Procès.*

II. *Pourquoi la Partie Civile a-t-elle le Droit d'avoir la Communication de l'Interrogatoire?*

III. *Comment se fait cette Communication?*

I. Suivant cet Article, la Partie Civile a le même droit que la Partie Publique, d'avoir Communication des Interrogatoires en toutes sortes de Crimes. Mais il y a cette Différence entre ces Parties, que le droit de la Partie Civile se réduit uniquement à la Communication de cette Piéce de la Procédure Criminelle, Celle des autres lui étant expressément interdite, comme nous l'avons vû sur l'Art. 15 du Tit. des Informations: au lieu que le droit de la Partie Publique s'étend généralement sur toutes les Piéces secrettes du Procès, comme nous l'avons vû sur ce même Article, & que nous le verrons encore sur l'Article 1er du Tit. 24.

II. Au reste, le Motif particulier, qui a fait admettre la Partie Civile à la Communication de l'Interrogatoire, c'est qu'elle a la Faculté, comme la Partie Publique, de prendre droit par l'Interrogatoire, ainsi que nous le verrons sur l'Art. 20 ci-après. Par conséquent, elle a aussi la même Faculté de requérir après cette Communication, ou qu'il soit procédé à de nouveaux Interrogatoires sur de nouveaux Mémoires qu'elle donnera, ou qu'il soit informé par Addition, ou qu'il lui soit permis d'obtenir Monitoire; ou enfin, qu'il soit procédé à quelqu'autre Reconnoissance qu'elle croira nécessaire pour constater le Délit.

III. La Communication de l'Interrogatoire sera donnée par le Greffier, qui en expédiera Copie à la Partie Civile, sauf à mettre l'avance en taxe de Dépens.

ARTICLE XIX.

» L'ACCUSÉ de Crime auquel il n'écheoira Peine
» afflictive, pourra prendre Droit par les Charges, après
» avoir subi l'Interrogatoire.

SOMMAIRE.

I. *Qu'est-ce que prendre Droit par les Charges?*

II. *Quand le Juge peut-il y admettre l'Accusé?*

III. *Y auroit-il Nullité, si le Juge ne demandoit pas à l'Accusé, s'il veut prendre droit par les Charges?*

IV. *Cas où il ne doit point l'y admettre.*

V. *Trois Conditions nécessaires pour cette Admission.*

VI. *Quid, lorsqu'il y a plusieurs Accusés, dont les uns ont pris Droit par les Charges, & les autres non?*

PAR cet Article, l'Ordonnance accorde à l'Accusé, qui est poursuivi pour un Crime qui ne mérite pas Peine afflictive, la Faculté de prendre Droit par les Charges, après qu'il a subi Interrogatoire.

I. PRENDRE DROIT PAR LES CHARGES, c'est s'en rapporter à ce que les Témoins ont déposé dans les Informations, & consentir que sans autre Instruction, il soit procédé au Jugement du Procès.

C'est ici par conséquent, une Ouverture favorable que l'Ordonnance présente à l'Accusé qui a satisfait au Décret, pour éviter la Rigueur & les Frais d'une Procédure Criminelle, qui par l'événement deviendroit absolument illusoire, dès qu'il n'y auroit lieu d'appliquer aucune des Peines, pour lesquelles elle a été établie.

II. Ainsi, lorsque le Juge vient à remarquer par le vû des Charges & de l'Interrogatoire, que le Crime ne mérite pas de Peine afflictive, il doit, pour se conformer à l'esprit de l'Ordonnance, avoir attention de demander à l'Accusé, à la fin de ce même Interrogatoire, s'il veut prendre droit par les Charges, & que son Procès soit jugé en l'état où il est.

III. IL y a même des Auteurs, notamment D'EXPILLY dans son Plaidoyer 26, qui prétendent que ce seroit un défaut dans un Interrogatoire, si le Juge omettoit de le demander; quoique BRUNEAU, & nos Auteurs plus modernes pensent, avec raison, que cette omission ne devroit point opérer la Nullité de cet Acte. *V.* BRUNEAU, Tit. 16, Max. 9.

IV. MAIS si au contraire, le Juge reconnoît, soit par les Charges, soit par l'Interrogatoire, ou même par le Titre de l'Accusation, que le Crime dont l'Accusé est prévenu, peut donner lieu à une Peine afflictive; non-seulement, il ne doit point lui demander, s'il veut prendre droit par les Charges; mais il ne devroit pas même l'y admettre, quand il le demanderoit; parce que la Punition de ces sortes de Crimes intéressant essentiellement l'Ordre Public, il n'est pas au pouvoir du Juge de donner à l'Accusé un Moyen de l'éluder, en arrêtant le cours d'une Instruction qui pourroit consommer la preuve de son Crime. Ainsi, le Juge ne pourra se dispenser en ce dernier Cas, d'ordonner le Réglement à l'extraordinaire, dont il sera parlé sur le Titre suivant.

V. Il faut donc, pour que l'Accusé puisse être admis à *prendre droit par les Charges*, qu'il se rencontre trois Conditions également indispensables.

La *premiere*, qu'il ne s'agisse que d'un Crime léger, & de nature à ne donner lieu qu'à des Condamnations pécuniaires.

La *seconde*, qu'il ait satisfait à son Décret, en subissant Interrogatoire.

La *troisième* enfin, que par l'Interrogatoire, l'Accusé ait avoué le Crime; car s'il ne résultoit de ses Réponses aucun Aveu, soit exprès, soit même tacite; comme il ne demanderoit sans doute à prendre droit par les Charges, que parce qu'il sçauroit qu'il n'y a point d'ailleurs de preuve suffisante pour le condamner, & qu'il croiroit par-là se tirer d'affaire sans Punition & sans Frais; il paroît que les Parties Publiques & Civiles seroient bien fondées à s'y opposer, si elles avoient d'autres Témoins ou d'autres Piéces à produire pour établir la preuve de leur Accusation; parce qu'encore une fois, le bénéfice de cet Article n'est pas accordé à l'Accusé, pour éviter sa condamnation; mais seulement pour lui épargner, lorsqu'il n'est coupable que d'un Crime léger, les frais & les longueurs d'une Procédure extraordinaire qui deviendroit sans objet, ou dont l'objet ne tendroit qu'à faire prononcer contre lui des Condamnations pécuniaires.

VI. Mais si dans un même Procès Criminel, où il y auroit plusieurs Accusés, les uns avoient pris droit par les Charges, & les autres auroient déclaré vouloir se défendre; Que devroit faire le Juge en pareil Cas?

Il faut distinguer, ou le Procès Criminel seroit instruit pour Crime méritant Peine afflictive, ou le Crime qui auroit donné lieu à ce Procès, seroit de nature à ne mériter que de simples Condamnations pécuniaires : au premier Cas, le Juge devroit ordonner la continuation de la Procédure à l'égard de tous les Accusés en général, & néanmoins statuer en même-tems, que la Confrontation seroit seulement faite à l'égard de ceux des Accusés qui n'auroient voulu prendre droit par les Charges, & que les autres seroient reçus à prendre droit par les Charges; & qu'au surplus, il seroit procédé envers les uns & les autres par un seul & même Jugement: le tout afin de ne point diviser & de ne point charger des frais d'un Récollement & d'une Confrontation, ceux qui se soumettroient. Cela n'empêcheroit pas d'ailleurs, que ces derniers ne fussent confrontés avec ceux qui voudroient se défendre.

Mais si au contraire, le Procès Criminel devoit être évidemment civilisé, comme en fait de Rixe & de Querelle ; alors pour ne point diviser, & afin de fixer l'état de la Procédure, ce seroit le Cas d'ordonner la Conversion en Procès ordinaire à l'égard des uns & des autres, en permettant seulement à ceux qui voudroient se défendre, de faire des Enquêtes de leur part, & en recevant les autres à prendre droit par les Charges. Au surplus, il seroit statué, en fin de Cause envers toutes les Parties, par un seul & même Jugement ; parce qu'on ne doit pas forcer des Parties à faire les frais d'une défense à laquelle elles ont renoncé, en se servant du Bénéfice de l'Ordonnance.

ARTICLE XX.

» SI nos Procureurs, ou ceux des Seigneurs, & la » Partie Civile, sont reçus à prendre Droit par l'In» terrogatoire, & l'Accusé par les Charges ; la Partie » Civile pourra donner sa Requête contenant ses De» mandes, & l'Accusé ses Réponses, dans le Délai qui » sera ordonné : passé lequel sera procédé au Jugement, » encore que les Requêtes ou les Réponses n'ayent » point été fournies.

SOMMAIRE.

I. *Comment il doit être procédé, après que l'Accusé a pris Droit par les Charges ?*

II. *A quelle Peine peut-il être condamné par le Jugement qui interviendra ?*

III. *Pourquoi le Juge ne peut-il prononcer des Peines infâmantes en pareil Cas ?*

CET Article prescrit la Maniere dont il doit être procédé, après que les Parties Publiques & Civiles ont été admises à prendre droit par les Interrogatoires, & l'Accusé à prendre doit par les Charges.

I. Cette Procédure consiste, sçavoir, de la part des Parties Publiques & Civiles, dans une Requête qu'elles donneront, où elles exposeront leurs demandes, & de la part de l'Accusé, dans une autre Requête qu'il donnera, contenant ses Réponses, & par laquelle il demandera, s'il est Prisonnier, son Elargissement qui ne peut lui être refusé. Ces Requêtes doivent être présentées, dans le Délai qui leur sera marqué par le Juge; & si elles ne sont point présentées dans le tems, le Juge pourra procéder au Jugement.

II. Par le Jugement qui sera rendu, l'Accusé qui a pris droit par les Charges, ne pourra être condamné qu'à des Peines pécuniaires; le Juge ne peut pas même ordonner en pareil Cas une Peine infâmante; & s'il le faisoit, il s'exposeroit, non-seulement à voir sa Sentence déclarée nulle, mais encore à être condamné lui-même à rendre les Epices. Il y en a plusieurs Exemples dans notre Juprisprudence; & cela est fondé sur ce que les Peines infâmantes ne peuvent être prononcées en Matiere Criminelle, qu'ensuite du Récollement & de la Confrontation.

ARTICLE XXI.

» SI pardevant les premiers Juges, les Conclusions de
» nos Procureurs, ou de ceux des Seigneurs, & en nos
» Cours les Sentences dont est Appel, ou les Conclu-
» sions de nos Procureurs Généraux, portent Condam-
» nation de Peine afflictive, les Accusés seront interro-
» gés sur la Sellette.

SOMMAIRE.

I. *Ce dernier Interrogatoire doit-il avoir lieu dans tout Procès Criminel réglé à l'extraordinaire?*

II. *Disposition des Déclarations de 1681 & 1703 à ce sujet.*

III. *Motif de ces Loix.*

IV. *Ce dernier Interrogatoire peut-il être réitéré?*

V. *Doit-il être rédigé par écrit?*

IL

Il est parlé dans cet Article, d'un dernier Interrogatoire qui se fait après l'Instruction achevée, & immédiatement avant le Jugement qui se rend en premiere Instance ou sur l'Appel. Cet Interrogatoire doit être subi par l'Accusé sur la Sellette, lorsque les Conclusions de la Partie Publique tendent à une Condamnation à Peine afflictive, ou bien qu'il y a eu une précédente Sentence de Condamnation à ces sortes de Peines.

I. L'on avoit douté, d'après la Disposition de cet Article, si lorsque les Conclusions de la Partie Publique ne tendoient point à ces sortes de Peines, mais seulement à des Peines Infâmantes ou purement pécuniaires; ce dernier Interrogatoire devoit avoir lieu. Mais ce Doute a été levé par deux Loix postérieures, qui prescrivent également la nécessité de cet Acte dans tous les Procès Criminels qui ont été réglés à l'extraordinaire, & instruits par Récollement & Confrontation, encore qu'il n'y auroit pas de Conclusion ou Condamnation à Peine afflictive.

II. La *Premiere* de ces Loix est la Déclaration du 12 Janvier 1681, qui n'avoit d'abord été faite que pour le Parlement de Grenoble, & qui a ensuite été renouvellée par la Déclaration du 13 Avril 1703, pour toute l'étendue du Royaume, en ces termes : *Voulons & nous plaît, que notre Déclaration du* 12 *Janvier* 1681, *soit exécutée suivant sa forme & teneur, dans tout notre Royaume; & en conséquence, en expliquant & interprétant, en tant que de besoin seroit, l'Art.* 21, *Tit.* 14 *de notre Ordonnance de* 1670, *qu'en tous les Procès qui se poursuivront, soit pardevant les Juges des Seigneurs ou les Juges Royaux, ou les Cours, & qui auront été réglés à l'extraordinaire & instruits par Récollement & Confrontation, les Accusés seront entendus par leur bouche dans la Chambre du Conseil, derriere le Barreau, lorsqu'il n'y aura pas de Conclusion ou de Condamnation à peine afflictive; ce faisant, avons abrogé & abrogeons tous usages à ce contraires. Led. Art.* 21 *du Tit.* 14 *de notre Ordonnance de* 1570, *sortissant au surplus son plein & entier effet.....*

III. Le Motif particulier de ces Loix, étant, comme l'annonce le Préambule de la derniere, de ne *priver les Accusés dans aucun Cas du droit naturel qu'ils ont de se défendre par leur bouche, ni d'ôter aux Juges les moyens de s'éclaircir par ces Voies des*

Circonstances des actions qui se poursuivent extraordinairement; il s'ensuit que rien ne peut dispenser les Juges, dans le Cas où le Procès a été instruit par Récollement & Confrontation, de procéder à ce nouvel Interrogatoire, quand même les Conclusions de la Partie Publique tendroient à l'Absolution pure & simple de l'Accusé.

IV. MAIS la Question est de sçavoir, si pour la validité de ce dernier Interrogatoire, il est nécessaire qu'il soit rédigé par *écrit.* Il paroît qu'il faut distinguer le Cas où l'Accusé fait, dans ce dernier Interrogatoire, de certains Aveux d'où il peut résulter une preuve plus complette contre lui, ou bien qui forment de nouveaux faits justificatifs en sa faveur. Alors, le Juge, s'il est inférieur, doit faire rédiger par écrit ces Interrogatoires, & les faire signer par l'Accusé, sinon en faire mention. Mais hors ce Cas particulier, l'usage est de les faire *verbalement*, du moins ceux qui se font derriere le Barreau; car pour ceux qui se font sur la Sellette, il paroît résulter de l'Article suivant, que les premiers Juges ne peuvent se dispenser de les rédiger par écrit.

V. Au surplus, ce qui sera dit sur l'Art. suivant & sur l'Art. 23 ci-après, qui concernent ces mêmes Interrogatoires.

ARTICLE XXII.

» L'INTERROGATOIRE prêté sur la Sellette » pardevant le Juge des Lieux, sera envoyé en nos » Cours avec le Procès, quand il y aura Appel; à peine » de 100 liv. d'amende contre le Greffier.

SOMMAIRE.

I. *Deux Conséquences qui résultent de cet Article.*

II. *L'Interrogatoire sur la Sellette ne doit-il être envoyé dans les Cours qu'en Cas d'Appel?*

I. L'OBLIGATION qui est prescrite, par cet Article, aux Greffiers, d'envoyer dans les Cours, l'Interrogatoire prêté sur la Sellette, en même-tems que les autres Piéces du Procès, suppose nécessairement deux choses; l'*une*, que les Interrogatoires ſur la Sellette doivent être rédigés par écrit, lorſqu'ils ſont faits par les premiers Juges.

L'autre, que ces derniers Interrogatoires ſont cenſés, comme ceux faits enſuite du Décret, faire partie du Procès Criminel, & conſéquemment qu'il en doit être fait mention dans le vû du Jugement. C'eſt auſſi ce qui réſulte naturellement du Préambule de la Déclaration de 1703, que nous avons rapporté ſur l'Article précédent.

II. Au reſte, quoiqu'il ne ſoit parlé dans cet Article, de l'Envoi de l'Interrogatoire ſur la Sellette, que dans le Cas de l'Appel interjetté des Jugemens des premiers Juges, il eſt certain que cet Envoi doit également avoir lieu, & même à plus forte raiſon, dans le Cas de la Dévolution qui ſe fait de plein droit aux Cours; puiſque cette Dévolution ne peut elle-même avoir lieu, qu'à l'égard des Jugemens qui portent Condamnation à Peine afflictive ou infâmante, comme nous le verrons ſur le Tit. 26 de la préſente Ordonnance. *V.* Art. 6.

ARTICLE XXIII.

» Les Curateurs & les Interprêtes ſeront interrogés
» derriere le Bureau, encore que les Concluſions & la
» Sentence portent Peine afflictive contre l'Accuſé.

SOMMAIRE.

I. *Dans quelle Poſture doivent être les Curateurs & Interprêtes, lors du dernier Interrogatoire?*

II. *Dans quels Cas les Accuſés doivent-ils être aſſiſtés de Curateurs?*

I. Par cet Article, l'Ordonnance preſcrit la Maniere dont les Curateurs & Interprétes qui ſont donnés aux Accuſés, doivent ſubir le dernier Interrogatoire, ſoit en premiere Inſtance, ſoit en la Cour. Elle ne veut pas, qu'ils le ſubiſſent ſur la Sellette, comme les Accuſés, mais ſeulement derriere le Barreau; & cela quand même les Concluſions & la Sentence dont eſt Appel porteroient Peine afflictive contre l'Accuſé. D'où il ſuit, que ces Curateurs & Interprêtes doivent être ſeulement debout & nuë tête, en présence des Juges qui les interrogent.

II. Nous avons vû sur l'Art. 11 de ce Titre, le Cas où l'on donne un Interpréte à l'Accusé. Par rapport aux Curateurs, les Cas ordinaires où ils doivent assister les Accusés, sont marqués sous les Titres 18, 21 & 22, dont le premier concerne les Procès qui se font aux Muets & aux Sourds; le *second*, Ceux qui se font à des Communautés; & le *troisiéme*, la Maniere de faire le Procès au Cadavre ou à la mémoire du Défunt.

TITRE XV.

Des Récollemens & Confrontations des Témoins.

Ce Titre contient vingt-quatre Articles.

Dans le *premier*, il est parlé des Cas où le Récollement & la Confrontation doivent être ordonnés.

Dans le *second*, des Peines contre les Témoins Défaillans & Contumax.

Dans le *troisiéme*, des Cas où le Récollement peut avoir lieu, sans être ordonné par Jugement.

Dans le *quatriéme*, de la nécessité de Récoller les Témoins quoiqu'oüis par un Commissaire de la Cour, & que le Récollement se fasse pardevant lui.

Dans le *cinquiéme*, des Formalités qui doivent accompagner le Récollement.

Dans le *sixiéme*, de la Défense de réïtérer le Récollement.

Dans le *septiéme*, de l'Obligation de le mettre dans un Cahier séparé des autres Procédures.

Dans le *huitiéme*, des Cas où les Témoins décédés sans avoir été récollés & confrontés, font preuve.

Dans le *neuviéme*, des Crimes pour lesquels le Juge peut ordonner le Récollement & la Confrontation des Témoins.

Dans le *dixiéme*, de la Lecture qui doit être faite lors de la visite du Procès, des dépositions des Témoins non récollés ni confrontés, qui vont à la décharge de l'Accusé.

Dans le *onzième*, de la Pourſuite & Punition des Témoins qui rétractent leurs dépoſitions depuis le Récollement, ou la changent dans des Circonſtances eſſentielles.

Dans le *douzième*, des Accuſés qui doivent être en Priſon, lors de la Confrontation.

Dans le *treizième*, de la forme dans laquelle doivent être rédigées les Confrontations.

Dans le *quatorzième*, de la Preſtation de ſerment du Témoin & de l'Accuſé, & de l'interpellation qui doit leur être faite par le Juge.

Dans le *quinzième*, de la Lecture qui doit d'abord être faite à l'Accuſé des premiers Articles de la Dépoſition du Témoin.

Dans le *ſeizième*, de l'Interpellation que doit faire le Juge à l'Accuſé, de fournir ſes Reproches.

Dans le *dix-ſeptième*, des Réponſes du Témoin à ces Reproches, & des Repliques de l'Accuſé.

Dans le *dix-huitième*, de la Lecture qui doit être faite enſuite à l'Accuſé, de la Dépoſition & du Récollement du Témoin.

Dans le *dix-neuvième*, de l'Excluſion prononcée contre l'Accuſé, de la faculté de fournir des Reproches, après qu'il a oüi lecture de la Dépoſition.

Dans le *vingtième*, de l'Exception en faveur des Reproches juſtifiés par écrit.

Dans le *vingt-unième*, de la Nullité des Déclarations faites par les Témoins depuis l'Information, & la Peine qu'ils encourent en pareils Cas.

Dans le *vingt-deuxième*, de la Faculté qu'a l'Accuſé de requérir le Juge d'interpeller le Témoin, de reconnoître les Contrariétés & autres Circonſtances de ſa dépoſition qui peuvent être favorables à cet Accuſé.

Dans le *vingt-troiſième*, de l'Obſervation des mêmes Formalités que celles ci-deſſus, dans les Confrontations qui ſe font des Accuſés les uns aux autres.

Enfin, dans le *vingt-quatrième*, de l'Obligation du Juge qui a commis une Nullité dans la Procédure, de faire les frais de celle qui eſt recommencée, & de répondre des Dommages & Intérêts des Parties.

ARTICLE PREMIER.

» SI l'Accusation mérite d'être instruite, le Juge ordonnera que les Témoins oüis ès Informations, & » autres qui pourront être oüis de nouveau, seront ré» collés en leurs Dépositions, & si besoin est, con» frontés à l'Accusé; & pour cet effet assignés dans un » Délai compétent, suivant la distance des Lieux, la » Qualité des Personnes & de la Matiere.

SOMMAIRE.

I. *Qu'est-ce que Récollement?*
II. *Cas où il ne doit point être ordonné.*
III. *Comment doit être conçu le Jugement qui l'ordonne. Pourquoi l'Ordonnance ajoute-t-elle ces mots* si besoin est, confrontés?
IV. *Assignations pour le Récollement, quand, & à la Requête de qui doivent être donnés leurs Délais? Exception en fait d'Accusation pour le Duel.*
V. *Formule de Récollement à l'extraordinaire.*
VI. *Formule d'Ordonnance pour assigner les Témoins.*
VII. *Formule de Récollement.*

I. LE Récollement, qui fait l'objet particulier de cet Article & des suivans, jusqu'au douziéme du présent Titre, est un Acte par lequel le Juge fait répéter à chaque Témoin en particulier, la lecture de la Déposition qu'il a faite dans l'Information, ou autre Acte du Procès Criminel, pour sçavoir s'il y persiste, ou s'il n'a rien à y ajouter ou à diminuer. Ainsi, il sert, comme l'on voit, à perfectionner la Déposition du Témoin, & à la corriger ou interprêter si elle est obscure, en un mot, à en assurer la certitude.

Par cet Article, l'Ordonnance prescrit trois Choses remarquables.

II. PAR une premiere DISPOSITION, elle veut que le Récollement ne puisse avoir lieu, que lorsque l'Accusation *mérite d'être instruite*, c'est-à-dire, lorsque par le Titre de l'Accusation, ou par les Preuves qui résultent des Charges, le Juge reconnoît, que le Crime peut donner lieu à quelque Peine afflictive ou au moins infâmante ; car s'il n'en pouvoit résulter que de simples Condamnations pécuniaires, ou même certaines Peines non infâmantes, telles que la Réparation d'honneur, l'Abstention de certains lieux, l'Admonition & l'Interdiction pour un tems, & autres semblables, qui sont usitées en matiere de simples Rixes & Injures verbales ; ce ne seroit point le cas d'ordonner le Récollement, mais le Juge devroit renvoyer à l'Audience, ou civiliser le Procès, ainsi que nous le verrons sur l'Art. 3 du Tit. 20 ci-après ; sauf néanmoins le Cas où il n'y auroit d'autre Partie que le Procureur du Roi, vis-à-vis duquel le Procès doit toujours être instruit à l'extraordinaire, attendu que son ministére est de rigueur, & qu'il ne peut, comme nous l'avons dit, conclure à des réparations pécuniaires. C'est aussi la Disposition de l'Art. 2, du Tit. 9 de l'Ordonnance pour la Lorraine.

Pour sçavoir, si une Accusation mérite d'être instruite, le Juge doit considérer deux Choses, en premier lieu, le Titre de l'*Accusation*, parce que, quand même la Preuve qui résulteroit des Charges & Informations, seroit d'ailleurs légere, il en pourroit survenir de nouvelles, tant par le Récollement où les Témoins peuvent ajouter à leurs Dépositions, comme nous verrons sur l'Art. 5 ci-après, que par des Productions de nouvelles Piéces, Addition d'Information, ou de quelqu'autre maniere. C'est aussi sur ce fondement, qu'en matiere d'Accusation de faux principal, le Réglement à l'Extraordinaire doit toujours avoir lieu, suivant la nouvelle Ordonnance de 1737, qui sera l'objet de la seconde Partie de cet Ouvrage.

Le Juge doit considérer, en second lieu, la Preuve *résultante des Charges*, par la raison qu'un Crime, quoique léger de sa Nature, peut être accompagné de certaines Circonstances qui le rendent qualifié, telles que celles qui résultent de la Qualité des Personnes, des Lieux, & de la Maniere avec laquelle il a été commis. Sous le nom de *Charges* l'Ordonnance veut parler de celles qui résultent, tant des Informations & Interrogatoires, que des Procès-verbaux, dans lesquels ont été répétés par forme de Déposition, ceux qui les ont fait.

III. Par une *seconde* Disposition de cet Article, l'Ordonnance régle la Maniere dont doit être conçu le Jugement qui ordonne le Récollement. Ce Jugement, qu'on appelle autrement

RÉGLEMENT A L'EXTRAORDINAIRE, parce que c'est par-là seulement que commence la Procédure extraordinaire, doit porter que, *les Témoins oüis ès Informations & autres, qui pourront être oüis de nouveau, seront récollés en leurs Dépositions, & si besoin est, confrontés à l'Accusé, &c.*

Par ces mots *si besoin est*, l'Ordonnance décide bien formellement, que le Récollement & la Confrontation ne sont pas nécessaires à l'égard de toutes sortes de Témoins, même dans le Cas où l'Accusation mérite d'être instruite. En effet, il y a des Témoins qui ne peuvent être ni récollés ni confrontés, parce-qu'ils ne peuvent être oüis de nouveau, tels que ceux qui sont décédés depuis l'Information. *V.* l'Art. 21 du Tit. 17 ci-après. Il y en a d'autres qui ayant été récollés, ne peuvent être confrontés, parce qu'ils sont décédés depuis le Récollement. *V.* les Art. 3 & 8 ci-après; ou parce que, lors de leur Récollement, ils ont rétracté leurs Dépositions en entier, de maniere qu'ils ne peuvent plus faire charge. Il y en a aussi, qui font preuve sans être récollés ni confrontés, tels que ceux dont les Dépositions tendent à la décharge de l'Accusé. *V.* Art. 10 ci-après. Enfin, il y en a, & ce sont ceux dont il est parlé singuliérement dans le présent Article, qui, quoiqu'ayant été récollés, ne doivent point être confrontés, parce que leurs Dépositions, soit dans les Informations, soit dans le Récollement, ne font aucune charge contre l'Accusé.

La raison, pour laquelle ceux-ci ne doivent point être confrontés à l'Accusé, c'est que la Confrontation étant principalement introduite, comme nous verrons sur l'Art. 15 ci-après, pour donner à l'Accusé le moyen de fournir des reproches contre les Témoins, cette précaution deviendroit absolument inutile vis-à-vis des Témoins qui ne le chargent point; & même elle lui feroit nuisible, si ces Témoins parloient entiérement à sa décharge, en ce qu'elle ne serviroit qu'à affoiblir la Preuve que cet Accusé en pourroit tirer dans la suite, pour sa justification. Aussi voit-on plusieurs Arrêts, & deux entr'autres rapportés au Journal des Audiences, des 21 Mars 1702, & 9 Mai 1712, par lesquels il a été fait défenses aux Juges, à peine de Nullité, de récoller & confronter les Témoins, dont les Dépositions sont inutiles, comme ne tendantes ni à charge ni à décharge. Il y a même des Arrêts, un entr'autres sur les Conclusions de M. l'Avocat Général JOLY DE FLEURY, du 30 Juillet 1707, qui ont jugé que

que, lorsqu'il y avoit une grande quantité de Témoins qui ont chargé l'Accusé dans leurs Dépositions, le Juge devoit se contenter d'en entendre un nombre suffisant, pour opérer la conviction, afin d'éviter la multiplicité & les frais de la Procédure.

IV. ENFIN, par une *troisiéme* Disposition de cet Article, l'Ordonnance veut que les Témoins, qui doivent être récollés, soient assignés dans un Délai *compétent*, suivant la distance des Lieux, la Qualité des Personnes, & de la Matiere.

Sur quoi il y a quatre choses à observer. La *premiere*, qu'il y a de certains Cas où l'Assignation n'est point nécessaire, comme il arrive dans les Instructions qui se font sur le champ, contre des Accusés qui sont surpris en commettant un Vol à l'Audience. *V.* ce que nous en avons dit sur l'Art. 5 du Titre précédent.

La *seconde*, que l'Ordonnance ne disant point, à la Requête de Qui doivent être données les Assignations pour procéder au Récollement, a voulu sans doute s'en rapporter là-dessus à la Disposition de l'Art. 1er du Tit. 6 des Informations, qui veut que les Témoins soient administrés par les Parties Publiques ou Civiles. Ainsi, c'est à ces Parties, & principalement à la Partie Civile, s'il y en a une, de faire assigner les Témoins pour le Récollement & la Confrontation, comme elle l'a fait pour l'Information; ce qu'elle fera pareillement, ensuite d'une Ordonnance du Juge sur Requête. Que si elle néglige de le faire, la Partie Publique devra requérir qu'il lui soit ordonné de le faire dans un certain tems, passé lequel, ces Témoins seront assignés à la Requête de la Partie Publique, & aux frais de la Partie Civile. Enfin, si malgré le Jugement qui l'ordonneroit, la Partie Civile s'obstinoit à ne vouloir faire assigner les Témoins dans le tems marqué, le Juge ordonnera par un autre Jugement, qu'elle sera tenue de consigner au Greffe une somme convenable pour les frais de cette Assignation, eu égard au nombre des Témoins, & à la distance des lieux de leur demeure; à quoi elle pourra être contrainte par Saisie mobiliaire. Que si, pour éviter ce Consing, elle aimoit mieux se désister de sa Plainte, alors ce Désistement emporteroit la décharge de l'Accusé, s'il ne s'agissoit pas d'un Crime qui mérite peine afflictive; & dans le Cas même de Crime méritant peine afflictive, la Saisie auroit toujours son effet, nonobstant le désistement, attendu qu'il n'auroit pas été fait dans les vingt-quatre heures depuis la Plainte. Mais si au contraire c'étoit par l'effet de la négligence de la Partie Publique, que les Témoins ne seroient point assignés pour le Récollement & la Confrontation, alors l'Accusé n'auroit que la Voie de la Sommation, où sera inséré le Jugement qui ordonne le Récollement & la Confrontation ; si après une premiere Sommation, cette Partie Publique ne se mettoit point en devoir d'y satisfaire, l'Accusé lui en fera faire une seconde, où il protestera de la prendre à Partie, & si malgré cette seconde, elle persiste encore dans son refus, il pourra se pourvoir au Parlement, en présentant sa Requête pour la Prise à partie.

Une *troisiéme* Observation, sur cette derniere Disposition de l'Article, c'est qu'encore que les Exploits d'Assignation dont il y est parlé, doivent se donner de la même maniere qu'en Matiere Civile ; néanmoins les Délais n'en sont point certains, comme ceux marqués par l'Ordonnance Civile ; mais ils dépendent de la prudence du Juge, qui doit les régler suivant la distance des Lieux, la Qualité des Personnes, & celle de la Matiere. Il faut seulement excepter le Crime de Duel, pour lequel il est enjoint aux Juges, par l'Art. 26 de l'Edit de 1679, de procéder au Récollement des Témoins, dans les vingt-quatre heures au plûtard, après qu'ils auront été entendus dans les Informations, sans attendre qu'il y ait un Jugement qui l'ordonne.

Enfin, une *quatriéme* Observation, c'est qu'en même-tems que par l'Assignation on indique un jour fixe pour le Récollement, il faut avoir soin d'ajouter *& jours suivans*, parce que si le Juge ne pouvoit récoller & confronter ce même jour-là, ou que quelque Témoin ne pût comparoître, l'Assignation suffira pour tous les autres jours, sans prendre de nouvelles Ordonnances, ni donner de nouvelles Assignations, qui seroient nécessaires sans cette précaution.

V. *FORMULE de Réglement à l'exraordinaire.*

Extrait des Registres de.....

Vû les Charges & Informations par nous faites à la Requête de..... Demandeur & Complaignant, le Procureur..... joint contre....... Défendeur & Accusé, Interrogatoire par lui subi sur les Informations, Requête dud. ....à ce que les Témoins soient récollés & confrontés, Conclusions du Procureur......nous ordonnons que les Témoins oüis aux Informations & autres qui pourront être entendus de nouveau, seront récollés en leurs Dépositions, & si besoin est, confrontés à l'Accusé : pour ce fait & communiqué au Procureur...... être fait droit, ainsi qu'il appartiendra. Fait......

VI. *Formule de l'Ordonnance pour assigner les Témoins, à l'effet d'être récollés & confrontés.*

De l'Ordonnance de Nous...... à la Requête de..... Demandeur & Accusateur, le Procureur..... joint, soit donné Assignation à..... (*l'on met les Noms & Demeures des Témoins*) à comparoir pardevant Nous...... un tel jour & jours suivans, pour être récollés en leurs Dépositions contenues en l'Information par Nous faite, à la Requête dud..... contre..... Accusé & Complice. Fait à......

VII. *Formule de Récollement des Témoins.*

Récollement fait pardevant Nous..... à la Requête de..... Partie Civile ou Procureur..... Demandeur & Accusateur contre..... Défendeur & Accusé par Nous décrété de..... (*s'il est Prisonnier, mettre*) & Prisonnier ès Prisons de..... auquel Récollement avons procédé, assisté de notre Greffier ordinaire en la Chambre de..... ainsi qu'il ensuit.

Du.......

Est comparu..... (*mettre si c'est le second, premier ou autre Témoin entendu dans l'Information selon son rang*) Témoin oüi en l'Information par Nous faite à la Requête de...... auquel..... après Serment par lui fait de dire vérité, avons fait faire lecture par notre Greffier de la Déposition par lui faite en ladite Information; & après avoir été par nous interpellé de déclarer s'il y veut ajouter ou diminuer, & s'il y persiste, a dit qu'elle est véritable, n'y veut augmenter, & qu'il y persiste, (*ou s'il déclare qu'il veut y changer ou expliquer quelque chose, il faut l'écrire*) Lecture à lui faite du présent Récollement, y a aussi persisté, & a signé avec Nous, *ou* déclaré ne sçavoir écrire ni signer, de ce enquis, suivant l'Ordonnance.

Est aussi comparu...... Témoin oüi en lad. Information, auquel &c. *comme ci-dessus.*

ARTICLE II.

» Les Témoins défaillans seront pour le premier dé-
» faut condamnés à l'amende ; & en Cas de Contu-
» mace, contraints par Corps, suivant qu'il sera or-
» donné par le Juge.

SOMMAIRE.

I. *Maniere de contraindre les Témoins pour le Récollement.*
II. *Procédure qui se fait à ce sujet.*
III. *Au profit de qui se prononce l'amende? Cas où elle peut être modérée.*
IV. *Comment doit être conçu & exécuté le Jugement de Contrainte par Corps?*
V. Quid, *si le Témoin se représentoit volontairement depuis ce Jugement?*
VI. *Cas où le Témoin peut être déchargé de l'Amende.*

I. NOUS venons de voir, comment l'on peut contraindre les Parties Civiles & même Publiques, en Cas de refus ou de négligence de leur part, de faire assigner les Témoins pour le Récollement; l'Ordonnance marque ici les Moyens d'obliger les Témoins assignés, de comparoître sur l'Assignation, & les Peines qu'ils encourent en cas de désobéissance. Ces Peines sont les mêmes que celles portées par l'Art. 3 du Tit. 6 des Informations; sçavoir, celle de l'Amende pour le premier défaut, & la Contrainte par Corps, en Cas de récidive.

II. POUR faire prononcer ces Peines, il faudra présenter Requête, à laquelle on joindra l'Exploit, sur lequel interviendra le Jugement de condamnation.

III. L'AMENDE se prononce au profit du Roi; ou du Seigneur Haut-Justicier, lorsque le Procès s'instruit dans sa Jurisdiction; elle est ordinairement de 10 liv. mais il dépend du Juge, suivant les derniers termes de l'Article, de la modérer ou de l'augmenter, & même de ne point la prononcer sur le premier défaut, mais seulement sur le second, & après que les Témoins ont refusé de comparoître, ensuite de la réassignation. Ce qui arrive ordinairement, lorsque ces Témoins sont des Personnes de certaine considération.

IV. MAIS, si après le Jugement qui prononce l'Amende, le Témoin persiste à ne vouloir comparoître, c'est le Cas d'ordonner la Contrainte par Corps contre lui. Ce qui s'entend, si ce Témoin est Laïc, car à l'égard des Ecclésiastiques & des Religieux, nous avons vû sur l'Art. 3 du Tit. 6, qu'ils ne pouvoient, en cas de Contumace, être contraints que par la Saisie de leur Temporel, ni par la perte des Priviléges accordés à leurs Ordres. Par le même Jugement qui portera la contrainte, il sera dit, que ce Témoin sera assigné de nouveau, & ce n'est qu'après qu'il aura été arrêté, qu'on lui remettra l'Assignation. Le Juge se rendra en conséquence dans la Chambre de la Geole, pour le Récollement & la Confrontation, *s'il en est besoin*, de ce Témoin à l'Accusé. Après quoi il ordonnera son élargissement, pourvû qu'il ait satisfait au payement de l'Amende, à laquelle il a été condamné pour le premier défaut.

V. Mais, si ce Témoin, contre lequel il auroit été rendu un Jugement portant contrainte par Corps, se mettoit en devoir de comparoître volontairement devant le Juge; il paroît qu'il ne devroit poinr être emprisonné; parce que cette Comparution volontaire, est une Réparation formelle de sa Contumace. Le Juge devroit donc, dans ce Cas, se contenter de dresser Procès-verbal, contenant les raisons qui auroient empêché ce Témoin de venir déposer, & par lequel il lui donneroit en même-tems Acte de sa Comparution volontaire. Mais quant à l'Amende qu'auroit encourue le Témoin, il ne pourroit en être déchargé que par délibération du Siége entier.

ARTICLE III.

» Ne pourra être procédé au Récollement des Témoins, qu'il n'ait été ordonné par Jugement. Pourront néanmoins les Témoins fort âgés, valétudinaires, prêts à faire voyage, ou pour quelqu'autre urgente nécessité, être répétés avant qu'il y ait aucun Jugement qui l'ordonne; & ne vaudra la Répétition du Témoin pour Confrontation contre le Contumax, qu'après qu'il aura été ainsi ordonné par le Jugement de défaut de Contumace.

Sommaire.

I. *Par quel Juge doit être rendu le Jugement qui ordonne le Récollement?*

II. *Conclusions de la Partie Publique y sont-elles nécessaires?*

III. *En quel Lieu doit être fait le Récollement?*

IV. *Exceptions portées par cet Ar-*

ticle, sur quoi fondées?
V. *N'ont lieu contre l'Accusé Contumax, s'il n'est ainsi porté par le Jugement.*

CET Article contient trois Dispositions.

I. PAR la *premiere*, l'Ordonnance établit pour Régle générale, que le Récollement ne pourra être fait qu'ensuite du Jugement qui l'aura ordonné. Ce Jugement, qui s'appelle le Réglement à l'Extraordinaire, dont nous avons donné la Formule sur l'Article 1er, peut être rendu par le JUGE seul de l'Instruction, dans les Justices Subalternes & Inférieures. Mais si le Procès doit être jugé en dernier ressort, il ne peut être rendu qu'ensuite de délibération du Siége entier, & par le nombre de sept Juges au moins. Il y a même de certains Tribunaux où se conserve encore l'usage de n'ordonner ces Réglemens que par délibération du Siége entier, & dans le même nombre de Juges que pour les Jugemens définitifs. Cet usage se trouve constaté par un Arrêt du Grand-Conseil du 12 Août 1693, rapporté au Journal du Palais; & par l'Art. 6 du Tit. 9 de l'Ordonnance pour la Lorraine.

II. IL faut aussi, pour la validité de ce Jugement, qu'il y ait des Conclusions de la Partie Publique; quoiqu'il n'en soit point parlé dans cet Article: mais l'on peut dire, que la nécessité de ces Conclusions, se trouve d'ailleurs suffisamment établie par la Disposition de l'Art. 12 ci-après, qui exige ces Conclusions pour le Récollement qui se fait en cas de Contumace, où l'Accusé est bien moins favorable. *V.* cependant sur l'Art. 9 ci-après, un Cas excepté, c'est celui du Récollement ordonné d'Office par les Juges du Siége, lors de la visite du Procès.

Ce Jugement étant rendu, c'est au Juge de l'Instruction qu'en appartient l'exécution. Il rend en conséquence une Ordonnance à la Requête des Parties Civiles ou Publiques, où il indique le Jour, l'Heure & le Lieu, pour procéder au Récollement, & si besoin est, à la Confrontation; & c'est en vertu de cette Ordonnance que se donnent les Assignations aux Témoins, dont il est parlé sur les deux Articles précédens. Le Jugement doit aussi être signifié à l'Accusé, avec sommation de comparoître au Jour & Lieu marqué, par la raison que cet Accusé a la voie de se pourvoir par Appel, contre le Réglement à l'Extraordinaire.

III. A l'égard du LIEU où doit se faire le Récollement, il

paroît que le Juge pourroit y procéder dans son Hôtel, attendu que c'est un simple Acte d'Instruction, qui se fait en l'absence de l'Accusé. C'est aussi le sentiment de L'ANGE, en sa Prat. Crimin. Ch. 12, Pag. 169 de l'Edition de 1694. Mais cela ne doit s'entendre que du Récollement qui n'est pas suivi de la Confrontation, tel que celui qui se fait en cas de Contumace; ou bien de ceux qui se font dans les Cas exceptés par le présent Article. Mais toutes les fois que la Confrontation doit se faire après le Récollement, ainsi qu'il est d'usage: il faut que l'un & l'autre de ces Actes soient faits dans le lieu de la Justice, c'est-à-dire, dans l'Auditoire, hors le tems de la tenue des Audiences, si l'Accusé est décrété seulement d'Assigné pour être oüi; ou dans la Chambre du Conseil, si l'Accusé est décrété d'Ajournement personnel; ou enfin, dans la Chambre de la Geole ou Prison, lorsque l'Accusé est prisonnier en vertu d'un Décret de Prise de Corps.

Il y a plus, l'on ne distingue même point, suivant la derniere Jurisprudence de la Cour, les Cas où le Récollement n'est point suivi de la Confrontation, de ceux où la Confrontation doit se faire aussi tôt après le Récollement, c'est-à-dire, que le Juge doit également dans tous ces Cas, y procéder, au Lieu où se tient la Justice. Cela lui est enjoint expressément par un Arrêt de Réglement de la Cour du 10 Juin 1711, qui ne permet de faire ailleurs aucun Acte de l'Instruction Criminelle, sauf en Cas de Maladie des Témoins ou des Accusés.

Il faut néanmoins observer, qu'indépendamment du Cas de la maladie qui se trouve excepté par le premier de ces Arrêts, il y en a plusieurs autres que nous avons remarqués sur l'Art. 4 du Titre précédent, où le Juge peut procéder à tous Actes de l'Instruction, hors le lieu de l'Auditoire. L'on trouve même dans le sixiéme Tome du Journal des Audiences, un Arrêt de la Cour du 12 Mars 1712, rendu sur les Conclusions de M. l'Avocat Général GUILLAUME-FRANÇOIS JOLY DE FLEURY, qui a jugé qu'en général, dans tous les Cas de Transport du Juge, le Récollement & la Confrontation pourroient se faire dans l'Hôtellerie. *V.* au surplus ce qui sera dit sur l'Art. 12 ci-après.

IV. PAR une *seconde* Disposition de cet Article, l'Ordonnance excepte plusieurs Cas, où il n'est point nécessaire que les Récollemens soient précédés d'un Jugement. Ces Cas sont, 1°. Lorsque les Témoins sont fort âgés; 2°. Lorsqu'ils sont malades ou valétudinaires ; 3°. Lorſqu'ils ſont prêts à faire voyage ; 4°. Enfin, toutes les fois qu'il y a *urgente néceſſité*, l'Ordonnance veut parler ſans doute ici, des Cas où il s'agiroit de récoller des Etrangers paſſans, des Soldats au tems de leurs marches, ou de leur départ pour l'Armée ou pour une Garniſon. A quoi il faut ajouter l'Exception marquée par l'Article 26 de l'Edit des Duels de 1679, qui veut qu'il ſoit procédé au Récollement dans les vingt-quatre heures, & le plutôt qu'il ſera poſſible, avant même qu'il y ait aucun Jugement qui l'ordonne. Dans tous ces Cas, & autres ſemblables, il ſuffira de préſenter Requête au Juge de l'Inſtruction. Sur cette Requête, le Juge mettra ſon Ordonnance portant que les Témoins ſeront aſſignés pardevant lui.

Au reſte, l'on conçoit aſſez le motif particulier qui a porté l'Ordonnance à établir ces différentes Exceptions ; elle a voulu par ce moyen, conſerver les Preuves qui réſultent des Dépoſitions de ces Témoins, dans les Cas où il y auroit lieu de craindre que la Confrontation devienne impoſſible par le décès de ces mêmes Témoins, pendant l'Inſtruction de la Contumace. *V.* les Art. 21 & 22 du Tit. 17 ci après. *V.* auſſi l'Art. 8 du préſent Titre.

V. Enfin, en même-tems que l'Ordonnance a cru devoir prendre des précautions pour conſerver les Preuves contre l'Accuſé, elle n'a pas voulu que la condition de ce dernier en devînt pour cela plus mauvaiſe. C'eſt pour cela, que par une *troiſiéme* & derniere Diſpoſition du même Article, elle a ſoin d'ajouter, que le Récollement des Témoins qu'elle vient d'excepter, ne tiendra lieu de Confrontation à l'égard de l'Accuſé Contumax, qu'après qu'il aura été ainſi ordonné par le Jugement même de Contumace. *V.* Art. 22 du Tit. 17 ci-après.

La même Diſpoſition a été renouvellée par l'Art. 26 de l'Edit des Duels, que nous venons de citer.

ARTICLE IV.

» LES Témoins ſeront récollés, encore qu'ils ayent
» été oüis pardevant un des Conſeillers de nos Cours,
» & que le Récollement ſe faſſe pardevant lui.

SOMMAIRE.

SOMMAIRE.

I. Quel étoit l'ancien Usage qui a été abrogé par cet Article? *II. Pourquoi a-t-il été abrogé?*

I. POUR l'intelligence de cet Article, il faut observer, qu'avant l'Ordonnance, les Commissaires de la Cour, qui avoient entendu les Témoins dans une Information, pouvoient aussi, en vertu de la même Commission, récoller ces mêmes Témoins dans leurs dépositions; & ces Témoins ainsi récollés, n'étoient plus sujets à être assignés pour un nouveau Récollement, pardevant un autre Juge. Mais cet Usage a été abrogé par le présent Article, suivant lequel, ce n'est point le même Conseiller qui a procédé à l'Information, qui doit procéder au Récollement; ensorte que s'il y avoit procédé, les Témoins qui auroient été par lui récollés, ne laisseroient pas que d'être récollés de nouveau, par un autre Conseiller du Siége, qui seroit commis à cet effet.

II. LE Motif de cette abrogation a été sans doute, de faciliter aux Témoins, les moyens de rectifier les dépositions qu'ils auroient faites dans l'Information, en leur permettant d'y ajouter ou diminuer, lors du Récollement qui seroit fait par un autre Juge, que celui qui les auroit d'abord entendus.

ARTICLE V.

» LES Témoins seront récollés séparément, & seront, après Serment & Lecture faite de leur Déposition, interpellés de déclarer s'ils y veulent ajouter ou diminuer; & s'ils y persistent, sera écrit ce qu'ils y voudront ajouter ou diminuer, & Lecture à eux faite du Récollement, qui sera paraphé & signé dans toutes ses pages par le Juge & par le Témoin, s'il sçait ou veut signer; sinon sera fait mention de son Refus.

SOMMAIRE.

I. PAR cet Article, l'Ordonnance prescrit les Formalités que le Juge doit observer, en procédant au Récollement des Témoins. Ces Formalités sont au nombre de sept.

II. LA *premiere*, qu'il doit récoller les Témoins *séparément*, c'est-à-dire, qu'il doit non-seulement les entendre les uns après les autres, & dans un lieu séparé, conformément à ce qui est prescrit par les Art. 11 du Tit. 6, & Art. 6 du Tit. 14, pour les Informations & les Interrogatoires; mais il doit aussi faire ces Récollemens dans un Cahier séparé des autres Procédures, comme nous le verrons sur l'Art. 7.

III. LA *seconde*, qu'il doit faire prêter Serment au Témoin. Ce qui est aussi conforme à l'Art. 5 du Tit. 6 que nous venons de citer.

IV. LA *troisiéme*, qu'il doit faire faire lecture à ce Témoin, de la Déposition qu'il a faite dans l'Information. Il n'est pas, par conséquent, nécessaire qu'il lui fasse les autres demandes qui doivent précéder les Dépositions dans les Informations (*ce qu'on appelle les généraux Interrogatoires de l'Ordonnance.*) L'on ne met dans le Récollement, que le nom & le surnom du Témoin. Cependant, si dans l'intervalle de l'Information au Récollement, il étoit survenu quelque sujet de Suspicion à l'égard du Témoin, comme *Alliance*, *Domesticité*, *Créance*, *Dette* ou autres, avec l'une ou l'autre des Parties; il paroît que le Témoin seroit tenu de le déclarer lors du Récollement, & que le

Juge devroit même s'en enquérir ; parce que dans cet Acte de procédure, qui est une Confirmation ou une Explication nécessaire de la Déposition, le Témoin doit être aussi exempt de Reproche, que lorsqu'il est oüi dans l'Information.

V. LA *quatriéme*, qu'il doit interpeller le Témoin, de déclarer s'il persiste dans sa Déposition ; ou s'il veut y ajouter ou diminuer ; & s'il y persiste, le Juge doit faire mettre par écrit ce qu'ils y voudront ajouter ou diminuer. D'où il suit, que l'objet du Récollement n'est pas seulement, pour que le Témoin persiste dans sa Déposition, mais pour qu'il rectifie cette Déposition, en l'expliquant, lorsqu'elle est obscure & équivoque ; ou en y ajoutant ce que le Témoin pourroit avoir omis, soit pour ne s'en être point souvenu alors, soit parce qu'il ne l'auroit appris que depuis ce tems-là ; ou enfin, en retranchant de cette Déposition, certaines Circonstances qu'il auroit avancées trop légérement, & sans y avoir bien réfléchi.

Mais en permettant ainsi, d'augmenter ou diminuer la Déposition, l'Ordonnance défend nécessairement tous les Changemens que le Témoin y voudroit faire, & qui tendroient à la rétracter ; comme si, après avoir déposé dans l'Information qu'il avoit vû commettre le Crime, il soutenoit dans son Récollement, n'avoir rien vû ni entendu, relativement à ce même Crime ; ou bien si après avoir d'abord déposé des faits qui feroient charge contre l'Accusé, il les révoquoit absolument pour en substituer d'autres qui ne tendroient qu'à sa décharge ; ou enfin, si après avoir déposé dans l'Information en faveur de l'Accusé, il déposoit dans le Récollement, des faits absolument contraires, & qui tendroient à le convaincre du Crime. Dans tous ces Cas, & autres semblables, il paroît que les Rétractations de ce Témoin devroient empêcher, qu'on ajoute aucune foi à l'une ni à l'autre de ses Dépositions, comme le rendant suspect de fausseté & de subornation ; & par conséquent qu'il ne devroit point être confronté à l'Accusé, comme ne faisant aucune charge contre lui. *V.* JUL. CLAR. Quest. 53, n. 10.

Il faut cependant, excepter le Témoin qui, après avoir déposé d'abord en faveur de l'Accusé, se seroit rétracté lors du Récollement pour le charger entiérement ; le Juge feroit bien de le confronter à l'Accusé, afin de donner lieu à celui-ci de fournir ses Reproches contre lui, sur la Subornation & faux Témoignage,

& de pouvoir en conséquence recourir contre la Partie Civile pour ses Dommages & Intérêts, s'il n'y avoit pas d'autre Preuve au Procès contre lui : sauf à la Partie Publique de poursuivre la Punition de ce Témoin & de ses Subornateurs, de la maniere dont il sera parlé ci-après sur l'Art. 11.

Il faut encore excepter le Cas, où le Témoin, qui rétracteroit entiérement sa Déposition lors du Récollement, en donneroit quelque raison relevante qui fasse connoître la sincérité de sa derniere Déposition, comme *v. g.* s'il ajoutoit en même-tems qu'il n'a fait sa premiere Déposition, que par l'effet de la crainte & des menaces qui lui auroient été faites par l'Accusé ou par ses Parens & Amis, afin de l'empêcher de dire ce qu'il sçavoit; ou bien, parce qu'il ne se seroit pas cru obligé de dire la vérité, soit parce qu'il étoit Parent, Allié ou Domestique de l'Accusé; soit parce qu'il se trouvoit lié par le secret; soit enfin, parce qu'il n'auroit fait cette derniere Déposition, que comme étant forcé par la Publication d'un Monitoire. Il paroît que dans tous ces Cas, les Juges pourroient, malgré les variations de ce Témoin, avoir égard à sa derniere Déposition, & ordonner sa Confrontation à l'Accusé, si elle faisoit Charge contre lui. C'est en ce sens qu'on doit expliquer l'Arrêt du Parlement de Grenoble, du 20 Août 1684, rapporté par CHORIER en sa Jurisprudence de GUY PAPE, par lequel il a été décidé *consultis Classibus*, que le Témoin en faits Criminels, pouvoit non-seulement ajouter ou diminuer à sa Déposition dans son Récollement; mais aussi la changer entiérement, sans qu'il puisse être poursuivi Criminellement, si ce n'est lorsqu'il a varié à sa Confrontation. Ce qui est aussi conforme à la Disposition de l'Art. 11 ci-après. *V.* au surplus ce qui sera dit sur cet Article.

VI. UNE *cinquiéme* Formalité que le Juge doit observer dans le Récollement, c'est d'en faire faire la Lecture au Témoin, après qu'il a été récollé. Cette Disposition est conforme à celle de l'Art. 11 du Titre des Informations.

VII. UNE *sixiéme*, c'est que le Juge doit parapher le Récollement & le signer dans toutes les pages. Nous avons vû sur l'Art. 9 du Tit. 6, que le Juge doit cotter & signer toutes les pages de l'Information; mais qu'il n'y est point parlé de la Formalité du *Paraphe*.

VIII. Une *septiéme* enfin, c'est que le Récollement doit être signé pareillement dans toutes les Pages par le Témoin, s'il sçait ou veut signer, sinon il doit être fait mention de son refus. Cela est conforme à la Disposition du même Article 9 du Titre 6, que nous venons de citer.

IX. Il reste à observer deux choses, par rapport aux *Signatures*. L'une, qu'il n'est parlé ici que de celle du Juge & des Témoins, & non point de celle du Greffier : d'où il suit que celle-ci n'est point nécessaire dans cet Acte, comme elle l'est dans les Informations, ainsi que nous l'avons vû sur l'Art. 9, du Tit. 6.

X. L'autre, que la Peine de *tous dépens, dommages & intérêts*, ne se trouve point portée ici, pour le défaut de Signature dans tous ces Cas, comme elle l'est par rapport aux Informations. Cependant, dès que le Récollement est une Piéce essentielle à la Procédure, & que c'est de lui que l'Information tire sa principale force, il paroît qu'on doit regarder toutes ces Formalités comme étant de rigueur ; & par conséquent l'on peut dire qu'il y a même raison d'appliquer cette Peine, dans l'un & l'autre Cas. Aussi, suivant l'Art. 8 du Tit. 9 de l'Ordonnance pour la Lorraine, les Récollemens doivent être faits en la même forme que les Informations, & ils doivent pareillement être signés du Témoin, du Juge & du Greffier, à peine de nullité.

Pour faciliter l'exécution de toutes les Formalités qui sont prescrites par cet Article, nous avons donné une Formule de l'Acte de Récollement, sur l'Art. 1er ci-devant.

ARTICLE VI.

» Le Récollement ne sera réïtéré, encore qu'il ait été » fait pendant l'absence de l'Accusé, & que le Procès » ait été instruit en différens tems, ou qu'il y ait plu- » sieurs Accusés.

Sommaire.

I. *Récollement ne peut être réïtéré, même en Cas de Contumace.*

II. *Pourquoi le Récollement ne peut être réïtéré?*

III. *Comment doit s'entendre la Disposition de cet Article?*

IV. *Quid, lorsqu'il y a une Addition d'Inform. faite depuis le Récollement?*

I. SUIVANT cet Article, le Récollement ne peut être réitéré dans aucun Cas, soit qu'il ait été fait pendant la Contumace de l'Accusé; soit que le Procès Criminel ait été instruit en différens tems; soit enfin, qu'il y ait plusieurs Accusés; ce qui s'entend, quand même parmi ces Accusés, il y en auroit qui seroient arrêtés prisonniers lors du Récollement, & d'autres qui seroient Contumax.

II. CETTE Dispòsition, qui établit une Différence essentielle entre le Récollement & les Interrogatoires, est fondée sans doute, sur ce que le Récollement étant introduit pour fixer la certitude des Dépositions des Témoins, il seroit dangereux que la multiplicité de ces Actes, ne produisît un effet tout contraire, en donnant lieu à des variations, & conséquemment à des subornations fréquentes des mêmes Témoins, soit de la part de l'Accusé, soit de la part de la Partie Civile. D'un autre côté, l'Accusé peut d'autant moins se plaindre de la rigueur de cette Disposition, que nous venons de voir par l'Art. 3 ci-devant, que l'Ordonnance a d'ailleurs suffisamment pourvu à son intérêt particulier, en décidant que le Récollement, qui seroit fait pendant son absence, ne vaudroit confrontation qu'après qu'il aura ainsi été ordonné par le Jugement de Contumace.

III. AU RESTE, en défendant que le Récollement soit réitéré, l'Ordonnance n'a voulu empêcher cette réitération, que dans le même Procès Criminel, & pour le même Crime. Car s'il s'agissoit de différens Crimes, dont la poursuite se feroit incidemment, comme en fait de Subornation de Témoins, Bris de Prison, Rébellion à Justice; il est certain que l'on pourroit procéder à de nouveaux Récollemens dans tous ces Cas, sans contrevenir au présent Article, qui ne doit s'entendre proprement que lorsqu'il s'agit d'entendre les mêmes Témoins, dont les Dépositions ont été faites dans les mêmes Informations, ensuite de la même Plainte, & dans la même Jurisdiction.

IV. L'ON dit, les *mêmes Informations*, par conséquent s'il y avoit une Addition d'Information faite depuis le Récollement, à l'occasion de nouvelles charges qui seroient survenues, l'on pourroit aussi procéder à un nouveau Récollement des Témoins, qui auroient été entendus dans cette Addition d'Information. A la vérité, dans ce dernier Cas, il faudroit un nouveau Réglement à l'Extraordinaire, conformément à la Disposition de l'Art. 3 ci-devant, & à celle d'un Arrêt de la Cour, du 9 Janvier 1741.

ARTICLE VII.

» LE Récollement des Témoins sera mis dans un Ca-
» hier séparé des autres Procédures.

SOMMAIRE.

I. *Récollement doit être fait par écrit.*
II. *Précautions que le Juge doit garder en sa rédaction.*
III. *Autres Précautions de la part du Greffier.*

I. EN ordonnant, que le Récollement des Témoins soit mis dans un Cahier séparé des autres Procédures, l'Ordonnance suppose nécessairement, que cet Acte ne peut se faire autrement que par *écrit*.

II. AU RESTE, pour empêcher les méprises & confusions qui pourroient arriver lors de la Visite des Procès, le Juge, en procédant à la rédaction du Récollement, doit avoir soin d'insérer dans le Cahier de cet Acte, l'Ordre dans lequel chaque Témoin a été entendu dans les Informations principales, & dans celles par Addition, en les distinguant par *premier* & *dernier*; comme aussi de marquer en marge de l'Information, ceux des Témoins qui ont été *récollés*.

III. Le Greffier doit aussi, avoir attention de cotter de sa main, chacun des Cahiers au dos, avant que de les remettre devers le Juge; & il doit retenir les Minutes par devers lui, pour y avoir recours en cas de besoin.

ARTICLE VIII.

» S'IL est ordonné que les Témoins seront récollés
» & confrontés, la Déposition de ceux qui n'auront été

» confrontés, ne fera point de Preuve, s'ils ne sont
» décédés pendant la Contumace.

SOMMAIRE.

I. *Le Témoin décédé depuis le Récollement, sans avoir été confronté à l'Accusé, Prisonnier, ne fait Preuve.*
II. *Pourquoi ne doit-on avoir égard à la Déposition d'un Témoin non confronté ?*
III. *Confrontation littérale doit être faite de la Déposition du Témoin, décédé pendant la Contumace.*
IV. *Plusieurs Cas où la Déposition d'un Témoin récollé non confronté, peut faire Preuve.*
V. *La Prison n'est point un Empêchement légitime à cet égard.*

I. SUIVANT cet Article, lorsqu'il a été ordonné par le Réglement à l'Extraordinaire, que les Témoins seront récollés & confrontés ; la Déposition d'un Témoin qui seroit seulement récollé, ne peut point faire de preuve, si ce n'est dans un seul Cas ; c'est celui où ce Témoin seroit décédé pendant la Contumace de l'Accusé. Par conséquent, si ce Témoin étoit décédé depuis le Récollement, & pendant que l'Accusé étoit dans les Prisons, sa Déposition ne pourroit servir contre cet Accusé, & devroit être rejettée du Procès, à moins que cette Déposition ne tendît à la décharge de l'Accusé, comme nous verrons sur l'Art. 10 ci-après.

II. LA Raison, qui ne permet pas qu'on puisse avoir égard à la Déposition d'un Témoin, qui pouvant & devant être confronté, ne l'a point été, se tire de ce que c'est par la Confrontation seulement, lorsqu'elle est ordonnée, que se consomme la Preuve qui résulte de l'Information & du Récollement ; & qu'effectivement cette Preuve ne peut être censée parfaite, tant que le Témoin n'a point été présenté à l'Accusé, qui pourroit écarter sa Déposition, tant par des reproches, que par des Moyens & Faits justificatifs qu'il lui opposeroit.

III. AU RESTE, quoiqu'il soit dit par cet Article, que la Déposition du Témoin décédé pendant la Contumace de l'Accusé, pourra servir de preuve contre lui, ce n'est pas que l'Ordonnance ait voulu dispenser absolument de la Confrontation dans ce Cas; car elle veut qu'il soit fait une Confrontation littérale de cette même Déposition, comme nous le verrons sur l'Art. 22 du Tit. 17. *V.* aussi l'Art. 21 du même Titre.

IV.

IV. Il faut encore remarquer, que l'Exception marquée par cet Article, étant fondée sur l'impossibilité absolue de faire représenter le Témoin à la Confrontation; elle doit s'étendre également à tous les Cas où cette même impossibilité peut se rencontrer, & conséquemment à ceux d'une longue Absence, d'une Condamnation aux Galéres, Bannissement, ou de quelqu'autre Empêchement légitime. C'est aussi la Disposition de l'Art. 23 du Tit. 17 ci-après.

V. Mais, parmi ces Empêchemens légitimes, on ne doit point comprendre la Prison, suivant les Auteurs, & entr'autres LA ROCHEFLAVIN, Liv. 4, Lett. 7, Art. 5, c'est-à-dire, que dans ce dernier Cas, le Témoin prisonnier, même pour Crime, ne seroit point dispensé de comparoître, & qu'on devroit alors l'élargir, & lui donner le chemin pour Prison, à la charge de se représenter dans les Prisons après la Confrontation.

V. au surplus l'Art. 23 du Tit. 17, où nous expliquerons ce qu'on doit entendre par empêchement légitime en cette Matiere.

ARTICLE IX.

» DANS les Crimes èsquels il écheoit Peine afflic-
» tive, les Juges pourront ordonner le Récollement &
» la Confrontation des Témoins, qui n'aura été faite,
» si leurs Dépositions font Charge considérable.

SOMMAIRE.

I. *Que doivent faire les Juges en Exécution de cet Article?*
II. *Juges du Siége ont Droit de suppléer & de punir les Fautes commises par le Juge de l'Instruction.*
III. *Conclusions de la Partie Publique ne sont nécessaires pour les Récollemens ordonnés d'Office par les Juges du Siége.*
IV. *Cas où ces Juges ne devroient point ordonner d'Office ce Récollement.*
V. *Que doit-on entendre par Charge considérable?*

I. SUIVANT cet Article, lorsque les Juges, en procédant à la Visite du Procès Criminel, soit en premiere Instance, ou en Cause d'Appel, viennent à remarquer, que parmi les Témoins oüis dans les Informations, il y en a, qui n'ont été récollés ni confrontés; d'autres, qui ont été récollés sans être confrontés, quoique leurs Dépositions fassent Charge considérable contre l'Accusé, ils doivent, avant que de procéder au Jugement définitif, rendre un Jugement Préparatoire, par lequel ils ordonneront, qu'attendu que ces Témoins font Charge considérable, ils seront récollés & confrontés, ou bien seulement confrontés, s'ils ont déja été récollés.

II. DE-LA, quatre Conséquences. La *premiere*, que le Juge de l'Instruction n'est pas toujours le maître absolu de la Procédure, & qu'en cas d'omission de sa part, dans quelque Acte essentiel qui peut tendre à la conviction du Crime, il peut y être supplée par les autres Juges du Siége, qui peuvent même statuer sur les Nullités qu'il commet, & le condamner aux frais de la Procédure, comme nous le verrons sur le dernier Article de ce Titre.

III. LA *seconde*, c'est que les Juges du Siége pouvant ordonner d'Office les Récollemens & Confrontations, il s'ensuit, que les Conclusions du Ministére Public ne sont point nécessaires pour les Récollemens de cette espéce, comme pour ceux qui sont ordonnés par le Juge de l'Instruction.

IV. LA *troisiéme*, c'est que n'étant parlé dans cet Article, que des Crimes qui peuvent donner lieu à Peine afflictive, les Juges qui procédent à la visite du Procès, ne devroient point ordonner le Récollement & la Confrontation, lorsqu'il ne s'agiroit que des Crimes, qui de leur Nature ne pourroient mériter ces sortes de Peines. Il paroît cependant, que dans ce dernier Cas, il faudroit distinguer entre les Témoins qui ayant été assignés pour le Récollement & la Confrontation, n'auroient point comparu, & ceux qui n'auroient point été assignés, par l'effet de la Négligence de la Partie Civile. A l'égard des Premiers, les Juges pourroient ordonner leur Récollement & Confrontation, avant que de procéder au Jugement définitif, afin de ne point priver la Partie Civile, qui auroit fait tout ce qui étoit en son pouvoir, du fruit légitime de ses Poursuites. Mais à l'égard des Derniers, comme la Punition du Crime n'intéresseroit point l'Ordre Public, & que la Partie Civile devroit d'ailleurs s'imputer de n'avoir pas fait toutes les Diligences qui dépendoient d'elle, on ne peut obliger les Juges d'y suppléer à cet égard.

V. La *quatriéme* enfin, c'est qu'aux termes de cet Article, le Récollement & la Confrontation devant être ordonné à l'égard des Témoins qui font Charge considérable; il n'y auroit lieu par conséquent de les ordonner d'Office, que lorsque les Dépositions de ces Témoins sont telles, qu'étant jointes à celles des Témoins qui ont été confrontés, elles formeroient une Preuve suffisante pour donner lieu à une Peine afflictive.

ARTICLE X.

» DANS la Visite du Procès sera fait Lecture de la » Déposition des Témoins qui vont à la Décharge, » quoiqu'ils n'ayent été récollés ni confrontés, pour » y avoir égard par les Juges.

SOMMAIRE.

I. *Exception à l'Art.* 8 *du présent Titre.*

II. *Disposition de cet Article, sur quoi fondée?*

I. CET Article contient une Exception remarquable à la Disposition de l'Article 8, qui veut, que lorsqu'il a été ordonné que les Témoins seroient récollés & confrontés, les Dépositions de ceux qui ne seront point confrontés, ne pourront faire aucune preuve, hors le Cas où ces Témoins seront décédés pendant la Contumace.

Comme il ne seroit pas juste, que la Partie Civile puisse abuser de la liberté qu'elle a, de faire récoller & confronter les Témoins, en ne faisant assigner que ceux qu'elle sçauroit avoir déposé contre l'Accusé, & en rendant par-là inutiles les Dépositions de ceux qui auroient déposé en sa faveur; l'Ordonnance a pourvu sagement à cet inconvénient, en voulant que dans la visite du Procès, il soit fait lecture des Dépositions des Témoins, qui vont à la décharge de l'Accusé, quoiqu'ils n'ayent été récollés ni confrontés, pour y avoir égard par les Juges; c'est-à-dire, qu'elle assimile sur ce point les Témoins oüis dans les Informations, & qui n'ont été récollés ni confrontés, à ceux que l'Accusé fait entendre dans l'Enquête de ses Faits justificatifs, dont il sera parlé sur le dernier Titre de l'Ordonnance.

II. Cette Disposition est fondée sur deux motifs également sages. *L'un*, tiré de la Maxime qui veut que le Juge penche plus volontiers à la Décharge, qu'à la Condamnation de l'Accusé: *Satiùs est Nocentem absolvere, quàm Innocentem damnari*, L. 5. ff. *de Pœnis*.

L'autre, que l'Accusé mérite d'autant plus d'Indulgence, qu'il est moins instruit des Charges & des Preuves que son Accusateur; & que la Procédure se fait à son sujet.

ARTICLE XI.

» Les Témoins qui depuis le Récollement, rétracteront leurs Dépositions, ou les changeront dans des » Circonstances essentielles, seront poursuivis & punis » comme faux Témoins.

SOMMAIRE.

I. *Témoins qui se rétractent lors du Récollement ne doivent être punis. Exception.*
II. *De combien de Manieres la Rétractation peut se faire depuis le Récollement?*
III. *Que doit-on entendre par Rétractation ou Changement en Circonstances essentielles? Arrêt de Réglement de la Cour.*
IV. *Comment se fait la Poursuite contre le Témoin qui se rétracte & contre son Subornateur?*
V. *Quelle doit être la Punition du Témoin faussaire & suborné?*
VI. *Quelle est la Peine des Subornateurs?*
VII. *Distinction sur ce Point entre la Partie Civile & l'Accusé. Sentiment de* GAURET *sur ce Point réfuté.*

Cet Article concerne singuliérement les Témoins, qui depuis le Récollement, rétracteront leurs Dépositions, ou les changeront dans des Circonstances essentielles. L'Ordonnance veut qu'ils soient poursuivis & punis comme faux Témoins.

Cette Disposition donne lieu à plusieurs Observations importantes.

I. 1°. L'Ordonnance ne parle ici que des Changemens &

Rétractations qui se font *depuis* le Récollement. D'où il suit que ceux qui se font *lors* du Récollement, ne rendent point le Témoin sujet à être poursuivi & puni, comme faux Témoin.

II. Il paroît cependant, que s'il y avoit preuve évidente de Mensonge & de mauvaise Foi, il y auroit lieu de condamner ce Témoin à quelque Peine, moindre que celle du Faux, *v. g.* une Amende, &c. C'est la Remarque de l'Annotateur d'Imbert, Liv. 3, Ch. 12, pag. 646, n. 14, où il cite Boerius, Quest. 108, qui rapporte un Arrêt du Parlement de Bordeaux, par lequel un Témoin fut puni d'Amende, pour avoir déposé aux Informations, qu'il avoit vû commettre l'Homicide & y avoit été présent; ce qu'il avoit ensuite nié dans son Récollement, tandis qu'il y avoit huit autres Témoins qui montroient évidemment son Mensonge. *V.* au surplus ce que nous avons dit sur l'Art. 8 ci-devant.

III. 2°. Par les Changemens & Rétractations qui se font *depuis* le Récollement, l'Ordonnance veut parler sans doute, non-seulement de ceux qui se font dans le tems de la Confrontation, mais encore par des Déclarations particuliéres que feroit le Témoin, soit avant, soit depuis cette Confrontation, & dont il sera parlé sur l'Art. 21 de ce même Titre.

3°. L'Ordonnance parle ici des Témoins qui rétractent leurs Dépositions, ou qui les changent en des *circonstances essentielles*; il s'agit donc de sçavoir, ce que l'on doit entendre par Rétractation & Changemens essentiels en cette Matiere.

La Rétractation se fait, lorsque la Témoin change entiérement la substance de sa Déposition; comme si, après avoir dit dans le Récollement, qu'il avoit vû ou entendu, il disoit dans la Confrontation, ou dans quelqu'autre Déclaration postérieure, qu'il n'a rien vû ni entendu. Ce Témoin devient par-là nécessairement Faussaire, & comme tel est punissable de la Peine de Faux qui est portée par cet Article, sans qu'il soit besoin, pour le convaincre, d'autre preuve que la Contrariété évidente de ses Dépositions ou Déclarations; à moins toutefois, que par l'Interrogatoire qu'on lui feroit subir en conséquence, ce Témoin ne rendît quelque raison plausible de cette Rétractation, comme s'il produisoit des Actes ou Ecritures qu'il auroit recouvrés depuis le Récollement, & dont il seroit prouvé qu'il ne pouvoit avoir connoissance, lors de ce même Récollement.

Mais, il n'en eſt pas de même de celui qui ne fait que changer ſa Dépoſition ; comme ces *Changemens* peuvent ne tomber, ou que ſur la Maniere dont le Témoin ſe ſeroit expliqué lors du Récollement, ou ſur des faits purement acceſſoires à l'objet principal de l'Accuſation, & dont le retranchement n'empêcheroit point que le fait du Crime ne ſubſiſtât d'ailleurs en ſon entier : l'Ordonnance qui venoit de permettre aux Témoins d'ajouter ou diminuer à leurs Dépoſitions lors du Récollement, n'a pas cru devoir aſſujettir indiſtinctement à la Peine de Faux, tous les Témoins qui changeroient leurs Dépoſitions, lors même de la Confrontation ; mais ſeulement ceux qui les changeroient dans des *Circonſtances eſſentielles*, c'eſt-à-dire, qui auroient un Rapport immédiat au fait du Crime, de maniere qu'étant retranchées, il ne reſteroit plus de preuve contre l'Accuſé. C'eſt auſſi ſur ce fondement, que par Arrêt de Réglement de la Cour du 6 Août 1675, rapporté au 4e Tome du Journal des Audiences, Liv. 8, Ch. 6, il eſt enjoint au Lieutenant Criminel du Châtelet de garder l'Ordonnance ; & en conſequence il lui eſt fait défenſes d'arrêter les Témoins après le Récollement & la Confrontation, ſi ce n'eſt qu'il y ait des variations *eſſentielles* dans les principales circonſtances de leurs Dépoſitions, Récollement & Confrontation, & preuve de la Corruption.

IV. 3°. Enfin, l'Ordonnance veut que le Témoin qui ſe rétracte ou qui change en des circonſtances eſſentielles, ſoit *pourſuivi & puni, comme faux Témoin.* Il ne reſte donc plus qu'à ſçavoir, Comment doit ſe faire la *Pourſuite* contre ce Témoin, & en Quoi doit conſiſter ſa *Punition* ?

1°. Quant à la Poursuite, l'uſage en pareil Cas, eſt de faire arrêter le Témoin après le Récollement & la Confrontation ; ce qui ſe fait ſur la ſeule Ordonnance du Juge. Ce Témoin étant arrêté, & mis à la garde des Huiſſiers, le Juge dreſſe un Procès-verbal dans le Cahier de la Confrontation, ou par un Acte particulier, dont il ordonnera la Communication à la Partie Publique qui requerra que le Témoin ſoit décrété, conduit en Priſon & écroüé, & en même-tems, qu'il ſera informé de la Subornation.

Sur ces Concluſions, le Juge rendra le Décret, interrogera le Témoin, permettra d'informer de la Subornation (mais il ne pourra joindre la Plainte en Subornation au Procès principal; une pareille Procédure faite par le Lieutenant Criminel du Châtelet, a été proſcrite par Arrêt du 18 Mars 1712, rendu ſur les

Conclusions de feu M. le Procureur Général JOLY DE FLEURY). Il procédera ensuite à l'Audition des Témoins, qui seront assignés en vertu de son Ordonnance. Après quoi, il ordonnera que les Témoins seront récollés & confrontés. En procédant à la Confrontation de ces Témoins, à l'Accusé faux Témoin, il pourra aussi confronter ce dernier à l'Accusé principal, s'il a avoué, dans son Interrogatoire, que c'est cet Accusé principal qui l'a suborné ou fait suborner. Que s'il y a preuve d'ailleurs, tant par cet Interrogatoire que par les Informations, qu'il y a d'autres Subornateurs de ce faux Témoin, le Juge les décrétera pareillement, procédera à leur Interrogatoire, Récollement & Confrontation. Il en sera de même, à l'égard des autres Témoins de ces mêmes Subornateurs & du faux Témoin, si ce dernier les a chargés dans son Interrogatoire; ce qui s'entend, lorsque les Déclarations portées par cet Interrogatoire sont précises sur les circonstances du Jour, du Lieu, du Prix ou Récompense donnée ou promise; & s'il y a d'ailleurs de la vraisemblance du côté de la Personne qu'il accuse, par l'intérêt qu'elle peut avoir à la Subornation.

Nous disons, que le Juge peut alors décréter sans d'autre preuve; parce que la Subornation est un Crime occulte, pour lequel on prend des mesures secrettes, qui ne manqueroient pas d'en assurer l'impunité, s'il falloit d'aussi fortes preuves que pour les autres Crimes, qui laissent des traces visibles après eux. PAPON, Liv. 22, Tit. 13, pages 23 & 24, dit que deux faux Témoins soutenans au Subornateur, que c'est lui qui les a corrompus, il y a lieu de le condamner à la Question; & que s'ils ont été par lui subornés ensemble & dans le même tems, ce Subornateur, quoique n'avouant rien à la Torture, ne devroit pas laisser que d'être condamné à quelque Peine extraordinaire; mais s'il les avoit corrompus séparément, il ne pourroit être condamné à aucune Peine après la Question, où il auroit tout dénié; parce que ces deux faux Témoins ne seroient plus alors que des Témoins singuliers.

La Procédure ainsi faite sur la Subornation, elle sera jointe au Procès principal, si la Subornation vient du fait de la Partie Civile ou de l'Accusé principal & de ses Complices; à moins qu'il n'y ait des raisons particulieres, pour les faire juger séparément.

V. 2°, A l'égard de la PUNITION du *faux Témoin*. Suivant

les anciennes Ordonnances, & notamment celle de François Ier en Mars 1531, la Peine du faux Témoin est celle de Mort. Mais il faut convenir que cette Ordonnance n'est pas toujours suivie à la rigueur sur ce point, & que suivant notre Jurisprudence actuelle, on distingue entre les Témoins qui déposent faux pour la décharge de l'Accusé, & ceux qui déposent faux, dans la vûe de le charger. Les premiers que les Auteurs appellent *Testes ad Defensam*, doivent être punis moins sévérement que les derniers qu'ils appellent *Testes ad Offensam*. Suivant JULES CLARE, §. *Falsum*, Quest. 53, n. 5, les Juges peuvent même s'en tenir à la premiere Déposition ou Récollement du Témoin *ad Defensam*, lorsqu'il n'a pas été valablement reproché dans la Confrontation, & que cette premiere Déposition se trouve fortifiée par celle des autres Témoins, qui par les circonstances dont ils parleroient, donneroient à connoître indubitablement, que ce Témoin a dit la vérité.

A l'égard des Témoins qui ont déposé faux *ad Offensam*. Suivant nos Criminalistes François, & entr'autres, PAPON, Liv. 22, Tit. 13, n. 1, ceux-ci doivent être punis de la même Peine qu'auroit dû subir celui qu'ils ont accusé faussement du Crime, s'il avoit été convaincu, c'est-à-dire, que la Peine du *Tallion* devroit avoir lieu en cette Matiere. *V.* au surplus mon *Traité* des Crimes, sur le Tit. DU FAUX.

VI. POUR ce qui concerne la Punition des *Subornateurs*. Il faut encore distinguer, suivant les Auteurs, entre la Subornation faite par l'Accusé, & celle faite par la Partie Civile : à l'égard de cette derniere, elle doit être punie de la même Peine que le Témoin qu'elle a suborné, & même à plus forte raison, puisque ce n'a été & ce n'a pû être de sa part, qu'une pure Malignité & mauvaise Foi : au lieu qu'il peut se faire que le Témoin ne s'est prêté à cette Corruption, que par un esprit de Cupidité & d'Intérêt auquel l'auroit exposé son indigence ; ou bien par l'effet des menaces du Subornateur qui seroit un homme puissant & accrédité.

VII. MAIS si la Subornation a été faite par l'Accusé pour se faire décharger par le Témoin, il ne doit subir aucune Peine, & le Témoin seul sera condamné, pour s'être laissé suborner. C'est la Remarque de GAURET en la Préface de son Style Criminel. Cet Auteur va même jusqu'à prétendre, que si la Déposition de ce Témoin corrompu se trouvoit nécessaire pour la

Preuve,

preuve, la Partie Civile devroit être condamnée aux Dommages & Intérêts de l'Accusé qui auroit été en conséquence renvoyé absous, sauf le recours de cette Partie contre le Témoin, sur la foi duquel, elle s'est engagée à la Poursuite du Procès. Mais ce sentiment ne me paroît pas juste, puisque la Subornation de ce Témoin n'a pas été du fait de cette Partie Civile, & qu'il n'y a aucune apparence de calomnie de sa part, l'Accusé n'ayant été renvoyé absous, que par un défaut de preuve qu'il a lui-même occasionné par ses manœuvres. En effet, si un Accusé doit être poursuivi criminellement & puni, pour avoir tenté de s'échapper des mains de la Justice par un Bris de Prison; pourquoi ne le seroit-il pas également, pour avoir voulu se procurer l'impunité de son Crime, en concourant au Parjure & à la fausseté du Témoin? D'un autre côté, à quoi serviroit le recours que l'on donneroit à la Partie Civile sur le Témoin, puisque l'expérience nous apprend, que les Personnes qui se laissent ainsi corrompre, sont presque toujours des Débauchés & des Misérables qui sont absolument sans biens & sans ressource.

ARTICLE XII.

» Les Accusés contre lesquels il y aura originaire-
» ment Décret de Prise de Corps, seront en Prison pen-
» dant le tems de la Confrontation, & en sera fait men-
» tion dans la Procédure; si ce n'est que par nos Cours,
» en jugeant les Appellations, il en ait été autrement
» ordonné.

Sommaire.

I. *Qu'est-ce que la Confrontation? Son importance.*

II. *Juges inférieurs peuvent-ils renvoyer l'Accusé décrété réellement en état d'Ajournement Personnel?*

III. *Accusés dont le Décret a été converti, ne sont tenus de se mettre en Prison lors de la Confrontation.*

IV. *Accusés décrétés réellement sur de nouvelles Charges, sont tenus de s'y mettre.*

V. *Où doit se faire la Confrontation? Exception en faveur des Accusés ou Témoins malades, ou des Religieuses cloîtrées.*

VI. *Tout Accusé doit y comparoître en Personne, & non par Procureur. Exception en faveur des Princes du Sang.*

VII. *Confrontation ne doit se faire*

de l'Accusé à l'Accusateur. Cas exceptés par l'Ordonnance de la Lorraine. VIII. *Formule de Confrontation.*

I. LA CONFRONTATION qui fait l'objet particulier de cet Article & des suivans, est un Acte par lequel le Juge fait représenter les Témoins à l'Accusé, pour voir si l'Accusé est le même dont ils ont entendu parler dans leurs Dépositions, & lui soutenir en face la vérité de ce qu'ils ont déposé; & pour sçavoir aussi, si l'Accusé les reconnoît, & s'il n'a aucun Reproche ni Exceptions à proposer contre leurs Personnes, ou contre leurs Dépositions.

L'on voit par-là, que c'est l'Acte le plus essentiel & le plus indispensable de toute la Procédure Criminelle, comme étant celui qui forme proprement le lien de la Contestation, & le Point Capital sur lequel doit porter le Jugement en cette Matiere. C'est aussi par cette raison, qu'elle a été assujettie à plusieurs Formalités rigoureuses, que l'on trouvera réunies dans la Formule qui est à la suite du présent Article.

II. UNE premiere Formalité que l'Ordonnance exige par cet Article, concerne l'*Etat* dans lequel doit être l'Accusé pour subir la Confrontation : elle veut que si cet Accusé a été décrété originairement de Prise de Corps, il ne puisse subir la Confrontation qu'en état de *Prisonnier;* & elle n'excepte que ceux qui, sur l'Appel qu'ils auroient interjetté du Décret de Prise de Corps, auroient été renvoyés par les COURS en état d'Ajournement Personnel ou de simple assigné pour être oüi.

L'Ordonnance ne parle ici que des COURS seulement; d'où il faut conclure, que les Juges du Siége même où s'instruit le Procès, n'ont pas le Pouvoir d'ordonner ce Renvoi, qui ne peut l'être que par une Autorité supérieure, & par la Voie de l'Appel seulement.

III. L'ORDONNANCE ne parle aussi, dans ce même Article, que des Accusés qui ont été décrétés originairement de Prise de Corps. Par conséquent la rigueur de sa Disposition ne peut s'appliquer aux Accusés dont le Décret a été converti, pour n'avoir point comparu en état d'Ajournement Personnel. Ce qui est une suite de la Disposition de l'Art. 21 du Tit. des Décrets, qui veut que ces sortes d'Accusés soient élargis aussi-tôt après leur Interrogatoire. Ainsi, l'on ne peut contester à ceux-ci les mêmes Priviléges dont jouissent à cet égard, les simples

Décrétés d'Ajournement Personnel ou d'Assigné pour être oüi, c'est-à-dire, qu'il n'est pas nécessaire qu'ils soient en Prison dans le tems de la Confrontation; mais qu'il suffit qu'ils se rendent à cet effet dans le lieu de l'Auditoire, ou en la Chambre du Conseil, ensuite des Assignations qui leur seront données; & faute par eux de comparoître sur ces Assignations, l'on suivra à leur égard la Procédure marquée par l'Art. 10 du Tit. 17 ci-après.

IV. MAIS il n'en est pas de même de ceux, qui n'ayant d'abord été décrétés que d'Ajournement Personnel ou d'Assigné pour être oüis, sont ensuite décrétés de Prise de Corps à cause des *nouvelles Charges* qui seroient survenues contr'eux. Il est certain que la Disposition de cet Article ne les regarde pas moins que ceux qui ont été décrétés originairement de Prise de Corps; parce qu'il n'y a point eû de Conversion, dans ce Cas.

V. L'ORDONNANCE ne dit point, où doit se faire la Confrontation; parce qu'elle suppose sans doute, qu'elle doit se faire dans le même LIEU qu'elle a prescrit pour l'Interrogatoire de l'Accusé; sçavoir, au Lieu où se rend la Justice, dans la Chambre du Conseil, ou de la Geole, suivant les différens Décrets.

Il y a néanmoins plusieurs Cas, qui sont exceptés par la Jurisprudence des Arrêts de la Cour que nous avons rapportés sur l'Art. 4 du Tit. 14, & sur l'Art. 3 du présent Titre; notamment ceux de la MALADIE des *Témoins* ou de *l'Accusé*: à quoi il faut ajouter le Cas particulier où il s'agit de confronter l'Accusé avec une RELIGIEUSE CLOÎTRÉE. Dans tous ces Cas, le Juge peut se transporter dans la Maison du Témoin ou de l'Accusé malade, ou bien dans le Couvent de la Religieuse; & si c'est le Témoin qui est malade, il fera conduire l'Accusé sous une bonne & sûre garde, pour lui être confronté. Ce qui doit s'entendre principalement, si ce Témoin malade, ou la Religieuse cloîtrée, demeurent dans le Lieu même où se fait l'Instruction du Procès Criminel; car s'ils demeuroient hors ce Lieu, ce transport ne seroit point pratiquable, tant à cause du péril d'une Evasion ou d'une *Recousse* qui pourroit arriver pendant la Conduite de l'Accusé, qu'à cause des frais considérables qu'il en coûteroit. Il faudroit donc, dans ce dernier Cas, à l'égard du *Témoin malade*, attendre sa Convalescence; & s'il venoit à mourir sans être confronté, ce seroit un avantage pour l'Accusé, à qui l'on ne pourroit oppoſer ſa Dépoſition, n'y ayant que le ſeul Cas de la Contumace, où l'on doit faire une Confrontation littérale de la Dépoſition du Témoin décédé pendant ce tems-là; parce que c'eſt par le fait ſeul de l'Accuſé Contumax, que la Confrontation n'a point eu lieu avant le décès de ce Témoin.

A l'égard de la *Religieuſe cloîtrée*, il ne reſteroit d'autre Voie à prendre, ſi ſon Couvent étoit ſitué hors le lieu de l'Inſtruction, & même hors de la Juriſdiction du Juge qui inſtruit le Procès, que de demander Permiſſion à l'Evêque Diocèſain, pour la faire ſortir du Couvent, & la transférer juſqu'au lieu où eſt l'Accuſé, qu'il ſeroit dangereux de déplacer, par la raiſon que nous avons obſervée ci-devant.

Enfin, ſi c'étoit l'Accuſé lui-même qui ſe trouveroit malade hors de la Juriſdiction, l'on pourroit adreſſer une Commiſſion *rogatoire* au Juge du Lieu où il ſeroit tombé malade, pour procéder à la Confrontation. Mais comme aux termes de la Déclaration du 3 Décembre 1681, les Minutes des Informations & Récollemens ne peuvent être tirées des Greffes, ſi ce n'eſt lorſqu'elles ſont arguées de faux, ou qu'il y a prévarication de la part des Juges; il faudroit pour cela, que ce même Juge eût déja, en vertu d'une premiere Commiſſion rogatoire, entendu les Témoins dans les Informations; parce qu'alors il ne feroit que continuer une Inſtruction, dont il auroit déja connoiſſance, & qu'il ne ſeroit beſoin de lui envoyer d'autre Piéce, que le Jugement qui régle à l'extraordinaire.

VI. Hors ces Cas particuliers, tout Témoin, qui eſt aſſigné pour comparoître à la Confrontation, ne peut, de quelle Qualité qu'il ſoit, ſe diſpenſer de ſatisfaire au Jugement qui l'ordonne; pas même les Princes du Sang, à moins qu'il n'y eût une Diſpenſe du Roi, pour que la lecture de leur Déclaration puiſſe ſervir de Confrontation contre un Accuſé. Il y en a un exemple dans le Procès de MM. de Thou & de Cinqmars, où M. le Duc d'Orléans, Frere du Roi, après avoir dépoſé & été récollé, fut diſpenſé de comparoître à la Confrontation; & il fut ordonné que la lecture de ſes Dépoſitions & Récollemens ſerviroit de Confrontation, & que les Reproches, s'il y en avoit, ſeroient rédigés par écrit, pour être communiqués au Prince, aux fins d'y répondre de même. *V.* Mém. de Richelieu.

VII. La Confrontation ſe fait, comme nous venons de le

dire, du Témoin à l'Accusé : elle se fait aussi de l'Accusé à un autre Accusé, comme nous le verrons sur l'Art. 23 de ce Titre, mais jamais de l'Accusé avec son Accusateur. Il y a cependant de certains Cas où les Juges sont autorisés à le faire, suivant l'Ordonnance pour la Lorraine, notamment en Cas de Rapt de Violence ou de Séduction, & autres de pareille nature : ils peuvent même présenter l'Accusé au Cadavre de la Personne homicidée à l'instant de l'Accusation, s'ils le jugent à propos ; & ils en dresseront Procès-verbal pour être joint au Procès. C'est la Disposition de l'Art. 10 du Tit. 9 de cette Ordonnance.

V. par rapport à la Confrontation au Cadavre, ce qui sera dit sur l'Art. 3 du Tit. 22 ci-après.

VIII. *FORMULE de Confrontation du Témoin à l'Accusé.*

Confrontation faite par Nous..... à la Requête de..... Demandeur & Complaignant, le Procureur..... joint, contre.... Prisonnier ès Prisons de...... des Témoins oüis en l'Information par Nous faite, le.... & ce, en exécution de notre Sentence du..... A laquelle Confrontation avons procédé, assistés de notre Greffier ordinaire, ainsi qu'il suit.

Du .....jour de.....

A été amené devant Nous par le Geolier desd. Prisons, led. Accusé, auquel avons confronté.....(*mettre le Nom du Témoin, & s'il est le premier, second ou autre quantiéme de l'Information*) Témoin de l'Information &, après Serment par eux prêté en présence l'un de l'autre, de dire vérité, & interpellés de dire s'ils se connoissent, ont dit..... après quoi nous avons fait faire Lecture par notre Greffier des premiers Articles de la Déposition dud. Témoin, contenant son Nom, son Age, Qualité & Demeure, & sa Déclaration, qu'il n'est Parent, Allié, Serviteur ni Domestique des Parties, & interpellé l'Accusé de fournir sur le champ ses Reproches contre le Témoin, si aucun il a, & averti qu'il n'y sera plus reçu, après qu'il aura entendu la Lecture des Dépositions & Récollement dud. Témoin.

L'Accusé a dit qu'il n'a aucun Reproche à fournir contre le Témoin, *ou* l'Accusé a dit pour Reproches, que .....

Le Témoin a dit que les Reproches sont véritables *ou* qu'ils ne sont pas véritables.

Ce fait, avons fait faire Lecture par notre Greffier, de la Déposition & du Récollement dud. Témoin en présence dud...... Accusé, & avons interpellé led. Témoin de déclarer, s'ils contiennent vérité, & si led..... Accusé est celui dont il a entendu parler dans ses Dépositions & Récollement, lequel Témoin a dit que ses Dépositions & Récollemens sont véritables, & que c'est de l'Accusé présent qu'il a entendu parler par sesd. Dépositions & Récollemens, & y a persisté.

Et l'Accusé a dit.... (*il faut écrire ce que l'Accusé dira, & ce qui sera répliqué par le Témoin, & si l'Accusé requiert le Juge d'interpeller le Témoin sur quelque Fait ou Circonstances, le Juge le sera, & il sera fait mention desd. Requisitions & Interpellations, ensemble de la Réponse du Témoin & des Répliques de l'Accusé.*

Lecture faite à l'Accusé & au Témoin de la présente Confrontation, ils y ont persisté chacun à leur égard, & ont signé, *ou* déclaré ne sçavoir écrire ni signer, de ce enquis, *ou* ont fait refus de signer, de ce interpellés.

Avons ensuite confronté led. Accusé à . . . . . Témoin, &c. *comme dessus.*

NOTA. *Il faut avoir soin de représenter alors aux Témoins & à l'Accusé les Instrumens & Piéces de Conviction, & faire parapher la Bande de Papier sur ces Piéces; parce qu'en faisant parler les Confrontés sur ces Actes, l'on en peut tirer de grands Eclaircissemens.*

ARTICLE XIII.

» LES Confrontations seront écrites dans un Cahier » séparé, & chacune en particulier paraphée & signée » du Juge dans toutes les Pages, par l'Accusé & par le » Témoin, s'ils sçavent ou veulent signer; sinon sera » fait mention de la cause de leur Refus.

SOMMAIRE.

I. *Pourquoi la Confrontation doit être faite en différens Cahiers, lorsqu'il y a plusieurs Accusés?*

II. *Pourquoi la Formalité de la Signature & du Paraphe dans cet Acte?*

III. *Nécessité de la Lecture de la Confrontation.*

IV. *Plusieurs Mentions nécessaires dans la Confrontation, quoique non marquées dans l'Ordonnance.*

V. *Le Juge doit y garder le même Ordre que dans les Informations & le Récollement.*

VI. *Lecture doit être faite à la fin de chaque Confrontation, & il en doit être fait Mention.*

PAR cet Article, l'Ordonnance prescrit deux sortes de Formalités, que le Juge doit observer dans la Rédaction des Confrontations.

I. LA *premiere* consiste, en ce que les Confrontations doivent être écrites dans un *Cahier séparé*, c'est-à-dire, que non-seulement elles doivent être mises dans des Cahiers différens de ceux des Récollemens; mais qu'il doit être fait autant de différens Cahiers de Confrontation, qu'il y a de différens Accusés dans le Procès Criminel; parce qu'on ne doit confronter à chacun de ceux-ci, que les Témoins qui peuvent faire charge contr'eux; d'autant que ces Accusés peuvent avoir eû part au Crime, de différentes manieres, comme par Mandat, Conseil, Ordre, Consentement ou Approbation, &c. & par ce moyen ils peuvent avoir été vûs par certains Témoins, & entendus seulement par d'autres.

Au reste, il ne doit être fait qu'un seul Cahier de Confrontation pour tous les Témoins qui concernent le même Accusé, afin de ne pas être obligé de réitérer *les Intitulés*, & multiplier inutilement les Grosses.

II. LA *seconde* Formalité prescrite par cet Article, consiste en ce que les Confrontations doivent être *signées & paraphées* au bas de chaque page, tant par le Juge, que par le Témoin & l'Accusé; & en cas que l'un ou l'autre de ces derniers ne puisse ou ne veuille signer, il en doit être fait mention.

Ces précautions ont été introduites sans doute, afin d'empêcher qu'on ne puisse soustraire ou substituer des feuilles, ni rien ajouter au-dessus & au-dessous de chaque page.

C'est le Juge qui met la cotte au-dessus de chaque page, par *premiere* & *derniere*, & non en *Chiffre*. Il signe au bas de ces mêmes pages, & les fait signer par le Témoin & l'Accusé, à qui il fait parapher les renvois, s'il y en a; le tout sans y insérer aucune Interligne, conformément à ce qui est marqué par l'Art. 12 du Titre des Informations, & par l'Art. 12 du Titre des Interrogatoires. Si le Témoin ou l'Accusé se mettent en refus de signer & parapher les Renvois; le Juge fera mention de la cause de leur refus, à la fin de chaque Confrontation.

III. AU RESTE, la Formalité de la *Signature*, que l'Ordonnance exige ici, tant de la part du Témoin que de l'Accusé, suppose nécessairement que la Lecture de la Confrontation doit leur en être préalablement faite. Cette derniere Formalité est même d'autant plus indispensable à l'égard du Témoin, qu'il est tenu de déclarer en outre, que sa Déposition & son Récollement contiennent vérité, & que l'Accusé est celui dont il a entendu parler dans cette Déposition & Récollement, ainsi que nous le verrons sur l'Article suivant.

IV. IL y a encore plusieurs autres Formalités que le Juge doit également observer dans la Rédaction des Confrontations, quoiqu'elles ne soient point marquées expressément par le présent Article, ni les suivans; sçavoir, 1°. Que dans le Procès-verbal qui se met à la tête de chaque Cahier de Confrontation, l'on doit y faire mention du Nom de la Partie à la Requête de laquelle elle est faite, ainsi que de Celui de l'Accusé contre qui elle est faite; comme aussi du Jugement qui l'a ordonné, du Lieu & du Jour où l'on y procéde; & si les Confrontations durent plusieurs jours, l'on doit faire mention à la fin de chaque Séance, de la continuation au jour suivant, ou à un autre.

V. 2°. Il faut aussi, que le Juge ait soin de garder dans la Confrontation de chaque Témoin, le même Ordre dans lequel ils ont été entendus aux Informations principales, ou par Addition; & Celui, dans lequel ils ont comparu au Récollement. Ce qui donne une plus grande facilité aux Juges, lors de la Visite du Procès.

VI. 3°. A la fin de chaque Confrontation, le Juge doit encore en faire faire lecture à l'Accusé & aux Témoins : à la vérité, comme l'Ordonnance n'a point fait une mention expresse de cette Formalité, à l'égard de la Confrontation, comme elle l'a fait relativement aux Informations & aux Interrogatoires; l'on ne pense pas que l'omission de cette lecture doive emporter la Nullité de la Confrontation. C'est aussi ce qui a été jugé par un Arrêt de la Cour du 16 Janvier 1710.

ARTICLE XIV.

» Pour procéder à la Confrontation du Témoin,
» l'Accusé sera mandé, & après le Serment prêté par
» le Témoin & par l'Accusé, en présence l'un de l'au-
» tre, le Juge les interpellera de déclarer s'ils se con-
» noissent.

SOMMAIRE.

I. *Attention que le Juge doit avoir après qu'il a fait venir l'Accusé & le Témoin.*

II. *Doit leur faire prêter Serment; & pourquoi?*

III. *Sur quoi fondée la Nécessité d'interpeller*

terpeller l'Accusé & le Témoin, de déclarer s'ils se connoissent?

IV. *De combien de Manieres les Hommes peuvent se connoître?*

V. Quid, *si le Témoin déclare ne point connoître l'Accusé?*

VI. Quid, *si l'Accusé n'entend pas la Langue Françoise, ou étoit Sourd & Muet?*

PAR cet Article, l'Ordonnance prescrit la Maniere dont le Juge doit procéder à la Confrontation.

I. ELLE veut en *premier* lieu, que le Juge fasse venir l'Accusé; s'il est en Prison, c'est le Geolier qui l'amenera dans la Chambre de la Geole; & si la Confrontation se fait en la Chambre du Conseil, ou en l'Auditoire, l'Accusé sera sommé de s'y rendre, pour subir la Confrontation aux jour & heure qui seront indiqués par le Juge. De quoi, il sera fait mention dans le Procès-verbal, mis au commencement du Cahier de la Confrontation.

L'on fait aussi en même-tems, venir un Témoin seul dans la même Chambre, & on le fait mettre vis-à-vis de l'Accusé; en observant néanmoins qu'ils soient dans un certain éloignement, qui les mette hors de portée de se frapper l'un & l'autre, & de perdre le respect au Juge.

II. L'ORDONNANCE veut en *second* lieu, que le Juge fasse prêter Serment à l'Accusé & au Témoin, en leur faisant lever la main droite. L'effet du Serment de la part de l'*Accusé*, est de dire la vérité sur la Connoissance qu'il peut avoir du Témoin, & sur les Moyens ou Reproches qu'il a à fournir, tant contre la Personne de ce Témoin, que contre les Faits qu'il a déposés dans l'Information & le Récollement; & de la part *du Témoin*, de dire la vérité sur la Connoissance qu'il peut avoir de la Personne de l'Accusé, c'est-à-dire, sur l'*Identité* de cet Accusé, avec la Personne dont ce Témoin a voulu parler dans ses Dépositions & Récollemens; sur les *Réponses* qu'il a à fournir aux Reproches que cet Accusé pourroit lui faire; sur les *Eclaircissemens* des Faits de sa Déposition, que l'Accusé pourroit lui demander par le canal du Juge; enfin, sur la *Sincérité* de ses Dépositions, tant dans les Informations que dans les Récollemens.

III. L'ORDONNANCE veut en *troisiéme* lieu, par ce même Article, qu'après le Serment prêté par l'Accusé & par le

Témoin, le Juge, les interpelle l'un & l'autre, de déclarer *s'ils se connoissent*. Ces Déclarations sont absolument nécessaires, sçavoir de la part du Témoin, parce que c'est par la Déclaration qu'il fait que l'Accusé est le même que celui qu'il a déclaré dans sa Déposition & dans son Récollement, que sont rendus certains les Faits qu'il a déposés contre cet Accusé ; & à l'égard de ce dernier, parce que c'est par la Déclaration qu'il fait de connoître la Personne du Témoin, qu'il assure la validité des Reproches qu'il fournit contre lui ; & qu'il peut même parvenir à son entiere Justification, lorsqu'il a de certains Faits justificatifs à proposer, dont le Témoin auroit une connoissance personnelle.

IV. Les Hommes peuvent se connoître, de trois différentes manieres ; ou seulement de *Nom*, sans s'être jamais vû, comme lorsqu'on sçait par des Lettres reçuës ou autres Écrits, ou par la Voie des Parens & Amis, qu'un Homme s'appelle d'un tel Nom, & qu'il réside dans un tel Pays ; ou bien de *Vuë* seulement, sans sçavoir le Nom ; soit pour avoir parlé quelquefois ensemble sans se nommer, soit pour avoir vû passer souvent le même Homme, sans s'informer de son Nom, soit enfin pour l'avoir vû en certaines occasions, comme au tems qu'il faisoit quelque action bonne ou mauvaise ; ou enfin, on se connoît de *Nom & de Vuë* pour s'être fréquenté.

C'est cette derniere espéce de Connoissance, qui est la plus certaine, & dont l'Ordonnance veut parler principalement dans cet Article. La *séconde* peut être douteuse par quelque déguisement d'Habits, ou d'autre maniere, par la longueur du tems, & par l'effet de l'Age ou de la Maladie. Mais pour la *premiere*, qui ne frappe que sur le Nom, elle ne peut être certaine que par l'Aveu de l'Accusé, ou par la Vérification de ses Écritures.

V. Au reste, comme c'est de la réunion des circonstances, que peut naître la certitude ou l'incertitude d'une Déposition, il faut que le Juge ait soin de faire écrire tout ce qui sera dit de part & d'autre, relativement à la connoissance de l'Accusé & du Témoin. Il doit aussi, par la même raison, faire mettre par écrit les Déclarations qu'ils feront de ne se point connoître l'un ou l'autre : dans ce dernier Cas, il est inutile de passer outre à la Confrontation du Témoin. Bornier rapporte un Arrêt de la Chambre de l'Edit de Languedoc, par lequel il a été fait défenses aux Juges de procéder à la Confrontation en pareil Cas, à peine de suspension de leur Charges.

VI. Si l'Accusé n'entendoit pas la Langue Françoise; ou bien s'il étoit Sourd & Muet, il faudroit observer ce qui est prescrit sur les Articles 11 du Tit. 14, & sur les Art. 5 & 8 du Tit. 18 ci-après.

ARTICLE XV.

» SERA fait ensuite Lecture à l'Accusé des premiers » Articles de la Déposition du Témoin, contenant son » Nom, Age, Qualité & Demeure, la connoissance qu'il » aura dit avoir des Parties, & s'il est leur Parent ou » Allié.

SOMMAIRE.

I. *Pourquoi ne doit-on d'abord lire à l'Accusé que les premiers Articles de la Déposition du Témoin.*

II. *Le Juge doit-il s'enquérir du Témoin, s'il est Parent, Allié, Serviteur ou Domestique des Parties?*

IL est parlé dans cet Article, de ce que doit faire le Juge, après qu'il a fait prêter Serment à l'Accusé & au Témoin, & qu'il a fait mettre par écrit leurs Déclarations sur la connoissance qu'ils peuvent avoir l'un de l'autre; l'Ordonnance veut qu'il fasse lire à l'Accusé, le contenu des premiers Articles de la Déposition du Témoin, qui concerne son Nom, son Age, sa Qualité, sa Demeure, & ses Déclarations sur la Parenté & Alliance qu'il peut y avoir entre les Parties & lui.

I. NOUS verrons par l'Article suivant, que l'objet particulier de cette Lecture, est de faciliter à l'Accusé les moyens de fournir ses Reproches contre le Témoin; tellement qu'il est exclus de cette faculté, dès l'instant même qu'il a entendu la lecture de la Déposition en entier. Nous verrons aussi sur le même Article en quoi peuvent consister ces Reproches.

II. IL reste seulement à observer ici, qu'en ordonnant la lecture des premiers Articles de la Déposition du Témoin, l'Ordonnance a voulu par-là, confirmer la Disposition de l'Art. 5 du Titre des Informations. Or comme par cet Article elle n'exige pas seulement la mention du Nom du Témoin, mais encore de son Surnom, & de sa Déclaration, s'il est Parent, Allié, Serviteur ou Domestique des Parties; il faut conclure nécessairement que le Juge ne doit omettre la Mention d'aucune de ces Formalités, dans la lecture qu'il fait faire à l'Accusé lors de la Confrontation, & que s'il le faisoit, il seroit tenu des mêmes Peines que celles portées par ce même Art. 5, qui sont la Nullité, avec des dommages & intérêts.

ARTICLE XVI.

» L'ACCUSÉ sera ensuite interpellé par le Juge de
» fournir sur le champ ses Reproches contre le Té-
» moin, si aucuns il a; & averti qu'il n'y sera plus reçu,
» après avoir entendu la Lecture de sa Déposition, dont
» sera fait Mention.

SOMMAIRE.

PAR cet Article, qui est une suite du précédent, l'Ordonnance veut, qu'après la lecture faite à l'Accusé des premiers Articles de la Déposition du Témoin, le Juge fasse trois choses; 1°. qu'il interpelle l'Accusé de fournir sur le champ ses Réponses contre le Témoin, s'il en a; 2°. qu'il l'avertisse qu'il ne sera plus reçu à les fournir, après qu'il aura entendu la lecture de sa Déposition; 3°. enfin, que pour constater, tant cette Interpellation, que cet Avertissement, le Juge fasse mention de l'un & de l'autre dans le Cahier de la Confrontation.

I. L'ON voit par-là, que les Reproches que peut fournir un Accusé, ne doivent point tomber sur la Déposition même du Témoin, mais seulement sur sa Personne. Or, comme c'est uniquement pour lui faciliter les moyens de fournir ces Reproches, que l'Ordonnance veut qu'il lui soit fait lecture des premiers Articles de la Déposition, qui contiennent le *Nom*, *l'Age*, *la Qualité* & *la Demeure* de ce Témoin, les *Déclarations* qu'il aura faites sur la *Connoissance* qu'il a des Parties, s'il est leur *Parent* ou *Allié*, *Serviteur* ou *Domestique*, il s'ensuit nécessairement que c'est de tous ces différens Objets, qu'elle veut que ces Reproches soient tirés. Telle est aussi la Régle, que nous nous proposons de suivre dans le détail où nous allons entrer à ce sujet, & nous renvoyons au surplus, à ce que nous en avons dit dans nos Institutes Crim. sous le Titre de la Preuve testimoniale.

II. LES REPROCHES à l'égard du NOM ou SURNOM du Témoin, sont 1°. lorsque ce nom ou surnom est faux & supposé; 2°. lorsque le nom de ce Témoin a été flétri par quelque Condamnation infâmante, ou par quelque Crime atroce qui emporte infamie, comme Usure, Faux parjure, & autres. Mais il faut en ce dernier Cas, pour que le Reproche soit valable, le concours des trois Conditions suivantes; la *premiere*, que la Condamnation ait été prononcée contre le Témoin personnellement, & non pas seulement, contre Quelqu'un de son nom & de sa Famille.

La *seconde*, que cette Condamnation soit portée par un Jugement Contradictoire; ou bien, s'il est par défaut, que les cinq années de la Contumace soient écoulées. *V.* MAYNARD, Liv. 4, Ch. 93.

Ainsi, une simple Accusation, ou même un Décret, ne suffiroient point pour rendre le Témoin reprochable, parce qu'il n'en résulte aucune infamie, & que ce ne sont que de simples Voies d'Instruction, pour parvenir à la Conviction du Crime, ou à établir l'Innocence de l'Accusé. A la vérité, cela ne s'observe pas avec la même rigueur en Matiere Civile, comme il paroît par l'Art. 2 du Tit. 23 de l'Ordonnance de 1667, où il est dit « que s'il est avancé dans les Reproches que les Témoins » ont été emprisonnés, mis en Décret, condamnés ou repris de » Justice, les Faits seront réputés Calomnieux, s'ils ne sont justifiés » avant le Jugement, par des Ecroues d'Emprisonnement, Dé» crets, Condamnation & autres Actes.

Enfin, la *troisiéme* Condition, c'est qu'il ne suffit pas d'opposer ces Condamnations d'une maniere vague & générale; mais il faut que l'Accusé articule précisément la Date du Jugement qui les contient, le Nom du Juge qui l'a rendu, pour sçavoir s'il est compétent, le Lieu, le Tems du Délit qui y a donné lieu. C'est la remarque de PAPON, Liv. 9, Tit. 3, N°. 10. C'est aussi sur ce fondement, que par l'Art. 1er du Tit. 23 de l'Ordonnance Civile que nous venons de citer, il est dit, que les Reproches contre les Témoins doivent être circonstanciés & pertinens, & non en termes *vagues & généraux*, autrement, seront rejettés du Procès.

Au reste, comme l'Accusé ne propose ces sortes de Reproches, que par forme d'Exception; s'ils étoient prouvés véritables, le Juge n'en pourroit tirer occasion pour procéder criminellement contre le Témoin auquel il les opposeroit; non plus que ce Témoin, pour en demander la Réparation contre l'Accusé, qui n'en rapporteroit pas la preuve, à moins que ces Reproches ne fussent évidemment calomnieux; car en ce dernier Cas, l'Ordonnance de 1667, veut (Art. 2, Tit. 23) qu'il soit puni à l'arbitrage du Juge.

III. LES REPROCHES sur L'AGE du Témoin, sont lorsque cet Age est tel, que le Témoin ne pouvoit pas être capable de connoissance dans le tems qu'il dit avoir vû commettre le Crime. Nous avons vû au surplus sur l'Art. 2, du Tit. 6 des Informations, que, quoiqu'en Matiere Civile, le témoignage des Impuberes ne soit point admissible; il peut être néanmoins reçu en Matiere Criminelle, sauf aux Juges d'avoir tel égard que de raison, à la nécessité & solidité de leur témoignage.

IV. LES REPROCHES par rapport à la QUALITÉ du Témoin sont; 1°. Que le Métier ou la Profession qu'il exerce, est vile & infâme, comme s'il est Farceur, Bâteleur ou Comédien. *V.* L. 2, *§. ait Prætor ff. 6, de His qui not. infam.*

2°. Qu'il est d'une Religion opposée à celle de l'Accusé, comme si le Témoin est Juif, Mahométan ou Payen, & même Hérétique, & l'Accusé un Chrétien Catholique; *& ei interdictum est deponere contra Orthodoxum. V. L. Orthodoxum*, au COD. *de Hæret.* & le Canon *Illi*, Quest. 5.

3°. Qu'il n'a pas le libre usage de sa raison, comme s'il est

Furieux ou Imbécille; s'il étoit absolument yvre lors de sa Déposition.

4°. Qu'il est l'Ennemi de l'Accusé, mais il faut que cette inimitié soit capitale & prouvée telle, par quelque attentat que le Témoin auroit fait à la Vie, à l'Honneur ou aux Biens de l'Accusé, comme *v. g.* s'il lui avoit intenté un Procès Criminel, s'il lui avoit fait des menaces de lui nuire depuis le Procès commencé, ou un peu auparavant: il faut de plus, qu'il ne paroisse par aucune circonstance, que l'Accusé ait cherché à s'attirer la haine & le ressentiment du Témoin, afin de se ménager un Moyen de Reproche contre lui, comme si depuis l'Accusation intentée, il avoit suscité un Procès à ce Témoin, en le maltraitant. *V.* SCHNEIDEVIN, Instit. Liv. 1, Tit. 15, §. 12.

5°. Que le Témoin est l'ami intime de la Partie Civile, comme s'il boit & mange journellement avec elle, s'il a cherché ou sollicité lui-même d'autres Témoins pour déposer conformément à la Plainte de cette Partie Civile, s'il est son Avocat, son Procureur, Conseil, Tuteur ou Curateur.

6°. Que le Témoin a quelqu'intérêt particulier à la Condamnation de l'Accusé, comme s'il est Créancier de la Partie Civile, pour des sommes considérables.

7°. Enfin, que le Témoin est Pauvre & Mendiant; *Ne quid lucri causa admittat;* c'est la raison qu'en rend la Loi *Testium*, au *ff. de Testib.* Mais comme ce Reproche n'est fondé que sur le danger de la corruption, il doit cesser toutes les fois que le Témoin pauvre se trouve d'ailleurs bien fâmé; car, comme l'observe JULES CLARE, l'on trouve souvent plus de bonne foi dans les Pauvres que dans les Riches. *Paupertas non est de genere malorum, & magis credendum est Pauperi virtute prædito quam Diviti vitioso, & summa sæpius integritas in Paupertate*, JUL. CLAR. Prat. Crim. Liv. 5, Quest. 14 & 24.

V. LES REPROCHES quant A LA DEMEURE du Témoin, sont, 1°. Lorsque ce Témoin n'a point de domicile fixe, qu'il est Vagabond & sans aveu. (Nous avons vû sur l'Art. 12 du Tit 1er, ce que l'on devoit entendre sous ce nom) 2°. Lorsqu'il demeure avec la Partie Civile, ou dans une maison qui lui appartient, & dont il ne paye point de loyers; 3°. Lorsque le lieu où se trouvoit le Témoin, lors du Crime, est situé de maniere qui lui a été impossible d'avoir vû le commettre.

VI. Les Reproches au sujet de la Connoissance que le Témoin a dit avoir de l'Accusé, se tirent des différentes Manieres, dont les Hommes peuvent se connoître entr'eux, & que nous avons remarquées sur l'Art. 14 ci-devant. Nous aurons lieu d'en parler encore sur l'Art. 18 ci-après.

VII. Les Reproches sur le Fait des Parentés et Alliances ont lieu en Matiere Criminelle, toutes les fois que la Parenté ou l'Alliance n'est pas au-delà du cinquiéme degré. *V.* au surplus les Observations particuliéres que nous avons faites à ce sujet, sur l'Art. 3 du Tit. 6 des Informations.

Nous ajouterons seulement, qu'il y a une affinité *spirituelle* qui se contracte par les Sacremens de Baptême & de Confirmation, & qui fournit un Reproche suffisant entre les Parains, Maraines, & les Filleuls & Filleules. *V.* Maynard, Liv. 1. Ch. 89; Catellan, Liv. 9, Ch. 7.

Nous observerons encore, avec Bruneau, Tit. 17, Max. 9, que si le Témoin se trouve Parent de l'une & de l'autre des Parties au même degré, il n'est point reprochable par la raison que, *par affectionis causa suspicionem fraudis amovet. V.* aussi d'Expilly, en ses Arrêts, Ch. 30.

VIII. Enfin, les Reproches tirés des Qualités de Serviteur et Domestique, sont indiqués suffisamment par ce que nous en avons dit sur l'Art. 3 du Titre des Informations, où nous avons remarqué en même-tems la Distinction qu'il falloit mettre entre l'une & l'autre de ces Qualités, & la nécessité de leur Mention, dans l'interpellation que fait le Juge au Témoin, avant que de l'oüir en Déposition.

IX. Au reste, comme parmi les différens Reproches que nous venons de détailler, il y en a qui sont plus ou moins relevans; les Juges doivent aussi, avoir une attention plus ou moins grande, suivant les Personnes, la Nécessité de leur témoignage, la Nature du Crime, la Maniere dont il est prouvé, comme si c'est par écrit, ou par l'aveu de l'Accusé, ou bien par des présomptions violentes.

X. Il n'est parlé ici que des Témoins administrés par les Parties Civiles ou Publiques, & non par le Dénonciateur, parce qu'il est alors inconnu à l'Accusé. Cependant, comme il fait sa Partie secrette, je serois fort de l'avis de Bruneau, sur le

Titre

Titre des Récollemens, Max. 12, où il dit que le Procureur du Roi devroit nommer, au Commissaire de l'Information, ce Dénonciateur, pour voir si les Témoins ne seroient point ses Parens ou d'autres Gens reprochables par rapport à lui. En effet, cette Question ayant été agitée au Parlement de Paris; par deux Arrêts, l'un du 26 Mai 1605, l'autre du 3 Juin 1699, qui sont rapportés par DE LA COMBE, il a été ordonné que le Procureur du Roi diroit en secret au Juge le nom du Dénonciateur implicitement.

ARTICLE XVII.

» LES Témoins seront enquis de la vérité des Re-» proches, & ce que le Témoin & l'Accusé diront, » sera écrit.

SOMMAIRE.

I. *Quel est l'Effet du Reproche avoué par le Témoin, ou justifié par Piéces?*

II. *Les Juges doivent-ils avoir égard aux Reproches de l'Accusé qui ne se représente point lors de son Jugement?*

IL est parlé dans cet Article, de ce que doit faire le Juge, après que l'Accusé a fourni ses Reproches contre le Témoin; il doit aussi-tôt interpeller le Témoin de convenir ou disconvenir de la vérité de ces Reproches, & ensuite mettre par écrit tout ce qui sera dit de part & d'autre.

I. QUE si le Témoin avoue la vérité du Reproche; ou si sans l'avouer, ce Reproche se trouve d'ailleurs justifié par Piéces authentiques ou reconnues par ce même Témoin; ce Reproche aura l'Effet d'empêcher que, lors de la Visite du Procès, les Juges ayent aucun égard à la Déposition du Témoin reproché; mais il n'empêchera pas le Juge de l'Instruction, de passer outre à la Confrontation; d'autant que, par la derniere Disposition du présent Article, l'Ordonnance le charge seulement de mettre *par écrit* ce qui sera dit de part & d'autre, & non point de surseoir la Procédure, qu'elle veut au contraire être continuée, comme nous le verrons sur l'Article suivant.

II. Mais, si depuis la Confrontation, l'Accusé qui auroit fourni des Reproches valables contre le Témoin, venoit à s'évader des Prisons; ou si, ayant été élargi après cette Confrontation, il ne se représentoit point lors de son Jugement, les Juges devroient-ils, lors de la Visite du Procès, avoir pareillement égard à la validité de ces Reproches, & rejetter en conséquence la Déposition du Témoin? Il paroît que, dans ce dernier Cas, il faut distinguer parmi ces Reproches, ceux qui seroient constatés par l'Aveu du Témoin, ou par des Piéces authentiques & incontestables, de ceux qui ne le seroient de l'une ni l'autre de ces Manieres, & dont il offriroit seulement de faire Preuve. Il n'y auroit que ceux de la premiere Espéce, qui pourroient mériter considération de la part des Juges, & non les derniers, dont l'Accusé ne pourroit être admis à faire la Preuve, en haine de sa Contumace. Ce qui doit souffrir d'autant moins de Difficulté en cette Matiere, que la même Exclusion a lieu en Matiere Civile contre un Défendeur, qui ayant fait défaut à l'Audience, n'est point admis à faire Preuve des Faits qu'il a articulés dans ses Défenses, & n'a plus d'autre Voie pour s'y faire admettre, que celle de l'Opposition ou de l'Appel.

L'on peut voir au surplus, ce que nous avons dit sur l'Article précédent, à l'égard du Témoin qui voudroit se pourvoir en action d'Injure, en conséquence du Reproche qui lui seroit fait par l'Accusé.

ARTICLE XVIII.

» APRÉS que l'Accusé aura fourni ses Reproches, » ou déclaré qu'il n'en veut point fournir, Lecture lui » sera faite de la Déposition & du Récollement du Té- » moin, avec Interpellation de déclarer s'ils contien- » nent vérité, & si l'Accusé est celui dont il a entendu » parler dans ses Déposition & Récollement; & ce qui » sera dit par l'Accusé & le Témoin, sera aussi rédigé » par écrit.

SOMMAIRE.

I. *Que doit faire le Juge, après que l'Accusé a déclaré n'avoir aucun Reproche à fournir?*
II. *En quoi peut consister la Défense de l'Accusé, contre la Déposition du Témoin?*
III. *Simple Dénégation de l'Accusé ne suffit pas pour le décharger, & pourquoi?*
IV. *Quelle peut être la Défense du Témoin contre l'Accusé?*
V. *Témoin est tenu de déclarer si c'est de l'Accusé présent qu'il entend parler. Réglement de la Cour à ce sujet.*

I. APRÉS que la Lecture a été faite à l'Accusé, des 1ers Art. de la Déposition du Témoin qui doit lui être confronté, & qu'il a été interpellé de fournir ses Reproches sur le champ, sinon qu'il n'y sera plus reçu : alors, ou cet Accusé fournit des Reproches, ou bien il déclare qu'il n'en a aucuns à fournir. S'il en fournit, le Témoin conviendra ou disconviendra de la vérité de ses Reproches; & ses Réponses devront, ainsi que tout ce qui sera dit de la part de l'Accusé, être couchées par *écrit*. Si au contraire, l'Accusé déclare qu'il n'en veut point fournir, le Juge passera outre à la Confrontation; & à cet effet, après avoir fait mention de cette Déclaration, ainsi que des Reproches de l'Accusé, il devra, conformément au présent Article, faire trois choses; 1°. Faire lire à cet Accusé la Déposition qui a été faite par le Témoin dans l'Information, ensuite celle du Récollement; 2°. Interpeller cet Accusé de déclarer, si ces Dépositions contiennent vérité, & si l'Accusé est le même que celui dont il a entendu parler dans ses Dépositions; 3°. Enfin, il doit rédiger par *écrit* tout ce qui sera dit par l'Accusé & le Témoin à ce sujet.

II. LA Défense de l'Accusé en pareil Cas, consiste principalement à combattre la Vérité des Faits contenus dans les Dépositions du Témoin, soit en relevant les Variations, Absurdités & Contradictions, où le Témoin peut être tombé; soit en tirant de ces mêmes Faits, des Inductions favorables à sa justification; ou même en faisant interroger ce Témoin sur d'autres Faits particuliers dont il croira pouvoir aussi tirer avantage, ainsi que cela lui est permis, comme nous le verrons sur l'Article 32 ci-après.

III. MAIS il ne suffiroit pas à l'Accusé de nier purement & simplement les faits qu'on lui oppose; l'Assertion d'un Témoin, qui n'a aucun intérêt Personnel au Procès sur lequel on le fait entendre, devant mériter plus de foi que celle d'un Accusé, qui ne cherche qu'à conserver sa Vie, son Honneur ou ses Biens, & contre lequel il n'y auroit jamais de Preuve, s'il en étoit quitte pour tout nier.

IV. A l'égard du Témoin, il défendra de son côté la Vérité de sa Déposition; il l'expliquera, *s'il en est besoin*, d'une maniere plus claire & plus intelligible, afin d'écarter les Objections qui lui seront faites par l'Accusé. Mais il devra bien prendre garde de ne point la changer en des Circonstances essentielles, s'il ne veut s'exposer à la Peine portée par l'Article 11 ci-devant.

V. au surplus mes Institutes sous le Titre de la Preuve, où sont marquées les Conditions nécessaires pour la Validité d'une Déposition, & les différens Degrés de Preuve qui en peuvent résulter.

V. Il reste à observer, que, lorsqu'il y a plusieurs Accusés dans le même Procès, & que la Déposition du Témoin est à la Charge de l'Accusé à qui on le confronte, il est essentiel, pour la Validité de la Confrontation, que le Juge interpelle ce Témoin de déclarer, si c'est de l'Accusé présent qu'il a entendu parler dans ses Déposition & Récollement; tellement que s'il omettoit le mot *Présent*, il y auroit Nullité, ainsi qu'il a été jugé par un Arrêt du 9 Mai 1712, rapporté au sixiéme Tome du JOURNAL DES AUDIENCES.

ARTICLE XIX.

» L'ACCUSÉ ne sera plus reçu à fournir de Re-
» proches contre le Témoin, après qu'il aura entendu
» la Lecture de sa Déposition.

SOMMAIRE.

I. *L'Ordonnance plus rigoureuse sur ce Point que l'Ordonnance Civile, & pourquoi?*

II. *Sur quels Reproches tombe l'Exclusion portée par cet Article?*

III. *Reproche fourni par l'un des Accusés peut-il profiter aux autres?*

I. Par cet Article, l'Ordonnance confirme ce qui a été dit à la fin de l'Article 16, où elle veut, que le Juge avertiſſe l'Accuſé qu'il ne ſera plus reçu à fournir des Reproches, après qu'il aura entendu la Lecture de la Dépoſition du Témoin. En quoi, elle eſt plus rigoureuſe que l'Ordonnance Civile, qui donne à la Partie, contre laquelle l'Enquête a été faite, un Délai de huitaine pour fournir des Moyens de Reproche, à compter du jour qu'il lui a été donné Copie du Procès-verbal d'Enquête. *V.* Art. 28, Tit. 34 de cette Ordonnance. Mais cette Rigueur a été ſagement établie, afin d'empêcher que les Accuſés n'abuſent du Délai qui leur ſeroit donné, pour corrompre ou faire corrompre les Témoins qu'ils voudroient reprocher, ou ceux qu'ils voudroient faire entendre pour la Preuve de leurs Reproches; & parce que d'ailleurs, ce Délai pourroit occaſionner le Dépériſſement des Preuves, qui ſont infiniment plus précieuſes en Matiere Criminelle, qu'en Matiere Civile.

II. Au reste, l'Excluſion portée par cet Article ne regarde que les Reproches que l'Accuſé pourroit fournir *verbalement*, & dont il ne pourroit juſtifier que par Témoins, mais non point ceux qu'il ſeroit en état de juſtifier par *écrit*: car à l'égard de ces derniers, il peut les fournir en tout état de Cauſe, comme nous le verrons par l'Article ſuivant.

III. Il ſe préſente à ce ſujet une Queſtion importante, qui eſt de ſçavoir, ſi, dans le Cas où il ſe trouveroit pluſieurs Accuſés dans le même Procès Criminel, les Reproches qui auroient été fournis par l'un d'eux, avant la Lecture de la Dépoſition du Témoin, ne devroient pas profiter également à ceux qui n'en auroient point fourni avant cette Lecture.

Pluſieurs Criminaliſtes ſont d'avis, que ces derniers en doivent profiter. De ce nombre eſt Maynard, Liv. 4, Ch. 79 de ſes Arr. not. où il rapporte un Arrêt de Réglement du Parlement de Toulouſe, du 1er Février 1581, portant, que ces ſortes de Reproches peuvent ſervir pour les Accuſés préſens, & non pour les Contumax. Mais il me paroît, qu'il faut diſtinguer, à cet égard, entre les Reproches qui touchent ſeulement la Perſonne du Témoin, tels que ceux fondés ſur l'Infamie, la Mendicité, les mauvaiſes Mœurs & la Subornation; & ceux qui ſont relatifs à l'Accuſé ou à la Partie Civile, comme Parenté, Alliance, Aſſinité, Liaiſon intime, Domeſticité, Dette, Créance, &c. il n'y a que ceux de la premiere eſpéce qui doivent profiter également à tous les Accuſés, quand ils ne feroient fournis que par l'un d'eux, parce qu'ils concernent en général l'Accuſation ; au lieu que les autres étant particuliers aux Accuſés qu'ils concernent, il n'y a que ceux-ci qui puiſſent les propoſer. En effet, s'il en étoit autrement, c'eſt-à-dire, ſi les Reproches de cette derniere eſpéce pouvoient ſervir à tous les Accuſés également, il arriveroit que de certains Accuſés, qui, s'ils avoient été ſeuls au Procès, auroient été punis, comme convaincus par les Dépoſitions des Témoins dignes de foi, trouveroient néanmoins le ſecret de ſe tirer d'affaire, parce qu'ils ſe trouveroient impliqués avec d'autres Accuſés, vis-à-vis deſquels les mêmes Témoins qui auroient ſervi à les faire condamner, ſe trouveroient reprochables. Ce qui ſeroit une abſurdité intolérable.

ARTICLE XX.

» POURRA néanmoins en tout état de Cauſe pro-
» poſer des Reproches, s'ils ſont juſtifiés par écrit.

SOMMAIRE.

I. *Diſpoſition de cet Article, Modification du précédent.*
II. *De quels Reproches eſt exclus l'Accuſé qui a entendu la Lecture de la Dépoſition du Témoin.*
III. *Quelles ſont les Preuves Littérales requiſes par cet Article?*
IV. *Les Informations faites dans un autre Procès Criminel, peuvent-elles être regardées comme Preuves Littérales?*

I. LA Diſpoſition de cet Article, eſt une Modification de celle du Précédent, qui exclut l'Accuſé de la faculté de fournir des Reproches, après la lecture de la Dépoſition du Témoin confronté. L'Ordonnance excepte ici les Cas, où ces Reproches ſeroient juſtifiés *par écrit*, elle permet à l'Accuſé de les propoſer non-ſeulement après cette lecture ; mais même en tout état de Cauſe.

II. IL n'y a donc, en partant de ce même Article, que les Reproches, que l'Accuſé pourroit ſeulement prouver par Témoins, dont il soit formellement exclus après cette lecture, ces Reproches ne pourroient par conséquent lui servir, que pour l'établissement de ses Faits justificatifs, dans le Cas où les Juges trouveroient à propos de l'y admettre, en procédant à la visite du Procès.

III. Mais, quelles sont les Preuves *littérales* dont l'Ordonnance veut parler sur cet Article? Ce sont des Piéces authentiques, ou même des Ecritures privées, qui auroient été reconnues en Justice par le Témoin, *v. g.* des Extraits Baptistaires ou de Mariage, pour justifier les Parentés & Alliances; les Piéces d'un Procès Civil & Criminel, qui seroit pendant entre l'Accusé & le Témoin; des Sentences de Condamnation; Composition de Crimes; Transactions; les Ecroües d'Emprisonnement; l'Extrait du Décret; les Conventions faites entre le Témoin & la Partie Civile, pour établir la suspicion ou la corruption du Témoin.

IV. Mais, une Information faite dans un autre Procès Criminel, où le Témoin seroit convenu d'un semblable Reproche; ou bien Celle faite dans le même Procès Criminel par un Juge qui auroit été déclaré incompétent, ne devroient point être regardées comme des Preuves juridiques en cette Matiere; quoique les Juges ne devroient pas laisser que d'y avoir égard lors de la visite du Procès, sur-tout si elles tendoient à fortifier la Preuve de l'Enquête des Faits justificatifs.

ARTICLE XXI.

» Défendons aux Juges d'avoir égard aux » Déclarations faites par les Témoins depuis l'Information, lesquelles nous déclarons nulles. Voulons qu'elles soient rejettées du Procès: & néanmoins le Témoin qui l'aura faite, & la Partie qui l'aura produite, condamnés chacun en 400 liv. d'amende envers Nous, & autre plus grande Peine, s'il y » écheoit.

SOMMAIRE.

I. *De quelles Déclarations par écrit l'Ordonnance veut-elle parler ici ?*
II. *Pourquoi les Juges ne doivent avoir aucun égard à ces Déclarations extrajudiciaires ?*
III. *Dans quel Cas peut avoir lieu* la plus grande Peine *dont il est parlé dans cet Article ?*
IV. *Distinction sur ce Point entre les Rétractations faites par Actes extrajudiciaires & celles faites lors de la Confrontation. Disposition de l'Ordonnance pour la Lorraine.*
V. *Quelle est la Procédure en pareil Cas ?*

I. LES Déclarations dont il est parlé dans cet Article, sont celles qui sont faites *extrajudiciairement*, soit pardevant Notaires, Greffiers, ou autrement ; & qui sont par-là distinguées des Dépositions, que ces mêmes Témoins auroient faites, lors des Informations, Récollemens & Confrontations.

II. L'ORDONNANCE veut, que les Juges n'ayent aucun égard à ces Déclarations, lorsqu'elles sont faites depuis les Informations, parce qu'elles rendent le Témoin qui les fait, suspect de faux & subornation. En effet, si elles sont faites dans l'intervalle de ces Informations au Récollement, elles annoncent une affectation marquée de la part de ce Témoin, qui n'a point dû ignorer qu'il pouvoit, lors de ce Récollement, ajouter ou diminuer à sa Déposition. Si elles sont faites depuis le Récollement, elles renferment une contravention manifeste à l'Ordonnance, qui ne permet aux Témoins de rien changer à leur Déposition depuis le Récollement. Par conséquent, c'est avec raison, qu'outre la Peine de Nullité prononcée par cet Article, le Témoin qui a fait cette Déclaration, ainsi que la Partie qui la produit, sont condamnés à l'Amende.

III. PAR ces mots, & *autre plus grande Peine s'il y écheoit*, qu'on voit à la fin de ce même Article, l'Ordonnance veut sans doute parler des Déclarations qui emporteroient la Rétractation entiére de la Déposition de ce même Témoin, ou qui contiendroient des changemens en des circonstances essentielles. En effet, comme la Contrariété qui se trouveroit alors entre sa Déclaration & sa Déposition, emporteroit nécessairement un Faux, il y auroit lieu de poursuivre & de punir ce Témoin, de la Peine de ce Crime, conformément à l'Art. 11 ci-devant, qui dispose en

général,

général, sans spécifier l'Acte où ce Faux peut être commis.

IV. Cependant, il paroît que la Peine ne devroit pas être aussi rigoureuse à l'égard des Rétractations ou Changemens essentiels, qui seroient faits par des Déclarations extrajudiciaires ; qu'à l'égard de celles qui seroient faites dans le tems de la Confrontation ; parce que dans ce dernier Cas, outre le Faux, il y a encore le Crime d'un double *Parjure*, que ce Témoin auroit commis, & de plus, un *Mépris* formel de la Justice ; au lieu que dans le premier, la Rétractation ou le Changement pourroit avoir été l'effet de la violence ou de la surprise, aussi-bien que de la corruption.

C'est aussi, suivant ce Principe, que par l'Art. 16 du Tit. 9 de l'Ordonnance pour la Lorraine, après qu'il est dit que le Témoin qui se retracte après le Récollement, sera poursuivi & puni comme faux Témoin, cette Ordonnance ajoute » mais s'il » donne un Certificat ou Déclaration contraire à sa Déposition, il » sera condamné à une amende arbitraire.

V. La Procédure en ce Cas, est une Requête pour faire rejetter la Déposition comme nulle, & pour faire condamner le Témoin, & la Partie qui aura ptoduit sa Déclaration, chacun à 400 liv. d'amende envers le Roi.

ARTICLE XXII.

» Si l'Accusé remarque dans la Déposition du Témoin » quelque Contrariété ou Circonstance qui puisse éclaircir le Fait, & justifier son Innocence, il pourra requérir le Juge d'interpeller le Témoin de les reconnoître ; sans pouvoir lui-même faire l'Interpellation » au Témoin : & seront les Remarques, Interpellations, » Reconnoissances & Réponses aussi rédigées par écrit.

Sommaire.

I. *Deux Principes établis par cet Article.*

II. *Pourquoi l'Accusé ne peut-il interpeller lui-même le Témoin ?*

III. *Sur quoi peuvent porter ces Interpellations ?*

IV. *Pourquoi le Juge peut-il les faire d'Office?*
V. *Le Juge ne peut confronter les Témoins les uns aux autres.*
VI. *Il ne peut employer des Ruses & Artifices pour embarrasser le Témoin.*
VII. *Pourquoi doit-il être fait Mention des Interpellations & Réponses?*
VIII. *L'Omission de représenter les Hardes lors de l'Interrogatoire, peut être suppléée lors de la Confrontation?*

I. PAR cet Article, l'Ordonnance établit deux Maximes remarquables en Matiere Criminelle; l'*une*, que l'Accusé ne peut interpeller lui-même le Témoin auquel il est confronté; mais qu'il doit le faire par l'organe du Juge. L'*autre*, que le Juge ne peut faire lui-même d'Office, les Interpellations qui pourroient tendre à la décharge de l'Accusé.

II. LA Raison qui a fait exclure l'Accusé, de la faculté d'interpeller lui-même le Témoin de reconnoître les contrariétés, variations & autres circonstances qui peuvent tendre à justifier son innocence, est fondée, sur ce que c'est au Juge à déterminer si l'Interpellation est convenable, & si les éclaircissemens que demande l'Accusé, peuvent tendre effectivement à sa justification; & qu'il seroit dangereux, que si l'Accusé avoit la liberté de faire cette Interpellation, il n'en abuse pour chercher à surprendre & embarasser le Témoin, par des demandes captieuses ou étrangeres à l'affaire.

III. LES Eclaircissemens qui peuvent faire l'objet de cette Interpellation, sont, par exemple, de demander au Témoin, comment il a pû voir le fait dont il dépose, depuis la distance où il étoit.... si dans l'espace du terrein, jusqu'au lieu d'où il dit avoir vû, il n'y avoit pas des Arbres, Buissons, ou autres choses qui ôtoient la vûe..... ou si ce jour-là même, il n'y avoit pas un grand Brouillard.... ou si c'étoit la Nuit, comment il a pû le reconnoître, & de quel habit il étoit alors vêtu.... si ce n'est pas le Plaignant qui l'a attaqué le premier avec avantage, & qui l'a forcé de se défendre, sans quoi il auroit été tué lui-même.... comment il a pu le distinguer à la voix, puisqu'il n'a jamais parlé, ni eu de fréquentation avec lui.... Enfin, toutes les autres circonstances qui peuvent servir à le justifier, ou à faire connoître que le Témoin s'est trompé, soit en le prenant pour un autre, soit par l'impossibilité de concilier les Faits qu'il a déposés.

IV. La Raison qui ne permet pas au Juge, de faire d'Office les Interpellations dont on vient de parler, est fondée sur la Disposition de l'Art. 10 du Tit. des Informations, qui veut que le Juge soit tenu de rédiger la Déposition à charge & à décharge, sans pouvoir y procéder par forme d'*Interrogat;* sauf seulement qu'il peut, comme nous l'avons dit sur le même Article, faire expliquer cette Déposition, pour la rendre plus claire & plus intelligible.

V. Si le Juge ne peut interpeller d'Office, lors même qu'il s'agit de concourir à la justification de l'Accusé, à plus forte raison ne peut-il priver cet Accusé de l'avantage qu'il peut tirer des Contrariétes & Variations où le Témoin est tombé, en tâchant de les concilier par la Confrontation qu'il feroit des Témoins les uns aux autres. Un Juge qui en agiroit ainsi, seroit Prévaricateur, comme faisant l'Office d'Accusateur, à ce que dit Ayraut, Liv. 3, Art. 2, N°. 44.

VI. Au reste, quand l'Ordonnance veut, que le Juge se prête à la Réquisition que l'Accusé lui fait en cette occasion, elle n'entend pas qu'il porte la complaisance jusqu'à employer des ruses & des artifices, & encore moins des suppositions & mensonges, afin d'embarrasser les Témoins. Bruneau, Tit. 17, Max. 8, rapporte deux Arrêts de la Cour des 25 Octobre 1698, & 17 Mars 1702, qui ont déclaré nulles des Confrontations, sur le fondement que le Juge avoit supposé des Personnes, à la place de l'Accusé, pour sçavoir si le Témoin étoit bien sûr de la reconnoissance de l'Accusé.

VII. C'est aussi pour garantir le Témoin de la surprise des Juges, & lui ménager des ressources pour se défendre contre les Variations qu'on lui imputeroit, autant que pour conserver à l'Accusé, les preuves qui peuvent résulter des Aveux que ce même Témoin auroit pû faire en sa faveur, que l'Ordonnance exige par le présent Article, que le Juge fasse une mention expresse dans la Confrontation, des *Remarques, Interpellations, Reconnoissances & Réponses*, qui seroient faites de part & d'autre.

VIII. Nous avons dit sur l'Art. 10 du Tit. 14, que si l'on omettoit de représenter à l'Accusé, lors de l'Interrogatoire, les Hardes, Meubles & Papiers, qui peuvent servir à sa conviction, il pourroit y être suppléé dans le tems de la Confrontation. Cela est fondé sur la Disposition de l'Art. 28 du Tit. du Faux principal de la nouvelle Ordonnance de 1737, qui fait l'objet de la seconde Partie de ce Volume.

ARTICLE XXIII.

» TOUT ce que dessus aura lieu dans les Confron-
» tations qui seront faites des Accusés les uns aux autres.

SOMMAIRE.

I. *Comment s'appelle autrement la Confrontation des Accusés les uns aux autres.*
II. *Cas où elle peut avoir lieu.*
III. *Formalités que le Juge doit observer dans cette Confrontation.*
IV. *Formule du Jugement qui ordonne cette Confrontation.*
V. *Formule de la Confrontation des Accusés les uns aux autres.*

I. LA Confrontation des Accusés, dont il est parlé dans cet Article, est appellé autrement *Affrontation*, & en certains Pays, *Accarrement* ou *Accariation*.

II. ELLE a lieu, toutes les fois qu'un Accusé a déclaré, par les Interrogatoires qu'il subit, soit après le Décret, soit dans le tems de la Question, soit sur la Sellette, ou bien par le Testament de Mort qu'il fait avant que d'être conduit au lieu du supplice, & même au pied de l'Echaffaut, certains Faits qui tendent à charger une autre Personne, qu'il prétend avoir eû part au même Crime, ou même en être le principal Auteur.

III. L'ORDONNANCE veut, par cet Article, que dans la Confrontation qui se fait de l'Accusé avec la Personne qu'il accuse, le Juge observe les mêmes Formalités que celles qui sont prescrites ci-devant, pour les Confrontations de l'Accusé aux Témoins; c'est-à-dire, que pour pouvoir confronter ces Accusés les uns aux autres, il faut en *premier lieu*, qu'il y ait un Jugement particulier qui l'ordonne; celui qui ordonne la Confrontation aux Témoins, ne pouvant suffire, à moins qu'il ne le porte expressément; c'est ce qui a été jugé par un Arrêt de la Cour du 28 Mai 1696, contre le Juge des Comtes de Lyon.

Il faut néanmoins excepter le Cas du Testament de Mort, où à cause du danger de l'évasion de l'Accusé ou Complice, qui seroit chargé par ce Testament, il suffiroit pour le faire arrêter, d'une simple Ordonnance du Juge. *V.* Art. 21 du Tit. 25.

Il faut en *second lieu*, que ces Accusés fassent Charge les uns contre les autres. *V.* Art. 9 de ce Titre.

3°. Que ces Accusés, avant que d'être confrontés, soient récollés dans leurs Interrogatoires, pour sçavoir s'ils y persistent, ou s'ils veulent y ajouter ou diminuer, conformément à l'Art. 11 ci-devant. Ce Récollement se fera dans la même forme que celui des Témoins.

4°. Enfin, quant à la Maniere de procéder à la Confrontation de ces Accusés, l'on va voir par la Formule suivante, ce qu'elle a de commun & de différent de celle qui se fait aux Témoins.

IV. FORMULE *de Jugement qui ordonne le Récollement & la Confrontation des Accusés les uns aux autres.*

Extrait des Registres de.....

Vû, &c. nous ordonnons que lesd...... Accusés seront récollés en leur Interrogatoire, & confrontés l'un à l'autre; pour ce, fait & communiqué au Procureur du Roi *ou* Fiscal, être ordonné ce qu'il appartiendra.

NOTA. *Quant au Récollement qui se fait des Accusés séparément en leur Interrogatoire, il se fait de la même maniere que celui dont la Formule est ci-devant.*

V. FORMULE *de la Confrontation des Accusés les uns aux autres.*

Confrontation faite par Nous &c. *comme dessus.*

Extrait des Registres de.....

Ont été amenés devant Nous par le Geolier des Prisons de...... (*l'on met les Noms des deux Accusés que l'on veut confronter l'un à l'autre*) Accusés, avons confronté A .... à B.... .& après Serment par eux fait en présence l'un de l'autre, de dire vérité, & iceux interpellés de dire s'ils se connoissent, ont dit qu'ils se connoissent, ou ne se pas connoître.

Après quoi avons fait faire lecture par notre Greffier, du Nom, Surnom, Age, Qualité & Demeure de B.... insérés en l'Interrogatoire qu'il a subi pardevant Nous le.... sur les Charges & Informations contre lui faites à la Requête de.....& interpellé A..... de fournir sur le champ de Reproches contre B.....& l'avons averti qu'il n'y sera plus reçu, après que lecture lui aura été faite des Interrogatoires & Récollemens dudit B........

A.....a dit.....

B.....a dit.....

Ce fait, avons fait faire lecture par notre Greffier dud. Interrogatoire de B......en présence dud. A.....& avons interpellé B.... de déclarer si les Réponses & Déclarations par lui faites en sondit Interrogatoire & Récollement contiennent vérité, si A.....est celui dont il a entendu parler; a dit.....

Et B......a dit.....

Lecture faite à A.....& à B.....de la premiere Confrontation &c, *comme dessus.*

Avons confronté B.....à A.....&c. *comme dessus, & ainsi des autres, en renvoyant un des Prisonniers, & en faisant amener un autre.*

ARTICLE XXIV.

» S'IL est ordonné que les Témoins seront oüis une » seconde fois, ou le Procès fait de nouveau à cause de » quelque Nullité dans la Procédure, le Juge qui l'aura » commise, sera condamné d'en faire les Frais, & payer » les Vacations de celui qui y procédera, & encore » les Dommages & Intérêts de toutes les Parties.

SOMMAIRE.

I. *Disposition de cet Article concerne tous les Actes essentiels du Procès Criminel en général.*

II. *Comment doit-il être statué sur les Nullités du Procès Criminel, & contre le Juge qui les a faites?*

III. *Ce Juge est tenu de payer non-seulement les Epices du Jugement & les Frais de la Procédure déclarée nulle, mais encore de la nouvelle Procédure.*

I. CET Article contient une Disposition générale, tant par rapport à la Confrontation & au Récollement dont il est parlé sous ce Titre, que par rapport aux autres Actes essentiels de la Procédure Criminelle, tels que l'Information, le Décret & l'Interrogatoire.

II. L'ORDONNANCE veut que, lorsqu'en procédant à quelqu'un de ces différens Actes, le Juge de l'Instruction aura commis quelques Nullités qui mettroit les Juges du Siége, lors de la visite du Procès, dans la nécessité d'ordonner que le Procès sera fait de nouveau, & que les Témoins seront oüis une seconde fois; cette nouvelle Instruction soit faite aux frais de ce Juge, par un autre Officier du même Siége; & de plus, que ce Juge soit condamné aux dommages & intérêts des Parties.

III. AINSI, la Condamnation aux frais sera prononcée par le même Jugement, qui ordonnera que le Procès sera fait de nouveau; ou bien par un autre, sur la Requête de la Partie qui demandera en même-tems ses dommages & intérêts, dans lesquels elle pourra comprendre la restitution des Epices qu'elle aura été obligé d'avancer, pour le Jugement qui a déclaré la Procédure nulle. Il y a même un Arrêt du 18 Juin 1704, qui a condamné le Juge à payer, outre les dommages, intérêts, & les frais de la nouvelle Procédure, ceux-même de la premiere Procédure qui est déclarée nulle.

Il faut voir au surplus, ce que nous avons dit sur l'Article 14 du Titre des Informations, & sur l'Article 8 du Titre des Interrogatoires, où nous avons observé, comment & par quel Juge il devoit être statué sur ces sortes de Nullités, & dans quel sens devoit s'entendre la Maxime établie dans notre Jurisprudence, qui ne permet pas qu'on puisse oüir deux fois un Témoin sur le même Fait.

TITRE XVI.

Des Lettres d'Abolition, Remission, Pardon, pour ester à Droit, Rappel de Ban ou de Galerès, Commutation de Peines, Réhabilitation & Révision de Procès.

CE Titre contient vingt-huit Articles.

Dans le *premier*, il est parlé des Lettres d'Abolition, & de l'Injonction faite aux Juges de les enthériner incessamment, lorsqu'elles sont conformes aux Charges.

Dans le *second*, des Lettres de Rémission, & des Cas où elles peuvent être accordées.

Dans le *troisiéme*, des Lettres de Pardon, & des Cas où elles peuvent avoir lieu.

Dans le *quatriéme*, des Cas où les Lettres d'Abolition ne peuvent être accordées.

Dans le *cinquiéme*, des Lettres de Grace, qui ne peuvent être scellées ailleurs qu'en la Grande Chancellerie.

Dans le *sixiéme*, des Piéces qui doivent être attachées sous le Contre-scel des Lettres de Rappel de Ban ou de Galeres, Commutation de Peines ou de Réhabilitation.

Dans le *septiéme*, de l'Injonction aux Juges, d'enthériner les Lettres de cette derniere espéce, sans examiner si elles sont conformes aux Charges, sauf les représentations.

Dans le *huitiéme*, de la Procédure pour les Lettres de Revision.

Dans le *neuviéme*, de la Continuation de cette Procédure.

Dans le *dixiéme*, des Productions des Parties, devant les Juges à qui les Lettres de Révision sont adressées.

Dans le *onziéme*, de l'Obligation particuliére où sont les Gentilshommes qui recourent à des Lettres, d'y exprimer leur Qualité.

Dans le *douziéme*, de leur Privilége, en ce que leurs Lettres de Grace ne peuvent être adressées qu'aux Cours de Parlement.

Dans

Dans le *treiziéme*, de l'Adresse des Lettres obtenues par les Roturiers, aux Baillifs & Sénéchaux & autres Juges, ressortissans nuëment aux Cours.

Dans le *quatorziéme*, du Cas particulier où les Lettres des Gentilshommes peuvent être adressées aux Présidiaux.

Dans le *quinziéme*, des Lettres de Grace qui ne peuvent être présentées par celui qui les a obtenues, s'il n'est Prisonnier & écroué.

Dans le *seiziéme*, du tems dans lequel les Lettres de Grace doivent être présentées depuis leur Obtention.

Dans le *dix-septiéme*, de l'Exécution des Décrets, nonobstant l'Obtention & Signification des Lettres de Grace, tant que l'Accusé ne se rend Prisonnier dans les Prisons du Juge auquel elles sont adressées.

Dans le *dix-huitiéme*, de l'Apport des Charges au Greffe du Juge du Renvoi.

Dans le *dix-neuviéme*, de la Procédure pour parvenir à l'Entérinement des Lettres.

Dans le *vingtiéme*, de la Communication qui doit être faite de ces Lettres aux Procureurs du Roi.

Dans le *vingt-uniéme*, de la Présentation qui doit être faite à l'Audience, des Lettres d'Abolition, Rémission & Pardon.

Dans le *vingt-deuxiéme*, de la Continuation de la Procédure Criminelle, nonobstant la Présentation des Lettres.

Dans le *vingt-troisiéme*, des Défenses faites aux Juges, Greffiers & Huissiers, de rien prendre pour l'Attache, Lecture ou Publication des Lettres & Conduite de l'Accusé à l'Audience.

Dans le *vingt-quatriéme*, de l'Inrerrogatoire qui sera subi dans la Prison par l'Accusé, Demandeur en Lettres.

Dans le *vingt-cinquiéme*, des Défenses faites aux Juges de procéder à l'Entérinement des Lettres, sans voir les Charges, & qu'après qu'elles auront été communiquées au Procureur du Roi.

Dans le *vingt-sixiéme*, du nouvel Interrogatoire qui sera subi par l'Accusé en la Chambre sur la Sellette, & de l'Envoi de cet Accusé & de son Procès, en cas d'Appel, dans les Cours.

Dans le *vingt-septiéme*, du Reject des Lettres de Rémission & Pardon, accordées pour Cas non remissibles, ou qui ne sont pas conformes aux Charges.

Enfin, dans le *vingt-huitième*, de l'Amende à laquelle seront condamnés ceux qui succomberont ès Lettres de Rémission.

NOTA. *Depuis l'Ordonnance, il est intervenu en cette Matiere, quatre différentes Déclarations qui seront rappellées dans le cours du présent Titre; sçavoir, la Declaration du 22 Novembre 1683, celle du 10 Août 1686, celle du 25 Février 1703, & enfin celle du 22 Mai 1723.*

ARTICLE PREMIER.

» ENJOIGNONS à nos Cours & autres Juges, » ausquels l'Adresse des Lettres d'Abolition sera faite, » de les entériner incessamment, si elles sont confor- » mes aux Charges & Informations. Pourront néan- » moins nos Cours nous faire Remontrance, & nos au- » tres Juges représenter à notre Chancelier ce qu'ils » trouveront à propos sur l'atrocité du Crime.

SOMMAIRE.

I. *Lettres d'Abolition; ce que c'est, & pourquoi appellées ainsi?*
II. *En quoi distinguées des autres Lettres de Grace?*
III. *Changement que les Déclarations de 1683 & 1686, ont apporté à l'Ordonnance sur ce Point.*
IV. *Usage nouveau introduit à ce sujet.*
V. *Abolitions publiques, de combien d'Espéces?*
VI. *Observation générale par rapport à ces Lettres.*

CET Article concerne particuliérement les Lettres d'ABOLITION.

I. CES Lettres sont celles, que le Roi accorde de son propre Mouvement, à des Personnes prévenues de certains Crimes Qualifiés, qui ne peuvent être punis d'une moindre Peine que celle de Mort, suivant les Loix du Royaume.

On les appelle ainsi, parce que S. M. y déclare qu'elle éteint & *abolit* le Crime, sans que les *Impétrans* en puissent être recherchés. Il y a cependant de certains Crimes pour lesquels ces

Lettres ne s'accordent jamais, comme nous le verrons sur l'Art. 4 ci-après.

II. CES Lettres s'obtiennent en la Grande Chancellerie, & sont contresignées par un Secrétaire d'Etat & des Commandemens de S. M. & scellées du grand Sceau de Cire verte à lacs de soye verte & rouge. Elles se datent du mois, comme les Edits, & s'intitulent *A tous présens & à venir.* Elles ont cela de particulier, que comme elles ne sont accordées que par l'effet de la Pleine Puissance & Autorité du Roi, elles doivent être entérinées, sans examiner la Qualité du Crime, mais seulement, si elles sont conformes aux Charges; ensorte que si les Juges ont quelques Représentations à faire à S. M., par rapport à l'atrocité du Crime, ils ne peuvent les faire, qu'après avoir procédé à l'Entérinement de ces Lettres.

III. CETTE Disposition de l'Ordonnance a été renouvellée par les Déclarations du 22 Novembre 1683, & 10 Août 1686, qui expliquent en même-tems, comment l'on doit entendre ces termes du présent Article, *si elles sont conformes aux Charges.*

La *Premiere* porte, » voulons & ordonnons que Cours & Juges, » ausquels il échoira d'en faire l'Adresse, ayent à procéder à l'En- » térinement d'icelles, quand l'exposé, que l'Impétrant nous » aura fait par lesdites Lettres, se trouvera conforme aux Char- » ges & Informations, *ou que les Circonstances ne seront pas* » *tellement différentes, qu'elles changent la Qualité de l'Action,* » & ce suivant ce qui est porté par l'Art. 1er du Tit. 16 de notre » Ordonnance de 1670, & nonobstant qu'en nosdites Lettres le » mot d'ABOLITION n'y soit pas employé: ce que nous ne » voulons pouvoir nuire ni préjudicier auxdits Impétrans: » nonobstant aussi tous usages à ce contraires. sauf à nosd. Cours, « après ledit Entérinement fait, à nous faire des Remontrances, » & à nos autres Juges à représenter à notre Chancelier, ce » qu'ils trouveront à propos sur l'atrocité des Crimes, pour y » faire, pour l'avenir, la considération convenable.

Par la *Derniere*, qui a été rendue (comme il paroît par le Préambule), sur ce que par une mauvaise Interprétation donnée à la précédente, les Cours avoient entériné des Lettres de Rémission scellées du grand Sceau, & contresignées par un des Secrétaires d'Etat & des Commandemens de S. M., dont les Circonstances changeoient tout-à-fait, non-seulement la Qualité de l'Action, mais même la Nature du Crime, dont par ce moyen plusieurs étoient demeurés impunis, S. M. s'explique ainsi : « Voulons que dans les Rémissions que nous aurons fait sceller du grand Sceau, si les Circonstances résultantes des Charges & Informations se trouvent différentes de celles portées par l'exposé de nos Lettres, ensorte qu'elles changent la Qualité de l'Action ou la Nature du Crime ; en ce Cas, nos Cours & nos Juges auxquels l'Adresse en aura été faite, ayent à surseoir le Jugement & l'Entérinement, jusqu'à ce qu'ils ayent reçu de nouveaux Ordres de Nous sur les Informations, que Nous voulons être incessamment envoyées à notre Chancelier par nos Procureurs Généraux dans nos Cours, & par les autres Jurisdictions, avec les Lettres qui auroient été par Nous accordées, pendant lequel tems leur défendons de faire aucunes Procédures ni élargir les Impétrans. Voulons au surplus, que notre Déclaration du mois d'Octobre 1683, soit exécutée selon sa forme & teneur, en ce qui n'y est dérogé par ces Présentes. Si donnons en Mandement &c.

IV. Mais ces Déclarations, non plus que le présent Article de l'Ordonnance, ne sont plus suivies dans l'Usage, au moyen de la Précaution que l'on prend à la Cour, de ne point expédier des Lettres de Grace, qu'après avoir vû les Charges & Informations, & après avoir pris à ce sujet, l'avis des Commissaires départis, ou des Procureurs Généraux des Parlemens. L'on exige même de plus, afin de prévenir les Oppositions que la Partie Civile seroit en droit de faire à l'Entérinement de ces Lettres, la Représentation d'une Transaction faite entr'elle & l'Accusé, ou du moins la Preuve du refus absolu de cette même Partie Civile, de s'accommoder.

V. Indépendamment des Lettres d'Abolition *privée*, qui sont l'Objet particulier de cet Article, il y a encore des Lettres d'Abolition *publique*, telles que celles qui s'accordent à l'occasion du Sacre ou du Mariage du Roi ; de la premiere Entrée de la Reine dans les Villes du Royaume ; de la Naissance d'un Dauphin ; de la premiere Entrée de l'Evesque d'Orléans ; du Privilége de la Fierte de Roüen ; & enfin, celles connues sous le nom d'Amnistie.

VI. Nous avons parlé des unes & des autres dans nos *Instit. Crimin.* Part. 3, Ch. 4, où nous renvoyons le Lecteur. Il nous suffira d'observer ici en général, que toutes ces Lettres n'ont d'effet, qu'autant que ceux qui les obtiennent sont précisément dans les Cas, pour lesquels elles sont accordées, & qu'ils ont rempli les Conditions particuliéres qui y sont attachées : mais il faut sur-tout, que celui qui les demande, s'avoüe coupable du Crime pour lequel elles sont accordées. Au surplus, nous verrons sur l'Art. 19, & les suivans, la Maniere dont on doit procéder à l'Entérinement de ces Lettres.

ARTICLE II.

» LES Lettres de Rémission seront accordées pour » les Homicides involontaires seulement, ou qui seront » commis dans la nécessité d'une légitime Défense de » la vie.

SOMMAIRE.

I. *Deux sortes de Lettres de Rémission, suivant les Déclarations de 1683 & 1686.*
II. *Quelles sont celles qui doivent être scellées en la Petite Chancellerie, suivant la Déclar. de Mai 1723 ?*
III. *Qu'entend-t-on par Homicide involontaire ?*
IV. *Qu'est-ce qu'Homicide commis dans la Nécessité d'une légitime Defense ?*
V. *Quid, de l'Homicide commis pour la Défense de l'Honneur ?*
VI. *Lettres de Grace peuvent s'accorder pour d'autres Cas que celui de l'Homicide.*

IL est parlé dans cet Article des Lettres de RÉMISSION, & des Cas pour lesquels elles sont accordées.

I. L'ORDONNANCE ne comprend, sous ce nom, que Celles qui sont accordées pour des Homicides involontaires, & ceux qui sont commis dans la nécessité d'une légitime Défense de la vie : mais suivant les Déclarations de 1683 & 1686, que nous avons citées sur l'Article précédent, il paroit qu'il en faut distinguer de deux sortes. Les *unes* qui s'obtiennent en Grande Chancellerie, & sont signées par S. M. & contresignées par un Secrétaire d'Etat & de ses Commandemens, & scellées du grand Sceau de Cire verte, comme celles d'Abolition, & se datent & intitulent aussi de même. Celles-ci s'accordent, non-seulement pour les Homicides *volontaires Qualifiés*, tels que ceux qui peuvent donner lieu aux Lettres d'Abolition, dont elles ne différent qu'en ce que le mot d'*Abolition* ne s'y trouve point employé; mais encore, pour des Homicides *volontaires non Qualifiés*, tels que ceux arrivés dans une Rixe ou Querelle, ou même après la Querelle, pourvû que ce soit dans une rencontre imprévûe & non préméditée; ou bien ceux qui auroient été commis dans le tems où l'on pouvoit se défaire de son Aggresseur autrement qu'en le tuant; ou enfin, généralement dans tous les Cas, où l'on ne peut dire absolument que l'Homicide a été commis dans une légitime défense de sa vie, ou du moins qu'il est douteux, s'il a été volontaire ou non.

L'autre espéce de Lettres de Rémission, est de celles qui s'accordent pour des Homicides involontaires ou commis dans la nécessité d'une légitime défense de la vie, tels que ceux dont il est parlé dans cet Article. Celles-ci sont expédiées & scellées dans les petites Chancelleries près les Parlemens. La Déclaration de 1683, fait Défenses aux Officiers de ces Chancelleries d'expédier, & aux Cours & autres Juges, d'entériner des Lettres de Rémission qui seroient expédiées pour autres Cas que ceux exprimés ci-dessus. » Quand même, *est-il dit*, l'exposé ne se trou» veroit conforme aux Charges.

II. Enfin, par une derniere Déclaration du 22 Mai 1723; il est dit (Art. 1er.) » il ne sera expédié aucunes Lettres de Ré» mission dans les Chancelleries établies près les Cours, si ce n'est » pour les Homicides purement involontaires, & arrivés par Cas» fortuit, ou dans le cas où ceux qui les auront commis, y auront » été contraints par la nécessité d'une légitime Défense, & *pour » éviter un péril évident de la vie, sans qu'il y ait eu aucune » Querelle qui ait pû y donner occasion.* Faisons Défenses à nos » Conseillers-Secrétaires, de signer & de présenter au Sceau, & » aux Maîtres des Requêtes & nos Conseillers Garde-Scels desd. » Chancelleries, de sceller aucunes Lettres de Rémission pour » tous autres Cas que ceux ci-dessus, à peine de Nullité des » Lettres, & de plus grande, s'il y écheoit, contre lesdits Offi» ciers, & de tous Dépens, Dommages & Intérêts desdites Par» ties, & à nos Cours & autres Juges, de les entériner à peine » de Nullité des Arrêts & Jugemens.

III. Mais que doit-on entendre par Homicide involontaire, & par Homicide commis dans la nécessité d'une légitime Défense, dont il est parlé dans ces Loix?

L'on appelle *Homicide involontaire*, celui qui se commet sans aucun dessein d'ôter la vie; mais seulement par imprudence, ou par le défaut des Précautions qu'on a coutume de prendre en pareil Cas. Nous en avons donné plusieurs Exemples, dans nos Instit. Crim. Part. 1, Ch. 1, d'après les Loix Romaines, notamment de ceux commis en jettant quelque chose dans la Rue ou ailleurs, sans avoir crié & pris garde, si quelqu'un passoit alors; ou en s'exerçant à tirer de l'Arquebuse hors du Lieu destiné à cet effet, ou même dans ce Lieu hors du tems accoutumé, sans avoir auparavant crié ni averti, ni pris garde à ceux qui pouvoient s'y rencontrer. Ce qui ne doit néanmoins s'entendre qu'avec la Condition marquée par la Déclaration de 1723; sçavoir, *qu'il n'y ait eu aucune Querelle précédente qui ait pû y donner occasion.*

L'on doit appeller aussi de ce nom, & à plus forte raison, l'Homicide qui se commettroit par l'effet d'un pur hasard, & sans qu'il y ait eu de la faute ni de l'imprudence, comme s'il étoit arrivé, nonobstant qu'on eût pris toutes les Précautions accoutumées en pareil Cas. Il paroît même, que, comme il n'y auroit alors qu'un Délit purement matériel, il ne seroit pas besoin de recourir à des Lettres de Grace. Cependant, comme cela dépend des Circonstances, il est toujours plus sûr d'user de cette Précaution, lorsqu'on est poursuivi criminellement, afin de ne point mettre les premiers Juges dans la nécessité de prononcer une Condamnation à Peine Capitale, qui est attachée par les Loix du Royaume à toute espéce d'Homicide. A la vérité ces sortes de Peines n'ont jamais lieu, par l'attention qu'ont les Cours où est porté l'Appel des Jugemens qui les prononcent, de faire, en cas d'insolvabilité & impuissance des Accusés, toutes les démarches & frais nécessaires pour l'Obtention de ces Lettres.

IV. L'on appelle Homicide, commis *dans la nécessité d'une légitime Défense*, celui qui a été fait *pour éviter un péril évident de la vie*, aux termes de la Déclaration de 1723, c'est-à-dire, lorsqu'on n'a pû sauver sa vie, autrement qu'en tuant celui qui vouloit la ravir; comme si, par exemple, l'on étoit assailli de nuit ou de jour chez soi ou sur un grand chemin, par une ou plusieurs Personnes inconnues qui seroient armées & demanderoient la *Bourse ou la Vie*; sur-tout, si ces Personnes continuoient leur violence malgré les cris que l'on pousseroit pour appeller du secours. C'est alors que la vie étant dans un péril évident, l'Homicide que l'on commettroit pour se la conserver, devroit être regardé comme fait dans la nécessité d'une légitime Défense. Mais il n'en seroit pas de même, si ce Voleur n'étoit point armé, ou si on le tuoit après l'avoir désarmé & mis hors d'état de nuire, *non ad Defensionem sed ad Vindictam*; sur-tout, si c'étoit une Personne foible, comme un Enfant, ou une Femme ou un Vieillard; si on le tuoit, après qu'il auroit été arrêté sûrement par les Personnes qui seroient venues au secours; ou enfin, s'il y avoit preuve qu'il n'en vouloit aucunement à la vie, mais seulement aux biens. Dans ces derniers Cas, & autres semblables que nous avons remarqués dans nos *Institutes*, le Meurtrier ne pourroit se dispenser de recourir aux Lettres de Rémission en la Grande Chancellerie, dont il est parlé dans la Déclaration de 1683.

L'on peut aussi comprendre, parmi les Homicides commis dans la *nécessité d'une légitime Défense*, celui que commettroit un Pere pour sauver la vie de son Enfant; un Mari, celle de sa Femme; un Frere, celle de son Frere; un Serviteur, celle de son Maître, & même en général un Parent ou Ami qui tueroit pour sauver la vie de son Parent ou Ami. Mais il faudroit en ces derniers Cas, pour être dispensé de recourir aux Lettres du grand Sceau, qu'il fût prouvé qu'on n'a pû conserver la vie de son Parent, Serviteur ou Ami, que par la mort de son Adversaire. Or, comme ces sortes de preuves sont extrêmement difficiles, en ce qu'elles dépendent d'un concours de Circonstances qui ne sont pas toujours également constantes, il vaut toujours mieux, dans le doute, recourir à des Lettres de Rémission du grand Sceau.

V. L'HONNEUR ne devant pas être moins cher que la vie; & sur-tout aux Personnes du Sexe, l'Homicide que celles-ci commettroient pour se le conserver, pourroit être regardé comme fait dans la *nécessité d'une légitime Défense*, & comme tel non sujet aux Lettres de Rémission du grand Sceau. (*V.* L. 1. *§. penult. ff. ad Leg.* CORNEL. DE SICCAR.) Cependant il est encore plus sûr d'y recourir, suivant la Déclaration de 1723, qui veut qu'on ne puisse prendre des Lettres dans les Chancelleries

près

près des Cours, pour d'autres Cas que ceux qui sont marqués par cette Loi.

Il en doit être de même, & à plus forte raison, à l'égard de toute autre Personne, fussent même des Gentilshommes, Officiers, Militaires & Magistrats, qui auroient souffert quelqu'atteinte à leur honneur; puisqu'il y a des satisfactions particuliéres ordonnées en ces derniers Cas, par les Loix du Royaume.

VI. Il paroît par cet Article, que les Lettres de Rémission ne peuvent s'accorder qu'en fait d'*Homicide* : il y a cependant de certains Crimes, tels que le *Rapt sans violence, le Larcin, l'Incendie & le Faux*, pour lesquels on accorde des Lettres de Rémission, & même d'Abolition. Aussi voit-on, par l'Article 4 ci-après, que l'Ordonnance paroît le supposer ainsi, en comprenant parmi les Cas non remissibles, d'autres Crimes que les Homicides. *V.* au surplus, par rapport à ces Lettres, les Art. 11, 15, 16, 21, 22 & 27, du présent Titre. *V.* aussi, sur l'Art. suivant, la différence qui se trouve dans leur forme, & celle des Lettres de Pardon.

ARTICLE III.

» LES Lettres de Pardon seront scellées pour les » Cas èsquels il n'écheoit Peine de Mort, & qui néan» moins ne peuvent être excusés.

SOMMAIRE.

I. *Lettres de Pardon. En quoi sont distinguées de celles d'Abolition & de Rémission?*

II. *Cas particulier où elles doivent être levées en Grande Chancellerie.*

I. LES LETTRES DE PARDON qui font l'objet de cet Article, sont distinguées principalement de celles d'ABOLITION & de RÉMISSION, en ce que les Crimes qui y donnent lieu, ne sont pas, comme dans ces premieres, de nature à mériter une Peine Capitale; mais cependant sont tels par leurs Circonstances, qu'ils ne peuvent être exemptés de Peine, comme *v. g.* si la Personne qui a été blessée dans une Rixe, ne l'a été que légérement & sans danger de Mort ; ou bien si celui qui recourt à ces Lettres, a eu le malheur de se trouver par hasard dans la Compagnie de celui qui a commis le Meurtre ou l'Homicide, sans néanmoins avoir donné aucun coup à la Personne qui a été tuée ; ou enfin, si pouvant, comme supérieur, empêcher de commettre le Meurtre fait en sa présence, il ne l'a point fait.

Ces Lettres sont encore distinguées, de celles d'ABOLITION & de RÉMISSION au grand Sceau, quant à leur *forme* ; en ce que, au lieu que celles-ci sont, comme nous l'avons dit, scellées de Cire verte, se datent du mois comme les Edits, & s'intitulent A TOUS PRÉSENS ET A VENIR, parce qu'elles sont *ad perpetuam rei memoriam* ; les Lettres de Pardon se datent du jour même de l'Expédition, sont scellées en Cire jaune, & s'intitulent : *A tous ceux qui ces Présentes Lettres verront, &c.*

II. AU surplus, elles s'obtiennent comme les Lettres de *simple* Rémission, dans les Chancelleries près les Cours ; à moins que les Circonstances du Crime pour lequel elles sont obtenues, ne se trouvent tellement liées avec celles du Crime principal, que l'Impétrant ne soit obligé de suivre le sort de l'Auteur de ce Crime, qui ne peut les obtenir ailleurs qu'en la grande Chancellerie.

Il faut voir encore, quant à ces Lettres, les Art. 11, 12, 13, 14, 15, 16, 21, 22 & 27 du présent Titre, où il est parlé des Formalités nécessaires pour parvenir à leur Entérinement.

ARTICLE IV.

» NE seront données aucunes Lettres d'Abolition » pour les Duels, ni pour les Assassinats prémédités, » tant aux principaux Auteurs, qu'à ceux qui les au- » ront assistés, pour quelqu'occasion ou prétexte qu'ils » puissent avoir été commis, soit pour venger leurs » Querelles ou autrement ; ni à ceux qui à prix d'ar- » gent ou autrement se louent ou s'engagent pour tuer, » outrager, excéder, ou recourre des mains de la Jus- » tice les Prisonniers pour Crimes ; ni à ceux qui les

» auront loüés ou induits pour ce faire, encore qu'il » n'y ait eu que la seule Machination ou Attentat, & » que l'effet n'en soit ensuivi : pour Crime de Rapt com» mis par violence; ni à ceux qui auront excédé ou » outragé aucuns de nos Magistrats ou Officiers, Huis» siers & Sergens, exerçant, faisant ou exécutant quel» qu'Acte de Justice. Et si aucunes Lettres d'Aboli» tion ou Rémission étoient expédiées pour les Cas ci» dessus, nos Cours pourront nous en faire leurs Re» montrances, & nos autres Juges représenter à notre » Chancelier ce qu'ils estimeront à propos.

SOMMAIRE.

I. *Quatre Cas non rémissibles.*
II. *Comment doivent s'entendre à leur égard les Déclarations de 1683 & 1686, où il n'en est point parlé?*
III. *Lettres d'Abolition obtenues pour quelqu'un de ces Cas, sont-elles nulles de plein Droit?*
IV. *Doit-on comprendre parmi ces Cas, les Excès & Outrages faits à des simple Juges & Officiers des Justices Seigneuriales?*

PAR cet Article, l'Ordonnance détermine les Crimes particuliers qui ne sont point susceptibles de Lettres de Grace, même de celles d'Abolition; tellement que, si ces Lettres avoient été surprises à S. M. elle permet aux Cours de lui faire leurs Rémontrances, & aux Juges inférieurs de faire leurs Représentations à M. le Chancelier.

I. CES Crimes sont au nombre de quatre; 1°. les DUELS. *V.* ce que nous avons dit de ce Crime & de sa Peine, dans le Traité qui est à la suite des INSTITUTES au Droit Crim. où nous avons rapporté les différens Réglemens qui sont intervenus à ce sujet.

2°. L'ASSASSINAT PRÉMÉDITÉ; l'Ordonnance répute ici coupables de ce Crime, non-seulement ceux qui le commettent, mais encore; 1°. Ceux qui ont assisté les Auteurs du Crime, soit pour venger leur Querelle particuliere ou autrement; 2°. ceux qui se sont loués ou engagés pour tuer, excéder, outrager ou recourre des mains de la Justice, les Prisonniers pour Crimes; 3°. Ceux qui les ont loüés ou induits pour ce faire, & cela encore que les choses seroient restées aux termes de la seule Machination ou Attentat, & que l'effet ne s'en seroit point ensuivi. *V.* au surplus ce que nous en avons dit dans le Traité des Crimes.

3°. LE RAPT COMMIS PAR VIOLENCE. *V.* aussi le Traité des Crimes, où sont rapportés les Edits & Réglemens qui concernent ce Crime.

4°. Enfin, les EXCÉS ET OUTRAGES *faits à des Magistrats & Officiers, Huissiers & Sergens, exerçans, faisans ou exécutans quelqu'Acte de Justice. V.* ce que nous avons dit au sujet de ces Rébellions à Justice, sur les Art. 5, 6 & 14 du Tit. des Décrets.

II. IL nous reste trois Observations importantes à faire sur cet Article.

La *premiere*, que n'étant fait aucune mention dans les Déclarations de 1683 & 1686, que nous avons cités ci-devant, des quatre Cas qui sont exceptés par cet Article; il paroît qu'ils ne doivent être compris, dans l'Injonction qui est faite par ces dernieres Loix, aux Juges de procéder à l'Entérinement des Lettres d'Abolition avant que de faire aucunes Remontrances ou Représentations, lorsqu'elles se trouvent d'ailleurs conformes aux Charges; mais qu'il faut dire au contraire, que lorsque ces Lettres sont obtenues pour quelqu'un de ces Cas particuliers, les Juges peuvent, avant que de procéder à leur Entérinement, envoyer leurs Remontrances & Représentations avec une Grosse des Charges & Informations, & attendre sur cela les Ordres qu'il plaira à S. M. de leur donner.

III. LA *seconde*, qui est une suite de la précédente, est que les Lettres d'Abolition qui auroient été obtenues pour quelqu'un de ces Cas, ne seroient point nulles de plein droit, puisque S. M. se réserve la Faculté de statuer ce qu'elle jugera à propos sur les Remontrances & Représentations qui lui seront faites à cet égard. Il faut néanmoins excepter le *Duel* & le *Rapt par violence*, que S. M. s'est engagé par Serment, lors de son Sacre, de ne jamais pardonner.

IV. ENFIN, une *troisiéme* OBSERVATION, qui concerne singuliérement le dernier de ces quatre Cas, c'est que n'étant parlé dans cet Article, que des Excès & Outrages faits à des

Juges, Officiers & Sergens Royaux exerçans leurs Fonctions, l'on en peut conclure, que si ces Excès & Outrages n'étoient faits qu'à des *Juges & Officiers des Justices Seigneuriales*, le Cas ne seroit pas irrémissible.

ARTICLE V.

» LES Lettres d'Abolition, celles pour ester à Droit » après les cinq années de la Contumace, de Rappel » de Ban ou de Galeres, Commutation de Peine, Réha» bilitation du Condamné en ses biens & bonne Re» nommée, & de Révision de Procès, ne pourront être » scellées qu'en notre Grande Chancellerie.

SOMMAIRE.

I. *Lettres de Rémission & Pardon peuvent être scellées en la Petite Chancellerie. Exception.*
II. *Lettres qui ne peuvent être scellées ailleurs qu'en la Grande Chancellerie.*
III. *Lettres pour ester à Droit, quel est leur effet?*
IV. *Lettres de Rappel de Ban. Ce que c'est?*
V. Quid, *des Lettres de Rappel des Galeres?*
VI. Quid, *des Lettres de Commutation de Peine?*
VII. Quid, *de celles de Réhabilitation?*
VIII. Quid, *de celles de Révision?*

I. DANS cet Article, l'Ordonnance fait l'énumération des différentes Lettres de Grace, qui doivent être obtenues & scellées en la Grande Chancellerie; & comme il n'y est point parlé de celles de *Rémission*, non plus que de celles de *Pardon*, mentionnées dans les Articles 2 & 3 ci-devant, il s'ensuit, que celles-ci peuvent être obtenues dans les Petites Chancelleries près les Parlemens. Il faut néanmoins excepter les Lettres de Rémission qui s'accordent pour Homicide *volontaire non qualifié*, & qui aux termes des Déclarations de 1683 & 1686, que nous avons rapportées sur l'Art. 2, ne peuvent être scellées ailleurs qu'en la Grande Chancellerie.

Les autres Lettres qui sont exceptées par le présent Article, sont au nombre de sept; sçavoir:

II. 1°. Les Lettres d'Abolition. *V.* ce que nous en avons dit sur l'Art. 1er.

III. 2°. Les Lettres pour ester a Droit. Ces Lettres sont accordées en la Grande Chancellerie, à ceux qui étant condamnés par Contumace en Matiere Criminelle, ont laissé écouler les cinq années de l'Ordonnance, sans se représenter, & purger leur Contumace. Par ces Lettres, le Roi les releve du laps de tems, & les reçoit à ester à droit, & à se purger des Cas à eux imposés, tout ainsi qu'ils auroient pû le faire avant le Jugement de Contumace. Nous aurons lieu de parler de ces Lettres, sur l'Art. 18 du Titre des *Défauts & Contumaces*, qu'elles concernent singuliérement. Nous verrons aussi sur les Articles 11, 15 & 16 du présent Titre, les Formalités nécessaires pour parvenir à leur Entérinement.

IV. 3°. Les Lettres de Rappel de Ban. Ce sont des Lettres du Grand Sceau, par lesquelles le Roi décharge celui qui a été condamné au Bannissement à tems ou perpétuel, ou bien le rappelle, en cas qu'il ait déja commencé à exécuter son Jugement, & le remet en sa bonne fâme & renommée, & dans ses biens non d'ailleurs confisqués, à la charge de satisfaire aux autres Condamnations pécuniaires, portées par le Jugement. Ces Lettres ne peuvent être accordées aux Petites Chancelleries, suivant l'Art. 170 de l'Ordonnance de 1539. *V.* au surplus ce qui sera dit sur les deux Articles suivans, relativement à ces Lettres ; *V.* aussi l'Art. 11 ci-après.

V. 4°. Les Lettres de Rappel de Galéres. Ce sont aussi des Lettres du Grand Sceau, par lesquelles le Roi rappelle ou décharge des Galéres à tems ou perpétuelles, ceux qui y ont été condamnés, & les rétablit dans leur bonne fâme & renommée, & même dans leurs biens non d'ailleurs confisqués, à la charge de satisfaire aux amendes, intérêts civils, & autres Condamnations pécuniaires, portées par le Jugement. *V.* encore par rapport à ces Lettres, les Art. 6, 7 & 11 ci-après.

VI. 5°. Les Lettres de Commutation de Peine. Ce sont des Lettres obtenues en Grande Chancellerie, par lesquelles le Roi, en considération des services que l'Impétrant lui a rendus, commue la Peine à laquelle il a été condamné en une moindre; comme celle du dernier supplice, en la Peine des

Galéres, ou d'une Prison perpétuelle, ou de servir S. M. en ses Armées, pendant un certain tems, à ses dépens. Elles n'ont point par conséquent l'effet comme, les précédentes, de rétablir l'Impétrant dans sa bonne fâme & renommée, & encore moins dans ses biens, si cela n'est porté par une clause expresse. *V.* au surplus les Art. 6, 7 & 11 ci-après.

VII. 6°. LES LETTRES DE RÉHABILITATION. Ce sont des Lettres du Grand Sceau, par lesquelles le Roi rétablit & réhabilite en sa bonne fâme & renommée, celui qui a été condamné à quelque Peine infamante; & même dans ses biens, qui n'ont point été d'ailleurs confisqués, lorsque cela est ainsi porté par ces Lettres; ce qui ne se fait néanmoins, qu'après que l'Impétrant a satisfait aux Amendes & Condamnations Civiles, qui ont été prononcées contre lui. Ces Lettres s'obtiennent ordinairement par des Officiers Publics, pour lever la note d'infamie, & l'incapacité où ils sont de faire leurs fonctions; & les remettre au même état qu'ils étoient avant la condamnation. Il en sera aussi parlé sur les Art. 6, 7, 11 & 15 ci-après.

VIII. 7°. ENFIN, LES LETTRES DE RÉVISION. Ce sont des Lettres que le Roi accorde, pour revoir tout de nouveau un Procès Criminel, tant par rapport à l'Instruction qu'au Jugement. *V.* ci-après les Art. 8, 9, 10 & 28, qui concernent singuliérement ces Lettres.

ARTICLE VI.

» L'ARREST ou le Jugement de Condamnation sera » attaché sous le Contre-scel des Lettres de Rappel de » Ban ou de Galéres, Commutation de Peine, ou de » Réhabilitation; à faute de quoi les Impétrans ne pour» ront s'en aider, & défendons aux Juges d'y avoir » égard.

SOMMAIRE.

I. *Quatre sortes de Lettres sous le Contre-scel desquelles doit être attaché le Jugement de Condamnation.*

II. *Ce Jugement doit être en dernier Ressort, & pourquoi?*

III. *Autres Piéces qui doivent être attachées à chaque Lettre en particulier.*

I. Il est parlé dans cet Article, d'une Formalité *générale*, qui doit accompagner les Lettres de Rappel de Ban ou de Galéres, & celles de Commutation de Peine, ou de Réhabilitation. Cette Formalité consiste, en ce que ceux qui ont obtenu ces sortes de Lettres ne peuvent s'en aider, ni les Juges y avoir égard, que lorsque l'Arrêt ou Jugement de Condamnation se trouve attaché sous le contre-scel de ces mêmes Lettres.

II. Les Jugemens, dont veut parler ici l'Ordonnance, doivent sans doute être en dernier ressort, tels que ceux rendus par les Prévôts des Maréchaux, & les Présidiaux ; car, pour les Jugemens qui sont sujets à la Charge d'Appel ou Dévolution dans les Cours, ils peuvent être réformés par ces mêmes Cours, sans qu'il soit besoin de recourir à des Lettres de Grace, qui ne sont qu'une ressource extraordinaire, que la bonté du Souverain a bien voulu ménager à ses Sujets.

III. Mais, indépendamment de la Formalité prescrite par cet Article, il y en a encore d'autres qui sont également indispensables pour chacune de ces Lettres en particulier ; c'est-à-dire, qu'outre le Jugement de Condamnation, que l'Ordonnance veut être attaché sous le contre-scel de ces Lettres, l'on doit encore y attacher les Piéces suivantes ; sçavoir :

1°. Quant aux Lettres de RAPPEL DE GALÉRES, un *Certificat de Médecin*, de Faculté approuvée, qui atteste que l'infirmité, ou le grand âge du Condamné ne lui permet pas de pouvoir servir plus long-tems sur les Galéres, sans danger de sa vie.

2°. Pour les Lettres de RAPPEL DE BAN, il faut des *Actes* qui justifient que le Condamné est Pere d'une pauvre famille, qui ne peut se passer de ses secours.

3°. Pour les Lettres de COMMUTATION DE PEINE, un *Certificat de Médecin*, qui atteste que le Condamné ne peut subir plus long-tems la Peine portée par son Jugement : & si ces Lettres portent Commutation de la Peine en celle de servir le Roi à ses dépens dans son Armée ; l'on y doit joindre un *Certificat du Lieutenant Général* de l'Armée, Intendant de Justice, & du Secrétaire des Commandemens, ayant charge de la Guerre, & de plus, si c'est dans une Garnison, du Gouverneur de la Place, & de l'Officier Subalterne.

4°.

4°. Enfin, pour les Lettres de Réhabilitation, il faut des *Preuves Littérales*, des services particuliers que le Condamné ou sa Famille, a rendus à l'Etat.

ARTICLE VII.

» Enjoignons à nos Juges, même à nos » Cours, d'entériner les Lettres de Rappel de Ban ou » de Galeres, Commutation de Peine & de Réhabili- » tation, qui leur seront adressées, sans examiner si elles » sont conformes aux Charges & Informations; sauf à » Nous représenter par nos Cours, ce qu'elles jugeront » à propos.

SOMMAIRE.

I. *Différence des Lettres mentionnées dans cet Article, & les autres quant à l'Entérinement.*

II. *Partie Civile ne peut s'opposer à leur Entérinement pour ses Dommages & Intérêts.*

III. *Juges Inférieurs sont-ils admis à faire des Représentations en cette Matiere?*

I. Par cet Article, l'Ordonnance établit une Distinction remarquable entre les Lettres de *Rappel de Ban*, de *Galéres*, de *Commutation de Peine*, & de *Réhabilitation*, & les Lettres d'*Abolition*, *Rémission* & *Pardon*, par rapport à leur entérinement. Nous avons vû sur l'Art. 1er, confirmé sur ce point par l'Art. 27 ci-après, qu'à l'égard de celles-ci, les Juges ne pouvoient se dispenser, avant que de procéder à leur entérinement, d'examiner si elles sont conformes aux Charges. Mais il n'en est pas de même de celles qui sont l'Objet particulier de cet Art. non-seulement l'Ordonnance dispense les Juges de cet Examen, elle leur fait même une Injonction particuliére d'entériner ces Lettres aussi-tôt qu'elles leur seront adressées, sans qu'ils puissent être arrêtés, par le défaut de conformité de ces Lettres avec les Charges & Informations; sauf seulement, qu'elle permet aux Cours Supérieures, de représenter à ce sujet ce qu'elles jugeront à propos. Ensorte qu'il ne faut autre chose pour parvenir à l'entérinement de ces Lettres, que la Formalité de l'attache du Jugement ſous leur contre-ſcel, avec les Concluſions de la Partie Publique.

II. Il ſuit de-là, que la Partie Civile ne pourroit s'oppoſer à cet Entérinement, ſur le prétexte de ſes dommages & intérêts, auxquels il a dû être pourvû par les Arrêts & Jugemens de Condamnation, ſur leſquels ces Lettres ſont obtenues.

III. Au reste, comme il n'eſt parlé dans cet Article que des Cours, il paroît que les autres Juges, même ceux en dernier reſſort, tels que les *Prévôts des Maréchaux*, & *les Préſidiaux*, ne ſeroient pas admis à faire des repréſentations à ce ſujet. Cependant, comme il y a même raiſon, à l'égard de ceux-ci, que par rapport aux Cours, dont ils ne ſont point diſtingués par l'Art. précédent qui concerne auſſi les mêmes Lettres; il en faut conclure, qu'ils ont pareillement le droit de repréſentation en cette Matiere.

ARTICLE VIII.

» Pour obtenir des Lettres de Réviſion de Procès, » le Condamné ſera tenu d'expoſer le Fait avec ſes Cir- » conſtances, par Requête qui ſera rapportée en notre » Conſeil, & renvoyée, s'il eſt jugé à propos, aux » Maîtres des Requêtes de notre Hôtel, pour avoir leur » avis, que nous voulons enſuite être rapporté en notre » Conſeil. Et ſi les Lettres ſont juſtes, il ſera ordonné » par Arrêt qu'elles ſeront expédiées & ſcellées; & » pour cet effet, elles ſeront ſignées par un Secrétaire » de nos Commandemens.

SOMMAIRE.

I. *Lettres de Réviſion, pourquoi ainſi appellées?*

II. *Faut principalement conſulter ſur ce Point le nouveau Réglement du Conſeil.*

III. *Partie Civile peut-elle être admiſe à prendre ces ſortes de Lettres?*

IV. *Sur quoi doivent rouler les moyens de Réviſion?*

V. *Cette Voie eſt plus favorable que celle de la Caſſation.*

VI. *Cas où ces Let. ne peuvent avoir lieu.*

I. CET Article concerne ſinguliérement les Lettres de RÉVISION. On les appelle ainſi, comme nous l'avons dit ſur l'Art. 5, parce qu'elles ſont accordées pour faire revoir & juger de nouveau un Procès Criminel, dans lequel il y a eu un Arrêt ou Jugement de Condamnation en dernier reſſort.

II. L'ORDONNANCE preſcrit par cet Article, & les trois ſuivans, les Formalités particuliéres, pour parvenir à l'Obtention & à l'Entérinement de ces Lettres. Mais ces Formalités paroiſſent marquées, avec encore plus d'exactitude & de détail, par le Tit. 7 du nouveau Réglement touchant la Procédure du Conſeil, du 28 Juin 1738, qu'il faut principalement conſulter ſur cette Matiere.

III. IL nous reſte ſeulement à faire ici deux Obſervations importantes, pour l'intelligence du préſent Article. La *premiere*, que, comme il n'eſt parlé dans cet Article, que du *Condamné*, & non de la Partie Civile, il s'enſuit, que celle-ci ne peut être admiſe à prendre des Lettres de Réviſion, contre un Jugement en dernier reſſort, qui auroit renvoyé l'Accuſé abſous; & cela, quand même elle ſeroit en état de prouver, que cette Abſolution auroit été l'effet de la ſubornation que cet Accuſé auroit faite du Témoin, ou du Dol qu'il auroit pratiqué, en ſupprimant & falſiſiant les Charges & Informations, & autres Piéces qui ont ſervi de fondement à cette Abſolution. Elle n'auroit donc, dans ce dernier Cas, d'autre Voie, que celle de la *Requête Civile*, qui lui eſt ouverte par les Art. 34 & 35, du Tit. 35 de l'Ordonnance de 1667, ou bien celle de la *Caſſation*, conformément à l'Art. 24 du Titre 3 du nouveau Réglement du Conſeil, du 28 Juin 1738. *V.* auſſi le Tit. 4 & 7 de ce même Réglement.

IV. L'AUTRE Obſervation, c'eſt qu'en exigeant que la Requête que préſentera le Condamné, pour obtenir des Lettres de Réviſion, contienne un Expoſé exact des Faits, avec leurs circonſtances, l'Ordonnance donne par-là à entendre, que ce n'eſt pas ſeulement ſur des *Nullités* de Procédures, ou de ſimples *Contraventions* aux Ordonnances, que la Réviſion peut être ordonnée, mais principalement ſur l'*injuſtice* des Condamnations qui ſont portées par le Jugement qu'on attaque par cette Voie. C'eſt auſſi ce qui paroît réſulter clairement de la Diſpoſition des

Articles 10, 18, 24 & 25 de ce Titre, dont le *premier* permet la production de nouvelles Piéces ; le *second* ordonne l'apport des Charges ; le *troisiéme* veut que l'Impétrant soit interrogé sur ces mêmes Charges ; & enfin le *quatriéme*, que ces Charges soient vûes & examinées par les Juges, & communiquées au Procureur du Roi.

V. PAR-LA, l'on voit que la Voie de la *Révision* est beaucoup plus favorable que celle de la *Cassation*, dont il est parlé sous le Tit. 4 du nouveau Réglement du Conseil, laquelle ne pouvant être fondée que sur des Contraventions aux Ordonnances, met le Condamné dans le cas d'être jugé de nouveau par les Juges auxquels il seroit renvoyé, tandis que par l'autre, il peut être tiré absolument hors d'affaire.

VI. SUIVANT l'Ordonnance pour la Lorraine, Art. 15, Tit. 11, les Lettres de Révision ne peuvent être obtenues en Matiere de Grand Criminel, que lorsque les Jugemens n'emportent aucunes Peines corporelles, qui doivent être exécutées sur le champ.

ARTICLE IX.

» L'AVIS des Maîtres des Requêtes de notre Hôtel » & l'Arrêt de notre Conseil, seront attachés sous le » Contre-scel des Lettres de Révision, & l'Adresse faite » à celles de nos Cours, où le Procès aura été jugé.

SOMMAIRE.

I. *Quelles Piéces doivent être jointes aux Lettres de Révision?*

II. *Ces Lettres ne peuvent-elles être adressées qu'à des Cours?*

III. *Doivent-elles toujours être adressées aux mêmes Tribunaux qui ont jugé le Procès?*

I. APRÉS avoir ordonné par l'Article précédent, que la Requête présenté à l'effet d'obtenir des Lettres de Révision, seroit rapportée au Conseil, & renvoyée, s'il étoit jugé à propos, aux Maîtres des Requêtes de l'Hôtel, pour avoir leur

Avis, sur lequel il seroit rendu un Arrêt du Conseil, qui ordonneroit l'Expédition & le Sceau de ces Lettres, si elles étoient trouvées justes; l'Ordonnance prescrit ici, ce qui doit être fait en conséquence de cet Arrêt, & de l'Expédition de ces Lettres. Elle veut que, tant cet Arrêt que l'avis du Maître des Requêtes, soient attachés sous le contre-scel de ces Lettres, & que l'adresse de ces Lettres soit faite à celle des Cours, où le Procès aura été jugé.

II. L'ORDONNANCE ne parle ici que des COURS; & cependant il certain dans l'usage, que l'adresse de ces Lettres se fait aussi aux *Prévôts des Maréchaux* & aux *Présidiaux*, lorsque ces Juges ont rendu le Jugement en dernier ressort, contre lequel on obtient des Lettres de Révision. Cet usage a été confirmé en dernier lieu, par l'Art. 1er du Tit. 7 du nouveau Réglement du Conseil, suivant lequel les Lettres de Révision s'obtiennent, tant contre les Arrêts, que contre les Jugemens Prévôtaux ou Présidiaux. Nous verrons d'ailleurs par l'Article suivant, & par l'Article 12 de ce Titre, que l'Ordonnance paroît le supposer nécessairement ainsi, lorsque dans le 1er elle se sert du mot de *nos Juges* en général, en parlant du renvoi de ces Lettres; & dans le dernier, elle veut que les Lettres obtenues par *les Gentilshommes*, ne puissent être adressées qu'*à des Cours*.

III. ENFIN, quoiqu'il paroisse aux termes de cet Article, que l'adresse de ces Lettres ne puisse être faite qu'aux Cours même où le Procès a été jugé; il est certain qu'il y a des Cas où celles-ci doivent être privées de la connoissance de ces Lettres, comme lorsqu'elles ont donné des marques si éclatantes de leur partialité & de leur prévention, dans l'Arrêt qu'elles ont rendu, sur-tout dans les Procès qui ont été jugés par les Chambres assemblées, qu'on est obligé de renvoyer à d'autres Cours Supérieures. Mais c'est ce qui arrive plus ordinairement, en fait de Révision des Jugemens Prévôtaux ou Présidiaux.

ARTICLE X.

» LES Parties pourront produire devant les Juges,
» ausquels elles seront renvoyées, des nouvelles Piéces

» qui feront attachées à une Requête, de laquelle fera » baillé Copie à la Partie : enfemble des Piéces pour » y répondre aufli par Requête, dont fera pareillement » baillé Copie dans le Délai qui fera ordonné : paffé » lequel, & après que le tout aura été communiqué » à nos Procureurs, fera procédé au Jugement des Let- » tres fur ce qui fe trouvera produit.

SOMMAIRE.

I. *Cinq fortes de Formalités pour parvenir à l'Entérinement des Lettres de Révifion.*
II. *Autres Formalités non marquées par cet Article.*
III. *Jugement de Révifion doit être fondé principalement fur l'Injuftice des Condamnations.*

I. PAR cet Article, l'Ordonnance prefcrit la Procédure qui doit être gardée, pour parvenir à l'entérinement des Lettres de Révifion.

Cette Procédure confifte, 1°. dans la *Production* qui doit être faite par l'Impétrant, des nouvelles Piéces qu'il aura recouvrées depuis le Jugement de Condamnation dont il fe plaint, cette Production fe fait par une Requête à laquelle feront attachées ces mêmes Piéces ; 2°. Dans l'*Ordonnance* du Juge fur cette Requête, portant qu'elle fera fignifiée, & Copie baillée des Piéces à la Partie qui a obtenu le Jugement, pour y répondre dans un certain délai qui lui fera marqué, & qui fe réglera comme en Matiere Civile ; 3°. Dans la *Signification* de cette Requête, avec Copie des Piéces à la Partie qui a obtenu le Jugement de Condamnation pour y répondre ; 4°. Dans la *Requête*, que pourra donner celui qui a obtenu le Jugement, en Réponfe à cette Production, & dont il fera tenu de bailler également Copie à l'Impétrant des Lettres, dans un autre délai qui lui fera prefcrit par l'Ordonnance du Juge fur cette Requête ; 5°. Dans la *Communication* qui doit être faite du tout aux Procureurs du Roi, aufli-tôt après l'Expiration des délais ; 6°. Enfin, dans le *Jugement* qui fera rendu en conféquence, fur tout ce qui fe trouvera produit.

II. OUTRE les Formalités marquées par cet Article, il y en a encore d'autres qui font indiquées par l'*Auteur des Formu-*

les ; sçavoir, qu'aussi-tot que ces Lettres sont présentées aux Cours, à qui l'adresse en est faite, celles-ci doivent rendre un premier ARREST, qui ordonne que dans tel tems les Parties procéderont pardevant elles. De plus, il faut que le Demandeur en entérinement des Lettres, se mette dans l'état où il doit être, suivant les différentes Condamnations qui ont été prononcées par l'Arrêt, contre lequel ces Lettres sont obtenues. *V.* l'Art. 15 ci-après. Nous verrons d'ailleurs sur l'Art. 18 de ce Titre, que les Charges & Informations doivent être apportées au Greffe des Cours auxquelles les Lettres de Révision sont adressées.

III. L'ON voit par-là, que ce n'est pas seulement sur les Piéces qui ont servi de fondement au Jugement de condamnation, que doit se rendre le Jugement de Révision ; mais encore sur des Piéces recouvrées depuis ce Jugement, telle par exemple, que la Déclaration qu'auroit fait depuis ce tems-là, un Condamné à mort, que c'est lui qui a commis le Crime, pour lequel l'Impétrant des Lettres avoit été condamné.

Ce qui sert par conséquent, à confirmer ce que nous avons dit ci-devant sur l'Art. 8, sçavoir que c'est principalement sur l'injustice des Condamnations que doit être fondé le Jugement de Révision.

ARTICLE XI.

» DANS les Lettres de Rémission, Pardon pour » ester à Droit, Rappel de Ban & de Galeres, Com- » mutation de Peine, Réhabilitation & Révision de Pro- » cès, obtenues par les Gentilshommes; ils seront tenus » d'exprimer nommément leur Qualité, à peine de » Nullité.

SOMMAIRE.

I. *Formalité particuliere aux Lettres de Grace obtenues par les Gentilshommes.*

II. *Quel a pû être l'Objet de l'Ordonnance, en exigeant cette Formalité ?*

I. IL est parlé dans cet Article, d'une Formalité particuliére à toutes les Lettres de Grace qui s'obtiennent par les *Gentils-*

hommes, à la réserve seulement de celles d'Abolition. Cette Formalité consiste dans la Mention expresse qui doit y être faite de leur *Qualité*, à peine de Nullité de ces Lettres.

II. L'ARTICLE suivant nous apprendra le Motif particulier qui a donné lieu à une semblable Disposition, laquelle doit paroître d'autant plus extraordinaire, par rapport à la peine de Nullité qu'elle prononce, que la Précaution dont elle oblige les Gentilshommes de se servir en cette occasion, ne paroît tendre qu'à leur conserver des Privilèges établis en leur faveur.

ARTICLE XII.

» LES Lettres obtenues par les Gentilshommes ne » pourront être adressées qu'à nos Cours, chacune suivant sa Jurisdiction & la Qualité de la Matiere, qui » pourront néanmoins, si la Partie Civile le requiert, » & qu'elles le jugent à propos, renvoyer l'Instruction » sur les Lieux.

SOMMAIRE.

I. *Deux Dispositions dans cet Article.*
II. *Que doit-on entendre sous le nom de* Cours, *employé dans cet Article?*
III. *Pourquoi les Gentilshommes ne peuvent être jugés que par des Cours?*
IV. *Liberté qu'ont les Cours de se retenir ou renvoyer l'Instruction sur les Lieux.*
V. *Moyens ordinaires pour faire renvoyer l'Instruction sur les Lieux.*
VI. *Procédure pour y parvenir.*

I. CET Article, qui est une suite du précédent, contient deux Dispositions, dont la *premiere* regarde la Qualité des Tribunaux à qui doivent être adressées les Lettres de Grace obtenues par les Gentilshommes, & l'*autre*, l'Instruction qui doit être faite en conséquence.

II. L'ORDONNANCE veut d'abord que l'ADRESSE de ces Lettres ne puisse être faite qu'à des COURS. Ce qui doit s'entendre des seules Cours de Parlement, à qui la connoissance des Lettres obtenues par les Gentilshommes, a été spécialement

ment réservée par les anciennes Ordonnances, notamment par l'Edit d'Amboise, Art. 9, par l'Ordonnance de Blois, Art. 199. *V.* néanmoins l'Art. 14 ci-après, qui contient une Exception en faveur des Présidiaux.

III. L'on voit par-là, que l'Obligation, qui est prescrite aux Gentilshommes par l'Article précédent, d'exprimer leur Qualité dans les Lettres de Grace qu'ils obtiennent, a principalement pour objet, de prévenir les Fraudes & les Abus que ceux-ci pourroient commettre, en affectant de dissimuler leur Qualités, pour se choisir des Juges Subalternes, qu'ils croiroient leur être plus favorables.

IV. Quant à l'Instruction, sur les Lettres de Révision, l'Ordonnance laisse aux Cours, à qui elles sont adressées, la liberté, ou de se la retenir, ou bien de renvoyer cette Instruction sur les lieux si elles le jugent à propos, & lorsque la Partie Civile le requiert. Nous verrons sur l'Article suivant, Quels sont les Juges des lieux, auxquels cette Instruction peut être renvoyée.

V. Il reste à sçavoir, quels sont les Moyens légitimes sur lesquels la Partie Civile peut se fonder, pour requérir que l'Instruction soit faite sur les lieux, & non pardevant MM. du Parlement. Les plus ordinaires se tirent, 1°. De la *Difficulté* de faire venir un grand nombre de Témoins qui pourroient être oüis, sur-tout, s'ils sont âgés, valétudinaires, & dans des Emplois qui requiérent une assiduité continuelle ; 2°. De la *Pauvreté* de cette même Partie Civile, qui la met hors d'état de fournir aux frais de poursuite dans les Cours ; 3°. Enfin, de l'*Immensité* des frais qui auroient déja été faits, à la recherche & poursuite du Crime, &c.

VI. Ces Moyens seront exposés dans une Requête que cette Partie présentera à la Cour, qui en conséquence ordonnera le renvoi, pour l'Instruction faite pardevant *tel* Juge qu'elle nommera, & le tout rapporté à la Cour dans *tel* tems, être procédé à l'entérinement desdites Lettres.

ARTICLE XIII.

» L'ADRESSE des Lettres obtenues par des Per-
» sonnes de Qualité Roturiere, sera faite à nos Bail-
» lifs & Sénéchaux des Lieux où il y a Siége Présidial;
» & dans les Provinces où il n'y a point de Siége Pré-
» sidial, l'Adresse se fera aux Juges ressortissans nûe-
» ment en nos Cours, & non autres, à peine de Nul-
» lité des Jugemens.

SOMMAIRE.

I. *Cas où les Lettres de Grace obtenues par des Roturiers doivent être adressées à des Cours.*

II. *Ne peuvent être adressées à des Prévôts Royaux.*

III. *Non plus qu'à des Juges de Seigneurs excepté ceux des Duchés & Pairies.*

IV. *Elles ne peuvent l'être pareillement à des Juges extraordinaires, quoique ressortissans nûement à des Cours.*

V. *Exception en faveur des Juges de la Connétablie.*

VI. *Cas particuliers où l'Adresse doit être faite à d'autre Bailliage que celui dans le Ressort duquel le Crime a été commis.*

PAR cet Article, l'Ordonnance détermine, à Quels Juges doivent être adressées les Lettres de Grace obtenues par des *Roturiers.* Elle distingue à cet égard, les Provinces où il y a un Siége Présidial établi, de celles où il n'y en a point. Elle veut, par rapport aux premieres, que l'Adresse de ces Lettres soit faite aux *Baillifs & Sénéchaux* des Lieux où il y a Siége Présidial établi, & à l'égard des dernieres, que l'Adresse soit faite aux *Juges ressortissans nuëment ès Cours.* Enfin, par une derniere Disposition de ce même Article, elle déclare nulles les Lettres qui seroient adressées à d'autres Juges, qu'à ceux qu'elle vient de désigner.

I. AINSI, en partant de cette derniere Disposition, l'Adresse des Lettres obtenues par des Roturiers, ne pourroit être faite à des COURS SUPÉRIEURES. Il y a cependant une Exception marquée par l'Art. 2 de la Déclaration du 22 Mai 1723; sçavoir, lorsque les Cours se *trouvent saisies de l'Appel des Jugemens dé-*

finitifs, & que les Impétrans auront été transférés dans leurs Prisons, & leurs Procès apportés en leur Greffe. Ainsi, il ne suffiroit pas, suivant ce même Article, que ces Cours ayent seulement donné des Arrêts de Défenses, ou qu'elles soient saisies de l'Appel de simples Décrets, & autres Procédures de pure Instruction.

II. Cette Adresse ne pourroit non plus être faite, à de simples *Prévôts Royaux*, puisque ces Juges ne ressortissent point nuëment aux Cours, comme l'exige cet Article.

III. Encore moins, cette Adresse pourroit-elle être faite aux *Juges des Seigneurs.* Il faut néanmoins excepter ceux des Duchés & Pairies, qui ressortissent nuëment aux Cours du Parlement.

IV. Suivant la Disposition du même Art. 2 de la Déclaration de 1723 que nous venons de citer, il ne suffit pas que les Juges auxquels les Lettres sont adressées, ressortissent nuëment aux Cours; mais il faut encore, qu'ils soient les Juges du Ressort dans lequel le Crime a été commis, c'est-à-dire, qu'ils soient Juges *Ordinaires* des Lieux. Par conséquent l'Adresse n'en peut être faite à des Juges *Extraordinaires*, tels que les Prévôts des Maréchaux, les Juges des Eaux & Forêts, de l'Election, Grenier à Sel, Amirauté, Juges d'Eglise. C'est aussi ce qui a été décidé contre ces derniers, par un Arrêt du Conseil du 11 Juillet 1651, rapporté par Henrys, Tom. 2 Liv. 2, Quest. 30.

V. Il faut seulement excepter les Juges de la *Connétablie*, qui aux termes des Réglemens que nous avons cités sur l'Art. 1er, §. 1er, peuvent connoître de l'Entérinement des Lettres d'Abolition, Rémission ou Pardon qui leur sont adressées pour Crimes commis par les Gens de Guerre, tant de Pied que de Cheval, au Camp ou en leur Garnison, & autres Cas qui sont de leur seule Compétence; comme aussi des Lettres obtenues par les Officiers, Archers & autres Officiers des Maréchaussées, pour Crimes par eux commis en quelque Lieu que ce soit du Royaume, en faisant les Fonctions de leurs Charges; ou bien par d'autres Particuliers pour fait d'Insultes & Rébellions par eux commises envers ces Officiers & Archers.

VI. Mais s'il y avoit du danger d'adresser des Lettres de

Grace à des Bailliages, dans le Ressort desquels le Crime auroit été commis, soit *par le trop grand Crédit* qu'y auroient les Accusés, soit à cause de la *Suspicion des Juges*. Ces deux Cas ont été prévus par la Déclaration du 27 Février 1703, registrée le 7 Mars suivant, qui veut qu'alors, l'Adresse de ces Lettres puisse être faite au Bailliage ou Sénéchaussée la plus prochaine, non suspecte.

Cette Déclaration ne comprenoit dans sa Disposition, que les Lettres de Grace du grand Sceau; mais la Déclaration du 22 Mai 1723, veut qu'elle ait lieu également pour les Lettres scellées en la petite Chancellerie. *V.* Art. 2 de cette Loi.

ARTICLE XIV.

» POURRONT néanmoins les Lettres obtenues » par les Gentilshommes être adressées aux Présidiaux, » si leur Compétence y a été jugée.

SOMMAIRE.

I. *Disposition de cet Article confirmée par la Déclaration de Décembre 1680.*
II. *A cessé d'avoir lieu depuis la Déclaration de Février 1731.*
III. *Faut revenir à la Disposition de l'Art. 12 de ce Titre.*

PAR cet Article, qui contient une Exception à l'Article 12 ci-dessus, l'Ordonnance veut que les Lettres de Grace accordées aux Gentilshommes puissent être adressées aux Présidiaux, lorsque la Compétence y a été jugée.

I. CETTE Disposition a été renouvellée par la Déclaration du mois de Décembre 1680, en forme d'ÉDIT, qui ajoute » que » l'Adresse des Lettres de Rémission ne pourra être faite aux Pré» sidiaux où la Compétence aura été jugée, que l'Accusé n'ait » été oüi lors du Jugement de Compétence, & qu'il ne soit ac» tuellement Prisonnier; & qu'à cet effet le Jugement de Com» pétence & l'Ecroüe seront attachés sous le Contre-scel des » Lettres.

II. MAIS, tant cette Disposition, que celle du présent Article de l'Ordonnance, ont cessé d'avoir lieu depuis la nouvelle Déclaration du mois de Février 1731, qui exempte absolument les Gentilshommes de la Jurisdiction des Prévôts des Maréchaux & des Juges Présidiaux, si ce n'est qu'ils se soient rendus indignes de ce Privilége, par quelque Condamnation qu'ils auroient subie, soit de Peine Corporelle, Bannissement ou Amende Honorable. *V.* Art. 12 de cette Déclaration.

III. Ainsi, hors les Cas exceptés par cette derniere Loi, il faut nécessairement revenir sur ce Point, à la Régle générale portée par l'Art. 12 du présent Titre, qui veut que l'Adresse des Lettres obtenues par les Gentishommes, soit faite à des Cours Supérieures, c'est-à-dire, aux Cours de Parlement.

ARTICLE XV.

» NE pourront les Lettres d'Abolition, Rémission, » Pardon, & pour ester à Droit, être présentées par » ceux qui les auront obtenues, s'ils ne sont effecti- » vement Prisonniers & écroüés; & seront les Ecroües » attachés aux Lettres, & eux contraints de demeurer » en Prison pendant toute l'Instruction, & jusqu'au » Jugement définitif des Lettres. Défendons à tous Ju- » ges de les élargir à Caution ou autrement, à peine » de Suspension de leurs Charges, & de payer par eux » les Condamnations qui interviendront contre les Ac- » cusés.

SOMMAIRE.

I. *Trois Dispositions dans cet Article.*
II. *Comment doit-il être statué sur la Peine en Cas de Contravention?*
III. *Consentement des Parties Publiques & Civiles ne suffit pour l'Elargissement de l'Impétrant.*
IV. *Signification des Lettres n'empêche l'Exécution des Décrets & Jugemens de Contumace.*
V. *Est-il nécessaire d'être en Prison pour la Présentation des Lettres non mentionnées en cet Article?*

APRÉS avoir distingué par les Articles précédens les différens *Tribunaux*, ainsi que les *Procédures* particuliéres qui doivent y être faites, pour parvenir à l'Entérinement des Lettres de Rappel de Ban de Galeres, Commutation de Peine, Réhabilitation & de Révision; l'Ordonnance détermine, par le présent Article & les suivans, la *Maniere* de procéder à l'Entérinement des Lettres d'Abolition, Rémission, Pardon, & pour ester à Droit.

I. Elle veut en *premier* lieu, que celui qui a obtenu ces Lettres, ne puisse les présenter aux Juges à qui elles sont adressées, qu'après qu'il se sera rendu Prisonnier dans les Prisons de ce Juge; de quoi, il sera tenu de justifier par l'Acte d'Ecroüe, qui sera attaché aux Lettres.

Elle veut en *second* lieu, qu'il soit tenu de demeurer dans ces Prisons, jusqu'au Jugement définitif qui sera rendu sur ces Lettres.

Enfin elle veut en *troisiéme* lieu, que les Juges ne puissent ordonner son Elargissement, même à Caution, à peine de Suspension de leurs Charges, & d'être tenu de payer les Condamnations qui interviendront contre ces Accusés.

II. Les Peines, en Cas de Contravention, seront prononcées par les Juges du Siége, lorsque l'Elargissement aura été prononcé par le Juge seul de l'Instruction: ce qui se fera ensuite d'une Requête qui leur sera présentée par la Partie Civile. Cette Partie pourra aussi, suivant l'Auteur des Formules, présenter sa Requête au Conseil du Roi pour la Contravention au présent Article, & faire prononcer, contre les Juges qui ont rendu la Sentence, les Peines contenues dans ce même Article.

III. Ainsi, suivant cet Article, tout Particulier, de quelle Qualité qu'il soit, doit se rendre Prisonnier pour pouvoir être admis à présenter ces Lettres. Il n'est pas au Pouvoir des Juges de dispenser de cette Obligation, pas même d'abréger le tems de leur Détention, qui doit durer jusqu'au Jugement définitif: tellement que le consentement que la Partie Civile, & même la Partie Publique, donneroient à cet Elargissement, ne pourroit sauver le Juge qui l'ordonneroit, de la Peine prononcée par cet Article.

IV. Par conséquent, ce n'est point assez d'obtenir & de faire signifier ces Lettres, pour empêcher l'exécution des Décrets, non plus que celle des Jugemens de Contumace qui auyoient été prononcés contre ce même Accusé. C'est aussi ce qui est porté expressément par l'Art. 17 ci-après.

V. Au reste, comme la Rigueur de cette Disposition ne permet pas de l'étendre au-delà des Cas marqués par cet Article; l'on doit conclure, que pour la Présentation des autres Lettres qui ne s'y trouvent point comprises, il n'est pas nécessaire que ceux qui les ont obtenues, se rendent dans les Prisons.

ARTICLE XVI.

» Les Lettres seront présentées dans trois mois, du » jour de l'Obtention : passé lequel Tems, défendons » aux Juges d'y avoir égard. Et ne pourront les Im- » pétrans en obtenir de nouvelles, ni être relevés du » laps de Tems.

SOMMAIRE.

I. *Délai porté par cet Article est fatal.*
II. *Disposition de l'Article comprend toutes sortes de Personnes & de Lettres.*
III. *Plusieurs Modifications qu'a apporté notre Jurisprudence.*
IV. *Lettres de Grace n'ont d'effet que pendant la Vie du Prince qui les accorde.*

I. Le Délai dans lequel les Lettres de Grace doivent être présentées, n'est, suivant le présent Article, que de trois mois; & il est tellement fatal, que non-seulement les Juges ne doivent point avoir égard aux Lettres qui leur seront présentées après ce tems-là, mais que celui qui a négligé de les présenter est privé de l'Espérance d'être relevé du Laps de Tems, & même d'en pouvoir obtenir de nouvelles.

II. L'Ordonnance ne fait ici aucune distinction des Lettres de Grace, non plus que des Personnes; c'est-à-dire, qu'elle comprend également les Lettres de Grace obtenues en la Grande Chancellerie, comme celles obtenues près les Cours; & celles obtenues par les Gentilshommes, comme celles obtenues par les Roturiers. Ainsi, il ne suffiroit pas de les obtenir dans les trois mois, mais il faut encore qu'elles soient présentées dans ce tems-là; ensorte que si celui qui les présenteroit après ce Délai, étoit assez mal avisé pour se rendre Prisonnier, les Juges seroient autorisés à lui faire subir la Peine qu'il auroit encourue par son Crime, nonobstant ces Lettres.

III. CEPENDANT, dans notre Usage actuel consacré par la Jurisprudence constante de tous les Tribunaux, cette Disposition ne doit s'entendre qu'avec ces trois Modifications remarquables.

La *premiere*, que lorsque l'Impétrant peut apporter quelque Cause légitime pour justifier son retard, on ne fait point difficulté de lui accorder des Lettres de *Surannation*, qui le relevent du Laps de Tems: on appelle ainsi ces Lettres, parce que c'est une Régle générale dans ce Royaume, que les Lettres du Sceau ne durent qu'un an.

La *seconde*, que dans les trois mois qui sont accordés par cet Article, on ne doit point comprendre le tems des Vacations, pendant lequel, ces Lettres ne peuvent être présentées. *V.* BONIFACE, Tome 2, Part. 3, Liv. 1er, Tit. 5, Ch. 22.

Enfin la *troisiéme*, c'est que, lorsqu'il y a plusieurs Accusés dans le même Procès Criminel, la Présentation des Lettres de Grace, faite par l'un d'eux dans le tems utile, profite aux autres qui n'auroient pas présenté les leurs, dans ce tems-là. *V.* encore le même Auteur, *ibidem.*

IV. AU RESTE, c'est une Maxime constante dans ce Royaume, & qui est attestée par tous les Auteurs, que les Lettres de Grace n'ont d'effet que pendant la vie du Prince qui les accorde: ensorte que s'il venoit à mourir avant qu'elles soient entérinées, il faudroit nécessairement en obtenir la Confirmation de son Successeur, parce que toutes Graces sont personnelles.

ARTICLE XVII.

» L'OBTENTION & la Signification des Lettres
» ne pourront empêcher l'Exécution des Décrets, ni
» l'Instruction, Jugement & Exécution de la Contu-
» mace, jusqu'à ce que l'Accusé soit actuellement en

» état dans les Priſons du Juge, auquel l'Adreſſe en
» aura été faite.

SOMMAIRE.

I. *Que doit faire l'Impétrant après avoir fait ſignifier ſes Lettres?*
II. *Quid, s'il ſe tenoit caché depuis ce tems-là?*
III. *Peut-il ſe mettre en état dans toutes ſortes de Priſons?*
IV. *peut néanmoins propoſer ſon Exoine.*

SUIVANT cet Article, il ne ſuffit pas d'obtenir & de ſignifier les Lettres de Grace, pour empêcher l'Exécution des Décrets, ni l'Inſtruction, pas même le Jugement & Exécution de la Contumace; mais il faut encore, que celui qui les obtient, ſe mette actuellement en état, dans les Priſons du Juge auquel l'Adreſſe de ces Lettres a été faite.

I. PAR conſéquent, ſi après cette Signification, l'Accuſé avoit l'audace de ſe montrer en Public, il pourroit être arrêté & conduit en Priſon, & ſon Procès ſeroit inſtruit & jugé, & même exécuté ſur ſa Perſonne, ſi les trois mois qui lui ſont accordés par l'Article précédent pour préſenter ces Lettres, ſe trouvoient expirés. Il y a plus; l'on verra même ſur l'Art. 22 de ce Titre, que la Préſentation de ces Lettres, dans le tems marqué, n'empêcheroit pas, que les Parties Publiques & Civiles ne puiſſent faire informer par Addition, & même récoller & confronter les Témoins.

II. PAR une ſuite de la même Diſpoſition, ſi depuis la Signification de ces Lettres, l'Accuſé ſe tenoit caché, pour empêcher l'exécution du Décret, les Juges pourroient, même pendant le cours du Délai de trois mois, inſtruire la Contumace, rendre un Jugement définitif, & le faire exécuter par Effigie, à la pourſuite & diligence de la Partie Publique.

III. CE n'eſt donc, encore une fois, que par la Repréſentation de l'Accuſé dans les Priſons, que toute cette Procédure pourroit ceſſer & être anéantie; & encore, ne ſuffiroit-il pas, aux termes de cet Article, de ſe mettre indifféremment dans toutes ſortes de Priſons; mais il faut néceſſairement, que ce ſoit dans celles du Juge, auquel les Lettres ſont adreſſées.

IV. CEPENDANT, quelqu'abſolue que paroiſſe cette Diſposition, elle n'est point sans exception ; il y en a une, entr'autres, marquée par l'Art. 4 du Tit. 25 de la présente Ordonnance, qui permet aux Condamnés par Contumace, de proposer leurs *Exoines* sur l'Appel de leur Jugement. *V.* au surplus, celles qui sont marquées sur l'Article précédent.

ARTICLE XVIII.

» LES Charges & Informations, & toutes les autres » Piéces du Procès, même les Procédures faites depuis » l'Obtention des Lettres, seront incessamment por- » tées aux Greffes des Juges, ausquels l'Adresse en » sera faite. Ce que nous voulons avoir lieu à l'égard » des Lettres de Révision.

SOMMAIRE.

I. *En quel Cas la Disposition de cet Article peut avoir lieu?*
II. *L'Apport des Grosses ne suffit, il faut les Minutes.*
III. *Sur quoi fondée la Nécessité de cet Apport?*
IV. *Conséquence qu'on en peut tirer par rapport aux Moyens de Révision.*

PAR cet Article, qui concerne toutes les Lettres de Grace en général, même celles de Révision, l'Ordonnance veut que les Charges & Informations & toutes les autres Piéces du Procès, même les Procédures faites depuis l'obtention de ces Lettres, (c'est-à-dire, celles faites par Contumace pendant les trois mois accordés à l'Impétrant pour les présenter) soient incessamment portées au Greffe du Juge, auquel ces Lettres sont adressées.

I. LA Disposition de cet Article n'a proprement lieu, que lorsque le Procès est instruit à l'Accusé, dans une autre Jurisdiction que celle à qui les Lettres sont adressées. Ainsi, par exemple, si un GENTILHOMME étoit poursuivi pour un Crime dans une Jurisdiction Subalterne, Royale ou Seigneuriale ; ou bien dans un Baillinge ou Sénéchaussée ; ou même pardevant des Juges extraordinaires, & qu'il eût obtenu des Lettres de Grace ; ces Lettres ne pouvant être adressées, comme nous l'avons vû sur l'Article 12, qu'à des Cours de Parlement, dans le Ressort desquelles ces Jurisdictions seroient situées; ces Cours devroient, sur la Présentation de ces Lettres, ordonner que dans un *bref Délai* suivant la distance des Lieux, les Procédures faites contre ce Gentilhomme, dans l'une ou l'autre de ces Jurisdictions, seroient apportées en leur Greffe.

Pareillement, si un Roturier étoit poursuivi pour Crime dans une Jurisdiction Subalterne, Royale ou Seigneuriale ou extraordinaire; & qu'il eût obtenu des Lettres de Grace, qui, suivant l'Art. 13, ne peuvent être adressées qu'à des Baillifs & Sénéchaux ou autres Juges ressortissans nuëment aux Cours; Ceux-ci devront ordonner l'Apport en leur Greffe des Charges, Informations & autres Procédures faites pardevant les premiers, & cela dans le plus court Délai, conformément à la Disposition du présent Article.

II. Il faut remarquer que ce sont les *Minutes*, & non pas seulement les *Grosses* des Charges & Informations & autres Pièces, dont l'Apport est ordonné par le présent Article. C'est aussi ce qui résulte de la Disposition l'Art. 22 ci-après, qui permet aux Juges à qui ces Lettres sont adressées d'informer par Addition, & même de récoller & confronter les Témoins sur les Requisitions des Parties Publiques & Civiles, nonobstant la Présentation de ces Lettres.

III. Au reste, l'on conçoit assez le Motif de la nécessité de cet Apport; elle est une suite de la Disposition de l'Art. 1er, confirmée par l'Art. 27 ci-après, qui veut que les Lettres de Grace ne soient entérinées, que lorsqu'elles se trouvent conformes aux Charges & Informations.

IV. Il en résulte aussi, comme nous l'avons observé, par rapport aux Lettres de Révision, que ce n'est pas tant sur les Nullités de Procédure, que sur l'injustice des Condamnations, que l'Entérinement de ces Lettres doit être prononcé; & que, comme les Juges qui ont prononcé ces Condamnations, peuvent avoir commis des Nullités dans la Procédure, ou marqué une Prévention outrée dans leur Conduite, il est juste de les dépouiller entiérement de l'Instruction sur l'Entérinement de ces Lettres, & de faire porter les Charges & Procédures qu'ils ont faites au Greffe des Juges, auxquels les Lettres sont adressées.

Mais que doit-on faire, si le Greffier est en demeure, ou se met en refus d'envoyer ces Charges & Informations? C'est ce que nous verrons sur l'Art. 25 ci-après.

ARTICLE XIX.

» LES Lettres seront signifiées à la Partie Civile, & » Copie baillée avec Assignation en vertu de l'Ordon» nance du Juge, pour fournir ses Moyens d'Opposi» tion, & procéder à l'Entérinement. Et seront les for» mes & Délais prescrits par notre Ordonnance du » mois d'Avril 1667 observés, si ce n'est que la Partie » Civile consente de procéder avant l'échéance des » Délais, par Acte signé & dûement signifié.

SOMMAIRE.

I. *Procédure qui se fait depuis l'Apport des Charges.*
II. *Quels sont les Moyens d'Opposition contre l'Entérinement?*
III. *Partie Civile ne peut s'y opposer pour ses Dommages & Intérêts.*
IV. *Non plus que pour Provision alimentaire.*
V. *Seigneur ne peut s'opposer pour Confiscation à lui dûe.*

I. CET Art. concerne l'INSTRUCTION qui doit être faite pardevant le Juge auquel les Lettres de Grace sont adressées, après que les Charges & Informations ont été apportées en son Greffe, conformément à l'Art. précédent. L'Ordonnance veut, en *premier lieu*, que celui qui en demande l'entérinement, présente Requête au Juge, pour demander permission d'assigner la Partie Civile, à l'effet de fournir ses Moyens d'Opposition, & de procéder à l'entérinement de ces Lettres. Si les Lettres sont adressées à des Cours, ou autres Juges en dernier ressort, il faudra obtenir une Commission, conformément à l'Art. 12 du Tit. 2 de l'Ordonnance de 1667. Si elles sont adressées simplement au Juge des Lieux, ce Juge rendra son Ordonnance, portant que les Lettres seront signifiées à la Partie Civile, pour comparoître à l'Audience, & être assignée dans les délais de l'Ordonnance Civile, afin de fournir ses Moyens d'Opposition, si elle en a; & de plus, il faudra que ces Lettres soient communiquées au Procureur du Roi, conformément à l'Article suivant.

2°. Qu'en vertu de cette Commission ou Ordonnance, l'Impétrant fasse assigner la Partie Civile, dans les délais prescrits par l'Ordonnance Civile, & lui fasse signifier en même-tems les Lettres, dont il lui donnera copie.

3°. Qu'après cette Signification, & pendant que les délais de l'Assignation courront, l'Impétrant se rende dans les Prisons, prenne Copie de l'Ecroüe, & présente ses Lettres de la maniere portée en l'Art. 21 ci-après.

4°. Que si la Partie Civile ne comparoît pas, pour fournir ses Moyens d'Opposition, l'Impétrant prenne son défaut aux Présentations, qui sera joint aux Lettres.

5°. Que si elle comparoît & fournit ses Moyens d'Opposition (ce qu'elle peut faire aux termes de cet Article, même avant l'échéance des délais, par Acte signé & duement signifié) elle présentera Requête, à laquelle elle attachera les Piéces sur lesquelles elle entend fonder ses Moyens d'Opposition. Mais si elle comparoît simplement, sans fournir ses Moyens d'Opposition, il sera passé outre au Jugement des Lettres, sans qu'il soit besoin d'obtenir de Forclusion, qui est abrogée par l'Art. 2 du Tit. 23 de la présente Ordonnance.

II. LES MOYENS D'OPPOSITION les plus ordinaires en pareil Cas, se tirent des *Omissions* & *Contraventions*, que l'Impétrant peut avoir faites aux Formalités qui lui sont prescrites dans le présent Titre de l'Ordonnance, & principalement des *Surprises* qu'il auroit pratiqué pour rendre l'Entérinement de ces Lettres plus facile; on en peut donner les exemples suivans. 1°. S'il avoit dissimulé sa Qualité de Gentilhomme ou de Roturier, afin de faire adresser ces Lettres à d'autres Juges que ceux qui devroient en connoître, & dont il croiroit avoir lieu de se défier; 2°. Si dans l'exposé de ces Lettres, il avoit avancé des faits contraires à la vérité, & qui rendroient ces Lettres *Obreptices*; 3°. S'il y avoit dissimulé d'autres Faits qui seroient essentiels, comme s'il n'y avoit pas fait mention des premieres Lettres de Grace qu'il auroit obtenues, pour un Crime de la même nature que celui pour lequel sont accordées ces dernieres;

ce qui rendroit celles-ci *Subreptices* & nulles, suivant les Auteurs cités par BORNIER, sur cet Article; 4°. Enfin, s'il n'avoit pas présenté ces Lettres dans le délai de trois mois, qui lui étoit prescrit, & si ces Lettres étoient surannées. *V.* Art. 16 ci-devant.

III. MAIS, si la Partie Civile n'avoit d'autre moyen à opposer contre l'Entérinement, que le *Défaut de Payement* des dommages & intérêts, qui lui seroient dûs de la part de l'Impétrant, (ce qui n'arrive presque jamais, au moyen de la précaution que l'on prend de n'accorder aucunes Lettres, qu'avec la Clause qu'elles ne seront entérinées qu'après satisfaction préalablement faite à la Partie Civile) les Juges ne laisseroient pas que de procéder à l'Entérinement, nonobstant une pareille Opposition; sauf par le Jugement qu'ils rendront, de statuer sur l'indemnité qui sera dûe à la Partie Civile.

IV. IL en seroit de même, par rapport aux Oppositions qui seroient formées sur le fondement d'une *Provision alimentaire*, dûe par l'Impétrant, ou des *Dépens de la Contumace*, que la Partie Civile auroit été obligée d'avancer. La répétition de tous ces Objets ne peut faire obstacle à l'Entérinement de ces Lettres, sauf à la Partie Civile de retenir l'Impétrant prisonnier, après cet Entérinement, jusqu'à ce qu'il ait entiérement satisfait.

V. ENCORE moins, cet Entérinement pourroit-il être empêché ou retardé par l'Opposition que formeroit un SEIGNEUR, sur le fondement de la *Confiscation* prononcée en sa faveur, par le Jugement de Condamnation, contre lequel ces Lettres sont obtenues. Aussi l'on trouve dans le Dictionnaire des Arrêts, au mot *Rémission*, plusieurs Arrêts qui ont débouté des Seigneurs de pareilles Oppositions.

ARTICLE XX.

» NE pourra être procédé au Jugement des Lettres, » qu'elles n'ayent été, ensemble le Procès, communi- » quées à nos Procureurs.

SOMMAIRE.

I. Jugement ne peut être rendu sans Communication des Lettres & du Procès, à la Partie Publique.

II. Sur quoi fondée la Nécessité de cette Communication?

I. PAR cet Article, l'Ordonnance exige, qu'outre la Signification des Lettres à la Partie Civile, il en soit encore donné Communication aux Procureurs du Roi, & de plus, que ces Parties Publiques prennent aussi communication des Charges & Informations, pour donner en conséquence les Conclusions qu'ils jugeront convenables.

C'est aux Juges, suivant cet Article, à ordonner cette communication, puisqu'il leur est défendu de procéder au Jugement, avant que cette Formalité ait été remplie. Par conséquent, le Jugement qu'ils rendroient sans l'avoir ordonné, seroit absolument nul. C'est aussi ce qui résulte de la Disposition de l'Article 25 ci-après.

II. EN effet, la Nécessité de cette communication est établie, non-seulement pour empêcher que les Juges ne cherchent à favoriser les Impétrans; mais encore, parce que les Lettres pouvant n'être point conformes aux Charges, & par conséquent devenir inutiles à l'Impétrant, le Procès Criminel qui a été commencé contre lui, & dans lequel le Procureur du Roi se trouve nécessairement Partie, doit dès-lors être continué; & s'il a été jugé, le Jugement en doit être mis à exécution, à la diligence de cette même Partie Publique, ainsi que nous le verrons sur l'Art. 22 ci-après.

ARTICLE XXI.

» LES Demandeurs en Lettres d'Abolition, Rémis-
» sion & Pardon, seront tenus de les présenter à l'Au-
» dience, tête nûe & à genoux, & affirmeront, après
» qu'elles auront été lûes en leur présence, qu'elles
» contiennent vérité, qu'ils ont donné charge de les

» obtenir, & qu'ils s'en veulent ſervir : après quoi ſe» ront renvoyés en Priſon.

SOMMAIRE.

I. *Formalités qui doivent accompagner la Préſentation des Lettres de Grace.*

II. *Que doit porter le Jugement qui intervient en conſéquence?*

I. CET Article concerne les *Formalités* qui doivent accompagner la Préſentation des Lettres d'Abolition, Rémiſſion & Pardon, & le *Jugement* qui doit être rendu à ce ſujet.

Ces Formalités ſont, 1°. Que cette Préſentation doit être faite à l'Audience, & non à la Chambre du Conſeil, à cauſe de l'exemple.

2°. Que l'Ecroüe ſoit attachée aux Lettres, pour juſtifier que l'Impétrant eſt actuellement en état, conformément à l'Art. 15 ci-devant.

3°. Que l'Impétrant ſoit alors nue tête & à genoux, tenant en ſes mains les Lettres dépliées. Il doit auſſi être aſſiſté d'un Avocat, qui fait la Préſentation de ces Lettres : cette Préſentation ne peut être faite par un Procureur.

4°. Sur cette Préſentation, les Gens du Roi, qui ſe trouvent à l'Audience, enſuite de la Communication qui leur a été faite de ces Lettres, conformément à l'Article précédent, ſe levent auſſi-tôt pour en requérir la lecture.

5°. La Partie Civile, qui ſe trouve auſſi préſente à l'Audience, enſuite de la ſignification qui lui a été faite de ces Lettres, ſuivant l'Art. 19 ci-devant, peut auſſi demander par ſon Avocat ou Procureur, Acte de ſon Oppoſition à l'Entérinement; ou bien déclarer qu'elle n'en veut point former, & qu'elle s'en tient à la Tranſaction qu'elle a faite, & dont elle demandera l'exécution, ſi elle n'en a pas été payée.

6°. Après la lecture faite par le Greffier, le Juge qui préſide interrogera l'Impétrant, & lui fera ces trois Queſtions auxquelles il ſera tenu de répondre, après avoir prêté Serment de dire vérité; la *premiere*, ſi ces Lettres contiennent vérité; la *ſeconde*, s'il a donné charge de les obtenir; la *troiſiéme* enfin, s'il entend s'en ſervir.

II. C'EST dans cet état que le Juge, avec les autres Officiers

ciers de son Siége, rendra un premier Jugement, dans lequel, après mention faite de toutes les Formalités ci-dessus, dans le même ordre qu'elles auront été exécutées, il sera donné Acte à la Partie Civile de son Opposition, si elle en fait une; & il sera dit qu'elle fournira ses Moyens d'Opposition dans les délais qui lui seront marqués, & qui sont d'un mois pour l'ordinaire. Que si au contraire, elle a déclaré qu'elle n'entendoit point former Opposition, mais qu'elle demande l'exécution de la Transaction qu'elle a faite avec l'Accusé, il lui sera donné Acte de cette demande. Enfin, par une derniere disposition de ce Jugement, il sera dit que l'Impétrant a été renvoyé en Prison, pour y être interrogé.

ARTICLE XXII.

» NOS Procureurs, & la Partie Civile, s'il y en a,
» pourront nonobstant la Présentation des Lettres de
» Rémission & Pardon, informer par Addition, & faire
» récoller & confronter les Témoins.

SOMMAIRE.

I. *Différens Tems où peuvent s'obtenir des Lettres de Grace.*
II. *Les Juges peuvent-ils ordonner d'Office le Récollement & la Confrontation?*
III. *Cas où ils ne peuvent l'ordonner.*
IV. *Exception dans le Cas d'une Addition d'Information.*
V. *Partie Civile n'est reçue à faire informer par Addition long-tems après la Présentation des Lettres.*
VI. Quid, *en Cas de Nullité de Procédures faites par les premiers Juges? Arrêts de la Cour à ce sujet.*
VII. *Juges sont saisis de la Connoissance du Procès Criminel, par l'Adresse qui leur est faite des Lettres de Grace.*
VIII. *Lettres d'Abolition ne sont comprises dans la Disposition de cet Article, & pourquoi?*

I. LES LETTRES DE GRACE peuvent être obtenues en différens tems, soit immédiatement après le Décret, soit après le Jugement de Contumace, soit après l'Instruction achevée, soit même après le Jugement Contradictoire. Il est parlé dans le présent Article, des Lettres de Rémission & de Pardon, qui sont obtenues d'abord après le Décret.

Comme il peut arriver que ces Lettres ne ſoient point entérinées, ſoit parce qu'elles ne ſont point conformes aux Charges, ſoit parce qu'elles auroient été obtenues pour des Cas non rémiſſibles, l'Ordonnance n'a pas voulu que la Procédure, qui ſera faite pour parvenir à leur entérinement, puiſſe arrêter le cours de l'Inſtruction du Procès Criminel, & ſervir de reſſource à l'Accuſé, pour s'aſſurer l'impunité, par le dépériſſement des Preuves.

C'eſt pourquoi elle permet par cet Article, à la Partie Publique, & à la Partie Civile, s'il y en a une, de faire informer par Addition, & même de faire récoller & confronter les Témoins, nonobſtant la Préſentation de ces Lettres.

II. Cette nouvelle Inſtruction peut même avoir lieu d'Office, lorſque les Juges, après avoir examiné les Charges & Informations, trouvent que les Lettres n'y ſont point conformes: alors, ils ordonnent qu'avant faire droit, les Témoins ſeront récollés & confrontés.

III. Mais, cette Inſtruction ne peut avoir lieu, lorſque ces Lettres ont été obtenues, après que les Récollemens ont été faits dans le Procès Criminel; & cela tant, parce que les Récollemens ne peuvent être réitérés, comme nous l'avons vû ſur l'Art. 6 du Titre précédent, que parce que les nouveaux Récollemens que l'on ordonneroit, deviendroient ſuperflus, & ne ſerviroient qu'à favoriſer les ſubornations de Témoins.

IV. Il faut cependant excepter le Cas, où la Partie Publique & Civile auroient fait procéder depuis ce tems-là, à une *Addition d'Information*, parce qu'il ſeroit alors néceſſaire de récoller & confronter les nouveaux Témoins, qui ſeroient entendus ſur cette Addition.

V. Mais, ſi la Partie Civile affectoit de ne demander cette Information par *Addition*, que long-tems après la Préſentation des Lettres, & dans la vûe d'en retarder l'Entérinement, elle ne devroit point y être reçue. C'eſt ce qui a été jugé par un Arrêt du 19 Janvier 1672, rapporté au Journal du Palais, contre une Partie Civile qui demandoit, trois mois après la Préſentation des Lettres de Rémiſſion, à faire informer contre celui qui en étoit le Porteur.

VI. Ce ne ſeroit donc, que dans le Cas où il y auroit des

Nullités dans la Procédure faite par les premiers Juges, pour le Crime sur lequel les Lettres ont été obtenues, que les Juges à qui ces Lettres seroient adressées, pourroient ordonner cette nouvelle Instruction, & pourvoir à la Condamnation des frais & dommages & intérêts des Parties, contre le Juge qui auroit commis ces Nullités, conformément à l'Art. 24 du Tit. 15 ci-devant. Encore y a-t-il des Arrêts, notamment deux de la Cour des 18 Février, & 18 Mars 1715, qui ont autorisé les Juges à passer outre à l'Entérinement des Lettres, nonobstant qu'il se trouvoit des Nullités dans l'Instruction, lorsque l'exposé de ces Lettres se trouvoit d'ailleurs conforme aux Charges; & la Cour, en procédant à l'Entérinement de ces Lettres, s'est contentée de faire des Injonctions aux Juges qui avoient instruit.

VII. IL résulte par conséquent deux choses, de la Disposition du présent Article; 1°. Que par la Présentation des Lettres de Grace, les Juges à qui l'adresse en est faite, se trouvent saisis de la connoissance du Procès Criminel, de maniere qu'ils peuvent en ordonner une nouvelle Instruction, dans les Cas où elle est nécessaire, à l'exclusion des Juges qui ont commencé l'Instruction de ce Procès.

VIII. 2°. QUE n'étant parlé dans cet Article, que des Lettres de Rémission & de Pardon, il en faut conclure, que s'il s'agissoit de Lettres d'*Abolition*, les Parties Publiques & Civiles, ne pourroient, nonobstant la Présentation de ces Lettres, faire informer par Addition, ni récoller & confronter les Témoins. La raison en est simple; c'est qu'il n'est pas question, dans ce dernier Cas, comme dans le premier, d'examiner si le Crime est rémissible ou non, & qu'il suffit que les Lettres d'Abolition soient conformes aux Charges, pour que les Juges ne puissent se dispenser de procéder à leur Entérinement, sauf à représenter ensuite à S. M. ou à M. le Chancelier, ce qu'ils trouveront à propos sur l'atrocité du Crime. *V.* ce qui est dit sur l'Art. 1er de ce Titre.

ARTICLE XXIII.

» DÉFENDONS aux Lieutenans Criminels & » tous autres Juges, aux Greffiers & Huissiers, de » prendre ni recevoir aucune chose, encore qu'elle leur » fût volontairement offerte, pour l'attache, Lecture ou » Publication des Lettres, ou pour conduire & faire » entrer l'Impétrant à l'Audience, & sous quelqu'au- » tre prétexte que ce soit; à peine de Concussion & » de Restitution du quadruple.

SOMMAIRE.

I. *Disposition de cet Article est générale pour toutes sortes de Lettres de Grace.*

II. *Procureurs du Roi ne peuvent prendre aucuns Droits pour leurs Conclusions, & pourquoi?*

III. *Motif des Défenses portées par cet Article.*

IV. *Juges peuvent prendre leurs Droits pour le Jugement qui entérine.*

PAR cet Article, l'Ordonnance décharge absolument les Impétrans, de tous Frais & Vacations, & autres Droits qui pourroient leur être demandés, tant de la part des Juges & des Greffiers, à l'occasion de l'Attache, Lecture ou Publication des Lettres de Grace, que de la part des Huissiers, pour les avoir conduits & fait entrer à l'Audience; & elle fait même défense à tous ces Officiers, de rien prendre ni recevoir des Impétrans, encore que ceux-ci le leur offriroient volontairement, à peine de Concussion, & de Restitution du quadruple.

I. IL est parlé ici des *Lettres de Grace* en général; ainsi, cette Disposition regarde également les Impétrans, des Lettres de Rappel de Ban, de Galéres, Commutation de Peine, Réhabilitation, Revision, & pour ester à droit, comme les Impétrans, des Lettres d'Abolition, de Rémission & de Pardon; parce qu'en effet, toutes ces différentes Lettres sont également sujettes aux Formalités de l'Attache, Lecture & Publication, dont il est parlé dans cet Article.

II. PARMI les Officiers à qui il est fait défense de prendre des Droits, l'Ordonnance n'a point compris les Procureurs du Roi, par la raison sans doute, que ceux-ci ne devant point donner leurs Conclusions par écrit, ils ne peuvent avoir aucuns Droits à demander.

III. LE Motif particulier de ces Défenses, ainsi que de la Décharge prononcée, par cet Article, en faveur des Impétrans, est d'empêcher qu'on ne profite de la situation critique où les auroient réduits les autres dépenses qui sont attachées à l'Obtention de ces Lettres, afin de les priver du fruit qu'ils ont lieu d'en attendre ; & de les faire succomber sous le poids d'une injuste vexation, par l'impuissance où ils seroient de satisfaire aux Droits multipliés qui leur seroient demandés.

IV. MAIS aussi, comme ce Motif tend principalement à faciliter l'entérinement des Lettres de Grace, il doit cesser entiérement, à l'instant même du Jugement qui prononce cet Entérinement: ensorte que rien n'empêche, que les Juges ne puissent prendre à cet égard leurs Droits, comme pour tout autre Jugement définitif.

ARTICLE XXIV.

» LE Demandeur en Lettres sera interrogé dans la » Prison par le Rapporteur du Procès, sur les Faits ré» sultans des Charges & Informations.

SOMMAIRE.

I. Comment doit être nommé le Rapporteur ?
II. Quel est l'objet de l'Interrogatoire mentionné dans cet Article ?
III. Accusé doit, avant que d'être interrogé, résoudre les Frais de la Contumace.

NOUS avons vû sur l'Art. 21, qu'à la fin du Jugement de Présentation des Lettres de Grace, il devoit être porté que l'Impétrant seroit renvoyé en Prison. Nous voyons par celui-ci, ce qui doit être fait depuis ce renvoi: l'Ordonnance veut que l'Impétrant soit interrogé dans la Prison, par le Rapporteur du Procès, sur les Faits résultans des Charges & Informations.

I. Le Rapporteur, qui doit procéder à cet Interrogatoire, sera nommé par le Jugement de Présentation des Lettres. Ce sera un des Conseillers de la Cour, ou du Siége Présidial auquel les Lettres sont adressés, & si elles sont adressées à un Bailliage ou Sénéchaussée, ce sera le Lieutenant Criminel qui est le *Rapporteur né* de tous les Procès Criminels qui s'instruisent dans ce Siége.

II. L'objet particulier de cet Interrogatoire, est de s'assurer, par la bouche même de l'Impétrant, si l'Exposé des Lettres dont il demande l'Entérinement, est conforme à ce qui est porté par les Charges & Informations, & si ces Lettres ne sont point obreptices ou subreptices.

III. Il faut observer, qu'avant que de répondre sur cet Interrogatoire, l'Accusé doit réfondre les dépens de la Contumace; à moins qu'il ne soit appellant de la Procédure, ou que sa pauvreté ne le mette hors d'état de subvenir à ces frais. C'est ce qui a été jugé par deux Arrêts, cités par Bornier, d'après Boniface, Tom. 2, Part. 3, Liv. 1, Tit. 26, Ch. 1. *V.* notamment à ce sujet, l'Art. 19 du Titre suivant.

ARTICLE XXV.

» Défendons à tous Juges, même à nos » Cours, de procéder à l'Entérinement des Lettres, » que toutes les Informations & Charges n'ayent été » apportées & communiquées à nos Procureurs, vûes » & examinées par les Juges: nonobstant toutes Som- » mations qui pourroient avoir été faites aux Greffiers » de les apporter, & les Diligences dont les Deman- » deurs en Lettres pourroient faire apparoir; sauf à » décerner des Exécutoires, & ordonner d'autres Peines » contre les Greffiers qui seront en demeure.

SOMMAIRE.

I. Maniere de contraindre les Greffiers à l'apport des Charges. *II. Procédure pour y parvenir.*

I. CET Article est une Confirmation des Articles 18 & 19 ci-devant, qui prescrivent la nécessité de l'Apport des Charges & Informations, & de leur Communication aux Procureurs du Roi. Cette Nécessité est telle, que les Sommations qui seroient faites aux Greffiers, d'apporter ces Charges, & même toute autre Diligence que le Demandeur en Lettres justifieroit avoir faite pour parvenir à cet Apport, ne pourroientautoriser les Juges à passer outre à l'entérinement de ces Lettres ; mais elles pourroient seulement donner lieu à des Exécutoires & autres Peines que les Juges décerneront contre les Greffiers, qui seroient en demeure ou en refus, & qui par-là voudroient favoriser les Impétrans, en empêchant que les Nullités de leurs Lettres ne fussent connues, par le vû des Charges.

II. POUR parvenir à l'Exécutoire, il faut que le Demandeur en Lettres présente sa Requête au Juge, à qui les Lettres sont adressées, lequel mettra son Ordonnance au bas, portant que le Greffier payera *tant* par jour pour les frais & dépenses du Demandeur ; & c'est sur cette Ordonnance que sera pris l'Exécutoire, & qu'il sera fait Commandement à ce Greffier, lequel, s'il n'obéit pas à ce Commandement, pourra être saisi & exécuté dans ses meubles. Que si nonobstant cette saisie, le Greffier persiste encore dans son refus, il faudra présenter une autre Requête, pour le faire contraindre par Corps, & sur cette Requête le Juge décernera son Ordonnance.

ARTICLE XXVI.

» LES Impétrans seront interrogés dans la Chambre, » sur la Sellette avant le Jugement, & l'Interrogatoire » rédigé par écrit par le Greffier, & envoyé avec le » Procès en nos Cours, en cas d'Appel.

SOMMAIRE.

I. *Preuve de la Nécessité de l'Interrogatoire mentionné dans cet Article.*

II. *Quand l'Accusé peut-il interjetter Appel du Jugement définitif?*

III. *Quand la Partie Publique peut-elle aussi l'interjetter?*

IV. *Quand la Partie Civile peut-elle également en appeller?*

OUTRE l'Interrogatoire, que le Demandeur en Lettres doit subir dans la Prison, aux termes de l'Art. 24 ci-devant; il y en a encore un autre, qui se fait dans la Chambre du Conseil, & immédiatement avant le Jugement définitif.

I. CE dernier Interrogatoire, qui fait l'objet du présent Article, doit être subi par le Demandeur en Lettres, étant sur la Sellette, en présence de tous les Juges; & il est tellement essentiel, que l'Ordonnance veut qu'il soit rédigé par écrit par le Greffier, afin d'être envoyé avec le Procès dans les Cours, en Cas d'Appel de ce Jugement définitif.

Comme ce Jugement doit statuer sur la validité ou invalidité des Lettres, l'Appel peut en être interjetté, tant par les Parties Publiques & Civiles, que par l'Accusé lui-même.

II. LES Cas particuliers, où l'Appel peut être interjetté par l'ACCUSÉ, sont, toutes les fois que ce Jugement l'a débouté de sa Demande en Entérinement de ces Lettres, ou qu'il le condamne à des Amendes ou Aumônes, ou même à des Dépens envers la Partie Civile, tandis qu'il est prouvé, que c'est elle ou celui qu'elle représente, qui a été l'Aggresseur.

III. LES Cas où l'Appel peut être interjetté par la PARTIE PUBLIQUE, sont, lorsque les Juges ont commis quelque Nullité ou Contravention au Présent Titre de l'Ordonnance, & singuliérement, lorsqu'ils ont négligé d'ordonner que les Lettres lui seroient communiquées, conformément aux Articles 20 & 25 de ce même Titre; ou bien lorsque dans l'examen du Procès Criminel, dont la Communication doit être pareillement faite à cette Partie Publique, suivant l'Art. 20, elle a remarqué que les Lettres ne se trouvoient point conformes aux Charges & autres Piéces de ce même Procès.

IV. ENFIN, l'Appel peut être interjetté par la PARTIE

CIVILE,

CIVILE, toutes les fois que par le Jugement on n'a point statué sur ses dommages & intérêts; ou qu'on n'a pas ordonné l'exécution de la Transaction qu'elle auroit faite avec l'Impétrant; ou enfin, lorsqu'on ne lui a pas signifié les Lettres dans le tems prescrit par l'Ordonnance. Au reste, cette Partie peut, ainsi que l'Accusé, argumenter des autres Nullités & Contraventions, que les Juges auroient faites au présent Titre de l'Ordonnance.

ARTICLE XXVII.

» SI les Lettres de Rémission & Pardon sont obtenues pour des Cas qui ne soient pas rémissibles, ou » si elles ne sont pas conformes aux Charges, les Impétrans en seront déboutés.

SOMMAIRE.

I. *Deux Cas où les Impétrans des Lettres en doivent être déboutés.*
II. *Cas non rémissibles relativement à la Qualité des Lettres.*
III. *Quand le défaut de conformité des Charges peut-il faire débouter des Lettres?*
IV. *Ne peut empêcher l'Entérinement des Lettres scellées en Commandement.*
V. *Cas où les Juges ne peuvent se dispenser d'entériner les Lettres.*
VI. *Différentes espéces de Condamnations que peut contenir le Jugement qui entérine les Lettres.*
VII. *Les Juges doivent prononcer toutes les Peines qui sont portées par les Lettres mêmes.*
VIII. *Quel est l'effet de l'Entérinement par rapport aux Biens?*

I. CET Article concerne singuliérement le JUGEMENT DÉFINITIF, qui doit être rendu sur une demande en entérinement des Lettres de Rémission & Pardon, l'Ordonnance veut que les Impétrans en soient déboutés en deux Cas; l'un, c'est lorsque ces Lettres sont accordées pour des Cas *non rémissibles*; l'autre, c'est lorsqu'elles ne se trouvent point *conformes aux Charges & Informations.*

II. NOUS avons vû sur l'Art. 4, quels sont les Cas particuliers que l'Ordonnance déclare non rémissibles *de leur nature.* Il y en a aussi, qui sont non rémissibles, rélativement à la *Qua-*

lité des Lettres, comme si par exemple des Lettres de simple Rémission & de Pardon, qui s'expédient dans les petites Chancelleries, étoient obtenues pour d'autres Homicides que ceux qui seroient involontaires, ou commis dans la nécessité d'une légitime défense de la vie, les Juges en devroient débouter les Impétrans, conformément à l'Art. 2 du présent Titre, renouvellé par la Déclaration du 22 Mai 1723.

III. QUANT au *défaut de Conformité* des Lettres avec les Charges, que l'Ordonnance propose ici comme un autre Moyen, pour faire débouter de la demande en entérinement de ces Lettres; ce Moyen ne peut avoir lieu, comme nous l'avons vû d'après la Déclaration du 10 Août 1686, que lorsque la Différence est telle, qu'elle change la Qualité de l'Action, & la Nature du Crime; car si elle ne tomboit que sur des circonstances purement accessoires ou indifférentes; cela ne devroit pas empêcher les Juges de prononcer l'Entérinement.

IV. D'AILLEURS, il faut observer, que le présent Article ne concerne proprement que les Lettres de Rémission qui sont obtenues en de Petites Chancelleries près les Cours, & qui étoient les seules usitées dans le tems de l'Ordonnance; car, si ces Lettres étoient obtenues en la Grande Chancellerie, telles que celles dont il est parlé dans la Déclaration de 1683; les Juges ne pourroient alors en débouter les Impétrans, quand même elles ne se trouveroient pas conformes aux Charges; mais ils devroient seulement en surseoir l'Entérinement, conformément à la Déclaration de 1686, & envoyer directement à S. M. les Lettres & les Charges, avec leurs Remontrances, si ce sont des Cours Supérieures; ou bien leurs Représentations à M. le Chancelier, si ce sont des Juges Inférieurs. Au reste, il faut bien distinguer à cet égard, suivant la même Déclaration de 1683, les Lettres de Rémission scellées en Commandement, de celles qui seroient seulement obtenues au Grand Sceau, sans être scellées en Commandement; les Juges peuvent débouter de celles ci, ainsi que des Lettres obtenues dans les Petites Chancelleries, lorsqu'elles ne se trouvent point conformes aux Charges, ou qu'elles sont accordées pour des Cas non rémissibles.

V. DE ce qu'aux termes de cet Article, les Juges sont tenus de débouter l'Impétrant de l'entérinement des Lettres, qui ne ſont conformes aux Charges, ou qui ont été accordées pour des Cas non rémiſſibles, il s'enſuit que, toutes les fois qu'elles ſont trouvées conformes aux Charges, ou qu'elles ſont accordées pour des Cas remiſſibles, les Juges ne peuvent ſe diſpenſer d'en prononcer l'Entérinement. Ainſi, par le Jugement qu'ils rendront à ce ſujet, ils devront déclarer qu'ils *entérinent ces Lettres, pour jouir par le Demandeur, de l'effet du contenu d'icelles, ſelon leur forme & teneur, &c.*

VI. Au reste, par ce même Jugement, ils ne pourront prononcer contre l'Impétrant aucune peine, ſoit afflictive, ſoit même pécuniaire, telle que l'Amende ou l'Aumône : parce que toutes ces Peines ſont remiſes par S. M. à celui à qui elle accorde ces Lettres ; & que d'ailleurs il y a toujours une Aumône réglée par ces mêmes Lettres. Mais ils pourront ſeulement condamner à une certaine ſomme, envers la Partie Civile pour ſes dommages & intérêts, réſultans de la mort d'un tel.... ſon Pere, ſon Fils, Mari, ou autre Parent proche, dans les Cas où il n'y a point eû de Tranſaction faite, entre cette Partie & le Demandeur en Lettres, à ce ſujet ; ou bien ordonner l'exécution de la Tranſaction, s'il y en a eu une, & que le payement n'en ait point été fait. Si cependant il n'y avoit aucune Aumône réglée par les Lettres, ou ſi celle qui y ſeroit réglée ne paroiſſoit pas ſuffiſante, les Juges des Cours Supérieures, & autres Juges en dernier Reſſort pourroient eux-mêmes régler, ou augmenter ces Aumônes, pourvû qu'ils les appliquent au Pain des Priſonniers, ils y ſont autoriſés expreſſément par une Déclaration du 21 Janvier 1685, qui ſera rapportée ſur l'Article 7 du Titre 25 ci-après. Il y a même des Arrêts, un entr'autres du 23 Juin 1712, qui en entérinant des Lettres de Grace, ont condamné l'Impétrant à des Amendes ou Aumônes, au profit des Seigneurs, pour les indemniſer des Frais de Juſtice. Il y en a d'autres, qui ont condamné les Impétrans à une certaine ſomme, pour faire prier Dieu pour l'ame du défunt. *V.* Bacquet, des Dr. de Juſtice, Ch. 16, n°. 1. Bruneau, Tit. 18. Max. 2.

VII. Lorsqu'il eſt porté par les Lettres de Grace (comme cela arrive quelquefois, ſuivant la griéveté des Cas, & la Qualité des Perſonnes) que l'Impétrant tiendra Priſon pendant un certain tems, ou qu'il ſervira dans les Armées de S. M. en Qualité de Soldat, pendant un certain nombre d'années, ou pendant sa vie, ou qu'il s'absentera du lieu pendant un tems limité, &c. Les Juges doivent prononcer par leur Jugement, l'exécution de toutes les Peines portées par ces Lettres.

VIII. L'EFFET de l'Entérinement des Lettres, est de remettre l'Impétrant dans le même état qu'il étoit avant l'Accusation, ou le Jugement de Condamnation contre lequel ces Lettres ont été obtenues; & par conséquent, de le rétablir dans la possession de ses biens, s'ils ont été confisqués, même de le restituer contre les Donations qui en ont été faites par le Roi, ou par les Seigneurs Hauts-Justiciers. Il y en a plusieurs Arrêts rapportés par BRILLON, *verbo* LETTRES DE GRACE. Mais cela ne doit s'entendre que sous ces trois Conditions également indispensables.

La *premiere*, que les Lettres portent expressément la Clause de la restitution des Biens, conformément à la Loi *Cum Patrem*, & à la Loi *Tutor* 5, au COD. *de Sent. Pass.*

La *seconde*, que l'Impétrant ait fait entériner ses Lettres dans les cinq ans de l'exécution du Jugement de Contumace; parce que, comme nous le verrons sur l'Art. 28 du Titre suivant, il ne peut plus depuis ce tems-là, être rétabli dans ses Biens confisqués, qu'en vertu de Lettres *pour Ester à droit*; & encore, si ses Biens confisqués avoient été vendus par le Roi, ou par les Seigneurs, ou leurs Donataires, après ces cinq années, la Restitution ne pourroit avoir lieu, même dans ce dernier Cas, au préjudice d'un Tiers qui les auroit acquis de bonne foi.

La *troisiéme* enfin, que si l'Entérinement est fait de Lettres obtenues contre un Jugement Contradictoire, portant confiscation de Biens, il ne nuit point au Seigneur à qui, par ce Jugement, le Droit se trouve acquis sur les Biens du Condamné. *V.* CHOP. DE DOMAN. Lib. 1, Tit. 8, N°. 13, & LE BRET, Liv. 3, de la Souver. Ch. 13. Sauf néanmoins, lorsqu'il s'agit de Lettres accordées en considération des Services, ou d'une Abolition pour le bien de la Paix, ou que l'Entérinement *fût fondé en Justice, pour avoir, le Condamné, justifié son innocence;* c'est la Remarque de BACQUET, Tr. des Dr. de Justice, Ch. 16, N°. 4.

ARTICLE XXVIII.

» LES Impétrans des Lettres de Révision qui suc-
» comberont, seront condamnés en 300 liv. d'amende
» envers Nous, & 150 liv. envers la Partie.

SOMMAIRE.

I. *Peine de ceux qui sont déboutés des Lettres de Révision.*
II. *Différente de celle portée contre ceux qui succombent dans les Requêtes Civiles.*

I. CET Article a pour objet, les Jugemens particuliers qui se rendent sur les Lettres de *Révision.* L'Ordonnance veut que celui qui sera débouté de ces Lettres, soit condamné par le même Jugement, à une Amende de 300 liv. envers le Roi, & de 150 liv. envers la Partie.

II. IL y a par conséquent, cette Différence, entre ceux qui succombent dans les Lettres de Révision, & ceux qui succombent dans les Requêtes Civiles, qu'ils ne sont pas tenus, comme ces derniers, de consigner l'Amende, & ne doivent pas, non plus comme eux, être condamnés aux dépens.

TITRE XVII.

Des Défauts & Contumaces.

CE Titre contient trente-deux Articles.

Dans le *premier*, il est parlé de la Perquisition de l'Accusé, & de la Saisie de ses Biens.

Dans le *second*, de la Maniere dont se doit faire la Perquisition de l'Accusé qui a domicile.

Dans le *troisiéme*, de la Perquisition de l'Accusé qui n'a point de Domicile.

Dans le *quatriéme*, de la Saisie & Annotation de ses Biens.

Dans le *cinquiéme*, de l'Etablissement du Gardien aux Meubles, & d'un Commissaire à la garde des fruits des Immeubles.

Dans le *sixiéme*, des Personnes qui ne peuvent être Gardiens ni Commissaires.

Dans le *septiéme*, de l'Assignation à quinzaine.

Dans le *huitiéme*, de l'Assignation à huitaine, & à un seul Cri Public.

Dans le *neuviéme*, du Lieu où doit se faire le Cri Public.

Dans le *dixiéme*, de l'Assignation qui doit être donnée à l'Accusé, qui a pour Prison la suite du Conseil ou du Grand Conseil, ou les Lieux & les Chemins de la Jurisdiction, & qui ne se représente lors de son Jugement.

Dans le *onziéme*, de l'Abrogation de toutes autres Assignations & Proclamations que celles énoncées ci-dessus.

Dans le *douziéme*, de la Remise du Procès au Procureur du Roi, pour donner ses Conclusions Préparatoires.

Dans le *treiziéme*, du Jugement Préparatoire, qui ordonne que le Récollement vaudra Confrontation.

Dans le *quatorziéme*, de la nouvelle communication du Procès au Procureur du Roi, pour donner ses Conclusions définitives.

Dans le *quinziéme*, du Jugement définitif par Contumace.

Dans le *seiziéme*, des Condamnations qui doivent être exécutées par Effigie, ou dans un Tableau, ou par simple Signification.

Dans le *dix-septiéme*, du Procès-verbal d'exécution de ce Jugement.

Dans le *dix-huitiéme*, de la Représentation volontaire ou forcée de l'Accusé Contumax, & de l'effet qu'elle produit quant à la Procédure.

Dans le *dix-neuviéme*, des Frais de Contumace, & comment & par qui ils doivent être payés.

Dans le *vingtiéme*, de l'Interrogatoire & Confrontation, qui se font ensuite de la Représentation de l'Accusé.

Dans le *vingt-uniéme*, du Rejet des Dépositions des Témoins décédés avant le Récollement, si elles ne vont à la décharge de l'Accusé.

Dans le *vingt-deuxiéme*, de la validité des Dépositions des Témoins décédés ou morts civilement pendant la Contumace, & de la Confrontation littérale qui en sera faite.

Dans le *vingt-troisiéme*, de la Validité des Dépositions des Témoins récollés, qui n'ont pû être confrontés à cause de quelque légitime empêchement survenu pendant la Contumace.

Dans le *vingt-quatriéme*, de la Procédure contre l'Accusé qui s'évade des Prisons.

Dans le *vingt-cinquiéme*, de la Procédure pour Bris de Prison.

Dans le *vingt-sixiéme*, de l'effet de la Représentation de l'Accusé, dans l'année de l'Exécution du Jugement de Contumace.

Dans le *vingt-septiéme*, des Défenses à tous Officiers de Justice, de transporter chez eux les Effets de l'Accusé Contumax, & de s'en rendre Adjudicataires.

Dans le *vingt-huitiéme*, de la Peine qu'encourt l'Accusé qui ne se représente point dans les cinq années de l'Exécution du Jugement de Contumace, par rapport à ses Biens.

Dans le *vingt-neuviéme*, de la mort civile encourue par le Condamné par Contumace à Mort, aux Galéres ou Bannissement perpétuel, qui décéde après les cinq années de l'Exécution du Jugement de Contumace, sans s'être représenté.

Dans le *trentiéme*, de ceux qui peuvent percevoir les Fruits & Revenus des Biens des Condamnés, pendant les cinq années, du jour de l'exécution du Jugement de Contumace, & de la Maniere dont doit se faire cette Perception.

Dans le *trente-uniéme*, de la Révocation & Nullité des Dons faits par le Roi ou les Seigneurs, des confiscations qui leur appartiendroient.

Enfin, dans le *trente-deuxiéme*, des Formalités qui doivent accompagner la Prise de Possession des Biens des Condamnés, après les cinq années expirées.

ARTICLE PREMIER.

» Si le Décret de Prise de Corps ne peut être exé-
» cuté contre l'Accusé, il en sera fait perquisition, &
» ses biens seront saisis & annotés, sans que pour raison
» de ce il soit obtenu aucun Jugement.

SOMMAIRE.

I. *Conformité de cet Article avec l'Article 12 du Tit. 10.*
II. *Pourquoi la Perquisition de l'Accusé est-elle nécessaire ?*
III. *Quel est l'objet de la Saisie de ses biens ?*
IV. *Cas où il doit être dressé Procès-verbal & Inventaire des Effets de l'Accusé.*
V. *Cas où le Scellé doit être apposé sur ses Papiers & Effets.*
VI. Quid, *lorsqu'un tiers apporte à la Justice des Meubles qu'il dit appartenir à l'Accusé.*

I. SUIVANT cet Article, lorsque l'Accusé décrété de Prise de Corps, ne se représente point, ou ne peut être arrêté, les Parties Publiques ou Civiles, à la Requête desquelles aura été rendu le Décret, doivent faire deux choses. D'abord, commencer par la *Perquisition* de sa Personne; faire ensuite procéder à la *Saisie & Annotation* de ses Biens. Il y a cela de remarquable, que l'une & l'autre de ces Procédures se font en vertu du seul Décret réel, & sans qu'il soit besoin d'obtenir un Jugement ou Ordonnance à cet effet; le tout conformément à l'Art. 12 du Tit. 1er ci-devant.

II. QUANT à la PERQUISITION, elle est absolument requise pour la validité de l'Instruction Criminelle, comme étant fondée sur la Maxime du Droit Naturel, qui ne permet de condamner personne sans l'entendre, ou du moins sans le constituer en demeure, d'une maniere juridique. Nous verrons sur l'Article suivant, comment doit se faire cette Perquisition.

III. A l'égard de la SAISIE ET ANNOTATION DE BIENS, comme elle a principalement pour objet, de pourvoir à la sûreté des Condamnations pécuniaires, qui peuvent être prononcées contre l'Accusé; cette Formalité n'est point tellement essentielle à l'Instruction Criminelle, que son omission puisse en opérer la Nullité. Nous verrons sur les Art. 4, 5 & 6 de ce Titre, comment l'on doit procéder à cette Saisie & Annotation.

IV. INDÉPENDAMMENT de la Perquisition de l'Accusé, & de la Saisie & Annotation de ses Biens; il y a encore deux autres Formalités dont il n'est point parlé dans cet Article, & qui se pratiquent néanmoins en de certains Cas. L'*une*, c'est lorsqu'il se trouve chez l'Accusé des Effets servans à conviction, comme *Armes*, *Instrumens* qui paroissent lui avoir servi à commettre

mettre le Crime, ou bien la *Chose* volée, ou la *Piéce de Monnoie* qu'on prétend fausse & altérée: alors le Prévôt des Maréchaux, ou les Huissiers, qui font la Perquisition de l'Accusé, doivent faire INVENTAIRE de ces Effets, & en dresser Procès-verbal, conformément aux Articles 9 du Tit. 2, & 7 du Tit. 13 de la présente Ordonnance.

V. L'AUTRE, c'est lorsqu'il y a du soupçon, qu'il doit se trouver parmi les Papiers & les Effets de l'Accusé, quelques Piéces *servans à conviction:* alors les Parties Publiques ou Civiles peuvent requérir le Juge de se transporter en la Maison de l'Accusé, pour y apposer LES SCELLÉS. Cette Apposition faite, le Juge commet un Gardien, & quelque tems après, il se transporte de nouveau, à la Requête des mêmes Parties, pour faire un Inventaire-Sommaire de ces Papiers & Effets; il ordonne la Remise au Greffe de ceux *servans à Conviction*; & à l'égard des autres Effets qui se trouveront sous le Scellé, il les laissera à la Garde de l'Huissier, pour en faire la Saisie, conformément à l'Article 4 ci-après.

VI. IL arrive aussi quelquefois, que l'on apporte quelques Meubles à la Justice, comme appartenans à l'Accusé, ou ayant été mis en dépôt par lui; le Juge en doit aussi dresser PROCÉS-VERBAL, qu'il doit faire signer à la Personne qui les apporte.

ARTICLE II.

» LA Perquisition sera faite à son Domicile ordinaire, » ou au Lieu de sa Résidence, si aucune il a dans le » Lieu où s'instruit le Procès; & Copie laissée du Pro- » cès-verbal de Perquisition.

SOMMAIRE.

I. *Perquisition peut se faire en tous Lieux où l'on soupçonne que peut être l'Accusé.*

II. *Comment l'Huissier doit-il y procéder?*

III. *Changement qu'a apporté sur cet Article la Déclaration de 1680.*

IV. *Formule du Procès-verbal de Perquisition dans la Maison de Résidance de l'Accusé.*

PAR cet Article, qui concerne la Perquisition de l'Accusé, l'Ordonnance prescrit deux Choses; les *Lieux* où doit se faire cette Perquisition, & la *Maniere* dont il doit y être procédé.

I. 1°. QUANT aux LIEUX, l'Ordonnance veut que cette Perquisition soit faite, d'abord au Domicile ordinaire de l'Accusé, ou bien dans le Lieu de la Jurisdiction où s'instruit le Procès, si l'Accusé y avoit sa Résidence dans le tems du Crime; ce qui s'entend d'une Résidence passagere & momentanée : ainsi, par exemple, si l'Accusé s'étoit évadé des Prisons, après avoir été arrêté, le Lieu de sa Résidence seroit la Prison. Au reste, cette Perquisition peut se faire dans tous les Lieux, où l'on soupçonne que peut être l'Accusé, sans qu'il soit besoin de demander pour cet effet Permission ni *Pareatis*, comme nous l'avons vû sur l'Article 12 du Tit. des Décrets.

II. 2°. QUANT à la PROCÉDURE, l'Ordonnance veut, qu'il soit dressé Procès-verbal de cette Perquisition, & que la Copie de ce Procès-verbal soit laissée au Lieu où elle est faite. Pour cet effet, il faut que l'Huissier, Porteur du Décret réel, étant assisté de deux Records (& même, si l'on veut qu'il procéde plus efficacement, & avec plus de sûreté, on doit le faire accompagner de deux Cavaliers de Maréchaussée) se transporte dans les Lieux, où il croit pouvoir trouver l'Accusé; il dresse son Procès-verbal de Perquisition, tel que celui dont la Formule est ci-après; il en laisse Copie à quelqu'un de ceux qui occupent la Maison; & s'il n'y a personne, il doit laisser cette Copie à la Porte.

III. MAIS la Disposition de cet Article a reçu quelque Changement, par la Déclaration du mois de Décembre 1680, donnée en interprétation, tant de ce même Article, que des Articles 3, 7, 8 & 9 du présent Titre de l'Ordonnance.

Suivant cette derniere Loi (a) il faut d'abord distinguer entre les Accusés qui ont un Domicile certain, & ceux qui ne l'ont

(a) » En interprétant & ajoutant auxd. » Articles 1, 3, 7 & 9 du Tit. 17 de l'Ordonnance de 1671, voulons & nous plaît » que lorsque dans les trois mois, du jour » que le Crime aura été commis, l'Accusateur en voudra poursuivre & faire instruire la Contumace, la Perquisition de » l'Accusé en pourra être valablement » faite dans la Maison où résidoit l'Accusé, dans l'étendue de la Jurisdiction » où le Crime aura été commis, & sera » laissée Copie du Procès-verbal de Perquisition. Qu'il en sera usé de même » pour l'Assignation à comparoir à quinzaine, laquelle sera aussi valablement » donnée à l'Accusé, en la Maison où il

pas. A l'égard de ces Derniers, la Perquisition en doit être faite & les Assignations données, de la Maniere portée par l'Article suivant, c'est-à-dire, qu'il suffira d'attacher la Copie du Décret & de l'Exploit d'Assignation, à la Porte de l'Auditoire. Quant à Ceux qui ont un Domicile certain, cette Loi veut qu'on distingue les Tems où cette Perquisition est faite, & les Assignations données; si c'est avant ou depuis les trois mois, du jour que le Crime aura été commis. Lorsque l'Accusateur voudra poursuivre & faire instruire la Contumace dans les trois mois, du jour que le Crime aura été commis, la Perquisition pourra être valablement faite, & les Assignations données dans la Maison où résidoit l'Accusé, dans l'étendue de la Jurisdiction où le Crime a été commis, sans qu'il soit nécessaire de faire cette Perquisition, & de donner ces Assignations au Lieu du Domicile qu'avoit l'Accusé, avant qu'il eût commis le Crime. Si cet Accusé n'y avoit point résidé dans l'espace de ces trois mois, la même Loi veut qu'il en soit usé à son égard, de même que pour l'Accusé qui n'a point de Domicile certain, c'est-à-dire, qu'il suffira d'attacher la Copie du Décret, ensemble de l'Exploit d'Assignation, à la Porte de l'Auditoire de cette Jurisdiction, où il n'a point résidé, sans qu'il soit nécessaire de faire la Perquisition, ni de donner les Assignations au Lieu du Domicile qu'avoit cet Accusé, avant qu'il eût commis le Crime. Enfin, dans le Cas où l'Accusateur voudroit poursuivre, & faire instruire la Contumace, après les trois mois, depuis que le Crime aura été commis; cette même Loi veut, que la Perquisition de l'Accusé ne puisse être faite, & les Assignations données, que dans le Domicile ordinaire de l'Accusé.

» résidoit, ainsi que dit est, & Copie aussi » laissée de l'Exploit d'Assignation..... » Et si ledit Accusé n'a point résidé dans » l'étendue de la Jurisdiction où le Crime » a été commis, la Perquisition en sera » faite, & les Assignations données, sui» vant l'Art. 3 de ladite Ordonnance, » Tit. 17, sans qu'il soit nécessaire de faire » lesdites Perquisitions, & donner les As» signations au Lieu où demeuroit l'Ac» cusé avant qu'il eût commis le Crime.... » Si, après les trois mois échus depuis que » le Crime aura été commis, l'Accusa» teur veut poursuivre & faire instruire la » Contumace, la Perquisition de l'Accusé » sera faite, & les Assignations données » au Domicile ordinaire de l'Accusé.... » A l'égard de l'Accusé qui n'aura point » de Domicile, soit qu'il soit poursuivi, » avant ou depuis les trois mois échûs, » à compter du jour que le Crime aura » été commis; la Copie du Décret, en» semble l'Exploit d'Assignation, seront » seulement affichés à la Porte de l'Au» ditoire... &c. *Décl. de Décembre* 1680.

IV. FORMULE *du Procès-verbal de Perquisition, qui se fait dans les trois mois du Crime commis, en la Maison de Résidence de l'Accusé, au Lieu de la Jurisdiction où le Crime a été commis.*

L'an.....en vertu du Décret de Prise de Corps décerné contre.... par.....le.....& scellé; & à la Requête de.....demeurant à..... qui a élû son Domicile à.....Je.....Huissier ou Sergent, reçu à..... résident à.....assisté de.....& de.....mes assistans *ou* Archers de la Maréchaussée de.....demeurant à.....me suis transporté en une Maison, sise.....où résidoit.....Accusé dans les trois mois avant le Crime commis, où étant entré avec mes Assistans, ai demandé à..... où étoit led......de me faire ouverture de tous les Appartemens, Chambres & Lieux dépendans de ladite Maison; à quoi led......ayant satisfait, je suis entré premiérement (*spécifier tous les Lieux de lad. Maison*) j'ai fait une Perquisition exacte de.....pour l'arrêter & le mener Prisonnier dans les Prisons de.....en vertu dud. Décret; & ne l'ayant point trouvé en lad. Maison, je me suis enquis de.....(*nommer deux ou trois proches Voisins, s'ils ne l'avoient point vû entrer ou sortir d'icelle Maison*) lesquels m'ont dit.....de tout quoi j'ai dressé le présent Procès-verbal, pour servir & valoir ce que de raison, duquel j'ai laissé Copie à.....parlant à sa Personne.

NOTA. *La même Formule peut servir aussi, pour le Procès-verbal de Perquisition au Domicile ordinaire de l'Accusé, quand elle est faite après les trois mois que le Crime a été commis.*

ARTICLE III.

» SI l'Accusé n'a point de Domicile, ou ne réside » au Lieu de la Jurisdiction, la Copie du Décret sera » affichée à la Porte de l'Auditoire.

SOMMAIRE.

I. *Disposition de cet Article confirmée par la Déclaration de 1680.*

II. *Comment doit s'entendre le Lieu de la Jurisdiction, suivant cette derniere Loi.*

III. *Formule de Procès-verbal par Affiche à la Porte de l'Auditoire.*

I. PAR cet Article, qui est une suite du Précédent, l'Ordonnance prévoit le Cas où l'Accusé Contumax n'auroit point de Domicile certain, ou bien n'auroit pas résidé, lors de son Crime, dans le Lieu de la Jurisdiction, où s'instruit le Procès. Elle veut, qu'alors, la Copie du Décret soit affichée à la Porte de l'Auditoire, sans qu'il soit besoin de faire aucune Perquisition. Telle est aussi la Disposition de la Déclaration du mois de Décembre 1680, que nous avons rapportée sur l'Article précédent.

II. Il reste seulement à observer que, par le *Lieu de la Jurisdiction*, dont veut parler ici l'Ordonnance, l'on doit entendre, suivant la Déclaration, non-seulement le Lieu même où cette Jurisdiction s'exerce, mais encore toute l'étendue du Ressort de cette Jurisdiction.

III. FORMULE *du Procès-verbal de Perquisition, par Affiche à l'Auditoire, lorsque l'Accusé n'a point résidé dans les trois mois du Crime commis, dans l'étendue de la Jurisdiction.*

L'an..... en vertu.....& à la Requête de..... (*comme dessus*) après m'être assuré que led......n'a point résidé dans les trois mois que le Crime a été commis dans l'étendue de la Jurisdiction de.....de ce enquis, me suis transporté au-devant de la Porte & principale entrée de.....de l'Auditoire de.....où étant, j'ai mis & affiché à icelle Porte, Copie dudit Décret, ensemble du présent Procès-verbal, suivant l'Ordonnance, pour valoir Perquisition de la Personne de....dont Acte.

NOTA. *La même Formule peut servir pour le Procès-verbal qui se fait par Affiche à l'Auditoire, lorsque l'Accusé n'a point de Domicile, soit que la Perquisition soit faite dans les trois mois du crime commis ou après, à l'exception que l'on met*, après m'être assuré que led.......Accusé n'a point de Domicile, de ce enquis, me suis transporté, &c.

ARTICLE IV.

» LA Saisie des Meubles de l'Accusé sera faite en la » maniere prescrite au Titre des Saisies & Exécutions, » de notre Ordonnance du mois d'Avril 1667.

SOMMAIRE.

I. *Formalités qui doivent acccompagner la Saisie dont il est parlé dans cet Article.*

II. *Cette Saisie ne doit être faite qu'ensuite de la Perquisition de l'Accusé, & pourquoi?*

III. *Provision convenable doit être laissée à la Femme & aux Enfans*

de l'Accusé pour leur subsistance.
IV. *Vente doit être faite des Meubles & Effets d'inutile garde & dépense, & comment?*
V. *Que fera-t-on du prix de cette vente?*

CET Article concerne la Saisie des *Meubles* de l'Accusé, qui se fait à la suite du Procès-verbal de Perquisition. Quant à celle des *Fruits des Immeubles*, il en sera parlé sur l'Article suivant.

I. L'ORDONNANCE veut, qu'il soit procédé à cette Saisie Mobiliaire, de la maniere prescrite par l'Ordonnance Civile, sous le Tit. 23 des Saisies & Exécutions; c'est-à-dire, qu'on doit observer dans l'Exploit de Saisie, toutes les Formalités des Exploits d'Ajournemens; qu'il doit contenir élection de domicile du Saisissant, dans la Ville où la Saisie & Exécution est faite, & si c'est à la Campagne, l'Election doit se faire dans le Village ou la Ville la plus prochaine: l'Huissier doit y appeller deux Voisins au moins, & s'il n'y en a point, il doit le déclarer dans l'Exploit de Saisie, & le faire parapher par le plus prochain Juge; si les Portes sont fermées, en dresser Procès-verbal, se retirer devant le Juge qui nommera deux Personnes en présence desquelles l'ouverture des Portes, & la Saisie & Exécution seront faites: ces Personnes ainsi nommées, doivent signer l'Exploit de Saisie & Exécution, avec les Records: l'Huissier spécifiera dans son Procès-verbal, par le menû, & en détail tous les Effets saisis, parmi lesquels il ne comprendra point ceux que l'Ordonnance a déclarés non saisissables: il établira un Gardien qu'il mettra en possession des choses saisies, si ceux-ci le requiérent, & lui fera signer son Procès-verbal.

II. INDÉPENDAMMENT de ces Formalités *générales*, il y en a encore trois autres, qui sont *particulieres* à la Saisie dont il est parlé dans cet Article; sçavoir, 1°. Que l'Huissier ne doit y procéder, qu'ensuite de la Perquisition qu'il aura faite de la Personne de l'Accusé, afin de ne point lui donner par-là le tems de s'évader.

III. 2°. QU'IL doit laisser à la Femme & aux Enfans de l'Accusé, s'il en a, une Provision convenable de Denrées, Meubles & Hardes, pour leur subsistance, dont il fera mention dans son Procès-verbal de Saisie; quoique cette Provision puisse aussi être accordée par le Juge, sur la Requête de la Femme & des Enfans.

IV. 3°. QUE si parmi les Meubles, il y en a qui soient d'inutile garde & dépense, comme des Chevaux, &c. ou qui par leur Nature peuvent se gâter & corrompre en les gardant, *qui servando servari non possunt;* l'Huissier doit procéder à la vente de ces Meubles, après que cela aura été ainsi ordonné par le Juge, sur les Conclusions de la Partie Publique. C'est ce qui paroît résulter de la Disposition des Art. 26 & 27 ci-après. Pour cet effet, il sera fait proclamation à plusieurs jours de marché, pour sçavoir si ces Effets ne seront reclamés de Personne ; & s'il y a lieu de soupçonner qu'ils ont été volés, le Juge ne les rendra au Propriétaire, ou à l'Adjudicataire, que sous la Caution de les représenter à Justice, s'il est ainsi ordonné, pour servir à l'Instruction du Procès.

V. QUANT à l'Argent qui proviendra de cette Vente, le Juge ordonnera qu'il sera remis en dépôt au Greffier ou autre Personne solvable, qui s'en chargera comme dépositaire de biens de Justice, en donnera Quittance à l'Huissier qui les lui remettra.

V. au surplus ce que nous avons dit sur l'Art. 1er, par rapport à l'Inventaire & Apposition de Scellé, qui peuvent être faits en pareil cas.

V. encore les Articles 26, 27 & 32 de ce Titre, qui sont relatifs à ces Meubles.

ARTICLE V.

» LES fruits des Immeubles seront saisis, & Com-
» missaires établis à leur Garde avec les Formalités
» prescrites par notre Ordonnance pour les Sequestres
» & Commissaires.

SOMMAIRE.

I. *Comment doit-on procéder à la Saisie & Annotation des Immeubles.*

II. *Distinction pour les Terres Nobles ou Roturieres.*

III. *Diverses Mentions du Procès-verbal au sujet du Commissaire qui sera établi.*
IV. *Comment doit-on procéder à la Réception de ce Commissaire?*
V. *Que doit faire ce Commissaire, après qu'il a été mis en possession?*
VI. Quid, *Si les Héritages sont situés hors le Ressort du Juge qui instruit le Procès?*
VII. Quid, *si Personne ne veut être Commissaire?*

IL est parlé dans cet Article, de la Saisie des Fruits des Immeubles de l'Accusé. Ce qu'on appelle autrement *Annotation.*

Cette Saisie doit, comme celle des Meubles, être faite suivant les Formalités prescrites par l'Ordonnance Civile, & notamment celle portée par le Tit. 19 de cette Ordonnance, concernant l'*établissement des Sequestres & Commissaires.*

I. Ainsi, pour procéder réguliérement à cette Saisie, l'Huissier, après s'être transporté sur les Terres & Héritages appartenans à l'Accusé, suivant l'indication qui lui en sera faite par la Partie Civile, devra déclarer, dans le Procès-verbal qu'il dressera à la suite de celui de la Perquisition & de la Saisie des Meubles, qu'il saisit & annote lesdits Héritages, dont il rapportera les Confins, par tenans & aboutissans.

II. Dans ce Procès-verbal, l'Huissier aura soin de distinguer si la Terre est Noble ou Roturiere, parce que la Saisie doit s'en faire différemment.

III. Il devra aussi y déclarer le nom du Commissaire séquestre, qu'il établira à la Régie & Gouvernement des Fruits desdits Héritages, & y faire mention que ce Commissaire a signé avec lui & ses Records le Procès-verbal, & qu'il lui en a donné Copie. Que si le Commissaire ne vouloit ou ne pouvoit signer, il en fera pareillement mention.

IV. Ce Commissaire sera nommé d'Office par le Juge, pardevant lequel il sera assigné, comme en Matiere civile, pour prêter le Serment en tel cas requis. Il pourra même y être contraint par Amende & par Saisie de ses Biens. Nous verrons sur l'Article suivant, Quels sont ceux que le Juge ne peut nommer Commissaires.

V. Aprés que ce Commissaire aura été mis en possession des Fruits saisis par l'Huissier, (ce qui se fait en vertu de l'Ordonnance du Juge, sur la Requête de la Partie Civile) il devra procéder au Bail judiciaire. A l'effet de quoi il fera proclamer

aux

aux Prônes des Paroisses, & apposer affiches aux Portes des Eglises & lieux accoutumés. Les Baux se font par le Juge à l'Audience.

VI. QUE si les Héritages se trouvent situés hors le Ressort de la Jurisdiction où s'instruit le Procès Criminel, le Juge pourra, afin d'éviter les Frais, donner Commission Rogatoire au Juge des Lieux, où sont situés les Héritages qu'on veut saisir & annoter, pour qu'il fasse procéder à la Saisie & Annotation de ces Héritages; mais sans que cette Commission puisse donner à ce dernier Juge le pouvoir de connoître des Demandes en mainlevée de Saisie. Le tout conformément à l'Art. 4 de l'Edit de Châteaubriand du 15 Octobre 1565.

VII. ENFIN, si Personne ne se présentoit pour être Commissaire, le Juge pourroit établir garnison pour la Garde des Fruits.

V. au surplus ce qui est marqué sous le Tit. 19 de l'Ordonnance de 1667, soit par rapport au Compte que doivent rendre ces Commissaires, des Fruits saisis; soit par rapport aux Troubles & empêchemens qu'on pourroit apporter à leur Possession.

L'on trouve aussi dans les Formules de la même Ordonnance de 1667, 1°. Le Jugement qui ordonne le Séquestre.

2°. Le Procès-verbal de nomination du Séquestre.

3°. L'Ordonance pour faire assigner le Séquestre, à l'effet de prêter Serment.

4°. L'Ordonnance contre le Séquestre défaillant.

5°. L'Ordonnance portant qu'il sera mis en Possession.

6°. Le Procès-verbal de mise en Possession.

ARTICLE VI.

» DÉFENDONS à tous Juges d'établir pour Gar-
» diens ou Commissaires les Parens ou Domestiques
» des Fermiers & Receveurs de notre Domaine, ou
» des Seigneurs, à qui la Confiscation appartient.

SOMMAIRE.

I. *Modification apportée par cet Article aux deux précédens.*

II. *Sur quoi est fondée l'exclusion portée par cet Article contre les Pa-*

rens & Domestiques des Fermiers & Receveurs du Domaine.

III. *Mêmes Raisons pour exclure les Parens & Domestiques de la Partie Civile.*

I. APRÉS s'en être rapporté à la Disposition de l'Ordonnance Civile, par rapport à l'établissement des Gardiens & Commissaires, dont il est parlé sur les deux précédens Articles; la présente Ordonnance ajoute ici, une restriction remarquable au pouvoir accordé aux Juges par cette premiere Loi, relativement au choix de ces Gardiens & Commissaires.

Suivant l'Ordonnance Civile, on ne peut prendre pour Gardiens & Commissaires, la Femme, ni les Enfans & petits Enfans du Saisi, à peine de tous dépens, dommages & intérêts. Il est pareillement défendu sous la même peine, de prendre pour Gardiens, les Freres, Oncles & Neveux de ce Saisi, à moins que ceux-ci n'y ayent expressément consenti par le Procès-verbal de Saisie & Exécution.

Or, non-seulement les mêmes Dispositions doivent avoir lieu suivant la présente Ordonnance, en fait de saisie & Annotation, pour lesquelles elle veut que l'on suive toutes les Formalités prescrites par l'Ordonnance Civile; mais elle veut de plus, que l'exclusion que celle-ci prononce contre les Parens & Alliés de l'Accusé, s'étende encore jusqu'aux Parens même ou Domestiques des Fermiers ou Receveurs du Domaine du Roi ou des Seigneurs, à qui la Confiscation appartient.

II. LE Motif de l'exclusion particuliere de ces derniers, est fondé sans doute, *tant* sur les inconvéniens dangereux qu'il y auroit d'abandonner à la discrétion des Fermiers & Receveurs, la fortune d'un Accusé, dont ils se croiroient les Maîtres de disposer à leur profit particulier, sous prétexte de se rembourser des frais qu'ils sont tenus d'avancer pour lui faire son Procès; *que* sur cette considération particuliére, que les Saisies & Annotations qui se font en cette Matiere, sont moins pour assurer les intérêts du Fisc, qu'une espéce d'aiguillon, dont l'Ordonnance se sert, pour forcer l'Accusé qui est en fuite, de se représenter.

III. C'EST aussi par ces mêmes raisons, que l'on peut dire que les Parens & Domestiques de la Partie Civile, ne devroient point être établis pour Gardiens & Commissaires.

ARTICLE VII.

» Si l'Accusé est domicilié ou réside dans le Lieu de
» la Jurisdiction, il y sera assigné à comparoir dans quin-
» zaine ; sinon l'Exploit d'Assignation sera affiché à la
» Porte de l'Auditoire.

SOMMAIRE.

I. *Changemens qu'a apporté la Déclaration de 1680 sur ce Point.*

II. *Cette Assignation se donne en vertu du seul Décret, sans Ordonnance du Juge.*

III. *Dans la Quinzaine ne sont compris le jour de l'Assignation ni celui de l'Echéance.*

IV. *Formule des Assignations à quinzaine, suivant la Déclaration de Décembre 1680.*

Il est parlé dans cet Article, de la premiere Assignation qui doit être donnée à l'Accusé contumax, ensuite de la Perquisition qui a été faite de sa Personne, & de la saisie & Annotation de ses biens.

Cette Assignation est de *Quinzaine :* elle doit, suivant l'Ordonnance, être donnée au *Domicile* de l'Accusé, ou au lieu de sa *Résidence*, s'il en a une dans l'étendue de la Jurisdiction où le Procès s'instruit ; & dans le Cas où il n'auroit ni Domicile ni Résidence, l'Exploit d'Assignation doit être affiché à *la Porte de l'Auditoire.*

I. Mais, cette Disposition a été changée par la Déclaration du mois de Décembre 1680, que nous avons rapportée sur l'Art. 1er ci-devant, suivant laquelle, nous avons vû que l'on doit observer à l'égard des Assignations qui se donnent à l'Accusé *Contumax*, les mêmes Formalités qu'elle prescrit, par rapport à la Perquisition de cet Accusé ; *sçavoir*, que si la poursuite se fait dans les trois mois, à compter du jour que le Crime aura été commis, l'Assignation sera donnée dans le lieu du Domicile ou de la Résidence qu'avoit l'Accusé, dans l'étendue de la Jurisdiction où ce même Crime aura été commis ; & qu'on lui donnera en même-tems copie, tant de l'Exploit d'Assignation, que du Procès-verbal de Perquisition; & que, si cet Accusé ne résidoit pas dans l'étendue de la Jurisdiction où le Crime a été commis, l'Exploit d'Assignation, ainsi que la Copie du Décret, seront attachés à la Porte de l'Auditoire, conformément à ce qui est porté par l'Art. 3 ci-devant; & cela, sans qu'il soit besoin de faire aucune Perquisition, ni de donner aucune Assignation au Domicile, ni au lieu où résidoit l'Accusé avant qu'il eut commis le Crime. Enfin, que si la poursuite se faisoit après les trois mois, à compter du jour que le Crime a été commis, la Perquisition ne pourra être faite, ainsi que les Assignations données, ailleurs qu'au domicile ordinaire de l'Accusé.

Par une derniere Disposition de cette Loi, qui concerne singuliérement cette Assignation à *quinzaine*; elle veut, qu'outre ce délai de *quinzaine*, il soit encore donné à l'Accusé le délai d'un jour pour chaque dix lieues de distance de son Domicile, jusqu'au lieu de la Jurisdiction où il sera assigné (*a*).

II. AU RESTE, il y a deux choses à observer par rapport à l'Assignation dont il s'agit; l'*une*, que cette Assignation se donne en vertu du seul *Décret* réel, & sans qu'il soit besoin d'une Ordonnance ou Commission particuliére du Juge.

III. L'*autre*, que dans le délai de *quinzaine*, ne sont point compris les jours de l'Assignation, ni celui de l'échéance; ensorte que ce délai est proprement de dix-sept jours, à compter depuis les trois mois du jour du Crime commis, si l'Accusé a une résidence dans le lieu où le Procès s'instruit; & du jour du Décret, s'il a un Domicile ordinaire. *V.* au surplus ce qui sera dit de ce délai sur l'Article suivant.

IV. *FORMULE de l'Assignation à quinzaine donnée à l'Accusé dans les trois mois du jour du Crime commis, lorsqu'il se trouve avoir une Maison de Résidence dans l'étendue de la Jurisdiction où le Crime a été commis.*

L'an....en vertu du Décret de Prise de Corps décerné par....contre ....,& à la Requête de....demeurant à....qui a élû son Domicile à....en continuant le Procès-verbal de Perquisition, par moi fait le.... J'ai.....Huissier ou Sergent, résident à.....reçu à.......me suis transporté en la Maison où led.....faisoit sa Résidence, dans les trois

(*a*) » Laquelle Assignation sera à quinzaine, & outre celui sera donné le Délai d'un jour pour chaque 10 lieues de distance de son Domicile, jusqu'au Lieu de la Jurisdiction où il sera assigné.

mois du jour du Crime commis, fise. . . . . où étant & parlant à . . . . . donné Assignation aud. . . . . . à comparoir dans quinzaine pardevant. . . . pour se mettre en état ès Prisons de. . . . . & satisfaire aud. Décret, & lui ai laissé Copie du présent Exploit, parlant comme dessus.

FORMULE d'Assignation à quinzaine donnée dans les trois mois du Crime commis, par Affiche à la Porte de l'Auditoire, à l'Accusé qui n'a point résidé dans l'étendue de la Jurisdiction où le Crime a été commis.

L'an &c. (*comme ci-dessus*) en continuant la Perquisition, par moi ci-devant faite, ai donné Assignation aud. . . . . . à comparoir dans quinzaine pardevant. . . . . pour se mettre en état ès Prisons dud. Lieu en vertu dud. Décret; & afin que led. . . . . . Accusé n'en puisse prétendre cause d'ignorance, & que lad. Assignation soit publique, j'ai affiché Copie du présent Exploit à la principale Porte de l'Auditoire de. . . . .

NOTA. *Pour l'*ASSIGNATION à quinzaine *donnée après les trois mois du Crime commis au Domicile ordinaire de l'Accusé, il faut suivre la premiere Forme ci-dessus, mais il faut mettre au lieu de* à comparoir à quinzaine, *le Délai d'un jour pour dix lieues ajouté à la quinzaine.*

Et pour *l'*ASSIGNATION à quinzaine *à l'Accusé qui n'avoit pas de Domicile connu, laquelle se fait par Affiche à la Porte de l'Auditoire, il faut suivre la seconde Forme ci-dessus.*

ARTICLE VIII.

» A Faute de comparoir dans la quinzaine, il sera » assigné par un seul Cri public à la huitaine; mais » les jours de l'Assignation & de l'Echéance ne seront » compris dans les Délais.

SOMMAIRE.

I. *Deux Différences entre cette Assignation & celle dont il est parlé sur l'Article précédent.*

II. *Autre Différence marquée par la Déclaration de* 1680.

III. *Formule de Jugement de Défaut contre l'Accusé qui ne comparoît sur l'Assignation à quinzaine.*

I. SI l'Accusé ne comparoît sur l'Assignation à *quinzaine*, dont il est parlé sur l'Article précédent, il doit lui être donné une autre Aſſignation, ſuivant le préſent Article. Mais celle-ci différe de la premiere en ces deux points.

L'*un*, en ce qu'au lieu du délai de *quinzaine* accordé pour la précédente, l'Ordonnance reſtraint celui de l'Aſſignation dont il s'agit, à la *huitaine* ſeulement. A la vérité, dans ce délai de *huitaine*, ne ſont compris, comme dans celui de *quinzaine*, les jours de l'Aſſignation & de l'Echéance.

L'*autre*, en ce qu'au lieu d'être donnée au domicile ou à la réſidence de l'Accuſé, comme celle à *quinzaine*; elle ſe donne par un ſeul Cri Public.

II. La Déclaration du mois de Décembre 1680 (*a*) n'a apporté aucun changement à cette Diſpoſition. Il y a ſeulement cela de remarquable dans cette derniere Loi, qu'elle n'augmente point le délai de cette Aſſignation, d'un jour par chaque dix lieues de diſtance du Domicile de l'Accuſé, juſqu'au lieu de la Juriſdiction où il eſt aſſigné, comme elle fait à l'égard de l'Aſſignation à *quinzaine*. D'où il paroît qu'on doit conclure, que le délai de la premiere Aſſignation, n'eſt point auſſi fatal que celui de cette derniere, & par conſéquent que le ſeul défaut de Comparution de l'Accuſé ſur celle à quinzaine ne ſuffiroit pas pour autoriſer à donner celle à huitaine, ſans être obligé de recourir à un Jugement de Défaut. C'eſt auſſi ce qui paroît réſulter de la Diſpoſition de l'Article 11 ci-après, qui défend aux Juges d'ordonner d'autre Aſſignation que celles dont on vient de parler. C'eſt encore le ſentiment de l'Auteur des Formules, qui donne un Modéle de ce Jugement, tel que nous allons le rapporter ici.

III. *Formule de Jugement de Défaut contre l'Accuſé qui n'aura pas comparu ſur l'Aſſignation à quinzaine.*

A tous ceux qui ces &c. Tel Juge de..... Défaut donné à tel, Accuſateur, Demandeur en exécution de notre Décret & priſe de Corps, décerné contre tel..... le tel jour..... ſuivant l'Exploit d'Aſſignation de tel jour, comparant par tel ſon Procureur, contre tel..... accuſé

(*a*) » A faute de comparoir dans ladite » quinzaine, l'Aſſignation à huitaine, laquelle doit être donnée par un ſeul Cri public, conformément à l'Article 8 du » même Titre, ſera faite & donnée à Son » de Trompe, ſuivant l'Uſage, à la Place » Publique & à la Porte de la Juriſdiction où ſe fera l'Inſtruction du Procès... » A faute de comparoir dans les Délais » ci-deſſus, il ſera crié à Son de Trompe » par un Cri Public à huitaine, dans le » Lieu de la Juriſdiction où ſe fera le » Procès, & led. Cri & Proclamation » affiché à la Porte de l'Auditoire.

& défaillant, par vertu duquel nous ordonnons que ledit tel....... sera assigné à la huitaine, par un seul Cri public qui sera fait à la Place publique, à la Porte de notre Auditoire, & au-devant du Domicile de l'Accusé. Fait le.....&c.

(*S'il n'avoit pas de Domicile, mais qu'il fût seulement résident dans le Lieu, il sera dit*) à la Porte de notre Auditoire, & au-devant de la Maison de.....Enseigne de.....où résidoit ledit Accusé.

Nota. *Nous donnerons la Formule de l'Assignation à huitaine à la suite de l'Article suivant.*

ARTICLE IX.

» LE Cri sera fait à Son de Trompe, suivant l'Usa-
» ge, à la Place Publique, & à la Porte de la Ju-
» risdiction; & encore au-devant du Domicile ou Ré-
» sidence de l'Accusé, s'il en a.

SOMMAIRE.

I. *Comment cette Assignation à Cri public se donne à Paris?*
II. *Déclar. de 1680 ajoute à cet Article.*
III. *Formule d'Assignation par Cri public à huitaine, suivant cette Déclaration.*

I. PAR cet Article, qui est une suite du précédent, l'Ordonnance prescrit le Lieu, & la Maniere dont doit s'exécuter la Formalité du Cri public. Elle veut, en *premier lieu*, que ce Cri se fasse à Son de Trompe, suivant l'Usage des Lieux où se donne l'Assignation à huitaine. L'Usage est à Paris de la faire donner par un Juré-Crieur Ordinaire du Roi, assisté de son Trompette ou Tambour, & de deux Records.

II. L'Ordonnance veut, en *second lieu*, que ce Cri se fasse en trois Endroits différens: sur la Place Publique, à la Porte de l'Auditoire où se fait le Procès, & devant la Maison où l'Accusé avoit son dernier Domicile, ou faisoit sa Résidence lors du Crime commis. Nous venons de voir par la Disposition de la Déclaration de Décembre 1680, rapportée sur l'Article précédent, qu'il n'est plus nécessaire que ce Cri public soit fait devant la Porte de l'Accusé, mais qu'en même tems elle ajoute une Formalité particuliere au présent Article de l'Ordonnance; sçavoir, que le Cri & Proclamation soit affiché à la Porte de l'Auditoire de la Jurisdiction.

III. *FORMULE de l'Assignation par Cri public à huitaine, suivant la Déclaration de Décembre* 1680.

L'an &c.... me suis transporté en la Place de.... le Marché tenant, accompagné de...... où étant led........ ayant sonné de sa Trompette, j'ai par Cri public & à haute voix assigné..... Accusé, à comparoir à la huitaine pardevant..... pour se mettre en état ès Prisons dud. Lieu, & satisfaire aud. Décret. Et à l'instant je me suis transporté au-devant de la Porte & principale Entrée de l'Auditoire de....... où étant led....... ayant sonné de sa Trompette, j'ai par Cri public & à haute & intelligible voix, fait pareille Proclamation, & assigné led..... Accusé à comparoir à la huitaine pardevant..... pour se mettre en état ès Prisons dud. Lieu, & satisfaire aud. Décret. Après quoi Copie du présent Procès-verbal signée dud...... & de moi, a été par moi affichée à la Porte dud. Auditoire, dont & de tout ce que dessus j'ai dressé le présent Procès-verbal, pour servir ce que de raison.

ARTICLE X.

» SI l'Accusé, qui a pour Prison la suite de notre » Conseil ou de notre Grand-Conseil, le Lieu de la » Jurisdiction où s'instruit son Procès, ou les Chemins » de celle où il aura été renvoyé, ne se représente pas, » il sera assigné par une seule Proclamation à la Porte » de l'Auditoire, & le Procès-verbal de Proclamation » affiché au même Endroit, & procédé sans autres For- » malités au reste de l'Instruction & Jugement du Procès.

SOMMAIRE.

I. *Contumace faute de présence, ce que c'est?*

II. *Motif de la Disposition de cet Article.*

III. *Formule de Jugement, portant que l'Accusé sera assigné par une seule Proclamation.*

IV. *Formule d'Assignation qui sera donnée en conséquence à la Porte de l'Auditoire.*

V. *Formule de Défaut aux Présentations.*

VI. *Formule de Jugement de Défaut.*

I.

I. PAR cet Article, l'Ordonnance preſcrit l'Inſtruction particuliere qui doit ſe faire contre les Accuſés, qui ayant pour Priſon la ſuite du Conſeil du Roi ou du Grand-Conſeil, ou bien le Lieu de la Juriſdiction où s'inſtruit leur Procès, ou les Chemins de la Juriſdiction où ils ont été renvoyés, ne ſe repréſentent point dans le tems qui leur eſt marqué, & lorſque leur Procès eſt prêt à être jugé. Elle veut, qu'au lieu d'employer contr'eux les Formalités de la Perquiſition & des Aſſignations à quinzaine & à huitaine, dont il eſt parlé dans les Articles précédens, l'on ſe contente de les aſſigner par une ſeule Proclamation à la Porte de l'Auditoire, & d'y afficher le Procès-verbal de Proclamation; & qu'en conſéquence il ſoit procédé ſans autre Formalité au reſte de l'Inſtruction & du Jugement du Procès. C'eſt ce que les Praticiens appellent CONTUMACE FAUTE DE PRÉSENCE.

II. LA Diſpoſition de cet Article eſt fondée ſans doute, ſur ce que dans tous ces Cas, il y a déja eu une Inſtruction commencée contradictoirement avec l'Accuſé, lequel, au moyen de l'Interrogatoire qu'il a ſubi, ne peut plus ignorer le Crime qu'on lui impute; enſorte que, ne ſatisfaiſant point au Jugement qui l'a renvoyé en état d'Aſſigné pour être oüi, ou d'Ajournement Perſonnel; ou bien, qui l'a aſſujetti à demeurer à la ſuite du Conſeil, ou du Grand-Conſeil; ou dans le Lieu de la Juriſdiction; ou enfin, dans les Chemins de la Juriſdiction où il eſt renvoyé, cet Accuſé devient par ſa Contumace beaucoup plus inexcuſable, & mérite d'être traité avec moins de ménagement, que l'Accuſé qui a pris la fuite auſſi-tôt après le Décret, & qui n'a aucune Connoiſſance de la Procédure qui a été faite contre lui.

III. *FORMULE de Jugement portant que l'Accuſé qui ayant pour Priſon la ſuite du Conſeil &c. ne ſe repréſente pas, ſera aſſigné par une ſeule Proclamation.*

Extrait des Regiſtres de.....

Vû la Plainte rendue par.....contre.....le.....l'Ordonnance portant Permiſſion d'informer, l'Information faite en conſéquence, Décret de Priſe de Corps décerné contre.....le.....Jugement du..... portant que l'Accuſé aura pour Priſon la ſuite.....ou le Chemin de..... Concluſions du Procureur.....

Nous ordonnons que dans.....l'Accuſé ſera tenu de ſe repréſenter pardevant Nous (*les Cours Supérieures, mettent* aux pieds de la Cour) *ou* de se mettre en état ès Prisons de.....pour être procédé au Jugement dudit Procès, sinon sera pris au Corps, si pris & appréhendé peut être, sinon assigné par une seule Proclamation à la Porte de l'Auditoire, suivant l'Ordonnance. Fait ce......

IV. FORMULE *d'Assignation en conséquence par Proclamation à la Porte de l'Auditoire.*

L'an.....en vertu du Jugement du.....& à la Requête de..... demeurant à......qui a élû son Domicile à.....je......Huissier à.....ou Sergent.....soussigné, me suis transporté au-devant de la Porte & principale Entrée de l'Auditoire de.....où étant, j'ai à haute & intelligible voix proclamé & assigné à comparoir, & se représenter d'hui en.....(*mettre les Délais de l'Ordonnance de 1667, pour les Ajournemens*) *ou* se mettre en état dans les Prisons de.....dans led. Délai, & satisfaire au susdit Jugement du.....De tout quoi j'ai dressé le présent Procès-verbal, Copie duquel, ensemble du susd. Jugement du.... j'ai affiché à lad. Porte dud. Auditoire, à ce qu'il n'en ignore...... dont Acte.

V. FORMULE *de Défaut aux Présentations contre l'Accusé, faute de se représenter.*

Extrait des Registres de.....

DÉFAUT à.....Demandeur & Accusateur, le Procureur...... joint contre.....Accusé, Défendeur & Défaillant, faute de se représenter, suivant l'Assignation par Proclamation échûe le.....après que lesdits Délais portés par l'Ordonnance, sont expirés.

VI. FORMULE *de Jugement du Défaut sur les Conclusions de la Partie Publique.*

Extrait des Registres de.....

Vû le DÉFAUT obtenu aux Présentations le.......par....... Demandeur & Accusateur, le Procureur.....joint, contre....Accusé Défendeur & Défaillant, faute de se représenter, après que les Délais portés par l'Ordonnance, sont expirés. Vû aussi la Plainte.....Ordonnance portant Permission d'informer.....Information......Décret...... Jugement du.....portant.....autre Jugement du.....Procès-verbal de Proclamation.

Nous avons déclaré le Défaut bien & dûement obtenu; & pour le profit, ordonnons que les Témoins oüis en l'Information, seront récollés, & que le Récollement vaudra Confrontation &c. *V. ci-après Art.* 13.

ARTICLE XI.

» DÉFENDONS aux Juges d'ordonner autre Assi-
» gnation ou Proclamation, que celles ci-dessus; à peine
» d'Interdiction, & des Dommages & Intérêts des Par-
» ties.

SOMMAIRE.

I. *Abrogation de l'Art. 25 de l'Ordonnance de 1539.*

II. *Motif de cette Abrogation.*

I. PAR cet Article, l'Ordonnance défend aux Juges, à peine d'Interdiction, Dommages & Intérêts des Parties, de donner d'autres Assignations ou Proclamations à la Porte de l'Auditoire, que celles mentionnées sur les Articles 7, 8 & 10 ci-devant; & par-là, elle abroge la Disposition de l'Art. 25 de l'Ordonnance de 1539, qui admettoit en outre, des Assignations à *trois briefs jours*, ainsi appellées, parce qu'elles se répétoient par trois différens jours, avec intervalle de trois jours de l'un à l'autre.

II. LE Motif particulier de cette Abrogation, est fondé apparemment, sur ce que par toutes les Assignations & Proclamations ci-dessus, l'Accusé se trouve suffisamment constitué en demeure, & qu'il est dèslors véritablement réputé Contumax. Aussi, l'on va voir par les Articles suivans, que c'est proprement par-là, que commence l'Instruction de la Contumace.

ARTICLE XII.

» APRÉS le Délai des Assignations, la Procédure
» sera remise au Parquet de nos Procureurs, ou de ceux
» des Seigneurs, pour y prendre leurs Conclusions.

SOMMAIRE.

I. *Qu'est-ce que le Parquet des Gens du Roi?*

II. *Comment se fait la Remise de la Procédure? Et en quoi doit consister?*

III. *Pourquoi ces Conclusions sont appellées Préparatoires ? & comment doivent se régler ?*

IV. Quid, *lorsqu'il se trouve des Nullités dans la Procédure ?*

V. Quid, *lorsque la Procédure est en Régle ?*

VI. Quid, *lorsqu'il y a plusieurs Accusés, dont les uns sont Contumax, les autres ne le sont pas.*

PAR cet Article, l'Ordonnance marque le premier Acte de Procédure, qui doit se faire pour l'Instruction de la Contumace, aussi-tôt après l'expiration des Délais des Assignations à Quinzaine & à Huitaine, dont il est parlé ci-devant.

I. CET Acte est la REMISE qui doit être faite de toute la Procédure au PARQUET des Gens du Roi. L'on appelle ainsi, le Lieu où les Gens du Roi tiennent leurs Séances.

II. CETTE Remise se fait par le Greffier. Les Actes de Procédure qui doivent la composer, sont 1°. La Plainte; 2°. L'Information; 3°. Le Décret; 4°. Le Procès-verbal de Perquisition; 5°. Les Exploits d'Assignation à Quinzaine & à Huitaine.

III. L'OBJET de cette Remise est, suivant l'Ordonnance, afin que les Gens du Roi donnent leurs Conclusions *Préparatoires.* Ces Conclusions sont ainsi appellées, pour les distinguer des *Définitives*, dont il sera parlé sur l'Article 14 ci-après; & elles doivent se régler sur l'Etat actuel où se trouve la Procédure.

IV. AINSI, s'il se trouve des Nullités dans la Procédure, les Gens du Roi doivent requérir qu'elle sera recommencée, afin d'éviter par-là le Dépérissement des Preuves qui pourroit s'ensuivre, si l'on attendoit à réparer ces Nullités, après l'entiere Instruction de la Contumace, & lors seulement de la Visite du Procès.

V. SI au contraire, la Procédure se trouve en Régle, ils devront requérir le Récollement des Témoins, & que le Récollement vaudra Confrontation, conformément à l'Article suivant.

VI. QUE s'il y avoit plusieurs Accusés dans le même Procès, dont les uns seroient Contumax, & les autres auroient été arrêtés & interrogés, les Gens du Roi pourront requérir que le Récollement vaudra Confrontation à l'égard des Premiers, & qu'à l'égard des autres, il sera procédé à la Confrontation. Le tout, afin de ne point divifer l'Inftruction, & ne pas multiplier inutilement les Jugemens de Récollement. Mais il faut pour cela, que les Délais des Affignations à quinzaine & à huitaine foient alors écoulés.

ARTICLE XIII.

» SI la Procédure eft valablement faite, les Juges or-
» donneront que les Témoins feront récollés en leurs
» Dépofitions, & que le Récollement vaudra Confron-
» tation.

SOMMAIRE.

I. *Que doivent faire les Juges pour fe conformer à l'Efprit de cet Art.?*
II. Quid, *lorfqu'ils reconnoiffent quelque Vice dans la Procédure?*
III. Quid, *lorfqu'ils la trouvent en Régle?*
IV. *Récollement ne peut valoir Confrontation à l'égard des Accufés dont la Perquifition n'a été faite.*
V. *Formule du Jugement qui ordonne que le Récollement vaudra Confrontation.*
VI. *Formule de l'Ordonnance pour affigner les Témoins.*

I. POUR fe conformer exactement à l'Efprit de l'Ordonnance fur cet Article, il faut que les Juges fuivent les mêmes Régles, que nous venons d'obferver fur l'Article précédent à l'égard des Procureurs du Roi; c'eft-à-dire, qu'ils doivent d'abord examiner l'Etat de la Procédure, pour fçavoir s'il n'y a point de Nullités, & s'il y a lieu de la continuer.

II. S'ILS trouvent que la Procédure pêche par quelqu'endroit, comme fi, par exemple, la Perquifition n'avoit pas été valablement faite, fi les Délais des Affignations à Quinzaine & à Huitaine n'étoient pas encore écoulés, ou s'il y avoit quelques Nullités dans les Informations & autres Actes faits avant la fuite de l'Accufé, ils doivent ordonner que la Procédure fera recommencée aux frais du Juge qui l'auroit faite; & cela, tant pour éviter à ce Juge de plus grands frais où il s'engageroit, s'il continuoit à faire l'Inftruction, que pour empêcher le dépériffement des preuves, ainfi que nous l'avons obfervé fur l'Article précédent.

III. Si au contraire, ils remarquent que cette Procédure est en régle, ils ordonneront, conformément à cet Article, que les Témoins seront récollés, & que le Récollement vaudra Confrontation. C'est en exécution de ce Jugement *préparatoire*, dont la Formule est ci-après, que les Témoins seront assignés pour être récollés; & l'on observera à leur égard les mêmes Formalités que celles marquées sous le Tit. 15. L'on entendra non-seulement les Témoins oüis dans les Informations, mais encore ceux qui pourront être oüis de nouveau, conformément à l'Art. 1er de ce même Titre 15.

IV. Enfin, si dans le même Procès Criminel, il y a plusieurs Accusés Contumax, les Juges doivent ordonner le Récollement à l'égard de tous, même de ceux à l'égard desquels il n'y auroit point encore eu de Perquisition faite, ni d'Assignation donnée. Et cela toujours, afin d'empêcher le dépérissement des Preuves. Mais ils ne pourroient ordonner que le Récollement vaudra Confrontation, sinon à l'égard de Ceux dont la Perquisition aura été faite, & à qui les Assignations de Quinzaine & Huitaine auront été données. Ainsi jugé par Arrêt du 13 Février 1712, rapporté au 6e Tome du Journal des Audiences.

V. *Formule de Jugement qui ordonne que les Témoins seront récollés, & que le Récollement vaudra Confrontation.*

Extrait des Registres de.....

Vû le Défaut &c. Vû aussi la Plainte &c. Conclusions du Procureur du Roi, sur lesd. Procédures de Contumace, nous avons déclaré le Défaut bien & dûement obtenu: & pour le Profit, ordonnons que les Témoins oüis en l'Information, seront récollés en leurs Dépositions, & vaudra led. Récollement pour Confrontation à l'Accusé. Fait ce......

VI. *Formule de l'Ordonnance pour assigner les Témoins.*

De l'Ordonnance de Nous......à la Requête de.....Demandeur & Accusateur, le Procureur.....joint, soit donné Assignation à.... à comparoir pardevant Nous ce.....le.....heure de.....pour être récollés en leurs Dépositions contenues en l'Information par Nous faite à la Requête de.....contre.....Fait ce.....

Nota. *V. la Formule du Récollement à la suite de l'Article 1er du Tit. 15 ci-devant.*

ARTICLE XIV.

» APRÉS le Récollement, le Procès sera de re-
» chef communiqué à nos Procureurs, ou ceux des
» Seigneurs, pour prendre leurs Conclusions définitives.

SOMMAIRE.

I. *Pourquoi cette nouvelle Communication aux Gens du Roi ?*

II. *Pourquoi appelle-t-on ces Conclusions* Définitives ?

CET Article marque la Procédure, qui doit suivre l'Exécution du Jugement, par lequel il aura été ordonné que les Témoins seront récollés, & que le Récollement vaudra Confrontation.

I. L'ORDONNANCE veut qu'après le Récollement fait, il soit fait une nouvelle Communication du Procès aux Gens du Roi, pour qu'ils donnent leurs Conclusions définitives.

II. ON appelle ces Conclusions *Définitives*, parce qu'elles ont pour Objet le fond du Procès Criminel, & qu'elles doivent rouler sur les Condamnations, qui peuvent faire la Matiere du Jugement définitif, dont il sera parlé sur l'Article suivant.

ARTICLE XV.

» LE même Jugement déclarera la Contumace bien
» instruite, en adjugera le Profit, & contiendra la Con-
» damnation de l'Accusé. Défendons d'y insérer la
» Clause, *Si pris & appréhendé peut être*, dont nous
» abrogeons l'Usage.

SOMMAIRE.

I. *Ancien Usage abrogé par cet Article, & pourquoi ?*

II. Quid, *lorsqu'il y a plusieurs Accusés, dont les uns sont Contumax, & les autres ne le sont pas ?*

III. *Pourquoi les Juges doivent-ils*

déclarer la Contumace bien instruite ?

IV. *Pourquoi doivent-ils en adjuger le Profit ?*

V. *Pourquoi les Jugemens de Contumace doivent prononcer des Condamnations ? Différence sur ce Point avec l'Ordonnance Civile.*

VI. *N'est pas besoin de Preuves aussi fortes pour la Condamnation d'un Accusé Contumax, que pour celle d'un Accusé présent.*

VII. *Formule de Jugement de Contumace.*

CET Article a pour Objet le Jugement *définitif* de la Contumace, & il régle la forme dans laquelle ce Jugement doit être conçu. Cette forme consiste en trois sortes de Dispositions ; par la premiere, les Juges doivent y déclarer que la *Contumace est bien instruite ;* par la seconde, en *adjuger le profit ;* & enfin par la derniere, *prononcer des Condamnations* contre les Accusés.

I. AVANT l'Ordonnance, on étoit dans l'Usage d'ajouter dans ces Jugemens la Clause, *si pris & appréhendé peut être.* Mais cette Clause est abrogée expressément par le présent Article, comme étant devenue absolument illusoire, au moyen de ce que l'Accusé étant pris & appréhendé, fait tomber, par sa seule représentation, le Jugement par Contumace ; de maniere qu'il faut recommencer de nouveau la Procédure, ainsi que nous le verrons sur l'Art. 18 de ce Tit.

II. LORSQU'IL y a plusieurs Accusés dans le même Procès Criminel, & que les uns sont Contumax & les autres ne le sont pas, l'on ne rend contr'eux qu'un seul & même Jugement ; mais en observant de commencer par prononcer contre les Contumax, avant que de prononcer contre les Présens.

III. NOUS avons dit en premier lieu, que les Juges devoient déclarer dans leur Jugement *la Contumace bien instruite ;* parce que, comme nous l'avons observé sur l'Art. 13 ci-devant, leur premier soin doit être, en visitant le Procès, même avant que d'ordonner le Récollement, d'examiner s'il n'y a point de Nullité dans la Procédure.

IV. ILS doivent en second lieu, en *adjuger le profit.* Cette Disposition, qui est commune à tous les Jugemens par défaut, a principalement pour Objet les intérêts de la Partie Civile, à la Requête de laquelle cette Contumace est instruite ; & elle lui sert de Titre pour former sa demande en Dommages & Intérêts contre l'Accusé Contumax.

V.

V. ENFIN ils doivent en troisiéme lieu, prononcer des *Condamnations* contre l'Accusé. On voit par-là, qu'il n'en est pas des Jugemens par défaut en Matiere Criminelle, comme de ceux rendus en Matiere Civile, par lesquels, si la demande formée contre le Défaillant, ne se trouve pas juste & bien vérifiée, celui-ci doit en être renvoyé, conformément à l'Art. 3 du Tit. 5 de l'Ordonnance de 1667.

VI. LA Raison de cette Différence est fondée, sur ce que la Contumace de l'Accusé emporte une espéce d'Aveu de son Crime, lequel, quoiqu'il ne puisse servir de preuve suffisante pour opérer sa Conviction, en y joignant même celle résultante des Informations & du Récollement des Témoins, ne permet pas du moins de le regarder d'un œil aussi favorable, que l'Accusé qui auroit satisfait au Décret, & contre lequel il n'y auroit d'ailleurs aucune preuve acquise dans les Charges & Informations, ni par ses Interrógatoires. A quoi il faut ajouter, que les Jugemens rendus par défaut en Matiere Civile, lorsque les Parties ont négligé de s'y opposer dans un certain Délai, ont la même force que s'ils avoient été contradictoires : au lieu que les Jugemens rendus par Contumace, ne subsistent qu'autant que l'Accusé est en Contumace ; de maniere que par sa Représentation il fait évanoüir, comme nous venons de l'observer, toutes les Condamnations qui sont prononcées contre lui.

VII. QUOI QU'IL en soit, si la seule Contumace n'est pas un moyen suffisant pour faire condamner un Accusé, contre lequel il n'y auroit d'ailleurs aucune preuve, ce qui est extrêmement rare ; il est certain que l'on n'exige pas aussi, pour asseoir une Condamnation en pareil cas, des preuves aussi fortes qu'il en faudroit pour condamner un Accusé présent. Ainsi, lorsque le Corps du Délit est constant, pour peu qu'il se trouve d'ailleurs de Présomptions & Indices, les Juges doivent nécessairement prononçer quelques Condamnations plus ou moins fortes ; ou du moins, dans le doute, ordonner *un plus amplement informé*, en fixant par le Jugement un certain Délai, passé lequel l'on adjugeroit le profit de la Contumace. C'est ce qui paroît résulter d'une Déclaration du 18 Novembre 1679, que nous aurons lieu de citer sur l'Art. 18 ci-après.

Par la même raison, s'il y avoit des preuves considérables, & telles qu'elles suffiroient pour mettre à la Torture l'Accusé présent, elles pourroient donner lieu à une Condamnation à Peines *Corporelles* contre l'Accusé Contumax. En un mot, c'est une Régle générale en cette Matiere, qu'il faut prononcer des Peines plus fortes contre ce dernier, en haine de sa Contumace.

Nous allons voir sur l'Article suivant, quelles sont les Peines ordinaires qui se prononcent en pareil Cas, & comment elles doivent s'exécuter.

VIII. *FORMULE de Jugement de Contumace.*

Extrait des Registres de.....

Vû le Procès Criminel extraordinairement fait & instruit à la Requête de. ... le Procureur.....joint, contre.....Accusé, Défendeur & Défaillant, la Plainte &c. (*énoncer toute la Procédure*) Conclusions définitives du Procureur......auquel le tout a été communiqué.

Nous avons déclaré la Contumace bien instruite contre.....Accusé, & adjugeant le profit d'icelle, le déclarons dûement atteint & convaincu de.....(*expliquer le Crime*) pour réparation dequoi, condamnons led. .....Accusé à.....&c. (*l'on condamne aux dépens seulement envers la Partie Civile, quand il y en a une; & si la Condamnation est à Mort naturelle, l'on ajoute;*) & sera la présente Sentence exécutée par Effigie, en un Tableau qui sera attaché dans la Place Publique, par l'Exécuteur de la Haute-Justice (*si la Condamnation est des Galéres, Amende honorable, Bannissement perpétuel, Flétrissure & du Foüet, l'on met*) & sera la présente Sentence transcrite dans un Tableau attaché par l'Exécuteur &c. *comme ci-dessus.* (*Et s'il s'agit de toute autre Condamnation par Contumace, l'on met*) & sera lad. Sentence signifiée & baillée Copie au Domicile ou Résidence dud......si aucune il a dans le Ressort de la présente Jurisdiction, sinon affichée à la Porte de l'Auditoire.

V. la Formule du Procès-verbal d'Exécution de ce Jugement sur l'Article suivant.

ARTICLE XVI.

» LES seules Condamnations de Mort naturelle seront exécutées par Effigie; & celles des Galéres, » Amende honorable, Bannissement perpétuel, flétrissure & du Foüet, écrites seulement dans un Tableau » sans aucune Effigie : & seront les Effigies, comme aussi » les Tableaux, attachées dans la Place Publique. Et » toutes les autres Condamnations par Contumace se-

» ront ſeulement ſignifiées, & baillé Copie au Domi-
» cile ou Réſidence du Condamné, ſi aucune il a dans
» le Lieu de la Juriſdiction; ſinon affichée à la Porte
» de l'Auditoire.

S O M M A I R E.

I. PAR cet Article, l'Ordonnance détermine la Maniere dont doivent être exécutées les Condamnations qui ſont prononcées par le Jugement de Contumace. Cette Exécution eſt différente, ſuivant la Qualité des Peines qui font l'Objet de ces Condamnations.

II. Ainsi, 1°. lorſque la Condamnation eſt *à Mort*, elle doit s'exécuter par Effigie, c'eſt-à-dire, par une Peinture qui repréſente le Coupable, dont le Nom eſt mis au bas, ſouffrant la Peine de Mort à laquelle il eſt condamné, comme celle du *Feu*, de la *Roüe*, de la *Potence*, ou de la *Tête tranchée*. Cette Peinture doit être attachée à un Poteau ſur la Place publique du Lieu où ſe font les Exécutions, par les mains de l'Exécuteur de la Haute-Juſtice; & l'on doit mettre au bas une Copie du Jugement de Condamnation. *V.* au ſurplus l'Article ſuivant, ſur la Maniere de conſtater cette Exécution.

Au reſte, cette Exécution *par Effigie* ſuppoſe que le Coupable eſt encore vivant; car s'il étoit mort, comme dans le Cas du Crime de Duel, il ne pourroit plus être repréſenté.

III. 2°. Lorsque la Condamnation eſt aux *Galeres*, à l'*Amende honorable*, au *Banniſſement perpétuel*, à la *Flétriſſure* & au *Foüet*, on ne met point d'Effigie; mais ſeulement un Tableau qui eſt attaché pareillement à un Poteau, dans lequel ſont écrites ces ſortes de Condamnations, avec le Nom du Condamné.

IV. Outre les Peines ci-deſſus, il y en a encore deux autres qui sont marquées par la Déclaration du 11 Juillet 1749, & dont l'Exécution doit se faire pareillement par un Tableau : ce sont celles du *Pilory* & du *Carcan*. Nous verrons sur l'Article suivant, comment l'on doit procéder à ces sortes d'Exécutions.

V. 3°. ENFIN, lorsque la Condamnation est à de moindres Peines que celles dont on vient de parler, c'est-à-dire, qu'elles consistent seulement dans un *Bannissement à tems*, dans le *Blâme*, ou *une Amende envers le Roi*, &c. leur Exécution doit se faire suivant le présent Art. par une simple SIGNIFICATION, avec Copie du Jugement de Contumace, qui sera faite au Domicile ou Résidence du Condamné; ou bien si ce Condamné n'a ni Domicile ni Résidence au Lieu de la Jurisdiction, ce Jugement doit être affiché à la Porte de l'Auditoire.

VI. FORMULE *du Procès-verbal d'Exécution par Effigie.*

L'an..... l'Effigie mentionnée en la susdite Sentence, a été attachée dans la Place Publique, par..... Exécuteur de la Haute-Justice, conformément & en exécution dudit Jugement. Fait les jour & an que dessus.

NOTA. *Quant à l'Exploit de Signification à Domicile ou Résidence de l'Accusé, du Jugement de Contumace, & au Procès-verbal d'Affiche d'icelle à la Porte de l'Auditoire. V. les Formules à la suite de l'Article* 10 *ci-devant.*

ARTICLE XVII.

» LE Procès-verbal d'Exécution sera mis au pied du » Jugement, signé du Greffier seulement.

SOMMAIRE.

I. *Procès-verbal d'Exécution par Effigie ou par Tableau, comment se fait?*

II. *Pourquoi toutes les Précautions introduites par cet Article?*

IL est parlé dans cet Article, de la Maniere de constater l'Exécution des Jugemens de Contumace, qui se fait par Effigie, ou par un Tableau.

I. CETTE Exécution se constate par des PROCÉS-VERBAUX

qui doivent être dressés dans l'un & l'autre Cas, & mis au pied de la Minute du Jugement, & ensuite signés par le Greffier qui se transporte à cet effet au Lieu de l'Exécution.

II. Toutes ces Précautions ont été introduites, afin d'assurer par-là le Laps de tems nécessaire, soit pour donner l'effet aux Condamnations pécuniaires & à la Mort civile, dont il sera parlé sur les Articles suivans de ce même Titre, soit pour faire cesser toutes les autres Condamnations en général, en vertu de la *Prescription*, qui, suivant notre Jurisprudence, doit être de 30 années en cas d'exécution du Jugement de Contumace, au lieu de celle de 20 années qui suffit, lorsque le Jugement de Contumace n'a point été exécuté. *V.* au surplus les *Institutes* au Droit Criminel, Part. 3, Chap. 4, où il est traité amplement des différentes espéces de Prescriptions, en Matiere Criminelle; des différentes Manieres dont elles peuvent être interrompues; de leurs différens effets, quant à la Peine & à la Réparation civile; & enfin, des Crimes qui ne sont point prescriptibles, tels que ceux de Leze-Majesté & de Duel; ou qui peuvent se poursuivre, tant que l'Action civile peut s'intenter, quand même il y auroit plus de trente années, comme en fait de Faux Incident.

ARTICLE XVIII.

» Si le Contumax est arrêté Prisonnier, ou se représente après le Jugement, ou même après les cinq » années, dans les Prisons du Juge qui l'aura condamné; » les Défauts & Contumaces seront mises au néant, » en vertu de notre présente Ordonnance: sans qu'il » soit besoin de Jugement, ou d'interjetter Appel de la » Sentence de Contumace.

Sommaire.

I. *Effet de la Représentation de l'Accusé par rapport à la Procédure.*

II. *Son Effet par rapport aux Condamnations.*

III. *L'Accusé doit être dans les Prisons même du Juge qui instruit. Exception.*

IV. *Autre Exception en Cas d'Appel.*

V. *Autre Exception en Cas d'Exoine.*

VI. *Juges peuvent-ils prononcer l'entiere Absolution de l'Accusé Contumax qui se représente.*

I. SUIVANT cet Article, lorsque l'Accusé qui a été condamné par Contumace, vient à se représenter ou à être arrêté en quelque tems que ce soit, & même après les cinq années de l'exécution du Jugement, l'Effet de cette Représentation est tel, que ce Jugement tombe alors de plein droit, sans qu'il soit besoin que l'Accusé en demande la Nullité, ni qu'il en interjette Appel; ensorte qu'il faut nécessairement, que son Procès lui soit fait de nouveau.

II. PAR conséquent, on ne pourroit dès-lors, exécuter les Condamnations qui auroient été prononcées contre lui par ce Jugement de Contumace. Cependant, il faut distinguer entre ces Condamnations, celles qui ne frappent que sur la Personne ou sur l'honneur de l'Accusé; & celles qui affectent seulement ses biens. Il n'y a proprement que les premieres, qui soient entiérement anéanties par la Représentation de l'Accusé, en quelque tems qu'elle soit faite, & même après les cinq années, ainsi qu'il est porté par le présent Article. A l'égard des dernieres, l'on verra sur les Art. 26 & 28 de ce Titre, que pour les faire cesser entiérement, il faut que cette Représentation se fasse dans un certain tems, marqué par l'Ordonnance. Il y a plus, nous allons même voir sur l'Article suivant, que dans tous ces différens Cas, l'Accusé ne peut se dispenser de refondre les frais de Contumace.

III. AU RESTE, pour que la Représentation de l'Accusé ait les effets dont on vient de parler, il ne suffit pas en général que cet Accusé soit en Prison; mais il faut, suivant le présent Article, qu'il soit dans les Prisons du Juge même qui a instruit & jugé le Procès par Contumace; ensorte que s'il étoit arrêté pendant sa fuite pour un autre Crime qu'il auroit commis, il devroit être renvoyé dans les Prisons de ce Juge. Si cependant, ce dernier Crime étoit un Cas particulier, attribué par les Ordonnances à une Jurisdiction extraordinaire, *v. g.* à celle des Eaux & Forêts ou de l'Election, &c. il paroît que Celle-ci pourroit en retenir la Connoissance en vertu de cette Attribution, pourvû toutefois que ce dernier Crime méritât une Peine plus considérable que le premier, c'est-à-dire, que cette Peine allât jusqu'à celle de Mort, tandis que celle que méritoit l'autre Crime, n'auroit pû être que simplement afflictive ou infâmante, si elle n'avoit pas été prononcée par un Jugement de Contumace.

IV. Il y a aussi un Cas, où il n'est pas nécessaire que la Représentation se fasse pardevant le Juge même qui a instruit & jugé le Procès; & qu'il suffit qu'elle soit faite pardevant son Juge Supérieur; c'est celui dont il est parlé sur l'Art. 4 du Tit. 25, qui veut que ceux contre lesquels la Contumace aura été instruite & jugée, ne soient reçus à présenter Requête, soit en premiere Instance, soit en *Cause d'Appel*, qu'ils ne se soient mis en état.

V. Il y a même un Cas particulier, où l'Accusé est censé s'être représenté, sans qu'il soit dans les Prisons; c'est celui de l'*Exoine* dont il est parlé dans le même Art. 24 du Tit. 25 que nous venons de citer. A la vérité dans ce dernier Cas, l'Accusé n'est pas dispensé de se représenter, aussi-tôt après le Délai qui lui sera prescrit par le Jugement qui admettra son Exoine.

VI. Il faut encore observer que, quoique cette Représentation ait l'effet d'anéantir les Condamnations personnelles qui ont été prononcées contre l'Accusé, & même les Pécuniaires, lorsqu'elle est faite dans un certain tems; néanmoins cet Effet n'est point tel qu'il fasse réputer cet Accusé entiérement innocent du Crime dont on l'accuse; de maniere qu'il doive être renvoyé absous dans le Cas où depuis cette Représentation, les Témoins qui auroient été entendus contre lui pendant la Contumace, feroient refus de comparoître de nouveau sur les Assignations qui leur seroient données, pour procéder à la Confrontation. C'est ce qui résulte de la Disposition d'une Déclaration du Roi, du 18 Novembre 1679, rendue par le Présidial de Nismes, qui porte » qu'à l'avenir, lorsqu'un Accusé condamné » par Contumace se représentera, & que le Procureur du Roi » ou la Partie Civile ne feront pas comparoître les Témoins dans » les Délais prescrits, à l'effet de la Confrontation, dans les Pro- » cès où elle auroit été ordonnée, les Juges ne pourront pro- » noncer l'Absolution, mais seulement qu'il sera mis hors de » Prison, à sa Caution juratoire de se représenter toutes & » quantes fois il lui sera ordonné, pour subir la Confrontation, » & être ensuite procédé au Jugement définitif, sans qu'un Ar-

» rêt ou Sentence puisse lui servir de Justification ou d'Absolu-
» tion définitive.

V. au surplus l'Art. 24 ci-après, où il est parlé de la Représentation qui se fait avant le Jugement de Contumace.

ARTICLE XIX.

» LES Frais de la Contumace seront payés par l'Ac-
» cusé, après avoir été taxés en vertu de notre pré-
» sente Ordonnance; sans néanmoins que, par faute
» de Payement, il puisse être sursis à l'Instruction &
» Jugement du Procès.

SOMMAIRE.

I. *Pourquoi l'Accusé, qui se représente, doit-il refondre les Frais de Contumace?*

II. *Quels Frais doivent être compris dans la Taxe qui se fera à ce sujet?*

III. *Que doit faire l'Accusé, si la Partie Civile néglige de poursuivre le Procès?*

CET Article contient trois Dispositions.

I. PAR la *premiere*, l'Ordonnance veut que l'Accusé Contumax qui se représente volontairement ou qui est arrêté, soit tenu de réfondre les Frais de la Contumace. Ce qui forme une double Exception, & à la Maxime générale qui ne permet pas d'obliger l'Accusé à avancer les frais d'une Instruction Criminelle qui se fait contre lui; & en même-tems à la Disposition particuliere de l'Article précédent, qui donne à la Représentation de l'Accusé, l'effet d'anéantir les Défauts & Contumaces, de la même maniere que s'ils n'étoient jamais avenus. Mais, après tout, on ne peut s'empêcher de convenir de toute la justice de cette Exception, quand on considére que ce remboursement des frais est la moindre Punition que puisse mériter cet Accusé, qui doit s'imputer de les avoir occasionnés par sa désobéissance à la Justice, en refusant de comparoître, non-seulement sur le Décret, mais encore sur les Assignations à Quinzaine & à Huitaine, qui lui ont été données.

II.

II. Par la *seconde* Disposition de cet Article, l'Ordonnance veut que ces Frais soient taxés en vertu de l'Ordonnance du Juge, c'est-à-dire, que la Partie Civile donnera sa Déclaration de dépens, sans être obligée de requérir, ni de faire prononcer par un nouveau Jugement sur cette Taxe. Mais Quels sont les frais qui doivent être compris dans cette Taxe? Il paroît qu'il faut distinguer à cet égard, entre la Représentation qui est faite avant les cinq années, & celle qui est faite après ce tems-là. Au premier Cas, l'on ne doit comprendre dans la Taxe, que les seuls frais nécessaires pour faire connoître la Contumace de l'Accusé, tels que ceux de la Perquisition de sa Personne, des Assignations à Quinzaine & à Huitaine, & même les frais de l'exécution du Jugement de Contumace; parce que ces frais tombent en Taxe. Ce n'est donc que dans le dernier Cas seulement, que l'on doit comprendre généralement tous les autres frais de l'Instruction & du Jugement de Contumace, comme les Droits & Vacations du Juge & du Greffier, les Salaires des Huissiers & des Témoins, les Epices mises sur le Jugement qui a ordonné le Récollement; & enfin, Celles mises sur le Jugement définitif par Contumace.

III. Enfin, par la *troisiéme* Disposition de cet Article, l'Ordonnance veut, que les Poursuites qui seront faites contre l'Accusé, pour l'obliger à payer ces frais, ne puissent empêcher le Juge de continuer l'Instruction, & de juger contradictoirement le Procès; c'est-à-dire, que par le Jugement définitif qu'il rendra, il devra condamner l'Accusé à payer ces frais suivant la Taxe, quand même il prononceroit d'ailleurs son Absolution sur le fond du Procès.

Ainsi, lorsque sur le Prétexte du défaut de payement des frais par l'Accusé, la Partie Civile néglige de poursuivre l'Instruction; & qu'elle affecte de retenir par-là l'Accusé plus longtems dans les Prisons, cet Accusé peut, en vertu de la Disposition du présent Article, demander que cette Partie soit tenue de lui faire son Procès, & les Juges lui limiteront un certain tems à cet effet.

ARTICLE XX.

» Il sera ensuite interrogé & procédé à la Confron-
» tation des Témoins; encore qu'il eût été ordonné,
» que le Récollement vaudroit Confrontation.

Sommaire.

I. *Que doit faire le Juge ensuite de la Représentation de l'Accusé? Et que doit-il ordonner?*
II. *Quid, s'il se présente de nouveaux Témoins depuis la Représentation de l'Accusé?*
III. *Témoins récollés pendant la Contumace, ne peuvent l'être de rechef, nonobstant cette Représentation.*

Par cet Article, l'Ordonnance marque la Procédure qui doit être faite ensuite de la Représentation de l'Accusé.

I. Cette Procédure consiste, premiérement dans l'*Interrogatoire* qu'on lui fera subir, de la même maniere que celui dont il est parlé sous le Titre 14, & ensuite dans un *Jugement préparatoire*, par lequel il sera ordonné que *les Témoins seront confrontés à l'Accusé*, nonobstant que par le Jugement rendu dans le cours de l'Instruction sur la Contumace, il ait été dit que *le Récollement vaudroit Confrontation*. Ce Jugement portera aussi, que *les Témoins oüis aux Informations, qui ont été ou devront être récollés, & qui peuvent faire charge, seront confrontés à l'Accusé, ainsi que ceux, si besoin est, qui peuvent être entendus de nouveau, & récollés dans leur Déposition.*

II. L'on dit, que dans ce Jugement seront compris les Témoins qui n'ont pas encore été récollés, comme Ceux qui l'ont déja été; parce qu'il n'est défendu, par aucun Article de ce Titre, de faire entendre de nouveaux Témoins contre l'Accusé qui purge sa Contumace; & que, comme nous l'avons observé en parlant du Jugement de Récollement qui se rend pendant la Contumace, il doit y être porté, que tous les Témoins oüis, & ceux qui pourront l'être de nouveau, seront récollés, conformément à l'Art. 1er du Tit. 15. A la vérité, lorsqu'il s'en présente de *nouveaux* depuis la Représentation de l'Accusé, c'est-à-dire, qui n'ont été oüis ni récollés pendant la Contumace, ils ne peuvent être confrontés à cet Accusé, qu'après qu'ils ont été oüis & récollés, s'ils font charge contre l'Accusé: le tout en conformité de ce même Art. 1er du Tit. 15.

III. MAIS à l'égard des Témoins, qui ont déja été récollés pendant la Contumace, ils ne peuvent plus être récollés de nouveau, suivant l'Art. 6 du même Tit. 15, qui défend de réitérer le Récollement, quand même il auroit été fait pendant l'absence de l'Accusé. Ainsi, ce Récollement subsistera en son entier *in odium Contumaciæ*.

Au surplus, il faudra observer, par rapport aux Assignations des Témoins, pour procéder à la Confrontation dont il s'agit, les mêmes Délais & les mêmes Formalités, que celles marquées sous le Tit. 15 ci-devant.

Il n'est parlé dans cet Article, que de la Procédure qui se fait contre l'Accusé qui s'est représenté, après s'être évadé ensuite du Décret & avant l'Interrogatoire: nous verrons sur l'Art. 24 ci-après, la Procédure qui se fait contre l'Accusé qui se représente après s'être évadé ensuite de l'Interrogatoire, & même de la Confrontation qu'il auroit subi.

ARTICLE XXI.

» LA Déposition de Témoins décédés avant le Ré-
» collement, sera rejettée, & ne sera point lûe lors de
» la Visite du Procès, si ce n'est qu'ils aillent à la
» décharge; auquel Cas leur Déposition sera lûe.

SOMMAIRE.

I. *Disposition de cet Article conforme à celle des Articles* 8 & 10 *du Titre* 15.

II. *Paroît contraire à celle de l'Article* 9 *du même Titre.*

III. *Comme aussi à celle de l'Article premier dudit Titre* 15.

IV. *Moyen de concilier ces Articles.*

V. *Comment se justifie le décès du Témoin?*

PAR cet Article, l'Ordonnance défend qu'on ait égard aux Dépositions des Témoins qui sont décédés avant le Récollement,

& elle veut qu'elles ne soient pas même luës, lors de la Visite du Procès, à moins qu'elles n'aillent à la Décharge de l'Accusé.

I. Cette Disposition est conforme à celle des Art. 8 & 10 du Tit. 15, dont le premier veut, que la Déposition des Témoins qui n'auroient point été confrontés, après que le Récollement & la Confrontation auront été ordonnés, ne puisse faire de preuve contre l'Accusé, que dans le Cas où ces Témoins viendroient à décéder pendant la Contumace; & le second veut, qu'il soit fait Lecture, lors de la visite du Procès, des Dépositions des Témoins qui vont à la décharge des Accusés, quoiqu'ils n'ayent été ni récollés, ni confrontés.

II. Mais aussi, cette même Disposition paroît contraire à l'Article 9 du même Titre 15, suivant lequel, lorsqu'il s'agit de Crime méritant Peine afflictive, les Juges sont autorisés, en procédant à la visite du Procès, à ordonner le Récollement & la Confrontation des Témoins dont les Dépositions font charge considérable, dans le Cas où ce Récollement & cette Confrontation n'auroient pas été ordonnés par le Juge de l'Instruction.

III. De plus, en défendant ici, aux Juges qui procédent à la visite du Procès, la Lecture des Dépositions des Témoins non récollés, autres que celles qui vont à la décharge de l'Accusé, l'Ordonnance semble ôter par-là à ces Juges, la Faculté qu'elle leur donne par l'Art. 1er du Tit. 15, d'ordonner le Récollement & la Confrontation des Témoins faisans charge, qui n'auroient pas été ordonnés par le Juge de l'Instruction, & conséquemment les mettre dans la nécessité de s'en rapporter sur ce point, à la Déclaration du Juge de l'Instruction. Ce qui seroit d'une dangereuse conséquence.

IV. Il paroît donc, qu'on ne peut concilier autrement ces Articles, qu'en admettant la Lecture entiére de toutes les Charges & Informations dans le Cas du présent Article, comme dans ceux des Articles du Titre 15, à moins que de supposer que l'Ordonnance ait voulu traiter plus favorablement en cela, l'Accusé Contumax qui se représente, que celui qui n'auroit jamais fait défaut : ce qui seroit évidemment absurde & dérisoire.

V. Au reste, avant que de procéder à la visite du Procès, les Juges doivent commencer par s'assurer de la vérité du décès du Témoin, arrivé avant le Récollement, en se faisant rapporter un Extrait des Registres Mortuaires de la Paroisse, signé du Curé, & duëment légalisé par le Juge du Lieu, si c'est hors le Ressort de la Jurisdiction où s'instruit le Procès; & cet Extrait demeurera joint à la Procédure.

ARTICLE XXII.

» Si le Témoin qui a été récollé, est décédé ou mort » civilement pendant la Contumace, sa Déposition sub- » sistera, & en sera faite Confrontation littérale à l'Ac- » cusé dans les Formes prescrites pour la Confronta- » tion des Témoins. Et n'auront en ce Cas les Juges » aucun égard aux Reproches, s'ils ne sont justifiés par » Piéces.

SOMMAIRE.

I. *Pourquoi la Confrontation Littérale a-t-elle été introduite?*
II. *Comment procéde-t-on à cette Confrontation?*
III. *Que doit-on entendre par Témoin mort civilement?*

I. Il est parlé dans cet Article, de la Déposition du Témoin qui est décédé ou mort civilement, depuis le Récollement qui a été fait pendant la Contumace.

Comme aux termes de l'Art. 6 du Tit. 15, le Récollement ne peut être réitéré; & que d'un autre côté la Confrontation est un Acte absolument essentiel dans une Instruction Criminelle, l'Ordonnance, pour empêcher que les Parties ne puissent souffrir du décès de ce Témoin, a trouvé un sage tempéramment par cet Article, en ordonnant que la Déposition de ce même Témoin subsiste en son entier, & qu'il en soit fait une Confrontation littérale à l'Accusé. On appelle Confrontation *littérale* ou *figurative*, celle qui se fait par la seule Lecture de la Déposition du Témoin.

II. Cette Confrontation doit se faire, suivant cet Article, dans la même forme que celle qui est prescrite pour la Confrontation verbale dont il est parlé sur le Tit. 15, c'est-à-dire, qu'on doit faire prêter Serment à l'Accusé, & lui faire déclarer s'il connoissoit le Témoin, écrire sa Déclaration, lui faire lecture des premiers Articles de la Déposition des Témoins, l'interpeller de fournir des Reproches, si aucuns il a. A la vérité les Reproches qu'il fournira en ce dernier Cas, ne pourront être reçus, suivant une derniere Disposition de ce même Article, à moins qu'ils ne soient justifiés par *Pieces*, c'est-à-dire, par des Actes de la Qualité de ceux que nous avons remarqués sur l'Art. 20 du même Tit. 15. Ces Reproches étant fournis, il en sera fait mention, & les Piéces justificatives y demeureront jointes. Ensuite il lui sera fait lecture de la Déposition & du Récollement du Témoin: on écrira les Réponses de l'Accusé sur ces Dépositions & Récollemens; mais il ne sera point dit à la fin de cette Confrontation, que c'est de l'Accusé que le Témoin a entendu parler, puisque ce n'est que sa Déposition, & non sa Personne, que l'on confronte à l'Accusé.

III. Il y a encore cela de remarquable dans la Disposition du présent Article, qu'il n'y est pas seulement parlé, comme dans le précédent, des Témoins qui sont décédés; mais encore de ceux qui sont *morts civilement*, c'est-à-dire, qui ont été condamnés à de certaines Peines qui emportent la Mort civile, comme les Galéres ou le Bannissement perpétuel, la Condamnation à Mort par Contumace, lorsque le Condamné ne se représente point dans les cinq ans, du jour de l'exécution des Jugemens, & autres dont il sera parlé sur l'Art. 29 du présent Titre.

ARTICLE XXIII.

» LE même aura lieu à l'égard des Témoins qui ne » pourront être confrontés à cause d'une longue ab» sence, d'une condamnation aux Galéres, ou Bannis» sement à Tems, ou quelqu'autre Empêchement légi» time pendant le Tems de la Contumace.

SOMMAIRE.

IL est parlé dans cet Article, de plusieurs Cas, où la Confrontation littérale peut avoir lieu, indépendamment de ceux de la Mort Naturelle & Civile du Témoin, dont il est parlé dans l'Article précédent.

I. CES Cas sont; 1°. Ceux d'une *longue Absence;* 2°. D'une *Condamnation aux Galéres ou au Bannissement à Tems;* 3°. Et généralement, tous autres *Empêchemens légitimes*, qui mettent les Témoins, qui ont été récollés pendant la Contumace, dans l'impossibilité actuelle d'être confrontés en Personne à l'Accusé.

II. 1°. QUANT à la *longue Absence*, l'Ordonnance veut parler de celle occasionnée par un Voyage dans un Pays étranger; ou bien, de celle d'un Homme qui a disparu depuis long-tems sans donner de ses nouvelles, & sans qu'on ait pû sçavoir où il réside; ou enfin d'une Personne de Commerce, tel qu'un Marchand ou Négociant qui se seroit habitué au-delà des Mers, comme aux Indes Orientales ou Occidentales, ou même qui serviroit en Mer, sur une Flotte destinée à faire un Voyage de long cours.

L'on en pourroit dire de même, d'un Militaire qui seroit dans ses Fonctions en tems de Guerre, ou qui seroit dans uue Ville assiégée, ou dans un Camp. Il paroît que, dans tous ces Cas, il y auroit lieu à la Confrontation *littérale.* Mais si ce Militaire étoit seulement en Garnison dans un Pays éloigné, qui seroit de la Domination Françoise, on pourroit l'obliger de comparoître à la Confrontation, en vertu des Ordres du Ministre de la Guerre, & sur le Requisitoire de la Partie Publique.

III 2°. A l'égard de la *Condamnation aux Galéres ou Bannissement à Tems*, l'Ordonnance ne distingue point, si ces Condamnations ont été prononcées contradictoirement ou par Contumace. Il y a même cela de remarquable, qu'en haine de la Contumace, l'Ordonnance admet ici la Confrontation *littérale* de la Déposition des Témoins qui ont subi ces Condamnations flétrissantes ; tandis que leur Témoignage ne devroit pas être écouté, s'ils se présentoient pour être confrontés à un Accusé présent, qui n'auroit fait aucun Défaut.

IV. 3°. PAR *Empêchement légitime*, dont il est parlé dans cet Article, il paroît qu'on doit entendre principalement les trois Cas suivans ; 1°. Celui d'*une Maladie dangereuse* qui obligeroit le Témoin de garder le Lit, & qui ne laisseroit pas d'espérance qu'il puisse le quitter de long-tems : mais aussi, il faut que cette Maladie soit constatée de la maniere que nous l'avons observée sur l'Art. 3 du Tit. 15. 2°. Le Cas de la *Folie* ou *Fureur* qui seroit survenue au Témoin depuis le Récollement. 3°. Enfin, le Cas de l'*Emprisonnement du Témoin* pour Crime ou pour Dette, dans un Lieu éloigné.

V. L'ORDONNANCE veut en général, que tous les Empêchemens dont on vient de parler, soient survenus pendant la Contumace. C'est aussi, ce qui se trouve marqué précisément par l'Art. 8 du Tit. 15 ci-devant, où elle veut que les Dépositions des Témoins récollés qui n'auroient point été confrontés, ne fassent aucune Preuve, à moins qu'ils ne soient décédés pendant la Contumace. Ainsi, suivant ces Dispositions, si depuis la Représentation de l'Accusé, quelqu'un des Témoins récollés venoit à décéder ou à être condamné à une Peine afflictive ou infâmante, soit contradictoirement, soit par Contumace ; ou enfin, s'il se trouvoit empêché depuis ce tems-là par une absence dans les Pays étrangers, ou de quelqu'autre maniere ; l'on ne pourroit pas procéder à une Confrontation littérale de sa Déposition, à moins qu'il ne fût prouvé d'ailleurs, que c'est l'Accusé lui-même qui auroit occasionné ces Empêchemens par l'effet de ses Brigues, dans la vûe d'écarter les Preuves.

VI. AU RESTE, comme ce sont ici autant d'Exceptions particuliéres à la Maxime établie par l'Art. 8 du Tit. 15, qui veut que les Dépositions des Témoins récollés ne fassent point de Preuve, si ce n'est lorsqu'ils sont décédés pendant la Contumace ; il faut que ces Exceptions soient clairement prouvées, pour que le Juge soit autorisé à faire la Confrontation littérale. Il ne reste donc

donc plus qu'à ſçavoir de quelle Maniere peut s'acquérir cette Preuve. Il faut pour cela, que l'Huiſſier chargé de donner les Aſſignations aux Témoins, commence par dreſſer un Procès-verbal de Perquiſition, qu'il fera certifier & ſigner des Parens & Voiſins, ou bien par les principaux Habitans du Lieu de leur Demeure, qui atteſteront le Décès, ou la longue Abſence, ou les Condamnations aux Galeres & au Banniſſement, ou les autres Empêchemens légitimes dont nous venons de parler. Il faudra de plus, qu'on ait ſoin de joindre à ce Procès-verbal, un *Extrait-Mortuaire* en Cas de décès du Témoin......, un *Certificat du Greffier* en Cas de Condamnation aux Galeres ou au Banniſſement....., un *Acte de l'Ecroüe* en Cas de Détention dans les Priſons éloignées.... un *Certificat du Médecin* en Cas de Maladie ou de Démence....., une *Atteſtation du Major du Régiment* ou autres Officiers, ou bien la *Réponſe du Miniſtre de la Guerre*, en Cas d'abſence du Soldat....; & enfin, un *Certificat des Officiers du Port de Mer*, en Cas d'abſence d'un Marchand ou autre Particulier qui s'eſt embarqué.

ARTICLE XXIV.

» SI l'Accuſé s'évade des Priſons depuis ſon Interrogatoire, il ne ſera ni ajourné ni proclamé à Cri public ; & le Juge ordonnera que les Témoins ſeront oüis, & ceux qui l'auront été, récollés, & que le Récollement vaudra Confrontation.

SOMMAIRE.

I. *De combien de Manieres peut ſe faire l'Evaſion dont il eſt parlé dans cet Article ?*

II. *Que doit faire le Juge auſſi-tôt qu'il eſt inſtruit de l'Evaſion ?*

III. *Inſtruction ſur l'Evaſion ſe fait en même-tems que celle pour le Crime principal.*

IV. Quid, *de l'Accuſé élargi à Caution, qui ne ſe repréſente point pour la Confrontation ?*

V. Quid, *de l'Accuſé élargi à cauſe d'une Maladie dangereuſe, qui ne ſe repréſente point après ſa Convaleſcence ?*

VI. Quid, *de l'Accuſé élargi dans le tems de la Confrontation pour cauſe de Maladie, & qui ne ſe repréſenteroit point pour l'achever ?*

APRÉS avoir marqué par les Articles précédens, la Procédure qui doit se faire contre les Accusés Contumax qui se sont évadés ensuite du Décret, & avant que d'avoir subi Interrogatoire, l'Ordonnance prescrit par celui-ci & par les suivans, la Procédure qui doit être gardée à l'égard des Accusés, qui, après avoir été arrêtés & subi leur Interrogatoire, viennent à s'évader des Prisons. Comme ceux-ci ne peuvent ignorer les Poursuites qui se font contr'eux, & ne sont pas réputés proprement Contumax, au moyen de ce qu'ils ont purgé leur Décret par l'Interrogatoire qu'ils ont subi, l'Ordonnance ne veut pas qu'il soit besoin, pour les constituer en demeure, de leur faire donner les Assignations de Quinzaine & de Huitaine qu'elle exige à l'égard de ceux qui se sont évadés aussi-tôt après le Décret, ou même après avoir été arrêtés & avant que d'avoir subi Interrogatoire; mais elle veut que l'on passe tout de suite à la Procédure qui doit suivre ces mêmes Assignations, c'est-à-dire, qu'il soit ordonné, sur les Conclusions du Ministere Public, que les Témoins seront oüis, & que ceux qui l'ont été seront récollés, & que le Récollement vaudra Confrontation.

I. L'ÉVASION dont il est ici parlé, est celle qui se fait sans violence ni effraction, à la différence de celle dont il sera parlé sur l'Article suivant. L'on en peut donner pour Exemple; 1°. lorsque le Prisonnier se sauve de la Prison par la Porte qui se trouve ouverte par hasard, ou à laquelle le Geolier auroit laissé la Clef par oubli; 2°. Lorsque le Prisonnier auroit ouvert lui-même cette Porte avec les Clefs du Geolier, dont il se seroit emparé subtilement, ou avec de fausses Clefs qu'on lui auroit procurées; 3°. Lorsque ce Prisonnier seroit sorti de la Prison en Habit déguisé; 4°. Et généralement toutes les fois que l'Evasion du Prisonnier se fait, sans qu'il y ait rien de brisé ni de forcé aux Portes, Serrures, Barreaux de Fers, & Murs de la Prison,

& sans qu'il y ait aucune violence faite à ceux qui sont commis à la Garde des Prisons.

II. POUR procéder en tous ces Cas, conformément au présent Article, il faut que le Juge, aussi-tôt qu'il est instruit de l'Evasion, par la Plainte du Ministere Public ensuite de la Dénonciation du Geolier, se transporte dans la Prison; & qu'après avoir visité l'endroit par lequel le Prisonnier s'est évadé, il dresse Procès-verbal de la Maniere dont l'Evasion a été faite; qu'il procéde ensuite à l'Information sur laquelle il décrétera, s'il y a lieu, ceux qui ont procuré ou favorisé cette Evasion, instruira leur Procès, dont il ordonnera la jonction à celui de l'Accusé principal, pour les juger par un seul & même Jugement. L'Information étant faite sur l'Evasion, il rendra un Jugement sur les Conclusions du Ministere public, portant que les Témoins seront oüis, s'il y en a encore à entendre, & que ceux qui l'ont été seront récollés, & que le Récollement vaudra Confrontation.

III. IL y a cela de remarquable dans cette Instruction, & qui la distingue de celle du Bris de Prison dont il sera parlé sur l'Article suivant, c'est qu'elle peut se faire en même-tems que celle pour le Crime principal, c'est-à-dire, que les Témoins qui seront oüis & récollés contre l'Accusé, ne le seront pas seulement sur l'Accusation principale pour laquelle il a été décrété, mais encore sur son Evasion, tant parce qu'elle forme un indice particulier du Crime, quoiqu'elle ne puisse servir à en faire augmenter la Peine, comme celle faite avec Bris de Prison; que parce qu'il est important de s'assurer si cette Evasion n'a point été favorisée par le dol ou la négligence des Geoliers & autres Personnes, à la Garde desquelles l'Accusé avoit été confié, & que la Loi en rend responsables. Nous avons vû sur les Art. 19 & 36 du Tit. 13 ci-devant, les Peines qu'encourent les Geoliers, lorsqu'ils laissent évader, ou même simplement vaguer les Prisonniers.

IV. L'ON peut aussi rapporter à cette Evasion sans violence, celle qui se fait par un Accusé, qui ayant été élargi après son Interrogatoire sous bonne & suffisante Caution, ou même sur sa Caution juratoire, ne se représente pas à la Prison pour y subir la Confrontation. Aussi la Procédure qui doit s'observer dans ce Cas, est la même que celle portée dans le présent Article, (quoiqu'il y ait des Usages contraires en certains Tribunaux, où l'on exige en outre la Proclamation de l'Accusé à Huitaine, par un seul Cri public. *V.* l'Arrêt de la Cour de 1673, qui sera cité ci-après), & il n'y a d'autre Différence entre cette espéce d'Evasion & celle qui se fait des Prisons même, sinon que les Geoliers & Guichetiers n'en peuvent être recherchés, comme dans celle-ci, mais seulement les Cautions fidéjussoires qui sont tenues des frais, dommages & intérêts de la Partie, ou de reproduire l'Accusé dans un Délai qui leur sera prescrit, ainsi que nous l'avons observé sur l'Art. 22 du Tit. 10 ci-devant.

V. Il paroît qu'il en doit être aussi de même dans le Cas de l'Evasion de l'Accusé, qui ayant été élargi des Prisons à cause d'une Maladie dangereuse, ne se représenteroit point après sa Convalescence. Il faudroit néanmoins distinguer à cet égard, entre l'Accusé qui auroit été transféré dans sa propre Maison à la Garde & Caution de ses Parens, & Celui qui auroit été déposé dans une Maison étrangére à la Garde des Huissiers & Archers.

Au premier Cas, si l'Accusé ne se représentoit pas dans le Délai qui lui auroit été marqué par le Rapport des Médecins, ainsi que nous l'avons vû sur l'Art. 21 du Tit. 13, il paroît que le Juge, après s'être assuré par un Certificat du Geolier, que les Parens ne l'ont réintégré dans les Prisons, doit d'abord rendre un premier Jugement, portant que les Huissiers & Archers se transporteront dans la Maison pour l'amener dans la Prison; & si ceux-ci ne le trouvoient plus chez lui, ils dresseront Procès-verbal de la Perquisition & Recherche qu'ils auront faite de sa Personne dans sa Maison; & c'est sur le vû, tant du Jugement que du Procès-verbal fait en conséquence, qu'il sera rendu un autre Jugement, par lequel il sera ordonné que le Récollement vaudra Confrontation, conformément au présent Article. La Partie Civile pourra de son côté, poursuivre ses dommages & intérêts contre les Parens qui s'étant chargés de sa Garde, l'auroient laissé évader; & même s'il n'y avoit point de Partie Civile, la Partie Publique pourroit les faire condamner à quelqu'Amende, pour avoir abusé d'un Gage que la Justice leur avoit confié.

Mais au second Cas, c'est-à-dire, si l'Accusé avoit été transféré dans une Maison étrangere, d'où il se seroit évadé, le Juge devroit alors se transporter lui-même dans cette Maison pour dresser Procès-verbal de la Maniere dont cette Evasion aura été faite, & ensuite informer, même contre les Huissiers & Archers à la Garde desquels il avoit été confié, & contre tous Ceux qui pourroient avoir favorisé cette Evasion. Après quoi, il ordonnera que le Récollement des Témoins oüis, tant sur l'Evasion que sur le Crime principal, vaudra Confrontation contre cet Accusé, sans aucun Ajournement ni Proclamation. Le tout en conformité du présent Article.

VI. Les mêmes Formalités devroient s'observer à l'égard de l'Accusé, qui ayant été élargi pour cause de Maladie survenue dans le tems même que l'on procéderoit à sa Confrontation, ne se représenteroit pas pour l'achever; c'est-à-dire, qu'après avoir constaté l'Evasion par un Procès-verbal, & informé en conséquence, tant sur cette Evasion que sur le Crime principal, le Juge devroit ordonner que le Récollement des Témoins qui resteroient à confronter, vaudroit Confrontation.

VII. Mais, si l'Evasion arrivoit après la Confrontation achevée, on observeroit seulement les Formalités du Procès-verbal du Juge, de l'Information sur cette Evasion, & du Jugement qui ordonneroit que le Récollement des Témoins oüis à ce sujet vaudroit Confrontation, sans rien statuer sur ce qui regarderoit l'Instruction principale, qui se trouveroit achevée à l'égard de cet Accusé, par la Confrontation qu'il auroit subi. Ensorte qu'il ne lui resteroit plus que le dernier Interrogatoire à subir, lequel étant introduit, moins pour parvenir à sa Conviction, que pour lui faciliter les Moyens de se justifier, n'est pas aussi essentiel que le premier. C'est pourquoi il suffiroit de lui faire donner une Sommation à la Requête de la Partie Publique ou Civile dans son dernier Domicile, à l'effet de venir subir ce dernier Interrogatoire, faute de quoi il sera passé outre au Jugement définitif du Procès. Cependant il y a un Arrêt de la Cour de 1673, dans l'Affaire de la Dame *Sidonia de Lenoncourt*, qui veut qu'en pareil Cas, outre l'Assignation au Domicile, l'Accusé soit encore proclamé à Huitaine, par un seul Cri public à la grande Porte du Palais & de la Jurisdiction, & qu'on y affiche le Procès-verbal.

VIII. Il paroît que la Procédure marquée par cet Article devroit encore avoir lieu. (du moins l'on n'en voit aucune autre marquée sous le présent Titre de l'Ordonnance) dans le

Cas de l'Evasion de l'Accusé, qui ayant été originairement décrété de Prise de Corps, & ensuite renvoyé sur son Appel de ce Décret, en état d'Ajournement Personnel, ne se représenteroit pas pour subir la Confrontation; c'est-à-dire, qu'après avoir dressé Procès-verbal du Défaut de comparution de l'Accusé, le Juge devroit ordonner sur les Conclusions du Ministere public, que le Récollement vaudra Confrontation, sans aucun Ajournement ni Proclamation; par la raison que l'Appel que cet Accusé a interjetté du Décret, doit produire le même effet que l'Interrogatoire qu'il auroit subi, pour empêcher qu'on ne puisse le regarder comme véritable Contumax, & qu'il fait du moins évidemment connoître, que cet Accusé n'ignore point les Poursuites qui sont faites contre lui. Néanmoins, comme il n'est parlé expressément dans cet Article, que des Accusés qui s'évadent après avoir subi leur Interrogatoire, l'on pense qu'il seroit plus sûr & plus régulier de se conformer sur ce point à la Disposition de l'Arrêt de la Cour que nous venons de citer, en observant toutes les Formalités ordinaires pour l'Instruction par Contumace.

IX. La même Procédure dont il est parlé dans cet Article, devroit aussi être observée à l'égard de l'Accusé, qui après avoir été élargi, ne se représenteroit pas sur la Sommation qui lui seroit faite, pour être confronté à un autre Accusé qu'il auroit chargé par son Interrogatoire; c'est-à-dire, que le Juge devroit alors ordonner que le Récollement de cet Accusé sur son Interrogatoire vaudroit Affrontation contre l'autre Accusé. Mais si au contraire, c'étoit Celui-ci qui auroit chargé l'Accusé Prisonnier par son Interrogatoire, l'on devroit procéder contre lui, pour l'obliger à comparoître, de la même maniere que contre les Témoins défaillans, parce qu'il en auroit fait les Fonctions dans cette partie.

X. *Formule de Procès-verbal d'Evasion dressé par le Juge.*

L'an &c. ayant été avertis que.... nous nous sommes transportés dans les Prisons de.... où étant..... (*mettre ici ce que les Geoliers & Guichetiers ou autres Personnes qui avoient le Prisonnier à leur Garde, diront sur l'Evasion, & comment elle s'est faite.*)

XI. *Formule de Jugement pour continuer l'Instruction du Procès à l'Accusé qui se sera évadé des Prisons depuis l'Interrogatoire.*

A tous ceux qui ces Présentes &c. Vû le Procès-verbal dressé par Nous le tel jour, contenant (*ici il faut énoncer l'Evasion, le jour, la Maniere &c.*) & Conclusions du Procureur du Roi : nous ordonnons que les Témoins assignés à la Requête de tel.....par l'Exploit de....seront oüis, que ceux qui l'ont été, seront récollés, & que le Récollement vaudra Confrontation, suivant l'Ordonnance.

ARTICLE XXV.

» LE Procès sera aussi fait à l'Accusé pour le Crime » du Bris des Prisons, par Défaut & Contumace.

SOMMAIRE.

I. *Qu'entend-t-on par le Crime de Bris de Prison ?*
II. *Ce Crime sert d'Indice au Crime principal, & à faire augmenter la Peine.*
III. *Instruction sur ce Crime n'a lieu que lorsqu'il a été suivi d'Evasion. Réglement de la Cour à ce sujet.*
IV. *Comment se fait cette Instruction ?*
V. *Ne doit retarder celle pour le Crime principal.*
VI. *Elles doivent être jointes par le Jugement définitif, & Pourquoi ?*
VII. Quid, *lorsque l'Accusé est repris après l'Instruction achevée pour le Bris de Prison ?*
VIII. Quid, *lorsqu'il s'est évadé après le Jugement définitif ?*
IX. Quid, *S'il est repris ensuite de cette Evasion ?*
X. *Instruction pour Bris de Prison n'a lieu dans le Cas où l'Accusé est condamné à Mort pour le Crime principal.*
XI. *Cas où elle est indispensable suivant notre Jurisprudence.*

I. APRÉS avoir marqué sur l'Article précédent, la Maniere dont il faut procéder dans le Cas de l'Evasion de l'Accusé, qui se fait sans violence, l'Ordonnance nous prescrit ici la Procédure qui doit se faire en cas d'Evasion avec violence ou Bris de Prison ; comme par exemple, lorsque l'Accusé fait des Effractions à la Porte, Serrure, Murs & Clôture de la Prison, ou lorsqu'il s'empare par force des Clefs de la Prison, en maltraitant & faisant violence aux Geoliers & Guichetiers.

II. COMME ces Effractions & Violences forment un Crime particulier, dans lequel l'Accusé peut avoir des Complices qui lui ont procuré les Instrumens avec lesquels ils les ont faites, l'Ordonnance a voulu qu'il fût fait à ce sujet une Instruction séparée de celle concernant le premier Crime pour lequel l'Accusé étoit détenu Prisonnier, & que par le Jugement qui interviendra sur cette nouvelle Instruction, il soit prononcé des Peines particuliéres, telles que ce Bris de Prison peut mériter, ou du moins que la Conviction de ce dernier Crime serve à faire augmenter la Peine que pourroit mériter le premier, auquel il sert d'indice, *fugiens ex Carcere publico delictum confiteri intelligitur ideo & si innocens punitur. L. 4, Cod. de Custod. Reor.*

III. Mais il faut pour cela, que le Bris de Prison ait été suivi d'Evasion; car si l'Accusé avoit été surpris au moment qu'il faisoit l'Effraction ou qu'il commettoit la Violence, il n'y auroit pas lieu à une nouvelle Instruction; mais l'Accusé devroit être jugé sur le champ, & condamné sans autre forme de Procès aux Peines qui sont portées par les Réglemens. Suivant un Arrêt de Réglement de la Cour du 11 Mars 1608, pour les Prisons de la Conciergerie du Palais; le Prisonnier surpris en pareil Cas, doit être *pendu sans autre forme ni figure de Procès, à une Potence, qui pour cet effet sera plantée au milieu du Préau de la Conciergerie.* Par le même Arrêt, » il est fait défenses à » tous Prisonniers d'attenter à sortir des Prisons par Escalade, » Effraction ou autres voies illicites en quelque sorte que ce » soit, & à toutes Personnes de leur bailler & prêter aucuns Ferre» mens & Instrumens propres à faire Effraction, leur aider & » assister à s'évader desdites Prisons, sous Peine d'être atteints & » convaincus de Crime Capital; & il est enjoint aux Geoliers de » faire exacte visitation par chaque jour des Lits & Paillasses, & » aux Coffres des Prisonniers.

IV. Quant à la Procédure qui doit se faire, lorsque le Bris de Prison a été suivi de l'Evasion du Criminel, la voici. Le Geolier rend sa Plainte du Bris de Prison, ou plutôt il le dénonce au Procureur du Roi, sur les Conclusions duquel le Juge se transporte dans la Prison avec son Greffier, examine la maniere dont le Prisonnier est sorti, en dresse son Procès-verbal de la même maniere que celui pour la simple Evasion dont la Formule est à la suite de l'Article précédent, sauf qu'il y sera fait en outre mention des Effractions, s'il y en a, & que pour mieux juger de la Qualité de ces Effractions, il y appellera des Maçons & Serruriers auxquels il fera prêter Serment. Ensuite il procédera à l'Information, dans laquelle il entendra les Témoins qui lui seront administrés par les Geoliers; comme il n'y a ordinairement que

que les Prisonniers qui puissent en avoir connoissance, ils deviennent Témoins nécessaires en pareil Cas. A la vérité il faut mettre quelque différence dans les Dépositions de ces Prisonniers, par rapport au degré de Preuve qui en peut résulter. Ainsi, par exemple, les Prisonniers pour Dettes doivent mériter plus de foi que ceux qui sont détenus pour Crime; & encore parmi ces derniers, il faut distinguer ceux qui ont déja encouru quelque Peine infâmante, de ceux qui n'ont encore essuyé aucune Condamnation. En général, comme la Qualité de *Prisonnier* emporte avec elle une sorte de Suspicion, il paroît que pour former une Preuve complette, il en faut un plus grand nombre, que de Témoins ordinaires.

L'Information faite, le Juge décréte le Prisonnier évadé, & ses Complices, s'il en a. C'est alors que commence l'Instruction de la Contumace sur ce Crime. Cette Instruction se fait par la Perquisition, l'Annotation, les Assignations à Quinzaine & à Huitaine, avec Cri public & à Son de Trompe, de la maniere portée dans les Articles 1, 7 & 8 de ce Titre.

V. MAIS cette Instruction qui se fait séparément de celle pour le Crime principal, ne doit point retarder celle-ci; puisque l'Ordonnance veut, par l'Article précédent, que l'Accusé qui s'est évadé des Prisons depuis l'Interrogatoire, ne soit point ajourné ni proclamé à Cri public; mais que la Partie Civile puisse présenter de nouveaux Témoins sur le premier Crime, requérir que ceux qui ont été oüis seront récollés, & que le Récollement vaudra Confrontation.

VI. L'INSTRUCTION pour le premier Crime, & Celle pour le Bris de Prison étant achevées, elles doivent être jointes par le Jugement définitif; parce que, comme nous l'avons dit, non-seulement le Bris de Prison doit servir à faire augmenter la Peine du Crime principal, mais il forme d'ailleurs un Indice violent pour ce même Crime. Ensorte que par le Jugement qui interviendra, il faudra commencer par déclarer la Contumace bien instruite, au sujet du Bris de Prison.

VII. CEPENDANT, si après l'Instruction achevée pour le Crime du Bris de Prison, il arrivoit que l'Accusé fût repris, il seroit admis à purger sa Contumace, comme tout autre Accusé de Crime.

VIII. Que s'il venoit à s'évader une seconde fois, & après le Jugement définitif, il seroit alors décrété pour le Bris de Prison, & poursuivi par Défaut & Contumace, de la même Maniere que nous venons de le dire, par rapport aux Evasions qui se font depuis l'Interrogatoire; & en même-tems l'on informera contre ceux qui auront procuré ou aidé son Evasion.

IX. Que si cet Accusé étoit ensuite repris, on lui fera purger sa Contumace sur cette Procédure; & par le Jugement définitif qui interviendra, sa Peine pourra être augmentée, suivant les Circonstances, pour le Bris de Prison.

X. Ce n'est que dans le Cas où l'Accusé auroit été condamné à une Peine de Mort pour le Crime principal, qu'il ne pourroit être admis à purger sa Contumace pour le Bris de Prison; & cela, tant parce qu'alors, il n'y auroit plus lieu à une Augmentation de Peine, que parce que les Jugemens de Condamnation à Mort, doivent être exécutés le jour même qu'ils ont été prononcés, comme nous verrons sur l'Article 21 du Titre 25.

XI. Au reste, c'est une Maxime constante dans notre Jurisprudence, que l'Instruction pour le Crime du Bris de Prison, lorsqu'il a été suivi d'Evasion, est absolument indispensable, dans le Cas même où l'Accusé seroit repris depuis son Evasion. C'est ce qui a été jugé disertement par un Arrêt de la Cour du 14 Août 1736, qui déclare nulle la Procédure du Juge de la Ville d'Eu, pour n'avoir pas instruit le Crime du Bris de Prison, par Information &c. comme les autres Crimes, & pour s'être contenté d'interroger l'Accusé, après qu'il avoit été repris, sans faire une plus ample instruction.

ARTICLE XXVI.

» Si le Condamné se représente, ou est mis Prisonnier dans l'année de l'Exécution du Jugement de » Contumace, main-levée lui sera donnée de ses Meubles, Immeubles; & le Prix provenant de la Vente » de ses Meubles, à lui rendu, les Frais déduits, en » consignant l'Amende à laquelle il aura été condamné.

SOMMAIRE.

NOUS avons vû ſur l'Article 18 de ce Titre, l'Effet que produit la Repréſentation de l'Accuſé, relativement aux *Procédures* faites pendant ſa Contumace. Il eſt parlé dans celui-ci, de l'Effet que produit cette même Repréſentation, par rapport aux *Condamnations pécuniaires* qui ont été prononcées contre lui par le Jugement de Contumace. Car, pour les autres Condamnations qui frappent ſur ſa *Perſonne* ou ſur ſon *Honneur*, nous avons obſervé qu'elles tomboient abſolument, dès l'inſtant même de ſa Repréſentation.

Quant à ces Condamnations *Pécuniaires*, l'Ordonnance veut, que l'on diſtingue entre la Repréſentation qui ſe fait dans l'année de l'Exécution du Jugement de Contumace, & celle qui ſe fait après l'expiration de cette année.

I. AU 1er Cas, qui fait l'Objet particulier du préſent Article, l'Ordonnance veut, que la Main-levée ſoit donnée à l'Accuſé, des Meubles & Immeubles qui ont été ſaiſis ſur lui; & qu'à l'égard de ceux de ſes Meubles qui auroient été vendus pour en éviter l'entier Dépériſſement, le Prix lui en ſoit rendu; après avoir néanmoins déduit ſur ce Prix, les Frais de la Saiſie & de la Vente; comme auſſi après avoir retenu, tant ſur ce Prix, que ſur le revenu des Immeubles ſaiſis, l'Amende à laquelle l'Accuſé aura été condamné, & qu'il eſt tenu de conſigner à cet effet dans le tems que lui eſt faite cette reſtitution, lorſqu'il ne ſe trouve pas dans ce Prix & Revenu des Immeubles, de quoi ſatisfaire à la Conſignation de l'Amende.

II. AU ſecond Cas, c'eſt-à-dire, lorſque l'Accuſé ne ſe repréſente qu'après l'année, il faut encore diſtinguer, ſuivant l'Ordonnance, ſi cette Repréſentation eſt faite avant ou après l'expiration des cinq années de l'Exécution du Jugement de Contumace.

1°. Si elle est faite avant l'expiration des cinq années, l'Accusé conservera les fruits de ses Immeubles saisis & annotés, pourvû que le Jugement de Contumace ne l'ait pas condamné à une Peine qui emporte Confiscation, ainsi que nous le verrons sur l'Art. 31 ci-après: à la différence de Celui qui se seroit représenté dans l'année, lequel doit jouir de ces Fruits, même dans le Cas où la Confiscation auroit été prononcée par le Jugement de Contumace. *V.* néanmoins l'exception pour le Crime de DUEL, dont il sera parlé sur l'Art. 29 ci-après.

III. 2°. MAIS si la Représentation ne se faisoit qu'après les cinq années de l'Exécution du Jugement de Contumace, l'Accusé perdra alors les Fruits de ses Immeubles, ainsi que nous le verrons sur le même Article 28 du présent Titre, suivant lequel l'Accusé qui ne se représente qu'après les cinq années, est exclus de la restitution des Fruits des Immeubles, même dans le Cas où il auroit obtenu des Lettres pour *ester à Droit.*

IV. L'ORDONNANCE pour la Lorraine ne fait aucune Distinction dans tous ces Cas; l'Article 8 du Titre 15, porte que, » si le Condamné se représente, ou est constitué Prisonnier dans » les cinq années de la Contumace, les Sentences & Jugemens » rendus contre lui, seront mis au néant de plein Droit, sans au- » cune Restitution des Fruits de ses Immeubles.

V. LA PROCÉDURE qui est à faire à cet égard, consiste dans une Requête que présentera l'Accusé, à laquelle il joindra l'Ecroüe. Par cette Requête, il demandera Main-levée des Biens meubles & immeubles sur lui saisis, la Restitution du Prix des Meubles qui auront été vendus à la Poursuite de la Partie Civile, en vertu du Jugement d'un *tel* jour; comme aussi Celle des Fruits des Immeubles; & qu'à ce faire, les Commissaires seront contraints, en déduisant, par le Suppliant, les Frais, & consignant l'Amende. Sur cette Requête, intervient un Jugement conforme, en Exécution duquel on consigne l'Amende; on se met ensuite en possession des Immeubles; on fait taxer les Frais, & contraindre les Dépositaires des Deniers pour le surplus: & en Cas de négligence, ou de Refus de la Partie Civile, de faire procéder à la Taxe des Frais, l'Accusé pourra par une nouvelle Requête, demander la Main-levée pure & simple.

ARTICLE XXVII.

» Défendons à tous Juges, Greffiers, Huif-
» fiers, Archers ou autres Officiers de Juftice, de pren-
» dre ou faire tranfporter à leur Logis, ni même au
» Greffe, aucuns Deniers, Meubles, Hardes, ou Fruits
» appartenans aux Condamnés, ou à ceux même contre
» lefquels il n'y auroit que Décret; ni de s'en rendre
» Adjudicataires fous leur Nom ou fous Noms inter-
» pofés, fous quelque prétexte que ce foit; à peine
» d'Interdiction, & du double de la valeur.

Sommaire.

I. Deux Difpofitions dans cet Article. Par la *premiere*, il eft fait Défenfes à tous Officiers de Juftice, même aux Greffiers & Huiffiers, de prendre ou faire tranfporter chez eux ni au Greffe, aucuns Deniers, Meubles, Hardes & Fruits appartenans aux Accufés condamnés par Contumace, même ceux contre lefquels il n'y auroit qu'un fimple Décret.

Par l'*autre* Difpofition de cet Article, il eft fait Défenfes à ces mêmes Officiers & Miniftres de la Juftice, en Cas que les Meubles faifis fur l'Accufé foient vendus, de s'en rendre Adjudicataires fous leur Nom ou fous des Noms interpofés.

II. Toutes ces Précautions ont pour objet, non-feulement de mettre un jufte frein à la Cupidité de ces Officiers & Miniftres Subalternes, mais principalement de pourvoir à la Confervation des Deniers ou Effets qui font faifis fur l'Accufé, pour qu'ils puiffent lui être reftitués en entier, lorfqu'il fera ainfi ordonné.

III. Au reste, dans ces Défenfes ne doivent point être compris ceux des Meubles & Hardes de l'Accufé qui peuvent servir à sa Conviction ou à sa Décharge. Nous avons vû, sur les Articles 9 du Titre 2, & Art. 7 du Titre 13, que ceux-ci doivent être déposés au Greffe.

IV. La Procédure qui est à faire, en Cas de Contravention à cet Article, est que l'Accusé présente sa Requête au Juge, par laquelle il conclura à la Restitution du *double* des Meubles, que l'Officier ou Ministre de la Justice aura fait porter chez lui, ou dont il se sera rendu Adjudicataire; sauf à la Partie Publique à prendre ses Conclusions. Il peut même, suivant l'Auteur des Formules, s'adresser directement au Conseil du Roi, & y demander l'Exécution du présent Article. Dans l'un & l'autre Cas il devra justifier de la Contravention, par les Piéces qui seront attachées à la Requête.

ARTICLE XXVIII.

» SI ceux qui auront été condamnés, ne se représen-» tent, ou ne sont constitués Prisonniers dans les cinq » années de l'Exécution de la Sentence de Contumace, » les Condamnations pécuniaires, Amendes & Confis-» cations seront réputées contradictoires, & vaudront » comme ordonnées par Arrêt; nous réservant néan-» moins la faculté de les recevoir à ester à Droit, & » leur accorder nos Lettres pour se purger: & si le » Jugement qui interviendra, porte Absolution, ou » n'emporte point de Confiscation, les Meubles & Im-» meubles sur eux confisqués, leur seront rendus en » l'état qu'ils se trouveront; sans pouvoir prétendre » néanmoins aucune Restitution des Amendes, Intérêts » Civils, & des Fruits des Immeubles.

SOMMAIRE.

I. *Effet de la Représentation de l'Accusé, après les cinq années de l'Exécution du Jugement de Contumace.*

II. *Accusé reste Propriétaire de ses Meubles & Immeubles jusqu'à l'Expiration de ces cinq années.*

III. *Lettres pour ester à Droit n'ont un Effet aussi étendu que la Représentation de l'Accusé avant les cinq années.*

IV. *Deux Espéces de Lettres pour ester à Droit.*

I. Il est parlé dans cet Article, de l'Effet que produit la Représentation de l'Accusé, lorsqu'elle n'est faite qu'après les cinq années de l'exécution du Jugement de Contumace. Cet Effet est de donner aux Condamnations pécuniaires qui ont été prononcées par ce Jugement, telles que les Amendes, Aumônes, Confiscations, Intérêts civils, Dommages & Intérêts, la même force que si elles avoient été prononcées par un Jugement contradictoire.

II. La Disposition de cet Article tend, comme l'on voit, à confirmer ce que nous avons dit ci-devant, que jusqu'à l'expiration des cinq années, l'Accusé, quoique condamné, ne laisse pas que de conserver la propriété de tous les Meubles & Immeubles qui ont été saisis sur lui; de maniere qu'on ne peut les vendre & adjuger que par Provision, & en donnant Caution de rapporter au Cas que l'Accusé se représente dans les cinq années, après lesquelles seulement cette Caution sera déchargée; parce que la Loi présume que l'Accusé qui se représente avant les cinq années, parviendra à se justifier.

III. Mais lorsqu'il a laissé passer ce tems-là, il se trouve dès-lors dépouillé de tout droit à ces mêmes biens & héritages, de maniere qu'il ne peut plus y être rétabli, suivant le présent Article, que par un effet de la Grace spéciale du Prince, qui s'est réservé la Faculté de lui accorder des Lettres pour ester a Droit, c'est-à-dire, à l'effet de procéder en Justice, pour défendre sa Cause, & faire rétracter les Condamnations qui ont été prononcées contre lui. D'ailleurs, l'Effet de ces Lettres n'est point aussi étendu que celui de la Représentation de l'Accusé avant les cinq années, puisque dans le Cas même où il viendroit à être renvoyé absous par le Jugement qui seroit rendu en conséquence de ces mêmes Lettres, ou que les Condamnations portées par ce nouveau Jugement, n'emporteroient point Confiscation, il ne pourroit espérer que la Restitution des Meubles & Immeubles qui auroient été confisqués sur lui par le Jugement de Contumace; & encore cette Restitution ne devroit-elle être faite que dans l'état où se trouveroient ces Meubles & Immeubles, lors du Jugement qu'il obtiendra en vertu de ces Lettres; & non point dans le même état où ils étoient, lors de la Saisie & Annotation; c'est-à-dire, qu'il faudroit commencer par prélever sur ces Meubles & Immeubles, les Amendes, Intérêts civils & autres Condamnations pécuniaires qui seront portées par le Jugement de Contumace. Au lieu que par l'Effet de la Représentation dans les cinq années, les Accusés ne sont pas seulement déchargés des Amendes, Intérêts civils, & autres Condamnations pécuniaires prononcées contr'eux par le Jugement de Contumace; mais ils conservent encore, comme nous l'avons dit, la propriété des biens confisqués sur eux, tellement qu'ils sont en droit de répéter le prix de la Vente des Meubles, qui se trouveroit avoir été perçu par les Adjudicataires, & même qu'ils peuvent se faire restituer la totalité des Fruits des Immeubles, si les Peines auxquelles ils ont été condamnés par le Jugement de Contumace, n'emportent point la Confiscation. *V.* l'Art. 31 ci-après.

IV. POUR ce qui concerne les Formalités nécessaires pour parvenir à l'Entérinement des Lettres pour ester à Droit, il faut voir les Art. 15, 16 & 26 du Tit. 16 ci-devant. Nous verrons aussi sous le Tit. 27 ci-après, une autre Espéce de Lettres qui se rapportent à celles-ci, & qui n'en différent qu'en ce qu'elles ne s'obtiennent point par les Accusés eux-mêmes; mais par leurs Veuves, Enfans & Parens, lorsqu'ils sont décédés après les cinq années de l'exécution du Jugement de Contumace; & que d'ailleurs elles peuvent être employées contre les Jugemens contradictoires en certains Cas: ce sont les Lettres *pour purger la Mémoire du Défunt.*

ARTICLE XXIX.

» CELUI qui aura été condamné par Contumace à » Mort, aux Galéres perpétuelles, ou qui aura été » banni à perpétuité du Royaume, qui décédera après » les cinq années, sans s'être représenté, ou avoir été » constitué Prisonnier, sera réputé mort civilement du » jour de l'Exécution de la Sentence de Contumace.

SOMMAIRE.

SOMMAIRE.

I. NOUS avons vû sur les Articles précédens, l'Effet que produit la Représentation de l'Accusé dans les cinq années de l'Exécution du Jugement de Contumace : il est parlé dans celui-ci de l'Effet que produit au contraire, le Défaut de Représentation dans ces cinq années. Cet Effet est tel, que si par le Jugement de Contumace, l'Accusé avoit été condamné à Mort ou aux Galeres perpétuelles, ou même au Bannissement perpétuel, & qu'il soit venu à décéder après les cinq années à compter du jour de l'Exécution du Jugement de Contumace, sans s'être représenté ou avoir été constitué Prisonnier, l'Ordonnance veut qu'il soit réputé mort civilement du jour même de cette exécution. C'est-à-dire, que par ce Défaut de Représentation dans les cinq années, non-seulement il a assuré l'Effet de la Confiscation de ses biens; mais il s'est encore rendu incapable d'en acquérir & d'en disposer par des Actes entre-vifs, ou par Disposition à cause de Mort.

Nous avons traité amplement dans nos Institutes au Droit Criminel, des Effets que produisent la Mort civile & la Confiscation : nous nous contenterons d'ajouter ici trois Observations importantes, qui paroissent résulter des termes du présent Article.

II. La *Premiere*, c'est que l'Ordonnance y marque les Peines qui emportent la Mort civile, sçavoir; 1°. Celle de la Condamnation à Mort par Contumace, lorsque l'Accusé ne s'est point représenté dans les cinq années du jour de l'exécution du Jugement; 2°. Celle des Galéres perpétuelles; 3°. Celle du Bannissement perpétuel. Ces deux dernieres Peines produisent également la Mort civile, lorsqu'elles sont prononcées par un Jugement de Contumace, comme par un Jugement contradictoire; mais avec cette différence, que la Mort civile s'opére dès l'instant même du Jugement contradictoire, au lieu qu'elle n'a lieu, en fait de Contumace, que lorsque l'Accusé ne s'est point représenté dans les cinq années du jour de l'Exécution du Jugement qui prononce ces Peines.

De ce que l'Ordonnance ne parle ici, que des Galeres & du Bannissement perpétuel hors du Royaume, il s'ensuit que les Galeres à Tems, le Fouet, l'Amende honorable, le Bannissement à Tems, & même le Bannissement perpétuel d'une Province ou d'une Jurisdiction, ne peuvent produire la Mort civile, quand même ils seroient prononcés par Jugement contradictoire.

III. La *Seconde*, c'est qu'il ne suffit pas que le Jugement de Condamnation ait été prononcé à l'Accusé; mais il faut encore, aux termes de cet Article, qu'il ait été exécuté par Effigie, ou par Tableau, pour qu'il y ait ouverture à la Mort civile.

IV. Cependant, si l'Accusé qui est décédé après les cinq années de l'exécution sans se représenter, avoit appellé du Jugement; cet Appel empêcheroit l'Effet de la Mort civile, encore que ce Jugement auroit été exécuté, suivant la Maxime *Appellatio extinguit Judicatum in Criminalibus*. Ainsi, en déclarant la Mort civile encourue depuis le jour de l'exécution du Jugement de Contumace, l'Ordonnance suppose sans doute, que ce Jugement est en dernier Ressort, ou que s'il est à charge de l'Appel, il a été confirmé par Arrêt, en vertu de la Dévolution dans les Cours, que ces sortes de Condamnations opérent de plein Droit.

V. Enfin, une *Troisiéme* Observation qui résulte des termes de cet Article, c'est que, puisqu'il faut pour opérer la Mort civile dans tous ces Cas, que l'Accusé soit décédé après les cinq années sans se représenter ou avoir été arrêté, on en pourroit conclure, que lorsqu'il vient à mourir avant les cinq années, il est censé mort *integri status*, quand même il n'auroit pas interjetté Appel du Jugement de Condamnation, cet Appel étant de droit, comme nous venons de l'observer; de maniere que tous les Actes qu'il a fait jusqu'alors doivent subsister, & que sa Succession ne peut être recherchée pour les Intérêts civils. Cette conséquence paroît si naturelle & si nécessaire, qu'elle a été établie pour Maxime constante par nos meilleurs Auteurs, tels que LE BRUN, des Successions, Liv. 1, Chap. 2, Sect. 3, LE PRESTRE, Chap. 5, Cent. 1, BRODEAU, sur LOUET, Lett. C. Ch. 24, DOMAT, Part. 2, Liv. 1, Tit. Sect. 2, n. 36.

VI. CEPENDANT, nous croyons qu'il faut distinguer entre les Jugemens de Condamnation, qui se prononcent contradictoirement avec l'Accusé, & ceux qui sont rendus par Contumace, dont il s'agit singuliérement dans cet Article. Comme ceux-ci ne sont point susceptibles d'Appel, & ne peuvent se détruire que par la Représentation de l'Accusé, il paroît que la Mort civile qui en résulte, doit produire son Effet du jour même de l'Exécution du Jugement; de maniere que si l'Accusé vient à décéder sans se représenter, tous les Actes qu'il a faits dès-lors sont absolument nuls, quoiqu'antérieurs à l'expiration des cinq années: qu'en un mot, il n'y a d'autre Différence entre l'Accusé qui est décédé avant les cinq années, & celui qui est décédé après, si ce n'est qu'au premier Cas, sa Veuve, ses Enfans & Héritiers sont admis à purger sa Mémoire, conformément à l'Art. 1er du Tit. 27 ci-après, & par ce moyen le faire rétablir dans le même état qu'il étoit avant la Condamnation, tout ainsi que l'Accusé auroit pû s'y faire rétablir lui-même, s'il s'étoit représenté dans les cinq années; au lieu que, lorsqu'il est décédé après les cinq années, ces mêmes Héritiers ne peuvent plus y être admis que par une Grace extraordinaire du Prince, & en vertu de Lettres particuliéres dont il sera parlé sur l'Art. 2 du même Tit. 27. Autrement, la Disposition de ces Articles auroit été absolument illusoire & sans objet, si l'Etat de l'Accusé n'avoit souffert aucun Changement par l'Exécution du Jugement de Condamnation par Contumace.

C'est aussi sur le fondement sans doute de cette Distinction, que par Arrêt de la Cour, du 13 Janvier 1633, rapporté au Journal des Audiences, un Mariage contracté dans les cinq ans, du jour de l'exécution du Jugement de Contumace, a été déclaré nul, quant aux Effets civils.

VII. IL y a même un Cas particulier, où la Mort civile s'encourt du jour même de la Condamnation par Contumace; c'est celui du DUEL. L'Art. 25 de l'Edit de 1679, déclare les Condamnés par Contumace pour ces sortes de Crimes, incapables & indignes de toutes successions qui pourront leur écheoir depuis la Condamnation, encore qu'ils fussent dans les cinq années, & qu'ils fussent ensuite restitués contre la Contumace.

Cette Exception ne sert qu'à mieux confirmer la Maxime que nous venons d'établir; sçavoir, qu'en général, l'Effet de la Mort civile commence du jour même de l'exécution des Jugemens par Contumace, & que ce n'est que dans le Cas du DUEL seulement, qu'il commence du jour même de la Condamnation.

VIII. PAR l'Art. 14 du Tit. 15 de l'Ordonnance pour la Lorraine, toutes Ventes, Cessions, Donations & Transports faits par les Condamnés à Mort civile ou naturelle, de leurs Biens, Meubles & Immeubles, du jour de la Signification du premier Décret, sont déclarées nulles & de nul effet & valeur, comme faites en fraude de la Condamnation, & en Cas de Crime de Lèze-Majesté au premier Chef, du jour du Crime commis.

Par l'Article suivant de la même Loi, *il est dit*, que celui qui sera décédé pendant l'Appel, mourra déchargé de la Condamnation qui demeurera éteinte par la Mort, quant à la Peine seulement, sans préjudice des Intérêts civils.

ARTICLE XXX.

» LES Receveurs de notre Domaine, les Seigneurs » ou autres, à qui la Confiscation appartient, pourront » pendant les cinq années percevoir les Fruits & Re» venus des Biens des Condamnés, des mains des Fer» miers redevables, & Commissaires. Leur défendons » de s'en mettre en Possession, ni d'en jouir par leurs » mains, à peine du quadruple applicable moitié à Nous, » moitié aux Pauvres du Lieu, & des Dépens, Dom» mages & Intérêts des Parties.

SOMMAIRE.

I. *Deux Conséquences qui résultent de cet Article.*
II. *Disposition de cet Article. Suite de celle des Art.* 27 & 28 *précéd.*
III. *Procédure en Cas de Contravention à cet Article.*

PAR cet Article, l'Ordonnance défend à tous ceux à qui la Confiscation appartient, de s'immiscer dans la perception & jouissance des Fruits & Revenus des Biens des Condamnés qui ne se représenteront point dans les cinq années, ou qui viendront à décéder pendant ce tems-là; elle veut, qu'ils ne puissent toucher ces Fruits & Revenus, que de la main des Fermiers redevables, ou des Commissaires qui ont été établis lors de la Saisie, & ce à peine du Quadruple & des dépens, Dommages & Intérêts des Parties.

I. IL résulte par conséquent deux choses de cette Disposition; la *premiere*, que ce n'est qu'après l'expiration des cinq années que ceux à qui la Confiscation appartient, peuvent percevoir par leurs mains les Fruits & Revenus des biens du Condamné, & encore ne doivent-ils le faire, qu'après avoir rempli les Formalités qui leur sont prescrites par l'Art. 32 ci-après.

La *seconde*, que, comme il peut arriver, que l'Accusé se représente avant l'expiration des cinq années, & que par cette Représentation il fasse cesser la Confiscation des biens, l'Ordonnance a voulu que ces biens lui fussent alors rendus dans le même état qu'ils étoient lors de la Saisie & Annotation. Ce qui n'auroit pû se faire, ou du moins que très-difficilement, si les Receveurs du Domaine, ou les Seigneurs & autres à qui la Confiscation appartient, s'en étoient une fois emparés.

II. AU RESTE, cette Disposition n'est qu'une suite de celles des Art. 27 & 28 du présent Titre, par le premier desquels, il est fait défenses aux Juges, Greffiers & Huissiers de porter chez eux, & de se rendre Adjudicataires d'aucun des Meubles & Effets appartenans au Condamné; & par le dernier, S. M. se réserve la Faculté d'accorder des Lettres pour *ester à Droit*, par le moyen desquelles le Condamné peut se faire rétablir dans les biens qui ont été confisqués sur lui.

III. EN Cas de Contravention au présent Article, la Partie Publique requerra son Exécution par rapport à la Peine du *Quadruple*, dont la moitié doit être appliquée au profit de S. M., & l'autre moitié aux Pauvres du Lieu; & la Partie Civile demandera de son côté les Dépens, Dommages & Intérêts, par une Requête qu'elle présentera au Juge de l'Instruction ou bien au Conseil de S. M., comme Juge naturel des Contraventions à l'Ordonnance, suivant l'Auteur des Formules.

ARTICLE XXXI.

» NOUS ne ferons aucun don des Confiscations qui » nous appartiendront pendant les cinq années de la » Contumace : ce que nous défendons pareillement aux » Seigneurs Hauts-Justiciers. Déclarons nuls tous ceux » qui pourroient être obtenus de Nous, ou faits par les » Seigneurs ; sinon pour les Fruits des Immeubles seu- » lement.

SOMMAIRE.

I. *Confiscation n'est ouverte que par le Laps des cinq années.*

II. *Dons faits par le Roi avant ce tems-là ne valent que pour les Fruits des Immeubles.*

III. *Cas où la Confiscation peut avoir lieu.*

IV. *Cas où l'Accusé qui se représente dans les cinq ans, doit être restitué dans les Fruits de ses Immeubles.*

I. CET Article sert à confirmer la Maxime que nous venons d'établir sur l'Art. 29 ; sçavoir, que ce n'est que par le Laps de cinq années, du jour de l'Exécution du Jugement de Contumace, que la Confiscation peut avoir lieu contre l'Accusé qui a été condamné à quelque Peine qui emporte cette Confiscation ; ensorte que les Receveurs du Domaine, les Seigneurs & autres à qui la Confiscation appartient, ne peuvent prétendre, pendant le cours de ces cinq années, que les Fruits des Immeubles seulement, qu'ils ne peuvent même toucher que de la main des Fermiers redevables ou des Commissaires, conformément à l'Article précédent.

II. C'EST pour ne laisser aucun doute sur son intention à ce sujet, que S. M. déclare nuls, par cet Article, les Dons qui seroient faits par elle ou par les Seigneurs, des Confiscations qui auroient été encourues par le Condamné, autres que celles des Fruits des Immeubles ; c'est-à-dire, que dans le Cas où il y auroit eu d'autre Don que celui des Fruits des Immeubles, le Condamné qui se représente, peut demander qu'il soit déclaré nul, en exécution du présent Article de l'Ordonnance.

III. Les Peines qui emportent Confiscation, sont celles marquées par l'Art. 29 ci-devant; sçavoir, celles de Mort, des Galeres perpétuelles, & du Bannissement à perpétuité hors du Royaume. Il y a encore, la Condamnation de la Mémoire du Défunt, qui a lieu en certains Crimes atroces, dont le Coupable est mort avant le Jugement, comme en fait de Duel & de Suicide. *V.* le Tit, 22 ci-après.

IV. Au reste, comme il n'est parlé ici, que des Jugemens de Contumace qui emportent Confiscation, il s'ensuit que lorsque les Peines qui sont prononcées par ces Jugemens, n'emportent point Confiscation, l'Accusé qui se représente avant le Laps des cinq années, doit être restitué dans tous les Biens qui ont été saisis sur lui, & même dans les Fruits de ses Immeubles, ainsi que nous l'avons observé sur l'Art. 26 ci-devant.

ARTICLE XXXII.

» Aprés les cinq années expirées, les Receveurs » de notre Domaine, les Donataires & les Seigneurs, » à qui la Confiscation appartiendra, seront tenus de » se pourvoir en Justice, pour avoir Permission de » s'en mettre en Possession; & avant d'y entrer, faire » faire Procès-verbal de la Qualité & Valeur des Meu- » bles & Effets mobiliaires, & de l'Etat des Immeu- » bles, dont ils jouiront ensuite en pleine Propriété: » à peine, contre les Donataires & les Seigneurs, d'être » déchûs de leur Droit, qui sera adjugé aux Pauvres » du Lieu; & contre les Receveurs de notre Domai- » ne, de 10000 liv. d'amende, applicable, moitié à » notre profit, & moitié aux Pauvres du Lieu.

SOMMAIRE.

I. PAR cet Article, l'Ordonnance prescrit ce que doivent faire Ceux à qui la Confiscation appartient, lorsque le Condamné par Contumace ne s'est point représenté dans les cinq années du jour de l'Exécution de son Jugement ; elle veut qu'ils ne puissent s'en mettre en possession, qu'après avoir rempli les deux Formalités suivantes, & ce à peine de déchéance de leur Droit, à l'égard de Seigneurs & Donataires des Confiscations ; & d'une Amende de dix mille livres, de la part des Receveurs du Domaine qui y contreviendront.

II. LA *premiere* est, d'en demander la Permission au Juge. Ce Juge doit être celui des Lieux où les biens confisqués sont situés, quoiqu'il ne soit pas Celui qui a rendu le Jugement de Contumace. Nous donnerons ci-après la Formule de la Requête qui doit lui être présentée à ce sujet.

III. L'AUTRE Formalité est, de faire dresser Procès-verbal par ce Juge, pour constater la Qualité & l'Etat de ces biens au tems qu'on en a pris possession. Le Juge se transportera à cet effet sur les Lieux, & il appellera avec lui des Gens à ce connoissans, tant pour la Prisée des Meubles, que pour la valeur actuelle des Immeubles ; il sera fait mention dans ce Procès-verbal, de la date des Contrats, Obligations & autres Effets mobiliers, de la somme & du nom des Débiteurs.

IV. L'ON conçoit aisément le Motif qui a donné lieu à toutes ces Précautions ; c'est, comme nous l'avons observé sur l'Art. 28, parce que S. M. s'est réservé la Faculté d'accorder des Lettres pour *ester à Droit* après les cinq années, par le moyen desquelles l'Accusé peut obtenir un Jugement qui le renvoye absous, ou du moins, dont les Condamnations ne seront point de nature à emporter la Confiscation ; & comme alors, tous ses biens confisqués, à la réserve des Fruits des Immeubles & des Amendes,

Amendes, Intérêts civils & autres Condamnations pécuniaires, qui, aux termes de l'Art. 28, sont réputés *contradictoires* par le Défaut de Représentation dans les cinq années, lui devroient être restitués, il seroit à craindre que cette Restitution ne fût point entiére, s'il n'y avoit preuve de la Valeur de ces biens, & de leur Qualité, dans le tems de la prise de Possession de Ceux à qui la Confiscation en appartient.

V. FORMULE de Requête que présentera le Receveur du Domaine & autres, à qui la Confiscation appartient, pour être envoyé en Possession des Biens confisqués.

SUPPLIE humblement tel...... Receveur du Domaine du Roi au Pays de..... *ou* Donataire du Roi *ou* du Seigneur, suivant le Don à lui fait le tel jour..... dont les Lettres sont ici attachées, qu'il vous plaise lui permettre de se mettre en Possession de tous & chacuns les Biens qui ont appartenu à tel..... accusé & condamné par le Jugement de Contumace, rendu le tel jour mois & an..... portant Confiscation desdits Biens : vû que les cinq années depuis le Jugement sont expirées : & ordonner que Procès-verbal sera dressé de la Qualité & Valeur des Meubles & Effets Mobiliaires, & de l'Etat des Immeubles : pour en jouir par le Suppliant en pleine propriété, suivant lesdites Lettres du Don ci-dessus, & suivant l'Ordonnance. Et vous ferez bien.

(*Sur cette Ordonnance, le Juge mettra*) soit fait, ainsi qu'il est requis, & dressé Procès-verbal desdits Biens par.....

TITRE XVIII.

Des Muets & Sourds, & de ceux qui refusent de répondre.

CE Titre contient onze Articles.

Dans le *premier*, il est parlé de la Nomination d'Office d'un Curateur qui sache lire & écrire.

Dans le *second*, du Serment que doit prêter ce Curateur, & de la mention qui doit en être faite.

Dans le *troisiéme*, de la Maniere dont ce Curateur s'instruira avec l'Accusé Sourd ou Muet.

Dans le *quatriéme*, du Cas où le Muet ou Sourd sçait écrire.

Dans le *cinquiéme*, du Cas où le Muet ou Sourd ne sçait ou ne veut écrire ou signer.

Dans le *sixiéme*, de la Nécessité de l'assistance du Curateur à tous les Actes de la Procédure, & de la mention qui doit y en être faite, à la réserve seulement du Jugement définitif.

Dans le *septiéme*, du Muet volontaire, & de la Défense de lui donner un Curateur.

Dans le *huitiéme*, des Interpellations & Déclarations qui lui seront faites par le Juge, & du Délai qu'il pourra lui accorder pour répondre.

Dans le *neuviéme*, de la Continuation de l'Instruction, s'il persiste dans son refus, & de la mention de ce refus dans chaque Article des Interrogatoires & autres Procédures.

Dans le *dixiéme*, du Cas où le Muet volontaire se met en devoir de répondre.

Dans le *onziéme*, du Cas où, après avoir commencé de répondre, il cesse de vouloir le faire.

ARTICLE PREMIER.

» SI l'Accusé est Muet ou tellement Sourd qu'il ne » puisse oüir, le Juge lui nommera d'Office un Cura- » teur qui sçaura lire & écrire.

SOMMAIRE.

I. Quid, *de l'Accusé qui a simplement l'Oreille dure, ou qui ne parle qu'avec peine?*

II. *Que doit faire le Juge pour s'assurer si l'Accusé est Sourd ou Muet?*

III. *Comment se fait la Nomination du Curateur?*

IV. *Les Parens ne doivent-ils pas être préférés dans le Choix du Curateur?*

V. *Pourquoi le Curateur nommé doit-il sçavoir lire & écrire?*

VI. *Formule de Procès-verbal de Nomination du Curateur.*

SUIVANT cet Article, lorsque le Juge, en interrogeant l'Accusé qui comparoît sur son Décret, vient à remarquer qu'il est tellement Sourd ou Muet, qu'il ne peut entendre, ni répondre aux Questions qu'il lui fait, il doit lui nommer d'Office un Curateur qui sache lire & écrire.

I. Ainsi, trois choses à observer sur cette Disposition.

La *première*, que pour qu'il y ait lieu à la Nomination de ce Curateur, il ne suffit pas que l'Accusé ait simplement l'Oreille dure, ou qu'il ne parle qu'avec peine, mais il faut qu'il ne puisse oüir le Juge, quand même il hausseroit la voix; ou qu'il soit privé entiérement de l'usage de la parole, *Surdus est qui omnino non exaudit, non qui tardè exaudit, & Mutus is intelligitur qui eloqui nihil potest, non qui* TARDE LOQUITUR, dit l'Empereur Justinien au Tit. des Institutes; *de his quibus non est permissum facere testamentum. §. Item Surdus*, 3.

II. La *seconde* Observation que présente cet Article, c'est que, comme il pourroit y avoir de l'affectation de la part de l'Accusé qui contreferoit le Sourd ou le Muet, le Juge, avant que de procéder à la Nomination du Curateur, devroit commencer par s'assurer du fait, en procédant à une Information Sommaire des Témoins qui connoissent & fréquentent l'Accusé, & qui l'auroient pû entendre parler, ou répondre en d'autres Circonstances. C'est le Sentiment d'Ayraut, Liv. 3, Art. 3, n. 7, & de Bruneau, Tit. 20, Max. 2. Cette Information doit être faite, suivant ces Auteurs, à la Requête de la Partie Publique, plutôt qu'à celle de la Partie Civile ou des Parens de l'Accusé, afin d'éviter tout soupçon de Fraude & de Collusion, à moins qu'il ne s'agisse d'un Délit léger.

Que si par l'événement de cette Information, il étoit prouvé que l'Accusé n'est point entiérement Sourd ou Muet, il ne faut point alors lui nommer un Curateur, mais procéder contre lui de la maniere portée par l'Art. 7 ci-après. *V.* au surplus ce qui sera dit sur cet Article, par rapport aux autres Preuves qu'on peut employer à ce sujet.

III. Enfin une *troisiéme* Observation, c'est qu'aux termes de cet Article, le Juge étant autorisé de nommer *d'Office* un Curateur à l'Accusé qui est réellement Sourd & Muet, il en faut conclure deux choses. La *premiere*, qu'il n'est point nécessaire de lui présenter une Requête à cet effet, mais qu'il doit faire cette nomination par un Procès-verbal qu'il dressera dans la forme qui sera marquée ci-après.

IV. Une *autre* Conséquence qui résulte de cette Disposition, c'est que le choix de ce Curateur étant absolument à l'Arbitrage, du Juge, celui-ci peut le prendre parmi les Parens de l'Accusé, ou bien parmi des Etrangers. Cependant, il paroît que dans le concours, les Parens doivent être préférés à cause de l'intérêt personnel qu'ils ont de sauver l'honneur de l'Accusé, & d'empêcher la Confiscation de ses biens à leur préjudice; & l'on peut dire, qu'il y a même raison de leur accorder la préférence dans ce Cas, que dans celui de l'Art. 2 du Tit. 22 ci-après, où l'Ordonnance veut que le Parent soit préféré à l'Etranger pour faire la Fonction de Curateur dans le Procès fait au Cadavre, ou à la Mémoire du Défunt.

V. Au reste, le Curateur que le Juge nommera, doit, suivant cet Article, sçavoir lire & écrire; parce que, comme nous le verrons sur les Articles suivans, il doit signer les Procédures qui sont faites contre l'Accusé. Il doit de plus être un Homme de Probité, & jouissant d'une Réputation exempte de tout soupçon; c'est ce qui résulte de la Disposition de l'Article suivant, qui veut que ce Curateur défende *fidélement* l'Accusé.

VI. *Formule du Procès-verbal contenant la Nomination du Curateur à l'Accusé Sourd & Muet.*

L'an...... Nous...... sur le Requisitoire de....... Demandeur & Accusateur, le Procureur...... joint, contre....... Accusé, Nous sommes transportés en la Chambre du Conseil de..... où étant, y avons fait amener led. Accusé, & voulant procéder à son Interrogatoire, nous avons reconnu que led. Accusé est Sourd & Muet, *ou* Sourd *ou* Muet.

Sur quoi avons nommé d'Office N..... pour Curateur aud...... Accusé, lequel sera assigné à comparoir pardevant Nous à *tel jour & heure*, pour faire Serment de bien & fidélement défendre led....... Accusé, lequel a été amené èsd. Prisons par le Geolier d'icelles. Fait les jour & an que dessus. *V. la suite sur l'Article suivant.*

ARTICLE II.

» Le Curateur sera Serment de bien & fidélement
» défendre l'Accusé, dont sera fait Mention, à peine
» de Nullité.

SOMMAIRE.

I. *Deux Formalités prescrites par cet Article.*
II. *Comment le Curateur doit-il être appellé pour venir prêter Serment?*
III. *Mention qui doit être faite dans le Procès-verbal du Juge à ce sujet.*
IV. *Continuation du Procès-verbal ci-dessus.*

I. PAR cet Article, l'Ordonnance prescrit deux Formalités que le Juge doit observer à l'égard du Curateur, aussi-tôt après qu'il l'aura nommé.

II. LA *premiere* est, de lui faire promettre par SERMENT, *de bien & fidélement défendre l'Accusé*; il sera assigné à cet effet à la Requête de la Partie Publique ou Civile, en vertu de l'Ordonnance du Juge dont la Formule est ci-après.

III. L'AUTRE Formalité, c'est que dans le Procès-verbal que le Juge dressera à cet effet, il sera tenu d'y faire MENTION, à peine de Nullité, tant de la Comparution & du Serment prêté par le Curateur, que de la Déclaration que fera ce Curateur, qu'il défendra bien & fidélement l'Accusé.

IV. *Continuation du Procès-verbal ci-dessus.*

Et le......jour.....heure, nous nous sommes transportés en la Chambre du Conseil, où étant, est Comparu N.....Curateur par Nous nommé d'Office à.....Accusé, lequel a accepté lad. Charge, & fait Serment de bien & fidélement défendre l'Accusé, & a signé.

NOTA. *A la suite du même Procès-verbal, on énoncera les autres Réponses que ce même Curateur fera pour la Défense de l'Accusé.*

ARTICLE III.

» POURRA le Curateur s'instruire secrettement » avec l'Accusé, par signe ou autrement.

SOMMAIRE.

I *Motif de la Disposition de cet Article.*
II. *Délai est laissé à l'arbitrage du Juge.*
III. *Précautions que le Juge doit garder en pareil Cas.*
IV. *Que veut dire l'Ordonnance par ce mot* Secrettement?

I. PAR cet Article, l'Ordonnance permet au Curateur de s'entretenir ſecrettement avec l'Accuſé Sourd & Muet, par ſignes ou autrement; afin de ſe mettre en état de répondre à l'Interrogatoire qui lui ſera fait pour cet Accuſé.

II. MAIS, comme elle ne fixe aucun Tems pour cela, elle a cru devoir s'en rapporter à la prudence du Juge qui donnera un Délai plus ou moins court, ſuivant les Circonſtances; c'eſt-à-dire, ſuivant les degrés de liaiſon, & d'habitude que le Curateur pourroit avoir avec l'Accuſé. Ainſi, il le faudroit moins long, s'il étoit ſon Parent ou ſon Ami ou Voiſin, que s'il étoit un Etranger.

III. IL ſeroit bon, que dans le Procès-verbal de Preſtation de Serment, le Juge fît mention de ce Délai & des Raiſons qui l'ont engagé à l'ordonner plus ou moins long. Il faudroit auſſi, qu'il eût attention de ne point fixer le Tems de ces Entretiens à des heures indûes, comme pendant la Nuit.

IV. AU RESTE, par le mot *ſecrettement*, dont l'Ordonnance ſe ſert dans cet Article, elle a voulu ſans doute exclure de cet Entretien, la Préſence du Juge, celle des Parties Publiques & Civiles, & même celle du Geolier, qui doit ſeulement avoir attention, que dans les Viſites que fera ce Curateur, il ne porte point ſur lui quelque Ferrement ou Inſtrument qui puiſſe tendre à faciliter l'Evaſion, ou à précipiter la Mort de l'Accuſé.

ARTICLE IV.

» LE Muet ou Sourd qui ſçaura écrire, pourra écrire
» & ſigner toutes ſes Réponſes, Dires & Reproches
» contre les Témoins, qui ſeront encore ſignés du Cu-
» rateur.

SOMMAIRE.

I. *Comment il doit être procédé à l'Exécution de cet Article?*

II. *Quel étoit l'ancien Uſage d'interroger les Accuſés Sourds & Muets?*

III. *Il eſt plus régulier d'écrire leurs Réponſes dans les Actes d'Interrogatoire, que dans des Feuilles ſéparées.*

IV. *Formule de l'Interrogatoire à un Muet ou Sourd.*
V. *Formule de l'Interrogatoire au Muet & Sourd qui écrit ses Réponses.*

L'ORDONNANCE prescrit, par cet Article, le Cas où l'Accusé Sourd ou Muet sçauroit écrire; elle lui permet alors d'écrire & signer ses Réponses, d'écrire & signer pareillement les Dires & Reproches qu'il fournira contre les Témoins; mais elle ne veut pas, que le Curateur soit dispensé pour cela, de signer lui-même ces Réponses & Reproches de l'Accusé.

I. AINSI, conformément à cette Disposition, il faut qu'à chaque Question que le Juge fera à l'Accusé, soit lors de l'Interrogatoire, soit lors de la Confrontation, cet Accusé écrive & signe les Réponses qu'il fera; & qu'il mette aussi par écrit ce qu'il aura à dire sur la Connoissance qu'il a des Témoins, & sur les Reproches qu'il a à former contr'eux, & généralement tous les Faits & Moyens qu'il croira pouvoir servir à sa Justification: & même pour mieux s'assurer de la sincérité de ses Déclarations, il faudra lui faire déclarer *par écrit*, au commencement des Interrogatoires & des Confrontations qui lui seront faites de chaque Témoin, & même à chaque Séance de ces Actes s'ils en ont plusieurs, *qu'il prête Serment devant Dieu de dire & répondre la Vérité;* lui faire aussi déclarer *par écrit*, à la fin de chacun de ces Actes, *qu'il persiste en ses Réponses, Dires & Reproches, & qu'ils contiennent vérité;* & après qu'il aura signé au bas de chaque Page, & paraphé les Renvois, le Curateur, de l'Assistance duquel il sera fait Mention dans le même Acte, signera aussi, & paraphera avec lui.

II. L'ORDONNANCE ne dit point si ces Réponses & Déclarations doivent être écrites & signées dans les Actes mêmes des Interrogatoires & Confrontations, ou bien si elles doivent l'être dans des Feuilles séparées. AYRAUT, Liv. 3, Art. 3, n. 8, dit que, de son Tems, la Forme d'interroger les Accusés Sourds & Muets, qui sçavoient écrire, étoit, en plusieurs Lieux, de leur bailler des Faits & Articles *par écrit*, & du Papier & de l'Encre pour y répondre. Cet Usage s'est encore conservé parmi nous, comme on le verra par la Formule ci-après.

III. CEPENDANT, il paroît qu'il seroit plus sûr & plus régulier de le laisser écrire sur les Actes mêmes de l'Interrogatoire

& de la Confrontation, & les lui faire signer tout de suite, que de le laisser écrire sur des Feuilles volantes qui pourroient se perdre & s'égarer. Cela seroit d'ailleurs plus commode pour les Juges, lors de la Visite du Procès, en ce qu'il leur épargneroit la peine de collationner ces différentes Feuilles avec les Réponses qui seroient rédigées dans les Interrogatoires & Confrontations.

IV. FORMULE *de l'Interrogatoire à un Muet ou Sourd.*

Et à l'instant avons mandé led. . . . . Accusé, qui a été amené par le Geolier des Prisons, & avons procédé à l'Interrogatoire dudit Accusé, étant assisté de N. . . . . . . son Curateur, après que led. N. . . . a fait Serment audit Nom, de dire Vérité, ainsi qu'il ensuit.

Interrogé l'Accusé de son Nom &c.

Led. N. . . . . . a dit que l'Accusé se nomme &c.

Interrogé s'il sçait pourquoi il a été emprisonné.

Led. N. . . . . . . a dit &c. (*V. le surplus dans la Formule de l'Interrogatoire*, Art. 1, Tit. 14.)

V. FORMULE *de l'Interrogatoire au Sourd & Muet qui sçait & veut écrire ses Réponses.*

Et à l'instant avons mandé led. . . . . . Accusé, qui a été amené par le Geolier des Prisons en la Chambre de. . . . où étant en présence de N. . . . son Curateur, led. N. . . . . . nous ayant dit que l'Accusé veut écrire & signer ses Réponses à l'Interrogatoire que nous lui ferons, nous avons fait mettre de l'Encre & du Papier devant ledit Accusé, & lui ayant dit ces mots, *levez la main : vous jurez & promettez à Dieu de dire Vérité*, lesquels nous avons fait mettre par écrit sur une Feuille séparée du présent Interrogatoire; & l'Accusé, après en avoir pris Lecture, a levé la main & écrit sur lad. Feuille, *je jure & promets à Dieu de dire Vérité.* Interrogé de ses Nom, Age, Qualité & Demeure, & fait mettre *comme dessus*, led. Interrogatoire en écrit; l'Accusé, après en avoir pris Lecture, a écrit sur lad. Feuille, mon Nom est. . . . . je suis âgé de. . . . . *sa Qualité*. . . . . je demeure. . . . . (*& ainsi des autres Articles de l'Interrogatoire.*)

Lecture faite à N. . . . . . dud. Interrogatoire en présence de l'Accusé qui, après en avoir pris Lecture lui-même, sur lad. feuille séparée, a écrit . . . . . Les Réponses que j'ai écrites, sont véritables, & j'y persiste.

Ce fait, la Feuille de Papier sur laquelle l'Accusé a écrit ses Réponses, a été paraphée par Nous, par l'Accusé & par N. . . . . Curateur, & avons ordonné qu'icelle Feuille demeurera jointe au présent Interrogatoire. Fait les jour & an que dessus : & ont signé.

NOTA. *Si l'Accusé est seulement Muet & non Sourd, il suffira de l'interroger verbalement, & lui faire écrire ses Réponses, comme ci-dessus. Si au contraire il est Sourd & non Muet, il conviendra de lui faire écrire les*

Interrogatoires

Interrogatoires comme dessus, pour qu'il en prenne Lecture, & y réponde de vive voix en présence de son Curateur. Il en faudra user de même à la Confrontation.

ARTICLE V.

» SI le Sourd ou Muet ne sçait, ou ne veut écrire
» ou signer, le Curateur répondra en sa présence,
» fournira des Reproches contre les Témoins, & sera
» reçu à faire tous Actes, ainsi que pourroit faire l'Ac-
» cusé; & seront les mêmes Formalités observées, à
» la réserve seulement que le Curateur sera debout &
» nue tête en présence des Juges, lors du dernier In-
» terrogatoire, quelque Conclusion ou Sentence qu'il
» y ait contre l'Accusé.

SOMMAIRE.

I. *Procédure en conformité de cet Art.*
II. Quid, *si le Curateur chargeoit l'Accusé, par quelqu'Aveu qu'il feroit?*

I. POUR procéder conformément à cet Article, il faut: 1°. Qu'à chaque *Interrogatoire* qui sera fait à l'Accusé Sourd & Muet, qui ne sçait ou ne veut écrire & signer, le Curateur réponde & signe ces Actes en toutes les pages, & qu'il en soit fait mention dans ces mêmes Actes; & de plus, si c'est le dernier Interrogatoire, il doit y être fait mention que le Curateur a été oüi debout & nuë tête, en présence des Juges; 2°. Qu'à chaque *Confrontation* qui sera faite à l'Accusé, le Curateur y déclare pour lui, s'il connoît ou non le Témoin qui lui est confronté, & quels Reproches il a à fournir contre lui; & après la lecture qui lui sera faite de la Déposition & Récollement de ce Témoin, il dira tout ce que cet Accusé pourroit dire pour sa justification; & même il fera faire par le Juge, toutes les Interpellations à ce Témoin qu'il croira nécessaires, pour éclaircir certains faits de sa Déposition, qui peuvent tendre à la décharge de l'Accusé. Le tout après que ce Curateur se sera instruit lui-même auprès de cet Accusé, par signes ou autrement.

II. Mais, comme aux termes de l'Art. 2 ci-devant, le Curateur n'est donné à l'Accusé que pour le bien & *fidèlement* défendre, il paroît que s'il chargeoit cet Accusé par quelqu'Aveu qu'il feroit lors des Interrogatoires & Confrontations, il ne devroit point être écouté; à moins que le Juge ne connût évidemment par les Signes & Gestes de cet Accusé, que cet aveu est véritable; & dans ce Cas, il seroit à propos que le Juge fît mention de ces signes ou de ces Gestes, dans son Procès-verbal. *V.* Ayraut, Liv. 3, Art. 15.

ARTICLE VI.

» Si l'Accusé est Sourd ou Muet, ou ensemble Sourd » & Muet, tous les Actes de la Procédure feront mention de l'Assistance de son Curateur, à peine de Nullité, & des Dépens, Dommages & Intérêts des Parties contre les Juges: le dispositif néanmoins du Jugement définitif, ne fera mention que de l'Accusé.

SOMMAIRE.

I. *L'Ordonnance s'est écartée de l'ancien Usage.*

II. *Différence entre les Accusés qui sont tout-à-la-fois Sourds & Muets, & ceux qui sont seulement Sourds ou Muets, par rapport aux Peines.*

III. *Ne peuvent ni les uns ni les autres être condamnés à la Torture, & pourquoi?*

IV. *Doit-il être fait mention de la présence de l'Accusé, comme de celle du Curateur?*

I. Il est parlé dans cet Article, non-seulement des Accusés qui sont Sourds ou Muets, mais encore de ceux qui sont tout-à-la-fois Sourds & Muets. En quoi l'Ordonnance paroît s'être écartée de l'ancien Usage attesté par Ayraut, Liv. 3, Art. 3, n. 15, où il dit que celui qui seroit Aveugle, Sourd & Muet de naissance, ne pourroit pas être accusé, & qu'il en doit être à son égard, comme d'un Enfant de sept ans, ou d'un Insensé.

II. A la vérité, quoiqu'on les assujettisse également les uns & les autres à la rigueur de la Procédure extraordinaire, il est certain, que l'on met toujours entr'eux une différence, par rapport aux Peines qui sont prononcées ; c'est-à-dire, que celui qui est tout-à-la-fois Sourd & Muet, sur-tout lorsqu'il l'est de naissance, n'est jamais condamné aussi sévérement que celui qui ne seroit que Sourd, ou qui ne seroit que Muet ; par la raison que cette double incommodité ne lui laissant pas le libre usage de ses sens, on peut dire qu'il n'a pas une Connoissance aussi précise du bien & du mal, qu'un Autre, qui auroit une partie des Facultés nécessaires pour s'en instruire.

III. Au reste, ces sortes d'Accusés ont cela de commun avec ceux qui sont simplement Sourds ou Muets, qu'ils ne peuvent être condamnés à la Torture, attendu que les signes & les gestes qu'ils feroient dans cet état de violence & de douleur, ne pourroient être qu'équivoques, & que le Curateur qui répondroit pour eux, pourroit se tromper lui-même dans l'explication qu'il en donneroit. *V.* au surplus ce qui sera dit à cet égard sur le Titre suivant.

IV. Il n'est parlé dans cet Article, que de la mention qui doit être faite dans chaque Acte de Procédure, de l'*Assistance du Curateur*, & non de celle de la *Présence de l'Accusé.* Cependant, la Mention de cette Présence n'est pas moins indispensable que celle de l'Assistance du Curateur, puisqu'aux termes de l'Article précédent, ce Curateur ne doit répondre qu'en la présence de l'Accusé ; & que d'ailleurs, comme nous verrons sur l'Art. 3 du Tit. 22 ci-après, le Procès doit s'instruire contre le Curateur, dans la forme ordinaire.

ARTICLE VII.

» Ne sera donné aucun Curateur à l'Accusé, qui ne » voudra pas répondre, le pouvant faire.

SOMMAIRE.

I. *Ancien Usage de donner un Curateur aux Muets volontaires, abrogé.*
II. *Comment le Juge peut-il s'assurer si l'Accusé contrefait le Sourd ou le Muet ?*

Cet Article & les suivans de ce Titre, ont pour Objet l'Instruction qui doit se faire contre les Accusés Sourds & Muets *volontaires*, c'est-à-dire, qui pouvant répondre, ne veulent pas le faire.

I. Anciennement, on leur donnoit un Curateur, comme à ceux qui étoient effectivement Sourds & Muets, ainsi qu'il paroît par le Plaidoyer de M. l'Avocat Général Talon, lors de l'Arrêt de Réglement du premier Décembre 1663, rapporté au second Tome du Journal des Audiences. Mais l'Ordonnance a cru devoir abroger cet Usage, & les priver d'un secours dont ils se rendent indignes, par le mépris formel qu'ils font de l'autorité de la Justice. Aussi, l'on va voir par les Articles suivans, qu'ils sont traités encore plus rigoureusement que les Accusés Contumax qui viennent à se représenter; parce qu'en effet, c'est moins par mépris, que par crainte de la Justice, que ceux-ci ont pris le parti de la suite.

III. Mais, de quelle maniere le Juge peut-il s'assurer, si l'Accusé contrefait le Sourd ou le Muet? C'est principalement par la Notoriété publique, ou par les Informations dans lesquelles les Témoins auroient déposé avoir entendu parler l'Accusé, lors de l'Action ou en d'autres Circonstances; & à défaut de Notoriété ou de Dépositions précises des Témoins sur ce fait, comme s'ils disoient seulement avoir *vû frapper le coup*, *sans entendre parler l'Accusé*, le Juge pourra avoir recours à l'Information Sommaire, dont nous avons parlé d'après Ayraut, sur le premier Article de ce Titre.

V. la Formule de l'Interrogatoire au Muet volontaire, à la suite de l'Article suivant.

ARTICLE VIII.

» Le Juge lui fera sur le champ trois Interpellations » de répondre, à chacune desquelles il lui déclarera » qu'autrement son Procès lui sera fait comme à un » Muet volontaire; & qu'après il ne sera plus reçu à » répondre sur ce qui aura été fait en sa présence, » pendant son Refus de répondre. Pourra néanmoins » le Juge, s'il le trouve à propos, donner un Délai

» pour répondre, qui ne pourra être plus long de
» vingt-quatre heures.

SOMMAIRE.

I. *Ces trois Interpellations doivent être faites en même-tems contre l'ancien Usage.*
II. *Dans quels Actes doit être faite la Mention de ces Interpellations?*
III. *Différence entre le Refus de répondre en cette Matiere, & celui fait en Matiere Civile.*
IV. Quid, *si le Refus étoit fondé sur quelque Cause légitime?*
V. *Le Juge peut-il obliger l'Accusé qui comparoît pour demander son Renvoi, à subir l'Interrogatoire?*
VI. Quid, *si l'Accusé, en répondant, contrefaisoit le Fol ou l'Insensé?*
VII. *Formule d'Interrogatoire au Muet volontaire?*
VIII. *Formule d'Ordonnance portant Délai de vingt-quatre heures.*

IL est parlé dans cet Article, de la Maniere dont le Juge doit procéder à l'égard de l'Accusé, qui contrefait le Sourd & le Muet.

I. L'ORDONNANCE veut en *premier lieu*, que le Juge fasse trois Interpellations à cet Accusé qui refuse de répondre. Ces Intepellations doivent être faites en même-tems, & ne peuvent être divisées en différentes Séances. En quoi l'Ordonnance s'est écartée de l'ancien Usage où l'on étoit alors, & qui se trouve confirmé par un Arrêt de Réglement de la Cour, du premier Décembre 1667, rapporté au second Tome du Journal des Audiences, suivant lequel, au lieu des Interpellations dont il est parlé dans cet Article, il se faisoit trois Sommations par *trois* différens jours à l'Accusé de répondre, avec Déclaration, que faute par lui de répondre, le Procès lui seroit fait comme à un Muet volontaire; & après ces Sommations faites & rapportées, on rendoit Sentence, portant que l'Accusé répondroit, sinon que le Procès lui seroit fait comme à un Muet volontaire.

II. L'ORDONNANCE veut en *second lieu*, qu'à la suite de chacune de ces trois Interpellations, le Juge déclare en même-tems à l'Accusé, que *faute par lui de répondre, il n'y sera plus reçu, & que le Procès lui sera fait comme à un Muet volontaire*. Ainsi, pour constater que le Juge a rempli l'une & l'autre de ces Formalités, il en doit être fait mention, à peine de Nullité, dans le Procès-verbal, au commencement de l'Interrogatoire

& de la Confrontation, indépendamment de la Mention qui doit être faite, aux termes de l'Art. 9 ci-après, en chacun Article de ces Interrogatoires & autres Procédures faites en présence de l'Accusé, du Refus qu'il a fait de répondre. C'est ce qui a été jugé par un Arrêt de la Cour, du 26 Octobre 1684, contre le Prévôt d'Andresy.

III. L'Ordonnance veut en *troisième lieu*, que l'Accusé soit tenu de répondre *sur le champ* aux Interpellations qui lui sont faites par le Juge, à moins que le Juge ne trouve à propos de lui accorder un *Délai* qui ne poura être plus long que de vingt-quatre heures : ce qui se fait par une Ordonnance particuliére, dont la Formule est ci-après. Mais si l'Accusé persiste encore à ne vouloir répondre dans ce Délai ; Quel sera l'effet de ce refus ? C'est ce que nous verrons sur l'Article suivant, & sur l'Art. 10 de ce Titre, par le premier desquels, le Juge est autorisé à continuer l'Instruction ; & par le dernier, cette Instruction est confirmée, de maniere que si l'Accusé veut répondre dans la suite, tout ce qui aura été fait jusqu'alors, devra subsister. Cependant, il ne faut pas conclure de la Disposition de cet Article, que ce Refus emporte la Confession de son Crime, tellement qu'il puisse donner lieu à quelque Condamnation contre lui ; car il n'en est pas dans cette Matiere, où il s'agit de la vie & de l'honneur d'un Citoyen, comme en Matiere Civile, où les faits sur lesquels le Défendeur refuse de répondre, sont censés confessés & avérés, suivant la Disposition de l'Art. 4 du Tit. 10 de l'Ordonnance de 1667.

Le Refus dont il s'agit ici, ne peut former tout au plus qu'un Indice contre l'Accusé, & cet Indice disparoît au moment qu'il entreprend de se justifier ; parce qu'en effet, l'Accusé pouvant avoir des raisons particuliéres pour ne point répondre (comme lorsqu'il ne veut point reconnoître le Juge ni le Tribunal, ou qu'il prétend n'avoir pas été valablement assigné ou décrété) dans le Cas même où il persisteroit dans son Refus de répondre, on ne pourroit le condamner, s'il n'y avoit d'ailleurs quelque Preuve de son Crime.

IV. Ainsi, le refus dont il est parlé dans cet Article, est proprement celui qui seroit fait sans aucune Cause apparente ; car s'il étoit fondé sur quelque Motif légitime, comme si l'Accusé avoit demandé son Renvoi pour Cause d'Incompétence ou de Récusation, ce ne seroit point le Cas de la Procédure dont il est parlé sous ce Titre: mais cela devroit former un Incident particulier, que le Juge de l'Instruction devroit faire juger par le Tribunal entier; ainsi qu'il est marqué dans le Procès-verbal de Conférence sur l'Art. 9 du présent Titre, & par l'Art. 8 du Réglement de la Cour, du 10 Juillet 1665, rapporté au second Tome du Journal des Audiences, Liv. 7, Ch. 22.

V. MAIS si l'Accusé, en répondant à ces Interpellations, le faisoit d'une maniere extravagante, qui feroit juger qu'il est *Insensé*, ce seroit le Cas de procéder contre lui, de la maniere que nous avons marquée dans nos INSTITUTES Crimin. sous le Titre de *Ceux qui ne peuvent être accusés.*

VI. FORMULE *d'Interrogatoire à un Muet volontaire.*

L'an &c. *comme ci-devant*, lui avons enjoint de lever la main, faire le Serment de dire Vérité, & nous déclarer ses Nom, Surnom, Age, Qualité & Demeure, à quoi il n'a voulu satisfaire.

L'avons interpellé de répondre, & à lui déclaré qu'autrement son Procès lui sera par nous fait comme à un Muet volontaire, & qu'après il ne sera plus reçu à répondre sur ce qui aura été fait en sa présence, pendant son Refus de répondre.

N'a voulu répondre.

Interpellé pour la seconde fois de répondre &c. *comme ci-dessus.*

N'a voulu répondre.

Interpellé pour la troisiéme fois, *comme dessus.*

N'a voulu répondre.

Interrogé de ses Nom, Surnom, Age, Qualité & Demeure.

N'a voulu répondre.

(*Et ainsi de tous les autres Articles.*)

Lecture à lui faite du présent Interrogatoire, & interpellé de signer, n'a voulu répondre ni signer. Fait les jour & an que dessus.

VII. FORMULE *d'Ordonnance portant Délai de vingt-quatre heures pour répondre.*

L'an. . . . . .Nous. . . . . .nous sommes transportés. . . . . .avons fait amener par le Geolier des Prisons. . . . Accusé, à l'effet de procéder à son Interrogatoire sur les Charges & Informations contre lui faites à la Requête de. . . . . .& lui avons enjoint de lever la main, faire le Serment de dire Vérité, & de dire son Nom, Age, Qualité & Demeure, lequel . . . . . .Accusé, n'a voulu lever la main ni répondre.

Sur quoi nous avons déclaré aud. . . . . . .Accusé, que nous voulions bien lui donner vingt-quatre heures pour tout Délai, pour s'aviser & répondre aud. Interrogatoire. Fait les jour & an que dessus.

ARTICLE IX.

» SI l'Accusé persiste en son Refus, le Juge con-
» tinuera l'Instruction de son Procès, sans qu'il soit
» besoin de l'ordonner : & sera fait Mention en chacun
» Article des Interrogatoires & autres Procédures faites
» en la présence de l'Accusé, qu'il n'a voulu répon-
» dre; à peine de Nullité des Actes, où Mention n'en
» aura été faite, & des Dépens, Dommages & Inté-
» rêts de la Partie contre le Juge.

SOMMAIRE.

I. *Cas où la Torture peut être employée contre un Muet volontaire.*
II. *Est-il nécessaire de répéter les trois Interpellations dans chaque Article des Interrogatoires & Confrontations?*

DEUX Dispositions dans cet Article.

I. PAR la *premiere*, lorsque l'Accusé persiste dans son refus de répondre, après le Délai qui lui aura été donné, le Juge de l'Instruction est autorisé à continuer l'Interrogatoire, & le reste de l'Instruction, sans qu'il soit obligé de faire rendre un Jugement particulier, par lequel il soit ordonné que le Procès sera fait à l'Accusé, comme à un Muet volontaire. Néanmoins, lorsqu'il s'agit d'un Crime atroce, & méritant Peine de Mort, comme Meurtre & Assassinat, & qu'il y a d'ailleurs une Preuve considérable contre l'Accusé, on peut alors se servir de la Question qui fait trouver la parole à ceux qu'une Malice affectée fait feindre de l'avoir perdue; mais il faut pour cela, la Délibération du Siége entier.

II. PAR la *seconde*, l'Ordonnance prescrit à ce Juge l'Obligation de faire Mention, dans tous les Articles de l'Interrogatoire & autres Procédures qui seront faites en présence de l'Accusé (tels que la Confrontation & le dernier Interrogatoire) du Refus que l'Accusé aura fait de répondre; & cela à peine de Nullité

Nullité des Actes où cette mention ne sera pas faite, & des Dépens, Dommages & Intérêts de la Partie Civile contre le Juge.

III. En ne prononçant ces Peines, que relativement au Défaut de Mention du refus qu'aura fait l'Accusé de répondre dans les Actes qui seront faits en sa présence, l'Ordonnance semble avoir voulu par-là dispenser de répéter dans chaque Article de ces différens Actes, les trois Interpellations & Déclarations dont il est parlé dans l'Article 8 ci-devant : ensorte qu'il suffit d'insérer au commencement de ces Actes, & notamment des Interrogatoires & Confrontations, que l'Accusé n'a voulu répondre à chaque Article où il doit répondre ou parler ; & il sera dit à la fin de ces mêmes Actes, qu'il n'a voulu signer, quoique requis. Cependant, l'Auteur des Formules prétend au contraire, qu'il faut faire sur chacun Article, mention du refus.

ARTICLE X.

» SI dans la suite de la Procédure, l'Accusé veut ré-» pondre, ce qui sera fait jusqu'à ses Réponses, sub-» sistera, même la Confrontation des Témoins, contre » lesquels il n'aura fourni de Reproches : & ne sera plus » reçu à en fournir, s'ils ne sont justifiés par Piéces.

SOMMAIRE.

I. *Muet volontaire traité avec plus de rigueur que l'Accusé Contumax, & pourquoi ?*

II. *Conformité de cet Article avec les Articles 19 & 20 du Tit. 15, & avec l'Art. 22 du Tit. 17.*

III. *Procédure en Exécution du présent Article.*

I. DEUX choses à remarquer sur cet Article. La *prémiere*, qu'en laissant subsister les Procédures qui ont été faites pendant le silence de cet Accusé, l'Ordonnance le traite plus rigoureusement que l'Accusé Contumax, dont la Représentation fait évanouir toutes les Procédures qui ont été faites jusqu'alors contre lui. Mais cet Accusé peut d'autant moins se plaindre de cette rigueur, qu'il en a été averti par les Interpellations & Déclarations réitérées que l'Ordonnance a voulu lui être faites; & que la Désobéissance qu'il fait en face de la Justice, paroit moins excusable, que celle d'un Accusé fugitif, qui n'ose en soutenir l'aspect.

II. L'AUTRE Observation, c'est qu'en exigeant que les Reproches que cet Accusé fournira depuis la Confrontation, soient justifiés par *Piéces*, l'Ordonnance l'assimile sur ce point, & à l'Accusé *Présent* qui aura attendu à fournir des Reproches contre les Témoins, après qu'il aura oüi la lecture de leur Déposition, ainsi que nous l'avons vû sur les Art. 19 & 20 du Tit. 15. Et à la l'Accusé *Contumax*, dont les Témoins sont décédés ou morts civilement après qu'ils auront été confrontés, lequel ne peut être admis à fournir des Reproches que *par écrit*, lors de la Confrontation littérale qui lui est faite de leur Déposition, ainsi qu'il est porté sur l'Art. 22 du Tit. 17 ci-devant. Nous avons marqué au surplus, en quoi peuvent consister ces Reproches par écrit, sur l'Art 20 du Tit. 5 ci-devant.

III. QUANT à la Procédure qui doit se faire en exécution de cet Article. L'Accusé qui veut répondre doit présenter sa Requête, pour demander au Juge d'être interrogé; ou bien il pourra déclarer par un simple Acte, qu'il est prêt de répondre, avant que l'Instruction du Procès soit achevée.

ARTICLE XI.

» S'IL a commencé de répondre, & cessé de le vou-
» loir faire, la Procédure sera continuée, comme il est
» ordonné ci-dessus.

SOMMAIRE.

Procédure qui se fait en Exécution de cet Article.

APRÉS avoir parlé de l'Accusé, qui ayant refusé de répondre, se met en devoir de le faire, l'Ordonnance termine ce Titre, par la Procédure qu'elle veut être gardée, à l'égard de l'Accusé, qui après avoir commencé de répondre, cesse de vouloir le faire. Cette Procédure doit, suivant cet Article, être la même que celle qui a été ordonnée ci-dessus; c'est-à-dire, que le Juge en usera de même à l'égard de cet Accusé, qu'envers Celui qui s'est d'abord mis en refus de répondre. Il ne lui nommera point de Curateur; mais il lui fera sur le champ trois Interpellations, en lui déclarant que son Procès lui sera continué, comme à un Muet volontaire, & que tout ce qui sera fait pendant son silence ou refus de répondre, subsistera contre lui. Il lui donnera un Délai, s'il le juge à propos, pour répondre; & s'il persiste après ce Délai, il continuera l'Instruction contre lui comme Muet volontaire, sans qu'il soit besoin de le faire ordonner par le Tribunal. Sur chaque Article des Interrogatoires & des Confrontations, il fera mention que l'Accusé a voulu répondre. Enfin, s'il s'est mis en refus de répondre lors de la Confrontation, & qu'il se mette ensuite en devoir de le faire, il ne pourra plus fournir des Reproches contre les Témoins, qu'en les justifiant par *Piéces*. Le tout en conformité des Art. 7, 8, 9, 10 du présent Titre.

TITRE XIX.

Des Jugemens & Procès-verbaux de Question & Torture.

CE Titre contient douze Articles.

Dans le *premier*, il est parlé des Cas où la Question peut être ordonnée.

Dans le *second*, de la Question avec réserve de Preuves en leur entier.

Dans le *troisiéme*, de la Question préalable, ou de celle ordonnée par le Jugement de Mort.

Dans le *quatriéme*, de la Confrontation de l'Accusé aux Complices qu'il revéle à la Question.

Dans le *cinquiéme*, du Pouvoir exclusif qu'ont les Cours d'ordonner que l'Accusé sera seulement présenté à la Question.

Dans le *sixiéme*, de la Rédaction, Signature & Prononciation du Jugement de Torture à l'Accusé.

Dans le *séptiéme*, de la Nécessité de la Confirmation des Jugemens de Torture par les Cours, pour pouvoir être exécutés.

Dans le *huitiéme*, de l'Interrogatoire de l'Accusé, avant que d'être appliqué à la Question.

Dans le *neuviéme*, des Juges pardevant qui se donne la Question, & du Procès-verbal qu'ils doivent dresser à ce sujet.

Dans le *dixiéme*, de la Maniere dont les Juges doivent se comporter pendant la Question, lorsque l'Accusé confesse ou qu'il varie dans ses Réponses, & de la Défense de le remettre à la Question après qu'il en a été tiré.

Dans le *onziéme*, d'un autre Interrogatoire que doit subir l'Accusé après la Question.

Enfin, dans le *douziéme*, de la Défense de mettre l'Accusé deux fois à la Question, pour un même fait.

ARTICLE PREMIER.

» S'IL y a Preuve considérable contre l'Accusé, » d'un Crime qui mérite Peine de Mort, & qui soit » constant, tous Juges pourront ordonner qu'il sera » appliqué à la Question, au Cas que la Preuve ne » soit pas suffisante.

SOMMAIRE.

I. *Question, de deux sortes, relativement à la Procédure.*

II. *Question préparatoire, ce que c'est, & comment se subdivise?*

III. *Trois Conditions nécessaires, pour qu'il y ait lieu à cette Question.*

IV. *C'est de la Mort Naturelle & non de la Mort Civile, dont il est parlé dans cet Article.*

V. *Que doit-on entendre par Corps de Délit constant?*

VI. *Pourquoi faut-il une Preuve considérable?*

VII. *Qu'est-ce qu'une Preuve considérable?*

VIII. *Preuve Testimoniale, quand peut donner lieu à la Torture?*

IX. *Preuve littérale, quand peut-elle suffire?*

X. *Preuve vocale, ce que c'est? N'a pas la même force parmi Nous que chez les Romains.*

XI. *Preuve conjecturale : de quelle force peut-elle être en pareil Cas?*

XII. *On ne peut établir de Régle certaine sur ce Point.*

XIII. *Régle générale établie par l'Ordonnance de la Lorraine, par rapport à la qualité des Accusés.*

XIV. *Formule du Jugement de Torture.*

IL est parlé dans cet Article & les suivans de ce Titre, des *Cas* où la TORTURE peut être ordonnée, & des *Formalités* qui doivent être observées, en procédant à l'exécution du Jugement qui l'ordonne. A l'égard des Principes particuliers qui concernent ce genre de Peine, c'est-à-dire, des Motifs qui l'ont fait introduire, des différentes Espéces de Torture qui sont usitées dans les divers Tribunaux, des Personnes qui en sont exemptes, & enfin, du Degré de Preuve qui en peut résulter; nous avons eu lieu d'en traiter amplement dans les INSTITUTES au Droit Criminel, sous les Titres de la Preuve & des Peines. Nous n'en parlerons donc ici, que relativement à la Procédure qui doit l'accompagner.

I. LA Question considérée sous ce point de vûe, est d'abord divisée en Préparatoire ou Provisoire, & Préalable ou Définitive: nous aurons lieu de parler de cette derniere sur l'Art. 3 ci-après.

II. LA Question *Préparatoire* qui fait l'Objet particulier du présent Article, est ainsi appellée; parce qu'elle est portée par un Jugement préparatoire, & qu'elle est un moyen ou vehicule pour parvenir à l'entiére Conviction de l'Accusé.

Cette Question Préparatoire est subdivisée en Question *avec réserve de Preuves*, & Question *sans réserve de Preuves* Elle l'est aussi, en Question *ordinaire* & en Question *extraordinaire*. Il sera parlé des deux premieres sur l'Article suivant, & des deux dernieres sur l'Art. 10 ci-après.

III. PAR cet Article, l'Ordonnance détermine les Cas où la Question Préparatoire peut avoir lieu. Elle exige pour cet effet le concours des trois Conditions suivantes. La *premiere*, que le Crime mérite Peine de Mort; la *seconde*, que le Corps du Délit soit constant; & la *troisiéme* enfin, qu'il y ait déja au Procès une Preuve considérable, & qui néanmoins ne soit pas suffisante, pour donner lieu à une Condamnation à Mort.

IV. L'ORDONNANCE veut en premier lieu, que le *Crime soit de Nature à mériter Peine de Mort.* Ce qui doit s'entendre de la *Mort naturelle*, telle que celle qui résulte de la Condamnation à la Potence, à la Roue &c. & non pas simplement de la *Mort civile*, telle que celle qui résulte de la Condamnation aux Galéres perpétuelles, & au Bannissement perpétuel; parce qu'en effet, si la Question étoit ordonnée pour des Crimes qui mériteroient seulement des Peines afflictives, il s'ensuivroit, que le moyen pour parvenir à la Preuve du Crime seroit plus rigoureux, que la Peine même que le Crime pourroit mériter, la Question étant, comme nous le verrons sur l'Art. 13 du Tit. 25, la plus grande de toutes les Peines, après celle de Mort; *Præparatorium esset gravius præparato & ex modo probandi gravius puniretur quam ex modo condemnandi.* JUL. CLAR. Quest. 64, n. 4.

V. L'ORDONNANCE veut en second lieu, que le *Corps du Délit soit constant*, c'est à-dire, qu'il soit évident & hors de doute, que le Crime a été réellement commis, *priùs constare debet de Delicto, L. 4, ff. de Confess.* Nous avons vû sur l'Art. 1er du Tit. 4, ce qu'on doit entendre par CORPS DE DÉLIT & la Maniere dont il doit être prouvé. Nous avons distingué à cet égard les Crimes qu'on appelle *Delicta Facti permanentis*, dont la Preuve du Corps du Délit s'acquiert par les Procès-verbaux des Juges & par le Rapport des Médecins & Chirurgiens; & ceux qu'on appelle *Delicta Facti transeuntis*, dont le Corps du Délit ne peut se prouver autrement que par les Dépositions des Témoins, parce qu'ils ne laissent aucune trace après eux.

VI. L'ORDONNACE veut en troisiéme lieu, qu'il y ait *Preuve considérable*, que c'est l'Accusé qui a commis le Crime; parce qu'en effet, quoique la Question n'ait été établie dans le Principe, que comme un Moyen pour parvenir à la Conviction de l'Accusé, elle ne laisse pas, à cause de la rigueur extrême avec laquelle elle s'exécute, que d'être regardée parmi nous comme une véritable Peine, ainsi qu'on le verra sur l'Art. 13 du Tit. 25 de cette Ordonnance; & par cette raison, elle ne doit être infligée, comme les autres Peines, qu'ensuite d'une Preuve, sinon complette, du moins qui soit considérable, & telle qu'en y joignant l'Aveu que l'Accusé feroit dans la Question, cette Preuve pourroit suffire pour opérer sa Condamnation à la Mort.

VII. Mais de quelle Espéce doit être cette Preuve, qui, jointe à l'aveu de l'Accusé, pourroit suffire pour opérer sa Conviction ? C'est ce que l'Ordonnance ne dit point par cet Article ni dans les suivans ; d'où il semble qu'on doit conclure qu'elle a voulu s'en rapporter sur ce point à la prudence des Juges. Aussi tous les Auteurs conviennent qu'on ne peut prescrire aucune Régle bien certaine à cet égard. *V.* Jul. Clar. Quest. 64, n. 13. Cependant il y a sur ce point des Principes généraux qui doivent servir de guide aux Juges en pareil Cas. Nous avons tâché de les recueillir avec le plus d'exactitude qu'il nous a été possible dans nos Instit. au Droit Criminel, où nous avons distingué quatre sortes de Preuves. La *Testimoniale* qui se tire de la Déposition des Témoins. La *Littérale* ou *Instrumentale* qui se tire des Piéces authentiques ou reconnues par l'Accusé. La *Vocale* qui se tire des Aveux & Confessions de l'Accusé dans ses Interrogatoires & Confrontations. Enfin la *Conjecturale*, qui se tire des Indices & Présomptions qui s'élevent contre l'Accusé.

VIII. 1°. A l'égard de la Preuve Testimoniale, nous avons observé que, pour qu'elle soit cempleite, & telle qu'elle puisse donner lieu à une Peine Capitale, il falloit, suivant la Loi & les Auteurs, qu'elle fût fondée sur les Dépositions uniformes de deux Témoins *omni exceptione Majores*. Pour que ces Témoins soient réputés tels, il faut plusieurs choses ; 1°. qu'il n'y ait aucun Reproche à leur opposer ; 2°. qu'ils soient entendus dans un Acte juridique ; 3°. qu'ils ayent été récollés & confrontés à l'Accusé ; 4°. que leur Déposition concerne directement le Fait du Crime, & non pas seulement ses Circonstances ; 5°. que cette Déposition soit d'ailleurs précise sur le fait de ce Crime, c'est-à-dire, que ce Témoin dépose comme l'ayant vû, ou entendu s'il s'agit d'*Injures* ou de *Blasphêmes*, & non pas simplement par *oüi dire* ; 6°. enfin, qu'il rende raison de cette Déposition sans *vaciller*, & comme en ayant connoissance par les sens Corporels.

Il suit de-là, que pour fonder cette Preuve *considérable*, & telle que l'Ordonnance l'exige pour donner lieu à la Torture, il faudroit, qu'outre la Déposition d'un seul Témoin irréprochable, qui ne forme qu'une semi-Preuve, il y eût encore quelques indices, tels que ceux résultans des Déclarations extrajudiciaires, de la mauvaise Réputation de l'Accusé, & autres dont il sera parlé ci-après.

Par conséquent, la Déclaration faite par un Condamné à Mort, ou même par un Blessé mourant, ne pourroit suffire pour donner lieu à ce genre de Peine, quoiqu'elles seroient d'ailleurs capables d'opérer l'absolution entiére de l'Accusé, si elles étoient à sa décharge. Suivant l'Ordonnance de S. Louis en 1254, conforme sur ce point à la Loi, *Ex eo quod, ff. de Testibus*, la Déposition d'un seul Témoin, Homme de bien, qui dépose avoir vû donner le coup, peut suffire, pourvû qu'elle soit appuyée sur d'autres indices considérables.

IX. 2°. QUANT à la PREUVE LITTÉRALE, nous avons observé, qu'à l'exception de certains Cas, où cette Preuve peut suffire pour opérer la Conviction de l'Accusé, comme en fait de Faux, Libelles Diffamatoires, Hérésie, Confidence, Usure, Conjuration envers le Prince, Subornation de Témoins, elle ne pouvoit, en général, être regardée, que comme une Preuve imparfaite : ensorte que pour qu'elle puisse former cette *Preuve considérable*, telle qu'il la faudroit pour donner lieu à la Torture, elle devroit nécessairement être soutenue de quelques Indices & Présomptions, ou de la Déposition de quelque Témoin.

X. 3°. QUANT à la PREUVE VOCALE, nous avons observé que nous ne suivions pas, du moins en Matiere Criminelle, la Maxime du Droit Romain, qui veut que *Confessus pro judicato habeatur*; & que la Confession de l'Accusé, même celle qui se fait en Jugement, ne pouvoit former une Preuve capable d'opérer sa Condamnation, suivant cette autre Maxime fondée sur le Droit Naturel, *Nemo auditur perire volens*. Ainsi, dans le Cas où l'Accusé, après avoir fait l'aveu de son Crime en Justice, (& à plus forte raison extrajudiciairement,) viendroit à le rétracter, l'on ne pourroit le condamner à la Torture sur le fondement de cet Aveu, à moins qu'il n'y eût d'ailleurs des Indices & Présomptions, qui tendissent à en prouver la sincérité.

XI. 4°. ENFIN, quant à la PREUVE CONJECTURALE, nous avons distingué deux sortes d'Indices, les *prochains* & les *éloignés*. A l'égard des premiers, nous avons observé qu'ils pouvoient suffire lorsqu'ils étoient prouvés d'ailleurs par deux Témoins

moins irréprochables, pour donner lieu à la Torture. Nous avons même ajouté, qu'il y en avoit parmi ceux-ci, de tellement *urgens* par la liaison nécessaire qu'ils avoient avec le *fait* du Crime, qu'ils pouvoient donner lieu à la Condamnation de l'Accusé, sur-tout s'il s'agissoit de Crimes *occultes* & de difficile Preuve; & ce sont ceux dont il est parlé dans le Droit, sous le nom d'*Indiciis indubitatis & luce clariorib.* V. L. *Fin. Cod. de Testib.* & L. *Excipiuntur. ff. ad Syllan.* Comme, par exemple, en fait de *Meurtre*, lorsqu'on a vû l'Accusé les Armes à la main, & ayant la face pâle & émuë, qui sortoit du Bois, de la Maison, ou du Lieu où a été trouvé un Cadavre mort de Blessures, & que les Blessures qui lui ont causé la mort, sont reconnues avoir été faites avec les mêmes Armes que l'Accusé avoit à la main.... Et en fait de *Vol*, lorsqu'on a vû l'Accusé fuir de l'Endroit où le Vol a été fait, portant un Paquet à la main; ou bien lorsqu'on trouve chez lui la Chose volée, sans qu'il puisse dire d'où elle lui vient. *V.* Jul. Clar. Liv. 5, ff. Fin. Quest. 23.

Pour les autres Indices *prochains*, qui ont seulement une liaison immédiate avec les *Circonstances* du Crime, nous en avons donné pour exemple ceux qui résultent des *Menaces*, de l'*Inimitié Capitale*, de la *Déposition d'un Témoin par oüi dire*, de l'*Aveu fait extrajudiciairement par l'Accusé*, de la *Fuite de l'Accusé* aussi-tôt après le Crime, & avant qu'il y ait aucune Poursuite contre lui; d'une *Ecriture privée non reconnue par l'Accusé*; des *Contradictions & Variations de l'Accusé*, dans ses Réponses sur des Endroits essentiels de son Interrogatoire; de la *Commune renommée ou Bruit public*, sur-tout lorsque ce Bruit vient des Parens & Amis de l'Accusé. Ces Indices ne peuvent former une preuve suffisante pour la Torture, qu'autant qu'ils sont en certain nombre, suivant la Maxime, *Quæ singula non prosunt, simul collecta juvant*, à la différence de ceux de la premiere espéce, dont un seul étant prouvé par deux Témoins sans Reproches pourroit suffire, suivant la remarque de Jules Clare, d'après Alexandre en son Conseil 77. *Ad Torturam sufficit unum Indicium legitime probatum quando est proximum maleficio, sed si sit remotum, ut fama, fuga, inimicitia, minæ, plura requiruntur. V.* Jul. Clar. Quest. 64.

A l'égard des Indices *éloignés*, que l'on appelle ainsi, parce qu'ils n'ont point un Rapport immédiat avec le *fait* du Crime, ni avec ses *Circonstances*; & qu'ils peuvent être produits par différentes Causes qui peuvent les faire appliquer aux Innocens comme aux Criminels, tels, par exemple, que la *mauvaise Réputation* de l'Accusé, son *état* de *Vagabond & Gens sans aveu*, le *Changement de couleur*, le *Tremblement de sa voix*, *son Evasion après les Poursuites commencées contre lui*, &c. Nous avons observé que ceux-ci, à quel nombre qu'ils puissent monter, ne pouvoient jamais former une Preuve assez considérable pour donner lieu à la Torture, mais seulement former des *Adminicules* qui servent à fortifier les autres semi-Preuves, dont nous avons parlé ci-devant. A la vérité, il y a de certains Cas, suivant JULES CLARE, où étant joints à quelqu'un des Indices prochains ci-dessus, ils peuvent former une Preuve capable de déterminer la Punition de l'Accusé. Ce qui a lieu principalement en fait de Crimes qui sont d'une Preuve difficile; *Fama juncta cum uno Teste non probat plene in Criminalibus, nisi aliæ sint conjecturæ vel adminicula*.......... *Excipiendum ubi vertetur difficultas probationis, Fama juncta cum aliquibus adminiculis sufficit ad condemnandum*. V. JUL. CLAR. Quest. 63.

XII. AU RESTE, il faut convenir avec cet Auteur, qu'on ne peut donner une Régle bien certaine sur la Qualité & le Nombre des Indices nécessaires en pareil Cas; & que l'on est obligé de s'en rapporter, sur ce point, à la prudence des Juges; *Quæ Indicia sufficiant ad Torturam non potest dari certa doctrina, sed pariter relinquitur Judicis arbitrio*. V. JUL. CLAR. Quest. 20, n. 4, & Quest. 64, *vers. Dixi quoque*.

XIII. SUIVANT l'Art. 13 du Tit. 10 de l'Ordonnance pour la Lorraine, les Juges doivent être plus retenus à condamner à la Question, les Femmes, les jeunes Garçons, & les Personnes distinguées par leur Emploi ou par leur Naissance, que les Personnes robustes & de Condition vile.

XIV. *FORMULE de Jugement de Torture.*

Extrait des Regîstres de.....

Vû le Procès Criminel extraordinairement fait & instruit à la Requête de.....&c. (*viser la Plainte, l'Information, Interrogatoire, Récollement, Confrontation, Conclusions de la Partie Publique, Interrogatoire sur la Sellette*) oüi le rapport de.....Tout considéré, Nous.....avant que de procéder au Jugement définitif, ordonnons que l'Accusé sera appliqué à la Question *Ordinaire & Extraordinaire*, & interrogé sur les Faits réſultans du Procès en préſence de.....aſſiſté de......pour, ſon Interrogatoire fait, rapporté & communiqué au Procureur......être ordonné ce que de raiſon.

ARTICLE II.

» LES Juges pourront auſſi arrêter, que nonobſtant » la Condamnation à la Queſtion, les Preuves ſubſiſteront en leur entier, pour pouvoir condamner l'Accuſé à toutes ſortes de Peines pécuniaires ou afflictives; excepté toutefois celle de Mort, à laquelle » l'Accuſé qui aura ſouffert la Queſtion ſans rien avouer, » ne pourra être condamné, ſi ce n'eſt qu'il ſurvienne » de nouvelles Preuves depuis la Queſtion.

SOMMAIRE.

I. *Effet de la Queſtion, ſans réſerve de Preuves.*
II. *Quand la Queſtion avec réſerve de Preuves peut avoir lieu?*
III. *Que doit faire le Juge lorſqu'il n'y a Preuve ſuffiſante?*
IV. *Lettre de M. le Chancelier Dagueſſeau à ce ſujet.*
V. *De quelles nouvelles Preuves l'Ordonnance veut-elle parler?*
VI. *L'Accuſé qui n'a rien avoué dans la Queſtion avec réſerve de Preuves, peut-il obtenir des Dommages & Intérêts?*

LA Diſpoſition de cet Article a donné lieu à une Diſtinction de deux ſortes de Queſtions ou Tortures, l'une *ſans réſerve de Preuves*, l'autre *avec réſerve de Preuves*. Cette Diſtinction eſt auſſi marquée par l'Art. 13 du Tit. 25 de cette Ordonnance.

I. L'EFFET de la premiere de ces Queſtions, eſt de purger tous les Indices & les Preuves qui étoient acquiſes contre l'Accuſé; de maniere que s'il n'avoue rien à la Torture, il doit être renvoyé abſous, & l'Accuſé déclaré Calomniateur. C'eſt la Diſpoſition de l'Article 164 de l'Ordonnance de 1539.

Cette eſpéce de Queſtion eſt rarement ordonnée par les Juges, au moyen de la Défenſe qui leur eſt faite, par l'Article précédent, d'ordonner la Queſtion lorſqu'il n'y a pas de *Preuve conſidérable*; & elle ne peut par conſéquent avoir lieu, que lorſque les Indices qui forment cette Preuve considérable, ne sont pas du nombre de ceux qu'on appelle *Urgens* & *Nécessaires.* C'est aussi la Remarque de THEVENEAU, Liv. 5, Tit. 18, Art. 4, & de FABER, en son Cod. Defin. 9 & 25.

Il n'y a même, suivant BORNIER, sur cet Article, que les Cours de Parlement qui ayent le Pouvoir d'ordonner ces sortes de Questions.

II. LA Question avec *réserve de Preuves*, dont il s'agit uniquement dans le présent Article, ne doit avoir lieu au contraire, comme étant beaucoup plus rigoureuse que la premiere, que lorsque la Preuve est fondée sur des Indices Urgens & Nécessaires; ou du moins, lorsque ces Indices sont accompagnés d'une semi-Preuve, & que leur réunion forme une Preuve tellement considérable contre l'Accusé, que quand même il n'avoueroit rien à la Torture, on ne devroit pas laisser que de le condamner à quelque Peine; pourvû toutefois que cette Peine fût moindre que celle de Mort, la Torture ne pouvant être ordonnée, comme nous l'avons vû sur l'Article précédent, que lorsqu'il n'y a pas une Preuve suffisante pour condamner à cette derniere Peine. C'est aussi par cette raison que, l'Ordonnance ajoute par ce même Article, que dans le Cas où il surviendroit de *nouvelles Preuves* depuis la Question, cette Peine de Mort pourra être prononcée contre lui.

III. IL résulte par conséquent de la Disposition de cet Article, que lorsque le Crime est de Nature à mériter la Peine de Mort, & qu'il n'y a pas de Preuves suffisantes pour en convaincre l'Accusé, les Juges ne doivent point le condamner à une moindre Peine, qu'après qu'ils auront ordonné la Question, si la Preuve est déja considérable; & si cette Preuve est légere, ils doivent ordonner seulement un *plus amplement Informé*, dont il sera parlé sur l'Art. 4 du Titre 20 ci-après. C'est ainsi que l'a décidé feu M. le Chancelier DAGUESSEAU, à l'occasion de l'Usage abusif où étoit le Présidial de Besançon, de condamner les Accusés à des Peines au-dessous de celle de Mort, lorsque la Preuve n'étoit pas complette, & néanmoins de déclarer par leurs Jugemens les Accusés dûement atteints & convaincus. Voici les termes de sa Lettre adressée au Prévôt Général de la Province, en date du 4 Janvier 1734.

IV. *COPIE de la Lettre de M. le Chancelier* DAGUESSEAU *au Prévôt Général de Franche-Comté, en date du 4 Janvier 1734.*

» MONSIEUR, j'ai reçu le Mémoire que vous m'avez en-» voyé sur l'Affaire du nommé François Bossu : j'ai été fort sur-» pris de l'Usage dans lequel vous me marquez que sont les » Officiers du Présidial de Besançon, de déclarer les Accusés » atteints & convaincus de Crimes dont la Preuve n'est pas » complette, & de les condamner en même-tems à quelque » Peine. Cet Usage est un Abus qu'on ne peut tolérer, & au-» quel j'aurai soin de remédier. Ou la Preuve du Crime est » complette, ou elle ne l'est pas : au premier Cas il n'est pas » douteux qu'on doit prononcer la Peine portée par les Ordon-» nances. Mais dans le dernier Cas, il est aussi certain qu'on ne » doit prononcer aucune Peine, & qu'on ne peut ordonner que » la Question ou un plus amplement Informé, suivant la Na-» ture des Crimes, ou le genre des Preuves. Si cependant » vous avez acquis contre François Bossu une Preuve complette » d'autres Crimes, que du Cas Prévôtal dont il est prévenu, vous » pourriez le condamner aux Peines que ces autres Crimes mé-» ritent, en ayant attention de mettre dans votre Jugement, » qu'il n'a été rendu qu'à la Charge de l'Appel, conformément » à la Disposition de l'Article 14 de la Déclaration du Roi, du » 5 Février 1731.

Je suis &c. *Signé*, DAGUESSEAU.

V. PAR les *nouvelles Preuves* dont il est parlé dans cet Article, l'Ordonnance entend sans doute celles qui peuvent survenir, ou par des *Additions d'Information*, ou par un *nouvel Interrogatoire*, ou enfin par le *Recouvrement de quelques Piéces de Conviction*. Ces nouvelles Preuves doivent s'acquérir aussi-tôt après la Torture ; de maniere qu'elles ne puissent retarder le Jugement définitif : & par cette raison, on ne pourroit être reçu à obtenir un *Monitoire* à fin de se les procurer, à cause des trois Publications qu'il exige. *V.* au surplus ce qui sera dit à ce sujet sur l'Article 12 de ce Titre.

VI. NOUS avons dit que l'Accusé, qui n'avoit rien avoué dans la Question sans réserve de Preuves, devoit être renvoyé absous, & son Accusateur déclaré Calomniateur, aux termes de l'Ordonnance de 1539 : par conséquent, il pourroit obtenir dans ce Cas des Dommages & Intérêts contre la Partie Civile, & même contre le Juge, s'il paroissoit qu'il y eût de la Vexation évidente de la part de ce dernier. Mais il n'en seroit pas de même de l'Accusé, qui n'auroit rien avoué dans la Question avec réserve de Preuves : comme celle-ci n'est ordonnée, que lorsqu'il y a déja une Preuve considérable contre l'Accusé, & telle qu'elle peut suffire pour le faire condamner à une Peine au-dessous de celle de Mort, il s'ensuit que, quand même l'Innocence de cet Accusé viendroit à être reconnue dans la suite, après qu'il auroit subi cette Question; & qu'il auroit été condamné en conséquence à quelque Peine afflictive, il ne seroit pas pour cela fondé à répéter des Dommages & Intérêts contre la Partie Civile. Par la même raison, quand même cet Accusé seroit mort à la Torture, ses Héritiers ne seroient point en droit de répéter des Dommages & Intérêts contre la Partie Civile, en faisant purger la mémoire du Défunt. Ainsi jugé dans l'Affaire de LANGLADE rapportée aux Causes Célébres.

Il n'en seroit pas de même, si la Condamnation à la Question avoit été rendue sur une Preuve fournie par des Témoins qui auroient été subornés par la Partie Civile; ou bien si la Partie s'étoit servi d'autres Moyens frauduleux pour acquérir cette Preuve.

ARTICLE III.

» PAR le Jugement de Mort il pourra être ordonné » que le Condamné sera préalablement appliqué à la » Question, pour avoir Révélation des Complices.

SOMMAIRE.

I. *Question préalable, ce que c'est ? & comment s'ordonne ?*

II. *Cas où elle peut avoir lieu.*

III. *Quel est l'Effet de la Révélation des Complices ?*

IV. *Distinction entre les Révélations que fait l'Accusé pour sa propre Décharge, & celles qu'il fait pour charger un autre.*

I. LA Disposition de cet Article a donné lieu à la Distinction de la Question, en *Préparatoire* & en *Préalable*. Il n'est parlé ici que de la derniere, qui s'ordonne contre l'Accusé déja convaincu de son Crime, pour l'obliger à déclarer ses Complices. Celle ci est portée par le Jugement même qui contient la Condamnation de l'Accusé; & c'est pour cela qu'elle est aussi appellée Question *Définitive:* mais il faut que cette Condamnation soit à la Peine de Mort.

II. Cette Question a ordinairement lieu dans les Crimes qui sont de Nature à ne pouvoir être commis, que par le concours de différentes Personnes; ou lorsqu'il paroît par les Charges & Informations, que l'Accusé n'étoit pas seul, lorsqu'il l'a commis; & qu'il étoit accompagné d'autres Personnes que les Témoins n'ont pû connoître ni désigner, soit à cause de l'éloignement, soit par l'obscurité de la Nuit, ou d'autre maniere.

Elle a *lieu* aussi, lorsqu'il y a des Complices décrétés au même Procès, contre lesquels il n'y auroit pas des Charges suffisantes pour les condamner à la Question, sans la Déclaration de l'Accusé.

Au reste, ce n'est que dans le Cas où l'Accusé refuse de révéler les Complices, qu'il y a lieu d'ordonner cette Question; car s'il les déclaroit volontairement & d'une maniere qui paroisse sincere, il n'y auroit pas lieu de l'ordonner.

III. L'Effet ordinaire de ces sortes de Révélations, quand elles sont faites par l'Accusé, est de faire *décréter* celui contre qui elles sont faites, eu égard à la Qualité des Personnes & à la vraisemblance de la Déclaration. Il y a aussi des Cas, où elles peuvent faire ordonner la *Torture*, comme en Fait de Crime de *Lèze-Majesté*, de *Sacrilége*, de *Conjuration* & *Conspiration*, de *fausse Monnoie*, qui ne peut se faire sans nombre de Gens, d'*Hérésie* & d'*Assassinat prémédité*. Papon, Liv. 24, n. 5, dit que, dans ces sortes de Crimes, les Déclarations des Complices valent contre un *Tiers*; & qu'elles font même Foi pleine & entiere, de maniere qu'on peut passer à la Condamnation, quand elles sont faites par *plusieurs;* & seulement à la Question, quand elles ne sont faites que par *un seul*, & qu'elles se trouvent d'ailleurs accompagnées d'autres Circonstances & Indices.

A l'égard des autres Crimes, le même Auteur ajoute, que les Révélations de plusieurs contre une même Personne, ne pourroient suffire que pour la Question; c'est-à-dire, que dans ces derniers Cas, la Déclaration d'un seul ne suffiroit pas, à moins que les Indices & Présomptions qui y seroient jointes, ne sufsent bien plus pressantes, que celles des autres Crimes, dont on a parlé ci-devant.

Au surplus, il faut également dans tous ces Cas, que la Déclaration soit soutenue, lors de la Confrontation, par le Criminel aux Complices, si ceux-ci sont arrêtés sur le champ. C'est ce qui résulte de la Disposition de l'Article suivant.

IV. Il faut encore distinguer, par rapport à ces Déclarations que fait l'Accusé contre les Complices, soit à la Torture, soit même dans son Interrogatoire, Celles qu'il fait pour sa propre Décharge; c'est-à-dire, lorsqu'il inficie d'avoir commis le Crime; & Celles qu'il fait pour en charger un autre. Au *premier Cas*, ces Déclarations ne font, suivant les Auteurs, aucune Charge contre les Complices, ou du moins que très-légeres. Mais il n'en est pas de même au *second Cas*, c'est à-dire, lorsque l'Accusé avouant son Crime, déclare la Maniere, le Tems & le Lieu où il l'a commis; & qu'il est d'ailleurs évident que le Crime ne peut avoir été commis par un seul; ou bien lorsqu'il est prouvé au Procès qu'il y avoit des Complices inconnus : alors cette Déclaration jointe à l'évidence du Fait, forme une Charge contre les Complices, laquelle étant accompagnée d'autres Présomptions violentes fondées sur la Déposition d'autres Témoins, ou sur Piéces & Ecritures reconnues ou dûement vérifiées, ou enfin sur les Aveux & Variations faites par ces mêmes Complices dans des Circonstances essentielles, pourroit non-seulement faire ordonner la Question contre ces Complices, mais encore former une Preuve suffisante pour opérer leur Condamnation.

ARTICLE IV.

» Si celui qui aura été condamné à Mort par Jugement Prévôtal, & en dernier Ressort, préalablement » appliqué à la Question, révele aucun de ses Complices qui soient arrêtés sur le champ; la Confrontation pourra en être faite, encore que le Prévôt n'ait été » déclaré Compétent pour connoître des Complices: sera » tenu néanmoins de faire après juger sa Compétence.

SOMMAIRE.

SOMMAIRE.

I. *Motif de la Disposition de cet Article.*

II. Quid, *si le Complice étoit du nombre de ceux qui sont exempts de la Jurisdiction Prévôtale ?*

III. *Cette Disposition concerne également les Lieutenans Criminels des Siéges Présidiaux.*

IV. *Prévôts des Maréchaux ne peuvent passer à la Confrontation des Complices, qu'après avoir fait juger leur Compétence.*

V. *Ne peuvent non plus confronter qu'ensuite de Récollement.*

VI. Quid, *si l'Accusé ne révéloit ses Complices qu'au pied de l'Echaffaut ?*

VII. *Cas où il se fait une Confrontation littérale de la Révélation faite par l'Accusé.*

VIII. *Cas où l'on doit surseoir l'Exécution de l'Accusé condamné à Mort, pour le confronter au Complice.*

I. CET Article concerne les Accusés qui sont condamnés à Mort par Jugement Prévôtal, *préalablement* appliqués à la Question; & qui lors de la Question, auront révélé quelqu'un de leurs Complices. Comme les Prévôts des Maréchaux ne peuvent procéder à l'Instruction d'un Procès Criminel, qu'après avoir fait juger leur Compétence; & que *d'un autre côté*, les Jugemens de Condamnation à Mort doivent être exécutés le même jour qu'ils sont prononcés: il s'agissoit de sçavoir, si dans le Cas particulier où le Complice seroit arrêté sur le champ, le Prévôt pourroit procéder à sa Confrontation avec l'Accusé, sans s'être fait déclarer Compétent. Cette Question ayant été agitée lors du Procès-verbal de Conférence, a été décidée par le présent Article, en faveur du Prévôt des Maréchaux; & cela, tant pour empêcher le Dépérissement de la Preuve, que pour éviter le retardement de l'Exécution du Condamné. Cependant, l'Ordonnance ne dispense point pour cela le Prévôt, d'une Formalité qui est essentielle pour établir sa Jurisdiction: elle veut, par une derniere Disposition de cet Article, qu'après avoir procédé à cette Confrontation, il fasse juger sa Compétence.

II. MAIS si les Complices ou l'un d'eux, étoit *Ecclésiastique*, ou *Gentilhomme*, ou *Secrétaire du Roi*, ou *Officier de Justice*; alors, comme aux termes des Art. 11, 12 & 13 de la Déclaration du mois de Février 1731, ceux-ci ne peuvent être jugés par les Prévôts des Maréchaux; ce seroit le Cas de la Disposition des Articles 14 & 15 de la même Loi, qui veulent que si dans le nombre de Accusés, il s'en trouve un seul qui ait l'une des Qualités ci-dessus, les Prévôts des Maréchaux n'en puissent connoître, & qu'ils soient tenus d'en délaisser la Connoissance aux Juges à qui elle appartient, quand même la Compétence auroit été jugée en leur faveur...., sauf seulement qu'ils peuvent informer, décréter & arrêter les Personnes qui ont quelqu'une de ces Qualités, à la charge de renvoyer les Procédures par eux faites aux Bailliages, dans l'étendue desquels le Crime auroit été commis.

III. L'Exception portée par le présent Article de l'Ordonnance, en faveur des *Prévôts des Maréchaux*, regarde également les *Lieutenans Criminels des Siéges Présidiaux*, qui connoissent en dernier Ressort des mêmes Crimes que les Prévôts des Maréchaux, & qui sont tenus, comme eux, de faire juger leur Compétence, ainsi que nous l'avons vû sur l'Art. 15 du Tit. 1er de cette Ordonnance, & sur l'Art 7 de la Déclaration de 1731. C'est aussi de ces Juges, dont l'Ordonnance a voulu parler sans doute dans le présent Article, lorsqu'après avoir parlé du Jugement Prévôtal, elle ajoute ces mots, *& en dernier Ressort.* Ils ont même cet avantage particulier sur les Prévôts des Maréchaux, qu'ils ne sont pas tenus, comme eux, de renvoyer les Accusés Privilégiés après l'Information, le Décret & la Capture, mais qu'ils peuvent s'en retenir la Connoissance; non pas à la vérité pour les Juger en dernier Ressort, mais seulement à la charge de l'Appel, suivant l'Art. 14 de la même Déclaration de 1731.

IV. Au reste, comme ce n'est ici qu'une Exception à la Régle générale, & qu'elle ne doit par conséquent s'étendre au-delà des Cas exprimés, il faut tenir pour certain, que si l'Accusé révéloit des Complices lors de la Question *Préparatoire*, les Prévôts des Maréchaux, non plus que les Lieutenans Criminels des Présidiaux, ne pourroient procéder à leur Confrontation, qu'après avoir fait juger leur Compétence, n'y ayant que le seul Cas de la Question *Préalable*, qui soit marqué expressément dans cet Article.

V. Quoiqu'il ne soit parlé dans cet Article, que de la Confrontation, & non du Récollement, les Prévôts des Maréchaux, ne peuvent, non plus que les autres Juges, passer à cette Confrontation, qu'après avoir récollé l'Accusé sur sa Déclaration;

& lui avoir fait prêter le Serment en tel Cas requis; parce que, comme nous l'avons vû sur le Tit. 15, il ne peut y avoir de Confrontation sans Récollement.

VI. L'UNE & l'autre de ces Formalités doivent également être observées, dans le Cas où l'Accusé n'auroit fait la Déclaration de ses Complices qu'au pied de l'Echaffaut : & il y doit être procédé en ce dernier Cas; sçavoir, (si le Jugement est Prévôtal) par le Rapporteur du Procès, qui est tenu d'assister à l'Exécution; (s'il s'agit d'un Arrêt) par le Commissaire-Rapporteur; & enfin (s'il s'agit de l'Exécution d'une Sentence, dont l'Exécution a été renvoyée sur les Lieux), par le Juge même qui l'a rendue.

VII. IL n'y auroit que le Cas, où le Complice n'auroit pû être arrêté, qu'après l'Exécution à Mort de l'Accusé qui l'auroit révélé lors de la Torture. Alors, pour que la Déclaration faite par ce dernier ne fût point inutile, & que la fuite de ce Complice ne lui fût pas profitable, il paroît que ce seroit le Cas de faire la Confrontation littérale de cette Déclaration à ce Complice, conformément à l'Art. 22 du Tit. 17. Ce qui s'entend, lorsque l'Accusé a persisté dans cette même Déclaration, par l'Interrogatoire qu'il a subi sur le *Matelas* après la Torture; parce que cette Répétition semble alors devoir tenir lieu de Récollement.

VIII. CE ne seroit donc, que dans le Cas où ce Complice se seroit trouvé dans un Lieu tellement éloigné, qu'il n'eût pû arriver avant l'Exécution, que les Juges pourroient, s'il s'agissoit de Crime important, surseoir l'Exécution, nonobstant la Disposition de l'Art. 21 du Tit. 25, dont l'Esprit n'a jamais pû être de favoriser l'impunité qui résulteroit, si cette Déclaration demeuroit inutile.

ARTICLE V.

» DÉFENDONS à tous Juges, à l'exception de » nos Cours seulement, d'ordonner que l'Accusé sera » présenté à la Question, sans y être appliqué.

SOMMAIRE.

I. *Prévôts des Maréchaux & Présidiaux ne peuvent user du Privilége accordé par cet Article.*
II. *Cas où les Cours ont coutume d'en user.*
III. *Maniere dont elles en usent.*
IV. *Accusés qui ne peuvent être condamnés ni présentés à la Question.*
V. *Autres Personnes exemptes, suivant le Droit Romain.*

I. APRÉS avoir autorisé tous Juges à ordonner la Torture contre toutes sortes d'Accusés, dans les Cas qui sont marqués par l'Art. 1er de ce Titre, l'Ordonnance ajoute par celui-ci, une Exception particuliére en faveur des Juges des Cours Supérieures, à qui elle permet d'ordonner que l'*Accusé sera seulement présenté à la Question*. L'Ordonnance ne parlant ici que des Cours, exclud par conséquent de ce Pouvoir, tous autres Juges, même en dernier Ressort, tels que les Prévôts des Maréchaux & les Présidiaux.

II. LES Cas particuliers où les Cours peuvent user de ce Pouvoir exclusif, sont toutes les fois que les Accusés méritent de certaines Considérations par leur grand Age, par leur Timidité naturelle, par leur Infirmité, leur Naissance, ou Dignité; en un mot, lorsqu'il y a lieu de craindre, ou que les Accusés ne viennent à succomber sous la rigueur des tourmens, ou qu'il y a lieu d'espérer que la frayeur que leur inspirera le seul appareil de la Torture, suffira pour leur arracher la vérité de la bouche; parce qu'en effet, la Torture est un Moyen extrême, auquel on ne doit avoir recours que faute d'autres Moyens pour parvenir à la Découverte de la vérité. *V.* CAROND. en ses Pand. Liv. 4, Ch. 10. JUL. CLAR. Quest. 64, n. 6.

III. DANS tous ces Cas, les Cours Supérieures, après avoir ordonné par leur Arrêt, que l'Accusé sera appliqué à la Question, ont coutume d'ajouter un *Retentum* au bas de l'Arrêt, qui porte, qu'il y *sera seulement présenté*. Le Greffier a soin de le lire tout bas, lors de la Prononciation qu'il fait de l'Arrêt à l'Accusé, qui ne manqueroit pas de s'en prévaloir, s'il en avoit connoissance, pour ne rien avouer.

IV. AU RESTE, quoique l'Ordonnance semble laisser ici aux Juges des Cours Supérieures, un Pouvoir indéfini d'ordonner que l'Accusé sera seulement présenté à la Question, lorsqu'ils le jugeront à propos; il faut convenir, qu'il y a de certains Accusés, qui non-seulement ne doivent jamais subir la Torture, mais pas même y être présentés. Nous en avons donné plusieurs exemples dans nos INSTITUTES, notamment les *Insensés*, les *Furieux*, les *Sourds & Muets de Naissance.* A quoi il faut ajouter les *Femmes Enceintes*, à cause du danger de l'Avortement; *ne calamitas Matris noceat ei qui in utero est.* L. 3. ff. *de Pœnis.* Il y a même des Auteurs qui prétendent qu'on ne peut y appliquer celles-ci que 40 jours depuis l'Accouchement, mais il faut pour cela, que les Juges ayent soin de s'assurer du fait, en les faisant visiter par des Matrones, ou bien par des Rapports de Médecins & Chirurgiens, dont ils feront Mention dans leur Procès-verbal qu'ils feront signer par ces Matrones, & Médecins ou Chirurgiens. *V.* JUL. CLAR. Quest. 64, n. 23.

V. Il y avoit encore plusieurs autres Personnes, que les Loix Romaines avoient déclarées exemptes de la Torture, tels que les Ecclésiastiques, les Nobles & les Militaires. Mais toutes ces Exceptions n'ont point lieu parmi nous.

ARTICLE VI.

» LE Jugement de Condamnation à la Question sera
» dressé & signé sur le champ, & le Rapporteur assisté
» de l'un des autres Juges, se transportera sans divertir
» en la Chambre de la Question, pour le faire pro-
» noncer à l'Accusé.

SOMMAIRE.

I. *Comment l'on doit procéder en exécution de cet Article?*

II. *Accusé doit être à jeun lors de la Question.*

III. *Jugemens de Torture rendus par des Juges inférieurs, ne doivent être exécutés, ni prononcés qu'après qu'ils ont été confirmés par Arret.*

PAR cet Article, l'Ordonnance prescrit les Formalités nécessaires pour le Jugement de Condamnation à la Question *Pré-*

paratoire. Ces Formalités sont de trois sortes; 1°. ce Jugement doit être dressé & signé sur le champ; 2°. le Rapporteur doit aussi-tôt après que le Jugement est signé, & sans divertir, se transporter en la Chambre de la Question, pour le faire prononcer à l'Accusé; 3°. ce Rapporteur doit être assisté à cet effet, de l'un des autres Juges du Siége.

I. AINSI, pour procéder en exécution de cet Article, il faut que les Juges nomment, par le Jugement de Condamnation à la Question, le Rapporteur & Celui qui doit l'accompagner. Après que ce Jugement est dressé & signé, le Greffier ou l'Huissier, par ordre des Juges, avertit dans l'instant le Geolier ou Guichetier de conduire l'Accusé dans la Chambre de la Question, où le Rapporteur & le Juge qui lui est adjoint, se transportent aussi avec le Greffier; tandis que d'un autre côté la Partie Publique doit faire avertir l'Exécuteur de la Haute-Justice, pour qu'il s'y rende à l'effet d'exécuter le Jugement: & même, s'il y avoit lieu de craindre de la Rébellion de la part de l'Accusé, il faut que la même Partie Publique ait soin, aussi-tôt après le Jugement de Torture rendu, d'y faire rencontrer des Cavaliers de Maréchaussée, ou autres Personnes pour donner Main-forte en cas de besoin. L'Accusé étant arrivé, on le fait mettre à genoux, pour entendre la Lecture de son Jugement, qui se fait par le Greffier. *V.* la suite sur l'Art. 8 ci-après.

II. IL RESTE seulement deux choses à observer sur cet Article. La *premiere*, que l'Accusé doit être à *jeun*, lorsqu'il est appliqué à la Question; & même il faut, suivant les Auteurs, qu'il ait été auparavant, huit ou dix heures sans manger. D'où il suit que le Jugement qui le condamne à la Question, doit être rendu & exécuté dans la Matinée. *V.* JULES CLAR. Quest. 64, n. 30, & FARIN, Quest. 38, n. 32. *V.* Art. 9 du Tit. 25 ci-après.

III. L'AUTRE Observation, c'est qu'en exigeant, comme elle fait par cet Article, que le Jugement de Torture soit prononcé à l'Accusé aussi-tôt après qu'il est rendu, l'Ordonnance ne veut parler que de ceux rendus par les *Cours Supérieures & autres Juges en dernier Ressort:* car pour ceux qui sont rendus par des *Juges Inférieurs*, ils ne peuvent être exécutés qu'après qu'ils ont été confirmés par les Cours, ainsi que nous allons le voir sur l'Article suivant.

Nous donnerons la Formule du Procès-verbal de Torture à la suite de l'Article 9 ci-après.

ARTICLE VII.

» LES Sentences de Condamnation à la Question ne » pourront être exécutées, qu'elles n'ayent été confir» mées par Arrêts de nos Cours.

SOMMAIRE.

I. *Pourquoi le Jugement de Torture ne peut être exécuté qu'après avoir été confirmé par Arrêt.*
II. *Comment s'exécute cet Article?*

I. SUIVANT les anciennes Ordonnances, les premiers Juges pouvoient faire exécuter les Jugemens de Condamnation à la Torture, lorsque l'Accusé n'en appelloit pas, de même que les autres Jugemens interlocutoires. Mais, suivant cet Article de la présente Ordonnance, ils ne le peuvent plus: il faut nécessairement que ces Jugemens soient confirmés par les Cours Supérieures, soit que l'Accusé en ait interjetté appel ou non: & c'est ce qui a été sagement établi, tant parce que l'Accusé ne peut acquiescer valablement à un Jugement qui tend à mutiler ses Membres, & même à exposer sa Vie dont il n'est pas le Maître, *Membrorum nemo Dominus*, qu'à cause de l'importance de ce Jugement, qui, quoique seulement provisoire, ne laisse pas que d'avoir des suites irréparables en définitive, par les impressions fâcheuses qu'il laisse sur la Personne de l'Accusé. C'est pour cela que l'Ordonnance a cru devoir le mettre à cet égard, dans la même Classe que les Jugemens définitifs portant Condamnation à des Peines afflictives, du nombre desquelles est la Question. *V.* ci-après, Titre 26, Art. 1er.

A quoi l'on peut ajouter, que la Nécessité de cette Confirmation par les Cours, est encore fondée sur l'ignorance & la passion qui se présume plus volontiers dans les premiers Juges, que dans les Cours Supérieures.

II. POUR l'Exécution de cet Article, les premiers Juges, aussi-tôt après le Jugement de Condamnation à la Torture, qu'ils ont rendu, envoyent l'Accusé & son Procès au Parlement, conformément à ce qui est porté par les Articles 6, 7 & 8 du Titre 26 de la présente Ordonnance. Mais il faut qu'ils ayent grand soin de tenir secrette la Condamnation portée par ce Jugement, de peur que cet Accusé ne prenne sur les Lieux quelques précautions pour ne pas ressentir les douleurs de la Torture, quand il y sera appliqué : d'autant que si ce Jugement venoit à être confirmé, l'Accusé & son Procès seroit renvoyé aux mêmes Juges qui l'ont rendu, pour le mettre à exécution; à l'effet de quoi ils font venir le Bourreau.

ARTICLE VIII.

» L'ACCUSÉ sera interrogé après avoir prêté Ser» ment, avant qu'il soit appliqué à la Question, & si» gnera son Interrogatoire; sinon sera fait Mention de » son Refus.

SOMMAIRE.

I. *L'on doit commencer par le plus foible dans la Torture, & pourquoi?*
II. *Comment doit-on procéder à l'Interrogatoire lors de la Torture?*
III. *Différence sur ce Point entre la Question préalable & la Question préparatoire.*
IV. *L'on ne peut interroger l'Accusé sur d'autres Crimes que celui pour lequel il est appliqué à la Question. Exception.*

CET Article prescrit les Formalités qui doivent être observées par le Rapporteur, en procédant à l'Exécution du Jugement de Torture, & après la lecture qui a été faite de ce Jugement à l'Accusé.

Ces Formalités sont de trois sortes; 1°. il doit lui faire prêter Serment; 2°. l'interroger; 3°. lui faire signer l'Interrogatoire, & en cas qu'il ne puisse ou ne veuille le signer, faire Mention de son Refus.

I. LORS de cet Interrogatoire, l'Accusé doit être sur la Sellette. S'il y a plusieurs Accusés, l'on doit commencer par le plus foible, suivant l'Age ou le Sexe; parce qu'il y a apparence qu'il avouera plutôt; & même, afin que l'Aveu qui lui échapperoit

roit ne fût pas inutile, il faudroit que le Juge le confrontât aussitôt, à ceux des Accusés qui viendroient à dénier le Crime à la Question. *V.* L. 1, §. 2, & L. *Unius ff. de Quest.*

II. Cet Interrogatoire doit, comme ceux dont il est parlé sur l'Article 14, être signé par le Rapporteur & l'autre Juge dont il est assisté, dans toutes les pages, & chaque page doit être cottée en tête par le Rapporteur. Il doit rouler sur les Indices pressans qui sont acquis au Procès Criminel, comme, *v. g.* si ce n'est pas lui Accusé qui a commis le Crime un tel jour, à telle heure, en tel endroit qui se trouve désigné au Procès. Mais il faut que les faits sur lesquels on l'interroge, lui soient personnels: ainsi, on ne doit pas lui demander, en cas qu'il dénie le Crime, s'il connoît celui qui en est l'Auteur; parce que l'Accusé n'est mis à la Torture, que pour tirer de sa bouche, par la force de ce tourment, l'Aveu de son Crime, dont il y a déja une Preuve considérable au Procès, & non pour en charger quelqu'autre: d'autant que c'est une Maxime inviolable parmi nous, qu'on ne doit diffamer personne, pour Crime dont il n'y a ni Indices, ni Présomptions.

III. Ce n'est donc, que dans la Question Préalable, qui a pour Objet la révélation des Complices, qu'on peut demander à l'Accusé, quels sont ses Complices; par la raison que cette Question n'est ordonnée que lorsqu'il y a des Indices & des Présomptions de Complicité, soit par les Charges & Informations, soit par la Nature même du Crime qui est tel, qu'il n'a pû être consommé par l'Accusé, qu'avec l'aide de quelqu'un.

IV. Il y a plus, le Juge ne peut même, lors de cette Question Préparatoire, interroger l'Accusé sur d'autres Crimes, que celui pour lequel il est appliqué à la Question; quand même il y auroit d'ailleurs dans le Procès, des Indices pressans qu'il auroit pû le commettre; parce que ce n'est pas pour ces Crimes que la Torture lui est donnée. Il faut cependant excepter, suivant les Auteurs, lorsque ces autres Crimes ont quelque Rapport avec celui qui donne lieu à la Torture, comme par exemple, si l'Accusé est mis à la Torture pour Crime de Lèze-Majesté Divine & Humaine, Fausse Monnoie, Sédition, & Larcin; le Juge peut l'interroger sur d'autres Vols, Meurtres & Actes Criminels, qui soient relatifs à celui qui fait le Titre de l'Accusation; encore qu'il n'y en ait point d'Indices; parce que l'Intérêt public demande que les Auteurs de ces Crimes soient connus, afin d'empêcher que des Innocens n'en soient accusés. *V.* JUL. CLAR. Quest. 64, n. 45, FARINAC, Theor. & Prat. Crimin. Quest. 37, n. 167 & 168.

ARTICLE IX.

» LA Question sera donnée en présence des Com-
» missaires, qui chargeront leur Procès-verbal de l'état
» de la Question, & des Réponses, Confessions, Déné-
» gations & Variations à chacun Article de l'Interro-
» gatoire.

SOMMAIRE.

I. *En présence de qui se donne la Question?*

II. *Que veut dire l'Etat de la Question?*

III. *Qu'est-ce que la Question Ordinaire & Extraordinaire?*

IV. *Sur quoi doit rouler l'Interrogatoire pendant la Torture?*

V. *De quelles Variations de l'Accusé l'Ordonnance veut-elle parler?*

VI. *Formule du Procès-verbal de Torture.*

I. LA Disposition de cet Article a lieu, lorsque l'Accusé n'a point avoué son Crime dans le premier Interrogatoire, dont il est parlé sur l'Article précédent. Il doit alors être livré entre les mains de l'Exécuteur, qui lui fait subir toute la rigueur de ce Supplice, en présence des Commissaires, c'est-à-dire, du Rapporteur & du Juge qui lui est adjoint. Le Greffier y est aussi présent, parce qu'il doit écrire sous la Dictée des Commissaires, le Procès-verbal qui se fait alors. Il est d'usage d'y appeller un Médecin & Chirurgien, pour prévenir les accidens. Mais ni la Partie Publique, ni la Partie Civile ne doivent jamais y assister.

II. SUIVANT cet Article, les Juges doivent charger leur Procès-verbal, de l'Etat de la Question, & des Réponses, Confessions, Dénégations & Variations de l'Accusé à chaque Article de l'Interrogatoire.

Ils doivent en *premier lieu* faire Mention de l'*Etat de la Question*, c'est-à-dire, de la maniere dont la Question est donnée à l'Accusé, si cette Question est ordinaire ou extraordinaire.

III. LA Question *Extraordinaire* n'est autre chose que le Redoublement de l'*Ordinaire*, c'est-à-dire, que si la Question est donnée à l'Eau, on double les Pots d'Eau pour l'*Extraordinaire*, & si elle est donnée aux Brodequins, on double le nombre des Coins. On donne seulement la Question *Ordinaire* aux Personnes foibles & infirmes, & aux jeunes Gens qui n'ont pas encore atteint l'Age de Puberté; quoique l'on ordonne le plus souvent l'une & l'autre, sauf aux Juges de les faire modérer, suivant les Circonstances, que nous aurons lieu de remarquer sur l'Article suivant.

IV. LES Juges doivent en *second lieu* faire Mention dans leur Procès-verbal, des *Réponses*, *Confessions*, *Dénégations & Variations* de l'Accusé à chacun Article de l'Interrogatoire. En quoi l'Ordonnance suppose nécessairement, que l'Accusé doit subir un second Interrogatoire dans la Chambre de la Question, & dans le tems même de la Torture.

Cet Interrogatoire doit rouler sur les mêmes Faits, que celui mentionné dans l'Article précédent, dont il n'est proprement que la suite, ou du moins dont il ne differe, qu'en ce qu'il ne doit pas être précédé du Serment de l'Accusé, & qu'il ne doit être par lui signé, ni fait Mention de son Refus; mais qu'il doit seulement être signé par les Commissaires au bas de chaque Page, & cotté au-dessus de toutes les Pages, par le Rapporteur seulement.

IV. AU RESTE, par les *Variations* de l'Accusé, dont l'Ordonnance veut qu'il soit fait Mention dans ce Procès-verbal, l'on doit comprendre, non-seulement celles qui se trouveroient dans ses *Réponses*, mais encore dans sa *Voix*, dans son *Visage* & dans ses *Gestes*; parce que tout cela peut tendre à la Découverte de la Vérité que l'on se propose d'acquérir par cette Voie, *Ex Sermone & ex eo quæ quis Constantia quæ Trepidatione quid diceret, vel cujus Existimationis quisque in Civitate sua est, quædam ad illuminandam Veritatem, in lucem emergunt. L. Minor.* 10 *§. Plurimùm* 5, *ff. de Quest.*

Nous verrons sur l'Article suivant, ce que doit faire le Juge lorsque l'Accusé, qui a avoué pendant la Question, vient à varier après qu'il en a été tiré.

VI. *Formule du Procès-verbal de Torture.*

L'an . . . . . . (*marquer le jour & l'heure*) Nous . . . . . nous étant transportés . . . . . y avons fait amener . . . . . Accusé, lequel étant assis sur la Sellette ; & après Serment par lui fait de dire Vérité, avons procédé à son Interrogatoire, ainsi qu'il ensuit &c. (*Voyez ci-devant la Forme des Interrogatoires.*)

A l'instant l'Accusé s'étant mis à genoux, tête nûe, lui a été prononcée par notre Greffier la Sentence . . . . . . confirmée par Arrêt du . . . . . par laquelle, avant que de procéder au Jugement définitif du Procès, il a été ordonné . . . . .

Ce fait, l'Accusé a été deshabillé par le Questionnaire, & après avoir été attaché . . . . . en la maniere accoutumée (*si c'est la Question avec l'Eau, l'on ajoute*) & ayant été étendu, & le premier Treteau passé sous les Cordes attachées aux Jambes de l'Accusé, a dit . . . . . (*ou si c'est avec les Brodequins, l'on dit*) les Jambes de l'Accusé ayant été mises entre les deux Ais, serrées avec des Cordes, & mis un Coin entre l'un des Ais & la Corde.

Au premier Pot d'Eau *ou* au premier coup de Maillet sur le Coin donné par le Questionnaire, l'Accusé a dit . . . . . au second a dit . . . . . au troisiéme a dit . . . . . au quatriéme a dit . . . . .

(*Si l'on donne aussi la Question Extraordinaire, l'on ajoute*) après quoi le Questionnaire ayant passé le grand Treteau de l'Extraordinaire sous les mêmes Cordes, *ou* ayant mis un autre Coin entre l'autre Ais & la Corde, l'Accusé a dit . . . . .

Au premier Pot, *ou* au Premier coup de Maillet sur le nouveau Coin, a dit . . . . . &c.

Et ensuite l'Accusé a été détaché & mis devant le Feu sur un Matelas *ou* sur une Paillasse, *ou* sur de la Paille, où étant, l'avons interrogé &c.

Lecture faite &c. Fait les jour & an que dessus.

ARTICLE X.

» IL sera loisible aux Commissaires de faire modérer » & relâcher une partie des rigueurs de la Question, » si l'Accusé confesse ; & s'il varie, de le faire mettre » dans les mêmes rigueurs : mais s'il a été délié & entié» rement ôté de la Question, il ne pourra plus y être » remis.

SOMMAIRE.

I. LE Motif particulier de la Permission que l'Ordonnance donne ici aux Juges, de modérer la Rigueur de la Question lorsque l'Accusé avoue son Crime, c'est afin que le Juge puisse s'assurer par-là, si cet Aveu ne lui a point été arraché par la rigueur du Tourment. Ce qui n'est que trop ordinaire, sur-tout lorsque le Sujet est foible, ou par son Sexe, ou par sa Constitution.

II. AINSI, lorsque, malgré cette modération, l'Accusé ne laisse pas que de persister dans son Aveu, c'est le Cas où il doit être délié & ôté entiérement de la Question. Mais, si au contraire il vient à se rétracter, dans le tems de la modération des Tourmens; comme l'Aveu qu'il a fait d'abord, quoique forcé, peut être sincere & véritable, l'Ordonnance ne veut pas que l'Accusé puisse le rétracter impunément; c'est pourquoi elle permet en même-tems aux Juges, de faire recommencer les rigueurs de la Torture, afin que par les éclaircissemens qu'ils pourront tirer des nouvelles Réponses de l'Accusé, ils puissent achever de se convaincre entiérement de la Vérité du premier Aveu. Si donc, l'Accusé persiste dans sa Rétractation, malgré ces nouveaux Tourmens, il ne doit alors être délié & ôté de la Question, qu'après y avoir resté le tems convenable.

III. SUIVANT les Criminalistes, la Question ne doit durer qu'une heure, ou tout au plus une heure & quart. Il y a même de certaines Circonstances qui doivent la faire cesser plutôt, ou tout au moins la faire surseoir & la modérer, quoique l'Accusé n'avoueroit point; sçavoir, lorsqu'ils sont avertis par les Médecins & Chirurgiens que le Patient est en danger de sa Vie. Ce qui a lieu principalement, lorsqu'il est attaqué d'une Descente, Asthme, ou autre Infirmité habituelle; parce que l'Esprit de la Loi n'a jamais été, en établissant la Question, comme un Moyen pour parvenir à la Preuve, d'exposer par-là la Vie de ceux contre lesquels elle est ordonnée.

ARTICLE XI.

» APRÉS que l'Accusé aura été tiré de la Question, » il sera sur le champ & de rechef interrogé sur ses » Déclarations, & sur les Faits par lui confessés ou » déniés ; & l'Interrogatoire par lui signé : sinon sera » fait Mention de son Refus.

SOMMAIRE.

I. *Comment s'appelle le nouvel Interrogatoire dont il est parlé dans cet Article ?*

II. *Quel en est l'Effet ?*

III. Quid, *si l'Accusé rétracte alors les Aveux qu'il a faits pendant la Torture ?*

CET Article prescrit ce que doivent faire les Commissaires, après que l'Accusé a été délié & ôté de la Question. Ils doivent procéder *sur le champ* à un troisiéme Interrogatoire ; & cet Interrogatoire doit rouler sur les Déclarations & sur les Faits confessés ou déniés par l'Accusé ; & il doit, comme le premier qui a été fait, avant que l'Accusé fût mis à la Question, être signé par lui, sinon fait Mention de son Refus.

I. CE troisiéme Interrogatoire s'appelle l'*Interrogatoire sur le Matelas*, parce qu'on fait coucher l'Accusé sur un Matelas ou Paillasse, pour lui procurer du soulagement. Le Chirurgien de la Prison doit s'y trouver, pour en avoir soin.

II. L'EFFET de ce dernier Interrogatoire est tel, que si l'Accusé dénie le Crime qu'il a avoué pendant qu'il étoit appliqué à la Question, comme ne l'ayant fait que par la force des Tourmens, protestant de son Innocence ; on doit alors regarder cet Aveu comme s'il n'avoit pas été fait. Autrement, il seroit inutile de procéder à ce troisiéme Interrogatoire qui est une espéce de Récollement des premiers : ensorte que les Juges, quoiqu'ils ayent réservé les Preuves, ne peuvent pas le condamner à la Mort, mais à une Peine afflictive, infamante ou pécuniaire, suivant l'état des Preuves réservées en leur entier.

III. Cependant, ſuivant l'Auteur des *Notes* ſur Imbert, Liv. 3, Ch. 14, ſi le Criminel rétracte l'Aveu qu'il a fait en la Torture, cette Rétractation ne peut lui ſervir, lorſqu'il y a d'ailleurs de grands Indices vraiſemblables, & approchans fort de cet Aveu, comme, *v. g.* s'il y a un Témoin qui dépoſe avoir vû le Fait, & deux autres qui dépoſent de l'avoir entendu avouer par l'Accuſé hors Jugement. D'où il réſulte, que les Juges pourroient condamner l'Accuſé à la Mort, en combinant la Confeſſion faite dans les Tourmens, quoique rétractée enſuite, avec les fortes Preuves qui réſultent des Charges réſervées, & qui faiſant connoître indubitablement que cette Confeſſion n'a point été extorquée par la Douleur, mais qu'elle étoit ſincere & véritable, & que la Rétractation qu'il en a faite, n'eſt que l'Effet de la Ruſe & de la Malice de l'Accuſé, qui ſçait qu'après qu'il a été tiré de la Queſtion, il ne peut plus y être appliqué une ſeconde fois. Au reſte, le tout dépend de la Prudence des Juges qui doivent bien peſer toutes les Circonſtances en pareil Cas, & ne rien omettre pour tâcher de tirer de l'Accuſé des Réponſes, qui, ſi elles ne ſont pas ſuffiſantes pour le convaincre, peuvent néanmoins fortifier beaucoup les Preuves qui ſont réſervées.

ARTICLE XII.

» Quelque nouvelle Preuve qui ſurvienne, » l'Accuſé ne pourra être appliqué deux fois à la Queſ- » tion pour un même Fait.

Sommaire.

I. *Cet Article déroge à la Diſpoſition de la Loi Romaine, ſur quoi fondé?*

II. *Que doivent faire les Juges après que l'Accuſé a été ôté de la Queſtion, & s'il ſurvient de nouvelles Preuves?*

III. *Accuſé peut être remis à la Queſtion pour un autre Crime qui ſeroit inſtruit ſéparément du premier.*

IV. *Exception dans le Cas du plus amplement Informé.*

I. Par cet Article, l'Ordonnance défend d'appliquer deux fois l'Accuſé à la Queſtion pour le même Crime, quelque nouvelle Preuve qui survienne. Cette Défense qui déroge à la Disposition de la Loi *Unus*, §. 1, ff. *de Quest.* est fondée, *tant* sur ce qu'il n'y a pas lieu d'espérer plus de fruit de cette nouvelle Question, que de la premiere, où l'Accusé n'a rien avoué, *que* sur ce que la Question en général étant une Peine, & même la plus forte après celle de Mort, lorsqu'elle est avec réserve de Preuves, elle ne peut être infligée deux fois pour le même Crime, suivant la Maxime *Non bis in idem*.

II. PAR conséquent, dès que l'Accusé a été tiré une fois de la Question, il faut nécessairement que le Procès soit jugé sur les Preuves qui sont alors acquises. Ainsi, ou ces Preuves seroient entieres & suffisantes, étant jointes à celles qui sont réservées par le Jugement de Torture, ou elles ne le seroient pas. Si elles sont suffisantes pour la condamnation à Mort, les Juges doivent prononcer cette Peine, conformément à la Disposition de l'Art. 2 de ce Titre. Si elles ne le sont pas, & que cependant elles soient telles qu'elles servent beaucoup à fortifier les Présomptions & Indices violens qui étoient déja acquis au Procès contre l'Accusé, les Juges pourroient alors le condamner à une Peine plus grande qu'ils n'auroient dû le faire, si ces Preuves n'étoient point survenues; pourvû toutefois que ces Peines fussent au-dessous de celle de Mort, *citrà Mortem*, ainsi que nous l'avons observé sur ce même Art. 2.

Mais s'il s'agissoit d'une Question ordonnée sans *réserve de Preuves*, l'Accusé qui n'auroit rien avoué, devroit alors, comme nous l'avons dit, être renvoyé absous. Cependant, s'il survenoit de nouvelles Preuves depuis cette Question & avant le Jugement définitif, les Juges pourroient pareillement condamner ce même Accusé à la Mort, si ces Preuves étoient bien claires & suffisantes par elles-mêmes pour opérer sa Conviction : & si ces Preuves n'étoient pas absolument suffisantes pour asseoir une Condamnation à la Peine Capitale, les Juges pourroient le condamner à quelque Peine afflictive, ou infamante ou pécuniaire, suivant les nouvelles Preuves qui seroient survenues; sans avoir égard à celles qui auroient été acquises avant la Question, lesquelles se trouveroient purgées pas cette Question sans réserve de Preuves. Mais dans aucun de ces Cas, l'Accusé, quand même il ne manqueroit plus que son Aveu pour le convaincre, ne pourroit plus être remis à la Question, suivant la Disposition du présent Article.

III.

III. Au reste, de ce qu'aux termes de cet Article, l'Accusé ne peut être mis deux fois à la Question pour le même Crime, il en faut conclure, qu'un même Accusé peut être appliqué une seconde fois à la Question, pour un autre Crime que celui pour lequel il y a été mis la premiere fois. Mais il faut pour cela, que l'Accusation sur cet autre Crime ait été poursuivie & instruite séparément de la premiere; car s'il avoit déja été question de ce dernier Crime, dans l'Instruction qui auroit été faite sur le premier, pour lequel cet Accusé a souffert la Question, il ne pourroit y être mis une seconde fois, quelque nouvelle Preuve qui seroit survenue d'ailleurs, suivant la Maxime *Non bis in idem*, consacrée par la Disposition de cet Article.

IV. Il faut donc nécessairement, qu'il y ait une Procédure nouvelle & distincte sur cet autre Crime dont il n'y auroit pas eu de poursuite en Justice, pour que l'Accusé puisse être appliqué à la Question une seconde fois. Cependant, il paroît, qu'il faudroit encore excépter le Cas, où, après la Question sans réserve de Preuves sur l'un des deux Crimes, l'Accusé auroit été renvoyé absous de celui-ci, & qu'il auroit été ordonné un *plus amplement Informé* sur l'autre; & qu'ensuite de ce *plus amplement Informé*, il seroit survenu de nouvelles Preuves: alors l'Accusé qui seroit toujours resté dans les liens de la Justice pour l'un de ces Crimes, pourroit être appliqué à la Question, pour le Crime sur lequel il auroit été renvoyé, & non pas sur l'autre pour lequel il auroit souffert la Torture; parce que ce ne seroit pas le condamner deux fois à la Question pour le même Crime, quoiqu'il se trouveroit compris dans la même Instruction que l'autre.

TITRE XX.

De la Conversion des Procès Civils en Procès Criminels, & de la Réception en Procès ordinaire.

Ce Titre contient cinq Articles.

Dans le *premier*, il est parlé du Cas où le Juge pourra ordonner que le Procès commencé par la Voie civile, sera poursuivi extraordinairement.

Dans le *second*, du Cas où le Juge peut décréter, en instruisant les Procès ordinaires.

Dans le *troisiéme*, du Cas où le Juge, en instruisant un Procès Criminel, peut recevoir les Parties en Procès ordinaire.

Dans le *quatriéme*, du Tems où il doit être procédé à cette Réception en Procès ordinaire.

Dans le *cinquiéme*, du Pouvoir qu'ont les Juges, de reprendre la Voie extraordinaire après la Réception en Procès ordinaire.

ARTICLE PREMIER.

» LES Juges pourront ordonner qu'un Procès com-
» mencé par voie Civile, sera poursuivi extraordinai-
» rement, s'ils connoissent qu'il peut y avoir lieu à
» quelque Peine Corporelle.

SOMMAIRE.

I. *Pourquoi la Conversion en Procès extraordinaire, s'ordonne-t-elle d'Office?*

II. *Partie privée qui a commencé le Procès Civil, peut rester au Procès Criminel pour ses Dommages & Intérêts.*

III. *Cinq Cas ordinaires où s'ordonne la Conversion du Procès Civil en Procès extraordinaire.*

IV. *Cette Conversion ne peut être ordonnée, lorsqu'il s'agit seulement d'infliger des Peines infamantes, & pourquoi?*

SUIVANT cet Article, lorsque dans le cours de l'Instruction d'un Procès civil, le Juge vient à remarquer qu'il peut y avoir lieu à quelque Peine Corporelle contre une Partie, il peut ordonner d'Office, que le Procès commencé par la Voie civile sera poursuivi extraordinairement, c'est-à-dire, par Information, Interrogatoire, Récollement & Confrontation. Ce qui se fait ensuite du Décret, comme on le verra sur l'Article suivant.

I. L'ON dit qu'il peut l'*ordonner d'Office*, & sans que l'autre Partie le demande, parce que c'est une Maxime établie par l'Art. 2 du Tit. 18 des *Complaintes* de l'Ordonnance de 1667, que quand une Partie s'est une fois pourvûe par Action civile (c'est-à-dire, par Exploit ou Requête sur laquelle le Juge a permis d'Assigner) elle ne peut plus prendre la Voie Criminelle. *V.* L. *Unic.* Cod. *Quando Civil. Act. Crimin. præjud.*

II. Néanmoins, quoique la Poursuite Criminelle ne puisse plus se faire sur la Requête de cette Partie privée, mais sur celle du Ministere Public; cela n'empêche point, qu'elle ne puisse rester au Procès pour avoir ses Dommages & Intérêts & autres Fins civiles qu'elle a choisies par sa demande originaire. *V.* Jul. Clar. *Lib.* 5, *§. Fin. Quest.* 2. Faber, *Cod. Lib.* 9, *Tit.* 18.

III. Les Cas les plus ordinaires, où le Juge peut ordonner ainsi la Conversion du Procès Civil en Procès Criminel, sont 1°. lorsqu'une Partie auroit produit dans un Procès Civil, un faux Acte sur lequel elle fonderoit uniquement son Action; 2°. lorsque cette Partie se seroit contentée de poursuivre *civilement* des Vols considérables ou Excès & Violences qui lui auroient été faites; 3°. lorsque l'Acte qu'il attaqueroit, se trouveroit infecté d'une Usure criante; 4°. en fait de Supposition de Personnes, ou de Supposition de Part, dont on voit plusieurs exemples rapportés dans les Causes Célèbres; 5°. en Cas de Trouble fait en la Possession d'un Héritage avec Violence & Port d'Armes. *V.* Art. 2 du Tit. des *Complaintes & Rentegrandes* de l'Ordonnance de 1667.

Dans tous ces Cas, & autres semblables qui méritent une Punition exemplaire, les Juges sont autorisés à ordonner la Poursuite par la Voie extraordinaire.

IV. L'Ordonnance veut, que cette Punition puisse aller jusqu'à la *Peine Corporelle.* Ainsi, lorsque le Cas ne pourroit donner lieu qu'à une Peine *pécuniaire*, ou tout au plus *infamante*, les Juges ne devroient pas ordonner la Voie extraordinaire, d'autant plus que celles-ci peuvent être prononcées par un Jugement Civil; & que c'est une Maxime reçue dans notre Jurisprudence, que l'Aumône ordonnée en Matiere Civile, est infamante, quoiqu'elle ne le soit point en Matiere Criminelle; & qu'au contraire l'*Amende* qui est infamante, lorsqu'elle est prononcée en Matiere Criminelle, & confirmée par Arrêt, ne l'est aucunement en Matiere Civile.

ARTICLE II.

» EN instruisant les Procès ordinaires, ils pourront,
» s'il y écheoit, décerner Décret de Prise de Corps,
» ou d'Ajournement Personnel, suivant la Qualité de la
» Preuve, & ordonner l'Instruction à l'extraordinaire.

SOMMAIRE.

I. *Comment se fait la Conversion du Procès Civil en Extraordinaire?*
II. *Juge ne doit pas s'attacher seulement à la Qualité de la Preuve.*
III. *D'où cette Preuve doit-elle résulter? Et comment le Juge doit procéder en conséquence?*
IV. *Décret peut être rendu sans Conclusions de la Partie Publique.*
V. *Conversion ne s'opere que par le Réglement à l'extraordinaire.*

I. PAR cet Article, l'Ordonnance prescrit la Maniere dont le Juge doit procéder à la Conversion du Procès Civil en Procès Extraordinaire; elle veut qu'avant que de l'ordonner, il commence par décerner un Décret, soit de Prise de Corps, soit d'Ajournement Personnel, suivant la *Qualité de la Preuve.*

Ainsi, trois choses à observer sur cette Disposition.

II. LA *premiere*, que quoique l'Ordonnance ne parle ici que de la *Qualité de la Preuve*, les Juges doivent néanmoins considérer encore, pour régler leur Décret, la *Qualité du Crime*, & *celle des Parties*, conformément à l'Art. 2 du Tit. 10 ci-devant.

III. LA Preuve qui peut donner lieu à ces sortes de Décrets doit résulter principalement, ou des Enquêtes qui ont été faites dans le Procès Civil, ou bien des Interrogatoires sur Faits & Articles, ou enfin des Piéces authentiques, ou reconnues, ou dûement vérifiées. 1°. Lorsque cette Preuve résulte des *Enquêtes*, le Juge doit, après avoir décerné le Décret sur le vû de l'Enquête, ordonner que les Témoins qui auront été oüis dans cette Enquête, seront répétés par forme d'Information, & qu'ils seront ensuite récollés, & si besoin est, confrontés, ainsi que ceux qui pourroient être entendus dans la suite. C'est par ce Récollement, que commence l'Instruction extraordinaire dont il est parlé dans cet Article & dans les précédens. L'on vient de dire que les Témoins seront répétés par forme d'Information, parce que c'est une Maxime constante parmi nous, que les Enquêtes ne peuvent jamais être converties en Informations, quoique les Informations puissent être converties en Enquêtes, comme nous verrons sur l'Article suivant.

2°. Que si la Preuve résulte singuliérement des *Interrogatoires* sur *Faits & Articles* ou des *Piéces vérifiées* : alors le Juge, après avoir décrété pareillement sur le vû de ces Interrogatoires ou de ces Piéces vérifiées, ordonnera l'Information, & ensuite le Réglement à l'extraordinaire contre la Partie décrétée, qui deviendra dès-lors Accusé.

3°. Enfin, si indépendamment de la Preuve qui résulteroit de l'*Aveu* fait dans les Interrogatoires, ou des Piéces vérifiées, il y avoit encore des *Piéces authentiques ou reconnues* par la Partie même qu'on veut décréter, ou bien s'il y avoit d'ailleurs des *Présomptions* & Circonstances extrêmement fortes, qui ne permettroient pas de douter que cette Partie a été le véritable Auteur du Crime, le Juge pourra alors, non-seulement décréter, mais même juger le Procès sans Information, ainsi qu'il y est autorisé par l'Art. 5 du Tit. 25 ci-après. *V.* néanmoins ce qui sera dit sur cet Article.

IV. Une *seconde* Observation, c'est que l'Ordonnance, ne faisant aucune Mention dans cet Article de la Partie Publique, paroît laisser aux Juges le Pouvoir de décréter d'*Office*, sans attendre les Conclusions de cette Partie Publique. C'est ici par conséquent une nouvelle Exception à l'Art. 1er du Tit. des Décrets. Cependant il ne peut se dispenser d'ordonner la Communication du Procès à cette Partie Publique, après que le Décrété aura subi interrogatoire, pour qu'elle puisse donner ses Conclusions sur le Réglement à l'extraordinaire qui sera prononcé.

V. Enfin une *troisiéme* Observation que présente cet Article, c'est qu'il ne suffit pas, pour que le Juge puisse retenir la Connoissance de la Procédure extraordinaire qui se fait en pareil Cas, qu'il ait décrété, interrogé, & même ait ordonné la Communication des Piéces à la Partie Publique, mais il faut encore qu'il ait ordonné le Réglement à l'extraordinaire, par lequel seulement peut s'opérer la Conversion du Procès Civil en Procès Criminel. Car s'il jugeoit le Procès Civil, avant que d'avoir ordonné ce Réglement, la Poursuite & Instruction Criminelle qui se feroit ensuite, seroit alors dévoluë au Lieutenant Criminel.

ARTICLE III.

» S'IL paroît avant la Confrontation des Témoins, » que l'Affaire ne doit pas être poursuivie criminelle- » ment, les Juges recevront les Parties en Procès or- » dinaire : & pour cet effet, ordonneront que les In- » formations seront converties en Enquête, & permis » à l'Accusé d'en faire de sa part, dans les Formes » prescrites pour les Enquêtes.

SOMMAIRE.

I. *Trois Dispositions dans cet Article.*

II. *Cas où la Conversion peut être ordonnée, même depuis le Récollement.*

III. *Cas particulier où le Juge ne peut s'empêcher de l'ordonner, & comment il y doit procéder?*

IV. *Que veut dire l'Ordonnance par la Conversion des Informations en Enquête. Differens Effets qu'elle produit dans la Procédure?*

V. *Formule de Jugement de Conversion en Procès ordinaire.*

I. APRÉS avoir parlé, dans les deux Articles précédens, de la Conversion des Procès Civils en Procès Criminels, l'Ordonnance nous parle dans celui-ci & les suivans, de la Conversion du Procès Criminel en Procès Ordinaire, (ce qu'on appelle autrement *Civilisation* du Procès.) Elle prescrit trois choses à cet égard ; 1°. le *Tems* où cette Conversion doit être ordonnée ; elle veut que ce soit avant la Confrontation ; 2°. les *Cas* où cette Conversion doit avoir lieu ; c'est toutes les fois qu'il paroît que l'Affaire ne doit pas être poursuivie Criminellement ; 3°. enfin, la *Maniere* dont les Juges doivent procéder à cette Conversion ; l'Ordonnance veut, que pour cet effet, ils ordonnent que les Informations seront converties en Enquêtes, & qu'il sera permis à l'Accusé d'en faire de sa part dans la forme prescrite par l'Ordonnance Civile, sous le Tit. des Enquêtes.

Ces trois Dispositions donnent lieu à plusieurs Observations importantes.

II. L'ORDONNANCE veut en *premier lieu*, que la Conversion du Procès Criminel en Procès Ordinaire, se *fasse avant la Confrontation*. D'où il paroît, qu'on doit conclure, qu'elle peut être ordonnée, même après le Récollement. Mais comme, aux termes de l'Art. 1er du Tit. 15 ci-devant, le Récollement doit s'ordonner par le même Jugement qui ordonne la Confrontation, ne pourroit-on pas dire aussi, que les Juges ne pourroient, sans tomber en Contravention à cet Article, ordonner la Conversion après qu'ils auroient ordonné le Récollement? Cependant il faut convenir que cette Régle n'est point sans exception, & qu'il y a certains Cas où les Juges peuvent civiliser le Procès, après avoir ordonné, & même procédé au Récollement. L'on en peut donner pour Exemple, les deux suivans; 1°. lorsque le Récollement ayant été ordonné sur le seul Titre de l'Accusation qui seroit extrêmement grave, les Témoins qui auroient été récollés en conséquence, auroient persisté dans leurs premieres Dépositions qui étoient extrêmement foibles, ou les auroient tellement diminuées, si elles étoient fortes, qu'il n'y auroit plus lieu de prononcer contre l'Accusé aucune Peine afflictive ni même infamante, mais seulement pécuniaire. Dans ce Cas, il paroît que le Juge de l'Instruction pourroit, avant que de procéder à la Confrontation, faire délibérer par le Siége, si l'on ne devroit pas recevoir les Parties en Procès Ordinaire, & convertir les Informations en Enquêtes, ensuite des Conclusions de la Partie Publique à qui ces Récollemens seroient communiqués; à moins toutefois que cette Partie Publique, ou même la Partie Civile, ne déclarent alors avoir d'autres Témoins à faire entendre; Exception que l'Ordonnance a eu sans doute en vûe, lorsqu'elle s'est contenté d'ordonner que la Conversion en Procès Ordinaire ne pourroit se faire après la Confrontation, sans parler du Récollement.

2°. Une autre Exception, c'est lorsque l'Accusé Contumax qui viendroit à se représenter, poseroit, par l'Interrogatoire qu'il subiroit, de certains faits justificatifs, lesquels étant joints aux Dépositions des Témoins, feroient connoître que par l'événement de l'Instruction à l'extraordinaire, il n'y auroit pas lieu d'ordonner contre lui aucune Peine, mais seulement des Réparations pécuniaires. Il paroît encore, que dans ce Cas particulier où il n'y auroit eu qu'un simple Récollement sans Confrontation, à cause de la Contumace, les Juges seroient encore autorisés à civiliser le Procès, avant que de procéder à la Confrontation.

III. L'ORDONNANCE veut en *second lieu*, pour que la Conversion en Procès ordinaire puisse avoir lieu, que l'affaire soit telle, qu'elle ne *mérite pas d'être poursuivie criminellement.* Mais dans quel Cas peut-on dire qu'une affaire ne mérite pas d'être poursuivie criminellement? C'est ce qu'il n'est pas absolument facile de déterminer.

Suivant l'Ordonnance de 1539, Art. 50, les Parties doivent être reçues en Procès ordinaire, *toutes les fois que la Matiere est de petite importance.* Or, une Matiere peut être de petite importance, 1°. Par la *Qualité du Crime*, qui est léger de sa nature, comme Rixe & Injure verbale; 2°. Par la *Qualité des Parties*, comme en fait de Recellés ou spoliation d'Hoirie faite par une Veuve ou des Héritiers; 3°. Enfin, par la *Qualité de la Preuve*, comme en fait de Crimes graves qui ne sont aucunement prouvés, ou dont les preuves ne sont pas suffisantes pour asseoir une condamnation à peine afflictive ou infamante.

Au *premier Cas*, c'est-à-dire, lorsqu'il ne s'agit que de simples *Rixes ou Injures verbales;* comme elles ne peuvent donner lieu qu'à des Condamnations pécuniaires, ou à de simples Réparations d'honneur par Actes donnés au Greffe; non-seulement les Juges doivent alors ordonner la conversion en Procès ordinaire; mais ils ne doivent pas même admettre la voie extraordinaire: du moins lorsqu'on a pris cette voie, au lieu de rendre un Jugement de Réception en Procès ordinaire, tel qu'il est marqué par cet Article; ils doivent se contenter de renvoyer les Parties à l'Audience, où ils décideront le Procès sans autre formalité, & sans prendre d'épices. Telle est la Jurisprudence de presque tous les Tribunaux, & c'est ce qu'on appelle *Instruction au petit Criminel.* L'on en trouve de quatre espéces différentes dans le STYLE du Châtelet; sçavoir la *premiere*, qui commence par le simple Exploit d'Assignation, & qui est suivie d'Enquête en cas de dénégation des Faits d'Injure; la *seconde*, par la Plainte devant les Commissaires, qui est suivie d'Assignation en Réparation d'Injure; la *troisiéme*, par la Plainte qui est suivie d'Information & du Renvoi à l'Audience; la *quatriéme* enfin par la Plainte & l'Information, dont on demande la conversion en Enquête.

A l'égard du *second Cas*, c'est-à-dire, lorsqu'il s'agit de certaines

taines Matieres qui, quoique susceptibles par elles-mêmes de la Procédure extraordinaire, doivent cependant donner lieu, lorsqu'on a pris cette voie, à la Conversion en Procès ordinaire, à cause de la Qualité des Parties, comme en fait de *Spoliation & Recellé* de Succession, par des *Veuves* & *Héritiers*. Cette Instruction se fait ainsi, suivant notre Jurisprudence. On commence par la Plainte & l'Information. On décrete ensuite d'Ajournement personnel, ou d'Assigné pour être oüi. On procéde à l'Interrogatoire, comme le moyen le plus prompt & le plus efficace pour acquérir la conviction de ces sortes de Délits, en empêchant que cette Veuve, ou ces Héritiers n'ayent le Tems de détourner les Preuves & de réfléchir sur leurs Réponses, comme ils l'auroient, s'ils étoient poursuivis par la Voie Civile, à cause des délais des Assignations. Mais aussi-tôt après l'Interrogatoire subi, les Juges doivent ordonner la Conversion en Procès ordinaire, & jamais le Réglement à l'extraordinaire, lequel ne peut avoir lieu, que contre les Complices de ces Veuves & Héritiers, lorsqu'ils ont fait leur profit particulier des Récellés & Spoliations; parce qu'ils peuvent en pareil Cas, être condamnés à des Peines infamantes & même afflictives, ainsi qu'il a été jugé par plusieurs Arrêts, un entr'autres du 29 Avril 1698, rapporté au Journal des Audiences. Mais il faut à l'égard de ceux-ci, que l'Accusation soit instruite séparément de celle intentée contre la Veuve & les Héritiers; parce qu'autrement, si tous étoient mêlés dans le même Procès Criminel, il arriveroit, que lorsque le Procès seroit civilisé à l'égard de la Veuve & des Héritiers, & les Informations converties en Enquêtes, & signifiées à l'un & à l'autre, ils pourroient avertir leurs Complices du contenu des Dépositions qui les concerneroient; & par ce moyen, les mettre en état d'y répondre lors de la Confrontation qu'ils subiroient: ce qui tendroit à favoriser l'impunité du Crime.

Enfin, quant au *troisiéme Cas*, qui regarde les Crimes qui; quoique graves de leur nature, paroissent néanmoins tellement légers par la Qualité de la Preuve, qu'ils ne peuvent donner lieu à aucunes Peines afflictives ou infamantes; la Civilisation peut s'en faire, non-seulement avant le Réglement à l'extraordinaire, mais même depuis le Récollement; & c'est précisément celui qui fait l'objet particulier de cet Article.

Il y a néanmoins trois Exceptions remarquables à cet égard.

1°. Lorsque le Procès Criminel est poursuivi à la Requête de la Partie Publique seulement; car c'est une maxime constante dans notre Jurisprudence, que le Procès doit toujours être réglé à l'extraordinaire en pareil cas, ainsi que nous l'avons observé sur l'Art. 1er, du Titre des Récollemens & Confrontations : tellement qu'en cas d'insuffisance de la Preuve, les Juges ne peuvent ordonner la décharge de l'Accusé, mais seulement un plus *Amplement* informé, comme nous le verrons sur l'Article suivant. 2°. Lorsque le Procès Criminel est fait à une Communauté, Corps ou Compagnie, la Conversion n'en peut être faite en Procès ordinaire, ainsi que nous le verrons sur l'Art. 3 du Titre suivant. 3°. Nous avons vû d'ailleurs sur l'Art. 2 du Titre 4, que lorsqu'une Information a été décrétée, & que l'Accusé a pris droit par les Charges, & la Partie Civile & publique par les Interrogatoires, les Juges doivent alors passer au Jugement définitif, sans ordonner la Civilisation du Procès, si le Crime n'est pas de Nature à mériter peine afflictive. *V.* le Proc. Verb. de Confer. pag. 229.

IV. L'ORDONNANCE veut, par une *troisiéme* & derniere Disposition de cet Article, que par le Jugement portant Réception en Procès ordinaire, les Juges ordonnent que *les Informations seront converties en Enquêtes, & qu'il sera permis à l'Accusé d'en faire de sa part, dans les formes prescrites pour les Enquêtes.* Sur quoi il y a plusieurs choses à observer, 1°. Que n'étant parlé ici que de l'*Accusé*, relativement à la Permission de faire Enquête, il s'ensuit que la *Partie Civile* qui demanderoit à faire une CONTRE-ENQUESTE de sa part, outre les Informations qui auroient été faites à sa Requête, ne pourroit y être reçue; parce que, en effet, ce seroit donner un double avantage à cette Partie, qui a eu tout le tems de faire entendre des Témoins, soit avant, soit même après l'Interrogatoire par une Addition d'Information; tandis que l'Accusé, jusqu'au Jugement de Civilisation, auroit eu les bras liés, & n'auroit pû faire entendre aucuns Témoins. De plus, la Partie Civile a encore la voie des Reproches contre les Témoins entendus dans l'Enquête de l'Accusé, qui est devenu Défendeur par le Jugement de Réception en Procès ordinaire.

2°. Que l'Enquête dont il est ici parlé, devant être faite dans la même forme que celle prescrite par l'Ordonnance Civile de

1667, il s'ensuit que, conformément à cette Ordonnance sous le Tit. 22, l'Accusé, qui est dès-lors devenu Défendeur, doit commencer cette Enquête dans la *huitaine*, à compter du jour que le Jugement de Conversion lui aura été signifié, s'il l'a fait faire dans le Lieu même où le Jugement aura été rendu, ou bien dans l'étendue de dix lieues; & il doit l'achever dans une autre *huitaine*. Que s'il y avoit plus de dix lieues de distance, le délai sera augmenté à raison d'un jour par chaque dix lieues. Enfin, si ce délai ne suffisoit point encore, le Juge pourra accorder une prorogation qui ne pourra être au-delà de *huitaine*. Au surplus, il faudra y observer les autres Formalités prescrites par ce même Tit. 22, soit par rapport aux *Assignations* des Témoins, soit par rapport aux *Reproches* qui pourront être fournis contr'eux, soit enfin par rapport aux *Récusations* qui pourront être proposées contre les Juges : avec cette différence néanmoins, qu'il n'y a dans le Cas particulier de cet Article, aucun Procès-verbal à signifier, mais que pour y suppléer, il faudra que le Plaignant ou Demandeur, fournisse à l'Accusé un Extrait des Noms, Surnoms, Ages, Qualités & Demeures des Témoins qui ont été oüis dans l'Information, afin de le mettre en état de fournir des Reproches, contre ces mêmes Témoins.

3°. Qu'au moyen de la Conversion des Informations en Enquête, le Procès étant devenu Civil; *tant* le Jugement qui ordonne cette Conversion, *que* l'Instruction qui se fait en conséquence, deviennent aussi dès-lors sujets à la Péremption, comme les autres Jugemens & Procédures Civiles. *V.* Louet, Lett. P, Somm. 37.

La Péremption a lieu, comme l'on sçait, par la discontinuation des Procédures, ou de l'exécution des Jugemens Interlocutoires, pendant l'espace de trois années. A la vérité, elle peut être interrompue de plusieurs manieres; 1°. Par la Contestation en Cause, qui se fait au moyen de la Présentation du Procureur, de la Sommation d'Audience, ou du Défaut pris au Greffe; 2°. Par le décès de l'une des Parties; 3°. Par le décès de l'un des Procureurs, ou sa démission; 4°. Par le décès du Rapporteur; 5°. Par la Maladie Contagieuse, Incendie ou autres Evénemens causés par la force Majeure; 6°. Par le changement d'Etat d'une Fille ou Veuve qui étoient en Cause, & qui viennent à se marier; attendu que l'autorisation de leur Mari est alors nécessaire pour continuer l'Instance; 7°. Enfin, par la Puberté d'un Pupile.

Au reste, il y a cette différence entre la Péremption & la Prescription en cette Matiere, que la Prescription tend à éteindre l'Action qui résulte du Crime, au lieu que la Péremption ne détruit que l'Instance, laquelle peut être intentée de rechef, tant que l'Action n'est point prescrite. C'est pour cela, que les Informations, Procès-verbaux & autres Actes *Probatoires*, qui regardent proprement l'Action résultante du Crime, subsistent malgré la Péremption, mais non dans le cas de la Prescription. *V.* BROD. sur LOUET, Lett. P. Somm. 38. D'OLIVE, Tit. 1, Ch. 23. D'ailleurs, la Prescription peut être opposée contre toutes Personnes, même contre le Ministére Public; au lieu que la Péremption ne peut l'être dans ce dernier Cas. Par l'Art. 7 de l'Ordonnance pour la Lorraine, Tit. 11, il est dit que *les Procédures Criminelles seront sujettes à Péremption, sinon à l'égard de nos Procureurs, ou ceux des Seigneures pour l'intérêt Public.*

4°. Enfin, de ce que par cette Conversion des Informations en Enquêtes, le Procès cesse d'être Criminel; il paroît qu'on en doit conclure, que l'Instruction qui se fait en conséquence, doit appartenir au Juge *Civil*, par préférence au Juge *Criminel.* Cependant, comme d'un autre côté, l'Ordonnance ne fait aucune distinction à cet égard; ne pourroit-on pas dire qu'elle a entendu, que cette nouvelle Instruction fût faite par le même Juge qui a instruit au Criminel? & qu'elle a voulu s'en rapporter sur ce point à la Déclaration de Mai 1553, portant Réglement entre les Lieutenans Généraux, & les Lieutenans Criminels, & à l'Ordonnance de 1549, Art. 2, qui veut que les Procès Criminels de la Tournelle, où les Accusés seront reçus en Procès ordinaire, restent à la Tournelle. En effet, il y a plusieurs Arrêts de la Cour qui l'ont ainsi jugé, notamment celui du 29 Août 1579, pour les Juges du Mans: un autre pour le même Siége, du 28 Mars 1619: enfin un *troisiéme*, du 16 Octobre 1582, pour les Juges de Concressant. *V.* aussi BRUNEAU, Tit. 22, Max. 1, d'après CHENU & IMBERT.

Suivant ces Auteurs, il y a encore cela de remarquable, par rapport aux Jugemens de Civilisation, qu'ils doivent être signifiés comme les Jugemens définitifs, à la Partie Civile & au Procureur du Roi, avant que d'être prononcés à l'Accusé, afin que ceux-ci puiſſent en appeller, s'ils le jugent à propos, & empêcher par ce moyen l'élargiſſement de l'Accuſé; d'autant, comme dit Bruneau, que l'Accuſé eſt *quaſi* abſous par ces ſortes de Jugemens.

V. Formule *du Jugement de Converſion en Procès ordinaire.*

Extrait des Regiſtres de.......

Vû &c. nous avons reçu les Parties en Procès ordinaire: ce faiſant, l'Information faite à la Requête de......converti en Enquête, & en conſéquence permis à.....d'en faire de ſa part ſur les Faits contenus en la Plainte & eſdites Informations, pardevant.....dans.....jours, & ſera tenu le Demandeur de donner au Défendeur un Extrait des Noms, Surnoms, Ages, Qualités & Demeures des Témoins oüis en ladite Information, pour fournir de Reproches contre iceux, ſi bon leur ſemble, ſauf à reprendre l'Extraordinaire, s'il y écheoit.

Ou nous avons renvoyé ſur le tout les Parties à l'Audience.

ARTICLE IV.

» Aprés la Confrontation des Témoins, l'Accuſé » ne pourra plus être reçu en Procès ordinaire; mais » ſera prononcé définitivement ſur ſon Abſolution ou » ſa Condamnation.

SOMMAIRE.

I. *Deux Principes établis par cet Article.*
II. *Pourquoi les Juges ne peuvent plus civiliſer après la Confrontation?*
III. Renvoi à fins Civiles *eſt une Prononciation abuſive, & pourquoi?*
IV. *Dans quel Cas le* Hors de Cour *peut être employé? & ſon Effet.*
V. *Dans quel Cas le* plus Amplement Informé *peut & doit même être ordonné?*
VI. *Deux ſortes de* plus Amplement Informé; *ce qu'ils ont de commun & de différent?*

I. Suivant cet Article, après la Confrontation des Témoins à l'Accuſé, les Juges ne peuvent plus recevoir cet Accuſé en Procès ordinaire; mais ils doivent prononcer définitivement ſur ſon Abſolution ou ſur ſa Condamnation. Ainſi l'Ordonnance établit par-là deux Principes remarquables en cette Matiere.

II. Le *premier*, que c'est la Confrontation qui caractérise principalement le Procès Criminel; de maniere que le seul Récollement des Témoins qui ne seroit pas suivi de Confrontation, tels que ceux dont nous avons donné des exemples sur l'Article précédent, ne seroit pas capable d'empêcher la Réception de l'Accusé en Procès ordinaire.

Ce Principe est fondé, sur ce qu'avant la Confrontation, les Juges sont en état de connoître par les Charges, s'il y a lieu ou non d'infliger une Peine à l'Accusé, outre les Réparations pécuniaires qui sont dûes à la Partie Civile; & par conséquent qu'ils peuvent déterminer la maniere dont doit s'en faire la Poursuite, si c'est par la Voie Civile, plutôt que par la Voie Criminelle.

III. Un autre Principe, que l'Ordonnance établit par cet Article; c'est que la Prononciation du Jugement qui est rendu depuis la Confrontation, devant être nécessairement par Absolution ou par Condamnation, les Juges ne peuvent conséquemment ordonner un simple *Renvoi à fins Civiles*; parce que ce Renvoi opéreroit alors le même effet, que la Conversion en Procès ordinaire; & qu'il ne formeroit qu'un Jugement Interlocutoire, que l'Ordonnance a voulu exclure nécessairement, en exigeant une Prononciation définitive par Absolution ou par Condamnation. Il y a plus, ce *Renvoi à fins Civiles*, qui s'est introduit abusivement en certains Tribunaux, emporte nécessairement avec lui une sorte d'injustice, en ce qu'il prive l'Accusé de l'avantage qu'il auroit eû, si le Procès avoit été civilisé avant la Confrontation, de se défendre par une Enquête, & la Partie Civile du fruit qu'elle pourroit tirer des Informations qui ont été faites à sa Requête, & qui ne peuvent plus lui servir, dès le moment qu'elles n'ont point été converties en Enquêtes.

IV. Il y a cependant, deux autres Formes de prononcer, que l'Usage avoit introduit en pareil cas, même avant l'Ordonnance; & qu'elle n'a point désapprouvé, tant parce qu'elles renferment un Tempéramment d'équité, que parce qu'elles n'empêchent point que le Jugement ne soit regardé comme définitif.

L'*une*, c'est celle du HORS DE COUR, qui s'employe ordinairement, lorsque dans la visite du Procès Criminel, les Juges ne trouvent pas des Preuves suffisantes pour condamner ou pour absoudre un Accusé, contre lequel il éléve néanmoins un certain soupçon, qui suffit pour l'empêcher de pouvoir prétendre des dommages & intérêts contre son Accusateur.

V. L'autre, c'est celle du plus Amplement Informé, qui a lieu, suivant la remarque de M. l'Avocat Général Talon lors du Procès-verbal de Conférence, toutes les fois qu'il n'y a pas assez de Preuves pour condamner; & qu'il n'y en a pas assez pour absoudre.

Comme il peut arriver, qu'il ne surviendra aucune Preuve dans l'intervalle, & que par-là l'Accusé demeurera entiérement déchargé par le Jugement qui aura prononcé le plus Amplement Informé; ce Jugement considéré sous ce point de vûe, peut être regardé comme un véritable Jugement définitif, & par conséquent n'a rien de contraire à la Disposition de cet Article.

VI. Le plus Amplement Informé est, ou à *tems*, comme de trois, six mois ou d'une année; ou il est *indéfini*, ce qu'on appelle autrement *Usquequo*. L'un & l'autre ne s'ordonnent que dans des Crimes, qui de leur Nature peuvent donner lieu à des Peines afflictives ou infamantes; ou bien dans des Procès Criminels, où le Procureur du Roi est seule Partie; parce qu'en effet, dans un Procès civilisé, il ne peut plus s'agir, comme nous venons de le voir sur les Articles précédens, que des dommages & intérêts auxquels la Partie publique n'a aucun droit; de maniere qu'il ne resteroit plus de Partie dans ce Procès Criminel, depuis qu'il auroit été civilisé. Suivant la Déclaration de Février 1723, les Accusés du Crime de Duel ne peuvent être renvoyés absous qu'après un plus Amplement Informé d'une année, pendant laquelle ils sont tenus de garder prison.

Au reste, il y a ces deux différences remarquables entre l'un & l'autre de ces Jugemens, 1°. Que le plus Amplement *Informé à tems*, s'ordonne dans des Crimes moins atroces, & dont les indices sont plus légers, que dans le plus Amplement *Informé indéfini*, qui ne doit avoir lieu proprement, que dans des Crimes qui intéressent essentiellement l'Ordre Public, & dont il y a des indices considérables: aussi est-il mis dans le nombre des Peines infamantes, parce qu'il imprime sur la Personne de l'Accusé, une note d'infamie qui subsiste toujours, ou du moins qui ne peut s'effacer que par le laps du tems néceffaire pour la prefcription des Crimes.

2°. L'autre différence confifte, en ce que dans le Cas du plus Amplement Informé à tems, il faut après le délai expiré, revoir le Procès pour condamner l'Accufé à une peine, s'il eft furvenu des Preuves; ou pour le renvoyer, s'il n'en eft furvenu aucune, & lui donner la liberté, s'il eft Prifonnier; au lieu que cette Révifion du Procès n'eft point néceffaire dans le plus Amplement Informé *indéfini*, à moins qu'il ne furvienne des Preuves pour la Condamnation ou pour l'Abfolution, ou que le Jugement qui l'ordonne, n'ait été rendu par Contumace, & avant la Repréfentation de l'Accufé.

ARTICLE V.

» ENCORE que les Parties ayent été reçûes en » Procès ordinaire, la Voie extraordinaire fera reprife, » fi la Matiere y eft difpofée.

SOMMAIRE.

I. *Pourquoi la Voie extraordinaire peut-elle être reprife nonobftant la Civilifation?*

II. *Que veut dire l'Ordonnance par ces mots* quand la Matiere y eft difpofée?

III. *Cette reprife peut-elle être ordonnée par le Juge feul de l'Inftruct.*

IV. *Comment les Juges du Siége doivent-ils procéder à ce fujet?*

V. Quid, *fi après cette Reprife il ne furvenoit pas de Preuve fuffifante pour affeoir une Condamnation à quelque Peine?*

I. SUIVANT cet Article, la Procédure extraordinaire peut être reprife, nonobftant la Réception en Procès ordinaire; parce qu'il eft de l'intérêt public que les Crimes ne demeurent point impunis. C'eft auffi par cette raifon, qu'il n'eft pas néceffaire pour autorifer les Juges à reprendre cette Voie, que le Jugement de Réception en Procès ordinaire porte la Claufe, *fauf à reprendre l'extraordinaire s'il y échoit*, ainfi que l'exigeoient les anciennes Ordonnances; c'eft-à-dire, qu'ils y font autorifés par la feule Difpofition de cet Article, toutes les fois que la *Matiere y eft difpofée*.

II.

II. Mais, Quand peut-on dire que la *Matiere y est disposée?* C'est sur quoi l'Ordonnance ne s'étant point expliquée, il paroît qu'elle a voulu s'en rapporter à la prudence des Juges; en sorte qu'on peut dire en général que la Reprise de la Voie extraordinaire, doit avoir lieu, toutes les fois que depuis la Réception en Procès ordinaire, il se découvre de nouvelles Preuves, soit par l'*Enquête* que fait faire l'Accusé, soit par de *nouvelles Piéces* recouvrées, soit enfin par une *Information* qui seroit faite dans un autre Procès Criminel; & que ces Preuves sont telles, que si les Juges en avoient eu connoissance, ils auroient ordonné le Réglement à l'extraordinaire.

III. Mais, le Juge qui instruit le Procès Civil, ne peut de sa seule autorité, ordonner la Reprise de la Voie extraordinaire; il faut qu'il porte à la Chambre du Conseil, les Requêtes, Piéces & Informations, qui peuvent donner lieu à cette Reprise, ensemble le Réquisitoire de la Partie Publique; afin que sur le tout les Juges de la Chambre délibérent, s'il est à propos d'ordonner cette Reprise. Il en doit être de même à cet égard, que pour les Jugemens qui réglent le Procès à l'extraordinaire, ou qui reçoivent les Parties en Procès ordinaire, auxquels le Juge de l'Instruction ne peut procéder, sans délibération préalable du Siége entier.

IV. Si après avoir délibéré sur l'Affaire, les Juges trouvent qu'il y a lieu de reprendre la Voie extraordinaire; ils doivent par le même Jugement, ordonner le Récollement, & au besoin la Confrontation des Témoins qui ont été oüis aux premieres Informations, & pareillement ceux qui auroient été entendus depuis la Réception en Procès ordinaire, soit dans l'Enquête faite par l'Accusé, soit dans une Information qui auroit été faite dans un autre Procès Criminel: le tout de la même maniere qu'ils l'auroient fait, si au lieu de civiliser le Procès, ils l'avoient réglé à l'extraordinaire; puisque ce Procès retourne alors à sa premiere origine.

V. Mais, si par l'événement de l'Instruction qui seroit faite ensuite de la Reprise de la Voie extraordinaire, il arrivoit qu'on ne parvienne pas à acquérir des Preuves suffisantes pour asseoir une Condamnation à des Peines afflictives ou infamantes, devroit-on en ce Cas recevoir de rechef les Parties en Procès ordinaire ? C'est sur quoi l'Ordonnance ne s'explique point encore ; ni dans cet Article, ni dans aucune autre de ce Titre ; d'où il faut conclure, que les Juges doivent alors procéder au Jugement définitif, par Absolution ou Condamnation, de la maniere portée par l'Article précédent.

Au reste, il faut convenir qu'il est extrêmement rare de voir reprendre la Voie extraordinaire, après l'avoir abandonné ; parce que pour peu qu'il y ait de Preuves dans une Accusation, dont le Titre seul paroît donner lieu à une Peine afflictive ou infamante, les Juges se portent volontiers au Réglement à l'extraordinaire ; par la raison que les Témoins peuvent augmenter au Récollement, & que l'on peut en entendre d'autres, par Addition d'Information.

TITRE XXI.

De la Maniere de faire le Procès aux Communautés des Villes, Bourgs, Villages, Corps & Compagnies.

CE Titre contient cinq Articles.

Dans le *premier*, il est parlé des Cas pour lesquels le Procès peut être fait aux Communautés, Corps & Compagnies.

Dans le *second*, de la Nomination d'un Syndic, Curateur ou Député.

Dans le *troisiéme*, de l'Assistance & de la Mention de ce Syndic, Curateur ou Député, dans tous les Actes de la Procédure, à la réserve seulement du Dispositif du Jugement.

Dans le *quatriéme*, de la Qualité des Condamnations qui peuvent être prononcées contre ces Communautés, Corps & Compagnies.

Enfin dans le *cinquiéme*, de la Poursuite, & Punition particuliere des principaux Auteurs.

ARTICLE PREMIER.

» LE Procès sera fait aux Communautés des Villes, » Bourgs & Villages, Corps & Compagnies qui auront » commis quelque Rébellion, Violence ou autre Crime.

SOMMAIRE.

I. *Que doit-on entendre sous les Noms* de Communautés, Corps & Compagnies? & *ce qu'il faut pour les former?*

II. *Que doit-on entendre sous le Nom* de Rébellion?

III. *Que doit-on entendre par ces mots génériques*, & autres Crimes?

IV. *Ce qu'il faut pour que le Procès puisse être fait à une Communauté?*

I. SOUS le nom de COMMUNAUTÉS en général, l'on ne doit pas seulement entendre Celles des Villes, Bourgs & Villages, dont il est parlé dans cet Article; mais encore celles des Religieux & Religieuses, Chapitres, & des Prêtres qui sont habitués en une Paroisse.

Sous le nom de CORPS, sont compris les Cours Supérieures, les Universités, & les Régimens des Troupes.

Sous celui de COMPAGNIES, l'on entend les *Tribunaux* Inférieurs, l'*Ordre* des Avocats au Parlement, *Collége* des Avocats au Conseil, *Communauté* des Procureurs & Huissiers; & *Maîtrises* des Marchands.

Il faut, comme l'on sçait, pour pouvoir former une Communauté, Corps ou Compagnie, dans le Royaume, y être autorisé; sçavoir, pour ce qui regarde les *Ecclésiastiques*, par des Bulles & Rescrits des Souverains Pontifes, revêtues de Lettres-Patentes du Roi, duement enregistrées; & pour ce qui concerne les *Laïcs*, la Permission du Roi portée par des Lettres-Patentes, aussi duement enregistrées.

II. PAR ce premier Article, l'Ordonnance veut que le Procès puisse être fait à des Communautés, Corps & Compagnies, comme à de simples Particuliers, lorsqu'elles viennent à commettre quelque Rébellion, Violence ou autre Crime.

Sous le nom de *Rébellion*, l'on doit comprendre non-seulement celle qui se commet contre l'Etat ; mais encore les Soulévemens & Emotions populaires, & assemblées illicites & Clandestines, qui se font entre les Membres qui composent ces Communautés, Corps & Compagnies, contre les Ordres du Roi, & pour empêcher la Levée & Perception des Deniers & autres Droits Royaux; ou pour s'opposer à quelqu'autre chose qui regarde le bien & la nécessité de l'Etat. On doit y comprendre aussi, les Rébellions aux Ordres du Roi ou de la Justice, lorsqu'elles sont accompagnées de mauvais traitemens, Excès & Voies de Fait, commises sur les Personnes & Effets de ceux qui exécutent ces Ordres.

III. SOUS ces mots génériques, *& autres Crimes*, dont l'Ordonnance se sert à la fin de cet Article, l'on doit entendre les Meurtres, Excès & Violences commises par une Communauté, Corps & Compagnie, sous prétexte de se maintenir dans ses Droits, ou par d'autres motifs que ceux de la Rébellion & Violence dont on a parlé ci-devant.

IV. AU RESTE, pour que le Procès puisse être fait à ces Communautés, dans tous ces Cas, il faut, suivant les Auteurs, que le Délit ait été commis pendant que ces Communautés étoient assemblées au son du Tocsin, Trompette, Tambour, ou de quelqu'autre maniere ; & de plus, qu'il y ait eu une Délibération précédente ; *necesse est*, dit JULES CLARE, Quest. 26, N°. 8, *quod processerit ad id consilii publici Convocatio & ejus Deliberatio. V.* BRILLON, *verbo*, Procès Criminel, Communauté.

ARTICLE II.

» ELLES seront tenues, pour cet effet, de nommer » un Syndic ou Député, suivant qu'il sera ordonné » par le Juge; & à leur Refus, il nommera d'Office » un Curateur.

SOMMAIRE.

I. *Procès ne doit point être instruit contre tous les Habitans d'une Communauté, & pourquoi?*

II. *Que doit faire le Juge avant que de décerner le Décret?*

III. *Comment l'Ordonnance du Juge*

doit-elle être signifiée?

IV. *Comment la Communauté doit-elle procéder à la Nomination d'un Syndic ou Député?*

V. Quid, *si elle refuse de nommer ce Syndic?*

VI. Quid, *si le Juge vient à reconnoître par les Charges qu'il y a de principaux auteurs du Crime?*

I. SUIVANT cet Article, lorsqu'une Communauté, Corps ou Compagnie, est accusée d'avoir commis un Crime de l'espéce de ceux marqués dans l'Article précédent, le Procès ne doit point être instruit contre tous les Habitans & Membres de ces Communauté, Corps & Compagnie. La Procédure qui seroit faite ainsi, seroit absolument nulle, ainsi qu'il a été jugé par un Arrêt du Grand-Conseil, du 14 Mars 1673, rapporté au Journal du Palais; par la raison, qu'outre qu'il seroit trop long & trop dispendieux d'entendre & confronter tous les Habitans & à plus forte raison tous les Bourgeois d'une Ville, il arriveroit nécessairement que si tous comparoissoient séparément, chaque Particulier pourroit avoir ses Exceptions & Défenses: ce qui ne feroit qu'embarrasser la Procédure.

II. AINSI, sur le vû de la Plainte & de l'Information, le Juge qui reconnoît que le Crime a été effectivement commis par la Communauté, ensuite d'une Délibération précédente, doit, avant que de décerner le Décret, rendre un Jugement, par lequel il ordonnera à cette Communauté, Corps & Compagnie, de nommer un Syndic ou Député, pour instruire le Procès avec lui, en déclarant qu'en Cas de Refus de le nommer dans un certain Délai qu'il leur prescrira par le même Jugement, il en nommera un d'Office.

III. CE Jugement doit être signifié aux principaux Habitans, tels que les Maires des Villes, les Echevins des Bourgs & Villages, & les Chefs des Corps & Compagnies. Cette Signification, pour être plus authentique, doit être faite un jour de Fête, à l'issue de la Grande Messe.

IV. SI la Communauté, Corps ou Compagnie se met en devoir de satisfaire au Jugement, le Syndic ou Député sera nommé par une Délibération en bonne forme, tenue pardevant Notaire. Il doit être Membre de la Communauté, Corps & Compagnie, comme devant être mieux instruit en cette Qualité, de ce qui s'est passé. C'est aussi ce que l'Ordonnance paroît supposer néceſſairement, en ne fixant aucun Délai à ce Syndic ou Député, pour s'inſtruire avec les Communautés, Corps & Compagnies, comme elle fait par rapport aux Curateurs donnés aux Sourds & Muets.

Il faut de plus, que le Syndic ou Député ſache lire & écrire, s'il s'agit d'un Procès fait à une Communauté de Village, conformément à la Diſpoſition portée par rapport aux Curateurs des Sourds & Muets.

Mais ſi au contraire, ces Communautés, Corps & Compagnies ne nomment point de Syndic ou Député dans le Délai qui leur ſera marqué : alors la Partie Civile préſentera ſa Requête, ou à ſon défaut la Partie Publique donnera ſon Réquiſitoire, pour qu'il ſoit nommé d'Office un Curateur, ſuivant l'Ordonnance. Sur cette Requête interviendra Jugement, qui nommera d'Office un Curateur dans la Perſonne d'un des Habitans ou Membres des Corps & Compagnies, de la maniere portée ci-devant. En vertu de ce Jugement, ce Curateur ſera aſſigné à la diligence de la Partie Civile, pour prêter le Serment de bien & fidélement faire ſa Charge. Si le Curateur ſe trouve préſent au Jugement, comme il eſt d'uſage, il prêtera le Serment en tel Cas requis, dont il ſera fait Mention dans le Jugement, & donné Acte, tant à la Partie Civile, qu'à ce Curateur qui fera Election de Domicile, en la Maiſon d'un tel, &c.

TELLE eſt la Procédure qui doit être faite en exécution du préſent Article, relativement aux Communautés, Corps & Compagnies.

V. MAIS ſi en même-tems que par le vû des Charges ou de quelque Piéce de Conviction, le Juge vient à remarquer, que parmi les Membres qui compoſent ces Compagnies, Corps & Communautés, il y en a qui ſont les principaux Auteurs du Crime, il doit alors, ſur les Concluſions de la Partie Publique, décerner un Décret réel contre ces derniers, par un Acte ſéparé de celui d'Ajournement Perſonnel, qu'il décernera contre les Maires & Echevins, & Chefs des Corps & Compagnies, de peur que ces principaux Auteurs, étant avertis par ces derniers, ne prennent la fuite. Ce n'eſt donc, qu'après qu'ils auront été arrêtés & interrogés, que l'Inſtruction ſe fera contr'eux conjointement avec celle qui ſera faite contre la Communauté, Corps & Compagnie; parce qu'il s'agit du même Crime, & que les faits des

Dépositions des Témoins se trouvent nécessairement mêlés à l'égard des uns & des autres ; tellement que si on divisoit cette Instruction, il faudroit entendre, récoller & confronter de nouveau ces mêmes Témoins : ce qui jetteroit les Parties dans des frais inutiles.

ARTICLE III.

» LE Syndic, Député, ou Curateur subira les Interrogatoires, & la Confrontation des Témoins, & sera » employé dans toutes les Procédures en la même Qualité, & non dans le Dispositif du Jugement, qui sera » rendu seulement contre les Communautés, Corps & » Compagnies.

SOMMAIRE.

I. *Procédure qui se fait en exécution de cet Article à l'égard des Syndics & Communautés.*
II. *Procédure à l'égard du principal Auteur du Crime.*
III. *Conversion en Procès ordinaire n'a jamais lieu en ces sortes de Procès, & pourquoi?*

CET Article prescrit la Procédure qui doit être faite vis-à-vis du Syndic, Député ou Curateur qui aura été nommé par les Communautés, Corps & Compagnies, ou bien d'*Office* par le Juge. Cette Procédure est la même que celle qui se fait contre tout autre Accusé, c'est-à-dire que le Syndic, Député ou Curateur doit subir les Interrogatoires & Confrontations, & qu'il doit être employé dans toutes les Procédures, à la réserve du Jugement définitif qui interviendra, lequel ne doit point être rendu contre lui personnellement, mais seulement contre les Communautés, Corps & Compagnies.

I. AINSI, pour procéder, en conformité du présent Article, il faut que le Syndic ou Député de la Communauté, Corps & Compagnie, ou le Curateur qui aura été nommé d'Office par le Juge sur leur Refus, soit interrogé sur tous les faits qui concernent le Crime dont les Communautés, Corps & Compagnies sont accusés ; qu'il prête le Serment, tant pour l'Interrogatoire, que pour la Confrontation lors de laquelle il fournira tous les Reproches qu'il jugera convenables contre les Témoins, & s'expliquera sur la Connoissance qu'il peut avoir de la Personne de ces Témoins, comme ces Témoins le feront pareillement sur celle qu'ils peuvent avoir de la Personne des Habitans, Membres ou Suppots d'une telle Communauté, Corps ou Compagnie, sans parler aucunement de la Personne du Syndic, Député ou Curateur, à moins qu'il n'y ait des faits personnels contre ceux-ci. Néanmoins s'il y avoit, dans le cours de l'Instruction, des Piéces produites, servant à Conviction, comme par exemple, une Délibération de la Communauté, Corps ou Compagnie, elles seront alors représentées à ce Syndic, Député ou Curateur pour les avouer ou les inficier; & s'il ne reconnoissoit pas ces Ecritures, on lui accorderoit un Délai pour apprendre de la Communauté, Corps ou Compagnie, si elle veut avouer ou inficier la Piéce produite. Ce Syndic, Député ou Curateur comparoîtra en la Chambre du Conseil, pour y subir le dernier Interrogatoire avant le Jugement définitif, de la maniere portée en l'Art. 23 du Tit. 14, c'est-à-dire, qu'il sera alors tête nuë & debout, & non point sur la Sellette : il y a même une raison particuliére pour l'en dispenser en ce dernier Cas; sçavoir, que les Condamnations contre une Communauté, Corps & Compagnie, ne peuvent jamais être de Peine afflictive, comme nous le verrons sur l'Article suivant.

II. A l'égard des principaux Auteurs du Crime, ils seront interrogés en particulier; & les Témoins faisant charge contr'eux, leur seront confrontés; les Piéces de Conviction, s'il y en a, leur seront pareillement représentées pour les reconnoître ou les dénier; & le surplus de la Procédure sera continué, conjointement avec celle concernant les Communautés, Corps & Compagnie, par les raisons que nous avons remarquées sur l'Art. 2 ci-devant.

III. Au reste, il y a cela de remarquable dans le présent Article, qu'étant parlé de la Confrontation dans tous les Procès Criminels qui se font contre les Communautés, il s'ensuit, que la Conversion en Procès Ordinaire ne peut jamais y avoir lieu; par la raison sans doute, que les Crimes pour lesquels les Procès se font aux Communautés, doivent être de Nature à

mériter

mériter Peine afflictive ou infamante, du moins, quant aux principaux Auteurs.

ARTICLE IV.

» LES Condamnations ne pourront être que de Ré- » paration Civile, Dommages & Intérêts envers la » Partie, d'Amende envers Nous, Privation de leurs » Priviléges, & de quelqu'autre Punition qui marque » publiquement la Peine qu'elles auront encourue par » leur Crime.

SOMMAIRE.

I. *Peines auxquelles une Communauté, Corps ou Compagnie ne peuvent être condamnées.*
II. *De quelle autre punition l'Ordonnance veut-elle parler dans cet Article ?*
III. *Toutes ces Peines peuvent être prononcées conjointement.*

L'ORDONNANCE marque ici la Qualité des Peines que le Juge pourra prononcer contre les Communautés, Corps ou Compagnie, qui seront reconnues Coupables de quelqu'un des Crimes mentionnés dans l'Art. 1er. Ces Peines doivent être, ou des Réparations civiles & Dommages & Intérêts envers les Parties, ou des Amendes envers le Roi, ou bien la Privation de leurs Priviléges, ou enfin, quelqu'autre Punition qui marque publiquement la Peine qu'elles auront encourue par leur Crime.

I. L'ON ne peut par conséquent, les condamner en des Peines corporelles ni afflictives. La raison en est sensible ; c'est que parmi les Habitans, Membres ou Suppôts de ces Communautés, Corps ou Compagnies, il ne peut manquer de s'y trouver plusieurs Innocens qu'il ne seroit pas juste de confondre avec les Coupables, ou du moins qui ne seroient tombés en faute, que par la crainte des plus Mutins. Il n'y auroit donc, que le Cas où la Communauté, Corps ou Compagnie seroient en petit nombre ; & qu'il y auroit Preuve, par des Délibérations ou autrement, que tous ont pû également participer au Crime, que l'on pourroit prononcer ces sortes de Peines.

II. Il ne reste donc qu'à sçavoir, Quelles peuvent être les autres Punitions dont l'Ordonnance veut parler sur la fin de cet Article.

Suivant les différens Exemples que nous en fournit la Jurisprudence des Arrêts, ces Peines pourroient être, ou l'*Amende Honorable* par les principaux Membres ou Habitans du Lieu, laquelle néanmoins n'emporteroit point de note d'infamie contre ceux-ci, comme agissans au nom de la Communauté, Corps ou Compagnie; ou bien la *Confiscation* du Patrimoine de ces Communautés au profit du Roi; ou un *Changement de la forme* & Police de leur Gouvernement; ou une *Inscription* gravée sur une Colonne ou autre chose qui soit posée en un *Lieu éminent*; ou le *Rasement des Murs & Forteresses*, *l'Abbattement des Portes*, *Fossés comblés*; ou *Fondation de Messes à perpétuité*, pour le repos de celui qui aura été tué dans la Rébellion, & la *Construction d'une Chapelle* particuliére à cet effet; ou une *Aumône* payable à perpétuité à un Hôpital; ou la *Suppression* entiére du Corps & de la Compagnie, ou sa *Translation* dans une autre Ville, le tout néanmoins sous le bon plaisir de S. M.; ou enfin, une *Marque extérieure sur les Habits de Cérémonie* & ailleurs, qui annonce publiquement la Peine que les Corps & Compagnies auront encourue par leurs Crimes.

III. TOUTES ces différentes Peines peuvent être prononcées séparément ou conjointement, suivant la Qualité ou l'atrocité du Crime. Il y en a plusieurs exemples remarquables dans notre Histoire, qui sont trop connus, pour qu'il soit nécessaire de les rappeller ici. On peut voir là-dessus le Dictionnaire des Arrêts, *verbo* RÉBELLES AUX ROIS.

ARTICLE V.

» OUTRE les Poursuites qui se feront contre les
» Communautés, voulons que le Procès soit fait aux
» principaux Auteurs du Crime, & à leurs Complices:
» mais s'ils sont condamnés en quelque Peine pécu-
» niaire, ils ne pourront être tenus de celles, auf-

» quelles les Communautés auront été condamnées.

SOMMAIRE.

I. Pourquoi les principaux Auteurs qui sont condamnés à des Peines pécuniaires, ne sont tenus de celles prononcées contre leur Communauté?

II. Ne doivent être jugés séparément des Communautés, & pourquoi?

III. Comment s'exécutent les Jugemens contre les Communautés?

IV. Quelles sont les Peines particulieres qui peuvent être prononcées contre ces principaux Auteurs?

I. CET Article concerne singuliérement les *principaux Auteurs* du Crime pour lequel le Procès est fait aux Communautés, Corps ou Compagnies: l'Ordonnance veut qu'il soit fait des Poursuites, & qu'il y ait des Peines particuliéres prononcées contr'eux & leurs Complices, autres que celles qui seront prononcées contre les Communautés, Corps ou Compagnie; avec cette Restriction néanmoins, que s'ils sont condamnés à quelques Peines pécuniaires, ils ne pourront être tenus de celles de la même espéce qui auroient été prononcées contre les Communauté, Corps ou Compagnie; parce qu'étant obligés de payer leur part de celles-ci, en Qualité de Membres de la Communauté, il ne seroit pas juste de leur faire subir deux fois la même Peine pour le même Crime; *Nemo ob idem admissum bis puniri debet.* L. *Senatus* 14, *Cod. de Accusat.*

II. CES Condamnations doivent au surplus, être portées par le même Jugement, qui contiendra celles qui seront prononcées contre les Communautés, Corps ou Compagnies; parce que, comme nous l'avons observé sur l'Article précédent, l'on ne doit point diviser l'Instruction en pareil Cas, s'agissant du même Crime. L'Ordonnance paroît le supposer ainsi, en ce que non-seulement elle ne dit point, par cet Article, que le Procès leur sera fait séparément; mais qu'elle a soin de distinguer les Condamnations pécuniaires qui sont prononcées contr'eux, de celles qui sont prononcées par le même Jugement, contre les Communautés dont ils sont Membres.

III. POUR ce qui concerne l'Exécution des Jugemens portans ces sortes de Condamnations contre les Communautés, ainsi que Celle des Frais particuliers qui auront été faits par le

Syndic, Député ou Curateur; cette Exécution se fait sur les Biens de la Communauté, & à défaut de Biens, par forme de Taxe contre chacun des Particuliers qui composent la Communauté, mais sans solidité.

IV. QUANT aux Peines particulieres qui peuvent être prononcées contre les principaux Auteurs du Crime & leurs Complices; ces Peines sont ordinairement celle de *Mort* à l'égard des premiers, & des Peines *Corporelles* ou *Afflictives* à l'égard des derniers, quoiqu'elles puissent être aussi *Capitales*, suivant la Qualité de ces Complices qui seroient de la vile Populace, & suivant les Motifs particuliers qui les auroient fait agir; car il faut distinguer à ce sujet, si c'est par passion & animosité, ou bien dans l'espérance d'une Récompense qui leur a été promise, *qui locarunt operas suas*, Ceux-ci sont plus punissables que les autres qui se seroient trouvés engagés dans la Rébellion par la nécessité de leurs Offices, *tanquam Ministri Civitatis*, & en vertu des Ordres qui leur en auroient été donnés. Il faut voir à ce sujet, FARINACIUS, Théor. & Prat. Crim. *de Pœnis temperandis*. Quest. 96.

TITRE XXII.

De la Maniere de faire le Procès au Cadavre ou à la Mémoire du Défunt.

CE TITRE contient cinq Articles.

Dans le *premier*, il est parlé des Cas pour lesquels le Procès est fait au Cadavre, ou à la Mémoire du Défunt.

Dans le *second*, de la Nomination du Curateur, & de la préférence qui doit être donnée au Parent à cet égard.

Dans le *troisiéme*, de la Capacité que doit avoir le Curateur, & de la Maniere d'instruire le Procès avec lui.

Dans le *quatriéme*, de l'Appel que ce Curateur pourra interjetter, & auquel il pourra même être contraint par l'un des Parens qui offrira d'avancer les frais.

Enfin, dans le *cinquiéme*, du Pouvoir qu'ont les Cours de nommer sur l'Appel, un autre Curateur que celui nommé par le premier Juge.

ARTICLE PREMIER.

» LE Procès ne pourra être fait au Cadavre, ou à la » Mémoire d'un Défunt, si ce n'est pour Crime de Lèze- » Majesté Divine ou Humaine, dans les Cas où il » échecoit de faire le Procès aux Défunts; Duel, Ho- » micide de soi-même, ou Rébellion à Justice avec » force ouverte, dans le rencontre de laquelle il aura » été tué.

SOMMAIRE.

I. *Disposition de cet Article contraire à celle du Droit Romain.*

II. *Pourquoi l'Ordonnance a-t-elle déterminé les Cas où le Procès peut être fait au Cadavre ou à la Mémoire?*

III. *Quels sont les Crimes de Lèze-Majesté Divine & Humaine; pour lesquels on fait ce Procès?*

IV. *Exception en fait de Duel.*

V. *Exception en Cas d'Homicide de soi-même.*

VI. *Ce qu'il faut pour que le Procès puisse être fait en Cas de Rébellion?*

CET Article contient deux Dispositions remarquables.

I. PAR la *premiere*, l'Ordonnance établit pour Maxime générale, que l'on peut faire un Procès Criminel au Cadavre ou à la Mémoire du Défunt, contre la Disposition du Droit Romain, suivant lequel tous les Crimes sont éteints par la Mort, non-seulement quant à la Peine, mais encore quant à la Réparation civile du préjudice que ce Crime avoit pû causer. *V.* L. *Defuncto*; *ff. de Public. Judic.*

II. CEPENDANT, comme parmi les Crimes qui sont punissables de Mort, il y en a de certains qui, par leurs conséquences, n'intéressent pas absolument l'Ordre public; tandis qu'il y en a d'autres dont il importe extrêmement pour la sûreté publique, d'arrêter le cours par des Punitions exemplaires; en même-tems que l'Ordonnance autorise ces sortes de Procédures, elle a cru devoir déterminer les Cas particuliers, dans lesquels le Procès pourroit être fait au Cadavre ou à la Mémoire du Défunt.

Ces Cas sont de cinq espéces ; 1°. les Crimes de Lèze-Majesté Divine ; 2°. les Crimes de Lèze-Majesté Humaine ; 3°. le Duel ; 4°. l'Homicide de soi-même ; 5°. la Rébellion à Justice à force ouverte, lors de laquelle le Coupable a été tué.

Nous avons eu lieu de remarquer, dans notre Traité des Crimes, les Caractéres particuliers de ceux-ci, & les Peines qui y sont attachées : nous ajouterons seulement ici quelques Observations relatives à la Disposition du présent Article.

III. 1°. QUANT aux Crimes de LÉZE-MAJESTÉ DIVINE ET HUMAINE, l'Ordonnance ne veut pas qu'ils soient tous compris indistinctement dans la Disposition de cet Article, mais seulement ceux pour lesquels il *écheoit de faire le Procès au Cadavre, ou à la Mémoire du Défunt*, c'est-à-dire, qu'il faut s'en rapporter sur ce Point à la Jurisprudence des Arrêts. Or, suivant cette Jurisprudence, les Cas où l'on fait ordinairement le Procès au Défunt, sont ceux-ci; sçavoir, parmi les Crimes de LÉZE-MAJESTÉ DIVINE, l'*Hérésie*, le *Sacrilége*, le *Sortilége* & le *Blasphême*.

Parmi ceux de LÉZE-MAJESTÉ HUMAINE, les *Attentats* faits sur la Personne du Prince & sur *Celle* de ses Enfans, les *Conspirations* contre l'*Etat*, la *Sédition & Emotion* populaire contre l'*Autorité Royale*, & généralement tous ceux qu'on appelle Crimes de Lèze-Majesté au premier Chef. Suivant l'Art. 400 de l'Ordonnance de 1629 non enregistrée en la Cour, le *Péculat* est aussi du nombre des Cas, pour lesquels on doit faire le Procès au Cadavre, ou à la Mémoire du Défunt.

IV. 2°. QUANT au DUEL, il faut observer que les Edits & Déclarations qui ont été rendus sur ce Crime, n'ont fait aucune distinction à cet égard, entre les Combats prémédités, & de simples Rencontres qui se font ensuite d'une Querelle précédente, & qui n'auront pas été suivies d'une Réconciliation intermédiaire ; c'est-à-dire, qu'on peut également dans tous ces Cas, faire le Procès au Cadavre, ou à la Mémoire du Défunt.

V. 3°. PAR rapport à l'HOMICIDE DE SOI-MESME, ou autrement le SUICIDE, il faut, pour qu'il puisse donner lieu au Procès dont il s'agit, qu'il soit l'effet d'une volonté déterminée, & fait par un Homme qui n'étoit alors attaqué d'aucune Maladie violente, capable d'altérer son Esprit ; ou qu'on puisse dire que la Mort ne lui a point été causée par quelqu'Accident imprévû. Ce qui doit être constaté préalablement par une Visite & Rapport de Médecins & Chirurgiens, & par une Information *de Vie & Mœurs* qui sera faite par le Juge, & communiquée à la Partie Publique; ou bien par d'autres Preuves que les Parens seront tenus d'administrer, afin d'éviter le deshonneur qui pourroit en réjaillir sur leur Famille, & la Confiscation des Biens qui pourroit s'ensuivre. Cette Preuve étant rapportée, on met hors de Cour sur l'Accusation; & on ordonne que le Cadavre sera inhumé, si fait n'a été.

Suivant la Déclaration du 5 Septembre 1712, qui a été faite principalement pour cette Ville de Paris & Lieux Circonvoisins, aussi-tôt que le Juge est informé qu'il y a dans quelqu'endroit un Cadavre, il doit s'y transporter sur le champ pour dresser Procès-verbal de l'Etat où il aura trouvé le Corps; ensuite lui appliquer sur le front, soit son propre Cachet, soit le Scel de la Jurisdiction; le faire visiter par des Chirurgiens en sa présence; entendre dans le moment, tous ceux qui seroient en état de déposer de la cause de la Mort, du Lieu, & des Vie & Mœurs du Défunt, & en un mot, de tout ce qui pourroit contribuer à la Connoissance du Fait; après quoi, le faire transporter à la Morgue ou à la Geole, le faire de nouveau visiter par les Médecins & les Chirurgiens de la Jurisdiction, informer à la Requête du Procureur du Roi ou Fiscal, ensuite nommer d'Office un Curateur, soit au Cadavre, s'il est *extant*, soit à sa Mémoire. *V.* au surplus l'Article suivant où est marquée la Procédure usitée en pareil Cas.

VI. 4°. ENFIN, pour ce qui concerne la RÉBELLION A JUSTICE, lors de laquelle le Coupable a été tué, il faut, pour qu'il y ait lieu de faire le Procès à ce dernier, qu'il ait été trouvé saisi d'Armes *offensives*, qui fassent juger que les Huissiers & Archers n'ont pû eux-mêmes éviter la Mort qu'en le tuant; ou du moins qu'ils l'ont tué dans la chaleur du Combat, & au moment qu'il alloit s'échapper de leurs mains; qu'en un mot, l'on puisse dire qu'il n'y a eu ni Malice, ni Brutalité de leur part, & qu'ils n'ont cherché qu'à se garantir de la Punition qu'ils auroient mérité, s'ils n'avoient pas empêché, lorsqu'ils le pouvoient, l'Evasion de ce Coupable.

ARTICLE II.

» LE Juge nommera d'Office un Curateur au Cadavre
» du Défunt, s'il eſt encore extant, ſinon à ſa Mé-
» moire; & ſera préféré le Parent du Défunt, s'il s'en
» offre quelqu'un, pour en faire la Fonction.

SOMMAIRE.

I. *Comment doit procéder le Juge, lorſque le Cadavre eſt extant?*

II. *Pourquoi doit-il préférer le Parent dans le Choix d'un Curateur?*

III. *Parens peuvent être admis à défendre nonobſtant la Nomination d'un Curateur.*

IV. *Comment doit procéder le Juge, lorſque le Cadavre n'eſt point repréſenté?*

L'ORDONNANCE veut par cet Article, que le Juge nomme d'Office un Curateur au Cadavre, ou à la Mémoire du Défunt; & que dans le choix de ce Curateur, il donne la préférence aux Parens qui ſe préſentent pour en faire les fonctions.

I. AINSI, lorſque par le Réquiſitoire de la Partie Publique, le Juge eſt informé d'un Crime de la Qualité de ceux dont il eſt parlé dans l'Article précédent; & qu'on l'attribue à une certaine Perſonne qui eſt décédée, il doit procéder de la maniere ſuivante.

Ou le Cadavre eſt encore *extant*, ou il ne l'eſt pas. S'il eſt *extant*, le Juge doit ſe tranſporter ſur le Lieu, pour conſtater le Corps du Délit, par un Procès-verbal de l'Etat où le Cadavre a été trouvé, de la ſituation du Lieu, des Armes, ou autres choſes dont le Défunt s'eſt ſervi pour ſe donner la mort, ou de la maniere dont elle lui a été procurée.... S'il eſt inhumé, il doit le faire exhumer.... Il doit lui faire mettre un Cachet ſur le front, afin qu'on ne puiſſe le changer.... Il doit enſuite le faire tranſporter au devant de la Geole (à Paris c'eſt à la Morgue) pour le faire reconnoître, en ordonnant qu'il ſera gardé.... Il devroit même, ſi l'on ſoupçonne que c'eſt par violence ou par accident d'une maladie ſubite qu'il a été tué, s'en aſſurer d'abord en le faiſant viſiter par des Médecins & Chirurgiens, à qui il doit faire prêter Serment, avant que de vaquer

quer à la visite, & de faire leur rapport, lequel sera joint au Procès, comme étant une Piéce essentielle. Ceux-ci, pour se mettre mieux en état de faire leur Rapport, feront l'ouverture du Corps, s'ils la jugent néceſſaire; & s'ils ne peuvent suffisamment connoître par les marques extérieures, le véritable genre de mort. Le Juge doit encore ordonner, que les Armes & les Papiers dont l'Accusé se trouve saisi, seront remis au Greffe, pour les représenter lors de l'Interrogatoire.

Cela fait, le Juge, sur la Requête du Procureur du Roi, fait faire une Information, & si, tant par cette Information, que par le Rapport des Médecins & Chirurgiens, il paroît que le Défunt se soit étranglé, empoisonné ou procuré la mort de quelqu'autre maniere, le Procureur du Roi requérera que le Procès soit fait & parfait à sa Requête, au Cadavre de ce Défunt, comme s'étant homicidé, jusqu'à Sentence définitive inclusivement sauf l'Appel; & qu'à cet effet il lui soit créé un Curateur. Sur ces Conclusions, le Juge rendra une Ordonnance ou Jugement, par lequel il nommera d'office un Curateur au Cadavre, dans la Personne d'un tel.... Si la Personne se trouve présente, il en sera fait mention dans le Jugement, ainsi que du Serment qu'il prêtera, conformément à l'Article suivant.

II. MAIS dans le choix de ce Curateur, le Juge doit, conformément à cet Article, préférer le Parent qui se présentera, & cela tant à cause de la connoissance particuliére que celui-ci peut avoir des vie & mœurs du Défunt, qu'à cause du double intérêt qu'il a de ne rien négliger pour sa défense, s'agissant de sauver tout à la fois, & son honneur de la flétrissure, & ses biens de la confiscation dont ils sont menacés.

III. LES Parens qui veulent s'offrir pour faire les fonctions de Curateur, doivent à cet effet présenter Requête, à laquelle seront jointes les Piéces justificatives. Sur cette Requête, le Juge mettra son Ordonnance, ou rendra un Jugement particulier portant cette nomination. Ces Parens peuvent même, nonobstant la nomination d'un Curateur étranger, requérir d'être reçus à défendre le Cadavre, conformément à la Disposition de l'Article 4 ci-après. *V.* la suite de la Procédure sur l'Article suivant.

IV. TOUTES ces Formalités, à l'exception de celles qui

concernent la Visite du Cadavre, doivent également avoir lieu lorsque le Procès se fait à la Mémoire du Défunt. Ce qui a lieu, toutes les fois que le Corps ne peut être trouvé, ou que le Cadavre est consumé; & que d'ailleurs le Crime & la Mort sont bien constatés.

ARTICLE III.

» LE Curateur sçaura lire & écrire, fera le Serment, » & le Procès sera instruit contre lui en la Forme or- » dinaire : sera néanmoins debout seulement, & non » sur la Sellette, lors du dernier Interrogatoire : son » nom sera compris dans toute la Procédure, mais la » Condamnation sera rendue contre le Cadavre, ou » la Mémoire seulement.

SOMMAIRE.

I. *Comment se fait la Procédure en exécution de cet Article?*
II. *Pourquoi le Juge doit-il rendre un Décret contre l'Accusé Défunt, soit que son Cadavre soit représenté ou non?*
III. *Que doit porter le Décret en l'un & l'autre Cas?*
IV. *Comment doit-on procéder à l'Interrogatoire & à la Confrontation en pareil Cas?*
V. *Quelles sont les Condamnations qui peuvent être prononcées contre le Cadavre?*
VI. *Quelles sont les Condamnations contre la Mémoire?*
VII. *Outre les Peines corporelles & infamantes, il y en a encore de pécuniaires.*

I. POUR procéder en exécution de cet Article; il faut qu'après la nomination du Curateur, faite de la maniere que nous l'avons observé sur l'Article précédent, ce Curateur soit assigné à la Requête de la Partie Publique, afin qu'il puisse dire ses raisons, s'il en a, pour refuser cette Commission; & que le Juge, s'il les trouve relevantes, en puisse nommer un autre. S'il accepte, il prêtera serment de défendre fidélement & en conscience le Défunt. Il sera fait mention de la prestation de ce serment, à la suite du Jugement ou Ordonnance, portant nomination du Curateur. C'est alors que commencera l'Instruction contre lui en la forme ordinaire, c'eſt-à-dire, par le Décret, l'Interrogatoire, le Récollement & la Confrontation.

II. Il y a cela de remarquable, que le Juge doit décerner en même-tems un Décret contre le Cadavre, ou la Mémoire du Défunt; par la raiſon que toute accuſation, ſur laquelle on doit infliger une Peine, doit être ſuivie du Décret, par lequel l'Accuſé eſt mis ſous l'autorité de la Juſtice.

III. Ce Décret, qui tiendra lieu de celui de Priſe de Corps, pourra être conçu de cette maniere, ſi ce Cadavre eſt repréſenté : *Nous ordonnons que le Cadavre d'un tel.... ſera transféré dans la Priſon, pour y être détenu, & comme écroué à la charge du Geolier, juſqu'en fin de Cauſe.... & qu'un tel..... qui lui a été nommé Curateur, comparoîtra à la Chambre de la Geole, pour y être interrogé, & répondre ſur les Faits réſultans des Charges & Informations.* Le même Décret portera auſſi, que *par Proviſion le Cadavre ſera embaumé*, afin de le conſerver, pour qu'on puiſſe exécuter ſur lui le Jugement de Condamnation; & qu'il ne rende pas la Priſon inſupportable, par ſon infection. Que s'il ne pouvoit abſolument être conſervé, alors le Juge pourra, enſuite de Délibération du Siége, ordonner par Proviſion, *que le Cadavre ſera inhumé, ſauf à l'exhumer ſi le Cas y écheoit.* Enfin, ſi le Cadavre avoit déja été transféré à la Geole, il ſera ordonné qu'il y *reſtera à la garde du Geolier.*

IV. Que ſi le Procès eſt fait ſeulement à la Mémoire du Défunt, comme il n'y a point alors de Cadavre exiſtant, il ſera ſeulement ordonné par le Décret, que le Curateur décerné à la Mémoire, *comparoîtra en la Chambre de la Geole, pour y être interrogé, & répondre ſur les Faits des Charges & Informations.*

V. Ces deux eſpéces de Décrets ſeront ſignifiés au Curateur, à la diligence de la Partie Publique, pour qu'il vienne ſubir Interrogatoire, & qu'il ſache le jour & le lieu où il doit comparoître. Avant que de répondre à l'Interrogatoire, il prêtera ſerment de dire vérité dans ſa défenſe. Cet Interrogatoire ſera fait, tant ſur le Procès-verbal, Rapport des Médecins & Chirurgiens, que ſur les Charges & Informations faites contre le Cadavre; & l'on y ſuivra au ſurplus les mêmes Formalités que celles marquées ſous le Tit. 14 ci-devant. On procédera enſuite, au Récollement & à la Confrontation des Témoins vis-à-vis de ce Curateur. La Confrontation ſe fera en la Chambre de la Geole, où le Curateur ſera ſommé de comparoître enſuite du Jugement qui l'aura ordonné; mais le Curateur n'y pourra être retenu après chaque ſéance, s'il y en a pluſieurs; il ſortira chaque jour, parce que ce n'eſt point lui qui eſt décrété ni coupable.

La Confrontation ne ſe fait point au Cadavre, mais le Juge doit ſeulement ſe transporter avec le Curateur & le Témoin qui a parlé du Cadavre, dans l'endroit où ce Cadavre eſt dépoſé; & là, les interroger l'un & l'autre ſur cette Reconnoiſſance. Au ſurplus, dans celle qui ſe fait vis-à-vis du Curateur, l'on doit obſerver les mêmes Formalités que dans les autres Confrontations, dont il eſt parlé ſous le Tit. 15, ſçavoir, *tant* pour les Déclarations ſur la Connoiſſance que le Curateur & le Témoin peuvent avoir l'un de l'autre, & ſur celle que ceux-ci peuvent avoir du Cadavre ou du Défunt à la mémoire duquel eſt fait le Procès, *que* pour les *Reproches, Réponſes & Interpellations*, que peut faire le Curateur pour la défenſe du Défunt; à la réſerve ſeulement qu'à la fin de ces Confrontations, les Témoins qui ſoutiendront leurs Dépoſitions véritables, ne devront pas dire que c'eſt du Curateur qu'ils ont entendu parler en la Qualité qu'il agit, mais de la perſonne du Défunt : & cela toujours par la raiſon que ce n'eſt point le Curateur qui a été véritablement décrété, mais l'Accuſé qu'il défend. Lors du dernier Interrogatoire, que ce Curateur ſubira depuis la Confrontation, & immédiatement avant le Jugement définitif, il ſera ſeulement debout, & non ſur la Sellette, conformément à la Diſpoſition de cet Article, qui a renouvellé ſur ce point celle de l'Art. 23, du Tit. 14 ci-devant. C'eſt auſſi pour ſe conformer à la derniere Diſpoſition de ce même Article, que dans le Diſpoſitif du Jugement qui interviendra, l'on aura ſoin de ne point faire mention du Curateur, mais ſeulement du Défunt accuſé qu'il défend.

VI. Il ne reſte donc qu'à ſçavoir, en quoi peuvent conſiſter les les Condamnations qui ſeront portées par ces ſortes de Jugemens, tant contre le Cadavre, que contre la Mémoire du Défunt. Comme l'Ordonnance ne s'eſt point expliqué ſur ce point, il faut consulter l'Usage des différens Tribunaux.

La Condamnation la plus ordinaire, lorsque le Cadavre est encore *extant*, est de le faire traîner sur une Claie, la face contre terre, par les Rues & Carrefours du Lieu où le Jugement a été rendu ; & ensuite le pendre à une Potence, d'où on le tire pour le traîner à la Voirie. Si le Cadavre est *consumé* ou a été enterré depuis quelque tems, on fait une Figure de paille qui représente le Défunt, sur laquelle on exécute le Jugement de la même maniere, que si c'étoit son Cadavre.

Cette Condamnation a principalement lieu dans le Procès qui se fait pour Homicide de soi-même. A l'égard des autres Crimes mentionnés dans l'Article 1er, la plus ordinaire en Cas de Duel & de Rébellion à Justice à force ouverte, est d'être attaché par les pieds à une Potence ; & pour Crime de Lèze-Majesté humaine, d'être tiré à quatre chevaux & brûlé ; enfin pour Crime de Lèze-Majesté divine, d'être brûlé sur une Place publique.

Toutes ces Peines sont accompagnées de la Confiscation des Biens, dans les Pays où elle a lieu, & dans ceux où elle n'a pas lieu, d'une Amende envers le Roi ; *V.* néanmoins sur l'Article suivant, les Exceptions par rapport à l'Homicide de soi-même.

VII. QUANT aux Condamnations qui se prononcent contre la Mémoire du Défunt ; lorsqu'il est mort depuis long-tems, il est ordonné par le Jugement, que sa Mémoire sera & demeurera supprimée, afin de laisser à la postérité une Note perpétuelle du Crime contre le Défunt, ou même contre sa Postérité qui sera déclarée roturiere, s'il s'agit d'un Crime de Lèze-Majesté commis par une Personne Noble : & de plus, il est ordonné que ses Châteaux, Maisons fortes, seront rasés, ses Bois de Haute-futaie coupés à certaine hauteur ; & même son Nom supprimé à jamais, &c. & en outre, que ses Biens seront confisqués dans les Pays où la Confiscation a lieu.

L'on trouvera les Formules des Jugemens qui contiennent ces sortes de Condamnations, à la suite de l'Article 14, du Titre 25.

ARTICLE IV.

» LE Curateur pourra interjetter Appel de la Sen-
» tence rendue contre le Cadavre ou la Mémoire du
» Défunt. Il pourra même y être obligé par quelqu'un
» des Parens, lequel en ce Cas sera tenu d'avancer les
» Frais.

SOMMAIRE.

I. *Appel n'est point de Droit sur cette Matiere. Jurisprudence contraire de la Cour.*

II. *Sur quels Moyens peut être fondé l'Appel en pareil Cas?*

III. *Moyen particulier en Cas d'Appel de Jugement de Condamnation contre la Mémoire.*

IV. *Procédure pour contraindre le Curateur à interjetter Appel.*

PAR cet Article, l'Ordonnance prescrit ce que doit faire le Curateur après le Jugement définitif, rendu contre le Cadavre ou la Mémoire du Défunt; elle veut que, si ce Jugement a été rendu par un premier Juge, ce Curateur puisse non-seulement en interjetter Appel, mais y être contraint, s'il négligeoit de le faire, par quelqu'un des Parens du Défunt, qui se soumettroit d'avancer les Frais de poursuites.

I. IL résulte de cette Disposition, deux choses. L'*une* que le Curateur n'étant obligé d'interjetter Appel, que lorsqu'il est requis de le faire par les Parens du Défunt, il en faut conclure que l'Appel n'est point de *droit* en cette Matiere, quoiqu'il s'agisse de condamnation à Peine afflictive & infamante. En quoi l'Ordonnance paroît avoir établi une Exception remarquable, à la Maxime portée par l'Art. *6*, du Tit. *26* ci-après, qui ne permet pas d'exécuter une Sentence portant condamnation à des Peines de cette espéce, qu'après qu'elle a été confirmée par Arrêt. Néanmoins cette Exception n'a point été adoptée par la Jurisprudence de la Cour, suivant laquelle ces sortes de Sentences ne peuvent être exécutées, comme les autres portant condamnation à Peine afflictive, qu'après qu'elles ont été confirmées par Arrêt de la Cour. C'est entr'autres la Disposition d'un Arrêt de Réglement du 31 Janvier 1749, qui a été envoyé à tous les Bailliages de son Ressort, pour y être publié & enregistré.

II. Une *autre* Conséquence qui résulte de la Disposition de cet Article, c'est qu'en admettant l'Appel d'une Sentence de Condamnation contre le Cadavre ou la Mémoire du Défunt, l'Ordonnance suppose nécessairement, qu'il peut y avoir des Moyens légitimes pour faire réformer ces sortes de Sentences, au Cas que le premier Juge n'y ait point eu d'égard, ou que le Curateur ait négligé de les proposer.

Ces Moyens sont généralement, tous ceux qui auroient servi de Faits Justificatifs à l'Accusé, s'il étoit vivant; tels par exemple que son *Alibi*, ou autre Exception Péremptoire en fait d'Accusation de Crime de *Lèze-Majesté divine & humaine*.... une Rencontre inopinée sans querelle précédente, en fait de *Duel*.... la Violence & la brutalité des Huissiers & Archers en fait de *Rébellion à Justice*.... & enfin une Fiévre chaude ou une Altération d'esprit, ou bien une Chûte accidentelle en fait *d'Homicide de soi-même*. Il y a même des Arrêts des Parlemens de Paris, de Toulouse & Dijon, rapportés par Brillon, *verb. Homicide de soi-même*, qui ont jugé que lorsque ce Crime a été commis par impatience d'une vive douleur, ou même par ennui de la vie, il n'y a pas lieu d'ordonner la Confiscation de ses Biens, & qu'ils doivent être réservés à ses Héritiers.

III. Pour ce qui concerne l'Appel des Sentences de Condamnation de la Mémoire du Defunt; indépendamment des Moyens ci-dessus, l'on pourra encore opposer pour Moyen péremptoire, qu'il n'y a pas de preuve suffisante au Procès, que l'Accusé soit décédé.

IV. Au reste, la Procédure que doit faire le Parent pour contraindre le Curateur d'appeller, & parvenir à être admis lui-même à poursuivre l'Appel, au lieu & place de ce Curateur, consistera uniquement dans une Sommation qu'il fera donner au Curateur, avec offre de fournir & avancer les Frais qu'il conviendra faire, pour poursuivre la Cassation du Jugement en question, suivant l'Ordonnance.

Nous verrons sur le Tit. 27 ci-après, la Procédure particuliére à l'effet de purger la Mémoire du Défunt.

ARTICLE V.

» NOS Cours pourront élire un autre Curateur que » celui qui aura été nommé par les Juges, dont est » Appel.

SOMMAIRE.

I. *Cas où les Cours ont coutume de nommer sur l'Appel un autre Curateur.*
II. *Comment se nomment les Curateurs dans tous ces différens Cas?*
III. *Que doivent faire ces nouveaux Curateurs, après qu'ils sont nommés?*

I. SUIVANT cet Article, dans le Cas où il y a eû Appel interjetté de la part du Curateur, les Cours pardevant lesquelles cet Appel est porté, ont la liberté de nommer un autre Curateur, si elles le jugent à propos. Ce qui a ordinairement lieu dans les quatre Cas suivans; 1°. lorsque le Curateur demande lui-même à se retirer, comme ne pouvant plus agir, à cause de quelque empêchement légitime qui lui seroit survenu; 2°. Lorsque les Cours reconnoissent qu'il n'a pas les capacités nécessaires, & qu'il n'a pas défendu le Défunt en premiere Instance, comme il l'auroit dû; 3° Lorsqu'il a prévariqué dans ses fonctions, & qu'il a été négligent dans ses poursuites; 4°. Enfin, lorsqu'il se présente un Parent pour faire les fonctions de ce Curateur, & qui en est capable.

II. DANS le *premier* de ces Cas, les Cours nomment un autre Curateur sur la Requête du premier; dans le *second* & le *troisième*, elles nomment ce nouveau Curateur d'Office; & enfin dans le *quatriéme*, elles le nomment sur la Requête du Parent qui aura sommé le Curateur, & offert d'en faire les fonctions.

III. CE nouveau Curateur, après avoir été nommé, prêtera le Serment; & l'on observera à son égard, les mêmes Formalités que par rapport au premier, s'il y a quelque nouvelle Instruction ordonnée par la Cour; c'est-à-dire, qu'on fera pareillement mention de son Nom, & de sa Comparution dans toutes les Procédures; & à l'égard du *dernier Interrogatoire* qu'il doit

doit subir pardevant les Cours, & du *Dispositif* de l'Arrêt qui sera rendu, l'on gardera les mêmes distinctions que celles qui sont portées par l'Art. 2; l'Ordonnance n'ayant mis sur cet Article aucune différence, entre les Procédures faites dans les Cours, & celles faites pardevant les premiers Juges.

TITRE XXIII.

De l'Abrogation des Appointemens, Ecritures & Forclusions en Matiere Criminelle.

CE Titre contient trois Articles.

Dans le *premier*, il est parlé de l'Abrogation de tous Appointemens en Matiere Criminelle.

Dans le *second*, de l'Abrogation des Conclusions Civiles, Défenses, Griefs, Réponses, Sommations & Conclusions.

Enfin dans le *troisiéme*, des Requêtes que pourront donner l'Accusateur & l'Accusé, & des Piéces qu'ils y pourront joindre.

ARTICLE PREMIER.

» ABROGEONS les Appointemens à oüir Droit, » produire, bailler Défenses par Atténuation, Causes » & Moyens de Nullité, Réponses, fournir Moyens » d'Obreption, & d'en informer, donner Conclusions » Civiles, & tous autres Appointemens.

SOMMAIRE.

I. *Pourquoi les Appointemens sont-ils abrogés?*

II. *Article particulier qui les adoptoit, supprimé lors du Procès-verbal de Conférence.*

L'OBJET particulier de ce Titre de l'Ordonnance, a été d'abréger certaines Procédures inutiles qui étoient alors en usage, & qui ne faisoient qu'embarrasser l'Instruction, & éloigner les Jugemens du Procès Criminel.

I. CES Procédures, que l'Ordonnance abroge par le présent Article, sont tous *Appointemens*, parce qu'ils donnent lieu à des Discussions également longues & dispendieuses pour les Parties, & qui ne tendroient qu'à favoriser l'impunité, en occasionnant le Dépérissement des Preuves.

II. CE fut aussi, dans la vûe d'écarter généralement tout ce qui pouvoit retarder l'Instruction & le Jugement en cette Matiere, que sur les Représentations de M^rs les Commissaires, lors du Procès-verbal de Conférence, l'on supprima un Article particulier qui avoit été inséré dans le Projet de la présente Ordonnance, par lequel on permettoit aux Juges de donner & régler les Délais pour l'Instruction & le Jugement des Procès.

Nous verrons sur l'Art. 3 de ce Titre, les seules Procédures qui soient autorisées en pareil Cas.

ARTICLE II.

» ABROGEONS aussi l'Usage de fournir des » Conclusions Civiles, Défenses, Avertissemens, Inven» taires, Contredits, Causes & Moyens de Nullité, » d'Appel, Griefs & Réponses, Commandement ou » Forclusion de produire ou contredire, pris à l'Au» dience ou au Greffe.

SOMMAIRE.

I. *Motifs qui ont déterminé l'Abrogation des Procédures mentionnées dans cet Article.*

II. *Quelle est la Peine en Cas de Contravention à cet Article?*

LES Procédures qui sont abrogées par cet Article, sont celles qui se faisoient en vertu des Appointemens, dont il est parlé dans l'Article précédent.

I. On ne peut trop admirer dans tout cela, les ſages Précautions qu'a priſes le Légiſlateur, pour empêcher d'*une part*, que le Coupable ne puiſſe abuſer de tous les Subterfuges que lui offroit cette multiplicité de Procédures, pour éluder ſa Condamnation ; & *de l'autre*, que l'Innocent ne ſuccombe ſous le poids de la Vexation & des Chicannes, que toutes ces différentes Procédures ſembloient favoriſer : joint à ce que les Parties Civiles étoient le plus ſouvent forcées d'abandonner elles-mêmes leurs Pourſuites, par l'impuiſſance d'avancer les frais, ou plutôt par la ruine entiére où les précipitoit néceſſairement l'immenſité des frais qu'elles étoient obligées d'avancer, avant que de parvenir au Jugement, qui pouvoit ſeul leur aſſurer la Réparation des torts que le Crime leur auroit cauſé.

II. Au reste, nous obſerverons avec Bruneau, Tit. 25, Max. 2, que quoique l'Ordonnance ne prononce ici aucune Peine contre les Contrevenans, il n'en faut pas conclure que l'Acte, par lequel il y eſt contrevenu, ne ſoit nul, ainſi que tout ce qui eſt fait en conſéquence ; mais non la Procédure qui a précédé, pourvû que d'ailleurs toutes les autres Formalités y ayent été obſervées ; parce que cet Acte n'eſt point eſſentiel au Procès, & qu'on en eſt quitte en le rejettant ou lacérant, & que le reſte qui eſt de la ſubſtance, doit demeurer, conformément à la Gloſe, *in L.* 1, *verb. Libellis* &c.

ARTICLE III.

» Pourront néanmoins les Parties préſenter » leurs Requêtes, & y attacher les Piéces que bon leur » ſemblera, dont ſera baillé Copie à l'Accuſé ; autre- » ment la Requête & Piéce ſeront rejettées : & pourra » l'Accuſé y répondre par Requête, qui ſera auſſi ſi- » gnifiée, & baillé Copie, comme auſſi des Piéces qui » y ſeront attachées ; ſans néanmoins qu'à faute d'en » bailler par l'Accuſé, ou par la Partie, le Jugement » du Procès puiſſe être retardé. Ce qui aura pareille- » ment lieu en Cauſe d'Appel, qui ſera jugé ſur ce

» qui aura été produit devant les Juges des Lieux.

SOMMAIRE.

I. *Quatre Conditions sur lesquelles sont permises les Requêtes mentionnées dans cet Article.*
II. *Comment s'appellent les Requêtes qui sont données de la part de la Partie Civile & de la part de l'Accusé?*
III. *Comment se fait la Signification de ces Requêtes & Piéces y jointes?*
IV. *Ces Requêtes ne sont Piéces essentielles du Procès Criminel.*
V. *Peut-on faire de nouvelles Productions sur l'Appel?*
VI. *Formule de Requête de Conclusions Civiles.*
VII. *Formule d'Ordonnance sur cette Requête.*
VIII. *Formule de Requête d'Atténuation.*
IX. *Formule d'Ordonnance sur cette Requête.*

I. PAR cet Article, l'Ordonnance apporte un sage Tempéramment à la rigueur des deux précédens, en ce qu'après avoir abrogé toutes les Procédures qui se faisoient ensuite d'Appointemens, sans en excepter même les Conclusions civiles & les Défenses par *Atténuation*; elle autorise néanmoins les Parties Civiles & l'Accusé, à faire usage de ces deux dernieres Ressources, mais d'une maniere bien différente de celle qui se pratiquoit auparavant; elle exige pour cet effet, les quatre Conditions suivantes.

II. LA *premiere*, que les Conclusions civiles & les Défenses par Atténuation, ne puissent plus être proposées que par des Requêtes qui seront présentées respectivement par l'une & l'autre des Parties, & auxquelles elles attacheront telles Piéces que bon leur semblera. La Requête que donne la Partie Civile en ce Cas, est appellée *Requête de Conclusions civiles*; parce que, comme nous l'avons dit, la Partie Civile ne peut conclure qu'à des Dommages ou Réparations civiles pour le préjudice qu'elle a ressenti du Crime commis, soit sur sa Personne, son Honneur ou ses Biens; soit sur la Personne, l'Honneur & les Biens de Ceux qu'elle avoit dans sa puissance, ou auxquels elle avoit espérance de succéder.

Cette Requête peut être aussi donnée par le simple Plaignant, qui n'a pû se porter Partie civile, par l'impuissance où il étoit d'avancer les frais, ainsi que nous l'avons remarqué sur l'Art. 5 du Tit. 3.

La Requête qui est donnée de la part de l'Accusé, s'appelle *Requête d'Atténuation ;* parce qu'elle tend à atténuer les Preuves & les Circonstances du Crime qu'on lui impute, c'est-à-dire, à faire voir le peu de solidité, & même la Contrariété & Défaut de vraisemblance des faits que les Témoins ont déposés contre lui, & qui lui ont été opposés lors de la Confrontation ; & à faire valoir les Faits justificatifs qu'il a posés lui-même lors de cette Confrontation, & de ses Interrogatoires. On trouvera à la suite de cet Article, des Formules de l'une & l'autre de ces Requêtes.

III. LA *seconde* Condition que l'Ordonnance exige par cet Article, c'est que ces Requêtes & Piéces soient signifiées, & Copie baillée des Piéces ; faute de quoi, tant ces Requêtes que les Piéces seront rejettées du Procès. Cette Signification se fait ensuite de l'Ordonnance ou Appointement du Juge sur ces Requêtes, portant ces mots : *Acte de l'Emploi, soit signifié & joint au Procès, pour en jugeant y avoir tel égard que de raison.*

IV. LA *troisiéme*, que dans le Cas où la Partie Civile & l'Accusé, ou même l'un des deux, ne jugeroit pas à propos de donner leur Requête, cela ne devroit pas empêcher les Juges de procéder au Jugement, sans être obligé de leur donner aucun Délai à cet effet. Ce qui fait voir, que ces Requêtes ne sont point des Piéces essentielles du Procès Criminel. *V.* l'Art. 1er du Tit. suivant.

V. LA *quatriéme* enfin, que les mêmes Formalités que l'Ordonnance vient de prescrire, seront observées dans les Cours sur l'Appel, comme devant les premiers Juges ; & que de plus, ces Cours seront tenues de juger sur ce qui aura été produit devant le Juge des Lieux, sans pouvoir accorder de Délai, ni avoir égard aux Piéces qui n'auroient pas été produites en premiere Instance.

Il faut cependant observer, que cette derniere Disposition n'est pas absolument suivie dans notre Jurisprudence actuelle ; & que sans s'écarter de l'Esprit de l'Ordonnance, les Cours ont cru pouvoir admettre les Requêtes & les nouvelles Piéces qui leur sont présentées sur l'Appel, tant de la part de la Partie Civile que de l'Accusé, pour en jugeant y avoir tel égard que de raison. Ce qui a lieu principalement, toutes les fois que l'Appel se trouve fondé sur des Nullités particuliéres de Procédures qui ont été commises par les premiers Juges; ou sur des Dénis formels de Justice; ou sur des Moyens de Récusation; ou sur le Refus d'admettre l'Accusé à ses faits justificatifs, ou d'avoir égard aux Reproches contre les Témoins, qui seroient prouvés par Piéces, depuis la Confrontation. A la vérité ces Requêtes doivent, comme celles qui sont présentées en premiere Instance, être signifiées & Copie laissée des Piéces, incessamment & sans Délai, de maniere que le Jugement définitif n'en soit point retardé.

VI. *FORMULE de Réquête de Conclusions Civiles.*

A.......

S. II......disant qu'ayant rendu Plainte pour raison de.....il y a eu Information &c......Ensorte que le Suppliant a tout lieu de croire qu'il se trouvera suffisamment établi par les Charges & Informations que... (*Expliquer les Moyens & Raisons qu'on a de demander des Réparations & Intérêts Civils.*

Ce considéré......il vous plaise déclarer.......dûement atteint & convaincu d'avoir....... (*expliquer la Nature du Crime ou Délit*) & autres Cas mentionnés au Procès, pour réparation de quoi condamner led.......en......liv. d'Intérêts Civils envers le Suppliant, & aux Dépens du Procès, sauf à M. le Procureur......à prendre telles Conclusions qu'il jugera à propos, pour la vengeance publique. Et vous ferez Justice.

(*Si l'on a des Piéces à joindre pour soutenir ses Moyens, l'on ajoutera*) Donner Acte au Suppliant de ce que pour justifier des Faits contenus en la présente Requête, il joint à icelle, & emploie........Piéces. La premiere &c.......

VII. *FORMULE d'Ordonnance sur cette Requête.*

Soient la Requête & Piéces y jointes communiquées, & d'icelles donné Copie, pour en jugeant y être fait Droit & Acte de l'Emploi. Fait ce........

VIII. *FORMULE de Requête d'Atténuation.*

A.......

S. II.......disant que par la Connoissance qu'il a eu à la Confrontation, de la Qualité des Témoins & de leurs Dépositions en l'Information & Récollement, il a reconnu &c......(*expliquer les Reproches contre chaque Témoin, contredire leurs Dépositions par la Variation, Contradiction, Contrariété, Impossibilité, Défaut de vraisemblance; proposer les Moyens pour faire connoître l'Innocence de l'Accusé, comme aussi les Nullités de la Procédure, si aucune y a.*)

Ce considéré......il vous plaise décharger le Suppliant de la calomnieuse Accusation contre lui intentée par.....& renvoyer le Suppliant absous; ordonner qu'il sera élargi *ou* relaxé, & mis hors des Prisons, à ce faire, le Geolier contraint par Corps, quoi faisant déchargé; & que l'Ecroüe de la Personne du Suppliant sera rayée & biffée du Registre de la Geole, à côté de laquelle il sera fait Mention de la Sentence qui interviendra: pour la calomnieuse Accusation, condamner led...... en telle Réparation en......liv. de Dommages & Intérêts, & en tous les Dépens; & pour la justification du contenu en la présente Requête, permettre au Suppliant d'y joindre les Piéces qui suivent. La premiere &c....

IX. *Formule d'Ordonnance sur cette Requête.*

Soyent la Requête & Piéces commuuiquées, & d'icelles donné Copie, pour, en jugeant, y être fait Droit & Acte de l'Emploi. Fait ce....

TITRE XXIV.

Des Conclusions définitives des Procureurs du Roi & de ceux des Justices Seigneuriales.

CE TITRE contient trois Articles.

Dans le *premier*, il est parlé du Tems où le Procès doit être communiqué aux Gens du Roi, pour donner leurs Conclusions définitives.

Dans le *second*, de la Défense qui leur est faite d'assister au Jugement du Procès, & de bailler leurs Conclusions de vive voix, & de l'Exception en faveur de l'Usage du Châtelet.

Enfin, dans la *troisiéme*, de la Forme de bailler leurs Conclusions, qui doivent être par écrit, cachetées & non motivées.

ARTICLE PREMIER.

» APRÉS que le Récollement & la Confrontation » auront été parachevés, nos Procureurs ou ceux des » Seigneurs prendront Communication du Procès, pour » y donner leurs Conclusions définitives; ce qu'ils se» ront tenus de faire incessamment.

SOMMAIRE.

I. *Procès censé entiérement instruit par le Récollement & la Confrontation.*
II. *Sur quoi fondée la Nécessité des Conclusions des Gens du Roi ?*
III. Quid, *si les Gens du Roi négligeoient de donner ces Conclusions ?*
IV. *Ces Conclusions ne sont pas toujours définitives.*
V. *Doivent toujours tendre à la plus grande rigueur.*
VI. *Comment doivent être conçûes ?*

SUIVANT cet Article, les Procureurs du Roi ou des Seigneurs, doivent, aussi-tôt après que le Récollement & la Confrontation sont achevés, prendre Communication du Procès, afin de donner leurs Conclusions *définitives.*

I. IL résulte par conséquent de cette Disposition, que par le Récollement & la Confrontation, le Procès Criminel est censé entiérement instruit, de maniere que l'on peut dès-lors procéder au Jugement définitif. C'est aussi ce que nous trouvons marqué bien précisément par l'Art. 3 du Titre précédent, où l'Ordonnance veut, que faute par la Partie Civile & par l'Accusé, de donner leurs Requêtes de Conclusions civiles & d'Atténuation, le Jugement du Procès n'en puisse être retardé.

II. MAIS comme pour la validité de ce Jugement définitif, il faut nécessairement l'Intervention du Ministére public, qui peut seul conclure à la Peine, comme étant le véritable Accusateur parmi nous : en même-tems que par une premiere Disposition de cet Article, l'Ordonnance exige que le Procès soit communiqué à ces Officiers Publics, pour donner leurs Conclusions définitives ; elle a soin de prévenir les Retardemens & Négligences qu'ils pourroient y apporter, en leur enjoignant expressément, par une derniere Disposition de ce même Article, de donner *incessamment ces Conclusions*, de maniere que le Jugement définitif ne puisse être retardé.

III. AINSI, quoique l'Ordonnance ne fixe point sur cet Article, comme sur l'Art. 5 du Tit. 6 des Informations, le Tems que doit durer la Communication que ces Parties Publiques peuvent prendre des Minutes des Informations, & autres Piéces secrettes du Procès, il est certain que si elles ne se mettoient pas en devoir de donner leurs Conclusions, après un tems considérable,

ble, & qu'il parût de l'affectation ou de la négligence de leur part, l'Accusé seroit en droit de les prendre à Partie, en vertu de la Disposition du présent Article. C'est ainsi qu'il a été jugé par plusieurs Arrêts, un entr'autres du Parlement de Provence, du 8 Février 1687, rapporté par BONIFACE, Tome 3, Liv. 2, Tit. 4, Ch. 3. PAPON, Liv. 24, Tit. 15, Art. 1er, rapporte un Arrêt, par lequel il a été jugé que le Procès Criminel étant parfait, le Procureur du Roi étoit tenu de conclure dans trois jours.

IV. Il faut cependant observer, que les Conclusions que les Procureurs du Roi & des Seigneurs donnent après le Récollement & la Confrontation, ne sont pas toujours définitives, comme le paroît supposer cet Article; & qu'il peut arriver que par l'examen qu'ils font du Procès Criminel, ne trouvant pas qu'il y ait des Preuves suffisantes, soit pour l'Absolution, soit pour la Condamnation de l'Accusé, ils prennent le Parti de conclure, ou à la *Question*, s'il ne manque plus que l'Aveu de l'Accusé pour le convaincre; ou à un *plus Amplement Informé*, s'il y a lieu d'espérer qu'on puisse acquérir de nouvelles Preuves contre lui; ou à l'admission de *ses Faits justificatifs*, s'ils en trouvent de suffisans, parmi ceux qu'a posé l'Accusé dans son Interrogatoire ou sa Confrontation: ensorte que ce n'est qu'après l'Instruction qui a été faite, en conséquence de ces Conclusions préparatoires, qu'ils donnent leurs Conclusions définitives.

V. A l'égard de ces Conclusions *définitives*; comme le principal objet des Fonctions de ces Officiers est de veiller à la Manutention de l'Ordre & de la Sûreté publique; lorsqu'ils trouvent des Preuves suffisantes contre l'Accusé, ils doivent toujours donner ces Conclusions suivant la plus grande rigueur des Loix, sauf aux Juges d'y apporter les tempérammens qu'ils jugeront convenables: ceux-ci peuvent même, nonobstant ces Conclusions définitives, ordonner la Question ou le plus Amplement Informé, ou bien admettre l'Accusé à ses Faits justificatifs; avec cette réserve néanmoins, que si ce sont des Juges Inférieurs, ils doivent prendre garde de ne point donner lieu, par des excès de Modération & d'Indulgence, à des Appels *à Minima* que ces Parties Publiques sont en droit d'interjetter, comme nous verrons sur le Tit. 26.

VI. LORSQUE les Conclusions définitives vont à la décharge de l'Accusé, elles doivent commencer ainsi : *je n'empêche pour le Roi*, *&c.* & quand elles tendent à quelque Condamnation contre l'Accusé : *je requiers pour le Roi*, *&c.*

ARTICLE I.I.

» LEUR défendons d'assister à la Visite, ou au Ju-» gement du Procès, ou d'y donner leurs Conclusions » de vive voix, dont nous abrogeons l'Usage. N'en-» tendons néanmoins rien innover à ce qui s'observe » dans notre Châtelet de Paris.

SOMMAIRE.

I. *Pourquoi les Gens du Roi ne doivent assister à la Visite & au Jugement du Procès Criminel?*

II. *Pourquoi ne doivent conclure de vive voix?*

III. *En quoi consiste l'Usage confirmé en faveur du Procureur du Roi du Châtelet?*

TROIS Dispositions dans cet Article.

I. PAR la *premiere*, il est fait Défenses aux Procureurs du Roi & des Seigneurs, d'assister à la Visite & au Jugement des Procès Criminels. Ces Défenses sont fondées, sur ce qu'ils sont eux-mêmes Parties dans ces Procès, par le devoir de leur Ministére; & elles sont une suite des Dispositions de l'Art. 11 du Tit. 6, de l'Art. 6 du Tit. 14, & de l'Art. 9 du Tit. 19 de la présente Ordonnance, dont le *premier* veut que les Témoins soient oüis secrettement; le *second*, que l'Accusé soit interrogé sans assistance d'autre Personne que du Juge & du Greffier; & le *troisiéme* enfin, que la Question ne soit donnée qu'en présence des Commissaires.

II. PAR la *seconde*, l'Ordonnance abroge l'Usage ancien où étoient ces Officiers, de donner leurs Conclusions de *vive voix*: nous aurons lieu d'en remarquer le Motif sur l'Article suivant.

III. ENFIN, par la *troisiéme*, l'Ordonnance confirme l'ancien Usage où sont les Procureurs du Roi du Châtelet, de donner leurs Conclusions de vive voix, dans les petites Affaires qui requiérent *célérité*.

ARTICLE III.

» LES Conclusions seront données par écrit, & » cachetées, & ne contiendront les raisons sur les- » quelles elles seront fondées.

SOMMAIRE.

I. *Pourquoi les Conclusions des Gens du Roi doivent être données par écrit?*
II. *Pourquoi doivent-elles être cachetées?*
III. *Pourquoi ne doivent-elles point être motivées?*

I. PAR cet Article, l'Ordonnance prescrit la FORME dans laquelle doivent être données les Conclusions du Procureur du Roi. Elle exige trois choses à cet effet. 1°. Qu'elles soient données par *écrit*, afin sans doute qu'il reste une Preuve constante qu'elles ont été données, attendu que, comme nous l'avons dit plus haut, elles font partie essentielle du Procès Criminel, & que sans elles les Juges ne peuvent procéder au Jugement; Que de plus, elles doivent constater l'existence de toutes les Piéces du Procès Criminel, dont la Communication a été donnée à ces Officiers Publics; Précaution qui est une suite nécessaire de l'Abrogation de l'Inventaire qui se faisoit de ces mêmes Piéces, dont il est parlé sur l'Art. 2 du Titre précédent. Au reste, cette Formalité est commune à toutes les Conclusions, soit préparatoires, soit définitives.

II. 2°. CES Conclusions doivent être *cachetées*. Cette Formalité est particuliére aux Conclusions définitives, & elle a été introduite principalement, pour empêcher que l'Accusé venant à sçavoir le contenu de ces Conclusions, ne se retranche à tout nier dans l'Interrogatoire qu'il doit subir, immédiatement avant le Jugement définitif.

III. 3°. ENFIN, l'Ordonnance ne veut point que les Conclusions contiennent les *Motifs* sur lesquels elles sont fondées;

par la raison, que quoique les Juges ne soient point astraints à suivre ces Conclusions, néanmoins il pourroit arriver qu'ils se déterminent uniquement par les Motifs qui seroient expliqués dans ces Conclusions, soit par l'effet du Préjugé qu'ils pouroient avoir en faveur du Procureur du Roi qui les auroit donnés; soit par Défiance de leurs propres lumieres; soit enfin par Paresse & Indolence, afin de s'épargner la Peine d'un examen particulier.

TITRE XXV.

Des Sentences, Jugemens & Arrêts.

CE Titre contient vingt-quatre Articles.

Dans le *premier*, il est parlé de l'Expédition des Procès Criminels, par préférence à tous autres.

Dans le *second*, de l'Instruction & Jugemens de ces Procès, nonobstant tout Appel, même comme de Juge Incompétent & Récusé.

Dans le *troisiéme*, de la Procédure faite volontairement par les Accusés depuis leur Appellation, non préjudiciable à leur Défense.

Dans le *quatriéme*, de l'Exclusion des Accusés Contumax, à présenter Requête lorsqu'ils ne se sont pas mis en état, hors le cas de l'Exoine.

Dans le *cinquiéme*, des Cas auxquels on peut instruire & juger un Procès Criminel sans Informations.

Dans le *sixiéme*, des Sentences qui doivent être exécutées par provision, nonobstant l'Appel, en donnant Caution.

Dans le *septiéme*, du Cas où l'Amende porte infamie.

Dans le *huitiéme*, des Sentences préparatoires contre lesquelles on peut obtenir des Arrêts de Défense & de Surséance.

Dans le *neuviéme*, des Procès Criminels qui ne peuvent être jugés de relevée.

Dans le *dixiéme*, du nombre de Juges requis aux Procès qui se jugent à la charge de l'Appel.

Dans le *onziéme*, du nombre de Juges requis aux Procès, qui se jugent en dernier ressort.

Dans le *douziéme*, du nombre des Voix, nécessaire pour que l'avis le plus sévére puisse prévaloir dans les Jugemens Criminels.

Dans le *treiziéme*, de l'ordre des Peines.

Dans le *quatorziéme*, de la Signature des Jugemens, par les Juges qui ont y assisté, & du Privilége des Cours à cet égard.

Dans le *quinziéme*, de l'Exécution des Jugemens sans *Pareatis*, pour ce qui concerne la Peine.

Dans le *seiziéme*, de la Maniere de contraindre la Partie Civile à avancer les Frais, & de la Qualité des Frais qui ne peuvent être compris dans les Exécutoires.

Dans le *dix-septiéme*, de ceux contre qui pourra être décerné Exécutoire à défaut de Partie Civile.

Dans le *dix-huitiéme*, des Peines contre les Juges qui contreviennent aux deux Articles précédens.

Dans le *dix-neuviéme*, de l'Injonction aux Procureurs du Roi de poursuivre les Prévenus de Crimes méritans peine afflictive, nonobstant toutes Transactions & Cessions.

Dans le *vingtiéme*, de l'Observation des mêmes Régles, pour les dépens en Matiere Criminelle, que pour ceux en Matiere Civile.

Dans le *vingt-uniéme*, du Tems où doivent être exécutés les Jugemens Criminels.

Dans le *vingt-deuxiéme*, des Condamnés à l'Amende honorable, qui refusent de satisfaire à leur Jugement.

Dans le *vingt-troisiéme*, de la Femme condamnée à mort, qui paroît ou déclare être enceinte.

Enfin dans le *vingt-quatriéme*, des Secours Spirituels accordés au Condamné à mort, soit par rapport au Sacrement de Confession, soit par rapport à l'assistance d'un Ecclésiastique, au lieu du Supplice.

ARTICLE PREMIER.

» ENJOIGNONS à tous Juges, même à nos
» Cours, de travailler à l'Expédition des Affaires Cri-
» minelles par préférence à toutes autres.

SOMMAIRE.

I. *Cette Disposition concerne l'Instruction, comme les Jugemens Criminels.*
II. *Motif de cette Disposition.*
III. *Que doit faire l'Accusé, lorsque le Juge néglige de procéder à l'Instruction & au Jugement Criminel ?*
IV. Quid, *en Cas de négligence de la part des Parties publiques & Civiles ?*
V. *Formule de Requête de l'Accusé, pour faire apprêter les Charges.*

PAR cet Article, l'Ordonnance fait une injonction expresse à tous Juges, sans excepter même ceux des Cours Supérieures, de travailler à l'Expédition des Affaires Criminelles, par préférence à toutes autres.

I. CETTE Disposition ne regarde pas seulement, comme l'on voit, les *Jugemens* Criminels, qui font l'objet particulier de ce Titre, mais encore l'*Instruction* dont nous avons parlé sous les Titres précédens. Nous avons vû d'ailleurs, sous ces mêmes Titres, plusieurs Dispositions qui tendoient également à exciter la diligence des Juges à cet égard, & notamment sur l'Art. 1er du Tit. 14, où il est ordonné aux Juges de procéder incessamment, & dans les vingt-quatre heures au plûtard, à l'Interrogatoire de l'Accusé; & sur les Art. 3, du Tit. 6, & Art. 2, du Tit. 15, où il est parlé de la Maniere dont ils doivent contraindre les Témoins à venir déposer dans les Informations, Récollemens, & Confrontations.

II. L'ON conçoit assez le Motif de pareilles Injonctions, qui tendent d'*une part*, à éviter le dépérissement des Preuves ; & de l'*autre*, à empêcher que par le retardement de l'Instruction & des Jugemens des Procès Criminels, les Juges ne laissent languir trop long-tems dans les fers les Accusés, qui, s'ils sont innocens, doivent être délivrés promptement d'une injuste vexation, & s'ils sont coupables, doivent être jugés au plutôt pour satisfaire à la vengeance publique, & inspirer par leur supplice, de la terreur aux Méchans. *Convictos velox pœna subducat, aut liberandos diuturna Custodia non maceret.* L. 5, Cod. *de Custod. Reor.*

III. AINSI, lorsqu'il paroît de la négligence ou de l'affectation de la part du Juge, à ne vouloir instruire ou juger un Procès Criminel après qu'il est instruit ; l'Accusé peut, en vertu de la Disposition de cet Article, recourir à la Voie qui lui est marquée par les Articles 3 & 4 du Titre 24 de l'Ordonnance de 1667, c'est-à-dire, faire donner à ce Juge deux Sommations de trois en trois jours, ou de huitaine en huitaine, suivant la Qualité des Jurisdictions ; & sur le refus par ce Juge d'y satisfaire, se pourvoir pardevant les Juges Supérieurs, par une Requête de Prise à Partie, pour le Déni de Justice. Boniface, Tom. 3, Liv. 2, Tit. 4, Chap. 3, rapporte un Arrêt du Parlement de Provence, du 8 Février 1687, qui a déclaré valable la Prise à Partie contre le Juge en pareil Cas.

Suivant un Arrêt de Réglement de la Cour du 4 Juin 1699, rapporté au Journal des Audiences, pour pouvoir prendre à Partie un Juge, il faut en obtenir la permission de la Cour, par un Arrêt qui se rend sur les Conclusions de M. le Procureur Général.

IV. Mais, si la Négligence venoit principalement de la part des Parties Civiles ou Publiques, qui dans la vûe de retenir plus long-tems l'Accusé dans les Prisons, affecteroient de ne point mettre le Procès en état d'être jugé ; alors l'Accusé pourroit les y faire contraindre, en demandant par Requête son élargissement avec des dommages & intérêts, ou bien la permission de faire apprêter les charges, & d'en avancer les Frais, dont il lui sera délivré Exécutoire.

Nous avons marqué sur l'Art. 1er du Tit. 15, en quoi devoit consister la Procédure, dans le Cas où les Parties Publiques & Civiles négligeroient de faire assigner les Témoins, pour procéder au Récollement & à la Confrontation : il ne reste plus qu'à marquer ici celle que doit faire l'Accusé, pour parvenir à faire apprêter les Charges.

V. *Formule de Requête pour faire apprêter les Charges.*

A........

S. II......disant que depuis le......qu'il a été confronté aux Témoins oüis en l'Information contre lui faite à la Requête de..... led......est négligent, & differe de mettre le Procès en état, pour retenir le Suppliant plus long-tems dans les Prisons.

Ce considéré......il vous plaise, faute par.....de mettre le Procès en état d'être jugé, permettre au Suppliant de faire apprêter & lever les Grosses des Plaintes, Information, Récollement & Confrontation, & d'en avancer les Frais dont il lui sera délivré Exécutoire contre led...... Et vous ferez Justice.

NOTA. Cette Requête sera répondue par un *Soit montré* au Procureur du Roi *ou* Fiscal; & sur le vû de ses Conclusions & de toute la Procédure, interviendra Jugement portant que dans..... pour tout Délai led..... sera tenu de mettre le Procès en état de juger, sinon, & à faute de ce faire dans led. tems, & icelui passé, en vertu du présent Jugement, sans qu'il en soit besoin d'autre, permis aud....... Accusé de faire apprêter les Grosses des Plaintes &c. & d'en avancer les Frais dont il lui sera délivré Exécutoire contre led.....

S'il n'y a pas de Partie Civile, l'Accusé fera faire à la Partie Publique les trois Sommations dont nous avons parlé ci-devant, pour qu'elle donne ses Conclusions définitives; & ensuite il appellera de Déni de Justice, & la fera intimer sur son Appel en la Cour, & même la prendra à Partie, en vertu de l'Arrêt qui lui en accordera la Permission.

ARTICLE II.

» IL sera procédé à l'Instruction & au Jugement des » Procès Criminels, nonobstant toutes Appellations, » même comme de Juge incompétent & recusé: & si » les Accusés refusent de répondre sous prétexte d'Ap- » pellations, le Procès leur sera fait comme à des Muets » volontaires, jusqu'à Sentence définitive.

SOMMAIRE.

I. *De combien de Manieres le Juge peut être dépouillé de la Connoissance du Procès Criminel?*
II. *Comment doit-on procéder sur l'Appel d'Incompétence interjetté sur les Conflits?*
III. *Que doit faire le Juge, lorsqu'il est recusé?*
IV. *Comment doivent être proposées & jugées les Récusations?*
V. *Quid, si tous les Juges & Praticiens d'un Siége étoient recusables?*
VI. *A quoi doit être condamné celui qui succombe dans la Récusation?*

PAR cet Article, l'Ordonnance veut que les Juges procédent à l'Instruction & au Jugement des Procès Criminels, sans avoir égard aux Appellations interjettées par l'Accusé, même de celles qui seroient fondées sur l'Incompétence & la Récusation; de maniere que si sous prétexte des Appellations, l'Accusé se ſe mettoit en refus de répondre, ils ſont autoriſés à lui faire ſon Procès comme à un Muet volontaire, juſqu'à Sentence définitive. *V.* néanmoins les Exceptions marquées ſur l'Art. 8 du Tit. 14, & ſur l'Art. 8 du Tit. 18 ci-devant.

I. Il y a donc, en partant des termes de cet Art., deux ſortes de Voies ou Moyens, par leſquels on peut dépouiller un Juge de la connoiſſance du Procès Crim. l'Incompétence & la Récusation.

Nous avons traité amplement de l'une & de l'autre, dans nos Inſtit. Crim. Part. 4, Chap. 3; & ſous le Tit. 1er de la préſente Ordonnance : nous n'en parlerons ici que relativement aux Diſpoſitions du préſent Article.

II. 1°. Quant à l'Appel *comme de Juge incompétent*, il paroît, ſuivant cet Article, que lorſque cet Appel eſt interjetté ſur un Conflit élevé entre deux différens Juges, qui prétendroient connoître reſpectivement du même Crime, & entre les mêmes Parties; ces Juges ne devroient pas laiſſer que de continuer chacun de leur côté, l'Inſtruction du Procès, juſqu'à Sentence définitive incluſivement. Cela ne doit s'entendre néanmoins, que lorſque cet Appel d'incompétence a été interjetté par l'Accuſé ſeul, & ſans le concours de la Juriſdiction qu'il prétend devoir connoître de ſon Crime; ou bien lorſque cette Juriſdiction ne ſe ſeroit point préſentée aſſez tôt pour revendiquer par le Miniſtére de la Partie Publique, c'eſt-à-dire, qu'elle auroit attendu à former le Conflit après que l'Inſtruction auroit été achevée dans l'autre Juriſdiction : car ſi le Conflit étoit formé d'abord par les Informations & les Décrets réciproques des deux Juriſdictions, il eſt certain que ni l'une ni l'autre de ces Juriſdictions, ne devroit procéder au Jugement définitif, qu'après que la Conteſtation ſur le Conflit auroit été jugée par la Cour Supérieure, où elle auroit été portée; ſçavoir par le Parlement, ſi le conflit s'étoit élevé entre deux Juges reſſortiſſans nûement en cette Cour; ou par le Conseil du Roi, ſi ce conflit s'étoit élevé entre des Cours Supérieures, ou même entre deux Juges Inférieurs qui ne reſſortiſſent point aux mêmes Cours; ou enfin par le Grand-Conseil, ſi le conflit s'étoit élevé entre le Lieutenant Criminel & le Prévôt des Maréchaux : le tout ſuivant ce qui eſt preſcrit par la nouvelle Ordonnance du mois d'Août 1737, Tit. 3, des Réglemens de Juges en Matiere Criminelle, Art. 1 & 6. Enſorte qu'il n'y auroit que le Juge seul, en faveur duquel le Conflit auroit été décidé, qui pourroit procéder à ce Jugement ; c'est ce qui paroît résulter, tant de la Disposition du présent Article, où il n'est parlé que d'un seul Juge, que de celle de l'Art. 2 du même Titre des Réglemens de Juges que nous venons de citer, par lequel il est dit » que les Lettres ou Arrêts de Réglement » de Juges, porteront que l'Instruction sera continuée en la Ju» risdiction qui sera commise par lesdites Lettres ou Arrêts, » jusqu'au Jugement définitif exclusivement, en attendant que » le Réglement des Juges ait été terminé & jugé. . . .

III. 2°. QUANT à L'APPEL *comme de Juge Récusé*, l'Injonction que l'Ordonnance fait ici aux Juges, de continuer l'Instruction du Procès Criminel, nonobstant cet Appel, est fondée sans doute, sur ce que les Récusations ne sont souvent hasardées de la part de l'Accusé, que pour éluder la Peine du Crime qu'il a commis, en se procurant un Juge qu'il croit lui être plus favorable.

Si cependant, sans appeller, l'Accusé se contentoit de proposer en premiere Instance, des Moyens de Récusation contre le Juge, il paroît que celui-ci ne devroit pas passer outre à l'Instruction du Procès Criminel, sur-tout du Récollement & de la Confrontation ; mais attendre que la Récusation soit décidée par son Siége, à qui il sera tenu d'en référer, ou que l'Accusé s'en soit désisté formellement par une Requête, ou du moins tacitement par la comparution volontaire qu'il feroit ensuite devant lui, & sans aucune protestation ni réserve. Le Juge ainsi récusé, laissera continuer l'Instruction par un autre du même Siége, suivant l'Ordre du Tableau, sauf à la reprendre si les Moyens de Récusation sont déclarés impertinens & inadmissibles ; & même dans ce dernier Cas, il pourra passer outre au Jugement définitif, nonobstant l'Appel que l'Accusé interjetteroit ensuite du Jugement qui l'auroit débouté de sa Récusation. C'est ce qui paroît résulter en effet de la Disposition de cet Article, & de celle de l'Art. 26 du Tit. 24 de l'Ordonnance de 1667, qui veut que les Jugemens de Récusation soient exécutés, nonobstant Opposition ou Appellation, & sans y préjudicier.

IV. LES Récusations doivent être proposées & jugées, tant en premiere Instance que sur l'Appel, suivant la forme prescrite par les Art. 23, 24, 25 & 27, du Tit. 27 de la même Ordonnance de 1667, c'est-à-dire, qu'elles ne doivent point être proposées verbalement, mais par une Requête qui contiendra les Causes de Récusation. Cette Requête sera signée de la Partie, qui la fera aussi signer par son Procureur, & la mettra entre les mains d'un Conseiller, s'il y en a, sinon du plus ancien Praticien, qui la communiquera au Juge récusé.

Ce Juge récusé ne pourra reprocher les Témoins oüis, sur la preuve des Faits de Récusation ; il déclarera seulement si les Faits sont véritables, & ce sera aux autres Juges à examiner par eux-mêmes, si l'on peut y ajouter foi.

V. Que si tous les Juges d'un Siége Royal, & même les Avocats & Procureurs, se trouvoient suspects par différens moyens légitimes, il faudroit alors s'adresser au Parlement, qui sur la Requête des Parties Publiques ou Civiles, renverroit l'Instruction à la Jurisdiction Royale la plus prochaine ; & si les Juges, Avocats & Procureurs d'une Justice Seigneuriale, se trouvoient dans le même Cas, l'Instruction seroit renvoyée par ces mêmes Cours Supérieures, au Bailliage ou Sénéchaussée, dont cette Justice ressortît, préférablement à une autre Justice Seigneuriale ; attendu que les Juges de Seigneurs sont censés Personnes privées hors de leur Territoire : au lieu que les Juges Royaux portent par-tout le caractére de Personnes Publiques, sur-tout dans l'étendue de leur Ressort ; & que d'ailleurs ils ont droit de Prévention sur les Juges des Seigneurs, qui ne font pas leurs diligences, dans les vingt-quatre heures.

VI. Nous venons de parler des Cas où la Récusation est admise, mais lorsqu'au contraire elle est jugée inadmissible, celui qui la propose doit, suivant l'Art. 22 du même Titre de l'Ordonnance de 1667, & la Déclaration du 27 Mai 1701, être condamné à une Amende plus ou moins forte, suivant la Qualité des Tribunaux.

De plus, suivant l'Art. 30 du même Tit. 24 de l'Ordonnance Civile, le Juge pourra obtenir une Réparation ; mais dans ce dernier Cas, il sera obligé de s'abstenir du Jugement du Procès.

ARTICLE III.

» Les Procédures faites avec les Accusés volontai-
» rement & sans protestation, depuis leurs Appella-

» tions, ne pourront leur être opposées comme fin de » non-recevoir.

S o m m a i r e.

I. *Différence entre cet Article & l'Article 5 du Titre de l'Ordonnance de 1667. Sur quoi fondée?*

II. *De quelle Espéce de Récusation est-il parlé dans cet Article?*

I. LA Disposition de cet Article établit une différence remarquable entre les acquiescemens qui se donnent aux Jugemens rendus en Matiere Criminelle, & ceux donnés en Matiere Civile.

Suivant l'Ordonnance de 1667, Art. 5, Tit. 27, de l'*Exécution des Jugemens*, tous Acquiescemens donnés aux Jugemens Civils, soit expressément, soit même tacitement par quelqu'Acte de Procédure qui auroit été fait en exécution de ces Jugemens, forment une fin de non-recevoir contre la Partie qui voudroit en appeller, ou qui l'auroit déja fait. Au contraire, suivant la présente Ordonnance, dans l'Article que nous expliquons, les Procédures faites avec les Accusés depuis l'Appellation qu'ils ont interjettée des Jugemens, soit préparatoires, soit définitifs rendus contr'eux, ne peuvent leur être opposées comme fins de non-recevoir, quand même ils y auroient consenti, ou auroient négligé de faire les protestations ordinaires; c'est-à-dire que le Juge, qui doit prononcer sur cette Appellation, même celle fondée sur l'Incompétence & la Récusation, doit le faire de la même maniere que s'il n'y avoit eu aucune Procédure faite avec l'Accusé, depuis son Appel ou sa Récusation.

La raison de cette différence est sensible; elle est une suite nécessaire de la Disposition portée par l'Article précédent, qui veut que l'on fasse le Procès à l'Accusé, qui refuse de répondre sous prétexte de ces Appellations, comme à un Muet volontaire.

II. Au reste, il faut observer que les Récusations, dont il est parlé ici, sont celles qui ont été jugées par un Jugement dont il y a Appel de la part de l'Accusé : car à l'égard de celles qui sont simplement proposées en premiere Instance, & sur lesquelles il n'a point encore été statué, nous venons de voir sur l'Article précédent, qu'elles s'effaçoient entiérement par la Comparution volontaire de l'Accusé, ou par quelque Acte produit ou signifié de sa part, de maniere qu'il ne pouvoit plus faire admettre sa Demande, même après l'entiére instruction du Procès, & lorsqu'il s'agiroit de procéder au Jugement définitif.

ARTICLE IV.

» CEUX contre lesquels la Contumace aura été » instruite & jugée, ne seront reçus à présenter Re- » quête, soit en premiere Instance ou en Cause d'Ap- » pel, qu'ils ne se soient mis en état : ils pourront » néanmoins proposer leurs Exoines.

SOMMAIRE.

I. *Dérogation à l'Art.* 18 *de l'Ordonnance de Roussillon.*
II. *Que veulent dire ces mots présenter Requête?*
III. *De quel Exoine est-il parlé ici? & quel est son Effet?*

TROIS choses à observer sur cet Article.

I. 1°. L'ORDONNANCE ne parlant ici que des Accusés *dont la Contumace a été instruite & jugée*, paroît laisser conséquemment à ceux dont la Contumace n'est point jugée, & qui sont simplement dans les liens du Décret, la Faculté de se pourvoir par Appel contre ce Décret, sans être obligé de se mettre en état. En quoi elle déroge à l'Art. 18 de l'Ordonnance de Roussillon de 1563, qui porte » que les Appellans de Prise de Corps sur » Informations faites par Juges Royaux, ne seront reçus Appel- » lans, sinon après qu'ils se seront rendus actuellement Prisonniers » ès Prisons des Juges qui auront décrété ou jugé d'Appel. *V.* au surplus ce qui sera dit sur l'Art. 2 & 3 du Tit. suivant, au sujet de l'Appel de ces Décrets.

II. 2°. CE n'est qu'après que les Accusés, dont la Contumace a été instruite & jugée, *se sont mis en état*, qu'ils peuvent présenter Requête, c'est-à-dire, qu'ils peuvent appeller du Décret, soit pour cause de *Nullité* de la Procédure, soit pour cause d'*Incompétence ou Récusation*; & qu'ils peuvent aussi demander à être interrogés, ou à être rétablis dans la *Possession de leurs Biens*, suivant l'Art. 16 du Tit. 17; ou bien à proposer leurs *Reproches* contre les Témoins; ou à être admis à leurs *Faits justificatifs*; ou même à former une *Inscription de Faux Incident*. Mais dans tous ces Cas, il faut qu'à la Requête soit joint un Extrait de leur Ecroüe, qui constate qu'ils se sont mis en état. *V.* au surplus ce qui sera dit sur l'Art. 4 du Titre suivant.

III. 3°. Le Cas de l'Exoine, qui est excepté par cet Article, a lieu, lorsque l'Accusé Contumax ayant formé le dessein de se rendre dans les Prisons, il lui est survenu une Maladie dangereuse qui l'empêche de se représenter, soit avant, soit d'abord après le Jugement de Contumace. L'effet de cet Exoine, s'il est reçu, n'est autre que de faire surseoir l'Instruction par Contumace, ou si le Jugement a été rendu, d'en faire surseoir l'Exécution par Effigie, Tableau, ou Signification pendant le Délai qui sera réglé sur la Réception de l'Exoine; & même si l'Accusé qui propose cet Exoine, se trouvoit prévenu ou condamné pour un Crime atroce, il devroit pendant ce Délai, être mis, de l'autorité du Juge, à la Garde d'Huissiers ou Archers dans la Maison où il est détenu Malade, pour le conduire en Prison si son Exoine étoit rébuté, où s'il étoit admis, pour l'y amener aussi-tôt après le Délai expiré. Mais s'il s'agissoit d'un moindre Crime, il devroit être mis, de la même autorité, à la Garde de ses Parens ou autres Personnes qui se chargeroient de le reproduire, ainsi que nous l'avons vû sur l'Art. 22 du Tit. 1er, & sur l'Art. 5 du Tit. 11. Par conséquent, il faut que cet Accusé soit bien sûr de faire connoître son Innocence, soit par des Faits justificatifs, ou des Reproches contre les Témoins, ou par des Contrariétés évidentes dans leurs Dépositions, ou enfin, par de nouvelles Piéces péremptoires qu'il auroit recouvrées, pour oser proposer son Exoine en pareil Cas.

ARTICLE V.

» LES Procès Criminels pourront être instruits &
» jugés, encore qu'il n'y ait point d'Information; & si

» d'ailleurs il y a Preuve suffisante par les Interroga-
» toires, & par Piéces authentiques ou reconnues par
» l'Accusé, & par les autres Présomptions & Circons-
» tances du Procès.

S O M M A I R E.

I. *Espéce de Crimes qui ne peuvent être prouvés par des Informations.*
II. *Quatre sortes de Preuves qui peuvent être employées, suivant cet Article.*
III. *Autre Espéce de Preuve non comprise dans cet Article.*
IV. Quid, *en fait de Crime commis en la présence du Juge? Réglement de la Cour.*
V. Quid, *lorsque les Témoins en chargent un autre que celui à qui le Juge l'a vû commettre?*

DEUX Dispositions dans cet Article.

I. PAR la *premiere*, l'Ordonnance décide qu'il y a des Procès Criminels qui peuvent être instruits & jugés sans Informations; parce qu'en effet, il y a de certains Crimes qui ne peuvent être prouvés par cette Voie, soit parce qu'ils sont *occultes* de leur nature, & ont été commis dans les ténébres de la nuit; soit parce qu'ils consistent principalement dans la *Pensée & dans les Ecrits*, comme l'Hérésie, la Simonie, l'Usure, la Conjuration envers le Prince, le Faux, & les Libelles diffamatoires.

II. PAR la *seconde*, elle marque les différens genres de Preuves qui peuvent suppléer au Défaut des *Informations.* Ces Preuves sont celles tirées des *Interrogatoires* ou des *Piéces authentiques* ou *reconnues par l'Accusé*, ou enfin, des *Présomptions & autres Circonstances du Procès.* Ainsi, en partant de cette Disposition, l'on voit qu'il y a quatre sortes de Preuves qui peuvent être employées en Matiere Criminelle; d'abord, la *Testimoniale* qui résulte des Dispositions des Témoins dans les Informations, Récollemens & Confrontations; 2°. la *Littérale* ou *Instrumentale*, qui résulte des Piéces authentiques ou reconnues par l'Accusé; 3°. la *Verbale*, qui résulte de la Confession de l'Accusé dans ses Interrogatoires, ou lors de sa Confrontation; 4°. enfin la *Conjecturale*, qui est formée par les Indices & Circonstances particuliéres du Procès.

III. IL y a encore une cinquiéme espéce de Preuve, qui ne

ſe trouve point rappellée dans le préſent Article, parce que l'Ordonnance en a déja parlé ailleurs ſous les Titres 4 & 5 qui concernent les *Procès-verbaux des Juges, & les Rapports des Médecins & Chirurgiens*; c'eſt celle tirée du CORPS DU DÉLIT. Nous avons eu lieu de traiter amplement de cette Preuve, tant ſous les deux Titres que nous venons de citer, que ſous le Titre de la Preuve de nos Inſtit. Crimin. Chap. 1er, où nous avons táché de raſſembler tous les Principes qui peuvent la concerner. Nous y avons auſſi développé les Caractéres particuliers des autres eſpéces de Preuves que nous venons d'indiquer. Nous aurons même lieu de parler encore de la Preuve *Littérale* en particulier, dans la ſeconde Partie de ce Volume, où il ſera traité du FAUX & de la RECONNOISSANCE *des Ecritures privées en Matiere Criminelle.*

IV. ENFIN, il y a encore un Cas particulier, où il paroît que le Procès peut être jugé ſans Information, quoique l'Ordonnance n'en parle point, ou du moins qu'implicitement par ces mots, *& autres Circonſtances du Procès* qu'on voit à la fin du préſent Article; c'eſt celui où le Crime auroit été commis en face du Juge. Il y a des Auteurs qui prétendent que le Juge peut alors le punir, après en avoir dreſſé ſon Procès-verbal, & ſans même qu'il ſoit beſoin de la Confeſſion de l'Accuſé: mais cela ne doit s'entendre, comme le remarque fort bien BORNIER, qu'en fait de Crimes légers qui peuvent ſeulement donner lieu à des Condamnations pécuniaires ou autres légeres ſatisfactions, & non point en des Crimes graves, *qui irrogant pœnam ſanguinis*, pour leſquels la Loi veut qu'il y ait des Preuves, ou par Témoins, ou par la Confeſſion de l'Accuſé. *V. L. qui Sententiæ au Cod. de Pœnis*: & même dans ce dernier Cas, une ſimple Information ne ſuffiroit point, ſuivant un Arrêt de Réglement de la Cour, du 6 Août 1722, qui veut que tout Jugement qui porte Peine afflictive ou infamante, ne puiſſe être prononcé que ſur Récollement & Confrontation.

V. AU RESTE, ſi le Juge n'avoit pas pris la Précaution de dreſſer Procès-verbal du Crime qu'il auroit vû commettre en ſa préſence, & que par l'Information qu'il auroit faite en conſéquence, il venoit à remarquer que les Témoins chargent de ce Crime un autre que celui à qui il l'a vû commettre, il ſeroit obligé de juger conformément à ces Dépoſitions, contre ſes propres

pres lumieres, suivant la Maxime *Judex debet judicare secundùm allegata & probata;* parce qu'autrement il seroit en même-tems les fonctions de Juge & de Témoin : ce qui est absolument incompatible. Ainsi, il paroît que dans ce Cas, pour sauver l'Innocence, il seroit de son devoir de se départir de son Office de Juge, pour servir de Témoin.

ARTICLE VI.

» LES Sentences des premiers Juges, qui ne contiendront que des Condamnations pécuniaires, seront » exécutées par maniere de Provision, & nonobstant » l'Appel, en donnant Caution : si outre les Dépens » dans les Justices des Seigneurs, elles n'excédent la » somme de 40 liv. envers la Partie, & de 20 liv. envers le Seigneur; dans les Jurisdictions Royales, qui » ne ressortissent nûement au Parlement, si elles n'excédent 50 liv. envers la Partie, & 25 liv. envers » Nous ; & dans les Bailliages & Sénéchaussées où il » y a Présidial, Siége des Duchés & Pairies, & autres ressortissans nûement en nos Cours de Parlement, » 100 liv. envers la Partie, & 50 liv. envers Nous : » & se chargeront les Receveurs de nos Amendes, » des Sommes qui nous seront adjugées par forme de » Consignation, sans Frais ni Droits; & seront tenus » de les employer en Recette, après les deux années » de la Condamnation, s'ils ne justifient les avoir restituées en vertu d'Arrêts de nos Cours.

SOMMAIRE.

I. *Que doit-on entendre par* Condamnations pécuniaires*? Dépens y sont-ils compris?*

II. *Deux Conditions attachées au Privilége porté par cet Article.*

III. *Comment doit être prêtée la Caut.*

IV. *Cas où l'Exécution provisoire, dont il s'agit, peut être empêchée.*

I. SOUS le nom de *Condamnations pécuniaires* dont il est parlé dans cet Article, l'on doit entendre non-seulement les Amendes, Aumônes, Réparations civiles, Dommages & Intérêts; mais encore les Dépens, conformément à l'Edit de S. Maur, de Novembre 1566.

II. EN même-tems que l'Ordonnance veut, que les Sentences des premiers Juges qui ne contiennent que des Condamnations pécuniaires, soient exécutées par Provision, & nonobstant l'Appel, elle exige, comme l'on voit, deux Conditions également indispensables; l'*une*, que ces Condamnations n'excédent point une *certaine somme*, outre les dépens du Procès; sçavoir, celle de 40 liv. envers la Partie, & 20 liv. envers les Seigneurs, lorsque ces Condamnations sont prononcées dans des *Justices Seigneuriales*; celle de 50 liv. envers la Partie, & 25 liv. envers le Roi, lorsqu'elles sont prononcées par des *Juges Royaux* qui ne ressortissent pas nûement au Parlement, tels que les Prévôts & Châtelains; & enfin, celle de 100 liv. envers la Partie, & 50 liv. envers le Roi, lorsqu'elles sont prononcées dans des *Bailliages & Sénéchaussées* où il y a Présidial, ou bien dans des Siéges de *Duchés & Pairies*, & autres qui ressortissent nûement aux Cours de Parlement.

L'*autre* Condition, c'est que les Parties qui veulent faire exécuter ces Sentences, sont tenues de donner *Caution* bonne & solvable, qui réponde du tout au Condamné, c'est-à-dire, tant des sommes portées en la Condamnation, que des dépens dont l'Exécution provisoire doit également avoir lieu, suivant cet Article.

III. CETTE Caution doit être prêtée en la forme prescrite sous le Tit. 28 de l'Ordonnance de 1667. Le Juge qui la reçoit doit être nommé dans le Jugement, suivant l'Art. 1er de ce Titre: c'est ordinairement le Rapporteur du Procès. Jusqu'à ce que cette Caution ait été reçue; la Partie Civile ne peut rien exiger en vertu de la Sentence. Cependant, si elle étoit notoirement solvable, l'Exécution provisoire pourroit être ordonnée sur sa simple Caution juratoire & de ses Biens: c'est aussi la Disposition du même Edit de S. Maur, que nous venons de citer.

IV. LORSQUE l'une & l'autre des Conditions ci-dessus, se trouvent remplies, rien ne peut empêcher l'Exécution provisoire de ces Sentences, pas même les Arrêts de Défenses & Surséances, comme nous le verrons sur l'Art. 8 ci-après. Ensorte que ce n'est que dans les seuls Cas, où ces Sentences contiendroient des Condamnations à des sommes plus fortes que celles énoncées dans cet Article, & où la Partie Civile se mettroit en refus de prêter la Caution dont on vient de parler, que l'Appel qui en seroit interjetté par l'Accusé, auroit un effet suspensif.

ARTICLE VII.

» L'AMENDE payée par Provision en la Maniere
» ci-dessus, ne portera aucune Note d'Infamie, si elle
» n'est confirmée par Arrêt.

SOMMAIRE.

I. *Conformité de cet Article avec l'Article 2 de ce Titre.*
II. *Plusieurs Cas où l'Amende, quoiqu'acquiescée ou confirmée par Arrêt, n'emporte point Note d'Infamie.*
III. *Deux Choses requises, pour que l'Amende puisse emporter Note d'Infamie.*
IV. *Réfutation du Sentiment des Auteurs qui veulent qu'elle soit jointe à une Peine infamante de sa Nature.*
V. *Cas où l'Amende & l'Aumône peuvent se cumuler.*

I. LA Disposition de cet Article est fondée sur le même Motif que celle de l'Art. 2 du présent Titre, qui ne permet pas qu'on puisse rien opposer à l'Accusé de tout ce qu'il fait en exécution de l'Ordonnance, comme étant censé ne l'avoir fait, que dans la seule vûe d'obéir à la Loi. Ainsi, en même tems qu'elle vient de décider par l'Article précédent, que l'Appel qu'interjetteroit l'Accusé d'une Sentence qui l'auroit condamné à une Amende de la Qualité de celle marquée dans ce même Article, ne pourroit le mettre à couvert de l'Exécution provisoire de cette Sentence, ni par conséquent du payement de cette Amende; l'Ordonnance ne veut pas que ce payement puisse préjudicier à l'effet de son Appel, & c'est par cette raison qu'elle a soin d'ajouter, par le présent Article, que l'Amende qui seroit payée par provision en vertu de la Sentence dont est Appel, ne pourroit emporter note d'Infamie, si elle n'étoit confirmée par Arrêt.

Ainsi, en partant de la Disposition de cet Article, pour que l'Amende puisse emporter note d'Infamie, ce n'est point assez qu'elle soit portée par une Sentence; mais il faut encore, ou que le Condamné ait acquiescé à cette Sentence, ou bien que sur son Appel la Sentence ait été confirmée par Arrêt.

II. Il y a cependant de certains Cas où l'Amende, quoique acquiescée par le Condamné, ou confirmée par Arrêt, n'emporte point note d'Infamie, même en Matiere Criminelle; sçavoir, 1°. Lorsqu'elle est prononcée contre des Témoins qui refusent de venir en Déposition.

2°. En fait de Contravention aux différens Articles de l'Ordonnance, où elle est prononcée.

3°. En fait de Contravention en Matiere d'Eaux & Forêts, ou des Fermes du Roi, ou de Police.

4°. Enfin, lorsqu'il n'y a d'autre Partie au Procès Criminel que le Procureur du Roi; parce qu'alors il est d'usage d'ajuger une Amende, pour tenir lieu des Dépens, lesquels ne peuvent jamais être prononcés en sa faveur suivant la Maxime constante de ce Royaume. *V.* BAQUET, des Droits de Justice, Chap. 7, N°. 23. & PAPON, Arr. Liv. 18, Tit. 2, N°. 28.

III. En général, pour que l'Amende puisse emporter note d'Infamie, il faut nécessairement deux choses; 1°. Qu'elle soit prononcée pour un Crime qui de sa Nature diffame celui qui l'a commis; *Ex delicto Infamante.* De-là cette Maxime, *non Mulcta sed Causa Infamiam irrogat. V. L.* 22, *ff. de His qui notantur Infamia.*

2°. Qu'il y ait eû une Instruction Criminelle faite en conséquence.

IV. Il y a même des Criminalistes, qui prétendent que l'Amende, lorsqu'elle est prononcée seule, & ne se trouve point jointe à quelqu'autre Peine qui de sa Nature est infamante, ne peut produire la note d'Infamie contre le Condamné. Mais ce sentiment paroît formellement contraire, & à la Disposition de cet Article qui ne fait aucune distinction à ce sujet, & à celle de l'Article précédent, où il est parlé des Sentences qui ne prononcent que des Condamnations pécuniaires, & conséquemment qui sont rendues en Matieres légeres. L'on peut même dire, qu'il résiste ouvertement à la Jurisprudence des Arrêts, où l'on voit, que pour faire cesser l'effet de l'Infamie attachée aux Amendes qui se prononcent en Matiere Criminelle, les Cours sont dans l'usage d'ajouter la Clause, *sans note d'Infamie. V.* AUTOMNE, sur la Rubr. du Cod. *ex quib. Caus. infam. irrog.* & LOYSEAU, des Offices, Liv. 1, Ch. 13, n°. 62.

V. C'EST aussi de-là qu'est venue cette Maxime constante parmi nous, qu'il y a cette différence entre l'Amende & l'Aumône, que l'Amende ne note point en Matiere Civile, mais en Matiere Criminelle; au lieu que l'Aumône note en Matiere Civile, & ne note point lorsqu'elle est prononcée par un Jugement Criminel. Aussi, ces deux Peines ne peuvent-elles se rencontrer dans un même Jugement: il n'y a, suivant la Déclaration du 21 Janvier 1685 (*a*), que deux Cas où elles peuvent se cumuler; sçavoir, en fait de Sacrilége, ou lorsque la Condamnation d'Aumône fait partie de la Réparation; encore dans ces deux Cas, les Aumônes ne peuvent être appliquées à d'autres usages qu'au pain des Prisonniers, ou au profit de l'Hôtel-Dieu, Hôpitaux Généraux, ou des Couvents de Religieux & Religieuses des Ordres Mendians, & autres lieux pitoyables.

(*a*) » Défendons à nos Cours & Juges » qui jugent en dernier Ressort, en condamnant les Accusés en des Amendes » envers Nous, de prononcer contr'eux » aucunes Condamnations d'Aumône pour » employer en Œuvres pies, si ce n'est » dans le Cas où il aura été commis Sacrilége, & où lad. Condamnation pour » Œuvres pies, fera partie de la Réparation. Pourront néanmoins lesd. Cours » & Juges, attendu qu'il n'échçoit pas » d'Amende contre les Porteurs de Rémission, ou en autres Cas où il n'échçoit » pas non plus d'Amende envers Nous, » condamner, s'il y échçoit, selon qu'ils » l'estimeront en leur Conscience, lesdits » Porteurs de Rémission ou Accusés en des » Aumônes, lesquelles, quant aux Porteurs » de Rémission, seront uniquement appliquées au Pain des Prisonniers. Et quant aux » Aumônes èsquelles les Accusés pourront » être condamnés, soit pour Sacriléges, soit » pour les autres Cas èsquels il n'échçoit » point d'Amende, ne pourront lesd. Aumônes être appliquées à d'autres Usages, qu'au » pain des Prisonniers, ainsi qu'il est accoutumé, ou au profit des Hôtels-Dieu, Hôpitaux Généraux des Lieux, Religieux & » Religieuses Mendiantes, & autres Lieux » pitoyables, à peine de Désobéissance.

ARTICLE VIII.

» DÉFENDONS à nos Cours de donner aucunes » Défenses ou Surséances d'exécuter les Sentences qui » n'excéderont les sommes ci-dessus. Déclarons nulles

» celles qui pourroient être données. Voulons, sans » qu'il soit besoin d'en demander Main-levée, que les » Sentences soient exécutées par Provision, & que les » Parties qui auront demandé des Défenses ou Sur- » séances, & les Procureurs qui auront signé les Re- » quêtes, ou fait quelques autres Poursuites, soient » condamnés chacun en 100 liv. d'Amende, qui ne » pourra être remise ni modérée.

SOMMAIRE.

I. PAR cet Article, l'Ordonnance confirme la Disposition de l'Art. 6 ci-devant, en ce qu'elle veut que l'exécution provisoire des Sentences dont il est parlé dans ce premier Article, ne puisse être empêchée ni suspendue par les Défenses & Surséances, que le Condamné pourroit obtenir sur son Appel dans les Cours: tellement qu'elle autorise les premiers Juges à procéder à cette Exécution, sans avoir égard à ces Défenses & Surséances, qu'elle déclare nulles & de nul effet; & de plus elle veut que tant les Parties qui les auront obtenues, que les Procureurs qui auront signé les Requêtes, ou fait quelqu'autre poursuite à ce sujet, soient condamnés chacun en 100 liv. d'Amende, qui ne pourra être remise ni modérée.

II. LA Forme ordinaire de procéder en pareil Cas, est de remettre les Piéces entre les mains d'un Sergent ou Huissier, pour exécuter, nonobstant les Défenses ou Surséances qui auroient été notifiées: s'il refusoit de le faire, il faudroit présenter Requête au Juge du Lieu où doit se faire l'exécution; ou bien à la Cour même, dont on auroit surpris les Défenses; & demander, conformément à cet Article, la Condamnation contre la Partie Civile & le Procureur, qui auroient signé la Requête.

ARTICLE IX.

» AUCUN Procès ne pourra être jugé de relevée, » si nos Procureurs ou ceux des Seigneurs y ont pris » des Conclusions à Mort, ou s'il y écheoit, une Peine » de Mort Naturelle ou Civile, de Galéres ou Ban- » nissement à Tems. N'entendons néanmoins rien inno- » ver à cet égard à l'Usage observé par nos Cours.

SOMMAIRE.

I. *Pourquoi les Jugemens doivent être rendus le Matin, dans le Cas de cet Article?*

II. *Cas non marqués par cet Article, où les Jugement doivent être également rendus à jeun.*

III. *Jugement de Question doit être rendu à jeun.*

IV. *Sur quoi fondée l'Exception en faveur des Cours?*

V. *Prévôt des Maréchaux, ni les Présidiaux ne jouissent du même Privilége.*

VI. *Cas où les Juges Inférieurs peuvent juger de relevée.*

APRÉS avoir établi par les Articles précédens, la Nécessité d'accélérer l'Instruction & le Jugement des Procès Criminels, l'Ordonnance marque, par celui-ci & les suivans, les Précautions particuliéres que le Juge doit garder en procédant à ces sortes de Jugemens.

I. LA *premiere*, qui fait l'objet du présent Article, est que ces Jugemens soient rendus le *matin* & non de *relevée*, lorsque les Conclusions définitives du Procureur du Roi ou des Seigneurs, tendent à la Peine de *Mort*, aux *Galeres* ou *Bannissement perpétuel*, & même à des Condamnations aux *Galeres* ou au *Bannissement à tems*.

Cette Disposition est fondée sur l'importance de ces sortes de Jugemens, où il s'agit de décider de la Vie & de l'Honneur des Hommes; & qui demandent par conséquent, de la part des Juges, une liberté entiére d'esprit, dont ils sont plus capables lorsqu'ils sont à jeun, qu'après le repas.

II. PAR cette raison, la même Régle doit avoir lieu toutes les fois qu'il s'agit de prononcer d'autres Peines afflictives, qui affectent la personne ou l'honneur des Condamnés, telles que le *Fouet*, le *Carcan* & l'*Amende honorable*, comme étant plus rigoureuses que celles du Bannissement à tems, ainsi que nous le verrons sur l'Art. 13 ci-après.

III. A plus forte raison, les Juges ne doivent procéder qu'à *jeun* au Jugement de *Torture*; puisque la Question est du nombre des Peines Corporelles, suivant le même Art. 13; & qu'elle est même plus rigoureuse lorsqu'elle est *avec réserve de Preuves*, que les Galeres perpétuelles : tellement qu'on a vû plusieurs exemples où elle a causé la mort.

IV. CEPENDANT, quelque sage que soit cette Maxime, comme il y a des Cours Supérieures où il s'est introduit un usage contraire, à cause d'un grand nombre d'Affaires dont elles sont surchargées, l'Ordonnance n'a pas cru devoir les y assujettir; mais elle a ajouté une Exception particuliére en leur faveur, à la fin de ce même Article.

V. AU RESTE, comme l'Ordonnance ne parle ici que des Cours, l'Exception qu'elle introduit en leur faveur, ne peut s'étendre à d'autres Juges, quand même ils seroient en dernier ressort, tels que les Prévôts des Maréchaux & les Juges Présidiaux.

VI. NÉANMOINS la Disposition de cet Article ne doit pas s'entendre tellement à la rigueur, à l'égard des Juges Inférieurs; que si les opinions avoient été commencées le matin, ils ne puissent les continuer, & terminer le Jugement l'après-midi, pourvu que ce soit sans désemparer & sans quitter le Siége.

ARTICLE X.

» AUX Procès qui seront jugés à la Charge de » l'Appel par les Juges Royaux, ou ceux des Seigneurs, » èsquels il y aura des Conclusions à Peine afflictive, » assisteront au moins trois Juges qui seront Officiers, » si tant il y en a dans le Siége, ou Gradués; & se » transporteront au Lieu où s'exerce la Justice, si » l'Accusé

» l'Accusé est Prisonnier, & seront présens au dernier » Interrogatoire.

SOMMAIRE.

I. *De quels Procès jugés à la Charge d'Appel, l'Ordonnance veut-elle parler ici?*

II. *Faut-il le nombre de trois Juges, lorsqu'il s'agit de prononcer des Peines infamantes?*

III. *Nombre de cinq Juges nécessaire en Cas de Duel.*

IV. Quid, *en Fait de Jugement de Torture & de plus amplement Informé?*

V. Quid, *à l'égard des Jugemens de Contumace?*

VI. *Simples Praticiens peuvent-ils être admis à défaut de Gradués?*

PAR cet Article, l'Ordonnance détermine le Nombre des Juges qui doivent assister aux Jugemens à charge d'Appel : lorsqu'il y a des Conclusions à Peine afflictive, elle veut qu'il y ait au moins *trois* Officiers du Siége; & que si ce nombre ne se trouve point dans le Siége même, il y soit suppléé par des *Gradués*, qui se transporteront avec le Juge au Lieu où s'exerce la Justice, si l'Accusé est prisonnier, & qui seront présens au dernier Interrogatoire.

Ainsi plusieurs choses à observer sur cette Disposition.

I. 1°. PAR les Procès qui sont jugés à la charge d'Appel, l'Ordonnance veut parler de ceux dont l'Appel est de *droit*, c'est-à-dire ceux, où quand même l'Appel ne seroit interjetté ni par l'Accusé, ni par la Partie Civile, il devroit l'être par la Partie Publique, afin que les Condamnations prononcées par les premiers Juges, soient confirmées par les Cours Supérieures, conformément à l'Art. 6 du Titre suivant.

II. 2°. L'ORDONNANCE ne prescrivant le nombre de trois Juges, que pour les Procès où il y a des Conclusions à Peine afflictive, il paroît qu'on en devroit conclure, que les Jugemens où il ne s'agiroit de prononcer que des Peines *infamantes*, pourroient être rendus par un Juge seul.

III. 3°. IL y a des Jugemens qui, quoique rendus à la charge d'Appel, demandent plus de trois Juges : tels sont ceux rendus en Matiere de Duel, pour lesquels il en faut *cinq*, suivant l'Art. 28 de la Déclaration du 5 Février 1731.

IV. 4°. EN assujettissant à ce nombre de trois Juges, les Jugemens qui se rendent à la charge d'Appel, l'Ordonnance ne comprend pas seulement les Jugemens *Définitifs*, mais encore les Jugemens *Interlocutoires*, qui tiennent en quelque sorte du *Définitif*, par les impressions irréparables qu'ils laissent le plus souvent sur la Personne ou sur l'Honneur des Condamnés; l'on veut parler de Jugemens de TORTURE, & du plus AMPLEMENT INFORMÉ. A l'égard du *premier*, cela ne peut faire difficulté, puisqu'il s'agit d'une Peine afflictive. Quant au *dernier*, ce nombre est d'autant plus indispensable, que ce Jugement ne se rend qu'après le dernier Interrogatoire, auquel doivent assister les trois Juges dont il est parlé dans cet Article.

V. 5°. L'ORDONNANCE veut, par une derniere Disposition de cet Article, que les Gradués qui seront choisis par le Juge, à défaut d'Officiers du Siége, se transportent avec lui au Lieu où s'exerce la Justice, lorsque l'Accusé est prisonnier, & qu'ils soient présens au dernier Interrogatoire. D'où il paroît qu'on peut conclure, qu'elle a voulu dispenser de cette Formalité, les Procès qui se jugent par *Contumace*, puisqu'il n'y a ni Accusé prisonnier, ni dernier Interrogatoire à subir. Cependant, comme les principales Conditions auxquelles l'Ordonnance paroît avoir attaché la nécessité des trois Juges, sont d'une part, que le Crime qui fait le Titre de l'Accusation soit de Nature à mériter Peine afflictive, & de l'autre, qu'il s'agisse de Jugement définitif à la charge d'Appel; il faut convenir que le Jugement par *Contumace* qui réunit l'une & l'autre de ces conditions, doit aussi être sujet aux mêmes Régles.

VI. 6°. ENFIN, l'Ordonnance ne parle que des *Gradués*, lorsqu'il s'agit de suppléer au défaut des Officiers du Siége. Elle exclut conséquemment par-là de simples *Praticiens*, qui néanmoins aux termes de l'Ordonnance Civile, sont admis à défaut de Gradués. Il est vrai que par l'Ordonnance des GABELLES du mois de Mai 1680; il est dit que les Praticiens pourront être admis à défaut de Gradués, même dans des Sentences qui prononcent des Condamnations à Peines afflictives: & c'est sur ce fondement sans doute, que s'est introduit l'usage où l'on est en de certains Tribunaux, de les appeller dans des Jugemens Criminels. Cet usage paroît même avoir été autorisé par un Arrêt de la Cour du 12 Septembre 1711, qui exige seulement que ces Praticiens soient résidens dans le Lieu de la Jurisdiction.

Au surplus, il faut que ces Praticiens, ainsi que les Gradués qui seront choisis à cet effet, ayent atteint l'âge de vingt-cinq ans.

ARTICLE XI.

» LES Jugemens en dernier Ressort se donneront par » sept Juges au moins; & si ce nombre ne se rencontre » dans le Siége, ou si quelques-uns des Officiers sont » absens, recusés, ou s'abstiennent pour Cause jugée » légitime par le Siége, il sera pris des Gradués.

SOMMAIRE.

I. *Pourquoi l'Ordonnance exige-t-elle un plus grand nombre de Juges pour les Jugemens en dernier Ressort?*

II. *Nombre nécessaire pour les Arrêts des Cours.*

III. *Cet Article comprend toutes sortes de Jugemens en dernier Ressort.*

IV. *En quel Cas doit-on recourir à des Gradués, suivant l'Ordonnance?*

V. *Deux Cas particuliers où l'on doit également y recourir, suivant notre Jurisprudence.*

I. APRÉS avoir fixé, par l'Article précédent, le Nombre des Juges nécessaire pour les Jugemens à charge d'Appel, l'Ordonnance marque ici Celui des Juges qui doivent assister aux Jugemens qui se rendent en dernier ressort, tels que ceux des Prévôts des Maréchaux & des Présidiaux, dont il est parlé sur les Art. 18 & 24 du Tit. 2 de la présente Ordonnance. Au lieu de trois seulement qu'elle exige pour les premiers, elle en veut *sept* pour ces derniers, comme étant d'une plus grande importance, en ce qu'ils décident irrévocablement du sort de l'Accusé, & qu'ils le privent d'un premier degré de Jurisdiction, toujours favorable à sa Défense.

II. L'on dit que l'Ordonnance n'a voulu parler ici que des Jugemens *Prévôtaux* & *Présidiaux*; parce qu'à l'égard des *Arrêts* des Cours Supérieures, il faut, comme l'on sçait, pour les former, le nombre de *dix* ou au moins de *huit* Juges. D'ailleurs la permission qu'elle donne à la fin de cet Article, de recourir, à défaut d'Officiers du Siége, à des Gradués, ne peut regarder aucunement des Cours Supérieures, où l'on n'eſt jamais dans le Cas de manquer de Juges, au moyen des différentes Chambres dont ces Cours ſe trouvent composées.

III. Cet Article ne diſtingue point, comme le précédent, s'il y a Concluſion à peine afflictive : d'où il faut conclure qu'il ne comprend pas ſeulement les Jugemens Définitifs, mais encore les Interlocutoires & Préparatoires, qui ſe rendent en la Chambre ; parce que les uns & les autres ſe rendent également en dernier reſſort.

IV. On ne doit recourir aux Gradués, ſuivant cet Article, que dans les Cas d'Abſence, Récuſation ou Abſtention volontaire des Juges, qui ſoit fondée ſur quelque cauſe légitime, jugée telle par le Siége. Cette Diſpoſition eſt conforme à celle de l'Art. 8 du Tit. 24 de l'Ordonnance de 1667.

V. Indépendamment des Cas marqués par cet Article, il y en a encore deux autres, où il eſt néceſſaire de recourir à des Gradués ; l'*un*, c'eſt lorſque les Juges du Siége n'ont pas encore atteint la Majorité, à l'exception du Rapporteur, dont la voix eſt toujours comptée, quoiqu'il n'ait pas les vingt-cinq ans accomplis ; l'*autre*, qui concerne ſinguliérement les Juges du Châtelet, c'eſt qu'ils ne peuvent opiner dans les Jugemens en dernier reſſort, qu'après deux années entieres de Réception, ſuivant un Edit de 1663, Art. 17.

ARTICLE XII.

» Les Jugemens, ſoit définitifs ou d'Inſtruction, paſ-
» ſeront à l'avis le plus doux, ſi le plus ſévere ne pré-
» vaut d'une voix dans les Procès qui ſe jugeront à la
» Charge de l'Appel, & de deux dans ceux qui ſe
» jugeront en dernier Reſſort.

SOMMAIRE.

I. *Partage ne peut avoir lieu dans les Jugemens Criminels comme dans les Civils.*

II. *Diſpoſition de cet Article comprend toutes ſortes de Jugemens rendus ſur Procès inſtruits par la Voie Crimin.*

III. Quid, *lorsque dans le même Tribunal il y a des Parens & Alliés?*

IV. Quid, *s'il y a autant de Voix différentes, qu'il y a de Juges?*

I. SUIVANT cet Article, il ne peut y avoir partage d'Opinions en Matiere Criminelle, comme en Matiere Civile; c'est-à-dire, que lorsqu'il y a égalité d'Opinions, il faut nécessairement s'en tenir à l'Avis le plus doux; ensorte que l'avis le plus sévére ne peut prévaloir que lorsqu'il l'emporte d'*une* Voix, dans les Procès qui se jugent à la charge d'Appel, & de *deux* dans ceux qui se jugent en dernier ressort.

II. CETTE Disposition étant fondée principalement sur la faveur de l'Accusé, a lieu généralement pour toutes sortes de Jugemens qui sont rendus sur des Procès instruits par la Voie Criminelle, c'est-à-dire, qu'elle comprend les Jugemens Préparatoires & Interlocutoires, comme les Définitifs, & parmi ces derniers, les Jugemens qui prononcent des Condamnations simplement pécuniaires, comme ceux qui prononcent des Peines afflictives & infamantes. Nous verrons sur l'Article suivant, où il est traité de *l'Ordre des Peines*, comment l'on peut juger quel Avis est le plus doux.

III. NOUS avons observé sur l'Article précédent, que pour avoir voix délibérative dans un Procès Criminel, il falloit être Majeur; il reste à observer, que lorsque dans un même Tribunal, il se trouve des Parens & Alliés, tels que le Pere, Fils, Frere, Oncle, Neveu, Beau-pere, Gendre & Beau-frere, leur avis ne doit être compté que pour un, lorsqu'ils sont conformes; c'est la Disposition d'une Arrêt du Conseil du 31 Juin 1679.

IV. MAIS, si parmi les Juges qui opinent il y a autant de Voix différentes, que doit-on faire alors? Ce Cas a été prévu par nos anciennes Ordonnances, notamment par celles de 1510, Art. 32, & de 1534, Chap. 1, Art. 87, qui ont été renouvellées en dernier lieu par l'Art. 27 de l'Edit de Février 1705, suivant lequel il faut que dans ce Cas les Juges reviennent nécessairement à deux Opinions; c'est-à-dire, que ceux qui sont en plus petit nombre, doivent rentrer dans le sentiment qui est le plus nombreux, & qui approche le plus du leur, afin que le tout soit réduit à deux sentimens. *V.* PAPON, Liv. 4, Tit. 6, N°. 30, & BORNIER sur cet Article.

ARTICLE XIII.

» APRÉS la Peine de la Mort naturelle, la plus » rigoureuse est celle de la Question, avec la réserve » des Preuves en leur entier, des Galéres perpétuelles, » du Bannissement perpétuel, de la Question sans ré» serve des Preuves, des Galéres à tems, du Foüet, » de l'Amende honorable, & du Bannissement à tems.

SOMMAIRE.

I. *Neuf sortes de Peines Corporelles & afflictives, suivant cet Article.*
II. *Autres Peines usitées parmi Nous, quoique non comprises dans cet Article.*
III. *Peines qui ne sont plus usitées parmi Nous.*
IV. *Exceptions par rapport à la Prison perpétuelle.*
V. *Juges ne peuvent prononcer d'autres Peines que celles qui sont en Usage.*

I. PAR cet Article, l'Ordonnance fait l'Enumération des différentes Peines corporelles & afflictives, qui peuvent faire la Matiere des Jugemens Criminels; & elle marque en même-tems l'Ordre qu'elles doivent tenir entr'elles, suivant les différens Degrés de rigueur.

Elle place au *premier* rang, comme les plus rigoureuses, toutes celles qui tendent à la MORT NATURELLE ou dernier Supplice, telles que celles d'être ECARTELÉ, du FEU, de la ROUE, de la POTENCE, & de la Tête TRANCHÉE.

Au *second* rang, la QUESTION, avec RÉSERVE DE PREUVES EN SON ENTIER.

Au *troisiéme*, les GALERES PERPÉTUELLES.

Au *quatriéme*, le BANNISSEMENT PERPÉTUEL.

Au *cinquiéme*, la QUESTION SANS RÉSERVE DE PREUVES.

Au *sixiéme*, les GALERES A TEMS.

Au *septiéme*, le FOUET.

Au *huitiéme*, L'AMENDE HONORABLE.

Au *neuviéme*, le BANNISSEMENT A TEMS.

Pour donner une juste Idée de toutes ces différentes Peines, il ſeroit ſans doute à propos d'entrer dans le détail des différentes *Manieres* dont elles s'exécutent; des *Effets* qu'elles produiſent, tant ſur la Perſonne, que ſur l'Honneur & les Biens du Condamné; & enfin, des *Cas particuliers* où elles doivent s'appliquer. Mais nous avons déja traité amplement de tout ceci dans nos Inſtitutes au Droit Criminel, où nous avons en même-tems rapporté pluſieurs autres genres de Peines, dont il n'eſt point fait mention dans le préſent Article, ſoit parce qu'elles ſe trouvent ordinairement jointes à celles dont on vient de parler, ſoit parce qu'elles ont ceſſé d'être en uſage parmi nous.

II. 1°. Parmi les Peines qui ne ſont point rappellées dans cet Article, & qui ſont néanmoins uſitées parmi nous; il y en a qui ſont corporelles & afflictives, telles que le *Carcan*, le *Pilori*, la *Fleur-de-Lys ſur l'épaule*, le *Poing ou la Langue coupée*, *d'être Traîné ſur la Claye*, *Pendu ſous les Aiſſelles*, *Foueté ſous la Cuſtode*: toutes ces Peines ſont auſſi en même-tems infamantes, à l'exception du *Fouet ſous la Cuſtode*, & de la *Torture*... Il y en a encore d'autres, qui ſont purement infamantes, telles que le *Blâme*, la *Mort Civile*, la *Dégradation de Nobleſſe*, *Condamnation de la Mémoire*, *Interdiction perpétuelle*, *plus Amplement Informé indéfini*, & celle d'être *Authentiquée*, qui a lieu ſingulièrement pour les Femmes convaincues d'Adultére.... Il y en a auſſi, qui ſans être afflictives ni infamantes, emportent néanmoins une certaine note qui tend à diminuer l'eſtime des honnêtes Gens, & qu'on appelle dans le Droit *Infamia facti*; telles que l'*Admonition*, l'*Abſtention de certains Lieux*, l'*Interdiction à tems*, la *Réparation d'Honneur*, les *Défenſes de Récidiver*, la *Privation de Priviléges*... Il y en a même qui, quoique pécuniaires, ne laiſſent pas que d'être infamantes, telles que l'*Amende prononcée en Matiere Criminelle*, lorſqu'elle eſt confirmée par Arrêt; l'*Aumône prononcée en Matiere Civile*, & la *Confiſcation*... Il y en a enfin qui ſont ſimplement pécuniaires, telles que l'*Aumône en Matiere Criminelle*, l'*Amende en Matiere Civile*, les *Intérêts Civils*, *Dommages & Intérêts*, *Frais*, & *Dépens*.

III. 2°. Quant aux Peines qui ne ſont plus uſitées parmi nous, ce ſont celles d'être *jetté dans la Mer* ou dans un *Fleuve*, d'avoir le *Nez*, les *Oreilles* ou les *Pieds coupés*, les *Yeux crévés*; & la *Priſon perpétuelle*.

IV. Il faut néanmoins observer, à l'égard de la *Prison perpétuelle*, qu'il y a des Cas où elle a encore lieu dans ce Royaume ; sçavoir, 1°. Lorsque le Roi juge à propos de commuer la Peine des Galeres perpétuelles, en celle d'être enfermé pour toujours dans une Prison ou dans un Fort, Citadelle & autre lieu désigné dans les Lettres de Commutation de Peine. 2°. A l'égard des Femmes de mauvaise vie, qui ne gardent pas leur Ban, ou des Mendians valides ; il y a celle d'être enfermées pour leur vie en des Maisons de Force, suivant les Cas marqués par les Déclarations du 29 Avril 1687, & 17 Juillet 1724. 3°. Enfin, il y a aussi dans le Réglement de MM. les Maréchaux de France du 22 Août 1653, & dans l'Edit de Décembre 1704, sur le Point d'Honneur, plusieurs Cas où la Prison est prononcée par forme de Peine, & doit durer plus ou moins de tems, suivant la griéveté de l'Injure.

V. Au reste, c'est un Principe constant parmi nous, que les Juges ne peuvent changer, ni inventer d'autres Peines que celles qui sont reçues par l'usage. *V.* Papon, Liv. 24, Tit. 10, Art. 2, conformément à la Disposition de la Loi, *aut damnum. ff. de Pœnis.*

Pour ce qui concerne la Forme de prononcer toutes ces différentes Peines, nous nous réservons d'en donner des Modéles sur l'Article suivant, qui concerne principalement la Rédaction des Jugemens.

ARTICLE XIV.

» Tous Jugemens, soit qu'ils soient rendus à la » Charge de l'Appel, ou en dernier Ressort, seront » signés par tous les Juges qui y auront assisté ; à peine » d'Interdiction, des Dommages & Intérêts des Parties, & de 500 liv. d'Amende. N'entendons néanmoins rien innover à l'Usage de nos Cours, dont » les Arrêts seront signés par le Rapporteur & le Président.

Sommaire.

SOMMAIRE.

I. *Pourquoi les Jugemens Criminels doivent être signés par tous les Juges?*

II. *Formules des Jugemens définitifs qui se rendent en Matiere Criminelle.*

CET Article concerne la Signature des Jugemens Criminels. L'Ordonnance veut que ces Jugemens, tant ceux rendus à la charge d'Appel, que ceux rendus en dernier ressort, soient signés par tous les Juges qui y ont assisté, à peine d'Interdiction, dommages & intérêts des Parties, & de 500 liv. d'amende; elle ajoute seulement une Exception en faveur des Cours Supérieures, qu'elle confirme dans l'usage de ne faire signer leurs Arrêts, que par le Rapporteur & par le Président.

I. LA Nécessité de la Signature par tous les Juges, est une suite naturelle de la fixation du Nombre des Juges qui doivent assister à ces Jugemens; & elle est fondée, tant sur la faveur de l'Accusé, que sur l'importance de ces sortes de Jugemens, qui demandent une attention particuliére, comme intéressans l'Ordre Public.

L'Ordonnance ne parle ici que des Formalités qui doivent suivre les Jugemens Criminels; elle ne statue rien de précis par rapport à Celles qui doivent l'accompagner, & notamment quant à la Maniere dont on doit procéder à leur Rédaction. Nous avons traité des unes & des autres dans nos Instit. Crim. sous le Titre des JUGEMENS: il ne reste plus qu'à justifier ici l'application des Principes généraux, que nous avons établis à ce sujet, par des Formules particuliéres des divers Jugemens qui peuvent se rendre en Matiere Criminelle, suivant l'Ordre des Peines qui nous est marqué par l'Article précédent.

II. *FORMULE des Jugemens définitifs qui se rendent en Matiere Criminelle.*

LA COUR, garnie de Princes & de Pairs, faisant droit sur l'Accusation contre ledit Robert-François Damiens, déclare ledit Robert-François Damiens dûement atteint & convaincu du Crime de Lèze-Majesté Divine & Humaine au premier Chef, pour le très-méchant, très-abominable & très-détestable Parricide commis sur la Personne du Roi; & pour réparation, condamne ledit Damiens à faire Amende honorable devant la principale Porte de l'Eglise de Paris, où il sera mené & conduit dans un Tom- Condamnation à écartelé.

bereau, nud en chemise, tenant une Torche de cire ardente du poids de deux livres; & là, à genoux, dire & déclarer que méchamment & proditoirement il a commis ledit très-méchant, très-abominable & très-détestable Parricide, & blessé le Roi d'un coup de couteau dans le côté droit, dont il se repent, & demande pardon à Dieu, au Roi & à Justice; ce fait, mené & conduit dans ledit Tombereau à la Place de Greve, & sur un Echaffaut qui y sera dressé, tenaillé aux mammelles, bras, cuisses & gras de jambes, sa main droite tenant en icelle le couteau dont il a commis ledit Parricide, brûlée de feu de soufre; & sur les endroits où il sera tenaillé, jetté du plomb fondu, de l'huile bouillante, de la poix-résine brûlante, de la cire & soufre, fondus ensemble; & ensuite son Corps tiré & démembré à quatre Chevaux, & ses membres & corps consumés au feu, réduits en cendres, & ses cendres jettées au vent: déclare tous ses biens, meubles & immeubles, en quelques Lieux qu'ils soient situés, confisqués au Roi: ordonne qu'avant ladite Exécution, ledit Damiens sera appliqué à la Question ordinaire & extraordinaire, pour avoir révélation de ses Complices: ordonne que la Maison où il est né sera démolie; celui à qui elle appartient préalablement indemnisé, sans que sur le fond de ladite Maison puisse à l'avenir être fait autre Bâtiment. Fait en Parlement, la Grand-Chambre assemblée, le vingt-six Mars mil sept cent cinquante-sept.

[NOTA. Par un second Arrêt du 29 Mars 1757, le Pere, la Femme & la Fille de Robert-François Damiens ont été bannis à perpétuité du Royaume, avec défenses à eux d'y revenir, à peine d'être pendus sans autre forme de Procès: & à l'égard de ses Freres, Sœurs & Belles-sœurs, il leur a été seulement enjoint de changer le nom de Damiens.]

Jugement portant Condamnation à avoir le poing coupé, & à être brûlé vif.

Vû le Procès Criminel, &c. (*énoncer & dater toute la Procédure.*) Nous avons ledit.... déclaré dûement atteint & convaincu d'avoir &c. Pour réparation de quoi, le condamnons à faire Amende honorable en chemise, nue tête, & la corde au col, tenant en ses mains une Torche de cire ardente du poids de deux livres au-devant de la principale Porte & entrée de l'Eglise de.... où il sera mené & conduit dans un Tombereau par l'Exécuteur de la Haute-Justice, qui attachera devant lui & derriere le dos un Placard, où sera écrit en gros caractere (*SACRILÉGE*); & là étant à genoux déclarer que méchamment il a.... dont il se repent & demande pardon à Dieu, au Roi & à Justice. Ce fait, aura le poing coupé sur un Poteau qui sera planté au-devant de ladite Eglise, après quoi sera mené par ledit Exécuteur dans le même Tombereau en la Place publique de... pour y être attaché à un Poteau avec une chaîne de fer & brûlé vif, son corps réduit en cendres, & icelles jettées au vent: déclarons tous ses biens, situés en Pays de Confiscation, acquis & confisqués au Roi, ou à qui il appartiendra; sur iceux ou autres non sujets à Confiscation préalablement pris la somme de.... pour être employée à la Fondation & entretien perpétuel d'une Lampe ardente qui sera mise au-devant de l'Autel de.... où ledit Sacrilége a été commis; le condamnons en.... livres d'Amende envers le Roi, en cas que Confiscation n'ait lieu au profit de S. M., *& s'il y a Partie Civile, l'on ajoute*: & aux dépens du Procès. Et sera la présente Sentence, gravée sur une Table d'airain, qui sera attachée au plus prochain Pilier du même Autel. Si mandons, &c. Ce fut fait & donné par Nous soussignés. . . . le . . . .

Condan tion à a la langu coupée, être per & le C vre brûlé

Vû, &c. Nous avons déclaré ledit . . . . dûement atteint & convaincu d'avoir proféré des Blasphêmes contre Dieu, la Sainte Vierge & les Saints; pour réparation de quoi, le condamnons à faire Amende honorable, en chemise, nue tête, la corde au col, (*&c. comme dessus*); déclarer que méchamment il a proféré des Blasphêmes contre Dieu, la Sainte Vierge & les Saints, dont il se repent & en demande pardon à Dieu, au Roi, & à la Justice. Ce fait, aura la langue coupée par ledit Exécuteur au-devant d'icelle Eglise, & ensuite mené dans le même Tombereau en la Place de . . . . où il sera pendu & étranglé, jusqu'à ce que mort s'ensuive, à une Potence qui sera dressée en la même Place, son corps mort jetté au feu, & réduit en cendres qui seront jettées au vent: déclarons ses biens, situés en Pays de Confiscation, acquis & confisqués au Roi, ou à qui il appartiendra; sur iceux, ou autres non sujets à Confiscation, préalablement pris la somme de . . . . . livres d'Amende, en cas que Confiscation n'ait lieu, au profit de S. M., & le condamnons aux dépens du Procès.

Rompu

Nous avons ledit . . . . déclaré dûement atteint & convaincu de Vols; Meurtres, & Assassinats par lui commis aux Passans sur les grands Chemins avec Armes; pour réparation de quoi, le condamnons d'avoir les bras, jambes, cuisses & reins rompus vifs sur un Echaffaut, qui pour cet effet sera dressé en la Place de . . . . . & mis ensuite sur une roue, la face tournée vers le Ciel pour y finir ses jours; ce fait, son corps mort porté par l'Exécuteur de la Haute-Justice sur le chemin de . . . . ses biens acquis & confisqués, &c.

Lorsqu'il a été arrêté que l'Accusé ne sera pas rompu vif, ou qu'il n'en sentira que quelques coups, les Juges mettent un Retentum *au bas de l'Arrêt, ou Jugement dernier, en ces termes.*

Reten

A été arrêté que ledit . . . . . . ne sentira aucun coup vif, mais sera secrettement étranglé.

Autre

Arrêté qu'après que . . . . . . aura senti trois coups vifs, il sera secrettement étranglé.

Autre

Arrêté qu'après que ledit . . . . . . aura senti tous les coups vifs, il sera secrettement étranglé à l'entrée de la nuit.

Pen préalab ment pliqué à Questio ordinair extraor naire.

Nous avons ledit . . . . déclaré & le déclarons dûement atteint & convaincu de . . . . pour réparation de quoi, le condamnons à être pendu & étranglé, jusqu'à ce que mort s'ensuive, à une Potence, qui pour cet effet sera dressé een la Place de . . . . led. . . . . préalablement appliqué à la Question ordinaire & extraordinaire; déclarons tous & chacun ses biens acquis & confisqués, &c.

Amen'e ...norable, & endu pour ...ièces falsifiées.

Nous avons ledit . . . . déclaré suffisamment atteint & convaincu d'avoir faussement & malicieusement fabriqué l'Acte du . . . . dont est question, lequel Nous avons déclaré faux ; pour réparation de quoi, le condamnons à faire Amende honorable, nud en chemise, la corde au col, tenant en ses mains une Torche de cire ardente, du poids de deux livres, au-devant de la principale Porte & entrée de l'Eglise de . . . . où il sera mené par l'Exécuteur de la Haute-Justice, ayant Ecriteaux devant & derriere, avec ce mot (FAUSSAIRE); & là, étant nue tête, à genoux, déclarer que faussement & malicieusement il a fabriqué ladite Piéce, dont il se repent, & demande pardon à Dieu, au Roi, & à la Justice. Ordonnons que ladite Piéce sera lacérée par ledit Exécuteur en présence de l'Accusé, lequel Nous condamnons en outre d'être pendu & étranglé, jusqu'à ce que mort s'ensuive, à une Potence, qui pour cet effet sera dressée en la Place de . . . .; déclarons tous & chacuns ses biens, situés en Pays de Confiscation, acquis & confisqués au Roi, ou à qui il appartiendra ; sur iceux, ou autres non sujets à Confiscation, préalablement pris la somme de . . . . livres d'Amende envers le Roi, ... de réparation civile envers . . . . .

NOTA. *Quand l'Amende honorable est jointe à la Peine de Mort, elle doit être faite devant une Eglise.*

...endu pour ...sse Mon...e.

Nous avons ledit . . . . déclaré dûement atteint & convaincu d'avoir fait & fabriqué des espéces de fausse Monnoie, mentionnées au Procès, pour réparation de quoi, le condamnons d'être pendu, &c.

...ontre les ...ultéres.

Nous avons lesdits . . . . & . . . . déclarés dûement atteints & convaincus d'avoir commis entr'eux le Crime d'Adultére, pour réparation de quoi, les condamnons, sçavoir, ledit . . . . . à, &c.; & à l'égard de ladite . . . . . d'être mise & recluse dans le Monastére des Filles Religieuses de . . . . pour y demeurer . . . . en Habit séculier, pendant lesquelles . . . . son Mari pourra la voir, même la reprendre, si bon lui semble; sinon ledit tems passé, sera rasée & voilée, pour y demeurer le reste de ses jours, & y vivre en Habit régulier comme les autres Religieuses, en payant par . . . . auxdites Religieuses pour sadite femme . . . . livres de Pension par chacun an, de quartier en quartier, & par avance; laquelle Pension sera prise sur les biens de . . . .; & dès à présent avons déclaré ladite . . . . déchue & privée de sa Dot & Conventions matrimoniales portées par son Contrat de Mariage; ensemble de tous les avantages qui lui pourroient être faits à l'avenir, tant par succession, donation, qu'autrement, lesquels demeureront aux Enfans de . . . . & d'elle : condamnons ladite . . . . solidairement avec ledit . . . . en la somme de . . . . de réparation civile, dépens, dommages & intérêts envers ledit Mari, . . . en . . . . d'Amende envers le Roi, & aux dépens du Procès.

...tre un ...vre, s'il ...tant.

Nous avons ledit Défunt . . . . déclaré dûement atteint & convaincu de s'être défait & homicidé soi-même, s'étant donné un coup de pistolet dans la tête dont il est mort; pour réparation de quoi, condamnons sa Mémoire à perpétuité; & sera le Cadavre dudit Défunt, attaché par l'Exécuteur de la

Haute-Justice, au derriere d'une Charette, & traîné sur une Claie la tête en bas, & la face contre terre, par les rues de cette Ville jusqu'à la Place de ..... où il sera pendu par les pieds à une Potence, qui pour cet effet sera plantée audit lieu; & après qu'il y aura demeuré vingt-quatre heures, jetté à la Voirie : déclarons tous & chacuns ses biens, situés en Pays de Confiscation, acquis & confisqués, &c.

Nous avons ledit ..... déclaré dûement atteint & convaincu de s'être défait & homicidé soi-même, s'étant pendu & étranglé, pour réparation de quoi, condamnons sa Mémoire à perpétuité; déclarons les biens dont il jouissoit au jour de sa mort, situés en Pays de Confiscation, acquis & confisqués, &c.

Contre la Mémoire seulement, si le Cadavre n'est pas existant.

Si par l'Information il y a Preuve que le Défunt n'ait pû se défaire soi-même, & qu'il soit Innocent, la régle est de prononcer ainsi :

Nous ..... attendu la Preuve résultante des Informations, que Défunt..... n'a pû se défaire soi-même, & qu'il étoit Innocent, avons déchargé sa Mémoire de l'Accusation; & en conséquence ordonnons que le Cadavre dudit Défunt sera inhumé en la maniere accoutumée.

Décharge de la Mémoire d'un Défunt.

Si le Défunt étoit en démence, la prononciation sera ainsi :

Nous .... avant de faire droit, ordonnons qu'il sera informé des Vie, Mœurs & comportemens du Défunt pardevant .... pour, l'Information faite, rapportée & communiquée au Procureur du Roi, être ordonné ce qu'il appartiendra.

Jugement portant qu'il sera informé des Vie & Mœurs du Défunt.

S'il n'y a point de démence, & qu'il n'y ait point assez de Preuves pour condamner l'Accusé, & qu'il y ait des Preuves qui laissent les Juges en suspens, pour pouvoir absoudre ou condamner l'Accusé, la régle est de donner le Jugement qui suit.

Nous, avant faire droit, ordonnons qu'il sera plus amplement informé des Cas mentionnés au Procès dans .... mois, pour, l'Information faite, rapportée & communiquée au Procureur du Roi, & vûe, être ordonné ce que de raison.

Jugement portant qu'il sera plus amplement informé.

Et si la Preuve de la démence vient, ou que par le plus Amplement informé il ne survienne point de nouvelles Preuves, la régle est de décharger la Mémoire.

Nous avons ledit .... déclaré dûement atteint & convaincu du Crime de Rapt mentionné au Procès, pour réparation de quoi, le condamnons d'avoir la tête tranchée sur un Echaffaud, qui pour cet effet sera dressé en la Place de ....; déclarons tous & chacuns ses biens, situés en Pays de Confiscation, acquis & confisqués, &c.

Condamnation à avoir la tête tranchée.

Nous avons ledit .... déclaré dûement atteint & convaincu de .....; pour réparation de quoi, le condamnons à servir comme Forçat dans les Galeres du Roi à perpétuité, en .... livres de réparation civile, dommages & intérêts envers ledit .... & aux dépens du Procès : le surplus de ses biens, situés en Pays de Confiscation, acquis & confisqués au Roi, ou à qui

Condamnation aux Galeres à perpétuité.

il appartiendra, &c. Et sera ledit . . . . . avant d'être conduit aux Galeres; flétri de trois lettres, *G. A. L.*

Con[d]amna[ti]on à faire [Am]ende honorable, [av]oir la lan[g]ue percée, [&] aux Ga[l]eres.

Nous avons ledit . . . . déclaré dûement atteint & convaincu d'avoir blasphêmé le Saint Nom de Dieu; pour réparation de quoi, le condamnons à faire Amende honorable, nud en chemise, la corde au col, tenant en ses mains une Torche de cire ardente, du poids de deux livres, l'Audience tenante; & là, étant nue tête & à genoux, dire & déclarer à haute & intelligible voix, que méchamment & comme mal-avisé il a . . . . dont il se repent, & en demande pardon à Dieu, au Roi, & à Justice; ce fait, aura la langue percée d'un fer chaud par l'Exécuteur de la Haute-Justice, en la Place de . . . . & ensuite sera mené & conduit à la Chaîne, pour y être attaché, & servir comme Forçat dans les Galeres du Roi à perpétuité. Et sera ledit . . . . avant d'être conduit aux Galeres, flétri des trois lettres, *G. A. L.*

Bannisse[m]ent à per[pé]tuité.

Nous avons ledit . . . . déclaré dûement atteint & convaincu des Cas mentionnés au Procès; pour réparation desquels, l'avons banni à perpétuité de la Ville & Prévôté de . . . . à lui enjoint de garder son ban sur les Peines portées par l'Ordonnance, & par la Déclaration du Roi, du 31 Mai 1682, dont lecture lui a été faite, *si c'est un homme; & si c'est une femme, au lieu de la Déclaration du 31 Mai 1682, l'on met :* & par la Déclaration du Roi, du 29 Avril 1687, la condamnons en . . . . livres de réparation civile, dommages & intérêts envers ledit . . . . en . . . . livres d'Amende envers le Roi, & aux dépens du Procès.

Condamna[ti]on aux Ga[l]eres à Tems.

Nous avons ledit . . . . déclaré dûement atteint & convaincu d'avoir . . . .; pour réparation de quoi, le condamnons à être mené & conduit aux Galeres du Roi, pour y servir comme Forçat l'espace de . . . . ans. Et sera ledit . . . . avant d'être conduit aux Galeres, flétri des trois lettres, *G. A. L.* Le condamnons en outre en . . . . livres de réparation civile, dommages & intérêts envers ledit . . . . & aux dépens du Procès.

Condamna[t]ion au [Fo]uet, flétri & banni.

Nous condamnons ledit . . . . d'être battu & fustigé nud de verges, par l'Exécuteur, de la Haute-Justice, dans les Carrefours & Lieux accoutumés de cette Ville de . . . . & à l'un d'iceux, sera flétri d'un fer chaud, marqué de . . . . . sur l'épaule dextre : ce fait, l'avons banni de la Ville & Prévôté de . . . . .

[C]ondamna[t]ion au [Fo]uet.

Nous condamnons ledit . . . . à être battu & fustigé nud de verges sur les épaules, par l'Exécuteur de la Haute-Justice, aux Carrefours & Lieux accoutumés. Ce fait, l'avons banni, &c.

[C]ontre une [Fe]mme de [ma]uvaise Ré[pu]tation qui [a] été plu[sie]urs fois [re]prise de [Ju]stice.

Nous avons ladite . . . . déclarée dûement atteinte & convaincue de . . .; pour réparation de quoi, la condamnons d'être battue & fustigée nue de verges, par l'Exécuteur de la Haute-Justice, ayant Ecriteau devant elle, où seront ces mots : (*MAQUERELLE PUBLIQUE*), & un Chapeau de paille sur la tête, avec la corde au col, au-devant de cet Auditoire, & par les Carrefours accoutumés; & à l'un d'iceux, flétrie d'un fer chaud, marqué d'une fleur de lys, sur les deux épaules. Ce fait, l'avons bannie à perpétuité de la Ville de .... & ordonné qu'elle sera mise hors d'icelle par l'Exécuteur de la Haute-Justice : enjoint à elle de garder son Ban, sur les Peines portées par la Déclaration du Roi, & condamnée en.... livres d'Amende envers le Roi.

Nous avons ledit .... déclaré dûement atteint & convaincu de.....; pour réparation de quoi, le condamnons à faire Amende honorable, nud en chemise, la corde au col, tenant en ses mains une Torche de cire ardente, du poids de deux livres, l'Audience tenante; & là, étant nue tête, & à genoux, dire & déclarer à haute & intelligible voix, que méchamment & comme mal-avisé il a .... dont il se repent, & en demande pardon à Dieu, au Roi, & à la Justice : le condamnons en outre en .... livres de réparation civile, dommages & intérêts envers ..... en ..... livres d'Amende envers le Roi, & aux dépens du Procès. Condamnation à l'Amende honorable.

Nous avons ledit .... déclaré dûement atteint & convaincu de....; pour réparation de quoi, l'avons banni pour .... ans de la Ville de.... à lui enjoint de garder son Ban, sur les Peines portées par l'Ordonnance : le condamnons en .... livres de réparation civile, dommages & intérêts envers .... en .... livres d'Amende, & aux dépens du Procès. Bannissement à T[emps]

Nous avons ledit .... déclaré dûement atteint & convaincu de....; pour réparation de quoi, le condamnons à être appliqué au Carcan de la Place publique de cette Ville, le ..... jour Marché qui se tiendra en icelle, & y demeurer attaché par le col l'espace de .... heures : lui faisons défenses de récidiver sur peine de Punition corporelle. Le condamnons en outre en .... livres d'Amende envers le Roi, en .... livres de dommages & intérêts envers le Demandeur, & aux dépens du Procès. Condamnation au Carcan.

Nous avons ledit ..... déclaré dûement atteint & convaincu des Excès & Voies de fait mentionnées au Procès; pour réparation de quoi, sera mandé en la Chambre, le Conseil y étant; & là, nue tête, & à genoux, en présence dudit ..... & de dix Personnes telles qu'il voudra choisir, ordonnons qu'il demandera pardon audit ..... des injures atroces qu'il a proférées contre sa Réputation; le priera de les vouloir oublier, & le reconnoîtra pour Homme d'honneur, & non entaché des injures contenues aux Informations, & dont il lui donnera Acte au Greffe, à ses dépens : lui faisons défenses de récidiver, ni d'user de pareilles Voies, à peine de Punition exemplaire : condamnons ledit .... en .... livres de dommages & intérêts, & aux dépens du Procès. Réparation d'honneur.

Nous ordonnons que ledit ..... sera mandé en la Chambre, le Conseil y étant, pour être blâmé d'avoir commis les Excès mentionnés au Procès; lui faisons défenses de récidiver, sur telles peines que de raison: Condamnation à Blâme.

le condamnons en . . . . . livres d'Amende ; en . . . . livres de réparation civile envers ledit . . . . & aux dépens du Procès.

Condamnation à être Admonesté.

Nous avons déclaré ledit . . . . dûement atteint & convaincu des Excès & Voies de fait mentionnées au Procès ; pour réparation de quoi, sera mandé en la Chambre & Admonesté : lui faisons défenses de récidiver, ni d'user de pareilles Voies, sur telles Peines qu'il appartiendra : le condamnons en . . . . livres d Aumône applicable aux Pauvres de l'Hôpital de . . . . & aux dépens du Procès.

Lorsqu'il y a Aumône, on ne condamne pas en l'Amende par le même Jugement.

Condamnation à donner Acte au Greffe.

Nous faisons défenses audit . . . . de plus à l'avenir injurier ni médire audit . . . . à peine d'Amende arbitraire, & de plus grande, s'il y échet : le condamnons à donner Acte au Greffe à ses dépens, audit . . . . qu'il ne sçait que bien & honneur en sa Personne, & qu'il n'est entaché des injures portées par les Informations, & aux dépens.

Pour la célébration d'un Mariage.

Nous ordonnons que ledit . . . . sera mené & conduit, sous bonne & sûre Garde, en l'Eglise Paroissiale S. . . . . pour y être le Mariage d'entre lui & ladite . . . . . célébré en la maniere accoutumée, sinon réintégré esdites Prisons, pour lui être son Procès fait & parfait, selon la rigueur de l'Ordonnance.

Condamnation d'élever Enfant.

Nous condamnons ledit . . . . de prendre l'Enfant, duquel ladite . . . . est accouchée, & icelui faire nourrir, entretenir & élever en la Religion Catholique, Apostolique & Romaine, & en la crainte de Dieu, jusqu'à ce qu'il soit en âge de gagner sa vie, & lui faire apprendre Métier, dont il sera tenu rapporter Certificat au Procureur du Roi, de trois mois en trois mois : le condamnons aussi d'Aumôner . . . . livres au pain des Prisonniers de la Conciergerie de . . . . en . . . . livres de dommages & intérêts de ladite . . . . & aux dépens du Procès.

Lorsqu'il n'y a pas de Preuve suffisante pour condamner un Accusé, & que le Crime n'est pas Capital, on rend cette Sentence.

Sentence portant qu'il sera plus amplement informé, & cependant l'Accusé relâché.

Nous ordonnons qu'il sera plus amplement informé des Cas mentionnés au Procès contre . . . dans . . . mois ; & cependant qu'il sera relâché à sa Caution juratoire de se représenter à toutes Assignations, quand il sera par Justice ordonné, à peine de Conviction, élisant à cet effet Domicile.

Si le Crime est Capital, la Sentence sera ainsi.

Nous ordonnons qu'il sera plus amplement informé des Cas mentionnés au Procès contre l'Accusé dans . . . . pendant lequel tems l'Accusé tiendra Prison.

Renvoi de l'Accusation.

Nous avons renvoyé ledit . . . . absous de l'Accusation à lui imposée ; & en conséquence ordonnons qu'il sera relâché & mis hors des Prisons ; à ce faire le Geolier contraint par corps ; ce faisant, il en demeurera bien & valablement déchargé ; sera l'Ecroüe de l'Emprisonnement de la Personne dudit . . . . rayé & biffé, & Mention faite de la présente Sentence, en marge d'icelle : condamnons . . . . aux dommages & intérêts dudit . . . . & aux dépens du Procès.

ARTICLE

ARTICLE XV.

» TOUS Jugemens en Matiere Criminelle qui gi-
» sent en Exécution, seront exécutés pour ce qui re-
» garde la Peine, en tous Lieux, sans Permission ni
» *Pareatis.*

SOMMAIRE.

I. *Disposition de cet Article conforme à celle de l'Article 12 du Tit. 10.*
II. *Ne doit s'entendre des Condamnations purement pécuniaires.*
III. *Le Privilége de l'Exécution sans* Pareatis, *n'a lieu pour les Saisies faites en vertu des Jugemens Criminels.*

I. CET Article concerne le Privilége des Jugemens Criminels, par rapport à leur Exécution. L'Ordonnance veut que ces Jugemens soient exécutés en tous lieux, sans que pour cela on soit obligé de recourir à la Permission des Juges des Lieux où ils doivent être exécutés, ni de demander des *Pareatis*; & elle renouvelle à cet égard, la Disposition portée par l'Art. 12 du Tit. 10, relativement à l'exécution des Décrets.

II. MAIS, comme le Privilége établi par ces Articles, n'a d'autre objet que d'accélérer l'Instruction & l'Exécution de la Peine, à laquelle l'ordre public se trouve intéressé; il ne paroît pas devoir s'étendre aux Jugemens de simple Condamnation, à des Dépens, dommages & intérêts, qui ne concernent que l'intérêt des Particuliers; il faudroit donc dans ce dernier Cas, demander la Permission des Juges, & recourir à des *Pareatis*, pour pouvoir faire exécuter ces Jugemens hors du ressort de la Jurisdiction où ils ont été rendus.

III. PAR la même raison, ce Privilége ne doit point avoir lieu par rapport aux Saisies qui seroient faites en vertu de ces Jugemens Criminels. C'est aussi l'observation qui fut faite par MM. les Commissaires, lors du Procès-verbal de Conférence sur cet Article.

ARTICLE XVI.

» LES Juges pourront décerner Exécutoire contre
» la Partie Civile, s'il y en a, pour les Frais néceſſaires
» à l'Inſtruction du Procès, & à l'Exécution des Juge-
» mens; ſans pouvoir néanmoins y comprendre leurs
» Epices, Droits & Vacations, ni les Droits & Salai-
» res des Greffiers.

SOMMAIRE.

I. *Défenſes portées par cet Article ne regardent les Exécutoires décernés après le Jugement définitif.*

II. *Non plus que les Exécutoires décernés dans les Procès de Petit Crim.*

III. Quid, *à l'égard des Vacations des Huiſſiers & des Salaires des Témoins?*

DEUX Diſpoſitions dans cet Article, dont l'une concerne la *Maniere* de contraindre la Partie Civile, qui refuſe d'avancer les Frais; l'autre, la *Qualité des Frais* qui ne peuvent être compris dans les Exécutoires décernés contr'elles.

I. NOUS verrons ſur l'Article ſuivant, ſur Qui doivent ſe prendre ces Frais, lorſque la Partie Civile eſt hors d'état de les avancer. Quant aux Frais particuliers, qui ne peuvent être compris dans les Exécutoires dont il eſt parlé dans cet Article, nous croyons devoir obſerver, 1°. Que par les Défenſes que l'Ordonnance fait ici aux Juges de comprendre dans ces Exécutoires, leurs *Droits & Vacations*, elle ne veut parler que des Exécutoires qu'ils décernent dans le cours de l'Inſtruction, & non de ceux qu'ils décernent après que le Jugement définitif eſt rendu, & exécuté quant à la Peine: c'eſt ce qui réſulte de l'Art. 16 du Tit. 14, où la même Ordonnance veut que les Juges ne puiſſent ſe faire payer par les Accuſés, pour Interrogatoires & autres Droits, ſauf à ſe faire payer de ces Droits par la Partie Civile, s'il y en a. En effet, l'objet de l'Ordonnance en cela, n'eſt autre que d'empêcher que le Juge ne puiſſe refuſer à cette Partie Civile, d'inſtruire & juger le Procès qu'elle pourſuit, ſous prétexte qu'il ne ſeroit point ſatisfait de ses Droits & Vacations ; & , comme cet objet cesse entiérement, après que la Justice lui a été rendue ; il paroît que la rigueur de la Disposition à laquelle il donne lieu, doit cesser aussi à l'égard de ce Juge, qui est par conséquent en droit de se procurer ce qui lui est dû, par la voie de son Greffier qui prendra exécutoire de ce Juge pour les sommes qui peuvent être dûes à l'un & à l'autre, à cause de l'Instruction, sauf l'Appel de cet Exécutoire à la Cour Supérieure, en Cas d'excès.

II. 2°. Nous observerons encore, que les Défenses portées par cet Article, ne concernent point toutes sortes d'Instructions Criminelles ; mais seulement celles qui se font dans les Procès de *Grand Criminel*, & où la Partie Publique se trouve jointe à la Partie Civile : car à l'égard de celles du *Petit Criminel*, où il ne peut être Question que de quelques Peines pécuniaires, & qui ne se font point sur la poursuite de la Partie Publique, rien n'empêche que les Juges ne puissent, par la voie de leurs Greffiers, décerner leurs Exécutoires contre les Parties Civiles, même avant le Jugement, si elles laissoient ce Procès sans poursuite, ou si elles venoient à transiger. Ce qui est encore fondé sur la Disposition du même Article 16 du Tit. 14 que nous venons de citer.

III. 3°. Enfin, il nous reste à observer, qu'indépendamment des Droits & Vacations des Juges & des Greffiers dont il est parlé dans cet Article, il y en a encore d'autres, qui ne doivent pareillement être compris dans ces Exécutoires, tels que les Salaires des *Huissiers*, & ceux *des Témoins*, pour leurs journées, lorsque cette Instruction est faite dans les Villes & Lieu de leur résidence ; c'est-à-dire, qu'il faut attendre pour le payement de ces Droits, que le Jugement définitif ait été rendu & exécuté quant à la Peine.

V. la Formule d'Exécutoire qui est à la suite de l'Art. 17 du Tit. *6*.

ARTICLE XVII.

» S'IL n'y a point de Partie Civile, ou qu'elle ne » puisse satisfaire aux Exécutoires, les Juges en dé-

» cerneront d'autres contre les Receveurs de notre » Domaine où il ne sera point engagé, qui les acquitteront du fonds par Nous destiné à cet effet. Et si » notre Domaine est engagé, les Engagistes, leurs Receveurs & Fermiers seront contraints au Payement, » même au-dessus du fonds destiné pour les Frais » de Justice. Et dans la Justice des Seigneurs, Eux, » leurs Receveurs & Fermiers seront pareillement contraints, & les Exécutoires exécutés par Provision, » & nonobstant l'Appel, contre les Receveurs ou Engagistes de nos Domaines, & les Seigneurs; sauf leur » recours contre la Partie Civile, s'il y en a.

SOMMAIRE.

I. *Disposition de cet Article conforme à celle de l'Art. 13 du Titre 61.*
II. *Nouvelles Formalités introduites par des Arrêts du Conseil & par la Déclaration de Juillet 1687.*

I. LA Disposition de cet Article est conforme, comme l'on voit, à celle de l'Art. 13 du Tit. 6, lors duquel nous avons observé les Modifications particuliéres qu'y avoient apporté les Arrêts du Conseil de S. M. & Deux entr'autres des 26 Octobre & 25 Novembre 1683 : à quoi il faut joindre encore, celui du 4 Octobre 1672, & un dernier du mois de Janvier 1742, suivant lequel on peut comprendre dans les Exécutoires qui sont décernés pour les Frais d'Instruction & d'Exécution des Jugemens Criminels, ceux de Rapport de Médecins & Chirurgiens, Ouvertures de Cadavre, Rapport de Sages-Femmes, les salaires des Experts & Interprêtes, & ceux des Témoins.

II. Il paroît au surplus, par les Dispositions de ces Arrêts, qu'il faut plusieurs choses pour la validité de ces Exécutoires; sçavoir, 1°. qu'ils soient visés par les Intendans & Commissaires départis. La Déclaration du 12 Juillet 1687 veut, qu'ils soient visés dans trois mois. 2°. Qu'ils ne peuvent être décernés sur le Domaine de S. M. que dans certains Crimes, tels que Vols de Grands-Chemins, Viols, Meurtres, Incendies &c. 3°. Que dans ces Exécutoires ne peuvent être compris les Epices & Vacations des Juges, mais seulement les Nourritures & Frais de Voiture, suivant la Qualité des Juges & des Officiers qui auront procédé à l'Instruction; sçavoir 15 liv. aux Présidens & Conseillers des Cours Supérieures, 10 liv. au Substitut du Procureur Général, 7 liv. 10 sols au Greffier, 7 liv. 10 sols au Lieutenant Général ou Conseiller Assesseur des Bailliages, 4 liv. 15 sols au Greffier qui sera tenu de faire les Expéditions, & 3 liv. à l'Huissier. 4°. Que dans ces Exécutoires seront aussi compris le Pain, les Médicamens & Conduite des Prisonniers, & les Salaires des Huissiers & Sergens. 5°. Enfin, lorsque les Biens des Condamnés sont confisqués, les sommes portées dans les Exécutoires doivent être levées sur les deux tiers de ces Biens.

ARTICLE XVIII.

» ENJOIGNONS aux premiers Juges d'observer » le contenu ès deux précédens Articles, à Peine de » 150 liv. d'Amende, à laquelle en Cas de Contravention ils seront condamnés par les Juges Supérieurs, » sans pouvoir être remise ni modérée: & voulons que » les mêmes Exécutoires soient aussi par eux délivrés.

SOMMAIRE.

I. *Peines en Cas de Contravention aux précédens Articles, comment se prononcent?*

II. *De quels Juges Supérieurs l'Ordonnance veut-elle parler ici?*

I. PAR cet Article l'Ordonnance marque la Peine qu'encourent les Juges, lorsqu'ils contreviennent à l'un ou à l'autre des deux Articles précédens; c'est-à-dire, lorsque dans les Exécutoires qu'ils décernent pour l'Instruction des Procès, & l'Exécution des Jugemens Criminels, ces Juges affectent d'y comprendre leurs Epices, Droits & Vacations, ainsi que les Droits & Salaires de leurs Greffiers; ou bien lorsqu'ils ne décernent pas ces Exécutoires, d'abord contre la Partie Civile, s'il y en a une; & à son défaut, ou en Cas d'insolvabilité de sa part, contre les Receveurs du Domaine du Roi ou des Seigneurs. Cette Peine est une Amende de 150 liv. à laquelle ils doivent être condamnés par les Juges Supérieurs, qui sont autorisés par ce même Article à délivrer eux-mêmes ces Exécutoires, tels que les premiers Juges auroient dû les délivrer, c'est-à-dire, sans y comprendre d'autres Frais que ceux qui sont marqués par l'Article 16, & par les Arrêts du Conseil rapportés sur l'Article précédent. C'est sur la Requête de la Partie Civile ou du Procureur du Roi, que se prononce, contre les premiers Juges, la Condamnation à cette Peine, & que se délivrent les nouveaux Exécutoires.

II. LES Juges *Supérieurs* qui doivent prononcer cette Condamnation, sont ceux où doivent ressortir les Appels des Jugemens rendus par les premiers Juges, & dont il sera parlé sur l'Article 1er du Titre suivant.

ARTICLE XIX.

» ENJOIGNONS à nos Procureurs & à ceux des » Seigneurs, de poursuivre incessamment ceux qui se- » ront prévenus de Crimes Capitaux, ou ausquels il » écheoira Peine afflictive, nonobstant toutes Transac- » tions & Cessions de Droits faites par les Parties. Et » à l'égard de tous les autres, seront les Transactions » exécutées, sans que nos Procureurs ou ceux des Sei- » gneurs puissent en faire aucune Poursuite.

SOMMAIRE.

I. *Deux Dispositions dans cet Article.*

II. *Effet des Transactions & Cessions de Droit en Matiere Criminelle.*

III. *Procédure pour parvenir à leur Exécution.*

IV. Quid, *lorsque l'Accusé est Contumax?*

I. DEUX Dispositions remarquables dans cet Article.

La *premiere* contient des *Injonctions* particulieres aux Procureurs du Roi & des Seigneurs, de poursuivre incessamment ceux qui sont prévenus de Crimes Capitaux, ou ausquels il écheoit Peine afflictive; & ce nonobstant toutes Transactions & Cessions de Droits, faites par les Parties.

Par la *seconde*, il est fait des *Défenses* expresses à ces mêmes Officiers, de faire aucune Poursuite pour des Crimes qui ne seroient pas de la Nature de ceux dont on vient de parler, lorsqu'il y a des Transactions ou Cessions de Droits, faites à ce sujet.

II. Nous avons remarqué dans nos INSTITUTES au Droit Criminel, Part. 2, Ch. 3, les Effets particuliers que peuvent produire les Transactions & les Cessions de Droit en Matiere Criminelle, & les Exceptions que la Jurisprudence a introduites à cet égard. Nous nous bornerons ici à quelques Observations relatives à la Procédure qui doit se faire, pour parvenir à faire ordonner l'Exécution des Transactions & Cessions de Droit, faites en Matiere Criminelle.

III. Cette Procédure se fait ainsi. L'Accusé qui a transigé, doit présenter sa Requête au Juge, à laquelle il joindra sa Transaction, & il y conclura à ce qu'elle soit exécutée; & qu'en conséquence l'Accusation portée contre lui, demeurera éteinte & terminée, qu'il soit élargi des Prisons, sans que le Procureur du Roi ou du Seigneur en puisse faire aucune Poursuite. Cette Requête, ainsi que la Transaction, seront communiquées à la Partie Publique, pour y donner ses Conclusions; & si, malgré les Conclusions par lesquelles cette Partie Publique insisteroit à prétendre que le Crime doit mériter Peine afflictive, le Juge, par l'examen qu'il fera des Charges & Informations, reconnoissoit que ce Crime n'est point dans le Cas de mériter la Peine afflictive, il rendra un Jugement définitif, conforme à la demande de l'Accusé.

Mais si au contraire il peut y avoir lieu à cette Peine, il ordonnera que, nonobstant la Transaction, les Témoins seront récollés, & si besoin est, confrontés à l'Accusé; ou bien si le Réglement à l'extraordinaire avoit déja été rendu, il en ordonnera l'Exécution, & que le Procès sera poursuivi jusqu'à Sentence définitive, & que cependant la Transaction demeurera jointe au Procès. La Voie d'Appel est ouverte à l'une & à l'autre des Parties, si elle prétendoit qu'il y eût de l'Injustice ou quelque Nullité dans ces Jugemens.

IV. Au reste, la Procédure dont on vient de parler, ne regarde que les Accusés présens: car si l'Accusé qui a transigé, étoit en Contumace, & qu'il y eût un Décret prononcé contre lui, il ne lui suffiroit pas de demander au Juge l'Exécution de la Transaction par une Requête, mais il faudroit qu'il se constituât dans les Prisons: sans quoi, nonobstant la Signification de cette Transaction, le Procureur du Roi seroit en droit de poursuivre, & faire juger le Procès par Contumace.

ARTICLE XX.

» VOULONS que ce qui a été ordonné pour les » Dépens en Matiere Civile, soit exécuté en Matiere » Criminelle.

SOMMAIRE.

I. *Comment doit se faire la Taxe des Dépens dont il s'agit?*

II. *Par quels Jugemens peuvent être adjugés les Dépens?*

III. *Dépens peuvent être adjugés à l'Accusé comme à la Partie Civile.*

IV. *Dépens s'accordent quelquefois pour tous Dommages & Intérêts.*

V. *Dépens sont-ils solidaires en Matiere Criminelle?*

VI. *Cas où ils donnent lieu à la Contrainte par Corps.*

VII. *Condamnation de Dépens n'a lieu, lorsqu'il n'y a d'autre Partie que le Procureur du Roi. Exception.*

APRÉS avoir pourvû par les Articles 16, 17 & 18 de ce Titre, aux Frais nécessaires pour l'Instruction & l'Exécution des Jugemens Criminels; l'Ordonnance marque ici la Maniere dont doivent se régler les Dépens qui sont adjugés par ces mêmes Jugemens; elle veut qu'ils soient réglés comme en Matiere Civile, c'est-à-dire, qu'on doit procéder à leur Taxe dans la Forme prescrite par le Tit. 31 de l'Ordonnance de 1667.

I. Cette Taxe doit par conséquent, se faire par Procureur *Tiers* dans les Bailliages, Sénéchaussées & Présidiaux; & à l'égard des Prévôtés & Châtellenies Royales, ou des Justices Seigneuriales, les Dépens doivent être liquidés à la suite de la Sentence, conformément à l'Article 33 du même Titre 31 de l'Ordonnance Civile.

II.

II. CES Dépens ne s'adjugent que par des Jugemens définitifs, parmi lesquels sont compris ceux rendus sur les *Renvois, Déclinatoires, Evocations, Réglemens de Juges, Appels comme de Juge incompétent.* A l'égard des autres Jugemens qui concernent purement l'Instruction, les Dépens sont toujours *réservés.* Il y a aussi de certains Jugemens définitifs où les Dépens sont *compensés*, tels que ceux qui mettent hors de Cour.

III. L'ADJUDICATION des Dépens peut avoir également lieu, & au profit de l'*Accusé*, lorsqu'il a été renvoyé absous & déchargé de l'Accusation; & au profit de la *Partie Civile*, lorsque l'Accusé est condamné à quelque Peine, ne fût-elle même que *Pécuniaire*, tels que les Intérêts Civils, ou simples Dommages & Intérêts.

IV. LORSQUE l'Accusé est renvoyé absous, il est d'Usage de lui accorder aussi par le même Jugement, des Dommages & Intérêts, outre les Dépens, quand il y a conclu par sa Requête d'*Atténuation.* Que s'il n'y a point de Partie Civile, & que l'Accusation ait été poursuivie à la Requête de la Partie Publique ensuite de la Dénonciation de quelque Particulier, on lui réserve ses Actions pour obtenir ses Dépens, Dommages & Intérêts contre le Dénonciateur, qu'il obligera la Partie Publique de lui nommer. Il arrive même quelquefois que les Juges, en renvoyant absous l'Accusé, ne lui accordent que les Dépens pour *tous Dommages & Intérêts*, comme lorsque l'Accusation n'est pas évidemment mal fondée, & que la Partie Civile paroît avoir eu quelque Motif légitime pour l'intenter.

V. QUOIQUE, suivant cet Article, les Dépens doivent se régler en Matiere Criminelle, comme en Matiere Civile, la Condamnation des Dépens n'a pas néanmoins les mêmes Effets dans l'un & l'autre Cas; il y a cela de remarquable, par rapport à ceux qui sont prononcés en Matiere Criminelle, qu'ils sont *Solidaires*, lorsqu'il y a plusieurs Condamnés par le Jugement, quand même ce Jugement contiendroit d'ailleurs des Condamnations inégales. C'est ce qui a été jugé par deux Arrêts rapportés par BASSET, Liv. 2, Tit. 31, Ch. 10; l'*un* du 29 Janvier 1644; l'*autre* du 8 Juin 1649. Quoiqu'il y ait plusieurs Criminalistes qui prétendent que cette solidité n'a lieu que lorsqu'elle est prononcée; & même il faut convenir, que ce dernier

Sentiment est le plus généralement suivi, comme étant le plus conforme à la Disposition du présent Article de l'Ordonnance, à laquelle les Arrêts qu'on vient de citer, sont antérieurs.

VI. Pour ce qui concerne la Maniere dont ces Dépens peuvent être poursuivis, il faut suivre ce qui est prescrit par les Articles 2, 10 & 11 du Tit. 34 de l'Ordonnance de 1667, suivant lesquels la Contrainte par Corps ne peut avoir lieu que lorsque, par la Taxe qui en a été faite, ces Dépens se trouvent monter à 200 liv. & plus; & que depuis la Signification du Jugement, il s'est écoulé le Délai de quatre mois & de quinzaine. Ce n'est que lorsqu'ils sont prononcés par forme d'*Intérêts Civils*, qu'ils emportent cette Contrainte de plein Droit, encore qu'ils monteroient à une somme moindre de 200 liv. *V.* le Procès-verbal de Conférence sur l'Art. 9 du Tit. 34 de l'Ordonnance de 1667, & l'Arrêt de Réglement du Parlement de Rouen, du 3 Avril 1675.

VII. Nous avons observé sur l'Art. 8 du Tit. 3, que la Condamnation des Dépens ne pouvoit avoir lieu, lorsqu'il n'y avoit d'autre Partie au Procès que le Procureur du Roi, ou celui des Seigneurs; c'est-à-dire, que l'Accusé, quoique renvoyé absous de l'Accusation, ne peut jamais en obtenir contre ces Officiers Publics, de même que Ceux-ci n'en peuvent prétendre aucuns en Cas de Condamnation de l'Accusé; mais on adjuge seulement une Amende au profit du Roi ou des Seigneurs, qui leur tient lieu de ces Dépens, & des Frais de Poursuites qu'ils sont obligés d'avancer, lorsqu'il n'y a point de Partie Civile. *V.* Bacquet, des Droits de Just. Ch. 7, N°. 19 & suivant. *V.* au surplus, sur ce même Art. 8, les Exceptions, par rapport à la Bretagne & à la Franche-Comté.

ARTICLE XXI.

» Les Jugemens seront exécutés le même jour qu'ils » auront été prononcés.

SOMMAIRE.

SUIVANT cet Article, les Jugemens Criminels doivent être exécutés le même jour qu'ils ont été prononcés.

I. CETTE Disposition regarde principalement les Jugemens définitifs, qui contiennent la *Condamnation* de l'Accusé : car à l'égard de ceux qui concernent son *Absolution* ou son Elargissement, il en a été parlé sur l'Art. 29 du Tit. 13.

II. D'AILLEURS, l'Ordonnance ne veut pas parler ici de toutes sortes de Jugemens de Condamnation, elle ne comprend dans sa Disposition, que ceux qui condamnent à quelque Peine capitale ou afflictive, telles que celles mentionnées dans l'Art. 13 de ce Titre : & même parmi ces derniers, il faut encore excepter ceux qui condamnent à la Peine des GALERES, dont l'exécution ne peut se faire que dans le tems destiné pour conduire la Chaîne; comme aussi ceux qui condamnent au BANNISSEMENT, lorsque cette Peine se trouve jointe à une condamnation d'*Intérêts Civils*, pour lesquels la Partie Civile peut retenir le Condamné en Prison, ainsi que nous l'avons vû sur l'Art. 23 du Tit. 13.

III. IL y a encore plusieurs autres Cas où l'Exécution des Jugemens peut être différée; sçavoir, 1°. Lorsque les Cours jugent à propos de l'ordonner ainsi par de certaines considérations. *V.* le Procès-verbal de Conférence sur cet Article.

2°. Lorsque le jour où doit se faire l'exécution, tombe un

Dimanche ou une Fête, l'on doit différer, s'il est possible, l'exécution au lendemain : il y en a une Disposition expresse dans l'Ordonnance d'Henri II. en 1551, Art. 4, conforme sur ce point à la Loi 6, au Code *de Feriis;* & cela, tant à cause de la *Sainteté* du Jour, que pour empêcher que de pareils spectacles ne détournent de l'*assistance* aux Offices Divins.

3°. Lorsque le Jugement est rendu contre une Femme enceinte, l'exécution en doit être retardée jusqu'après son accouchement, ainsi que nous le verrons sur l'Art. 23 ci-après.

4°. Enfin, lorsque le Condamné doit être confronté à d'autres Accusés, & que sa Confrontation est nécessaire pour leur Condamnation. *V.* BORNIER, sur cet Article.

IV. L'ORDONNANCE veut que les Jugemens soient exécutés le jour même qu'ils sont *prononcés*; elle ne dit point le jour qu'ils ont *été rendus*, & pourquoi cela ? C'est que les Jugemens dont il s'agit, lorsqu'ils sont rendus par les premiers Juges, ne peuvent être exécutés, qu'après qu'ils ont été confirmés par les Cours; excepté les Jugemens de Contumace, dont l'exécution doit, aux termes de l'Art. 17 du Tit. 17, être faite le jour même qu'*ils sont rendus*, sans qu'elle puisse être retardée ni suspendue par l'Appel de l'Accusé, qui ne se seroit pas mis en état. Il n'y auroit donc que le Cas où, ce Jugement ayant prononcé une moindre Peine que celle que le Crime paroîtroit devoir mériter, la Partie Publique jugeroit à propos d'interjetter Appel *à Minima*; cet Appel devroit suspendre l'exécution jusqu'après l'Arrêt définitif.

V. EN exigeant par cet Article, que les Jugemens soient exécutés le jour même qu'ils sont prononcés; l'Ordonnance établit par-là la Nécessité de la Prononciation du Jugement à l'Accusé. Cette Prononciation se fait par le Greffier, en présence du Juge ou du Rapporteur, l'Accusé étant à genoux.

VI. IL y a cela de particulier par rapport à la Prononciation qui se fait du Jugement de Condamnation au Bannissement, que le Greffier doit en même-tems faire lecture à l'Accusé, des Déclarations qui sont intervenues en cette Matiere ; sçavoir, aux Hommes, de la Déclaration du 31 Mai 1682, & aux Femmes, de celle du 29 Avril 1687. C'est la Disposition d'un Arrêt de Réglement de la Cour du 12 Mai 1685.

VII. Suivant un autre Arrêt de Réglement de la Cour du 9 Juillet 1716, rapporté au sixiéme Tome du Journal des Audiences, le Greffier est tenu, en prononçant les Jugemens de Condamnation à l'Accusé, de recevoir sa Déclaration s'il en est appellant, ou s'il y acquiesce, & la lui faire signer s'il sçait écrire, sinon lui faire déclarer qu'il ne sçait point écrire ni signer, de ce interpellé.

VIII. La Prononciation du Jugement à l'Accusé, doit se faire en deux tems différens, *d'abord* dans la Chambre du Conseil, *ensuite* au lieu même du Supplice : si l'Accusé veut alors faire quelque déclaration, le Greffier doit les recevoir, suivant le même Réglement que nous venons de citer.

L'on appelle les Déclarations qui sont faites par l'Accusé, avant qu'il soit conduit au lieu du Supplice, des Testamens de Mort. Le Rapporteur en dresse Procès-verbal, qu'il fait signer au Condamné, après lui avoir fait délier les mains. Mais lorsqu'elles sont faites au lieu même du Supplice, on ne les fait point signer par le Condamné, & l'on se contente d'en revêtir le Procès-verbal d'exécution, qui se met à la suite du Jugement, & qui ne doit être signé que par le Greffier seulement.

IX Lorsque par ces Testamens de Mort le Condamné vient à révéler quelqu'un de ses Complices, on l'envoye aussi-tôt chercher s'il est dans le lieu même, pour le confronter au Condamné ; & le Juge ou le Rapporteur, qui doit se trouver dans un lieu voisin de l'exécution, dresse du tout un Procès verbal, ensuite duquel il instruit le Procès Criminel à ce Complice ; mais sans que pour cela l'exécution du Condamné en puisse être retardée.

V. au surplus ce qui a été dit par rapport à ces Complices, sur les Art. 3 & 4, du Tit. 19 ; *V.* encore l'Art. 24 ci-après.

X. *Formule de Testament de Mort.*

L'an.... Nous.... étant en la place.... pour faire exécuter.... portant la Condamnation à Mort contre..... l'Exécuteur de la Haute-Justice nous a fait avertir que led..... souhaitoit de nous faire quelque Déclaration pour la décharge de sa Conscience, & nous requéroit de les recevoir, suivant lequel Avis, nous avons ordonné de faire descendre led..... de l'Echelle *ou* de l'Echaffaud où il étoit monté, & de le faire conduire en..... *ou* étant descendu de l'Echelle, *ou* nous étant approché de l'Echaffaud avec notre Greffier, après Serment fait par led. . . . . . de dire Vérité, il nous a déclaré. . . . . . Lecture à lui faite du présent Procès-verbal, a dit que sa Déclaration contient Vérité, y a persisté, & a signé, *ou* déclaré ne sçavoir écrire ni signer, de ce enquis, *ou* a fait Refus de signer, de ce interpellé, & a été led. . . . . . remis ès mains de l'Exécuteur de la Haute-Justice. Fait les jour & an que dessus.

NOTA. *La Formule du Procès verbal d'Exécution du Jugement de Condamnation à Mort, est à la suite de l'Article dernier de ce Titre.*

ARTICLE XXII.

» SI les Condamnés à l'Amende honorable refusent » d'obéir à Justice, les Juges seront tenus leur en faire » trois différentes Injonctions, après lesquelles pour- » ront les condamner à plus grande Peine.

SOMMAIRE.

I. *De quelle Amende honorable est-il parlé dans cet Article?*

II. *En quoi peut consister la plus grande Peine dont il est parlé dans cet Article.*

III. *Comment l'on doit procéder en pareil Cas?*

CET Article concerne singuliérement l'Exécution des Jugemens de Condamnation à L'AMENDE HONORABLE. L'Ordonnance veut, qu'en Cas de refus par le Condamné d'obéir à Justice, les Juges puissent le condamner à une plus grande Peine; après néanmoins qu'ils lui auront fait trois Injonctions différentes à ce sujet.

I. L'AMENDE Honorable, dont il est ici parlé, est principalement celle qui se fait à l'Audience, ou bien en la Chambre du Conseil, en présence des Juges; & que les Criminalistes appellent *Amende Honorable sèche.* Car pour l'Amende Honorable qui se fait publiquement hors de l'Audience, comme à la Porte du Palais, ou devant la principale Eglise du Lieu; il paroît qu'en général, la Disposition du présent Article ne peut la regarder par deux raisons.

La *premiere*, parce que cette Amende est ordinairement jointe à la Peine de Mort, qui étant la plus grande de toutes les

Peines, n'est point par conséquent susceptible de cette augmentation de Peine, dont il est parlé dans le présent Article.

La *seconde*, parce que les trois Injonctions qui doivent être faites par les Juges en cas de refus du Condamné, supposent nécessairement la présence de ces mêmes Juges, au tems de l'Exécution; or, il est certain qu'il n'y a aucune Disposition dans l'Ordonnance qui oblige les Juges d'assister à l'exécution d'un Jugement Criminel. A la vérité, il est d'usage que le Rapporteur s'y trouve présent, mais c'est uniquement afin de dresser Procès-verbal des Déclarations que pourroit faire le Condamné, sans pouvoir y faire la fonction de Juge.

Ce ne pourroit donc être tout au plus, que dans le Cas où l'Amende Honorable de cette derniere espece, seroit prononcée comme Peine principale, (ce qui est extrêmement rare) qu'on pourroit lui appliquer la Disposition de cet Article, parce qu'alors le Rapporteur qui auroit fait les trois Injonctions, rapporteroit son Procès-verbal à la Chambre, sur le vû duquel, & sur les Conclusions de la Partie Publique, interviendroit Jugement qui prononceroit l'augmentation de la Peine.

II. Mais, quelle doit être cette plus *grande Peine*, que les Juges peuvent prononcer en pareil Cas? L'Ordonnance s'en rapporte sur ce point, à la prudence des Juges, qui peuvent par conséquent régler cette augmentation de Peine, suivant la Qualité des Personnes, & la Nature du Crime. Il y a des Arrêts rapportés par Papon, Liv. 24, Tit. 10, N°. 19, qui ont porté cette augmentation jusqu'au dernier Supplice. Despeisses, Tom. 3, Part. 1. Tit. 12, Sect. 11, Art. 4, N°. 2, rapporte un Arrêt du Parlement de Paris, du 14 Juillet 1614, par lequel un Refusant de faire Amende Honorable, qui étoit Gentilhomme, fut condamné à doubler l'Amende, & doubler le tems de son Bannissement, la Cour lui ayant déclaré qu'elle lui faisoit grace de la vie, malgré sa désobéissance. Mais suivant notre Jurisprudence actuelle, on en use avec beaucoup plus d'indulgence; & même on ne voit que très-rarement des Exemples de semblables Augmentations de Peine.

III. Quant à la Procédure pour parvenir à cette augmentation; elle se fait ainsi. Lorsque le Condamné à l'Amende Honorable refuse de répéter ce qui est contenu dans le Jugement, dont la lecture lui est faite par le Greffier, il est interpellé à trois différentes reprises, par celui qui préside, d'obéir à Justice, lui déclarant qu'après la *troisiéme* Injonction, il sera condamné à plus grande Peine. S'il persiste dans son refus, alors M[rs] les Gens du Roi, si la Réparation doit se faire à l'Audience, se lévent, & prennent des Conclusions contre lui. Sur quoi intervient Jugement qui le condamne à plus grande Peine; & comme le Jugement lui est prononcé sur le champ, il est aussi exécuté sur le champ. *V.* L'AUTEUR des *Formules.*

ARTICLE XXIII.

» SI quelque Femme, devant ou après avoir été con-
» damnée à Mort, paroît ou déclare être enceinte, les
» Juges ordonneront qu'elle sera visitée par Matrones,
» qui seront nommées d'Office, & qui feront leur Rap-
» port dans la Forme prescrite au Titre des Experts,
» par notre Ordonnance du mois d'Avril 1667. Et si
» elle se trouve enceinte, l'Exécution sera différée jus-
» qu'après son Accouchement.

SOMMAIRE.

I. *Exception à l'Article 21 du présent Titre, sur quoi fondée?*
II. *Comment se prouve juridiquement la Grossesse?*
III. *Sous le nom de Femmes sont comprises aussi les Filles enceintes.*
IV. Quid, *lorsque les Femmes celent leur Grossesse?*
V. *Le Rapport d'une seule Sage-Femme ne suffit pas.*
VI. *Différence entre ces Sages-Femmes & les Experts, par rapport à leur Nomination.*
VII. *Comment doivent-elles procéder à leur Rapport?*

I. CET Article contient une Exception à la Régle établie par l'Art. 21 ci-devant, qui veut que les Jugemens soient exécutés le même jour qu'ils ont été prononcés. Cette Exception a été introduite en faveur des Femmes qui paroissent, ou qui se déclarent enceintes, depuis la Prononciation qui leur a été faite de leur Jugement; & comme elle est fondée sur le danger de l'Avortement, elle n'a pas seulement lieu pour les Jugemens

gemens de Condamnation à Mort, dont il est parlé dans cet Article; mais encore pour ceux qui condamnent à la Torture & autres Peines qui mettent le Corps dans un état violent.

II. MAIS, pour que cette Exception puisse avoir lieu, il ne suffit pas que la Femme se déclare, ni même qu'elle paroisse enceinte: cette Déclaration pouvant être un faux prétexte dont elle se serviroit pour tâcher de prolonger ses jours; & l'enflure apparente de son ventre pouvant être occasionnée par différens accidens, autres que la Grossesse, l'Ordonnance a cru, avec raison, ne devoir admettre d'autre preuve Juridique en pareil cas, que celle tirée du Rapport des Matrones ou Sages-Femmes: & encore exige-t-elle, pour la validité de cette Preuve, les trois conditions suivantes; sçavoir, 1°. Que la Visite soit ordonnée par le Juge; 2°. Que ces Matrones soient nommées d'Office; 3°. Qu'elles fassent leur Rapport dans la même forme que celle qui est prescrite pour les Experts, par l'Ordonnance de 1677.

Toutes ces Dispositions donnent lieu à plusieurs Observations importantes.

III. 1°. SOUS le nom de *Femmes*, l'Ordonnance ne veut pas seulement parler des Femmes mariées, mais encore des *Filles* qui auroient eu le malheur de se laisser séduire, dans l'espérance du mariage, ou par libertinage.

IV. 2°. LA Visite ou Rapport des Sages-Femmes, devant avoir lieu, suivant cet Article, non-seulement lorsque les Femmes déclarent qu'elles sont enceintes, mais encore lorsqu'elles affectent de cacher leur Grossesse, dont il y auroit d'ailleurs quelque apparence, soit par l'enflure du ventre ou autrement. Il faut par conséquent, dans ce dernier Cas, que la Partie Publique ait soin de donner son Réquisitoire, pour qu'il soit procédé à cette Visite; & même en cas de négligence de cette Partie Publique, le Juge en devroit dresser Procès-verbal, qu'il communiqueroit à celle-ci, pour donner ses Conclusions, sur lesquelles sera rendu le Jugement qui ordonnera la Visite, conformément au présent Article.

V. 3°. L'ORDONNANCE se sert ici du Mot *Matrones* au pluriel, pour donner a entendre qu'une seule ne suffiroit pas; il en faut donc au moins Deux, ainsi qu'il est d'usage en Matiere de Rapport d'Experts, que l'Ordonnance donne pour Régle sur ce Point.

VI. Ces Matrones doivent aussi, comme les Experts, être nommées par le même Jugement qui ordonne la Visite; mais avec cette différence néanmoins, qu'elles sont toujours nommées d'Office suivant cet Article, au lieu que les Experts peuvent être choisis par les Parties, & que ce n'est que sur leur refus de les nommer, que le Juge les nomme d'Office.

VII. Les Matrones ainsi nommées, doivent être assignées à la diligence de la Partie Publique, dans le plus court délai que faire se pourra, pour prêter Serment pardevant le Juge qui dressera Procès-verbal de cette prestation de Serment, à la suite du Jugement qui les aura nommé. Ce Jugement leur est mis entre les mains: le Juge en dresse pareillement Procès-verbal: elles procédent en conséquence à la Visite de cette Femme; & si elles se trouvent du même sentiment, elles font leur Rapport conjointement, ou bien séparément si elles sont d'avis contraire: mais en ce dernier Cas, il faudra que les Juges nomment d'Office une troisiéme Matrone, qui prêtera le Serment avant la Visite. Leurs Rapports étant faits, ils seront remis entre les mains du Juge, qui les attachera à son Procès-verbal, où il les transcrira, & leur donnera en même-tems Acte de la remise qui lui en a été faite.

ARTICLE XXIV.

» Le Sacrement de Confession sera offert aux Con-
» damnés à Mort, & ils seront assistés d'un Ecclésiasti-
» que jusqu'au lieu du Supplice.

SOMMAIRE.

I. *Pourquoi la Confession doit-elle être seulement offerte?*

II. *Pourquoi doit-elle être offerte à toutes sortes de Condamnés indistinctement?*

III. *Utilité de la Précaution de faire assister le Condamné par un Ecclésiastique.*

IV. *Quid, si ce Condamné venoit à mourir en chemin?*

V. *Que doit-on faire du Cadavre après l'Exécution?*
VI. *Formule de Procès-verbal de l'Exécution d'un Jugement de Condamnation à Mort.*

TROIS choses à observer sur cet Article.

I. 1°. Il est dit, que la Confession sera *offerte*, & non point qu'on pourra y obliger le Condamné à Mort; parce que cette obligation n'est point du ressort de la Justice humaine.

II. 2°. L'Ordonnance veut que la Confession soit offerte à *tous Condamnés* à Mort, sans distinguer ceux qui feroient profession de ne point croire à la vertu de ce Sacrement; & cela sans doute, afin que ces derniers puissent profiter de cette circonstance, pour se convertir, & rentrer dans le sein de l'Eglise.

III. 3°. Enfin, il est dit que le Condamné sera *assisté d'un Ecclésiastique*, jusqu'au lieu du Supplice; cet Ecclésiastique ne doit point le quitter qu'après l'Exécution. On sent assez toute l'utilité de cette précaution, qui intéresse également l'Ordre Public & la Religion, en ce que le Condamné voyant qu'il ne lui reste plus de ressource pour le salut de son corps, ne doit alors être occupé que de celui de son ame; & par conséquent ne plus faire de difficulté d'avouer son Crime, déclarer ses Complices, & révéler des secrets importans qu'on n'auroit jamais pû découvrir autrement.

IV. Nous avons dit sur l'Art. 21, que lorsque le Criminel étoit arrivé au lieu du Supplice, le Greffier devoit lui faire une nouvelle prononciation de son Jugement, & dresser ensuite Procès-verbal de l'Exécution du Jugement, dans lequel il fera Mention des Déclarations du Criminel. Mais si le Condamné venoit à mourir en chemin, il ne faudroit pas passer outre; il doit alors être dressé Procès-verbal de la maniere dont le Cas est arrivé, par le Juge ou le Rapporteur, qui, comme nous l'avons dit, doit être à portée du lieu de l'Exécution. Après quoi, le Corps est ramené dans la Basse Geole, où il doit rester un certain tems avant que de le faire inhumer, pour s'assurer s'il n'est point tombé en léthargie ou défaillance. Néanmoins, le surplus du Jugement qui concerne les Peines Pécuniaires, telles que la Confiscation, Intérêts civils, &c. ne laisse pas que d'avoir son Exécution. *V.* JULES CLARF, Quest. 52, N°. 15 & 16, où il cite la Glose sur la Loi 3, §. *Quod autem. ff. Quod quisque Jurejur.*

V. APRÉS que le Jugement a été exécuté sur la Personne du Condamné, on laisse son Corps exposé quelque tems à la vûe du Public pour l'exemple. Après quoi, on va le prendre pour l'inhumer en Terre Sainte, à moins que par le Jugement il n'ait été ordonné que le Corps sera brûlé, & ses cendres jettées au vent; ou bien qu'il sera exposé sur les Grands Chemins, comme il arrive ordinairement pour des Assassinats, Vols de Grand Chemins, & autres semblables, qui demandent une Punition exemplaire.

VI. *FORMULE de Procès-verbal de l'Exécution d'un Jugement de Condamnation à Mort.*

L'an....... le Jugement où l'Arrêt ci-dessus a été prononcé par moi Greffier..... soussigné en la Chambre de.... a.... où il a été amené, & après que le Sacrement de Confession a été administré aud. ..... par.... Prêtre, icelui.... a été mis entre les mains de.... Exécuteur de la Haute-Justice, qui l'a conduit le même jour.... heures de relevée en la Place de...... & a exécuté led. Jugement, selon sa forme & teneur. Fait les jour & an que dessus.

TITRE XXVI.

Des Appellations.

CE TITRE contient seize Articles.

Dans le *premier*, il est parlé des Appels qui doivent être portés nécessairement dans les Cours, & de ceux qui peuvent être portés indifféremment, soit dans les Cours, soit dans les Bailliages, au choix des Accusés.

Dans le *second*, de l'Appel des Jugemens d'Instruction, & où ils doivent être portés & jugés.

Dans le *troisiéme*, de la Continuation de l'Instruction, & de l'Exécution des Décrets, nonobstant ces Appels.

Dans le *quatriéme*, des Défenses & Surséances, obtenues sur ces sortes d'Appels.

Dans le *cinquiéme*, de l'Evocation des Procès Criminels dans les Cours.

Dans le *sixieme*, des Cas où l'Accusé & son Procès doivent être envoyés dans les Cours, quand même il n'en appelleroit pas.

Dans le *septiéme*, de l'Envoi de tous les Accusés d'un même Crime dans les Cours, encore qu'il n'y en ait qu'un de jugé.

Dans le *huitiéme*, de la Nécessité du même Envoi, dans le Cas où l'un de ces Accusés auroit été condamné, & l'autre absous.

Dans le *neuviéme*, de ce qui doit suivre immédiatement l'arrivée de l'Accusé, & de son Procès dans les Cours.

Dans le *dixiéme*, de la Distribution des Procès, qui se fait par les Procureurs Généraux à leurs Substituts.

Dans le *onziéme*, de la Procédure qui sera faite sur l'Appel des Sentences qui ne portent Condamnation à Peine afflictive, Bannissement, & Amende honorable.

Dans le *douziéme*, de la Distribution qui doit se faire du Procès sur l'Appel ci-dessus, comme de ceux en Matiere civile.

Dans le *treiziéme*, des Appels *à minima*, interjettés par les Procureurs du Roi & des Seigneurs, & de leurs Effets.

Dans le *quatorziéme*, des Exécutoires qui sont délivrés par les Cours pour la Conduite des Prisonniers, & le Port du Procès.

Dans le *quinziéme*, des Interrogatoires qui se font dans les Cours, lors du Jugement du Procès.

Enfin dans le *seiziéme*, des Cas où l'Accusé qui a été Appellant, doit être renvoyé sur les Lieux, pour l'Exécution du Jugement.

ARTICLE PREMIER.

» TOUTES Appellations de Sentences préparatoi-
» res, interlocutoires & définitives, de quelque qua-
» lité qu'elles soient, seront directement portées en nos
» Cours, chacune à son égard, dans les Accusations
» pour Crimes qui méritent Peine afflictive; & pour les

» autres Crimes, à nos Cours, ou à nos Baillifs & Sé-
» néchaux, au Choix & Option des Accufés.

SOMMAIRE.

I. *Quels font les Jugemens dont l'Appel doit être porté directement dans les Cours.*
II. *Quelles font les Peines afflictives dont veut parler cet Article?*
III. *Quelles font les Peines infamantes & pécuniaires dont l'Appel dépend du Choix des Accufés.*
IV. *Juges Inférieurs tenus de prononcer fuivant la rigueur des Ordonnances.*
V. *La Partie Civile a-t-elle fur ce Point le même Privilége que l'Accufé?*
VI. *Exception par rapport aux Jugemens rendus dans l'Etendue du Duché de Bar.*
VII. *Effet de l'Appel des Jugemens définitifs en Matiere Criminelle.*

I. SUIVANT cet Article, les Appels des Jugemens Préparatoires & Interlocutoires en Matiere Criminelle, doivent être portés indiftinctement dans les Cours: mais à l'égard des Jugemens Définitifs, il faut diftinguer entre ceux qui prononcent des Condamnations à Peine afflictive, & ceux qui ne prononcent que des Peines infamantes ou pécuniaires; il n'y a que les premiers dont l'Appel va *de Droit* dans les Cours, c'eft-à-dire, qu'il y doit être porté néceffairement, quand même le Condamné y auroit acquiefcé: & à l'égard des autres, il dépend abfolument du choix de l'Accufé de le porter, ou dans les Cours, ou dans les Bailliages & Sénéchauffées, ce qui s'entend, lorfque le Jugement dont eft Appel a été rendu par des Juges Subalternes, tels que Prévôts & Châtelains, ou par des Juges de Seigneurs: car pour ceux qui feroient interjettés des Sentences rendues par les Baillifs & Sénéchaux, ils ne doivent jamais être portés ailleurs que dans les Cours.

II. MAIS quelles font les Peines *afflictives*, dont la Condamnation a l'effet de faire porter néceffairement l'Appel dans les Cours? Ce font d'abord toutes celles qui fe trouvent défignées dans l'Art. 13 du Titre précédent, auxquelles il faut encore ajouter celles du *Fouet*, du *Carcan* & *Pilory*; & de plus, celle d'être *Authentiquée* pour les Femmes. *V.* au furplus ce que nous avons dit fur cet Article 13. *V.* encore l'Art. 6 ci-après.

III. QUELLES font au contraire les Peines purement *infa-*

mantes & *pécuniaires*, dont la Condamnation laiſſe le choix à l'Accuſé de porter ſon Appel, ou dans les Cours, ou dans les Bailliages & Sénéchauſſées? C'eſt encore, ce que nous avons remarqué ſur le même Art. 13 que nous venons de citer. Il reſte ſeulement à obſerver ici, que ſuivant une Juriſprudence particuliere de la Cour, il y a de certaines Peines *infamantes* dont l'Appel doit être porté directement dans les Cours, ſans qu'il dépende des Condamnés de les porter en des Bailliages & Sénéchauſſées : de ce nombre eſt le *Blâme*, ſuivant la Diſpoſition d'un Arrêt de Réglement de la Cour, du 3 Septembre 1668, rapporté au ſecond Tome du Journal des Audiences, & qui a été confirmée en dernier lieu par un autre Arrêt du 18 Janvier 1711. *V.* au ſurplus ce qui ſera dit ſur l'Art. 12 ci-après.

IV. Par l'Arrêt de Réglement des Grands Jours d'Auvergne, du 10 Décembre 1665, il eſt enjoint à tous Juges Inférieurs de prononcer contre les Accuſés dûement convaincus, ſuivant la rigueur des Ordonnances, ſans qu'ils puiſſent modérer ni changer la Peine, pour obliger les Accuſés d'acquieſcer à leurs Jugemens, à peine, en cas d'Abus & de Contravention, d'Amende arbitraire, d'Interdiction, & d'être déclarés incapables de poſſéder des Charges de Judicature. *V.* Bruneau, Tit. 27, Max. 4.

V. De ce qu'il n'eſt parlé ici que de l'*Accuſé*, il s'enſuit que la *Partie Civile* n'a pas comme lui, la Faculté d'opter entre les Cours & les Bailliages & Sénéchauſſées, lorſqu'il s'agit de l'Appel des Jugemens de Condamnation à des Peines non afflictives; mais que cet Appel doit être porté néceſſairement dans les Bailliages & Sénéchauſſées, à moins qu'il n'y ait en même-tems un Appel *à minima* de la Partie Publique, dont il ſera parlé ci-après.

VI. Nous avons dit que l'Appel des Jugemens portant Condamnation à Peines afflictives, devroit être porté néceſſairement dans les Cours. Il faut néanmoins excepter ceux qui ſont rendus dans l'étendue du Duché de Bar, dont l'Appel doit être porté aux Bailliages de ce Duché, ſuivant des anciens Traités faits avec nos Rois.

VII. Au reste, l'on peut voir dans nos Inſtit. au Droit Crim. Part. 7, les Principes généraux qui concernent l'Appel en cette Matiere, & les différens Effets qu'il produit, suivant la Qualité des Jugemens. Nous observerons seulement ici, que l'Appel des Jugemens définitifs a cela de particulier, que non-seulement il est suspensif, hors le Cas où les Jugemens ne prononcent que des Condamnations pécuniaires, dont il est parlé sur l'Art. 6 du Titre précédent; mais même qu'il éteint absolument le jugé, suivant la Maxime *Appellatio extinguit Judicatum in Criminalibus;* tellement que si le Condamné venoit à mourir pendant le cours de cet Appel, il seroit censé mort *integri status*, & que les Actes qu'il auroit fait intermédiairement, seroient valables. A la vérité, si la Sentence étoit confirmée par Arrêt, du vivant de l'Accusé, cet Arrêt donneroit à la Condamnation un Effet rétroactif jusqu'au jour de la Sentence, conformément à la Loi 57, §. *Ult. ff. De Administr. & Peric. Tut.* & à la Jurisprudence des Arrêts, attestée par LOUET & BRODEAU, Lett. C. Chap. 25.

ARTICLE II.

» LES Appellations de Permission d'informer des » Décrets, & de toutes autres Instructions, seront por- » tées à l'Audience de nos Cours & Juges.

SOMMAIRE.

I. *Appel des Jugemens interlocutoires ne doivent être jugés à l'Audience.*
II. *Qu'entend-t-on par Jugemens interlocutoires en Matiere Criminelle?*
III. *Qu'appelle-t-on Jugemens définitifs en cette Matiere?*
IV. *Motif de la Disposition du présent Article.*
V. *Partie Publique peut appeller des Jugemens d'Instruction, & pourquoi?*
VI. *Quid, à l'égard de la Partie Civile?*

I. SUIVANT cet Article, les Appels des Jugemens d'*Instruction* ou *Préparatoires*, tels que les Permissions d'informer, Décrets, & Réglement à l'extraordinaire, doivent être portés dans les Cours, & jugés à l'Audience. Par conséquent l'Appel des Jugemens *Interlocutoires* dont il est parlé dans cet Article, doit, comme celui des Jugemens *Définitifs*, être jugé en la Chambre, à Huis clos, & avec Epices, de même que ceux sur les Procès par écrit.

II.

II. Sous le nom de Jugemens *Interlocutoires*, nous comprenons les Jugemens de Torture, Ceux de Converſion en Procès ordinaire, Ceux qui ſur des Plaintes reſpectives, décident laquelle des deux Parties doit demeurer accuſée ; & enfin, Ceux qui admettent l'Accuſé à la Preuve de ſes Faits juſtificatifs.

III. Nous appellons Jugemens *Définitifs*, tous ceux qui prononcent la Condamnation ou l'Abſolution de l'Accuſé, ou qui ordonnent un ſimple Renvoi de l'Accuſation, ou un Hors de Cour, ou même un plus Amplement Informé. Ainſi, tous les autres Jugemens qui n'ont point ces caractéres, quoique rendus en Matiere Criminelle, doivent être jugés à l'Audience, ou ſur Délibéré & ſans Epices, ainſi qu'il a été décidé par pluſieurs Arrêts rapportés au 5e Tome du Journal des Audiences. *V.* au ſurplus ce qui ſera dit ſur les Art. 5 & 10 ci-après.

IV. La Raiſon ſur laquelle eſt fondée la Diſpoſition du préſent Article, c'eſt afin d'accélérer la déciſion des Appels de Jugemens d'Inſtruction, qui ne ſont haſardés le plus ſouvent que dans la vûe de retarder l'Inſtruction des Procès Criminels, & par-là occaſionner le Dépériſſement des Preuves.

V. Il paroît ſuivre de-là, qu'il n'y a proprement que l'Accuſé qui puiſſe interjetter ces ſortes d'Appels : c'eſt auſſi ce qui paroît réſulter de l'Article précédent, où il n'eſt parlé que de l'Accuſé. Cependant, il eſt certain qu'ils peuvent auſſi être interjettés par la Partie Publique, laquelle étant chargée ſpécialement de pourſuivre la Vindicte publique, ne doit rien négliger pour empêcher l'Impunité des Crimes & le Dépériſſement des Preuves que pourroit entraîner un Décret trop léger, ou la Civiliſation d'un Procès qui devroit être réglé à l'extraordinaire.

VI. Quant à la Partie Civile, comme elle pourroit reſſentir un préjudice réel de ces ſortes de Jugemens, en ce que la Rigueur du Décret & du Réglement à l'extraordinaire, ſeroit une Voie plus courte & plus efficace, pour lui aſſurer le Recouvrement de ſes Dommages & Intérêts ; il paroît qu'on ne ſçauroit lui conteſter pareillement la Faculté d'en appeller, quoiqu'elle ne devroit y être admiſe qu'avec beaucoup de Circonſpection ; attendu que, ſi par le Jugement définitif qui interviendroit enſuite, on ne lui adjugeoit point ces Dommages & Intérêts, ou on ne les lui adjugeoit point assez forts, elle auroit la Voie de l'Appel pour le faire réformer.

ARTICLE III.

» AUCUNE Appellation ne pourra empêcher ou » retarder l'Exécution des Décrets, l'Instruction & le » Jugement.

SOMMAIRE.

I. *Disposition de cet Article, suite de celle de l'Article 2 du Titre précédent, & de l'Art. 12 du Titre 10.*
II. *Exécution des Décrets ne doit préjudicier aux Appellations.*
III. *Appel des Complices peut-il suspendre l'Instruction?*
IV. *Appel du Réglement à l'extraordinaire n'est suspensif, & pourquoi?*

I. LA Disposition de cet Article, n'est qu'une suite & Confirmation de celle de l'Article 2 du Titre précédent, qui veut que l'Exécution du Jugement d'Instruction ne puisse être retardée par aucune Appellation, même comme de Juge Incompétent & récusé; comme aussi de celle de l'Art. 12 du Tit. 10, qui veut qu'il soit procédé à l'Exécution de tous Décrets, nonobstant toute Appellation, même comme de Juge Incompétent & récusé, sans demander Permission ni *Pareatis.*

II. AINSI, conformément à ces Articles, le Juge doit non-seulement passer outre à l'Instruction, nonobstant ces sortes d'Appels; mais même continuer cette Instruction jusqu'à Sentence définitive inclusivement, le tout néanmoins sans *préjudicier à ces Appellations*, c'est-à-dire, que les Accusés ne pourront souffrir aucun préjudice de l'Exécution des Décrets, ou de la Continuation de l'Instruction, dans le Cas où leur Appel seroit jugé valable, & qu'il seroit fondé sur de bons Moyens, comme de *Nullité*, *Incompétence*, *Récusation*, *Injustice*, *ou autres.*

III. L'ON peut dire aussi, par une suite de la Disposition de ces mêmes Articles, que non-seulement l'Appel interjetté par l'Accusé dans les premiers tems de l'Instruction, mais encore celui qu'interjetteroient ses Complices, des Décrets particuliers que les Juges décerneroient contr'eux, lors de la Visite du Procès Criminel, ne pourroit également empêcher les Juges de continuer l'Instruction du Procès Criminel contre ces derniers, jusqu'à Sentence définitive inclusivement. Mais aussi par la même raison, ces Juges ne pourroient faire exécuter les Jugemens définitifs dans l'aun & l'autre Cas, au préjudice des Appels qui en seroient interjettés.

IV. De ce qu'il n'est parlé dans cet Article, que des Appels des *Décrets*, il paroît qu'il en faut conclure que les Appels de tous autres Jugemens d'*Instruction*, tels que ceux rendus sur des Plaintes respectives des deux Parties, & qui décident laquelle doit demeurer l'Accusé; Ceux qui ordonnent le Réglement à l'extraordinaire, ou la Conversion en Procès ordinaire; & enfin, Ceux qui admettent l'Accusé à ses Faits justificatifs, ont l'effet de suspendre l'Exécution de ces Jugemens. Cependant, il en faut excepter le *Réglement à l'extraordinaire*; parce qu'il y a même raison pour exécuter ce Jugement, nonobstant l'Appel, que par rapport au *Décret*; sçavoir, d'empêcher l'impunité des Crimes par le Dépérissement des Preuves; que d'ailleurs, pour ordonner ce Réglement, il faut, comme pour le *Décret*, que le Crime puisse donner lieu à quelque Peine afflictive ou infamante; & qu'enfin son Exécution n'est pas, comme celle des autres Jugemens d'Instruction, irréparable en définitive, puisque quand il arriveroit que par l'Arrêt qui seroit rendu sur l'Appel, la Confrontation qui auroit été faite ensuite du Réglement à l'extraordinaire seroit infirmée, le Récollement & les Informations seroient alors converties en Enquête; & que par la Signification qui seroit faite à l'Accusé de l'Enquête, il pourroit avoir connoissance des Dépositions des Témoins, de même qu'il l'auroit eu par la Voie de la Confrontation; de maniere que son sort n'en seroit point pour cela changé.

ARTICLE IV.

» NE pourront nos Cours donner aucunes Défenses
» ou Surséances de continuer l'Instruction des Procès
» Criminels, sans voir les Charges & Informations,
» & sans Conclusions de nos Procureurs Généraux,

» dont il sera fait Mention dans les Arrêts; si ce n'est » qu'il n'y ait qu'un Ajournement Personnel. Décla- » rons nulles toutes celles qui pourront être données: » voulons que, sans y avoir égard, ni qu'il soit besoin » d'en demander main-levée, l'Instruction soit conti- » nuée, & les Parties qui les auront obtenues, & leurs » Procureurs condamnés chacun en 100 liv. d'Amen- » de, applicable moitié à la Partie, & moitié aux » Pauvres, qui ne pourront être remises ni modérées.

SOMMAIRE.

I. *Exception à l'Article précédent & à l'Article 12 du Titre 10.*
II. *Distinction entre les Décrets réels originairement rendus, & ceux par Conversion.*
III. *Cas exceptés par la Déclaration de 1680, par rapport aux Décrets d'Ajournement Personnel.*
IV. *Procédure dans les Cours pour l'Obtention des Arrêts de Défenses.*

I. PAR cet Article, qui est conforme à l'Art. 8 du Tit. 12, & à l'Art. 8 du Tit. 25, l'Ordonnance établit une Exception remarquable à l'Article précédent & à l'Art. 12 du Tit. 10, qui veulent que l'Instruction ne puisse être arrêtée ni suspendue par aucun Appel, même comme de Juge Incompétent & récusé.

II. MAIS en même-tems qu'elle donne ici le Pouvoir aux Cours Supérieures de suspendre le cours de l'Instruction par des Défenses & Surséances, l'Ordonnance a soin de distinguer la Qualité des Décrets dont il est appellé: elle veut que si le Décret n'est que d'Ajournement Personnel, les Défenses puissent être accordées sur la simple Requête de l'Appellant, encore que cet Ajournement ait été converti dans la suite en Décret réel par le défaut de Comparution de l'Accusé: que si au contraire l'Appel est interjetté d'un Décret réel, originairement rendu contre l'Accusé, elle ne permet alors d'accorder ces Défenses & Surséances, que sous les deux Conditions suivantes. L'*une*, que les Cours seront tenues de voir auparavant les Charges & Informations, pour sçavoir s'il y a lieu de les accorder; l'*autre*, que dans le Cas même où il y auroit lieu de les accorder, elles ne pourront le faire, qu'ensuite des Conclusions des

Procureurs Généraux. L'une & l'autre de ces Conditions sont prescrites à peine de Nullité des Défenses & Surséances, & de 100 liv. d'Amende, tant contre la Partie qui les aura obtenues, que contre le Procureur qui aura signé la Requête.

III. Il faut cependant observer que, quoique par ce même Article, les Défenses & Surséances qui s'accordent sur les Appels de Décrets d'Ajournement Personnel, ne soient point sujettes aux Formalités du *Vû des Charges* & des *Conclusions* des Procureurs Généraux, il y a néanmoins de certains Cas où elles y ont été assujetties par des Loix postérieures, & notamment par la Déclaration du mois de Décembre 1680 (*a*).

Ces Cas sont, 1°. lorsque ces Décrets ont été décernés par les Juges d'Eglise. Cette Disposition a été renouvellée par l'Art. 40 de l'Edit de 1695.

2°. Lorsque ces Décrets ont été décernés par des Juges Royaux ou des Seigneurs, pour certains Crimes, comme *Faussetés, Malversations d'Officiers dans l'exercice de leurs Charges*.

3°. Enfin, lorsque dans le même Procès Criminel où le Décret d'Ajournement Personnel a été rendu contre l'Accusé Appellant, il y a d'autres Accusés contre lesquels il y auroit eu des Décrets de Prise de Corps décernés. C'est aussi pour mieux assurer l'Exécution de cette Loi dans tous ces Points, que par deux Dispositions générales qu'on voit à la suite, il est enjoint

(*a*) Louis &c. Voulons & nous plaît, que » nos Cours ne puissent à l'avenir donner aucuns Arrêts de Défenses d'exécuter » les Décrets d'Ajournemens Personnels, » qu'après avoir vû les Informations, lorsque lesdits Décrets auront été décernés » par les Juges Ecclésiastiques & par les » Juges Ordinaires, Royaux, & des Seigneurs, pour Faussetés, pour Malversations d'Officiers dans l'Exercice de leurs » Charges, ou lorsqu'il y aura d'autres » Coaccusés, contre lesquels il y aura Décret de Prise de Corps. Et afin que notre » Intention puisse être exécutée sans difficulté, voulons que les Accusés qui demanderont ainsi les Défenses, soient tenus d'attacher à leur Requête la Copie » du Décret qui leur aura été signifié : Que » tous les Juges Royaux & des Seigneurs, » soient tenus d'exprimer à l'avenir dans » les Ajournemens Personnels qu'ils décerneront, le titre de l'Accusation pour laquelle ils décréteront, à peine contre » lesdits Juges Ordinaires, & des Seigneurs, » d'Interdiction de leurs Charges : & que » toutes les Requêtes tendantes ainsi à fin » de défenses d'exécuter les Décrets d'Ajournemens Personnels, soient communiquées à notre Procureur Général, pour » veiller au bien de la Justice, & y faire » ce qui dépendra de sa Charge. Et d'autant que les Accusés qui auroient été » décrétés d'Ajournement Personnel pour » d'autres Cas que ceux exprimés ci-dessus pourroient prétendre que nosdites » Cours seroient obligées de leur donner » des Arrêts de Défenses, lorsqu'ils les en » requerront : Nous voulons & entendons » que nosdites Cours puissent refuser lesd. » Arrêts de Défenses, selon que par le » Titre de l'Accusation, il leur paroîtra » convenable au bien de la Justice. Si donnons &c. *Déclaration du mois de Décembre 1680.*

d'*une part* à tous Accusés qui demandent des Défenses, d'attacher à leur Requête, Copie du Décret qui leur aura été signifié ; & de l'*autre*, à tous Juges ordinaires & de Seigneurs, d'exprimer à l'avenir dans les Ajournemens Personnels qu'ils décerneront, le Titre de l'Accusation pour laquelle ils décréteront, & ce à peine d'Interdiction.

IV. Quant à la Procédure qui se fait dans les Cours pour parvenir à l'Obtention de ces Défenses & Surséances, elle consiste, de la part de l'Accusé, s'il est Appellant d'un Décret d'*Ajournement Personnel*, dans une Requête qu'il présentera à la Cour, & à laquelle sera attachée Copie du Décret, conformément à la Déclaration de 1680, que nous venons de citer. Sur cette Requête, contenant qu'il y a eu un Décret d'Ajournement Personnel rendu contre lui, & signifié tel jour, dont Copie est jointe, interviendra Arrêt portant les Défenses & Surséances, lequel sera signifié à la Partie Civile.

S'il est Appellant d'un Décret *de Prise de Corps*, ou bien d'un Décret d'Ajournement Personnel dans l'un des Cas exceptés par la Déclaration de 1680, il présentera pareillement Requête, à laquelle sera jointe Copie du Décret. Sur cette Requête, la Cour rendra un premier Arrêt, par lequel elle ordonnera l'Apport des Charges & Informations, avec Injonction au Greffier d'obéir au premier Commandement qui lui en sera fait, à peine de 60 liv. d'Amende & d'Interdiction. Ce sont les Grosses & non les Minutes des Charges & Informations, que le Greffier sera tenu d'envoyer, conformément à l'Art. 5 du Tit. 1er ; les Minutes devant rester au Greffe, pour que le premier Juge puisse continuer l'Instruction jusqu'à ce qu'il en soit empêché par des Défenses & Surséances. Au Cas que ce Greffier se mette en refus d'obéir, comme il arrive ordinairement, afin de laisser au premier Juge le tems d'instruire & de juger le Procès, il intervient un second Arrêt qui ordonne l'Exécution du premier, & déclare la Peine de 60 liv. d'Amende encourue par le Greffier, au payement de laquelle il est dit qu'il sera contraint par Corps. Ce même Arrêt ordonnera qu'il sera fait à ce Greffier, itératif Commandement, avec Injonction d'obéir, à peine de 300 liv. d'Amende.

Ensuite de l'Apport des Charges & des Conclusions de M. le Procureur Général, interviendra, au Rapport de l'un des

Conseillers à qui le Procès sera distribué par le Président de la Chambre, un troisiéme Arrêt qui joindra les Défenses à l'Appel, c'est-à-dire, renverra devant le premier Juge pour faire le Procès en état de Prise de Corps, ou bien fera Défenses d'exécuter le Décret de Prise de Corps, ni attenter à la Personne & aux biens du Décrété; à la charge par lui de se représenter à toute Assignation en état d'Ajournement Personnel, pardevant le Juge qui a rendu le Décret, ou pardevant d'autres (lorsqu'il y a des raisons de Suspicion pour l'instruction du Procès) jusqu'à Sentence définitive inclusivement, sauf l'Exécution, s'il en est appellé. Par le même Arrêt, la Cour fera aussi main-levée des Saisies & Annotations faites sur les biens de l'Accusé, en vertu du Décret.

ARTICLE V.

» LES Procès Criminels pendans pardevant les Ju-
» ges de Lieux, ne pourront être évoqués par nos
» Cours; si ce n'est qu'elles connoissent, après avoir vû
» les Charges, que la Matiere est légere, & ne mérite
» une plus ample Instruction: auquel Cas pourront les
» évoquer, à la Charge de les juger sur le champ à
» l'Audience, & faire Mention par Arrêt des Charges
» & Informations; le tout à peine de Nullité.

SOMMAIRE.

I. *Quatre Conditions nécessaires pour l'Evocation.*

II. *Les Baillifs & Sénéchaux peuvent-ils évoquer?*

III. Quid, *lorsque les Cours reconnoissent que la Matiere n'est point légere?*

IV. *Evocation ne peut être accordée sur simple Requête.*

V. *Elle doit l'être principalement sur le vû de l'Interrogatoire, & pourquoi?*

VI. *Pardevant quel Juge doit être subi l'Interrogatoire de l'Accusé, appellant d'un Jugement d'Instruction?*

I. CET Article concerne l'Evocation des Procès Criminels, sur l'Appel des Jugemens d'Instruction. L'Ordonnance veut que ces Evocations ne puiſſent avoir lieu que ſous les quatre conditions ſuivantes. La *premiere*, qu'elles ſoient faites ſur le vû des Charges & Informations ; la *ſeconde*, qu'il ſoit fait mention dans l'Arrêt d'Evocation, de ce vû des Charges ; la *troiſiéme*, que par les Charges & Informations, il ſoit prouvé que la Matiere eſt légere, & ne mérite pas une plus ample Inſtruction ; enfin la *quatriéme*, que le Procès évoqué ſoit jugé à l'Audience & ſur le champ.

II. Ainsi, il réſulte pluſieurs choſes de la Diſpoſition de cet Article.

1°. Que n'y étant parlé que des *Cours*, les Baillifs & Sénéchaux, n'ont point conſéquemment le droit d'évoquer les Procès Criminels. Il faut cependant excepter le Cas de l'Appel des Jugemens rendus dans les Accuſations de Crimes, qui ne méritent point Peine afflictive, lequel pouvant être porté pardevant ces Juges Inférieurs, comme nous l'avons vû ſur l'Art. 1er de ce Titre, ſemble ſuppoſer néceſſairement que ces Juges ont auſſi le Droit d'évoquer dans les mêmes Cas, & en obſervant les mêmes Formalités & Conditions, qui ſont preſcrites par le préſent Article.

III. 2°. Que l'Evocation ne pouvant avoir lieu que dans des *Matieres légeres*, & qui ne méritent pas une plus ample Inſtruction, il s'enſuit que, toutes les fois que les Cours viennent à reconnoître par le vû des Charges, que la Matiere eſt grave, & mérite d'être inſtruite, elles doivent en renvoyer l'Inſtruction aux Juges des Lieux, pour être continuée dans toute la rigueur de la Procédure extraordinaire, juſqu'à Sentence définitive.

IV. 3°. Que l'Evocation ne pouvant être ordonnée que ſur le vû des Charges & Informations, les Cours doivent, par conſéquent, avant que de ſtatuer ſur la Requête contenant la demande en Evocation, rendre un premier Arrêt, par lequel elles ordonneront au Greffier de la Juriſdiction où le Procès Criminel s'inſtruit, de faire remettre au Greffe de la Cour, dans trois jours ou autre délai, tel qu'il ſera marqué ſur l'Art. 11 de ce Titre, la Groſſe des Charges & Informations.

V. 4°. Que n'étant pas ſeulement parlé dans cet Article, du vû des *Informations*, mais encore de celui des *Charges* ; il faut par

par conséquent que dans l'Envoi qui sera fait par le Greffier, soit comprise la Grosse de l'*Interrogatoire* de l'Accusé, qui est une Piéce essentielle du Procès Criminel, & sans le vû de laquelle on ne peut statuer sur le Jugement du fond du Procès; ainsi que nous le verrons sur l'Article suivant, & sur l'Art. 13 de ce Titre.

VI. Il y a plus, comme pendant l'Appel, il est incertain si le Parlement évoquera ou non; c'est pardevant le Juge même qui instruit le Procès, & qui suivant l'Art. 3 de ce Titre reste toujours saisi du fond, malgré cet Appel, que doit être subi l'Interrogatoire, & non pardevant un Commissaire de la Cour.

ARTICLE VI.

» Si la Sentence rendue par le Juge des Lieux, porte » condamnation de Peine Corporelle, de Galéres, de » Bannissement à perpétuité, ou d'Amende honorable, » soit qu'il y en ait Appel ou non, l'Accusé & son Procès seront envoyés ensemble, & sûrement en nos » Cours. Défendons aux Greffiers de les envoyer séparement, à peine d'Interdiction, & de 500 livres » d'Amende.

SOMMAIRE.

I. *Quelles sortes d'Appels doivent être portés nûement dans les Cours?*
II. *Distinction entre les Peines Corporelles & afflictives.*
III. *Pourquoi l'Appel est-il de droit dans tous ces Cas?*
IV. Quid, *si l'Accusé ne se trouvoit pas Prisonnier, lors de son Jugement?*
V. *Le dernier Interrogatoire & le Jugement de Condamnation doivent être compris dans l'Envoi du Procès.*
VI. *Précautions pour la sûreté de l'Envoi du Procès & de l'Accusé.*

DEUX Dispositions dans cet Article, dont la *premiere* regarde la Qualité des Jugemens dont l'Appel est dévolu de plein droit dans les Cours; l'*autre*, l'Envoi de l'Accusé & de son Procès, en conséquence de cet Appel.

I. 1°. Les Jugemens qui sont dévolus dans les Cours, soit

qu'il y ait Appel ou non de la part de l'Accusé, sont tous ceux qui condamnent à des Peines corporelles, aux Galeres, au Bannissement à perpétuité, ou à l'Amende Honorable : il faut ajouter, & généralement à toutes *Peines afflictives*, conformément à l'Art. 1er de ce Titre, & à l'Art. 11 ci-après. Il faut encore ajouter le Cas de l'Appel *à Minima*, dont il sera parlé sur l'Art. 13 ci-après ; ainsi que les autres Cas que nous avons exceptés, d'après la Jurisprudence des Arrêts, sur l'Art. 4 du Tit. 22, & sur les Art. 1er & 17 du présent Titre.

II. En distinguant les Peines *Corporelles*, de celles des Galeres, du Bannissement perpétuel, & de l'Amende honorable; l'Ordonnance nous donne par-là à entendre que ces dernieres ne sont simplement que des Peines *Afflictives*, c'est-à-dire, qui mettent le Corps dans un état de gehenne & de contrainte, sans lui causer la mort, ni même aucune altération visible à ses membres. Cependant, comme les Galeres sont toujours précédées de la Flétrissure ou de la Marque avec un Fer chaud, il paroît qu'on peut aussi, dans ce sens, mettre cette Peine dans le nombre des *Corporelles*. Nous avons vû au surplus sur l'Art. 13 du Titre précédent, ce qu'on doit entendre par Peines Corporelles & Afflictives.

III. La raison pour laquelle l'Appel est *de droit* dans tous ces Cas, & qu'on ne doit avoir aucun égard à l'acquiescement que l'Accusé donneroit aux Jugemens qui contiennent ces sortes de Condamnations, est fondée sur cette Maxime de l'humanité, que *nemo auditur perire volens* ; rien n'étant plus ordinaire en effet, que de voir des Criminels, qui par ennui de la vie, ou par ignorance de leur droit, négligeroient d'employer cette ressource, si l'Ordonnance n'y avoit pourvu, en ne permettant pas qu'ils subissent les Peines auxquelles ils sont condamnés, qu'après qu'elles sont confirmées par les Arrêts des Cours.

IV. Par la derniere Disposition de cet Article, l'Ordonnance veut que, dans les Jugemens dont l'Appel est de *droit*, l'Accusé & son Procès soient envoyés ensemble dans les Cours; & elle fait des défenses expresses aux Greffiers de les envoyer séparément, à peine d'Interdiction & de 500 liv. d'amende. Sur quoi deux choses à observer.

1°. Qu'en exigeant l'envoi de l'Accusé dans les Cours, l'Ordonnance suppose que l'Accusé est prisonnier; ou plutôt elle établit la nécessité de sa Comparution, pardevant les Cours Supérieures. Ensorte que si cet Accusé n'étoit point alors détenu dans les Prisons du Juge du Lieu, il faudroit toujours qu'il se représentât dans la Conciergerie des Cours, pour y subir son dernier Interrogatoire, de la maniere que nous le verrons sur l'Art. 13 de ce Titre.

V. 2°. Que par l'Envoi du *Procès*, l'Ordonnance ne veut parler que des *Grosses*, & non des *Minutes* des Procédures, lesquelles doivent rester au Greffe, hors les Cas de Faux & autres exceptés par les Déclarations que nous avons citées sur l'Article 5 du Tit. 1er, où nous avons remarqué en même-tems dans quelle Forme devoient être faites ces Grosses, & quelles Piéces devoient être grossoyées, suivant les Arrêts de Réglemens. Nous ajouterons seulement ici, que parmi les Piéces qui doivent être envoyées dans les Cours, il faut nécessairement y comprendre le *dernier Interrogatoire*, & le *Jugement de Condamnation*, quoique celui-ci ne puisse être compris dans l'Exécutoire qui sera délivré contre la Partie Civile.

VI. Pour que le Procès puisse arriver plus surement dans les Cours, il faut que toutes ces Piéces soient mises dans un sac clos, & scellé, & envoyées par les Messageries publiques qui sont chargées d'en faire le transport, & de les remettre au Greffe de la Cour, & d'en prendre un Certificat, conformément aux Réglemens ci-dessus.

Nous ajouterons aussi, pour ce qui concerne la sureté de l'envoi de l'Accusé, que par un Arrêt de Réglement de la Cour, du 20 Mars 1690, il est enjoint aux Conducteurs de la Messagerie, de mener les Prisonniers avec une Escorte suffisante, & de marcher entre deux Soleils, à peine d'en répondre en leur nom.

V. au surplus l'Art. 14 ci-après, où il est pourvu aux salaires, tant de Ceux qui ont conduit les Accusés, que des Messagers qui ont apporté le Procès.

ARTICLE VII.

» S'IL y a plusieurs Accusés d'un même Crime, ils » seront envoyés en nos Cours, encore qu'il n'y en ait » qu'un qui ait été jugé.

SOMMAIRE.

I. *Disposition de cet Article n'a lieu que dans les Appels de Droit.*
II. Quid, *lorsque, parmi les Accusés il y en a de Contumax?*
III. *Pourquoi l'Ordonnance exige-t-elle l'Envoi de tous les Accusés?*

APRÉS avoir ordonné par l'Article précédent que, dans les Appels qui sont de *droit*, l'Accusé soit envoyé avec son Procès dans les Cours, l'Ordonnance ajoute par celui-ci, que que lorsqu'il y a plusieurs Accusés du même Crime, ils doivent tous pareillement être envoyés en la Cour, encore qu'il n'y en auroit qu'un seul qui auroit été jugé.

I. PAR-LA, l'Ordonnance établit deux Principes remarquables en cette Matiere. *L'un*, que c'est seulement dans le Cas où le Jugement qui a condamné l'un de ces Accusés, est du nombre de ceux dont l'Appel est de *droit*, que les autres Accusés du même Crime, doivent être envoyés avec lui dans les Cours, quoique leur Procès n'ait point encore été jugé sur les Lieux : ensorte que dans les autres Jugemens qui ne prononcent que des Peines pécuniaires ou même infamantes, l'Appel de l'un des Condamnés, n'empêche pas l'exécution du Jugement, contre ceux qui ne sont pas Appellans.

II. L'AUTRE Principe, c'est que, lorsque parmi les Accusés du même Crime il y en a dont le Procès est instruit & jugé par Contumace, les Cours peuvent juger ces Accusés Contumax, en même-tems que ceux qui sont présens : à plus forte raison, si ces Contumax venoient à se mettre en état sur l'Appel. *V.* l'Art. 13 ci-après.

III. EN effet, l'objet de l'Ordonnance, en exigeant l'envoi de tous ces Accusés, est de ménager par-là, une Confrontation entr'eux, qui puisse assurer la pleine conviction du Crime, ou l'entiére justification, tant de Celui dont le Procès a été jugé, que de Ceux dont le Procès n'est point encore instruit; *propter unam eamdemque Causam Defensionis;* c'est la raison qu'en rend la Loi *Si quis separatim. §. Quod est rescriptum. ff. de Appellat.*

ARTICLE VIII.

» LE même sera pratiqué, si l'un a été condamné, » & l'autre absous.

SOMMAIRE.

I. *Disposition de cet Article fondée sur le même Motif que celle du précédent.*

II. *Que doit-on entendre par Jugement d'Absolution, suivant cet Art.*

III. *Cas où tous les Accusés, quoique renvoyés absous, doivent être envoyés dans les Cours.*

SUIVANT cet Article, dans les Cas où l'Appel est de Droit, tous les Accusés du même Crime doivent être envoyés dans les Cours, non-seulement quand il n'y en auroit qu'un d'entr'eux qui auroit été jugé; mais encore, quand même tous ces Accusés auroient été jugés diversement, & que l'un d'eux auroit été condamné & l'autre absous, par le même Jugement qui seroit intervenu.

I. CETTE Disposition est une suite de la Régle établie par l'Article précédent; & elle est fondée sur le même motif, sçavoir, que le sort de ces Accusés se trouvant lié par le même Crime, & par le même Procès Criminel; c'est par l'examen qui se fait de ce Procès sur l'Appel, que les Cours peuvent s'assurer si la Condamnation ou l'Absolution qui a été prononcée sur cette Accusation par les premiers Juges, est bien ou mal fondée, & s'il n'y a point eu de connivence ou de partialité de la part de ces premiers Juges; & conséquemment, s'il n'y auroit pas lieu à un Appel *à Minima* de la part de la Partie Publique.

II. AINSI, dans les Jugemens *d'Absolution*, dont il est parlé dans cet Article, on ne doit pas seulement comprendre ceux qui déchargent abſolument les Accuſés de toutes ſortes de Peines, mais encore ceux qui ne les condamnent qu'à quelques Peines légeres, & auxquelles les Accuſés auroient acquieſcé; ou bien ceux par leſquels l'un des Accuſés auroit été entiérement abſous, & l'autre anroit été condamné à des Peines non afflictives, dont il auroit appellé en la Cour.

III. Il y a même un Cas où tous les Accuſés doivent être envoyés dans les Cours, quand même ils auroient tous été renvoyés abſous; c'eſt celui de l'Appel *à Minima* de M. le Procureur Général, dont il ſera parlé ſur l'Art. 13 ci-après.

ARTICLE IX.

» INCONTINENT après l'arrivée de l'Accuſé & » du Procès aux Geoles des Priſons, le Greffier de la » Geole ou Geolier ſera tenu de remettre le Procès » au Greffier de nos Cours, qui en avertira le Préſi- » dent pour le diſtribuer.

SOMMAIRE.

I. *Comment ſe fait la Diſtribution par le Préſident de la Chambre?*
II. *Quels ſont ceux qui ne peuvent être nommés Rapporteurs en pareil Cas?*

CET Article renferme deux Diſpoſitions. Par la *premiere*, qui s'adreſſe au *Greffier de la Geole* ou au *Geolier* des Priſons des Cours, il leur eſt enjoint de remettre incontinent après l'arrivée de l'Accuſé & de ſon Procès, ce Procès au Greffier de la Cour. Par la *ſeconde*, qui concerne ſinguliérement le *Greffier des Cours*, l'Ordonnance veut qu'auſſi-tôt après la remiſe qui lui aura été faite de ce Procès, il ait ſoin d'avertir le Préſident de la Chambre, pour qu'il en faſſe la diſtribution.

I. CETTE Diſtribution ſe fait par la nomination d'un Rapporteur, qui eſt néceſſaire pour l'inſtruction de l'Appel des Jugemens définitifs, tels que ceux dont il s'agit; d'autant qu'ils doivent ſe juger dans la Chambre à huis clos, avec épices, & ſur les

Conclusions de M. le Procureur Général ; en un mot, de la même maniere que les Procès par écrit. Nous verrons sur l'Article suivant & sur l'Art. 15, en quoi doit consister l'Instruction de ces sortes d'Appels. Nous verrons aussi sur l'Art 12 ci-après, en quoi cette instruction différe de celle des Appels des Jugemens qui ne prononcent que des Condamnations pécuniaires.

II. Il reste seulement à observer, que ce Rapporteur ne peut être choisi parmi les Conseillers Clercs ; & qu'il doit être différent de celui qui a été Commissaire à l'instruction, s'il y en a eu une faite dans les Cours. *V.* Art. 130, de l'Ordonnance de Blois.

ARTICLE X.

» Les Informations & Procès Criminels seront distribués par nos Procureurs Généraux à leurs Substituts, pour, sur leur Rapport, y prendre des Conclusions, s'il y écheoit ; ou mis ès mains de nos Avocats Généraux, si l'affaire est portée à l'Audience, sans » que les Substituts puissent les prendre au Greffe, » avant qu'ils leur ayent été distribués.

Sommaire.

I. *Jugemens Criminels dont l'Appel doit être jugé dans la Chambre.*

II. *Jugemens Criminels, dont l'Appel doit être jugé à l'Audience.*

Cet Article a deux Parties, dont la *premiere* concerne les Jugemens Criminels dont l'Appel doit être jugé dans la Chambre, sur le Rapport d'un Conseiller, & ensuite des Conclusions de M. le Procureur Général ; l'*autre* regarde les Jugemens Criminels, dont l'Appel doit être jugé à l'Audience, sur la Plaidoirie de MM. les Avocats Généraux.

I. 1°. A l'égard des premiers, parmi lesquels on doit comprendre, non-seulement les Jugemens définitifs dont nous avons parlé sur les Articles précédens ; mais encore les Jugemens Interlocutoires qui se rendent ensuite du Récollement & de la Confrontation, tels que ceux qui ordonnent la *Question*, ou qui admettent l'Accusé à la preuve de ses *Faits Justificatifs*, ou même qui ordonnent un plus *Amplement Informé* à *tems*; l'Ordonnance veut, que les Grosses des Procédures qui auront été envoyées sur l'Appel, soient distribuées par M. le Procureur Général à l'un de ses Substituts, qui ne peut les aller prendre lui-même au Greffe, & qui doit lui en faire son rapport, sur lequel M. le Procureur Général donnera ses Conclusions, *s'il y échéoit*, c'est-à-dire, s'il juge à propos d'ajouter à celles qui ont été prises par son Substitut sur les Lieux. L'on voit par-là, que ce Magistrat a deux espéces de Substituts, dont les uns restent toujours auprès de sa Personne, afin de le soulager dans ses fonctions: ceux-ci sont distingués des autres qu'on appelle autrement Procureurs du Roi ou Fiscaux, par plusieurs Privilèges remarquables qui leur ont été accordés par l'Edit de leur création, & notamment la Noblesse au premier degré.

II. 2°. POUR ce qui concerne les Jugemens Criminels, dont l'Appel doit être jugé à l'Audience, l'Ordonnance veut parler de tous ceux de simple Instruction, comme *Permission d'informer*, *Décret*; & même de Ceux dont l'Appel est interjetté pour *Déni de Justice* ou pour *Renvoi* en Cas d'Incompétence ou de Récusation, ou de la Prise à Partie; & généralement tous ceux qui *n'ont point été suivis de Récollement & de Confrontation*: & elle veut que les Grosses de la Procédure sur laquelle ces Jugemens sont intervenus, soient remises directement par le Greffier, entre les mains de l'un de MM. les Avocats Généraux, pour y donner ses Conclusions de vive voix à l'Audience.

ARTICLE XI.

» SI la Sentence dont est Appel, n'ordonne point
» de Peine afflictive, Bannissement ou Amende hono-
» rable, & qu'il n'y en ait Appel interjetté par nos
» Procureurs, ou ceux des Justices Seigneuriales, mais
» seulement par les Parties Civiles; le Procès sera en-
» voyé au Greffe de nos Cours, par le Greffier du
» premier

» premier Juge, trois jours après le Commandement » qui lui en sera fait, s'il est demeurant dans le Lieu de » l'Etablissement de nos Cours; dans la huitaine, s'il » est hors du Lieu, ou dans la distance de dix lieues: » & s'il est plus éloigné, le Délai sera augmenté d'un » jour pour dix lieues; à Peine d'Interdiction contre le » Greffier, & de 500 liv. d'Amende: & les Délais & » Procédures prescrites par notre Ordonnance du mois » d'Avril 1667, seront observées pour les Présentations.

SOMMAIRE.

I. *Quels sont les Jugemens Criminels non sujets à Dévolution dans les Cours?*

II. *Bannissement à Tems, seule Peine afflictive qui n'a pas un Effet dévolutif dans les Cours.*

III. *Formalités particulieres à ces sortes d'Appels.*

I. APRÉS avoir réglé, par les Articles précédens, tout ce qui peut concerner les Jugemens Criminels, dont l'Appel est porté de *droit* dans les Cours, l'Ordonnance statue par cet Article & les suivans, sur ce qui peut regarder les Jugemens qui n'emportent point Dévolution dans les Cours, & qui ne peuvent y être portés que lorsqu'il y a Appel, ou de la part des Parties Civiles, ou de la part des Parties Publiques. Elle prescrit deux choses à cet égard, d'*une part*, les Cas particuliers où les Jugemens ne sont point sujets à la Dévolution dans les Cours; *& de l'autre*, la Maniere dont l'Appel de ces sortes de Jugemens doit s'introduire dans les Cours.

1°. Les Jugemens que l'Ordonnance déclare non sujets à la Dévolution, sont tous ceux qui n'ordonnent point de Peine afflictive, Bannissement ou Amende honorable. D'où il suit, que toutes les fois que le Jugement porte Peine afflictive, Bannissement ou Amende honorable, il ne peut être exécuté qu'après qu'il a été confirmé par les Cours, quand même il n'y en auroit aucun Appel interjetté: c'est la conséquence nécessaire qui résulte de la Disposition de cet Article, conforme sur ce point à celle de l'Art. 6 ci-devant.

II. IL résulte aussi du présent Article, que l'Ordonnance y

ayant placé le Banniſſement avant l'Amende honorable, c'eſt ſans doute du Banniſſement perpétuel dont elle veut parler, puiſqu'il précéde effectivement l'Amende honorable dans l'ordre des Peines qu'elle a marquées par l'Art. 13 du Tit. précédent. D'où il faut conclure que de toutes les Peines afflictives qui ſont marquées par ce même Article 13, le Banniſſement à Tems eſt la ſeule qui n'ait pas un effet Dévolutif dans les Cours. *V.* au ſurplus ce que nous avons dit ſur ce même Art. 13, à l'égard des autres Peines afflictives qui n'y ſont point rappellées, & qui ont néanmoins un effet Dévolutif dans les Cours.

III. 2°. QUANT à la Maniere dont l'Appel des Jugemens dont on vient de parler, doit s'introduire dans les Cours, l'Ordonnance preſcrit deux ſortes de Formalités, dont les unes regardent l'ENVOI qui doit être fait du Procès Criminel au Greffe des Cours de la part des Greffiers des premiers Juges; & les autres concernent les PROCÉDURES qui doivent s'obſerver pour les Inſtructions de ces ſortes d'Appels. Nous aurons lieu d'entrer dans le détail de celles-ci ſur l'Article ſuivant, qui concerne principalement ces ſortes d'Inſtructions.

Pour ce qui concerne l'Envoi, l'Ordonnance veut qu'il ſoit fait, dans un délai plus ou moins long, ſuivant l'éloignement où ſe trouve le Greffier qui en eſt chargé. Ainſi, ſi ce Greffier demeure dans le Lieu de l'Etabliſſement des Cours, il doit faire cet Envoi trois jours après le Commandement qui lui en ſera fait; & dans la huitaine, s'il demeure hors de ce Lieu, ou dans la diſtance de dix lieues. Enfin, s'il eſt plus éloigné, le délai ſera augmenté d'un jour pour dix lieues. Que ſi ce Greffier n'obéit pas au Commandement qui lui ſera fait, la Partie pourra demander qu'il ſoit contraint par Corps, & condamné à ſes Dommages & Intérêts, ſauf à M. le Procureur Général à faire prononcer contre lui la Peine de l'Interdiction, & le contraindre au payement de l'Amende de 500 liv. portée par cet Article. *V.* la Procédure qui ſe fait à ce ſujet ſur l'Art. 4 ci-devant. Nous verrons ſur l'Art. 14 ci-après, comment il eſt pourvû aux Salaires de ceux qui portent le Procès, & conduiſent le Priſonnier.

L'on voit par-là, qu'il y a cette différence, entre les Appels dont il s'agit ici, & ceux des Jugemens portant Condamnation à Peine afflictive dont il eſt parlé ſur l'Art. 6 ci-devant, que dans ces derniers, le Greffier doit faire la Remise & l'Envoi aussi-tôt après que ces Jugemens sont rendus, sans qu'il soit besoin de lui faire aucun Commandement préalable à cet effet, comme l'exige le présent Article. *V.* au surplus ce qui a été dit sur ce même Art. 6, par rapport à la Qualité des Piéces qui doivent être envoyées par le Greffier.

ARTICLE XII.

» SI les Procès de la Qualité mentionnée en l'Article » précédent, sont introduits en nos Cours de Parle- » ment, ils seront distribués, ainsi que les Procès Civils.

SOMMAIRE.

I. IL est parlé dans cet Article, de la Maniere dont s'introduisent & se distribuent dans les Cours, les Appels qui sont interjettés par les Parties Civiles, & même par les Accusés, des Jugemens qui n'ordonnent point de Peine afflictive, lorsqu'il n'y a d'ailleurs aucun Appel *à minima.* L'Ordonnance veut que ces Appels s'introduisent, & que la Distribution en soit faite dans les Cours, de la même maniere que dans les Procès purement Civils; c'est-à-dire, qu'au lieu d'être portés à la Tournelle, comme ceux des Jugemens qui condamnent à Peine afflictive, ces Appels doivent être portés en la Chambre des Enquêtes; & à cet effet l'on doit prendre un Relief d'Appel, consigner l'Amende, constituer Procureur, faire distribuer le Procès à des Rapporteurs, lesquels peuvent être pris parmi les Conseillers-Clercs, comme parmi les Laïcs; prendre Appointement de Conclusions, fournir en conséquence des Griefs; prendre Communication des Informations qui ne sont plus secrettes; en un mot, suivre généralement tout ce qui est prescrit par l'Ordonnance

Civile sous le Titre des *Présentations*, dont l'Exécution est ordonnée par l'Article précédent.

II. Il faut cependant excepter les Appels de Jugemens de Condamnation au Blâme, au Bannissement à Tems, & même à l'*Admonesté* en la Chambre, lesquels, suivant les Arrêts de Réglement de la Cour, & notamment ceux du 17 Août 1602, & du 3 Mars 1635, doivent être portés au Greffe Criminel, & instruits comme Matiere de Grand Criminel; c'est-à-dire, que les Parties ne peuvent y donner l'une & l'autre, qu'une simple Requête, conformément à l'Article 3 du Titre 23; & que l'Accusé doit subir un nouvel Interrogatoire derriere le Barreau, conformément à l'Art. 15 ci-après.

III. Il en est de même de l'Appel de tous Jugemens rendus sur des Procès qui ont été réglés à l'extraordinaire, & instruits par Récollement & Confrontation, encore que ces Jugemens ne contiendroient aucune des Condamnations infamantes dont on vient de parler: c'est la Disposition de la Déclaration du 13 Avril 1703, rapportée sur l'Art. 21 du Tit. 14, suivant laquelle l'Accusé, Appellant de ces sortes de Jugemens, n'a d'autre Voie pour se défendre, que celle de l'Interrogatoire derriere le Barreau. *V.* au surplus l'Art. 15 ci-après.

IV. Au reste, il y a cela de remarquable, que l'Ordonnance ne parle ici que des Parties Civiles: en quoi elle paroît exclure les simples *Dénonciateurs* de la Faculté d'appeller. C'est aussi ce qui a été jugé par plusieurs Arrêts, un entr'autres du 14 Mai 1709, au Rapport de M. de Dreux. Cependant, si après le Jugement d'Absolution, l'Accusé vouloit s'en prévaloir contre ce Dénonciateur, pour l'obliger à payer ses Dommages & Intérêts; il paroît que ce dernier pourroit alors user de cette Faculté d'appeller par maniere d'Exception, sur-tout s'il paroissoit qu'il y eût de la Connivence entre la Partie Publique & l'Accusé, pour ne point appeller.

ARTICLE XIII.

» Si nos Procureurs des Lieux, ou ceux des Justices
» Seigneuriales, sont Appellans, les Accusés, s'ils sont

» Prisonniers, & leurs Procès seront envoyés en nos » Cours; & s'ils ont été élargis depuis la Prononcia- » tion de la Sentence, & avant l'Appel, ils seront te- » nus de se rendre en état lors du Jugement du Procès » en nos Cours, ainsi qu'il sera par elles ordonné.

SOMMAIRE.

I. *Cas où les Appels* à minima *peuvent avoir lieu.*

II. *Par qui peuvent-ils s'interjetter?*

III. *Différences entre ces Appels & ceux de la Partie Civile, par rapport aux Effets & aux Formalités.*

I. CET Article concerne singuliérement les Appels *à minima* qui sont interjettés par les Parties Publiques, des Jugemens qui n'emportent pas Dévolution aux Cours, & auxquels les Accusés, ou les Parties Civiles auroient acquiescé. Ces sortes d'Appels peuvent aussi s'interjetter, contre tous Jugemens qui portent des Peines afflictives, lorsque ces Peines sont moindres que celles que le Crime paroît devoir mériter.

II. LES PERSONNES qui ont droit d'interjetter ces sortes d'Appels, sont 1°. les *Procureurs du Roi & des Seigneurs*, lorsque les Condamnations prononcées par les premiers Juges, sont moindres que celles auxquelles ils avoient conclu.

2°. M. le PROCUREUR GÉNÉRAL, lorsque par la Communication qu'il prend du Procès Criminel envoyé dans les Cours, il vient à remarquer que les Conclusions qui avoient été prises par ses Substituts sur les Lieux, & qui auroient été adoptées par les premiers Juges, étoient trop modérées.

3°. Enfin par un CONSEILLER DES COURS; ce qui a lieu singuliérement dans le Cas où le Procès ayant été porté dans la Chambre des Enquêtes, comme ne portant aucune Peine afflictive, les Juges de cette Chambre, en procédant à la visite de ce Procès, trouvent qu'il y a lieu d'ordonner quelqu'une de ces Peines; ils peuvent alors faire interjetter Appel *à minima* par l'un d'eux: c'est ce qui a été jugé par un Arrêté de la Chambre des Enquêtes du 4 Août 1731, dans l'Affaire de la Demoiselle de *Kerbabu*.

III. IL y a cette différence entre ces Appels *à minima*, &

les Appels interjettés par les Parties Civiles, que ces derniers n'étant fondés que sur un Intérêt particulier, sont sujets, comme les autres Appels civils, à la Péremption & à la Prescription des 10 années établie par l'Art. 17 du Tit. 27 de l'Ordonnance de 1667. Au lieu que l'Appel *à minima* étant fondé sur l'Intérêt Public qui demande un Exemple, doit conséquemment avoir lieu en tout tems, ou du moins ne peut être couvert que par la Prescription de 20 & 30 années, dont nous avons parlé sur l'Art. 16 du Tit. 17. De plus, cet Appel ne se releve point par *Lettres Royaux*, comme les Appels des Parties Civiles, mais il se met seulement au bas de la Sentence, sans d'autre Formalité. Enfin l'effet de cet Appel est tel, suivant le présent Article, que si les Accusés étoient Prisonniers lorsque l'Appel *à minima* est interjetté, ils ne pourroient être élargis jusqu'à ce que l'Appel ait été jugé dans les Cours ; & que s'ils avoient été élargis auparavant cet Appel, ils seroient tenus de se remettre en état lors du Jugement, afin d'être interrogés sur la Sellette, ou derriere le Barreau, suivant les Conclusions qui seront prises par M. le Procureur Général, lequel pourra même les faire y contraindre, en faisant rendre un Arrêt à cet effet : & si l'Accusé n'y satisfaisoit point dans le Délai qui lui sera marqué, il sera passé outre à la décision de l'Appel à vûe de la Sommation & du Certificat du Geolier, portant que l'Accusé ne s'est point représenté.

ARTICLE XIV.

» LES Exécutoires seront délivrés par nos Cours à » ceux qui auront conduit les Prisonniers, ou porté le » Procès.

SOMMAIRE.

I. Contre quelles Personnes doivent se décerner les Exécutoires mentionnés dans cet Article?

II. Ces Exécutoires sont de 2 sortes.

III. Cas où les Frais de Conduite se font au Rabais.

L'ORDONNANCE pourvoit, par cet Article, au payement des Salaires de ceux qui ont conduit les Prisonniers ou porté leur Procès, en exécution des Articles 6 & 11 du présent Titre.

I. Ce payement se fait en vertu d'Exécutoires qui sont délivrés par les Cours, contre les Personnes mentionnées dans les Articles 16 & 17 du Titre précédent ; sçavoir, d'abord contre la *Partie Civile*, s'il y en a une ; & s'il n'y en a point, ou si elle est insolvable, contre les *Receveurs ou Fermiers, ou Engagistes du Domaine*, lorsque le Procès a été jugé dans une Justice Royale ; & contre les *Seigneurs & leurs Fermiers*, s'il a été jugé dans une Justice Seigneuriale : mais ils ne peuvent jamais être délivrés contre les Accusés, par les raisons que nous avons observées sur ces mêmes Articles. *V.* au surplus ce que nous y avons dit par rapport à la Forme de délivrer ces Exécutoires, & à la Qualité des Frais qui peuvent y être compris.

II. En parlant ici d'Exécutoires au *pluriel*, l'Ordonnance donne à entendre qu'il en doit être délivré de deux sortes ; un *premier* à l'occasion des Frais du Port du Procès, celui-ci se délivre au profit des Personnes que le Greffier a chargé de porter le Procès ; ce sont, comme nous l'avons dit, les Messagers publics.

III. L'autre, qui a pour objet les Frais de Conduite & de Translation des Prisonniers, se délivre au profit des Officiers de Maréchaussées, Huissiers & autres qui ont été chargés de cette Conduite. Ces Frais se font au Rabais, aux dépens du Roi ou des Seigneurs, suivant l'Art. 56 de l'Ordonnance d'Orléans.

ARTICLE XV.

» Les Accusés seront interrogés en nos Cours sur » la Sellette, ou derriere le Barreau, lors du Juge» ment du Procès.

S O M M A I R E.

I. *Dernier Interrogatoire doit-il être rédigé par écrit dans les Cours ?*

II. *L'Accusé & la Partie Civile peuvent donner des Requêtes respectives, & y joindre des Pièces.*

PAR cet Article, l'Ordonnance marque le seul Acte d'Instruction nécessaire sur les Appels des Jugemens qui ordonnent des Peines afflictives, & qui emportent Dévolution dans les Cours, ou bien sur les Appels *à minima* qui sont interjettés par la Partie Publique.

Cet Acte est L'INTERROGATOIRE qui se fait ou sur la *Selleue*, lorsque les Conclusions de M. le Procureur Général tendent à Peine afflictive; ou bien *derriere le Barreau*, lorsqu'elles tendent seulement à Peine infamante; & même généralement dans tous les Procès Criminels qui auront été réglés à l'extraordinaire, & instruits par Récollement & Confrontation, quoiqu'il n'y auroit point de Condamnation à Peine afflictive; le tout conformément à la Déclaration du 13 Avril 1703.

I. NOUS avons observé sur l'Art. 22 du Tit. 14, que cet Interrogatoire devoit nécessairement, dans l'un & l'autre Cas, être rédigé par *écrit*, lorsqu'il est fait pardevant les premiers Juges; parce qu'il doit être envoyé dans les Cours avec le Procès Criminel aux termes de ce même Article. Mais lorsqu'il est fait dans les Cours, l'usage est qu'on ne le rédige par écrit, que lorsqu'il contient des Aveux essentiels qui rendent la Preuve plus complette contre l'Accusé, ou qu'il renferme des Faits justificatifs qui tendent à sa Décharge absolue. C'est aussi la Disposition expresse de l'Art. 5 du Tit. 13 de l'Ordonnance pour la Lorraine.

II. AU RESTE, quoiqu'en général cet Interrogatoire soit le seul Acte d'Instruction nécessaire sur les Appels en Matiere de Grand Criminel, les Parties peuvent néanmoins, comme nous l'avons vû sur l'Art. 2 du Tit. 23, donner respectivement chacun une Requête, à laquelle elles joindront telles Piéces que bon leur semblera, dont elles donneront Copie; sans que faute par elles de les donner, le Jugement en puisse être retardé, ce qui *aura lieu*, ajoute cet Article, *pareillement en Cause d'Appel, qui sera jugé sur ce qui sera produit devant le Juge des Lieux.*

ARTICLE

ARTICLE XVI.

» SI les Arrêts rendus ſur l'Appel d'une Sentence, » portent Condamnation de Peine afflictive, les Con- » damnés ſeront renvoyés ſur les Lieux, ſous bonne & » ſûre Garde, aux Frais de ceux qui en ſeront tenus, » pour y être exécutés; s'il n'eſt autrement ordonné » par nos Cours pour des conſidérations particulieres.

SOMMAIRE.

I. *Pourquoi l'Exécution doit-elle être faite ſur les Lieux où le Crime a été commis. Exception à cette Maxime.*

II. *Pourquoi l'Accuſé doit être conduit ſous bonne & ſûre Garde?*

III. *Sur qui doivent tomber les Frais de la Conduite?*

CET Article concerne l'Exécution des Jugemens Criminels, après qu'ils ont été confirmés par les Arrêts des Cours. L'Ordonnance veut que les Accuſés ſoient renvoyés à cet effet ſur les Lieux, ſous bonne & ſûre Garde, aux Frais de ceux qui en ſont tenus; à moins que par des Conſidérations particuliéres, les Cours ne jugent à propos d'en ordonner l'Exécution, dans la Ville même où elles ſont ſéantes.

I. Ainsi, trois Diſpoſitions dans cet Article. La *premiere*, regarde le *Lieu* où doit ſe faire l'Exécution. L'Ordonnance confirme ſur ce point la Maxime établie par la Loi 28, §. 15, ff. *de Pœnis*, qui veut que le Criminel ſoit puni dans le Lieu même où il a commis le Crime; & cela, tant à cauſe de l'Exemple, que pour la Conſolation de ceux qui ont ſouffert du Crime.

Néanmoins, cette Maxime n'eſt point ſans Exception, comme il paroît par la derniere Diſpoſition de cet Article, où l'Ordonnance laiſſe la liberté aux Cours, d'en ordonner autrement, pour des Conſidérations particulieres. En effet, il y a pluſieurs Cas, ſuivant notre Juriſprudence, où les Cours ſont dans l'Uſage de ne point renvoyer l'Exécution ſur les Lieux, mais de faire exécuter les Jugemens dans la Ville même, où elles tiennent leur Séance.

Ces Cas ſont, 1°. lorſqu'il y a lieu de craindre une *Récouſſe* par l'effet du Crédit des Parens, ou des Complices même de l'Accusé, qui seroient puissans sur les Lieux; ou bien par la Connivence, & le Ressentiment des Juges, dont on auroit réformé les Jugemens; 2°. Lorsque le Crime pour lequel l'Accusé a été condamné, est du nombre de ceux qu'on appelle *Continûs*, parce qu'ils se reproduisent en différens Lieux, tels que le *Rapt*, &c. 3°. Lorsque l'Accusé, sur l'Appel du Jugement qui l'a condamné à la Torture, vient à être condamné à Mort par les Cours, ensuite de l'Aveu qu'il y feroit de son Crime, lors de son Interrogatoire; 4°. Il y a même de certaines Peines, qui sont de Nature à ne pouvoir être exécutées sur les Lieux, telles que celles des Galeres & du Bannissement.

II. La *seconde* Disposition de cet Article, a pour Objet la *Translation* & Conduite de l'Accusé dans le Lieu où il doit subir son Jugement. L'Ordonnance veut que cette Translation soit faite *sous bonne & sûre Garde*, afin de prévenir les Rébellions & Violences qui pourroient se faire en Chemin, pour sauver le Condamné des mains de la Justice. C'est pour cela qu'on a soin de faire accompagner le Condamné par des Huissiers & Cavaliers de la Maréchaussée, qui sont eux-mêmes autorisés à demander Main-forte en Cas de trop grande résistance, ainsi que nous l'avons vû sur l'Art. 15 du Titre des Décrets. *V.* aussi les Art. 14 & 16 du même Titre, pour ce qui concerne les autres Précautions que ceux-ci doivent garder pendant la Conduite du Prisonnier.

III. Enfin par la *troisiéme* Disposition, l'Ordonnance pourvoit au payement des *Frais* de la Translation de l'Accusé pour l'Exécution de son Jugement; elle veut que ces Frais soient payés par ceux qui en sont tenus, c'est-à-dire, en premier lieu par les *Parties Civiles*, s'il y en a; & s'il n'y en a point, ou qu'elles ne soient point en état de les payer, ces Frais seront payés par les *Receveurs*, *Fermiers* & *Engagistes* du Domaine du Roi, ou des Seigneurs, conformément à l'Art. 14 ci-devant, & aux Art. 16 & 17 du Tit. précédent. *V.* au surplus, tant sur ces Articles, que sur l'Art. 6 du Tit. 1er, & sur l'Art. 14 du présent Titre, les Réglemens que nous avons rapportés, relativement à ces Frais en général.

TITRE XXVII.

Des Procédures à l'Effet de purger la Mémoire du Défunt.

CE TITRE contient sept Articles.

Dans le *premier*, il est parlé des Personnes qui peuvent être admises à purger la Mémoire du Défunt avant les cinq années depuis l'Exécution du Jugement, & de la Maniere dont elles doivent se pourvoir.

Dans le *second*, des Lettres à l'effet de purger la Mémoire du Défunt, après les cinq années de l'Exécution du Jugement de Contumace.

Dans le *troisiéme*, de la Procédure sur ces Lettres.

Dans le *quatriéme*, de l'Acquittement préalable des Frais, & de la Consignation de l'Amende.

Dans le *cinquiéme*, des Piéces sur lesquelles doit être rendu le Jugement de l'Instance, sur ces mêmes Lettres.

Dans le *sixiéme*, des nouvelles Piéces que les Parties pourront produire.

Enfin, dans le *septiéme*, des Réponses à ces nouvelles Piéces.

ARTICLE PREMIER.

» LA Veuve, les Enfans & les Parens d'un Con-
» damné par Sentence de Contumace, qui sera décédé
» avant les cinq ans, à compter du jour de son Exé-
» cution, pourront appeller de la Sentence : & si la
» Condamnation de Contumace est par Arrêt ou Juge-
» ment en dernier Ressort, ils se pourvoiront parde-
» vant les mêmes Cours, ou Juges qui l'auront rendu.

SOMMAIRE.

I. *Est-il nécessaire que les Parens qui veulent purger la Mémoire du Défunt, soient ses Héritiers?*
II. *Héritiers Testamentaires peuvent-ils y être admis, comme les légitimes?*
III. *Veuves, Enfans & Héritiers peuvent même y être contraints.*
IV. *Cette Voie peut-elle être employée contre les Jugemens Contradictoires?*
V. *Distinction quant à la Maniere de se pourvoir contre les Sentences & Arrêts par Contumace.*
VI. *Quid, à l'égard du Condamné par Contumace qui meurt avant l'Entérinement des Lettres de Rémission qu'il a obtenues?*

TROIS Dispositions dans cet Article. Par la *premiere*, l'Ordonnance marque les Personnes qui peuvent être admises à purger la Mémoire du Défunt; par la *seconde*, les Cas où elles peuvent y être admises; & enfin par la *troisiéme*, la Maniere dont elles doivent se pourvoir à cet effet.

I. 1°. LES PERSONNES qui peuvent être admises à purger la Mémoire du Défunt, sont, suivant cet Article, la *Veuve*, les *Enfans* & les *Parens* du Condamné. L'Ordonnance n'exige point que les Parens soient les *Héritiers* du Condamné; parce qu'indépendamment de cette derniere Qualité qui leur donne droit sur ses Biens, ils ont d'ailleurs, par leur Naissance, un intérêt particulier à la conservation de l'Honneur du Condamné, dont la Flétrissure peut réjaillir sur toute la Famille.

II. A l'égard des Héritiers *Testamentaires*, quoiqu'il n'en soit point parlé dans cet Article, il est certain que si les Condamnations portées par le Jugement rendu contre le Défunt, tendoient à les dépouiller des biens auxquels ils étoient appellés par le Testament, tant par l'effet des Confiscations, que des Intérêts civils & autres Peines pécuniaires, ils devroient être admis à purger la Mémoire du Défunt, à cause de l'intérêt personnel qu'ils y auroient. C'est aussi ce qui a été jugé par un Arrêt de la Cour, rapporté par CARONDAS, Rep. Liv. 7, Chap. 181.

III. NON-SEULEMENT la Veuve, les Enfans, les Parens & les Héritiers du Condamné sont admis à purger sa Mémoire, lorsqu'ils se présentent; mais ils sont même obligés de le faire, lorsque l'Innocence du Défunt est reconnue publiquement; tellement qu'en cas de négligence de leur part, ils peuvent y être contraints par des Saisies & Emprisonnemens de leurs Personnes; & même s'ils persistent dans leur refus, être déclarés indignes de la Succession de ce Défunt. Nous avons rapporté dans nos Institutes, sous le Titre de *ceux qui ne peuvent accuser*, plusieurs Arrêts, & Autorités à ce sujet.

IV. 2°. Les Cas où l'on peut être reçu à purger la Mémoire du Défunt, sont, suivant cet Article, toutes les fois que le Condamné par Sentence de *Contumace*, est décédé avant les cinq années, à compter du jour de l'Exécution. De-là, trois Conséquences; la *premiere*, que si le Jugement avoit été rendu *Contradictoirement*, il n'y auroit point lieu à cette Voie: mais il faudroit, si le Jugement de Condamnation étoit en dernier Ressort tels que ceux des Prévôts des Maréchaux, ou un Arrêt de Cour Supérieure, recourir à des Lettres de Révision dont nous avons parlé sous le Titre 16. Que si c'étoit une Sentence du premier Juge dont le Condamné auroit appellé, & qu'il fût venu à décéder pendant le cours de son Appel, alors cet Appel auroit anéanti l'effet de toutes ces Condamnations, suivant la Maxime *Appellatio extinguit judicatum in Criminalibus*. Si enfin le Condamné étoit mort sans en avoir appellé, ses Parens & Héritiers pourroient le faire eux-mêmes par la Voie ordinaire. Cependant, suivant des Arrêts qui sont rapportés par Papon & par la Rocheflavin, il paroît qu'on peut aussi purger la Mémoire de Ceux qui ont été exécutés à Mort, de même que de Ceux qui ont été condamnés par Contumace. *V.* Pap. Arr. Liv. 22, Tit. 2, Rochefl. Tit. 2, Bruneau, Tit. 29, Max. 3. *V.* aussi l'Art. suivant.

Une *autre* Conséquence, c'est qu'il n'en est pas de l'Accusé qui meurt dans les cinq années de l'Exécution du Jugement de Contumace, comme de l'Accusé qui vient à se représenter. Nous avons vû que dans ce dernier Cas, toutes les Condamnations prononcées contre lui s'évanouissent de plein droit, de maniere qu'il n'est pas nécessaire d'en faire prononcer la Nullité par un nouveau Jugement. Au lieu que dans le Cas du décès de l'Accusé pendant les cinq années, les Condamnations ne laissent pas que de subsister; de maniere que les impressions qu'elles laissent sur la Personne & les Biens du Condamné, ne peuvent s'effacer que par le moyen de la Procédure qui est indiquée par le présent Article. *V.* au surplus ce que nous avons dit sur l'Art. 29 du Tit. 15.

Enfin, une *troisiéme* Conséquence qui résulte de la Disposition de cet Article, c'est que si le Condamné par Contumace, meurt après les cinq années, à compter du jour de l'Exécution du Jugement de Contumace, l'on ne peut être reçu à reprendre la Voie marquée par le présent Article ; mais il faut alors recourir à des LETTRES *en Chancellerie*, dont il sera parlé sur l'Article suivant.

V. 3°. ENFIN, Quant à la MANIERE de se pourvoir contre les Jugemens du Contumace, il faut distinguer, suivant cet Article, entre les Sentences des premiers Juges, & les Arrêts de Cours Supérieures, ou autres Jugemens en dernier Ressort. A l'égard des Sentences, l'Ordonnance permet de se pourvoir par la Voie de *l'Appel*; & en cela elle décide bien formellement qu'on ne peut jamais purger la Mémoire du Défunt, pardevant les premiers Juges.

Par rapport aux Arrêts & Jugemens en dernier Ressort, l'Ordonnance veut qu'on puisse se pourvoir par simple *Requête*, dans laquelle la Veuve, les Enfans ou Parens qui voudront poursuivre, exposeront 1°. leur Qualité & degré de Parenté; 2°. la Qualité de la Condamnation portée par le Jugement de Contumace contre le Défunt; 3°. le Tems qui s'étoit écoulé lors de son décès, depuis l'Exécution du Jugement de Condamnation; 4°. la Consignation qu'ils ont faite de l'Amende, avec Offre de payer les Frais de Justice, conformément à ce qui sera dit sur l'Art. 4 de ce Titre ; 5°. enfin, l'on prendra dans cette Requête, les Conclusions qui seront marquées ci-après sur l'Art. 3.

VI. IL arrive quelquefois, que le Condamné par Contumace, après avoir obtenu des Lettres de Rémission, vient à décéder avant que de les avoir fait entériner. S'il est décédé dans les cinq années, sa Veuve, Enfans ou Parens, pourront en poursuivre l'Entérinement par une simple Requête à laquelle ils attacheront les Lettres. Si le décès étoit arrivé après les cinq années, les mêmes Parens obtiendront des Lettres pour être restitués contre le Laps de tems, sans qu'il soit nécessaire de recourir à celles dont il sera parlé sur l'Article suivant.

ARTICLE II.

» AUCUN ne sera reçu à purger la Mémoire d'un » Défunt, après les cinq années de la Contumace expi- » rées, sans obtenir nos Lettres en notre Grande-Chan- » cellerie.

SOMMAIRE.

I. *Conformité des Lettres dont il s'agit avec celles mentionnées dans l'Article 18 du Titre 17.*

II. *Ces Lettres peuvent aussi être accordées contre des Jugemens Contradictoires qui ont été exécutés.*

III. *Quel Tems ont les Parens du Défunt pour recourir à ces Lettres?*

APRÉS avoir marqué, par l'Article précédent, la Voie de se pourvoir pour purger la Mémoire du Défunt qui est décédé *dans les cinq années* de l'Exécution du Jugement de Contumace; l'Ordonnance nous indique par celui-ci, une derniere Ressource qui peut rester aux Parens du Défunt pour purger sa Mémoire, lorsqu'il est décédé *après les cinq années* de l'Exécution du Jugement de Contumace, sans s'être représenté ni avoir été constitué Prisonnier. Cette Ressource consiste à prendre des LETTRES *à l'effet de purger la Mémoire du Défunt.*

I. CES Lettres qui s'obtiennent en Grande Chancellerie, sont semblables à celles dont il est parlé sur l'Art. 28 du Tit. 17; ou du moins elles n'en différent, qu'en ce que ce n'est point à l'Accusé lui-même, comme dans le Cas de ce 1er Article, mais à ses Héritiers & Représentans, qu'elles sont accordées.

II. QUOIQU'IL ne soit parlé ici, que des Jugemens par Contumace, il y a des Cas où ces Lettres sont aussi accordées aux Parens des Condamnés par Jugemens Contradictoires qui ont été exécutés sur leur Personne, & dont l'Innocence a été reconnue seulement après les cinq années, du jour de l'Exécution de leur Jugement. L'on en trouve plusieurs Exemples rapportés dans les Causes Célèbres, d'après les Auteurs que nous avons cités sur l'Article précédent. *V.* au surplus ce qui sera dit sur l'Art. 5 ci-après.

III. Au reste, pour recourir à ces Lettres, comme pour purger la Mémoire du Défunt, les Parens de ceux qui ont été condamnés, soit Contradictoirement, soit par Contumace, doivent avoir le même espace de Tems qui est nécessaire pour opérer la Prescription du Crime; par la raison qu'ils doivent jouir des mêmes Priviléges, qu'auroit eu le Condamné qu'ils représentent, s'il avoit vécu pendant ce tems-là.

ARTICLE III.

» Nos Procureurs & les Parties Civiles, s'il y en » a, seront assignés en vertu des Lettres, dont leur sera » baillé Copie, & sera procédé dans les Délais prescrits » pour les Affaires Civiles.

Sommaire.

I. *Comment se donne l'Assignation pour l'Entérinement des Lettres dont il s'agit.*

II. *Doit être donnée pareillement dans l'Instance pour purger la Mémoire du Défunt.*

L'ORDONNANCE marque, par cet Article & les suivans, comment l'on doit procéder à l'Entérinement des Lettres *pour purger la Mémoire du Défunt.*

I. Cette Procédure consiste, d'abord à faire assigner les Parties Publiques & Civiles, s'il y en a, pour voir procéder à l'Entérinement de ces Lettres, dont il sera donné en même tems Copie. Cette Assignation se donne dans la Forme ordinaire, & l'on y observera les mêmes Délais qu'en Matiere Civile. C'est à M. le Procureur Général qu'elle doit être donnée, si la Condamnation a été prononcée par Arrêt; & au Procureur du Roi du Présidial ou de la Maréchaussée, si c'est par un Jugement en dernier Ressort; & enfin, au Procureur du Roi du Bailliage ou Sénéchaussée, si c'est par Sentence rendue en ces Siéges: mais jamais au Procureur Fiscal d'une Justice Seigneuriale, attendu que par ces mots, *nos Procureurs*, dont l'Ordonnance se sert dans cet Article, elle donne suffisamment à entendre, que l'Adresse

dresse des LETTRES pour purger la Mémoire du Défunt, ne peut être faite qu'à des Juges Royaux.

II. QUOIQU'IL ne soit parlé d'*Assignation*, que relativement aux Lettres pour purger la Mémoire du Défunt, il est néanmoins certain dans la Pratique, que cette Formalité est également indispensable dans l'Instance qui se fait simplement pour purger la Mémoire du Défunt. Autrement, il arriveroit que faute d'Assignation dans ce dernier Cas, il n'y auroit point de Partie contre Ceux qui prétendroient faire purger la Mémoire du Défunt décédé avant les cinq années depuis l'Exécution du Jugement : ce qui seroit absolument contraire à l'Esprit de l'Ordonnance, qui n'a permis l'Usage des Lettres dont on vient de parler, que pour relever du Laps de cinq années, qui faisoit obstacle à la Procédure qu'elle exige pour parvenir à purger la Mémoire du Défunt. Aussi l'Assignation doit-elle contenir les mêmes Conclusions dans l'un & l'autre Cas; *sçavoir*, que la Mémoire du Défunt sera déchargée de l'Accusation qui avoit été formée contre lui; & qu'il sera ordonné en conséquence, que les Parens & Héritiers demeureront en possession & jouissance des Biens de sa Succession, sauf à eux à se pourvoir pour leur réparation, dommages & intérêts contre le Plaignant ou Dénonciateur, ou autres qu'ils aviseront bon être.

ARTICLE IV.

» AVANT de faire aucune Procédure, les Frais de » Justice seront acquittés, & l'Amende consignée.

SOMMAIRE.

I. *Seul Cas où l'on peut se dispenser de la Consignation de l'Amende.*

II. *Obligation d'acquitter les Frais, pourquoi plus rigoureuse, suivant cet Article, que celle portée par l'Article 19 du Tit. 17?*

III. *Comment l'on doit procéder en Exécution de cet Article.*

IL est parlé dans cet Article, de deux Conditions *Préliminaires* que doivent remplir Ceux qui veulent purger la Mémoire du Défunt avant que d'être admis à faire aucune Procédure.

l'*une*, eſt la Conſignation de l'Amende ; l'*autre*, l'Acquittement préalable des Frais de Juſtice.

I. 1°. QUANT à la *Conſignation de l'Amende*, les Parens qui veulent être admis à purger la Mémoire du Défunt, ne peuvent ſe diſpenſer d'y ſatisfaire, que dans le ſeul Cas où cette Amende ſe trouveroit avoir déja été payée, en vertu de la Diſpoſition de l'Art. 28 du Tit. 17, qui après le Laps de cinq années, répute *Contradictoires* les Condamnations pécuniaires, parmi leſquelles l'Amende ſe trouve compriſe.

II. 2°. A l'égard de *l'Acquittement préalable des Frais*, pour faire juger combien cette Condition eſt indiſpenſable, il ſuffira d'obſerver, que l'Ordonnance n'ajoute point dans cet Article, comme elle fait ſur l'Art. 19 du Tit. 17, cette Clauſe, *ſans néanmoins, que faute de payement des Frais de Contumace, il puiſſe être ſurſis à l'Inſtruction & au Jugement du Procès.* En effet, d'où peut venir cette diſtinction ? ſi ce n'eſt que dans le Cas de cet Article 19, il s'agit d'un Accuſé Contumax qui ſe repréſente avant ou après les cinq années, & qu'il ne ſeroit pas juſte que l'on profitât de l'impuiſſance où il ſeroit de payer les Frais de la Contumace, pour le retenir dans les Priſons toute ſa vie. Au lieu que cet Inconvénient n'eſt nullement à craindre dans le Cas de la Pourſuite que font les Parens d'un Condamné, pour purger ſa Mémoire après ſa mort ; parce qu'il dépend d'eux d'avancer ou de ſuſpendre cette Pourſuite autant de tems qu'ils le jugent à propos ; & qu'ils ne ſe déterminent le plus ſouvent à l'entamer, que dans l'eſpérance d'en tirer un profit perſonnel.

Cependant il faut convenir, que la Diſpoſition de cet Article ne s'exécute pas toujours à la rigueur ſur ce Point, *tant* parce qu'il faut pour régler ces Frais une *Taxe*, qui ne ſe fait ordinairement que dans le cours de l'Inſtance dont il s'agit, *que* parce que ces Frais ſe trouvent le plus ſouvent déja payés ſur les Biens du Condamné, au moyen de ce que la Partie Civile eſt autoriſée par l'Art. 28 du Tit. 17 que nous venons de citer, à s'en faire payer *Proviſoirement* & à Caution pendant les cinq années, & même définitivement après le Laps de ces cinq années, tems auquel les Condamnations pécuniaires ſont réputées Contradictoires. A plus forte raiſon a-t-elle ſoin de s'en procurer le payement, lorſque la Condamnation a été exécutée ſur la Perſonne du Défunt.

III. Pour procéder en exécution de cet Article ; lorsque la Veuve, les Enfans ou les Parens du Condamné, voudront présenter leur Requête aux Juges en dernier Ressort qui auront rendu le Jugement de Contumace, ou qu'ils voudront plaider pardevant les Cours Supérieures sur l'Appel de la Sentence rendue par les premiers Juges, il faudra qu'ils commencent par consigner l'Amende, en prendre un Certificat du Greffier, le joindre à la Requête, faire offre d'acquitter les Frais de Contumace qui sont préjudiciaux. Autrement la Partie Civile sera fondée à s'opposer à leur demande, & à prétendre que toute Audience leur soit déniée, avant qu'ils ayent consigné l'Amende, & acquitté les Frais, suivant l'Ordonnance.

ARTICLE V.

» Le Jugement des Instances à l'effet de purger la » Mémoire d'un Défunt, sera rendu sur les Charges, » Informations, Procédures & Pieces, sur lesquelles la » Condamnation par Contumace sera intervenue.

Sommaire.

I. *L'on ne peut procéder à de nouvelles Informations dans l'Instance dont il s'agit.*

II. *Excepté lorsque la Condamnation se trouve portée par un Jugement contradictoire.*

III. *Par qui doivent être faites ces nouvelles Informations ?*

I. Suivant cet Article, après que l'Amende a été consignée, les Frais de Justice acquittés, & l'Assignation donnée en conséquence aux Parties Publiques & Civiles, conformément aux Articles précédens, il n'y a plus aucune Procédure à faire ; & il ne reste plus aux Juges, pour se mettre en état de statuer sur l'Instance à l'effet de purger la Mémoire du Défunt, que de voir & examiner les Charges & Informations, Procédures & Piéces sur lesquelles la Condamnation par Contumace est intervenue. Ensorte qu'ils ne pourroient procéder à de nouvelles Informations sur de nouveaux faits qui seroient articulés par les Parens du Défunt, lesquels sont seulement admis à produire des Piéces par Requête, ainsi que nous le verrons sur l'Article suivant.

II. MAIS, comme ce n'eſt qu'en haine de la Contumace de l'Accuſé, qui n'a point ſubi Interrogatoire où il auroit pû poſer des faits pertinens pour établir ſon Innocence, que ſes Parens ſont privés de l'avantage de cette Enquête; il paroît que la rigueur de cette Diſpoſition doit ceſſer dans le Cas où la Condamnation auroit été portée par un Jugement Contradictoire, c'eſt-à-dire, que les Parens qui voudroient purger la Mémoire d'un Défunt qui auroit été exécuté à Mort, ou qui ſeroit décédé ſur les Galeres ou au Lieu de ſon Banniſſement, pourroient être admis à prouver, par une nouvelle Information, des Faits juſtificatifs qui auroient été poſés par le Défunt dans ſes Interogatoires, ou lors de ſa Confrontation, & auxquels les premiers Juges n'auroient eu aucun égard: & cela par la raiſon que ce Défunt auroit dû y être admis lui-même, ſans l'injuſtice & la prévention des Juges qui l'ont condamné.

III. C'EST auſſi par la même raiſon, que dans ce dernier Cas, ce n'eſt point pardevant les mêmes Juges qui ont rendu le Jugement, mais pardevant d'autres Juges que doit être renvoyée l'Inſtance à l'effet de purger la Mémoire; ainſi que cela ſe pratique en Matiere de Réviſion.

ARTICLE VI.

» POURRONT auſſi les Parties reſpectivement
» produire de nouveau, telles Piéces que bon leur ſem-
» blera, & les attacher à une Requête, qui ſera ſigni-
» fiée à la Partie, & Copie baillée de la Requête, &
» des Piéces, ſans qu'il puiſſe être pris aucun Appoin-
» tement.

SOMMAIRE.

I. *Différence entre cet Art. & l'Art. 3 du Tit. 13, par rapport aux Délais.*

II. *Quels ſont les Moyens & Piéces que les Veuves & Héritiers peuvent joindre à leur Requête?*

I. PAR cet Article, l'Ordonnance n'a fait que rappeller, comme l'on voit, la Diſpoſition de l'Art. 3 du Tit. 23, avec cette différence seulement, qu'elle n'ajoute point ici cette clause fatale qu'on voit à la fin du premier, *sans néanmoins que faute par les Parties, de bailler ces Requêtes, & de produire ces Piéces, le Jugement en puisse être retardé*: d'où il faut conclure que dans le Cas du présent Article, elle n'exclut point les Parties de l'espérance d'obtenir des nouveaux délais. C'est aussi ce qui se trouve porté expressément par l'Article suivant.

II. Ainsi, en vertu de la Disposition de cet Article, la Veuve, les Enfans, & les Parens du Condamné, qui voudront purger sa mémoire, pourront produire toutes les Piéces qu'ils croiront pouvoir tendre à justifier son innocence, comme *v. g.* des *Rétractations* ou *Déclarations par écrit*, des faux Témoins qui ont été oüis contre lui.... le *Testament de Mort* d'un autre Condamné, par lequel il déclareroit que c'est lui qui a commis le Crime qu'on a imputé au Défunt, & en détailleroit les principales circonstances du Tems, du Lieu & de la Maniere dont le Crime a été commis..... des *Actes authentiques*, comme Contrats reçus de Notaires, Jugemens & autres Piéces qui constatent que le jour même du Crime, le Défunt étoit en un lieu éloigné, de maniere, qu'il étoit impossible qu'il se fût trouvé au lieu du Crime, au tems & à l'heure qu'il auroit été commis....... Enfin, ils pourront faire usage généralement de tous les *Faits justificatifs* qui auroient pû être employés par le Condamné lui-même, s'il étoit vivant, & s'en rapporter au surplus à ceux que le Juge pourra suppléer d'office.

Nous verrons sur l'Article suivant, quels sont les Moyens qui peuvent être employés de la part des Parties Publiques & Civiles, & les Formalités particuliéres qui les concernent.

ARTICLE VII.

» LES Parties y répondront par autre Requête, qui » sera pareillement signifiée, & Copie baillée de la » Requête, & des Piéces qui y seront attachées, dans » les Délais ordonnés pour la Matiere Civile; si ce » n'est qu'ils soient prorogés par les Juges.

SOMMAIRE.

PAR cet Article, qui est une suite du précédent, l'Ordonnance permet aux Parties Publiques & Civiles, de donner, chacun de leur côté, des Requêtes & produire des Piéces en Réponse à celle des Parens du Condamné, en même-tems qu'elle les assujettit aux mêmes Formalités, par rapport à la signification de ces Requêtes & Piéces, & aux Délais.

I. NOUS avons donné sur l'Article précédent, une notion générale des *Moyens* & *Piéces* qui peuvent être employés de la part des Parens du Condamné. Quant à ceux qui pourront être employés de la part des Parties Publiques & Civiles, ils consisteront à contredire les Piéces produites de la part des Parens du Condamné, soit en faisant voir que ces Piéces que l'on donne pour authentiques, ne le sont point; ou bien qu'étant de simples écritures privées, elles n'ont été ni reconnues par le Condamné, ni dûement vérifiées; soit en leur opposant d'autres Piéces qui serviront à fortifier la preuve du Crime du Défunt, dont on voudroit purger la mémoire.

II. PAR rapport aux *Délais* qui doivent être employés pour la Signification de ces Requêtes & Piéces respectives; il y a deux choses à observer, 1°. Qu'en accordant sur ce point les mêmes délais qui sont usités en Matiere Civile, & en laissant même aux Juges le pouvoir de les proroger, l'Ordonnance paroît traiter plus favorablement les Parens qui veulent purger la mémoire, qu'elle ne fait les Accusés eux-mêmes, à qui elle ne permet d'accorder aucun délai pour les Significations des Requêtes & Piéces qu'ils voudront produire, suivant la Disposition de l'Art. 3 du Titre 23 ci-devant.

III. 2°. Que n'étant point dit par cet Article, que les Juges pourront accorder la prorogation de Délai d'*Office*, il s'ensuit qu'ils ne doivent le faire, que lorsqu'elle leur est demandée, & en connoissance de cause. Ainsi, ce sera par un incident formé à l'Audience, ensuite de Requête, que cette prorogation sera accordée ; & elle devra être fondée principalement sur ce que les Piéces essentielles dont on a besoin, sont au pouvoir d'un Notaire, ou d'un Greffier qui demeure dans des lieux éloignés ; & que ceux-ci ne peuvent la remettre sans certaines Formalités qui demandent quelque délai.

Nous avons donné à la suite de l'Article 14 du Titre précédent, la Formule du Jugement qui décharge la Mémoire du Défunt.

TITRE XXVIII.

Des Faits justificatifs des Accusés.

CE Titre contient neuf Articles.

Dans le *premier*, il est parlé du tems auquel pourra être ordonnée la preuve des Faits justificatifs.

Dans le *second*, du choix que le Juge doit faire de ces Faits dans le Procès.

Dans le *troisiéme*, du Jugement qui ordonnera la preuve de ces Faits.

Dans le *quatriéme*, de la Prononciation qui doit être faite de ce Jugement à l'Accusé, lors de laquelle il est tenu de nommer les Témoins qu'il veut faire entendre.

Dans le *cinquiéme*, de l'Exclusion de l'Accusé, de pouvoir nommer d'autres Témoins, & de l'état dans lequel il doit être pendant l'Instruction de la Preuve.

Dans le *sixiéme*, de l'Assignation de ces Témoins à la Requête du Procureur du Roi, & de leur Audition qui sera faite d'office.

Dans le *septiéme*, de la Consignation des Frais de la Preuve par l'Accusé, & en cas d'impuissance de sa part, par la Partie Civile, ou par les Receveurs du Domaine du Roi ou des Seigneurs.

Dans le *huitiéme*, de l'Enquête sur Faits justificatifs, & de la Communication d'icelle au Procureur du Roi, & à la Partie Civile.

Enfin dans le *neuviéme*, des Requêtes & Piéces qui pourront être baillées & produites respectivement par les Parties, sans prendre aucun appointement sur icelles.

ARTICLE PREMIER.

» DÉFENDONS à tous Juges, même à nos Cours, » d'ordonner la Preuve d'aucuns Faits justificatifs, ni » d'entendre aucuns Témoins pour y parvenir, qu'a» près la Visite du Procès.

SOMMAIRE.

I. *Qu'entend l'Ordonnance par ces mots*, après la Visite du Procès?

II. *Accusé ne doit être admis à proposer des Faits justificatifs dans le cours de l'Instruction. Exception.*

III. *Pour admettre l'Accusé à ses Faits justificatifs, il faut qu'il y ait au Procès quelque Preuve contre lui.*

I. L'ORDONNANCE prescrit par cet Article, le TEMS où les Juges peuvent admettre l'Accusé à ses Faits Justificatifs. Elle ne veut pas qu'ils puissent le faire, ni entendre aucun Témoin pour parvenir à cette Preuve, qu'après *la visite du Procès*; c'est-à-dire, qu'il faut que l'Accusation soit entiérement instruite, que les Juges ayent vû & examiné tout le Procès Criminel, & même que l'Accusé ait subi son dernier Interrogatoire sur la Sellette, ou derriere le Barreau, afin que les Juges, en opinant sur les Preuves du Crime, & sur les Faits qui ont été allégués par l'Accusé pour sa justification dans le cours du Procès Criminel, puissent prendre le parti, s'ils trouvent que ces Faits étant prouvés seroient suffisans pour établir son innocence ou anéantir les Preuves qu'on lui oppose, de l'admettre à la Preuve de ces mêmes Faits justificatifs.

II. AINSI, deux Conséquences remarquables qui résultent de la Disposition de cet Article. La *premiere*, que si l'Accusé vouloit, pendant le cours du Procès Criminel, & même pendant la visite de son Procès, présenter quelque Requête, qui tendît à la preuve de ses Faits justificatifs, les Juges ne devroient y avoir aucun égard. Ce qui a été sagement établi pour

empêcher

empêcher que l'Instruction ne soit retardée par ces sortes de Demandes, & que la Preuve que l'Accusé feroit ne devienne inutile, par l'événement de l'Instruction qui fourniroit d'ailleurs des Preuves suffisantes, pour le condamner ou l'absoudre.

Cependant, suivant les Auteurs, & notamment, L'ANGE, dans sa Prat. Crim. Ch. 14, Edition de 1694; il y a certains éclaircissemens essentiels que peut demander un Accusé avant la visite du Procès, en offrant de faire les frais de la Preuve qui en seroit faite, à la diligence de la Partie Publique, & en vertu d'un Jugement particulier, comme par exemple, s'il demandoit le *Transport du Juge*, au Lieu d'où un Témoin confronté auroit dit avoir vû commettre le Crime, afin que ce Juge pût reconnoître par la distance ou situation des Lieux, l'impossibilité évidente du Fait contenu en sa Déposition.... ou bien dans le Cas où un Témoin absolument nécessaire pour la justification de l'Accusé se trouveroit *en danger évident de Mort*, suivant la Déclaration d'un Médecin, attestée par serment.

Il en devroit être de même, & à plus forte raison, dans le Cas où l'Accusé offriroit la preuve; que la Personne qu'on prétendroit qu'il a tuée, est encore vivante; ou qu'il y a eu une subornation de Témoins faite par son Accusateur; ou bien qu'il rapporteroit des Preuves par écrit, qui détruiroient absolument les Charges. Il paroît que dans tous ces Cas, le Juge ne pourroit se dispenser d'admettre ces sortes de Preuves, dans quel tems de la Procédure qu'elles lui fussent offertes, parce qu'on devroit moins les regarder comme des Faits justificatifs, que comme des *Exceptions péremptoires*, qui ne peuvent être sujettes à aucune fin de non-recevoir, comme étant fondées sur le Droit naturel.

III. UNE autre CONSÉQUENCE qui résulte de la Disposition de cet Article, c'est qu'il faut, pour que les Juges puissent admettre l'Accusé à la Preuve de ses Faits justificatifs, qu'il y ait une Preuve dans le Procès Criminel contre l'Accusé, pour le condamner, soit à une Peine ordinaire, soit à une Peine extraordinaire, comme la Torture, ou autre moindre Peine, suivant la Qualité du Crime; parce qu'en effet, s'il n'y avoit aucune Preuve, l'Admission seroit inutile; l'Accusé devroit être renvoyé absous, ou du moins avec un *hors de Cour*.

ARTICLE II.

» L'ACCUSÉ ne sera point reçu à faire Preuve
» d'aucuns Faits justificatifs, que de ceux qui auront été
» choisis par les Juges, du nombre de ceux que l'Ac-
» cusé aura articulés dans les Interrogatoires & Con-
» frontations.

SOMMAIRE.

I. *Faits justificatifs articulés par l'Accusé dans sa Requête d'Atténuation peuvent-ils être admis?*
II. Quid, *de ceux articulés dans le dernier Interrogatoire de l'Accusé?*
III. *Le Juge peut-il admettre d'Office d'autres Faits que ceux dont l'Accusé demanderoit à faire Preuve?*
IV. *Cas où les Parties Publiques & Civiles peuvent appeller du Jugement qui admet la Preuve des Faits justificatifs.*

SUIVANT cet Article, les Faits justificatifs doivent être choisis par les Juges, dans les Interrogatoires & Confrontations de l'Accusé. D'où il suit nécessairement trois choses.

I. 1°. QUE les Juges ne doivent admettre la Preuve d'autres Faits, que ceux portés dans les Interrogatoires & Confrontations; & par conséquent, qu'ils ne peuvent ordonner celle des Faits qui auroient été articulés seulement par la *Requête d'Atténuation*, que l'Ordonnance permet à l'Accusé de donner avant le Jugement du Procès. Il faut néanmoins excepter, lorsque ces Faits sont du nombre de ces Cas extraordinaires, que nous avons rapportés sur l'Article précédent.

II. 2°. QUE ces Faits devant être choisis dans les *Interrogatoires* de l'Accusé, celui-ci peut par conséquent, poser des Faits justificatifs, même dans son dernier Interrogatoire qu'il subit sur la Sellette ou sur le Barreau; parce que, comme nous l'avons dit, c'est une Acte absolument essentiel dans le Procès; & que d'ailleurs il doit être fait avant la visite du Procès, lors de laquelle les Juges peuvent seulement admettre l'Accusé à ses Faits justificatifs, comme nous l'avons vû sur l'Article précédent. C'est aussi la Disposition expresse de l'Art. 5 du Tit. 13 de l'Ordonnance pour la Lorraine.

III. 3°. Que le choix de ces Faits étant laissé à la prudence des Juges, ceux-ci peuvent par conséquent, rejetter certains Faits, dont l'Accusé demanderoit par Requête à faire Preuve, quoiqu'ils seroient d'ailleurs compris dans ses Interrogatoires & Confrontations ; comme au contraire, ils pourroient ordonner d'office, la Preuve de ceux qui leur paroîtroient relevans, quand même l'Accusé n'y auroit pas conclu par cette Requête.

Cependant, il faut convenir que dans la Régle générale, c'est proprement sur la Requête de l'Accusé, que doit s'ordonner cette Preuve ; & même l'Ordonnance paroît le supposer ainsi par ces mots, *l'Accusé ne sera point reçu à faire Preuve.* D'où l'on pourroit conclure, que si les Juges refusoient de l'admettre à la Preuve des Faits justificatifs qu'il prétendroit essentiels à sa Défense, tandis qu'ils en admettroient d'autres moins essentiels, ou qui n'y seroient pas relatifs ; cet Accusé seroit en droit d'interjetter Appel du Jugement, quoique les exemples en soient fort rares, d'autant que c'est un grief qu'il peut proposer sur son Appel du Jugement définitif.

IV. Ce seroit donc principalement, de la part des Parties Publiques & Civiles, que l'Appel pourroit être interjetté dans ce dernier Cas, ainsi que dans tous ceux où le Juge auroit contrevenu à quelqu'une des Dispositions du présent Titre ; & cet Appel auroit un effet suspensif, comme nous l'avons observé sur l'Art. 3 du Titre précédent.

V. la Formule du Jugement, à la suite de l'Article 4 ci-après.

ARTICLE III.

» Les Faits seront insérés dans le même Jugement » qui en ordonnera la Preuve.

Sommaire.

I. SUIVANT cet Article, les Faits justificatifs doivent être insérés dans le même Jugement qui en ordonne la Preuve : ce qui est une suite de la Disposition de l'Article précédent, qui veut que les Faits soient choisis par le Juge. En effet, il est nécessaire que ces Faits soient précis & déterminés, pour que les Témoins puissent sçavoir sur quoi ils doivent déposer. Il faut aussi, qu'ils soient positifs, & non *négatifs*, car ces derniers ne peuvent tomber en Preuve, à moins qu'ils ne soient accompagnés, de quelques Circonstances positives; *Negativa simplex & indeterminata est impossibilis, secùs autem si sit coarctata loco, tempore. V.* JUL. CLAR. Quest. 52. Au surplus, il faut que ces Faits soient tels, qu'étant prouvés clairement, l'Accusé soit reconnu Innocent du Crime qu'on lui impute, ou du moins que la Preuve résultante des Dépositions des Témoins qu'on lui oppose, soit entiérement effacée par les Reproches qu'il fournit contr'eux.

II. IL suit de-là, que les Faits justificatifs dont la Preuve peut être ordonnée par le Jugement dont il s'agit, doivent être nécessairement de deux sortes. Les *uns*, qui concernent le FAIT du Crime & ses Circonstances, & ceux-ci résultent principalement des Interrogatoires des Accusés. Les *autres*, regardent la QUALITÉ DES TÉMOINS qui ont déposé, & ce sont ceux qui se tirent des Confrontations, lesquelles sont faites principalement, comme l'on sçait, pour sçavoir si l'Accusé a des Reproches à fournir contre les Témoins.

III. 1°. PARMI les Faits justificatifs qui concernent le FAIT DU CRIME, il y en a qui sont absolument Péremptoires, c'est-à-dire qu'ils tendent à prouver, ou qu'il n'y a jamais eu de Crime, comme la *Folie*, la *Fureur*, le *Défaut d'âge* nécessaire pour discerner le bien & le mal, le *Défaut de Corps de Délit* dans les Crimes qui laissent des traces après eux : ou du moins tendent à prouver que s'il y a un Crime, l'Accusé en est entiérement Innocent, l'on peut mettre de ce nombre *l'Alibi*, ou l'absence de l'Accusé, lors du Crime commis; pourvu néanmoins que cette absence soit telle, qu'il soit physiquement impossible, tant par l'éloignement des Lieux qu'autrement, que l'Accusé ait pû se trouver présent au Lieu où s'est commis le Crime, & dans le tems même où il a été commis. A plus forte raiſon doit-on y comprendre tous les Faits qui tendent à prouver que c'eſt *un autre que l'Accuſé qui a commis le Crime* qu'on lui impute, quoique cette derniere Preuve s'établiſſe ordinairement par des Arrêts, ou Sentences de Condamnation paſſées en force de choſe jugée.

Il y a auſſi, de certains Faits juſtificatifs, qui ſans détruire abſolument le Crime, ni la Preuve que l'Accuſé en eſt l'Auteur, tendent néanmoins à le faire excuſer. Nous comprenons dans ce nombre, tous ceux qui ſervent à prouver, ou que l'Accuſé a été forcé de le commettre par la *Néceſſité d'une légitime Défenſe*, ou qu'il l'a commis involontairement par *Cas-fortuit*, par *Erreur*, par *Imprudence*. Mais il y a cette différence entre ceux-ci & les précédens, que ſuivant les Loix du Royaume, ils ne peuvent mettre l'Accuſé à couvert de la Peine du Crime, qu'autant qu'ils ſont accompagnés des Lettres de Grace du Prince qui à la vérité ne les refuſe jamais, lorſque ces Faits ſont bien prouvés.

Enfin, il y a encore des Faits juſtificatifs, qui ſans détruire ni diminuer le Crime, mettent l'Accuſé à l'abri de la Peine qu'il mérite, tels, par exemple, que la *Mort de l'Accuſé* avant le Jugement du Procès ou pendant l'Appel, *la Preſcription*, une *premiere Accuſation* qu'il auroit déja ſubie pour le même Crime, les *Lettres accordées par le Prince.*

Nous n'entrerons pas dans un plus grand détail ſur tous ces Points, dont nous avons traité amplement dans nos Inſtitutes au Droit Criminel, Partie 1re, Ch. 1er, Partie 3, Ch. 4, en parlant du Crime en général, & de ceux qui n'en peuvent être accuſés. Nous ajouterons ſeulement ici, qu'indépendamment des Faits juſtificatifs *généraux*, dont nous venons de parler, il y en a encore de *particuliers* à certains Crimes, comme *v. g.* en fait de *Meurtre* ou *Homicide*, lorſque l'Accuſé offre de prouver que la Perſonne qu'on dit qu'il a tuée eſt encore *vivante*, ou qu'elle n'eſt point morte de la Bleſſure que l'Accuſé lui avoit faite, mais d'une autre *Maladie*; ou qu'elle eſt morte *après les 40 jours*, ſans que la Bleſſure ait été la Cauſe primitive de ſon décès.

En fait de *Vol*, lorſque l'Accuſé offre de prouver qu'il a acheté l'Effet qu'on l'accuſe d'avoir volé.

En fait d'*Injure*, que le fait par lui reproché étoit abſolument notoire; ou que celui qui ſe plaint de l'Injure, a été lui-même l'*Aggreſſeur*; ou enfin, la *Réconciliation* qui a ſuivi.

En fait de *Rapt de Séduction*, que la Fille étoit une Personne débauchée.

Enfin, en fait de *Conspiration* ou de *Libelles diffamatoires*, que la Lettre ou le Libelle, a été mis à l'*insçu* de l'Accusé sur sa table ; & que c'est une certaine Personne qui l'y auroit mise, & autres semblables.

IV. 2°. QUANT aux Faits justificatifs qui concernent la QUALITÉ DES TÉMOINS, l'on veut parler non-seulement de tous les *Reproches* que l'Accusé auroit allégués lors de la Confrontation, & dont les Témoins n'auroient voulu convenir, tels que ceux résultans de l'*Inimitié Capitale, de la Parenté*, *Alliance*, *Domesticité* & autres dont nous avons parlé sur l'Art. 15 du Tit. 15 ; mais principalement des *Faits* qui tendent à prouver, ou la *Subornation de ces Témoins* sur des faits essentiels de leur Déposition, comme lorsque l'Accusé offre de prouver la Récompense qu'ils ont reçue en tel jour, en tel lieu, & qu'il en spécifie le prix ; ou bien la *Fausseté de leur Déposition*, comme lorsque l'Accusé offre de prouver que le jour même dont ils déposent, ces Témoins étoient dans un *autre Lieu éloigné*, de maniere qu'il étoit impossible qu'ils ayent vû ou entendu les faits dont ils parlent. Dans l'un & l'autre de ces derniers Cas, si les Témoins se trouvent convaincus par l'Enquête qui sera faite, ils doivent être décrétés, ainsi que le Corrupteur, s'il est connu ; & on leur fait ensuite leur Procès sur cette Enquête, qui dans ce Cas particulier, tiendra lieu d'Information. Néanmoins il sera sursis au Jugement définitif, pour qu'après l'Instruction achevée sur ce Procès incident, il soit prononcé sur le tout par un seul & même Jugement ; à moins que les Juges ne trouvent plus convenable pour le bien de la Justice, de les juger séparément : ce qui a lieu ordinairement, lorsqu'il reste, ou survient pendant l'Instruction incidente, des Preuves qui seroient d'ailleurs suffisantes pour condamner l'Accusé à quelque Peine ; mais il ne leur est jamais permis de joindre l'Instruction qui se fait sur la Plainte en Subornation, au fond du Procès Criminel, ainsi que nous l'avons observé sur l'Art. 11 du Tit. 15.

ARTICLE IV.

» LE Jugement qui ordonnera la Preuve des Faits
» justificatifs, sera prononcé incessamment à l'Accusé
» par le Juge, & au plûtard dans vingt-quatre heures;
» & sera interpellé de nommer les Témoins, par lesquels il entend les justifier : ce qu'il sera tenu de
» faire sur le champ, autrement il n'y sera plus reçu.

SOMMAIRE.

I. *Jugement dont il s'agit, ne doit point être levé ni signifié.*

II. *Accusé doit-il être Prisonnier pour pouvoir être admis aux Faits justificatifs?*

III. *Comment se constate l'Interpellation faite par le Juge à l'Accusé.*

IV. *L'Accusé ne peut recourir à la voie du Monitoire en pareil Cas, & pourquoi?*

V. *L'Accusé peut nommer toutes sortes de Témoins, quoique d'ailleurs reprochables.*

VI. *Formule de Jugement qui admet l'Accusé à la Preuve de ses Faits justificatifs.*

VII. *Formule de Procès-verbal de Prononciation de ce Jugement.*

CET Article renferme quatre Dispositions, qui donnent lieu à plusieurs Observations importantes.

I. L'ORDONNANCE veut en *premier lieu*, que le Jugement dont il s'agit soit prononcé aussi-tôt par le Juge; & par-là, elle dispense de le lever au Greffe après qu'il est rendu, & de le signifier à l'Accusé, comme les autres Jugemens d'Instruction.

II. L'ORDONNANCE veut en *second lieu*, que la Prononciation soit faite à la *Personne* de l'Accusé; & par-là, elle suppose nécessairement que l'Accusé doit être Prisonnier, pour pouvoir être admis à la Preuve de ses Faits justificatifs. C'est aussi ce qui résulte de la Disposition de l'Article suivant, par lequel l'Ordonnance défend l'Elargissement de l'Accusé pendant l'Instruction, sur la Preuve des Faits justificatifs.

III. L'ORDONNANCE veut en *troisiéme lieu*, que lors de cette Prononciation, le Juge interpelle l'Accusé de nommer ses

Témoins. Cette Interpellation doit, ainsi que la Prononciation, être constatée par un Procès-verbal qui sera dressé par le Juge dans la Chambre du Conseil ou de la Geole, & dans lequel il doit être fait Mention de la Déclaration qui a été faite par le Juge à l'Accusé ensuite de l'Interpellation, que *faute par lui de nommer les Témoins sur le champ, il n'y sera plus reçu*; & au cas que l'Accusé en nomme quelques-uns, il sera aussi fait Mention de leur Nom, Surnom, Qualités & Demeure, telles qu'elles auront été désignées par l'Accusé; après quoi il en sera fait lecture à l'Accusé, qui le signera avec le Juge & le Greffier, & s'il ne sçait pas signer, il en sera fait Mention. Ce Procès-verbal doit être aussi signé, à ce qu'il paroît, par la Partie Publique; parce que c'est à sa Requête que doivent être assignés les Témoins nommés par l'Accusé, ainsi que nous le verrons sur l'Art. 6 ci-après.

IV. L'Ordonnance veut en *quatriéme lieu*, que l'Accusé nomme ses Témoins *sur le champ*, & qu'autrement il n'y soit plus reçu; par-là elle l'exclut formellement de la Faculté de recourir à la Voie du *Monitoire*, par lequel l'Accusé pourroit découvrir des Témoins. L'on sçait que la rigueur de cette Disposition tire son origine de l'Ordonnance de 1539, & que le Chancelier Poyet qui en fut l'Auteur, en fut aussi la premiere Victime.

V. Mais, si l'Accusé est traité avec rigueur de ce côté-là; on peut dire aussi qu'il en est bien dédommagé d'un autre, par la liberté qu'il a de pouvoir nommer alors tous les Témoins généralement, qu'il croit lui être favorables; ensorte qu'il peut les choisir indifféremment, parmi ceux qui ont été oüis dans les Informations, & qui ont été récollés & confrontés, & même qu'il auroit reprochés, lors de la Confrontation, ou qui seroient d'ailleurs reprochables par leur Qualité, tels que *Parens*, *Alliés*, *Domestiques*, *Serviteurs*, *Débiteurs*, *Créanciers*, *Fermiers*, *Infames*, *Impuberes*, & autres de cette espéce; lesquels, quoique pouvant être valablement reprochés, ou ne prouvant point, lorsqu'il s'agit de déposer pour sa Condamnation, sont néanmoins admis à le faire, lorsqu'il s'agit de concourir à sa Justification. C'est le Sentiment de tous les Criminalistes qui ont distingué à ce sujet, les Témoins *ad Offensam*, & les Témoins *ad Defensam*.

sam. V. entr'autres à ce sujet, Jules Clare, Quest. 24, n. 12 & 20; & Papon, Art. Liv. 24, Tit. 5, n. 11.

VI. *Formule du Jugement qui admet l'Accusé à la Preuve des Faits justificatifs.*

A tous ceux qui ces présentes, &c. Vû le Procès Criminel d'entre tel ..... Accusé, d'une part: & tel.... Accusateur, d'autre. (*Art. I.*) Conclusions du Procureur du Roi; nous disons, avant faire droit, que ledit tel..... Accusé, est reçu à faire Preuve. (*Art. III.*) de tel fait, de tel & de tel..... par lui allégués dans son Interrogatoire, ou lors de sa Confrontation de tel jour... & mois. (*Art. II.*) Et que pour la Preuve d'iceux, il sera tenu de nommer les Temoins par lesquels il entend justifier lesdits Faits, incontinent & sur le champ, après la Lecture de notre présent Jugement. (*Art. IV.*) Et tenu de consigner au Greffe de ceans, la somme de... pour fournir aux frais de la Preuve. (*Art. VII.*) Pour le tout, fait, rapporté & communiqué au Procureur du Roi & Partie Civile, (*Art. VIII,*) être joint au Procès, & ordonné ce que de raison. Fait le &c.

VII. *Formule du Procès-verbal de Prononciation de ce Jugement à l'Accusé.*

L'an..... Nous..... étant en la Chambre..... y avons fait amener ..... Accusé, Prisonnier ès Prisons de...... auquel a été prononcé le Jugement par Nous rendu le..... par lequel il a été reçu à faire Preuve des Faits justificatifs & des Reproches y mentionnés, & l'avons sommé & interpellé de nommer sur le champ les Témoins par lesquels il entend les justifier, sinon, & à faute de ce faire, lui avons déclaré qu'il n'y sera plus reçu, lequel dit..... Accusé, après Serment par lui fait de dire vérité, a dit qu'il nomme pour Témoins..... *marquer les Noms des Témoins, Qualités & Demeures.* Lecture à lui faite du présent Procès-verbal, a persisté en la Nomination desd. Témoins, & a signé, *ou* déclaré ne sçavoir signer, de ce enquis, & a été l'Accusé remis ès mains du Geolier, pour être ramené en Prison. Fait les jour & an que dessus.

ARTICLE V.

» APRÉS que l'Accusé aura nommé une fois les » Témoins, il ne pourra plus en nommer d'autres, & » ne sera point élargi pendant l'Instruction de la Preuve » des Faits justificatifs.

SOMMAIRE.

I. *Deux Dispositions dans cet Article. Leur Motif.*
II. *Peut on obliger l'Accusé de faire entendre tous les Témoins qu'il a nommés?*
III. *Partie Publique peut reclamer contre le Jugement qui restraindroit le nombre de ces Témoins.*
IV. *L'Accusé peut-il renoncer à la Preuve de ses Faits justificatifs, à laquelle il auroit été admis?*

I. DEUX Dispositions également rigoureuses dans cet Article.

Par la *premiere*, l'Ordonnance veut que l'Accusé qui a nommé des Témoins, lors de l'Interpellation qui lui en a été faite par le Juge, ne puisse plus en nommer d'autres dans la suite; c'est-à-dire qu'il ne pourra ni ajouter à leur nombre, ni en substituer d'autres à la place de ceux qu'il auroit nommés.

Par la *seconde*, elle veut qu'il ne puisse être élargi, pendant l'Instruction sur la Preuve des Faits justificatifs.

L'une & l'autre de ces Dispositions ont pour but, comme les précédentes, d'empêcher que la voie des Faits justificatifs ne devienne une ressource favorable à l'impunité des Crimes, soit par les longueurs qu'entraîneroient les Variations de l'Accusé, si elles lui étoient permises en pareil cas; soit par l'abus qu'il pourroit faire de sa liberté, pour colluder & corrompre les Témoins.

II. C'EST aussi par une suite du même principe, qu'on peut obliger l'Accusé à faire entendre tous les Témoins qu'il a nommés; parce qu'autrement il pourroit arriver, qu'ayant appris qu'une partie de ceux-ci ne lui étoit pas favorable, il ne voudroit plus faire entendre que ceux dont il seroit assuré. Il y a des Arrêts qui l'ont ainsi jugé, un entr'autres du Parlement de Tournai, rendu, toutes les Chambres assemblées, le 24 Avril 1697; cet Arrêt est rapporté au Dictionnaire des Arrêts, VERBO *Faits justificatifs*.

III. CEPENDANT, s'il en avoit nommé un si grand nombre, que l'on ne pourroit les tous entendre, sans jetter l'Accusé dans de grands frais, & sans allonger considérablement l'Instruction, il paroît que les Juges seroient alors autorisés à en restraindre le nombre; mais il faudroit pour cela, le consentement de la Partie publique, à la Requête de qui les Témoins doivent être assignés : autrement, celle-ci pourroit reclamer contre le Jugement, qui ne contiendroit pas la totalité des Témoins nommés; & l'Appel qu'elle interjetteroit auroit l'effet de suspendre l'exécution de ce Jugement, qui ne peut être exécuté en partie, & sursis pour l'autre.

IV. Mais, si après avoir été reçu à la Preuve de ses Faits justificatifs, l'Accusé renonçoit absolument à cette Preuve, & demandoit à être jugé dans l'état où se trouveroit le Procès Criminel, le Juges ne devroient avoir aucun égard à ce désistement, par la raison que *nemo auditur perire volens*, & qu'on ne pourroit regarder ce désistement, que comme l'effet de la folie & du désespoir.

ARTICLE VI.

» Les Témoins seront assignés à la Requête de nos » Procureurs, ou de ceux des Seigneurs, & oüis d'Of- » fice par le Juge.

Sommaire.

I. *Pourquoi les Témoins ne doivent-ils être assignés qu'à la Requête de la Partie Publique?*

II. *Différences entre l'Enquête dont il s'agit, & celles qui se font en Matiere Civile.*

I. Suivant cet Article, les Témoins que l'Accusé a nommés, ne doivent être assignés, ni à sa Requête, ni à celle de la Partie Civile; mais seulement à celle de la Partie Publique. L'on conçoit assez le motif de cette Disposition, qui tend, comme les précédentes, à empêcher les Collusions & Subornations secrettes, que pourroit pratiquer l'Accusé, pour se rendre la Preuve favorable, ou pour retarder le Jugement du fond de son Procès. C'est sur ce fondement, que s'est établie la Maxime constante en Matiere Criminelle, que l'Accusé ne doit jamais faire entendre de Témoins à sa Requête, Maxime consacrée par l'Art. 1er du Tit. 6 de la présente Ordonnance.

II. Ainsi, en exécution du présent Article, la Partie Publique doit prendre l'Ordonnance du Juge, avant que d'assigner les Témoins, pour sçavoir le Jour, l'Heure & le Lieu où il veut procéder à leur Audition. Il doit être porté dans cette Ordonnance, que les Témoins seront oüis d'office, & à cet effet assignés à la Requête de la Partie Publique, en vertu de ladite Ordonnance, & en conséquence du Jugement sur Faits justificatifs d'un tel Jour. Les Délais pour ces sortes d'Assignations, se régleront suivant la distance des Lieux, comme en Matiere Civile. Que si les Témoins étoient défaillans, & refusoient de comparoir, il sera procédé contr'eux de la maniere portée par l'Art. 8 du Tit. 22 de l'Ordonnance de 1667. Si ces Témoins comparoissent, le Juge procédera à l'Enquête.

Cette Enquête se fera dans la forme prescrite par les Articles 9 & 22 du Titre de l'Ordonnance de 1667, avec ces deux Différences néanmoins; l'une, que dans le Procès-verbal de l'Enquête, il sera dit que les Témoins ont été assignés *à la Requête du Procureur du Roi*; l'autre, que le Juge les a *oüis d'office* le tout conformément à ce qui vient d'être observé cidevant. Au surplus, on y fera lecture aux Témoins, des Faits justificatifs retenus par le Jugement dont il sera fait mention dans le Procès-verbal, ainsi que de la date & de la lecture qui en aura été faite à chaque Témoin, avant que de faire rédiger par écrit sa Déposition.

ARTICLE VII.

» L'ACCUSÉ sera tenu de consigner au Greffe la
» somme qui sera ordonnée par le Juge, pour fournir
» aux Frais de la Preuve des Faits justificatifs, s'il peut
» le faire, autrement les Frais seront avancés par la
» Partie Civile, s'il y en a; sinon par Nous, ou par
» les Engagistes de nos Domaines, ou par les Seigneurs
» Hauts-Justiciers, chacun à son égard.

SOMMAIRE.

I. *Cet Article contient une Exception à la Maxime générale en Matiere Criminelle.*

II. *Sur quoi fondée cette Exception?*

III. Quid, *en Cas de l'impuissance de l'Accusé d'avancer ces Frais?*

IV. *Comment doit être procédé en Exécution de cet Article?*

I. PAR cet Article, qui concerne singuliérement les *Frais* de l'Enquête sur Faits justificatifs, l'Ordonnance veut que ces Frais tombent à la charge de l'Accusé qui demande à en faire la preuve ; & elle l'oblige de consigner à cet effet la somme qui sera ordonnée par le Juge. En quoi elle déroge à la Maxime générale qu'elle a établie dans les Articles 6, du Tit. 1er, Art. 16 & 17 du Tit. 25, & Art. 14 & 16 du Tit. 26, suivant lesquels l'Accusé est dispensé de faire aucuns Frais pour l'Instruction de son Procès.

II. LA raison de cette Exception est sensible, elle est fondée sur ce qu'il s'agit ici d'un Privilége accordé à l'Accusé, pour faire valoir tous les moyens qu'il peut avoir pour justifier son innocence, & conséquemment de son intérêt particulier ; ensorte que c'est le Cas de la Maxime, *Qui sentit commodum, sentiat & onus* : au lieu que dans les Cas marqués par les Articles que nous venons de citer, il s'agit de Procédures ou de Formalités qui sont absolument contraires à l'Accusé, en ce qu'elles tendent principalement à le convaincre du Crime.

III. MAIS aussi, comme il peut arriver que cet Accusé ne soit pas en état d'avancer ces Frais, l'Ordonnance n'a pas voulu que son innocence en puisse souffrir ; & c'est dans cette vûe, que par une derniere Disposition de ce même Article, elle veut que dans ce Cas les Parties Civiles, & même à leur défaut, les Receveurs & Engagistes du Domaine du Roi ou des Seigneurs, soient tenus d'y suppléer.

IV. AINSI, pour procéder en Exécution de cet Article, le Procureur du Roi ou Fiscal, fait un Etat des Frais contenant les Droits du Juge, les siens & ceux du Greffier, les salaires des Huissiers & des Témoins, suivant le Nombre, la Proximité ou l'Eloignement de leur résidence, & les Qualités de leurs Personnes, sans y comprendre les Epices du Jugement ; ce qui s'entend, lorsque la Taxe se fait vis-à-vis de l'Accusé & de la Partie Civile, & non lorsqu'elle est faite vis-à-vis des Receveurs du Domaine du Roi & des Seigneurs, où, comme nous venons de l'observer, ces sortes de Frais ne doivent point être compris.

Cet Etat ainsi dressé, la Partie Publique le joint à une Requête qu'elle présente au Juge, lequel, à vûe de l'une & de l'autre de ces Piéces, & du Procès-verbal de Nomination des Témoins, régle modérément la somme nécessaire pour les Frais de cette Enquête, par une Ordonnance mise en marge, ou au pied de la Requête, où il statue en même-tems que la somme réglée sera consignée au Greffe par l'Accusé. La Partie Publique fait ensuite signifier cette Ordonnance à l'Accusé, avec sommation de faire le consing au Greffe, de la somme réglée. Si l'Accusé consigne, le Greffier doit lui en donner quittance. S'il n'est pas en état de consigner, il le déclarera, & en conséquence de sa Déclaration, si elle est prouvée véritable par le Procès-verbal qui sera dressé de son insolvabilité, la Partie Civile, ou à défaut de celle-ci, les Receveurs du Domaine du Roi, ou des Seigneurs, seront tenus de les avancer, ensuite de l'Exécutoire qui sera délivré contr'eux : le tout suivant la forme prescrite par l'Article 16, du Tit. 25 ; sauf aux Parties Civiles, & Receveurs des Domaines, à recouvrer les Frais qu'ils auront ainsi avancés, en les faisant comprendre dans la Taxe des Dépens qui leur seront adjugés par le Jugement définitif, suivant les Réglemens que nous avons cités sur l'Art. 16 du Tit. 25.

ARTICLE VIII.

» L'ENQUESTE étant achevée, elle sera communiquée à nos Procureurs, ou à ceux des Seigneurs, » pour donner leurs Conclusions, & à la Partie Civile, s'il y en a ; & sera jointe au Procès.

SOMMAIRE.

I. *Pourquoi la Communication de la Requête doit être faite aux Parties Publiques & Civiles ?*

II. *L'Enquête doit-elle aussi être communiquée à l'Accusé ?*

III. *Pourquoi l'Enquête doit-elle être jointe au Procès ?*

I. PAR cet Article, l'Ordonnance prescrit ce que doit faire le Juge après que l'Enquête sur Faits justificatifs est achevée. Elle veut, qu'il ordonne la communication de cette Enquête, tant à la Partie Publique pour qu'elle donne ses Conclusions, & fasse tel Réquisitoire qu'elle trouvera convenable, qu'à la

Partie Civile, s'il y en a une, pour qu'elle y donne ses Réponses, suivant ce qui sera prescrit par l'Article suivant.

II. Quoiqu'il ne soit point parlé, dans cet Article, de l'Accusé, il paroît néanmoins qu'on ne doit point lui refuser la communication de cette Enquête, tant parce qu'elle est faite en sa faveur, que parce qu'il a le droit, comme nous le verrons sur l'Article suivant, de donner une Requête, & de fournir des Piéces sur les Faits de l'Enquête.

III. Mais, tandis que d'un côté, l'Ordonnance paroît recommander aux Juges de suivre, en cette occasion, les mouvemens de leur clémence, plutôt que ceux de la sévérité; elle a soin d'empêcher en même-tems qu'ils ne portent leur indulgence au-delà des justes bornes qu'elle doit avoir, en leur ordonnant, comme elle fait à la fin de cet Article, de joindre l'Enquête au fond du Procès, pour qu'ils puissent y avoir égard en procédant au Jugement définitif; comme si elle vouloit par-là leur faire entendre, qu'ils ne doivent pas tellement s'occuper de ce qui peut être à la décharge de l'Accusé, qu'ils perdent entiérement de vûe, les Preuves qui peuvent résulter du Procès Criminel contre lui.

ARTICLE IX.

» LES Parties pourront donner leurs Requêtes, auſ-
» quelles elles ajouteront telles Piéces qu'elles aviseront
» sur le Fait de l'Enquête; lesquelles Requêtes & Piéces
» seront signifiées respectivement, & Copies baillées,
» sans que pour raison de ce, il soit besoin de prendre
» aucun Réglement, ni de faire une plus ample Instruc-
» tion.

Sommaire.

I. *Motif de la Disposition de cet Art.*
II *Moyens & Piéces que peuvent employer les Parties Civiles & Publiques dans leur Requête.*
III. *Moyens & Piéces que peut employer l'Accusé dans la sienne.*
IV. *Que doivent faire les Juges sur le vû de ces Requêtes & Piéces?*

TROIS Dispositions dans cet Article.

Par la *premiere*, l'Ordonnance accorde, tant aux Parties Publiques & Civiles, qu'à l'Accusé, la permission de donner des Requêtes, & de produire les Piéces qu'elles aviseront, sur le fait de l'Enquête. Par la *seconde*, elle veut que ces Requêtes & Piéces soient signifiées respectivement, & copies baillées. Enfin par la *troisiéme*, elle défend de prendre aucun Réglement à cet égard, & de faire une plus ample Instruction. Ensorte que les Parties Publiques & Civiles, ne pourroient être admises à faire une Enquête, pour opposer à celle de l'Accusé.

I. Ces Dispositions sont conformes à celles des Art. 1, 2 & 3, du Tit. 23, & à celle de l'Art. 6 du Tit. 27 de la présente Ordonnance; & elles tendent aussi au même but, qui est d'empêcher que le Jugement définitif ne soit retardé considérablement par ces sortes d'Instructions incidentes, qui ne sont point essentielles au Procès Criminel, & que l'Ordonnance ne permet que par pure grace & indulgence pour l'Accusé.

II. Il ne reste donc qu'à observer, ce que ces Dispositions peuvent avoir de différent par rapport à la Qualité des *Moyens* & des *Piéces* qui peuvent être employés respectivement dans l'Instruction particuliére dont il s'agit.

Les Moyens & Piéces qui pourront être employés de la part des Parties Civiles & Publiques, tendront principalement à détruire ou à diminuer la force des Dépositions des Témoins oüis dans l'Enquête, soit par rapport à leurs Personnes, soit par rapport aux Faits de leurs Dépositions qui ne seroient pas précis ni concluans, ou qui seroient contraires à ceux des Dépositions des autres Témoins, & marqueroient une Subornation. Il faut aussi, que les Piéces que ces Parties joindront à leur Requête pour justifier les Reproches & Subornations des Témoins, & autres allégations qu'elles y feront pour prouver la vérité & le fondement de leur Accusation, soient authentiques ou reconnues par l'Accusé, pour que les Juges puissent y avoir égard.

III. De la part de l'Accusé, les Moyens & les Piéces qu'il pourra employer, tendront au contraire, à fortifier les Dépositions des Témoins, & à établir la nécessité de leur témoignage..... à conduire ces Dépositions les unes avec les autres....

tres.... à faire voir leur Rapport & Conformité avec celles de certains Témoins oüis dans l'Information faite contre lui.... Enfin, à argumenter de tous les Faits qui peuvent concourir à prouver son innocence. Après quoi, il devra terminer sa Requête, en suppliant le Juge de faire d'office les Réflexions convenables sur les Dépositions des Témoins oüis dans les Informations qui peuvent être à sa décharge, & dont il ne peut avoir eu connoissance parce qu'ils ne lui ont point été confrontés.

IV. C'est sur le vû de ces différentes Requêtes & Piéces y jointes, que les Juges, après avoir combinés exactement les Preuves qui en résultent avec celles du Procès Criminel auquel doit être jointe l'Enquête, comme nous l'avons vû sur l'Article précédent, seront en état de décider laquelle de ces Preuves doit l'emporter; & si les Faits justificatifs leur paroissent bien établis, ils doivent, par le Jugement définitif qu'ils rendront en conséquence, renvoyer l'Accusé absous; ou du moins ne le condamner qu'à de légéres Peines, lorsque ces Faits ne sont pas absolument *péremptoires*; & si au contraire, ces Faits ne sont pas bien prouvés, ils doivent le condamner sur les Preuves qui résultent des Charges & Informations du Procès Criminel.

» VOULONS que la Présente Ordonnance soit » gardée & observée dans tout notre Royaume, Ter- » res & Pays de notre Obéissance, à commencer au » premier jour de Janvier de l'année prochaine mil » six cens soixante & onze : Abrogeons toutes Ordon- » nances, Coutumes, Loix, Statuts, Réglemens, Sty- » les & Usages différens ou contraires aux Dispositions » y contenues. Si donnons en Mandement à nos » amés & féaux Conseillers, les Gens tenans nos » Cours de Parlement, Grand-Conseil, Chambres des » Comptes, Cours des Aydes, Baillifs, Sénéchaux, & » tous autres nos Officiers, que ces Présentes ils gardent, » observent & entretiennent, fassent garder, observer » & entretenir; & pour les rendre notoires à nos Sujets, » les fassent lire, publier & registrer; Car tel est

» NOTRE PLAISIR. Et afin que ce soit chose ferme & » stable à toujours, Nous y avons fait mettre notre » Scel. DONNÉ à Saint Germain-en-Laye, au mois » d'Août, l'an de grace mil six cens soixante-dix : & » de notre Regne le vingt-huitiéme. *Signé*, LOUIS : » *Et plus bas*, par le Roi, COLBERT. *Et à côté est écrit :* » *Visa*, SEGUIER, pour servir à l'Ordonnance des » Procédures Criminelles.

Et encore à côté est écrit : *Lûe, publiée, registrée ; oüi & ce requérant le Procureur Général du Roi, pour être exécutée selon sa forme & teneur. A Paris en Parlement, le vingt-sixiéme Août mil six cens soixante-dix.*

Signé, DU TILLET.

FIN de la premiere Partie.

www.ingramcontent.com/pod-product-compliance
Lightning Source LLC
LaVergne TN
LVHW020956300926
849160LV00007B/171
* 9 7 8 2 0 1 2 6 7 3 8 5 4 *